道路桥梁工程系列丛书

道路桥梁维修技术手册

主　编　李世华

主　审　刘赞勋　陈思平

中国建筑工业出版社

图书在版编目（CIP）数据

道路桥梁维修技术手册/李世华主编．—北京：中国建筑工业出版社，2003
（道路桥梁工程系列丛书）
ISBN 7-112-05686-1

Ⅰ．道… Ⅱ．李… Ⅲ．①道路—维修—技术手册②公路桥—维修—技术手册 Ⅳ．①U418-62 ②U448.145.7-62

中国版本图书馆CIP数据核字（2003）第012304号

本书包括：道路桥梁试验检测技术（道路的试验技术、道路检测技术、桥梁的试验技术、桥梁的检测技术）；道路维修技术（道路维修机械、道路路基的维修技术、路面不平整的原因及处理技术、水泥混凝土路面的维修技术、沥青混凝土路面的维修技术）；桥梁维修技术（桥梁结构表层的维修技术、桥梁结构裂缝的修补技术）等内容。

本书可供从事道路桥梁维修人员使用，也可供相关专业人员参考。

责任编辑 胡明安 姚荣华

道路桥梁工程系列丛书
道路桥梁维修技术手册
主 编 李世华
主 审 刘赞勋 陈思平
*
中国建筑工业出版社 出版、发行（北京西郊百万庄）
新 华 书 店 经 销
北京市安泰印刷厂印刷
*
开本：787×1092毫米 1/16 印张：40½ 字数：1006千字
2003年6月第一版 2006年5月第二次印刷
印数：3001—4000册 定价：70.00元
ISBN 7-112-05686-1
TU·4999（11325）

本社网址：http：//www．china-abp．com．cn
网上书店：http：//www．china-building．com．cn

前　言

道路桥梁是我国现代化建设的重要基础设施，汽车运输是国民经济赖以发展的重要支柱产业之一，是一种线形工程结构物。由于反复承受着车轮的磨损、冲击，遭受暴雨、洪水、风沙、冰雪、日晒、冻融等自然因素的侵蚀破坏，特别是我国交通量和重型汽车的不断增加，有些建筑材料的性质衰变，以及由于设计和施工留下的一些缺陷，必然造成道路桥梁使用功能和行车服务质量的日趋退化、不适应，甚至中断交通。

为了延长道路桥梁的使用年限，保障其畅通，尽量减少和避免上述原因给道路桥梁使用者带来损失，必须本着“预防为主、防治结合”的原则，采取有效的、适当的养护维修技术措施，坚持日常检查保养，及时修复被损坏部分，经常保持道路与桥梁的完好、畅通、整洁、美观，周期性地对道路桥梁进行预防性的大修、中修，逐步改善道路桥梁的技术状况，努力提高其使用质量和抵抗各种灾害的能力。因此，搞好道路桥梁的养护维修是保证汽车高速、安全、舒适行车不可缺少的经常性工作，加强对道路桥梁的养护维修和改进管理方法，将具有十分重要的意义。

《道路桥梁维修技术手册》一书，是奉献给广大道路桥梁养护维修工作者、建设道路桥梁现场施工技术人员的一本实用性强、图文并茂、通俗易懂、极具有参考价值的书籍。本书较严格地执行我国道路桥梁工程养护维修的技术标准、施工规范、质量检验评定技术标准等要求。由一批具有现场施工经验的资深工程技术人员编写而成。

本手册主要介绍道路桥梁试验检测技术（道路的试验技术、道路的检测技术、桥梁的试验技术、桥梁的检测技术）；道路维修技术（道路维修机械、道路路基的维修技术、路面不平整的原因及处理技术、水泥混凝土路面的维修技术、沥青混凝土路面的维修技术）；桥梁维修技术（桥梁维修概论、桥梁结构表层的维修技术、桥梁结构裂纹的修补技术、梁式桥上部结构的维修加固技术、桥梁下部结构的维修加固技术、拱桥的维修与加固技术、桥梁附属结构物的维修技术）等。

本手册由广州市市政集团有限公司李世华主编；广州市市政工程质量监督站站长刘赞勋和建设部市政工程施工与给水排水专业指导委员会主任陈思平主审；钟喜强、吴达强、胡明珠、李亦斌、周理忠、陈淑萍、蒋东旗、李琼、阮永韶、肖霁君等为副主编。其中广州市机电学校钟喜强承担了第二篇第一章“道路维修机械”等内容的编写；广东省佛山市南海区市政工程质量安全监督站吴达强承担了第二篇第三章“路面不平整的原因及处理技术”、第四章“水泥混凝土路面的维修技术”、第三篇第七章“桥梁附属构筑物的维修技术”等内容的编写；湖南湘中公路桥梁建设总公司胡明珠承担了第二篇第五章“沥青混凝土路面的维修技术”、第三篇第三章“桥梁结构裂缝的修补技术”等内容的编写；广州市市政建设学校李亦斌承担了第一篇第三章“桥梁的试验技术”和第二篇第二章“道路路基的维修技术”中的“特殊地基上的基础工程处理”、“路肩边坡的维修”等内容的编写；广州市医药学校陈淑萍承担了第一篇第二章“道路的检测技术”中的“振动检测技术”、“超声波检测技术”、“雷达检测技术”、“激光检测技术”等内容的编写；广东省佛山市南海区市政工程质量检测中心周理忠承担了第一篇第一章“道路的试验技术”等内容的编写；广州市建设工程交易中心蒋东旗承担了第一篇第四章“桥梁的检测技术”等内容的编写；广州市商业银行福利支行李琼承担了第三篇第六章“拱桥的维修与加固技术”的编写和全书图纸的绘制；广州市机电学校阮永韶承担了第一篇第二章“道路的检测技术”中的“机械检测技术”、“机电检测技术”等内容的编写；国家电力公司中南勘测设计研究院肖霁君承担了第二篇第二章“道路路基的维修技术”中的“道路软土路基超限沉陷的防治处理”、“高填方路基的下沉处理”、“高路堤软基的处理”等内容的编写；其余内容的编写由李世华完成。

在编写的过程中，不仅得到了广州市市政集团有限公司的陈小鹏、杨会龙、张喜华、广州大学的禹奇才、陈思平、刘新民、周美新、伍署光、耿良民、丁华东等许多领导的热情关怀与大力支持，为本手册提供了大量有关道路桥梁维修方面的资料；而且参考了许多素不相识同行们的著作、成果、资料及其说明书。在此一并致以衷心的感谢。同时，也由于时间仓促，人力有限，故引用的一些资料来不及、或无法与原作者联系，特此表示歉意。

由于我们的水平有限，书中不足之处，诚恳地敬请广大读者批评指正。

编 者

目　录

1　道路桥梁的试验技术

2　道路维修技术

3　桥梁维修技术

1　道路桥梁的试验技术

1.1 道路的试验技术

1.1.1 土的分类

1.1.1.1 土分类总体系

土分类总体系见图 1-1-1 所示。

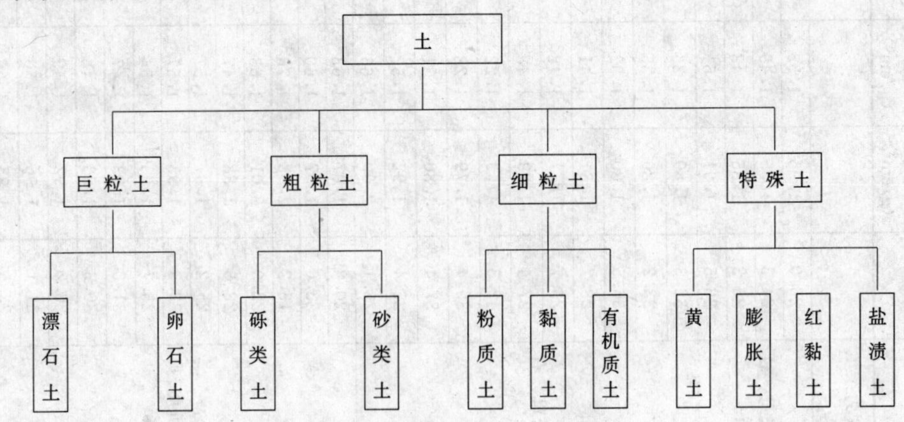

图 1-1-1 土分类总体系

1.1.1.2 土壤物理性能

道路常使用土壤物理性能见表 1-1-1 所列。

1.1.1.3 土的一般规定

土的工程分类一般规定有如下内容：

(1) 土的分类依据的特征：

1) 土颗粒组成特征。土颗粒组成特征应以土的级配指标的不均匀系数 C_u 和曲率系数 C_c 表示，不均匀系数 C_u 反映粒径分布曲线上的土粒分布范围，按下式计算：

$$C_u=\frac{d_{60}}{d_{10}}$$

曲率系数 C_c 反映粒径分布曲线上的土粒分布形状，按下式计算：

$$C_c=\frac{(d_{30})^2}{d_{10}\cdot d_{60}}$$

式中 d_{10}、d_{30}、d_{60}——分别为土的粒径分布曲线上对应通过率 10%、30%和 60%的粒径 (mm)；

2) 土的塑性指标：主要是液限 W_l、塑限 W_P 和塑性指数 I_P。

(2) 粒组划分范围。粒组划分范围见图 1-1-2 所示。

道路常用土壤物理性能表 表 1-1-1

深度 (m)	标高 (m)	厚度 (m)	图例	土名	描述	W (%)	主要物理力学性指标						
							ρ (g/cm³)	ρ_2 (g/cm³)	E	B	r		a_{1-3} (cm²/kg)
											ϕ (°)	c(kg/cm²)	
2.4	0.44	2.4		吹垫土	0～0.5m 为杂填土								
4.5	−1.66	2.1		粉土	褐黄、云母、铁质、有机质	26.0	1.95	1.55	0.75	0.8	12	0.46	
						24.3	18.5	1.49	0.81	0.8			
						25.3	1.85	1.48	0.83	0.5			
						26.5	1.91	1.51	0.79	0.5			
14.0	−11.16	9.5		淤泥质亚黏土	灰色、云母、有机质、贝壳	32.3	1.80	1.36	0.99	1.7	9	0.38	
						33.2	1.80	1.35	1.00	1.2	16.5	0.2	
				粉土		36.5	1.80	1.32	1.06	1.2	19.5	0.2	
						28.7	1.81	1.41	0.92	1.0	16	0.2	
				粉质黏土		25.7	18.7	1.48	0.83	0.6	22.5	0.28	
						27.4	1.89	1.48	0.83	0.8	27	0.24	
				黏土		42.3	17.3	1.22	1.25	0.9	14	0.24	
						39.4	1.79	1.28	1.14	0.6	21.5	0.26	
				粉质黏土		37.4	1.80	1.31	1.09	0.6	15	0.36	
						26.4	1.92	1.52	0.79	0.3			
						23.1	2.00	1.63	0.66	0.8			
30.0	27.16	16.0		粉土	褐黄、灰黄、云母、铁质有机质、贝壳	20.8	1.97	1.63	0.66	0.7			
						23.0	1.97	1.60	0.69	0.4			
				粉砂		15.2	2.03	1.76	0.53				0.016
						22.9	2.01	1.63	0.66	0.3			0.025
						28.3	1.88	1.47	0.86	0.4			0.028
				粉质黏土		25.2	1.97	1.57	0.72	0.5			0.021
						23.9	1.95	1.57	0.72	0.6			0.018
						25.7	1.93	1.54	0.76	0.8			0.025
				粉土		31.0	1.93	1.47	0.84	0.8			0.027
						30.6	1.93	1.48	0.84	0.6			0.026
				粉质黏土		26.2	1.92	1.49	0.82	0.6			0.029
						31.1	1.96	1.50	0.83	0.5			
				黏土		23.5	1.93	1.56	0.75	<0			0.02

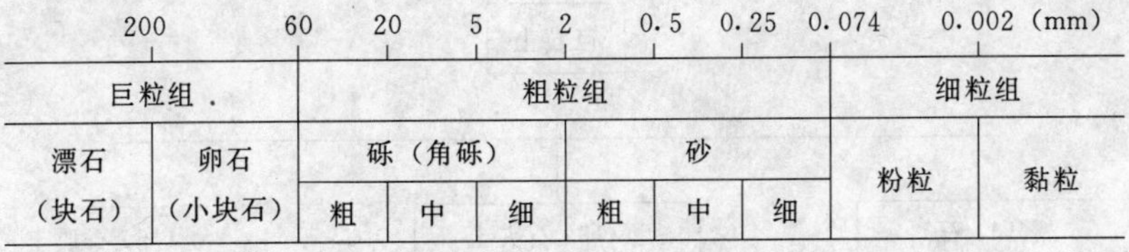

200 60 20 5 2 0.5 0.25 0.074 0.002 (mm)

巨粒组		粗粒组						细粒组	
漂石（块石）	卵石（小块石）	砾（角砾）			砂			粉粒	黏粒
		粗	中	细	粗	中	细		

图 1-1-2 粒组划分范围示意图

(3) 土的成分、级配、液限、特殊土和土类名称等的基本代号见表 1-1-2 所列。

土的成分、级配、液限、特殊土和土类名称及代号 **表 1-1-2**

主要项目	规定主要内容（摘要）			
土的成分、级配、液限和特殊土等基本代号	1. 土的成分	代号	2. 土的级配	代号
	漂石	B	级配良好	W
	块石	Ba	级配不良	P
	卵石	Cb	3. 土液限高低	代号
	小块石	Cba	高液限	H
	砾	G	低液限	L
	角砾	Ga	4. 特殊土	代号
	砂	S		
	粉土	M	黄土	Y
	黏土	C	膨胀土	E
	细粒土（C 和 M 合称）	F		
	（混合）土（粗、细粒土合称）	Sl	红黏土	R
	有机质土	O	盐渍土	St
土类名称和代号	土类名称	代号	土类名称	代号
	漂石	B	含砾高液限粉土	MHG
	块石	Ba	含砾低液限粉土	MLG
	卵石	Cb	含砂高液限粉土	MHS
	小块石	Cba	含砂低液限粉土	MLS
	漂石类土	BSl	高液限黏土	CH
	卵石夹土	CBSl	低液限黏土	CL
	漂石质土	SlB	含砾高液限黏土	CHG
	卵石质土	SlCb	含砾低液限黏土	CLG
	级配良好砾	GW	含砂高液限黏土	CHS
	级配不良砾	GP	含砂低液限黏土	CLS
	细粒质砾	GF	有机质高液限黏土	CHO
	粉土质砾	GM	有机质低液限黏土	CLO
	黏土质砾	GC	有机质高液限粉土	MHO
	级配良好砂	SW	有机质低液限粉土	MLO
	级配不良砂	SP	黄土（低液限黏土）	CLY
	粉土质砂	SM	膨胀土（高液限黏土）	CHE
	黏土质砂	SC	红土（高液限粉土）	MHR
	高液限粉土	MH		
	低液限粉土	ML	盐渍土	St

注：土类名称可用一个基本代号表示。当由两个基本代号表示时，第一个代号表示土的成分，第二个代号表示副成分（土的液限或土的级配）。当由三个基本代号构成时，第一代号表示土的主要成分，第二为液限高低（或级配好坏），第三则表示土中所含次要成分。

1.1.1.4 巨粒土分类

(1) 巨粒土分类体系。巨粒土分类体系见图 1-1-3 所示。

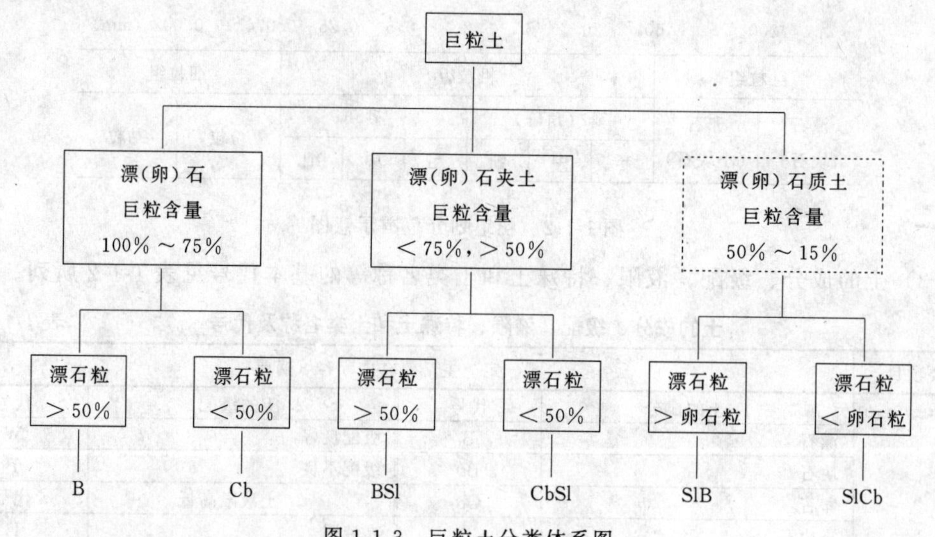

图 1-1-3　巨粒土分类体系图

(2) 巨粒土分类的定名代号规定：

1) 试样中巨粒组质量多于总质量 50%的土称巨粒土，分类体系如图 1-1-3 所示。

①巨粒组质量多于总质量 75%的土称漂（卵）石；

②巨粒组质量为总质量 75%～50%的土称漂（卵）石夹土；

2) 巨粒组质量为总质量 50%～15%土称漂（卵）石质土。

3) 巨粒组质量少于总质量 15%的土，可扣除巨粒，按粗粒土或细粒土的相应规定分类定名。

4) 漂（卵）石按下列规定定名：

①漂石粒组质量多于总质量 50%的土称漂石，记为 B；

②漂石粒组质量少于或等于总质量 50%的土称卵石，记为 Cb；

5) 漂（卵）石夹土按下列规定定名：

①漂石粒组质量多于总质量 50%的土称漂石夹土，记为 BSl；

②漂石粒组质量少于或等于总质量 50%的土称卵石夹土，记为 CbSl；

6) 漂（卵）石质土应按下列规定定名：

①漂石粒多于卵石粒的土称漂石质土，记为 SlB；

②漂石粒少于或等于卵石粒的土称卵石质土，记为 SlCb；

③如有必要，可按漂（卵）石质土中的砾、砂、细粒土含量定名。

1.1.1.5　粗粒土分类

(1) 砾类土分类：

1) 砾类土分类体系：砾类土分类体系见图 1-1-4 所示；

2) 砾类土分类的定名代号规定：

①试样中粗粒组质量多于总质量 50%的土称粗粒土；

②粗粒土中砾粒组质量多于总质量 50%的土称砾类土，砾类土应根据其中细粒含量和类别以及粗粒组的级配进行分类，分类体系见图 1-1-4 所示；

a) 砾类土中细粒组质量少于总质量 5%的土称砾，按下列级配定名：当 $C_u \geqslant 5$，$C_c =$

1～3 时，称级配良好砾，记为 GW；不同时满足前述条件时，称级配不良砾，记为 GP；

b）砾类土中细粒组质量为总质量 5%～15%的土称含细粒土砾，记为 GF；

c）砾类土中细粒组质量大于总质量的 15%，并小于或等于总质量的 50%时，按细粒土在塑性图中的位置定名；当细粒土位于塑性图 *A* 线以下时，称粉土质砾，记为 GM；当细粒土位于塑性图 *A* 线以上时，称黏土质砾，记为 GC。

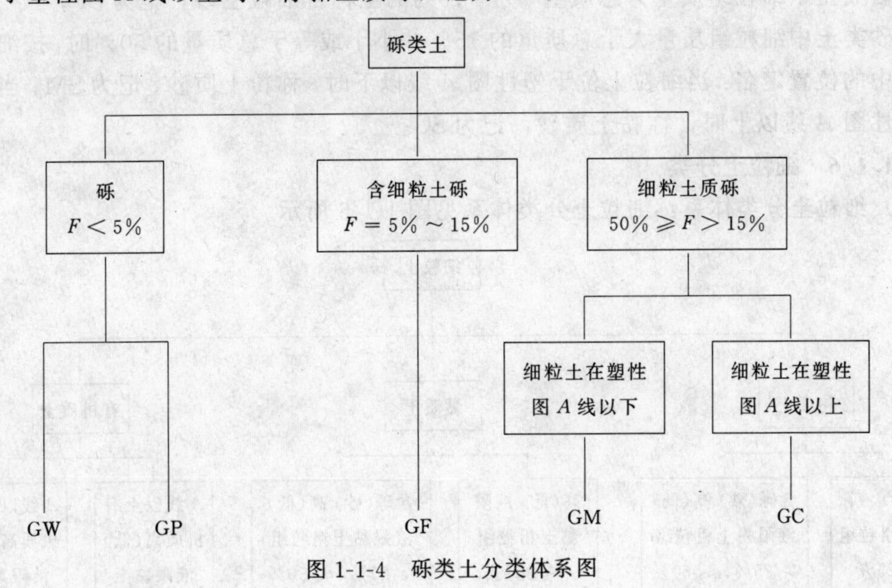

图 1-1-4 砾类土分类体系图

（2）砂类土分类：

1）砂类土分类体系：砂类土分类体系见图 1-1-5 所示，如需要时，砂可进一步细分为粗砂（粒径大于 0.50mm 颗粒多于总质量 50%）、中砂（粒径大于 0.25mm 颗粒多于总质量 50%）、细砂（粒径大于 0.074mm，颗粒多于总质量 75%）。

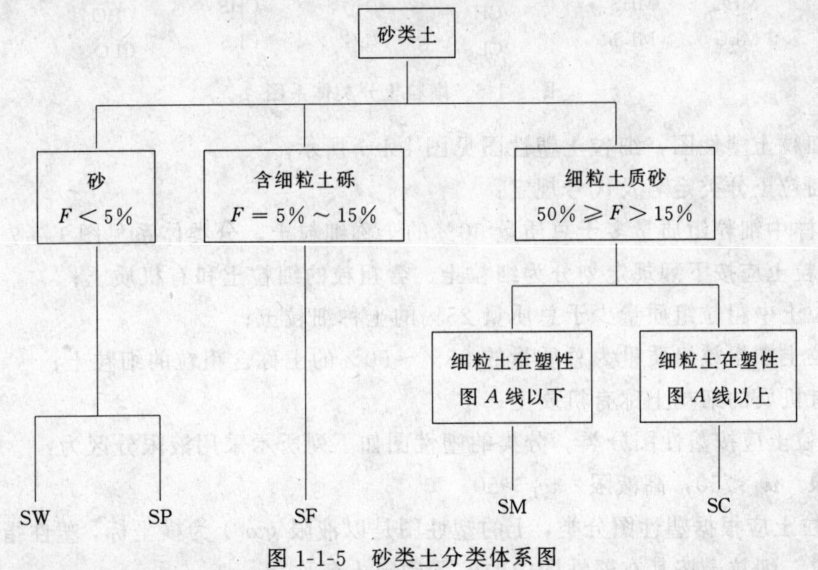

图 1-1-5 砂类土分类体系图

2）砂类土分类的定名代号规定：

粗粒土中砾粒组质量少于或等于总质量 50%的土称砂类土，砂类土应根据其中细粒含量和类别以及粗粒组的级配进行分类，分类体系见图 1-1-5 所示；根据粒径分组由大到小，以首先符合者命名：

①砂类土中细粒组质量少于总质量 5%的土称砂，按下列级配指标定名：当 $C_u \geqslant 5$，$C_c = 1 \sim 3$ 时，称级配良好砂，记为 SW；不同时满足上列①条件时，称级配不良砂，记为 SP；

②砂类土中细粒组质量为总质量 5%～15%的土称含细粒土砂，记为 SF；

③砂类土中细粒组质量大于总质量的 15%并小于或等于总质量的 50%时，按细粒土在塑性图中的位置定名：当细粒土位于塑性图 A 线以下时，称粉土质砂，记为 SM；当细粒土位于塑性图 A 线以上时，称黏土质砂，记为 SC。

1.1.1.6　细粒土分类

（1）细粒土分类体系：细粒土分类体系见图 1-1-6 所示。

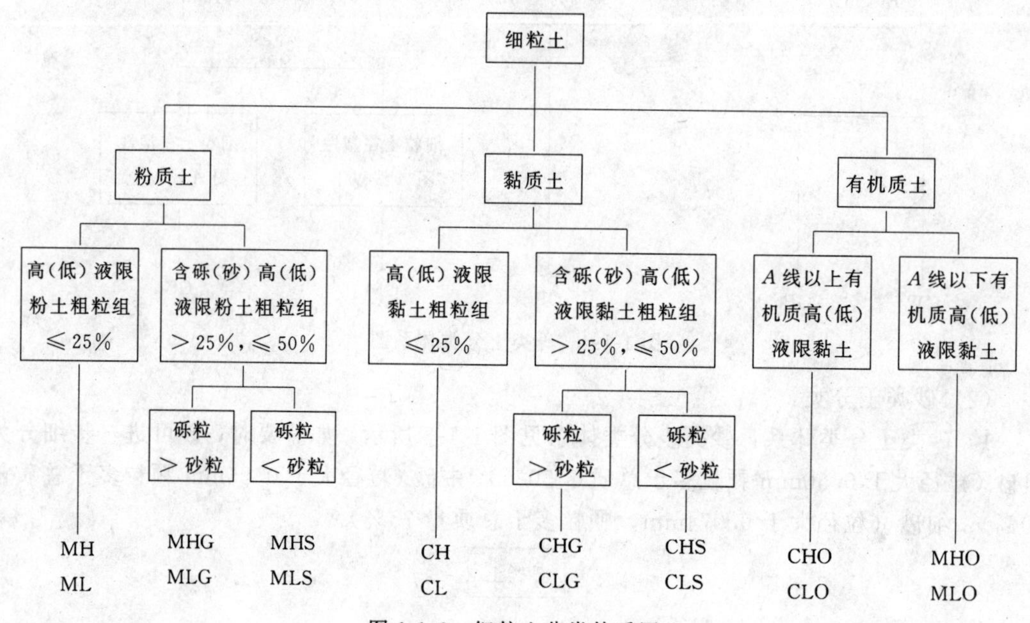

图 1-1-6　细粒土分类体系图

（2）细粒土塑性图：细粒土塑性图见图 1-1-7 所示。

（3）细粒土分类定名及代号规定：

1）试样中细粒组质量多于总质量 50%的土称细粒土，分类体系见图 1-1-7 所示。

2）细粒土应按下列规定划分为细粒土、含粗粒的细粒土和有机质土；

①细粒土中粗粒组质量少于总质量 25%的土称细粒土；

②细粒土中粗粒组质量为总质量的 25%～50%的土称含粗粒的细粒土；

③含有机质的细粒土称有机质土；

3）细粒土应按塑性图分类。分类的塑性图如下列所示采用液限分区为：

低液限　$w_L < 50$，高液限　$w_L > 50$

4）细粒土应根据塑性图分类，土的塑性图是以液限（w_L）为横坐标，塑性指数（I_p）为纵坐标构成，细粒土按其在塑性图中的位置确定土名称：

①当细粒土位于塑性土 A 线以上时，按下列规定定名：

在 B 线以右，称高液限黏土，记为 CH；

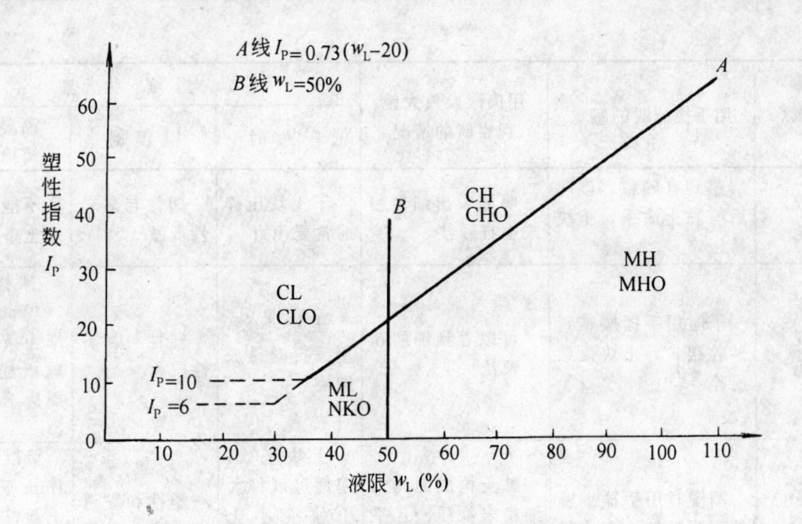

图 1-1-7 细粒土塑性图

在 B 线以左，$I_p=10$ 线以上，称低液限黏土，记为CL。

②当细粒土位于 A 线以下时，按下列规定定名：

在 B 线以右，称高液限粉土，记为MH；

在 B 线以左，$I_p=10$ 线以下，称低液限粉土，记为ML。

5）分类遇搭界情况时，应从工程安全角度考虑，按下列规定定名：

①土中粗、细粒组质量相同时，定名为细粒土。

②土正好位于塑性图 A 线上，定名为黏土。

③土正好位于塑性图 B 线上，当其在 A 线以上时，定名为高液限黏土；当其在 A 线以下时，定名为高液限粉土。

6）有机质土根据塑性图，按下列规定定名：

①位于塑性图 A 线以上：在 B 线以右，称有机高液限黏土，记为CHO；在 B 线以左，$I_p=10$ 线以上，称有机质低液限黏土，记为CLO。

②位于塑性图 A 线以下：在 B 线以右，称有机质高液限粉土，记为MHO；在 B 线以左，$I_p=10$ 线以下，称有机质低液限粉土，记为MLO。

1.1.1.7 路基土的野外鉴定方法

路基土的野外鉴定方法见表 1-1-3 所列。

路基土的野外鉴定方法 **表 1-1-3**

序号	基本土类	名 称	用手搓捻时的感觉	用肉眼及放大镜观察时的情况	土壤状态		
					干 时	潮湿时	潮湿时将土搓捻的情况
1	粉湿土	粉质轻亚黏土	感到砂粒多、土块易压碎	可以看到细的粉土颗粒	土块不硬，用锤打时易成细块	有塑性、黏着性	不能搓成长的细土条
		粉质重亚黏土	感到砂粒多，土饼易压碎	可以看到细的粉土颗粒	土块不硬，用锤打时易成细块	有塑性、黏着性、唯塑性程度较大	不能搓成长的细土条、搓成细土条稍长

续表

序号	基本土类	名称	用手搓捻时的感觉	用肉眼及放大镜观察时的情况	土壤状态		
					干时	潮湿时	潮湿时将土搓捻的情况
2	黏性土	轻亚黏土	感到有砂粒，湿润后有黏土沾手，土块易压碎	明显看出细粒粉末中有砂粒	干土块压碎时常要用力	塑性与黏着性低微	不能搓成长的细土条
		重亚黏土	干时用手揉搓感到砂粒很少，土块很难压碎	可以看到细的粉土颗粒	土块不硬，用锤打时易成细块	塑性与黏着性较大	揉搓时可得1～2mm直径的细土条，将小土球压成扁块时，周边不易发生破裂
		轻黏土	潮湿时用手揉搓感觉不到砂粒，土块很难压碎	黏土构成的均匀细粉末物质，几乎不含大于0.25mm的颗粒	土块坚硬，用锤可以将大土块变小土块，但不易成粉末，干土块不易用手压碎	塑性和黏着性极大，易于沾手涂污	可以搓成小于1mm直径的细土条，易于团成小球，压成扁土块时，周边不易破裂
3	重黏土	重黏土	潮湿时用手揉搓感觉不到砂粒，土块很难压碎	黏土构成的均匀细粉末物质，几乎不含大于0.25mm的颗粒	土块坚硬，用锤可以将大土块变小土块，但不易成粉末，干土块不易用手压碎	易于沾手涂污，唯塑性和黏着性更大	可以搓成小于1mm直径的细土条，易于团成小球，压成扁土块时，周边不易破裂
4	石质土	（砾）石土		大于2mm的颗粒占大多数			
		砾（石）		大于2mm的颗粒较多，大于砂或粘粒加粉粒的含量			
		（砾）石质土		大于2mm的颗粒占少数，小于砂或粉粒加粘粒的含量			
5	砂土	粗砂	感到是粗糙的砂粒	看到比较粗的砂居多	疏散	无塑性	不能搓成土条
		中砂	感到是不太粗的砂粒	看到砂粒不太粗	疏散	无塑性	不能搓成土条
		细砂	感到是细的砂粒	看到细的砂粒多	疏散	无塑性	不能搓成土条
		极细砂	感到是极细的砂粒	看到极细的砂粒多	疏散	无塑性	不能搓成土条
6		粉质砂土	在手掌上揉搓时沾有很多粉土粒	看到砂粒而夹有粉土粒	疏散	无塑性	不能搓成土条
7	砂性土	粗亚砂土	含砂粒较多，湿润时用力可搓成团，干后有少量黏土沾在手上不易去掉	看到砂粒而夹有黏土粒	土块用手挤及在铲上抛掷时易破碎	无塑性	不能搓成土条
		细亚砂土	感到含细颗粒较多	看到砂粒而夹有黏土粒	没胶结	无塑性	难搓成细土条，搓至直径3～5mm即断

续表

序号	基本土类	名称	用手搓捻时的感觉	用肉眼及放大镜观察时的情况	土壤状态		
					干时	潮湿时	潮湿时将土搓捻的情况
8	粉性土	粉质亚砂土	有干粉末感	明显看出砂粒少粉土粒多	没胶结，干土块用手轻压即碎	流动的溶解状态	摇动时易使土球成为饼状，不能搓成细土条
		粉土	有干粉末感	看到粉土粒更多	没胶结，干土块用手轻压即碎	流动的溶解状态	摇动时易使土球成饼状，不能搓成细土条

1.1.2 土的物理性能试验

1.1.2.1 土的工程类型试验

一、土的工程类型试验目的

在道路路线勘测过程中，可在沿线采集一些土样带回实验室测试有关指标数据，使之了解路基土的各种性能。

二、土的工程类型试验方法及其设备

(1) 试验方法：用目测法代替筛分法确定土粒组成及特征，用干强度、手捻、韧和摇振反应等定性方法代替用液塑限仪测定土的塑性。

(2) 设备和器材：

1) 化学试剂：浓盐酸、浓硝酸、硝酸银、氯化钡、酚钛；

2) 放大镜、小刀；

3) 试管。

三、土的工程类型试验内容

(1) 将研散的风干试样摊成一薄层，凭目测估计土中巨、粗、细粒组所占的比例，再按《公路土工试验规程》(JTJ 051—93) 的有关规定确定其为巨粒土、粗粒土和细粒土。

(2) 干强度试验：将一小块捏成土团，风干后用手捏碎或扳断及捻碎，根据用力大小区分为：

1) 很难或用力才能捏碎或扳断者为干强度高。

2) 稍用力即可捏碎或扳断者为干强度中等。

3) 易于捏碎和捻成粉末者为干强度低。

(3) 手捻试验：将稍湿或硬塑的小土块在手中揉捏，然后用拇指和食指将土捻成片状，根据手感和土片光滑度可分为：

1) 手感滑腻、无砂，捻面光滑者为塑性高。

2) 稍有滑腻感，有砂粒，捻面粗糙者为塑性低。

(4) 搓条试验：将含水量略大于塑限的湿土块在手中揉捏均匀，再在手掌上搓成土条，根据土条断裂而能达到的最小直径可区分为：

1) 能搓成小于 1mm 土条者为塑性高。

2) 能搓成 1～3mm 土条而不断者为塑性中等。

3）能搓成直径大于 3mm 的土条即断裂者为塑性低。

（5）韧性试验：将含水量略大于塑限的土块在手中揉捏均匀，然后在手掌中搓成直径为 3mm 的土条，再揉成土团，根据再次搓条的可能性可区分为：

1）能揉成土团，再成条，捏而不碎者为韧性高。

2）可再成团，捏而不易碎者为韧性中等。

3）勉强或不能揉成团，稍捏或不捏即碎者为韧性低。

（6）摇振反应试验：将软塑至流动的小土块，捏成土球，放在手掌上反复摇晃，并以另一手掌击此手掌，土中自由水渗出，球面呈现光泽。用二手指捏土球，放松后又被吸入，光泽消失。

（7）当土中含有高强水溶胶结物质或碳酸钙时（如黄土），将使其具有较高的干强度，因此，需辅以稀盐酸反应来鉴别。方法是用 2∶1（水∶浓盐酸）的稀盐酸滴在土块上，泡沫很多且持续时间长，表示含多量碳酸盐；如无泡沫出现，表示不含碳酸盐。

（8）盐渍土的简单定性试验：取土数克，捏碎，放入试管中，加水 10 余毫升。用手堵住管口，摇荡数分钟后过滤，取滤液少许分别放入另外几个试管中，用下列方法鉴定溶盐的种类：

1）在试管中滴入 1∶1 的水与浓硝酸（HNO_3）和 10%硝酸银（$AgNO_3$）溶液各数滴，如有白色沉淀（AgCl）出现时，则土中有氯化物盐类存在。

2）在试管中加入 1∶1 的水与浓盐酸（HCl）和 10%氯化钡（$BaCl_2$）溶液各数滴，如有白色沉淀（$BaSO_4$）出现时，则土样中有硫酸盐类存在。

3）在试管中加入酚酞指示剂 2～3 滴，如呈现樱桃红色，则土样中有碳酸盐类存在。

1.1.2.2　土的相对密度 *G* 试验

一、土的相对密度 *G* 试验方法与目的

（1）本试验采用比重瓶法。其他方法详见中华人民共和国行业标准《公路土工试验规程》(JGJ 051—93)。

（2）土的相对密度是土在 105～110℃下烘干至恒量时的质量与同体积 4℃蒸馏水质量的比值。本试验的目的是测定土的颗粒相对密度，它是土物理性质的基本指标之一，本试验法适用于粒径小于 5mm 的土。

二、土的相对密度 *G* 试验仪器

（1）比重瓶：容量 100（50）mL。

（2）天平：称量 200g，感量 0.001g。

（3）恒温水槽：灵敏度±1℃。

（4）砂浴。

（5）真空抽气设备。

（6）温度计：刻度为 0～50℃、分度值为 0.5℃。

（7）其他：如烘箱、蒸馏水、中性液体（如煤油）、孔径 2mm 及 5mm 筛、漏斗、滴管等。

三、土的相对密度 *G*（比重）瓶校正

（1）将比重瓶洗净、烘干，称比重瓶质量，准确至 0.001g。

（2）将煮沸经冷却的纯水注入比重瓶。对长颈比重瓶注水至刻度处，对短颈比重瓶应

注满纯水，塞紧瓶塞，多余水分自瓶塞毛细管中溢出。调节恒温水槽至5℃或10℃，然后将比重瓶放入恒温水槽内，直至瓶内水温稳定。取出比重瓶，擦干外壁，称瓶、水总质量，准确至0.001g。

(3) 以5℃为级差，调节恒温水槽的水温，逐级测定不同温度下的比重瓶、水总质量，至达到本地区最高自然气温为止。每个温度时均应进行两次平行测定，两次测定的差值不得大于0.002g，取两次测定的平均值。绘制温度与瓶、水总质量的关系曲线。

四、土的相对密度 G 试验步骤

(1) 将比重瓶烘干，将15g烘干土装入100mL比重瓶内（若用50mL比重瓶，装烘干土约12g），称量。

(2) 为排除土中空气，将已装有干土的比重瓶，注蒸馏水至瓶的一半处，摇动比重瓶，并将瓶在砂浴中煮沸，煮沸时间自悬液沸腾时算起，砂及低液限黏土应不少于30min，高液限黏土应不少于1h，使土粒分散。注意沸腾后调节砂浴温度，不使土液溢出瓶外，(如系砂土，允许用真空抽气代替煮沸法)。

(3) 如系长颈比重瓶，用滴管调整液面恰至刻度（以弯液面下缘为准），擦干瓶外及瓶内壁刻度以上部分的水，称瓶、水、土总质量（m_2）。如系短颈比重瓶，将纯水注满，使多余水分自瓶塞毛细管中溢出，将瓶外水分擦干后，称瓶、水、土总质量，称量后立即测出瓶内水的温度，准确至0.5℃。

(4) 根据测得的温度，从已绘制的温度与瓶、水总质量关系曲线中查得瓶水总质量（m_1）。如比重瓶体积事先未经温度校正，则立即倾去悬液，洗净比重瓶，注入事先煮沸过且与试验时同温度的蒸馏水至同一体积刻度处，短颈比重瓶则注水至满足将瓶外水分擦干，称瓶、水总质量。

(5) 对含有某一定量的可溶盐、不亲性胶体或有机质的土，必须用中性液体（如煤油）测定，并用真空抽气法排除土中气体。真空压力表读数宜为100kPa，抽气时间1～2h（直至悬液内无气泡为止），其余步骤同上。

五、土的相对密度 G 试验结果及允许差值

(1) 用蒸馏水测定时，按下式计算相对密度：

$$G_s=\frac{m_s}{m_1+m_s-m_2}\times G_{wt}$$

式中 G_s——土的相对密度；

m_s——干土质量（g）；

m_1——瓶、水总质量（g）；

m_2——瓶、水、土总质量（g）；

G_{wt}——t（℃）时蒸馏水的相对密度（水的相对密度可查物理手册）。

(2) 用中性液体时，按下式计算相对密度：

$$G_s=\frac{m_s}{m'_1+m_s-m'_2}\times G_{kt}$$

式中 m'_1——瓶、中性液体总质量（g）；

m'_2——瓶、土、中性液体总质量（g）；

G_{kt}——t（℃）时中性液体相对密度（应实测）。

(3) 本试验称量应准确至0.001g。本试验必须进行二次平行测定，取其算术平均值，以两位小数表示，其平行差值不得大于0.02。

六、土的相对密度 G 试验记录格式

土的相对密度 G 试验记录格式见表1-1-4所列。

比重试验记录（比重瓶法）　　表1-1-4

工程名称＿＿＿＿＿试验方法＿＿＿＿＿试验日期＿＿＿＿＿

试 验 者＿＿＿＿＿计 算 者＿＿＿＿＿校 核 者＿＿＿＿＿

试验编号	比重编号	温度（℃）	液体比重	比重瓶质量(g)	瓶、干土总质量(g)	干土质量(g)	瓶、液总质量(g)	瓶、液土总质量(g)	与干土同体积的液体质量(g)	相对密度	平均值	备注
		(1)	(2)	(3)	(4)	(5)	(6)	(7)	(8)	(9)		
						(4)−(3)			(5)+(6)−(7)	$\frac{(5)}{(8)}\times 2$		
	1											
	2											

1.1.2.3　土的密度试验（环刀法）

一、土的密度试验方法

本试验采用的方法为环刀法，其他方法详见中华人民共和国行业标准《公路土工试验规程》(JTJ 051—93)。

二、土的密度试验目的和适用范围

(1) 土的密度是指土的总质量与土的总体积的比值。总质量（m）包括：土粒的质量（m_s）、土孔隙中的水分（m_w）和气体（m_a）的质量，因气体质量极小可视为 $m_a\approx 0$，根据孔隙中水分情况可将土的密度分为天然密度（ρ）、干密度（ρ_d）、饱和密度（ρ_f）和水下密度（ρ'）。

(2) 本试验是测定天然原状土或所需扰动压实土样的湿密度 ρ、含水量 ω、从而推算出干密度 ρ_d。

(3) 本试验方法适用于细粒土。

三、土的密度试验仪器设备

(1) 环刀：内径6～8cm，高2～3cm，壁厚1.5～2mm。

(2) 天平：感量0.1g。

(3) 其他：修土刀、钢丝锯、凡士林等。

(4) 烘箱（用于测土的含水量）。

四、土的密度试验步骤

(1) 按工程需要取原状土或制备所需状态的扰动土样，整平两端，环刀内壁涂一薄层凡士林，刀口向下放在土样上。

(2) 用修土刀或钢丝锯将土样上部削成略大于环刀直径的土柱，然后将环刀垂直下压，边压边削，至土样伸出环刀上部为止，削去两端余土，使与环刀面齐平，并用剩余土样测定含水量。

(3) 擦净环刀外壁，称环刀与土的合质量 m_1，准确至 0.1g。

(4) 擦净环刀内外壁，称环刀质量 m_2，准确至 0.1g。

五、土的密度试验结果及允许差值

(1) 按下列公式计算湿密度及干密度：

$$\rho=\frac{m_1-m_2}{V}$$

$$\rho_d=\frac{\rho}{1+0.01w}$$

式中 ρ——湿密度（g/cm^3）；

m_1——环刀与土合质量（g）；

m_2——环刀质量（g）；

V——环刀体积（cm^3）；

ρ_d——干密度（g/cm^3）；

w——含水量（%）。

(2)本试验必须进行二次平行测定，取其算术平均值，其平行差值不得大于 $0.03g/cm^3$。

六、土的密度试验记录格式

土的密度试验记录格式见表 1-1-5 所列。

密度试验记录（环刀法） **表 1-1-5**

土样编号				1		2		3	
环刀号				1	2	3	4	5	6
环刀容积	(cm^3)	①							
环刀质量	(g)	②							
土+环刀质量	(g)	③							
土样质理	(g)	④	③−②						
湿密度	(g/cm^3)	⑤	$\frac{④}{①}$						
含水量	(%)	⑥							
干密度	(g/cm^3)	⑦	$\frac{⑤}{1+0.01⑥}$						
平均干密度	(g/cm^3)	⑧							

1.1.2.4 土的含水量试验（烘干法）

一、土的含水量试验定义和适用范围

土的含水量是在 105～110℃下烘至恒量时所失去的水分质量和达恒量后干土质量的比值，以百分数表示。烘干法是测定含水量的标准方法。本试验方法适用于黏质土、粉质土、砂类土和有机质土类。

二、土的含水量试验仪器设备

(1) 烘箱：可采用电热烘箱或温度能保持 105～110℃的其他能源烘箱，也可用红外线烘箱。

(2) 天平：感量 0.01g。

（3）其他：干燥器、称量盒等，为简化计算手续，可将盒质量定期（3～6个月）调整为恒质量值。

三、土的含水量试验步骤

（1）取具有代表性的试样：细粒土15～30g、砂类土、有机土为50g，放入称量盒内，立即盖好盒盖，称出质量。

（2）揭开盒盖，将试样和盒放入烘箱内，在温度105～110℃恒温下烘干。烘干时间对细粒土不得少于8h，对砂类土不得少于6h。对含有机质超过5%的土，应将温度控制在65～70℃的恒温下烘干。

（3）将烘干后的试样和盒取出，放入干燥器内冷却（一般只需0.5～1h即可）。冷却后盖好盒盖，称质量，准确至0.01g。

（4）称盒重。

四、土的含水量试验结果及允许差值

（1）土的含水量试验结果可按下式计算：

$$w=\frac{m-m_s}{m_s}\times100\%$$

式中　w——含水量（%）；

m——湿土质量（g）；

m_s——干土质量（g）；

精确至0.1%。

（2）本试验必须进行二次平行测定，取其算术平均值，允许平行差值应符合表1-1-6规定。

含水量测定的允许平行差值　　**表1-1-6**

含水量（%）	允许平行差值（%）	含水量（%）	允许平行差值（%）	含水量（%）	允许平行差值（%）
5以下	0.3	40以下	≤1	40以上	≤2

五、土的含水量试验记录格式

土的含水量试验记录格式见表1-1-7所列。

含水量试验记录（烘干法）　　**表1-1-7**

工程编号＿＿＿＿＿＿土样说明＿＿＿＿＿＿试验日期＿＿＿＿＿＿

试　验＿＿＿＿＿＿计　算＿＿＿＿＿＿校　核＿＿＿＿＿＿

盒　号			1	2	3	4
盒质量	(g)	(1)				
盒+湿土质量	(g)	(2)				
盒+干土质量	(g)	(3)				
水分质量	(g)	(4) = (2) − (3)				
干土质量	(g)	(5) = (3) − (1)				
含水量	(%)	(6) $=\frac{(4)}{(5)}$				
平均含水量	(%)	(7)				

1.1.3 土的力学性能试验

1.1.3.1 土的击实试验

一、概述

土作为筑路材料时，需要在模拟现场施工条件下，获得路基土压实的最大干密度和相应的最佳含水量。击实试验就是为了这种目的利用标准化的击实仪具，试验土的密度和相应的含水量的关系，所以击实试验是控制路基压实质量不可缺少的重要试验项目。

用击实试验模拟现场土的压实，这是一种半经验方法。由于土的现场填筑碾压和室内击实试验具有不同的工作条件，两者之间的关系是根据工程实践经验求得的，但要求室内试验的击实功应相当于现场施工的压实功，因此很多国家以及一个国家的不同部门就可能有其自用的击实试验方法和仪器。

二、土的击实试验分类

土的击实分轻型和重型两类，其击实试验方法类型见表 1-1-8 所列。

土的击实试验方法类型 表 1-1-8

试验方法	类别	锤底直径(cm)	锤质量(kg)	落高(cm)	试筒尺寸			层数	每层击数	击实功(kJ/m^2)	最大粒径(mm)
					内径(cm)	高(cm)	容积(cm^3)				
轻型Ⅰ法	Ⅰ.1	5	2.5	30	10	12.7	997	3	27	598.2	25
	Ⅰ.2	5	2.5	30	15.2	12	2177	3	59	598.2	38
重型Ⅱ法	Ⅱ.1	5	4.5	45	10	12.7	997	5	27	2687.0	25
	Ⅱ.2	5	4.5	45	15.2	12	2177	3	98	2677.2	38

三、土的击实试验方法

(1) 试样制备：试样制备分干法和湿法两种，对一般土，干法制样和湿法制样所得击实结果有一定差异，对于具体试验应根据工程性质选择制备方法。

1) 干法制样：将代表性土样风干或在低于 50℃温度下烘干，放在橡皮板上用木碾碾散，过筛（筛号视粒径大小而定）拌匀备用。

测定土样风干含水量 w_0，按土的塑限估计最佳含水量，并依次按相差约 2%的含水量制备一组试样（不少于 5 个），其中有两个大于和两个小于最佳含水量，需加水量 m_w 可按下式计算：

$$m_w=\frac{m_0}{1+0.01w_0}\times 0.01\,(w-w_0)$$

式中 m_0——风干含水量时土样的质量。

按确定含水量制备试样。将称好的 m_0 质量的土平铺于不吸水的平板上，用喷水设备往土样上均匀喷洒预定 m_w 的水量，静置一段时间后，装入塑料袋内静置备用。静置时间对高液限黏土不得少于 24h，对低液限黏土不得少于 12h。

2) 湿法制样：对天然含水量的土样过筛（筛孔视粒径大小而定），并分别风干到所需的几组不同含水量备用。

(2) 试样击实：将击实筒放在坚硬的地面上，取制备好的土样按所选击实方法分 3 或

5 次倒入筒内。每层按规定的击实次数进行击实，要求击完后余土高度不超过试筒顶面 5mm。用修土刀齐筒顶削平试样，称筒和击实样土重后用推土器推出筒内试样，测定击实试样的含水量和测算击实后土样的湿密度。依次重复上述过程将所备不同预定含水量的土样击完。

(3) 结果整理：按下式计算击实后各点的干密度 ρ_d：

$$\rho_d=\frac{\rho}{1+0.01w}$$

式中　ρ——击实后土的湿密度 (g/cm³)；

w——击实后土的含水量 (%)。

以干密度 ρ_d 为纵坐标，含水量 w 为横坐标，绘 ρ_d-w 关系曲线，曲线上峰值点的纵、横坐标分别为最大干密度和最佳含水量。

表 1-1-9 和图 1-1-8 为击实试验实例。

土的击实试验记录　　**表 1-1-9**

土样编号			筒　号			落　距			45cm			
土样来源			筒容积		997cm³		每层击数		27			
试验日期			击锤质量		4.5kg		大于 5mm 颗粒含量					
干密度	试验次数		1		2		3		4		5	
	筒加土质量	(g)	2907.6		2981.8		3130.9		3206.7		3191.1	
	筒质量	(g)	1103		1103		1103		1103		1103	
	湿土质量	(g)	1804.6		1878.8		2027.9		2103.7		2088.1	
	湿密度	(g/cm³)	1.81		1.88		2.03		2.11		2.09	
	干密度	(g/cm³)	1.67		1.71		1.80		1.82		1.76	
含水量	盒号		1	2	3	4	5	6	7	8	9	10
	盒+湿土质量	(g)	33.45	33.27	35.60	35.44	32.88	33.13	34.20	34.09	36.96	38.31
	盒+干土质量	(g)	32.45	32.26	34.16	34.02	31.40	31.64	32.36	32.15	24.28	35.36
	盒质量	(g)	20	20	20	20	20	20	20	20	20	20
	水质量	(g)	1.0	1.01	1.44	1.42	1.48	1.49	1.84	1.94	2.68	2.95
	干土质量	(g)	12.45	12.26	14.16	14.02	11.40	11.64	11.36	12.15	14.28	15.36
	含水量	(%)	8.0	8.2	10.3	10.1	13.0	12.8	16.2	16.0	18.8	19.2
	含水量	(%)	8.1		10.2		13.0		16.1		19.0	

最佳含水量＝15.8%　　最大干密度＝1.83g/cm³

试验者＿＿＿＿＿　计算者＿＿＿＿＿　校核者＿＿＿＿＿

(4) 土的大颗粒最大干密度和最佳含水量的校正：当土样中大于 5mm 粒径的土含量小于总含量的 30%时，求出试料中粒径大于 5mm 颗粒含量的 P 值。取出大于 5mm 颗粒，仅把小于 5mm 粒径的土做击实试验。按下面公式分别对试验所得的最大干密度和最佳含水量进行校正（注 JTJ 051—93 规程要求对 $d>38$mm 的粒径进行如下校正）。

$$\rho'_{dmax}=\frac{1}{\frac{1-P}{\rho_{dmax}}+\frac{P}{G_{s2}\rho_w}}$$

$$w'_0=w_0\ (1-P)\ +Pw_2$$

式中　ρ'_{dmax}——校正后的最大干密度 (g/cm³)；

ρ_{dmax}——粒径小于 5mm 试样击实后的最大干密度（g/cm^3）；

ρ_w——水的密度（g/cm^3）；

P——粒径大于 5mm 颗粒的含量（用小数表示）；

G_{s2}——粒径大于 5mm 颗粒的干比重；

w'_0——校正后的最佳含水量（%）；

w_0——粒径小于 5mm 击实样的最佳含水量（%）；

w_2——粒径大于 5mm 颗粒的饱和面干含水量（%）。

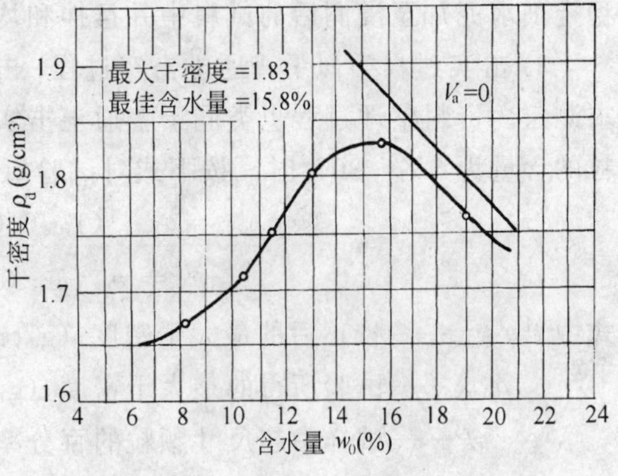

图 1-1-8 含水量与干密度关系曲线

四、无机结合料稳定土的击实试验

(1) 概述：无机结合料在国外常称水硬性结合料，它主要指水泥、石灰、粉煤灰和石灰或水泥粉煤灰。所用术语水泥稳定土、石灰稳定土、石灰粉煤灰稳定土等都是总称。水泥遇水就要开始水化作用，从加水拌和到进行击实试验间隔的时间愈长，水泥的水化作用和结硬程度就愈大。水化作用会影响水泥混合料所能达到的密实度，间隔时间愈长，影响愈大，所以，水泥不参与土与其他混合料的浸润过程，仅在击实前 1h 内将其和已浸润过的料进行拌和。另外，含水量的测试也应采用无机结合料稳定土的含水量测试法。

(2) 无机结合料试验方法：无机结合料试验方法类型见表 1-1-10 所列，它和常规的土击试验略有不同。

无机结合料稳定土击实试验方法类型 **表 1-1-10**

类 别	锤的质量 (kg)	锤击面直径 (cm)	落高 (cm)	试筒尺寸			锤击层数	每层锤击次数	平均单位击实功 (J)	容许最大粒径 (mm)
				内径 (cm)	高 (cm)	容积 (cm^3)				
甲	4.5	5.0	45	10	12.7	997	5	27	2.687	25
乙	4.5	5.0	45	15.2	12.0	2177	5	59	2.687	25
丙	4.5	5.0	50	15.2	12.0	2177	3	98	2.677	40

1）试料的准备可参照常规土击实法进行。试件制备时，先将除水泥以外的设计料按比例称取并充分拌和均匀。按下式分别给要求达到含水量的扩试料配水。

$$Q_w=\left(\frac{Q_n}{1+0.01w_n}+\frac{Q_c}{1+0.01w_c}\right)\times0.01w-\frac{Q_n}{1+0.01w_n}\times0.01w_n-\frac{Q_c}{1+0.01w_c}\times0.01w_c$$

式中 Q_w——混合料中应加的水量（g）；

Q_n——混合料中素土（或集料）的质量，其原始含水量为 w_n（%）；

Q_c——混合料中水泥或石灰的质量（g），其原始含水量为 w_c（%）；

w——要求达到的混合料的含水量（%）。

2）给试样配水后将其装入密封容器或塑料口袋内浸润备用。击实前 1h 内将所需要的稳定剂水泥加至浸润后的试料中并且拌和均匀。

3）击实过程类似于普通土击实过程，击实后含水量应按无机结合料稳定土含水量的要求测定。资料整理过程也类同于普通土击实方法。当试样中大于规定最大粒径的超尺寸颗粒的含量为5%～30%时，按下式对试验所得最大干密度和最佳含水量进行校正：

$$\rho'_{dmax}=\rho_{dmax}(1-0.01P)+0.9\times0.01PG'_{\alpha}$$

$$w'_{0}=w_{0}(1-0.01P)+0.01Pw_{\alpha}$$

式中　ρ'_{dmax}——校正后的最大干密度（g/cm^3）；

ρ_{dmax}——试验所得的最大干密度（g/cm^3）；

P——试样中超尺寸颗粒的百分率；

G'_{α}——超尺寸颗粒的毛体积相对密度；

w'_{0}——校正后的最佳含水量（%）；

w_{α}——超尺寸颗粒的吸水量（%）；

w_{0}——试验所得的最佳含水量（%）。

（3）无机结合料稳定土击实试验的注意事项：

1）试验集料的最大粒径宜控制在25mm以内，最大不得超过40mm（圆孔筛）。

2）试料浸润时间：黏性土12～24h，粉性土6～8h，砂性土、砂砾土、红土砂砾、级配砂砾等4h左右，含土很少的未筛分碎石、砂砾和砂等2h。

3）试料浸润后才加水泥，并应在1h内完成击实试验，拌和后超过1h的试样，应予作废。石灰可与试料一起拌匀后浸润。

4）试料不得重复使用。

5）应做两次平行试验，两次试验最大干密度的差不应超过$0.05g/cm^3$（稳定细粒土）和$0.08g/cm^3$（稳定中粒土和粗粒土），最佳含水量的差不应超过0.5%（最佳含水量小于10%）和1.0%（最佳含水量大于10%）。

1.1.3.2　土的直剪试验

一、概述

土的抗剪强度是土的一个重要力学指标。当估算地基承载力、评价地基稳定性、计算边坡稳定性以及支挡结构物的土压力时都需用土的抗剪强度指标。

土的抗剪强度是土体在力系作用下抵抗破坏的极限剪切应力，通常认为土的抗剪强度可用库仑公式表达，即：

$$\tau_{f}=c+\sigma \mathrm{tg}\varphi$$

其中c和φ值为土在某一状态下的试验常数，称为土的抗剪强度指标。直剪试验就是测定土抗剪强度指标c、φ值的方法之一。

二、土的直剪试验方法

（1）直接对试样施加剪力的设备叫直剪仪，常用的直剪仪分应力控制式和应变控制式两种。应力控制式是分级施加等量水平剪力于土样使之受剪，应变控制式是等速推动剪切容器使土样等速位移受剪。目前普遍使用的是应变式直剪仪。

（2）仪器的主要部件剪切容器是由固定的上盒和活动的下盒（应变式）或固定的下盒与活动的上盒（应力式）等部件组成，如图1-1-9所示。试样置于上下盒之间，在试样上先施加预定的法向应力 σ，然后以一定速率对试样施加水平剪力，直至试样剪损为止。此时，在试样剪损面上因变形所产生的剪应力，可借助于与剪切盒相接触的量力环的变形确定。

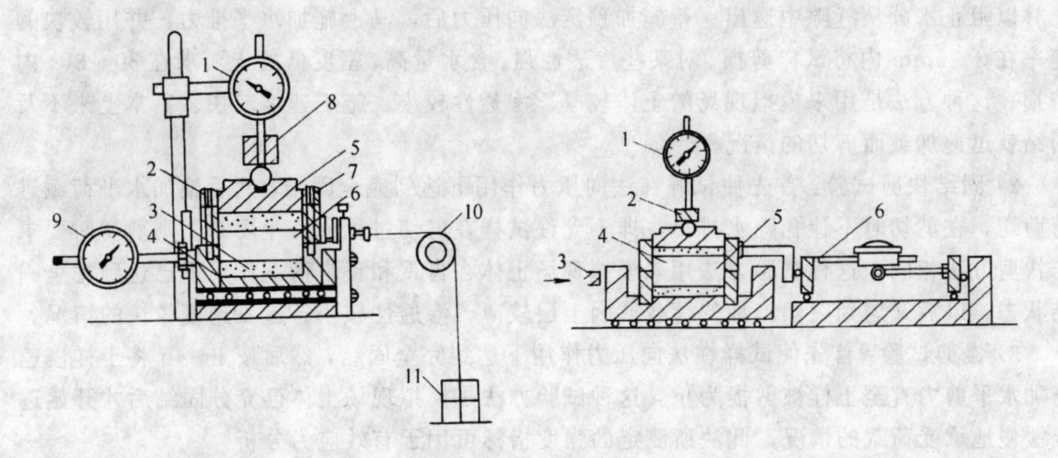

图 1-1-9 直剪仪类型

(a) 应力控制式直接剪切仪

1—盘表；2—上盒；3—透水石；4—下盒；5—加压盖板；6—试样；7—固定螺丝；8—加压框架；9—量表；10—滑轮；11—砝码盘

(b) 应变控制式直接剪切仪

1—垂直变形量表；2—垂直加荷框架；3—推动座；4—试样；5—剪切盒；6—量力环

(3) 土样在某一法向应力 σ 作用下的剪切应力与应变的关系如图 1-1-10 所示。

(4) 为求得土的抗剪强度参数 c、φ 值，通常至少需要 4 个以上土样，以同样的方法分别在不同的法向压力 σ_1、σ_2、σ_3、…作用下测出相应的破坏剪应力 τ_{f1}、τ_{f2}、τ_{f3}、…的值，根据这些 σ、τ_f 值，即可在直角坐标图中绘出抗剪强度曲线（如图 1-1-11 所示）。

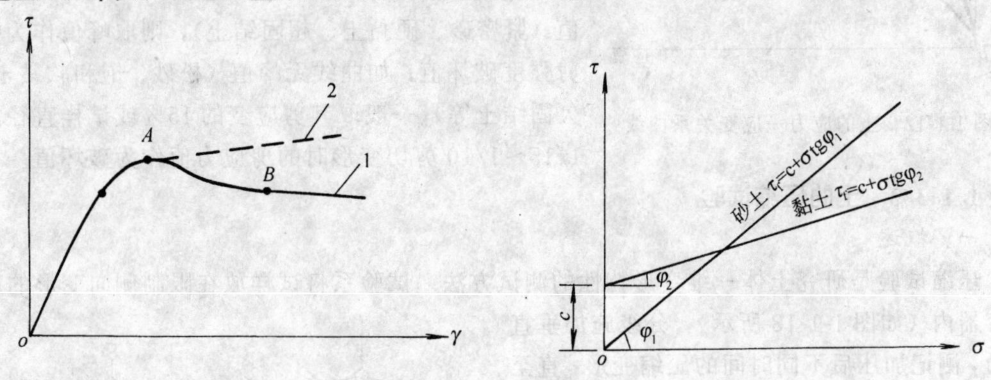

图 1-1-10 剪应力—剪应变关系

图 1-1-11 抗剪强度与法向压力关系

(5) 不管是黏性土的抗剪强度试验，还是天然黏性土地基加荷过程中孔隙水压力的消散，都是荷载在土体中产生的应力全部转化为有效应力，均需要一定的固结时间来完成。因此，土的固结过程实际上也是土体强度在不断增长的过程。

(6) 为了近似地模拟现场施工中土体的剪切条件，可以按剪切前的固结程度、剪切时的排水条件即加荷快慢情况，把直剪试验可分为以下三种试验方法：

1) 快剪试验：快剪试验就是在对试样施加法向压力和剪力时，都不允许试样产生排水固结。由于在直剪仪上下盒之间存在缝隙，要严格控制不排出一点水分是不可能的。为消除这种影响，一般在试样上下放置不透水有机玻璃圆块代替透水石，并在圆块周边涂抹凡士林以阻止水分从缝隙中逸出。待施加预定法向压力后，马上施加水平推力，并用较快的速率在3～5min内将试样剪损。对某些渗透性强、含水量高、密度低的土要求在30～50s内剪损。这种方法是用来模拟现场的土体较厚、渗透性较小、施工速度较快、基本上来不及固结就迅速加载而剪切的情况。

2）固结快剪试验：首先使试样在法向压力作用下达到完全固结，然后施加水平荷载进行剪切，在剪切时不让孔隙水排出，即不允许试样在剪切过程中发生固结，则剪切时要求与快剪方法相同。这种试验方法用来模拟现场土体在自重和正常荷载作用下已达到完全固结状态，以后又遇到突然施加的荷载或因土层较薄、渗透性较小、施工速度较快的情况。

3）慢剪试验：首先使试样在法向压力作用下达到完全固结，然后按1～4h将土样慢速施加水平剪力直至土样被剪损为止。这种试验方法是模拟现场土体已充分固结后才开始逐步缓慢地承受荷载的情况，此法所测定的强度指标可用于有效应力分析。

三、土的直剪试验技术要求

(1) 剪切速率的影响：剪切速率对砂土抗剪强度的影响很少，常可忽略不计，但对粘性土抗剪强度的影响则比较明显。黏性土的抗剪强度一般情况都会随剪切速度加快而增大。较灵敏的土，剪切速率降低10倍时，其抗剪强度则可降低5%～8%。

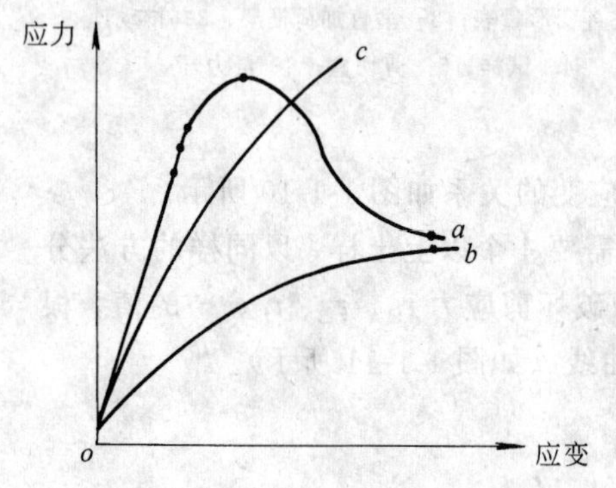

图1-1-12　土的应力—应变关系曲线

(2) 破坏标准取值要求：土的应力—应变关系曲线一般具有如图1-1-12所示的几种类型，破坏值的选定常有下述情况：如应力—应变曲线具有明显峰值（紧密砂、硬黏土、超固结土），则取峰值作为抗剪强度破坏值；如曲线无峰值（松砂、饱和软黏土、欠固结土等），一般取其剪应变的15%或试样直径的1/15～1/10剪切变形时的剪应力值作为破坏值。

1.1.3.3　土的压缩试验

一、概述

压缩试验是研究土体一维变形特性的测试方法。试验系将试样放在限制侧向变形的压缩容器内（如图1-1-13所示），分级施加垂直压力，测记加压后不同时间的压缩变形，直至各级压力下的变形量趋于某一稳定标准为止。然后将各级压力下最终的变形与相应的压强绘成曲线，从而求得压缩指标值。

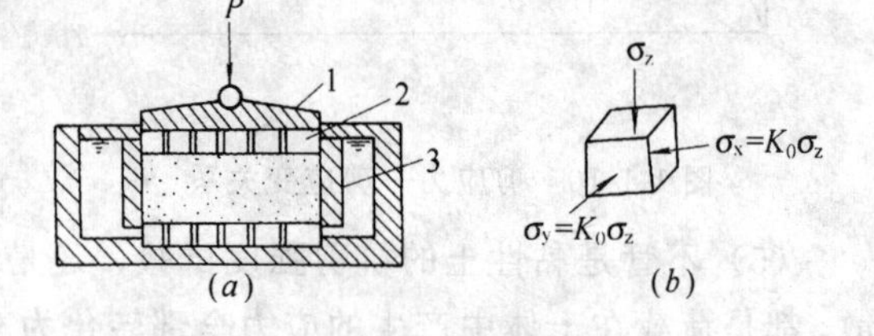

图1-1-13　土的压缩试验容器

(a) 压缩试验容器；(b) 试样单元体的受力状态

土的压缩主要是孔隙体积的减小，所以，土的压缩变形常以其孔隙比的变化来表示。试验资料整理时，将根据试样压缩前后的体积变化求出压缩变形和孔隙比的关系，即e—p曲线，如图1-1-14所示；也可整理成另外一条e—$\lg p$曲线，如图1-1-15所示。

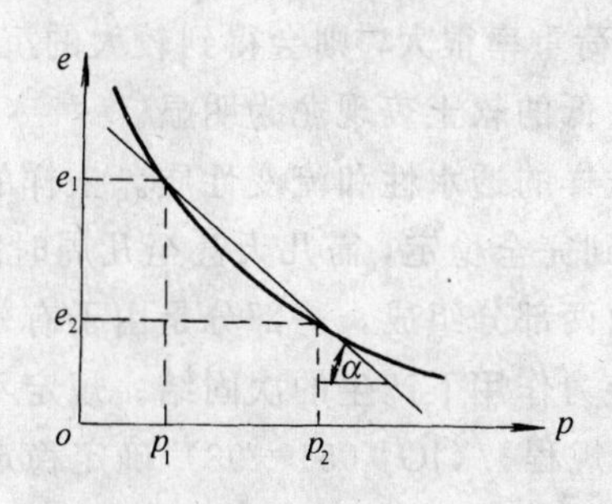

图 1-1-14 e—p 曲线

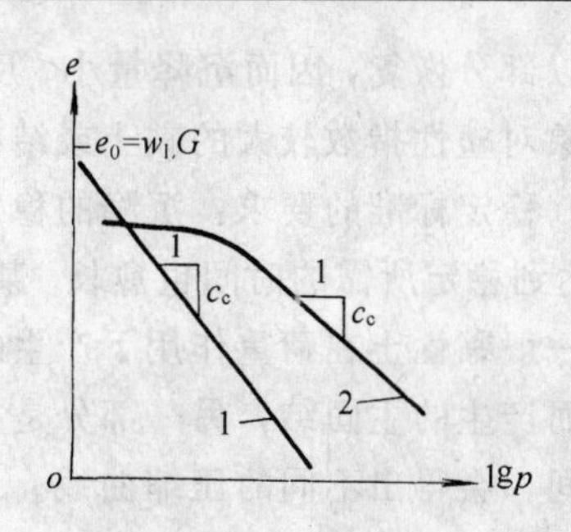

图 1-1-15 e—$\lg p$ 曲线

二、土的压缩试验计算公式

根据图 1-1-14、图 1-1-15 中所得的两条压缩试验 e—p 和 e—$\lg p$ 曲线将整理出如下计算公式：

(1) 压缩系数：

$$a=\frac{e_1-e_2}{p_2-p_1}$$

(2) 压缩指数：

$$c_c=\frac{e_1-e_2}{\lg p_2-\lg p_1}$$

(3) a 和 c_c 的关系：

$$a=\frac{0.435c_c}{p}$$

(4) 体积压缩系数：

$$m_v=\frac{a}{1+e_1}$$

(5) 压缩模量：

$$E_s=\frac{1+e_1}{a}$$

(6) 变形模量：

$$E=E_s\left(1-\frac{2\mu^2}{1-\mu}\right)=E_s\ (1-2\mu K_0)$$

式中 p_1、p_2、p——e—p 或 e—$\lg p$ 曲线上前级压力、后级压力和平均压力；

e_1、e_2——相应于 p_1、p_2 的孔隙比；

μ、K_0——土的泊松比和侧压力系数，可通过试验求得。

(7) 先期固结压力 P_c

根据 e—$\lg p$ 曲线按规范方法确定。

三、土的压缩试验技术要求

(1) 荷重等级的要求：按固结试验结果估算的沉降量一般与实测的沉降量相差较大，这是因为固结理论和应力计算与实际情况有所差异，以及土样结构受到不同程度的扰动等所致。一般现场建筑物传给地基内部各部位的压力比较缓慢，而试验室里的固结压力则是很快地传递到试样上。荷重率小，则压缩作用进行得缓慢，对土的触变破坏较小，且其结构强度得以部分恢复，因而沉降量小；反之快速加荷或荷重率很大，则会得到较大的沉降量。这种现象对塑性指数较大的黏土或结构强度小、密度低的软土表现尤为明显。

（2）稳定标准的要求：沉降的稳定时间取决于试样的透水性和流变性质。土样的黏性愈大，达到稳定所需的时间也愈长。某些软黏土要达到完全稳定，需几天甚至几周时间，这是因为一般黏性土在荷重作用下产生的体积变化是由两部分组成，一部分是由于有效应力的增加而产生的主固结，另一部分是在不变的有效应力作用下产生的次固结。规定不同的稳定时间，会得出不同的压缩曲线。《公路土工试验规程》（JGJ 051—93）确定稳定时间为 24h。

1.1.4　路面基层材料的试验

1.1.4.1　路面基层材料试验的概述

一、路面基层材料的分类

道路的路面基层材料主要是有机结合料稳定类和粒料类、无机结合料稳定类，高等级道路路面基层则广泛地采用无机结合料稳定类材料。本节主要讨论无机结合料稳定类基层材料的试验方法，对有机结合料稳定类的技术要求和试验方法将在本章的后面介绍。

道路的无机结合料稳定类材料还可分为水泥稳定类、石灰稳定类、综合稳定类和工业废渣稳定类，主要包括水泥石灰综合稳定土、石灰粉煤灰稳定土、水泥粉煤灰稳定土、水泥石灰粉煤灰稳定土、水泥稳定土、石灰稳定土等。

其中土作为道路基层材料的骨架，水泥和石灰则属于基层材料的胶凝物质。由于胶凝的机理不同，水泥属于水硬性胶凝材料，而石灰则属于气硬性胶凝材料。无级结合料稳定土由于胶凝性质的不同和其材料配比的多变性原因，其工程性质千差万别，因此相应的试验方法也各有不同。

二、常用路面材料土的含义

按照土中单个颗粒（指碎石、砾石和砂颗粒）的粒径大小和组成，将土分为如下三种：

（1）细粒土：颗粒的最大粒径小于 10mm，且其中小于 2mm 的颗粒含量不少于 90%。

（2）中粒土：颗粒的最大粒径小于 30mm，且其中小于 20mm 的颗粒含量不少于 85%。

（3）粗粒土：颗粒的最大粒径小于 50mm，且其中小于 40mm 的颗粒含量不少于 85%。

三、无机结合料稳定土的含义

（1）在粉碎的或原来松散的土（包括各种粗、中、细粒土）中，掺入足量的水泥和水，经拌和压实得到的混合料在压实及养生后，当其抗压强度符合规定的要求时，称为水泥稳定土。如果用石灰代替水泥掺入土中，则称石灰稳定土。

（2）同时用水泥和石灰稳定某种土得到的混合料，简称综合稳定土。

（3）一定数量石灰和粉煤灰或石灰和煤渣与其他集料相配合，加入适量的水（通常为最佳含水量），经拌和、压实及养生后得到的混合料，当其抗压强度符合表 1-1-11 规定的要求时，称石灰工业废渣稳定土（简称石灰工业废渣）。

强度标准（MPa） **表 1-1-11**

序 号	材料名称	高速公路和一级公路		二级和二级以下公路	
		基 层	底基层	基 层	底基层
1	水泥稳定土	3～4	≥1.5	2～3	≥1.5
2	石灰稳定土		≥0.8	≥0.8①	0.5～0.7②
3	二灰稳定土	≥0.8	≥0.5	≥0.6	≥0.5

①在低塑性土（塑性指数小于 7）地区，石灰稳定砂砾土和碎石的 7d 浸水抗压强度应大于 0.5MPa；
②低限用于塑性指数小于 7 的黏性土，高限用于塑性指数大于 7 的黏性土。

四、无机结合料稳定土的材料要求

（1）土的要求：

1）水泥稳定土：凡是能被粉碎的土都可用水泥稳定，其最大颗粒和颗粒组成应满足规范的要求。对于细粒土的均匀系数应大于 5，其液限不应超过 40、塑性指数不应大于 17。

集料的压碎值要求为：高等级道路和一级道路≤30％、二级和二级以下道路底基层≤40％、二级和二级以下道路基层≤35％。

2）石灰稳定土：对于塑性指数在 15～20 的黏性以及含有一定数量黏性土的中粒土和粗粒土均适宜应用石灰来稳定；如若用石灰稳定不含黏性土或无塑性指数的级配砂砾、级配碎石和未筛分碎石时，应添加约 15％的黏性土；如若硫酸盐含量超过 0.8％的土和有机质含量超过 10％的土，不宜用石灰稳定。

石灰稳定土中集料压碎值的要求：对于高等级道路和一级道路的底基层、二级以下道路的基层一般≤35％，二级道路的基层≤30％，而一般道路的底基层≤40％。

3）石灰工业废渣稳定土：宜选择塑性指数为 12～20 的黏性土，若有机质含量超过 10％的土不宜选用，最大颗粒和颗粒组成应满足规范的要求，其集料的压碎值要求同水泥稳定土相同。

（2）水泥的要求：矿渣水泥、火山灰水泥、普通水泥等都可使用，但应选用终凝时间较长（一般在 6h 以上）的水泥，快硬水泥、早强水泥以及已受潮变质的水泥不应使用。

（3）石灰的要求：石灰质量应符合表 1-1-12 规定的Ⅲ级以上的生石灰或消石灰的技术指标，要尽量缩短石灰的存放时间。石灰在野外堆放时间较长时，应妥善覆盖保管，不应遭日晒雨淋。等外石灰、贝壳石灰、珊瑚石灰等应通过试验，只要石灰稳定土混合料的强度符合表 1-1-11 的标准，就可以使用，对于高等级道路和一级道路，适宜选用磨细的生石灰粉。

石灰的技术指标 **表 1-1-12**

类别 / 指标 / 项目	钙质生石灰			镁质生石灰			钙质消石灰			镁质消石灰		
	等级											
	Ⅰ	Ⅱ	Ⅲ	Ⅰ	Ⅱ	Ⅲ	Ⅰ	Ⅱ	Ⅲ	Ⅰ	Ⅱ	Ⅲ
有效钙加氧化镁含量（％）不小于	85	80	70	80	75	65	65	60	55	60	55	50
未消化残渣含量（5mm 圆孔筛的筛余，％）不大于	7	11	17	10	14	20						

续表

项目	指标 \ 类别	钙质生石灰			镁质生石灰			钙质消石灰			镁质消石灰		
		等级											
		Ⅰ	Ⅱ	Ⅲ	Ⅰ	Ⅱ	Ⅲ	Ⅰ	Ⅱ	Ⅲ	Ⅰ	Ⅱ	Ⅲ
含水量（%）不大于								4	4	4	4	4	4
细度	0.71mm 方孔筛的筛余（%）不大于							0	1	1	0	1	1
	0.125mm 方孔筛的累计筛余（%）不大于							13	21	—	13	20	—
钙镁石灰的分类界限、氧化镁含量（%）		≤5			>5			≤4			>4		

注：硅、铝、镁氧化物含量之和大于5%的生石灰，有效钙加氧化镁含量指标，Ⅰ等≥75%、Ⅱ等≥70%、Ⅲ等≥60%。未消化残渣含量指标与镁质生石灰指标相同。

（4）粉煤灰的要求：粉煤灰中 SiO_2、Al_2O_3 和 Fe_2O_3 的总含量应大于70%，烧失量不应超过20%；其比面积宜大于 $2500cm^2/g$；对于干粉煤灰和湿粉煤灰都可以选用，若干粉煤灰如堆在空地上时应加水，防止飞扬造成污染环境，而湿粉煤灰的含水量不应≥35%。

（5）煤渣的要求：煤渣是煤经锅炉燃烧后的残渣，它的主要成分是 SiO_2 和 Al_2O_3，它的松干密度在 $700\sim1100kg/m^3$ 之间。煤渣的最大粒径不应大于30mm，颗粒组成宜有一定级配，且不宜含有杂质。

五、道路基层和底基层材料试验项目及目的

道路基层和底层材料的试验项目及目的见表1-1-13、表1-1-14所列。

底基层和基层混合料的试验项目　　表1-1-13

序号	试验项目	试验目的	仪器和试验方法
1	重型击实试验	求最佳含水量和最大干密度，以规定工地碾压时的合适含水量和应该达到的最小干密度，确定制备强度试验和耐久性试验的试件所应该用的含水量和干密度；确定制备承载比试件的材料含水量	重型击实试验仪（手动或电动）
2	承载比	求工地预期干密度下的承载比，确定材料是否适宜做基层或底基层	路面材料测试仪或其他合适的仪器
3	抗压强度	进行材料组成设计，选定最适宜于用水泥或石灰稳定的土（包括粒料）；规定施工中所用的结合料剂量；为工地提供评定质量的标准	路面材料测试仪或其他合适的压力仪

底基层和基层原材料的试验项目　　表1-1-14

序号	试验项目	材料名称	试验目的	试验频度	仪器和试验方法
1	含水量	土、砂砾、碎石等集料	确定原始含水量	每天使用前测2个样品	烘干法或含水量快速测定仪、酒精燃烧法
2	颗粒分析	砂砾、碎石等集料	确定级配是否符合要求，确定材料配合比	每种土使用前测2个样品，使用过程中每 $2000m^3$ 测2个样品	筛分法（含土材料用湿筛分法）
3	液限、塑限	土、级配砾石或级配碎石中0.5mm以下的细土	求塑性指数，审定是否符合规定	每种土使用前测2个样品，使用过程中每 $2000m^3$ 测2个样品	100g平衡锥测液限，搓条法测塑限

续表

序号	试验项目	材料名称	试验目的	试验频度	仪器和试验方法
4	相对密度、吸水率	砂砾、碎石等	评定粒料质量，计算固体体积率	使用前测2个样品，砂砾使用过程中每$2000m^3$测2个样品，碎石种类变化重做2个样品	多孔网篮或容积$1000cm^3$以上的比重瓶
5	压碎值	砂砾、碎石等	评定石料的抗压碎能力是否符合要求	使用前测2个样品，砂砾使用过程中每$2000m^3$测2个样品	压碎值仪
6	有机质和硫酸盐含量	土	确定土是否适宜于用石灰或水泥稳定	对土有怀疑时做此试验	—
7	有效钙、氧化镁	石灰	确定石灰质量	做材料组成设计和生产使用时分别测2个样品，以后每月测2个样品	—
8	水泥标号和终凝时间	水泥	确定水泥的质量是否适宜应用	做材料组成设计时测1个样品，料源或标号变化时重测	—
9	烧失量	粉煤灰	确定粉煤灰是否适用	做材料组成设计前测2个样品	—

1.1.4.2 水泥和石灰剂量试验

一、直读式测钙仪法

(1) 试验目的和适用范围：本试验方法适用于测定新拌石灰土中石灰的剂量。

(2) 试验仪器设备（见表1-1-15）。

直读式测钙仪法试验仪器设备 **表1-1-15**

序号	名称与规格	单位	数量	序号	名称与规格	单位	数量
1	钙离子选择性电极	支	1	10	塑料瓶（桶）：10L	个	2
2	饱和甘汞电极，232型	支	1		1000mL	个	3
3	直读式测钙仪	台	1		250mL	个	2
4	架盘天平：感量0.1g	支	1	11	大肚移液管：100mL	支	1
	0.5g	支	1	12	干燥器	个	1
5	量筒：1000mL	只	1	13	表面皿：ϕ90mm	个	10
	200mL	只	1		ϕ50mm	个	15
	50mL	只	1	14	计时器	只	1
6	具塞三角瓶：1000mL	个	10	15	搅拌子	只	20
	500mL	个	4	16	电炉	个	1
7	烧杯：2000mL	个	1	17	石棉网	个	1
	300mL	个	10	18	洗瓶：500mL	个	1
	50mL	个	15	19	其他：吸水管，洗耳球，粗、细玻璃棒，试剂勺		
8	容量瓶：1000mL	个	1				
9	土壤筛：2mm筛孔	个	1				

(3) 制备溶液：

1) 10%的氯化铵溶液：将100g氧化铵放入大烧杯中，加水900mL，搅拌均匀后，放于塑料桶内保存。

2）$10^{-1}mol/m^3$ 氯化钙标准溶液：将分析纯碳酸钙（$CaCO_3$）在180℃烘箱中烘2h后，取出放入干燥器内冷却45min。用万分之一天平或千分之一天平准确称取已冷却的碳酸钙10.009g放入300mL烧杯中，盖上表面皿。用少许蒸馏水润湿后，从杯口用吸水管沿杯壁逐滴滴入1∶5稀盐酸（18mL盐酸加90mL蒸馏水）并轻摇杯子，使碳酸钙全部溶解。然后用洗瓶吹洗表面皿和杯壁，移至电炉上加热并保持微沸5min，以驱除二氧化碳。冷却后转移至1000mL容量瓶中，用蒸馏水多次沿杯壁冲洗烧杯，将冲洗的水一并倒入容量瓶中。当蒸馏水加到约950mL左右时，再用20%氢氧化钠调至中性，使pH值为7。最后用蒸馏水稀释至刻度，反复摇匀，静置后倒入1000mL塑料瓶①中备用。

3）$10^{-2}mol/m^3$ 氯化钙标准溶液：用大肚移液管吸取100mL$10^{-1}mol/m^3$ 氯化钙标准溶液放入1000mL容量瓶中，加蒸馏水稀释到刻度后，充分摇匀，转入1000mL塑料瓶中备用。

4）$10^{-3}mol/m^3$ 氯化钙标准溶液：用大肚移液管吸取100mL$10^{-2}mol/m^3$ 氯化钙标准溶液放入1000mL容量瓶中，加蒸馏水稀释到刻度，充分摇匀，转入1000mL塑料瓶中备用。

5）氯化钾饱和溶液：用感量为0.1g的架盘天平称分析纯氯化钾（KCl）70g，放入300mL烧杯中，用量筒取200mL蒸馏水倒入烧杯内，用玻璃棒充分搅动，溶液中应留有结晶（溶液呈过饱和状态），移入塑性瓶中备用。

6）20%氢氧化钠溶液：用感量0.1g的架盘天平迅速称取40g分析纯氢氧化钠（NaOH）放入300mL烧杯中，加入160mL新煮沸并冷却的蒸馏水。用玻璃棒充分搅匀后，转入塑料瓶中备用。

（4）准备仪器和电极：

1）钙电极：在测定的前一天，应将内参比电极从套管中取出，向管中滴入$10^{-1}mol/m^3$ 氯化钙标准溶液15滴左右，再将内参比电极装回管内。在每天进行测定之前，将钙电极有薄膜的一端放在$10^{-2}mol/m^3$ 氯化钙标准溶液中浸泡2h，使电极活化。使用前取出电极，用水冲洗并以软纸吸干电极上的水分。

2）甘汞电极，检查内液面是否与上部加液口平，若内液面低时，拔去加液口橡皮帽并用滴管添加氯化钾饱和溶液。测定时拔去上端加液口橡皮帽和下端橡皮帽，用水冲洗并以软纸吸干水分。

3）仪器：在测定前接通钙仪电源，使仪器预热20min。

（5）准备石灰土标准剂量浸提液，其主要程序如下：

1）土样：将现场土通过孔径2mm或2.5mm的筛。

2）石灰：将现场所用石灰通过孔径2mm或2.5mm的筛后，贮入具塞的容器内备用。

3）测定土和石灰的风干含水量。

4）确定石灰土的最佳含水量。

5）计算6%、14%石灰土中石灰、土和水的质量。

6）石灰土标准剂量浸提液的制备：用准备好的土和石灰配制6%、14%的石灰土标准剂量浸提液供标定仪器用。用感量为0.1g和0.5g的架盘天平按本条5）中计算得的量分别称取准备好的土样和石灰，制备以上两种剂量的石灰土混合料各300g，分别放入1000mL具塞三角瓶中，混匀。用刻度吸管加入本条5）中计算得的水量，再用量筒加入10%氯化铵溶液600mL。盖紧塞子用手振荡2min，保持每分钟120次±5次，静止4min后将上部清液倒入干燥、洁净的500mL具塞三角瓶中，摇匀，瓶外加贴标签，供以后标定仪器时用。

当石灰品种、土质和水质相同时，制备的6%、14%石灰土标准剂量浸提液可供连续标定10d之用。

(6) 标定仪器：将上述制备好的标准液分别倒出25～30mL于干燥、洁净的50mL烧杯中，各加入一只搅拌子。先将6%标准液放在直读式测钙仪上，待仪器开始搅拌后放入钙电极和甘汞电极（如图1-1-16所示），停止搅拌后，调整校正Ⅰ旋钮，使之显示6.0；采样读数结束。将电极提起，取下6%标准液，用水冲洗电极并用软纸吸干电极上的水。再将装有14%标准液的烧杯放在直读式测钙仪上，开始搅拌后，放入钙电极和甘汞电极。停止搅拌后，调整校正Ⅱ旋钮，使之显示14.0。如此重复2～3次。每次用6%和14%标准液校正均能显示6.0和14.0时，仪器标定即完毕。

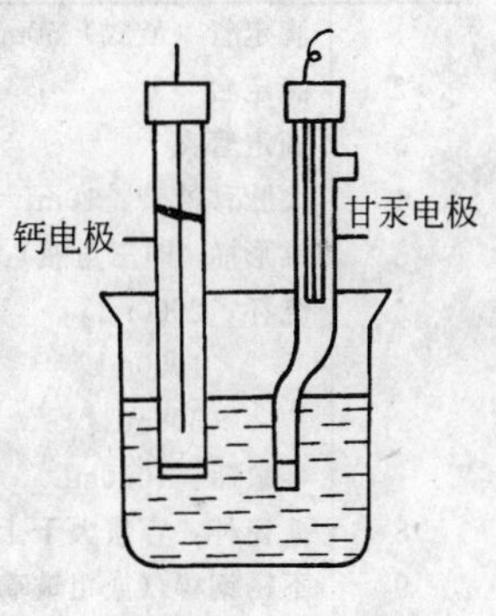

图1-1-16 测试示意图

(7) 试验步骤：

1）从施工现场同一位置取约1000g具有代表性的石灰土试样，经进一步拌匀之后，使其全部通过2mm或2.5mm筛孔。

2）用感量0.5g的架盘天平称取两分石灰土试样各300g，并分别放入两个1000mL具塞三角瓶中，每个三角瓶中加10%氯化铵溶液600mL。盖紧塞子用手振荡2min，保持每分钟120次±5次。静止4min后将25～30mL待测液倒入干燥、洁净的50mL烧杯中。加入一只搅拌子并放在直读式测钙仪上，仪器开始搅拌后，放入钙电极和甘汞电极，待停止搅拌后，仪器显示的数值即为该样品的石灰剂量。再重复测试一次，取两次测试结果的平均值。

(8) 注意事项：

1）在计算6%和14%混合料的组成时，应使混合料的最佳含水量与施工碾压时的最佳含水量相近。

2）若土、石灰或水质有变化时，必须重新配制6%和14%（或16%、18%）石灰土标准剂量浸提液，并用它标定仪器。

3）制备每个样品的浸提液时，搅拌的时间、速度和方式应力求相同。配制的氯化铵溶液当天用完，不宜放置过久。

4）所用器具必须用水冲洗干净。

5）每测完一个样品应用蒸馏水或自来水冲洗电极，并用软纸吸干后再测一个样品。

6）若进行全天测试，午间休息时可将钙电极薄膜端浸泡在10^{-3}mol氯化钙标准溶液中，下午测定前不必进行活化。下午测定结束后应用水冲洗电极，并用软纸将水吸干，套上橡皮帽，然后挂起干放保存，次日用前再进行活化。

二、EDTA滴定法

(1) 目的和适用范围：本试验方法适用于在工地快速测定水泥和石灰稳定土中水泥和石灰的剂量，并可用以检查拌和的均匀性。用于稳定的土可以是细粒土，也可以是中粒土和粗粒土。本方法不受水泥和石灰稳定土龄期（7d以内）的影响。工地水泥和石灰稳定土含水量的少量变化（±2%），实际上不影响测定结果。用本方法进行一次剂量测定，只需10min左右。

(2) 试验仪器设备（见表1-1-16）。

EDTA滴定法试验仪器设备　　　　表 1-1-16

序号	名称与规格	单位	数量	序号	名称与规格	单位	数量
1	滴定管（酸式）50mL	支	1	12	托盘天平：称500g、感量0.5g	台	1
2	滴定台	个	1		称100g、感量0.1g	台	1
3	滴定管夹	个	1	13	秒表	只	1
4	大肚移液管：10mL	支	10	14	表面皿：φ9cm	个	10
5	锥形瓶（即三角瓶）：200mL	个	20	15	研钵：φ12～φ13cm	个	1
6	烧杯：2000mL	只	1	16	土样筛：筛孔2.0mm	个	1
	1000mL	只	1		筛孔25mm	个	1
	300mL	只	10	17	洗耳球（1两或2两）	个	1
7	容量瓶：1000mL	个	1	18	精密试纸：pH12～pH14		
8	搪瓷杯：容量大于1200mL	只	10	19	聚乙烯桶20L（装蒸馏水）	个	1
9	不锈钢棒（或粗玻璃棒）	根	10		10L（装氯化铵）	个	2
10	量筒：100mL	只	1		5L（装氢氧化钠）	个	1
	5mL	只	1	20	洗瓶（塑料）500mL	只	1
	50mL	只	2	21	毛刷、去污粉、吸水管、塑料		
11	棕色广口瓶：60mL	只	1		匀、特种铅笔、厘米纸		

（3）试验时的试剂：

1）0.1mol/m³乙二胺四乙酸二钠（简称EDTA二钠）标准液：准确称取EDTA二钠（分析纯）37.226g，用微热的无二氧化碳蒸馏水溶解，待全部溶解并冷至室温后，定容至1000mL。

2）10%氯化铵（NH_4Cl）溶液：将500g氯化铵（分析纯或化学纯）放在10L聚乙烯桶内，加蒸馏水4500mL，充分振荡，使氯化铵完全溶解。也可以分批在1000mL的烧杯内配制，然后倒入塑料桶内摇匀。

3）1.8%氢氧化钠（内含三乙醇胺）溶液：用100g架盘天平称18g氢氧化钠（NaOH）（分析纯），放入洁净干燥的1000mL烧杯中，加入1000mL蒸馏水使其全部溶解，待溶解冷至室温后，加入2mL三乙醇胺，搅拌均匀后储于塑料桶中。

4）钙红指示剂：将0.2g钙试剂羟酸钠与20g预先在105℃烘箱中烘1h的硫酸钾混合，一起放入研钵中，研成极细粉末，储于棕色广口瓶中，以防吸潮。

（4）准备标准曲线：

1）取样：取工地用石灰和集料，风干后分别过2.0mm或2.5mm筛，用烘干法或酒精燃烧法测其含水量（如为水泥可假定其含水量为0%）。

2）混合料组成的计算：

公式：干料质量$=\dfrac{\text{湿料质量}}{(1+\text{含水量})}$　　计算步骤如下：

①求干混合料质量$=\dfrac{300\text{g}}{(1+\text{最佳含水量})}$

②干土质量＝干混合料质量/（1＋石灰（或水泥）剂量）

③干石灰（或水泥）质量＝干混合料质量－干土质量

④湿土质量＝干土质量×（1＋土的风干含水量）

⑤湿石灰质量＝干石灰×（1＋石灰的风干含水量）

⑥石灰土中应加入的水＝300g－湿土质量－湿石灰质量

3）准备 5 种试样，每种 2 个样品（以水泥集料为例），如下：

1 种：称 2 份 300g 集料分别放在 2 个搪瓷杯内，集料的含水量应等于工地预期达到的最佳含水量。集料中所加的水应与工地所用的水相同（300g 为湿质量）。

2 种：准备 2 份水泥剂量为 2％的水泥土混合料试样，每份均重 300g，并分别放在 2 个搪瓷杯内。水泥土混合料的最佳含水量应等于工地预期达到的最佳含水量。混合料中所加的水应与工地所用的水相同。

3 种、4 种、5 种：各准备 2 份水泥剂量分别为 4％、6％、8％的水泥土混合料试样，每份均重 300g，并分别放在 6 个搪瓷杯内，其他要求同 1 种。

4）取一个盛有试样的搪瓷杯，在杯内加 600mL 10％氯化铵溶剂，用不锈钢搅拌棒充分搅拌 3min。如水泥土混合料中的土是细粒土，则也可以用 1000mL 具塞三角瓶代替搪瓷杯，手握三角瓶用力振动 3min，速度为每分钟 120 次左右，以代替搅拌棒搅拌。放置沉淀 4min，然后将上部清液转移到 300mL 烧杯内，搅匀，加盖表面皿待测。

5）用移液管吸取上层（液面下 1～2cm）悬浮液 10.0mL 放入 200mL 的三角瓶内，用量筒量取 500mL1.8％氢氧化钠倒入三角瓶中，此时溶液 pH 值为 12.5～13.0（可用pH12～14 精密试纸检验），然后加入钙红指示剂，摇匀，溶剂呈玫瑰红色。用 EDTA 二钠标准液滴定到纯蓝色为终点，记录 EDTA 二钠的耗量（以 mL 计，读至 0.1mL）。

6）对其他几个搪瓷杯中的试样，用同样的方法进行试验，并记录各自 EDTA 二钠的耗量。

7）以同一水泥或石灰剂量混合料消耗 EDTA 二钠毫升数的平均值为纵坐标，以水泥或石灰剂量（％）为横坐标制图。两者的关系应是一根顺滑的曲线，如图 1-1-17 所示。如素集料或水泥或石灰改变，必须重做标准曲线。

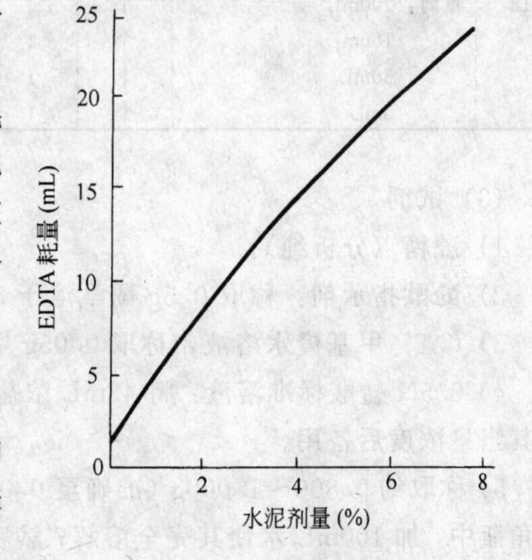

图 1-1-17 标准曲线

（5）试验步骤：

1）选取有代表性的水泥土或石灰土混合料，称 300g 放在搪瓷杯中，用搅拌棒将结块搅散，加 600mL10％氯化铵溶液，然后如前述步骤那样进行试验。

2）利用所绘制的标准曲线，根据所消耗的 EDTA 二钠毫升数，确定混合料中的水泥或石灰剂量（参看图 1-1-17）。

（6）注意事项：

1）每个样品搅拌的时间、速度和方式应力求相同，以增加试验的精度。

2）做标准曲线时，如工地实际水泥剂量较大，素集料和低剂量水泥的试样可以不做，而直接用较高的剂量做试验，但应有两种剂量大于实用剂量，以及两种剂量小于实用剂量。

3）配制的氯化铵溶液最好当天用完，不要放置过久，以免影响试验的精度。

1.1.4.3 氯化钙和氯化镁含量试验

一、有效氧化钙的试验

（1）试验目的和适用范围：本方法适用于测定各种石灰的有效氧化钙含量。

（2）试验仪器设备（见表 1-1-17）。

有效氧化钙试验仪器设备　　表 1-1-17

序号	名称与规格	单位	数量	序号	名称与规格	单位	数量
1	筛子：0.15mm	个	1	19	试剂瓶：250mL	个	5
2	烘箱：50～250℃	个	1		1000mL	个	5
3	干燥器：ϕ25cm	个	1	20	塑料试剂瓶：1L	个	1
4	称量瓶：ϕ300×50mm	个	10	21	滴瓶：60mL	个	3
5	瓷研钵：ϕ12～ϕ13mm	个	1	22	烧杯：50mL	个	5
6	分析天平：万分之一	台	1		250mL	个	10
7	架盘天平：感量 0.1g	台	1		300mL	个	10
8	电炉：1500W	个	1	23	棕色广口瓶：60mL	个	4
9	石棉网：20cm×20cm	块	1		250mL	个	5
10	玻璃珠：ϕ3mm	袋	1	24	酸滴定管：50mL	支	2
11	具塞三角瓶：250mL	个	20	25	滴定台及滴定管	套	1
12	漏斗：短颈	个	3	26	大肚移液管：25mL	支	1
13	塑料洗瓶	个	1		50mL	支	1
14	塑料桶：20L	个	1	27	表面皿：7cm	块	10
15	下口蒸馏水瓶：5000mL	个	1	28	玻璃棒：8mm×250mm	支	10
16	三角瓶：300mL	个	10		4mm×180mm	支	10
17	容量瓶：250mL	个	1	29	试剂勺	个	5
	1000mL	个	1	30	吸水管：8mm×150mm	支	5
18	量筒：200mL	个	1	31	洗耳球（大）	个	1
	100mL	个	1		洗耳球（小）	个	1
	50mL	个	1				
	5mL	个	1				

(3) 试剂

1）蔗糖（分析纯）。

2）酚酞指示剂：称取 0.5g 酚酞溶于 50mL95%乙醇中。

3）0.1%甲基橙水溶液：称取 0.05g 甲基橙溶于 50mL 蒸馏水中。

4）0.5N 盐酸标准溶液：将 42mL 浓盐酸（相对密度 1.19）稀释至 1L，按下述方法标定其当量浓度后备用。

5）称取约 0.800～1.000g（准确至 0.002g）已在 180℃烘干 2h 的碳酸钠，置于 250mL 三角瓶中，加 100mL 水使其完全溶解；然后加入 2～3 滴 0.1%甲基橙指示剂，用待标定的盐酸标准溶液滴定，至碳酸钠溶剂由黄色变为橙红色；

6）将溶液加热至沸，并保持微沸 3min，然后放在冷水中冷却至室温，如此时橙红色变为黄色，则再用盐酸标准溶液滴定，至溶液出现稳定橙红色时为止。

(4) 准备试样：

1）生石灰试样：将生石灰样品打碎，使颗粒不大于 2mm。拌和均匀后用四分法缩减至 200g 左右，放在瓷研体中研细，再经四分法缩减几次至剩下 20g 左右。将研磨所得石灰样品通过 0.10mm 的筛，从此细样中均匀挑取 10 余克，置于称量瓶中在 100℃烘干 1h，贮于干燥器中，供试验用。

2）消石灰试样：将消石灰样品用四分法缩减至 10 余克左右，如有大颗粒存在须在瓷研钵中磨细至无不均匀颗粒存在为止。置于称量瓶中在 105～110℃烘干 1h，贮于干燥器中，供试验用。

(5) 试验步骤：

称取约0.5g试样放入干燥的250mL具塞三角瓶中，取5g蔗糖覆盖在试样表面，投入干玻璃珠15粒，迅速加入新煮沸并已冷却的蒸馏水50mL，立即加塞振荡15min。打开瓶塞，用水冲洗瓶塞及瓶壁，加入2～3滴酚酞指示剂，以0.5N盐酸标准溶液滴定，其速度以每秒2～3滴为宜，至溶液的粉红色显著消失并在30s内不再复现即为终点。

(6) 计算公式：

有效氧化钙的百分含量（X_1）按下式计算：

$$X_1=\frac{V\times N\times 0.028}{G}\times 100$$

式中 V——滴定时消耗盐酸标准溶液的体积（mL）；

0.028——氧化钙毫克当量；

G——试样质量（g）；

N——盐酸标准溶液当量浓度。

(7) 精密度或允许误差：对同一石灰样品至少应做两个试样和进行两次测定，并取两次结果的平均值代表最终结果。

二、氧化镁的试验

(1) 试验目的和适用范围：本试验方法适用于测定各种石灰的总氧化镁含量。

(2) 试验仪器设备：同有效氧化钙的测定方法。

(3) 试剂：

1) 1∶10盐酸：将1体积盐酸（相对密度1.19）以10体积蒸馏水稀释。

2) 氢氧化钙—氯化铵缓冲溶液（pH=10)：将67.5g氯化铵溶液于300mL无二氧化碳蒸馏水中，加浓氢氧化铵（相对密度为0.90）570mL，然后用水稀释至1000mL。

3) 酸性铬蓝K—萘酚绿B（1∶2.5）混合指示剂：称取0.3g酸性铬蓝K和0.75g萘酚绿B与50g已在105℃烘干的硝酸钾混合研细，保存于棕色广口瓶中。

4) EDTA二钠标准溶液：将10gEDTA二钠溶于温热蒸馏水中，待全部溶解并冷至室温后，用水稀释至1000mL。

5) 氧化钙标准溶液：精确称取1.7848g在105℃烘干（2h）的碳酸钙（优级纯），置于250mL烧杯中，盖上表面皿。从杯嘴缓慢滴加1∶10盐酸100mL，加热溶解，待溶液冷却后，移入1000mL的容量瓶中，用新煮沸冷却后的蒸馏水稀释至刻度摇匀，此溶液1mL相当于1mg氧化钙。

6) 20%的氢氧化钠溶液：将20g氢氧化钠溶于80mL蒸馏水中。

7) 钙指示剂：将0.2g钙试剂羟酸钠和20g已在105℃烘干的硫酸钾混合研细，保存于棕色广口瓶中。

8) 10%酒石酸钾钠溶液：将10g酒石酸钾钠溶于90mL蒸馏水中。

9) 三乙醇胺（1∶2）溶液：将1体积三乙醇胺以2体积蒸馏水稀释摇匀。

(4) EDTA二钠标准溶液与氧化钙和氧化镁关系的标定：精确吸取50mL氧化钙标准溶液放于300mL三角瓶中，用水稀释至100mL左右；加入钙指示剂0.1g，以20%氢氧化钠溶液调整溶液碱度到出现酒红色；再过量加3～4mL，以EDTA二钠标准液滴定，至溶液由酒红色变成纯蓝色为止。

（5）试验步骤：

1）称取约0.5g试样，放入250mL烧杯中，用水湿润，加30mL1∶10的盐酸，用表面皿盖住烧杯，加热近沸并保持微沸8～10min。

2）用水把表面皿洗净，冷却后把烧杯内的沉淀液移入250mL容量瓶中，加水至刻度摇匀。

3）待溶液沉淀后，用移液管吸取25mL溶液，放入250mL三角瓶中，加50mL水稀释后，加酒石酸钾钠溶液1mL、三乙醇胺溶液5mL，再加入铵-铵缓冲溶液10mL、酸性铬蓝K-萘酚绿B指示剂约0.1g。

4）用EDTA二钠标准溶液滴定至溶液由酒红色变为纯蓝色时即为终点，记下耗用EDTA标准溶液体积V_1。

5）再从同一容量瓶中用移液管吸取25mL溶液，置于300mL三角瓶中，加水150mL稀释后，加三乙醇胺溶液5mL及20%氢氧化钠溶液5mL，放入约0.1g钙指示剂。

6）最后用EDTA二钠标准溶液滴定，至溶液由酒红色变为蓝色即为终点，记下耗用EDTA二钠标准溶液体积V_2。

（6）计算公式。氧化镁的百分含量（X_2）按下式计算：

$$X_2=\frac{T_{MgO}\ (V_1-V_2)\ \times 10}{G\times 1000}\times 100$$

式中　T_{MgO}——EDTA二钠标准溶液对氧化镁的滴定度；

V_1——滴定钙、镁合量消耗EDTA二钠标准溶液体积（mL）；

V_2——滴定钙消耗EDTA二钠标准溶液体积（mL）；

10——总溶液对分取溶液的体积倍数；

G——试样质量（g）。

（7）精密度或允许误差：对同一石灰样品至少应做两个试样和进行两次测定，取两次测定结果的平均值代表最终结果。

1.1.4.4　无侧限抗压强度试验

（1）试验的目的和适用范围：

1）本试验方法适用于测定无机结合料稳定（包括稳定细粒土、中粒土和粗粒土）试件的无侧限抗压强度，有室内配合比设计试验及现场检测。

2）本试验方法包括：按照预定干密度用静力压实法制备试件以及用锤击法制备试件，试件都是高∶直径=1∶1的圆柱体，应该尽可能用静力压实法制备等干密度的试件。

3）室内配合比设计试验和现场检测两者在试料准备上是不同的，前者根据设计配合比称取试料并拌和，按要求制备试件；后者则在工地现场取拌和的混合料作试料，并按要求制备试件。

（2）取样频率：在现场按规定频率取样，按工地预定达到的压实度制备试件。试件数量每2000m^2或每工作班：无论稳定细粒土、中粒土或粗粒土，当多次试验结果的偏差系数C_v≤10%时，可为6个试件；C_v=10%～15%时，可为9个试件；C_v>15%时，则需13个试件。

（3）试验仪器设备（见表1-1-18）。

无侧限抗压强度试验仪器设备 表 1-1-18

序号	名称与规格	单位	数量	序号	名称与规格	单位	数量
1	圆孔筛：孔径 40mm	个	1	5	液压千斤顶（200～1000kN）	个	1
	孔径 25mm	个	1	6	击锤和导管：		
	孔径 20mm	个	1		击锤底面直径 50mm，总质量 4kg	个	1
	孔径 5mm	个	1		击锤在导管内的总行程 450mm	个	1
2	试模：适用于下列不同土的试模尺寸（试模的直径×高）			7	密封湿气箱或湿气池	个	1
				8	水槽：深度应大于试件高度 50mm	个	1
	细粒土：50mm×50mm	个	1	9	路面材料强度仪或其他压力机	台	1
	中粒土：100mm×100mm	个	1	10	天平：感量 0.01g	台	1
	粗粒土：150mm×150mm	个	1	11	台秤：称量 10kg，感量 5g	台	1
3	脱模器	个	1	12	量筒、拌和工具、漏斗、大小铝盒、烘箱	件	1
4	反力框架：规格为 400kN 以上	个	1				

（4）试件制备：

1）试料准备：将具有代表性的风干试料（必要时，也可以在 50℃烘箱内烘干）用木锤和木碾捣碎，但应避免破碎粒料的原粒径。将土过筛并进行分类，如试料为粗粒土，则除去大于 40mm 的颗粒备用；如试料为中粒土，则除去大于 25mm 或 20mm 的颗粒备用；如试料为细粒土，则除去大于 10mm 的颗粒备用。

2）在预定做试验的前一天，取有代表性的试料测定其风干含水量。对于细粒土，试样应不少于 100g；对于粒径小于 25mm 的中粒土，试样应不少于 1000g；对于粒径小于 40mm 的粗粒土，试样的质量应不少于 2000g。

3）按《公路工程无机结合料稳定材料试验规程》（JTJ 057—94）中 T 0804—94 确定无机结合料混合料的最佳含水量和最大干密度。

4）配制混合料：

①对于同一无机结合料剂量的混合料，需要制备相同状态的试件数量（即平行试验的数量）与土类及操作的仔细程度有关。对于无机结合料稳定细粒土，至少应该制 6 个试件；对于无机结合料稳定中粒土和粗粒土，至少分别应该制 9 个和 13 个试件；

②称取一定数量的风干土并计算干土的质量，其数量随试件大小而变。对于 50mm×50mm 的试件，1 个试件约需干土 180～210g；对于 100mm×100mm 的试件，1 个试件约需干土 1700～1900g；对于 150mm×150mm 的试件，1 个试件约需干土 5700～6000g；对于细粒土，可以一次称取 6 个试件的土，对于中粒土，可以一次称取 3 个试件的土；对于粗粒土，一次只称取一个试件的土；

③将称好的土放在长方盘（约 400mm×600mm×70mm）内。向土中加水，对于细粒土（特别是黏性土）使其含水量较最佳含水量小 3%。将土和水拌和均匀后放在密闭容器内浸润备用。如为石灰稳定土和水泥、石灰综合稳定土，可将石灰和土一起拌匀后进行浸润。浸润时间：黏性土 12～24h；粉性土 6～8h；砂性土、砂砾土、红土砂砾、级配砂砾等可以缩短到 4h 左右；含土很少的未筛分碎石、砂砾及砂可以缩短到 2h；

④在浸润过的试料中，加入预定数量的水泥或石灰（水泥或石灰剂量按干土即干集料质量的百分率计）并拌和均匀。在拌和过程中，应将预留的 3%的水（对于细粒土）加入土中，使混合料的含水量达到最佳含水量。拌和均匀的加有水泥的混合料应在 1h 内按下述方法制成试件，超过 1h 的混合料应该作废。其他结合料稳定土的混合料虽不受此限，但也应

尽快制成试件；

5）按预定的干密度制件：用反力框架和液压千斤顶制件。制备一个预定干密度的试件，需要的稳定土混合料数量 m_1（g）可按下式计算：

$$m_1=\rho_d V\ (1+w)$$

式中 V——试模的体积；

w——稳定土混合料的含水量（%）；

ρ_d——稳定土试件的干密度（g/cm³）。

①将试模的下压柱放入试模的下部，但外露 20mm 左右；

②将称量的规定数量的稳定土混合料 m_1（g）分 2～3 次灌入试模中，每次灌入后需用夯棒轻轻均匀插实，如若试制的是 50mm×50mm 的小试件，则可以将混合料一次倒入试模中，然后将上压柱放入试模内，应使上压柱也外露 20mm 左右；

③将整个试模（边同上下压柱）放到反力框架内的千斤顶上（千斤顶下应放一扁球座），加压直到上下压柱都压入试模为止。维持压力 1min，解除压力后，取下试模，拿去上压柱，并放到脱模器上将试件顶出（利用千斤顶和下压柱）。称试件的质量 m_2，小试件准确到 1g；中试件准确到 2g；大试件准确到 5g。然后用游标卡尺量试件的高度 h，准确到 0.1mm；

④用击锤制件步骤同前，只是用击锤（可以利用做击实试件的锤，但压柱顶面需要垫一块牛皮或胶皮，以保护锤面和压柱顶面不受损伤）将上下压柱打入试模内。

（5）养生：

1）试件从试模内脱出并称量后，应立即放到密封湿气箱和恒温室内进行保温保湿养生。但中试件和大试件应先用塑料薄膜包覆，有条件时，可采用蜡封保湿养生。养生时间视需要而定，作为工地控制，通常都只取 7d。整个养生期间的温度，在北方地区应保持 20℃±2℃，在南方地区应保持 25℃±2℃。

2）养生期的最后一天，应该将试件浸泡在水中，水的深度应使水面在试件顶上约 2.5cm。在浸泡水中前，应再次称试件的质量 m_3。在养生期间，试件质量的损失应该符合下列规定：小试件不超过 1g；中试件不超过 4g；大试件不超过 10g。质量损失超过此规定的试件，应该作废。

（6）无侧限抗压强度试验：

1）将已浸水一昼夜的试件从水中取出，用软的旧布吸试件表面的可见自由水，并称试件的质量 m_4。

2）用游标卡尺量试件的高度 h_1，准确到 0.1mm。

3）将试件放到路面材料强度试验仪的升降台上（台上先放一扁球座），进行抗压试验。试验过程中，应使试件的形变等速增加，并保持速率约为 1mm/min。记录试件破坏时的最大压力 P（N）。

4）从试件内部取有代表性的样品（经过打破）测定其含水量 w_1。

（7）计算公式：

1）试件的无侧限抗压强度 R_c 用下列相应的公式计算：

对于小试件：$R_c=\dfrac{P}{A}=0.00051P$（MPa）

对于中试件：$R_c=\frac{P}{A}=0.000127P$（MPa）

对于大试件：$R_c=\frac{P}{A}=0.000057P$（MPa）

式中 P——试件破坏时的最大压力（N）；

A——试件的截面积，$A=\frac{\pi}{4}D^2$；

D——试件的直径（mm）。

2）精密度或允许误差：

若干次平行试验的偏差系数 C_v（%）应符合下列规定：

小试件：不大于10%，中试件：不大于15%，大试件：不大于20%

（8）试验报告：试验报告应包括以下内容：

1）材料的颗粒组成。

2）水泥的种类和标号或石灰的等级。

3）确定最佳含水量时的结合料用量以及最佳含水量（%）和最大干密度（g/cm^3）。

4）水泥或石灰剂量（%）或石灰（或水泥）、粉煤灰和集料的比例。

5）试件干密度（准确到 $0.01g/cm^3$）或压实度。

6）吸水量以及测抗压强度时的含水量（%）。

7）抗压强度：小于2.0MPa时，采用两位小数，并用偶数表示；大于2.0MPa时，采用1位小数。

8）若干个试验结果的最小值和最大值、平均值 $\overline{R}_c$、标准差 S、偏差系数 C_v 和95%概率的值 $R_{c0.95}$（$=\overline{R}_c-1.645S$）。

1.1.5 沥青与沥青混合料的试验

1.1.5.1 沥青材料的试验

根据交通部1993年颁布的《公路工程及沥青混合料试验规程》（JTJ 052—93）中道路用石油沥青技术要求，对于重型交通道路石油沥青，需要检验针入度、延度、软化点、闪点、溶解度、含蜡量、密度以及薄膜加热试验后的质量损失、针入度比、延度；对于中型交通量道路石油沥青，需要检验其针入度、延度、软化点、溶解度、闪点以及蒸发损失试验后的质量损失和针入度比。现将介绍各项指标的试验方法：

一、沥青针入度的试验

（1）试验的目的和适用范围：

1）沥青的针入度是在规定温度和时间内，附加一定质量的标准针垂直贯入试样的深度，以0.1mm表示。

2）非经注明、标准针、针连杆与附加砝码的总质量为100g±0.05g，试验温度为25℃，针入度贯入时间为5s。

3）本方法适用于测定道路石油沥青、液体石油沥青蒸馏或乳化沥青蒸发后残留物的针入度。

（2）试验仪器及材料（见表1-1-19）。

沥青钉入度实验仪器及材料　　表 1-1-19

序号	名称与规格	单位	数量	序号	名称与规格	单位	数量
1	针入度仪	台	1	6	温度计：(0～5)℃	根	1
2	标准针及针杆	套	1	7	秒表：分度 0.1s	块	1
3	盛样皿：(内径×深)			8	盛样皿盖：平板玻璃，直径不小于盛样皿开口尺寸	个	2
	小盛样皿：55mm×35mm	个	1				
	大盛样皿：70mm×45mm	个	1	9	溶剂：三氯乙烯等	桶	1
4	恒温水浴：＞10L	个	1	10	其他：电炉或砂浴、石棉网、金属锅或瓷把坩埚		
5	平底玻璃：＞1L						

(3) 试验的准备工作：

1) 将试样注入盛样皿中，试样高度应超过预计针入度值 10mm，并盖上盛样皿，以防落入灰尘。盛有试样的盛样皿在 15～30℃室温中冷却 1～1.5h（小盛样皿）、1.5～2h（大盛样皿）或 2～2.5h（特殊盛样皿）后，移入保持规定试验温度±0.1℃的恒温水浴中 1～1.5h（小盛样皿）、1.5～2h（大试样皿）或 2～2.5h（特殊盛样皿）。

2) 调整针入度仪使之水平。检查针连杆和导轨，以确认无水和其他外来物，无明显摩擦。用三氯乙烯或其他溶剂清洗标准针，并拭干。将标准针插入针连杆，用螺丝固紧。按试验条件，加上附加砝码。

(4) 试验的步骤：

1) 取出达到恒温的盛样皿，并移入水温控制在试验温度±0.1℃的平底玻璃皿中的三脚支架上，试样表面以上的水层深度不少于 10mm。

2) 将盛有试样的平底玻璃皿置于针入度仪的平台上，慢慢放下针连杆，用适当位置的反光镜或灯光反射观察，使针尖恰好与试样表面接触。拉下刻度盘的拉杆，使与针连杆顶端轻轻接触，调节刻度盘或深度指示器的指针指示为零。

3) 开动秒表，在指针正指 5s 的瞬间，用手紧压按钮，使标准针自动下落贯入试样，经规定时间，停压按钮使针停止移动。

4) 拉下刻度盘拉杆与针连杆顶端接触，读取刻度盘指针或深度指示器的读数，精确至 0.5。

5) 同一试样平行试验至少 3 次，各测试点之间及与盛样皿边缘的距离不应少于 10mm。每次试验后，应将盛有盛样皿的平底玻璃皿放入恒温水浴，使平底玻璃皿中水温保持试验温度。每次试验应换一根干净的标准针或将标准针取下，用蘸有三氯乙烯溶剂的棉花或布揩净，再用干棉花或布擦干。

6) 测定针入度大于 200 的沥青试样时，至少用 3 支标准针，每次试验后将针留在试样中，直至 3 次平行试验完成后，才能将标准针取出。

(5) 试验报告：同一试样 3 次平行试验结果的最大值与最小值之差在下列允许偏差范围内时，计算 3 次试验结果的平均值，取至整数作为针入度的试验结果，以 0.1mm 为单位。即针入度/允许差值＝0～49/2、50～149/4、150～249/6、250～350/10、＞350/14。

(6) 精密度或允许差：

1) 当试验结果小于 50（0.1mm）时，重复性试验精度的允许差为 2（0.1mm），再现性试验精度的允许差为 4（0.1mm）。

2) 当试验结果等于或大于 50（0.1mm）时，重复性试验精度的允许差为平均值的 4%，再现性试验精度的允许差为平均值的8%。

(7) 注意事项：

1) 试验的精密度和允许差规定是非常重要的项目，本法对精度的规定尽量按国际上通行的采用重复性和再现性的表示方法。

2) 针入度试验属于条件性试验，因此试验时要注意其条件。针入度的条件有三项，分别为温度、时间和针质量，这三项要求不一样，会严重影响结果的正确性。试验时要定期检验标准针，尤其不能使用针尖被损的标准针，在每次试验时，均应用三氯乙烯擦拭标准针。同时要严格控制温度，使其满足精度要求。

3) 影响沥青针入度测定值的一个非常重要的步骤就是标准针与试样表面的接触情况。在试验时，一定要让标准针刚接触试样表面；试验时可将针入度仪置于光线照射处，从试样表面观察标准针的倒影，而后调节标准针升降，使标准针与其倒影刚好接触即可。

二、沥青延度试验

(1) 试验的目的和适用范围

1) 沥青的延度是规定形状的试样在规定温度下，以一定速度受拉伸至断开时的长度，以厘米表示。

2) 试验温度与拉伸速率根据有关规定采用，通常采用的试验温度为25℃或15℃。非经注明，拉伸速度为（5±0.05）cm/min。当低温时采用（1±0.05）cm/min拉伸速度时，应在报告中注明。

3) 本方法适用于测定道路石油沥青、液体沥青蒸馏残留物和乳化沥青蒸发残留物等材料的延度。

(2) 试验的仪器与材料（见表1-1-20）。

沥青延度试验仪器与材料 表1-1-20

序号	名称与规格	单位	数量	序号	名称与规格	单位	数量
1	延度仪	台	1	6	砂浴或其他加热炉具	套	1
2	试模（见表1-1-21）	块	1	7	甘油滑石粉隔离剂（甘油与滑石粉的质量比2:1）	瓶	1
3	试模底板：玻璃板或磨光的铜板、不锈钢板	块	1	8	其他：平刮刀、石棉网、酒精、食盐等	套	1
4	恒温水浴：容量大于10L	套	1				
5	温度计：(0～50℃)	根	1				

延度试样尺寸（mm） 表1-1-21

总长	74.5～75.5	总长	74.5～75.5
中间缩颈部长度	29.7～30.3	最小横断面宽	9.9～10.1
端部开始缩颈处宽度	19.7～20.3	厚度（全部）	9.9～10.1

(3) 试验的准备工作：

1) 将隔离剂拌和均匀，涂于清洁干燥的试模底板和两个侧模的内侧表面，将试模在试模底板上装妥。并将沥青试样仔细自模的一端至另一端往返数次缓缓注入模中，最后略高出试模，灌模时应注意勿使气泡混入。

2）试件在室温中冷却30～40min，然后置于规定试验温度±0.1℃的恒温水浴中，保持30min后取出，用热刮刀刮除高出试模的沥青，使沥青面与试模面齐平。沥青的刮法应自试模的中间刮向两端，且表面应刮得平滑。将试模连同底板再浸入规定试验温度的水浴中1～1.5h。

3）检查延度仪延伸速度是否符合规定要求，然后移动滑板使其指针正对标尺的零点。将延度仪注水，并保温达试验温度±0.5℃。

（4）试验的步骤：

1）将保温后的试件连同底板移入延度仪的水槽中，然后将盛有试样的试模自玻璃板或不锈钢板上取下，将试模两端的孔分别套在滑板及槽端固定板的金属柱上，并取下侧模。水面距试件表面应不小于25mm。

2）开动延度仪，并注意观察试样的延伸情况。此时应注意，在试验过程中，水温应始终保持在试验温度规定范围内，且仪器不得有振动，水面不得有晃动。当水槽采用循环水时，应暂时中断循环，停止水流。

3）试件拉断时，读取指针所指标尺上的读数，以厘米表示。在正常情况下，试件延伸时应成锥尖状，拉断时实际断面接近于零。如不能得到这种结果，则应在报告中注明。

（5）试验报告：同一试样，每次平行试验不少于3个，如3个测定结果均大于100cm，试验结果记作＞100cm；特殊需要也可分别记录实测值。如3个测定结果中，有1个以上的测定值小于100cm时，若最大值或最小值与平均值之差满足重复性试验精度要求，则取3个测定结果的平均值的整数作为延度试验结果；若平均值大于100cm，记作＞100cm；若最大值或最小值与平均值之差不符合重复性试验精度要求时，试验应重新进行。

（6）精密度或允许差：当试验结果小于100cm时，重复性试验精度的允许差为平均值的20％；再现性试验精度的允许差为平均值的30％。

（7）注意事项：

1）在浇铸试样时，隔离剂配置要适当，以免试样取不下来，对于粘结在玻璃上的试样，应放弃。在试模底部涂隔离剂时，不易太多，以免隔离剂占用试样部分体积，冷却后造成试样断面不合格，影响试验结果。

2）在灌模时应使试样高出试模，以免试样冷却后欠模。

3）对于延度较大的沥青试样，为了便于观察延度值，延度值底部尽量采用白色衬砌。

4）在刮模时，应将沥青与试模刮为齐平，尤其是试模中部，不应有低凹现象。

三、沥青闪点的试验

（1）试验的目的和适用范围：

1）沥青闪点是试样在规定的克利夫兰开口杯盛样器内，按照规定的升温速度受热时所蒸发的气体，以规定的方法和试样接触，初次发生一瞬即灭火焰时的试样温度，以℃表示。

2）本方法适用于测定黏稠石油沥青、煤沥青及闪点在79℃以上的液体沥青材料的闪点，以确定施工安全性时使用。

（2）试验的仪器与材料（见表1-1-22）：

沥青闪点的试验仪器与材料　表 1-1-22

序号	名称与规格	单位	数量	序号	名称与规格	单位	数量
1	闪点仪（克利夫兰开口标式）：	个	1		4）点火器：金属管制造	个	1
	1）开口杯：直径×深＝ϕ（63.5±0.5）mm×（33.6±0.5）mm	个	1		5）铁支架：	个	1
	2）加热板：直径×厚＝ϕ145～160mm×6.5mm，黄铜或铸铁制	块	1	2	防风屏：金属薄板制	块	1
	3）温度计：0～400℃	根	1	3	调节器电炉：1kW，控制加热试样的升温速度为 14～17℃	个	1

（3）试验的准备工作：

1）将试样杯用溶剂洗净、烘干，装置于支架上。加热板放在可调电炉上，如用燃气炉时，加热板距炉口约 50mm，接好可燃气管道或电源。

2）安装温度计，垂直插入试样杯中，温度计的水银球距杯底约 6.5mm，位置在与点火器相对一侧距杯边缘约 16mm 处。

3）准备沥青试样后，注入试样杯中至标线处，并使试样杯其他部位不沾有沥青。

4）全部装置应置于室内光线较暗且无显著空气流通的地方，并用防风屏三面围护。

5）将点火器转向一侧，试验点火，调节火苗在成标准球的形状或成直径为（4±0.8）mm 的小球形试焰。

（4）试验的步骤：

1）开始加热试样，升温速度迅速地达到 14～17℃/min。待试样温度达到预期闪点前 56℃时，调节加热器降低升温速度，以便在预期闪点前 28℃时能使升温速度控制在（5.5±0.5）℃/min。

2）试样温度达到预期闪点前 28℃时开始，每隔 2℃将点火器的试焰沿试验杯口中心以 150mm 半径作弧水平扫过一次；从试验杯口的一边至另一边所经过的时间约 1s。此时应确认点火器的试焰为直径（4±0.8）mm 的火球，并位于坩埚口上方 2～2.5mm 处。

3）当试样液面上最初出现一瞬即灭的蓝色火焰，立即从温度计上读记温度，作为试样的闪点。注意勿将试焰四周的蓝白色火焰误认为是闪点火焰。

（5）试验报告：将同一试样至少平行试验两次，两次测定结果的差值不超过重复性试验允许差 8℃时，取其平均值的整数作为试验结果。当试验时大气压在 95.3kPa 以下时，应对闪点的试验结果进行修正。若大气为 95.3～84.3kPa 时，修正值为增加 2.8℃；当大气压为 84.3～73.3kPa 时，修正值可增加 5.5℃。

（6）精密度或允许差：重复性试验精度的允许差为 8℃，再现性试验精度的允许差为 16℃。

四、沥青含蜡量的试验

（1）试验的目的和适用范围：本方法规定了用裂解蒸馏法在规定条件下，测定道路石油沥青中的蜡含量，以质量百分率表示。非经注明，冷却结晶的温度为－20℃。

（2）试验的仪器与材料（见表 1-1-23）。

（3）试验的准备工作：

1）将蒸馏瓶洗净、干燥后，称其质量，准确至 0.1g，然后置烘箱中备用。

2）将 150mL 或 250mL 锥形瓶洗净、烘干、编号后，称其质量，准确至 1mg，然后置干燥器中备用。

沥青含蜡量试验仪器与材料　　**表 1-1-23**

序号	名称与规格	单位	数量	序号	名称与规格	单位	数量
1	冷凝管蒸馏瓶：玻璃制	个	1	10	乙醚、乙醇：化学纯	包	2
2	冷却过滤装置：玻璃制	个	1	11	石油醚经硅胶脱芳烃 60～90℃：化学纯	包	1
3	立式高温电炉	个	1				
4	电热套或燃气炉	个	1	12	工业酒精	瓶	1
5	天平：感量不大于 1mg	台	1	13	干冰（固体 CO_2）	kg	3
6	温度计：－30～＋60℃	根	1	14	烘箱	个	1
7	锥形烧瓶：150mL	个	5	15	恒温水浴	套	1
	250mL	个	5	16	量筒	个	1
8	水流泵	个	1	17	烧杯	个	1
9	真空泵	个	4	18	真空表	个	1

3）将冷却装置各部洗净、干燥，其中砂芯过滤漏斗用洗液浸泡后蒸馏水洗至中性，然后干燥备用。

4）准备沥青试样，在烧杯内备好冰水。

5）用高温炉蒸馏时，应预先加热并控制炉内恒温 550℃±10℃。

（4）试验的步骤：

1）在蒸馏瓶中称取沥青试样质量（m_b）为（50±1）g，准确至 0.1g，并将瓶塞塞妥用锥形瓶做接受器，装在盛有冰水的烧杯中。

2）当用高温电炉时，将盛有试样的蒸馏瓶置已恒温（550±10）℃的电炉中，并迅速将瓶颈固定在铁架的弹簧支架上，蒸馏瓶支管与置于冰水中的锥形瓶连接。

3）调节加热强度，使从加热开始起 5～8min 内开始初馏，其后以每秒两滴的流速继续蒸馏至无馏出油为止，然后在 1min 内将蒸馏瓶底烧红。全部蒸馏过程必须在 25min 完成。

4）将盛有馏出油的锥形瓶从冰水中取出，拭干瓶外水分，在室温下冷却称其质量，得到馏出油总质量（m_1），准确至 0.05g。

5）将锥形瓶中的馏出油加热熔化，并搅拌均匀。加热时温度不要太高，避免有蒸发损失。然后将熔化的馏出油注入另一已知质量的锥形瓶（250mL）中，称取用于脱蜡的馏出油质量（m_2），准确至 1mg，其数量需使其冷冻过滤后能得到 0.05～0.1g 蜡，但取样量不得超过 10g。

6）将冷却过滤装置装妥，并将吸滤瓶支管用橡胶管与水流泵（或真空泵）及 U 形水银柱压力计连接起来。向冷浴中注入适量的冷液（工业酒精），其液面比试样冷却筒内液面（乙醚—乙醇）高约 70mm 以上，以便向冷浴内加干冰不致溅入试样冷却筒内。用适当工具搅拌冷液，使之保持温度（－20±0.5）℃；也可取低温水槽作冷浴，此时冷液可采用 1∶1 甲醇水溶液，低温水槽应能自动控温到（－20±0.5）℃。

7）将盛有馏出油的锥形瓶注入 10mL 乙醚，使其充分溶解，然后注入试样冷却筒中，再用 15mL 乙醚分两次清洗盛油的锥形瓶，并将清洗液倒入试样冷却筒中。将 25mL 乙醇注入试样冷却筒内与乙醚充分混合均匀。从加入乙醚时间开始，冷却 1h，使蜡充分结晶析出。

8）预先在另一锥形瓶或试管（50mL）中量取 50mL 乙醚—乙醇（1∶1）混合液，使其冷却至－20℃，至少恒冷 15min 以后再使用。

9）当试样冷却筒中溶液冷却结晶后，拔起其中的塞子，过滤结晶析出的蜡，并将塞子用适当方法或吊在试样冷却筒中，保持自然过滤 30min。

10）当砂芯过滤漏斗内看不到液体时，启动水流泵（或真空泵），调节U形水银柱压力计真空度，使滤液的过滤速度为每秒一滴左右，抽滤至无液体滴落，然后小心地关闭水流泵，使压力计恢复常压。再将已冷却的乙醚—乙醇混合液一次加入 30mL，洗涤蜡层，并清洗塞子及试样冷却筒内壁。继续过滤，当溶剂在蜡层上看不见时，继续抽滤 5min，将蜡中的溶剂抽干，以除去蜡中的溶液。

11）从冷浴中取出试样冷却过滤装置，取下吸滤瓶，将其中溶液倾入一回收瓶中。吸滤瓶也用乙醚—乙醇混合液中洗 3 次，每次用 10～15mL，洗液倒入回收瓶中。

12）将试样冷却筒、塞子及吸滤瓶重新装妥，再将 30mL 已预热至 50～60℃的石油醚清洗试样冷却筒及塞子，拔起塞子使溶液流至过滤漏斗。待漏斗中无溶液后，再用热石油醚溶解漏斗中的蜡两次，每次用量 35mL，然后立即用水流泵吸滤，至无液滴滴落。

13）将吸滤瓶中蜡溶液倾入已称质量的锥形瓶中，并用常温石油醚分三次清洗吸滤瓶，每次用量 10～15mL。洗液倒入锥形瓶的蜡溶液中。将盛有蜡溶液的锥形瓶放在适宜的热源上，然后将锥形瓶置温度为 105℃±5℃烘箱中除去石油醚，然后放入真空干燥箱（105℃±5℃，残压 21～35kPa）中 1h，再置干燥器中冷却 1h 后称其质量，得到析出蜡的质量 m_3，准确至 0.1mg。

（5）计算公式：沥青试样的蜡含量按下式进行计算：

$$P_p=\frac{m_1\times m_w}{m_b\times m_2}\times 100$$

式中 P_p——蜡含量（%）；

m_b——沥青试样质量（g）；

m_1——馏出油总质量（g）；

m_2——用于测定蜡的馏出油质量（g）；

m_w——析出蜡的质量（g）。

在方格纸上以得到蜡的质量（g）为横轴，蜡的质量百分率为纵轴，求出其关系直线，然后按内推法求出蜡的质量为 0.075g 时的蜡的质量百分率。3 个试样平行试验结果最大值与最小值之差符合重复性试验精度要求时，取其平均值作为蜡含量结果，取小数点一位（%）。

（6）精密度或允许差：蜡含量测定时重复性或再现性试验精度的允许差应符合下列要求：

蜡含量（%）	重复性（%）	再现性（%）
0.0～1.0	0.1	0.3
1.0～3.0	0.3	1.0
＞3.0	0.5	1.5

五、沥青软化点试验方法

（1）试验的目的和适用范围：沥青的软化点是试样在规定尺寸的金属环内，上置规定尺寸和质量的钢球，放于水中，以（5±0.5）℃/min 的速度加热，至钢球下沉达到规定的距离时的温度（一般为25.4mm），以℃表示。本方法适用于测定道路石油沥青、煤沥青、液体石油沥青和乳化沥青蒸发后残留物等材料的软化点。

（2）试验的仪器与材料（见表1-1-24）：

沥青软化点试验的仪器与材料　　表1-1-24

序号	名称与规格	单位	数量	序号	名称与规格	单位	数量
1	软化点试验仪：	台	1	2	环类：钢条制条	个	1
	1）钢球：ϕ9.53mm，质量（3.5±0.05）g	个	1	3	电炉（或其他炉具）	个	1
	2）试样环：黄铜或不锈钢等制成	个	1	4	试样底板：金属板	块	1
	3）钢球定位环：黄铜或不锈钢制成	个	1	5	恒温水槽	个	1
	4）金属支架	个	1	6	平刮刀	把	1
	5）耐热玻璃烧杯：800～1000mL	个	1	7	甘油滑石粉隔离剂	袋	1
	6）温度计：0～80℃	根	1	8	蒸馏水	桶	1
				9	石棉网	个	1

（3）试验的准备工作：

1）首先将试样环置于涂有甘油滑石粉隔离剂的试样底板上，将准备好的沥青试样徐徐注入试样环内至略高出环面为止。

2）如若试样软化点高于120℃，则试样和试样底板均应预热至80～100℃。

3）当试样在室温冷却30min后，用环夹夹着试样杯，并用热刮刀刮除环面上的试样，务使与环面齐平。

（4）试验的步骤，见表1-1-25。

沥青软化点试验的步骤　　表1-1-25

温度范围	试验的主要步骤
试样软化点在80℃以上	1）将装有试样的试样环连同试样底板置于装有（32±1）℃甘油的保温槽中至少15min；同时将金属支架、钢球、钢球定位环等亦置于甘油中 2）在烧杯内注入预先加热至32℃的甘油，其液面略低于立杆上的深度标记 3）从保温槽中取出装有试样的试样环放置在支架中层板的圆孔中，套上定位环，然后将整个环架放入烧杯中，调整水面至深度标记，并保持水温为（5±0.5）℃。注意环架上任何部分不得附有气泡，将0～80℃的温度计由上层板中心孔垂直插入，传端部测温头底部与试样环下面齐面，读取温度至1℃
试样软化点在80℃以下	1）将装有试样的试样环连同试样底板置于装有（5±0.5）℃的保温槽冷水中至少15min；同时将金属支架、钢球、钢球定位环等亦置于相同水槽中 2）烧杯内注入新煮沸并冷却至5℃的蒸馏水，水面略低于立杆上的深度标记 3）从保温槽水中取出盛有试样的试样环放置在支架中层板的圆孔中，套上定位环；然后将整个环架放入烧杯中，调整水面至深度标记，并保持水温为（5±0.5）℃。注意，环架上任何部分不得附有气泡。将0～80℃的温度计由上层板中心孔垂直插入，使端部测温头底部与试样环下面齐平 4）将盛有水和环架的烧杯移至放有石棉网的加热炉具上，然后将钢球放在定位环中间的试样中央，立即加热，使环中水温在3min内调节至维持每分钟上升（5±0.5）℃。注意，在加热过程中，如温度上升速度超出此范围时，则试验应重做 5）试样受热软化逐渐下坠，至与下层底板表面接触时，立即读取温度，至0.5℃

（5）试验报告：对同一试样平行试验两次，当两次测定值的差值符合重复性试验精度要求时，取其平均值作为软化点试验结果，准确至0.5℃。

（6）试验精密度或允许差：当试样软化点等于或大于 80℃时，重复性试验精度的允许差为 2℃，再现性试验精度的允许差为 8℃。如若试样软化点小于 80℃时，重复性试验精度的允许差为 1℃，再现性试验精度的允许差为 4℃。

六、沥青材料的热致老化试验

（一）沥青蒸发损失试验

（1）试验的目的和适用范围：沥青蒸发损失是试样在规定条件下，加热并保持一定时间后质量的损失，以百分率表示。如若未经注明，沥青试样为 50g，保持受热时间为 5h，温度为 163℃。本方法适用于测定石油沥青材料的蒸发损失试验。

（2）试验的仪器与材料，见表 1-1-26。

沥青蒸发损失试验仪器与材料　　**表 1-1-26**

序号	名称与规格	单位	数量	序号	名称与规格	单位	数量
1	烘箱：330mm×330mm	个	1	4	天平：感量 1mg	台	1
2	盛样皿：金属或玻璃制	个	4	5	沥青熔化锅	口	1
3	温度计：0～200℃	根	1	6	计时器	个	1

（3）试验的准备工作：

1）称洁净、干燥的盛样皿的质量（m_0），准确至 1mg。

2）准备试样缓缓倾入两个盛样皿中，质量约（50±0.5）g，冷却至室温后再称试样与盛样皿合计质量（m_1），准确至 1mg。

3）将烘箱调成水平，使转盘在水平面上旋转；再将温度计挂在转盘上方，位于转盘边缘内侧 20mm，水银球底部在转盘顶面上的 6mm 处；然后打开烘箱的上下气孔并加热保持温度（163±1）℃。

（4）试验的步骤：

1）待温度恒温后，将两个已盛试样的盛样皿置于烘箱内，注意观察温度下降，从温度回升至 163℃时开始计算，连续保持 5h。但全部时间不得超过 5.25h。

2）加热终了后取出盛样皿，在不落入灰尘的条件下，在室温下冷却，称取质量（m_2），准确至 1mg。

3）将盛样皿置于加热炉具徐徐加热将沥青溶化，并用玻璃棒上下搅匀；按针入度试验法规定的步骤测定此残留物的针入度，如果试样数量不够要求时，应增加试样皿数量；然后合并在要求的试样皿内试验。

（5）计算公式：沥青试样蒸发损失百分率按下式计算，当试样蒸发试验后质量减少时为负值时，质量增加时为正值。

$$L_b=\frac{m_2-m_1}{m_1-m_0}\times 100$$

式中　L_b——试样的蒸发损失（%）；

m_0——盛样皿质量（g）；

m_1——加热前盛样皿与试样合计质量（g）；

m_2——加热后盛样皿与试样合计质量（g）。

（6）试验报告：在同一试样平行试验两次，两个盛样皿的蒸发损失百分率之差符合重复性试验的精度要求时，求取其平均值作为试验结果，准确至小数后2位。

（7）试验的精密度或允许差：当蒸发损失大于或等于0.5%时，重复性试验精度的允许差为0.20%，再现性试验精度的允许差为0.40%；若蒸发损失小于0.5%时，重复性试验精度的允许差为0.10%，再现性试验精度的允许差为0.20%。

（二）沥青薄膜加热试验

（1）试验的目的和适用范围：沥青薄膜加热试验是厚度3.2mm的试样在规定温度条件下，经规定时间加热，测定试验前后沥青质量和性质变化的试验。除经注明外，加热的时间为5h，其温度为163℃。本方法适用测定道路石油沥青薄膜加热后的质量损失，并根据需要测定薄膜加热后残留物的针入度、黏度、软化点等性质的变化，以评定沥青的耐老化性能。

（2）试验仪器与材料（见表1-1-27）。

沥青薄膜加热试验仪器与材料　　表1-1-27

序号	名称与规格	单位	数量	序号	名称与规格	单位	数量
1	薄膜加热烘箱：直径360～370mm，工作温度200℃	个	1	4	天平：感量不大于1mg	台	1
				5	干燥器	个	1
2	盛样皿：铝或不锈钢制	个	4	6	计时器	个	1
3	温度计：（0～200）℃	根	1				

（3）试验的准备工作：

1）将洁净、烘干、冷却后的盛样皿编号，称其质量（m_0），准确至1mg。

2）准备沥青试样，分别注入4个已称质量的盛样皿中［（50±0.5）g］，并形成厚度均匀的沥青薄膜，放入干燥器中冷却至室温后称取质量（m_1），准确至1mg。同时按规定方法，测定沥青试样薄膜加热试验前的针入度、粘度、软化点脆点及延度等性质。当试验项目需要，预计沥青数量不够时，可增加盛样皿数目，但不允许将不同品种或不同标号的沥青同时放在一个烘箱中试验。

3）将温度计垂直悬挂于转盘轴上，位于转盘中心，水银球应在转盘顶面上的6mm处，并将烘箱加热并保持至（163±1）℃。

（4）试验的步骤：

1）把烘箱调整水平，使转盘在水平面上以（5.5±1）r/min的速度旋转，转盘与水平面倾斜角不大于3°，温度计位置距转盘中心和边缘距离相等。

2）当烘箱达到恒温163℃后，将盛样皿迅速放入烘箱内的转盘上，并关闭烘箱门和开动转盘架；使烘箱内温度回升至162℃时开始计时，并保持温度（163±1）℃、5h。但从放置盛样皿开始至试验结束的总时间，不得超过5.25h。

3）加热后取出盛样皿，放入干燥器中冷却至室温后，随机取其中两个盛样皿分别称其质量（m_2），准确至1mg。注意，即使不进行质量损失测定的，亦应放入干燥器中冷却，但不称量，然后进行下一步骤。

4）将盛样皿置一石棉网上，并连同石棉网放回（163±1）℃的烘箱中转动15min；然后，取出石棉网和盛样皿，立即将沥青残留物样品刮入一适当的容器内，置于加热炉上加热并适当搅拌使之充分融化达流动状态。

（5）计算公式：

1）沥青薄膜试验后质量损失按下式计算：

$$L_T=\frac{m_2-m_1}{m_1-m_0}\times 100$$

式中 L_T——试样薄膜加热质量损失（%）；

m_0——试样皿质量（g）；

m_1——薄膜烘箱加热前盛样皿与试样合计质量（g）；

m_2——薄膜烘箱加热后盛样皿与试样合计质量（g）。

2）沥青薄膜烘箱试验后，残留物针入度比以残留物针入度占原试样针入度的比值计算：

$$K_P=\frac{P_2}{P_1}\times 100$$

式中 K_P——试样薄膜加热后残留物针入度比（%）；

P_1——薄膜加热试验前原试样的针入度（0.1mm）；

P_2——薄膜烘箱加热后残留物的针入度（0.1mm）。

3）沥青薄膜加热试验的残留物软化点增值按下式计算：

$$T_0=T_2-T_1$$

式中 T_0——薄膜加热试验后软化点增值（℃）；

T_1——薄膜加热试验前软化点（℃）；

T_2——薄膜加热试验后软化点（℃）。

4）沥青薄膜加热试验黏度比按下式计算：

$$K_n=\frac{\eta_2}{\eta_1}$$

式中 K_n——薄膜加热试验前后60℃黏度比；

η_2——薄膜加热试验后60℃黏度（Pa·s）；

η_1——薄膜加热试验前60℃黏度（Pa·s）。

5）沥青的老化指数按下式计算：

$$C=\text{loglog}\ (\eta_2\times 10^3)\ -\text{loglog}\ (\eta_1\times 10^3)$$

式中 C——沥青薄膜加热试验的老化指数。

（6）试验报告：根据需要报告残留物的针入度及针入度比、软化点及软化点增值、黏度及黏度比、老化指数及延度等各项性质的变化。质量的损失，当两个试样皿的质量损失符合重复性试验精度要求时，取其平均值作为试验结果，准确到小数点后2位。

（7）试验的精密度或允许差：

1）残留物针入度、软化点、延度、黏度等性质试验的精度应符合相应试验方法的规定。

2）当薄膜加热后质量损失小于或等于0.4%时，重复性试验精度的允许差为0.04%，再现性试验精度的允许差为8%。

3）当薄膜加热后质量损失大于0.4%时，重复性试验精度的允许差为平均值的8%，再现性试验精度的允许差为平均值的40%。

七、沥青密度试验

(1) 试验的目的和适用范围：沥青的密度是试样在规定温度下单位体积所具有的质量，以 t/m^3 或 g/cm^3 表示，非经注明，规定温度为15℃。沥青的相对密度是指在规定温度下，沥青质量与同体积的水质量之比值。非经注明，沥青与水的相对密度是指25℃相同温度下的相对密度。本方法适用于利用比重瓶测定各种沥青材料的密度与相对密度。本方法可以测定密度（15℃），换算得相对密度（25/25℃），也可以测定相对密度（25/25℃），换算求取密度（15℃）。

沥青密度（15℃）与相对密度（25/25℃）之间可由下式换算：

沥青与水的相对密度（25/25℃）＝沥青的密度（15℃）×0.996

(2) 试验仪器与材料，见表1-1-28。

(3) 试验的准备工作：

1) 用洗液、水、蒸馏水先后仔细洗涤比重瓶，然后烘干称其质量（m_1），准确至1mg。

2) 将盛有新煮沸并冷却的蒸馏水的烧杯浸入恒温水浴中一同保温，在烧杯中插入温度计，水的深度必须超过比重瓶顶部40mm以上。

3) 使恒温水浴及烧杯中的蒸馏水达至规定的试验温度±0.1℃。

沥青密度试验仪器与材料　　**表1-1-28**

序号	名称与规格	单位	数量	序号	名称与规格	单位	数量
1	比重瓶：20～30mL	个	1	7	烧杯：600～800mL	个	1
2	恒温水浴：	个	1	8	真空干燥器	个	1
3	烘箱：200℃，装有自动调节器	个	1	9	洗液：三氯乙烯	瓶	1
4	天平：感量不大于1mg	台	1	10	蒸馏水（或去离子水）	桶	1
5	滤筛：0.6mm	个	1	11	表面活性剂：洗衣粉	袋	1
	2.36mm	个	1	12	软布、滤纸		
6	温度计：0～50℃	根	1				

(4) 试验的步骤，见表1-1-29。

沥青密度试验的步骤　　**表1-1-29**

序　号	试验种类	试验的基本步骤
1	比重瓶水值的测定步骤	1) 将比重瓶及瓶塞放入恒温水浴中，烧杯底浸没水中的深度应不少于100mm，烧杯口露出水面，并用夹具将其固牢 2) 待烧杯中水温再次达至规定温度并保温30min后，将瓶塞塞入瓶口，使多余的水由瓶塞上的毛细孔中挤出。注意，比重瓶内不得有气泡 3) 将烧杯从水浴中取出，再从烧杯中取出比重瓶，立即用干净软布将瓶塞顶部擦拭一次，再迅速擦干比重瓶外面的水分，称其质量（m_2），准确至1mg。注意瓶塞顶部只能擦拭一次，即使由于膨胀瓶塞上有小水滴也不能再擦拭 4) 以 m_2-m_1 作为试验温度时比重瓶的水值
2	液体沥青试样的试验步骤	1) 将试样过筛（0.6mm）后注入干燥比重瓶中至满，注意不要混入气泡 2) 将盛有试样的比重瓶及瓶塞移入恒温水浴（测定温度±0.1℃）内盛有水的烧杯中，水面应在瓶口下约40mm。注意勿使水浸入瓶内 3) 从烧杯内的水温达到要求的温度后起算保温30min后，将瓶塞塞上，使多余的试样由瓶塞的毛细孔中挤出。仔细用蘸有三氯乙烯的棉花擦净孔口挤出的试样，并注意保持孔中充满试样 4) 从水中取出比重瓶，立即用干净软布仔细地擦去瓶外的水分或粘附的试样（注意不得再揩孔口）后，称其质量（m_3），准确至1mg

续表

序 号	试验种类	试验的基本步骤
3	黏稠沥青试样的试验步骤	1）将准备好的沥青试样，仔细注入比重瓶中，约至2/3高度。注意勿使试样黏附瓶口或上方瓶壁，并防止混入气泡 2）取出盛有试样的比重瓶，移入干燥器中，在室温下冷却不少于1h，连同瓶塞称其质量（m_4），准确至1mg 3）从水浴中取出盛有蒸馏水的烧杯，将蒸馏水注入比重瓶，再放入烧杯中（瓶塞也放进烧杯中）。然后把烧杯放回已达试验温度的恒温水槽中，从烧杯中的水温达到规定温度时起算保温30min后，使比重瓶中气泡上升到水面，用细针挑除。保温至水的体积不再变化为止。待确认比重瓶已经恒温且无气泡后，再用保温在规定温度水中的瓶塞塞紧，使多余的水从塞孔中溢出，此时应注意不得带入气泡 4）保温30min后，取出比重瓶，按前述方法迅速揩干瓶外水分后称其质量（m_5），准确至1mg
4	固体沥青试样的试验步骤	1）试验前，如试样表面潮湿，可用干燥、清洁的空气吹干，或置50℃烘箱中烘干 2）将50～100g试样打碎，过0.6mm及2.36mm筛。取0.6～2.36mm的粉碎试样不少于5g放入清洁、干燥的比重瓶中，塞紧瓶塞后称其质量（m_6），准确至1mg 3）取下瓶塞，将恒温水浴内烧杯中的蒸馏水注入比重瓶，水面高于试样约10mm，同时加入几滴表面活性剂溶液（如1%洗衣粉、洗涤灵），并摇动比重瓶使大部分试样沉入水底，必须使试样颗粒表面上附气泡逸出。注意，摇动时勿使试样摇出瓶外 4）取下瓶塞，将盛有试样和蒸馏水的比重瓶置真空干燥箱（器）中抽真空，逐渐达到真空度98kPa（735mmHg）不少于15min。如比重瓶试样表面仍有气泡，可再加几滴表面活性剂溶液，摇动后再抽真空。必要时，可反复几次操作，直至无气泡为止 5）将保温烧杯中的蒸馏水再注入比重瓶中至满，轻轻地塞好瓶塞，再将带塞的比重瓶放入盛有蒸馏水的烧杯中，并塞紧瓶塞 6）将有比重瓶的盛水烧杯再置恒温水浴（试验温度±0.1℃）中保持至少30min后，取出比重瓶，迅速揩干瓶外水分后称其质量（m_7），准确至1mg

（5）计算：

1）试验温度下液体沥青试样的密度或相对密度按下式计算：

$$\rho_b=\frac{m_3-m_1'}{m_2-m_1}\times\rho_w$$

$$\gamma_b=\frac{m_3-m_1}{m_2-m_1}$$

式中 ρ_b——试样在试验温度下的密度（g/cm^3）；

γ_b——试样在试验温度下的相对密度；

m_1——比重瓶质量（g）；

m_2——比重瓶与盛满水时的合计质量（g）；

m_3——比重瓶与盛满试样时的合计质量（g）；

ρ_w——试验温度下水的密度，15℃水的密度为0.999 10g/cm^3，25℃水的密度为0.99 703g/cm^2。

2）试验温度下黏稠沥青试样的密度或相对密度按下式计算：

$$\rho_b=\frac{m_4-m_1}{(m_2-m_1)\ -\ (m_5-m_4)}\times\rho_w$$

$$\gamma_b=\frac{m_4-m_1}{(m_2-m_1)\ -\ (m_5-m_4)}$$

式中 m_4——比重瓶与沥青试样合计质量（g）；

m_5——比重瓶与试样和水合计质量（g）。

3）试验温度下固体沥青试样的密度或相对密度按下式计算：

$$\rho_t=\frac{100}{\frac{P'_1}{\gamma_1}+\frac{P'_2}{\gamma_2}+\cdots+\frac{P'_n}{\gamma_n}+\frac{P_b}{\gamma_a}}\cdot\rho_w$$

式中　ρ_t——理论密度（g/cm^3）；

$P_1\cdots P_n$——各种矿料的配合比$\left(矿料总和为\sum_1^n P_i=100\right)$；

$P'_1\cdots P'_n$——各种矿料的配合比$\left(矿料总和为\sum_1^n P'_i+P_b=100\right)$；

$\gamma_1\cdots\gamma_n$——各种矿料与水的相对密度；

P_a——油石比（沥青与矿料的质量比）（%）；

P_b——沥青含量（沥青质量占沥青混合料总质量的百分率）（%）；

γ_a——沥青的相对密度（25/25℃）。

（6）对于Ⅰ型沥青混合料试件应采用水中重法测定；对吸水率大于2%的Ⅰ、Ⅱ型沥青混合料、沥青碎石混合料等不能用表干法测定的试件应采用蜡封法测定；对表面较粗但较密实的Ⅰ型或Ⅱ型沥青混合料，使用吸水性集料的Ⅰ型沥青混合料试件应采用表干法测定。

1.1.5.2　沥青混合料热稳定性试验

我国现行技术规范规定，采用马歇尔稳定度试验进行沥青混合料级配设计；对于高等级道路、一级道路、城市快速道路和主干道路等均采用沥青混合料外，还应通过车辙试验动稳定度指标检验其抗车辙性能。

沥青混合料高温稳定性是指沥青混合料在夏季高温通常为60℃条件下，经车辆荷载的长期重复作用后，不产生车辙和波浪等病害的性能。

一、车辙试验用试件的制作

（1）概述：车辙试验采用的试件是采用轮碾法制成，尺寸为300mm×300mm×50mm的板块试件。

（2）试验仪器与材料（见表1-1-30）：

车辙试验用试件制作仪器与材料　　表1-1-30

序号	名称与规格	单位	数量	序号	名称与规格	单位	数量
1	轮碾成型机：	台	1	11	烘箱：大型烘箱	台	1
2	试验室用沥青混合料拌和机：规格为30L的大型拌和机	台	1		中型烘箱	台	1
				12	台秤、天平或电子秤	台	1
3	试模：长×宽×厚＝300mm×300mm×50mm	块	1	13	小型击实锤：规格长×宽×厚＝80mm×80mm×10mm	个	1
4	手动碾压成型车辙试件的试模框架：长×宽×厚＝300mm×30mm×50mm	个	1	14	沥青运动黏度测定设备：毛细管粘度计或赛波特黏度计	台	1
				15	温度计	根	1
5	电炉或煤气炉	台	1	16	胶布	块	1
6	沥青溶化锅	个	1	17	卡尺	把	1
7	拌和铲	把	1	18	秒表	块	1
8	标准筛	个	1	19	粉笔	盒	1
10	滤纸	卷	4	20	垫木	块	1
				20	棉纱	块	1

(3) 制作步骤：

1）按马歇尔稳定度试件成型方法，确定沥青混合料的拌和温度和压实温度。

2）将金属试模及小型击实锤等置于约100℃的烘箱中加热1h备用。

3）称出制作一块试件所需要的各种材料的用量。先按试件体积（V）乘以马歇尔稳定度击实密度（ρ_0），再乘以系数1.03，即得材料总用量（$m=V\cdot\rho_0\times1.03$），再按配合比计算出各种材料用量。分别将各种材料放入烘箱中预热备用。

4）将预热的试模从烘箱中取出，装上试模框架。在试模中铺一张裁好的普通纸，使底面及侧面均被纸隔离。将拌和好的全部沥青混合料，用小铲稍加拌和后均匀地沿试模由边至中按顺序装入试模，中部要略高于四周。

5）取下试模框架，用预热的小型击实锤由边至中压实一遍，整平成凸圆弧形。

6）插入温度计，待混合料冷却至规定的压实温度时，在表面铺一张裁好尺寸的普通纸。

7）当用轮碾机碾压时，宜先将碾压轮预热至100℃左右（如不加热，应铺牛皮纸）。然后，将盛有沥青混合料的试模置于轮碾机的平台上，轻轻放下碾压轮，调整总荷载为9kN。

8）启动轮碾机，先在一个方向碾压2个往返（4次），卸荷，再抬起碾压轮，将试件掉转方向，再加相同荷载碾压至马歇尔标准密实度（100±1)%为止。试件正式压实前，应经试压，决定碾压次数，一般12个往返左右可达要求。如试件厚度大于100mm时必须分层碾压。

9）当用手动碾碾压时，先用空碾碾压，然后逐渐增加砝码荷载，直至将5个砝码全部加上，进行压实至马歇尔标准密实度（100±1)%为止。碾压方法及次数亦应由试压决定，并压至无轮迹为止。

10）压实成型后，揭去表面的纸，用粉笔在试件表面上标明碾压方向。

11）盛有压实试件的试模，置室温下冷却，至少12h后方可脱膜。

二、沥青混合料车辙试验方法

(1) 概述：沥青混合料车辙试验是一块碾压成型的板块试件。在规定温度条件（一般为60℃）下，以一个轮压为0.7MPa的实心橡胶轮胎在其上进行行走，测量试件在变形稳定期时，每增加1mm变形需要行走的次数，即为"动稳定度"，以次/mm表示。动稳定度是评价沥青混凝土路面高稳定性的一个重要指标，也是沥青混合料配合比设计时的一个辅助性检验指标。

(2) 试验仪器与材料，见表1-1-31。

沥青混合料车辙试验仪器与材料 表1-1-31

序号	名称与规格	单位	数量	序号	名称与规格	单位	数量
1	车辙试机：主要装置有：				5）变形测量装置	个	1
	1）试件台	台	1		6）温度检测装置：		
	2）试验轮：外径φ200mm，轮宽50mm，橡胶层厚15mm	个	1		温度传感器	个	1
					温度计	根	1
	3）加载装置	个	1	2	恒温室：（内有加热器、气流循环装置、自动温度控制设备）	间	1
	4）试模：内侧尺寸为：300mm×300mm×50mm	块	1	3	台秤：（0～15kg）	台	1

（3）试验步骤：

1）测定试验轮压强［应符合（0.7±0.05）MPa］，将试件装于原试模中。

2）将试件连同试模一起，置于达到试验温度（60±1）℃的恒温室中，保温不少于5h，也不得多于24h。在试件的试验轮不行走的部位上，粘贴一个热电偶温度计，控制试件温度稳定在（60±0.5）℃。

3）将试件连同试模置于车辙试验机的试件台上，试验轮在试件的中央部位，其行走方向须与试件碾压方向一致。开动车辙变形自动记录仪，然后启动试验机，使试验轮往返行走，时间约1h，或最大变形达到25mm为止。试验时，记录仪自动记录变形曲线（图1-1-18）及试件温度。

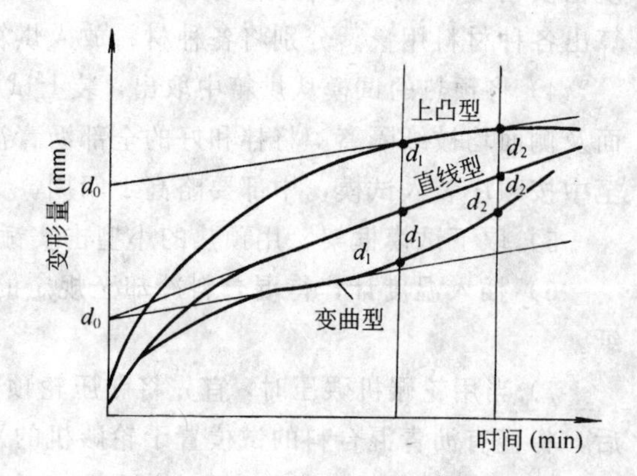

图1-1-18　车辙试验变形曲线

（4）结果计算：

1）从图1-1-18上读取45min（t_1）及60min（t_2）时的车辙变形d_1及d_2，精确至0.01mm。如变形过大，在未到60min变形已达25mm时，则以达到25mm（d_2）时的时间为t_2，将其前15min为t_1，此时的变形量为d_1。

2）沥青混合料试件的动稳定度按下式计算：

$$DS=\frac{(t_2-t_1)\times 42}{d_2-d_1}c_1c_2$$

式中　DS——沥青混合料的动稳定度（次/mm）；

d_1——时间t_1的变形量，一般为45mm，（mm）；

d_2——时间t_2的变形量，一般为60mm，（mm）；

42——试验轮每分钟行走的次数（次/min）；

c_1——试验机类型修正系数，曲柄连杆驱动试件的变速行走方式为1.0，链驱动试验轮的等速方式为1.5；

c_2——试件系数，试验室制备的宽300mm的试件为1.0，从路面切割的宽150mm的试件为0.8

（5）试验报告：

1）同一沥青混合料或同一路段的路面，至少平行试验3个试件。当3个试件动稳定度变异系数小于20％时，取其平均值作为试验结果。变异系数大于20％时应分析原因，并追加试验。如计算动稳定值大于6000次/mm时，记作＞6000次/mm。

2）试验报告应注明试验温度、试验轮接地压强、试件密度、空隙率及试件制作方法等。

（6）精密度或允许差：重复性试验动稳定变异系数的允许值为20％。

1.1.5.3　沥青混合料水稳定性的试验

一、沥青与矿料的黏附性试验方法

（1）试验的目的和适用范围：沥青与矿料黏附性试验是根据沥青黏附在粗集料表面的薄膜在一定温度下，受水的作用产生剥离的程度，以判断沥青与集料表面的黏附性能。本方法适用于测定沥青与矿料的黏附性及评定集料的抗水剥离能力。根据沥青混合料的最大集料粒径，对于大于或小于13.2mm的集料分别选用水煮法或水浸法进行试验。对于同一类料源既有大于又有小于13.2mm不同粒径的集料时，采用水煮法试验为标准，对细粒式沥青混合料以水浸法试验为标准。

（2）试验仪器与材料，见表1-1-32。

（3）水煮法的试验方法：

1）试验的准备工作：

沥青与矿料的黏附性试验仪器与材料 表1-1-32

序号	名称与规格	单位	数量	序号	名称与规格	单位	数量
1	天平：(0～500g)	台	1	9	烘箱：(装有自动温度调节器)	个	1
2	恒温水槽：保温80℃±1℃	个	1	10	电炉：	个	1
3	拌和用小型容器：5mL	个	1	11	燃气炉：	个	1
4	烧杯：100mL	个	1	12	玻璃板：200mm×200mm	块	1
5	试验架	个	1	13	搪瓷盘：300mm×400mm	个	1
6	细线：尼龙线或棉线	捆	1	14	拌和铲	把	1
7	铁丝网	块	1	15	石棉网	捆	1
8	标准筛：9.5mm	个	1	16	纱质手套	双	2
	13.2mm	个	1				
	19mm	个	1				

①将集料用13.2mm、19mm过筛，取粒径13.2～19mm形状接近立方体的规则集料5个，用洁净水洗净，置温度为(105±5)℃的烘箱中烘干，然后放在干燥器中备用；

②将大烧杯中盛水，并置加热炉的石棉网上煮沸。

2）试验步骤：

①将集料逐个用细线在中部系牢，再置于105℃±5℃烘箱内1h。准备沥青试样；

②逐个取出加热的矿料颗粒用线提起，浸入预先加热的沥青（石油沥青130～150℃、煤沥青100～110℃）试样中45s后，轻轻拿出，使集料颗粒完全为沥青膜所裹覆；

③将裹覆沥青的集料颗粒悬挂于试验架上，下面垫一张废纸，使多余的沥青流掉，并在室温下冷却15min；

④待集料颗粒冷却后，逐个用线提起，浸入盛有煮沸水的大烧杯中央，调整加热炉，使烧杯中的水保持微沸状态，但不允许有沸开的泡沫；

⑤当浸煮3min后，将集料从水中捞出，观察矿料颗粒上沥青膜的剥落程度，并按表1-1-33评定其黏附性等级；

⑥同一试样应平行试验5个集料颗粒，并由两名以上经验丰富的试验人员分别评定后，取平均等级作为试验的结果。

沥青与集料黏附性的等级评定 表1-1-33

序号	试验后石料表面上沥青膜剥落情况	黏附性等级
1	沥青膜完全保存，剥离面积百分率接近于0	5
2	沥青膜少部分被水所移动，厚度不均匀，剥离面积百分率少于10%	4
3	沥青膜局部明显地被水所移动，基本保留在石料表面上，剥离面积百分率少于30%	3
4	沥青膜大部分被水所移动，局部保留在石料表面上，剥离面积百分率大于30%	2
5	沥青膜完全被水所移动，石料基本裸露，沥青全浮于水面上	1

(4) 水浸法的试验方法：

1) 准备工作：

①将集料用 9.5mm、13.2mm 过筛，取粒径 9.5～13.2mm 形状规则的集料 200g 用洁净水洗净，并置温度为 105℃±5℃的烘箱烘干，然后放在干燥器中备用；

②准备沥青试样，加热至与矿料的拌和温度；

③将煮沸过的热水注入恒温水浴中，维持 80℃±1℃恒温。

2) 试验步骤：

①按四分法称取集料颗粒（9.5～13.2mm）100g 置搪瓷盘中，连同搪盗盘一起放入已升温至沥青拌和温度以上 5℃的烘箱中持续加热 1h；

②按每 100g 矿料加入沥青（5.5±0.2）g 的比例称取沥青，准确至 0.1g。放入小型拌和容器中，一起置入同一烘箱中加热 15min；

③将搪瓷盘中的集料倒入拌和容器的沥青中后，从烘箱中取出拌和容器，立即用金属铲均匀拌和 1～1.5min，使集料完全被沥青膜裹覆。然后，立即将裹有沥青的集料取 20 个，用小铲移至玻璃板上摊开，并置室温下冷却 1h；

④将放有集料的玻璃板浸入温度为 (80±2)℃的恒温水槽中，保持 30min，并将剥离及浮于水面的沥青，用纸片捞出；

⑤由水中小心取出玻璃板，浸入水槽内的冷水中，仔细观察裹覆集料的沥青薄膜的剥落情况。由两名以上经验丰富的试验人员分别目测，评定剥离面积的百分率，评定后取平均值表示；

⑥由剥离面积百分率按表 1-1-32 评定沥青与集料黏附性的等级。

(5) 试验报告：试验的结果、采用的方法及集料粒径应写出试验的报告。

二、浸水马歇尔试验

(1) 浸水马歇尔试验方法是将沥青混合料试件在规定温度的恒温水槽中保温 48h，然后测定其稳定度。其他方法与标准马歇尔试验方法相同，这里不再重述。

(2) 根据其试件的浸水马歇尔稳定度和标准马歇尔稳定度，可按下式求得试件浸水残留的稳定度：

$$MS_0=\frac{MS_1}{MS}\times 100$$

式中　MS_0——被试件的浸水残留稳定度（%）；

MS_1——被试件的浸水 48h 后的稳定度（kN）；

MS——被试件按标准试验方法的稳定度（kN）。

三、真空饱和马歇尔试验

(1) 真空饱和马歇尔试验方法是将被试件先放进真空干燥器中，关闭进水胶管，开动真空泵，使干燥器和真空度达到 97.3kPa 以上，并需要维持 15min，然后打开进水胶管，靠负压进入冷水流使被试件全部浸入水中。

(2) 当被试件浸水 15min 后恢复常压，取出其试件再放入规定的稳定度［粘稠沥青混合料为 (60±1)℃］的恒温水槽中保温 48h，进行马歇尔试验，其余与标准的马歇尔试验方法基本相同。

(3) 根据被试件的真空饱水稳定度和标准稳定度，可以按下式求得试件真空饱水残留稳定度：

$$MS'_0=\frac{MS_2}{MS}\times 100$$

式中 MS'_0——被试件的真空饱水残留稳定度（%）；

MS_2——被试件真空饱水浸水48h后的稳定度（kN）；

MS——被试件按标准试验方法的稳定度（kN）。

1.1.5.4 沥青混合料产品的试验

一、沥青混合料中沥青含量的试验

（一）射线试验法

（1）试验的目的和适用范围：沥青混合料的沥青含量是沥青质量在沥青混合料总质量中的比例，当采用油石比时，它表示沥青质量与沥青混合料中的矿料总质量的比例，均以质量百分率表示。均以质量的百分率表示。本方法规定用射线法测定用粘稠石油沥青拌制的热拌沥青混合料中沥青的含量，它适用于热拌热铺沥青混合料路面施工的沥青用量检测使用。

（2）试验仪器与材料（表1-1-34）：

射线法试验仪器与材料　表1-1-34

序号	名称与规格	单位	数量	序号	名称与规格	单位	数量
1	沥青含量测定仪	台	1	5	木板：长×宽=500mm×100mm	块	1
2	试样容器	套	1	6	铁铲	把	1
3	沥青混合料拌和机	台	1	7	大号金属盘	个	1
4	磅秤或天平：称量10kg	台	1	8	烘箱	个	1
					温度计	根	1

（3）试验的准备工作：

1）用检测对象的实际材料按施工要求的矿料配合比配合矿料8kg，在烘箱中加热到165℃，4h。

2）准备施工实际使用的沥青试样，按设计沥青用量（或油石比）的±0.5%称取2档或3档沥青用量，加热到要求的拌和温度。

3）从小的沥青用量开始分别用沥青混合料拌和机拌和3min。

4）按仪器说明书要求称取沥青混合料装入试样容器中压实，用木板压平放进射线法沥青含量测定仪中，经16min测定时间测定标定参数。

5）重复*c*、*d*的步骤，每次增加所需沥青用量，将每一档沥青用量的混合料进行测定，得出标定参数，储存入试验仪器中。

6）沥青混合料试样取样法，在拌和厂从运料卡车上采取欲检测的沥青混合料试样。

（4）试验的步骤：

1）按仪器操作说明书要求立即将热沥青混合料分别装入两个试样容器，称取质量，使之符合规定取样量，并量测沥青混合料温度。

2）用木板压紧沥青混合料，达到规定的体积。

3）依次将试样容器放入含量测定仪中，开动仪器，输入试样号、沥青混合料温度、标定的沥青混合料编号或标定参数，进行测定，测定的时间一般为8min。到达时间后，测定仪自动显示沥青含量，记录在测定报告中。

(5) 试验报告：同一沥青混合料试样至少平行试验两次，其差值不大于0.2%时，取平均值作为试验结果。

（二）离心分离试验法

(1) 试验的目的和适用范围：沥青混合料的沥青含量是沥青质量在沥青混合料总质量的比例，当采用油石比时，它表示沥青质量与沥青混合料中的矿料总质量的比例，均以质量百分率表示。本方法适用于热拌热铺沥青混合料路面施工时的沥青用量检测，以评定拌和厂产品的质量。同时，此法适用于旧路调查时检测沥青混合料的沥青用量等。

(2) 试验仪器与材料（见表1-1-35）：

离心分离法试验仪器与材料　　**表1-1-35**

序号	名称与规格	单位	数量	序号	名称与规格	单位	数量
1	离心抽提仪	台	1	7	电烘箱：装有温度调节器	个	1
2	圆环形滤纸	卷	1	8	三氯乙烯：工业用	合	1
3	回收瓶：1700mL	个	1	9	碳酸铵饱和溶液	桶	1
4	压力过滤装置：	个	1	10	小铲	把	1
5	天平：精度0.01g、1mg	台	1	11	金属盘	个	1
6	量筒：最小刻度1mL	个	1	12	大烧杯	个	1

(3) 试验的准备工作：

1) 在拌和厂内的从运料卡车采取沥青混合料试样，放在金属盘中适当拌和。

2) 等至温度下降至100℃以下后，就用大烧杯取混合料试样质量的1000～1500g左右(m)，准确至0.1g。

3) 如果试样是路上用钻机法或切割法取得的，应用电风扇吹风使其完全干燥，置微波炉或烘箱中适当加热后成松散状态取样，但不得用锤击以防集料破碎。

(4) 试验的步骤：

1) 向装有试样的烧杯中注入三氯乙烯溶剂，将其浸没，记录溶剂用量浸泡30min，用玻璃棒适当搅动混合料，使沥青充分溶解。

2) 将混合料及溶液倒入离心分离器，用少量溶剂将烧杯及玻璃棒上的粘附物全部洗入分离容器中。称取洁净的圆环形滤纸质量，准确至0.01g。注意，滤纸不应反复使用，有破损者更不能使用，如有石粉粘附时应用毛刷清除干净为止。

3) 把滤纸垫在分离器边缘上，加盖紧固。在分离出口处放上回收瓶，上口应注意密封，防止流出的液体成雾状而散落。开动离心机、转速逐渐提高到3000r/min，沥青溶液通过排出口注入回收瓶中，待流出停止后停机。

4) 从上盖的孔中加入新溶剂，数量相同。稍停3～5min后，重复上述操作，如此数次直至流出的抽提液成清澈的淡黄色为止。

5) 卸下上盖，取下圆环形滤纸，在通风橱或室内空气中蒸发后放入105℃±5℃的烘箱中干燥，称取质量，其增重部分（m_2）为矿粉的一部分。

6) 将容器中的集料仔细取出，在通风橱或室内空气中蒸发后放入105℃±5℃的烘箱中烘干（一般需4h），然后放入大干燥器中冷却至室温，称取集料质量（m_1）。

7) 用压力过滤器过滤回收瓶中的沥青溶液，由滤纸的增重m_3得出泄漏入滤液中矿粉。

如无压力过滤器时，也可用燃烧法测定。

(5) 试验报告：同一沥青混合料试样至少平行试验两次，取其平均值作为试验的结果。两次试验结果的差值应小于0.3%，当大于0.3%时，应补充平行试验一次，以三次试验的平均值作为试验结果。三次试验的最大值与最小值之差不得超过0.5%。

(三) 回流式抽提仪法

(1) 试验的目的和适用范围。沥青混合料的沥青含量是沥青质量在沥青混合料总质量中的比例，当采用油石比时，它表示沥青质量与沥青混合料中的矿料总质量的比例。本方法规定用回流式抽提仪法测定沥青混合料中沥青的含量，它适用于沥青路面施工的沥青用量检测使用，以评定施工质量，也适用于旧路调查中检测沥青路面的沥青用量。

(2) 试验仪器与材料（见表1-1-36）：

回流式抽提仪法试验仪器与材料 表1-1-36

序号	名称与规格	单位	数量	序号	名称与规格	单位	数量
1	回流式沥青抽提仪	台	1	8	脱脂棉	kg	2
2	滤纸筒	个	1	9	烘箱	个	1
3	天平：感量不大于1g	台	1	10	高温炉（大于1000℃）	个	1
4	溶剂：三氯乙烯工业纯	桶	1	11	量筒	个	1
5	碳酸铵饱和溶液	桶	1	12	金属盘	个	1
6	蒸馏烧瓶	瓶	1	13	磁蒸发皿	个	1
7	滤纸	张	1				

(3) 试验的准备工作：

1) 准备好滤纸筒。如没有滤纸筒时也可将大张定性滤纸卷成2～3层的圆筒状，下部摺成平底（大小接近铜筛网内部尺寸），用一细线捆好以防散开，底面再铺一张滤纸和一层脱脂棉，称合计质量（m_1）后，仔细置铜网筛筒内。

2) 将溶剂注入抽提筒内，其用量可根据试样质量确定，一般约为试样的1～1.5倍。

3) 采集沥青混合料试样。当试样已冷却结块或系从路上钻取的芯样时，应置微波炉或烘箱内加热，使之呈松散状态。需要时，须用电风扇充分吹干1h以上，预先测定试样的水分含量。

4) 称取松散的沥青混合料试样1kg（m），准确至1g，轻轻放入铜网筛筒的滤纸筒内。

5) 将盛有试样的铜网筛筒放入抽提筒内的铜柱上，盖好水冷凝器。

(4) 试验的步骤：

1) 检查抽提仪是否全部装妥。

2) 开放进水阀，使冷水流入冷凝器，充满后不断由排水阀流出。

3) 接通电路，加热抽提筒内的溶剂至沸腾后，其蒸汽上升遇冷凝器冷凝后滴入铜网筛筒溶洗混合料试样中的沥青，并通过滤纸流至抽提筒内。如此反复溶洗，至试样中的沥青被溶解洗净为止。这一过程一般需要8～10h。

4) 抽提结束，关闭电源。待冷却后关闭进水阀，取下冷凝器，仔细将筒网筛筒取出，置通风橱内晾干，再将装有矿料的滤纸筒置干净的金属盘中，并置烘箱［(105±5)℃］内烘至恒重，一般需4h。

5) 分别称取烘干的矿料质量（m_2）及带用矿粉的滤纸筒、脱脂棉质量（m_3）。

(5) 试验报告：同一试样至少平行试验两次，其差值不大于0.3%时，取其平均值作为试验结果。

二、沥青混合料的矿料级配试验

(1) 试验的目的和适用范围。沥青混合料的矿料级配检验方法是沥青路面施工时检验拌和厂生产的沥青混合料的矿料颗粒级配组成的试验，以通过规定筛孔的质量百分率表示。本方法适用于测定沥青路面施工过程中沥青混合料的矿料级配，以评定沥青路面的施工质量时使用。

(2) 试验仪器与材料，见表1-1-37。

沥青混合料的矿料级配试验仪器与材料　　表1-1-37

序号	名称与规格	单位	数量	序号	名称与规格	单位	数量
1	标准筛： (1) 方孔标准筛系列规格：53.0mm、37.5mm、31.5mm、26.5mm、19.0mm、16.0mm、13.2mm、9.5mm、4.75mm、2.36mm、1.18mm、0.6mm、0.3mm、0.15mm、0.075mm (2) 圆孔标准筛系列规格：60mm、50mm、40mm、35mm、30mm、25mm、	套	1		20mm、15mm、10mm、5mm、2.5mm、1.2mm、0.6mm、0.3mm、0.15mm、0.074mm		
				2	天平：感量不大于0.1g	台	1
				3	摇筛机：	台	1
				4	烘箱：装有自动控制器	个	1
				5	样品盘：	个	1
				6	毛刷：	个	1

(3) 试验的准备工作

1) 从拌和厂选取代表性的样品。

2) 将沥青混合料试样按规定的沥青混合料沥青含量的试验方法抽提沥青后，将全部矿质混合料放入样品盘中置温度（105±5℃）烘干，并冷却至室温。

3) 按沥青混合料矿料级配设计要求，选用全部或部分需要筛孔的标准筛。做施工质量检验时，一般应包括0.075mm、2.36mm、4.75mm及集料最大粒径等5个筛孔；若为圆孔筛，应包括0.074mm、2.5mm、5.0mm及集料最大粒径等5个筛孔，按大小顺序排列成套筒。

(4) 试验的步骤

1) 将抽提后的矿料试样称其质量1～1.5kg，准确至0.1g。

2) 把标准带筛底置摇筛机上，并将矿质混合料置于筛内，盖妥筛盖后，压紧摇筛机，开动摇筛机筛分10min。取下套筛后一按筛孔大小顺序，在清洁的浅盘上再逐个进行手筛。

3) 称量各筛上筛余颗粒的质量，准确至0.1g。注意所有的分计筛余量和底盘中剩余质量的总和与筛分前试样总质量相比，相差不得超过总质量的1%。

(5) 试验报告：同一混合料至少取两个试样平行筛分试验两次，取平均值作为每号筛上筛余量的试验结果，报告矿料级配通过百分率。

1.1.6　水泥与水泥混凝土的试验

1.1.6.1　砂石材料的技术性质与要求

一、石料的技术性质与要求

(1) 石料的物理性质

1）密度。石料的密度是石料在规定条件［（105±5℃）烘干至恒重，温度20℃］下，单位体积的质量。石料密度的测定方法见《公路工程石料试验规程》（JTJ 054—94）。

2）毛体积密度。石料的毛体积密度是石料在规定条件下，单位体积颗粒的干质量或湿质量。石料毛体积密度的测定方法见《公路工程石料试验规程》（JTJ 054—94）。

3）吸水性。包括吸水率和饱水率，其试验方法见《公路工程石料试验规程》（JTJ 054—94）。

4）耐候性。通常指抗冻性和坚固性，其试验方法见《公路工程石料试验规程》（JTJ 054—94）。

（2）石料的力学性质

1）单轴抗压强度。道路建筑用石料的（单轴）抗压强度是将石料（岩块）制备成50mm×50mm×50mm 的正方体（或直径和高度均为 50mm 的圆柱体）试件，经吸水饱和后，在单轴受压并按规定的加载条件下达到极限破坏时单位承压面积的强度。试验方法见《公路工程石料试验规程》（JTJ 054—94）。

2）磨耗性。磨耗性是指石料抵抗撞击，剪切和摩擦等综合作用的性能。试验方法见《公路工程集料试验规程》（JTJ 058—94）。

（3）路用石料的技术等级和标准，见表 1-1-38 所列。

道路建筑用天然石料等级和技术标准（JTJ 054 M0201—94） **表 1-1-38**

岩石类别	主要岩石名称	石料等级	技术标准		
			极限抗压强度（饱水状态）（MPa）	磨耗率（%）	
				洛杉矶式磨耗机试验法	狄法尔式磨耗机试验法
1	2	3	4	5	6
Ⅰ岩浆岩类	花岗岩、玄武岩、安山岩、辉绿岩等	1	＞120	＜25	＜4
		2	100～120	25～30	4～5
		3	80～100	30～45	5～7
		4		45～60	7～10
Ⅱ石灰岩类	石灰岩、白云岩等	1	＞100	＜30	＜5
		2	80～100	30～35	5～6
		3	60～80	35～50	6～12
		4	30～60	50～60	12～20
Ⅲ砂岩与片岩类	石英岩、片麻岩、石英片麻岩、砂岩等	1	＞100	＜30	＜5
		2	80～100	30～35	5～7
		3	50～80	35～45	7～10
		4	30～50	45～60	10～15
Ⅳ砾石	—	1	—	＜20	＜5
		2	—	20～30	5～7
		3	—	30～50	7～12
		4	—	50～60	12～20
试验方法			JTJ 054 T0212—94	JTJ 054 T0220—94	JTJ 054 T0221—94

二、水泥混凝土拟用集料的技术性质和要求

集料包括岩石天然风化而成的砾石和砂等，以及岩石经人工轧制的各种尺寸的碎石。凡粒径小于5mm者称为细集料，粒径大于5mm者称为粗集料。

（一）粗集料的技术性质

（1）粗集料的物理性质

1）表观密度。粗集料表观密度是单位体积（含颗粒固体及其闭口孔隙体积）物质颗粒的干质量。测定方法见《公路工程集料试验规程》(JTJ 058—94)。

2）毛体积密度。粗集料的毛体积密度同石料的毛体积密度。测定方法见《公路工程集料试验规程》(JTJ 058—94)。

3）堆积密度。粗集料的堆积密度是单位体积（含物质颗粒固体及其闭口、开口孔隙体积及颗粒间空隙体积）物质颗粒的质量。测定方法见《公路工程集料试验规程》(JTJ 058—94)。

4）空隙率。粗集料空隙率是集料的颗粒之间空隙体积积占集料总体积的百分比。

5）坚固性。粗集料坚固性按《公路工程集料试验规程》(JTJ 058—94)选取规定数量，分别装在金属网篮中浸入饱和硫酸钠溶液中进行干湿循环试验，经一定的循环次数后，观察其表面破坏情况，并用质量损失百分率来计算其坚固性。

6）针片状颗粒含量。颗粒长度大于该颗粒所属粒级平均粒径的0.4倍者为针状颗粒，颗粒厚度小于该颗粒平均粒径的2.4倍者为片状颗粒。

7）含泥量和泥块含量。含泥量是指颗粒小于0.08mm颗粒的含量；泥块含量是指颗粒大于5mm，经水洗，手捏后可破碎成小于2.5mm的颗粒含量。

（2）粗集料的化学性质

1）有害杂质含量。有害杂质含量主要是指硫化物和硫酸盐的含量。

2）碱集料反应。当水泥混凝土中碱含量较高时，应鉴定集料与碱发生潜在有害反应，即水泥混凝土—硅酸盐反应的可能性。

（3）粗集料的力学性质

1）强度。岩石的抗压强度由碎石生产单位提供，试验方法同《公路工程石料试验规程》(JTJ 054—94)。

2）压碎值。压碎值是按规定方法测得的石料抵抗压碎的能力，以压碎试验后小于规定料径的石料质量百分率表示，试验方法见《公路工程集料试验规》(JTJ 058—94)。

（二）细集料的技术性质

（1）物理常数：细集料的表观密度或堆积密度和空隙率等物理常数的含义与粗集料完全相同。

（2）级配：级配是集料各级粒径颗粒的分配情况，砂的级配可通过砂的筛分试验确定。砂的筛分试验是取试样500g，在整套标准筛上进行筛分，分别求出试样存留在各筛上质量的一种试验方法。级配有关参数按如下方法计算：

1）分计筛余百分率：在某号筛上的筛余质量占总质量的百分率。

2）累计筛余百分率：某号筛的分计筛余百分率和大于某号筛的各筛余百分率之总和。

3）通过百分率：通过某筛的质量占试样总质量的百分率，亦即100与累计筛余百分率之差。

4）细度模数 M_X：

$$M_X=\frac{(A_2+A_3+A_4+A_5+A_6)\ -5A_1}{100-A_1}$$

式中 A_1、A_2、A_3、A_4、A_5、A_6 分别为5mm、2.5mm、1.25mm、0.63mm、0.315mm、0.16mm各筛上的累计筛余百分率。

通常砂的粗细程度用细度模数来表示。砂按细度模数分三级：粗砂（M_X=3.1～3.7）；中砂（M_X=3.0～2.3）；细砂（M_X=2.2～1.6）。

（3）有害杂质含量。砂中常含有的有害杂质主要有泥、泥块、云母轻物质、硫酸盐硫化物和有机质。

（三）粗细集料的技术要求

（1）粗集料的有关指标和级配规格。粗集料有关指标应符合表1-1-39；级配规格应符合表1-1-40所列。

粗集料指标要求 表1-1-39

序号	指标按质量计不大于（%）	混凝土强度等级和所处的环境条件				试验方法
		C50～C40	≥C30	C35	C30	
1	石料压碎指标值	12	—	16	—	T0315—94
2	针片状颗粒含量	—	15	—	25	T0311—94
3	含泥量（<0.08按质量计）	—	1.1	—	2.0	T0310—94
4	泥块含量（按质量计）	—	0.5	—	0.7	T0310—94
5	小于2.5mm颗粒含量	5	5	5	5	T0310—94
6	坚固性指标质量损失	在寒冷地区室外使用，并经常处于潮湿或干湿交替状态下的混凝土				T0314—94
		8				
		在其他条件下使用的混凝土				
		12				
7	硫化物及硫酸盐含量折算成 SO_3 按质量计	1				T0341—94
8	卵石中有机质含量	颜色不深于标准色；如深于标准色，应配制混凝土进行强度试验，抗压强度应不低于95%				T0313—94

碎石或卵石的颗粒级配规格 表1-1-40

级配情况	公称粒级（mm）	累计筛余，按质量计（%）											
		圆孔筛孔尺寸（mm）											
		2.5	5	10	16	20	25	31.5	40	50	63	80	100
连续级配	5～10	95～100	80～100	0.15	0	—	—	—	—	—	—	—	—
	5～16	95～100	90～100	30～60	0～10	0	—	—	—	—	—	—	—
	5～20	95～100	90～100	40～70	—	0～10	0	—	—	—	—	—	—
	5～25	95～100	90～100	—	30～70	—	0～5	0	—	—	—	—	—
	5～31.5	95～100	90～100	70～90	—	15～45	—	0～5	0	—	—	—	—
	5～40	—	95～100	75～90	—	30～60	—	—	0～5	0	—	—	—

续表

级配情况	公称粒级（mm）	累计筛余，按质量计（%）											
		圆孔筛孔尺寸（mm）											
		2.5	5	10	16	20	25	31.5	40	50	63	80	100
单级配	10～20	—	95～100	85～100	—	0～15	0	—	—	—	—	—	—
	16～31.5	—	95～100	—	85～100	—	—	0～10	0	—	—	—	—
	20～40	—	—	95～100	—	80～100	0	—	—	0～10	0	—	—
	31.5～63	—	—	—	95～100	—	—	75～100	45～75	—	0～10	—	—
	40～80	—	—	—	—	95～100	—	—	70～100	—	30～60	0～10	—

（2）细集料的有关指标和级配规格。细集料有关指标应符合表1-1-41，砂颗粒级配应符合表1-1-42所列。

细集料指标要求　　**表1-1-41**

序　号	指标按质量计不大于（%）	混凝土强度等级和所处环境		试验方法
		≥C30	＜C30	
1	含泥量	≤3	≤5	T0333—94
2	泥块含量	≤1.0	≤2.0	
3	坚固性指标	在寒冷地区室外使用，并经常处于潮湿或干湿交替状态下，≤8		J0340—94
		在其他条件下，≤12		
4	有机物含量（用比色法试验）	颜色不深于标准色。如深于标准色，则应用经洗除有机质的和未经洗除有机质的砂样分别以相同配比配制水泥砂浆，进行强度对比试验，相对抗压强度不应低于95%		J0336—94
5	云母含量	2		T0337—94
6	轻物质含量	1		T0338—94
7	硫化物及硫酸盐含量折算成SO_3	1		T0341—94

砂颗粒级配区表　　**表1-1-42**

级配区 / 累计筛余（%） / 筛孔尺寸（mm）	Ⅰ区	Ⅱ区	Ⅲ区	级配区 / 累计筛余（%） / 筛孔尺寸（mm）	Ⅰ区	Ⅱ区	Ⅲ区
5.00	10～0	10～0	10～0	0.63	85～71	70～41	40～16
2.50	35～5	25～0	15～0	0.315	95～80	92～70	85～55
1.25	65～35	50～10	25～0	0.16	100～90	100～90	100～90

注：（1）砂的实际颗粒级配，除5.00mm、0.63mm、0.16mm筛孔外，其余各筛孔累计筛余允许超出本表的规定界限，但不应超出5%；

（2）Ⅰ区砂宜提高砂率以配低流动性混凝土，Ⅱ区砂宜优先选用可以配不同等级混凝土，Ⅲ区砂宜适当降低砂率以保证混凝土强度；

（3）对于高强泵送混凝土用砂宜选用中砂，细度模数为2.9～2.4。2.5mm筛孔的累计筛余量不得大于15%，0.315mm筛孔的累计筛余量宜在85%～92%范围内。

1.1.6.2 常用水泥技术标准和强度指标

一、硅酸盐水泥

(1) 概述。凡由硅酸盐水泥熟料、0～5 石灰石或粒比高炉渣及适量石膏磨细制成的水硬性胶凝材料称为硅酸盐水泥。硅酸盐水泥分两种类型，不掺加混合材料的称Ⅰ型硅酸盐水泥，代号P.Ⅰ。在硅酸盐水泥熟料粉磨时掺加不超过质量5%石灰石或粒化高炉矿渣混合材料的称Ⅱ型硅酸盐泥，代号P.Ⅱ。

(2) 硅酸盐水泥的强度指标（见表1-1-43）。

硅酸盐水泥的强度指标（GB 175—92） **表 1-1-43**

标　号	抗压强度（MPa）不低于		抗折强度（MPa）不低于		标　号	抗压强度（MPa）不低于		抗折强度（MPa）不低于	
	3d	28d	3d	28d		3d	28d	3d	28d
425R	22.0	42.5	4.0	6.5	625	28.0	62.5	5.0	8.0
					625R	32.0	62.5	5.5	8.0
525	23.0	52.5	4.0	7.0	725R	37.0	72.5	6.0	8.5
525R	27.0	52.5	5.0	7.0					

(3) 硅酸盐水泥的技术标准（见表1-1-44）。

硅酸盐水泥的技术标准 **表 1-1-44**

技术性能	细度比表面积（m^2/kg）	凝结时间（min）		安定性沸煮法	抗压强度（MPa）	不溶物（%）		水泥中 MgO（%）	水泥中 SO_3（%）	烧失量（%）		水泥中碱含量按 $Na_2O+0.658K_2O$ 计（%）
		初凝	终凝			Ⅰ型	Ⅱ型			Ⅰ型	Ⅱ型	
指标	＞300	≥45	≤390	必须合格	见表5-6	≤0.75	≤1.50	≤5.0	≤3.5	≤3.0	≤3.5	0.60
试验方法	GB 8074	GB 1346		GB 750	GB 177	GB 176						

注：(1) 如果水泥经压蒸安定性试验合格，则水泥中MgO含量允许放宽到5%。

(2) 水泥中碱含量按 $Na_2O+0.658K_2O$ 计算值来表示，若使用活性骨料，用户要求低碱水泥时，水泥中碱含量不得大于0.60%或由供需双方商定。

二、普通硅酸盐水泥

(1) 概述。凡由硅酸盐水泥熟料，6%～15%混合材料、适量石膏磨细制成的水硬性胶凝材料，称为普通硅酸盐水泥，简称普通水泥，代号为P.O。普通水泥由于掺加混合材料的数量少，性质与不掺混合材料的硅酸盐水泥相近。这主要是为了增加产量和降低成本。

(2) 普通硅酸水泥的技术标准（见表1-1-45）。

普通硅酸盐水泥的技术指标（GB 175—92） **表 1-1-45**

技术性能	细度80μm方孔筛筛余量（%）	凝结时间		安定性（沸煮法）	强度（MPa）	水泥中 MgO（%）	水泥中 SO_3（%）	烧失量（%）	水泥中碱含量按 $Na_2O+0.658K_2O$ 计（%）
		初凝（min）	终凝（h）						
指　标	＜10	≥45	≤10	必须合格	见表1-1-46	≤5.0	≤3.5	≤5.0	见表1-1-44
试验方法	GB 1345	GB 1346		GB 1346 GB 750	GB 177	GB 176			

（3）普通硅酸盐水泥的强度（见表 1-1-46）。

普通硅酸盐水泥强度指标（GB 175—92）　　**表 1-1-46**

标　号	抗压强度（MPa）不低于		抗折强度（MPa）不低于		标　号	抗压强度（MPa）不低于		抗折强度（MPa）不低于	
	3d	28d	3d	28d		3d	28d	3d	28d
325	12.0	32.5	2.5	5.5	525	22.0	52.5	4.0	7.0
					525R	26.0	52.5	5.0	7.0
425	16.0	42.5	3.5	6.5	625	27.0	62.5	5.0	8.0
425R	21.0	42.5	4.0	6.5	625R	31.0	62.5	5.0	8.0

三、矿渣硅酸盐水泥、火山硅酸盐水泥及粉煤灰质硅酸盐水泥

（1）概述：

1）矿渣硅酸盐水泥。凡由硅酸盐水泥和粒化高炉矿渣、适量石膏磨细制成的水硬性胶凝材料称为矿渣硅酸盐水泥，简称矿渣水泥，代号 P.S。矿渣硅酸盐水泥中粒化高炉矿渣掺加量按质量百分比计为 20%～70%。

2）火山灰质硅酸盐水泥。凡由硅酸盐水泥熟料和火山灰质混合材料、适量石膏磨细制成的水硬性胶凝材料称为火山灰质硅酸盐水泥，简称火山灰水泥，代号 P.P。火山灰质硅酸盐水泥中火山灰质混合材料掺加量按质量百分比为 20%～50%。

3）粉煤灰硅酸盐水泥。凡由硅酸盐水泥熟料和粉煤灰、适量石膏磨细制成的水硬性胶凝材料称为粉煤灰硅酸盐水泥，简称粉煤灰水泥，代号 P.F。粉煤灰硅酸盐水泥中粉煤灰掺加质量百分比为 20%～40%。

（2）矿渣水泥、火山灰水泥及粉煤灰水泥技术标准（见表 1-1-47）。

矿渣水泥、火山灰水泥及粉煤灰水泥的技术性能指标（GB 1344—92）　　**表 1-1-47**

技术性能	细度 80μm 方孔筛筛余量（%）	凝结时间		安定性沸煮法	强度（MPa）	水泥中 MgO（%）	水泥中 SO_3（%）		水泥中碱含量按 Na_2O+0.658K_2O 计
		初凝（min）	终凝（h）				矿渣水泥	火山灰、粉煤灰水泥	
指标	≤10	≥45	≤10	必须合格	见表 1-1-48	≤5.0	≤4.0	≤3.5	供需双方商定
试验方法	GB 1345	GB 1346		GB 1346 GB 750	GB 177	GB 176			

（3）矿渣水泥、火山灰水泥及粉煤灰水泥强度指标（见表 1-1-48）。

矿渣水泥、火山灰水泥及粉煤灰水泥的强度指标（GB 1344—92）　　**表 1-1-48**

水泥标号	抗压强度（MPa）不低于			抗折强度（MPa）不低于		
	3d	7d	28d	3d	7d	28d
275	—	13.0	27.5	—	2.5	5.0
325	—	15.0	32.5	—	3.0	5.5
425	—	21.0	42.5	—	4.0	6.5
525	23.0	—	52.5	4.5	—	7.0
625	28.0	—	62.5	5.0	—	8.0

四、道路硅酸盐水泥

（1）概述：凡以适当成分的生料烧至部分熔融所得以硅酸钙为主要成分和较多量的铁铝酸钙的硅酸盐熟料称为道路硅酸盐水泥熟料，由道路硅酸盐水泥熟料、0～10％活性混合材料和适量石膏磨细制成的水硬性胶凝材料，称为道路硅酸盐水泥（简称道路水泥）。道路水泥是一种强度高、特别是抗折强度高、耐磨性好、干缩性小、抗冲击性好、抗冻性和抗硫酸性比较好的专用水泥。

（2）道路水泥技术标准（见表1-1-49）。

道路水泥技术标准（GB 13693—92） **表 1-1-49**

熟料矿物成分（%）		氧化镁 MgO（%）	三氧化硫 SO_3（%）	烧失量（%）	游离氧化钙（%）（熟料中）		碱含量（%）
铝酸三钙 C_3A	铁铝酸四钙 C_4AF				旋　窑	立　窑	
≤5.0	≥16.0	≤5.0	≤3.5	≤3.0	≤1.0	≤1.8	0.6

细度（80μm）筛余量	凝结时间（h）		安定性（沸煮法）	干缩率（28d）（%）	耐磨性（kg/m^2）	强　度（MPa）
	初　凝	终　凝				
≤10	≥1	≤10	合格	≤0.10	3.60	见表 1-1-50

（3）道路水泥强度指标（见表1-1-50）。

道路水泥各龄期强度表 **表 1-1-50**

水泥标号	抗压强度（MPa）		抗折强度（MPa）	
	3d	28d	3d	28d
425	22.0	42.5	4.0	7.0
525	27.0	52.5	5.0	7.5
625	32.0	62.5	5.5	8.5

1.1.6.3 水泥材料的试验

一、水泥标准稠度用水量的试验

（1）概述：水泥标准稠度用水量是指水泥净浆在标准稠度仪上，当标准试锥下沉深度为（28±2）mm时拌和用水量。确定标准稠度的目的是为了进行水泥凝结时间和安定性试验时，对水泥净浆在标准稠度的条件下测定，使不同的水泥具有可比性。

（2）试验仪器的设备：

1）标准稠度与凝结时间测定仪，该测定仪应符合国标GB 3350.6的规定。

2）净浆搅拌机，该搅拌机应符合国标GB 3350.8的规定。

（3）试验的步骤：

1）标准稠度用水量，可用调整水量和不变水量两种方法中的任一种测定，如发生争议时以前者为准。

2）测定前须经检查，以保证测定仪的金属棒能自由滑动；试锥降至锥模顶面位置时指针应对准标尺零点，搅拌机应运转正常。

3）水泥净浆的拌制。搅拌锅和搅拌叶片应先用湿棉布擦过，然后将称好的500g水泥试样倒入搅拌锅内。拌和时，先将搅拌锅放到机锅座上，升至搅拌位置，开动机器，同时徐徐加入拌和水，慢速搅拌120s，停伴15s，接着快速搅拌120s后停机。采用调整水量方法时，拌和用水量是先按经验确定一个水量，然后逐次改变用水量，直至达到标准稠度为止；采用不变水量方法时，拌和用水量为142.5mL。

4）装模测试：拌和结束后，立即将拌好的净浆装入锥模内，用小刀插捣，振动数次，刮去多余净浆，抹平后迅速放到试锥下面固定位置上，将试锥降至净浆表面，拧紧螺丝，然后突然放松，试锥自由沉入净浆中，到试锥停止下沉时记录试锥下沉深度。整个操作应在搅拌后1.5min内完成。

（4）试验的结果：

1）用调整水量方法测定时，以锥下沉深度为（28±2）mm时的净浆作标准稠度净装。其拌和水量为该水泥的标准稠度用水量。

2）如若下沉的深度超出其范围，必须另称试样，调整水量，重新试验，直至达到（28±2）mm时为止。

3）采用不变水量方法测定时，根据测得的试锥下沉深度S，按下式计算标准稠度用水量P：

$$P=33.4-0.185S$$

式中　P——标准稠度用水量（%）；

S——试锥下沉深度(mm)。试锥下沉深度小于13mm时，应改用调整水量方法测定。

4）为使不变水量和调整水量两种方法测定得到的标准稠度用水量不发生争议，可以用不变水量法计算得到的标准稠度用水量重复试验方法3和4，再按调整水量法，以试锥下沉深度为（28±2）mm时的拌和用水量为该水泥的标准稠度用水量P。

二、水泥净浆凝结时间的试验

（1）概述：凝结时间，以标准稠度用水量试验制成的水泥净浆装在测定凝结时间用的圆模中，在标准稠度仪上，以标准试针测试之，从加水时起，至试针沉入净中距底板2～3mm时所需的时间称为初凝时间；从向里加水时起，至试针沉入净浆不超过1.0～0.5mm时所需时间称为终凝时间。

（2）试验仪器设备：

1）凝结时间测定仪。同标准稠度与凝结时间测定仪。此时，仪器试棒下端应改装为试针，装净浆的试模采用圆模。

2）湿气养护箱。温度控制在20±3℃，相对湿度大于90%。

（3）试验的步骤：

1）将圆模放在玻璃板上，在内侧稍稍涂上一层机油或白矾士林。调整凝结时间测定仪的试针接触玻璃板时，指针应对准标准尺零点。

2）试件的制备：以标准稠度用水量按前述方法制成标准稠度净浆，立即一次装入圆模，振动数次后刮平，然后放入湿气养护箱内。拌制净浆开始加水时的时间作为凝结时间的起始时间。

3）试件在湿气养护箱养护至加水后30min时，将圆模取出，进行第一次测定。测定时，将圆模放到试针下，使试针与净浆面接触，拧紧螺丝1～2s后突然放松，试针垂直自由沉入净浆，观察试针停止下沉时指针读数。

4）最初测定时，应轻轻扶持金属棒，使其徐徐下降，以防试针撞弯，但结果以自由下沉为准；在整个测试过程中，试针贯入的位置至少要距圆模内壁 10mm。

5）临近初凝时，每隔 5min 测定一次，临近终凝时，每隔 15min 测定一次。每次测定不得让试针落入原针孔内，每次测定完毕应将试针擦净并将圆模放回湿气养护箱内，测定全过程中要防止圆模受振。

（4）试验的结果：

1）当试针沉入净浆至距底板 2～3mm 时，即为水泥达到初凝状态；当下沉不超过 1～0.5mm 时，水泥达到终凝状态。由开始加水至初凝、终凝状态的时间分别为该水泥的初凝时间和终凝时间，用小时（h）和分（min）来表示。

2）到达初凝或终凝状态应立即重复测一次，当两次结论相同时才能定为达到初凝或终凝状态。

三、水泥安定性的试验

（1）概述：水泥安定性试验按现行国标（GB 1346—89）测定。有两种测定方法，即雷氏法和试拼法，有争议时以雷氏法为准。雷氏法是测定水泥净浆在雷氏夹中沸煮后的膨胀值；试饼法通过观察水泥净浆试饼煮后的外形变化来检验水泥的体积安定性。

（2）试验的仪器设备（见表 1-1-51）。

水泥安定性试验仪器设备 **表 1-1-51**

序号	名称与规格	单位	数量	序号	名称与规格	单位	数量
1	沸煮箱：长×宽×高＝410mm×240mm×310mm	个	1	5	天平：分度值不大于 1g	台	1
2	玻璃板：长×宽＝100mm×10mm	块	2	6	湿气养护箱：湿度大于 90%	个	1
3	雷氏夹	个	2	7	雷氏夹膨胀值测定仪：标尺最小刻度 1mm	个	1
4	量水器：最小刻度为 0.1mL	个	1				

（3）雷氏夹的试验步骤：

1）以标准稠度的用水量，按前述方法制成标准稠度净浆。

2）将预先准备好的雷氏夹放在已稍涂油的玻璃板上，并立刻将制好的标准稠度净浆装满试模，装模时一只手轻轻扶持试模，另一只手用宽约 10mm 的小刀插捣 15 次左右，然后抹平，盖上稍涂油的玻璃板，立刻将试模移至湿气养护箱内养护（24±2）h。

3）调整好沸煮箱内的水位，保证在整个煮沸过程中水都能没过试件，不需半途添补试验用水，同时保证能在（30±5）min 内升至沸腾。

4）脱去玻璃板，取下试件，测量试件指针尖间的距离（A），精确到 0.5mm，然后将试件放入水中篦板上，指针朝上，试件之间互不交叉，然后在（30±5）min 内加热至沸腾，并恒沸 3h±5min。

5）沸煮结束，即放掉箱中的热水，打开箱盖，等箱体冷却至恒温，取出试件，测量雷氏夹指针尖端间的距离，记录至小数点后一位，当两个试件的平均值相差不大于 5mm 时，即认为该水泥安定性合格。当两个试件的值相差超过 4mm 时，应用同一样品立即重做一次试验。

（4）试拼法的试验步骤：

1）以标准稠度的用水量，按前述方法制成标准稠度净浆。

2）取出一部分标准稠度的净浆分成两等份（每份约 75g），使之呈球形，放在稍涂一层油的玻璃板上，轻轻振动玻璃板，并用湿布擦过的小刀由边缘向中央抹动，做成直径 70～80mm、中心厚约 10mm、边缘渐薄、表面光滑的试饼，然后将试饼放入湿气养护箱内养护（24±2）h。

3）脱去玻璃板，取下试饼，先检查试饼是否完整，在试饼无缺陷的情况下，将试饼放在沸煮箱的水中箅板上，然后在（30±5）min 内加热至沸腾，并恒沸 3h±5min。

4）沸煮结束，即放掉箱中热水，打开箱盖，待箱体冷却至室温，取出试件进行判别；

5）目测未发现裂缝，用直尺检查也未弯曲的试饼为安定性合格，反之为不合格，当两个试饼判别结果有矛盾时，该试饼安定性为不合格。

四、水泥胶砂强度的试验

（1）概述：水泥胶砂强度，是比例为 1：2.5 的水泥和标准砂，按照所规定的水灰比，以标准成型方法制成 40mm×40mm×160mm 的棱柱体，并在标准养护条件下，养护至规定龄期试块的抗折强度和抗压强度。

（2）试验的仪器设备（见表 1-1-52）。

水泥胶砂强度试验仪器设备　　表 1-1-52

序号	名称与规格	单位	数量	序号	名称与规格	单位	数量
1	胶砂搅拌机：搅拌叶和搅拌锅可作相反方向的转动，其速度分别为 137r/min、65r/min	台	1	5	抗折试验机和抗折夹具：采用电动式为宜	套	1
				6	抗压试验机和抗压夹具：总荷载 200～300kN	套	1
2	胶砂振动台：振动频率为 2800～3000 次/min	个	1	7	刮平刀：断面为正三角形，有效长度为 26mm	把	1
3	试模：为可装卸的三联模	套	1				
4	下料漏斗	个	1	8	湿度养护箱：同凝结时间试验	个	1

（3）试件成型试验步骤：

1）成型前将试模清洗干净，四周的模板与底座的接触面上应涂黄油，紧密装配，防止漏浆，内壁均匀刷一层机油。

2）水泥与标准砂的质量比为 1：2.5。水灰比按不同种确定，硅酸盐水泥、普通水泥、矿渣水泥为 0.44；火山灰水泥、粉煤灰水泥为 0.46。

3）每成型三条试体需称量的材料及用量见表 1-1-53 所列。

每成型三条试体需称量的材料及用量表　　表 1-1-53

材料	水泥（g）	标准砂（g）	拌和用水量（mL）				
			用硅酸盐水泥时	用普通水泥时	用矿渣水泥时	用火山灰水泥时	用粉煤灰水泥时
用量	540	1350	238	238	238	248	248

4）胶砂搅拌时，先将称好的水泥与标准砂倒入拌锅内，开动搅拌机。拌和 5s 后徐徐加水，30s 内加完，自开动机器起搅拌（180±5）s 停车，将粘在叶片上的胶砂刮下，取下搅拌锅。

5）在搅拌胶砂的同时，将试模和下料漏斗卡紧在振动台台面中心。将搅拌好的全部胶砂均匀地装入下料漏斗中，开动振动台，胶砂通过漏斗流入试模的下料时间应为 20～40s

(下料时间以漏斗三格中的两格出现空洞时为准),振动(120±5)s停车。

6)振动完毕,取下试模,用刮刀轻轻刮去高出试模的胶砂并抹平。接着在试体上编号,编号时应将试模的三条试体分在两个以上的龄期内。

(4)试件的养护步骤:

1)试件编号后,将试模放入养护箱内,箅板必须水平。养护(24±3)h后取出,脱模。脱模时应防止试体损伤,硬化较慢的水泥允许延期脱模,但需记录脱模时间。

2)试体脱模后立即放入水温为(20±2℃)的水槽中养护,试体之间应留有空隙,水面至少高出试体2cm,养护水至少每2周更换1次。

(5)抗折强度试验的步骤:

1)每龄期取出三条试体先做抗折强度试验。试验前须擦去试体表面附着的水分和砂粒,清除夹具上圆柱表面粘着的杂物,试件放入抗折夹具内,应使侧面与圆柱接触。

2)采用杠杆式抗折试验机试验时,试体放入前,应使杠杆成平衡位置。

3)抗折试验加荷速度为(50±5)N/s。

4)抗折强度按下式计算:

$$R_f=\frac{3PL}{2bh^2}$$

式中 R_f——抗折强度(MPa);当杠杆比为1:50时,计算结果需乘以50,计算精确到0.01MPa;

P——破坏荷载(N);

L——支撑圆柱中心距,$L=100$mm;

b、h——试体断面宽及高,均为40mm;

5)抗折强度结果取三条试体平均值并取整数值。当三个强度值中有一个超过平均值的±10%时,就剔除后再平均,平均值作为抗折强度试验结果。

(6)抗压强度试验的步骤:

1)抗折试验后的两个断块应立即进行抗压试验。抗压试验需用抗压夹具进行,试体受压面为40mm×62.5mm。试验前应清除试体受压面与加压板间的砂粒或杂物。试验时以试体的侧面作为受压面,试体的底面靠紧夹具定位销,并使夹具对准压力机压板中心。

2)压力机加荷速度应控制在(5±0.5)kN/s的范围内,在接近破坏时更应严格掌握。

3)抗压强度按下式计算:

$$R_c=\frac{P}{S}$$

式中 R_c——抗压强度(MPa),抗压强度计算值精确到0.1MPa;

P——破坏荷载(N);

S——受压面积,$S=40\text{mm}\times62.5\text{mm}$。

4)6个抗压强度结果中剔除最大、最小两个数值,以剩下4个值的平均值作为抗压强度试验结果。如不足6个时,取平均值。

1.1.6.4 水泥混凝土拌和物的试验

一、水泥混凝土拌和物的工作性试验

(一)水泥混凝土拌和物坍落度的试验

（1）试验的仪器设备（见表 1-1-54）。

水泥混凝土拌和物坍落度试验仪器设备　　表 1-1-54

序号	名称与规格	单位	数量	序号	名称与规格	单位	数量
1	坍落度筒	个	1	4	钢尺（不锈钢尺 1000mm）	条	1
2	捣棒：直径×长＝16mm×650mm，并具有半球形端头的钢质圆棒	根	1	5	喂料斗	个	1
				6	镘刀	把	1
3	小铁铲	把	1	7	钢平板	块	1

（2）试验的步骤：

1）试验前将坍落度筒内冲洗净，放在水润湿过的平板上，踏紧踏脚板。

2）把代表样分 3 层装入筒内，每层装入高度稍大于筒高的 1/3，用捣棒在每一层的截面上均匀插捣 25 次。在全部面积上沿螺旋线由边缘至中心进行插捣。插捣底层时插至底部，插捣其他两层时，应插透本层并插入下层约 20～30mm，插捣棒须垂直压下，不得冲击。

3）在插捣顶层时，装入的混凝土应高出坍落筒，随插捣过程随时添加拌和物，当顶层插捣完毕后，用捣棒作锯和滚的动作，以清除掉多余的混凝土，用镘刀抹平筒口，刮净筒底周围的拌和物，而后立即垂直地提起坍落度筒，提筒在 5～10s 内完成，并使混凝土不受横向力及扭力作用。从开始装筒至提起坍落度筒的全过程，不应超过 2.5min。

4）将坍落度筒放在锥体混凝土试样一旁，筒顶平放木尺，用小钢尺量出目标尺底面至试样顶面中心的垂直距离，即为该混凝土拌和物的坍落度，以毫米计，精确至 5mm。

5）同一次拌和的混凝土拌和物，必要时，宜测两次坍落度，取其平均值作为测定值。每一次必须换新的拌和物，如两次结果相差 20mm 以上，须作第三次试验；如第三次结果与前两次结果均相差 20mm 以上时，则整个试验重做。

6）坍落度试验的同时，可用目测方法评定混凝土拌和物的下列性质，并作记录。

①棍度：上——表示插捣容易、中——表示插捣时稍有石子阻滞的感觉、下——表示很难插捣；

②含砂情况，按拌和物外观含砂多少而评定，分多、中、少三级。多——表示用镘刀抹拌和物表面时，一两次即可使拌和物表面平整无蜂窝；中——表示抹五六次才使表面平整无蜂窝；少——表示抹面困难，不易抹平，有空隙及石子外露等现象；

③黏聚性：观测拌和物各组成成分相互黏聚情况。评定方法用捣棒在已坍落的混凝土锥体一侧轻打，如锥体在轻打后渐渐下沉，表示黏聚性良好；如锥体突然倒塌，部分崩裂或发生石子离析现象，则表示黏聚性不好；

④保水性：指水分从拌和物中析出情况，分多量，少量，无三级评定。多量——表示提起坍落筒后，有较多水分从底部析出；少量——表示提起坍落筒后，有少量水分从底部析出；无——表示提起坍落度筒后，没有水分从底部析出。

（二）水泥混凝土拌和物维勃稠度试验

（1）试验的仪器设备（见表 1-1-55）。

水泥混凝土拌和物维勃稠度试验仪器设备　　表 1-1-55

序号	名称与规格	单位	数量	序号	名称与规格	单位	数量
1	维勃稠度仪：	台	1	2	捣棒	根	1
	（1）容器：金属圆筒	个	1	3	秒表	个	1
	（2）坍落度筒：圆锥形	个	1	4	镘刀	把	1
	（3）圆盘：塑料制成	个	1	5	小铁铲	把	1
	（4）振动台：工作频率 50Hz，空载振幅 0.5，上有固定螺丝	台	1				

（2）试验的步骤：

1）将容器用螺母固定在振动台上，放入坍落度筒，把漏斗转到坍落度筒上口，拧紧螺丝，使漏斗不偏离开坍落度筒口。

2）按坍落度试验步骤，分三层装拌和物，每层捣 25 次，捣毕第三层混凝土后，移去漏斗，抹平筒口，提起筒模，拧紧螺栓，仔细地放下圆盘，读出滑棒上的刻度即为坍落度值。

3）拧紧螺丝，使圆盘可定向地向下滑动，开动振动台，并按动秒表，通过透明圆盘观察混凝土的振实情况，当圆盘底面刚为水泥浆布满时，立即按停秒表，关闭振动台，记下秒表所记录时间。

4）仪器每测试一次后，必须将容器、筒模及透明圆盘洗净擦干，并在滑棒等处涂薄层黄油，以备下次使用。

5）结果表示方法：秒表所记录时间即为混凝土拌和物稠度的维勃时间。

二、水泥混凝土拌和物毛体积密度试验

（1）概述：本试验适用于测定混凝土拌和物捣实后的毛体积密度，以备修正、核实混凝土配合比计算中的材料用量。

（2）试验仪器设备（见表 1-1-56）。

水泥混凝土拌和物毛体积密度试验仪器设备　　表 1-1-56

序号	名称与规格	单位	数量	序号	名称与规格	单位	数量
1	量筒：量筒容积 $V=5L$ 即 $\phi186mm\times186mm$ 的金属圆筒	个	1	4	振动台	台	1
				5	金属直尺	条	1
2	弹头形捣棒	根	1	6	镘刀	把	1
3	磅秤：称量 100kg，感量 50g	台	1	7	玻璃板	块	1

（3）试验的步骤：

1）试验前用湿布将量筒内外擦拭干净，称出质量 m_1，精确至 50g。

2）捣固方法应与现场施工同。如用人工捣固，一般当坍落度不小于 70mm 时，将代表样分三层装入量筒，每层高度约 1/3 筒高，用捣棒从边缘到中心沿螺旋线均匀插捣。捣棒应垂直压下，不得冲击，捣底层应至筒底，捣上两层时，须插入其下一层约 20～30mm。每捣毕一层，应在量筒外壁拍打 10～15 次，直至拌和物表面不出现气泡为止。每层插捣 25 次。

3）如用振动台振实时应将量筒在振动台上夹紧，一次将拌和物装满量筒，立即开始振动，直至拌和物出现水泥浆为止。如在实际生产振动时尚需加压，则试验时应在相应压力下予以振实。

4）用金属直尺齐筒口刮去多余的混凝土，仔细用镘刀抹平表面，并用玻璃板检验，而后擦净量筒外部并称其质量 m_2，精确至 50g。

（4）试验结果计算：按下式计算拌和物毛体积密度 ρ_h，精确至 $10kg/m^3$：

$$\rho_h=\frac{m_2-m_1}{V}$$

式中　ρ_h——拌和物毛体积密度（kg/L）；

m_1——量筒质量（kg）；

m_2——捣实或振实后混凝土和量筒总质量（kg）；

V——量筒容积（L）。

以两次试验结果的算术平均值作为测定值，试样不得重复使用。

三、水泥混凝土拌和物含气量的试验

（1）概述：测定混凝土拌和物中的含气量，适用于集料粒径不大于 40mm，含气量不大于 10%，有坍落度的混凝土。

（2）试验仪器设备（见表 1-1-57）。

水泥混凝土拌和物含气量的试验仪器设备　　**表 1-1-57**

序号	名称与规格	单位	数量	序号	名称与规格	单位	数量
1	改良气压法含气量测定仪	台	1		（5）插捣棒	根	1
2	测量仪附件：			3	磅秤：称量 50kg，感量 50g	台	1
	（1）校正管	根	1	4	木锤	个	1
	（2）量筒：100mL 规格	个	1	5	刮刀	条	1
	（3）注水器	个	1	6	镘刀	把	1
	（4）水平仪	台	1	7	玻璃板：250mm×250mm	块	1

（3）标定仪器：

1）量钵容积的标定。称量含气量测定仪量钵加玻璃板质量，然后在量钵内加满水，用玻璃板沿量钵顶面平推，使量钵内盛满水而玻璃下无气泡，擦干钵体外表面后连同玻璃板一起称量。两次质量的差值除以该温度下水的相对密度即为量钵的容积 V。

2）含气压 0 点的标定。把量钵加满水，将校正管接在钵盖下面小龙头的端部，将钵盖轻放在量钵上，用夹子夹紧使其密封良好，并用水平仪检查仪器是否水平。打开小龙头，松开排气阀，用注水器从小龙头处加水，直至排气阀出口冒水为止。然后拧紧小龙头和排气阀，此时钵盖和钵体之间的空隙被水充满。

3）用手泵向气室充气，使表压稍大于 0.1MPa，然后用微调阀调整表压至 0.1MPa。按下阀门杆 1～2 次，使气室的压力气体进入量钵内，读压力表读数，此时指针所示压力相当于含气量 0。

4）含气量 1%～10%的标定。含气量 0 标定后，将校正管接在钵盖小龙头的上端，然后按一下阀门杆，慢慢打开小龙头，量钵中的水就通过校正管流到量筒中。当量筒中的水为量钵容积的 1%时，关闭小龙头。

5）打开排气阀，使量钵内压力与大气压平衡，然后重新用手泵加压，并用微调阀准确地调到 0.1MPa。按 1～2 次阀门杆，此时测得的压力表读值相当于含气量 1%，同样方法可测得含气量 2%、3%的压力表读值。以压力表读值为横坐标，含气量为纵坐标，绘制含气量与压力表读值关系曲线。

（4）混凝土拌和物含气量的测定：

1）擦净量钵与盖内表面，并使其水平放置。将新拌混凝土拌和物均匀适量地装入量钵内，用振动台振实，振捣时间以15～30s为宜。也可用人工捣实，将拌和物分三层装料，每层插捣25次，插捣上层时捣棒应插入下层10～20mm。

2）刮去表面多余的混凝土拌和物，用镘刀抹平，并使其表面光滑无气泡。擦净钵体和钵盖边缘，将密封圈放于钵体边缘的凹槽内，盖上钵盖，用夹子夹紧，使之密封良好。

3）将小龙头和排气阀打开，用注水器从小龙头处往量钵中注水，直至水从排气阀出水口流出，再关紧小龙头和排气阀。

4）关好所有的阀门，用手泵打气加压，使表压稍大于0.1MPa，用微调阀准确地将表压调到0.1MPa。

5）按下阀门杆1～2次，待表压指针稳定后，测得压力表读数。并根据仪器标定的含气量与压力表读数关系曲线，得到所测混凝土样品的仪器测定含气量 A_1 值。

6）测定集料含气量 C。测定方法见《公路工程水泥混凝土试验规程》(JTJ 053—94）混凝土拌和物含气量试验（水压法）。

四、水泥混凝土拌和物凝结时间的试验

（1）概述：本试验规定了测定混凝土拌和物凝结时间的方法，以控制现场施工流程，适用于各类水泥、外加剂以及不同混凝土配合比、不同气温环境下的混凝土拌和物。

（2）试验仪器设备（见表1-1-58）。

水泥混凝土拌和物凝结时间的试验 表1-1-58

序号	名称与规格	单位	数量	序号	名称与规格	单位	数量
1	贯入阻力仪：	台	1	4	钢制捣棒：直径×长＝160mm×650mm	根	1
2	测针：长130mm，圆面积20mm²	根	1				
	长130mm，圆面积50mm²	根	1	5	标准筛：孔径5mm	个	1
	长130mm，圆面积100mm²	根	1	6	铁制拌和板：	块	1
3	试模：150mm×150mm	块	1	7	吸液管	根	1
				8	玻璃片	片	1

（3）试样的制备方法：

1）取混凝土拌和物代表样，用5mm筛尽快筛出砂浆，再经人工翻后，装入一个试模。每批混凝土拌和物取一个试样，共取三个试样，分装三个试模。

2）混凝土湿筛困难时，允许按混凝土中砂浆的配合比直接称料，用人工拌成砂浆，但应按砂石吸水率扣除含水量。

3）砂浆装入试模后，用捣棒均匀插捣，然后轻击试模侧面以排除在捣实过程中留下的空洞。进一步整平砂浆的表面，使其低于试模上沿约10mm，也可用振动台代替人工插捣。

4）试件静置于温度尽可能与现场相同的环境中，盖上玻璃片或湿布。约1h后，将试件一侧稍微垫高约20mm，使倾斜静置约2min，用吸管吸去泌水。以后每次测试前约5min，重复上述步骤，用吸管吸去泌水（低温或缓凝的混凝土拌和物试样，静置与吸水间隔时间可适当延长），若在贯入测试前还泌水，也应吸干。

（4）试验的步骤：

1）将试件放在贯入阻力仪底座上，记录刻度盘上显示的砂浆和容器总质量。

2）根据试样的贯入阻力大小选择适宜的测针。一般当砂浆表面测孔边出现微裂缝时，应立即改换小截面积的测针，测针选用可参考表1-1-59。

测针选用参考表　　表1-1-59

单位面积贯入阻力（MPa）	0.2～3.5	3.5～20.0	20.0～28.0
平头测针圆面积（mm^2）	100	50	20

3）测定时，测针应距试模边缘至少25mm，测针贯入砂浆各点间净距至少为所用测针直径的两倍。三个试模每次各测1～2点，取其算术平均值为该时间的贯入阻力值。

4）每个试样作贯入阻力试验不小于6次，最后一次的单位面积贯入阻力应不低于28MPa。从加水拌和时算起，常温下普通混凝土3h后开始测定，以后每间隔1h测一次；快硬混凝土或气温较高的情况下，则宜在2h后开始测定，以后每隔0.5h测一次，缓凝混凝土或低温情况下，可从5h后开始测定，以后可每隔2h测一次。

1.1.6.5　水泥混凝土强度的试验

一、水泥混凝土抗压强度的试验

（1）概述：本试验规定了测定混凝土抗压强度的方法，以确定混凝土强度等级，作为评定混凝土品质的主要指标。目前混凝土抗压强度试件以边长为150mm的正立方体为标准试件。混凝土强度以该试件标准养护到28d，按规定方法测得的强度为准。

当混凝土抗压强度采用非标准试件时，其集料粒径要求及抗压强度尺寸换算系数见表1-1-60所列。

集料粒径要求及抗压强度换算系数的表　　表1-1-60

集料最大粒径（mm）	试件尺寸（mm）	尺寸换算系数
30	100×100×100	0.95
40	150×150×150	1.00
60	200×200×200	1.05

（2）试验仪器设备，见表1-1-61。

水泥混凝土抗压强度试验仪器设备　　表1-1-61

序号	名称与规格	单位	数量	序号	名称与规格	单位	数量
1	压力试验机：上、下承压板有足够的刚度。压力机的精度应在±2%以内，压力机应进行定期检查，确保读数准确	台	1	2 3	钢尺：精度1mm 台称：称量100kg	条 台	1 1

（3）试件的成型的步骤：

1）将试模装配好，检查试模尺寸，避免使用变形试模。

2）给试模内部涂一薄层矿物油脂或其他脱模剂，注意勿使涂模油或脱模剂过多，否则会影响混凝土实际强度，然后将拌好的混合料装入试模，进行捣实工作。

3）混合料捣实工作可采用下列方式：

①振动法。将拌好的混合料装入试模中，并使其稍高出模顶放在振动台上夹紧，振动

至表面呈现水泥浆为止，一般不超过 1.5min；

振动台规格为：频率为（3000±200）次/min，负荷下的振幅为 0.36mm，空载时的振幅应为 0.5mm，如采用平板振动器，功率一般为 1.1kW；

②插捣法。将混合料分两层装入，用直径 16mm 的圆铁棍以螺旋形从边缘向中心均匀地进行。插捣次数规定见表 1-1-62 所列；

插捣底层时，捣棒插到模底；插捣上层时，捣棒插入该层底面下 20～30mm 处。插捣时应用力将捣棒压下，不得冲击，捣完一层后，如有棒坑留下，可用捣棒轻轻填平；流动性的混凝土，在插捣过程中，随时用镘刀沿试模内壁插抹数次，以防试件产生麻面。

人工成型插捣次数表 **表 1-1-62**

试件尺寸（mm）	每层插捣次数	试件尺寸（mm）	每层插捣次数
100×100×100 抗压强度	12	200×200×200 抗压强度	50
100×100×400 抗折强度	50	150×150×300 轴心抗压强度	75
150×150×150 抗压强度	25	150×150×550 抗折强度	100

4）用前述方法捣实之后，用镘刀将多余的混合料刮除。使与模口齐平，2～4h 后抹平表面。试件抹面与试模边缘高低差不得超过 0.5mm。

（4）试件养护方法：

1）试件成型后，用湿布覆盖表面（或采用其他保持湿度方法），以防止水分蒸发，并在室温（20±5℃）、相对湿度大于 50%的情况下静放 1～2d，然后拆模并作第一次外观检查、编号，有缺陷的试件应除去或加工补平。

2）将完好试件标准养护至试验时，标准养护室温度：（20±3℃），相对湿度：90%以上，试件宜放在铁架或木架上，间距至少 30～50mm，并避免用水直接冲淋；或者将试件放入水槽中养护，水温（20±3℃），或者用其他方法养护，但需在报告中说明。

3）至试验龄期时，自养护室取出试件，并继续保持其湿度不变。如试件与构件同条件养护，亦应尽量保持与构件相同干湿状态进行试验。

（5）试验的步骤

1）按上述成型试件和养护的方法将试件养护到所规定的期限；

2）取出试件，先检查其尺寸及形状，相对两面应平行，表面倾斜偏差不得超过 0.5mm，量出其棱边长度，精确到 1mm。

3）试件受力截面积按其与压力机上下接触面的平均值计算，试件如有蜂窝缺陷，应在试验前三天用稠水泥浆填补平整，并在报告中说明。

4）在试验破型前，要保持试件原有的湿度，在试验时擦干试件，称出试件的质量。

5）以成型时侧面为上下受压面，试件稳妥地放在球座上，球座置于压力机中心，几何对中。强度等级低于 C30 的混凝土取 0.3～0.5MPa/s 的加荷速度；强度等级大于 C30 时应取 0.5～0.8MPa/s 的加荷速度。

6）当试件接近破坏而开始变形时，应停止调整试验的油门，直至其试件破坏，并记下破坏极限荷载。

（6）试验结果计算：

1）混凝土立方体试件抗压强度 R 按下式计算：

$$R=\frac{P}{A}$$

式中　R——混凝土抗压强度（MPa）；

P——极限荷载（N）；

A——受压面积（mm^2）。

2）以 3 个试件测值的算术平均值为测定值。如任一个测值与中间值的差值超过中间值的 15%，则取中间值为测定值；如有两个测值与中间值的差值均超过上述规定时，则该组试验结果无效。

3）计算结果精确至 0.1MPa。

4）非标准试件的抗压强度应乘以尺寸换算系数，并应在报告中注明。

二、水泥混凝土轴心抗压强度的试验

（1）概述：本试验规定了测定混凝土轴心抗压强度的方法，以提出设计参数和抗压弹性模量试验荷载标准，本试验适用各类水泥混凝土的直角棱柱体试件，集料最大粒径为 40mm。

（2）试验仪器设备：尺寸为 150mm×150mm×300mm 卧式棱柱体试模，其他所需设备与抗压强度试验相同见表 1-1-46 所列。

（3）试验的步骤：

1）按照上所述的方法制作 150mm×150mm×300mm 的棱柱体试件 3 根，在标准养护条件下，养护到所规定的期限。

2）取出试件，清除表面污垢，擦干表面水分，仔细检查后，在其中部量出试件宽度（精确至 1mm），计算试件受压面积。在准备过程中，要保持试件湿度无变化。

3）在压力机下压板上放好试件，几何对中，球座最好放在试件顶面并使凸面朝上；

4）当强度等级小于 C30 的混凝土时，取 0.3～0.5MPa/s 的加荷速度，当强度等级大于 C30 时，取 0.5～0.8MPa/s 的加荷速度；当试件接近破坏而开始迅速变形时，应停止调整试验机的油门，直至试件破坏，记下最大荷载。

（4）试验结果计算：

1）混凝土轴心抗压强度 R_2 按下式计算：

$$R_a=\frac{P}{A}$$

式中　R_a——混凝土轴心抗压强度（MPa）。

P——极限荷载（N）；

A——受压面积（mm^2）。

2）轴心抗压强度平均值计算及异常数据取舍原则是，以 3 个试件测值的算术平均值为测定值，如任何一个测值与中间值的差值超过中间值的 15%，则取中间值为测定值；如有两个测值与中间值的差值均超过上述规定时，则该组试验结果算无效。

3）结果计算精确至 0.1MPa。

4）采用非标准尺寸试件测得的轴心抗压强度，应乘以尺寸换算系数。200mm×200mm 截面试件换算系数为 1.05；100mm×100mm 截面试件换算系数为 0.95。

1.2 道路的检测技术

1.2.1 机械检测技术

1.2.1.1 机械检测技术的特点、原理与类型

一、机械检测技术的主要特点

路基路面机械类检测技术是通过机械或人工动作而获得路基路面质量或信息的一种技术手段。它的主要特点有：

(1) 结构简单、制造容易、便于操作。

(2) 使用寿命长、故障率低以及价格便宜。

(3) 在某些特定的场合，如短途竣工验收、桥面平整性能的测量。

(4) 测量的精度低，测量时劳动强度大，效率低，特别是难以完成需要画出某个路基路面的几何图形。

二、机械检测技术的基本原理

路基路面机械类检测技术的基本原理是：将路基路的几何量（或物理量），通过机械类杠杆或杆系的传动，使与它连接的机械类记数器或者在绘图笔（也称划线器）发生动作，从而在记数器里得到数据，或者在绘图纸上得到图形。

一般来说，机械类记数器不需要制作，可以从市场上购买；绘图笔可以是钢笔、铅笔或者其他类笔。

三、机械检测技术的类型

按机械检测技术的用途，可分为如下几种：

(1) 记数式路面颠簸累积仪。

(2) 绘图型路面平整度测定仪。

(3) 划线式路面车辙测定仪。

(4) 画图式 3m 直尺。

以下主要介绍这四种机械式检测仪器的结构、功能、工作原理、使用要点。

1.2.1.2 记数式路面颠簸累积仪

一、颠簸累积仪的功能与结构

(1) 记数式路面颠簸累积仪是测量沥青路面平整度的一种计量设备。

(2) 这种颠簸累积仪的主要结构如图 1-2-1 所示。这种结构的安装位置是：传力杆 5 的 C 端顶在汽车的后轴牙包上，另一端 B 穿过汽车车厢地板的小孔，到达记数器调节垫块的 A 端处，并不接触，尚与 8 的端点 A 保持一定距离，使 AB 等于 h。h 的间隙可以调整，调整的原则是：应使 B 点与 A 点吻合时，正好能驱动数码键，这样，实际能使数码

键发出动作且进1的间距，按要求等于1cm。另外，记数器的外壳应固定在汽车车厢地板上。

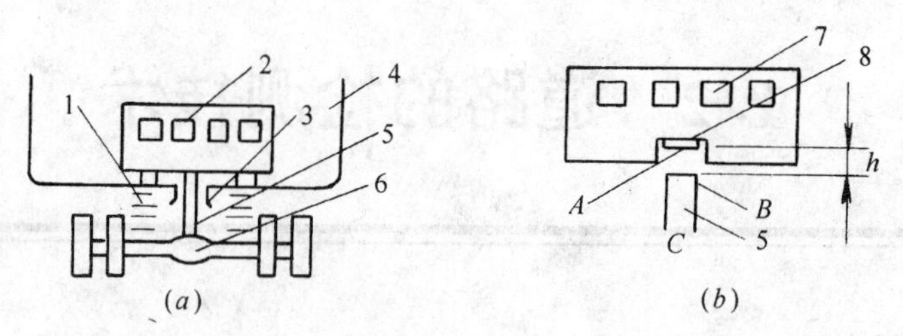

图1-2-1　记数机械式颠簸累积仪结构图

1—弹簧；2—记数器；3—小孔；4—车轮板；5—传力杆；6—后牙包；7—显示；8—垫块；A—上端；B—下端；h—间距；C—杆端

二、颠簸累积仪的工作原理

当汽车按规定的速度v匀速前进时，由于沥青混合料路面上的凹凸不平状况，引起测量汽车的激振，这种由路面几何量引起的跳动位移量，并非全部由传力杆5传给记数器，但是有一部分动能则被汽车后轴上的悬挂弹簧所吸收，因此，实际能触发记数键驱动的动能是被吸收后的剩余能量，是汽车后牙包与车厢地板间的相对变形l，当这一相对变形值l大于或者等于h时（一般为10mm），调节垫块8上的记数器驱动键工作，使数码器进1，如果传力杆跳动20mm，则数码进2，以此类推，这就完成了由路面上的几何量通过机械传动与记数器记数取得路面信息的全过程。如果沥青路面上出现连续的凹凸，则可连续记数，其记录的精度为10mm。

三、颠簸累积仪的使用要点

（1）颠簸累积指标的机理。是指该类指标的数字—物理概念。颠簸累积指标的基准建立在沥青路面绝对地平整、其数值为零的基础上，所以，当颠簸累积指标VBI等于零时，说明沥青路面平整如镜，乘客处于汽车行驶最舒适的物理状态。任何VBI大于零的情况都表示路面不平整或有凹凸状态的出现。指标VBI越大，说明这段路面离绝对平整愈远，路面平整性愈差，人体乘坐汽车时愈不舒适，反之，愈舒适。路面颠簸累积指标VBI为零的情况是一种理论状态，一般情况下，由于沥青路面总有凹凸，甚至是微小的凹凸，因此，VBI不可能为零而总是大于零。该项指标的标准测定路段一般为1km，颠簸累积值VBI的单位为cm/km。

（2）测试速度。颠簸累积指标测定的速度应有严格要求，《公路路基路面现场测试规程（JTJ 059—95）》（以下简称《规程》）中规定为30～50km/h，一般为45km/h。在测定前，需要预留加速度段300～500m，以便让测定车由零点加速至工作车速。从这里可以看出，车速对测定精度产生影响，而且较大。正常情况来说，车速愈慢，VBI值愈小；车速愈高，VBI值愈大。因此，在检测时严格控制车速就成为这一检测体系中的关键因素。颠簸累积仪一般在沥青路面养护中应用较为适宜。

（3）颠簸累积值VBI值与均方差σ及国际指标IRI的关系：

1）按《规程》规定：颠簸累积仪指标VBI与连续式路面平整度仪所测指标σ（也称均方差）的关系可用下式表示：

$$\sigma = a + b \cdot VBI_v$$

式中 σ——用连续式路面平整度测定仪时的均方差指标（mm/km）；

VBI_v——在测试速度为 v 下的颠簸累积指标值（mm/km）；

a，b——系数，可根据两仪器的对比测试资料，反算求出，要求相关系数 $r \geqslant 0.90$。

2）按《规程》规定：颠簸累积指标 VBI 与国际指数 IRI 的相关关系可用下式表示：

$$IRI = a + b \cdot VBI_v$$

式中 IRI——国际平整度指数，用精密水准仪按 1km 标段求出（m/km）；

VBI_v——同上式；

a，b——在 IRI 指数下的系数，与上述 a、b 不能通用，由试验决定，相关系数 $r \geqslant 0.90$。

（4）颠簸累积仪的安装技术：

1）注意 AB 的间隙，即传力杆 5 的顶端 B 与调节垫块 8 端点 A 的距离。该距离由调节垫块 8 来调节，其关键的技术是当传力杆向上跳 10mm 时，记数器正好进 1。如进 10mm 时记数器不进 1，则说明记数键没有接触到，则将垫块螺丝往下调一点，直到符合要求为止。如若传力杆未进到 10mm 时，记数器就已进 1，则说明间距太小，这必然使 VBI 值增加，误差就增大。因此，需要将垫块螺丝往上调，直到合适为止。

2）测定的车太旧会使测定结果的准确度降低，因此，最好是新车，或使用总行程 10000km 以内的测定车。由于颠簸累积与汽车悬挂系统很有关系，因此，在选择车型上最好与《规程》中一致，国产小面包或中面包均可。当用其他车型测定时，需要做标定换算后才可以使用。

3）记数器的选择。记数器是记录路面不平整度值的关键部件，因此，对它的质量必须进行标定。

1.2.1.3 绘图型路面平整度测定仪

一、路面平整度测定仪的功能与结构

绘图型路面平整度测定仪是一种能够画出路基路面不平度几何量的计量仪器。其整体结构主要由前行走轮 1、行走架 2、绘图仪 3、卷纸滚筒 4、拉把 5、后行走轮 6、右侧轮 7、测轮与传力杆 8、左侧轮 9 等组成，如图 1-2-2 所示。它的前后行走两轮轮心间距为 300mm，轮直径一般情况下为 200～250mm；左右侧轮起支撑作用，轮直径与前后轮相同，两轴心间距约为 1000～1500mm，与主架刚性地连接；绘图仪 3 一般为圆筒式，其直径为 80～120mm 均可；卷纸滚筒 4 的旋转速度一般为主机行走速度的 1/5，如速度太快，纸不够用，若速度太慢，图形展不开，影响测试精度。绘图型路面平整度测定仪一般由人工施行，测试的速度一般为 1～2km/h，适宜于路基路面的竣工验收。它的主要部分结构扩展如下：

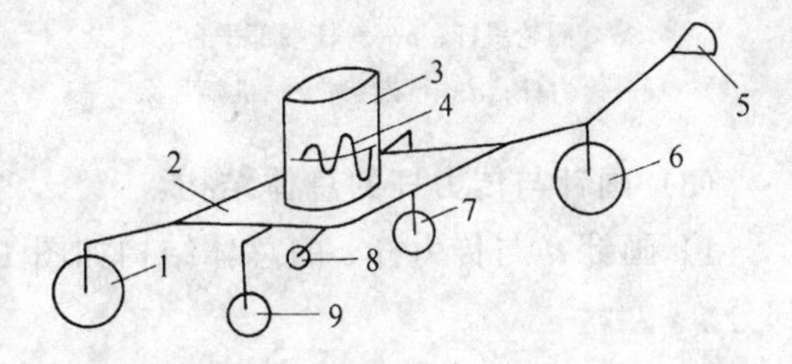

图 1-2-2 绘图型平整度测定仪图

1—前行走轮；2—行走架；3—绘图仪；4—卷纸滚筒；5—拉把；6—后行走轮；7—右侧轮；8—测轮与传力杆；9—左侧轮

（1）画笔、纸筒、测轮的总体结构

1）画笔、纸筒、测轮三者之间的总体结构布局如图 1-2-3 所示。

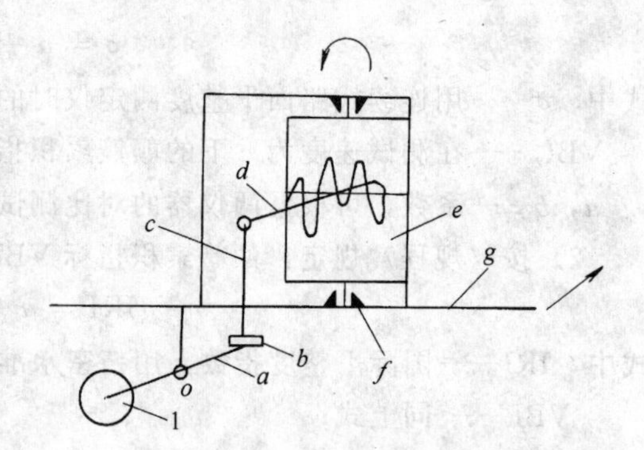

图 1-2-3　画笔、纸筒与测轮的总体结构图

1—前行走轮；*a*—测轮斜杆；*b*—斜杆端部；*c*—传力杆；*d*—画针；*e*—纸筒；*f*—筒轴；*g*—行走架

2）在总体结构中，纸筒安装在机架的上方，用一个外壳与机架固定在一起，纸筒在工作时，绕轴 *f* 作逆时针方向旋转（由发条驱动），这样，画笔工作比较顺畅。

3）传力杆 *c* 与画针 *d* 锁接，并一起组装在滚筒外壳里。

4）测轮斜杆 *a* 绕 *o* 点可以上下自由运动，它的端部 *b* 与传力杆 *c* 接触，传力杆 *c* 端可以在 *b* 端上自由运动。

（2）测轮与机架的总体结构：

1）测轮与机架总体结构如图 1-2-4 所示。在这一结构中，测轮通过斜杆 *a* 与机架耳朵 *e* 铰接，由于测轮的运动是传输几何量的关键，因此，宜用滚轴连接，磨损后可替换。

2）测轮斜杆 *a* 的端部 *b* 是个圆形的水平台，设计时适当大一点，以保证传力杆 *c* 的端部在 *b* 上移动时不至于滑出台外。该平台易磨损，因此应设计成更换式。

3）测轮的直径一般以 140～160mm 为宜，太大了没有必要，但是太小时会影响测量精确度。

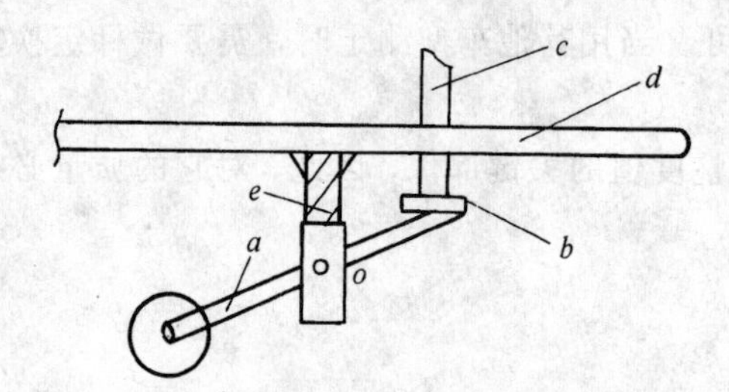

图 1-2-4　测轮与机架总体结构图

a—测轮斜杆；*b*—斜杆端部平台；*c*—传力杆；*d*—行走架；*e*—机架耳朵

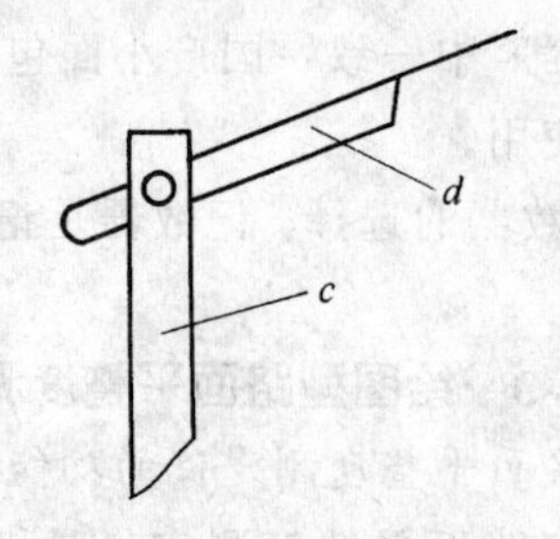

图 1-2-5　画针与传力杆总体结构图

c—传力杆；*d*—画针

（3）画针与传力杆的总体结构：

1）画针 *d* 与传力杆 *c* 的总体结构如图 1-2-5 所示，在这一结构中，最主要部分是锁接部分。

2）锁接部分不能自由活动，需卡紧，以确保它的画图功能；该部分最好设计成装卸式，以便在针头磨损后便于更换。

3）该结构中的画针 *d*，一般能在市场买到，可根据需要选择合适的针笔类型。

二、路面平整度测定仪的工作原理

测轮在路面或路基上随机架前进而随之行走，当遇到凹凸不平时，测轮便上下摆动，通过斜杆 *a* 使 *b* 端水平台也随之上下摆动，使传力杆 *c* 做上下滑移，因为画针与传力杆相互锁紧，画针便跟随传力杆一起做上下运动，由于针端紧贴滚筒画纸，使针尖划出竖线，又由于纸筒慢速转动，这样，在两个自由度动作下，便使原来的竖线展开成图形。将纸带取出，量取某段里程内的最大波谷与波峰间的距离，即为判别平整度质量的优劣状况，而且还能在纸上量出实际桩号，便于实地补救，以确保平整度施工质量。仪器读数精度为 0.2mm 以下。

三、路面平整度测定仪的使用要点

(1) 仪器测量精度的分析与校正：绘图型平整度测定仪的测量是有一定误差的，现用图 1-2-6 所示分析如下：

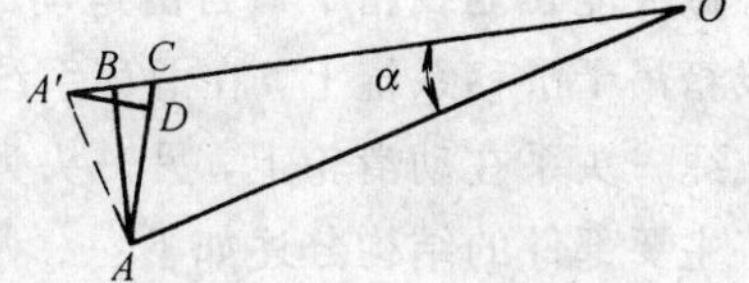

图 1-2-6 测量精度分析图

测轮 A 点遇到路基路面的凹凸向上抬起，由于测轮斜杆绕 O 点旋转，因此，A 点不会跑到垂直位置 C 点，而是跑到 A' 点，臂长 $OA=OA'$，绕角为 α。若由 A 点向 OA' 作垂直线，交于 B 点；又由 A' 点向 AC 作垂线交于 D 点，不难证明：

$$\triangle ABO \backsim \triangle A'DC$$

则：
$$\frac{CD}{AB}=\frac{A'C}{OA} \qquad CD=\frac{A'C}{OA}\cdot AB$$

又因为
$$AB=\sin\alpha\cdot OA$$

若
$$\angle A'AB=0^\circ$$

那么
$$\frac{BC}{AB}=\mathrm{tg}\alpha,\ BC=AB\cdot\mathrm{tg}\alpha$$

则
$$A'C=0+BC\approx AB\cdot\mathrm{tg}\alpha$$

所以，
$$CD=\frac{AB\cdot\mathrm{tg}\alpha}{OA}\cdot\sin\alpha\cdot OA$$
$$=OA\sin^2\alpha\cdot\mathrm{tg}\alpha$$

近似地，$AC\approx AA'$
$$\approx OA\cdot\mathrm{tg}\alpha$$

因而，仪器的实际测量精度用下式表示：

$$U=\frac{AC-CD}{AC}$$
$$=\frac{OA\cdot\mathrm{tg}\alpha-OA\cdot\sin^2\alpha\cdot\mathrm{tg}\alpha}{OA\cdot\mathrm{tg}\alpha}$$
$$=1-\sin^2\alpha$$

由上式不难看出，当凹凸增加时，转角 α 也加大，则精度随之下降，反之，精度随之增加。由分析计算表明，当 α 变化在 0～10°之间时，输出量的精度达到 85%，平均精度值为 92%。因此，在路基竣工验收时，在图形中量得的最大值应乘上 8%的误差率；在路面竣工验收时，由于沥青路面比较平整，因此，转角 α 一般较小，可以不予以校正。

(2) 图形的放大：按图 1-2-4，图形中凹凸的高低代表了测量值的大小，而与实际凹凸的大小并非相同。一般来说，这主要决定于测轮斜杆上 o 点的位置。若需要 1∶1 的图形，则 o 点置于斜杆的中心处；若 o 点置于离测轮 2/3 处，则说明将实际凹凸缩小了 2/3 倍；若 o 点置于离测轮 1/3 处，这说明将实际凹凸放大了 2/3 倍。由于太大、太小均不理想，因此，在结构上宜将 o 点置于离测轮 2/3 处。

1.2.1.4 划线式路面车辙测定仪

一、路面车辙测定仪的功能与结构

划线式路面车辙测定仪是一种计量由于渠化交通所引起的凹陷的设备。它的主要特点是结构简单，制作容易，使用它测量可避免人工检测的危险性。该测定仪主要由行走系统、滑移系统、传动系统、划线系统、测量系统及其辅助部分组成，其总体结构如图1-2-7所示。

在结构的安装方面，行走系统与机架铰接，以便在推动行走时可以转向。测轮的传力杆做成能在划线箱下口自由运动的部件。传力杆的上端接画线针，画线针紧贴于滚纸上。画线箱吊于滑移系统上，在滑移系统滑动时，画线箱与其同步行动。定滑轮固定在机架端部，拉绳一头系在动滑轮上，另一头为拉端，系在手把上。整个机架的高度约为70cm左右。现将主要部件的结构分述如下：

（1）滑行机构：

1）图1-2-8所示为路面车辙测定仪的滑行机构，它由4个滑轮组成：即上滑轮 a、下滑轮 d、左滑轮 b 与右滑轮 c，并用刚架把4个滑轮连接在一起，组成一副滑轮架。

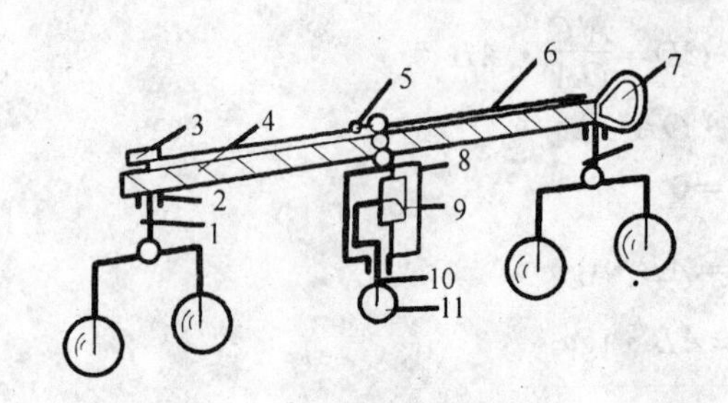

图1-2-7　划线式路面车辙测定仪示意图

1—行走系统；2—固紧螺丝；3—定滑轮；4—机架；5—滑移系统；6—拉绳；7—仪器手把；8—传动系统；9—划线系统；10—测轮传力杆；11—测量系统

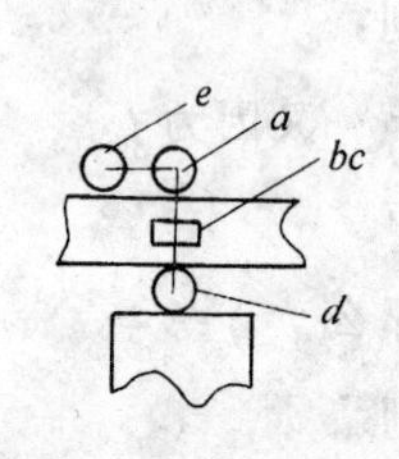

图1-2-8　滑行机构图

2）在安装滑轮组时，4个滑轮需保证与方钢管贴紧，不准有松动，但也不能太紧，否则由于摩擦阻力太大而不能行走。

3）为了减轻质量，一般把方钢管选用空心方钢管，长边为30～40mm，短边为20～25mm，壁厚一般为2mm。当没有长方形方钢管时，也可采用直径为40mm的圆形薄壁钢管代替。在图的右侧部分中 e 轮是行走中的支撑轮。

（2）画线器的结构：

1）图1-2-9所示为画线器的结构图，由图中可以看出，画线器结构是由换向轮8、滚筒 f、画笔 g、传力杆10、行走小轮11及外壳9组成。

2）画线器结构中，最关键的部分是换向轮8与滑移轮 d 的关系，为了依靠滑移轮 d 的滑移动能带动纸滚筒转动，必须要设置换向轮。由于滑移轮 d 的方向是南北向旋转，而需要纸筒的东西向旋转，因此，需设置45°角的三角形轮子，才能达到换向的目的。

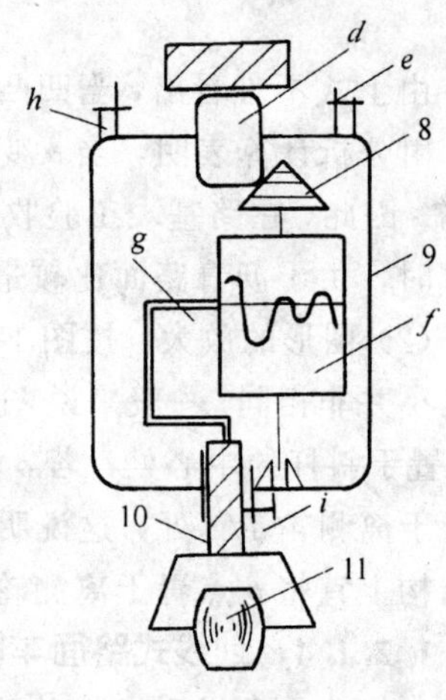

图1-2-9　画线器结构图

3）在这一结构中，为了使滑轮 d 的滑移速度 v 与纸筒转动速度 v' 不同，需要改变换向轮8的接触直径。若设滑移轮直径为 D，换向轮8的直径为 D'，则它们的转速关系：

$v'/v=D/D'$。由此可知，要使纸筒 f 转动的速度 v' 为滑移轮速度 v 的 1/2，则两者的直径比应为：$D/D'=1/2$，$D'=2D$。

4）一般来说，滑移轮滑移距离 4m，则纸筒中的纸长应为 2m，如要纸长为 1m，则换向轮直径应为滑移轮直径的 4 倍。

（3）拼装式机架结构：

1）机架长度一般为 4000mm，相当于高等级道路与一级道路一个行车道的宽度（一个行车道的宽度为 3750mm，显然，携带十分不便，因此，需要组成拼装式结构，其构造如图 1-2-10 所示。

2）图 1-2-10（a）所示为拼接图，一般一面两个埋头螺丝已足够。拼接时用的垫板亦做成长方形钢管，外径做成正好能插进钢管内为基准，壁稍厚一点，便于安装埋头螺丝，其长度为 200～300mm。

3）图 1-2-10（b）所示为拼接后的校平图，一般拼接后上弦的平整度稍差，因此，校平也是很关键的问题，一定要认真按要求校平。

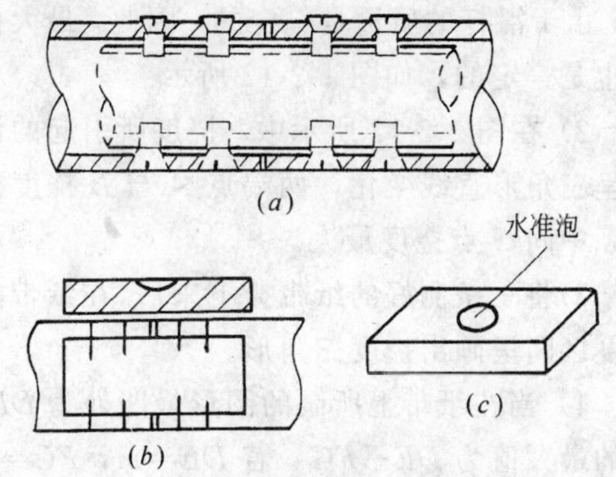

图 1-2-10　机架拼装式结构示意图

（a）拼接；（b）拼接后校平；（c）校平器

4）图 1-2-10（c）为校平器示意图，它实际上是一根尺子，可用硬木做成，由于其厚度可为 1500～2000mm，宽度与机架方形管一样，长度为 200～300mm。拼装时，一边使上弦贴紧，一边在两侧上螺丝，并在最后固定。

5）上弦与校平器之间有光亮时，说明有间隙，需要靠埋头螺丝来调整，直至无光为止。整个校平与调试工作可在路肩进行完成。

二、路面车辙测定仪的工作原理

当车辙检测仪调平后，用手提把手，将仪器的一端推过一个车行道停下，此时仪器置于测试位置。将传力杆上的锁紧螺丝 i 松开，测轮自由落下，并将画线笔尖紧贴滚纸，仪器处于待测状态。拉绳保持恒速后退，测轮即由身边逐渐滚行，此时，滚筒也在转动，画针依靠传力杆的自由伸缩将路面上的不平画到了纸上，直到测轮滚过行车道时停止画线。此时按住手把，使定滑轮端抬起，转上路肩，锁紧测轮，即行第二轮测定，如此循环。

记录纸上的数据信息可以现场采集，也可以在图形纸上写上编号，做内业时再取出记数。如要计算标准差，则根据测量误差的最低统计点原则，1km 需测 30 次以上。该记录纸上读数精度一般为 0.5mm 以下。

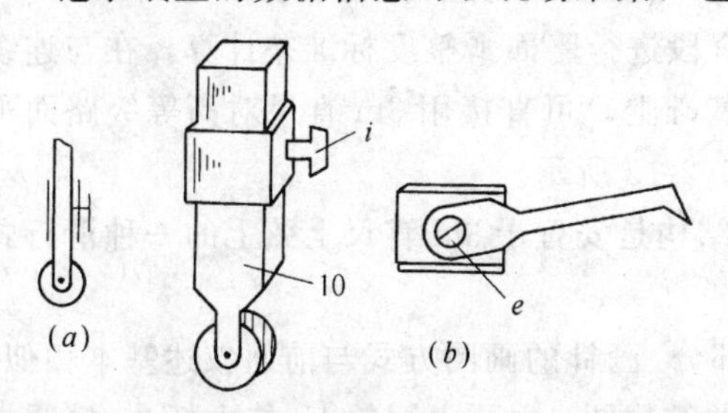

图 1-2-11　划线针紧贴滚筒纸面图

（a）方形传力杆；（b）画线针的尾部锁紧

三、路面车辙测定仪的使用要点

（1）画针的贴紧度：画针在工作时始终贴紧纸筒是该仪器的技术关键。如画针工作时脱空纸面，则将使测量归于失败。为了保证针头始终紧贴纸面，特采取两项措施，如图1-2-11所示。其主要操作注意事项如下：

1）将传力杆 10 置于方形钢管中移动，保证了传力杆在工作时绝对的定向性。为了减轻质量，传力杆也设计成方形薄壁管。

2）将画针的尾部用锁紧螺丝 e 锁紧，画针绕 e 转动，就能保证使针头贴紧纸面，当贴紧后，再按 e 锁紧。

（2）测量误差的校正：测量误差主要来自于机架滑杆的挠度。其校正的方法是：

1）首先确定 4000mm 长的滑杆的最大挠度，由于滑杆的质量是一定的，因此，最大挠度也是一定的，如图 1-2-12 所示。

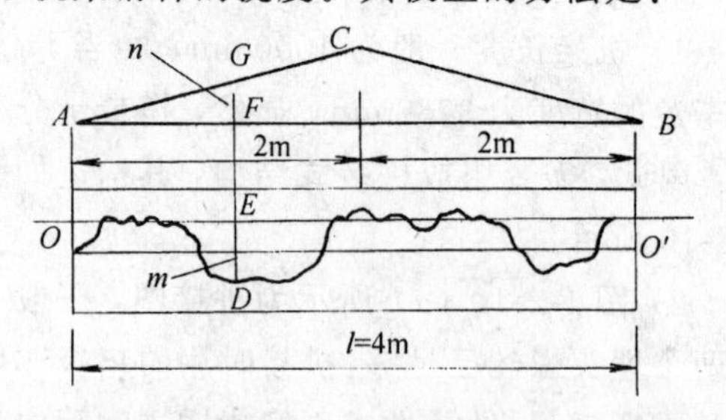

图 1-2-12　挠度误差的校正

2）在图 1-2-12 所示中，挠度所引起的误差呈三角形直线变化，两端点 A 与 B 挠度为零，中间 C 点挠度最大。

3)将一条测好的纸带撕下来后，在纸带的宽度区间里画出挠度三角形。

4）当在纸带上所画的图形最凹处为 DE，则延展线上的 FG 即为挠度校正值。因此，车辙的最大值为 $DE+FG$。若 $DE=m$，$FG=n$，则沥青混合料路面上车辙的实际深度为：

$$h = m + n$$

式中　h——车辙实际深度（mm）；

m——滚纸上量得的最大凹陷深度。本设计的比例为 1∶1，即路面的凹陷深度与纸上量得相等（mm）；

n——机架滑杆挠度修正值（mm）。

（3）滚筒旋转速度：滚筒旋转速度依赖于两个条件：一个是机架上滑轮滑移速度，一个是换向轮接触直径与滑移轮直径的比值。在前面已叙述到换向轮的接触直径为滑移轮的 2 倍，也就是说滚筒旋转速度应为滑移轮滑移速度的 1/2，另外视具体需要还可以做适当调整。因此，当滑移轮速度一定时，滚筒的旋转速度也就决定了。一般情况下，滑移轮的滑移速度选为 100mm/s，则滚纸旋转速度为 500mm/s。

1.2.1.5　画图式 3m 直尺

一、画图式 3m 直尺的功能与结构

画图式 3m 直尺是用画图的方式计量新建或改建路基路面不平整度的一种仪器，它是由普通 3m 直尺与画图装置组合而成。它的特点是纸带记录精度高，在没有连续式路面平整度测定仪的情况下，也可用它对高等级道路的路面平整度进行检测，精确度可达到 0.2mm。另外，还能在纸带上任意量取测点数，便于在全段进行路面平整度标准差计算，在与连续式路面平整度测定仪均方差值取得对比资料的基础上，可直接用 3m 直尺对高等级路面平整性能做出均方差评价。该仪器整体结构如图 1-2-13 所示。

画图式 3m 直尺的主要结构是画图部分，该结构是安置于 3m 直尺上弦上的一种滑行式小车。

(1)画图结构：这是画图式 3m 直尺的关键部分。画针的画图方式与前面叙述基本相似，这里仅介绍驱动部分，图 1-2-14 所示为画图器的结构图，主要由测轮 1、传力杆 2、锁紧螺丝 3、测针 4、纸带 5、滚筒轮 6、输力轮 7 等组成。

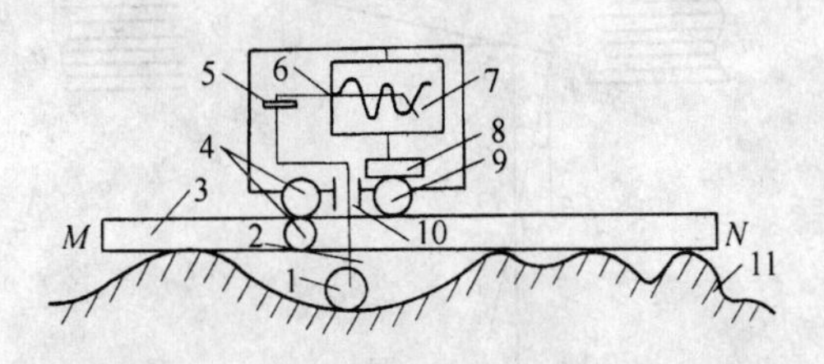

图 1-2-13　画图式 3m 直尺示意图

1—测轮；2—传力杆；3—3m 直尺；4—滑轮；
5—锁紧螺丝；6—测针；7—纸带；8—滚筒轮；
9—输力轮；10—固杆螺丝；11—路面

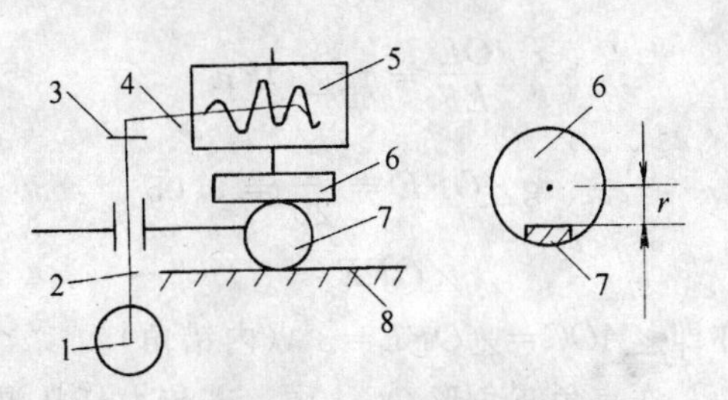

图 1-2-14　画图器结构图

1—测轮；2—传力杆；3—锁紧螺丝；4—测针；
5—纸带；6—滚筒轮；7—输力轮；8—地面

滚纸筒或纸筒之所以能由西向东旋转，主要依赖于输力轮的驱动，而输力轮的旋转力来自于它在 3m 直尺上弦的滚动。由于输力轮与滚筒轮紧密接触，且安置在滚筒轮的下弦，如图中右侧部分所示。当输力轮由西向东旋转时，由于摩擦力原因，使滚筒轮做逆时针方向转动，带动纸轮也由西向东转动。

(2) 滚纸筒的转动速度：滚纸轮的速度 v' 要比主动滚轮的速度 v 小，如其速度设计成 1∶1 时，则滚纸的长度要为 3m，这就太长，一般地设计成 0.5m 左右为宜。要使纸筒的速度减小，则要使输力轮与滚纸筒的直径有一定比例。如果将滚纸筒轮的有效直径扩大为输力轮的 4 倍，则速度缩小 4 倍，相应的滚纸长度应为 3/4＝0.75m。

二、画图式 3m 直尺的工作原理

如图 1-2-13 所示，将 3m 直尺轻放于已建的路基路面上，先使画图仪移到 M 端。未测时，测轮与尺底相平，且测针置于滚纸上弦 1/3 处，然后，将固紧螺丝松开，测轮落到地上，再用锁紧螺丝来调节画针与滚纸的紧密度。上述准备工作完成后，画图仪即进入测试状态。测试时，用手将画图仪从 M 端慢慢地滑向 N 端。这时，滚筒的纸面上已画上了路基路面上的几何量，从而完成了一个测量周期。由于纸面是以 1mm 的间隔特别印制的，如图 1-2-15 所示，且几何量与纸面图形比例为1∶1（即传力杆无支点），mn 为事先用红线刻印，K 是图中的最大凹点，因此，数格即能知道平整度数值，如图中 K 的最大凹陷量为 7.4 格，即 7.4mm。如要计算标准差，则需 100m 内首尾相接连续测定。一般读数精度在 0.2mm 以下。

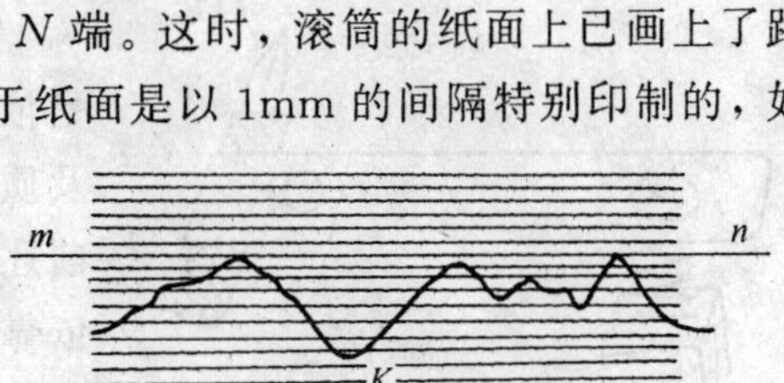

图 1-2-15　毫米级平整度测定纸

三、画图式 3m 直尺的使用要点

(1) 安装紧密度：在安装画图式 3m 直尺时，必须保证各部分的紧密度，这是确保测试精度的基本条件之一。所谓安装紧密度，就是说各部主要结构的安装间隙不能太大，应严格限制在 0.5mm 的范围内。这里所说的主要部件是指传力杆的设计与安装间隙量，如果传力杆在上下移动中左右摇摆，且当摆幅过大时，会引起画针尾端摆动过大，最终导致针头摆幅过大，而产生误差。

误差分析如图 1-2-16 所示。

由于滑槽的晃量过大，引起传力杆偏向滑槽的右边，使滑槽的下口成为支点，此时，针尖由 B 移到 D，在直角三角形 OEF 中，若晃量 OE＝1mm，滑槽的高度 EF＝20mm，则

$$\frac{OE}{EF}=\text{tg}\angle OFE$$

$$\text{tg}\angle OFE=\frac{1}{20}=0.05$$

$$\angle OFE\approx 3°$$

亦即$\angle AOC=\angle OFE=3°$（内错角）。

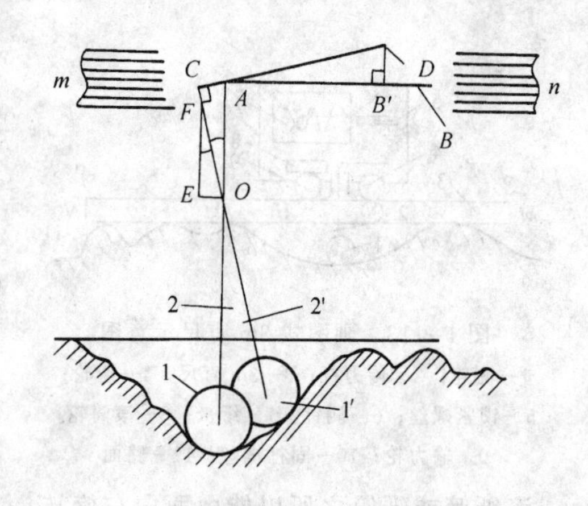

图 1-2-16　误差分析图

1、1′—测轮；2、2′—传力杆

在直角三角形 OCA 中，若传力杆从滑槽下口至画针尾端长度为 30mm，又 $OC\approx OA$，则

$$\frac{CA}{OC}=\frac{CA}{OA}=\text{tg}3°,$$

$$CA=OA\cdot\text{tg}3°=30\times 0.05=1.5\text{mm}。$$

又在直角三角形 ADB' 中，因为 $\angle DAB'=3°$

$$AB'\approx AB-CA=30\text{mm}(针长)-1.5\text{mm}=28.5\text{mm}$$

这样
$$\frac{DB'}{AB'}=\text{tg}\angle DAB'$$

$$DB'=AB'\cdot\text{tg}\angle DAB'=28.5\text{tg}3°=28.5\times 0.05=1.43\text{mm}$$

上述计算表明，若传力杆与滑槽之间的晃量为 1mm，则针头向上移动 1.5mm，移动量为安装间隙的 1.5 倍，一般可以依次类推，若晃量为 2mm，则针头移动量应为 4mm。可见，控制晃量对消除测量误差具有重要意义。

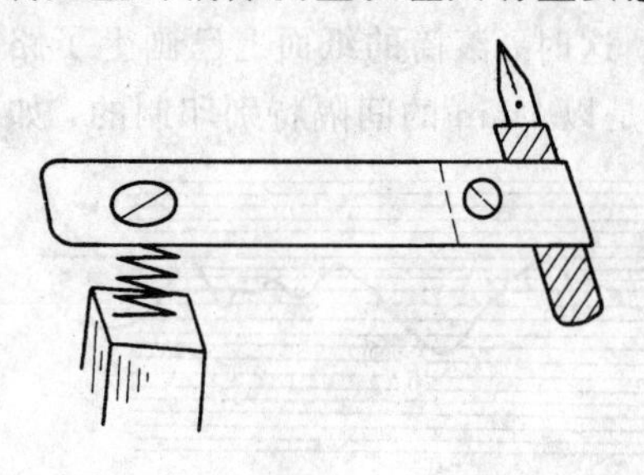
图 1-2-17　钢笔画针图

（2）针尖的磨损与更换：画图式 3m 直尺的数据是依靠纸上的图形来取得的，因此，针尖的紧贴度以及质量状况就成为取得画图质量的关键。紧贴度已由前述，可由螺丝来调节，针尖的质量不能调节，只能依靠测试来确定。针尖在滑移过程中，不断地与纸面摩擦使针尖变粗，产生读数误差，因此，如作长距离测量，应挑选铱金钢笔尖，若没有合适的笔杆，则可选用钢笔杆代用，具体如图 1-2-17 所示。

在图中，笔尖与笔杆、笔杆与传力杆通过固紧螺丝锁定；弹簧垫圈用来调节针尖在纸上的位置与紧贴度。当弹簧压紧时，针尖下降，放松时，针尖提升；笔杆顺时针转时与纸脱开，逆时针转时与纸贴紧。

1.2.2　机电检测技术

1.2.2.1　机电检测技术的特点、原理与发展

一、机电检测技术的主要特点

路基路面机电检测技术是一种应用最广泛的测量技术，它的主要特点如下：

(1) 仪器的结构简便、牢靠，使用寿命长，价格合理，使用方便，在土木工程中应用最广。

(2) 机电检测仪器是先由机械发生动作，然后触发机上电器工作的一种装置。

(3) 仪器在测量时没有数字显示，大部分是靠指针读数，因而缺乏先进性，精度有时也不高。

二、机电检测技术的基本原理

路基路面机电检测技术的基本原理是，将路基路面中的物理量或几何量，通过与接触的机械杆件的动作，传递给磁电记数器或磁电绘图仪，最后由这些记数器或绘图仪给出数据或者图形，并通过这些数据或图形得出路基路面的实际质量情况。

另外，在机电类检测技术中，还有一类是将机械动作直接传递给函数型计算器，通过它即能获得路基路面的实际数据记录。这种函数型计算器可以借助它内部的运算功能得到实现，只要在机械动作与函数型计算器的按钮接线间插入一个中间转换器，即能将机械信号变成电信号，再由电信号变成数字信号。

三、机电检测技术的发展

我国函数型计算器在道路路基路面质量检测中的开发应用最早于20世纪80年代初。当时，西安公路研究所将函数型计算器应用于路面平整度检测，并在此基础上扩展了方程运算等多项复杂功能。后来由于函数型计算器价格便宜，产品成熟，逐渐在机电类的检测仪器中得到了广泛的应用。

在路基路面物理力学指标的测量中，国际上惯用的检测仪器有路面横向摩擦系数测定仪、滑槽式函数型沥青路面车辙测定仪、机电式路面几何指标综合测试仪、滚动式路面平整度测定仪以及路面自动弯沉测试仪等。国内开发研制且用得最多的有函数型路面平整度测定仪和简易型单边、双边路面自动弯沉测定仪等。下面将介绍我国经改进的常用检测仪器以及有可能纳入我国路基路面物理力学指标检测系列的先进的机电型测试设备。

1.2.2.2 普通型路面自动弯沉测定仪

一、路面自动弯沉测定仪的功能与结构

普通型路面自动弯沉测定仪是一种通过机械发生动作，然后触发机上电器工作的设备。该仪器主要由链条1、滑梁2、销钉3、滑块4、变速装置5、测梁系统6、后轮7等组成，其结构为图1-2-18所示。

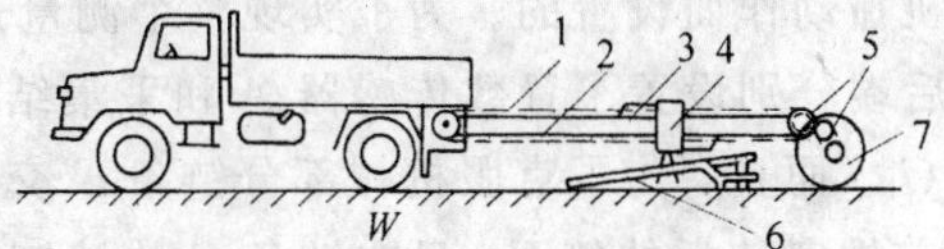

图1-2-18 普通型路面自动弯沉仪的结构图

1—链条；2—滑梁；3—销钉；4—滑块；5—变速装置；6—测梁系统；7—后轮

(1) 滑梁中间开槽，它的功能是保证滑块4在槽中能稳定与自由地滑动。滑块4上装有一只机械手，它能按照设计程序将测梁6嵌紧与松开，并具有自动松紧作用，它能在滑槽中自由地滑动。

(2) 销钉3具有定时插入滑梁与脱开作用，在测梁就位待测时脱开，测完后插紧。

(3) 变速装置5的主要功能是保证滑块4以2倍的测定车行驶速度前进，使测梁始终处于超速运转的状态。

(4) 链条1的功能能是驱使滑块前后运行。

(5) 测梁6即是现行的贝克尔曼弯沉梁，它在工作时由机械手夹住，并由后轮7运行到汽车后轮中间空隙下测定路面弯沉值，在测梁后端安置有位移传感器，便于记数。

二、路面自动弯沉仪的工作原理

为了使测梁在送到后轮间隙中时能缓冲，在汽车发动机部分要安装有一个副变速箱。普通型路面自动弯沉仪测梁的工作原理见图1-2-19所示。

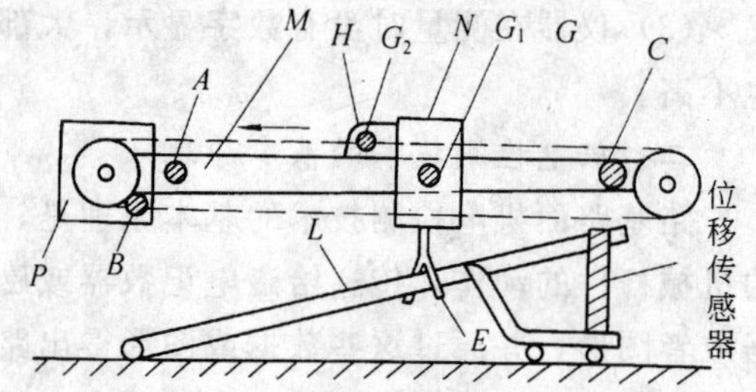

图1-2-19 自动弯沉仪测梁工作原理图

(1)由图1-2-19可知，当测定车拖动滑梁向前运行时，整个测试系统随之前进。

(2)由于路面摩擦力作用，后轮 Q 被带动，在后轮 Q 的驱动下，经过变速装置下带动链条 G 转动。

(3)此时，链条 G 上的销钉 H 带动滑块 N 通过夹头 E 夹着测梁 L 沿滑梁 M 向前运动，把测梁 L 送到汽车两后轮的轮隙之间，机械自动结构（即机械手）夹持的测梁 L 自动松开并将测梁 L 放于路面 W 处（见图1-2-18）。

(4)此时滑块 M 相对路面近似静止，汽车拖动滑梁继续前进，经过一段很短时间后，W 处路面逐渐恢复其弹性变形 Δ，此时，滑块 N 相对滑梁向后运动，当滑块 N 移动到滑梁 M 的最后端部时，滑块 N 上的机械手 E 又夹持测梁 L 进行下一次循环。整个测定是在汽车连续行驶的情况下连续进行的。

(5)在自动弯沉测量过程中，无论对于一般沥青路面，还是具有半刚性结构的沥青路面，只要对它施加一定压力后（标准解放车型压力为0.5MPa，标准黄河车型压力为0.7MPa)，它都会发生局部范围内的弹性变形，当压力取消后，就逐渐恢复其变形，这个回弹变量即是回弹弯沉值 Δ。

(6)对于半刚性结构沥青路面回弹弯沉值 Δ 很小（有时相应于百分表的1～3格），回弹时间很短，但弯沉盆较大，弯沉盆的影响半径有时在5m以上，一般为3～4m左右。对于一般沥青路面回弹弯沉值 Δ 较大，回弹时间较长，弯沉盆较小，一般为1.5～3m之间。考虑到一般沥青路面与半刚性沥青路面对于路面在卸载时回弹时间的需要，本仪器设计以30s为基准。

三、路面自动弯沉测定仪的电路硬件

图1-2-20所示为路面自动弯沉测定仪的电路硬件构成图。整个电路硬件是为完全配合机械动作而设置的。为了实现整个测量过程中弯沉数据的自动采集，在滑梁 M 的前端和后端分别设置了置数传感器 A 和采集结束传感器 C，在滑块 N 上装上其相应的作用磁钢 G_1。而且，为了克服机械部分链条 G 交接距离的影响，把采样开启传感器 B 装于滑梁 M 前端安装板的侧面，且在链条 G 的销钉 H 上安装了其相应的作用磁钢 G_2。这样，就使得在一个测量周期内，产生三个不同的位置信号，分别作为置数、采样开启与采样结束信号。

系统主机芯片采用8031，通过它的扩展系统来完成各种功能，包括键盘输入、显示、打印数据、长期存贮及一次仪表的控制。从图1-2-20可知，三个传感器 A、B、C，分别经过光电耦合器接入CPU芯片的三个输入端 $P_{1.0}$、$P_{1.1}$ 与 $P_{1.2}$，其中 $P_{1.1}$、$P_{1.2}$ 再经非门电路及与门电路接入CPU的中断输入端 $\overline{INT_0}$。CPU的 $P_{1.3}$ 端经过门驱动电路及三极管放大电路推动继电器去控制一次仪表的置数电路。定时电路接入CPU的下端。

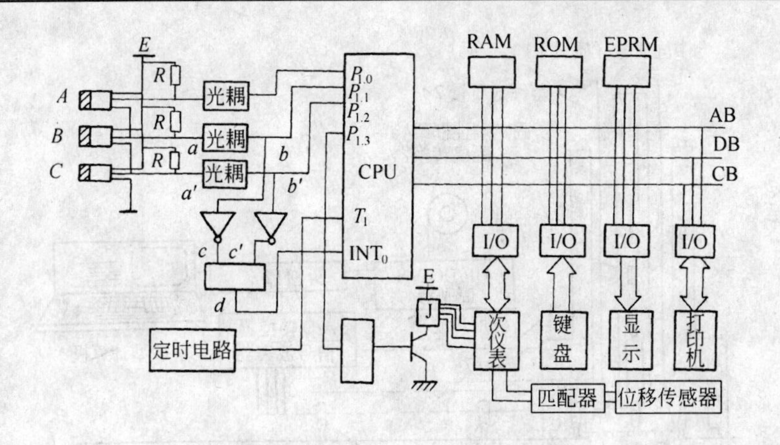

图 1-2-20 自动弯沉仪电路硬件构成图

表 1-2-1 为各部件间的逻辑关系表。

码钢逻辑关系表 表 1-2-1

码钢位置	a	b	c	a'	b'	c'	d
不作用	1	0	1	1	0	1	1
作用 B	0	1	0	1	0	1	0
作用 C	1	0	1	0	1	0	0

从表 1-2-1 中可得逻辑关系式如下：

$$\begin{aligned} d &= c \cdot c' \\ &= \overline{b} \cdot \overline{b'} \\ &= \overline{\overline{a}} \cdot \overline{\overline{a'}} \\ &= a \cdot a' \end{aligned}$$

上述关系式说明：当 a 或 a' 任一个为逻辑 0 时，d 就为逻辑 0。回弹弯沉信号 Δ 即当传感器 B 或传感器 C 其中任一个有磁钢作用时，就会在 CPU 片的 $\overline{INT_0}$ 端产生中断请求信号，Δ 记录便中止。

1.2.2.3 普通路面落锤式弯沉仪

一、落锤式弯沉仪的主要功能

利用贝克曼梁方法测出的回弹弯沉是静态弯沉。自动弯沉仪检测弯沉时，因为汽车行进速度很慢，所测得的弯沉也接近静态弯沉。为了模拟汽车快速行驶的实际情况，不少国家开发了动态弯沉的测试设备。落锤式弯沉仪（Falling Weight Deflectometer，简称 FWD）模拟行车作用的冲击荷载下的弯沉量测，计算机自动采集数据，速度快，精度高。近年来，采用落锤式弯沉仪（FWD）测定路面的动态弯沉，并用来反算路面的回弹模量，已成为世界各国道路界的热门课题。这种设备特别适用于高等级公路路面和机场的弯沉量测和承载能力评定。落锤式弯沉仪是目前国际上最先进的路面强度无损检测设备之一。

二、落锤式弯沉仪的主要结构

落锤式弯沉仪分为拖车式和内置式。拖车式便于维修与存放，而内置式则较小巧、灵便。落锤式弯沉仪的测量系统示意图如图 1-2-21 所示。

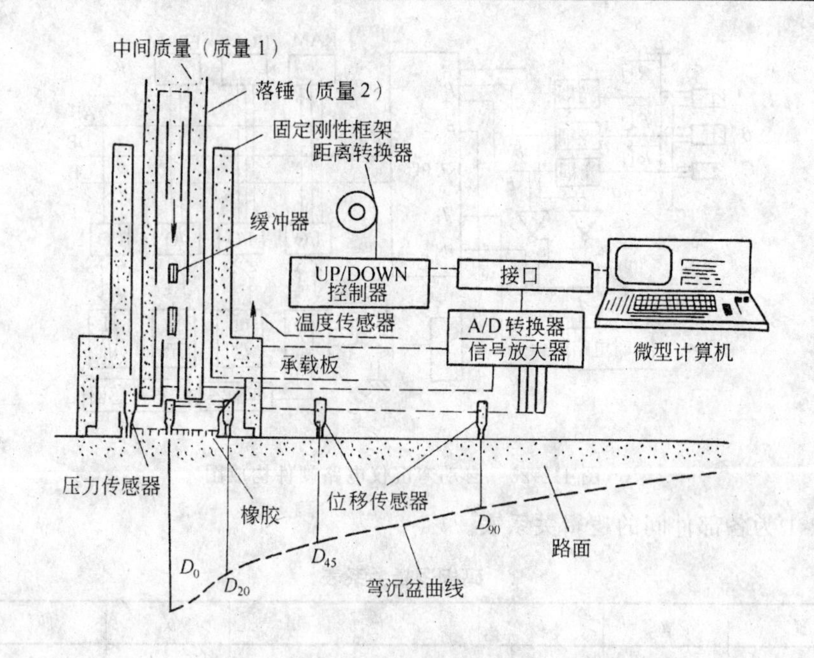

图 1-2-21 落锤式弯沉仪测量系统示意图

（1）荷载发生装置：包括落锤和直径 300mm 的 4 分式扇形承载板。

（2）弯沉检测装置：由 5～7 个高精度传感器组成。

（3）运算及控制装置。

（4）牵引装置：牵引 FWD 并安装运算及控制装置等的车辆。

三、落锤式弯沉仪的工作原理

将测定车开到测定地点，通过计算机控制下的液压系统，启动落锤装置，使一定质量的落锤从一定高度自由落下，冲击力作用于承载板上并传递到路面，导致路面产生弯沉，分布于距测点不同距离的传感器检测结构层表面的变形，记录系统将信号输入计算机，得到路面测点弯沉及弯沉盆。

四、落锤式弯沉仪的使用要点

（1）通过调节锤重和落高可调整冲击荷载大小。例如，我国路面设计标准轴载为 BZZ-100，落锤质量应选为 5t，因为承载板直径为 30cm，对路面的压强恰为 0.7MPa。

（2）检测时，拖车式落锤弯沉仪牵引速度最大可达 80km/h，根据我国的实际情况，牵引速度以 50km/h 左右为宜。内置式落锤弯沉仪最高时速大于 100km/h，每小时可测 65 点。

（3）传感器分布位置为：1 个位于承载板中心，其余布置在传感器支架上。路面结构不同，弯沉影响半径亦不同。路基或柔性基层沥青路面传感器分布在距荷载中心 2.5m 范围内即可。目前，我国高等级道路大多采用半刚性基层沥青路面结构，弯沉影响半径已达 3～5m，传感器分布范围应布置在距荷载中心 3～4m 范围内，以量测路面弯沉盆形状。

（4）每一测点重复测定不少于 3 次，舍去第一个测定值，取以后几次测定值的平均值作为计算依据，因为第一次测定的结果往往不稳定。

（5）弯沉检测装置操作方式为计算机控制下的自动量测，所有测试数据均可显示在屏幕上或打印出来或存储在软盘上；可输出作用荷载、弯沉（盆）、路表温度及测点间距等；

可打印弯沉平均值、标准差、变异系数及代表弯沉值等数据。

(6) 应当注意，落锤式弯沉仪所测弯沉为动态总弯沉，与贝克曼梁所测的静态回弹弯沉不同。可通过对比试验，得到两者之间的相关关系，并据此将落锤式弯沉仪所测弯沉值换算为贝克曼梁的静态回弹弯沉值。

(7) 可利用计算机按弹性层状体系理论的计算模式和程序，根据落锤式弯沉仪所测弯沉盆数据反算路面各层材料的弹性模量。

关于落锤式弯沉仪测定路面弯沉试验方法详见《公路路基路面现场测试规程》(JTJ 059—95)。

1.2.2.4　轻型连续式路面平整度测定仪

一、概述

路面平整度是衡量路面平整、舒适质量状况的重要依据，它对于高等级道路来说尤为重要，因而，于 1987 年被纳入国家标准《沥青路面施工及验收规范》。该仪器在 1995 年研制开发的轻型连续式路面平整度仪（下型仪），质量在原基础上减轻了 1/4，两人很容易抬至汽车车厢，给搬运带来了方便。

该路面平整度测定仪的电子测量系统全改为模块式，外形上与 E 型仪稍有区别。E 型的车架为框架式，而 F 型的车架为半框架式，因此，读数稳定，外形轻巧。E 型仪主要由车架（包括行走轮 8 个）、伸缩梁与拉杆等组成，其结构见图 1-2-22 所示。

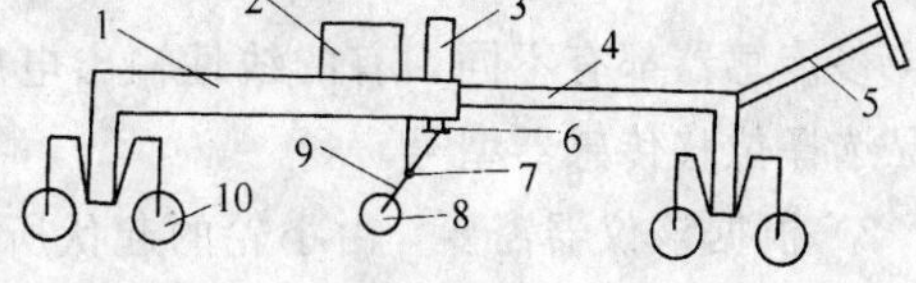

图 1-2-22　轻型连续式路面平整度仪结构框图

1—车架；2—仪器箱；3—位移传感器；4—伸缩梁；5—拉杆（手把）；6—测杆；7—支点；8—测轮；9—动臂；10—行走轮

二、路面平整度测定的工作原理

(1) 仪器测量工作原理：由图 1-2-22 所示，车架的功能主要是行走与安装测量仪器，行走轮 M 形框体结构主要是在快速行走时，保持车体平稳。测轮系是由小轮（直径 16cm）、连杆、中间通过伸杆与车架连接组成，支点分连杆为 1∶1，连杆一端上安装小圆板，直径约为 2.5～3cm，小圆板正中心有位移传感器的侧杆接触，可以在该板上自由地滑动，而不会滑出板外。位移传感器安装在车架上，必须固定不能有丝毫松动，路面平整度信息全由该仪器提供。仪器箱锁在车架上，里面有函数型计算装置。轻型仪车架设有加重块。仪器测量工作原理如图 1-2-23 所示。

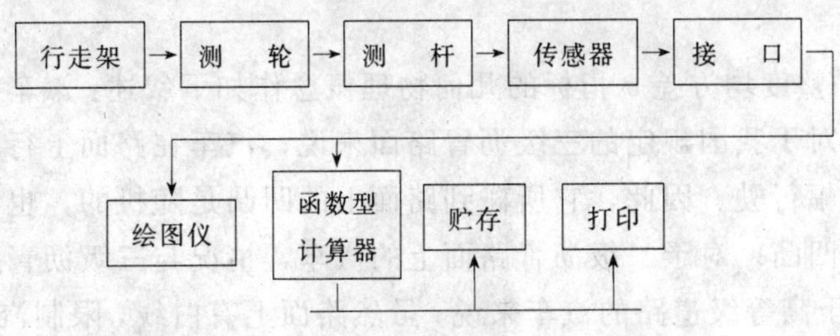

图 1-2-23　仪器测量工作原理

(2) 位移传感器工作原理：从图 1-2-22 所示中看出，行走车架由人拉或车拖前进时，中间小测轮也同步前进，由于路面不平，路上的凹凸会引起小轮上下摆动，小轮的一端也随之摆动，小圆板上下起落，引起位移传感器的测杆在传感器的小孔槽里也上下滑动，如开始时调测杆的中心于线圈中心轴头处，则该点电位为零，如图 1-2-24 所示。

1）若传感器铁心向上移动，则说明小轮遇到了凹陷，此时，线圈中产生了感生正电位（假定向上为正，向下为负）输出；若传感器铁心向下移动，说明小轮碰到了凸起，线圈中产生了感生负电位输出。在这里，正电位与负电位之间的幅度正好说明小轮遇到凹凸的高差。如果事先由室内试验得到"凹凸—感生电压"的标定线，则知道了感生电压的多少，就能在标定线上查得路面平整度凹凸的大小。由实验可知，位移传感器的输出电压较大时，标定线不为线性，如对于LVOT型的位移传感器最大输出电压1.2V时为线性区，相对应的凹凸变化量为3mm，超过此值后，输出电压值就落入非线性范围，必须要做出"非线性标定线"才能根据非线性电压值查出凹凸值。对于非线性区，每一种型号的位移传感器都有不同，有的线性输出电压大，有的线性输出电压小，必须根据路面实际情况选择位移传感器型号。

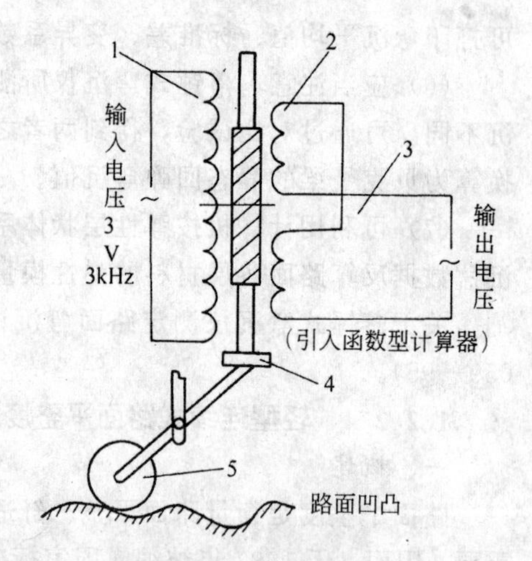

图 1-2-24　位移传感器工作原理图
1—输入线圈；2—输出线圈；3—中心抽头（零电位）；4—小圆板；5—测量小轮

2）根据该仪器需要，由小轮的起伏所引起位移传感器的电位变化值，不需要引出，而通过接口电路直接输入函数型计算器运算。该计算器在1983年开发连续式路面平整度仪之初，直接用的是市场购置的函数型4位器，后来发展到8位、16位，一直到24位器，精度越来越高，而目前的精度已完全足够。在函数型计算器里将十分简便地得到统计型指标均方差的运算并输出数据。

交通部标准与国家标准中有关路面平整度均方差标准值摘录如表1-2-2所示。

部标与国标有关路面平整度均方差 σ 的规定值（mm）　　**表 1-2-2**

名　称	沥青混凝土路面	沥青贯入	沥青表面处治	代　号
部　标	1.8～2.5/3～5	3.5/8	4.5/10	JTJ/071—94
国　标	2.5/5	3.5/8	4.5/10	GB/J 92—86

注：分子为均方差标准值，分母为3m直尺标准值。

3）关于路面平整度均方差 σ 指标的几何物理概念作如下叙述：汽车行驶在道路路面上是一种随机过程。对于我国规定的三级沥青路面来说，汽车在路面上行驶，没有标线规定车道，它可以满路幅行驶。因此，它所碰到路面上的凹凸是随机的，也就是说，汽车并不知道在哪里会碰到凹凸。对于二级沥青路面上的汽车，情况与三级沥青路面一样，也是随机的行驶过程。对于高等级道路的汽车来说，虽然路面上有白线，限制汽车的行驶范围，但在超车时又打破了规定的行驶界限，汽车事先不知道在哪里会与别的汽车发生超车，也不知道在哪里会遇到路面上凹凸不平的状况，因而，高等级道路上汽车行驶过程也是一种随机过程。既然是一种随机过程，那么应该用随机函数指标来表征路面平整特性才最为确切，这样，路面凹凸不平与随机函数发生了密切关系。

1.2.2.5 路面摩擦系数（纵向、横向）测定仪

一、概述

路面摩擦系数是评价路面抗滑性能的一项重要指标。摩擦系数大，说明路面抗滑性能好，汽车在路面上行驶安全性大，反之，摩擦系数小，路面抗滑性能差，汽车行驶的安全性得不到保证。不论是水泥混凝土路面，还是沥青路面，在刚竣工时，抗滑性能一般都能确保，但随着路面使用年限增加，摩擦系数会降低，致使抗滑性能下降。为了测出路面实际摩擦系数，国内外研制开发了多种摩擦系数测定仪。现将瑞典研制的一种快速路面摩擦系数测定仪作简要的介绍如下。

二、路面纵向摩擦系数测定仪

(1) 快速摩擦系数测定仪是在牵引车不停且快速行驶下进行测定的，因而具有时代先进性。它的结构与功能见图 1-2-25 所示，主要由操纵盘 1、车底 2、测轮 3、汽车后轮 4、汽车后轴 5、变速轮 6、液压操纵 7、测轮齿轮 8、压重 9、传力管 10、换速拉杆 11 和齿轮 12 等组成。

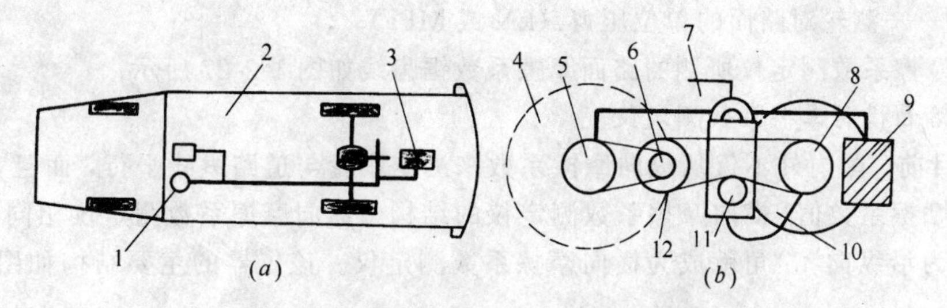

图 1-2-25 快速摩擦系数测定仪结构图

(a) 测轮位置；(b) 结构示意

1—操纵盘；2—车底；3—测轮；4—汽车后轮；5—汽车后轴；6—变速轮；7—液压操纵；8—测轮齿轮；9—压重；10—传力管；11—换速拉杆；12—齿轮

(2) 测轮为摩擦系数测定小轮，胶轮内径约 20cm，外径约 40cm (4.00—8″)；操纵盘安置在驾驶室，测轮变速、起落全由该盘操纵；汽车底盘示意测轮的安装位置；测轮压重约为 80kg，新型时无压重；齿链传动高、中、低各档测速；测速换档杆用进与出进行换档；液压控制杆控制测轮滚滑状态；测轮齿轮接受油路控制测轮的控制；变速轮将汽车后轮的速度传给测轮，并组成一定的传动比，便于换速；全套测定装置与汽车后轴滑动连接。摩擦系数测定原理如图 1-2-26 所示。

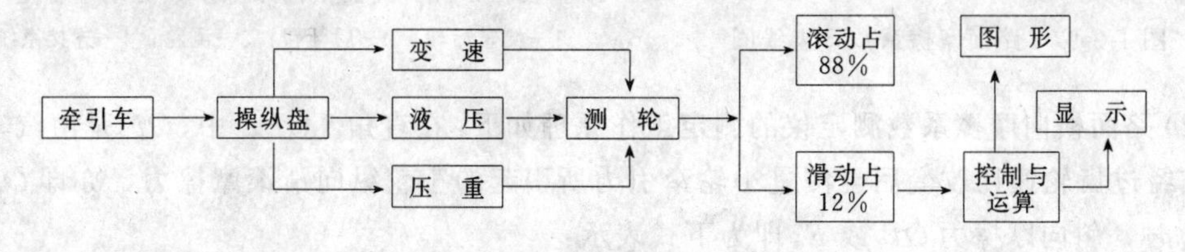

图 1-2-26 摩擦系数测定原理图

(3) 由图 1-2-26 可知，测定车以 165km/h、90km/h 或 60km/h 牵引速度带着测定小轮（悬起）前进。当需要测定时，通过驾驶室中的操纵盘将测量小轮降至地面，同时将压重 (800N) 同步下降到测轮轴上，使测轮触地面积达 $11.43cm^2$，单位压力达到 0.7MPa。在测轮刚下至路面的一刹那起，测轮被液压力间歇锁紧，此时，测轮在路面上滑动与滚动间歇

进行，这为国际上实行的一种新颖测试方法。其中滑动占轮周的12%，滚动占轮周的88%，60km时速转一周为0.075s。这一过程全由程序控制自动完成，且滑滚连续地进行，直到停测小轮悬起为止。

(4) 根据物体摩擦的物理概念，在测轮降至路面的一刹那，路面摩擦力就对测轮产生了物理作用。此时，与测轮连接的传感器对测轮的滑滚记力，那么，此时的滑滚平均摩擦系数，即为在该测速与温度下的摩擦系数值。路面摩擦力越大，则相应摩擦系数越大，反之，摩擦系数越小。路面纵向摩擦系数用下式表示：

$$f_{vm} = \frac{F_m}{P}$$

式中 f_{vm}——路面纵向摩擦系数，以小数计。因为测速可以控制，因此，在公式中未介入速度因子；

F_m——在一定测速与温度下传感器对测轮的纵向拉力，即单位摩擦力（kN或MPa）；

P——测轮对路面的单位压力（kN或MPa）。

快速摩擦系数测定仪所测的路面摩擦系数锯齿线如图1-2-27所示。

三、路面横向摩擦系数测定仪

(1) 目前，国内外不仅从纵向摩擦系数来测定小轮与道路纵线平行，而且，也在探求路面横向摩擦系数值。横向摩擦系数测定仪的结构与纵向摩擦系数测定仪相同，只要将测量小轮改为沿纵向45°角就成为横向摩擦系数测定仪。该仪器的主要结构如图1-2-28所示。

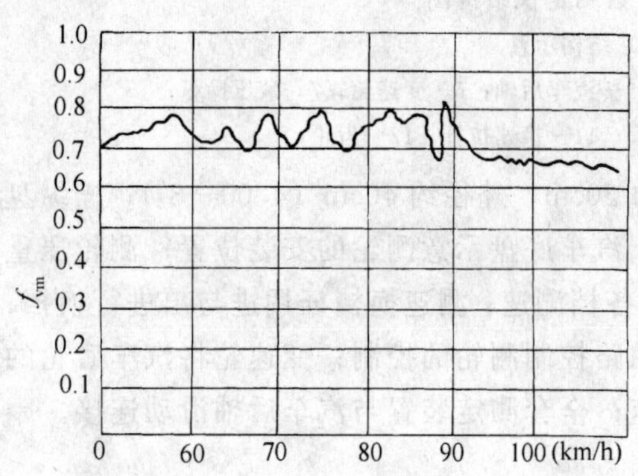

图1-2-27　路面摩擦系数锯齿线圈

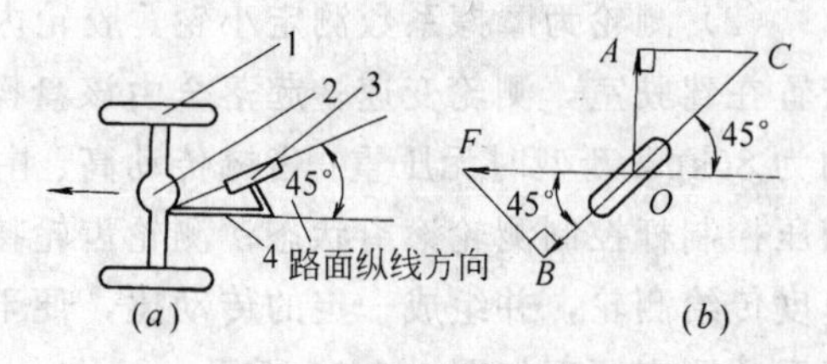

图1-2-28　路面横向摩擦系数测轮位置图

1—测车后轮；2—后牙包；3—测轮；4—连接系统

(2) 路面横向摩擦系数测定仪的测定工作原理如下：在直角△OBF中，OF是由汽车牵引力或经过齿轮速比改变后至测量小轮牵引力所引起的小轮纵向滑滚摩擦力，亦即$OF = F_m$，此时，斜向摩擦力OB或F_α即为下式表示：

$$\frac{OB}{OF} = \cos 45° = \frac{\sqrt{2}}{2}$$

$$OB = F_\alpha = \frac{\sqrt{2}}{2} \cdot OF = \frac{\sqrt{2}}{2} F_m$$

因此，在直角△OAC中，横向摩擦力F_n为：

$$\frac{OA}{OC}=\frac{OA}{OB}=\sin 45°=\frac{\sqrt{2}}{2}$$

$$F_n=OA=\frac{\sqrt{2}}{2}\cdot OB=\frac{\sqrt{2}}{2}F_\alpha$$

$$=\frac{\sqrt{2}}{2}\cdot\left(\frac{\sqrt{2}}{2}\cdot F_m\right)$$

$$=\frac{1}{2}F_m$$

由此可得，路面横向摩擦系数的计算式为：

$$f_{vn}=\frac{1}{2}\cdot\frac{F_m}{P}$$

式中 f_{vn}——路面横向摩擦系数，以小数计；

F_α——45°方向的路面斜向摩擦力（kN 或 MPa）；

f_{vm}、f_m、P——意义同上。

上式结果全由机内程序自动算出。其计算值是路面横向摩擦系数 f_{vn}是理论计算值，由于路面表面结构情况的复杂性，横向与纵向摩擦系数不一定正好是上述关系，因此，还有必要对这一结果加以修正。

1.2.3 振动检测技术

1.2.3.1 振动检测技术概述

一、振动检测技术的功能及应用

路基路面振动类检测技术是用向（地面）瞬态锤击来测定它的强度与压实度的一种方法。路基路面在受到锤击后即就得到凹陷变形，或者产生一种传递振动波。这种凹陷或传递振动波即为检测所需要的主要参数，由于这种参数是依靠锤击后路基路面产生振动获得的，因而就称为振动检测技术。

在国内外利用锤击的方法来得到路基路面检测数据，主要集中在路基路面的强度与压实度方面。从理论上讲，无论是路基、路面均可用锤击的方法测定它们的强度和压实度，但实际上，目前内外只限于测定它们的强度。为此，本章将扩展到路基路面的压实度。如果测量路基路面的压实度，其难度比测量路基路面的强度要大，还需要辅助于机械或电子仪器的配合，才能达到测定数据的精度要求。

二、振动检测技术的基本原理

（一）锤击式路基路面强度检测原理

若用一定质量与形状的钢锤，由一定高度自由落下，即在路基路面上产生一种冲击波。由于冲击时间短，因此，这种波一般是脉冲波或尖峰波，这种冲击波随即被精密位移传感器或千分表所接受，就产生了脉冲反弹位移量。从理论上讲，路基或路面压实得越密实，则路基强度愈高，反之，强度愈低。若路基路面强度高，吸振作用弱，反弹作用强，则脉冲反弹位移量就大；若强度低，说明路基路面软弱，吸振作用或吸能作用一定强，脉冲反弹位移量就小。可以推理，若路基路面愈软弱，则吸能作用就愈强，脉冲反弹位移量就愈小。

如事先已作好“路面弹性模量与脉冲反弹位移量标定线”，则就可很快地反求出路面的实际强度或弹性模量。

另外，还有一种用锤击方法测出压实层反弹位移量，就是锤击法测出路基的锤击凹陷，这种凹陷变形反映了压实土的抗力性能，而这种抗力又与压实土的回弹模量有关，很明显，回弹模量愈大，或土体愈坚实，则凹陷应愈浅，反之，愈深。反过来论证也同样，若凹陷愈深，则说明压实土体的回弹模量愈小，反之，愈大。显然，用这种方法与测定土体反弹量一样，同样也能确定压实土体的强度。由于该法要量出凹陷深浅，这对于压实土体很明显，在最佳含水量左右压实时，其一定重锤（2kg 左右）的凹陷量约有 1～5mm，这样的凹陷量用精密千分表完全能测量出来，而对路面来说，特别对路面面层来说，其压实层的凹陷量只有 1mm 左右的数量级，一般不易量出。因而，对于路面面层适宜的方法是测量它的反弹位移量，对于路面基层要视情况来定，有的基层可以，有的也难以直接量出凹陷量。所以，总体来说，用量取凹陷量的方法确定压实体的强度，以路基为宜。

（二）锤击式路面压实度的检测原理

用锤击法测定路面压实度要区分以下两种不同情况：

（1）第一种是指路面面层，由于路面面层的压实度内涵与路基有所区别，它是用现场密实度与室内试验最大密度之比来表示，而最大密实度并非最佳含水量下的数值，而应该是最佳级配、用油合理、材料理想等因素综合下的数值，因此，现场测定时，只要测出路面面层的密实度就知道了它的压实度了，它没有“干与湿”之分。

用锤击法测定压实度（或密实度）时，同样会使路面面层产生一个脉冲反弹位移值，它由精密位移计或精密千分表所接受，从理论上讲，若路面面层压实愈密实，则反弹位移量愈大，反之，应该愈小。这样，在事先由室内进行标定的“反弹位移量一密实度”线上很快地反求出路面面层的密实度，再除以室内试验得到的最大密实度，即得到路面面层的压实度数值。这种方法适宜于沥青路面面层的密实度测定。

（2）第二种是指路面基层。对于路面基层的密实度测定与面层有所区别，有些基层与含水量有关，它们是在最佳含水量下才达到最大密实度的。例如：石灰土结构，石灰、粉煤灰与砾石结构等，都要受到水分影响。可以说，没有水分就不能胶结，因此，这种材料层就有“干与湿”之分。当用同样方法所测得的脉冲反弹位移量或凹陷量，只是反映基层的湿密度，而路面面层材料反映的却是干密度。如果想知道基层材料的脉冲反弹位移量或凹陷量后就能即时得到压实度（因为按规范要求为干密度之比，就是室内最大密度与现场干密实度之比），则需要建立“干密度与脉冲反弹位移量或凹陷量的关系线”，才能得到“干的压实度”值。

（三）锤击式路基压实度检测原理

锤击式路基压实度检测的方式与路面面层和基层相比，主要有以下几点不同：

（1）土种的测定影响：土种对锤击式测定方法有一定影响，如前所述，有些土种在压密状态下，其表面层内产生“板结”现象，因此，为了确保测定精度，必须考虑由于“板结”所造成的误差。在这种情况下，不能使用“全国所有土种一根标定线”，而应该按土种建立标定线的模式，一般来说，这种技术路线是准确的。由于道路施工里程一般很长，只要做出一次标定，就可在全线进行压实度的测定工作，这在实践上并不麻烦。

（2）土层的影响深度：用锤击法测定路基压实度要考虑锤击的影响深度问题。由于柔性路面理论中，对土基的力学影响深度为土基顶面以下 80cm，如果锤击的影响深度仅在土基的表层，则它的压实度仅包含表面的压实度。因此，如果需要测定 80cm 以内的总体压实度，则在选择落锤质量时，需注意其锤击影响深度要达到 80cm。如果施工时分层检查压实度，那么根据分层碾压虚厚一般为 30～40cm，压实厚度为虚厚的 70%，则压实厚度约为 25cm 左右，在这种情况下，击锤质量可减轻，目前，一般为 1.5～2.5kg。

(3) 土中水分影响：路基中水分对用锤击法测定压实度具有较大影响。目前，国内用锤击法测定路基压实度在考虑土中水分影响的情况下研究了几种最新方法，现将其原理叙述如下：

1) 测定的基本原理：凹陷量红外法。用锤击法得到的路基表面的变形凹坑，本来即能由“凹陷量与压实度标定线”上反查得到压实度大小，但由于压实度大小除了与凹坑变形有关外，还与土中含水量大小有一定关系，也就是土基压实度是土中含水量与凹坑变形的双元函数。由前述可知，所谓土基压实度是指现场干密实度与室内最大干密度之比，而现场得到的只是湿密度，显然需要扣除其中的水分，那么，到底扣除多少水分，这就很自然地需要测知土中的含水量。

土壤含水量测定方法国内外已有多种，特别是国内近几年来已研制了几种，但效果都不十分理想，因此，近几年来，国内又研制了一些方法。红外线烤干法虽然是一种破损测定，但十分有效，而且速度很快，一次土壤含水量测定只需 2～3min 时间。红外线烤干法利用一个便携式烤箱，先由百分之一精度的天平称出需要测试的土壤的湿重，然后迅速放到箱里，烤干后再称出土的干重，这样，就得到了 $\Delta=\Delta_{湿}-\Delta_{干}$ 的水分增量。

在目前情况下，压实土体中某层水分含量的取得，用取土钻为好。这主要是因为取土钻头面积较小，钻一个小孔不会引起多大问题。如果只检查每一层土体含水量，则只要钻 10cm 左右深度即够，分层测定才需要钻深 80cm。由于红外线烤干法在烤干时电能耗费大，因此在野外测定时，电源电压需要用市电电压 220V。

2) 反弹位移量—电容法测定的基本原理：用锤击测定路基压实度的又一种方法是反弹位移量法。这种方法的原理前面已叙述，这里不再多赘述。用锤击得到路基反弹位移量后，不能即时从“反弹位移量—压实度曲线”上查得路基的压实度值，需要测定该路基土的含水量值。这里介绍一种“电容测湿法”，是 20 世纪 90 年代中期研制的一种类似无损测湿的装置，它基本上解决了国内外至今还在探索的无损测湿的技术问题，由于不需取土，因此，比“红外测湿法”更为先进、实用。现将电容法无损测湿的原理作一简要叙述。

土壤是一种电介质，在物理上通常用介电常数来表示。当土体中所包含的各种因素一定，即土壤含水量一定，颗粒成分一定，金属离子一定，单位土壤物理质量一定时，只要测试方法一定，则土壤的介电常数是一定的，如下式所示：

$$C=\frac{\varepsilon S}{4\pi kd}$$

式中 C——平板电容器所测定的电容量（F）；

S——两块极板的正对面积（m^2）；

k——静电恒量 $k=9\times10^9$（$N\cdot m/q^2$）；

d——两极板间的距离（m）；

ε——介电常数。

由上式可知，如果S、d、ε均一定，则电容量C也一定。但在本法中，S与d均可做到一定，而介电常数却是个变数，这给本法的成功提供了条件。在实际中，土壤的各种成分可以不变，但其含水量却在变化，这使介电常数发生变化。一般含水量从3%～30%之间变化时，介电常数的变化达到几十倍到数百倍，因此，当土壤中各种成分相对稳定时，用电容法测定土壤中的水分有着比电阻法测定水分的优越性。电阻法除了与水分有关外，还与土中的金属离子、土的密实度以及电极的接触等有关，测定情况比较复杂，因此，一般不用。在本法测定水分中，电容的单位一般在nF数量级。

在进行电容法测定时，只需要在压实好的路基表面下5～10cm处切两个对称的长条形小槽，即可取得两极板间的土壤电容量。在制作中，极板的大小与两板的间距可由实验来调节，选择的要点是使每1%含水量的电容量与分辨率最大。由以上看出，本法由于开槽很小，对路基影响不大，可视为无损快速测定。

3）频谱法测定的基本原理：在锤击情况下，用频谱法展现各种频率下的响应值，可以不测土壤含水量，即能取得土壤的压实度，这一成果在目前国际上为最先进的检测方法。现将该法简述如下。

用一个不太重的铁锤或钢锤，在一定高度上自由落下，使路基受到一个瞬时脉冲信号，该脉冲信号是一个瞬态冲击尖峰波，它使土壤跟着该脉冲波一起振动，这种振动波通过加速度传感器接收并输入频谱仪展开成“频率与响应值”频谱图，如图1-2-29所示。并从图中看出：

①脉冲波随频率的增加，响应值由最小Ⅰ区到顶峰Ⅲ区，然后下滑到最小Ⅴ区，宛如一条正态分布曲线。进一步看出，对于任何一个含水量w，其变化规律似乎都一样，只是两头Ⅰ与Ⅴ区稍有分开，顶峰值有高有低，但均处于该曲线的最大值位置；

②w_1～w_4的4个土壤含水量下的响应值几乎都在Ⅲ区两侧，Ⅱ与Ⅲ靠拢，左侧Ⅱ区几乎靠近成一根线，这一段简称为“S-G频段”。由图看出，只要在“S-G频段”测定响应值，与含水量的大小几乎无关，进一步研究证明，这一频段的范围为5～15Hz。在这一频段内测定的压实度与响应值的关系如图1-2-30所示。

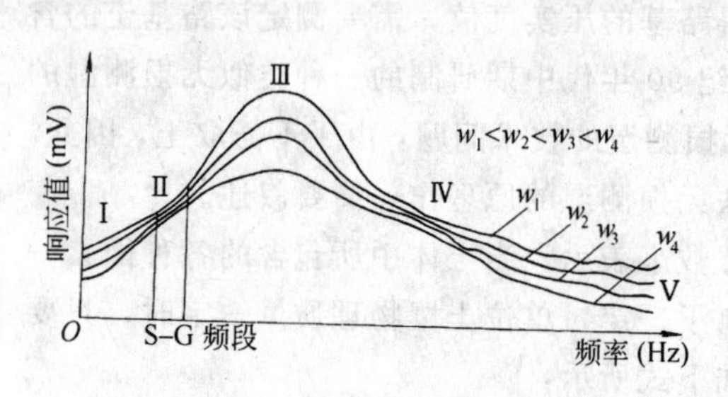

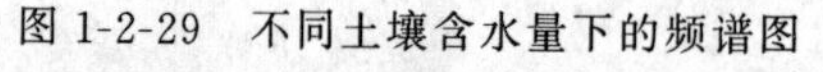
图1-2-29　不同土壤含水量下的频谱图

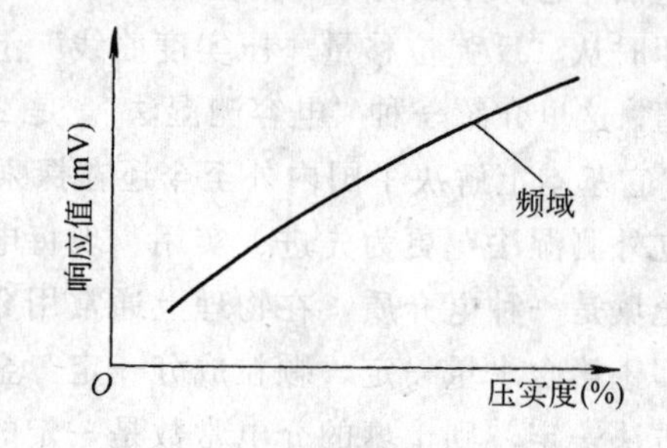

图1-2-30　在S-G频段内响应值与压实度关系图

由图1-2-30可知，在S-G频段内，压实度与响应值的关系曲线略呈缓曲线形状，简称为“似直线”。显然，只要有了“似直线”，知道了路基在锤击下的脉冲波响应值，不测土体含水量，即能查曲线得到该路基的压实度值。根据实测对比结果，其精度达到99%左右。

三、振动检测仪器的类型

按其主要用途分类，振动检测仪器有以下几种：

(1) 便携落锤式路面弯沉快速测定仪。

(2) 车载落锤式路面弯沉快速测定仪。

(3) 落锤式路面密实度快速测定仪。

(4) 落锤—频率式路基压实度快速测定仪。

(5) 落锤—电容式路基压实度快速测定仪。

(6) 锤击式地震波弹性模量测定仪。

1.2.3.2 便携落锤式路面弯沉快速测定仪

一、路面弯沉快速测定仪的功能与结构

(1) 便携式机械测振功能与结构：便携式机械测振结构制作方便、价格便宜、操作容易，是我国道路路面定点弯沉强度检查的一种适宜的现场测试仪器之一。图1-2-31所示是BL—Ⅰ型便携式落锤弯沉仪的结构图。

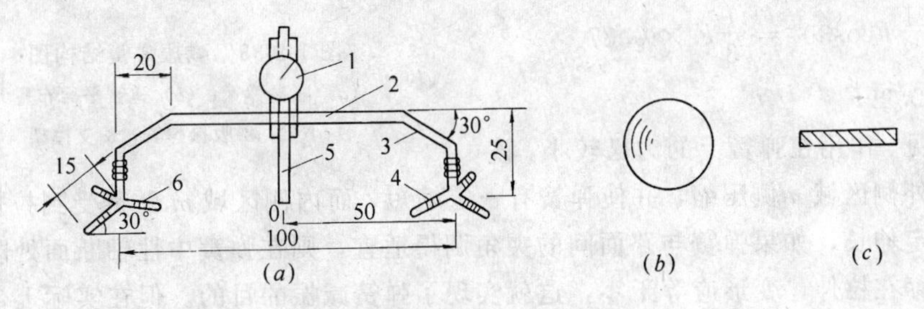

图1-2-31 BL—Ⅰ型便携式落锤弯沉仪结构与部件图（尺寸单位：cm）

(a) 机械式测振架；(b) 圆钢球；(c) 塑料垫板

1—千分表；2—小梁；3—小梁弯角；4—底撑架；5—测杆；6—吸振弹簧

由图1-2-31可知，便携式落锤弯沉仪是由机械式测振架、圆钢球与落锤撞击垫板等三部分组成。测振架长可为100cm，底撑长为15cm，三支与地面成30°；弹簧吸振能力大于90%；钢球直径为5～8cm；锤质量可为2～3kg；塑料垫板既薄且硬，耐击力强，安置塑料垫板的目的为保护路面不受直接冲击，尺寸可为10cm×10cm×0.3cm。记数器为特制的千分表，即当千分表记数后，表针不会回零。

(2) 便携式电子测振功能与结构：该测振结构与机械测振结构基本相同，区别在于机械式测振结构用的是特制千分表，而电子测振结构用的是位移传感器。由于电磁灵敏度高，因此，位移计式测振结构的测量精度高，很适宜水泥混凝土结构路基路面强度的测定。图1-2-32所示为便携式落锤弯沉仪的结构图。从图中可以看出，其结构与机械式测振所不同的只是换上了位移传感器，这种位移传感器可选择量程10～20mm即可。

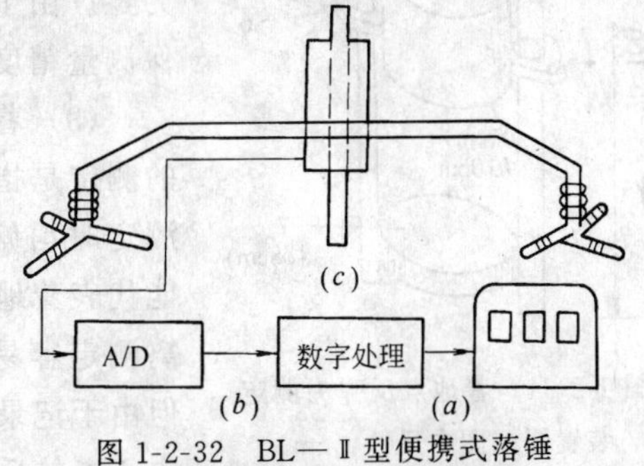

图1-2-32 BL—Ⅱ型便携式落锤弯沉仪结构与部件图

(a) 位移计式测振架；(b) A/D转换器；(c) 液晶计算器

二、路面弯沉快速测定仪的工作原理

将一个重2kg左右的钢球，在1m高的高度处自由落下，球体落在离测力杆的尾端0位置的5～7cm处，对地面的冲击波使路面产生脉冲反弹，驱使测杆向上移动，即在特制千分表或位移计算器里记入了反弹位移量，这种反弹位移量即表示了路面的弯沉强度。如果事先知道了“反弹位移量与弯沉值”的关系曲线，即能通过反弹位移量反求得到路面弯沉值。

三、路面弯沉快速测定仪的使用要点

(1) 仪器的测量精度：影响测量精度的主要原因是由于路面的振动而使测架随之振动，影响了表针的记录。为了解决这个关键问题，支撑架的上方安置了吸振弹簧，并把支撑做成与地面成30°的三支斜撑，如图1-2-33所示。从图中可知，当底撑受到路面反弹力作用下，撑头A处必然有一个垂直向上的反弹力F。作直角三角形ABC，CB垂直于弹簧，AC为斜边，则每根弹簧受到的垂直力f为：

$$
\begin{aligned}
f &= AC \cdot \cos\angle ACB \\
&= \frac{1}{3}F\cos30° = \frac{1}{3}F \times 0.87 \\
&= 0.29F
\end{aligned}
$$

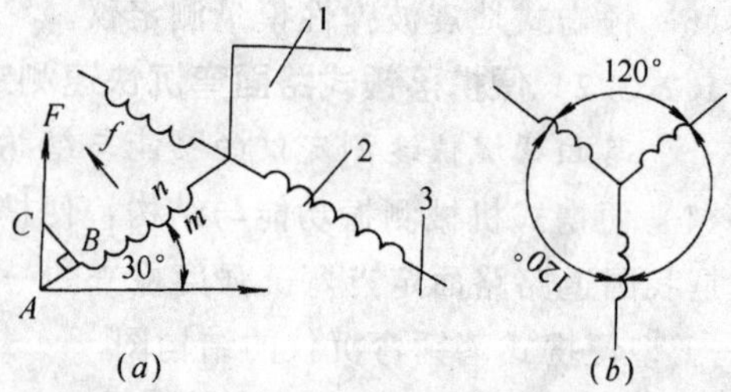

图1-2-33　减振弹簧结构图

(a) 减振弹簧；(b) 弹簧平面布置

1-小梁；2-吸振弹簧；3-支撑架

由此可见，作用在弹簧上的力已较小，该力使弹簧的外侧区域n侧压缩，并使弹簧有一定缩短，而内侧区域m弹簧受到拉伸，并使弹簧也有一定伸长，如果弹簧与路面间的夹角调得适宜，则在弹簧中性轴断面处既不存在压缩，又不存在拉伸，变形应等于零，这就实现了弹簧减振的目的。但在实际上，中性轴可能发生偏离，因此，在中性轴处变形就不完全等于零，一般，弹簧的减振效果为90%～98%。

(2) 测杆调整：调零是指在安置仪器时表针回落到零整位置。一般情况下，表针均需要调节零位。前面叙述了用特制千分表与位移计等两种方式来记录其冲击能的反弹量，因此，在安置仪器时也应有两种调零方式。对特制的千分表调零比较容易，由于千分表的刻度是印制在表盘上的，因此，只需要将千分表表盘转动，即能达到的目的。对于位移计在调零时需要特别注意，从理论来说，位移计的差动变压器线圈具有方向性，在线圈中部横断面以上应为正端，在中部横断面以下应为负端，因此，在调零时，最好调到中部横断面上，其输出位移量应为零。由于测量的电压很小，只有微伏级，因此，为了确保测量精度，记录电压的仪器需要特制。

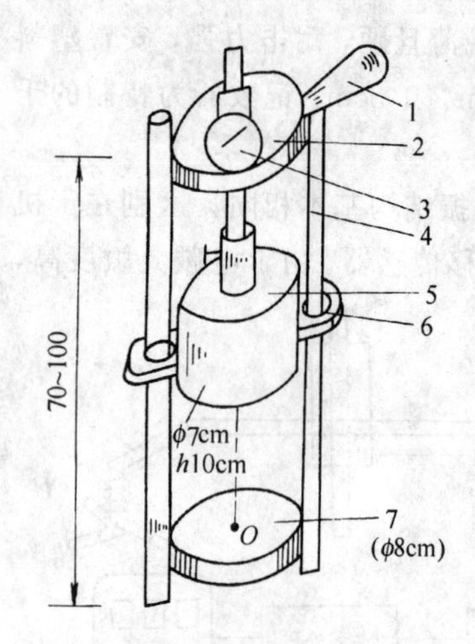

图1-2-34　着地点反弹力测定装置图（图中尺寸：cm）

1—手把；2—上固定圆环；3—千分表；4—滑杆；5—重锤；6—锤耳朵；7—下固定圆环

(3) 着地中心点反弹力测定装置：所谓着地点反弹力的测定是指落锤着地点处的反弹量记录。在前面两种方法测定时均偏离着地点5～7cm位置，自然记录的反弹力不能代表着地点的反弹量，而且反弹力均较中心处为小，偏离测定容易做到，但测定着地中心点的反弹力较为困难。但由于记录量真实，且数量大，错误小，因而，测定着地中心点的反弹力仍具有重要意义。这里，介绍一种用特制千分表制作的中心点测定装置，具体如图1-2-34所示。

着地点反弹力测定装置是由滑杆、重锤，特制千分表等组成。滑架由滑杆、上下固定圆环与手把组成；重锤成圆柱形，质量与前相同，由锤体、锤耳朵与测管组成。测量时，特制千分表的测杆插入测管中，并用固定螺丝将千分表测杆外套管夹住，此时千分表与重锤组成整体。为了使地面反弹力较柔和地推动千分表测杆，可考虑在测杆端部粘贴一块硬塑料块。同样，在滑杆的触地端，也粘贴硬塑料，以减少反冲力。

测定原理：当重锤由一定高度自由落到地面时，由于地面反弹力迫使重锤上跳，此时，由于千分表测杆处于自由状态，根据惯性原理，重锤带着千分表外套管反弹向上，而千分表测杆却还在继续向下，形成了千分表外套管与千分表测杆之间的相对滑移，因而，在千分表上出现了读数。路面强度愈高，反弹力愈大，千分表读数愈大；反之，千分表记录数值愈小。

(4) 测定温度与补偿：对于沥青路面来说，弯沉强度测定是在沥青路面上进行的，而表层区域受天气影响变化较大，夏天沥青路面发软，冬天又变硬发脆。因此，如在夏天测定时，由于沥青层回弹模量降低，而使反弹位移量增大，产生失真；冬天，由于过硬，也会产生失真现象，为此，需要定出一个测定温度，一般测定温度控制在15～20℃为宜，相当于春天与秋天的气温。如果一定要在非测温区进行，那么事先要得到“温度补偿曲线”或“温度补偿值”，采取温度补偿办法来解决生产应用问题。

1.2.3.3 车载落锤式路面弯沉快速测定仪

一、路面弯沉快速测定仪的功能与结构

车载落锤式路面弯沉快速测定仪是目前国际上最先进的一种路面弯沉强度无损检测设备之一。它可分为拖挂落锤式与内载落锤式两种。拖挂式牵引车与拖车可以分离，即工作时挂上，完工时脱开，便于维修与存放。外载结构形式中，拖挂体为检测装置部分，检测打印或显示系统一般安装在牵引车内。内载落锤式则工作部分与牵引部分置于一个车内，体积较小，便于运输。一般情况下，外载拖挂式为常用，故以该种仪器为例来叙述其结构特点和功能。图 1-2-35 所示为拖挂式落锤弯沉快速测定仪的结构方框图。从图中可以看出，该测定仪主要由四大部分组成：

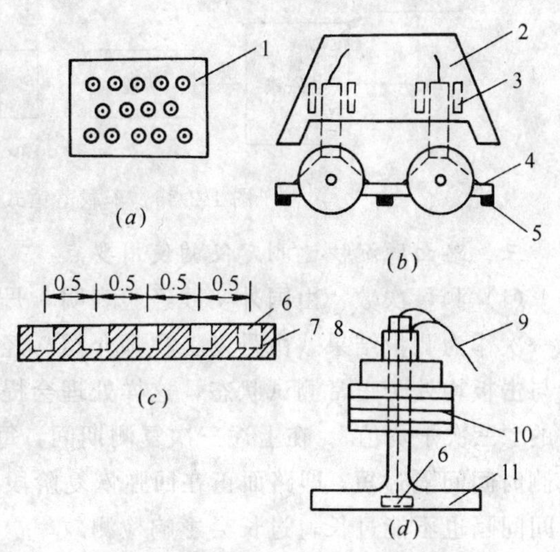

图 1-2-35 拖挂式落锤弯沉仪结构方框图（尺寸单位：m）

(*a*) 操纵盘；(*b*) 液压升降架；(*c*) 弯沉盆测梁与传感器；(*d*) 落锤与击板

1—操纵盘；2—拖车；3—液压筒；4—升降架；5—电磁铁；6—传感器；7—测梁；8—电磁铁；9—电线；10—落锤；11—击板

(1) 操纵部分。如图 1-2-35 (*a*) 所示，由一批按钮组成。它操作液压缸，使测架升降，同时，操纵落锤下落与提升，另外还控制打印输出等。

(2) 液压升降架部分。如图 1-2-35 (*b*) 所示，它由液压筒 3、升降架 4、电磁铁 5 等组成，整套架子固定在拖车上，升降受液压筒控制等。

(3) 弯沉盆测梁和传感器部分。如图 1-2-35 (*c*) 所示。在本仪器中，测梁长 25m，传感部分用速度型传感器，全梁布置 5 个，间隔为

0.5m，包括击板底部1个，共6个速度型传感器，1次能测6个弯沉数据。

(4)落锤和击板部分。如图1-2-35(*d*)所示。其中落锤锤重5～25t，击板直径为300mm，电磁铁由液压控制升降，击板底部安置一个速度传感器，它能测到荷载中心点的弯沉值，电线是用来控制磁铁与液压筒升降的。落锤液压系统也与拖车固定。

除此以外，该弯沉快速测定仪还有一套完整的软件系统，主要是处理数据、存储与显示、打印等。

二、路面弯沉快速测定仪的工作原理

落锤式路面弯沉测定仪的基本工作原理见图1-2-36所示。将测定车开到测定地点，将一切准备工作做好后，工作人员在驾驶室操作测定按钮，将液压升降架放下，测架随之落到路面，操纵按钮，使液压升降架上的电磁铁去磁，与测架脱钩，升起液压架，此时测架5个速度传感器至待测状态。与前述同时，操纵落锤系统液压部分，使击板下垂到路面，同样也处于待测状态。此时，按下按钮，电磁铁去磁，落锤与吸铁脱钩，自由下落，击至铁板，如锤头质量为5000kg，铁板触地面积为700cm^2，则锤击一下的压强为0.7MPa (7kg/cm^2)，这相当于我国《公路柔性路面设计规范》选定的标准黄河汽车对路面产生的单位压力。此时，6个速度传感器同时记录到下沉时的速度，送入数据处理装置，并对速度进行积分，得到中心弯沉值与弯沉盆，然后存储、打印与数字显示。

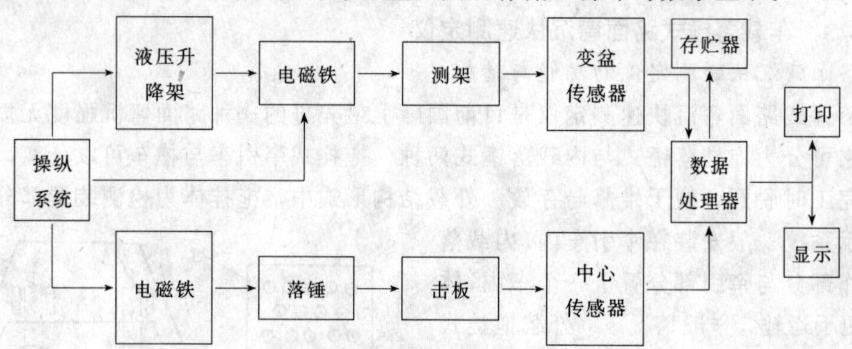

图1-2-36　车载落锤式弯沉仪工作原理框图

三、路面弯沉快速测定仪的使用要点

(1) 测量次数：由国外实践经验表明，丹麦式的落锤弯沉仪，一点要测3次，取用最后一次作为测量结果。由丹麦工程师介绍，经过2次锤击后，各种部件，特别是弯沉盆测梁与击板均处于正常测试状态，这样处理会提高测试精度。实质上，最后一次可视为无形中的"三次平均值"。在上述三次复测期间，每一次之间的时间间隔大约为1～2min。如果复测时间间隔过短，即路面正在回弹恢复阶段，随即锤击第2次，会产生检测失真，当然，时间间隔也不能过长，过长会影响检测效率。

(2) 测梁与路面接触：在高等级道路上测量，梁体底部一般总能与路面保持接触，即使有一点脱空，也可依赖速度传感器的测头端部在上部弹簧推力下与路面贴紧。但在一般公路上测定时，遇到的情况就比较复杂，路面凹凸不平严重时，测头再顶也不能贴到路面，这种情况下会产生测不到弯沉值的现象。作为弯沉盆，有6个弯沉值足能测出，在盆中如有个别点没有测到，问题还不大，但超过半数点没有弯沉值，弯沉盆将不能画出，因此，在设计速度传感器时，必须要考虑我国的路面实际平整情况。

1.2.3.4 落锤式路面密实度快速测定仪

一、路面密实度快速测定仪的功能与结构

落锤式路面密实度快速测定仪采用凹陷变形法原理来设计制作，其结构非常简易，操作方便，造价低廉。其简要的分项结构如图1-2-37所示。图中(a)是质量为1.5kg的钢球，为该仪器的主要部件；图中(b)为特制的千分表，凹陷量由表针量取；图中(c)为表针固定架，由涂镍钢板(厚度为3mm，宽度为50mm，长度为100～150mm)与两边支撑组成。钢板中心有小孔，孔径与千分表下把吻合，该架的结构主要是应当保持表头的稳定；图中(d)为可伸缩的小杆，外表除镍精制而成，其伸长度为1000mm，缩后长度为250mm。它的功能是使小球在定高的情况下而落下。

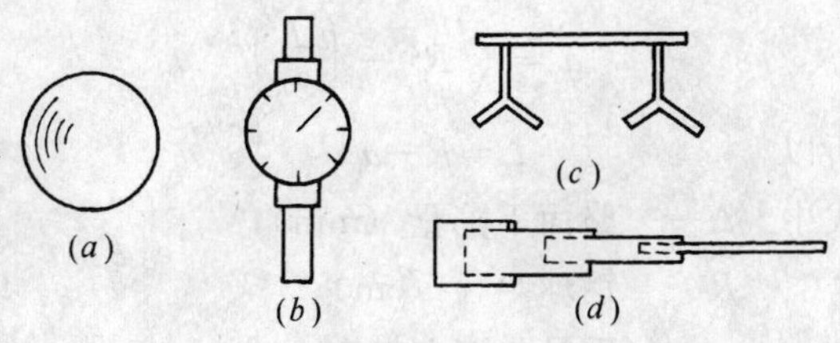

图1-2-37 落锤式路面密实度快速测定仪结构与部件图

(a) 钢球；(b) 千分表；(c) 表针固定架；(d) 小杆

二、路面密实度快速测定仪的工作原理

将小钢球由规定的高度（70～100cm）自由落下，在沥青路面表面上产生一个微凹陷。这种凹陷接近规定密实度时，凹陷量大致为1～2mm，下沉的凹陷肉眼也能看到。将固定架置于凹陷两侧，并使事先校零的千分表杆自由滑下，相对于固定架读取凹陷量，即为该点的路面密实度参量。由前述可知，路面凹陷量与路面密实度成线性或似线性关系，即凹陷量愈大，则路面密实度愈低；反之，密实度愈高。同时，这种测量与路面材料中微量含水量无关，因此，得到凹陷量后，即能在"凹陷量与密实度关系曲线"上得到该点沥青路面的实际密实度值。如要换算为压实度值，则只要将此值除以室内马歇尔仪上得到的沥青混合料最大密实度值，即可获得现场沥青面层的实际压实度。

三、路面密实度快速测定仪的使用要点

(1) 仪器的使用精度是一切测量仪器的生命线，为保证测量精度，应注意以下事项：

1) 选点要相对平整，对于新路一般都能做到(一个点的范围约为100mm×100mm)。由于固定架要放置两次，一次是调零，一次是测量凹陷量，相对平整会使两次放置误差很小，可忽略不计；

2) 第一次放置固定架时，应在路面上做好标记（白粉笔也可），仪器固定架在路面上有四个置点，因此必须做好四个记号；

3) 调零要准确，置零后随即将固定架上的固定螺丝锁紧，到第二次测凹陷时松开；

4) 测量时温度按前述要求进行，凡无法在规定要求时测量，则需对凹陷量进行温度补偿；

5) 以两次平行试验的平均值为测定值。

(2) 采用色纸测量：采用色纸测量是一种新的测量方法。色纸是由工厂特别加工制成，这种色纸平时为白色（纸上标有周长圈），但遇到强力时，会变成其他颜色，黄色或黑色。测量时，将色纸铺于测点处，当落锤下落时，色纸受到强力撞击并沿凹陷下移，这样，在色纸上得到一个变色圈，这一变色圈与凹陷路表直径相等，如图1-2-38所示。由于色纸上标有色圈，因此，直接在色纸上取出球缺周长L，根据几何公式算出球心至球缺垂足长a(简称垂长，即OO')，进而算出凹陷量Δ，如下式所示：

因为　　　　　　$2\pi r=L$

$$r=\frac{L}{2\pi}$$

$$a=\sqrt{R^2-\left(\frac{L}{2\pi}\right)^2}$$

所以　　　　　　$\Delta=R-a$

式中　Δ——路面下陷量（mm）；

R——钢球半径（cm）；

a——垂足长度（cm）；

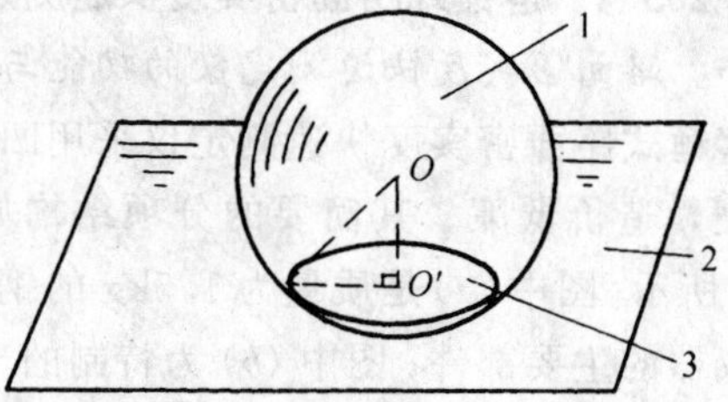

图 1-2-38　色圈垂径计算图

1—球；2—色纸；3—球缺

（3）结构变动：仪器在采用色纸测量时，需要对上述结构部分作重要的技术改动。改动后的结构与部件为：钢球一个、色纸若干张、限高伸缩杆一根。

1.2.3.5　落锤—频率式路基压实度快速测定仪

一、路基压实度快速测定仪的功能与结构

落锤—频率式路基压实度快速测定仪是利用落锤的冲击使土体产生反弹力，并利用低频测出土体响应值的一种不测含水量就能得到路基压实度的测试仪器。这是我国西安公路交通大学 20 世纪 90 年代中期研制的新设备，目前在国际上还处于领先水平，由于它在测定路基压实度时，无须测定土体中的含水量，使测定快速、方便，因此，该种仪器深受广大用户的欢迎。

图 1-2-39 所示为落锤—频率式路基压实度快速测定仪的结构框图。仪器中的落锤装置主要由落锤、滑杆、定杆圆环与手把等组成，是压实度信号的激发装置。传感器一般使用加速度传感器为宜。位移传感器记录信号较方便与直观，但由于信号太小，且不稳定，因此，一般不用。前置放大器一般采用电荷放大器，它放大电压信号。利用低通滤波器的目的主要是得到压实度的低频信号，要求低通稳定，滤波效果好。A/D 转换装置的功能主要将电压信号转变成数字信号。信号处理与运算的目的是将由 A/D 转换到数字电压的信号及其根据信号的组合运算，一般是由一块单板机来完成。图文功能器主要完成压实度数值的打印、绘图与显示。

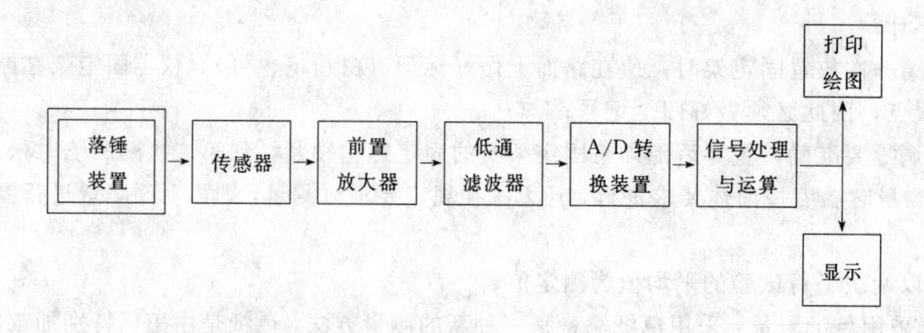

图 1-2-39　落锤—频率式路基压实度快速测定仪结构框图

二、路基压实度快速测定仪的工作原理

图 1-2-40 所示为落锤—频率式路基压实度快速测定仪工作原理图。现简要介绍其工作原理。

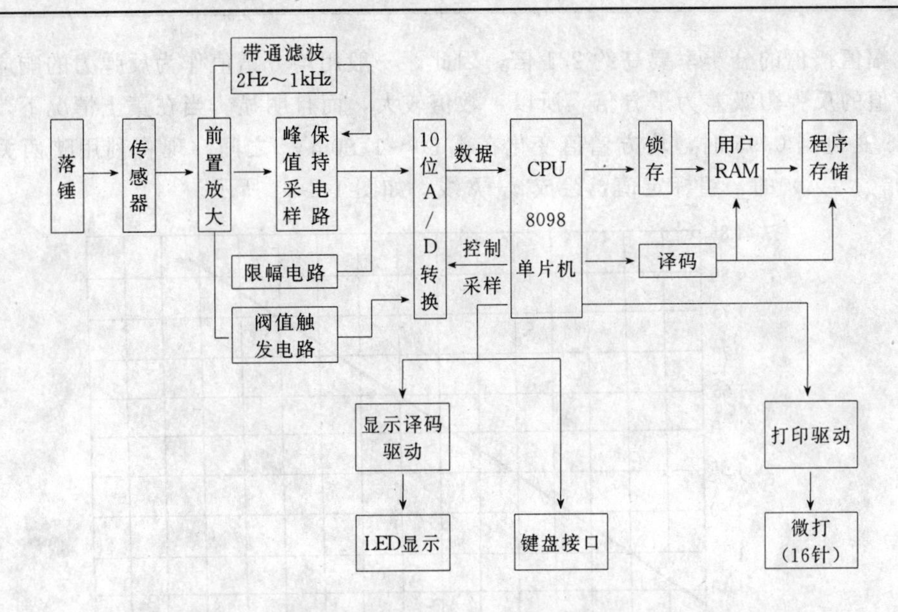

图 1-2-40 落锤—频率式路基压实度快速测定仪工作原理图

在已碾压的路基表面上，选择一块比较光滑的地面，将落锤装置摆正竖直，等待检测。松开手（或松开定位开关）使落锤自由落下，接触地面时，土体表面随即产生一种反弹力。从理论上讲，土体愈实，吸能作用愈弱，则反弹力愈弱。反弹力随即使加速度传感器工作，记录加速度值。但由于传感器输出的电荷信号十分微弱，且阻抗很高，经过电荷放大器的前置放大，同时变高阻抗为低阻抗，并以电压信号输出，此时，已由微伏级上升为毫伏级有用电压。随即又通过低通滤波器，其主要目的是为了得到低频工作频段，进入峰值采样保持电路。为使仪器元件安全，需设置限幅电路。然后，再由阀值触发电路，进入10位数（精度高）A/D模数转换电路，CPU8098单片机进行数据处理，最后，由LED显示器显示，同时，由16针打印机输出压实度数值。

三、路基压实度快速测定仪的使用要点

（一）压实度曲线的标定

(1) 压实度曲线标定的条件。路基压实度曲线的标定工作十分重要，应该在仪器的各部分功能正常情况下进行。标定工作实质上就是制作标定线，这种工作一般在室内试验室进行。在本仪器工作原理的特定标定下，要做好标定线，必须认真做好几点：

1) 必须在S—G低频下进行标定，只有在低频下标定，才能够体现仪器的特点，即不测土体含水量，而直接测出土体的干密实度。若偏离了低频段，将产生较大误差，甚至使标定线报废。因此，在使用仪器之前，必须对仪器的低频可靠性进行检查确定，一般用频率计确定它的S—G低频频带宽度。

2) 选择好即将使用的土种作为标定土。土种对压实度标定线是有影响的，这与土的颗粒结构、矿物含量、矿物性质以及与水之间的相互关系等有关，这些因素的相互作用都会影响锤击能量的吸收，使反弹力发生变化。因此，工程使用什么土种，标定时一定要选择工程所使用的土种，而且，选择的土种要具有工程代表性，这是确保标定精度的必要条件。

(2) 压实度标定线。压实度标定就是在S-G频段内，建立压实度加速度传感器响应值与压实度大小的关系曲线。响应值一般用加速度响应值的自功率谱值。但由于谱值中均方谱值比幅值谱值的分辨率要高约 2.1 倍，因此，一般用均方谱值作为反弹力的响应值。这种响应值的反弹力级差为平方倍，所以，数值较大，而且明显。当在黄土情况下，压实度从 0.85 变化到 0.95 时，均方谱值变化在 1.30～1.80mV² 之间。现将利用陕西关中黄土（塑性指数 9%）的一组标定值，绘成 a—k 线，如图 1-2-41 所示。

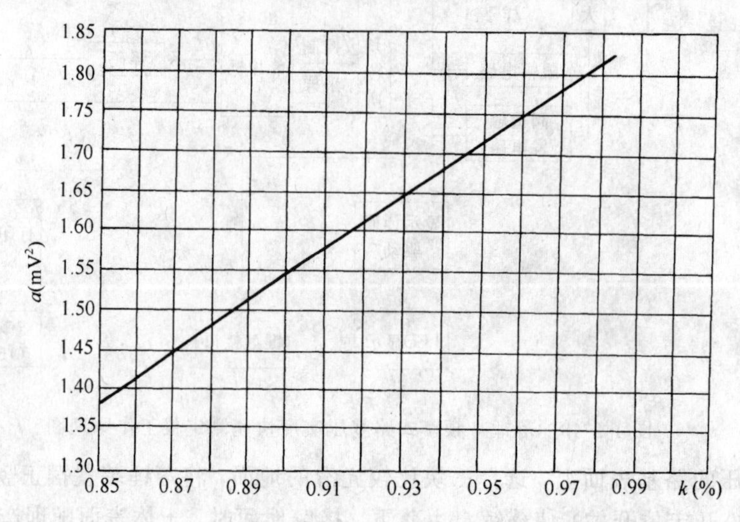

图 1-2-41　在 S—G 频段内的响应值 a 与压实度 k 的关系图（或标定线）

由图 1-2-41 看出，加速度均方谱响应值 a 与压实度 k 之间为似线性关系，可简化为直线方程式：

$$a = 3.260k - 1.380$$

$$r = 0.98$$

或　$$k = 0.3067a + 0.4233$$

式中　a——加速度均方谱响应值（mV²）；

k——压实度值（%）；

r——相关系数。

（二）落锤对土层的深度影响

落锤对土体深度影响的测定十分重要，它是决定落锤质量与检测精度的主要因素。锤头愈重，影响土层的深度愈深，反之，愈浅。但对于便携式压实度测定仪来说，锤头重会造成携带不方便，因而，从携带来说，锤头应愈轻愈好，本仪器锤质量重为 1.5kg，落高为 70cm。在这一锤重下，做对土层的影响深度试验：将加速度传感器埋入土层，分别埋入 20cm 与 40cm 两层，然后，用锤头做冲击试验，结果发现加速度响应值相应为 150mV 与 60mV，说明锤击能量 70%都消耗在 20cm 厚的土层表层内。由于路基压实时，实厚大致也在 20～30cm 左右，因此，对于这样的影响深度恰恰说明了检测是准确的。

（三）阀值电路的设置

锤体在上下滑动过程中，常因受到一些摩擦声与外界干扰等因素的影响，使一些工作过程中的无用干扰信号混入测量信号，给测量结果造成一定的误差。根据测试，干扰信号的幅值一般在 0.20～0.50V 之间。因此，根据本仪器的实际情况，将阀值电压定为 0.75V，这里留了一定的抗干扰余量。这样，凡是小于 0.75V 的干扰电压不予采样，从而降低了误采率，确保了检测精度。

（四）峰值采样保持电路的设计

(1) 在锤击情况下，压实度值只能与冲击波形成的峰值有关，亦即只与反弹力的峰值发生关系，而在实际的采样中，则并不一定与实际的峰值位置一致，如图 1-2-42（*a*）所示。

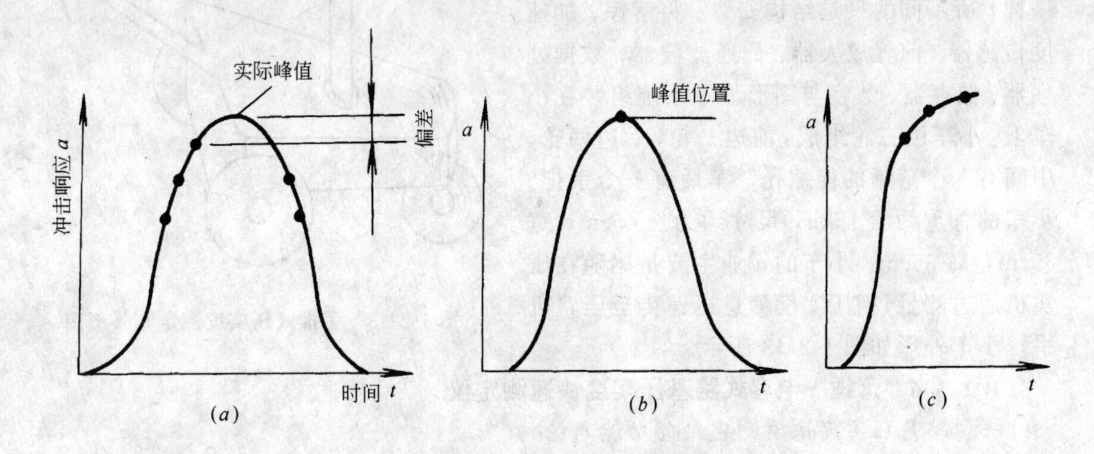

图 1-2-42 峰值采样电路设置前后图

（*a*）未加保持电路时采样；（*b*）设置保持电路后采样；（*c*）削波采样

(2) 由于不一定能够把最大值检测出来，就会产生峰值的检查误差值。因此，根据研究的实际情况，设计了峰值采样保持电路，使冲击波的峰值能保护一定的时间，从而保证了峰值的采样精度，如图 1-2-42（*b*）所示。而且对于峰值过后的数值不采样，削去了半个波，如图 1-2-42（*c*）所示。这样比未设峰值保持电路时的采样点只少一半，这对提高处理速度、加快处理时间具有重要意义。

（五）限幅电路与低通滤波器的设置

(1) 限幅电路的设置。它主要是保护设计的仪器能安全地使用，当锤头在落至路基表面时，有可能碰到土体中的石块等硬物，会产生瞬态尖峰反弹力脉冲信号，比正常土体可能大 0.5～1 倍，有的甚至大 1 倍以上，从而使峰值保持电路损坏，仪器失去正常使用功能，但当设置了限幅电路后，就保护了峰值电路。当然，在确定限幅量级时，需要做些试验以确定限幅电压值，以避免把有用电压信号限于门外，造成检测失真。

(2) 低通滤波器的设置。它的主要功能是确保低频信号通过，其他信号被滤掉，因此，从名称上理解也可为高中频剔波器。设置低通滤波器后就能保证 S—G 频段的实现。另外，在电荷放大器输出的信号上加上了一个 6V 的直流电瓶，因此设置低通滤波器的另一个目的就是消除该部分所带来的直流分量。

（六）测点数与测点布置

(1)路基压实度测定以两次平均值作为最后考核该点或该段路基压实度的质量标准值。

(2) 如若两次压实度实测值的相对误差超过 1%，则需要进行第三次实测，利用三次平均值作为压实度的最终结果。

(3)压实度测点位置选定的原则主要是决定落锤的底面直径 d，以及路基土冲击后回弹

恢复的时间 t。当在 $t=1$min 之内就要作第二次测定，则需要将落锤的位置向旁侧移动 1.50 倍距离；当在 $t=3$min 时，再测第二次；则可在同一位置测定即可，这样的安排不会引起误差。

(4) 手推式压实度测定车

手推式压实度测定车是适应工地大面积施工质量检测设计的。它的检测原理与便携式一样，所不同的只是结构安置。将落锤、加速度传感器、前置放大器、低通滤波器、数据处理器、储存器、数字与图形显示系统组装在小车上。小车由三轮组成：前边一轮，后边两轮，中间有一个落锤的伸缩孔，车后有一个手把。小车的总重约为 15kg，尺寸约为长 45cm，宽 30cm，高 35cm。小车的作业主要是尾随在压实机后边测量，把压实度信息迅速传至压路机手。小车外形如图 1-2-43 所示。

图 1-2-43　手推式压实度测定车外形图

1.2.3.6　落锤—电容式路基压实度快速测定仪

一、路基压实度快速测定仪的功能与结构

落锤—电容式路基压实度快速测定仪是一种非破坏式压实度快速测定设备，不但仪器结构简单、测试操作简易，而且数据处理方便，仪器造价低廉，深受用户欢迎。

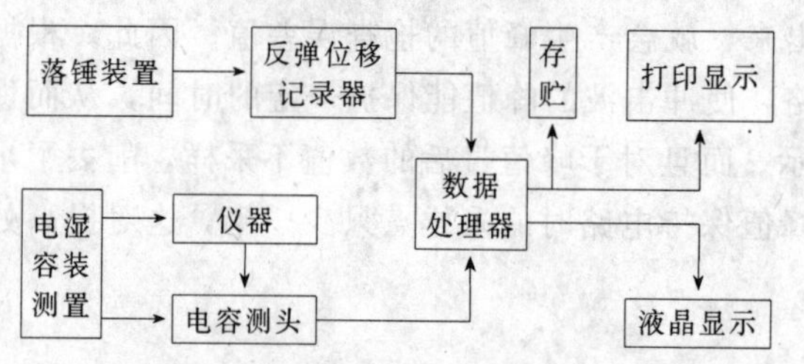

图 1-2-44　落锤—电容式路基压实度快速测定仪结构框图

图 1-2-44 所示为落锤—电容式路基压实度快速测定仪结构框图。它主要由以下几大部分组成：

(1) 落锤装置：主要功能是负责压实路基的反弹位移测定，它是由落锤与反弹位移测定器组成。其中，落锤装置与图 1-2-34 所示相同。反弹位移记录与频率式仪不同，它是一个特制精密位移记录表头，量程 10mm，满度 1000μm。而频率式是加速度计。

(2) 电容测湿装置：它是由一个仪器与电容测头两部分组成，电容仪可由市售袖珍式电容仪替代。电容测试原理一般为充放电式建制，测量范围可以选择，最小值 1pF，最大值为 1μF。电容测头负责路基土电容的传感，它实质上是由一组平板电容器组成，为防止由于湿导电所引起的漏电流影响，在结构中可采用封闭制形式，两板间距一般为 50～150mm，两板面积为 6000mm^2。

(3) 数据处理器：它的功能主要是将由落锤装置传来的反弹位移与电容测湿装置传输来的电容进行程序处理，由此可得出压实度数据，一般可由单片机或小型程序计算器替代，如 SHARPEL—5100S 袖珍式函数型计算器等。

(4) 数据显示处理器：即对数据处理器传输来的压实度数据进行显示，一般有两种显示方式，一种为打印显示，另一种为液晶显示。数据显示处理器还具有数据存储功能。

由于落锤部分不用时可以装卸、折叠，电容测定部分量程较窄，因此，整套仪器体积不大、质量较轻，完全可组成便携式结构。

二、路基压实度快速测定仪的工作原理

（一）测定工作原理

(1)将被测的路基表面平整干净，在间距为10～15cm处各挖开一条小槽，小槽宽5mm、长3cm，两边对称。然后将电容测头两板埋入土中10cm，两极板的引线分别接入电容测量仪插孔，在插入前先调零，插入后即可测量电容量。

(2)由前面介绍可知，土体是一种电介质，具有一定的介电常数，当土的矿物成分、颗粒大小、单位体积颗粒含量以及含水量一定的情况下，介电常数应是一定的。但土的情况比较复杂，在土种一定的情况下，介电常数还与单位体积颗粒含量与土的含水量有关，它是变数，而不是定数。实践证明，随着土体含水量增加，介电常数增大，电容量也增大，其变化规律如图1-2-45所示。

(3)由图1-2-45看出，$C-w$ 变化曲线呈幂函数规律变化（$y=ax^b$），在最佳含水量以下似为直线变化，在最佳含水量以上，介电常数或电容量的增加的速率稍加大，因此，该 $C-w$ 曲线的拐点可能在土中的最佳含水量区域。

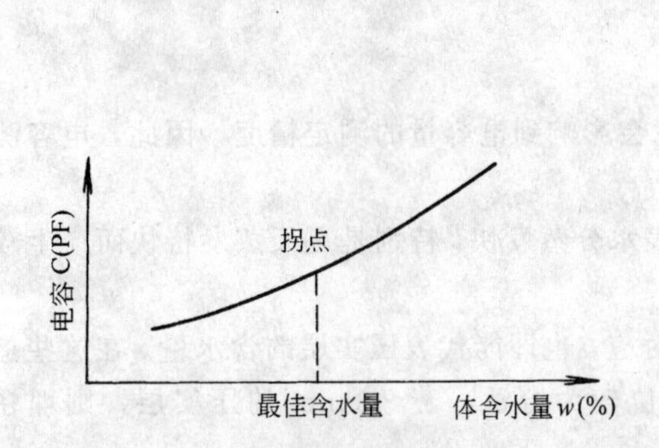

图1-2-45 土体（黄土）电容量（介电常数）随含水量变化示意图

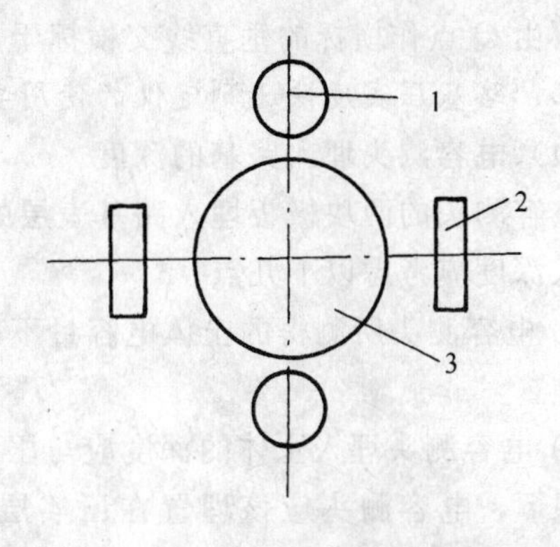

图1-2-46 落锤测试位置图
1—滑杆脚；2—小槽；3—锤头

(4)在黄土路基的测试中（测头不封闭），干土的电容量约在0.3μF以下，湿土的电容量约在1.5μF以上，这说明干土与湿土的电容量区间为1.2μF左右。若干土含水量为3%、湿土含水量为25%（一般土种最佳含水量在25%以下），级差为22%，则每1%含水率的电容量为0.05μF，即50000pF左右。这样的电容量已足能区分1%含水率，因此，该种测定具有较高的电容分辨力。

（二）落锤式装置工作原理

(1)在压实路基电容量测完后即可进行路基表面落锤试验。将落锤仪的两根滑杆脚置于两小槽中间，如图1-2-46所示。同样地面清洁平整，然后松开扣紧开关，落锤由规定高度自由落下，路基受振后产生反弹力，即锤头向上反弹，迫使固紧在锤头上侧的特制精密千分表杆受振后作与锤体相对移动，表针随即记数，这一数字即反映了路基的压实程度。

(2)由试验可知，路基的反弹力与压实度有密切关系，路基愈密实，吸振能力愈弱，反弹力愈大，锤头向上跳得愈高，反之，路基愈软，吸振能力愈强，反弹力愈小，锤体跳得愈低，千分表记录到的位移量愈小。根据这一特点就能按千分表的读数测知路基湿容重或湿密度的大小。

(3) 由于路基的反弹力是在湿容重下得到，所得到的反弹位移量为湿土或湿容重位移量，而不是所需的干容重反弹量，因而，事先应有在某种含水量下的“反弹量与干密度标定线”，才能得到干密度或路基压实度。

(4)根据实验绘制的湿土反弹量与湿容重相对应的干容重的反弹量曲线如图 1-2-47 所示。

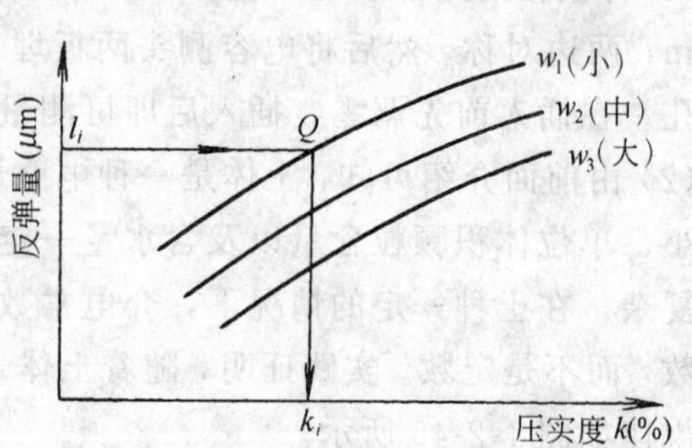

图 1-2-47　在土体一定含水量下的反射量与压实度关系图

(5)由图 1-2-47 可知，一个含水量就有一组“反弹量与干压实度”关系线，也就是说，光有反弹量也不能直接得到压实度，一定要测知与反弹量相应的湿土含水量，才能确定路基在那种含水量下的压实度。本仪器中利用电容法测知路基含水量，就是解决这一难题。在上图 1-2-47 中，已知压实路基反弹量为 l_i，相应土体含水量为 w_1，由 l_i 作横标平行线交 w_1 于 Q 点，再由 Q 点作横标的垂直线交横标于 P 点，则得到路基压实度 k_i。

三、路基压实度快速测定仪的使用要点

(1) 电容测头埋入路基的深度

电容测头的两块极板埋入路基表层的深度会影响到电容量的测定精度，因此，电容测头埋入深度应考虑以下几点：

1) 电容测头所测得的土体电容量不因路表水分蒸发快，特别是夏天蒸发特快而产生较大误差。

2) 电容测头埋入土体的深度应与压实层对应，也即能代表压实层的含水量。在这些指导思想下，电容测头应该埋置在压实层的中位较为合适，若 300mm 的压实层，则埋在 100～150mm深度为宜。

3) 由上述叙述可知，利用反弹量方法测定只能得到压实层的平均压实度，并不能得到每 10cm 一层的压实度值（黄土层为 30cm)，因此，当要得到上、下层的压实度值时，必须与中层建立压实度关系后再加以修正或每层测一个来取得。上述方法适宜于现场施工质量检验。

(2) 测头与被测土体的紧密度。测头的两块极板与被测土体的紧密度对土体作为电介质的电容测定影响很大。如若极板与土体贴得不紧，相当于两极板间增加了空气厚度，绝缘度增加，电容量减小，因此，测定时，极板一定要贴紧土体。在两块极板插入小槽后，背面一侧尚需用挖出土回填、压紧，这样就消除了松动影响，确保了电容量的测试精度。

(3) 落锤—电容法测定的程序

1) 测定程序是保证测量精度的又一重要因素。当落锤先击时，测定点被进一步压密，该点深度内的单位体积电介质增加，电容量增加，从而造成电容值测试的测量误差（一般为 5%～15%)。

2) 为消除电容增量，确保测量精度，测量时，应先测压实路基的电容，然后测定压实路基的反弹位移量。测量路基电容量，要事先开挖两条小槽，这种做法经过实验说明是不会影响落锤的反弹位移量的。

3）落锤锤击的是该点处整个压实路基的土层，而不是小槽之间薄层的反弹量，如果土质是连续介质，则反弹力反映的是有限侧情况下的半无限均质体的反弹力或反弹位移量。当然，由于土体是弹塑性体，这种反弹力主要来自于锤击区域的抗力，为此，小槽对反弹位移量的测定是没有影响的。

（4）单位介质密度影响：

1）用电容法测量土体含水量时，除了与土体含水量发生关系外，还要受到土体压密的影响，即在同样含水量下，松土与压密土的电容具有区别，这是因为在两极板之间的介质发生量的变化所造成的。

2）当土体松散时，单位体积中的介质数量较土在压密状态时为小，因而电容量就小，当单位体积中介质增加时，电容量显然会随之增加，这种变化称为单位介质密度影响。这种单位介质密度影响可用图 1-2-48 表示。

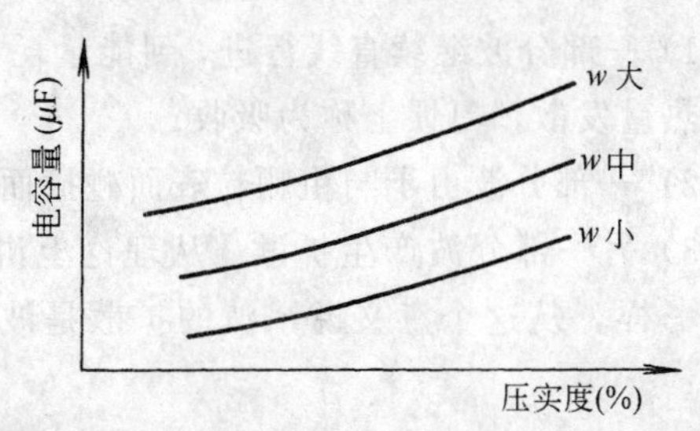

图 1-2-48 单位介质密度对电容法测湿的影响图

3）由图 1-2-47 可以看出，单位介质密度对电容法测湿的影响几乎为缓直线变化。

4）由实验也可测知，在某种含水量下，中密状态与压密状态的电容量误差约为 15%左右，或者说，压密土为中密土的 1.15～1.20 倍，含水量大小对介质密度的测定影响不明显。

5）一般在施工监测时，土体均在压实状态，即压实度在 0.85～0.98 之间，因此，如果选择压实状态为基准，则湿土（含水量约 25%左右）的电容量为干土（含水量约为 5%左右）电容量的 25～30 倍，显然，在这种情况下，单位体积的介质密度影响只是一种小误差，不会影响整体电容测湿法。

6）为了消除这种由于介质密度变化引起的误差，在实用上采用二档补偿：土体压实度在 0.85～0.90 为第一档，大于 0.90 为第二档。在路基压实度质量现场监控时，其压实度一般在 0.90 以上，因此，补偿第二档居多。补偿的量值可根据实验来确定。

1.2.4 超声波检测技术

1.2.4.1 超声波检测技术概述

一、超声波检测技术的应用特点

超声波检测技术在道路路基路面中的应用是在 20 世纪 90 年代初期发展起来的一项无损检测技术。我国应用超声波检测开始于建筑工程与岩土工程，主要用波速法测量岩石的抗压强度与判断岩石的性质，以及评价建筑工程中材料特别是水泥混凝土与钢筋水泥混凝土材料的质量。由于超声波具有激发容易、检测简单、操作方便、价格便宜等优点，因此，在道路路基路面检测中的应用，特别是高等级道路检测中的应用有着广泛的前景。

超声波是一种频率高于人耳能听到的频率的声波。人耳能听到的声波频率范围为 20～20kHz，超声波的频率超过了 20kHz。根据实践证明，频率愈高，检测分辨率愈高，则其测量精度愈高。因此，在实践中用超声波，而不用一般的声波测量。但频率高时，波长减小，当减小到与被测材料中的骨料尺寸处于同一数量级时，散射面积扩大，声波的散射量增加，随之衰减量增加，而使有用的反射波减小，相应地波的回收能量也随之减小，使测量误差增加。因此，在实践中利用超声波测量时，其超声波的频率范围亦有一定限制。一般超声波的上限频率为100kHz，下限为20kHz左右。

超声波是一种波，因此，它在传输过程中服从于波的传输规律。

(1) 超声波在材料中保持直线行进，因此，当材料的颗粒很细，且很均匀、连续、无界面，则超声波在其中传播永远保持直线行进状态。但当组成材料较粗，甚至有一定孔隙时，波传播时将产生三种状态：

1) 一部分波继续直线行进，到能量耗尽为止。这种损耗是由于波与材料颗粒发生摩擦生成热量发散，习惯上称为吸收；

2) 一部分波由于与粗颗粒表面碰撞而产生散射，散射的能量一般也消耗在材料内部；

3) 另一部分波产生扩散。从理论上讲，波的扩散是不断在进行的，即使在均匀介质中也一样，从这个意义说，波的扩散是波随传输距离的增加而使单位面积上声能分布的减弱。

在这三种状态中，土木工程检测中常用的是波的吸收。每一种材料都有吸收系数，一般可用实验来确定。散射由于规律不十分清晰，因此，用公式将无法计算散射量或散射系数，一般也只有用实验来确定。扩散是波在行进中的一种自然衰减，正如水流一样，即水在流动过程中，一小部分由于蒸发而不断自然减小。但在实践中，要将三种状态截然分开还比较困难。

(2) 超声波在传输过程中，服从波的反射定律与折射定理。所谓反射定律，即是说波在传输中碰到两种不同介电常数，或两种不同物质的材料界面时，波发生反射，在界面处，入射角等于反射角。当两种材料的介电常数差异愈大，则传输能量在第二种介质中的损耗愈小，反射彻底，或称为“全能反射”状态；但当第二种介电常数接近于第一种介电常数时，波能反射量将迅速减小，绝大部分能量穿透到第二种介质中，常称为不彻底反射，或称“残能反射”或“余能反射”状态。当波穿越至第二种介质中时，波将发生折射，在第二种材料介电常数大于第一种材料介电常数时，折射角必然小于入射角。反之，则折射角必然大于入射角；然当两种物质的介电常数相等时，折射角与入射角相等。当入射波垂直于第二种介质界面时，不发生波的折射。

(3) 超声波在行进时，碰到界面，即两种不同介电常数物质的交接处，波发生反射，反射角与折射角相等。这一特点对工程十分有用，可用于材料厚度与破损检测。当然，目前应用精度尚欠不足，但由于超声波的突出优点，这一技术的开发与深化尚不能忽视。

(4) 超声波在介质中传播的速度服从于波的传输定理，即 $v=\lambda f$（v 为波速，λ 为波长，f 为频率），也可以这样改写，$v=\lambda\times\frac{1}{t}$（$t$ 为波的行程时间）。在实际工作中，波行走总时间可由仪器的时钟器测出，总距离事先设定，这样，波速 v 即能求得。资料证明，波速对于工程测量，包括路基路面测量十分有用，即一般称谓的“波速法”。一般，材料强度愈高，波速应愈大，材料强度愈低，则波速应愈小。如此，只要知道了波速，则材料强度也就自然求出。

(5) 在土工试块与某些岩体中利用波速法进行无损检测有比较成熟的经验，用得也比较广泛。这是由于上述检测中，超声波的两个探头（发射与接收）容易安置，用穿透模式的纵波与横波测定，其能量发射与接收都比较集中，规律性明显，只要参数测出，用波在介质中传播的基本公式就能算得所求指标（如强度、缺损等）。但道路的路基路面情况比较特殊，路基是半无限体，路面又比较宽，从力学上说，是一个半平面，这样，作为无损检测的超声波探头，无法生根或埋置，从而造成检测工作的难度，因此，利用超声波检测路基路面，目前尚属研究、探索与试用阶段。

二、超声波检测技术的基本原理

波速法是超声波检测路基路面的最基本的方法。所谓波速法，即是指用波在路基路面材料中行进的速度来检测其力学性能的一种方法。波的行进速度与该种材料的软硬度即强度有着密切关系，而强度又与它的密实度、弹性模量以及泊松比有关，如下式所示：

$$v=\sqrt{\frac{E}{\rho}\cdot\frac{(1-\mu)}{(1+\mu)(1-2\mu)}}$$

式中 v——超声波波速（m/s）；

E——弹性模量（MPa）；

ρ——介质材料密度（g/cm^3）；

μ——泊松比，无量纲。

(1) 由上式看出，如从材料的力学角度分析，超声波在固体材料中传播，实质上是一种高频机械波在固体材料中的传播。超声波通过固体材料时，使固体材料中的每一个微小区域都产生拉伸、压缩或剪切等应力应变过程，因此，超声波在这种固体材料中的传播速度，实质上就表征了该种固体材料的应力应变状态，亦即直接反映了固体材料弹性模量与密度特性。

(2) 正如上述，这两个指标与强度有着直接关系，亦即强度是这两个指标的综合反映。由实践证明，材料的强度愈高，穿过它的超声波波速值就愈高，材料的强度愈低，则穿过它的超声波波速值就愈低，实质上用波速值的大小就表征了材料的强度高低。

(3) 当材料松软时，其强度小，即表征材料强度的弹性模量与密度小，它们的综合结果也必然小，穿过它的波速亦将随之减小；当材料坚硬时，其强度大，表征材料强度的弹性模量与密度必然大，同理，它们的综合结果也必然大，穿过它的波速亦将随之增高。

(4) 对于有缺陷的材料体，其强度的降低导致超声波在该处所行进波速也必然减小，例如，水泥混凝土材料中的空隙等，这是由于波在该处产生不正常行驶，或发生杂乱的散射或绕射，增加了声速传播的声阻抗，使速度减缓所致。

(5) 一般来说，正常的材料模量、密度或强度都是稳定的，而且通过室内试验可取得正常的波速值，也可以通过现场取得（需修正）。但当发现测出的波速有异常变化时，可根据用实验方法得到的该种材料的波速标准诊断模式判断出它的缺陷性质，甚至是缺陷位置，这给现场施工质量监测带来了方便。

(6) 上述即是用波速测量材料强度与判断材料缺陷的基本原理与基本检测方法。根据实践，波速在不同材料中具有较大差别，现将常用的几种材料中的波速列于表1-2-3与表1-2-4中。

几种常用路用有关材料的声波波速表　　表 1-2-3

序　号	材料名称	纵波波速 c_L (m/s)	横波波速 c_t (m/s)	材料密度 ρ (kg/cm^3)
1	黏土	1128～2500	579	1.40
2	土壤	153～762	91.5～549	1.1～2.0
3	砂	1400	457	1.93
4	水	1462	0	1.0
5	冰	3350	—	0.9
6	空气	341	0	—
7	钢	6100	3050	7.70
8	铁	5790	3200	7.85
9	铝	6560	2980	2.70
10	混凝土	3560	2160	2.7～3.0
11	橡胶	1055	27.4	1.15

几种常用的路用岩体声波波速表　　表 1-2-4

序　号	岩石种类	纵波波速 c_L (m/s)	序　号	岩石种类	纵波波速 c_L (m/s)
1	辉绿岩	6050	7	大理石	5800
2	玄武岩	5700	8	石英黑云母麻岩	5600
3	安山岩	5200	9	双云母片麻岩	5300
4	石英斑岩	5500	10	奥陶纪石灰岩	5000
5	花岗岩	5000	11	前泥盆纪砂岩	4800
6	花岗斑岩	5100	12	新生代沉积岩	3000

1.2.4.2　超声波路面综合测强仪

一、路面综合测强仪的功能与结构

超声波路面综合测强仪应包括超声仪与回弹仪两部分。由于回弹仪测强技术成熟，产品也较多，因此，这里仅介绍超声波测强结构部分。图 1-2-49 所示为超声波测强结构示意图。主要由以下几部分组成：

（1）高压脉冲产生器：它由 NEC555 触发电路和几只三极管组成，它的功能是产生正向脉冲，一路使高速数据采集系统工作，另一路触发发射探头产生超声波。高压直流产生器是由于高压脉冲产生器产生超声波时，必须要供给 1000V 的直流电压而设置。

（2）衰减放大器：它的主要功能是放大来自接收探头的回波能

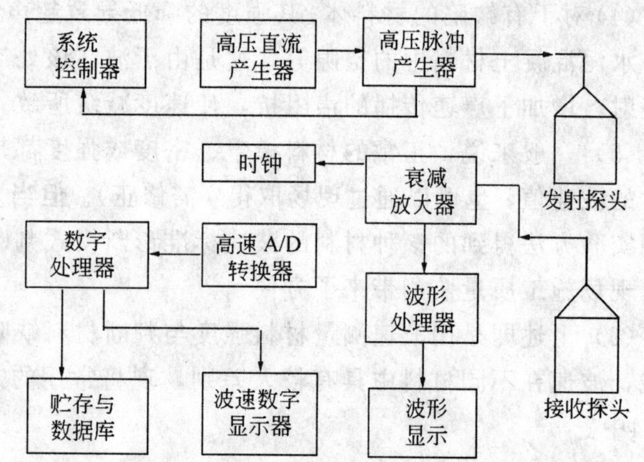

图 1-2-49　超声波测强结构示意图

量，电压增益在80dB左右，最小接近于零，信号幅度为0.2～0.4V，衰减调节量95dB。

(3) 高速A/D模数转换器：它的主要功能是将接收到的超声波电压数字化，而该种转换的方式是在高速下进行的。

(4) 时钟信号发生器：它的主要功能是记录发射脉冲与接收到脉冲的时间。

(5) 数字处理器：数字处理器的主要功能是组成十进制数字。

(6) 贮存与数据库：它的主要功能是将数字化的数值经贮存功能进入数据库存贮。

(7) 数字显示器：数字显示器的主要功能是显示强度读数。

(8) 波形处理器：波形处理器的功能是将放大的波形信号处理成显示信号。

(9) 波形显示器：波形显示器的主要功能是显示测强波形。

(10) 发射探头：发射探头的主要功能是发射超声波，探头频率为50kHz。

(11) 接收探头：接收探头的主要功能是接收来自路面内的强度信号超声回波，探头频率为50kHz。

(12) 系统控制器：系统控制器的主要功能是仪器的各部综合协调与键盘操纵。

二、路面综合测强仪的工作原理

超声波路面测强仪工作的基本原理如图1-2-50所示。

(1) 超声波测强的基本原理与前述一样，最成功的是利用了波速在路面中的传播特性，即所谓波速法测强。

(2) 由图1-2-50可知，由发射探头向路面发出超声波，此时，不管是发射的什么波形(纵波、横波或表面波)，根据著名的惠更斯波的球形传播理论，总有一部分波沿着表面传输到接收器，当然利用表面波发送的能量更为集中（这种波通常叫直达波）。

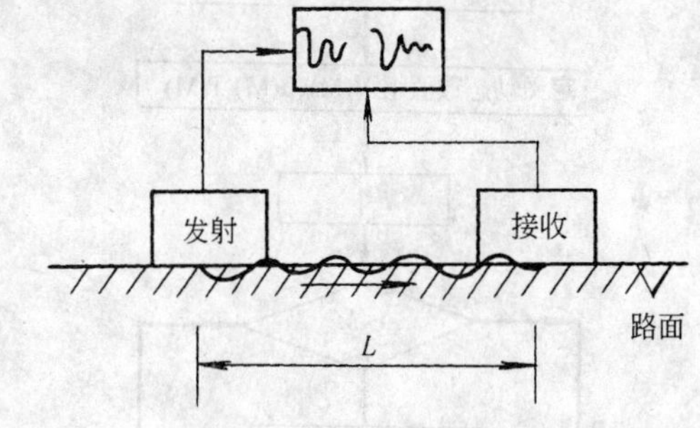

图1-2-50　超声波路面测强仪的工作原理图

(3) 波发射开始时由时钟信号发生器记录开始发射时间 t_0，经过极短时间后到达接收器，也由时钟记录到达时间 t_1，这样，得到了波行程的时间增量 $\Delta t=t_1-t_0$，而这一增量与路面的强度有密切关系，强度越高，波行驶的声阻抗越小，强度越低，则声波阻抗越大，而且能量损失越多。由于两个探头的距离为 L（可知），因此，测强的表征值不用时间，而用波速表示。即：

$$v=\frac{L}{\Delta t}$$

式中　v——超声波速（m/s）；

L——两探头间的距离（m）；

Δt——时钟信号发生器记录的两波时间增量（s）。

(4) 根据上式，再结合室内的标定线，就能算出路面强度值。目前，这种方法仅在水泥混凝土路面中使用，还未开发到沥青路面及半刚性路面测强。

(5) 利用上述原理测强时，要受到路面中的水分影响。由于水泥混凝土路面结构粗糙，孔隙较多，因此，路面中存在着一部分结构孔隙水，对超声测强影响较大，主要增加波阻抗，使波速减小，因此，直接测出的波速不能完全是混凝土强度的表征，需用回弹法加以补充，否则造成误差或误判。

(6) 回弹法也有它的缺点，由于回弹仪对混凝土结构表面的硬度非常敏感，硬度大，回弹值也大，硬度小，回弹值也小。但这一种硬度不是由于混凝土强度引起，而是由于空气中的二氧化碳作用，与混凝土中的钙在混凝土结构表面结成了一层碳化钙硬层，随着时间增长，硬层变硬脆，且层厚增加，因此，回弹仪测出的回弹量不能代表混凝土整体强度，而只能是表面强度。根据实践可知，利用回弹仪测定时，与混凝土内部的水分无关，这样，就可利用这两种方法各自的长处组成综合测强仪。

在超声波法与回弹测强中，路面强度指标的显示全部由机内软件与相应的硬件完成。图1-2-51、图1-2-52 所示为我国西安公路研究所研制的超声—回弹综合测强仪的回弹与波速计算程序图。

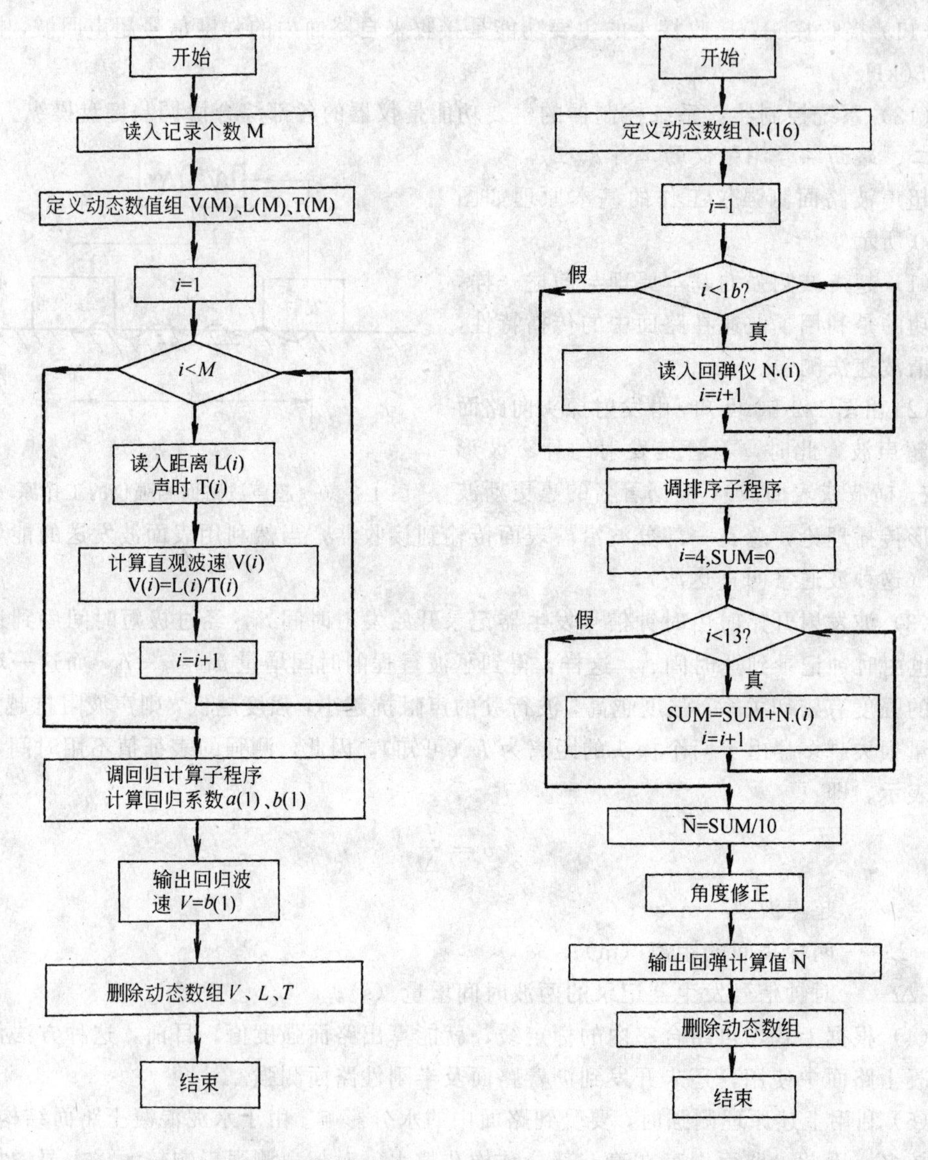

图 1-2-51　超声—回弹综合测强仪回弹计算程序图　　图 1-2-52　超声—回弹综合测强仪波速计算程序图

三、路面综合测强仪的使用要点

(1) 仪器标定值回归计算式：标定工作是测强仪使用要点中最重要的一个环节，该仪器的标定是在实验室进行的。标定时分别选择了三种水泥和三种矿料，组成四种水灰比的1200块试件，用“波速与回弹法”进行标定。现将标定数值的回归计算式列于下面，以供设计与使用参考。

1）普通硅酸盐水泥、石灰岩碎石：抗折强度回归计算式（或标定式）：

$$R_Z = -8.64074 + 1.97670v + 0.12281N$$
$$r = 0.85363$$
$$R_Z = 0.0144552 \cdot v^{1.82862} \cdot N^{0.084225}$$
$$r = 0.84780$$

抗压强度回归计算式（或标定式）：

$$R_r = -103.62217 + 22.25742v + 0.85183N$$
$$r = 0.85903$$
$$R_r = 0.0099 \cdot v^{2.82915} \cdot N^{1.02444}$$
$$r = 0.86283$$

2）普通硅酸盐水泥、花岗岩碎石：抗折强度回归计算式（标定式）：

$$R_Z = -0.22452 + 0.32626v + 0.078321N$$
$$r = 0.82237$$
$$R_Z = 0.017458 \cdot v^{0.17078} \cdot N^{0.12240}$$
$$r = 0.83038$$

抗压强度回归计算式（标定式）：

$$R_r = -120.47377 + 19.27494v + 1.84046N$$
$$r = 0.85189$$
$$R_Z = 0.001001 \cdot v^{2.38238} \cdot N^{1.89755}$$
$$r = 0.84879$$

3）普通硅酸盐水泥、河卵石：抗折强度回归计算式（或标定式）：

$$R_Z = 0.47341 + 0.27798v + 0.076646N$$
$$r = 0.85594$$
$$R_Z = 0.37511 \cdot v^{0.42100} \cdot N^{0.51004}$$
$$r = 0.84110$$

抗压强度回归计算式（或标定式）：

$$R_r = -45.10447 + 8.32193v + 1.06061N$$
$$r = 0.94320$$
$$R_r = 0.4320 \cdot v^{1.49889} \cdot N^{1.19247}$$
$$r = 0.94453$$

4）普通硅酸盐水泥、普通硅酸盐早强水泥、矿渣硅酸盐水泥、石灰岩碎石：抗折强度回归计算式（或标定式）：

$$R_Z = -7.45436 + 1.63428v + 0.14366N$$

$$r = 0.84456$$

$$R_Z = 0.02077 \cdot v^{1.35394} \cdot N^{0.96562}$$

$$r = 0.84194$$

抗压强度回归计算式（或标定式）：

$$R_r = -121.99337 + 24.87292v + 1.00489N$$

$$r = 0.87104$$

$$R_r = 0.00239 \cdot v^{3.54109} \cdot N^{1.11051}$$

$$r = 0.87235$$

5）普通硅酸盐水泥、普通硅酸盐早强水泥、矿渣硅酸盐水泥、花岗岩碎石：抗折强度回归计算式（或标定式）：

$$R_Z = -5.01134 + 1.55282v + 9.81686N$$

$$r = 0.82196$$

$$R_Z = 0.07467 \cdot v^{1.30983} \cdot N^{0.64978}$$

$$r = 0.82274$$

抗压强度回归计算式（或标定式）：

$$R_r = -102.54966 + 21.06699v + 1.15178N$$

$$r = 0.84239$$

$$R_r = 0.00579 \cdot v^{2.67857} \cdot N^{1.29218}$$

$$r = 0.84384$$

6）普通硅酸盐水泥、普通硅酸盐早强水泥、矿渣硅酸盐水泥、河卵石：抗折强度回归计算式（或标定式）：

$$R_Z = -2.07656 + 0.65326v + 0.11157N$$

$$r = 0.82315$$

$$R_Z = 0.013007 \cdot v^{0.61901} \cdot N^{0.74950}$$

$$r = 0.82106$$

抗压强度回归计算式（或标定式）：

$$R_r = -50.76308 + 11.26968v + 0.73982N$$

$$r = 0.86256$$

式中　R_Z——水泥混凝土抗折强度（MPa）；

R_r——水泥混凝土抗压强度（MPa）；

v——超声波检测声速（km/s）；

N——回弹检测计算值；

r——相关系数。

由上述6组不同材料所组成的水泥混凝土抗折与抗压强度标定式或回归方程看出：抗折强度均为线性回归计算式，抗压强度均为幂函数计算式。它们的相关系数均在0.82以上，相对标准误差均小于11%，说明用超声波速—回弹综合法测强有着较高的测量精度，可以在生产中应用。

(2) 仪器声时值：仪器声时值是指超声波从甲地到乙地的行进时间，它是仪器测强的关键数据。声时测定的准确与否表征了整体仪器的测量精度，现将超声仪测量的声时值叙述如下，以便设计与实际使用时参考。

1）标准圆柱铝棒声时值（铝棒直径100mm，高度150mm）：

①声时测量平均值：$t=31.84\mu s$；

②重复测量次数：$n=20$；

③声时最大偏差：$\Delta t=\pm 0.24\mu s$；

④声时标准偏差：$S_t=0.139\mu s$；

⑤变异系数：　　$C_t=0.4366\%$。

2）空气中不同距离测量时的声时值列于表1-2-5中。

空气中不同距离测量时的声时值表　　表1-2-5

序　号	距　离 (cm)	声　时　值 (μs)	序　号	距　离 (cm)	声　时　值 (μs)
1	10	298	5	30	887
2	15	440	6	35	1034
3	20	592	7	40	1184
4	25	740	—	—	—

注：零位声时值采用四舍五入进位，测时温度14℃。

回归计算式为：

$$L=-0.10412578+0.033912708t$$

$$r=0.999994462$$

式中　L——测量距离（即两探头间距）(cm)；

t——声时值（μs）；

r——相关系数。

3）抗压与抗折试件声时值（普通硅酸盐水泥、石灰岩碎石），见表1-2-6所列。

普通硅酸盐水泥、石灰岩碎石的抗压与抗折试件声时值　　表1-2-6

基本项目值 / 试件类别	声时测量平均值 t	重复测量次数 n	声时最大偏差（Δt）	声时标准偏差（S_t）	变异系数 C_t
抗压试件	37.89μs	20	±0.51μs	0.220μs	0.5806%
抗折试件	115.16μs	20	±0.44μs	0.315μs	0.2735%

(3) 试仪仪器现场实测抗折与抗压强度值：某道路检测公司采用自制的超声仪与标准回弹仪对国家一级道路（西安—铜川）的“80km+380m～100km+60m”的两段水泥混凝土路面（总长13km）进行了实测（平测法），其结果列于1-2-7及表1-2-8中，以供设计与使用参考。

抗压强度实测表　　表 1-2-7

序号	波速 v (km/s)	回弹值	破坏强度 (MPa)	计算强度 (MPa)	误差
1	5.036	41.4	43.5	43.88	−0.009
2	4.855	37.2	36.8	35.46	0.038
3	4.728	39.1	35.8	34.61	0.034
4	4.853	37.2	29.4	35.42	−0.170
5	4.811	40.7	46.2	38.57	0.198
6	5.133	42.2	46.6	47.25	−0.016
7	4.987	44.4	42.2	45.89	−0.080

注：用反算得出的 15cm 对穿波速。

抗折强度实测表　　表 1-2-8

序号	回归波速 (km/s)	回弹值	破坏强度 (MPa)	计算强度 (MPa)	误差
1	4.738	41.4	5.85	5.81	0.006
2	4.568	37.2	5.18	4.96	0.044
3	4.448	39.1	5.08	4.95	0.026
4	4.566	27.2	4.44	4.95	−0.103
5	4.555	40.7	6.12	5.36	0.142
6	4.830	42.2	6.15	6.09	0.010
7	4.693	44.4	5.72	6.09	−0.061

1.2.4.3　超声波路面探伤仪

一、超声波路面探伤仪的概述

我国高等级道路兴建以来，对路面的质量要求十分严格，不允许在路面结构中出现空洞、松软等质量现象，因此，超声波路探伤就成为现场判断路面施工质量的必要技术。

超声波路面探伤与其他移动构件探伤在测量方法上有着较大不同。在可移构件探伤中，构件的厚度是一定的、已知的，而且利用的是穿透法测量，波能发射集中，接收也集中，判断的准确性要高得多。而在路面测量中，一般采用以下两种方法：

（1）波的反射法：由于路面不是一个定值，而是一个变数，因而，造成反射时间上的差异，可能导致误断。

（2）表面波法：也叫直达波法，它对路面区域产生效用，而对于较深探伤将有困难。

因此，超声波路面探伤，特别是对于沥青路面与半刚性结构的探伤，尚在探索和发展之中。超声波路面探伤仪的结构与前述的路面综合测仪基本相同，而且在国内早在 20 世纪 90 年代初就有成熟的产品，这里就不再重述。

二、超声波路面探伤仪的工作原理

（1）超声波反射法测量原理：超声波反射法测量原理用图 1-2-52 表示。

1）在图 1-2-53 中，发射探头用 α 角向路面中发射超声波，该波穿透路面结构材料到达路面底部。如波从发射到接收所经过的路程为

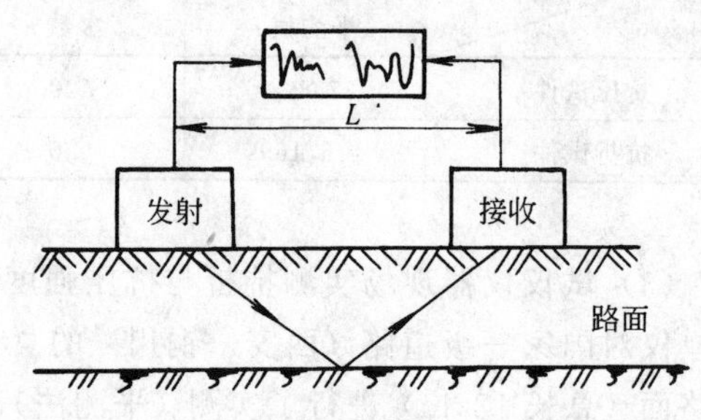

图 1-2-53

S，时间为 t_i，则波的平均波速为：

$$v=\frac{S}{t_i}=\frac{L/\cos\alpha}{t_i}\bigg|_{\alpha=45^\circ}$$

$$=\frac{\sqrt{2}L}{t_i}(\mathrm{m/s})$$

2）若超声波在路面中行进的正常波速为 v_0，由于路面结构中存在缺损时，例如结构软弱层或空洞等，声波产生小反射和绕射，使时间减缓拉长，由于两探头距离 L 一定，因此，波速随即变小。若用实验得到软弱时波速为 v_1，空洞时的波速为 v_2 等一组标准结构缺陷波速值，即可得到缺陷波速与标准波速的比值，如下式所示：

$$v_{缺i}<v_{标}$$

或

$$\frac{v_{缺i}}{v_{标}}=a_i<1$$

式中 $v_{缺i}$——某一种缺陷波速（m/s）；

$v_{标}$——结构标准波速（m/s）。

3）这样，检测人员就可以根据 a_i 的大小，初步判断出缺陷的性质。根据实践，水泥混凝土结构的空洞直径由下式求出：

$$R=\frac{S}{2}\sqrt{\left(\frac{t_\mathrm{d}}{t_\mathrm{c}}\right)^2-1}$$

式中 R——空洞的直径（cm）；

S——声波经过的长度（m）；

t_d——有空洞处超声波传播的时间（s）；

t_c——无空洞处超声波传播的时间（s）。

4）超声波经过水泥混凝土结构中不密实部分的深度，由下式求算：

$$a=\frac{v_\mathrm{d}(tv_\mathrm{c}-b)}{v_\mathrm{c}-v_\mathrm{d}}$$

式中 a——结构中缺陷的深度（m）；

v_c——密实结构的声速（m/s）；

v_d——有离析或蜂窝处的声速（m/s）；

b——声路长度（m）；

t——通过不密实层的声波传播时间（s）。

（2）超声波表面法测量原理：超声波表面法测量原理用图 1-2-54 表示。

1）根据上述的表面波的传输原理，如发射角尽量小时，即可得到表面波。这种波只沿路面表面传播，在路面深度方向波能将急速衰减，但在表面处虽在空气中传播时损失了一部分能量，但毕竟还有一部分经路面结构传至接收器的能量，经仪器放大后，仍然能很好地表征路面中的传输特性。

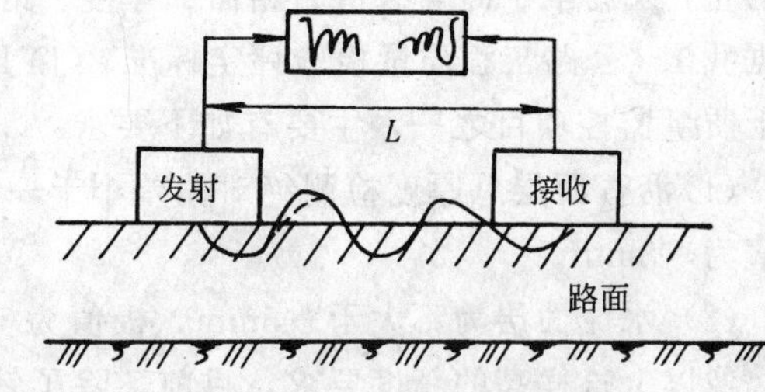

图 1-2-54

2）在图 1-2-54 中，同样可以得到结构标准波速 $v_{标}$ 与结构缺陷波速 $v_{缺i}$，也就是说，同样可以得到实验数据值 a_1、a_2 等几种主要的结构缺陷判断值，据以指导实际路面的施工质量检验的优劣状况。

3）图 1-2-55 为表面裂缝与路面正交时的缝深求算，可得裂缝深度计算式：

$$h = d\sqrt{\frac{t_1^2}{t_0^2} - 1}$$

式中 h——裂缝深度（cm）；

d——探头对称距离（cm）；

t_0——无裂缝时声波经过 $2d$ 的时间（s）；

t_1——有裂缝时声波经过 $2d$ 的时间（s）。

4）在利用上式求算裂缝深度时，必须是裂缝与表面正交的情况，而且，选择的标准表面应与该结构的基本质量状况一致，才能确保测量精度，否则，会引起误差。

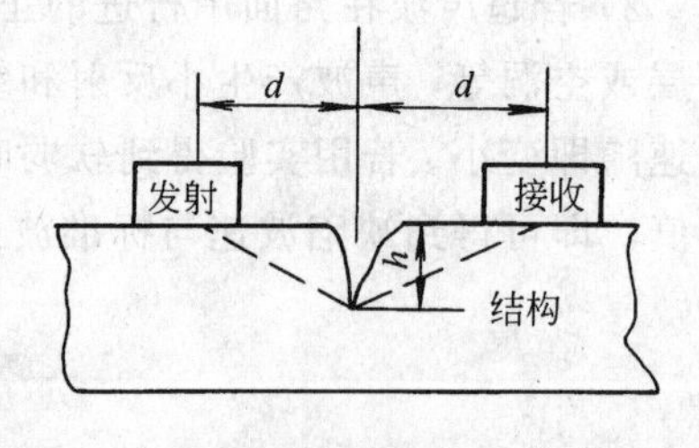

图 1-2-55

1.2.5　雷达检测技术

1.2.5.1　雷达检测技术概述

一、雷达无损检测技术的应用特点

雷达无损检测技术应用于路基路面，最早应用的是 20 世纪 80 年代后期于欧、美，我国于 20 世纪 90 年代初期才开始应用。通过近 10 年的应用实践，由于雷达检测技术具有快速、简易、精度高、无损等突出的优点，因此，作为道路工程施工质量监控，特别是高等级道路施工的质量监控、维修与养护等具有广泛的应用前景。

雷达检测技术实质上是一种甚高频电磁波发射与接收技术。它与地震波不同，地震波是在锤击或小量炸药引爆情况下所产生的一种振动辐射波，一般具有低频性质，而雷达波由自身激振产生，直接向路基路面中发射射频电磁波，通过波的反射与接收获得路基路面的采样信号，再经过硬件与软件及图文显示系统，得到检测结果。雷达所用的采样频率一般为数兆赫（MHz）左右，而发射与接收的射频频率有的要达到吉赫（GHz）以上。射频电磁波的产生是依靠一种特制的固体共振腔获得，正好像微波的获得依赖于晶体同轴共振腔一样。雷达波虽然频率很高，波长很短，但毕竟也是一种波，因此，该种电磁波也遵守波的传播规律，即也有入射、反射、折射与衰变等传播特点，人们正是利用这些特点，为工程质量监控服务，达到无损、快速、高精度的检测要求。

雷达检测技术应用于道路工程的质量监控、维修的时间虽然有十多年的历史，但到目前为止，只局限于高等级道路路面的厚度、路基的空洞、缺损与路面含水量等方面的监测。根据我国《公路工程质量检验评定标准》(JTJ 071—94）规定，高等级道路路面面层厚度被列于质量监控项目之一，主要有如下要求：

(1) 沥青面层总厚度检测绝对偏差小于－8mm，极值小于－15mm；上面层小于－4mm，极值为－8mm。

(2) 水泥面层为不大于－5mm，极值为－10mm。

像以上这样高的精度要求，目前，除了钻芯取样检查能达到以外，还没有其他无损检测仪器能以满足。所以，雷达检测技术在我国道路路面测试技术，特别是高等级道路的无损测厚技术的应用前景十分广阔。

二、雷达检测技术的基本原理

雷达是一种宽带、高频电磁波，一般频幅为100～1000MHz，频率自激产生，穿透能力很强。其基本原理如下：

(1) 当由振源产生脉冲电磁波，并由天线定向成一定角度向路基路面发射时，波的一部分在第一界面（路面与空气界面）反射，另一部分向下穿透。

(2) 由于空气的介电常数为1，而路基路面的材料介质介电常数均大于1，有的大得较多，因而，穿透波的大部分能量被该种材料吸收，同时，波在其中产生折射，折射角小于波的入射角。

(3) 当折射波碰到第二界面（面层与基层界层）时，波的一部分在界面反射，穿过面层到空气，成为波的一次小循环。

(4) 另一部分继续向下，穿透界面到基层，一部分能量损耗于该层，同时，产生折射，折射角大小与否，主要决定基层的介电常数，当基层的介电常数大于面层的介电常数时，折射角小于面层至基层的入射角，但当介电常数小于面层的介电常数时，则折射角大于面层的入射角。电磁波折射后，又碰到第三界面（基层与路基界面），同样，波一部分向上反射，并穿透面层到空气，成为波的一次中循环。

(5) 同理，波的另一部分继续向下，穿透界面到达基层，折射角的大小，理论上与上述相同。

(6) 当路基均质无限，无异常物时，从理论上说，穿透折射波的剩余能量完全损耗于无限体内，没有向上反射。

(7) 但情况并非如此，路基中由于种种原因，包括分层压实形成的人为界面、路基中的软层甚至异常体等，形成的异常界面，使这些区域的介电常数发生变异。因而，入射的电磁波就在这些区域的界面处向上反射，穿透路面面层到达空气，形成入射波的第一次大循环。

由上面的分析可以知道，雷达波与其他波一样，具有相同的传播特点与规律。其中一个最突出的特点，就是雷达波碰到界面就要反射，上面所叙述的波的一次循环，大、中、小三种循环状态，就体现了波的这种性质。也正是由于波的这三种状态的循环，给路基路面的物理力学指标的检测提供了条件，雷达检测技术正是利用了电磁波在传播中的这一特性。

雷达波（脉冲电磁波）从入射到第一次小循环的旅行时间 t_1 完全由仪器的时窗信号记录到，第一次中循环的旅行时间 t_2，大循环的旅行时间 t_3 也可同样得到。对于波所行走的距离完全与波的旅行时间对应，可以根据射入与射出的间距 S_1、S_2 与 S_3 与折射角 β、γ、θ 以及材料的介电常数 ε 等重要特征参数确定。时间与距离确定后，电磁波所行进的速度也随之可以得出。如当仪器天线探测器进行扫描时，还可得到第二、第三次等多次循环记录。由于路基路面的物理力学指标以及它们的几何尺寸都与电磁波旅行时间、行程以及行速有密切关系，因而，测知了电磁波的旅行时间、行程与行速后就能很快地算得路基路面各项指标的具体参数，以及各种异常体的位置，例如，材料的厚度、弹性模量、含水量以及密实松软状况和异常物（土洞等）实际位置等。

1.2.5.2 雷达检测主要仪器

用雷达进行道路路基面的检测包括多个技术领域，例如雷达的测厚、测湿、测异常物、测密实度与弹性模量等。由于这些物理量与几何量的测量都依赖于同一雷达检测仪。所以，雷达检测仪是一种一机多能的现代化检测技术。

一、雷达检测仪的功能与结构

雷达检测仪的路面测厚技术结构框图如图 1-2-56 所示。它主要由固体腔、天线、波形显示器、打印机等组成。

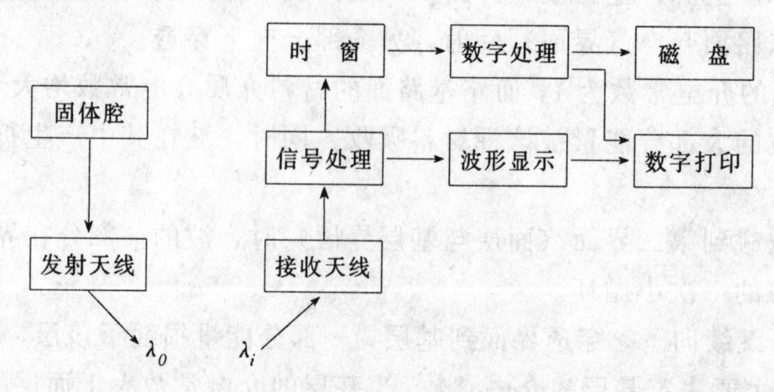

图 1-2-56　雷达路面测厚技术结构框图

(1) 固体腔。固体腔是雷达检测仪的核心，脉冲高频电磁波就由此产生，它是一种特制的固体共振腔，产生的频率可达到 2GHz 以上。共振腔要求振源稳定，选频准确。

(2) 天线。天线是由发射天线与接收天线两部分组成，其主要功能如下：

1) 发射天线是将波源的尖频电磁波定向向路基路面发送的主要器件，要求定向性好，发射稳定，功损小，这是一般材料天线所达不到的。

2) 为了使天线不贴地发射，以便车载悬空快速扫描测定，天线特制成空气耦合聚焦型，并做成横向电磁波喇叭型。

3) 天线发射器脉冲宽度为 1ns (纳秒)，具有很高的测量分辨率，天线最高输出电压为 5V。

4) 根据检测用途，天线分成 50MHz、100MHz、300MHz、500MHz、1GHz 等多种，对于接收天线，可组成发、收两用型。

5) 天线接收器触发脉冲宽度为 10ns，扫描频率 50Hz，输出带宽 3kHz 左右，输出电压 3V，一般无线接收器的非线性最大不超过 6%。

(3) 时窗记录器。它是发射记时脉冲的主要器件，由于是时间的集中器，故称时间窗。采样收发时间为雷达测时的主要工作，因此，时间窗对雷达检测来说甚显重要。一般时间窗为 10～300ns。

(4) 波形显示器。波形显示器能真实、直观地将测量体显示在波形图上。

(5) 打印机。打印机主要是将被测波形体与时间记录打印在纸上，以便使用。

除此以外，便携式电源为 12V、36W (市电时为 220V、500W)，仪器的质量为 6kg 左右，车载式检测速度可达 80km/h。雷达测量时的覆盖面积为 300mm×400mm。

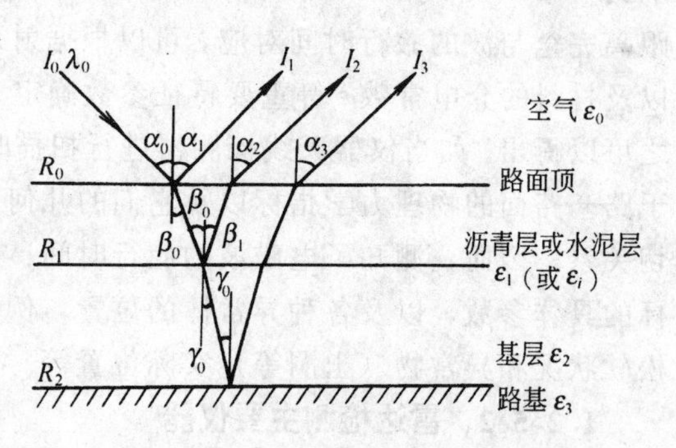

图 1-2-57　雷达测厚原理图

二、雷达检测仪的工作原理

雷达测厚技术的发射波是由雷达晶体共振腔产生的，它通过一种特制的非接触天线（发射天线）向路基路面发射尖峰脉冲电磁波 λ_0（如图 1-2-57 所示）。

该脉冲电磁波 λ_0 到达路面以后，由于 $\varepsilon_1 < \varepsilon_2$，首先，一部分能量发生界面 R_0 反射，α_0 应等于 α_1，反射量为 I_1。同时，另一部分能量继续往路面以下各层传播。由于各结构层的材料在电性能方面主要是介电常数 ε_i 等具有明显不同，脉冲电磁波 λ_0 在其中行进的速度也随之不同，如下式所示：

$$v_i = c/\sqrt{\varepsilon_i}$$

式中 c——脉冲电磁波在真空中的速度，一般等于光速（0.29979m/ns）（m/s 或 m/ns）；

ε_i——介电常数（空气 $\varepsilon_0=1$），无量纲；

v_i——电磁波在同一材料介质中传播的速度（m/s 或 m/ns）。

由上式看出，当介电常数 ε_i 增加时，脉冲电磁波 λ_0 传播速度减小。ε_i 减小时，λ_0 的传播速度 v_i 增加。由于速度 v_i 是个矢量，路面各材料层的介电常数均比空气大，因而，脉冲电磁波 λ_0 在材料层中发生折射，改变了原来入射方向，偏向 R_0 第一界面法线，此时，沿 β_0 方向传播。当到达界面 R_1 处时，折射波的一部分能量通过 R_1 界面法线反射，β_0 应与 β_1 相等，同时，又向 R_0 界面穿透反射，与 R_0 界面第二法线成的反射角 α_2 应等于 α_0，反射量为 I_2。同理，得反射量 I_3，甚至是 I_4 与 I_5 等。

脉冲电磁波 λ_0 从 R_0 界面射入，并到 R_1 界面反射，在空气中，得到反射能 I_1，该反射波由特别的雷达接收天线接收，所历经的时间 t_i 可通过时间脉冲记录器测知，λ_0 在 ε_2 介质中所经过的距离则为：

$$S_i = 2\left(\frac{h_i}{\cos\beta_0}\right) = \frac{2h_i}{\cos\beta_0}$$

式中 S_i——折射波在 ε_2 介质中所行经的距离（m）；

h_i——R_0 与 R_1 两界面之间的垂直距离（m）；

β_0——脉冲电磁波 λ_0 在介质 ε_2 中与主法线的折射角，当雷达发射频率一定，材料介质一定时，则折射角 β_0 也一定。

三、雷达检测的使用要点

（1）天线工作频率的选择：天线工作频率是指天线的发射频率。一般天线发射频率有 50MHz～2.5GHz 多种。究竟如何选择使用频率，主要是根据用途来确定。对于路基路面来说，要检测 1m 以内的路面厚度、密实度等指标应选用高档频段，以 1GHz 左右为宜，当然再高更好。目前，已开发出 2.5GHz 频率，具有 0.5ns 的分辨率，作者认为已能满足要求。对于检测 5m 以内的路基物理力学状态，选用 500MHz 频率。对于检测 10m 以内（例如桥头高路堤等路段），则可选用 100MHz 频率，这种频段对于软弱路堤的判断、异常物位置的确定已够用。一般来说，选用的频率愈高，其测量分辨率愈高，频率愈低，则其测量分辨率愈低，如 1GHz 时，分辨率为 1ms，而 2.5GHz 时，则其分辨率达到了 0.5ns。

根据上述选择原则，在路面测厚中，应选择 1GHz 左右频率为合适。

（2）选用雷达工作记录时间：雷达工作记录时间与测深有关，一般根据所测深度来确定。

雷达探测愈深，其选用的时窗记录时间应愈长，探测愈浅，则选择的时窗记录时间愈短。现以实例来确定选用时窗记录时间。已知测量路面厚度 $z=15$cm，介电常数 $\varepsilon=15$，$c=0.29979$m/ns，代入公式 $t=2z\cdot\sqrt{\varepsilon}/c$，求得 $t=4$ns，因此，选择 10ns 档次时窗已够用。

(3) 路面厚度测量精度评估：用地质雷达测量路面厚度（主要是沥青混凝土与水泥混凝土)，在我国已有应用，但用得不多。就已应用的情况来看，效果比较理想。用道路型 SIR—10 型探地雷达对高等级道路路面面层测试结果为：沥青混凝土层设计厚度 10cm，探测 10.7cm，挖制 10.1cm，绝对误差为 6mm；水泥混凝土设计厚度 23cm，探测 21.8cm，钻测 22.1cm，绝对误差为 3mm。由此测量数据可以看出，利用雷达检测路面厚度是可取的，随着雷达技术发展，检测精度将会提高。在长距、快速路面厚度的测量中，应用雷达将有广阔的应用前景。

1.2.5.3 路面雷达检测系统

一、概述

路面雷达检测系统，能在高等级道路时速下，实时收集道路的雷达信息，然后将信息输入电脑程序内，在很短的时间里，电脑程序便会自动分析出道路或桥面内各层厚度、湿度、空隙位置、破损位置及程度。

以前，我国道路路面厚度测试常采用钻孔测量芯样厚度的方法，给路面造成损坏或留下后患。而路面雷达测试系统是一种非接触、非破损的路面厚度测试技术，检测速度高，精度也较高，检测费用低廉。因此，它不仅适用于沥青路面或水泥混凝土路面各层厚度及总厚度测试；路面下空洞探测；路面下相对高湿度区域检测；路面下的破损状况检测。还可以用于检测桥面混凝土剥落状况；检测桥内混凝土与钢筋脱离状况；测试桥面沥青覆盖层的厚度。

二、路面雷达检测系统的主要设备

(1) 路面探测雷达：包括 1～4 套雷达。

(2) 数据采集与处理系统：包括计算机、显示器、打印机、数据采集系统和距离量测仪。

(3) Windows 电脑操作软件：具有数据的采集、处理、回放及备份等功能。

(4) 交流电源转换器。

(5) 雷达检测车。

三、路面雷达检测系统的工作原理

雷达检测车以一定速度在路面上行驶，路面探测雷达发射电磁脉冲，并在短时间内穿过路面，脉冲反射波被无线接收机接收，数据采集系统记录返回时间和路面结构中的不连续电介质常数的突变情况。路面各结构层材料的电介质常数明显不同，因此电介质常数突变处，也就是两结构层的界面。根据测知的各种路面材料的电介质常数及波速，则可计算路面各结构层的厚度或给出含水量、损坏位置等资料。路面雷达检测原理见图 1-2-58 所示。

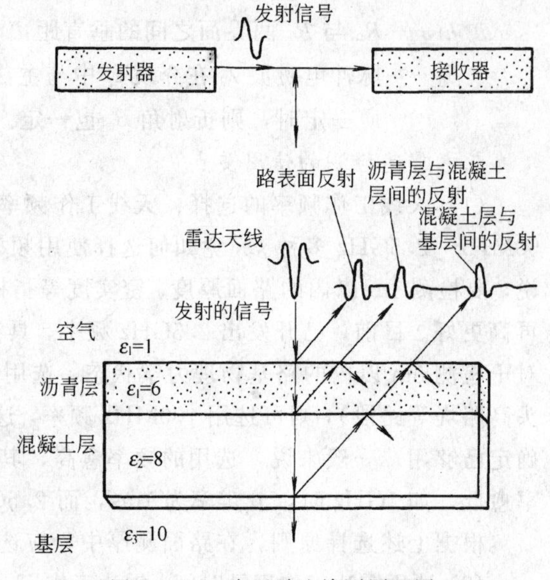

图 1-2-58 路面雷达检测原理图

四、路面雷达检测系统的使用要点

(1) 检测速度可达 80km/h 以上。

(2) 检测距离：以 80km/h 的速度对路面及桥面进行连续检测不少于 4h (320km)。

(3) 最大探测深度大于 60cm。

(4) 厚度数据精度一般为深度的 2%～5%。

(5) 检测在计算机控制下进行，可实时地同时进行数据采集、存储及雷达波形显示。

(6) 数据经处理后，可显示路面彩色剖面图、三维路面厚度剖面图、雷达波形图、原始雷达波形瀑布图、桥面剥落或破损状况图，打印路面各层厚度表。三维路面剖面见图 1-2-59所示。

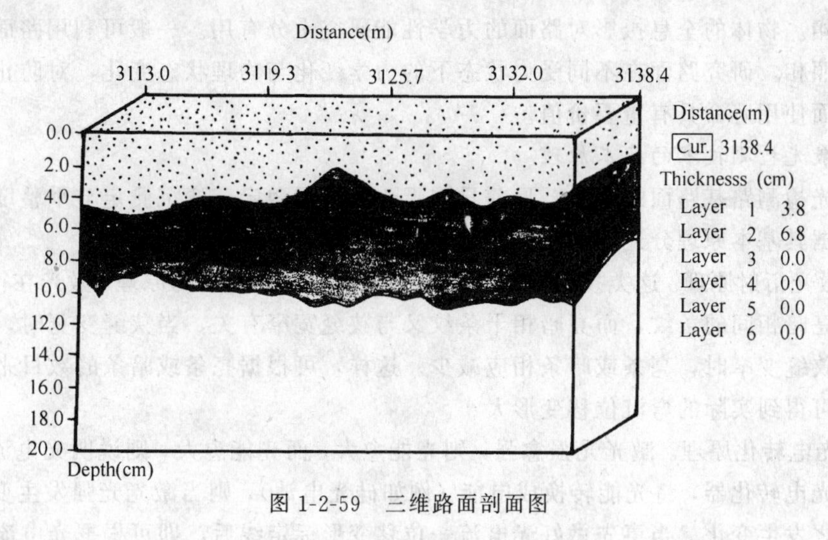

图 1-2-59 三维路面剖面图

1.2.6 激光检测技术

1.2.6.1 激光检测技术概述

一、激光检测技术的应用特点

激光检测技术广泛应用在路基路面质量的检测，其主要特点如下：

(1) 激光具有特别高的亮度。激光的亮度是其他光线的亮度所无法比拟的，如果在激光发射口按需要做成一个方形或矩形小口，则激光在另一端的板或地面上有一个形状相应的图像。这一现象，给野外或现场道路施工、检测提供了实现的条件，例如激光推土机、激光铲运机就这样产生了。

(2) 激光具有极高的方向性或极小的光点。激光器发出的激光束是几乎只向一个方向射出的一束平行光。光束十分集中或狭窄，这是别的光无法实现的。根据科学家的测量，激光的发射角可以小到 0.5 毫弧度左右，如把它发射到 1000m 外，则在该处只产生一个直径为 500mm 的光点，如在 100m 外、则产的光点只有 50mm 大小；若路基路面常用测量距离以 10m 为基准，则在该处产生一个红色或紫红色的小光点只有 5mm，若加上光学聚焦系统，则其光点的大小已处于毫米数量级以下。这种大小的光点对路基路面的物理力学指标检测技术来说十分有用。

(3) 激光具有很高的光强。所谓光强是指单位面积中光能的集中程度，这一特点对在路基路面检测中，利用激光和硅光电池检测路基路面强度等方面，有着重要的现实意义。

(4) 激光具有很高的时间分辨率。激光的时间分辨率要比声波高3000倍。激光每秒行距30万km，若激光通过10mm长度，只需要$0.33\times10^{-7}\mu s$，而通过1mm长度，则需要时间更短，为$0.33\times10^{-8}\mu s$，亦就是说，只需要10mm的1/10时间差，这样的级差为用时间因子表示微距离时提供了条件。

(5) 激光具有全息反映能力。全息反映能力是用激光全息照相达到的，所谓全息照相就是除了在底片上记录物体反射光线的强弱信息外，同时，还要物光的相位也记录下来，也就是把物光的所有信息都记录下来，并通过一定手续“再现”出物体的立体图像，故而称为全息照相。物体的全息摄影对路面的力学性能研究十分有用。一般可利用路面受力状态下的全息照相，研究路面在不同受力状态下的力学变化与物理状态变化，对防止路面破坏与延长路面使用寿命具有重要价值。

二、激光检测技术的基本原理

用激光检测路基路面的质量，目前只限于激光纹理激定、弯沉测定与平整度测定等领域，现根据其基本原理分述如下：

(1) 激光衍射原理。这类技术是利用了激光遇狭缝发生衍射的原理，激光在衍射时，屏幕上出现亮暗相间的条纹，而亮暗相干条纹又与狭缝宽窄有关，当狭缝变宽时，亮条或暗条增加，狭缝变窄时，亮条或暗条相应减少。这样，可根据亮条或暗条的数目来确定缝的宽狭，即可得到实际的弯沉位移变形大小。

(2) 光电转化原理。激光光强愈强，则光能愈大，而光能愈大，则说明光电流愈强。如果用一个光电转化器，将光能转换成电能（例如硅光电池），则当激光光强发生变化时，光电流也随之发生变化。当事先做好光电流一位移变形标定线后，即可根据光电流的变化反算弯沉位移的变化量多少。

(3) 光时差原理。激光能用反射时间差来记录所测量的极短长度。由于激光能反映极短的时间差，例如1mm与1cm的时间差为1/10，如以毫米为基准，则时间差为10时，即长度读数为10mm或1cm，同样，时间为5时，所反映的长度读数即为5mm，依次类推。因此，可利用激光所走路程的时间差来反求实际长度，这个办法对测量路面结构纹理的短小深度以及平整性能比较有效。由于激光光束集中，光强高，发射时散射量特别小，光时稳定，因此，用这种办法无接触式地测量极短长度或不平整度具有很好的相关效果。

1.2.6.2　激光弯沉测定仪

一、激光弯沉测定仪的功能与结构

图1-2-60所示为激光弯沉测定仪的结构框图。激光弯沉仪操作简易、精度高、读数稳定、体积小、质量特轻、造价低，而且容易开发研制，特别是这种仪器是依靠光线作为臂长，可以射得很远，由于激光发射角窄，光点小而红亮，10m之远仍能清晰可见，这给重刚度路面的弯沉测量带来了技术之光。

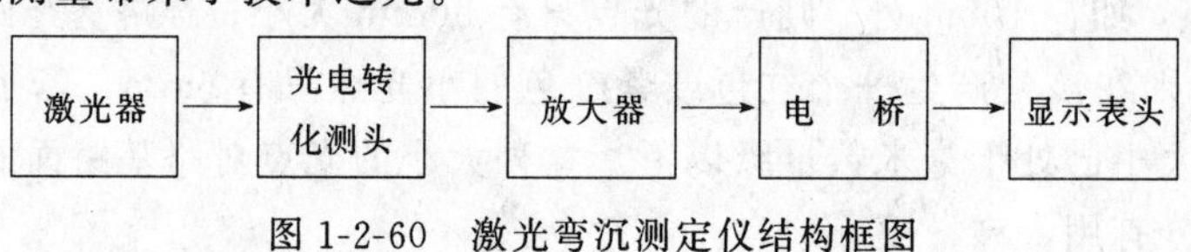

图1-2-60　激光弯沉测定仪结构框图

对在野外作业激光发生器应选择半导体激光器为宜。光电转化测头是将激光能量转化为电能的一种转化装置，也是激光弯沉测定仪的一个核心部件。目前，国内的转化元件一般选择硅光电池。硅光电池具有较多转化特点：

(1) 光生伏特效应显著，转化率较高，一般达到60%左右，即光能的绝大部分转化为电能。

(2) 产品成熟，性能稳定，工作可靠性高。

(3) 产品寿命长，分辨率高，使用方便，价格便宜。

因此，该种转化元件得到了广泛应用，放大器是专供放大光电流之用，如光电流很大时，就不必使用放大倍数，使放大倍数置于零档即行。电桥是作为补偿调零之用，即开始检测前，硅光电池由于存在阳光余辉作用产生少量光电流，影响测量精度，因此，利用电桥的补偿消除余晖电能，且置零。显示表头与电桥调零表头共用，表征弯沉测定值的光电流即是从该电流表读出，由于一般光电流为微安级，因此，为确保测读精度，采用微安表为宜。

二、激光弯沉测定仪的工作原理

图 1-2-61 所示为激光-硅光电池路基路面弯沉测定仪的工作原理图。首先，做好如下准备工作：

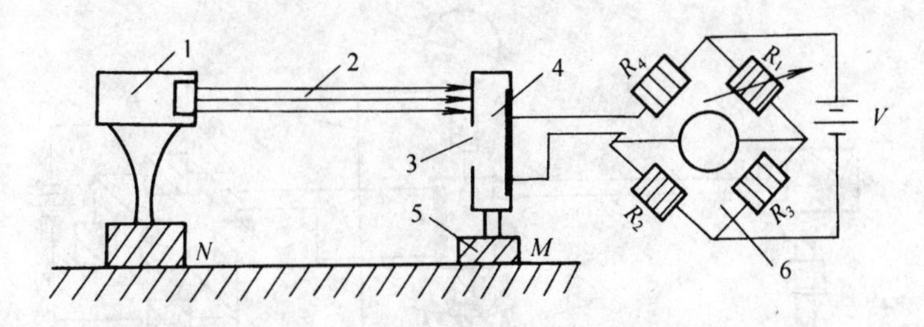

图 1-2-61 激光弯沉测定仪工作原理图

1—激光器；2—激光束；3—进光小孔；4—硅光电池；5—测头稳块；6—电桥

(1) 激光器 1 需要稳定，如安置在路面在汽车荷载作用下不下沉的 N 点处，发出平行激光束 2 后，射到硅光电池测头的小孔 3 的下部。

(2) 测头安置在汽车后轮隙中间，与弯沉仪测端一样，且有重块 5 稳定在轮隙下面的路面（或路基）M 处。

(3) 在测量之前，需将激光束 2 调节在小孔 3 的上部，但须有微量的光束穿过小孔射到硅光电池 4（传感器），这样调法为的是知道光束 2 是在待测位置，并把此时的位置作为零值点。

(4) 由于有微量的光束射到硅光电池 4 上，因此，4 上即会产生电流，这时，使硅光可靠电桥 6 来补偿调节置零，只要调节可变电位器 R_1，即能电池上出现的光电流置零。

在上述准备工作做完后，让被测汽车驶离，M 点路面就徐徐地回弹，硅光电池测头（传感器）也随之向上，激光束落入小孔且射到硅光电池上，即刻产生光生电流。当落入的激光能越多，光生伏特效应越厉害，产生的光电流也越多；当激光落入少时，则光电流也随之减小。由图 1-2-61 看出，光电流的增加或减少完全与硅光电池测头的变动距离有密切关系，光电流少时，落入小孔的激光量也少，此时，路面回弹变形也小，而当充电流大时，落入小孔且射到硅光电池上的激光量增加，则意味着路面（或路基）回弹变形增大。因此，通过光电流的大小，完全可以测出路面实际回弹变形（回弹弯沉）的数值，这就是利用激光-硅光电池原理测定路基路面回弹弯沉值的基本工作原理。

随着道路路面的刚度提高，弯沉影响半径也越来越大。由统计表明，20世纪60年代时的中级路面的弯沉影响半径为0.5～1m，20世纪70年代三级沥青路面为1～1.5m，二级路面为1.5～2m，20世纪90年代高等级道路兴建后，路面弯沉影响半径普遍已发展到3m，有的已到达4m以上。在这种情况下，现行弯沉测定仪的臂长（短臂：长臂＝120：240）的支点已落入弯沉影响区，使测定值偏小，造成测量误差，为此，目前的趋势想加大长臂到5m，长短臂比例不变，但这样一来，造成仪器笨重，携带十分不便，在这种情况下，激光弯沉测定仪就有着重要的现实意义。

三、激光弯沉测定仪的使用要点

（1）激光弯沉测定仪的标定：激光弯沉测定仪与其他路基路面力学测量仪器一样，也需要标定，以得到实用的“标定线”。仪器标定工作一般在室内进行，根据我国目前的路面刚度情况，可以将激光的射程光束定为5m。标定工作需千分表头、表架各一个，变形架一个，激光器弯沉测定仪一套，标定装置结构如图1-2-62所示。

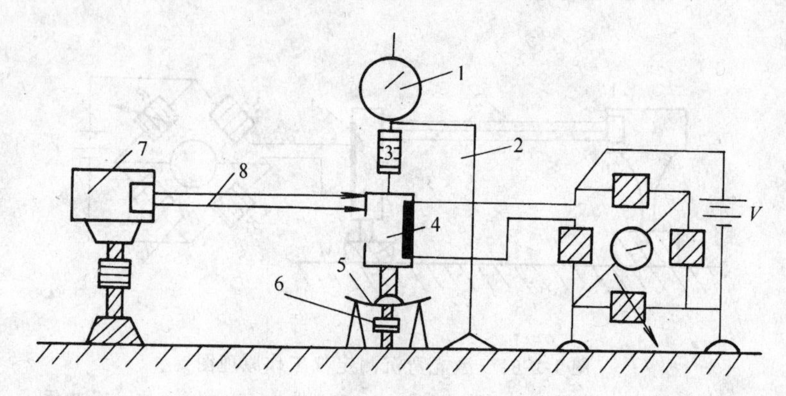

图1-2-62　激光弯沉仪标定装置图

1—千分表；2—表头支架；3—调节螺丝；4—硅光电池测头；5—变形架；6—变形升降杆；7—激光器；8—激光束

由激光弯沉仪标定装置图可知，标定的程序为：

1）先对光，然后调零，调零可以6、3螺丝进行，准备工作做好后，即可进行标定。

2）调节6，以10μm的速率变形上升，然后，将光电流记录下来，就得到了“变形量—光电流”一一对应变化关系。

3）实践证明，变形量与光电流在低值时为线性对应关系，如下式所示：

$$l = a + kA$$

式中　l——变形量（μm或mm）；

A——光电流（μA）；

a——常数，对于一定激光器，一定光距时，a值一定（μm或mm）；

k——系数，由光强与硅光电池特性所决定（μm/μA）。

（2）硅光电池的选择：硅光电池是激光弯沉测定仪的核心部件，在设计时可根据变形量的需要精心的选择。一般激光器的发射功率以及入射光强出厂时均有规定，这样，便可根据入射光强以及变形量变化大小综合挑选。现将硅光电池的规格列于表1-2-9中，以便选择。

硅光电池技术特性表 表1-2-9

参数 型号 \ 项目及条件	开路电压 (mV)	短路电流 (mA)	面积或直径 (mm×mm)
	30℃	入射光强100mV/cm²	
ZCR11	500～600	2～4	2.5×5
ZCR21	500～600	4～8	5×5
ZCR31	450～500	9～15	5×10
ZCR32	500～550	9～15	5×10
ZCR33	550～580	9～15	5×10
ZCR41	450～500	18～30	10×10
ZCR51	450～500	36～60	10×20
ZCR52	500～550	36～60	10×20
ZCR61	450～500	40～65	ϕ17
ZCR62	500～550	40～65	ϕ17
ZCR63	550～580	40～65	ϕ17
ZCR64	580～620	40～65	ϕ17
ZCR81	450～500	88～140	ϕ25
ZCR82	500～550	88～140	ϕ25
ZCR83	550～580	88～140	ϕ25
ZCR84	580～600	88～140	ϕ25
ZCR91	450～600	18～30	5×20

(3) 光电流温度的修正：一般情况下，硅光电池的工作温度为30℃左右，如若超过30℃时，光电流产生将要受到影响，而野外进行弯沉测定有时路面温度超过30℃，为此，必须对光电流进行温度影响修正。温度影响修正的速度以5℃间隔上升为宜，并在20～60℃范围内变化，且量取它们的变化值后，便可得到光电流温度影响修正值曲线。

1.2.6.3 激光路面纹理测定仪

纹理的物理概念是指路面面层由于利用粗骨料引起的结构孔隙深度。这种结构孔隙深度浮在路面表面，且在路面碾压成型时已产生。当结构孔隙越深，路面面层的摩阻力越大，路面抗滑性能越强，反之，越弱。根据我国现行《公路柔性路面设计规范》规定，对于高等级道路需要用这一指标来设计与评价路面的抗滑性能。

一、激光路面纹理测定仪的功能与结构

图1-2-63所示为激光路面纹理测定仪的主要功能与基本结构图。激光器为半导体型激光器。该测定仪主要由激光器、调制器、整光器、物镜、发射光、物镜、反射光、接收器、光电转换器、数据处理器及显示器等组成。其各主要部件的功能如下：

(1) 调制器：调制器的功能是防止激光的杂光干扰进行调制，它是利用激光电源内部进行电流调制而实现其功能的。

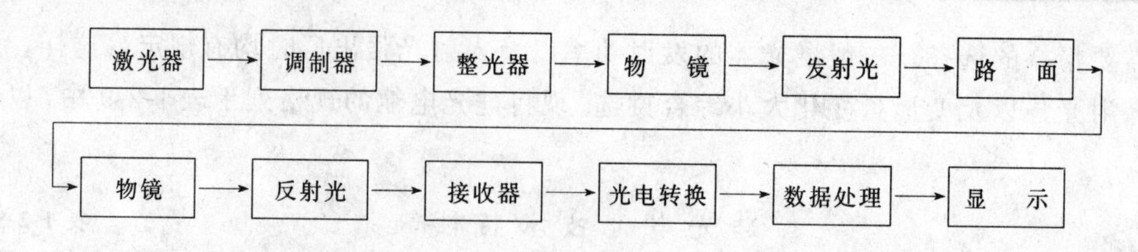

图 1-2-63　激光纹理测定仪结构框图

(2) 整光器：整光器的功能主要将调制好的激光束变成平行光束，并按与路面成 45°角投射到路面。

(3) 物镜：物镜的功能是将平行激光束放大，其中入射光与反射光都用物镜，它们组成物镜组，以使放大功能更好。

(4) 接收器：接收器的主要功能是通过物镜接收来自路基路面裂纹反射的激光束。

(5) 光电转换器：光电转换器的主要功能是将接收的激光转化成光电流。

(6) 数字处理器：数字处理器的主要功能是将光电流数字化（一般为 A/D 转化），并实现数字积分与均方根计算。

(7) 显示器：显示器的主要功能是显示路面的纹理或路基路面构造深度。

二、激光路面纹理测定仪的工作原理

图 1-2-64 所示为激光路面纹理测定仪的工作原理图。

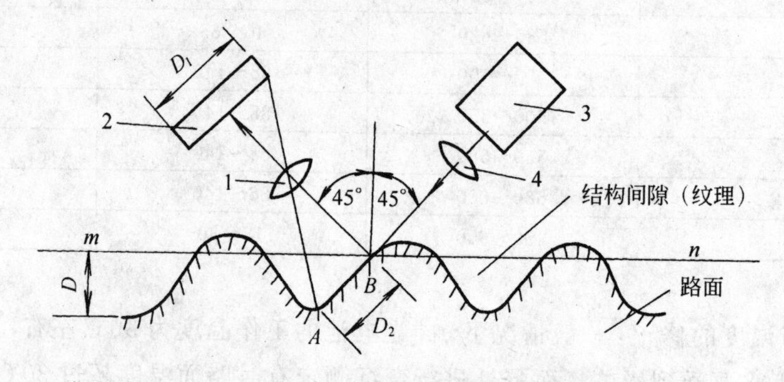

图 1-2-64　激光路面纹理测定原理图

1—物镜；2—接收器；3—半导体激光器；4—物镜；

D—纹理深度；D_1—放大后物光长；D_2—纹理斜面光线长

由图 1-2-64 看出，当调制好且放大的平行光线以 45°角射入路面结构孔隙斜面，与基准线 mn 交于 B 点，端部深入槽底 A 点，$AB=D_2$，反射光经物镜 1 放大后，成为物像或物光，被接收器接收。其放大倍数由下式求出：

因为

$$v_{物}=\frac{D_1}{D_2}$$

$$D_2=\frac{D}{\sin45°}$$

所以

$$v_{物}=\frac{D_1}{D_2}=\frac{D_1}{\dfrac{D}{\sin45°}}=\frac{D_1}{\sqrt{2}\,D}$$

式中　$v_{物}$——物光放大倍数，仪器研制时已确定；

D_1——放大的物光长，通过接收器读出 (mm)；

D_2——构造斜面物光长（mm）；

D——纹理深度（mm）。

如将上式改变成求纹理深度，则变成下式：

$$D=\frac{\sqrt{2}D_1}{2v_{物}}$$

式中 符合同上。

这样，纹理深度完全可以根据上式求出。但如果这样求算，会给测定带来麻烦，因此在实际检测中，是利用软件与硬件组合，通过光电转化与数字处理后读出，这样处理大大增强了仪器的实用性。

物像的数字化是这样形成的：

(1) 在接收器布有光二极管（CCD 管）列阵，该列阵是由 256 个光二极管组成，以每两个间隔为 25μm 线性排列。

(2) 反射后的物像光即被分布在该列阵上，由于路面本身的纹理凹凸，使形成的物像光分布在列阵的不同位置。

(3)为了测出光二极管 CCD 上的不同光斑点的位置，由仪器中的触发脉冲振荡器振荡，发出同步信号，对各 CCD 进行同步扫描，频率为 5000Hz。

(4) 此时，受光元件的饱和电压处于低压为－5V，与储存电荷成正比的电压以视频脉冲输出，计数器的计数代表了光斑中心的元件位置，再经过 A/D 转换就可以求得信号电压，经 A/D 转换与数字处理后成数字显示。

(5) 这是对于一个点来说的，如果对于一个面，那么，反射的光物像就有无数个，因此，这要用积分器求出后再平均输出，这一过程也是由仪器完成。

三、激光路面纹理测定仪的使用要点

(1) 关于测量基准线的选定：在图 1-2-64 中的基准线 mn 是由于推算纹理深度的需要而假设的，该线的位置不是一个定数，而随纹理深度的平均值而变化。当用仪器中积分处理器求解选定时，其测量基准线假定为图 1-2-65 所示。

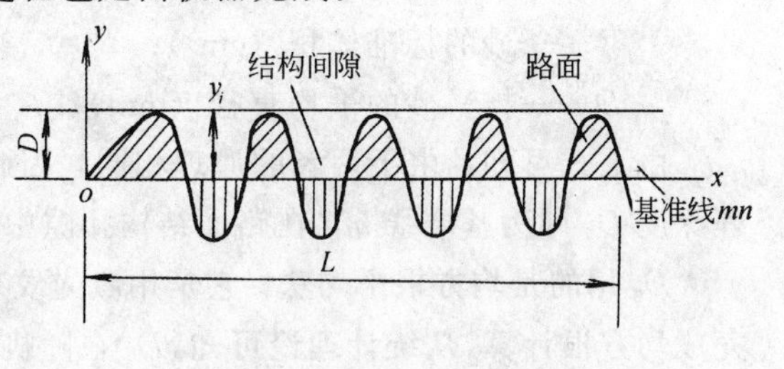

图 1-2-65 轮廓下的基准线图

为了求解轮廓基准线，需提出几个基本概念：

1)轮廓偏距：它是在测量方向上轮廓线上的点到基准线的距离，如上图 1-2-65 中的 y_i。

2) 轮廓的最小二乘中线：它具有几何轮廓形状，并具有在测量长度 L 内使轮廓上各点的轮廓偏距（如 y_1、y_2……y_n）的平方和为最小，即 $\sum_{i=1}^{n}y_i^2=$最小值。对于一个几何轮廓来讲，只有一条最小二乘中线，它即为测量的基准线 mn。该基准线不需人工求出，是通过仪器中的积分与均方计算程序自动求出。

3) 轮廓算术平均偏差：它的数值表示为下列积分式：

$$D_b=\frac{1}{L}\int_0^L|y(x_i)|\mathrm{d}x$$

式中 D_b——轮廓与基准线偏差的算术平均值（mm）；

L——轮廓长度（mm）；

x_i——轮廓上某点至 x 轴（本图中即基准线）的投影到原点的坐标长度（mm）。

4）轮廓均方根偏差：在测量路段内轮廓偏距的均方根值可用下式表示：

$$D_q = \sqrt{\frac{1}{L}\int_0^L [y(x_i)]^2 dx}$$

式中　D_q——轮廓均方根偏差值（mm）；

其他符号意义同上。

由上述积分计算可以看出，D_b 与 D_q 都是在测量路段内对所有的轮廓偏距进行平均取得，只是平均的方法不同。

D_b 用的是绝对值平均法或算术平均法，该法实际上与规范中的纹理测定铺砂法的原理相同，具体计算如图 1-2-66 所示。

按图 1-2-65，铺砂法纹理测量原理为：将粒度均匀且比较细的砂（事先量出）堆放在路表面，用砂板在路面上将砂子刮平，至刮不下余砂为止，摊刮时尽可能使砂摊成圆形。那时，可取得尽可能大的圆面积，根据圆的两个垂直方向上测量直径的平均值，然后算出其面积。那么，砂在路面结构孔隙中的平均厚度用下式表示：

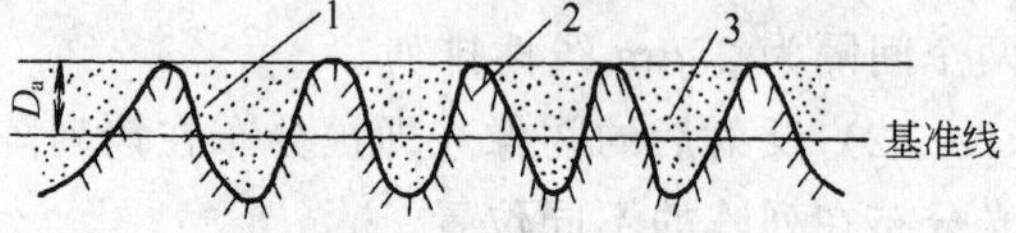

图 1-2-66　铺砂法下的基准线图

1—砂；2—石料；3—结构间隙

$$D_a \approx \frac{4000V}{\pi D^2}$$

式中　D_a——砂的平均厚度，即纹理深度（mm）；

V——砂的标准体积（cm^3）；

D——摊平砂的平均直径（mm）。

由上式可知，由于两者的原理相同，因此，$D_b \approx D_a$。在这种情况下，实质上最后的纹理深度 D_b 即为基准线 mn 在路面结构孔隙中的位置。

D_q 用的是均方根平均法，它是用激光纹理测定原理完成的，并由机内微处理机的程序完成均方根计算。从统计理论可知，D_q 在随机变量的概率密度分布函数中即为标准方差，因而，在激光纹理测定的情况下，概率密度的标准方差值，即为所要找的激光纹理基准线位置。

通过 D_b（或 D_a）与 D_q 的各自基准线位置的求法分析，由于激光纹理测定采用的基准线是由概率密度均方根法确定的，比铺砂法或算术平均法的基准线要准确，更能反映路面实际的结构纹理状况，因此，激光纹理测定常在一定路面长度内通过概率积分均方根平均法来确定基准线位置，亦即激光纹理深度。

(2) 激光纹理深度的修正：激光纹理深度测定所得纹理值已经很准确，但为什么还要进行修正，确实是个值得探讨的问题。其主要原因是由于我国路面纹理测定用的是铺砂法。虽然铺砂法测得的纹理值准确度稍差，但毕竟是我国的标准值，因此，应该用激光法比较它（标准法）的纹理测定结果，进行修正。然而，修正方法还是比较麻烦，因此，在利用确立了 D_q 与 D_a 两者关系的基础上进行修正更为适宜。经过研究，它们之间的统计关系为：

$$D_q = 0.41D_a + 0.41$$

或
$$D_a = 2.42D_q - 0.98$$

式中　D_q——激光纹理测定值（mm）；

D_a——铺砂法纹理测定值（mm）。

1.2.6.4　激光路面平整度测定仪

一、激光路面平整度测定仪的功能与结构

激光路面平整度测定仪是一种与路面无接触的测量仪器，测试速度快，精度高。这种仪器还可同时进行路面纵断面、横坡、车辙等测量，因此，也被称为激光路面断面测试仪。

激光路面平整度仪是一台装备有激光传感器，加速度计和陀螺仪的测试车，它同时备有先进的数据采集和处理系统，如图1-2-67所示。

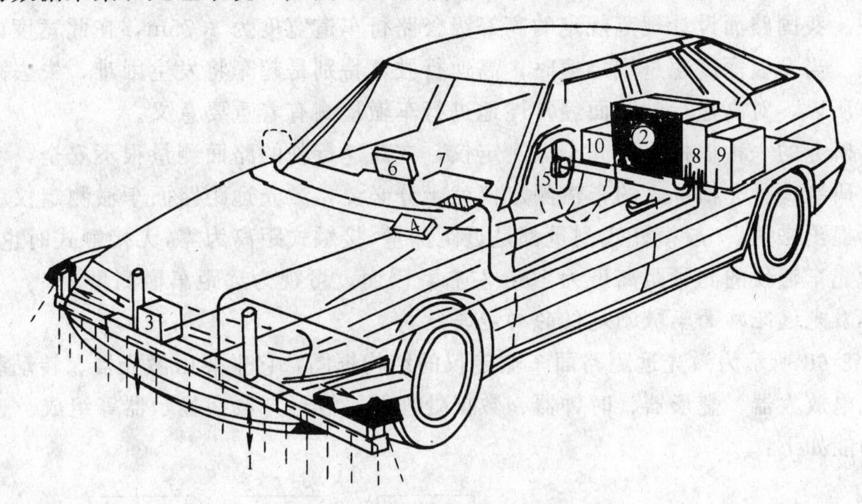

图1-2-67　激光平整度仪示意图

1—激光传感器；2—激光盒；3—陀螺盒；4—测量束控制台；5—距离测量；6—微机屏幕；7—微机键盘；8—微机；9—计算机存贮器；10—电源

二、激光路面平整仪的工作原理

测试车以一定速度在路面上行驶，固定在汽车底盘上的一排激光传感器通过测试激光束反射回读数器的角度来测试路面，这个距离信号同测试车上装的加速度计信号进行互差，消除测试车自身的颠簸，输出一路面真实断面信号。信号处理系统将来自激光传感器的模拟信号转换成数值信号并记录下来。随着汽车的行进，每隔一定间距，采集一次数据。通过数据分析系统，可显示打印国际平整度指数IRI等平整度检测结果。

三、激光路面平整仪的使用要点

(1) 数据采集完全在计算机控制下进行，根据具体情况输入有关信息和命令。

(2) 为了保证测量精度，应进行系统检查，如做静态振动试验、直尺试验、轮胎气压检查、传感器标定检查。

(3) 测试速度一般在20～120km/h范围内。

(4) 测试宽度大于2.5m。如在测试梁上安装两个扩展臂，测试宽度可增加至3.5m或更大。

（5）采样间隔一般为0.1m，最小为5mm。

（6）可显示测试状态及有关数据，输出分析结果，如国际平整度指数IRI、车辙、横坡等。

应当注意，不能直视激光孔或观察通过抛光物面或镜面反射回来的激光束，防止损伤眼睛。只能通过一张红外线显示卡或光谱变换眼镜才可以观察光束的存在与否。

目前，激光路面平整度仪或激光路面断面测试仪尚未纳入我国公路检测规范，其试验方法可参照仪器使用说明书。

1.2.6.5　激光远距路面车辙测定仪

一、激光远距路面车辙测定仪的概述

在高等级道路路面上，由于有明显的行车分道线，车辆除了超车以外，都限制在车道线内行驶。我国路面设计规范规定的高等级公路行车道宽度为3.75m，在此宽度内，最易出现车辙。当车辙深度超过规定值时，高速行驶，特别是超车将发生困难，失去高速行驶的作用，所以，对高速行驶路面经常性地进行车辙检测有着重要意义。

日本研究的一种横杆式激光车辙测定仪，在高速行驶的路面测量很不安全，考虑到这种原因，研制一种非横杆式的车辙测定仪就十分必要，激光远距路面车辙测定仪就是在这种情况下提出来的。一般横杆式测量都是近距测量，接触式距离为零，无接触式时也在0.5m以内，激光车辙仪的测量距离可为10m左右，因而，可视为远距车辙测量。

二、激光远距路面车辙测定仪的功能与结构

图1-2-68所示为激光远距路面车辙定仪的结构框图，它主要由激光器、转动装置、集光器、光电放大器、整形器、时钟器、数据处理器、波形与数字显示器等组成。这些主要部件的功能如下：

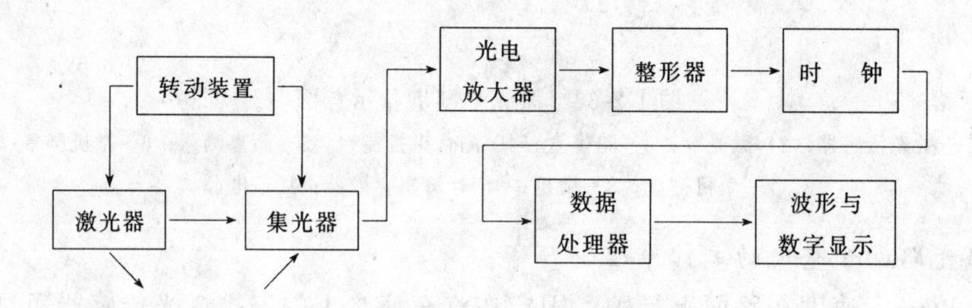

图1-2-68　激光远距路面车辙测定仪结构框图

（1）激光器：激光器功能为发射平行激光束，在10m处形成小光点。

（2）集光器：集光器的功能是将激光点收集到激光器以便进入光电路进行转化处理。激光器与集光器分别安装于一个特制的转轴上，可以旋转90°，转轴长度由试验决定。

（3）光电放大器：光电放大器的主要功能是将接收的激光转化为光电流。

（4）整形器：整形器的主要功能是将光电流波形整形为有规则波形信号。

（5）时钟器：时钟器的功能主要为发生计时脉冲，设计脉冲间隔为1ns左右，并用石英频率计时，以确保计时频率的稳定性。

（6）数据处理器：数据处理器的主要功能是将计时脉冲转化为数字，以便读数。最后为波形输出显示，即在波形图中读出车辙深度的脉冲时间。

三、激光远距路面车辙测定仪的工作原理

图 1-2-69 所示为激光远距路面车辙测定仪的工作原理图。在图（a）中在路肩汽车上架起高约 1～1.3m 的激光架，在架上安装一个发光器与一个集光器，成对组合且处于一个三角形平面内，夹角为 α。该激光平面与路面成一定交角 θ，θ 是变角，开始时激光光点打在路中，随着 MN 装置的转动逐渐移向路边。显然，光点打在路面 A_0 点时，反射激光即给时钟信号记录时间脉冲，在时距图上得到时间坐标为 t_0，当 MN 转动且激光点对路面扫描时，先后到达路面 A_1，A_2，…，A_i 位置，相应反射激光的时钟脉冲时间分别为 t_1，t_2，…t_1。当路面上平整无凹陷时（横坡不计），时间对距离的变化显然是一根斜直线，如图中$\overline{t_0t_n}$线，即相邻两点应该是平直的，无曲线与突变状态。但当路面出现车辙或凹陷时，在 A_2 附近产生的光点跌落入坑中，即由 A_2 跌到坑底 A_3，A_2 与 A_3 的落差即是车辙的深度，由图 a）看出，若在反射光 NA_3 上截取 $NB=NA_2$，显然，BA_3 即为 NA_2 光点的延长部分，而该延长部分即反映了车辙的深度 A_2A_3。或者说，光点从 A_2 射到 A_3 点时所经历的光时差（相对于 NA_2）与光点的增长部分 BA_3 时间相等（同样相对于 NA_2），若设 BA_3 的时间为 Δt，则 BA_3 或 A_2A_3 的长度为下式所示：

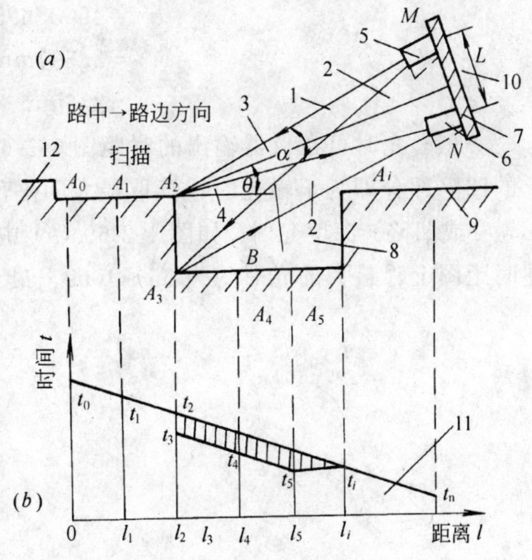

图 1-2-69 激光远距路面车辙测定仪的工作原理图

1—入射光；2—反射光；3—入反光夹角；4—光路夹角；5—激光器；6—集光器；7—光平面转轴（90°）；8—车辙；9—路面；10—光转轴长；11—时距图；12—路中分隔带

$$
\begin{aligned}
A_2A_3 &= BA_3 \\
&= v_0 \cdot \Delta t \\
&= v_0 \cdot (t_3 - t_2)
\end{aligned}
$$

式中 A_2A_3——车辙深度（h）(mm)；

BA_3——激光反射光线增长量（mm）；

t_2——光点至车辙顶部或凹陷顶部的时间（ns）；

t_3——光点至车辙底部或凹陷底部的时间（ns）；

v_0——激光速度，等于光速，$v_0=30\times10^5$km/s$=299.79$mm/ns。

由图 1-2-69（a）还可看出，当光点 A_2 落入到 A_3 时，NA_3 光长增加，因而，在时距图（b）上反映了光时从 t_2 变到 t_3，从斜直线上向下凹陷，t_4、t_5 情况一样，最后又恢复到 t_i 的斜直线上，车辙随之也就结束。显然，时距图（b）上的凹陷部分即为车辙或凹陷部位，只要在仪器中输出波形上读得光时记录 t（精确到小数后 3 位）后，即可根据上式算出车辙深度。

例如若在距路肩 4m 处的路面上车辙顶部的反射光时钟记录为 13.343ns，而在车辙底部的时钟记录为 13.355ns，则根据上公式，可得车辙深度 h 为：

$$NA_2 = v_0 \cdot t_2 = 299.79 \times 13.343 = 4000.098\text{mm}$$

$$NA_3 = v_0 \cdot t_3 = 299.79 \times 13.355 = 4003.695\text{mm}$$

则，车辙深度为：

$$\begin{aligned} h &= NA_3 - NA_2 \\ &= 4003.695 - 4000.098 \\ &= 3.597\text{mm} \\ &\approx 3.6\text{mm} \end{aligned}$$

一般，光时可在仪器输出的时距图 1-2-69 (*b*) 上读出。在该图 1-2-69 (*b*) 上，斜直线上的凹陷部分即为车辙光时，读取最大凹陷部分的光时即得该横断面（半路幅）上的最大车辙（或凹陷）深度光时 [如图 1-2-69 (*b*) 中的 t_2t_3]，相对应的即为最大车辙或凹陷深度。在时距图上，最大的光时约为 35～40ns，最小的光时约为 0ns。

1.3 桥梁的试验技术

1.3.1 概　　述

1.3.1.1 桥梁试验检测的任务和意义

近几年，我国以江阴长江公路大桥、芜湖长江公路铁路两用大桥、虎门大桥、青马大桥、海沧大桥等为代表的具有国际先进水平的特大桥的建成，标志着我国新桥型、新材料和新工艺得到了广泛的应用。这些桥梁施工监控中的试验检测、桥梁状态的整体性能试验，以及各种桥梁施工质量控制和试验检测等是市政部门和道路部门试验检测人员的光荣而又艰巨的任务。

桥梁工程试验检测的主要任务是：

(1) 对于在施工中的大跨径悬索桥、斜拉桥、拱桥和连续刚构桥，为了使结构达到或接近设计的几何线形和受力状态，施工各阶段需对结构的几何位置和受力状态进行监测，根据测试值对下一阶段控制变量进行预测和制订调整方案，实现对结构施工控制，而试验检测是施工控制的重要手段。

(2) 对于各类常规桥梁，试验检测则是控制施工质量的主要手段。对于一个建设项目，施工前首先要试验鉴定进场的原材料、成品和半成品构件是否符合国家质量标准和设计文件的要求，对其做出接收或拒绝决定。

(3) 从桥位放样到每一工序和结构部位的完成，均须通过试验检测判定其是否符合质量标准要求，经检验符合质量标准后方可进行下一工序施工，否则，就需采取补救措施或返工。

(4) 桥梁施工完成后需全面检测进行质量等级评定，必要时还需进行荷载试验，以对结构整体受力性能是否达到设计文件和标准规范的要求做出评价。

(5) 对于新桥型结构、新材料、新工艺，必须通过试验检测鉴定其是否符合国家标准和设计文件的要求，同时为完善设计理论和施工工艺积累实践资料。

(6) 试验检测又是评价桥梁工程质量缺陷和鉴定工程事故的手段，通过试验检测为质量缺陷或事故判定提供实测数据，以便准确判别质量缺陷和事故的性质、范围和程度，合理评价事故损失，明确事故责任，从中总结经验教训。

桥梁试验检测技术是大跨径桥梁施工控制，新桥型结构性能研究，各类桥梁施工质量控制和评定工作的重要手段，认真做好桥梁试验检测工作，对推动我国大跨径桥梁建设水平，促进桥梁工程质量水平提高具有十分重要的意义。

1.3.1.2 桥梁试验检测的主要内容

桥梁工程试验检测的内容随桥梁所处的位置、结构型式和所用材料不同而异，应根据所建桥梁的具体情况按有关标准规范选定试验检测项目，一般常规桥梁试验检测的主要内容见表1-3-1所列。

桥梁工程试验检测的主要内容　表1-3-1

序号	试验类别	试验的主要项目与内容
1	施工准备阶段的试验检测	(1) 桥位放样测量 (2) 钢材原材料试验 (3) 钢结构连接性能试验 (4) 预应力锚具、夹具和连接器试验 (5) 水泥性能试验 (6) 混凝土粗细集料试验 (7) 混凝土配合比试验 (8) 砌体材料性能试验 (9) 台后压实标准试验 (10) 其他成品、半成品试验检测
2	施工过程中的试验检测	(1) 地基承载力试验检测 (2) 基础位置、尺寸和标高检测 (3) 钢筋位置、尺寸和标高检测 (4) 钢筋加工检测 (5) 混凝土强度抽样试验 (6) 砂浆强度抽样试验 (7) 桩基检测 (8) 墩、台位置、尺寸和标高检测 (9) 上部结构（构件）位置、尺寸检测 (10) 预制构件张拉、运输和安装强度控制试验 (11) 预应力张拉控制检测 (12) 桥梁上部结构标高、变形、内力（应力）监测 (13) 支架内力、变形和稳定性监测 (14) 钢结构连接加工检测 (15) 钢构件防护涂装检测
3	施工后的试验检测	(1) 桥梁总体检测 (2) 桥梁荷载试验 (3) 桥梁使用性能监测

1.3.1.3　桥梁试验检测的依据

道路桥梁工程试验检测应以国家和交通部、建设部颁布的有关道路工程的法规、技术标准、设计施工规范和材料试验规程为依据进行，对于某些新结构以及采用新材料、新工艺的桥梁，暂无相关条款规定时，可借鉴国内其他行业或国外的相关规范、规程的有关规定。我国结构工程的标准和规范可分为以下几个档次：

(1) 综合基础标准，如《工程结构可靠度设计统一标准》(GB 50153—92)，是指导制定专业基础标准的国家统一标准。

(2) 专业基础标准，如《公路工程技术标准》(JTJ 001—97)、《公路工程结构可靠度设计统一标准》(GB/T 50283—1999)，是指导专业通用标准和专业专用标准的行业统一标准。

(3) 专业通用标准，公路桥梁工程设计、施工和试验检测主要涉及的专业通用标准。

1) 公路桥位勘测设计规范 (JTJ 062—91)

2) 公路工程地质勘察规范 (JTJ 064—98)

3) 公路勘测规范 (JTJ 061—99)

4) 公路桥梁设计通用规范 (JTJ 021—89)

5) 公路砖石混凝土桥梁设计规范 (JTJ 022—85)

6) 公路钢筋混凝土及预应力混凝土桥梁设计规范 (JTJ 023—85)

7) 公路桥梁地基与基础设计规范 (JTJ 024—85)

8) 公路桥梁钢结构及木结构设计规范 (JTJ 025—86)

10) 公路工程抗震设计规范 (JTJ 004—89)

11) 公路桥梁施工技术规范 (附局部修订条文) (JTJ 041—89)

12) 公路工程质量检验评定标准 (JTJ 071—98)

13) 公路工程石料试验规程 (JTJ 054—94)

14) 公路工程金属试验规程 (JTJ 055—83)

15) 公路工程集料试验规程 (JTJ 058—94)

16) 公路土工试验规程 (JTJ 051—93)

17) 公路旧桥承载能力鉴定方法 (试行)

18) 沥青路面施工及验收规范 (GBJ 92—86)

19) 水泥混凝土路面施工及验收规范 (GBJ 97—87)

20) 市政道路工程质量检验评定标准 (CJJ 1—90)

21) 市政桥梁工程质量检验评定标准 (CJJ 2—90)

22) 钢渣石灰类道路基层施工及验收规范 (CJJ 35—90)

23) 城市道路养护技术规范 (CJJ 36—90)

24) 乳化沥青路面施工及验收规范 (CJJ 42—91)

25) 热拌再生沥青混合料路面施工及验收规程 (CJJ 43—91)

26) 城市道路路基工程施工及验收规范 (CJJ 44—91)

27) 道路工程术语标准 (GBJ 124—88)

28) 道路工程制图标准 (GB 50162—92)

29) 厂矿道路设计规范 (GBJ 22—87)

(4) 专业专用标准

1) 公路斜拉桥设计规范 (试行) (JTJ 027—96)

2) 公路悬索桥设计规范

3) 大跨径公路桥梁抗风设计规范

4) 大跨径公路桥梁抗震设计规范

5) 公路桥梁板式橡胶支座 (JT/T 4—93)

6) 公路桥梁盆式橡胶支座 (JT 391—1999)

7) 公路桥梁板式橡胶支座成品力学性能检验规则 (JTT 3132.3—90)

8）公路桥梁橡胶伸缩装置（JT/T 327—1997）

9）预应力混凝土钢绞线（GB/T 5224—1995）

10）预应力用锚具、夹具和连接器（GB/T 14370—93）

11）公路桥梁预应力钢绞线用YM锚具、连接器规格系列（JT 329.1—1997）

12）公路桥梁预应力钢绞线用锚具、连接器试验方法及检验规则（JT 329.2—1997）

13）城市道路交通规划设计规范（GB 50220—95）

14）城市桥梁设计准则（CJJ 11—93）

15）城市道路设计规范（CJJ 37—90）

16）城市道路照明设计标准（CJJ 95—91）

17）方便残疾人使用的城市道路和建筑物设计规范（JCJ 50—88）

18）柔性路面设计参数测定方法标准（CJJ/T 59—94）

1.3.2 桥梁原材料的试验

1.3.2.1 砂石材料的试验

砂石材料是桥梁工程建设中用量最大的一种建筑材料，它可以直接（或经过加工）应用在桥梁施工的结构中，也可以加工成各种尺寸的集料作为水泥混凝土的粗集料。砂石材料包括天然的或经人工加工的石料、集料和砂。用于桥梁结构中的砂石材料都应具有一定的技术性质。以适应不同结构的技术要求

一、石料

桥梁工程使用的石料制品有片石、块石、粗料石和拱石等，主要用于砌体工程，如桥梁拱圈、墩台、基础、锥坡等。桥梁结构物所用石料一般有两方面的要求：

（一）石料制品的物理力学性质

石料应符合设计规定的类别和强度等级，石质应均匀、不易分化和无裂缝。石料力学性质需测定时，用切石机或取芯机制取边长为50±0.5mm的立方体，或直径与高均为50±0.5mm的圆柱体试件进行单轴抗压强度试验确定。在某些气候条件下，还必须测定抗冻性和坚固性指标。

（二）石料制品规格和几何尺寸要求

(1) 片石：一般为爆破法开采的石块，其厚度不应小于15cm（卵形和薄片者不得使用）；用于镶面的片石，表面应比较平整、尺寸较大者应稍作凿整。

(2) 块石：形状大致为正，上下面大致平整，厚度在20～30cm，宽度一般为厚度的1.0～1.5倍，长度约为厚度的1.5～3.0倍。

(3) 粗料石：外形大致方正，成六面体，厚度为20～30cm，宽度为厚度的1.0～1.5倍，长度为厚度的2.5～4.0倍，其表面凹陷深度不大于2cm。

(4) 拱石：按设计要求采用粗料石或块石，主要用于石拱桥的拱圈砌筑。

（三）石料物理性质试验方法

石料的物理、力学性质试验应依据我国现行《公路工程石料试验规程》(JTJ 054—94)，常规试验检测包括以下几个方面：

(1) 石料真实密度试验：石料的真实密度（简称密度）是石料在规定条件（105±5℃

烘干至恒重，温度20℃）下，单位真实体积的质量。试验常用方法为“李氏比重瓶法”（见JTJ 054—94/T 0204—94)，即将石料样品粉碎磨细后，在105±5℃条件下烘至恒重，称其质量；然后在密度瓶中加水经沸煮后，使水充分进入闭口孔隙中，通过“置换法”测定其真实体积。已知真实体积和质量即可求得真实密度。现行试验法也允许采用“李氏密度瓶法”近似测定石料的真实密度。

以两次试验结果的算术平均值作为测定值，如两次试验结果之差大于0.02g/cm³时，应重新取样进行试验。

(2) 石料毛体积密度试验：石料的毛体积密度是石料在规定条件下，单位毛体积的质量。试验方法采用“静水称量法”（JTJ 054—94/T 0205—94)，即将规则石料在105±5℃烘干至恒重，称其质量。然后使石料吸水24h，使其饱水后用湿毛巾揩去表面水，即可称得饱和面干时的石料质量。最后用静水天平法测得饱和面干石料的水中质量，由此可计算出石料的毛体积，并求得毛体积密度。此外，现行试验法亦允许用“封蜡法”来测定毛体积密度。这两种方法各有其优缺点。组织均匀的岩石，其密度应为3个试件测得结果之平均值；组织不均匀的岩石，密度应记录最大与最小值。

(3) 石料吸水率试验：石料吸水率是指在室内常温（20±2℃）和标准大气压条件下，石料试件最大的吸水质量占烘干（105±5℃干燥至恒重）石料试件质量的百分率。试验依据JTJ 054—94/T 0208—94，即将石料加工为规则试件，经105±5℃烘干称量后，在铺有薄砂的盛水容器中，用分层逐渐加水的方法使石料中的空气逐渐逸出，最后完全浸于水中任其自由吸水48h后，取出浸水试件，用湿纱布擦去试件表面水分，立即称其质量。测得烘干至恒重的质量和吸水至恒重的质量，即可按下式求得吸水率。

$$w = \frac{m_2 - m_1}{m_1} \times 100$$

式中 w——石料吸水率（%），精确至0.01%；

m_1——石料试件烘干至恒重时的质量（g）；

m_2——石料试件吸水至恒重时的质量（g）。

组织均匀的试件，取3个试件试验结果的平均值作为测定值；组织不均匀的，则取5个试件试验结果的平均值作为测定值。

(4) 石料抗冻性试验：石料抵抗冻融循环的能力，称为抗冻性。石料抗冻性的试验方法采用直接冻融法（引自JTJ 054—94/T 0211—94)，即：将石料加工为规则的块状试样，在常温条件下（20±2℃），采用逐渐浸水的方法，使开口孔隙吸饱水分，然后置于负温（通常采用－15℃）的冰箱中冻结4h，最后在常温条件下融解，如此为一冻融循环。经过10、15、25或50次循环后，观察其外观破坏情况并加以记录。采用经过规定冻融循环后的质量损失百分率表征其抗冻性。

（四）石料力学性能试验方法

(1) 石料单轴抗压强度试验（JTJ 054—94)：石料的单轴抗压强度，是指将石料（岩块）制备成50mm×50mm×50mm的正方体（或直径和高度均为50mm的圆柱体）试件，经吸水饱和后，在单轴受压并按规定的加载条件下，达到极限破坏时，单位承压面积的强度。

试验时是用切石机或钻石机从岩石试样或岩芯中制取标准试件，用游标卡尺精确地测出受压面积，按规定方法浸水饱和后，放在压力机上进行试验，加荷速率为0.5～1.0MPa/s。

石料单轴抗压强度按下式计算，精确至1MPa。

$$f_{sc}=\frac{F_{max}}{A_o}$$

式中 f_{sc}——石料抗压强度（MPa）；

F_{max}——极限破坏时的荷载（N）；

A_o——试件的截面积（mm^2）。

取6个试件试验结果的算术平均值作为抗压强度测定值，如6个试件中的2个与其他4个的算术平均值相差3倍以上时，则取试验结果相近的4个试件的算术平均值作为抗压强度测定值。

（2）石料磨耗率试验：磨耗性是石料抵抗撞击、剪切和摩擦等综合作用的性能，用磨耗率来定量描述它。石料磨耗试验有两种方法：我国现行试验规程（JTJ 054—94）规定，石料磨耗试验以洛杉矶式试验法为标准方法。洛杉矶式磨耗试验又称搁板式磨耗试验。该试验机是由一个直径为711mm、长为508mm的圆鼓和鼓中一个搁板所组成。试验用的试样是按一定规格组成的级配石料，总质量为5000g。当试样加入磨耗鼓的同时，加入12个钢球，钢球总质量为5000g。磨耗鼓以30～33r/min的转速旋转，在旋转时，由于搁板的作用，可将石料和钢球带到高处落下。经旋转500次后，将石料试样取出，用2mm圆孔筛筛去石屑，并洗净烘干称其质量。

取两次平行试验结果的算术平均值作为测定值，当采用洛杉矶式方法时，两次试验误差应不大于2%，否则须重新试验。

（五）岩石分类及技术分级标准

岩石按其造岩矿物的成分、含量以及组织结构来确定岩石名称，然后划分其所属的岩类。按路用石料技术要求的不同，分为4个岩类。现将各岩类划分及其主要代表性岩石分列如下：

Ⅰ.岩浆岩类：如花岗岩、正长岩、辉长岩、辉绿岩、闪长岩、橄榄岩、玄武岩、安山岩、流纹岩等。

Ⅱ.石灰岩类：石灰岩、白云岩、泥灰岩、凝灰岩等。

Ⅲ.砂岩和片岩类：石英岩、砂岩、片麻岩、石英片麻岩等。

Ⅳ.砾石类。

按照我国现行行业的标准《公路工程石料试验规程》（JTJ 054—94），道路建筑使用天然石料按其技术性质可分为4个等级，但是，对不同矿物组成岩石的技术性质的要求是不同的。

以上各岩组按其物理—力学性质（主要为饱水状态的抗压强度和磨耗率）各分为下列4个等级：1级——最坚强的岩石；2级——坚强的岩石；3级——中等强度的岩石；4级——较软的岩石。

现将路用天然石料根据上述分类和分级方法，对不同岩类的各级石料技术指标要求列于1-3-2所列。

道路建筑用天然石料等级和技术标准 **表 1-3-2**

岩石类别	主要岩石名称	石料等级	技术标准		
			极限抗压强度（饱水状态）①（MPa）	磨耗率②（%）	
				洛杉矶式磨耗机试验法	狄法尔式磨耗机试验法
1	2	3	4	5	6
Ⅰ岩浆岩类	花岗岩、玄武岩、安山岩、辉绿岩等	1	＞120	＜25	＜4
		2	100～120	25～30	4～5
		3	80～100	30～45	5～7
		4	—	45～60	7～10
Ⅱ石灰岩类	石灰岩、白云岩等	1	＞100	＜30	＜5
		2	80～100	30～35	5～6
		3	60～80	35～50	6～12
		4	30～60	50～60	12～20
Ⅲ砂岩与片岩类	石英岩、片麻岩、石英片麻岩、砂岩等	1	＞100	＜30	＜5
		2	80～100	30～35	5～7
		3	50～80	35～45	7～10
		4	30～50	45～60	10～15
Ⅳ砾石	—	1	—	＜20	＜5
		2	—	20～30	5～7
		3	—	30～50	7～12
		4	—	50～60	12～20
试验方法			JTJ 054—94 中 T 0213—94	JTJ 054—94 中 T 0220—94	JTJ 054—94 中 T 0222—94

注：①根据抗压强度试件饱水状态应按 JTJ 054—94 中 T 0208—94 的方法进行；

②磨耗率应以洛杉矶磨耗机测定结果为准；在无该机时，方可用狄法尔磨耗机测定。

二、结构混凝土用粗集料

（一）结构混凝土对粗集料的技术要求

（1）桥梁混凝土的粗集料，应采用坚硬的卵石或碎石，按产地、类别、加工方法和规格等不同情况，分批进行检验。

（2）粗集料的颗粒级配，可采用连续级配或连续级配与单粒级配合使用。在特殊情况下，通过试验证明混凝土无离析现象时，也可采用单粒级。粗集料的级配范围应符合表1-3-3的要求。

水泥混凝土用粗集料级配范围 **表 1-3-3**

级配情况	粒级（mm）	累计筛余（按质量计，%）											
		筛孔尺寸（圆孔，mm）											
		2.5	5	10	16	20	25	31.5	40	50	63	80	100
连续级配	5～10	95～100	80～100	0～15	0								
	5～16	95～100	90～100	30～60	0～10	0							
	5～20	95～100	90～100	40～70		0～10							
	5～25	95～100	90～100		30～70		0.5	0					
	5～31.5	95～100	90～100	70～90		15～45		0～5	0				
	5～40		95～100	75～90		30～60			0～5	0			

续表

级配情况	粒级 (mm)	累计筛余（按质量计，%）											
		筛孔尺寸（圆孔，mm）											
		2.5	5	10	16	20	25	31.5	40	50	63	80	100
单粒级	10～20		95～100	85～100		0～15	0						
	16～31.5		95～100		85～100			0～10	0				
	20～40			95～100		80～100			0～10	0			
	31.5～63				95～100			75～100	45～75		0～10	0	
	40～80					95～100			70～100		30～60	0～10	0

(3) 粗集料最大粒径应按混凝土结构情况及施工方法选取，但最大粒径不得超过结构最小边尺寸的1/4和钢筋最小净距的3/4；在二层或多层密布钢筋结构中，不得超过钢筋最小净距的1/2；同时最大粒径不得超过100mm。

泵送混凝土时的粗集料最大粒径，除应符合上述规定外，对碎石不宜超过输送管径的1/3；对于卵石不宜超过输送管径的1/2.5，同时应符合混凝土泵制造厂的规定。

(4) 粗集料中杂质含量不应超过表1-3-4的规定。

碎石和卵石杂质最大含量　　　**表1-3-4**

项次	项目	≥C30的混凝土	<C30的混凝土
1	针状片状颗粒含量（%）	10	10
2	泥土含量（用冲洗法试验）（%）	1	2
3	硫化物及硫酸盐折算为SO_3（%）	1	1
4	卵石中有机质含量（用比色法试验）	颜色应浅于标准溶液，如深于标准溶液则应配制成混凝土作强度对比试验	

(5) 混凝土结构物处于表1-3-5所列条件下时，应对碎石或卵石进行坚固性试验，试验结果应符合表1-3-5的规定。

碎石和卵石坚固性试验（JTJ 041—89）　　　**表1-3-5**

项次	混凝土所处环境条件	在溶液中循环次数	试验后质量损失不宜大于（%）
1	寒冷地区，经常处于干湿交替状态	5	5
2	严寒地区，经常处于干湿交替状态	5	3
3	混凝土处于干燥条件，但粗集料风化或软弱颗粒过多时	5	12
4	混凝土处于干燥条件，但有抗疲劳、耐磨、抗冲击要求高或强度等级大于C40	5	5

(6) 碎石或卵石用压碎指标法鉴定质量时，应符合表1-3-6的规定。

碎石或卵石压碎指标（JTJ 041—89） **表 1-3-6**

项次	岩石名称	混凝土强度等级	压碎指标（%）	
			碎石	卵石
1	水成岩	C60～C40	10～12	≤9
		C30～C10	13～20	10～18
2	变质岩和深成的火成岩	C60～C40	12～19	12～18
		C30～C10	20～31	19～30
3	喷出的火成岩	C60～C40	≤13	不限
		C30～C10	不限	不限

（二）粗集料常规试验检测方法

在粗集料各项试验中，我们应按 JTJ 058—94 中 T 0301—94 的取样方法进行取样，使得所用试样具有代表性，每项目所需碎石或卵石的最少取样数量亦需根据 T 0301—94 的规定数量进行。

(1) 粗集料筛分试验：将一定重量的烘干或风干试样，按筛孔大小顺序过筛，测定各筛上的筛余量，精确到试样总量的 0.1%，然后计算如下指标：

1) 分计筛余百分率：各号筛上的筛余量除以试样总量的百分率，精确至 0.1%。

2) 累计筛余百分率：该号筛上分计筛余百分率与大于该号筛的各号筛上的分计筛余百分率之总和，精确至 0.1%。

3) 根据各筛的累计筛余百分率，评定该试样的颗粒级配。

各号筛的通过百分率为该号筛的累计筛余百分率与 100 的差值，精确至 0.1%。

(2) 粗集料的表观密度试验：粗集料的表观密度（简称视密度）是在规定条件（105±5℃烘干至恒重）下，单位表观体积（包括矿质实体和闭口孔隙的体积）的质量。

粗集料表观密度测定方法是按《公路工程集料试验规程》(JTJ 058—94) 规定采用静水天平法，具体做法是将已知质量的干燥粗集料装在金属吊篮中浸水 24h，使开口孔隙吸饱水，然后在静水天平上称出饱水后粗集料在水中的质量，按排水法可计算出包括闭口孔隙在内的体积，根据粗集料的质量和表观体积即可按下式计算出表观密度。

表观密度 ρ_t' 按下式计算，精确至 10kg/m^3。

$$\rho_t' = \left(\frac{m_0}{m_0 + m_1 - m_2} - \alpha_t\right) \times 1000$$

式中 m_0——试样的烘干质量 (g)；

m_1——吊篮在水中的质量 (g)；

m_2——吊篮及试样在水中的质量 (g)；

α_t——水温对水相对密度影响的修正系数，见表 1-3-7 所列。

水温对水相对密度的修正系数 **表 1-3-7**

水温（℃）	15	16	17	18	19	20
α_t	0.002	0.003	0.003	0.004	0.004	0.005
水温（℃）	21	22	23	24	25	
α_t	0.005	0.006	0.006	0.007	0.008	

以两次试验结果之算术平均值作为测定值，如两次结果之差值大于20kg/m^{3}时，应重新取样进行试验；对颗粒材质不均匀的试样，如两次试验结果之差值超过规定时，可取四次测定结果的算术平均值作为测定值。

（3）粗集料含水率试验：粗集料中所含水分的质量占集料干燥质量的百分比即为粗集料含水率。根据《公路工程集料试验规程》（JTJ 058—94），具体做法是：将一定重量的试样置于干净的容器中，称量试样和容器的总质量（m_1）并烘干至恒重，取出试样，冷却后称取试样与容器的总质量（m_2）。

（4）粗集料毛体积密度试验：粗集料毛体积密度是在规定的条件下，单位毛体积（包括矿质实体、闭口孔隙和开口孔隙）的质量。在测定表观密度的同时，经24h饱水后，用湿毛巾擦干而求得饱和面干质量，然后用排水法求得在水中的质量，按此测得集料质量和饱和面干体积，可求出粗集料毛体积密度。

（5）粗集料堆积密度、振实密度及空隙率试验：堆积密度：粗集料的堆积密度是集料装填于容器中包括集料空隙（颗粒之间的）和孔隙（颗粒内部的）在内的单位体积的质量。粗集料的堆积密度由于颗粒排列的松紧程度不同，又可分为自然堆积密度与振实堆积密度。

粗集料的堆积密度是将干燥的粗集料装入规定容器的容量筒来测定的。自然堆积密度是按自然下落方式装样而求得的单位体积的质量；振实堆积密度是用振摇方式装样而求得的单位体积的质量。

空隙率：粗集料空隙率是集料试样在自然堆积（或紧密堆积）时的空隙占总体积的百分率。

试验根据《公路工程集料试验规程》（JTJ 058—94），即：取1份烘干或风干试样，用平头铁锹铲起试样，使石子自由落入容量筒内，装满后称取试样和容量筒总重（m_2），若测振实密度，将装满试样的容量筒放在振动台上，振动2～3min，或分三层装料，装完每一层在筒底垫放一根圆钢筋，左右颠击地面各25下，最后刮平填满，称取试样和容量筒总重（m_2）。

（6）粗集料压碎值试验：粗集料压碎值是集料在连续增加的荷载下，抵抗压碎的能力。它是相对衡量石料强度的一个指标。试验时（见JTJ 058—94），将12～16mm的集料试样，先用一个容积1767cm^{3}的标准量筒，分三层装料并用标准的方法夯实，确定试验时所需集料的数量。然后按此确定的集料试样，用标准夯实法分三层装入压碎值测定仪的钢质圆筒内，每层用夯棒夯25次，最后在碎石上再加一压头。将试模移于压力机上，于10min内加荷至400kN，使压头匀速压入筒内，部分集料即被压碎为碎屑，测定通过3mm筛孔的碎屑的质量占源集料总重量的百分率，称为压碎值。

以两次平均试验结果的算术平均值作为测定值。

（7）集料碱活性试验：水泥混凝土中水泥的碱与某些碱活性集料发生化学反应，可引起混凝土产生膨胀、开裂，甚至破坏，这种化学反应称为碱—集料反应。含有这种碱活性矿物的集料，称为碱活性集料（简称碱集料）。碱—集料反应会导致高等级道路路面或大型桥梁墩台的开裂和破坏，并且这种破坏会继续发展下去，难以补救，因此，引起世界各国的普遍关注。近年来，我国水泥含碱量的增加、水泥用量的提高以及含碱外加剂的普遍应用，增加了碱—集料反应破坏的潜在危险，因此，对混凝土用砂石料的碱活性问题，必须引起重视。

当水泥混凝土中碱含量较高时，应采用下列方法鉴定集料与碱发生潜在有害反应，即水泥混凝土碱—硅酸盐反应和碱—硅酸反应的可能性。

1）用岩相法检验（JTJ 058—94/T 0324—94）确定哪些集料可能与水泥中的碱发生反应。当集料中下列材料含量为1%或更少时即有可能成为有害反应的集料，这些材料包括下列形式的二氧化硅：蛋白石、玉髓、鳞石英、方石英；在流纹岩、安山岩或英安岩中可能存在的中性重酸性（富硅）的火山玻璃；某些沸石和千枚岩等。

2）用砂浆长度法检验（JTJ 058—94/T 0325—94）集料产生有害反应的可能性。如果用高碱硅酸盐水泥制成的砂浆长度膨胀率3个月低于0.05%或者6个月低于0.10%即可判定为非活性集料。超过上述数值时，应通过混凝土试验结果做出最后评定。

三、结构混凝土用细集料

（一）结构混凝土对细集料的技术要求

（1）桥梁混凝土的细集料，一般应采用级配良好、质地坚硬、颗粒洁净的河砂或海砂，河砂和海砂不易得到时，也可用山砂或用硬质岩石加工的机制砂。各类砂应分批检验，各项指标合格时方可采用。

（2）砂的筛分析应符合下列规定：

1）砂的分组见表1-3-8所列。

砂的分组（JTJ 041—89） 表1-3-8

砂组	粗砂	中砂	细砂	特细砂
细度模数	3.7～3.1	3.0～2.3	2.2～1.6	1.5～0.7
平均粒径（mm）	>0.5	0.5～0.35	0.35～0.25	0.25～0.15

2）砂的级配应满足表1-3-9中任何一个级配区所规定的级配范围。

砂的分区及级配范围 表1-3-9

筛孔尺寸（mm）	级配区			筛孔尺寸（mm）	级配区		
	Ⅰ区	Ⅱ区	Ⅲ区		Ⅰ区	Ⅱ区	Ⅲ区
	累计筛余（%）				累计筛余（%）		
10.00	0	0	0	0.63	85～71	70～41	40～16
5.00	10～0	10～0	10～0	0.315	95～80	92～70	85～55
2.50	35～5	25～0	15～0	0.16	100～90	100～90	100～90
1.25	65～35	50～10	25～0				

注：（1）表中除5mm和0.16mm筛孔外，允许超出分界线，但其总量不得大于5%；

（2）当使用Ⅰ区砂时，应采用较大的砂率，使用Ⅲ区砂时，应采用较小的砂率；

（3）砂中小于0.8mm筛孔的颗粒，对要求耐磨的混凝土不应超过3%，对其他混凝土，不应超过5%。

（3）砂中杂质的含量应通过试验测定，其最大含量不宜超过表1-3-10的规定。

砂中杂质最大含量（JTJ 041—89） 表1-3-10

项次	项目	≥C30的混凝土	<C30的混凝土
1	含泥量（%）	3	5
2	云母含量（%）	2	

续表

项　次	项　　目	≥C30 的混凝土	<C30 的混凝土
3	轻物质含量（%）	1	
4	硫化物及硫酸盐折算为 SO_3（%）	1	
5	有机质含量（用比色法试验）	颜色不应深于标准色，如深于标准色，应以水泥砂浆进行抗压强度对比试验，加以复核	

注：(1) 有抗冻、抗渗要求的混凝土，含泥量不应超过 3%，云母含量不应超过 1%；

(2) 对有机质含量进行复核时，用原状砂配制的水泥浆抗压强度不低于用洗除有机质的砂所配制的砂浆的 95% 时为合格。

(4) 采用机制砂或山砂时，或所采用河砂或海砂的软弱颗粒较多时，应进行压碎指标试验。对强度等级 C30 以上的混凝土和要求抗冻、抗渗的混凝土，砂的压碎指标不应大于 35%；对强度等级 C30 以下的混凝土，砂的压碎指标不应大于 50%。

(5) 当对河砂或海砂的坚固性有怀疑时，应用硫酸钠进行坚固性试验，试验时循环 5 次，砂的总质量损失不应大于 10%。

（二）细集料常规试验检测方法

(1) 细集料筛分试验（JTJ 058—94）：砂的级配是砂各级粒径颗粒的分配情况，可通过砂的筛分试验确定。试验时取 500g 烘干试样，在一整套标准筛上进行筛分，分别求出试样存留在各筛上的质量，然后按粗集料筛分试验中所述方法求出各筛的分计筛余百分率、累计筛余百分率、通过百分率。

(2) 细集料表观密度检验（JTJ 058—94），细集料表观密度的检验通常有两种方法：

1) 标准法：取烘干试样约 300g，装入盛有半瓶冷开水的容量瓶中，充分排除气泡并静置 24h 后，滴入水，使水面与瓶颈刻度线齐平，称总质量 m_1，再称出容量瓶与只加与瓶颈刻度线齐平的水的总质量（m_2）。

以两次试验结果的算术平均值作为测定值，如两次结果之差值大于 20kg/m³ 时，应重新取样进行试验。

2) 李氏比重瓶法：称取烘干试样 50g，徐徐装入已有体积为 V_1 冷开水的李氏瓶中，充分排除气泡并静置约 24h 后，记录瓶中水面升高后的体积（V_2），表观密度 ρ_t' 按下式计算，精确至 10kg/m³：

$$\rho_t' = \left(\frac{m_0}{V_2 - V_1} - \alpha_t\right) \times 1000$$

式中　m_0——试样的烘干质量（g）；

V_1——水的原有体积（mL）；

V_2——倒入试样后水和试样的体积（mL）；

α_t——考虑称量时的水温对水相对密度影响的修正系数，见表 1-3-7。

以两次试验结果的算术平均值作为测定值，如两次结果之差值大于 20kg/m³ 时，应重新取样进行试验。

(3) 细集料堆积密度、紧装密度与空隙率检验（JTJ 058—94）：

1) 堆积密度检验时取试样 2 份，用漏斗或铝制料勺，将它徐徐装入容量筒，直至试样装满并超出容量筒筒口，然后用直尺将多余的试样沿筒口中心线向两个相反方向刮平，称取质量（m_1）。

2）紧装密度检验时取试样1份，分二层装入容量筒。装完一层后，在筒底垫放一根直径为10mm的钢筋，将筒按住，左右交替颠击地面各25下，然后再装入第二层。第二层装满后用同样方法颠实（但筒底所垫钢筋的方向应与第一层放置方向垂直）。二层装完并颠实后，加料直至试样超出容量筒筒口，然后用直尺将多余的试样沿筒口中心线向两个相反方向刮平，称其质量（m_2）。

以两次试验结果的算术平均值作为测定值。

3）对容量筒容积的校正时，以温度为20±5℃的饮用水装满容量筒，用玻璃板沿筒口滑移，使其紧贴水面并擦干筒外壁水分，然后称量。

（4）细集料含水率检验（JTJ 058—94），细集料含水率检验常用有两种方法：

1）标准法：由来样中取各约500g的代表性试样两份，分别放入质量为m_1的干燥容器中称量，记下每盘试样与容器的总质量（m_2），将容器连同试样放入温度为105±5℃的烘箱中烘干至恒重，称烘干后的试样与容器的总质量（m_3）。

以两次试验的算术平均值作为测定值。

2）酒精燃烧法：取干净容器，称取其质量（m_1）。将约100g试样置于容器中，称取试样和容器的总质量（m_2）。然后向容器中的试样加入酒精约20mL，拌和均匀后点火燃烧并不断翻拌试样，待火焰熄灭后，过1min再加入酒精约20mL，仍按上述步骤进行。待第二次火陷熄灭后，称取干样与容器总质量（m_3）。

（5）细集料含泥量检验（JTJ 058—94）

含泥量：砂石中含泥量是指粒径小于0.08mm颗粒的含量。检验时，取约400g烘干试样置于洗砂用的筒中，注入饮用水，使水面高出砂面200mm，拌匀后浸泡24h，淘洗后注入1.25～0.08mm筛，再加水淘洗。过筛，直至水清澈充分过0.08mm筛，将大于0.08mm砂烘干、冷却并称量（m_1）。

1.3.2.2 水泥、水质检验

一、水泥

（一）常用水泥技术性质

（1）细度：细度是指水泥颗粒粗细的程度。细度对水泥的凝结硬化速度、强度、需水量、和易性有影响，同样矿物组成的水泥，细度愈细，水化速度愈快，凝结硬化愈迅速、强度也愈高，和易性也较好，但在空气中的硬化收缩性也较大。

（2）水泥浆的标准稠度：为使水泥凝结时间和安定性的测定结果具有可比性，必须采用标准稠度（即标准用水量）水泥净浆。

（3）凝结时间：凝结时间是水泥从加水到水泥浆失去可塑性的时间。水泥凝结时间对水泥混凝土施工有着重要的意义，初凝时间太短，将影响混凝土混合料的运输和浇灌；终凝时间太长，则影响混凝土工程的施工速度。

（4）体积安定性：水泥体积安定性是指水泥在凝结硬化过程中，体积变化的均匀性。各种水泥在凝结硬化过程中几乎都产生不同程度的体积变化，水泥石的轻微变化一般不影响混凝土的质量。但是水泥含有过量的游离氧化钙、氧化镁或硫酸盐时，水化速度较慢、水泥结硬后仍在继续水化，则引起已结硬的水泥石内部产生张应力，轻者可降低强度，重者可导致开裂或崩溃。

(5) 强度：强度是水泥的主要技术性质之一，包括抗压强度和抗拉强度，它是评定水泥强度等级的主要指标。

(二) 水泥的常规检验方法

(1) 水泥细度检验方法（80μm 筛筛析法）(GB 1345—91)：

1) 水筛法：筛析试验前，调整好水压及水筛架的位置，使其能正常运转。喷头底面和筛网之间距离为 35～75mm。称取试样 50g，置于洁净的水筛中，立即用淡水冲洗至大部分细粉通过后，放在水筛架上，用水压 0.05±0.02MPa 的喷头连续冲洗 3min。筛毕，用少量水把筛余物冲至蒸发皿中，等水泥颗粒全部沉淀后，小心倒出清水，烘干并用天平称量筛余物。

2) 负压筛法：筛析试验前，应把负压筛放在筛座上，盖上筛盖，接通电源，检查控制系统，调节负压在 4000～6000Pa 范围内。称取试样 25g，置于洁净的负压筛中，盖上筛盖，放在筛座上，开动筛析仪连续筛析 2min，在此期间如有试样附着在筛盖上，可轻轻地敲击，使试样落下。筛毕，用天平称量筛余物。当工作负压小于 4000Pa 时，应清理吸尘器内水泥，使负压恢复正常。

(2) 水泥标准稠度用水量的检验

1) 标准稠度用水量的测定按 GB 1346—89 可用调整水量法和不变水量法两种方法中的任一种，如发生争议时，以调整水量法为准。

2) 称取 500g 水泥试样倒入准备好的标准搅拌锅内，采用调整水量法测定标准稠度用水量时，拌和水量应按经验确定；采用不变水量法测定时，拌和水量为 142.5mL，水量精确至 0.5mL。

3) 拌和结束后，立即将拌好的浆装入锥模内，用小刀插捣，振动数次后，刮去多余净浆，抹平后迅速放到试锥下面固定位置上。将试锥降至净浆表面拧紧螺丝处，突然放松，让试锥自由沉入净浆中，到试锥停止下沉时记录试锥下沉深度。整个操作应在搅拌后 1.5min 内完成。

4) 用调整水量法测定时，以试锥下沉深度 28±2mm 时的净浆为标准稠度净浆。其拌和水量为该水泥的标准稠度用水量 (P)，按水泥质量的百分比计。如下沉深度超出范围，须另称试样，调整水量，重新试验，直至达到 28±2mm 时为止。

(3) 水泥凝结时间的检验：我国国标（GB 1346—89）规定采用凝结时间测定仪测定凝结时间。方法是将用标准稠度用水量制成的水泥净浆装在试模中，在凝结时间测定仪上，以标准针测试。从加水时起，至试针沉入净浆中，距底板为 2～3mm 时所经历的时间为“初凝时间”；从加水时起，至试针沉入净浆不超过 1～0.5mm 时所经历的时间为“终凝时间”，用小时（h）和分（min）来表示。

(4) 水泥体积安定性的检验：GB 1346—89 检验表征水泥硬化后体积变化均匀性的物理性能指标通常有两种方法：

1) 试饼法：是将水泥拌制成标准稠度净浆，制成直径 70～80mm、中心厚约 10mm 的试饼，在湿汽养护箱内养护 24h，然后在沸煮箱中 30min 加热至沸，然后恒沸 3h，最后根据试饼的变形，判断其安定性。

2) 雷氏法：是将标准稠度净浆装于雷氏夹的环形试模中，经湿养 24h 后，在沸煮箱中，30min 加热至沸，继续恒沸 3h。测定试件两指针尖端距离，两个试件在煮后，针尖端增加的距离平均值不大于5.0mm时，即认为该水泥安定性合格。在有争议时，以雷氏法为准。

结果判别：沸煮结束后，即放掉箱中的热水，打开箱盖，待箱体冷却至室温，取出试件进行判别。若为试饼，目测未发现裂缝，用直尺检查也没有弯曲的试饼为安定性合格；反之为不合格。当两个试饼判别结果有矛盾时，该水泥的安定性为不合格。

若为雷氏夹，测量试件指针尖端间的距离C，记录至小数点后一位，当两个试件煮后增加距离（$C-A$）的平均值不大于5.0mm时，即认为该水泥安定性合格；当两个试件的$C-A$值相差超过4mm时，应用同一样品立即重做一次试验。

（5）水泥砂浆强度的检验：水泥胶砂强度包括抗折强度与抗压强度，是评定水泥所属强度等级的指标。按我国现行国家标准《水泥胶砂强度检验方法》（GB/T 177—85）规定，是以1∶2.5的水泥和标准砂，按规定的水灰比（0.44或0.46），用标准制作方法，制成4cm×4cm×16cm的标准试件，在标准养护条件下，达规定龄期（3d、28d或3d、7d、28d）时，测定其抗折和抗压强度，按国家现行标准规定的最低强度值来评定其所属强度等级。

二、桥梁工程水质检验

桥梁工程水质检验的主要目的是为了桥梁工程勘测、设计、施工、养护及水质对桥梁结构的侵蚀提供水质检验指标。

（1）环境水。环境水按其对桥梁结构物侵蚀性的判定标准为：

1）混凝土受环境水的化学侵蚀分为结晶性侵蚀、分解性侵蚀和结晶分解复合性侵蚀三类；

2）按混凝土被侵蚀的程度又分为无侵蚀、弱侵蚀、中等侵蚀和强侵蚀四级。

（2）用于混凝土拌和、养护用水：

1）海水里所含盐类，能降低混凝土强度、腐蚀混凝土中的钢筋，并能使混凝土表面破坏，因此，钢筋混凝土或预应力混凝土结构不能使用海水或其他含盐类的水拌制和养护混凝土。

2）普通饮用的自来水及不含有害物质而且清洁的井水、河水（水中pH值不大于4）等，可用于拌和或养生混凝土。

3）如果找不到更适宜于混凝土用的清洁水时，可按水中有害物质含量不得超过表1-3-11的限量控制使用。

水中有害物质含量限值（JGJ 63—89）　　**表1-3-11**

项　目	预应力混凝土	钢筋混凝土	素混凝土
pH值	>4	>4	>4
不溶物（mg/L）	<2000	<2000	<5000
可溶物（mg/L）	<2000	<5000	<10000
氯化物（以Cl^-计）（mg/L）	<500*	<1200	<3500
硫酸盐（以SO_4^{2-}计）（mg/L）	<600	<2700	<2700
硫化物（以S^{2-}计）（mg/L）	<100	—	—

（3）拌和用水的简易分析方法（JGJ 63—96）：

1）混凝土凝结时间差的检验。凝结时间差试验应分别用待检验水与蒸馏水（或符合国家标准的生活饮用水）做拌和水，按现行国家标准《水泥标准稠度用水量、凝结时间、安定性检验方法》(GB 1346—89）测定同一种水泥的初凝和终凝时间，计算终凝时间差与初凝时间差，以不大于 30min 为合格；

2）混凝土抗压强度比检验：

①混凝土抗压强度比试验应分别用待检验水与蒸馏水（或符合国家标准的生活饮用水）做拌和水，按现行国家标准《水泥胶砂强度检验方法（ISO 法）》（GB/T 17671—1999）制作同一种水泥的砂浆试件各一组，测定规定龄期的抗压强度，计算其抗压强度的比值，不得小于 90%时为合格；

②混凝土抗压强度比试验应分别用待检验水与蒸馏水（或符合国家标准的生活饮用水）做拌和水，按现行国家标准《普通混凝土力学性能试验方法》(GBJ 81—85）采用相同原材料、相同配合比制作相应强度等级范围的混凝土立方体试件各一组，测定规定龄期的抗压强度，计算其抗压强度比；

③如检验结果不满足要求，允许重新取样，加倍试件组数进行复验，取复验时两组试件中平均值较低者作为评定依据。

3）pH 值测定。在要求不精确的情况下，利用 pH 值试纸测定水的 pH 值是简便而快速的方法。首先用 pH 值 1～14 的试纸测定水样的大致 pH 值范围，其后用精密 pH 试纸进行测定。测定时，用玻璃棒将水样滴于试纸上并立即与比色板比较读出相应的 pH 值。

（4）常规分析项目与检测方法：

1）总固体、悬浮性固体和溶解性固体测定。水中所含总固体是水样在一定温度下蒸发至干燥时所余留的固体物的总量，是溶解性固体与悬浮性固体的总称。其检测方法如下：

①总固体检测方法：首先用移液管准确吸取振荡均匀的水样 100mL（或 50mL），注入预先在 105～110℃烘干至恒重的蒸发皿中，放在水浴锅上蒸干。然后将蒸发皿移入 105～110℃烘箱内，烘 3h 后，冷却称量。如此反复操作，直至前后两次称重相差不超过 0.0010g 为止；

②溶解性固体检测方法：首先将水样充分振荡，用中速滤纸过滤后（弃去最初 10mL 滤液），根据含量大小用移液管取适量滤液 25～100mL，注入预先在 105～100℃烘干至恒重的蒸发皿中，在水浴锅上蒸干，直至蒸干后的残渣呈黄褐色消失为止。然后将蒸干后的残渣移到烘箱内，在 105～110℃下烘 2～4h，取出置于干燥器内冷却 0.5h，在万分之一天平上称重，再烘 1h，冷却称量。如此反复操作，直至前后两次称重相差不超过 0.0010g 为止。

③悬浮性固体。即：悬浮性固体（mg/L）＝总固体（mg/L）－溶解性固体（mg/L）。

2）pH 值测定：pH 值与很多项目的分析方法和分析结果有密切的联系，也是审查其他项目结果的一个依据。在化学概念上，pH 值的定义是指溶液中氢离子浓度的负对数，即 $pH=-\lg[H^+]$。其检测方法主要有如下几种：

①酸度计法：酸度计法测定 pH 值的依据是：当一个指示电极与一个参比电极同时浸入同一溶液中时，两电极间产生一电位差，电位值的大小与溶液的 pH 值成线性关系。常用的参比电极一般为甘汞电极，而指示电极则有多种，如氢电极、氢醌电极和玻璃电极等，最常用的是玻璃电极。使用玻璃电极测定水种的 pH 值时，不受水样中氧化剂或还原剂的影响，也可测定带色或浑浊的水样。

②比色法：根据各种酸、碱指示剂在不同的 pH 值的介质中显示不同的颜色，进行比色

测定。若选用市售十列式氢离子浓度比色计，可按仪器所附说明书进行测定。

3）总碱度测定：总碱度是指水中能与强酸作用的物质含量。水中的总碱度主要是碳酸盐、重碳酸盐及氢氧化物、有机碱以及其他弱酸强碱盐的总含量。

总碱度测定均用酸碱滴定法进行，其原理是在水中加入适当的指示剂，用酸的标准溶液来滴定，当达到一定的pH值时，指示剂就发生变色作用，这样即可分别测出水样中的各种碱度。

①总碱度测定时，取50mL水样于250mL三角烧瓶中，加入二滴甲基橙指示剂，用0.05N的硫酸标准溶液滴定到溶液由黄色突变为橙红色，即为终点。记录此时硫酸标准溶液的消耗量V_1。

②碳酸根（碳酸盐碱度）的测定时，取50mL水样于250mL三角瓶中，加入二滴酚酞指示剂，如出现红色，则用0.05N硫酸滴定到溶液红色刚刚消失，记录此时硫酸标准溶液的消耗量V_1。

③重碳酸根（重碳酸盐碱度）测定时在上述测定碳酸盐碱度的水样中，再加二滴甲橙指示剂，继续用0.05N硫酸滴定到由黄色变为橙红色，记录此时硫酸标准溶液的消耗量V_2。

4）硫酸根测定：

①地下水通常含硫酸盐，它与钙或镁离子共存于水中，为主要矿物组成之一，但与钠离子伴存者比较少见，不含硫酸盐的水很少碰到。当水中含硫酸盐超过400mg/L时会产生碱味（即略有苦味和涩味）。

②地下水中的硫酸盐含量较高时，对混凝土基础有侵蚀破坏作用。原因是水中所含的硫酸根与混凝土毛细管及孔眼中的碱性固态游离石灰质和水泥石中的水化铝酸三钙、水化铝酸四钙作用，形成铝酸钙结晶或石膏结晶，这两种结晶的产生，在混凝土内部产生胀压作用，从而导致混凝土的破坏。

③测定方法有硫酸钡重量法、各种容量法以及铬酸钡比色法和硫酸钡比浊法。

5）钙离子测定：钙盐广泛地分布于地下水及地表水中，其组成的盐类以碳酸盐类为最多，其次为硫酸盐、氯化盐、硝酸盐、硅酸盐、磷酸盐等。其主要来源是岩石化时钙盐溶于地下水中的结果。在浅的地面水和地下水中，重碳酸钙通常是主要成分，它形成最常见的“重碳钙水”。钙离子在地下水中有很大的交替能力，它很容易地进入吸收混合体中，并从混合体中将其他离子特别是钠离子排挤出去，钙是硬水的主要成分之一。

其测定方法较多，本书选用EDTA容量法。其原理是在pH值≥12的溶液中，EDTA与Ca^{2+}形成无色络合物，钙指示剂（$C_{20}H_{13}O_5N_2SNa$）则能与Ca^{2+}生成紫红色的络合物，而钙与指示剂形成的络合物不如钙与EDTA形成的络合物稳定，所以，当向有钙指示剂存在的含Ca^{2+}溶液中滴入EDTA溶液达终点时，过量滴定液便能夺去红色络合物中的Ca^{2+}而使钙指示剂游离，于是溶液中紫红色变为蓝色，即为终点。

1.3.2.3 砂浆、混凝土的试验

一、水泥砂浆

砂浆是由无机胶凝材料、细集料和水按比例拌和而成的。砂浆按其用途不同可分为砌筑砂浆和抹面砂浆两类，砌筑砂浆应能把块体材料（砖、石、砌块）粘结为整体结构，因此结构的强度不仅取决于砌体的强度，而且也取决于砂浆的强度。抹面砂浆可分为一般抹面砂浆和装饰抹面砂浆两种，主要是用于结构表面的装饰，因此，抹面砂浆对强度要求不

是太高，对保水性和粘附性要求比较高。

砌筑砂浆在桥梁工程中主要用于砌筑如拱桥的拱圈、中小桥梁的墩台、基础、锥坡和挡土墙等，因此本节主要介绍砌筑砂浆的性能及检验内容。

（一）砌筑砂浆的组成材料

（1）水泥：常用水泥均可作为砂浆的结合料，其强度等级通常为砂浆强度等级的4～5倍。

（2）细集料：细集料为砂浆的集料，其最大粒径不应超过灰缝的1/4～1/5，并不大于5mm，为了保证砂浆的质量，砂子技术指标应符合现行标准，并应按规定检验。

（3）拌和砂浆用水：应符合混凝土拌和用水的标准。

为提高砂浆的和易性，砂浆中还可掺加一定的掺和料和外掺剂等，以保证质量，降低成本。

（二）砌筑砂浆的技术性质及检验方法（JGJ 70—90）

（1）砂浆流动性：砂浆的流动性是指其在自重或外力作用下流动的性能。

砂浆的流动性用“稠度”来表示，稠度采用稠度仪测定。测定方法是将砂浆拌和物一次装入稠度仪的容器中，使砂浆表面低于容器口10mm左右，和捣棒插捣25次，然后轻轻将容器摇动或敲击5～6下，使砂浆表面平整，将容器置于稠度仪上，使试锥与砂浆表面接触，旋紧制动螺丝，使指针对准零点。拧开制动螺丝，同时计时间，到10s后立即固定螺丝，从刻度盘读出试锥下沉深度（精确至1mm）即为砂浆的稠度。

（2）砂浆保水性的检验方法：砂浆保水性是指砂浆能保持水分的性能。砂浆在运输、静置或砌筑过程中，水分不应从砂浆中离析，并使砂浆保持必要的稠度，保证砌体强度。

砂浆的保水性采用“分层度”表示，分层度用分层度仪测定。其方法是将已测定稠度的砂浆，一次装入分层度筒内，待装满后，用木锤在容器周围距离大致相等的四个不同地方轻轻敲击1～2下，如砂浆沉落到低于筒口，则应随时添加，然后刮去多余的砂浆并抹平。静置30min后，去掉上节200mm砂浆，剩余的砂浆，倒出放在拌和锅中拌2min，测定其稠度。前后测得的稠度之差即为该砂浆的分层度（以cm计）。

良好保水性的砂浆，其分层度应不大于2cm。分层度大于2cm的砂浆容易离析，不便施工；但分层度小于1cm时，硬化后易产生干缩裂缝。

（3）砂浆强度：砂浆抗压强度等级是以70.7mm×70.7mm×70.7mm的立方体试件，在标准温度（20±3℃）和规定湿度（水泥混合砂浆相对湿度为60%～80%），水泥砂浆和微沫砂浆相对湿度为90%以上）的条件下，养护28d龄期的平均极限抗压强度而确定的。

（4）砂浆凝结时间：砂浆凝结时间的测定适用于测定砌筑砂浆和抹面砂浆以贯入阻力表示的凝结时间。砂浆凝结时间的确定：分别记录时间和相应的贯入阻力值，根据试验所得各阶段的贯入阻力与时间关系绘图，由图求出贯入阻力达到0.5MPa所需的时间，即为砂浆的凝结时间测定值。

二、水泥混凝土

水泥混凝土是由胶凝材料、砂、石和水及某些外加剂，按一定比例配合，经搅拌、浇灌、振捣后硬化而成的一种人造石材。水泥混凝土是所有建筑材料中用量最大、用途最广的材料之一。普通水泥混凝土主要技术性质包括新拌混凝土拌和物的工作性，硬化混凝土的强度、变形和耐久性。

（一）水泥混凝土的分类

水泥混凝土的品种日益增多，性能及用途差异也比较大，因此，分类方法很多，一般都根据各种特点加以分类，如胶结料及集料的品种、重力密度、强度、水泥用量、工作性、施工方法、施工场地和季节、用途等。

（1）根据胶结料的品种分类。根据胶结料品种分类的混凝土，通常在混凝土前面冠以主要胶结材料的名称。如：水泥混凝土、石膏混凝土、硅酸盐混凝土、镁质水泥混凝土、硫磺混凝土、水玻璃混凝土、碱矿渣混凝土、聚合物水泥混凝土、树脂混凝土、聚合物浸渍混凝土。

（2）根据集料分类。可分为：碎石混凝土、卵石混凝土、细粒混凝土、大孔混凝土、多孔混凝土、纤维混凝土、普通混凝土等。

（3）根据重力密度分类。可分为：重混凝土、普通混凝土、轻混凝土、特轻混凝土。

（4）根据强度分类。可分为：早强混凝土、超早强混凝土、高强混凝土、超高强混凝土。

（5）根据工作性质分类。可分为：特干硬性混凝土、干硬性混凝土、低流动性混凝土、流动性混凝土、大流动性混凝土。

（6）根据施工方法分类。可分为：泵送混凝土、喷射混凝土、水下混凝土、碾压混凝土、灌浆混凝土、自应力混凝土。

（7）按配筋方式分类。可分为：素混凝土、钢筋混凝土、钢丝网混凝土、钢纤维混凝土、玻璃纤维增强混凝土。

（二）水泥混凝土的试验

（1）混凝土拌和物坍落度试验：

1）试验的目的：坍落度是表示混凝土拌和物稠度的一种指标，本试验适用于坍落度大于 10mm，集料粒径不大于 40mm 的混凝土。集料粒径大于 40mm 的混凝土，允许用加大坍落筒，但应予以说明。

2）试验仪器：

①坍落筒：为铁板制成的截头圆锥筒，厚度不小于 1.5mm，内侧平滑，在筒的上方约 2/3 高度处有两个把手，近下端两侧焊有两个踏脚板，保证坍落筒可以稳定操作。坍落筒尺寸如表 1-3-12 所示；

坍落筒尺寸表 表 1-3-12

集料最大径 (mm)	筒的名称	筒的内部尺寸（mm）		
		底面直径	顶面直径	高度
＜50	标准坍落筒	200±2	100±2	300±2
50～80	加大坍落筒	300±2	150±2	450±2

②天平：称量 2kg，感量 1g；

③量筒：1000mL 和 200mL 各一个；

④磅秤：称量 100kg、感量 50g；

⑤坍落度高度测量器、漏斗、铁板、铁锹、抹刀、小铲、弹头形捣棒。

3）试验的步骤：

①先用湿布擦净坍落筒，检查校准磅秤及天平，备齐试验用砂石材料。用湿布将拌和板、铁锹擦湿，防止吸收试验中的水分；

②称量各种材料，先将水泥与砂倒在拌和板上，用铁锹干拌均匀，加入石子，再一起拌和均匀。将拌和物堆成长堆，中心扒成长槽，将称好的水倒入约一半。将拌和物仔细拌匀。再将材料堆成长堆，扒成长槽，倒入剩余的水，继续拌和。来回翻拌至少6遍，从加水完毕时起，当拌和物少于30L时，一般拌和4～5min；

③将坍落筒踏板用脚踏紧，筒口放上漏斗，试样分三层装入筒内，每层装入高度稍大于筒高的1/3。用捣棒在每一层的横截面上均匀插捣25次，沿螺旋线由边缘至中心在全面积上插捣，插捣底层时插至底部，插捣其他两层时，应插透本层并插入下层约20～30mm。垂直插捣时（除边缘部分外），不得冲击。测定时还应评定拌和物的棍度和含砂情况；

④顶层插捣完毕后，将捣棒用锯和滚的动作清除多余混凝土，用抹刀抹平筒口，刮净筒底周围的拌和物，在5～10s内垂直提起坍落筒。从开始装筒到提起坍落筒的全过程，不应超过2.5min；

⑤用钢尺量出高度测量器尺底面至试样顶面中心的垂直距离，即为该混凝土拌和物的坍落度，精确到5mm。测定时还应评定拌和物的黏聚性、保水性等性质。以两次测定结果的平均值作为测定值。若两次结果相差20mm以上，须作第三次试验，第三次与前两次结果均相差20mm以上时，整个试验重作。

4）试验记录表格，见表1-3-13所列。

混凝土拌和物坍落度试验记录表　　　　表1-3-13

试验编号				试样来源			
试样名称				试样用途			
试验次数	拌和12L混凝土各种材料用料				坍落度值（mm）	平均坍落度值（mm）	备注
	水泥重（kg）	砂重（kg）	石子（kg）	用水量（kg）			
①	②	③	④	⑤	⑥	⑦	⑧
1							
2							
3							

试验者　　计算者　　校核者　　试验日期　　年　　月　　日

5）试验中的注意事项：

①先用湿布擦净坍落筒和擦湿拌和板及铁锹，防止吸收试验中的水分；

②各种材料按照规定的称量精度进行称量，按照试验规程的要求拌和；

③装坍落筒顶层混凝土时，应灌到高出筒口。插捣过程中，如混凝土沉落到低于筒口，则应随时添加，插捣时注意评定棍度情况。顶层插捣完后，刮去多余混凝土，用抹刀抹平，注意评定含砂情况；

④从开始装筒到提起坍落筒的全过程应在规定的时间内完成；

⑤测定坍落度的同时还应评定拌和物的黏聚性、保水性等性质。

(2) 混凝土毛体积密度试验：

1) 试验的目的：本试验适用于测定混凝土拌和物捣实后的毛体积密度，为修正、核实混凝土配合比计算中的材料用量提供依据。

2) 试验的仪器：

①量筒：其内径应不小于集料最大公称粒径的 4 倍，如最大粒径为 40mm 时，量筒容积 $V=5$L，即 ϕ 为 186mm，精确至 2mm。量筒为刚性金属圆筒，两侧装有把手，筒壁坚固且不漏水。也可用混凝土试模进行试验；

②弹头形捣棒：同坍落度试验用捣棒；

③磅秤：称量 100kg、感量 50g；

④其他：振动台、金属直尺、镘刀、玻璃板等。

3) 人工振动毛体积密度试验步骤：

①该方法适用于测定坍落度不小于 70mm 拌和物的流动性。先用湿布将量筒内外擦净，称出质量 M_1；

②试样分三层装入量筒，每层高度约为 1/3 筒高，用捣棒从边缘到中心沿螺旋线均匀插捣，每层插捣 25 次。捣底层时应捣至筒底，捣上两层时须插入其下一层约 20～30mm。每捣毕一层，应在量筒外壁拍打 10～15 次，直至拌和物表面不出现气泡为止；

③去掉多余混凝土，仔细用镘刀抹平表面。抹平后擦净量筒外部并称其质量 M_2 精确至 50g

4) 机械振动毛体积密度试验步骤：

①本方法适用于测定坍落度小于 70mm 混凝土的流动性。先用湿布将量筒内外擦净并称取其质量 M_1；

②将量筒在振动台上夹紧，一次将拌和物装满量筒，立即开始振动，随时添加拌和物，直至拌和物表面出现水泥浆为止；

③从振动台上取下量筒，刮去多余混凝土，仔细用镘刀抹平表面，并用玻璃板检验抹平情况。擦净量筒外部并称取其质量 M_2 精确至 50g。

5) 试验记录表格，见表 1-3-14 所列。

水泥混凝土毛体积密度试验记录表 表 1-3-14

试样编号				试样来源			
试样名称				试样用途			
试验次数	容量筒体积 V (L)	容量筒质量 m_1 (kg)	容量筒和混凝混凝土质量 m_2 (kg)	土质理 m_2-m_1 (kg)	混凝土拌和物密度 (ρ_h) (kg/L)		备注
					个别	平均	
①	②	③	④	⑤	⑥	⑦	⑧
1							
2							

试验者 计算者 校核者 试验日期 年 月 日

6) 试验中的注意事项：容量筒容积应经常予以校正。校正方法可采用一块能覆盖住容量筒顶面的玻璃板，先称量出玻璃板和空筒的重量，然后向容量筒中灌入清水，灌到接近上口时一边不断加水，一边把玻璃板沿筒口徐徐推入盖严，应注意使玻璃板下不带入任何气泡。然后擦净玻璃板面和筒壁外的水分，将容量筒连同玻璃板放在台称上称量。两次称量之差（以公斤计）即为容量筒的容积（L）。

(3) 混凝土拌和物维勃稠度试验：

1）试验的目的：维勃稠度是用维勃时间表示的混凝土拌和物稠度指标，本方法适用于集料粒径不大于 40mm 的混凝土及维勃稠度在 5～30s 干稠混凝土的稠度测定。

2）试验的仪器：

①混凝土搅拌机：自由式或强制式，应附有产品品质保证文件；

②维勃稠度仪：由金属圆筒、坍落筒、漏斗、透明塑料圆盘、振动台等部分组成。振动台工作频率 50Hz，空载振幅 0.5mm，上有固定螺丝；

③磅称：称量 100kg，感量 50g；

④其他：拌和用铁板、铁锹、镘刀、小铲、1000mL 和 200mL 量筒各一个。

3）试验的步骤：

①使用拌和机前，应先用少量砂浆进行涮膛，其水灰比及砂灰比与正式混凝土配合比相同；

②按规定称好各种原材料，往拌和机内顺序加入石子、砂、水泥，加料时间不宜超过 2min。开动机器将材料拌和均匀，将水徐徐加入，水全部加入后，继续拌和约 2min。将拌和物倾出在铁板上，再经人工翻拌 1～2min，务使拌和物均匀一致。

③将擦净的容器固定在振动台上，放入坍落筒，把漏斗转到坍落筒上，拧紧螺丝。按坍落度试验步骤，分三层装拌和物，每层按螺旋线方向插捣 25 次，捣完第三层混凝土后移去漏斗，抹平筒口。提起筒模，将塑料透明圆盘移至拌和物上。圆盘可定向向下滑动，圆盘顶端滑棒上的刻度即为坍落度值。开动振动台并计时，当圆盘底面正好被水泥浆布满时，记录时间，即为维勃稠度（精确至 1s）。

4）试验记录表格，见表 1-3-15 所列。

混凝土拌和物维勃稠度试验表　　　　表 1-3-15

试样编号		试样来源	
试样名称		试样用途	

试验次数	拌和 12L 混凝土各种材料的用量				维勃稠度 (s)		备注
	水泥质量 (kg)	砂质量 (kg)	石质量 (kg)	用水量 (kg)	个别	平均	
①	②③	④	⑤	⑥	⑦	⑧	
1							
2							

试验者　　　计算者　　　校核者　　　试验日期　　　年　　月　　日

5）试验中的注意事项：

①先用湿布把容器、坍落筒、喂料斗内壁及其他用具擦湿；

②检查由测杆、圆盘及荷重块组成的滑动部分总重量应为（2750±50）g；

③应当垂直提起坍落筒，应注意不使混凝土试体产生横向的扭动。

(4) 混凝土抗压强度的试验：

1) 试验的目的：本试验规定了测定混凝土抗压强度的方法，以确定水泥混凝土的强度等级，作为评定混凝土的品质的主要指标，确定混凝土强度等级。

2) 试验的仪器：

①拌和用铁板、铁锹、镘刀、小铁铲；

②磅秤：称量100kg，精度0.5kg；

③天平：称量2000g，感量1g；

④量筒：1000mL、200mL各一个；

⑤试模：每组3个，尺寸为150mm的正方体。采用非标准试件时，其集料粒径应符合表1-3-16的规定；

⑥养护用水槽；

⑦压力试验机：上下压板平整并有足够刚度，可以均匀地连续加荷、卸载，满足试件破型吨位的要求。

抗压强度试件尺寸表 **表1-3-16**

集料最大粒径(mm)	试件尺寸(mm)	集料最大粒径(mm)	试件尺寸(mm)	集料最大粒径(mm)	试件尺寸(mm)
30	100×100×100	40	150×150×150	60	200×200×200

3) 试验的步骤：

①将拌和铁板、铁锹用湿布擦净，称量各种材料的用量。先将水泥和砂拌和均匀摊成一薄片，倒入石子，干拌均匀。将拌和物堆成一长堆，中心扒槽，将拌和水倒入约一半，仔细拌匀。再堆成长堆，中心扒槽，倒入剩余水，继续拌和，防止水分流失。来回至少翻拌6遍，从加水完毕时起拌和时间为4～5min；

②将试模擦净，边模及底模涂抹干黄油紧密装配，防止漏浆。试模内涂一薄层机油，将试样分两层装入试模，每层插捣25次，插捣时按螺旋线方向从边缘到中心均匀地进行。捣底层时应捣至模底，捣上层时应插入该层底面下20～30mm处；

③插捣结束后，将捣棒用锯和滚的动作刮除多余混凝土，流动性小的混凝土，随时用镘刀沿试模内壁插抹数次，防止试件产生麻面。抹平试件表面，与试件高度差不超过0.5mm；

④试件成型后，用湿布覆盖表面，在室温15～25℃，相对湿度大于50%情况下静放1～2昼夜，拆模并作第一次外观检查，编号。编号后放入水槽中养护，养护水温17～23℃。试件如有蜂窝缺陷，应在试验前三天用浓水泥浆填补平整，并在报告中说明；

⑤养护至规定龄期，取出试件，擦干试件水分。先检查其形状和尺寸，量出边棱长度，精确至1mm。试件截面积按其与压力机上下接触面的平均值计算。在破型前，试件保持原有湿度，称出其质量。

⑥以成型时侧面为上下受压面，置试件于压力机中心，几何对中。开动压力机，施加荷载。强度等级小于C30的混凝土取0.3～0.5MPa/s的加荷速度；强度等级大于C30时则

取0.5～0.8MPa/s的加荷速度。当试件接近破坏而开始迅速变形时，应停止调整试验机油门，直至试件破坏，记录破坏极限荷载。

4）试验结果与数据整理：抗压强度计算公式为：

$$R=(P/A)\times K$$

式中　R——混凝土抗压强度（MPa）；

P——极限荷载（N）；

A——受压面积（mm^2）；

K——尺寸换算系数（见表1-3-17所列）。

抗压强度尺寸换算系数表　　**表1-3-17**

试件尺寸（mm）	尺寸换算系数	试件尺寸（mm）	尺寸换算系数	试件尺寸（mm）	尺寸换算系数
100×100×100	0.95	150×150×150	1.00	200×200×200	1.05

以3个试件测值的算术平均值作为测定值。如任一个测值与中值的差值超过中值的15%时，取中值为测定值；如有两个测值与中值的差值均超过15%时，则该组试验结果无效。结果计算精确至0.1MPa。

5）试验记录表格，见表1-3-18所列。

水泥混凝土抗压强度试验记录表　　**表1-3-18**

<table>
<tr><td colspan="2">试样编号</td><td colspan="3"></td><td colspan="3">试样来源</td><td></td></tr>
<tr><td colspan="2">试样名称</td><td colspan="3"></td><td colspan="3">试样用途</td><td></td></tr>
<tr><td rowspan="2">试验编号</td><td rowspan="2">拌制日期</td><td rowspan="2">试验日期</td><td rowspan="2">龄期（d）</td><td rowspan="2">最大荷载（kN）</td><td rowspan="2">试件尺寸（mm）</td><td rowspan="2">平均截面（mm）</td><td colspan="2">抗折强度（MPa）</td></tr>
<tr><td>个别</td><td>平均</td></tr>
<tr><td>①</td><td>②</td><td>③</td><td>④</td><td>⑤</td><td>⑥</td><td>⑦</td><td>⑧</td><td>⑨</td></tr>
<tr><td></td><td></td><td></td><td></td><td></td><td></td><td></td><td></td><td rowspan="3"></td></tr>
<tr><td></td><td></td><td></td><td></td><td></td><td></td><td></td><td></td></tr>
<tr><td></td><td></td><td></td><td></td><td></td><td></td><td></td><td></td></tr>
</table>

试验者　　计算者　　校核者　　试验日期　　年　　月　　日

6）试验中的注意事项：

①试件从养护地点取出后应尽快进行试验，以免试件内部的湿度发生显著变化；

②试验时以实测试件尺寸计算试件的承压面积，如实测尺寸与公称尺寸之差不超过1mm，可按公称尺寸进行计算；

③试验应连续而均匀加荷，当试件接近破坏而开始迅速变形时，停止调整试验机油门，直至试件破坏；

④150mm立方体试件的抗压强度为标准值，用其他尺寸试件测得的强度值均应乘以尺寸换算系数。

（5）混凝土抗折强度试验：

1）试验的目的：抗折强度是水泥混凝土路面设计的重要指标。本试验规定了测定混凝土抗折强度的方法，以提供设计参数。

2）试验的仪器：

①混凝土搅拌机：自由式或强制式，应附有产品品质保证文件；

②拌和用铁板、铁锹、镘刀、小铲等各一把；

③磅称：称量100kg，感量50g；

④天平：称量2000g，感量1g；

⑤量筒：1000mL和200mL各一个；

⑥试验机：采用50～300kN抗折试验机或万能试验机。抗折试验装置由双点加荷压头和活动支座组成，活动支座采用球形支撑，其中一半为两个钢球支撑，另一半为两个钢球支撑，加荷压头的两个加压点也为球形接触，其中一点为单球接触，与双球支座上下对应，另一点为双球接触与单球支座上下对应；

⑦抗折强度试模：尺寸为150mm×150mm×550mm；

⑧养护试件用水槽。

3）试验步骤：

①使用拌和机前，应先用少量砂浆进行涮膛，其水灰比及砂灰比与正式混凝土配合比相同；

②按规定称好各种原材料，往拌和机内顺序加入石子、砂、水泥，加料时间不宜超过2min。开动机器将材料拌和均匀，将水徐徐加入，水全部加入后，继续拌和约2min。将拌和物倾出在铁板上，再经人工翻拌1～2min，务使拌和物均匀一致；

③将试模擦净，边模与底模接触处涂抹干黄油，防止漏浆。将试模紧密结合，试模内均匀涂抹一层机油。将拌和好的混凝土拌和物分两层装入试模，装入高度约为1/2。每层插捣100次，按螺旋线由边缘到中心均匀进行。刮除多余混凝土，用镘刀抹平表面，擦净试模边缘多余混凝土。试件成型后，在室温15～25℃，相对湿度大于50%的情况下，静放1d～2d，然后拆模并对试件进行外观检查并编号；

④将试件放入水槽中进行养护，水温应在17～23℃。若用其他方法养护，须在报告中说明养护方法；

⑤到达试验龄期时，从水槽中取出试件并擦干表面水分，检查试件，如试件中部1/3长度内有蜂窝，则该试件作废。在试件表面画出支点及加荷位置，距端部分别为50mm、200mm、350mm、500mm；

⑥调整两个可移动支座，使试件与试验机下压头中心距离各为225mm，并旋紧两支座。将试件放在支座上，侧面朝上，几何对中后，缓缓加一初荷载，约1kN。后以0.5～0.7MPa/s的加荷速度连续加荷，试件破坏时，记录最大荷载。

若断面位于加荷点外侧，试验结果无效，该组结果作废。本试验以3个试件的算术平均值为测定值。如任一个测值与中值的差值超过中值的15%时，取中值为测定值，如两个测值与中值的差值均超过规定时，该组试验结果无效。

4）试验记录表格，见表1-3-19所列。

混凝土抗折强度试验记录表 表 1-3-19

试样编号		试样来源	
试样名称		试样用途	

试验编号	拌制日期	试验日期	龄期 (d)	抗折破坏荷载 (kN)	试件尺寸 (mm)	平均截面 (mm^2)	抗折强度 (MPa)	
							个 别	平 均
①	②	③	④	⑤	⑥	⑦	⑧	⑨
1								
2								
3								

试验者 计算者 校核者 试验日期 年 月 日

5）试验中的注意事项

①试件从养护水槽取出后应尽快擦干试件表面水分进行试验，以免试件内部的湿度发生显著变化；

②试验前准确在试件表面划出支点位置及加荷位置；

③试验应按规定加荷速度连续而均匀加荷，直至试件破坏；

④按照试验规程要求评定试件的抗折强度。

1.3.3 桥梁静载试验

1.3.3.1 概述

(1) 荷载试验的目的：桥梁荷载试验分静载试验和动载试验。进行桥梁荷载试验的目的是检验桥梁整体受力性能和承载力是否达到设计文件和规范的要求，对于新桥型及桥梁中运用新材料、新工艺的，应验证桥梁的计算图式，为完善结构分析理论积累资料。对于旧桥通过荷载试验可以评定出其运营荷载等级。

(2) 静载试验的测定内容

1）静态应变量：测试结构的静态应变量，从而推算结构截面的应力分布、杆件的实际内力与次应力，确定跨工梁拱裂缝的开展情况和中性轴位置、混凝土和钢筋共同作用情况；

2）静位移：测试竖向静态位移量（梁的挠度）、水平静态位移量（梁活动端位移及墩顶位移等）。

1.3.3.2 桥梁静载试验检测仪器

由于桥梁静载试验需要量测的参数是多种多样的，有外力（如支座反力、外荷载等）变形（如挠度、转角、几何变形等）、裂缝（开展过程、开裂宽度）以及试验时温度、湿度、风力等等。因此，用于桥梁静载试验的量测仪器的种类是很多的，若按其工作原理可分为：机械式仪器、电测仪器、光学仪器及复合式仪器。若按其用途可分为：测定应变的仪器、测定位移或挠度的仪器、观测裂缝的仪器以及其他用途的仪器等。

一、量测应变的仪器

在静载试验中，用于量测桥梁结构构件应变的仪器常用的有机械式应变仪及电阻应变仪两类，机械式应变仪又分有千分表、手持式应变仪及杠杆式应变仪等。其产品的构造、工作原理及使用方法等介绍如下：

(1) 千分表：如图 1-3-1 所示为测定应变装置中的千分表，使用注意要点：

1) 以粘贴或预埋的方式，固定两种铝制表架于待测部位表面上、标距为 L 的两点之间，一只表架安装上千分表，另一只表架安装顶杆。

2) 当结构变形时，可从表上读出两点间标距的变形值 Δl，由此可得出应变值 $\Delta l/l$。

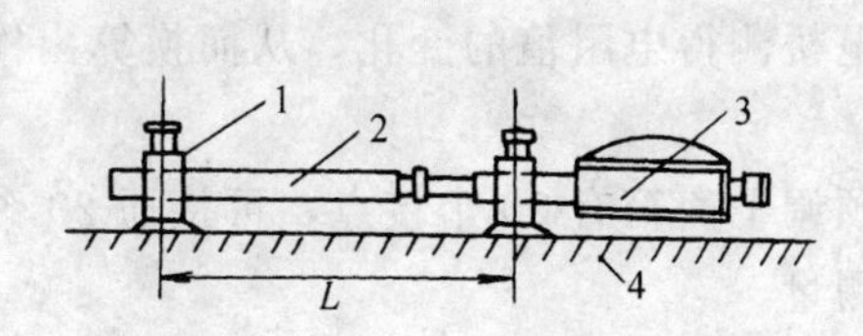

图 1-3-1 测定应变的装置

1—表架；2—顶杆；3—千分表；4—试件

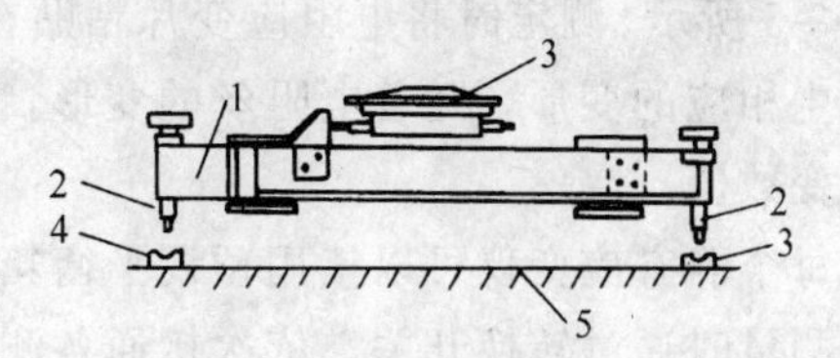

图 1-3-2 手持式应变仪测量装置

1—刚性金属杆；2—插轴（尖形）；3—千分表；4—脚标或成测孔；5—试件

(2) 手持式应变仪：如图 1-3-2 所示为手持式应变仪测量装置，使用注意要点：

1) 测试前，先在构件上安设测孔或脚标，钢结构可在杆件上直接钻孔，圬工或木质构件则可粘贴特制的钢脚标（用环氧树脂粘接剂粘贴）。

2) 测试时，把手持式应变仪的尖形插轴插入测孔或脚标孔穴内，当结构变形时，同样可从千分表中读得变形前后读数，两数之差即为变形值 Δl，从而得出应变值 $\Delta l/l$。

3) 因仪器无须固定，一台仪器能测多点应变，特别适用于多点测量和长期观察应变。

常用的手持式应变仪有天津 YB—25 型、同济型、W—1 和 W—2 型。

(3) 杠杆式应变仪：杠杆式应变仪亦称双引伸仪，形式多样，构造原理基本相同，最常用的为 A 型，如图 1-3-3 所示。

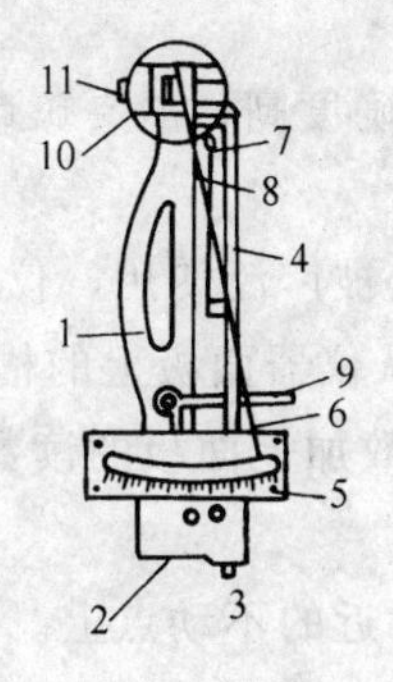

图 1-3-3 A 型杠杆式应变仪

1—仪器躯体；2—固定刃脚；3—活动刃脚；4—杠杆长臂；5—度盘；6—指针；7—T 形钩；8—弹簧；9—制动柄；10—支座；11—调节螺丝

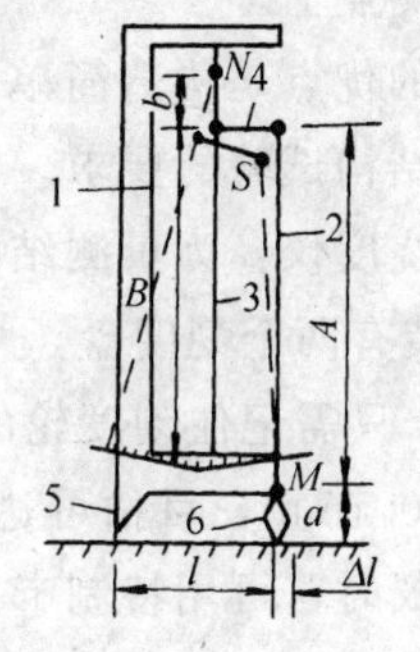

图 1-3-4 杠杆式应变仪的工作原理

1—仪器座身；2—第一组杠杆；3—第二组杠杆；4—联动杆；5—固定刃脚；6—活动刃脚；l—仪器标距；Δl—测得的变形

使用时利用卡具将仪器固定在结构待测部位上，当仪器刃脚所在地在纤维产生变形时，仪器的标距，就随着变化 Δl，通过两组杆件的传导和放大后，指针尖端在标尺上移动 ΔQ_T。

仪器的放大倍数为已知，若为V，则构件前后变形值$\Delta l=\Delta Q_T/V$，故应变为$\frac{\Delta Q_T}{Vl}$。

杠杆式应变仪的工作原理如图1-3-4所示。安装杠杆应变仪时，应特别注意紧固工作，安装好后须检查质量。

(4) 电阻应变仪：电阻应变仪包括电阻丝应变片和应变测定电桥两个主要组成部分。如图1-3-5所示。测定时将电阻应变片粘贴在预测构件上，应变片内的电阻丝随着构件的变形而产生相应的变形，随着电阻丝的变形，由测定电桥测得电阻值的变化，从而换算出构件的应变数值。

每个静态应变仪可以接用预调平衡箱，每个预调平衡箱有20个接点，可接通20个测点，测量时通过转换开关，依次接通各测点进行测量。

二、量测位移或挠度的仪器

(1) 电阻应变式位移计：电阻应变式位移计的主要部件是弹性好、强度高，青铜材料制成的悬臂弹簧片，弹簧片固定于仪器的外壳上。在弹片的固定端粘贴四片应变片。当测轴随构件位移时，通过传力弹簧使簧片产生挠曲，利用簧片自由端位移而使固定端产生应变的线性关系，通过电阻应变仪即可测得试件的位移或挠度。

(2) 简易挠度计：简易挠度计可自制，成本低廉，安装简单，其放大倍数可达10～20，精确度可达0.1mm左右，量程可达10mm，这在许多场合下均能满足使用要求。

所悬挂的重物P在2～3kg以上，钢丝直径一般为0.2～0.3mm，指针（杠杆）可用板条或金属片制成。当桥梁不太高，桥下无水，能建立不动点，且精确度要求不高时，可用此法测挠度。

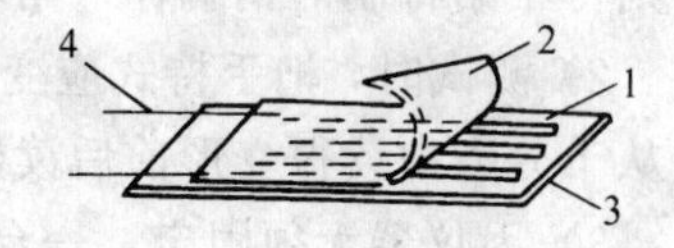

图1-3-5　电阻应变片的构造

(3) 百分表和千分表：使用方法有二，一是将仪器安装在结构的测点上，而将仪器测杆支在不动点上；另一种是将仪器固定在不动点上，而将测杆支在结构的测点上。

这类仪器的优点是构造简单，使用方便，价格低廉，准确度高；主要缺点是量程较小，常常不能满足结构试验的要求。

(4) 静载挠度仪：为量测结构静挠度最基本的仪器，已被广泛使用，仪器采用摩擦轮传动和放大，装有两个刻度盘，一个刻画在大摩擦轮上，可从仪器面板上的槽口内窥见。仪器的量程无限，只需记住刻度轮的连续转数，把刻度轮的读数加上面板的读数即为总读数。读数的精度为0.1mm，目估可达0.05mm。

使用挠度仪时，可用特制卡具将仪器固定在结构上或附近的不动点上。然后用细钢丝的一头接在欲测点上，另一头绕过挠度计的转轮，并用重锤悬挂。当梁跨受荷载产生挠度时，挠度仪及锤即随之下移，锤的移动带动转轮转动，即可读出梁跨的挠度。

(5) 精密水准仪：当结构的挠度较大，且测读的精确度只要求达到1～2mm时，可用精密水准仪配合标尺测量结构的最大挠度值。

量测时先在需要测挠度的位置上设置标尺，然后根据地形条件安放水准仪。观测加载前后标尺位置即得挠度值。

三、量测裂缝的仪器

裂缝的观察和查找，一般靠眼力或借助放大镜。需要准确地发现第一批裂缝时，可用连续搭接布置杠杆应变仪等方法解决。目前还有导电漆膜法、脆性漆法、贴片光弹法、超声波法等。

裂缝宽度的量测一般采用塞尺、读数显微镜，也可采用长标距裂缝应变片、千分表引伸仪等。

目前国产的读数显微镜的种类很多，刻度值由0.01～0.1mm，量程由3～8mm不等。读数显微镜的构造原理见图1-3-6所示。

测读裂缝宽度时，先旋动读数鼓轮使视场中长线与裂缝的一边相切1-3-6（*b*），得一读数例如2.45mm，然后再旋动读数鼓轮，使长线与裂缝的另一边相切，又得一读数为2.73mm，则裂缝宽度为2.73－2.45＝0.28mm。

1.3.3.3 桥梁的静载试验

一、静载试验的准备工作

（1）安装仪器前的准备工作：

出发前所携带的仪器设备应全面检查一遍，保证状态良好，并注意无遗漏，到达现场后，应进行如下工作：

1）搭设棚帐：在距测试部位最近的适当地方搭设临时棚帐，供操作仪器使用。

2）接通电源：并安装照明设备。

3）搭脚手架：为在测试部位安装仪器，必要时应搭脚手架，有时还要搭安装仪器的支架，并要求牢固可靠。

（2）安装调试仪器：

1）粘贴和检查应变片：应变片在结构上的粘贴质量直接影响测试效果，故应逐片认真贴好，粘贴应变片的构件部位要求平整。贴好的应变片外观应平整、无损伤、无气泡、无翘起、位置正确。绝缘电阻合乎要求，不合格者刮掉重贴。待进行了防潮处理后，即可和导线焊接。

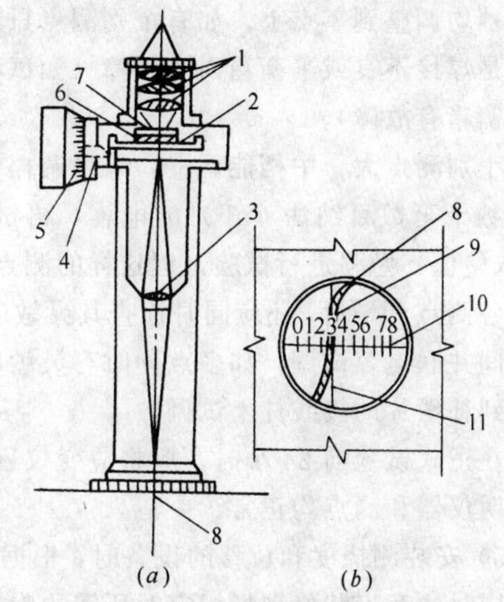

图1-3-6 读数显微镜的构造原理

（*a*）构造原理；（*b*）下划板在量测裂缝时的情形

1—目镜组；2—分划板弹簧；3—物镜；4—测微鼓轮；5—测微刻度；6—可动下分划板；7—上分划板；8—试件裂缝；9—放大后的裂缝；10—上下分划刻度线；11—下分划板刻度长线

导线和应变片在焊接前，应将已布置好的导线先就地妥善固定住（一般用白布带捆扎）使其不致被拉动，尤其要注意端部的固定，最好在防潮处理后再将导线和应变片焊接固定。其办法有两种：一种是应变片原已焊有短引线的，将导线和引线焊接，焊好后用白胶布固定，焊点要用黑胶布包住以防短路，如图1-3-7（*a*）。另一种是应变片不预焊短引线，则采用端子片的办法。即在应变片附近用乳胶（聚醋酸乙烯乳液）或KH—501胶粘贴一个端子片，将应变片引出线和导线分别焊在端子片的两端，如图1-3-7（*b*）所示。

同时，导线和应变片焊接要防止虚焊、假焊，连接处应特别注意固定，达到拉动导线绝不影响应变片的程度。导线和电源线要隔开一定距离，防止相距过近。不能避免时，应交叉通过，不要平行。

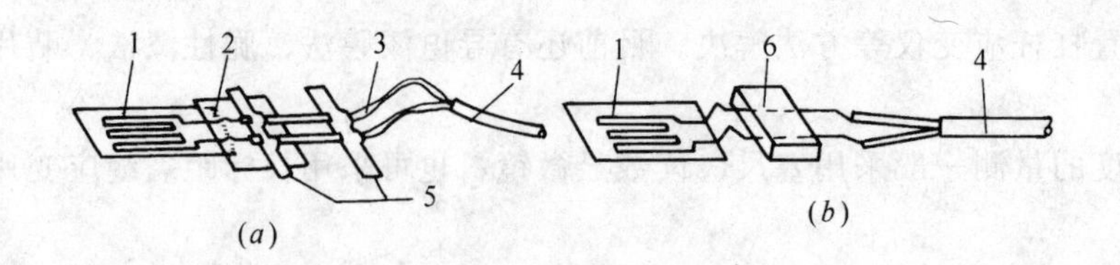

图 1-3-7　应变片与导线的连接方法

1—应变片；2—黑胶布；3—引线；4—导线；5—白胶布；6—端子片

2）应变片与仪器连接：应变片与导线焊接好后，未接应变仪前，先用万用表测量每根线的电阻值，检查应变片或导线是否有断路或短路处，应变片阻值是否发生了变化，以便及早采取措施消除故障。

3）仪器接地：所有仪器凡有接地装置的均应妥善接地。根据具体情况，各仪器可采用分别接地或单点接地法。单点接地法，即把所有仪器接地点均连接在一起后再接地，不分别接地。地线应用铜线，埋入地下潮湿土壤中不应少于 2m。

4）静态应变仪预调平衡；调整灵敏系数度盘，使指示值与应变片的灵敏系数相同（指示值不符时，测出的应变数值有误差，要修正)，然后逐点进行调平，调平应使微调、中调、大调档均调整到零点上。如有个别测点只用大调档和中调档能调平，其余档调不平时，则可能是焊接不良或平衡箱内有故障（如试将导线接到平衡箱上另外一个接点能调平时，则是平衡箱有故障)。

个别测点大、中档能调平，只微调档调不平时，可能是电容问题，可在电桥的一臂上并联数十至数百纳法（nF）的电容，再试加调平，也可把能调平时的读数即作为初读数(应取整值）勉强进行试验，但这样的测点灵敏度低，也不能用于作动态测量。

各测点调平后，还应同时检查其灵敏度是否合乎要求。如敏度不足，可在仪器 A、B 接线柱间并联电容试调，如多点同时有灵敏度不足情况，则可能是受补偿片的影响，可将电容加到补偿片的接线柱上试调。

在正式试验前 24 小时，应将应变仪逐点调平，在正式试验时，若各测点仍基本平衡，则表明仪器和测点均正常。

5）安装测挠度和位移的设备时，根据地形具体条件，用弹簧张拉钢丝，和挠度仪连接好，同时注意安装好现场标定时所需的附属设备。

6）粘贴安装固定机械式应变仪或千分表所用的卡具、木块和刃脚垫片，粘贴好后再试验仪器。试验后即取下，待试验时重装。

(3）试验演习

在正式试验前进行一次演习是必要的，通过演习，可使试验人员熟悉各自担负的任务，并借此检查各种仪器设备是否安装良好，以便必要时再作适当的调整。

二、静载试验工作

试验准备工作就绪后，开始正式试验前，根据试验程序表向全体人体［包括仪器操作人员、汽车司机（采汽车荷载时）等］进行交底（包括试验内容、进行程序、注意事项等)，以便统一行动，使试验工作有序地顺序进行。试验时应注意下列问题：

(1）加载的重量、位置要正确，不能有误。利用汽车荷载时，要专门指挥行驶到指定位置。

（2）试验时，每台电阻应变仪应配备两人，一人掌握仪器并读数，一人记录；其他机械式仪器每台配备一人，掌握仪器并作记录。

（3）卸载时要注意让全部荷载退出或搬离桥外，不压桥跨。

（4）每级荷载，以结构在最后5min的变位增量小于前一个5min变位的15%作为稳定标准。每级加载后，立即测读仪表，以后每隔5min测读一次，待到变位稳定后，进入下级荷载前再读一次。

（5）试验进行时，要注意不要触动导线，以免影响读数。

（6）对暴露在野外的电测导线、电阻应变片等应采取防潮措施，由于雨水会改变电测导线的分布电容，影响电测仪器的电容平衡，故试验应避免在雨天进行。

（7）阳光辐射与大气温度的变化，对测量精度有直接影响，为减少此影响，除采取必要的措施（如温度补偿）外，静载试验宜安排在夜间进行。

三、试验观测与记录

（1）温度稳定观测：仪表安装完毕后，一般在加载试验之前应对各测点进行一段时间的温度稳定观测，中间可每隔10min读数一次。观测时间应尽量选择在加载试验时外界气候条件对观测造成误差的影响范围，用于测点的温度影响修正。

（2）仪表的测读与记录：人工读表时，仪表的测读应准确、迅速，并记录在专门的表格上（表1-3-20、表1-3-21），以便于资料的整理和计算。记录者应对所有测点量测值变化情况进行检查，看其变化是否符合规律，尤其应着重检查第一次加载时量测值变化情况。对工作反常的测点应检查仪表安装是否正确，并分析其他可能影响其正常工作的原因，及时排除故障。对于控制测点应在故障排除后重复一次加载测试项目。

电阻应变仪应变观测记录表

仪器型号：＿＿＿＿＿＿仪器采用灵敏系数：＿＿＿＿＿＿应变单位：$\mu\varepsilon$

电阻片标距：＿＿＿＿＿＿mm 电阻片灵敏系数：

应变计算修正系数：＿＿＿＿＿＿

表 1-3-20

观点号 观测时间	加载程序												
		读数	应变	修正应变	总应变	读数	应变	修正应变	总应变	读数	应变	修正应变	总应变

百分表挠度（位移）观测记录表　　表 1-3-21

仪器型号：＿＿＿＿ 挠度（位移）　单位 0.01mm

观点号													
观测时间	加载程序	读数	位移	总位移	读数	位移	总位移	读数	位移	总位移	读数	位移	总位移;

当采用仪器自动采集数据记录时，应对控制点的应变和位移进行监控，测试结果规律异常时，应查明原因采取补救措施。将记录结果整理成表 1-3-20 和表 1-3-21 的格式，以便进行结果分析，并与原始记录一同保存备查。

（3）裂缝观测：加载试验中裂缝观测的重点是结构承受拉力较大部位及旧桥原有裂缝较长、较宽的部位。在这些部位应测量裂缝长度、宽度，并在混凝土表面沿裂缝走向进行描绘。加载过程中观测裂缝长度及宽度的变化情况，可直接在混凝土表面进行描绘记录，也可采用专门表格记录。加载至最不利荷载及卸载后应对结构裂缝进行全面检查，尤其应仔细检查是否产生新的裂缝，并将最后检查情况填入裂缝观测记录表，必要时可将裂缝发展情况绘制在裂缝展开图上。

四、试验现场的清理

当试验的工作全部结束后，应对试验现场进行清理，其主要内容如下：

（1）收回所有的试验仪器设备，并清理干净归类，保持其完整无缺。

（2）对砌体桥梁上凿开混凝土后露出的钢筋处进行清理，并用混凝土或环氧树脂砂浆修补完好。

（3）拆除脚手架和棚，并清除现场。

1.3.4　桥梁动载试验

1.3.4.1　桥梁动载试验的内容

桥梁结构承受车辆、人群、风力和地震等动力荷载作用下产生振动，桥梁在动力荷载作用下的受力分析是桥梁结构分析的又一重要任务。桥梁的振动问题影响因素复杂，仅靠理论分析还不能满足工程应用的需要，需用理论分析与实验测试相结合的方法解决，桥梁动载试验就成为解决该问题必不可少的手段。桥梁的动力特性（频率、振型和阻尼比）是评定桥梁承载力状态的重要参数，随着我国公路桥梁检验评定制度推行，桥梁动载试验会将越来越受到重视。

为了解桥梁在动荷载作用下的特性，往往需要对桥梁进行动载试验。桥梁动载试验的内容主要有：

一、桥梁动载特性的试验测定

主要是测定引起桥梁振动的振动作用力或振源特性，即测定引起振动的作用力的数值、方向、频率及其作用规律。

二、桥梁动力特性的试验测定

主要是测定桥梁结构或构件的动力特性，如固有频率、阻尼系数、振型等。试验时一般可采用自由振动法、共振法和脉动法。

(1) 自由振动法：即设法使桥梁结构产生自由振动，通过记录仪器记下的衰减的自由振动曲线。由此求得基本频率和阻尼系数：为了使桥梁结构产生自由振动，通常可采用突加荷载和突卸荷载两种方法。目前在桥梁动载试验中应用较多的是突加荷载的办法：

如用载重汽车在桥上越过障碍物，产生一个突加冲击荷载，从而引起桥梁的自由振动，如图 1-3-8 (*a*)；或者用木击锤撞击桥跨跨中（竖向及横向），使桥梁结构产生短促的自由振动，如图 1-3-8 (*b*)。

(2) 共振法：是利用专门的激振器，对桥梁结构施加简谐动荷载，使结构产生恒定的强迫简谐振动，借助共振现象来观察结构自振性质的方法。

(3) 脉动法：是通过测量桥跨结构由于外界(如风力)不规则的干扰而产生的微小振动，即“脉动”来确定结构的动力特性的。建筑物的脉动有一重要性质，即其明显地反映出建筑物的固有频率。用仪器将建筑物的脉动记录下来，经过一定的分析工作，可以确定出建筑物的一些动力特性。用这种方法进行实测的优点是，不需要激振设备，简便易行，应用较广。

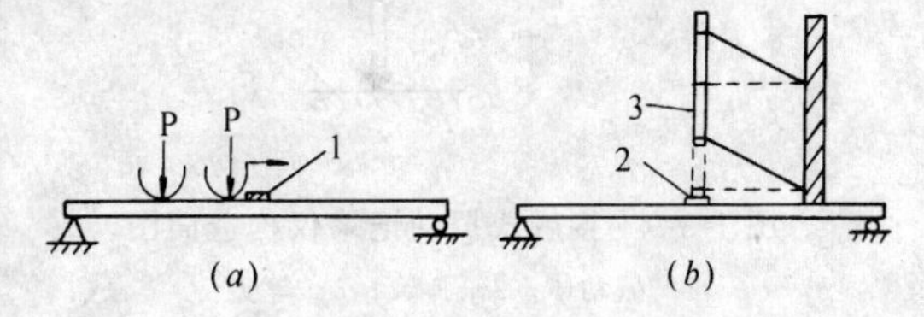

图 1-3-8 桥上激振的常用方法

(*a*) 汽车跨过障碍物装置；(*b*) 竖向或横向撞击装置

1—障碍物；2—垫层；3—木击锤

利用风力观测桥梁建筑物“脉动”时，必须注意下列几点：

1) 为取得正确的记录，要求记录仪器有足够宽的频带，使所需要的主要频率分量不致失真。

2) 观测时应避开机器或其他有规则振动的影响，以保持脉动记录的“纯洁”性。

3) 为使每次记录的脉动均能反映结构的自振特性，每次观则应持续足够长的时间并且重复几次。

4) 每次观测最好能记下当时的天气、风向、风速以及附近地面的脉动，以便分析这些因素对脉动的影响。

三、桥梁结构动力反映的试验测定

主要测定结构在动荷载作用下的反应，即结构在动荷载作用下强迫振动的特性，包括动位移、动应力、动力系数等。试验时，一般利用汽车以不同的速度通过桥跨而引起的振动来测定上述各种数据。

进行这项试验时，常常要确定出桥梁的动力系数，以判定桥梁的工作状况。移动荷载作用于结构上所产生的动挠度，往往要比静荷载时所产生的挠度大，动挠度和静挠度的比值称为动力系数。为求得动力系数，先使汽车以最慢的速度驶过桥跨，测得挠度图，求得最大挠度值 f_{imax}；然后，使汽车按某个速度再驶过桥跨，这时结构产生最大的动挠度 f_{dmax}

(实际测试中，采取以各种不同速度驶过，找出产生最大挠度的某一速度)。

1.3.4.2　桥梁动载测试仪器

桥梁动载试验中，除有时要采用静载试验中所采用的一些仪器以外，还要用到下述一些仪器。

一、机械式测振仪

(1) 接触式振动记录仪：亦称手提式测振仪。它采用相对式测定法，构造如图 1-3-9 所示。

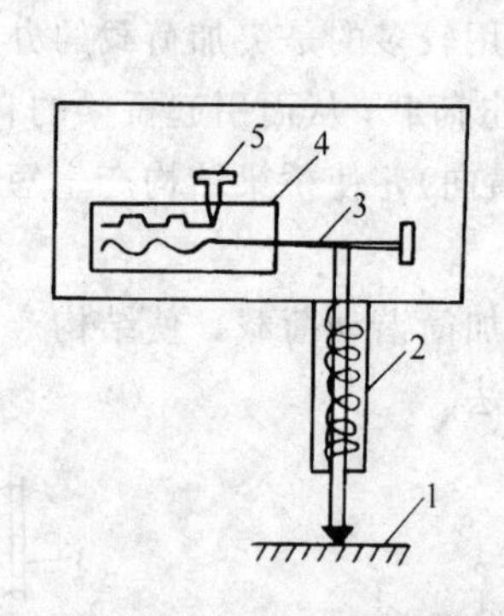

图 1-3-9　接触式振动记录仪构造简图

1—振动体；2—弹簧；3—笔尖；
4—记录纸带；5—计时笔尖

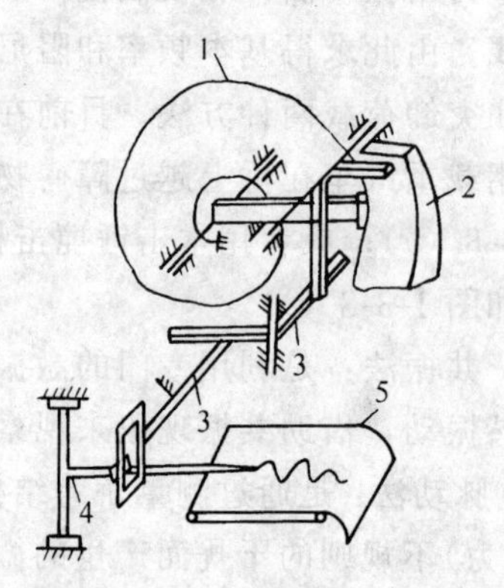

图 1-3-10　盖格尔测振仪构造简图

1—弹簧；2—块体；3—传动元件；
4—记录笔；5—记录纸带

测振时将仪器固定在不动支架上或持在手中，使测振仪触头与振动方向一致，借助弹簧力与振动物体表面接触。物体振动时触头跟随一起振动，同时推动记录笔杆，笔尖就在移动的纸带上描绘出振动物体位移随时间变化的曲线。根据记录的振动图可以量出位移值。时间讯号由电池驱动一电磁铁，每隔一定时间在记录纸上打上一个讯号，由此可以求得频率。

(2) 盖格尔测振仪：亦称万能测振仪。是机械式测振仪器中应用较广的一种，除能测量振幅外，配备一定附件后尚能测加速度和动应变等。盖格尔测振仪的构造见图 1-3-10 所示。

盖格尔测振仪的传感　系统是惯性式的，仪器内部装有块体，当仪器放置于振动物体上时，相对位移通过杠杆系统传至记录笔尖，在运动着的纸带上记录下振动图形。

盖格尔测振仪的记录纸带宽 50mm，放大倍率有 3、6、12 三种，能测 0.02～15mm 的振幅，纸带运动速度为 0.3～10m/min，可测频率为 300Hz 以下，改变块体的位置可测垂直、水平和任意角度的振动，适合于测量频率比较低、振幅比较大的振动。

二、磁电式速度传感器

磁电式速度传感器是根据电磁感应的原理制成的，其特点是灵敏度高，性能稳定，输出阻抗低，频率响应范围有一定宽度。调整质量、弹簧和阻尼系统的动力参数，可以使传感器既能测量非常微弱的振动。也能测比较强的振动。

图 1-3-11 所示为一磁电式速度传感器，其中磁钢和壳体相固连，并通过壳体安装在振动体上，与振动体一起振动；芯轴和线圈组成传感器的系统质量，通过弹簧片（系统弹

簧）与壳体连动。振动体振动时，系统质量与传感器壳体之间发生相对位移，因此线圈与磁钢之间也发生相对运动。

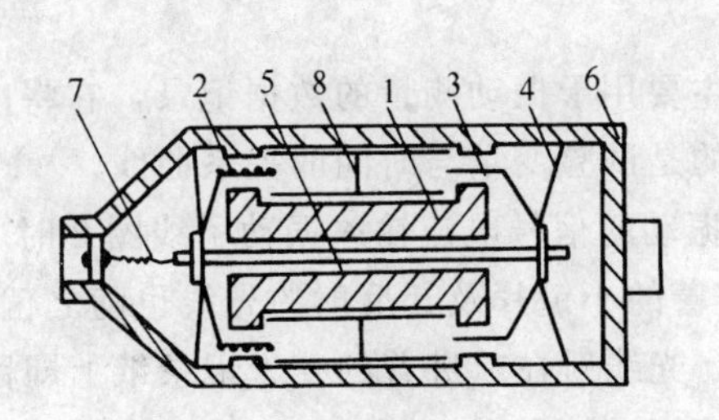

图 1-3-11 磁电式速度传感器

1—磁钢；2—线圈；3—阻尼环；4—弹簧片；5—芯轴；6—外壳；7—输出线；8—铝架

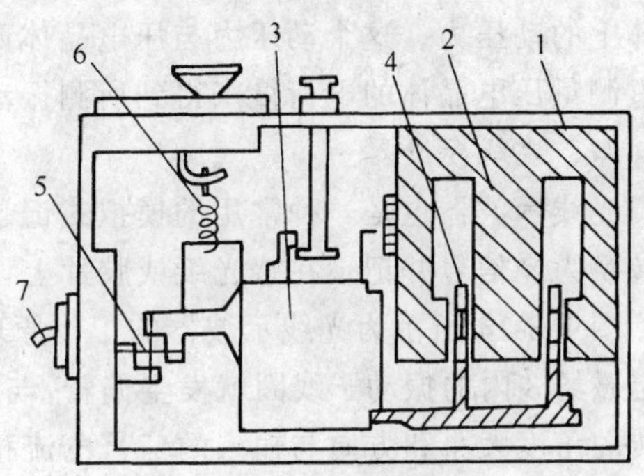

图 1-3-12 摆式传感器

1—外壳；2—磁钢；3—重锤；4—线圈；5—十字簧片；6—弹簧；7—输出线

图 1-3-12 所示为一摆式测振传感器，它的质量弹簧系统设计成转动的形式，因而可以获得更低的仪器固有频率。摆式传感器可以测垂直方向和水平方向的振动；它也是磁电式传感器，输出电压与相对运动速度成正比。

三、压电式加速度传感器

从物理学知道，一些晶体材料当受到压力并产生机械变形时，在其相应的两个表面上出现异号电荷，当外力去掉后，晶体又重新回到不带电的状态，这种现象称为压电效应。压电式加速度传感器是利用晶体的压电效应而制成的，其特点是稳定性高、机械强度高及能在很宽的温度范围内使用，但灵敏度较低。

图 1-3-13 所示为压电式加速度传感器的结构原理，压电晶体片上是质量块，用硬弹簧将它们夹紧在基座上。质量弹簧系统的弹簧刚度由硬弹簧的刚度和晶体片的刚度组成，刚度很大，质量块的质量较小，因而质量弹簧系统的固有频率很高，可达数千赫兹，高的甚至可达 100～200kHz。

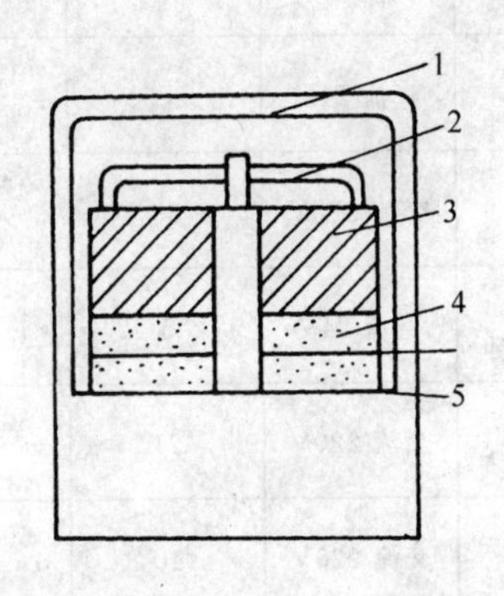

图 1-3-13 加速度传感器的结构原理

1—外壳；2—硬弹簧；3—质量块；4—压电晶体；5—输出端

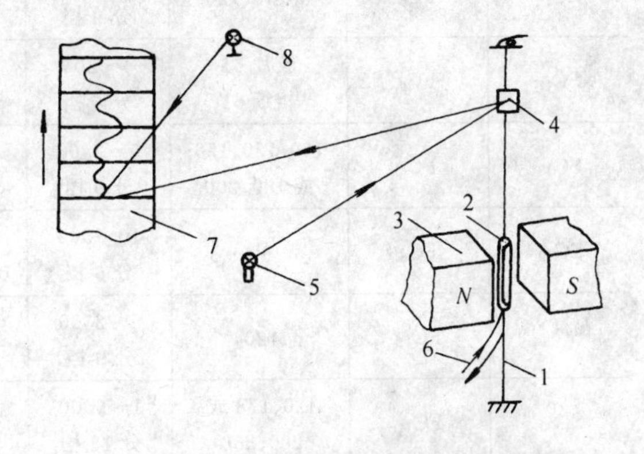

图 1-3-14 光线示波器的工作原理

1—张丝；2—线圈；3—磁场；4—镜片；5—光源；6—输入线；7—记录纸；8—频闪灯

由上述分析可知，当传感器的固有频率远远大于所测振动的频率时，质量块相对于外壳的位移就反映所测振动的加速度。质量块相对于外壳的位移乘上晶体的刚度就是作用在晶体上的动压力。这个动压力与压电晶体两个表面所产生的电荷量成正比，因此我们可以通过测量压电晶体的电荷量来得到所测振动的加速度。

四、光线示波器

光线示波器也是一种常用的模拟式记录器，主要用于振动测量的数据记录，它将电信号转换为光信号并记录在感光纸或胶片上，得到的是试验变量与时间的关系曲线。

图 1-3-14 所示为光线示波器的工作原理，当振动的信号电流输入振动子线圈 2 时，在固定磁场 3 内的振动子线圈就发生偏转，与线圈连着的小镜片及其反射的光线也随之偏转，偏转的角度大小和方向与输入的信号电流相对应，光线射在前进着的感光记录纸上即留下所测信号的波形，与此同时在感光记录纸上用频闪灯 8 打上时间标记。光线示波器可以同时记录若干条波形曲线，它还可以用于静力试验的数据记录。

对光线示波器记录的试验结果进行数据处理，与 X—Y 记录仪相同，要用尺直接在曲线上量取大小，根据标定值按比例换算得到代表试验结果的数值；关于时间的数值，可用记录纸上的时间标记按同样方法进行换算。

光线示波器的种类很多，国产光线示波器的型号及其性能见表 1-3-22 所示。

国产光线示波器型号及其性能表　　　　**表 1-3-22**

型　号	振子系列	记录带宽度(mm)	记录带速度(mm/s)	时　标	电源种类	重　量(kg)	体　积(mm^3)
SC_9	FC_9	92	0.5～500 分 6 档	0.01,0.1 1,三种	直流 24V	3.5	155×125 ×280
SC_{10}	FC_7	胶片 61 或 35 相纸 61	2～1000 分 9 档	0.01,0.1, 1,三种	交流 220V 直流 24V	11	160×220 ×320
SC_{14}	FC_{11}	60～120	5～1000 分 8 档	0.01,0.1, 1,三种	交流 220V	14	190×250 ×350
SC_{16}	FC_6	60、90、120	5～2500 分 9 档	0.01,0.1, 1,三种	交流 220V	30	480×335 ×220
SC_{17}	FC_9	胶片 61 相纸 61	4～200 分 4 档	0.01,0.02, 0.2,三种	直流 24V	2.5	135×74 ×92
SC_{18}	FC_6	100、120、150 或 180、200	5～2500 分 9 档	0.01,0.1, 1,三种	交流 220V	38	480×470 ×220
SC_{19}	FC_6	60	10～500 分 6 档	0.04,0.01 0.1,0.2,四种	直流 24V	5	150×160 ×250
SC_{20}	FC_{11}	120	5～2500 分 9 档	0.01,0.1, 1,三种	交流 220V	21	305×225 ×350
SC_{30}	FC_{11}	120、178 或 200、300	1～5000 分 12 档	0.02,0.02, 0.2,2,四种	交流 220V	40	500×430 ×200
SC_{60}	FC_7	120、200 或 300	1～4000 分 12 档	0.01,0.1, 1,10,四种	交流 220V	45	500×450 ×210

五、磁带记录仪

磁带记录仪是一种常用的较理解的记录器，可以用于振动测量和静力试验的数据记录，它将电信号转换成磁信号并记录在磁带上，得到的是试验变量与时间的变化关系。

磁带记录仪由磁带、磁头、磁带传动机构、放大器和调制器等组成，它的原理见图1-3-15所示。记录时，从传感器来的信号输入到磁带记录仪，经过放大器和调制器的处理，通过记录磁头把电信号转换成磁信号，记录在以规定速度作匀速运动的磁带上。重放时，使记录有信号的磁带按原来记录时的速度（也可以改变速度）作匀速运动，通过重放磁头从磁带“读出”磁信号，并转换成电信号，经过放大器和调制器的处理，输出给其他仪器。

磁带记录仪的记录方式有模拟式和数字式两种，对记录数据进行处理应采用不同的方法。用模拟式记录的数据，可通过重放，把信号输送给 $X—Y$ 记录仪或光线示波器等，用前面所提到的方法，得到相应的数值。或者，可把信号输送给其他分析仪器，用 A/D 转换，得到相应的数值。用数字式记录仪记录的数据，可直接输送给打印机打印输出，或输送到计算机等。

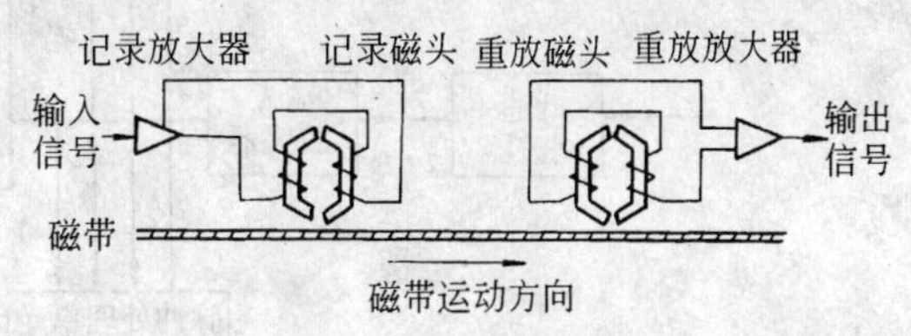

图 1-3-15 直接记录式磁带记录仪原理图

六、信号处理机

动态信号数据处理，一般在专用信号处理机或利用数据处理软件在通用计算机上进行。目前数字信号处理技术发展很快，它以FFT硬件和专用软件为基础，可以在幅值域、时域、频域对各种类型的信号进行处理。图 1-3-16 所示为给出一般信号处理机的组成图。输入信号首先通过低通抗混淆滤波器和前置放大器，然后经过模数转换器，将模拟电量信号转换成数字信号输入给计算机，在数据处理硬件和软件支持下进行各种数据处理，最后将分机结果显示在屏幕上或通过打印机（绘图仪）打印出来。功能较全的数据处理机还应配备磁盘驱动器、输入和输出接口，及不同算法语言编制的专用程序。信号分析处理已是一门独立的学科专业，广泛用于振动分析、通信、气象、医疗等行业。信号处理机的规格型号也很多，如 HP3562A、BK2034、7T18S、CF—500，一般数据处理机由专人操作使用，进行桥梁动态信号分析时，可以根据条件和需要选用，这里就不一一介绍。

1.3.4.3 桥梁动载试验

一、桥梁动载试验的激振方法

在进行桥梁动载试验时，首先要设法使桥梁产生一定的振动，然后应用测振仪器加以测试和记录，通过对记录的振动信号分析得到桥梁的动力特性和响应。可用于桥梁动载试验的激振方法很多，应根据被测桥梁的结构形式和刚度大小选择激振效果好、易于实施的方法。

（一）自振法（瞬态激振法）

自振法的特点是使桥梁产生有阻尼的自由衰减振动，记录到的振动图形是桥梁的衰减振动曲线。为使桥梁产生自由振动，一般常用突加载荷和突卸荷载两种方法。

（1）突加荷载法：在被测结构上急速地施加一个冲击作用力，由于施加冲击作用的时间短促，因此，施加于结构的作用实际上是一个冲击脉冲作用。由振动理论可知，冲击脉冲的动能传递到结构振动系统的时间，要小于振动系统的自振周期，并且冲击脉冲一般都

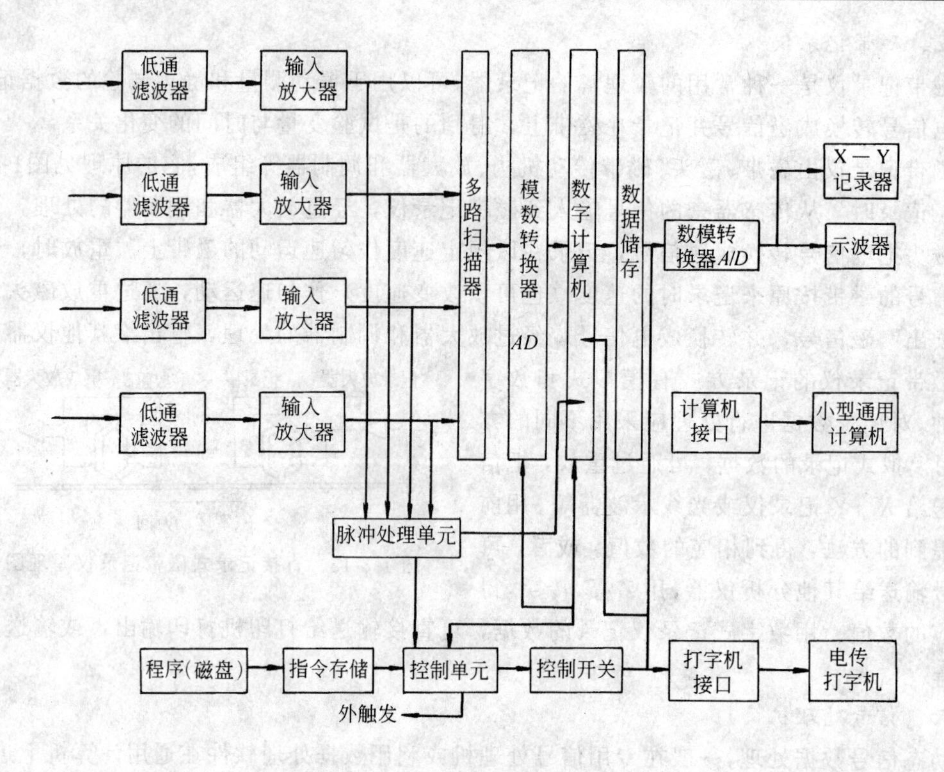

图 1-3-16　数字信号处理机的组成

包含了从零到无限大的所有频率的能量，它的频谱是连续谱，只有被测结构的固有频率与之相同或很接近时，冲击脉冲的频率分量才对结构起作用，从而激起结构以其固有频率作自由振动。

对于中、小型桥梁结构，可用落锤激振器（或枕木）垂直地冲击桥梁，激起桥梁竖直方向的自由振动。如果水平方向冲击桥面缘石，则可激起横向振动。图 1-3-17 所示为公路界常用的落锤激振器的构造图。

工程界常利用试验车辆在桥面上驶越三角垫木，利用车轮的突然下落对桥梁产生冲击作用，激起桥梁的竖向振动。但此时所测得的结构固有频率包括了试验车辆这一附加质量的影响。

(2) 突然卸载法：采用突然卸载法时，在结构上预先施加一个荷载作用，使结构产生一个初位移，然后突然卸去荷载，利用结构的弹性性质使其产生自由振动。图 1-3-18 所示为卸载法的激振装置。

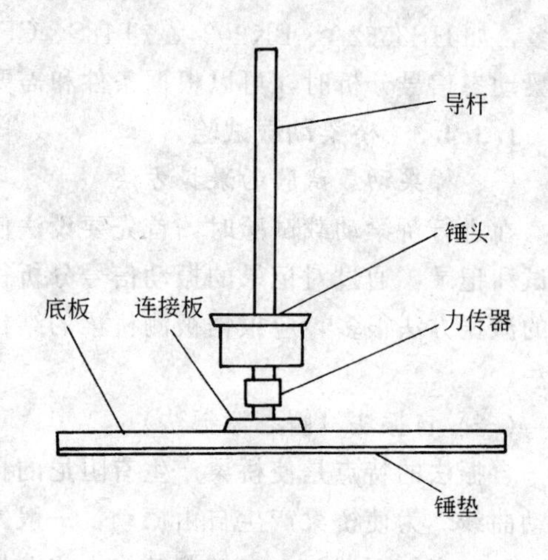

图 1-3-17　落锤激振器构造图

为了顺利卸落荷载，可通过自动脱钩装置或剪绳索等方法，有时也专门设计一种断裂装置，当预施加力达到一定的数值时，在绳索中间的断裂装置便突然断离，从而激发结构的振动，突然卸落荷载的大小要根据所需最大振

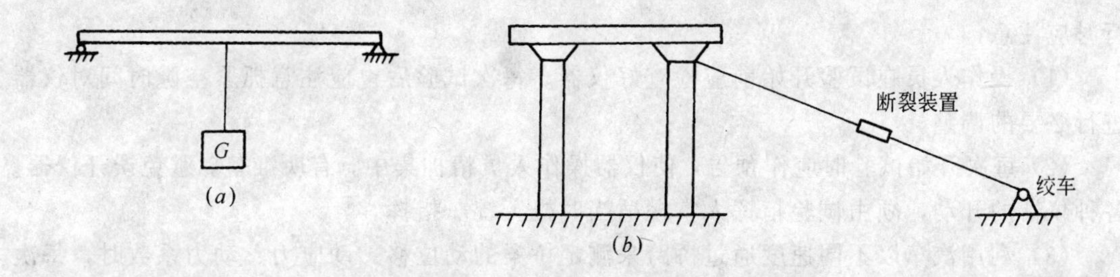

图 1-3-18 卸载法试验装置

幅计算求出。

（二）共振法

(1) 激振设备有机械式激振器、电磁式激振器和电气液压式振动台。共振法是利用激振器，对结构施加激振力，使结构产生强迫振动，改变激振力的频率而使结构产生共振现象并借助共振现象来确定结构的动力特性。

(2) 激振器在结构上安装位置和激振方向要根据试验的要求和目的而定。使用时，激振器应牢固地固定于结构上，由底座将激振器产生的交变激振力传给结构。如果将两台激振器安放于结构的适当位置上，反向激振，则可进行扭转振动试验。

(3) 连续改变激振器的频率，当激振力的频率与结构的固有频率相等时，结构出现共振现象，此时，所记录到的频率即为结构的固有频率。

(4) 对于较复杂的结构，有时需要知道基频以后的几个频率。此时可以连续改变激振力的频率，进行“频率扫描”，使结构连续出现第一次共振，第二次共振，……等等，同时记录结构的振动图形。由此可得到结构的第一频率（基频）、第二频率、……等，在此基础上，再在共振频率附近进行稳定的激振试验，则可准确地测定结构的固有频率与振型。

(5) 对于自振频率较低的大跨度柔性桥梁结构，也可利用人群在桥面上作有规律的运动，使结构发生共振现象。

(6) 在桥梁的动载试验中，常用载重车队由低到高的不同速度驶过桥梁，使结构产生不同程度的强迫振动。在若干次运行车辆荷载试验中，当某一行驶速度产生的激振力的频率的频率与结构的固有频率相接近时，结构便产生共振现象，此时结构各部位的振动响应达最大值。在车辆驶离桥跨以后，结构作自由衰减振动，这时可由记录到的波形曲线分析得出结构的动力特性。图 1-3-19 所示为车速 21km/h，驶过 25m 预应力混凝土简支梁桥时，跨中挠度的时历曲线。振动波形曲线中 A、B 一段，是车辆离桥后，结构作自由衰减振动的波形记录，从中可分析计算出结构的固有频率和阻尼特性。

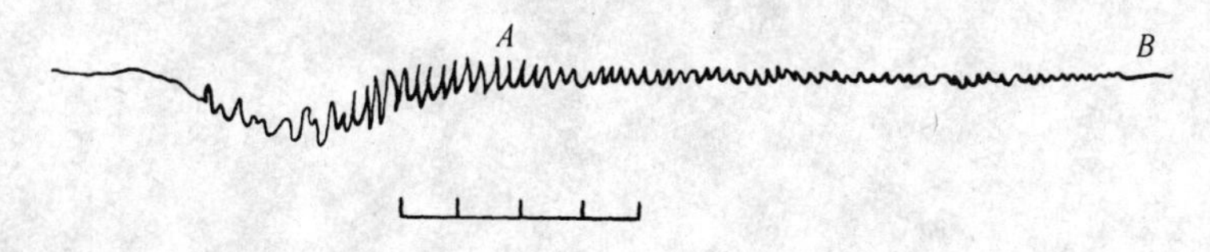

图 1-3-19 车速为 21km/h 时跨中挠度时历曲线

二、桥梁动载试验的注意事项

桥梁动载试验的准备工作及收尾工作基本上与静载试验时相同，不赘述。动载试验进行时应注意：

(1) 操作人员在试验开始前应检查好仪器。每次试验后也应注意抓紧空隙时间对仪器进行必要的调整。

(2) 每次开始试验时应作预告，使仪器操作人员精神集中，有所准备，避免误开仪器。各种仪器的开动，须由试验指挥人掌握适当时机，统一指挥。

(3) 利用汽车以不同速度通过桥跨来测定桥梁的动位移、动应力、动力系数时，每次开始试验前应把确定好的车速事先告诉司机，使司机了解情况，按要求开好车。同时，每对次车辆过桥试验，要统一编号，并在试验前通知全体参加试验人员记到各自掌握的仪器记录纸上。有了统一编号，各种记录就不致发生混乱。

1.4 桥梁的检测技术

1.4.1 概 述

1.4.1.1 桥梁检测评定的目的

一、评定桥梁的实际承载能力

评定现有桥梁的实际承载能力，为桥梁的使用及维修加固提供必要的依据。其主要内容如下：

(1) 桥梁由于营运多年，主要部位出现缺陷，如裂缝、错位、沉降等。通过检定确定桥梁各部损耗的程度及实际承载能力。

(2) 原来按旧标准规定的荷载等级设计建造的桥梁，现在由于交通量的不断增加，车辆载重量的不断加大，对桥梁通过能力和承载能力的要求也愈来愈高。通过检定，可确定现有桥梁的荷载等级，从而决定是否需要通过加固来提高其荷载等级。

(3) 近年来，随着我国现代化工业建设的发展，特大型工业设备、集装箱运输，逐渐频繁，超重车辆必须过桥的情况时有发生。通过检定，可确定超重车辆是否可通过，并为临时加固提供资料。

(4) 桥梁遭特大灾害时，比如因地震、洪水等而受到严重损坏，或在建造、使用过程中发生严重缺陷等（如质量事故、过度的变形和严重裂缝以及意外的撞击受损断裂等），常须通过检定，为进行修复加固提供可靠依据。

二、对桥梁全面技术评定，建立技术档案资料

对现有桥梁进行全面技术评定，建立和积累必要的技术档案资料。其主要内容如下：

(1) 现有桥梁资料不全，或缺乏资料，需通过检定，重新建立和积累技术资料，为加强公路科学管理和提高桥梁技术水平提供必要条件。

(2) 随着我军现代化建设的发展，部队机动性对道路的要求越来越高，在国防干线上的现有桥梁，通过检定，可更加确切地了解桥梁的实际使用状态及承载能力，建立、健全并积累必要的桥梁档案资料。

三、检验桥梁结构的质量，确保工程的可靠

(1) 对于一些重要的大桥或特大桥梁，在建成之后，通过检定，可评定其设计与施工质量，确定工程的可靠程度。

(2) 对采用新型结构的桥梁，通过检定，可验证理论的实践性和可靠性，进一步发现问题，总结经验，以便对结构设计理论及结构型式加以改进，使其更臻完善。

(3) 对于经过维修加固的桥梁，进行竣工检定，通过检定，可检验维修加固的质量，并验证加固方法的合理性与可靠性。

1.4.1.2　桥梁检查的种类和项目

根据交通部《公路桥梁养护管理制度》的规定，对现有桥梁工程的种类和项目有如下几种：

(1) 经常的检查。由路段检查人员或桥梁养护人员定期进行扫视检查，目的是确保结构功能正常，使结构能得到及时的养护和紧急处治，对需要检修的一些大问题作出报告。该项检查往往使得检查人员有机会在各种天气情况下对桥梁进行观察。

桥梁经常性检查的项目和记录表格见表1-4-1和表1-4-2所列。

桥梁经常性检查的项目　　**表1-4-1**

序号	检查项目	序号	检查项目
1	桥面是否平整，有无损坏	5	伸缩缝是否堵塞、破损、失效
2	桥面泄水管是否损坏、堵塞	6	锥坡、翼墙有无开裂、坍裂、沉陷
3	桥面是否清洁，有无杂物堆积、杂草生长、蔓延	7	交通信号、标志（桥梁荷载标志）、照明设施是否完好
4	栏杆、引道、护栏是否断裂、撞坏、锈蚀	8	其他显而易见的损坏

桥梁经常检查记录表　　**表1-4-2**

单位：

桥梁名称		路线名称		桥位桩号	
项目	检查情况			处理意见	
桥面铺装					
泄水管					
桥面清洁					
栏杆					
伸缩缝					
锥坡					
交通标志、信号、照明、灯桩					
其他					
检查记录人			检查负责人		

(2) 定期检查。这是对桥梁结构的质量状况进行定期跟踪的全面检查。通常是依靠富有经验的专职桥梁工程师检查，以目视观察为主，辅以必要的工具、常规测量仪器、照相机和其他现场用器材等手段，实地判断桥梁缺损原因，做出质量状况评分，并估计需要维修的范围及方法，或提出限制交通的建议。对需要进一步查明原因或继续观察的缺损部件，提出特殊检查或下次检查的时间要求。

桥梁定期检查的项目和记录表格见表1-4-3、表1-4-4所列。

桥梁定期检查的项目 **表 1-4-3**

检 查 项 目	说 明
(1) 桥面铺装。是否有坑槽、开裂、车辙、松散、不平、桥头跳车现象等 (2) 人行道、栏杆。人行道有无开裂、断裂、缺损；栏杆是否有松动、撞坏、锈蚀和变形等 (3) 伸缩缝。是否破损、结构脱落、淤塞、填料凹凸、跳车、漏水等 (4) 排水设施（防水层）。桥面横坡、纵坡是否顺适，有无积水；泄水管有无损坏、堵塞、泄水能力情况；防水层是否工作正常，有无渗水现象等 (5) 梁式桥上部结构。主梁支点、跨中、变截面处有无开裂，最大裂缝值；梁体表面有无空洞、蜂窝、麻面、剥落、露筋；有无局部渗水；横隔板是否开裂、焊缝是否断裂；钢结构锈蚀情况、变形情况等 (6) 圬工拱桥上部结构。主拱圈是否开裂、渗水、砂浆松动、脱落变形；拱脚是否开裂；腹拱是否变形、错位；立墙、立柱有无开裂、脱落；侧墙有无鼓肚、外倾等 (7) 双典拱桥上部结构：拱脚有无压裂；拱肋 1/4 处、3/4 处、顶部是否开裂、破损、露筋、锈蚀；拱脚与拱坡结合处是否开裂；波间砂浆是否脱落、松散；横隔联系是否开裂、破损等 (8) 支座：位移是否正常；橡胶支座是否老化、变形，钢板滑动支座是否锈蚀、干涩；各种支座固定端是否松动、剪断、开裂等 (9) 桥墩：墩身是否开裂，局部外鼓，表面风化、剥落、空洞、露筋；是否有变形、倾斜、沉降、冲刷、冲撞损坏情况等 (10) 桥台：是否开裂、破损，台背填土是否有裂纹、挤压、受冲刷等情况 (11) 翼墙：是否开裂，有无前倾、变形等 (12) 锥坡：是否破损、沉陷、开裂、冲刷、滑移等 (13) 照明：桥上照明情况是否正常等，如若损坏应及时更换 (14) 河床及调治构造物：河床是否变迁，有无漂浮物堵塞河道；调治构造物是否发挥正常作风，有无损坏、水毁等	(1) 定期检查的时间根据桥梁的不同情况规定为： 1) 新建桥梁竣工接养 1 年后 2) 一般桥梁检查周期为 3 年，也可视桥梁具体技术状况每 1～5 年检查一次，非永久性桥梁每年检查一次 3)根据下级桥梁养护工程师的报告，病害在三类以上的桥梁，应安排定期检查 (2) 专职桥梁养护工程师在每次实施定期检查前，要认真查阅所检查桥梁的技术资料以及上次定期检查报告，以便有充分的准备和做对比分析

桥梁定期检查记录表 **表 1-4-4**

单位：

桥 名		路线名称		起点桩号		检查时间	
桥长		上部结构 型 式		最 大 跨 径		气 候	
项 目		病害部位	病害情况（性质、数量、程度）			处理意见	
桥面铺装							
人行道、栏杆							
伸缩缝							
排水设施（防水层）							
上部结构							
支 座							
桥 墩							
桥 台							
翼 墙							
锥 坡							
桥上照明							
有关调治构造物							
河 床							
其 他							
下次定期检查时间安排							

记录人： 检查负责人：

（3）特殊检查。是因各种特殊原因由专家的依据一定的物理、化学无破损检测手段对桥梁进行的全面察看、测强和测缺，旨在找出损坏的明确原因、程度和范围，分析损坏所造成的后果以及潜在缺陷可能给结构带来的危险。通常采用如下特殊方法进行检查：

1）有必要使用特殊设备或专门技术对定期检查作补充时；

2）在进行复杂和昂贵的维修之前，需查出定期检查中未能发现的损坏情况时；

3）在发生特别事件之后，如地震、洪水灾害、撞击事故和超重车辆过桥后；

4）需要使用特殊仪器或需作特别详细记录的检查，拟评定结构实际状况时；

特别检查一般由现场检查和实验室测试分析两大部分组成。桥梁特殊检查的主要项目见表 1-4-5 所列。

桥梁特殊检查的项目　　　　表 1-4-5

需特殊检查的情况		检查项目				
		洪　水	滑　坡	地　震	超重车辆行驶（改造前）	撞　击
（1）在地震、洪水、滑坡、超重车辆行驶、行船或重大漂浮物撞击之后； （2）决定对单一的桥梁进行改造、加固之前	上部	栏杆损坏；桥体位移和损坏落梁、排水设施失效	因桥台推出而压屈	落梁、支座损坏、错位	梁、拱、桥面板裂缝、支座损坏、承载力测定	被撞构件及联系部位破坏、支座破坏
	下部	因冲刷而产生的沉陷和倾斜	桥台推出、胸墙破坏	沉陷、倾斜位移、圬工破坏、抗震墩破坏	墩台裂缝 沉　陷	墩台位移
（3）桥梁定期检查难以判明损坏原因、程度及整座桥的技术状况时； （4）桥梁技术状况在四类者		（1）结构验算、水文验算 （2）静载、动载试验 （3）用精密仪器对病害进行现场调查和实验分析； 1）混凝土裂缝外观及显微调查、混凝土碳化鉴定、氯化试验、湿度调查、强度测试、结构分析 2）钢筋位置、锈蚀状态调查 3）预应力钢筋现状及灌浆管道状况、空隙情况调查 4）桥面防水层状况调查 5）桥面铺装状况调查				

1.4.1.3　桥梁工程质量检验的评定依据和方法

一、桥梁质量检验的依据

道路工程质量检验和等级评定是依据交通部颁布的《公路工程质量检验评定标准》（JTJ 071—98）（简称“质量检评标准”）进行的，该标准是道路桥梁工程质量等级评定的标准尺度，是道路质量监督部门进行质量检查鉴定、监理工程师进行质量检查认定与施工单位质量自检、分项工程的交接验收及工程竣工验收质量评定的依据。对于部分省依据部“质量检评标准”结合自己省实际情况制定的本省“公路工程质量检验评定标准”，质量检验评定时应同时满足省质量检评标准的规定。

按照“质量检评标准”对公路桥梁进行质量检验时，具体试验检测还要以设计文件和《公路桥梁施工技术规范（附局部修订条文）》（JTJ 041—89）的有关规定为依据。设计文件中对桥梁各部分结构尺寸、材料强度的要求是试验检测的基本依据，结构施工过程的工艺要求，施工阶段结构材料强度、结构内力和变形控制要以施工技术规范的有关规定为依据。

对于新结构或采用新材料、新工艺的桥梁以及有特殊要求的桥梁，业主和承包商签订的施工合同应注明对该部分的质量要求、质量评定参照的方法（参照国外行业或国内其他行业的标准规范），质量评定应以合同规定的有关条款为依据。

二、桥梁质量等级评定的方法

（一）桥梁质量等级评定单元的划分

桥梁质量检评标准是按桥梁工程建设规模大小、结构部位和施工工序将建设项目划分为如下几种：

(1) 单位工程：建设项目中，根据业主下达任务或签订的合同，具有独立施工条件，可以单独作为成本计算对象的工程，如大、中跨径桥梁、互通式立交等可划分为单位工程。

(2) 分部工程：单位工程中按结构部位、路段长度及施工特点或施工任务等划分为若干分部工程。

(3) 分项工程：在分部工程中按不同的施工方法、材料、工序及路段长度等划分为若干个分项工程。

在以上评定单元划分中将分部工程和分项工程分为主要工程与一般工程，在质量等级评定加权评分时分别赋予 2 和 1 的权值。表 1-4-6 中给出了“质量检评标准”中关于公路桥梁质量等级评定单元划分的规定，其中小桥和涵洞被划分为路基单位工程的分部工程。

单位、分部及分项工程的划分 **表 1-4-6**

单位工程	分部工程		分项工程
桥梁工程（大、中桥）	基础及下部构造★	以每墩、台为单元（每座桥汇总）	明挖基础，桩基★，管柱★，地下连续墙★，承台，沉井★，锚固系统安装★，锚碇★，桩的制作★，钢筋加工安装、柱及双壁墩★，墩台身，墩台安装，墩台帽★，组合桥台★，锥坡等
	上部构造	预制和安装★	主要构件预制★，其他构件预制，钢筋加工及安装，预应力筋的加工和张拉★，梁板安装，悬臂拼装★，顶推施工梁★，拱圈安装、转体施工★，钢管拱的制作与安装★、劲性骨架拱肋的制作与安装★，吊杆的安装★，悬臂施工斜拉桥的梁★，索鞍安装★，主缆架设与防护★，加劲梁的安装★，钢筋安装及防护★等
		现场浇筑★	钢筋加工及安装，预应力筋的加工和张拉★，主要构件浇筑★，其他构件浇筑，悬臂浇筑★，钢管拱浇筑★，劲性骨架混凝土拱浇筑★，索塔★等
		总体及路面	桥梁总体★，桥面铺装★，钢桥面板上沥青混凝土铺装★，伸缩缝安装，大型伸缩缝安装★，栏杆，护栏安装，人行道铺设，灯柱安装等
	防护工程		护坡，护岸★，导流工程★，石笼防护，砌石工程等
	引道工程		路基★，路面★，挡土墙★，小桥★，涵洞★，护栏，标志，标线等
互通立交工程（每座为单元，全路汇总）	桥梁工程★（每座为单元）		基础及下部构造★，上部构造预制、安装或浇筑★，桥面★，栏杆或护栏，人行道等
	匝道工程（每条为单元）		路基★，路面★，通道★，护坡，挡土墙★，护栏、标志，标线等
路基工程	小桥★（每座为单元）		基础及下部构造★，上部构造预制、安装或浇筑★，桥面★，栏杆，人行道等
	涵洞★（1～3km 路段）		管涵，盖板涵，箱涵★，拱涵，倒虹吸管，通道，顶入法施工的桥梁★等

注：表内注★号者为主要工程，不带★号者为一般工程。

（二）工程质量评分方法

施工单位在各分项工程完工后，按照“质量检评标准”所列基本要求、实测项目和外观鉴定进行自检，填写“分项工程质量检验评定表”，提交完整、真实的自检资料，由监理工程师确认；质量监督部门根据抽查资料和确认的施工自检资料进行质量等级评定。工程质量评定的分项工程为基本评定单元，采用百分制进行评分；在分项工程评分的基础上，逐级计算各相应分部工程、单位工程的评分值和建设项目中单位工程的优良率。

(1) 分项工程评分方法

分项工程质量检验内容包括：基本要求、实测项目、外观鉴定和质量保证资料四个部分，只有在其使用的材料、半成品、成品及施工工艺符合基本要求的规定且无严重外观缺陷和质量保证资料基本齐全时，才能对分项工程质量进行检验评定。分项工程的实测项目分值之和为100分，外观缺陷或资料不全时，须予扣分。

分项工程评分＝实测项目中各检查项目得分之和－外观缺陷扣分－资料不全扣分

1）基本要求检查：各分项工程所列基本要求包括了有关规范的要点，对施工质量控制具有关键作用的，应按基本要求对工程进行认真检查，经检查不符合基本要求规定时，不得进行工程质量的检验和评定；

2）实测项目检查：对规定检查项目采用现场抽样方法，按照规定频率和下列计分方法对分项工程的施工质量直接进行检测评分。检查项目除按数理统计方法评定的项目以外，均应按单点（组）测定值是否符合标准要求进行评定，并按合格率计分。

$$\text{检查项目合格率} = \frac{\text{检查合格的点(组)数}}{\text{该检查项目的全部检查点(组)数}} \times 100\%$$

检查项目评定分数＝检查项目规定分数×合格率

3）外观鉴定：对工程外表状况进行检查评定时，如发现外观缺陷，应区分档次进行扣分。对于较严重的外观缺陷，施工单位须采取合适的措施进行整修处理。

4）资料不全扣分

分项工程的施工资料和图表残缺、缺乏最基本的数据或有伪造涂改资料者，不予检验和评定。资料不全者应予扣分，扣分幅度可视资料不全情况，每款扣1～3分。质量保证资料应包括以下6项。

①所用材料、半成品和成品质量检验结果；

②材料配比、拌和加工控制检验和试验数据；

③地基处理和隐蔽工程施工记录；

④各项质量控制指标的试验记录和质量检验汇总图表；

⑤施工过程中遇到的非正常情况记录及其对工程质量影响分析；

⑥施工中如发生质量事故，经处理补救后，达到设计要求的认可证明文件等。

(2) 分部工程和单位工程评分方法

分部工程和单位工程评分采用加权平均值计算法确定相应的评分值，即：

$$\text{分部(单位)工程评分} = \frac{\Sigma[\text{分项(分部)工程评分} \times \text{相应权值}]}{\Sigma\,\text{分项(分部)工程权值}}$$

(3) 建设项目中单位工程的优良率计算方法

$$\text{单位工程优良率} = \frac{\text{被评为优良的单位工程数量}}{\text{建设项目中单位工程总数}} \times 100\%$$

（三）工程质量等级评定方法

工程质量评定的结果可分为优良、合格和不合格三个等级，应按分项、分部、单位工程和建设项目逐级评定。

(1) 分项工程质量等级评定：分项工程评分在85分及以上者为优良；70分及以上、85分以上者为合格；70分以下者为不合格。经检查评为不合格的分项工程，允许进行加固、补强、返工或整修，当满足设计要求后，可以重新评定其质量等级，但只可复评为合格。

(2) 分部工程质量等级评定：所属各项工程全部合格，其加权平均分达85分及以上，且所含主要分项工程全部评为优良时，则该分部工程评为优良；如分项工程全部合格，但加权平均分为85分以下，或加权平均分虽在85分以上，但主要分项工程未全部达到优良标准时，则该分部工程评为合格；如分项工程未全部达到合格标准时，则该分部工程评为不合格。

(3) 单位工程质量等级评定：所属各分部工程全部合格，其加权平均分达85分及以上，且所含主要分部工程全部评为优良时，则该单位工程评为优良；如分项工程全部合格，但加权平均分为85分以上，或加权平均分虽在85分及以上，但主要分部工程未全部达到优良标准时，则该单位工程评为合格；如分部工程未全部达到合格标准时，则该单位工程为不合格。

(4) 建设项目质量等级评定：所属单位工程全部合格且优良率在80%及以上时，则该建设项目评为优良；如单位工程全部合格，但优良率在80%以下时，则该建设项目评为合格；如单位工程未全部合格，则该建设项目评为不合格。

1.4.1.4 桥梁技术状况评定标准

(1)《公路养护技术规范》(JTJ 073—85) 规定的标准见表1-4-7所列。

桥梁技术状况评定标准 (JTJ 073—85) **表1-4-7**

项目 \ 类别	一类	二类	三类	四类
钢结构	(1) 各部构件无损裂、开焊 (2) 各节点铆钉螺栓无松动 (3) 油漆色泽鲜明完好	(1) 杆件容易破损的部分有轻微变形 (2) 个别节点螺栓松动 (3) 油漆变色起泡，剥落面积在10%以内	(1) 个别杆件出现扭曲开裂 (2) 联结部位铆钉或螺栓损坏10%以上 (3) 全桥油漆失效20%以上	(1) 主要杆件有严重扭曲、开裂 (2) 联结部位铆钉或螺栓损坏20%以上 (3) 全桥油漆失效50%以上
砖石混凝土上部结构	(1) 上部结构完好，无渗水、无污染 (2) 裂纹宽度在容许范围以内	(1) 上部构造基本完好，仅表面有部分缺陷 (2) 裂纹宽度在《公路养护技术规范》容许范围之内	(1) 钢筋混凝土梁，拱有剥落、露筋 (2) 石砌拱圈局部变形 (3) 裂纹宽度已超过《公路养护技术规范》的最大限值	(1) 钢筋混凝土梁，拱有永久性严重变形，顺主筋方向有纵向裂纹，钢筋已严重锈蚀，其他部位的裂纹已超过0.4mm (2) 石砌拱圈裂纹大于2mm或发生开合现象

续表

项目 \ 类别	一类	二类	三类	四类
墩台	(1) 墩台各部分完好 (2) 浅基已作防护处理，效果良好	(1) 墩台基本完好，仅表面有局部缺陷 (2) 浅基未作防护处理，但无冲，刷现象	(1) 墩台出现缺陷，有失稳现象发生 (2) 桥基出现局部冲刷	(1) 墩台不稳定，有滑动，下沉、倾斜、冻害现象，圬工严重松动，裂纹有开合现象，变形大于计算值 (2) 桥基冲刷大于计算值，并被严重冲空
支座	(1) 各部分清洁完好 (2) 活动支座伸缩及转动正常	(1) 支座有尘埃堆积，略有腐蚀 (2) 支座滑动面干涩	(1) 钢支座螺栓松动 (2) 橡胶支座开始老化	(1) 钢支座上下板开裂，锚栓折断 (2) 橡胶支座老化开裂 (3) 混凝土支座开裂压碎 (4) 活动支座坏死
木桥	(1) 各部构件完好无缺 (2) 防腐、防蚁效果良好	(1) 基本完好，有个别小件脱落 (2) 有腐朽现象发生	(1) 构造物的构件发生腐朽脱落但尚未失稳 (2) 墩台开始变形	(1) 结构已严重腐朽脱落 (2) 墩台倾斜，下沉冻拔
栏杆人行道	完整清洁	欠清洁，有个别杆件脱落	多处有明显损坏	严重歪斜残缺，危及人身安全
载重能力	符合设计要求	达到设计要求	＜25％设计要求	＞25％设计要求

(2) 桥梁各部位缺损状况的检查参考评定标准见表 1-4-8～1-4-19 所列。

桥面板缺损状况的检查参考评定标准 **表 1-4-8**

等级	状态	主要特征	养护维修措施
1	很好	基本无缺损现象	日常维护
2	良好	出现较轻微的剥落、裂缝，但剥落面积在3％以内，裂缝宽度在《公路养护技术规范》规定限值以内，且数量较少	日常养护 局部修补
3	临界	剥落、露筋、碎裂面积在6％以内，裂缝宽度接近《公路养护技术规范》限值，且数量较多	局部修复
4	差	剥落、露筋、碎裂面积超过6％，裂缝宽度超过《公路养护技术规范》规定限值	局部修复或 补强加固
5	很差	出现大面积的剥落、露筋、钢筋锈蚀，裂缝宽度超过《公路养护技术规范》限值，危及行车安全	补强加固或重修

主梁缺损状况的检查参考评定标准 表 1-4-9

等级	状态	主要特征	养护维修措施
1	很好	主梁结构完好无损，钢筋混凝土梁竖向裂缝宽度＜0.15mm，预应力钢筋混凝土梁无竖向裂缝	日常养护
2	良好	主梁结构基本完好，混凝土表面出现局部剥落、露筋，但其面积＜3%，钢筋混凝土竖向裂缝宽度＜0.2mm，预应力混凝土无竖向裂缝	日常养护 局部修补
3	临界	主梁结构出现剥落、露筋，其总面积＜10%，钢筋混凝土竖向裂缝宽度＜0.25mm，预应力混凝土竖向裂缝＜0.1mm，简支梁跨中恒载挠度＜$L/600$，悬臂梁的恒载挠度＜$L/300$	局部修复
4	差	部分主梁出现大面积剥落、露筋，钢筋混凝土竖向裂缝宽度＞0.25mm，预应力混凝土竖向裂缝＞0.1mm，简支梁跨中恒载挠度＞$L/600$，悬臂梁的恒载挠度＞$L/300$	局部加固或更换部分主梁
5	很差	大部分主梁出现大面积剥落、露筋，钢筋混凝土竖向裂缝宽度＞0.25mm，预应力混凝土竖向裂缝＞0.1mm，简支梁跨中恒载挠度＞$L/600$，悬臂梁的恒载挠度＞$L/300$	整体加固或重建新桥

桥面铺装缺损状况的检查参考评定标准 表 1-4-10

等级	状态	主要特征	养护维修措施
1	很好	基本无缺损现象或仅有少量极轻微的细裂缝，对行车无影响	日常养护
2	良好	裂缝强度较轻（裂缝边缘无或仅有轻微剥落）、数量较少，坑槽、龟裂（破碎板）面积在5%以内，变形轻微	日常养护 局部修补
3	临界	裂缝程度中等（裂缝边缘有中等剥落），坑槽、龟裂（破碎板）面积在10%以内，变形居中等程度	局部修补或加铺沥青层或水泥混凝土面层
4	差	裂缝严重、数量较多，坑槽、龟裂（破碎板）面积超过10%，变形严重	桥面大修
5	很差	出现大面积的坑槽、龟裂、破碎（水泥混凝土铺装层），变形严重	桥面翻修

栏杆及扶手缺损状况的检查参考评定标准 表 1-4-11

等级	状态	主要特征	养护维修措施
1	很好	基本无缺损现象	日常养护
2	良好	结构完整但表面出现轻微的剥落、裂缝	日常养护、局部修补
3	临界	结构尚完整、表面出现较为严重的剥落、露筋、裂缝	局部修复
4	差	结构局部不完整、表面出现严重的剥落、露筋、脱裂	重新修筑部分栏杆及扶手
5	很差	出现严重的剥落、露筋、脱裂，部分栏杆或扶手残缺不全或严重歪斜，危及人身安全	重新修筑

人行道缺损状况的检查参考评定标准　表 1-4-12

等级	状态	主要特征	养护维修措施
1	很好	基本无缺损现象	日常养护
2	良好	表现出现剥落、开裂、但程度较轻	日常养护、局部修补
3	临界	表面出现中等程度的剥落、开裂、或局部出现破碎，但面积较小	局部修复
4	差	表面出现严重程度的剥落、开裂、破碎，与桥面板连接不牢固	重新修筑部分人行道
5	很差	出现表面大面积的破碎、剥落，与桥面板连接不牢固	重新修筑人行道

主拱圈缺损状况的检查参考评定标准　表 1-4-13

等级	状态	主要特征	养护维修措施
1	很好	结构完好无损，或只有极其轻微的剥落、裂缝	日常养护
2	良好	结构基本完好，混凝土上及圬工砌体出现局部剥落、露筋，但其面积<3%，裂缝宽度在《公路养护技术规范》限值之内	日常养护 局部修补
3	临界	混凝土及圬工砌体出现剥落、露筋，其总面积<10%，个别位置裂缝宽度略超过《公路养护技术规范》限值	局部修复
4	差	混凝土及圬工砌体严重剥落、露筋，面积超过10%，个别位置裂缝宽度超过《公路养护技术规范》限值较多，拱圈有局部变形	局部加固
5	很差	混凝土及圬工砌体出现大面积剥落、露筋，主要位置裂缝宽度超过《公路养护技术规范》限值较多，拱顶下沉，拱圈出现明显永久性变形	整体加固或重建

支座缺损状况的检查评定标准　表 1-4-14

等级	状态	主要特征	养护维修措施
1	很好	各部分清洁完好，活动支座伸缩及转动正常	日常养护
2	良好	支座本身及座板出现轻微损坏但活动支座伸缩及转动正常	日常养护 局部修补
3	临界	支座及座板本身出现中度损坏	局部修复
4	差	部分支座及座板出现严重损坏	更换部分支座
5	很差	大部分支座及座板出现严重损坏，支座功能完全丧失	更换全部支座

墩（台）缺损状况的检查评定标准　表 1-4-15

等级	状态	主要特征	养护维修措施
1	很好	墩（台）各部分完好无损	日常养护
2	良好	墩（台）基本完好，表面出现轻微的剥落、裂缝，但剥落面积<3%，裂缝宽度在《公路养护技术规范》限值以内	日常养护 局部修补
3	临界	墩（台）表面出现剥落、露筋，其面积<10%，裂缝宽度略超过《公路养护技术规范》限值	局部修复

续表

等 级	状 态	主 要 特 征	养护维修措施
4	差	部分墩（台）表面出现剥落、露筋，其总面积＞10%，裂缝宽度超过《公路养护技术规范》值较多，或出现较为严重的倾斜、水平位移和沉降	加固改造部分墩台
5	很差	大部分墩（台）出现大面积剥落、露筋，钢筋锈蚀，裂缝宽度超过《公路养护技术规范》值较多或出现严重倾斜、水平位移和沉降	加固或重建

墩（台）基础缺损状况的检查评定标准　　表 1-4-16

等 级	状 态	主 要 特 征	养护维修措施
1	很好	基础完好无损，浅基础已作防护处理，效果良好	日常养护
2	良好	基础基本完好，表现出现轻微剥落，松散，但其面积小于3%，无冲刷现象	日常养护 局部修补
3	临界	基础表面出现剥落、露筋、松散，其表面积＜10%，或基底出现局部冲刷，但程度较轻	局部修复
4	差	部分基础表面出现大面积剥落、露筋、松散或基底出现严重冲刷	加固改造部分基础
5	很差	大部分基础出现大面积剥落、露筋、松散或基底出现严重冲刷	

伸缩缝装置缺损状况的检查评定标准　　表 1-4-17

等 级	状 态	主 要 特 征	养护维修措施
1	很好	基本无缺损现象	日常养护
2	良好	接头周围部分后铺筑料出现剥落、凹凸不平、渗水、硬物卡死等，但程度较轻，或伸缩缝装置本身出现轻微缺损	日常养护 局部修补
3	临界	接头周围后铺筑料出现较为严重的剥落、凹凸不平、渗水等，或伸缩缝装置本身出现中等程度的缺损	局部修复
4	差	部分伸缩缝本身出现严重缺损	更换部分伸缩缝装置
5	很差	大部分伸缩缝本身出现严重缺损	全部更换伸缩缝装置

横向联系缺损状况的检查评定标准　　表 1-4-18

等 级	状 态	主 要 特 征	养护维修措施
1	很好	横向联系无破损，与主梁（或主拱圈）联结牢固	日常养护
2	良好	横向联系出现轻微剥落，面积在2%以内，裂缝宽度在《公路养护技术规范》限值以内，与主梁联结尚牢固	日常养护 局部修补
3	临界	横向联系出现剥落、露筋，其总面积＜10%，裂缝宽度略超过《公路养护技术规范》限值与主梁联结欠牢固	局部修复
4	差	部分横向联系出现剥落、露筋其总面积＞10%，裂缝宽度超过《公路养护技术规范》值较多，与主梁联结出现松动	局部加固
5	很差	大部分横向联系出现大面积剥落、露筋，钢筋锈蚀，裂缝宽度超过《公路养护技术规范》值较多，基本丧失与主梁的联结能力	整体加固或重修

排水系缺损状况的检查参考评定标准　　表 1-4-19

等　级	状　态	主　要　特　征	养护维修措施
1	很好	基本无缺损现象	日常养护
2	良好	管道、引水槽出现堵塞或管道、引水槽本身出现轻微破损	日常养护 局部修补
3	临界	管道、引水槽出现中等程度的破损	局部修复
4	差	部分管道、引水槽出现严重破损	更换部分管道，或重新修筑部分引水槽
5	很差	大部分管道、引水槽出现严重破损	更换管道、重修筑引水槽

（3）桥梁技术现状评定表　见表 1-4-20 所列。

（4）桥梁基本状况资料卡的形式及内容见表 1-4-21、表 1-4-22 所列。

单位：　　**桥梁技术现状评定表**　　表 1-4-20

桥名		路线名称		起点桩号		评定时间	
桥长		上部结构形式		最大跨径			

项　目	类别 1	类别 2	类别 3	类别 4
墩　台				
支　座				
砖石混凝土上部结构				
钢结构构件				
木桥各部构件				
栏杆人行道				
载重能力				

专职桥梁养护工程师：

桥梁基本状况卡片（正面）　　表 1-4-21

1. 基本情况　　字第　号

路线名称		桩　号		桥名或地名		所在地		管养单位	
桥型		孔数-跨径（孔-m）		桥长（m）		桥高（m）		桥面标高	
桥面净宽		桥面铺装		桥面纵坡		人行道宽（m）		载重（t）	

	孔　别 项　目						墩　台 项　目				
上部构造	式　样					下部构造	式　样				
	跨径（m）						材　料				
	材　料						墩台长度、宽度及高度（m）				
	梁断面尺寸或拱顶厚度（cm）						基础形式				
							基础深度（mm）				
	支座形式						基桩　根数（个）				
							基桩　桩径（cm）				

续表

翼墙构造		水流是否正常		所属水系及河流名称		枯水位	
护坡构造		河床地质及坡度		通航情况		寻常洪水位	
调治构造		河床冲刷情况		常水位		寻常洪水位浸水深度	
破冰体、护礅体		桥位中心垂直线与水流间夹角		流冰水位		历史最高洪水位	

2. 桥梁草图：（立面图）

桥梁基本状况卡片（反面） 表 1-4-22

3. 修建简史及现状

4. 修建记录

施工日期		工程号	工程说明	总工作量（万元）	经费来源	质量鉴定	建设单位	设计者	施工者
开工	竣工								

5. 损毁及修复情况

损毁日期年月日	损毁情况			修复情况		
	情况	原因	经济损失	修复办法	修复用款	修复日期
单位负责人		卡片编制人		编制日期		年 月 日

1.4.2 桥梁检定的技术准备与试验布置

桥梁检定涉及到试验目的、加载方法、测试手段、仪器设备、量技术、实施步骤等方面。工作比较细致复杂。因此，必须认真作好应有的技术准备和试验部署。

检定前作好充分准备，是确保有秩序地正常工作并取得可靠检定成果的关键。在此阶段，检定者应着重做好如下几项工作：

1.4.2.1　掌握基本资料，明确现实情况

掌握桥梁基本资料，明确现实情况，是进行桥梁检定工作的重要前提。桥梁检查的内容有：技术资料的搜集、桥梁现状检查、材质及地基的检验等。

技术资料的搜集包括桥梁概况及历史资料、设计文件、施工质量及竣工文件、建桥前后的水文地质资料等。

桥梁现状检查、材质及地基的检验都是极为重要的工作，它对试验结果的分析起着重要的作用。其主要内容有：观测河床纵横断面及桥址地形、桥梁各部尺寸、外表的损坏程度、裂缝的开展情况、钢材的锈蚀程度、墩台支座的沉降位移等。必要时还应测定材料的力学性质及基底的地质情况。

1.4.2.2　制定试验方案，作好检定准备

(1)制定试验方案　试验方案的内容及详略程度可根据不同的试验目的和要求而定，一般应包括如下几个内容：

1）试验目的，量测的主要内容和要求。

2）试件设计及制作要求。

3）试件的安装与就位。

4）加载方法，包括荷载数量及种类，加载设备及装置，加载图形，加卸载顺序，加卸载时间等。

5）量测方法，包括仪表型号选择，仪表标定方法，仪表布置及编号，仪表安装方法，量测顺序以及补偿仪表的安装等。

6）试验过程的观察，包括仪表观测的顺序，试件各部位观测的要求及记录内容等。

7）安全措施。

8）进度计划。

9）附录（如经费、器材及仪表设备清单等）。

(2) 做出试验的具体实施计划方案确定后即可制订出具体实施计划，即编制出试验程序表。并使所有参加试验的工作人员都知道，以便有秩序地进行工作。

1.4.2.3　根据试验方案，作好具体试验布置

一、根据试验目的，布置测点

用仪器对桥梁结构进行内力和变形的各种参数的测量时，其测点选择与布置可参见下列原则：

(1) 测点的位置要具有代表性，以便于分析和计算。桥梁结构的最大挠度和最大应力的数据，通常是试验者最感兴趣的，掌握了这些数值就可以比较清楚地了解结构的工作性能和强度储备。例如梁式桥的跨中部位，其挠度最大，上缘混凝土压应力、下缘主筋拉应力都最大，这种很有代表性的测点必须设法加以量测。

(2) 测点的选择一定要有目的性，避免盲目设置测点。在满足试验要求的前提下，测点宜少不宜多，以便使试验工作重点突出，提高效率，保证质量。

(3) 测点的布置，要有利于仪表的安装和便于观测读数，即应该是方便的、安全的。为了便于测读，减少观测人员，测点的布置宜适当集中，便于一个人管理多台仪器。控制部位的测点大都处于有危险的部位，一定要妥善考虑安全措施，必要时应该选择特殊的仪器

仪表或测定方法来满足量测要求。

(4) 为了保证量测数据的可靠性，应布置一定的校核性测点。这是因为在试验过程中，由于偶然因素，会有部分仪器或仪表工作不正常或发生故障，影响量测数据的可靠性。因此，不仅在需要测量的部位布置测点，也要在已知参数的位置上布置少量校核性测点，以利判别量测数据的可靠程度。

(5) 在试验中，有时可利用结构对称互等的原理，并通过荷载的变位，来达到既能减少测点数目又能增加试验数据的目的。例如，要量测桥梁横断面在荷载 P 作用下各根梁的挠度曲线，可如表 1-4-23 所示，只要在 1～4 号梁的梁底布置四个测点，即可利用对称互等原理得出在荷载 P 作用下桥梁的横向的完整挠度曲线（参见表 1-4-23 简图及说明）。同样，顺桥方向也可利用这一方法在跨中 1/2 点处布置测点，对整个桥跨来说，只要在跨中 1/4 点处布置测点，即可得到全桥跨的试验数据。

利用结构对称互等定理测定桥梁横向挠度曲线的情况 表 1-4-23

序号	简图	说明
1	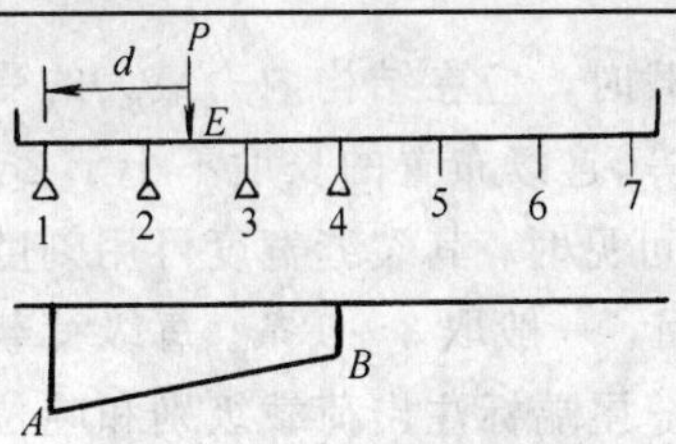 P, d, E; 1 2 3 4 5 6 7; A B	在桥对称位置上设置四个测点荷载 P 作用于 E 时，测得 1～4号梁的挠度，并绘得挠度曲线 AB
2	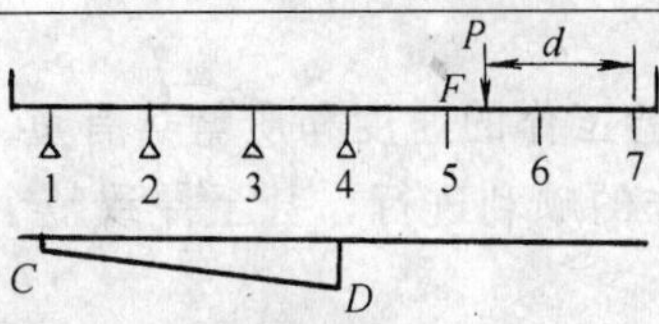 P, d, F; 1 2 3 4 5 6 7; C D	当荷载置于另一对称位置 F 时，又测得 1～4 号梁的挠度，得挠度曲线 CD
3	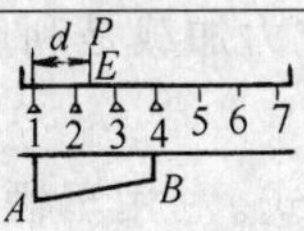 d, P, E; 1 2 3 4 5 6 7; A B	利用对称互等定理得出荷载作用于 E 时 1～7 号梁的挠度并绘得横向挠度曲线 AC

(6) 因此，几种常用桥梁体系的主要测点布设可以如下：

1) 简支梁桥：能测定跨中挠度，支点沉降，跨中截面应变。

2) 连续梁桥：能测定跨中挠度，支点沉降，跨中截面和支点截面应变。

3) 悬臂梁桥：能测定悬臂端部挠度，支点沉降，支点截面应变。

4) 拱桥：跨中，1/4 处挠度，拱顶、拱脚截面应变。

当采用测定混凝土表面应变的方法来确定钢筋混凝土结构中钢筋承受的拉力时，考虑到混凝土表面已经和可能产生的裂缝对观测的影响，因而测点的位置应进行选择。

(7) 根据桥梁调查和检算工作的深度，综合考虑结构特点和桥梁现况，其他测点的布设可根据下列情况进行加设：

1) 挠度沿桥长或沿控制截面桥宽方向分布。

2) 应变沿控制截面桥宽方向分布。

3) 应变沿截面高度方向分布。

4）组合构件的结合面上下缘应变。

5）墩台的沉降、水平位移和转角。

6）剪切应变。

7）其他结构薄弱部位的应变。

对于剪切应变测点一般采取设置应变花的方法进行观测。为了方便，对于桥梁的剪应力也可在截面中性轴处主应力方向设置应变测点来进行观测。梁桥的实际最大剪应力截面应设置在支座附近而不是支座上。

二、根据试验方案，选择测定方法

(1) 位移的测量：梁、板、桁架等受弯构件的位移测定，主要是测其挠度及变形曲线，它们表征该类构件总的工作性能。因为在荷载作用下构件的任何部位的异常变化或局部破坏都在挠度和变形曲线中反映出来。

(2) 应变测量：正确的测定应变值，对桥梁结构受力状态的分析是非常重要的。对于受弯构件，应在最大弯矩作用截面内上下边缘布点，或沿侧面高度方向布点，每处一般不少于两个测点。

(3) 裂缝的测定：用应变量测仪器测定开裂荷载时，应在结构内力最大的受拉区域沿受力主筋方向连续布置电阻应变片或杠杆式应变仪等。连续布置的长度不小于2～3个计算裂缝间距，或不小于30倍主筋直径。当裂缝用肉眼可见时，其裂缝宽度可用刻度放大镜测定。每一测区或每一个构件测定裂缝宽度的裂缝数目，一般取3～5条。每级荷载下出现的裂缝或原有裂缝的开展均需在试件上标明，即在裂缝尾端标注出荷载级别和吨位。

三、试验荷载的选择与布置

(1) 正确地选用加载方法及加载设备，对整个试验工作的速度和质量具有重大影响。加载方法与加载设备的不完善，将会影响整个试验工作的顺利进行，甚至导致整个试验的失败，或发生安全事故。

(2) 桥梁试验的荷载一般采用重力加载或液压加载。重力加载是利用物体的重量作为静荷载加于结构上；液压加载一般多为油压加载。

(3) 重力加载一般有可行式车辆和重物直接加载两种形式。利用车辆作为加载设备，其优点是对桥梁加载、卸载方便；可以作静荷载试验，也可以作动荷载试验。试验一结束，即可恢复通车。

(4) 试验车辆的前后轴轴载，必须以标准荷载的列车或汽车车队的等级来布置。有时无法找到标准荷载所规定的车辆时，则必须因地制宜地选择试验车，量好车轴之间的距离和有关尺寸，安排好前后轴轴载以便计算时使用。

(5) 试验车在桥上应尽量布置在最不利的位置上。要达到这一目的，一般要事先做好荷载排列的计算和分析工作。

此外，还可利用专门浇铸的标准铸铁块、混凝土块、水箱等重物，或反力架与液压千斤顶组合的加载设备。

1.4.3　桥梁结构的检查

1.4.3.1　桥梁检查的主要部件

桥梁检查的主要部件是指桥面系、上面结构及下部结构等三大部分的缺损状况。

(1) 桥面系：对桥面摊铺、桥面板、伸缩缝装置、排水系统、栏杆及扶手、人行道等的检查。

(2) 上部结构：对基本构件（如主梁、主拱圈等)、横向联系（如横隔板、横系梁等）的检查。

(3) 下部结构：对桥梁的支座、墩台、基础等的检查。

1.4.3.2　桥梁检查的部位及其内容

桥梁检查的部位及其内容见表 1-4-24 所示。

桥梁检查部位及内容　　**表 1-4-24**

序号	检查部位		检查内容
1	桥面系	(1) 人行道面 (2) 行车道面 (3) 栏杆系 (4) 缘石 (5) 伸缩缝包括桥头和人行道接缝 (6) 桥面排水设施	(1) 桥面铺装平整和磨耗度及抗滑性能 (2) 桥面铺装开裂，剥离、洼地积水、坑穴、波浪和表面污迹 (3) 人行道的功能及缘石的剥落、退化和高度不够 (4) 栏杆系的撞击损坏、松动、开裂、下挠和上拱以及构件脱裂丢失 (5) 伸缩缝、人行道和桥头接缝的开放程度、阻塞和损坏 (6) 桥面排水设施是否合理、破损堵塞或漏头
2	桥跨结构	(1) 主梁 (2) 主拱圈 (3) 桁架 (4) 拱桥拱上建筑 (5) 系杆拱之吊杆 (6) 斜拉桥和吊桥之索塔和悬(拉) 索等 (7) 主梁、主拱圈、桁架等之间的横向联系	(1) 结构实际尺寸，包括截面尺寸、跨径、填料厚度、拱轴线、钢筋直径和布置等 (2) 混凝土的空洞、蜂窝、剥落、层离、风化隆起、露筋、裂缝和破碎、表面沉积和钢筋锈蚀等 (3) 钢结构的涂层脱落、生锈、扭曲变形、滑动错裂、焊缝开裂和铆栓钉松动脱落等 (4)桥跨结构的不正常变形如开裂。支承处主要承重构件的局部承压不够 (5) 拱圈纵横开裂，拱轴变形和侧墙鼓胀 (6)索塔顶水平变位、扭转变形、锚碇上拔和拉索套管的破裂等 (7)构件材料力学性能，如圬工砌体、混凝土和钢材的强度，弹性模量等
3	支座	(1) 油毡支座 (2) 摆柱支座 (3) 钢板支座 (4) 橡胶支座 (5) 四氟板支座 (6) 盆式橡胶支座	(1) 支座老化、脏污、破裂、干涩、锈蚀 (2) 摆柱支座各部件相对位置是否正确，受力是否均匀 (3) 橡胶支座的变形，支座部件剪断等 (4) 活动支座卡孔或有不正常的位移量 (5) 支座垫石破碎 (6) 支座老化、破裂、脏污
4	下部结构	(1) 桥墩台 (2) 基础 (3) 地基 (4) 冲刷与碰撞防护工程	(1) 墩台材料的风化、水蚀、剥落、破损及裂缝等 (2) 冲刷与碰撞防护工程的损坏、失落和撞击破坏等 (3) 墩台基础的冲刷及倾斜、滑动、下沉或冻起及水平位移等 (4) 地基基础挖或触探检查

续表

序号	检查部位		检查内容
5	其他	(1) 桥头引道 (2) 锥、溜和护坡 (3) 河道 (4) 调治构造物 (5) 桥上交通照明设施 (6) 标志	(1) 引桥线形、开裂、沉陷及路肩、边坡、排水沟状况等 (2) 锥、溜和护坡开裂、隆起或坑陷、勾缝砂浆脱落、坡脚损坏、灌木杂草丛生等 (3) 河道的开放程度、冲刷和变迁、冰和砂砾堆的不适当超高、障碍物等 (4) 调治构造物是否正常起作用和坚固 (5) 桥上交通照明设备损坏、失效等 (6) 标志是否清楚、易读，是否处于恰当的位置上等

1.4.3.3　桥梁结构体系的检测部位与内容

根据交通部《公路养护技术规范》(JTJ 073—85) 的要求，桥梁结构体系的检测部位与内容见表 1-4-25 所列。

桥梁结构体系的检测部位与内容　　表 1-4-25

检验内容 / 部位 / 桥梁类型	截面应力（应变）	挠　度	转　角	下沉	水平位移
简支梁	跨中、四分点、支点	跨中、四分点	支点	—	—
连续梁	跨中、四分点、支点	跨中、四分点	支点	支座	—
悬臂梁	支点、牛腿	牛腿、跨中	梁端、支点	—	—
拱桥	跨中、四分点、拱脚	跨中、四分点、八分点	墩台	墩台	墩台
桁架桥	跨中、节点附近、桩角	跨中、四分点	节点附近，桩角墩台	—	—
吊桥和斜拉桥	塔柱底截面、索	跨中、四分点	刚性梁	塔、墩台	塔索顶部

1.4.3.4　混凝土桥梁结构的重点检查部位图

混凝土桥梁结构的重点检查部位图见图 1-4-26 所列。

混凝土桥梁结构检查的重点部位图　　表 1-4-26

结构形式		重点部位的说明	示意图
上部结构	简支梁	(1) 跨中处 (2) 1/4 跨径处 (3) 支座处	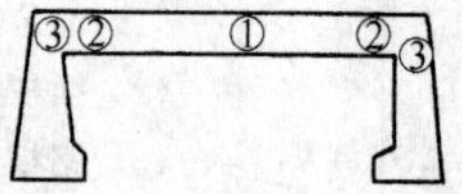 ③②　①　②③
	连续梁、悬臂梁（有铰）	(1) 跨中处 (2) 反弯点（约 1/5 跨径处） (3) 桥墩处梁顶部 (4) 支座处	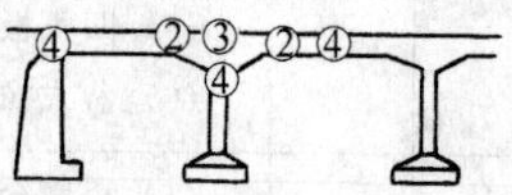 ④　②③　②④　④
	刚　架	(1) 跨中处 (2) 角隅处 (3) 腿部	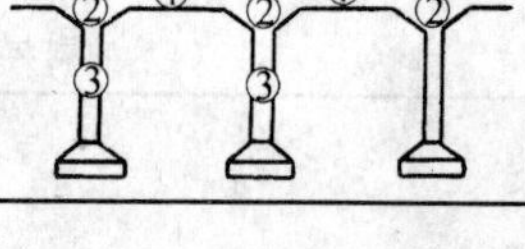 ②①②①②　③　③

续表

结构形式		重点部位的说明	示意图
桥梁墩台	单独桥墩	(1) 支座底板	
	T形桥墩	(1) 支座底板 (2) 悬臂根部	
	Ⅱ形桥墩	(1) 支座底板 (2) 悬臂根部	
	单悬臂梁式桥墩	(1) 支座底板 (2) 悬臂根部（上悬臂，下悬臂） (3) 角隅部	
	Y形桥墩	(1) 支座底板 (2) 混凝土接缝处 (3) Y形交接处	
	单悬臂梁式框架桥墩	(1) 支座底板 (2) 悬臂根部 (3) 混凝土接缝处 (4) 角隅部	
桥梁墩台	框架式桥墩	(1) 支座底板 (2) 角隅部	

1.4.4 混凝土的现场检测

混凝土的现场检测技术一般分为无破损检测法、半破损检测法和半破损同无破损的综合使用法三种类型。其中无破损检测主要有敲击法、钢球撞击法和回弹仪法等，半破损检测主要有铝芯法、拔出法、拔脱法、拔折法和射击法等。

1.4.4.1 无破损检验法检测混凝土强度

无破损检验法是指不必从混凝土结构中挖取试样，而可直接在现场（混凝土外表）获得材料和结构物的各种力学性能指标的一种测定方法。无破损检验可分为机械的、物理的以及机械与物理综合进行的三种方法。机械的检验有敲击法、撞击法、枪击法、回弹仪法等；物理的检验有共振法、超声波探测仪法等。

一、敲击法

敲击法是最为简单的检测混凝土强度的方法，使其缺点是误差较大。其敲击法的步骤是：检测时先在被测混凝土表面上选择具有代表性的部位，清理和铲出一定大小的平面，将一根钳工凿子的刃部垂直地安置在混凝土的表面上，要注意避开石子，然后用重约 0.3～0.4kg 的小锤，以中等力量敲击凿子顶端。也可以用小锤子直接地敲击混凝土表面。同样的敲击作 10 次，取平均数。根据敲击的痕迹，按表 1-4-27 查得混凝土的近似强度。

敲击法测定的混凝土强度　　**表 1-4-27**

序号	以中等力量用小锤（重 0.3～0.4kg）敲击的结果		混凝土的强度（MPa）
	小球直接打击混凝土表面	凿刃安置在混凝土表面	
1	在混凝土表面上留下不很深的痕迹、锤击梁肋时无薄脱落	不深的痕迹无薄片脱落	>20
2	在混凝土表面上留下明显的痕迹。环绕着痕迹周围可能有些薄片脱落	较深的痕迹混凝土表面脱落	20～10
3	混凝土被击碎而散撒脱片当锤击梁肋时凝土成块脱落	凿子没入混凝土内深约 5mm，混凝土被击碎	10～7
4	留下较深的痕迹	凿子被钉入混凝土内	<7

二、钢球撞击法

钢球撞击法适用于测定强度较低的混凝土。所使用的钢球直径为 50.8mm，撞击时将钢球自离混凝土表面 610mm 的高度自由下落；如若需测检侧面，则用带线的球撞击，其具体做法如图表 1-4-1 所示。根据所撞击痕迹直径的大小，按图 1-4-2 所示的曲线查得混凝土强度。

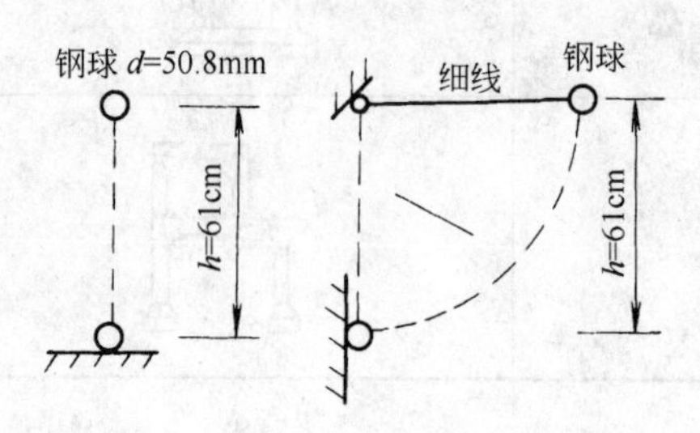

图 1-4-1　钢球撞击测定混凝土强度示意图

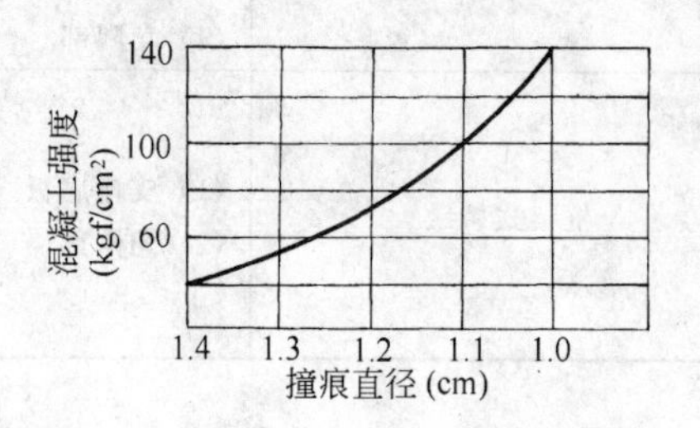

图 1-4-2　钢球撞击法测定混凝土强度曲线

（注：$1kgf/cm^2=10^5Pa$）

三、回弹仪法

（1）回弹仪是根据在仪器的一定冲击力的作用下，测得的回弹值与材料硬度存在着一定的相关关系，而材料表面硬度又随其强度高低而变化的原理制作的一种无破损检验仪器。

（2）回弹仪使用方便，可测不同部位，在正确使用的情况下，误差范围可满足一定要求，特别适用于现场检验混凝土强度。但回弹值影响因素较多，使用不当易使误差增大。

（3）回弹仪按冲击能量的大小，分为轻型、中型、重型三种。轻型一般用于测砖和砂浆强度，中型、重型用于测混凝土的强度。目前国产的 HT-100 和 HT-225 型即为轻型和中型的二种。图 1-4-3 为 HT-225 型回弹仪的构造示意图。

(4) 国产回弹仪的技术性能及应用范围见表 1-4-28 所列。

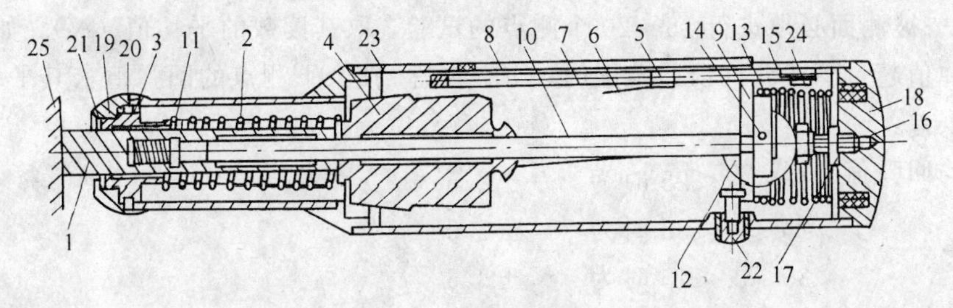

图 1-4-3 HT-225 型回弹仪的构造示意图

1—弹击杆；2—弹击拉簧；3—拉簧座；4—弹击重锤；5—指针块；6—指针片；7—指针轴；8—刻度尺；9—导向法兰；10—中心导杆；11—缓冲压簧；12—挂钩；13—挂钩压簧；14—挂钩销子；15—压簧；16—调零螺丝；17—紧固螺母；18—尾盖；19—盖帽；20—卡环；21—密封毡圈；22—按钮；23—外壳；24—固定片；25—混凝土构件

国产回弹仪的技术性能及应用范围 **表 1-4-28**

主要技术性能	仪器型号			
	HT28 型	HT100 型	HT225 型	HT300 型
冲击动能 (J)	0.28	1.00	2.25	30
弹击拉簧刚度 (kg/cm)	0.10	0.34	0.80	1.6
冲击重锤重量 (g)	100	140	370	2000
弹击杆前端球径 (mm)	球 R_{25}	球 R_{25}	球 R_{25}	球 R_{53}
冲击锤和冲击杆的冲击表面硬度	HRc59～63	HRc59～63	HRc59～63	HRc59～63
指针系统最大静摩擦力 (g)	60	60	60	100～150
外形尺寸 (mm)	ϕ60×300	ϕ60×270	ϕ60×280	ϕ90～ϕ672
质量 (kg)	≈0.7	≈0.7	≈1	≈8
应用范围	用于砖砌体砂浆缝测试	用于轻质混凝土和砖的测试	用于混凝土构件的测试	用于大体积混凝土的测试

(5) 回弹仪在检测过程，其轴线应始终垂直于混凝土的表面，其具体的操作方法如下：

1)测试表面宜选择混凝土的侧表面。若只能测试底面时，所测回弹值应扣除 5。顶面不宜作测试面。

2)测试表面应保持干燥，否则所测回弹值偏低。

3) 测试表面要清洁、平整，如有泥土、石灰、粉刷、油漆或突出木纹等均应除掉，必要时可用金刚石磨平后测试。

4) 使用时，操作要平稳，施力要均匀。试件应有足够的刚度，不可太薄。所测构件以大于 10cm 为宜。如构件厚度小于 10cm，可选择

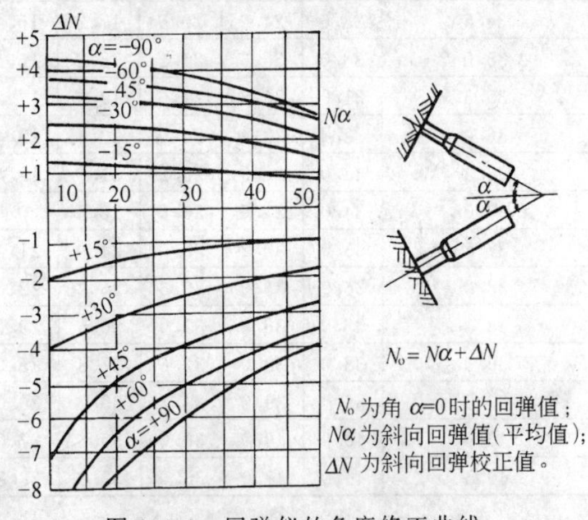

图 1-4-4 回弹仪的角度修正曲线

有肋的部位进行测试。

5）每一被测面必须进行15～20个测点的试验，取其读数的平均值（N），如其中某些测点的回弹值超过下述允许误差范围时，均应取消，按余下测点的回弹值求其平均回弹值。

允许误差：

当平均回弹值　$15\leqslant\overline{N}<25$ 时为　± 2.5

$25\leqslant\overline{N}<35$ 时为　± 3.0

$35\leqslant\overline{N}<45$ 时为　± 3.5

$45\leqslant\overline{N}<55$ 时为　± 4.0

6）回弹仪应尽量保持在水平方向进行测试，如与水平线交成各种角度时，应按图1-4-4所示进行修正。

置于空气中已碳化的混凝土的强度与回弹值的换算关系见表1-4-29，测定并计算得出回弹值后，即可从表中查得混凝土的强度。

在空气中已碳化的混凝土强度与回弹值关系表（$\alpha=0°$）　表1-4-29

回弹值 N	混凝土强度（MPa）											
	30d	60d	100d	200d	300d	400d	500d	600d	700d	800d	900d	1000d
27.0	10.0	—	—	—	—	—	—	—	—	—	—	—
27.5	10.9	—	—	—	—	—	—	—	—	—	—	—
28.0	11.6	10.0	—	—	—	—	—	—	—	—	—	—
28.5	12.7	11.0	—	—	—	—	—	—	—	—	—	—
29.0	13.6	12.0	10.0	—	—	—	—	—	—	—	—	—
29.5	14.8	12.8	10.6	—	—	—	—	—	—	—	—	—
30.0	15.6	13.6	11.2	10.0	—	—	—	—	—	—	—	—
30.5	16.8	14.8	12.0	10.6	—	—	—	—	—	—	—	—
31.0	18.0	15.6	12.8	11.2	10.0	—	—	—	—	—	—	—
31.5	19.4	16.8	13.9	12.0	10.6	10.0	—	—	—	—	—	—
32.0	20.8	17.8	14.8	12.8	11.4	10.6	10.0	—	—	—	—	—
32.5	22.0	19.0	15.6	13.6	12.0	11.4	10.4	10.0	—	—	—	—
33.0	23.6	20.4	16.8	14.4	12.8	12.0	11.0	10.4	10.0	—	—	—
33.5	25.2	21.6	17.6	15.2	13.6	12.8	11.8	11.0	10.4	10.0	—	—
34.0	26.8	22.7	18.8	16.4	14.4	13.6	12.6	11.8	11.0	10.4	10.0	—
34.5	28.6	24.0	20.0	17.2	15.4	14.4	13.2	12.6	12.0	11.2	10.6	10.0
35.0	30.0	25.6	21.2	18.2	16.4	15.4	14.0	13.2	12.6	11.9	11.2	10.8
35.5	31.0	26.8	22.0	19.2	17.2	16.4	15.0	14.0	13.2	12.6	12.0	11.4
36.0	32.0	28.4	24.0	20.4	18.4	17.2	15.9	15.0	14.0	13.4	12.6	12.0
36.5	33.0	30.0	25.2	21.6	19.4	18.4	16.8	15.8	14.8	14.0	13.4	12.8
37.0	34.0	31.6	26.6	22.8	20.4	19.4	17.6	16.8	15.7	15.0	14.2	13.4
37.5	35.0	32.2	28.0	24.0	21.4	20.4	18.4	17.4	16.6	15.8	15.0	14.4
38.0	36.0	35.0	29.6	25.2	22.6	21.4	19.6	18.5	17.4	16.7	15.8	15.0
38.5	37.0	36.8	31.0	26.6	23.6	22.4	20.8	19.6	18.4	17.6	16.8	16.0
39.0	38.0	38.0	32.6	27.8	25.0	23.4	21.6	20.4	19.2	18.4	17.6	16.8
39.5	39.0	39.0	34.2	29.2	26.0	24.6	22.6	21.4	20.4	19.4	18.6	17.6
40.0	40.0	40.0	36.0	30.6	27.0	25.6	23.6	22.4	21.2	20.2	19.4	18.4
40.5	41.0	41.0	38.0	32.0	28.8	27.0	25.0	23.4	22.2	21.2	20.4	19.4

续表

回弹值 N	混凝土强度（MPa）											
	30d	60d	100d	200d	300d	400d	500d	600d	700d	800d	900d	1000d
41.0	42.0	42.0	40.0	33.6	30.0	28.0	26.0	24.5	23.2	22.2	21.2	20.4
41.5	43.0	43.0	41.8	35.0	31.4	29.2	27.2	25.8	24.2	23.2	22.2	21.2
42.0	44.0	44.0	44.0	36.6	32.8	30.4	28.4	26.9	25.6	24.2	23.2	22.0
42.5	45.0	45.0	45.0	38.0	34.4	31.8	29.6	28.2	26.6	25.2	24.2	23.2
43.0	46.0	46.0	46.0	40.0	36.0	33.2	30.9	29.4	27.6	26.3	25.2	24.0
43.5	47.0	47.0	47.0	41.6	37.6	34.8	32.2	30.6	28.8	27.4	26.2	25.0
44.0	48.5	48.5	48.5	43.4	39.2	36.2	33.4	32.0	30.0	28.6	27.2	26.2
44.5	49.5	49.5	49.5	45.2	41.0	37.8	35.0	33.2	31.4	29.6	28.4	27.2
45.0	50.5	50.5	50.5	47.0	42.4	39.4	36.4	34.4	32.4	30.8	29.6	28.4
45.5	51.5	51.5	51.5	49.0	44.0	41.0	38.0	35.8	33.8	32.0	30.8	29.6
46.0	52.5	52.5	52.5	50.8	46.0	42.6	39.2	36.4	35.2	33.4	31.8	30.6
46.5	53.5	53.5	53.5	53.0	47.6	44.2	41.0	38.8	36.6	34.6	32.2	31.8
47.0	54.5	54.5	54.5	54.5	49.6	46.0	42.6	40.0	38.0	36.0	34.4	33.0
47.5	56.0	56.0	56.0	56.0	51.4	47.8	43.4	42.0	39.4	37.4	35.6	34.0
48.0	57.0	57.0	57.0	57.0	53.6	49.8	44.4	43.6	40.3	38.8	37.0	35.2
48.5	58.5	58.5	58.5	58.5	56.0	51.4	46.0	45.2	43.4	40.0	38.4	36.0
49.0	59.5	59.5	59.5	59.5	58.0	53.4	48.0	46.6	43.8	41.6	39.6	38.0
49.5	60.5	60.5	60.5	60.5	60.0	55.6	50.0	48.2	45.0	43.0	41.0	39.2
50.0	61.5	61.5	61.5	61.5	61.5	57.2	51.6	50.0	46.8	44.4	42.4	40.6
50.5	63.0	63.0	63.0	63.0	63.0	58.4	53.0	51.6	48.2	45.8	44.0	42.0
51.0	64.0	64.0	64.0	64.0	64.0	61.2	55.0	53.2	49.8	47.2	45.2	43.2
51.5	65.0	65.0	65.0	65.0	65.0	63.2	56.8	55.0	51.4	48.8	46.8	45.0
52.0	66.0	66.0	66.0	66.0	66.0	65.2	58.8	56.8	53.0	50.2	48.2	46.2
52.5	67.0	67.0	67.0	67.0	67.0	67.0	60.4	58.4	54.6	52.0	50.0	47.8
53.0	68.5	68.5	68.5	68.5	68.5	68.5	62.8	60.0	56.2	53.6	51.4	49.0
53.5	70.0	70.0	70.0	70.0	70.0	70.0	64.4	62.0	58.0	55.2	53.0	51.0
54.0	—	—	—	—	—	—	66.4	64.0	60.0	57.2	54.8	52.6
54.5	—	—	—	—	—	—	68.4	66.0	62.0	58.8	56.4	54.0
55.0	—	—	—	—	—	—	70.0	68.0	63.8	60.4	58.2	56.0

注：表中各值为回弹仪在水平方向的测试结果。如倾斜一角度时，则须按操作要点中的第6点所述，求出水平方向回弹值后再查表。

四、混凝土超声波检测法

混凝土超声波探测仪的主要作用是测定超声波的纵波在混凝土中的传播速度，从而间接地推算与判断混凝土的某些性能，如强、匀质性、弹性模量、密实度等，也可以探测裂缝、内部孔洞和钢筋位置。由于水灰比、配合比、试件湿度等都会影响其速度，因而所有的试验曲线都只能在特定的条件下应用。超声波法检测混凝土强度及内部缺，见表1-4-30、表1-4-31所列。

超声波法检测结构混凝土强度与内部缺陷种类及计算　　表 1-4-30

序号	种　类	图　示	计算公式	说　明
1	检测混凝土中心空洞	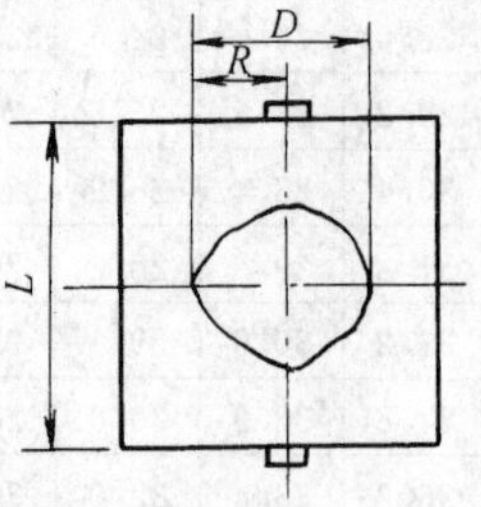 D, R, L	$R=\frac{L}{2}\sqrt{\left(\frac{t_d}{t_0}\right)^2-1}$	R——混凝土空洞半径； L——探头连成方向构件尺寸； t_d——有空洞处超声波传布时间； t_0——无空洞处超声波传布时间
2	检测不密实混凝土不密实层深度	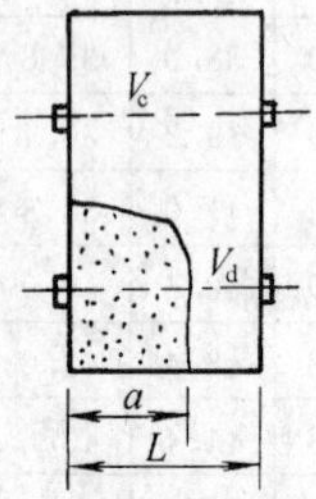 V_c, V_d, a, L	$a=\frac{V_b\ (tV_c-c)}{V_c-V_d}$ 其中：$t=\frac{L}{V_d}+\frac{L-a}{V_c}$	a——缺陷深度； V_c——为声波通过密实混凝土的速度； V_d——为声波通过不密实混凝土的速度； L——探头连成方向构件尺寸
3	检测混凝土裂缝深度	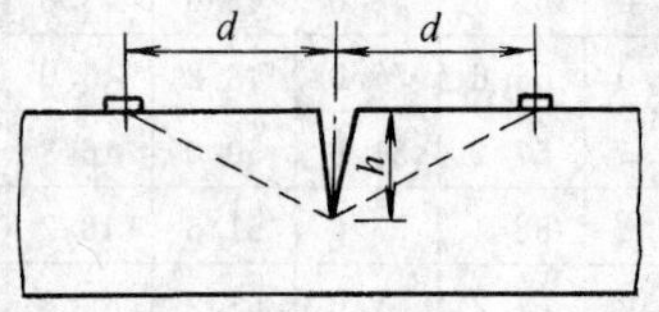 d, d, h	$h=d\sqrt{\left(\frac{t_1}{t_0}\right)^2-1}$	h——裂缝深度； d——一探头到裂缝处的距离； t_0——声波通过 $2d$ 完成混凝土传播时间； t_1——声波通过 $2d$ 有裂缝混凝土传播时间
4	检测结构混凝土的强度	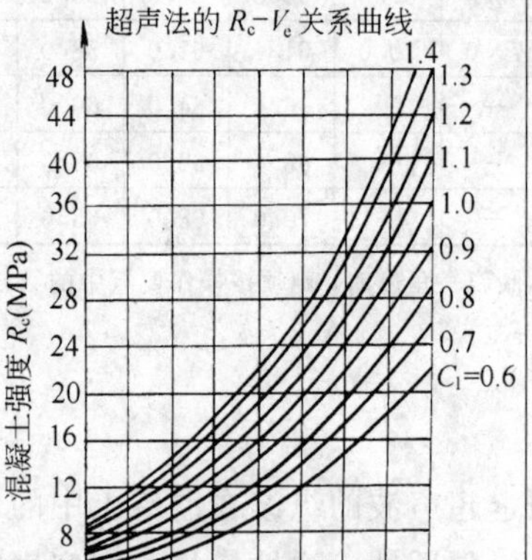 超声法的 R_c-V_e 关系曲线 纵轴：混凝土强度 R_c(MPa)，0～48 横轴：平均传播速度 $V_e\times10^2$(m/s)，30～46 曲线：C_l=0.6, 0.7, 0.8, 0.9, 1.0, 1.1, 1.2, 1.3, 1.4	$R_c=a\cdot e^{bV_e}$	R_c——混凝土抗压强度； V_e——实测超声波传布速度； a、b——为常数

混凝土缺陷超声波检测综合判断表 表 1-4-31

质量判断 衰减＼声时	t 正常（V_c 正常）	t 偏小（V_c 偏大）	t 偏大（V_c 偏小）
A 正常（α 正常）	强度正常	强度较高	强度较低；有局部缺陷
A 偏大（α 偏小）	强度正常或偏高	强度较高，质量较好	强度正常，混凝土浆多砂
A 偏小（α 偏大）	强度正常但表层不良或有内部缺陷	强度正常，混凝土石多浆少	强度偏低，质量不良，内部有缺陷

说明：A——测点接受到的波幅；V_c——混凝土无缺陷处的声速；

α——斜角处两探头连线与片状缺陷平面的夹角；t——声时

此外，为了提高测试结果的准确度，目前国内外多采用机械的与物理的两种及两种以上方法综合进行，用综合法来测定混凝土的强度。因单独一种方法测定强度各有其局限性，它们对各种影响的敏感程度各不相同，有的甚至相反。因此，采用两种或两种以上方法来综合评定，则可提高测试准确度并使应用范围扩大。综合法有多种，其中以超声波速法与回弹仪两者的综合法比较容易，应用最广，可使测定的强度误差缩小到±12％以内。

1.4.4.2 挖取试样法检测混凝土强度

若无破损检验结果不能满足要求，在必要时，可考虑采用从结构中挖取试样，在试验机上加载试验，从而测定混凝土的实际强度的方法。

挖取试样的部位既应具有代表性，又应为结构的使用和安全所允许，而且要事先验定主要钢筋的位置，并避开它。为了避免试样在挖取过程中受到振动破坏，最好采用钻机切取，表 1-4-32 所示为取芯法检测混凝土强度。

如若缺乏钻机时，常采用人工的方法凿取。试件从实体上取下来后，须仔细磨平，用高强度砂浆补齐，然后进行检测试验。这种检测方法的优点是既能做强度试验，又能做弹性模量与密度试验，检测的结果也较符合实际情况；缺点是破损了桥梁混凝土的结构、且费工，试验条件的要求较高，因此常用于检测精度要求较高的、含筋量较小的大体积的桥梁混凝土。

取芯法检测混凝土强度 表 1-4-32

项　目		取芯法检测所用取芯机、钻头技术数据及要求	
混凝土取芯机	型号	CZ-200 型	TXZ-83-1 型
	技术性能	三相电动机，功率为 3kW；钻头转速为 450r/min 和 900r/min 两级变速。可进行水平及垂直角度的 ϕ150mm 以内芯样的钻取工作	柴油机功率为 5kW；可进行垂直角度的 ϕ150mm 以内芯样的钻取工作
切割机	型号	DQ-2 型	G-210 型
	技术性能	自动；无级调整	半自动
常用钻头规格	规格	外径（mm）	76；76；82；100；159
		内径（mm）	70.5；70.5；76.0；101.0；152.0
		长度（mm）	200；400；400；550；550

续表

项　目	取芯法检测所用取芯机、钻头技术数据及要求
钻芯及芯样加工	在选定的取芯点上将钻机就位，使钻机主轴与混凝土表面垂直，并用钻机上的固定装置，把钻机固定 接通水、电，若为三相电机，接电时应检查电机旋转方向是否正确，然后即可安装钻头，用进钻操作手柄调节钻头位置，逐渐进钻。同时，调整好冷却水量 钻到预定深度后将钻头提出，用长度约为300mm，宽度约为20mm，并与钻头弧度一致的带梢扁钢插入钻孔缝隙中。用小锤敲击扁钢，芯样即可在底部剪断。用夹钳或钢丝活套从钻孔中将芯样取出 芯样取好后即做好标记，记录钻取位置、长度及外观质量，同时对芯样进行加工，根据国家规定，以ϕ100mm及ϕ150mm芯样作为抗压强度试验的标准芯样试件
抗压强度计算公式	芯样的抗压强度由下式计算（高径比为1的标准芯样抗压强度，与边长150mm的立方体抗压强度相当）： $R_{cor}=\frac{4p\alpha}{\pi d^2}$ 式中　R_{cor}——为芯样在试验龄期时的抗压强度（MPa） p——为芯样破坏荷载（N） d——为芯样直径，mm，精确至0.5mm α——为高径比修正系数，如下表所列：

芯样强度高径比修正系数	高径比 L/α	1.0	1.5	2.0
	高径比修正系数 α	1.00	1.10	1.24

1.4.4.3　混凝土强度对桥梁结构的影响

混凝土强度偏低对桥梁结构的影响在于：降低结构（或构件）的强度，从而影响桥梁结构的承载能力；降低构件的抗裂性能，从而加剧裂缝的产生和发展；降低构件的刚度，从而增大桥跨结构的挠度和其他变形。此外，混凝土强度偏低，是混凝土内部组织方面的原因造成的，通常还伴随着桥梁结构的抗裂性、抗渗性、耐磨性、耐久性等性能的降低。

由于结构所处地位与受力情况的不同，强度偏低所产生的具体影响也不一样。构件处于受拉、受压、受弯等情况下所产生的影响是：

（1）构件受拉时　素混凝土受拉构件承载力与混凝土强度几乎成正比，但素混凝土构件受拉，为设计规范所不允许，一般在桥梁结构中极为罕见。钢筋混凝土受拉构件，设计应考虑钢筋承受全部拉力，此时承载力与混凝土强度无关。

（2）构件受压时　受压构件设计一般由混凝土承受全部或大部分压力，它与混凝土强度成正比。

（3）构件受弯时　钢筋混凝土受弯构件的正截面强度与混凝土强度有关，但影响幅度不大，如含筋率正常（10.2%～1.0%）的构件，混凝土强度由C20号降低为C10号时，正截面强度仅减少0.3%～3%。斜截面强度受混凝土强度影响较大。

对桥梁结构强度降低的分析研究，是对桥梁进行技术检定，评定桥梁承载能力的第一步。它同时还应与桥跨结构的裂缝、挠度和其他变形等特征一起综合考虑。对结构的实际承载能力及安全储备加以判断，为进一步了解结构承载能力的安全状况，确定维修加固的必要性提供可靠数据。

1.4.5 桥梁墩台沉降及位移观测

1.4.5.1 桥梁墩台沉降及位移观测的目的

（1）任何桥梁的地基，都处于荷载作用之下，因而在一定深度内的各层土体都要产生不同程度的压缩变形，使地基产生沉降。因此，也使得桥梁墩台随之发生微小的垂直位移、水平位移、转角位移。墩台的垂直位移也称为墩台沉降。

（2）墩台的沉降随着地基沉降程度、特征的不同，有的是平常现象，有些则是异常或破坏的表现。不同条件下的桥梁地基，其沉降的数值、速度、发展趋势等特征差异较大。在沉降的数值上，良好的地基最终沉降值仅有数毫米或者更小，而恶劣的地基最终沉降值可达几十厘米甚至1m以上。

（3）沉降量的大小与外部荷载成正比例关系，与时间因素成反比关系。亦即单位荷载愈重，沉降量愈大；时间间隔越长，沉降逐渐减少，最后趋于消失。图1-4-5为地基。

（4）沉降和时间关系曲线图，该图1-4-5所示沉降的速度开始较大，逐渐减少，最后沉降趋于稳定。

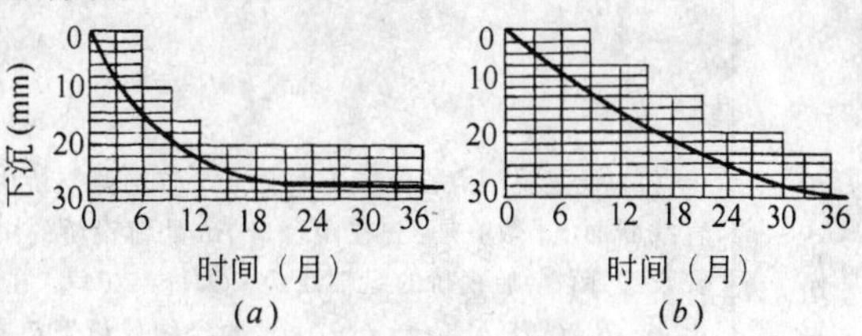

图1-4-5 墩台下沉和时间关系曲线

(*a*) 下沉渐趋稳定；(*b*) 下沉在继续

（5）墩台在施工过程中，甚至在桥梁通车以后相当长的一段时间内，都要产生和可能继续产生沉降。如果所产生的总沉降量是在规定的允许范围之内，则对桥梁的安全没有影响，如果超出允许值之外，那就需要及早采取措施，以免影响桥梁的质量和使用。

（6）墩台沉降和变位观测的目的在于：

1）了解墩台及基础在各个阶段内的沉降情况，实测出沉降量，了解沉降的均匀性，判定建筑物是否趋于稳定。

2）便于在施工中及时发现问题，采取措施，保证工程质量。

3）可在科学研究上验证有关理论公式的正确性，检查设计施工的质量好坏。

4）为桥梁技术检定工作提供资料，为桥梁维修加固提供数据。

1.4.5.2 桥梁墩台沉降及位移观测的内容与方法

（1）对桥梁墩台沉降及位移观察的内容主要有：观测墩台沉降、观测墩台水平位移、观测墩台的转动。

（2）桥梁墩台沉降观测的具体工作主要有：根据具体情况确定水准点和观测点的布置、构造并进行测点埋设；定期并及时地进行沉降量的测量；沉降观成果的整等。

（3）桥梁墩台沉降、位移、转动三者的观测方法及注意事项见表1-4-33所列。

墩台沉降与位移观察方法　　表 1-4-33

观测内容	观测方法和注意要点	示意简图
墩台沉降观测	(1) 设置观测点：基本观测点对称地设在襟边的四角；墩台身设在两侧与基础观测点相对应的部位，其高度最好能在普通低水位之上。高墩台可每隔相当距离设一组观测点。每组约四点，在平面上互相对应 (2) 埋设观测点：观测点须固定可靠，可用铆钉或圆钢筋作成，预埋在基础和墩、台身砌体中 (3) 确定水准点：应设在桥位附近且保证不受地基变形影响和施工影响，要求坚固可靠，并严加保护，以备长期使用 (4) 观测仪器：用水准仪时观测，并记入已有表格中	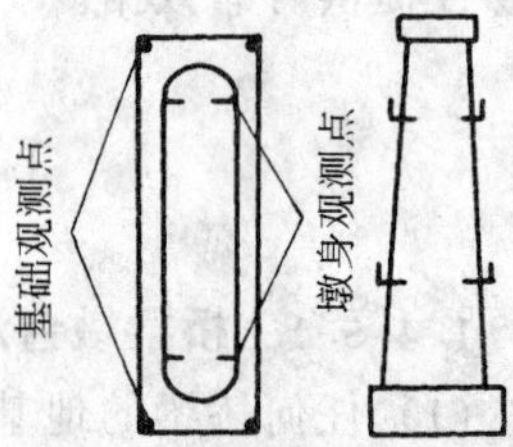 观测点的设置 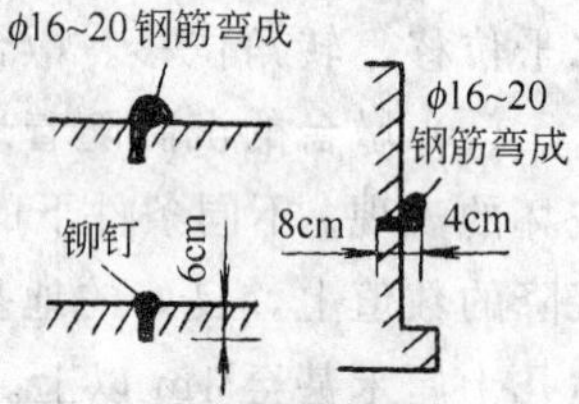 观测点的埋伏
墩台水平位移观测	(1) 设置观测点：位置于墩台上下游两侧与桥中线成90°正交的直线断面上。做法是：先在距台口1m处钉设桥的中心点O，在O点安设经纬仪，后视桥的纵轴线$O-O$，转90°角，在桥台两侧各测定出A、B、C及A'、B'、C'三点。再经纬仪设于C点，视线对准A、B点后，在台侧找出D、E两点，作为观测点位置 (2) 埋设观测点：在D、E二处各凿出一道水平浅槽，再把长约20cm刻度清晰的米尺，用万能胶粘贴于D、E两浅槽中 (3) 观测仪器：用经纬仪测量 (4) 观测方法：观测时，读出D、E两尺的读数，取平均值，与前一次所测平均值的差数，即为这一段时间内墩台的水平移值	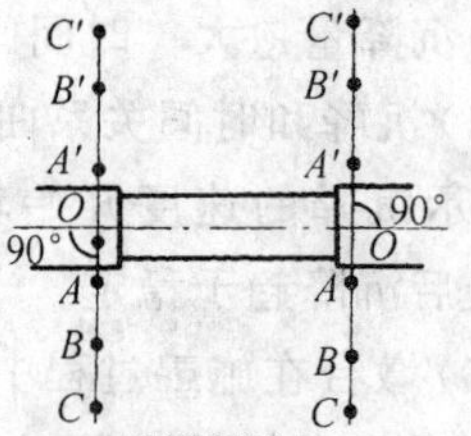 设置观测点 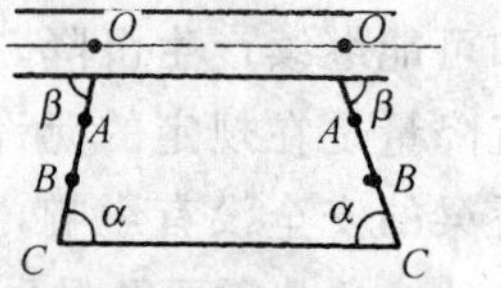 受地形限制时观测点的确定 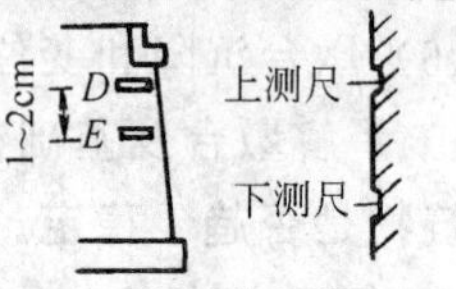 观测点的埋设
墩台转动观测	(1) 观测点的设置：设在墩台上下游两端中心线上 (2) 观测点的埋设，在A点埋设一根螺栓，B点凿槽埋粘水平刻度尺 (3) 观测仪器及方法：在A点处悬挂垂球，读出垂线通过B尺的读数，当墩台发生转动时，垂线偏离初始读数，即可从刻度尺上读出由于转动引起的水平位移Δ，其倾斜角$\varphi=\mathrm{arctg}\dfrac{\Delta}{L}$式中：$L$为$AB$间的距离（cm） (4) 在墩台未砌筑到顶之前，墩台的转动也可由设在墩台四角的沉降观测点的沉降差推求出来，即 $\varphi=\mathrm{arctg}\dfrac{S_1-S_2}{L}$ 式中　S_1、S_2——设在墩台同一端（上游或下游）观测点测得的沉降量（cm）； L——观测点间的距离（cm）	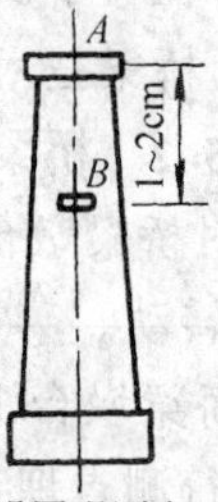 设置观测点

1.4.5.3 桥梁墩台沉降及位移观测的时间与记录

桥梁墩台沉降与变位观测应于施工时就应开始，在整个施工期间，观测的间隔时间宜短，随着变位速度减缓，观测间隔时间可以适当放宽，工程完工通车后尚需每月测量一次，若在半年内变位不超过 3mm，即可认为趋于稳定，终止观测。

在观测桥梁墩台的沉降与变位时，一般可按下述各阶段进行：基础浇筑完毕后的观测、墩台每砌高 2～3m 后的观测、墩台砌筑到顶之后的观测、墩台帽浇筑完成后的观测、台背回填土前与后的观测、桥梁上部结构安装完毕后的观测、桥梁首次通车前与后的观测、通车后每隔一定时间的观测。

桥梁墩台观测时必须随时做好观测记录，并加以整理存档。有关沉降、水平位移和转动观测的记录参考表格见表 1-4-34～表 1-4-36。

桥梁墩台沉降观测记录表 **表 1-4-34**

墩台编号________

观测点编号	观测次数和日期 / 记录项目	第一次	第二次	第三次	第四次
		年 月 日	年 月 日	年 月 日	年 月 日
M—1	标高（mm）				
	本次沉降量（mm）				
	累计沉降量（mm）				
	基底压力（Pa）				
M—2	基底压力（Pa）				
M—3	基底压力（Pa）				
M—4	基底压力（Pa）				
施工情况					

桥梁墩台转动观测记录表 **表 1-4-35**

墩台编号________

观测点编号	观测次数及日期 / 记录项目	第一次	第二次	第三次
		年 月 日	年 月 日	年 月 日
Q—1	A、B 点距离（mm）			
	B 点原始读数（mm）			
	本次读数（mm）			
	本次水平位移（mm）			
	累计水平位移（mm）			
	倾角 φ（°）			
	基底压力（Pa）			
Q—1	基底压力（Pa）			
施工情况				

墩台水平位移观测记录表 **表 1-4-36**

墩台编号______

观测点编号	观测次数及日期 / 记录项目	第一次 年 月 日			第二次 年 月 日		
		上测尺	下测尺	平均	上测尺	下测尺	平均
N—1	标高（m）						
	后视角 α（°）						
	原始读数（mm）						
	本次读数（mm）						
	本次水平位移（mm）						
	累计水平位移（mm）						
	同时发生的累计沉降量（mm）						
N—2	同时发生的累计沉降量（mm）						
N—3	同时发生的累计沉降量（mm）						
N—4	同时发生的累计沉降量（mm）						
施工情况							

1.4.6 桥梁钻（挖）孔灌注桩的检测

1.4.6.1 泥浆性能指标的检测

钻孔灌注桩调制的护壁泥浆及经过循环净化的泥浆，应根据钻孔方法和地层情况采用不同性能指标，表 1-4-37 所列为各项技术指标。下面将介绍表 1-4-43 中各项指标的检测方法。

泥浆性能指标要求 **表 1-4-37**

钻孔方法	地层情况	泥浆性能指标						
		相对密度	黏度（s）	静切力（Pa）	含砂率（%）	胶体率（%）	失水率（mL/30min）	酸碱度 pH
正循环回转、冲击	黏性土	1.05～1.20	16～22	1.0～2.5	<8～4	>90～95	<25	8～10
	砂土碎石土卵石漂石	1.2～1.45	19～28	3～5	<8～4	>90～95	<15	8～10
推钻、冲抓	黏性土	1.10～1.20	18～24	1～2.5	<4	>95	<30	8～11
	砂土碎石土	1.2～1.4	22～30	3～5	<4	>95	<20	8～11
反循环回转	黏性土	1.02～1.06	16～20	1～2.5	<4	>95	<20	8～10
	砂土	1.06～1.10	19～28	1～2.5	<4	>95	<20	8～10
	碎石土	1.10～1.15	20～35	1～2.5	<4	>95	<20	8～10

注：(1) 地下水位高或其流速大时，指标取高限，反之取低限；
(2) 地质较好、孔径或孔深较小时，指标取低限；
(3) 孔壁泥皮厚度除正循环旋转冲击的砂类土等应≤2mm 外，其余均应≤3mm；
(4) 用推钻、冲抓、冲击方法钻进时，可用黏土碎块投入孔内，由钻锥自行造浆固壁；
(5) 若当地缺乏优质黏土，不能调出合格泥浆时，可掺用添加剂以改善泥浆性能；
(6) 在不易坍塌的粘性土层中，使用推钻、冲抓、反循环回转方法钻进时，可用清水提高水头（≥2m）维护孔壁；
(7) 对遇水膨胀或易坍塌的地层如泥页岩等，其失水率应小于 3～5mL/30min；
(8) 相对密度是泥浆密度与 4℃纯水密度之比（过去称为比重）。

(1) 相对密度 γ_x：可用泥浆相对密度计测定。将要量测的泥浆装满泥浆杯，加盖并洗净从小孔溢出的泥浆，然后置于支架上，移动游码，使杠杆呈水平状态，读出游码左侧所示刻度，即为泥浆的相对密度 γ_x。

(2) 黏度 η：用工地标准漏斗黏度计测定，黏度计如图 1-4-6 所示。用两端开口量杯分别量取 200mL 和 500mL 泥浆，通过滤网滤去大砂粒后，将泥浆 700mL 均注入漏斗，然后使泥浆从漏头流出，流满 500mL 量杯所需时间 (s)，即为所测泥浆的黏度。

校正方法：漏斗中注入 700mL 清水，流出 500mL，所需时间应是 15s，其偏差如超过 ±1s，测量泥浆黏度时应校正。

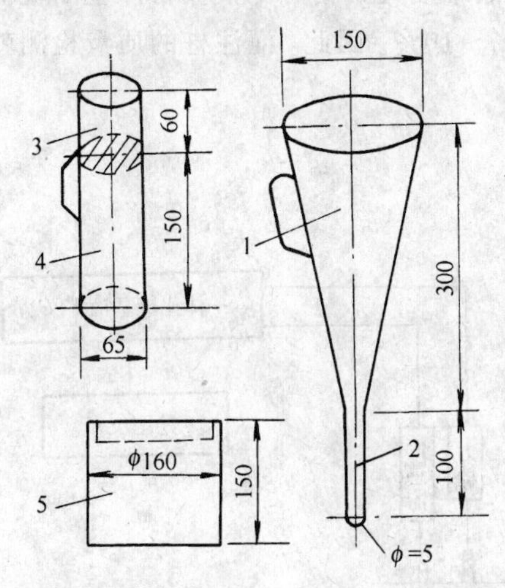

图 1-4-6 黏度计（尺寸单位：mm）
1—漏斗；2—管子；3—量杯 200mL 部分；
4—量杯 500mL 部分；5—筛网及杯

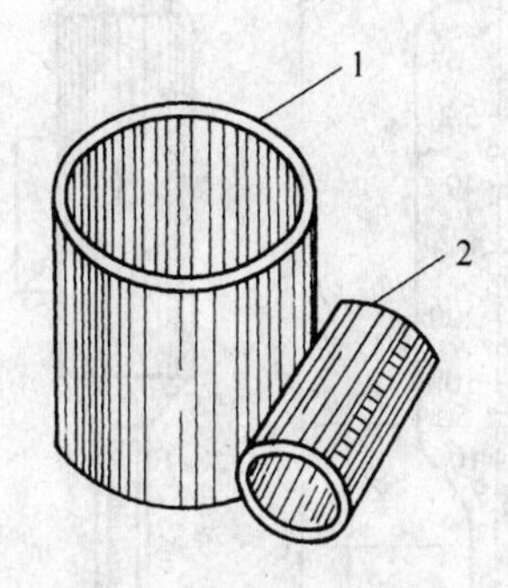

图 1-4-7 浮筒切力计
1—泥浆筒；2—切力浮筒

(3) 静切力 θ：工地可用浮筒切力计测定（图 1-4-7 所示）。量测时，先将约 500mL 泥浆搅匀后，立即倒入切力计中，将切力筒沿刻度尺垂直向下移至与泥浆接触时，轻轻放下，当它自由下降到静止不动时，即静切力与浮筒重力平衡时，读出浮筒上泥浆面所对的刻度，即为泥浆的初切力。取出切力筒，按净粘着的泥浆，用棒搅动筒内泥浆后，静止 10min，用上述方法量测，所得即为泥浆的终切力。

(4) 含砂率：工地可用含砂率计（图 1-4-8 所示）测定。量测时，把调好的泥浆 50mL 倒进含砂率计，然后再倒进清水，将仪器口塞紧摇动 1min，使泥浆与水混合均匀。再将仪器垂直静放 3min，仪器下端沉淀物的体积（由仪器刻度上读出）乘 2 就是含砂率。

(5) 胶体率（%）：胶体率是泥浆中土粒保持悬浮状态的性能。测定方法可将 100mL 泥浆倒入 100mL 的量杯中，用玻璃片盖上，静置 24h 后，量杯上部泥浆可能澄清为水，测量时其体积如为 5mL，则胶体率为 100－5＝95，即 95%。

(6) 失水率 (mL/30min)：用一张 12cm×12cm 的滤纸，置于水平玻璃板上，中央画一直径 3cm 的圆，将 2mL 的泥浆滴入圆圈内，30min 后，测量湿圆圈的平均直径减去泥浆摊平的直径 (mm)，即为失水率。在滤纸上量出泥浆皮的厚度 (mm) 即为泥皮厚度。

(7) 酸碱度：即酸和碱的强度简称，也有简称为酸碱值的。pH 值是常用的酸碱标度之一。pH 值等于溶液中氢离子浓度的负对数值，即 $pH=-lg[H^+]=lg1/[H^+]$。pH 值等性，大于 7 时为碱性，小于 7 时为酸性。工地测量 pH 值方法，可取一条 pH 试纸放在泥浆面上，0.5s 后拿出来与标准颜色相比，即可读出 pH 值。

1.4.6.2　混凝土钻孔灌注桩完整性检测

混凝土钻孔灌注桩是桥梁及建筑结构物常用的基桩形式之一，这主要是由于桩能将上部结构的荷载传递到深层稳定的土层上去，从而大大减少基础沉降和建筑物的不均匀沉降，实践也证明它的确是一种极为有效、安全可靠的基础形式。但是，灌注桩的成桩过程是在桩位处的地面下或水下完成，施工工序多，质量控制难度大，稍有不慎极易产生断桩等严重缺陷。据统计国内外钻孔灌注桩的事故率高达 5%～10%。因此，灌注桩的质量检测就显得格外重要。

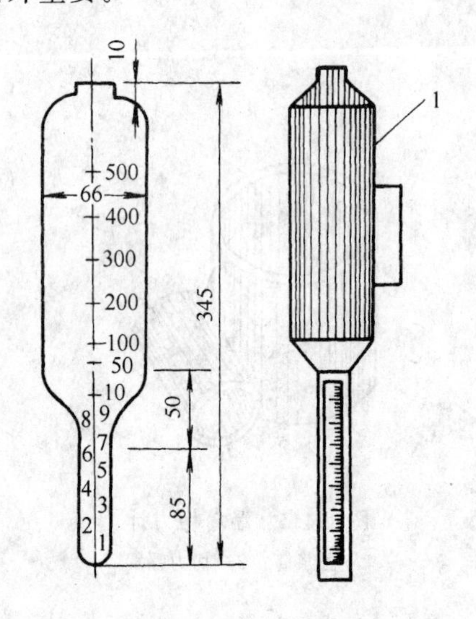

图 1-4-8　含砂率计（尺寸单位：mm）

1—外壳

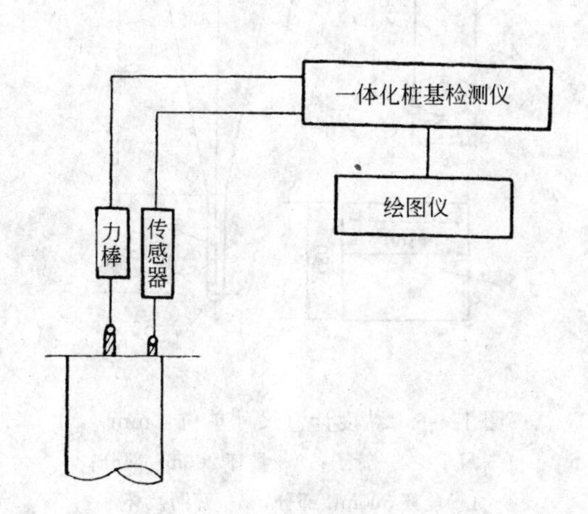

图 1-4-9　反射波法检测系统

桩基础施工质量的检验，随着长、大桩径及高承载力桩基础迅速增加，传统的静压桩试验已很难实施，建设部、地矿部于 1995 年 12 月颁布了《基桩低应变动力检测规程》(JGJ/T 93—95)，1997 年颁布了《基桩高应变动力检测规程》(JGJ 106—97)。公路桥梁基桩检验多数地区实行普查，因此，基桩低应变检测应用的相当广泛，其检验的基本方法有以下几种。

一、反射波

该方法适用于检测桩身混凝土的完整性，推定缺陷类型及其在桩身中的位置，也可以对桩长进行校核，对桩身混凝土强度等级做出估计。

(1) 反射波法基本工作原理：反射波法源于应力波理论，基本原理是在桩顶进行竖向激振，弹性波沿着桩身向下传播，在桩身存在明显波阻抗界面（如桩底、断桩或严重离析等部位）或桩身截面积变化（如缩径或扩径）部位，将产生反射波。经接收、放大滤波和数据处理，可识别来自桩身不同部位的反射信息。据此计算桩身波速、判断桩身完整性和混凝土强度等级。

(2) 反射波法仪器设备及其要求：反射波法检测系统其示意图见图 1-4-9 所示。主要由传感器、放大器、滤波器、记录、处理、监视系统、激振设备和专用附件组成。

1）传感器可选用宽频带的速度型或加速度型传感器。速度型传感器灵敏度应大于300mV/cm/s，加速度型传感器灵敏度应大于100mV/g。

2）放大系统增益应大于60dB，长期变化量应小于1%。折合输入端的噪声水平应低于3μV。频带宽度应不窄于10～1000Hz，滤波频率可调整。

3）模/数转换器的位数不应小于8bit。采样时间宜为50～1000μs，可分数档调整。每个通道数据采集暂存器的容量不应小于1kB。

注：bit为二进制计数数字量的位数。

4）多道采集系统应具有一致性，其振幅偏差应小于3%，相位偏差应小于0.1ms。

5）可根据激振条件试验要求及改变激振频谱和能量，选择符合材质和重量要求的激振设备，满足不同的检测目的。

（3）现场检测步骤：

1）对被测桩应凿去表面的浮浆，桩头平整。

2）检测前应对反射波法的仪器设备进行检查，性能正常方可使用。

3）对每个检测工地均应进行激振方式和接收条件的选择试验，以便确定最佳激振方式和接收条件。

4）激振点宜选择在桩头中心部位，传感器应稳固地安置在桩头上，对于大直径的桩可安置两个或多个传感器。

5）当随机干扰较大时，可采用信号增强方式，进行多次重复激振与接收。

6）为提高检测的分辨率，应使用小能量激振，并选用高截止频率的传感器和放大器。

7）判别桩身浅部缺陷，可同时采用横向激振和水平速度型传感器接收，进行辅助判定。

8）每一根被检测的单桩均应进行二次及以上重复测试。出现异常波形应在现场及时研究，排除影响测试的不良因素后再重复测试。重复测试的波形与原波形具有相似性。

图1-4-10所示为几种典型的实测波形记录。

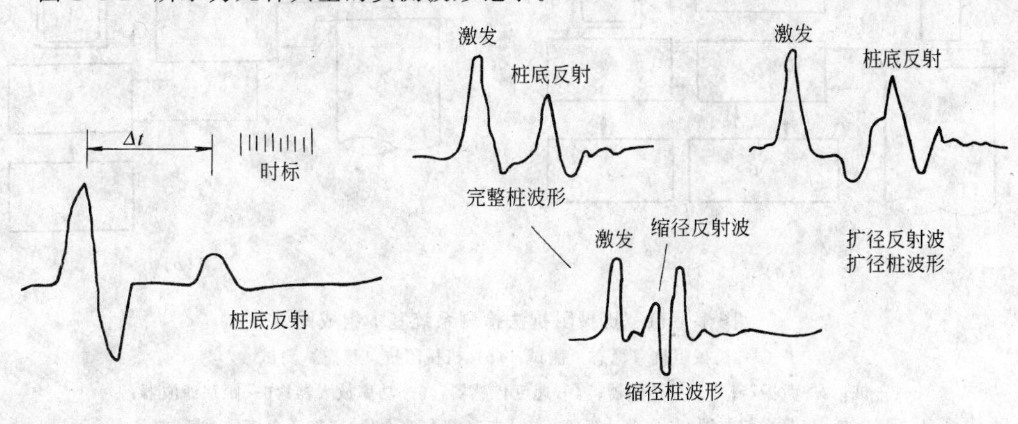

图1-4-10　反射波法实测记录

二、机械阻抗法

（1）机械阻抗法概述：机械阻抗法适用范围较为广泛，可用于各种机械结构和土木结构的动力分析。在基桩检测中，本方法有稳态激振和瞬态激振两种方式，适用于检测桩身混凝土的完整性，推定缺陷类型及其在桩身中的部位，当有可靠同条件动、静载对比试验资料时，该方法可用于推算单桩承载力，而本方法有效测试范围为桩长与桩径之比值小于30；对摩擦端承桩或端承桩其比值可小于50。

（2）机械阻抗法的基本原理：机械阻抗的定义是，作用于某结构物上的力 F 与该结构的响应 X 之比，即机械阻抗 $Z=F/X$，而这种响应 X 既可以是位移、速度，又可以是加速度。如果在桩头施加幅值为 $|F|$ 的正弦激振力时，相应于每一激振频率的弹性波在桩身混凝土中传播速度为 v_p，则 F/v_p 就是机械阻抗 Z，其倒数为机械导纳 N，即：

$$N=\frac{1}{Z}$$

$$N_{(j\omega)}=\frac{v_{p(j\omega)}}{F_{(j\omega)}}$$

式中　N——机械导纳；

F——对结构施加的作用力；

v_p——结构的运动速度。

系统在动态力作用下的阻抗（或导纳）是以激振频率 ω 为自变量的复函数 Z（$j\omega$）或 N（$j\omega$）。对不同的 ω 值，阻抗（或导纳）的幅值和幅角也就不同，这就提供了用阻抗和导纳随频率变化的图像来研究系统（如桩基础）动态特性的可能性。由于桩的动力特性为桩身完整性和桩—土体系相互作用的特性密切相关，通过对桩的动态特性的分析计算，可估计桩身混凝土的缺陷类型及其在桩身中的部位，亦可估算承载力。

（3）机械阻抗法的仪器设备及其要求：机械阻抗法检测系统基本组成见图1-4-11所示。主要由激振器2、力传感器3、速度传感器4、功率放大器、跟踪滤波器6、计算机8、打印机等部分组成。

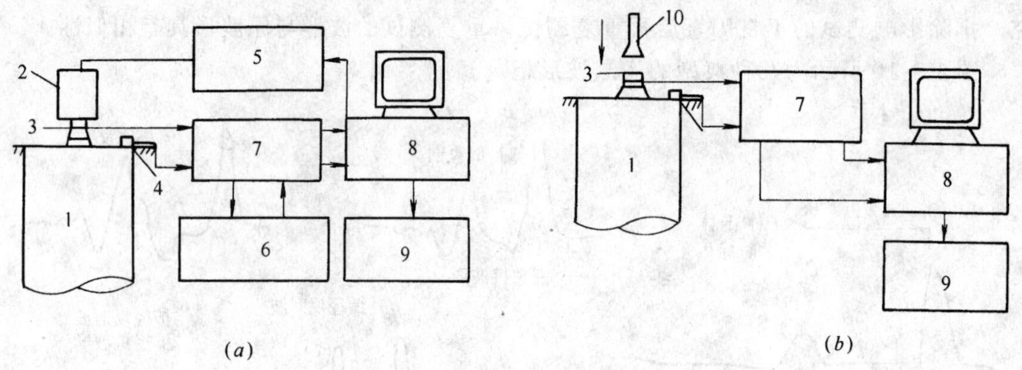

图1-4-11　机械阻抗法检测系统基本组成图

（a）机械阻抗（稳态）测试；（b）机械阻抗（稳态）测试

1—桩；2—激振器；3—力传感器；4—速度传感器；5—功率放大器；6—跟踪滤波器；7—信号采信前端；8—微计算机；9—打印机（绘图仪）；10—力棒、力锤

1）接收传感器的技术特性应符合下列要求：

①力传感器的频率响应宜为：5～1500Hz，其幅度畸变应小于1dB，其灵敏度不应小于1.0pC/N；

②量程：当稳态激振时，按激振力的最大值确定；当瞬态冲击时，按冲击力最大值

确定。

2）测量响应传感器：

①频率响应：宜为 5～1500Hz；

②灵敏度：对小桩径，速度传感器的灵敏度 S_r 应大于 300mV/cm/s，加速度传感器的灵敏度 S_a 应大于 1000pC/g；当桩径较大时，S_r 应大于 800mV/cm/s，S_a 应大于2000pC/g 横向灵敏度不应大于 5%。

③加速度传感器的量程：当稳态激振时，应小于 5g；当瞬态激振时，不应小于 20g。

3）接收传感器的灵敏度应每年标定一次。力传感器可采用振动台进行相对标定，或采用压力试验机用准静态标定。进行准静态标定所采用的电荷放大器，其输入电阻不应小于 $10^{11}\Omega$。测量响应的传感器可采用振动台进行相对标定。

4）测试设备可以采用专用的机械阻抗测试仪器，也可采用通用测试仪器组成的测试装置。

压电传感器的信号放大应采用电荷放大器，磁电式传感器应采用电压放大。频带宽度宜为 5～2000Hz，增益应大于 80dB，动态范围应在 40dB 以上，折合到输入端的噪声应小于 10μV。在稳态测试中，应采用跟踪滤波器或在放大器内设置性能相似的滤波器。滤波器的阻滞衰减不应小于 40dB。在瞬态测试中分析仪器的选择，应具有频域平均和计算相干函数的功能。当采用数字化仪器进行数据采集分析时，其模/数转换器位数不应小于 12bit。

5）信号处理分析的记录设备可采用磁记录带、$x-y$ 函数记录器、与计算机配合的笔式绘图仪或打印机。磁带记录器不得少于两个通道，信噪比不得低于 45dB，频率范围不得低于 5kHz。采用的各类记录仪的系统误差应小于 1%。

6）稳态激振设备及瞬态冲击装置应符合下列要求：

①稳态激振应采用电磁激振器，并宜选择永磁式激振器。激振器的技术要求应符合如下规定：频率范围宜为：5～1500Hz；最大输出力：当桩径小于 1.5m 时，应大于 200N；当桩长为 1.5～3.0m 时，应大于 400N；当桩径大于 3.0m 时，应大于 600N；非线性失真应小于 1%；

②悬挂装置可采用柔性悬挂（橡皮绳）或半刚性悬挂。在采用柔性悬挂时应避免高频段出现横向振动，在采用半刚性悬挂时，当激振频率在 10～1500Hz 的范围内时，激振系统本身特性曲线出现的谐振峰（共振及反共振）不应超过 1 个；

③瞬态激振应通过试验选择不同材质的锤头进行冲击，使可用于计算的谱宽度大于 1500Hz。在冲击桩头时，冲击锤应保持为自由落体；

④激振装置初次使用或经长距离运输，在正式使用前进行调整，使横向振动系数控制在 10%以下，其谐振时的最大值不应超过 25%。

（4）机械阻抗法的检测原则与检测步骤：

1）桩的振动响应测试点应按下列原则布置：

在桥梁桩基础测试中，可布置 1 个测点；当只布置 2 个测点时，其测点应位于顺流向的两侧，当布置 4 个测点时，应在顺流向两侧和顺桥纵轴方向两侧各布置 2 个测点。

2）激振力应位于桩头顶面正中，采用半刚性悬挂时，则粘贴在桩头顶面中心的钢板必须保持水平。

3）现场测试应按下列步骤进行：

①安装全部测试设备，并应确认各项仪器装置处于正常工作状态；

②在测试前应正确选定仪器系统的各项工作参数，使仪器在设定的状态下进行试验；

③在瞬态激振试验中，重复测试的次数应大于4次；

④在测试过程中应观察各设备的工作状态，当全部设备均处于正常状态，则该次测试有效。

(5) 各种激振下桩的典型导纳曲线：机械阻抗法得到的导纳函数或频响函数描述了桩—土系统的动力特性。它与激振和响应量的性质无关，即不论是用简谐稳态激振、瞬态冲击激振或随机激振，得到的导纳函数都是一样的，都能得到相同的导纳曲线，包括幅频曲线、相频曲线、实频曲线、虚频曲线等。差别仅仅在于激振方法不同、检测仪器不同和分析原理不同可能带来的精度不同而已。

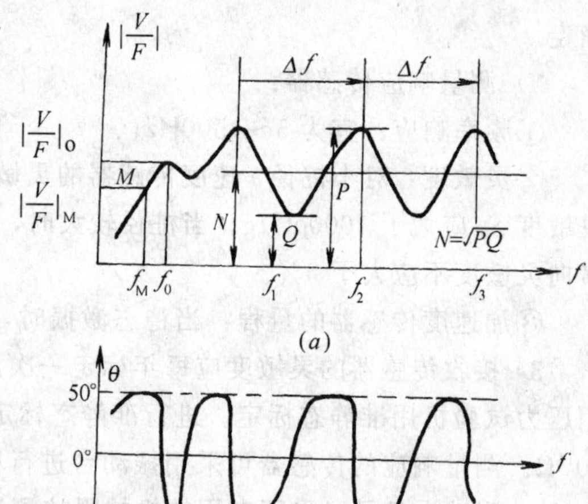

图 1-4-12　典型的速度导纳曲线
(a) 幅频图；(b) 相频图

在一般情况下，桩的竖向振动包含了低频的刚体运动和高频的波动。同时由于阻尼的存在，实际从桩顶上检测到的导纳函数的典型曲线应是图1-4-12的形式。图中 (a) 是幅频图；(b) 是相频图。

在幅频图上，f_{x0}可理解为桩身作刚体运动的谐振频率，后面的f_1、f_2、f_3……是桩身波动的各阶谐振频率。各谐振频率点之间的频率差均相等。

桩的刚体运动和波动两种状态之间是一种过渡过程，没有明显的分界频率。一般来说，桩周土质愈软，或者说土的支承刚度愈小，两者在导纳曲线图上区分愈明显，如果桩底支承在岩层上或嵌固在岩层中，则桩身将不会发生刚体运动，只有波动，导纳曲线上亦不存在f_{m0}及其相应的导纳峰。

在相频曲线上，各谐振点的相角都应是零度。

表1-4-38、表1-4-39是按机械导纳曲线推定桥梁桩身结构完整性的一些结构，供大家参考。

按机械导纳曲线异常程度推定桩身结构完整性　　**表 1-4-38**

初步辨别有异常	可能的异常位置	异常性质的判断	异常程度的判断	
$v_p=2\Delta fL=$正常波速，只有桩底反射效应，桩身无异常		$N_0\approx N$ 优质桩	波峰间隔均匀，整齐	全桩完整，混凝土质量优而均匀
			波峰间隔均匀但不整齐	全桩基本完整，外表面不规则
		$N_0\approx N$ $K_d\approx K'_d$ 混凝土质量稍有不均匀	波峰间隔均匀，整齐	全桩完整，混凝土质量基本完好
			波峰间隔不太均匀，欠整齐	全桩基本完整，局部混凝土质量不太均匀

续表

<table>
<tr><th rowspan="2">初步辨别有异常</th><th rowspan="2">可能的异常位置</th><th rowspan="2">异常性质的判断</th><th colspan="2">异常程度的判断</th></tr>
<tr><th></th><th></th></tr>
<tr><td rowspan="3">$\Delta f_1<\Delta f_2$
$v_{p1}=2\Delta f_1L=$正常波速，有桩底反射效应，同时$v_{p2}=2\Delta f_2L>$正常波速，$L'=\frac{v_p}{2\Delta f_2}>L$，表明有异常反射效应</td><td rowspan="3">$L'=\frac{v_p}{2\Delta f_2}$</td><td rowspan="2">$N_0>N$
$K_d<K'_d$</td><td>波峰圆滑，N_p值小</td><td>有中度扩径</td></tr>
<tr><td>波峰圆滑，N_p值大</td><td>有轻度扩径</td></tr>
<tr><td>$N_0<N$
$K_d>K'_d$
缩径或混凝土局部质量不均匀</td><td>波峰尖峭，N_P值大</td><td>有中度裂缝或缩径</td></tr>
<tr><td rowspan="4">$v_p=2\Delta fL>$正常波速，$L_0=\frac{v_p}{2\Delta f}<L$，表明无桩底反射效应，只有其他部位的异常反射效应</td><td rowspan="4">$L'=\frac{v_p}{2\Delta f}$</td><td rowspan="2">$N_0>N$
$K_d<K'_d$
缩径或断裂</td><td>波峰尖峭，N_p值小</td><td>有严重缩径</td></tr>
<tr><td>波峰间隔均匀，尖峭，N_p值大</td><td>有严重断裂、混凝土不连续</td></tr>
<tr><td rowspan="2">$N_0>N$
$K_d<K'_d$
扩径</td><td>波峰圆滑，N_p值小</td><td>有较严重扩径</td></tr>
<tr><td>波峰间隔均匀，圆滑，N_p值小</td><td>有严重扩径</td></tr>
</table>

注：Δf_1——有缺陷桩导纳曲线上小峰之间的频率差；

Δf_2——有缺陷桩导纳曲线上大峰之间的频率差。

按机械导纳曲线推定桩身结构完整性 **表 1-4-39**

<table>
<tr><th>机械导纳曲线形态</th><th colspan="2">实测导纳值
N_0</th><th colspan="2">实测动刚度
K_d</th><th>测量桩长
L_0</th><th>实测桩身波速平均值
v_{pm}（m/s）</th><th>结论</th></tr>
<tr><td rowspan="3">与典型导纳曲线接近</td><td colspan="2" rowspan="3">与理论值
N接近</td><td>高于</td><td rowspan="3">工地平均刚度值K_{dm}</td><td rowspan="5">与施工长度接近</td><td rowspan="3">3500～4500</td><td>嵌固良好的完整性</td></tr>
<tr><td>接近</td><td>表面规则的完整桩</td></tr>
<tr><td>低于</td><td>桩底可能有软层</td></tr>
<tr><td rowspan="2">呈调制妆波形</td><td>高于</td><td rowspan="2">导纳实测几何平均值N_{om}</td><td>低于</td><td rowspan="2">工地平均动刚度值K_{dm}</td><td><3500</td><td>桩身局部离析，其位置可按主波的Δf判定</td></tr>
<tr><td>低于</td><td>高于</td><td>3500～4500</td><td>桩身断面局部扩大，其位置可按主波的Δf判定</td></tr>
<tr><td rowspan="2">与典型导纳曲线类似，但共振峰频率增量Δf偏大</td><td colspan="2">高于理论值N很多</td><td>远低于</td><td rowspan="2">工地平均动刚度值K_{dm}</td><td rowspan="2">小于施工长度</td><td rowspan="2">—</td><td>桩身断裂，有夹层</td></tr>
<tr><td colspan="2">低于工地平均值N_{om}很多</td><td>远高于</td><td>桩身有较大鼓肚</td></tr>
<tr><td>不规则</td><td colspan="2">变化或较高</td><td colspan="2">低于工地动刚度平均值K_{dm}</td><td>无法由计算确定桩长</td><td>—</td><td>桩身不规则，有局部断裂或贫混凝土</td></tr>
</table>

注：$N_t=\frac{1}{v_{pm}A}$。

三、动力参数法

(1) 动力参数法的适用范围：本方法当分为频率初速法和频率法。当有可靠的同条件动静试验对比资料时，频率初速法可用于推算不同工艺成桩的摩擦桩和端承桩的竖向承载力。频率法的适用范围限于摩擦桩，并应有准确的地质勘探及土工试验资料作为计算依据，其中主要包括地质剖面图及各地层的内摩擦角和密度；桩在土中长度不宜大于40m，也不宜小于5m。

(2) 动力参数法的仪器设备及其要求：

1）宜采用竖、横两向兼用的速度型传感器。传感器的频率响应宜为10～300Hz；最大可测位移量的峰——峰值不应小于2mm，速度灵敏度不应低于200mV/cm/s。传感器的固有频率不得处于20Hz附近。

2）检测基桩承载力时，低通滤波器的截止频率宜为120Hz。

3）放大器增益应大于40dB（可调），长期绝对变化量应小于1%，折合到输入端的噪声信号不大于10μV。频响范围宜为10～300Hz。

4）接收系统宜采用数字式采集、处理和存储系统，并应具有实时域显示及频谱分析功能。

5）模/数转换器的位数不应小于8bit，采样时间间隔宜为50～1000μs，并分数档可调。每道数据采集暂存器的容量不应小于1kB。

6）传感器和仪器系统灵敏度系数应在标准振动台上进行标定，每年不得少于一次。标定时取振动速度的峰——峰值。在10～300Hz范围内应至少按单位振动速度标定10个频率点，并描出灵敏度系数随频率变化的曲线。

7）激振设备宜采用带导杆的穿心锤，穿心锤底面应加工成球面。穿心孔直径比导杆直径大3mm左右。穿心锤的质量应在2.5～100kg并形成系列，其落距宜在180～500mm之间，分为2～3档。对不同承载力的基桩，应调节冲击能量，使振波幅度基本一致。

(3) 现场检测步骤及其注意事项

1）检测前的准备工作应符合下列要求：

①彻底清除桥梁桩顶的浮浆及破碎部分；

②桩顶中心部分应凿平，并用粘结剂（如环氧树脂）粘贴一块钢垫板，待其固化后方可施测；

对承载力标准值小于2000kN的桩，钢垫板面积宜为100mm×100mm，厚度宜为10mm；钢垫板中心应钻一盲孔，孔深宜为8mm，孔径为12mm；对承载力大于或等于2000kN的桩，钢垫板面积及厚度加大2%～5%；

③传感器应使用粘结剂（如烧石膏）或采用磁性底座竖向固定在桩顶预先粘于冲击点与桩身钢筋之间的小钢板上；

④传感器、滤波器、放大器与接收系统连线，应采用屏蔽线，确定仪器的参数，并检查仪器、接头及钢板与桩顶粘结情况，在检测瞬间应暂时中断附近振源。测试系统不可多点接地。

2）激振步骤应按下述进行（图1-4-13）：将导杆插入钢垫板的盲孔中；按选定的穿心锤质量（W_0）及落距（H）提起穿心锤任其自由下落，并在撞击垫板后自由回弹再自由下落，以完成一次测试，加以记录。宜重复测试三次，以资比较。

3）每次激振后，应通过屏幕观察波形是否正常，要求出现清晰而完整的第一次及第二次冲击振动波形，并要求第一次冲击振动波形的振幅值基本保持一致，当不能满足上述要求时，应改变冲击能量，当确认波形合格后才可进行记录。典型波形如图1-4-14所示。

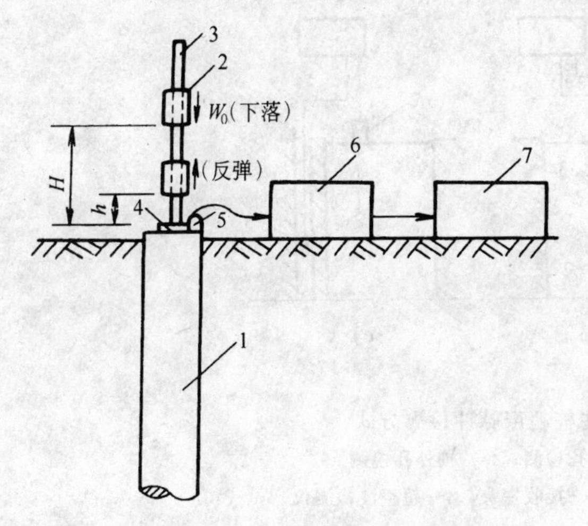

图 1-4-13　动力参数法检测

1—桩；2—穿心锤；3—导杆；4—垫板；
5—传感器；6—滤波及放大器；7—采集、记录及处理器

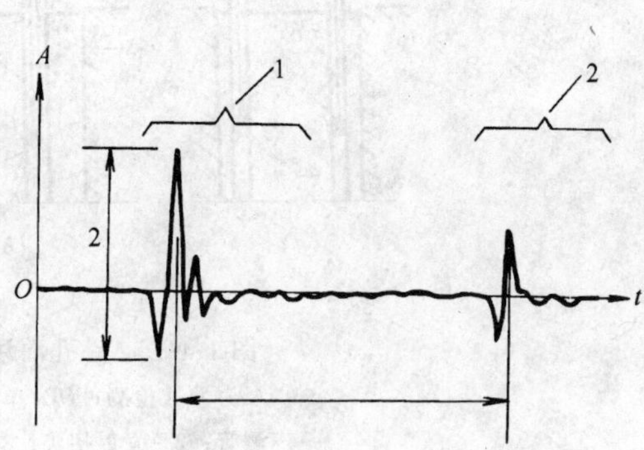

图 1-4-14　波形记录示例

1—第一次冲击的振动波形；
2—回弹后第二次冲击的振动波形

四、超声波透射法

钻孔灌注桩超声脉冲检测法的基本原理与超声波测缺和测强技术基本相同。但由于桩深埋土内，而检测只能在地面进行，因此又有其较大的区别。

(一) 超声波透射法的检测方式

(1) 双孔检测：在桩内预埋两根以上的管道，把发射探头和接收探头分别置于两根管道中（图 1-4-15 所示）。检测时超声脉冲穿过两管道之间的混凝土，实际有效范围即为超声脉冲从发射到接收探头所扫过的面积。为了尽可能扩大在桩横截面上的有效检测控制面积，必须使声测管的布置合理。双孔测量时根据两探头相对高程的变化，又可分为平测、斜测、扇形扫测等方式，在检测时视实际需要灵活运用。

(2) 单孔检测：在某些特殊情况下，只有一个孔道可供检测使用，例如在钻孔取芯后需进一步了解芯样周围混凝土的质量，以扩大取芯检测后的观察范围，这时可采用单孔测量方式（图 1-4-15），换能器放置在一个孔中，探头之间的用隔声材料隔离。这时声波从水中及混凝土中分别绕射到接收换能器，接收信号为从水及混凝土等不同声通路传播而来的信号的叠加，分析这一叠加信号，并测出不同声通路的声时及波高等物理量，即可分析孔道周围混凝土的质量。

(3) 桩外孔检测：当桩的上部结构已施工，或桩内未预埋管道时，可在桩外的土基中钻一孔作为检测通道。检测时在桩顶上放置一较强功率的低频平探头，向下沿桩身发射超声脉冲，接收探头从桩外孔中慢慢放下。超声脉冲沿桩身混凝土并穿过桩与测孔之间的土进入接收探头，逐点测出声时波高等参数，作为判断依据（图 1-4-15）。这种方式的可测深度受仪器发射功率的限制，一般只能测到 10m 左右。

以上三种方式中，双孔检测是桩基超声脉冲检测的基本形式，其他两种方式在检测和结果分析上都比较困难，只能作为特殊情况下的补救措施。

(二) 判断桩内缺陷的基本物理量

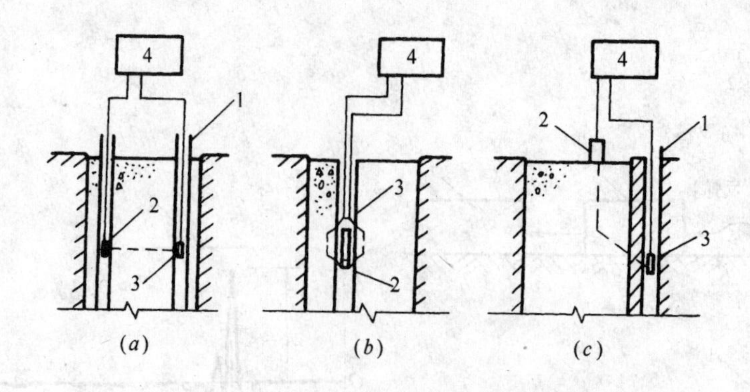

图 1-4-15　钻孔灌注桩超声脉冲检测方式

(a) 双孔检测；(b) 单孔检测；(c) 桩外孔检测

1—声测管；2—发射探头；3—接收探头；4—超声波检测仪

(1) 声时值：由于钻孔桩的混凝土缺陷主要是由于灌注时混入泥浆或混入自孔壁坍落的泥、砂所造成的。缺陷区的夹杂物声速较低，或声阻抗明显低于混凝土的声阻抗。因此，超声脉冲穿过缺陷或绕过缺陷时，声时值增大。增大的数值与缺陷尺度大小有关，所以声时值是判断缺陷有无和计算缺陷大小的基本物理量。

(2) 波幅：当波束穿过缺陷区时，部分声能被缺陷内含物所吸收，部分声能被缺陷的不规则表面反射和散射，到达接收探头的声能明显减少，反映为波幅降低。实践证明，波幅对缺陷的存在非常敏感，是在桩内判断缺陷有无的重要参数。

(3) 接收信号的频率变化：当超声脉冲穿过缺陷区时，声脉冲中的高频部分首先被衰减，导致接收信号主频下降，即所谓频漂，其下降百分率与缺陷的严重程度有关。接收频率的变化实质上是缺陷区声能衰减作用的反映，它对缺陷也较敏感，而且测量值比较稳定，因此，也可作为桩内缺陷判断的重要依据。

(三) 钻孔灌注桩超声脉冲检测法的设备

(1) 设备的组成：图 1-4-16 所示为全自动智能化测桩专用检测装置框图。它主要由超声发射及接收装置、探头自动升降装置、测量控制装置、数据处理计算机系统等四大部分组成。

(2) 数据处理计算机系统的作用；它是测控装置的主控部件。具有人机对话，发布各类指令，进行数据处理等功能。它通过总线接口与测量控制装置联接，发出测量的控制命令，以及进行信息交换。

(3) 升降机构的作用：根据指令通过步进电机进行上升、下降及定位等动作，移动探头至各测量点。

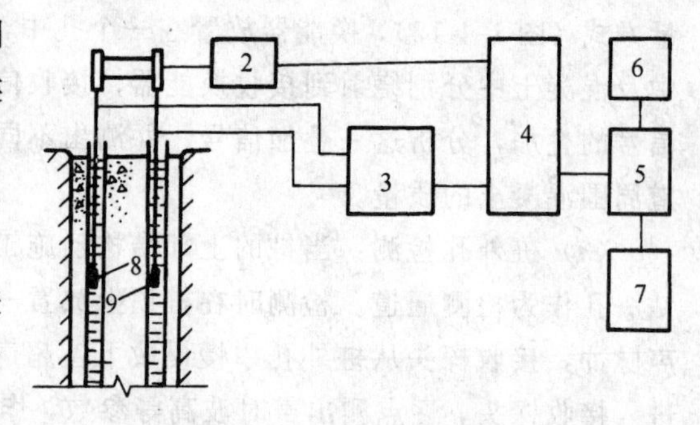

图 1-4-16　全自动智能化测桩专用检测装置框图

1—探头升降机构；2—步进电机驱动电源；
3—超声发射与接收装置；4—测控接口；5—计算机；
6—磁带机；7—打印机；8，9—发射、接收探头

(4) 超声发射和接收装置的作用：主要是发射并接收超声波，取得测量数据，传送到数据处理计算机，进行数据处理、存贮、显示和打印。由于测试系统由计算机控制，测量过程

无需人工干预，因此可自动、迅速地完成全桩测量工作。发射系统应输出 250～1000V 的脉冲电压，其波形可为阶跃脉冲或矩形脉冲。

（5）超声脉冲检测系统的作用：在桩基超声脉冲检测系统中，换能器在声测管内用水耦合，因此换能器必须是水密式的径向发射和接收换能器。常用的换能器一般是圆管式或增压式密型换能器，其共振频率宜为 25～50kHz，长度宜为 20cm，换能器宜装有前置放大器，前置放大器的频带宽度宜为 5～50kHz。换能器的水密性应满足在 1MPa 水压下不漏水。

（6）超声波检测仪器的技术性能应符合如下要求：接收放大系统的频带宽度宜为 5～50kHz，增益应大于 100dB，并应带有 0～60（或 80）dB 的衰减器，其分辨率应为 1dB，衰减器的误差应小于 1dB，其档间误差应小于 1%。

（7）显示系统的作用：显示系统其作用是同时显示接收波形和声波传播时间，其显示时间范围应大于 2000μs，计算精度应大于 1μs。

（四）预埋检测管的现场检测

（1）桩径小于 1.0m 时应埋设双管；桩径在 1.0～2.5m 时应埋设 3 根管；桩径 2.5m 以上应埋设四根管，见图 1-4-17 所示。

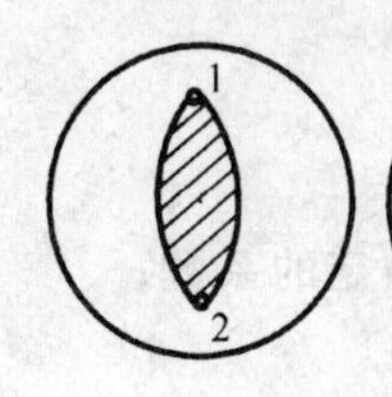

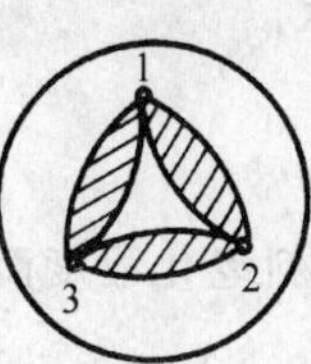

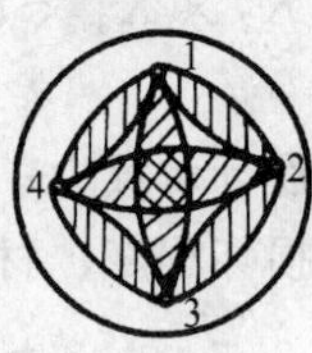

图 1-4-17　声波透射埋管编组

注：图中数字为检测管埋设位置。

（2）声波检测管宜采用钢管、塑料管或钢质波纹管，其内径宜为 50～60mm。钢管宜用螺纹连接，管的下端应封闭，上端应加盖。根据计算和试验，采用钢管时，双孔测量的声能透过率只有 0.5%，塑料管则为 42%，可见采用塑料管时接收信号比采用钢管时强，但由于在地下水泥水化热不易发散，而塑料温度变形系数较大，当混凝土硬化后塑料管因温度下降而产生纵向和径向收缩，致使混凝土与塑料管局部脱开，容易造成误判。

（3）试验证明，钢管的界面损失虽然较大，但仍有足够大的接收信号，而且安装方便，可代替部分钢筋截面，还可作为以后桩底压浆的通道，所以采用钢管作测管是合适的。塑料管的声能透过率较高，当能保证它与混凝土良好粘结的前提下，也可使用。

（4）检测管可焊接或绑扎在钢筋笼的内侧，检测管之间应相互平行。但在实际施工中，由于钢筋骨架刚度不足，对平行度提出过高的要求是不现实的。在检测内部缺陷时，不平行的影响，可在数据处理中予以鉴别和消除，但必须严格控制。

1.4.7　桥梁承载力的检测

1.4.7.1　桥梁承载力的检测概述

影响桥梁承载力的因素是很多的，主要有：桥梁原来的设计荷载等级、施工方法与质量以及桥梁结构完好状况与结构材料性能好坏等方面。桥梁原设计荷载及施工资料，一般可通过查阅有关技术资料得到（若资料缺乏，则较难办到），而对结构完好程度、材料老化程度和强度降低程度的评价，则是一件较困难的工作。同时，由于影响桥梁承载力的还有其他许多直接或间接的因素，因此，要进行定量的分析，用精确的方法计算出桥梁的承载力，则更为困难。目前，对桥梁承载力的判定，国内公路部门尚无统一的方法。国外，即使在一些技术先进的国家也正在进行广泛的研究。

现有桥梁承载力的检定，通常多采用如下三种方法：

(1) 分析计算法。

(2) 实物调查比较法，即由实际交通测定桥梁动态的方法。

(3) 荷载试验法，即为桥梁施加试验荷载，测定其主要部位反映的方法。

1.4.7.2 分析计算法

一、概述

首先对被检定的桥梁结构进行检查，然后将检查所得的有关资料和检验测量结果，运用桥梁结构计算理论及有关的经验系数进行分析计算，从而评定出桥梁的安全承载力。这种从调查入手，利用计算理论及经验系数，分析计算出桥梁承载力的方法称为分析计算法。分析计算法一般又分为经验系数折算和理论计算两种做法。

(1) 经验系数折算法是以桥梁原有设计荷载等级为基础，同时考虑桥梁损坏程度、材料老化程度、桥面行驶条件、实际交通情况，桥梁建造使用期限等因素，折算求出桥梁安全承载力的方法。桥梁安全承载力由下式求得：

$$P = P_0 \times K_1 \times K_2 \times K_3 \times K_4$$

式中 P——被检定桥梁的安全承载力；

P_0——被检定桥梁的基本承载力，即原设计承载力；

K_1——残存承载力系数，根据桥梁结构损坏程度、材料老化程度而定的系数；

K_2——桥面行驶条件好坏的系数；

K_3——反映实际交通情况的系数；

K_4——桥梁建造使用年限系数。

(2) 理论计算的做法是当原桥荷载等级不清楚，或上述的各种系数较难确定时，应用结构计算理论，估算出桥梁结构可能承受的最大外力（如弯矩），然后，再与实际检定的荷载相比较，从而判定出桥梁安全承载力的方法。

二、理论计算法的步骤

(1) 对被检定的桥梁进行检查，通过检查掌握如下资料：

1) 桥梁跨径、净跨径、计算跨径，结构各部截面主要尺寸，桥面净宽，人行道宽度等。

2) 桥梁原设计荷载等级，主筋布置、面积、含筋量。

3) 结构材料，主要是钢筋及混凝土的力学性能。

4) 结构损坏程度。

(2) 应用钢筋混凝土结构计算理论，估算出钢筋混凝土主梁单块构件可承受的外力（主要是弯矩）：

1) 主梁为矩形截面时 对于矩形桥梁（包括整体式肋板桥），由于梁高度较小，一般可偏保守地利用钢筋混凝土结构平衡设计的原理，估算出单块构件的安全承载力。

图 1-4-18 所示为矩形截面梁的应力计算图式。由静力平衡条件及应力图形呈直线比例关系得：

$$\Sigma H = 0 \qquad \frac{1}{2} b x \sigma_h = A_g \sigma_g$$

$$\Sigma M_z = 0 \qquad \frac{1}{2} b_x \sigma_h \left(h_0 - \frac{x}{3} \right) = M$$

$$\frac{\sigma_h}{x}=\frac{\sigma_g/n}{h_0-x}$$

当构件的主要材料钢筋及混凝土的应力皆达到容许应力时，则 $\sigma_g=[\sigma_g]$、$\sigma_h=[\sigma_h]$。对上面三式进行交换，并把 $\sigma_g=[\sigma_g]$，$\sigma_h=[\sigma_h]$ 代入整理得。

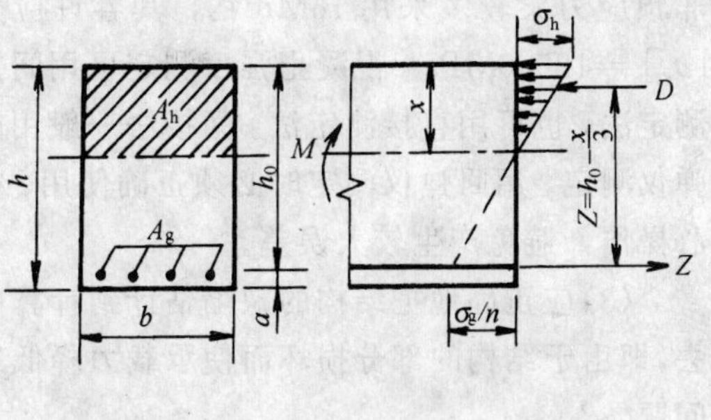

$$x=\frac{2A_g[\sigma_g]}{b[\sigma_h]}$$

$$[M]=\frac{1}{2}bx[\sigma_h]\left((h_0-\frac{x}{3}\right)$$

图 1-4-18 单筋矩形截面应力计算图式

$$x=\frac{[n\sigma_h]}{n[\sigma_h]+[\sigma_g]}$$

式中 $[M]$——构件所能承受的最大安全弯矩；

x——计算截面中性轴至混凝土受压边缘的距离；

b——截面宽度；

h_0——截面有效高度，$h_0=h-a$，h 为截面全高，a 为钢筋中心线到下缘的距离；

$[\sigma_h]$——混凝土的容许应力，用回弹仪或直接切块试验得到混凝土级别后查表求得；

$[\sigma_g]$——钢筋容许应力，同样必须由实际检验测得钢筋级别后查得；

n——钢筋与混凝土弹性模量之比，即 $n=\frac{E_g}{E_h}$。

2）钢筋混凝土构件为T形梁（或空心板梁）时对于T形梁桥（包括空心板梁桥），一般采用低筋设计方法，且为偏于安全，控制截面上混凝土受压边缘应力留有部分作为储备，即混凝土受压边缘应力用容许应力的0.7～0.85。

图 1-4-19 所示为T形梁低筋设计的应力图式，经推导可得：

$$x=\frac{0.7n[\sigma_h]}{0.7n[\sigma_h]+[\sigma_g]}\cdot h_0$$

$$[M]=0.35\left[b_1x[\sigma_h]\left(h_0-\frac{x}{3}\right)-(b_1-b)\frac{(x-t)^2}{x}\cdot[\sigma_h]\cdot\left(h_0-\frac{x+2t}{3}\right)\right]$$

式中 b_1——T形梁翼缘计算宽度；

t——T形梁翼缘厚度；

其他符号意义如前。

(3) 应用桥梁结构理论，计算出在检定荷载等级作用下的最大活载弯矩及静载弯矩之和，然后把它与前述计算得到的构件所能承受的最大弯矩 $[M]$ 进行比较，从而确定出梁的安全承载力。

三、理论计算法应注意的问题

(1) 荷载计算应根据实际荷载，即采用需通过的荷载等级进行验算。

(2) 材料强度应以实测结果为准。钢筋强度可通过切片试验求得，并应注意到50年代及其以前的桥梁内多用3号钢，其容许应力 $[\sigma_g]=135.0$MPa；60年代所造T形梁桥及高度较大的预制板梁内钢筋多采用5号钢，其容许应力 $[\sigma_g]=160.0$MPa；60年代后期多数非预应力梁较多采用 16Mn 钢，其容许应力 $[\sigma_g]=185.0$MPa。混凝土强度测定可用间接测定法，也可用直接测定法。间接法一般用回弹仪测定，用回弹仪测定时必须正确使用、精心操作，避免产生较大误差。

(3)应正确地把结构的缺陷估计到计算中去，即由于结构的部分损坏而使承载力降低的问题。

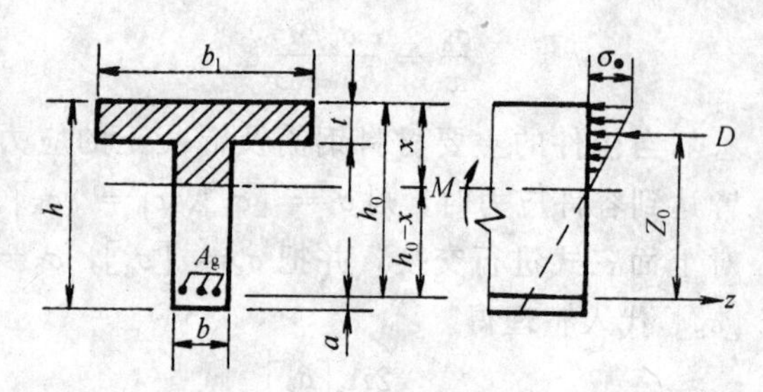

图 1-4-19　单筋 T 形截面计算图式

(4) 由于影响桥梁承载力的因素很多，故此法目前多用于简支梁（普通钢筋混凝土）承载力的估算。

1.4.7.3　荷载试验法

桥梁试验应逐级加载，以等于或稍大于实际将要通过桥梁的荷载值作为试验荷载，实测桥梁各主要部位在荷载作用下的反映，如挠度、应变、应力、裂缝开展等数值，然后通过分析比较，得出当挠度值、应变、应力值及裂缝宽度值小于规范值时所对应的荷载等级，该荷载等级就是桥梁可通过的安全承载力。由于采用实际要通过的荷载作为试验荷载，所以，此法也称实载法。

例如，为了保证超重车辆过桥的需要，有关部门曾对古石桥芦沟桥进行实载试验，从而检定出该桥的安全承载力，现把试验情况简述如下：

芦沟桥始建于公元 1189 年，距今已有七百九十余年的历史，为一古式连拱石桥，全长 212.2m，计 11 孔。该桥主拱圈石料经数百年历史，有严重风化剥落，灰缝残缺。为确保重车通过该桥，用逐级加载的方法对该桥进行实载试验，并分别测定桥梁各部位的反映。加载程序及实测挠度如表 1-4-40 所示。

该桥第 5 孔的净跨为 13.17m，实测跨中最大挠度为 0.52mm，相当跨径的 1/25326。全桥各孔都变形甚微，均处于弹性阶段。

通过试验，从而验证了该桥的安全通过能力，为重车通过提供了可靠的依据（该桥现为国家重点保护文物，故已禁止车辆行驶）。

荷载试验法加载程序及跨中挠度实测值　　表 1-4-40

加载程序	本次加载重量 (kgf)	荷载总重量 (kgf)	实测第五孔跨中最大挠度值 (mm)
1	空车试运行：100×10^3	100×10^3	—
2	第一次加载：56×10^3	156×10^3	0.17
3	第二次加载：56×10^3	212×10^3	0.23
4	第三次加载：42×10^3	268×10^3	0.31
5	第四次加载：42×10^3	310×10^3	0.36
6	第五次加载：42×10^3	352×10^3	0.42
7	第六次加载：42×10^3	392×10^3	0.48
	第七次加载：42×10^3	429×10^3	0.52

1.4.7.4　实物调查比较法

实物调查比较法，亦即由实际交通情况来检测桥梁承载力的动态求法。其具体的方法如下：

(1) 对被检测的桥梁进行相当长期的观测，根据桥梁所通过的车辆荷载，并测定车辆通过时桥梁各主要部位的挠度（跨中或者产生挠度最大处）、应变、应力、裂缝开展情况等数据。

(2) 然后，对所测的这些数据（如车辆种类、载重及其对应的挠度、应变、应力等）进行统计分析，从而得出桥梁可以承载多大的荷载（或承受的荷载等级）。

(3) 表 1-4-41～表 1-4-45 是梁式桥上部结构承载力的评定方法。

旧桥检验计算式 表 1-4-41

结构类型	计算公式及说明
砖、石及混凝土桥	$S_d(\gamma_{s0}\psi\Sigma r_{s1}Q) \leqslant R_d\left(\frac{R_j}{r_m}, \alpha_k\right)Z_1$ 式中 S_d——荷载效应函数 Q——荷载在结构上产生的效应 γ_{s0}——结构的重要性系数 ψ——荷载组合系数 R_d——结构的抗力效应函数 R_j——材料或砌体的极限强度 r_m——材料或砌体的安全系数 α_k——结构的几何尺寸 Z_1——旧桥检算系数
钢筋混凝土及预应力混凝土桥	$S_d(r_gG; r_q\Sigma Q) \leqslant r_bR_d\left(\frac{R_c}{r_c}; \frac{R_s}{r_s}\right)Z_1$ 式中 S_d——荷载效应函数 G——永久荷载（结构重力） r_g——永久荷载（结构重力）安全系数 Q——可变荷载及永久荷载中混凝土收缩、徐变影响力；基础变位影响力 r_q——荷载 Q 的安全系数 R_d——结构抗力系数 r_b——结构工作条件系数 R_c——混凝土强度设计采用值基础上的混凝土安全系数 R_s——预应力钢筋或非预应力钢筋强度设计采用值 r_s——在钢筋强度设计采用值基础上的钢筋安全系数 Z_1——旧桥检算系数：桥梁各构件混凝土质量良好，其系数 $Z_1=1.0\sim1.1$；桥梁构件混凝土质量较差，其系数 $Z_1=0.9\sim1.0$；桥梁构件混凝土及钢筋产生严重质量问题，其系数 $Z_1=0.88$ 以下

实桥调查的重点内容与影响承载能力的主要因素 表 1-4-42

序号	主要项目	简要说明
1	实桥调查的重点内容	(1) 校核或实测各部主构件尺寸、裂缝宽度、深度及分布状况，桥面铺装与主梁结构情况，以兹确立主梁截面几何特性及刚度 (2) 验证或实测混凝土标号及钢筋型号、配筋状况，以兹确立混凝土、钢筋强度及安全系数 (3) 实测主梁残条挠度及某荷载下挠度增量或荷载挠度曲线，以兹内插或外延屈服强度极限内（弹性阶段）最大挠度值，验证结构刚度

续表

序号	主要项目	简要说明
2	影响实桥承载能力的主要因素	(1) 原桥的施工质量，包括混凝土配比，混凝土浇筑密实程度、支座、伸缩缝的工作状态好坏等 (2) 桥面铺装的联合作用 (3) 横向分布系数的正确取值 (4) 其他自然或意外因素，包括：水土腐蚀、冻融温度的影响，地震的影响，车辆或船舶冲撞破坏，超重车辆行驶等

钢筋混凝土梁桥截面抗弯特性的估算法　　表 1-4-43

序号	桥梁类型	估算公式与示意图	简要说明
1	矩形梁	a=3cm　$x=0.25(h-a)$	钢筋混凝土梁桥在进行截面抗弯特性计算时，如果其配筋数量及位置不可知，则只能根据实测横截面进行估算。估算时可首先假定截面受拉钢筋面积重心距梁（或板）受拉边缘距离为 a，截面中性轴距截面受压边缘的距离为 x，若能找到与其相同跨径的同年代设计的同类其他桥梁设计图时，可参考其 a 和 x 值。如找不到同类图纸时，可使用表中公式进行估算 式中：h——为截面高度
2	T 形梁	a=6cm $x=0.16(h-a)$	

几种常用材料强度在新、旧桥规的对比　　表 1-4-44

材料类别	材料强度	轴心抗压强度（MPa）			抗拉强度（MPa）			说　明
		允许应力法	极/限系数法	极/允	允许应力法	极限系数法	极/允	
混凝土		(σ_a)	R_a	K_a	(σ_{ZL})	R_l	K_L	$R_a=0.7\,R\cdot\frac{1-2C_v}{1-C_v}$
	C20	7.0	11.0	1.571	0.65	1.30	2.00	R—强度；C_V——变异系数；
	C25	9.0	14.5	1.611	0.75	1.55	2.067	
	C30	10.5	17.5	1.661	0.85	1.75	2.059	$R_L=0.5R^{2/3}\cdot\frac{1-2C_v}{(1-C_v)^{2/3}}$
	C40	14.0	23.0	1.643	1.00	2.15	2.150	$\overline{K}_a=1.623$；$\overline{K}_L=2.069$

续表

材料类别	材料强度	轴心抗压强度（MPa）			抗拉强度（MPa）			简要说明
		允许应力法	极限系数法	极/允	允许应力法	极限系数法	极/允	
		(σ'_g)	R'_g	K'_g	(σ_g)	R_g	K_g	
钢筋	Ⅰ级	135.0	240.0	1.778	135.0	240.0	1.778	R_g、R'_g为钢筋抗拉、抗压屈服点强度（弹性极限） $\overline{R'}_g=1.794=\overline{K}_g$
	Ⅱ级	185.0	340.0	1.838	185.0	340.0	1.838	
	Ⅲ级	210.0	380.0	1.810	210.0	380.0	1.810	
	5号	160.0	280.0	1.750	160.0	280.0	1.750	

注：$\overline{K}_a$、$\overline{K}_L$、$\overline{K}_g$、$\overline{K'}_g$、分别为K_a、K_L、K_g、K'_g的平均值。

钢筋混凝土T梁受力分析与安全度（参考**JT/GQB** 001—73标准图计算） **表1-4-45**

计算跨径(m)	跨中弯矩（kN·m）					支点剪力（kN）				
	恒载(S_Q)	汽—20(S'_{Q1})	$S_Q+S'_{Q1}$($S_允$)	$1.2S_Q+1.4S'_{Q1}$($S_极$)	$\frac{S_极}{S_允}$	恒载($S_{Q'}$)	挂—100(S''_{Q1})	$S_{Q'}+S''_{Q1}$($S_允$)	$1.2S_{Q'}+1.1S''_{Q1}$($S'_极$)	$\frac{S'_极}{S'_允}$
10	174.0	291.0	465.0	616.2	1.325	66.4	257.0	323.4	362.4	1.120
13	310.0	371.0	681.0	891.4	1.309	90.0	278.8	368.8	419.7	1.128
16	465.0	501.0	966.0	1259.4	1.308	115.6	294.0	409.6	462.1	1.128
20	768.0	654.0	1422.0	1837.2	1.292	155.4	306.5	461.9	523.6	1.133
平均	$\bar{r}_M=1.3085$					$\bar{r}_Q=1.126$				

计算跨径(m)	跨中弯矩（kN·m）					支点剪力（kN）				
	恒载(S_Q)	汽—18($S_{Q'1}$)	$S_Q+S_{Q'1}$($S_允$)	$1.2S_Q+1.4S_{Q'1}$($S_极$)	$r_S=S_极/S_允$	恒载($S_{Q'}$)	汽—13(S'_{Q1})	$S_{Q'}+S'_{Q1}$($S_允$)	$1.2S_{Q'}+1.4S'_{Q1}$($S'_极$)	r'_S $S'_极/S_允$
8.4	95.0	167.0	262.0	347.8	1.327	45.2	111.0	156.2	209.6	1.342
11.1	171.0	248.0	419.0	552.4	1.318	67.5	127.7	195.2	259.8	1.331
13.7	266.0	329.0	595.0	779.8	1.311	77.7	138.7	216.4	287.4	1.328
16.8	417.7	405.0	822.7	1068.2	1.298	102.2	147.5	249.7	329.1	1.318
21.6	798.8	620.0	1418.8	1826.0	1.287	147.9	164.0	311.9	407.1	1.305
平均	$\bar{r}_M=1.3082$					$\bar{r}_Q=1.3249$				

计算跨径(m)	跨中弯矩（kN·m）					支点剪力（kN）				
	恒载(S_Q)	拖—60(S''_{Q1})	$S_Q+S_{Q''1}$($S_允$)	$1.2S_Q+1.1S''_Q$($S_极$)	$r_S=S_极/S_允$	恒载($S_{Q'}$)	拖—60(S''_{Q1})	$S_{Q'}+S''_{Q1}$($S'_允$)	$1.2S_{Q'}+1.1S''_{Q1}$($S'_极$)	$r_{S'}=S'_极/S'_允$
8.4	95.0	293.0	388.0	436.3	1.124	45.2	176.0	221.2	247.8	1.120
11.1	171.0	425.0	596.0	672.7	1.129	67.5	194.0	261.5	294.4	1.126
13.7	266.0	554.0	820.0	928.6	1.132	77.7	204.0	281.7	317.6	1.127
16.3	417.7	683.0	1100.7	1252.5	1.138	102.2	213.0	315.2	356.9	1.132
21.6	798.3	945.0	1743.3	1997.5	1.146	147.9	222.0	369.9	421.7	1.140
平均	$\bar{r}_M=1.1338$					$\bar{r}_{Q'}=1.129$				

2　道路维修技术

2.1 道路维修机械

2.1.1 道路维修机械装备标准

根据建设部1992年10月14日颁布的［1992］899号文件，现摘录《城市道路桥梁维修装备标准》的部分内容。

2.1.1.1 道路维修机械装备标准的目的、范围和原则

一、道路维修机械装备标准的目的意义

为了加强道路桥梁的养护和维修工作，提高道路桥梁沿途设施的完好率，改善养护维修工人的劳动和安全条件，保证养护维修的质量、工期，降低成本，增加社会、环境、经济效益，必须提高施工的机械化水平。为指导各地配备养护维修机械，特制定本标准。

二、道路维修机械装备标准的适用范围

(1) 本标准适用于全国道路桥梁管理、养护和维修部门。

(2) 各地区、县、镇和工矿企业的道路桥梁管理。养护和维修部门可参照执行。

三、道路维修机械装备的原则

(1) 道路桥梁和排水设施的养护，维修机械的装备（以下简称“装备”)，应根据设施数量，养护、维修条件，社会、环境和经济效益的需要相应配备。

(2) 装备要有利于道路桥梁和排水设施的养护、维修技术进步，逐步实现标准化、系列化、通用化。

(3) 装备必须从实际出发，做到技术先进、质量稳定、运行可靠、经济实用、配套合理，并逐步提高机械化、自动化程度，以保证装备总量的增长和装备质量的优化。

(4) 装备的施工作业质量应符合建设部颁发的《城市道路养护技术规范》(CJJ 36—90)和交通部颁布的《公路工程质量检验评定标准》(JTJ 071—98)，以及排水设施养护的有关技术规范，以保证道路、桥梁和排水设施功能的发挥。

(5) 表2-1-1所列设备均为一般设备，其中带*中为必备设备。要求先配备必备设备，再配备其他设备。

(6) 表2-1-1是按道路桥梁和排水两个专业分设配备设备；对两个专业合一的单位，共用设备配备不能重复。

2.1.1.2 路基养护维修机械装备标准

(1) 路基养护维修的主要工序包括旧路面破碎开挖基础铺筑、软土基加固和路面基础结构层铺筑等。

(2) 路基养护维修机械配备如表2-1-1所列。

路基养护维修机械配备表 表 2-1-1

工序	机械名称	主要技术参数	备注
旧路面开挖	*空气压缩机	功率≥60kW，排气量≥9m³	移动式（带风镐）
	道路铣沟机	功率≥7.4kW 铣刨深度≥400mm 铣刨宽度≥500mm	自行式冷铣刨
	单斗挖掘机	功率≥59kW 斗容量≥0.6m³	轮胎或履带式
软土基加固	*推土机	功率≥88kW	轮胎或履带式 （带松土器）
	铲运机	功率≥59kW	自行式拖式
	*装载机	功率≥40kW 斗容量≥0.5m³	轮胎式 （铰接或回转）
路基基础结构层铺筑	稳定土拌和机	功率≥57kW 生产率≥150t/h	固定场拌式
		功率≥44kW 拌和深度≥200mm	自行路拌式
	*平地机	功率≥118kW 平地宽度≥3700mm	自行式（带自动找平）
		平地宽度≥3000mm	拖式
	*压路机	按重型压实考虑： 静碾压路机自重≥14t 单位线压力≥105.5kg/cm 振动压路机自重≥8t 激振力≥15t 轮胎压路机自重≥9t 功率≥59kW	静压式 振动式 （组合振动或铰接轮胎式）
	稳定土摊铺机	功率≥88kW 摊铺厚度≥150mm	自行式

2.1.1.3 沥青路面养护维修机械装备标准

（1）沥青路面养护维修的主要工序包括路基与路面联接层铺筑，侧缘石（道牙）铺换，各种路面病害消除和路面面层铺筑。

（2）沥青路面养护维修机械配备见表 2-1-2 所列。

沥青路面养护维修机械配备表 表 2-1-2

工序	机械名称	主要技术参数	备注
路基面与铺路筑联接	沥青洒布机	电机功率≥8kW 或柴油机功率≥3.6kW 沥青罐容积≥500L	拖式 燃料：木炭、煤
		功率≥99kW，喷洒宽度≥2.5m 沥青罐容积≥1000L	自行式 （汽车底盘）
侧铺缘石换	侧缘石铣槽机	功率≥40kW 铣槽宽度≥180mm 铣槽深度≥200mm	自行式

续表

工序	机械名称	主要技术参数	备注
消除病害	道路养护工程车	载质量≥3t 碾压宽度≥1m 功率≥88kW 单位线压力 ≥200～350kg/cm	自行式(带沥青混凝土保温仓液压锤、液化沥青预热喷洒和碾压滚等装置) 集储、运、破、喷、压五功能
	沥青再生重铺机		自行式(带铣刨滚,回收旧料,再生沥青加热拌和装置)
	路面铣刨机	功率≤37kW 铣槽宽度≥500mm 铁刨深度≥50mm	自行式 (带回收装置)
	液压锤	功率≥4kW 锤体自重≥12kg	带泵站或安装在其他机械上
	注浆设备		
	切缝机	功率≥3.7kW 刀片直径 80～300mm	自行式(电动或内燃机式)
	撒砂车	切割深度 100mm 载重量≥0.5t 功率≥3.7kW	自行式
	发电机	功率≥24kW	移动式
路面面层铺筑	沥青混凝土拌和机	生产率≥8t/h	固定式 移动式
	稀浆封层摊铺机		拖式
	沥青混凝土摊铺机	功率≥49kW 自重≥6t 摊铺宽度≥4.5m 斗容量≥3m	自行式 拖式
	压路滚	自重≥3t	拖式
	自动夯土机	夯击能量≥30kg	内燃式
	冲击夯	冲击力≥56kW	电动或内燃式
	平板夯	功率≥3.7kW	
	静碾压路机	功率≥29kW 单位线压力≥52MPa	
	振动压路面	功率≥3.7kW 激振力≥12.5kW	手扶式 自行式

2.1.1.4 水泥路面养护维修机械装备标准

(1) 水泥路面养护维修的主要工序包括水泥路面病害消除，加工水泥混凝土和水泥路面铺筑。

(2) 水泥路面养护维修机械配备见表 2-1-3 所列。

水泥路面养护维修机械配备表　　表 2-1-3

工序	机械名称	主要技术参数	备注
旧路面开挖	路面开槽破碎挖掘设备	见表 2-1-1	
消除病害	路面铣刨机	见 2-1-2	

续表

工序	机械名称	主要技术参数	备注
加工混凝土	水泥混凝土搅拌机	功率≥10kW　出料容量≥250L 生产率≥10m³/h	固定式 移动式
水泥路面铺筑	水泥混凝土摊铺机	摊铺厚度≥200mm 摊铺宽度≥3.5m	滑模式 轨模式
	砂浆机	自重≥600kg　功率≥3kW	电动式
	混凝土振动梁		
	路面抹平机	功率≥0.5kW　自重≥30kg 生产率≥100m²/h	电动式
	切缝机	刀片直径≥300～450mm 切割速度≥2m/min	
	压纹机		
	侧缘石铺筑机	功率≥8kW	

2.1.1.5　高等级道路的维修保养设备

我国高等级道路的建设起步不久，其养护工艺尚不成熟，养护设备的配备也正在探索。维修养护设备的配备按其作业内容分为以下几种类型，见表2-1-4～表2-1-7所列。

道路维修养护管理系统检测设备　　表2-1-4

序号	设备名称	规格基本性能	用途	备注
1	自动弯沉仪	测试速度：3km/h，最高行驶速度：70km/h，分辨率±0.01mm	评价路面承载力（已开发）	静态
2	横向力系数测试车（SCRIM）	测试速度：50～80km/h，配测试轮水箱、微机数据处理系统	连续测路面摩擦系数(空白，有进口样机）	微机构造
3	便携式摆式机（SRT）	BS—1型，摆值0～100	人力随时检查路面摩擦系数，评价抗滑能力	微机构造
4	路面标线反光测定仪（便携式）	点测时间10s，质量10kg，可白天测试，带标准色对板，18V 10A/h电池组	调查标线反光作用变化及更新时间（空白）	
5	激光路面构造深度仪 1）手推仪 2）车载式	JTC型，测试速度：3～5km/h，显示精度：±0.1mm，测试范围20mm，每10mm打印一个平均构造深度。测试速度：30～90km/h，显示精度±0.1mm，自动测量及数据处理	测平均构造深度，评价抗滑能力（已开发） 测平均构造深度，评价抗滑能力（待开发）	粗糙度对高速公路不太适用粗糙度
6	颠覆累积仪（BUMP）（车载式或拖车）	测试速度20～65km/h，最少读数1cm，连续测量，自动数据处理	测颠覆指数（cm/km）评价平整度（已开发）	舒适反应型

续表

序号	设备名称	规格基本性能	用途	备注
7	快速路形测定仪	HSP型，具有接触式和激光非接触式两种探头，测试速度30～72km/h，分辨率1mm，磁带记录长度100km	测纵向、横向不平度（已开发、待提高）	直接测定
8	公路巡视车	行驶速度大于80km/h，附小型检测仪，如摆式仪直尺等，设置紧急警示标志	检查记录公路综合状态（一般型小汽车）	观测
9	桥梁检测车	轴载质量2～4人，最大能检查厚7cm，水平距离12～16m的桥，行驶速度如一般卡车，带电视摄像记录技术装置	观测桥梁各部位（空白）	观测
10	桥梁测试车	静，动态加载，自动数据处理系统	测动、静态应变，评价承载能力（已开发）	测应变
11	车辆数据测试设备	可在任何地点、时间测定车辆种类、轴载—车距等交通数量数据自动处理	测交通量参数，览视超重车辆（空白）	
12	车辆行驶状态测试车	测量车辆行驶时间，里程、油耗启动停车次数等、数据自动处理	测车辆行驶状态评价公路运行质量（空白）	插入车流中

经常性维护保养路面的机械 表2-1-5

序号	设备名称	规格基本性能	用途	开发状态	备注
1	路面清扫车	清扫宽度2～2.5m，垃圾箱容积大于3m^3，清扫速度大于60km/h，要求吸扫结合，垃圾自卸	清除垃圾，脏物及泥土浮尘		
2	路面标线自动划线机	划线速度10～80km/h，漆罐容量3000～4000L，热塑料粉4000～5000kg，要求具有多种功能，可划常温标线漆、加热标线漆，漆热熔标线漆，具有加玻璃珠能力，可划单线、双线、间断线。电脑控制，自动跟踪、自动定向	划路面标线		
3	多功能维修，养护车	1）底盘：发动机功率90kW，行驶速度0.1～90km/h，要求全轮驱动，前、后均有机械，液压、气压等功力输出快速悬挂装置及气、电、液控制系统 2）可配置的工作装置有：割草装置树枝剪修装置、清扫装置、高空作业装置、起重装置、挖沟装置、挖坑装置、救援车，喷洒装置、拖挂车、平板车、推土、挖掘，装载等装置	1）路面清扫除雪；2）标牌护栏洗刷；3）绿化养护；4）撒盐、洒水；5）起重抢险；6）牵引事故车；7）运送小型养护机械，如：电动或内燃剪草机，路面切削机；运次慢速养护机械（摊铺机、压路机、切削机）等；8）修复更换高空照明通讯等附属设施		参考样机为原联邦德国U1200多功能底盘车

续表

序号	设备名称	规格基本性能	用途	开发状态	备注
4	沥青路面修补车	行驶速度大于60km/h，成品混合料保温箱3t;沥青箱容量200～300L,要求带压实装置，切挖装置喷洒装置，乘员3～4人	修复坑槽，裂缝桥头台阶		
5	移动标志车	行驶速度大于70km/h,要求带发电机、警灯，反光标志牌，反光标墩等	施工中临时安全标志		
6	抢除排障车	行驶速度大于70km/h,承载能力5t,拖动能力20t,要求配备起吊装置、平板施车、解体机具、消防灭火器具	处理事故障碍		
7	救护车	具有抢救和护送伤员能力和设备	抢救事故伤员		外购
8	砂浆贯注机	带钻机装置、砂浆料仓，砂浆搅拌器，砂浆压注装置	修补水泥路面沉降错位、唧泥	空白	
9	裂缝修补机	带清缝、扩缝、填缝装置	修补较大裂缝，更换水泥路面接缝	空白	
10	微型道路路面修补用活动组装桥	长80～90m;宽3～3.5m;作业空间长×宽×高=6m×3.25m×1.9m，通过车速40km/h通过轴载质量3t，各组件具有4轮驱动，4轮转向，要求能快速组装和拆卸，组装的微型道路可小规模移动，移动速度3km/h	各种伸缩缝接头补修、路面补修，栏杆等养护作业时不阻断交通的临时通过桥，桥下桥侧可进行作业		
11	化学融剂撒布车	轴载质量5～8t，洒布量5～20g/m²，最大撒布宽度12m，撒布速度40～60km/h，要求前后驱动桥液体及固体消化剂均能适应，带撒布量及宽度控制器	消除50mm以下薄雪或在降雪前，降雪时作消冰防冰用		冬季养护
12	除雪机	1）除雪机 除雪速度20～40km/h,最大除雪宽度3m,最大除雪厚度300mm,行驶速度70km/h,前后桥驱动带推雪板 2）螺旋除雪机 除雪量500m³/h，抛雪距离20m以上，最大除雪厚度1.5m，除雪宽度2.6m，行驶速度0～40km/h	清除厚度较小的新雪 消除厚雪		冬季养护
13	各种小型养护机具	手持式动力驱动剪草机，修树机，喷漆机平板夯，划线机，搅拌机	大型机械无法施工的养护作业		

道路抗滑能力恢复设备 **表2-1-6**

序号	设备名称	规格基本性能	用途	开发状态	备注
1	路面凿毛机	工作宽度2m，凿击深度0～3mm工作速度80km/h，抗滑能力恢复值$F \geqslant 47$，TD≥0.4	恢复路面抗滑能力（沥青水泥）		冬季养护

续表

序号	设备名称	规格基本性能	用途	开发状态	备注
2	洒水车（高压洗净车）	水箱容量大于20000L，扫刷宽度2000mm，高压喷头压力20～40MPa，行驶速度大于60km/h，带扫刷低压泵1个，高压泵2～4个	消除泥浆粉尘沉积物、刹车胶痕、路面降温，植物浇水		
3	石屑摊铺机	摊铺宽度2～4.5m，可调	沥青或水泥面表处	提高	贯人式

道路面层修复设备 表2-1-7

序号	设备名称	规格基本性能	用途	开发状态	备注
1	专用路面破碎机（共振式）	发动机功率：147～220kW；破碎能力：15～30cm厚，无筋水泥面板：100～300m²/h；20cm厚，沥青路面时：200m²/h；破碎后最大块径小于300mm；自行速度大于40km/h	用于面层更换法水泥路面罩面法中、破碎路面	空白	
2	路面切削机（冷发刨机）	切削宽度1.5m，2m，3m；切削速度0～30m/min；最大切削速度200mm；带切料回收装置，自动调平装置	用于切削罩面法旧路再生法		
3	沥青旧料再生搅拌设备	1）生产能力为60～80t/h，间歇强制搅拌再生设备，再生比例为30%～50%旧料； 2）生产能力为100～120t/h，滚筒式再生设备、旧料再生比例50%～100%	面层更换法及切削罩面法旧料再生利用		厂拌再生可改变混合料性质
4	沥青路面就地再生机组	1）再生重铺机，作业宽度3～4.5m作业深度0～60mm，功率182kW带自动找平装置及先进的加热器 2）接缝再生机，作业宽度300mm，作业深度0～40mm，带先进的加热装置、功率20kW 3）冷再生重铺机，作业宽度3～4.5m，作业深度0～100mm，带自动找平装置	一个车行道或整条路面再生修复 修复开裂的接缝 一个车道或整条路面再生修复		加热型结合材料用高分子材料改进的乳化沥青
5	稀浆封层机	摊铺宽度3.5～4m，作业速度3～5km/h，轴载质量20～30t，带自动控制系统	砂浆表处	提高	拌和摊铺型
6	路面切削机	切削宽度800mm，切削深度50mm，带切料回收及自动调平装置	车辙修补	提高	
7	车撤摊铺机	两摊铺带，摊铺宽度（2×800）mm，摊铺密实度达98%	车辙修补		

2.1.2 路基维修机械

2.1.2.1 概述

一、路基维修机械的特点与类型

应用于各类路基的维修工程中，对土壤或其他材料进行切削、挖掘、铲运（短距离运输)、回填、平整及压实等施工作业的机械和设备称为路基维修机械，又称土方工程维修机械。

在各类基本建设维修施工中，土方工程是最基本，也是工程量和劳动强度最大、施工期限长、施工条件复杂的工程之一。土方工程所应用的机械设备，具有功率大、机型大、机动性大、生产效率高和类型复杂等特点。根据其在施工中所起的作用不同，可将土方工程维修机械分为推土机械、铲运机械、挖掘机械、装载机械、平地机械和压路机械等类型。

目前，道路工程维修施工的大部分工序都可由土方工程维修机械来完成。它不但可以节省劳动力，减轻繁重的体力劳动，而且施工质量好，作业效率高（据有关资料表明：土方工程维修机械施工是人力施工生产率的15～20倍)，工程造价低，经济效益好，深受广大施工企业和工程业主的欢迎。

二、道路路基维修机械的适应范围与使用条件

在各类路基维修施工中，选择什么型号的维修机械，应综合地考虑路基土质的种类、地形、运距、维修施工期限等因素，经济合理地选定。各种常用路基维修施工机械的适应范围见表2-1-8所列。道路路基维修施工机械的使用条件如表2-1-9所列。

常用路基维修施工机械的适应范围　　表2-1-8

序号	机械名称、特性	作业特点及辅助机械	适用范围
1	推土机 操作灵活，运转方便，需工作面小，可挖土、运土，易于转移，行驶速度快，应用广泛	1. 作业特点 (1) 推平；(2) 运距100m内的堆土(效率最高为60m)；(3) 开挖浅基坑；(4) 推送松散的硬土、岩石；(5) 回填、压实；(6) 配合铲运机助铲；(7) 牵引；(8)下坡坡度最大35°，横坡最大为10°，几台同时作业，前后距离应大于8m 2. 辅助机械 土方挖后运出，需配备装土、运土设备推挖三～四类土，应用松土机预先翻松	(1) 推一～四类土 (2) 找平表面，场地平整 (3) 短距离移挖回填，回填基坑(槽)、管沟并压实 (4) 开挖深不大于1.5m的基坑(槽) (5) 堆筑高1.5m内的路基、堤坝 (6) 拖羊足碾 (7)配合挖土机从事集中土方、清理场地、修路开道等
2	铲运机 操作简单灵活，不受地形限制，不需特设道路，准备工作简单，能独立工作，不需其他机械配合能完成铲土、运土、卸土、填筑、压实等工序，行驶速度快，易于转移；需用劳力少，动力少，生产效率高	1. 作业特点 (1)大面积整平；(2)开挖大型基坑、沟渠；(3) 运距800～1500m内的挖运土(效率最高为200～350m)；(4) 填筑路基、堤坝；(5) 回填压实土方；(6) 坡度控制在20°以内 2. 辅助机械 开挖坚土时需用推土机助铲，开挖三、四类土宜先用松土机预先翻松20～40cm；自行式铲运机用轮胎行驶，适合于长距离，但开挖亦须助铲	(1) 开挖含水率27%以下的一～四类土 (2) 大面积场地平整、压实 (3) 运距800m内的挖运土方 (4) 开挖大型基坑(槽)、管沟，填筑路基等。但不适于砾石层、冻土地带及沼泽地区使用

续表

序号	机械名称、特性	作业特点及辅助机械	适用范围
3	平地机 操作比较灵活，运转方便，需要的工作面大，能从事平土、路基整形、修整边沟和斜坡，修筑路堤等工程	1. 作业特点 (1) 高度0.75m以内路侧取土填筑路堤 (2) 高度在0.6m以内路侧弃土，开挖路堑 2. 辅助机械 (1) 开挖排水沟、截水沟；(2) 路基石及场地平整，修整边坡	(1) 平一～三类土 (2) 找平表面，场地平整 (3) 长距离切削平整 (4) 截水沟
4	正铲挖掘机 装车轻便灵活，回转速度快，移位方便；能挖掘坚硬土层，易控制开挖尺寸，工作效率高	1. 作业特点 (1) 开挖停机面以上土方；(2) 工作面应在1.5m以上；(3) 开挖高度超过挖土机挖掘高度时，可采取分层开挖；(4) 装车外运 2. 辅助机械 土方外运应配备自卸汽车，工作面应有推土机配合平土、集中土方进行联合作业	(1) 开挖含水量不大于27%的一～四类土和经爆破后的岩石与冻土碎块 (2) 大型场地整平土方 (3) 工作面狭小且较深的大型管沟和基槽路堑 (4) 独立基坑 (5) 边坡开挖
5	反铲挖掘机 操作灵活，挖土、卸土均在地面作业，不用开运输道	1. 作业特点 (1) 开挖地面以下深度不大的土方；(2) 最大挖土深度4～6m，经济合理深度为1.5～3m；(3) 可装车和两边甩土、堆放；(4) 较大较深基坑可用多层接力挖土 2. 辅助机械 土方外运应配备自卸汽车，工作面应有推土机配合推到附近堆放	(1) 开挖含水量大的一～三类的砂土或黏土 (2) 管沟和基槽 (3) 独立基坑 (4) 边坡开挖
6	装载机 操作灵活，回转移位方便、快速；可装卸土方和散料，行驶速度快	1. 作业特点 (1) 开挖停机面以上土方；(2) 轮胎式只能装松散土方，履带式可装较实土方；(3) 松散材料装车；(4) 吊运重物，用于铺设管道 2. 辅助机械 土方外运需配备自卸汽车，作业面需经常用推土机平整并推松土方	(1) 外运多余土方 (2) 履带式改换挖斗时，可用于开挖 (3) 装卸土方和散料 (4) 松散土的表面剥离 (5) 地面平整和场地清理等工作 (6) 回填土 (7) 拔除树根

道路路基维修施工机械的使用条件 表 2-1-9

序号	路基种类	主导机械	辅助机械	填挖高度 (m)	水平运距 (m)	集中工作量 (m^3)	最小工作面长度或高度 (m)
1	(1) 路侧取土	1) 自行平地机		<0.75			300～500
		2) 73kW 推土机		<3	10～40	不限	
		3) 102～146kW 推土机		<3	10～80	不限	
		4) 6～8m^3 拖式铲运机	73kW 推土机	<5	100～250	>5000	50～80
		5) 6～8m^3 拖式铲运机	73kW 推土机	>6	250～700	>5000	80～100
	(2) 远运取土	1) 6～8m^3 拖式铲运机		不限	>700	>5000	50～80
		2) 9～12m^3 拖式铲运机		不限	>1000	>5000	50～80
		3) 9m^3 以上自行铲运机		不限	>700	>5000	50～80
		4) 挖掘机配合自卸汽车等		不限	500～5000	>10000	2.5～3.5
		5) 装载机配合自卸汽车		不限	500～5000	>1000	

续表

序号	路基种类	主导机械	辅助机械	填挖高度(m)	水平运距(m)	集中工作量(m^3)	最小工作面长度或高度(m)
2	(1) 路侧弃土	1) 自行平地机		<0.6			300~500
		2) 73kW 推土机		<3	10~40	不限	
		3) 102~146kW 推土机		<3	10~80	不限	
		4) 6~8m^3 拖式铲运机	59kW 推土机	<6	100~300	>5000	50~80
		5) 6~8m^3 拖式铲运机	59kW 推土机	<15	300~600	>5000	100
		6) 9~12m^3 拖式铲运机		>115	>1000	>5000	200
	(2) 纵向利用	1) 73kW 推土机		不限	20~70	不限	
		2) 102~146kW 推土机		不限	<100	不限	
		3) 6~8m^3 拖式铲运机	59kW 推土机	不限	80~700	>5000	100
		4) 9~12m^3 拖式铲运机		不限	>1000	>5000	100
		5) 9m^3 以上自行铲运机		不限	>500	>5000	100
		6) 挖掘机配合自卸汽车等		不限	500~5000	>10000	2.0~2.5
		7) 装载机配合自卸汽车		不限	500~5000	>1000	
3	半填半挖路基	102~146kW 推土机		不限	20~80	不限	

2.1.2.2 推土机

一、推土机的用途和类型

(1) 推土机的用途：在各类路基的维修施工中（特别是路基的较大面积的塌方），推土机是最主要维修机械之一，主要用于推运土方、石渣、开挖基坑、平整场地、清理树根和石块、堆集散料、填沟压实、助推及牵引等作业。是一种结构简单，操纵灵活，生产效率高，既能独立完成拖、拉、铲、运、压、裂、装、填等多种作业，又能多台集体作业，或配合其他机械联合施工的土方机械。所以，广泛地应用于道路、铁路、市政、建筑、水利、矿山和国防工程的施工中。

用推土机来维修路基，其推运土方的经济运距在 100m 以内，一般不超过 120m。图 2-1-1 所示为推土机的外貌图。

(2) 推土机的类型：推土机的类型主要有如下几种分法：

1) 按行走机构分为履带式推土机、轮胎式推土机。

2) 按传动方式分为机械式推土机、液力机械式推土机、全液压式推土机、电气式推土机。

3) 按用途分为普通型推土机、专用型推土机。

4) 按工作装置分为直铲式推土机、角铲式推土机。

5)按功率等级分为超轻型推土机(功率在 30kW 以下)、轻型推土机(功率在 30~74kW 之间)、中型推土机（功率在 74~220kW 之间）、大型推土机（功率在 220~520kW 之间）、特大型推土机（功率在 520kW 以上）。

二、推土机的技术性能及生产率计算

(1) 推土机技术性能：国产推土机的技术性能见表 2-1-10 所列。

(2) 推土机生产率计算：推土机的生产率可按标准台班所完成的土方量（m^3）来进行

履带推土机主要技术性能 表 2-1-10

项目 \ 型号		单位	TY100	T120	T120A	征山 T180	征山 T200	TY-220	上海 320
发动机	型号		6130T4	6134AK-2	6135K-2a	6135B	6135AZK	卡明斯 NT855C	卡明斯 NTA-855C
	额定输出功率	kW	73.5	99.2	88.2	132.3	147	161.7	239
	额定转速	r/min	1800	1500	1500	1800	1800	1800	2000
	最大扭矩	N·m					960	1050	1412
行走机构	最大牵引力	kN	90	120	118	184	219.9		
	最大爬坡度	(°)	30	30	30	30	30	30	
	平均比压	kPa	65	59	64	68.9	70	77	94
	履带宽度	mm	500	500	500	560	560	560	560
	履带中心距	mm	1880	1880	1880	2000	2000	2000	2140
	履带接地长度	mm		2475	2500	2700	2730	2730	3150
	最小离地间隙	mm	386	300	300	400	400	405	500
行驶速度	前进 1 速	km/h	2.36	2.27	2.28	2.375	2.34	0～3.6	0～3.6
	前进 2 速	km/h	3.78	3.64	3.64	3.57	3.51	0～6.5	0～6.6
	前进 3 速	km/h	4.51	5.20	4.35	5.00	4.93	0～11.2	0～11.5
	前进 4 速	km/h	6.45	7.49	6.24	7.11	7.00		
	前进 5 速	km/h	10.13	10.44	10.43	9.65	9.15		
	后退 1 速	km/h	2.79	2.73	2.73	3.11	3.06	0～4.3	0～4.4
	后退 2 速	km/h	4.46	4.37	4.37	4.70	4.60	0～7.7	0～7.8
	后退 3 速	km/h	5.33	6.24	5.23	6.49	6.40	0～13.2	0～13.5
	后退 4 速	km/h	7.63	8.99	7.50	9.34	9.16		
推土铲	宽度	mm	3810	3760	3760	4200	4155 (3540)	4365 (3725)	4130
	高度	mm	860	1100	1000	1100	1100 (1270)	1055 (1315)	1590
	最大提升高度	mm	800	1000	1000	1160	1200	1290 (1210)	1560
	最大切土深度	mm	650	300	350	350	530	535 (540)	560
松土器	齿数		3	3		3	3	3	3
	最大提升高度	mm	550	600		400	400	555	965
	最大宽度	mm	1960						
	最大松土深度	mm	550	800		600	650	665	1240
外形尺寸	长	mm	6900	6506	5366	7080	5890	6060 (5460)	6880 (8560)
	宽	mm	3810	3760	3760	4200	4155	4365 (3725)	4130
	高	mm	2970	2875	3010	2985	3144	3395 (3395)	3640
整机质量		t	16	14.7	16	23.8	24.5	23.67 (23.45)	33.9 (39.1)
生产厂家			长春工程机械厂	四川建筑机械厂	上海彭浦机器厂	沈阳桥梁厂	沈阳桥梁厂	山东推土机总厂	上海彭浦机器厂

注：表中括号内数字为直铲数据，括号外数字为角铲数据，上海 320 型括号内数字为装松土器后的数据。

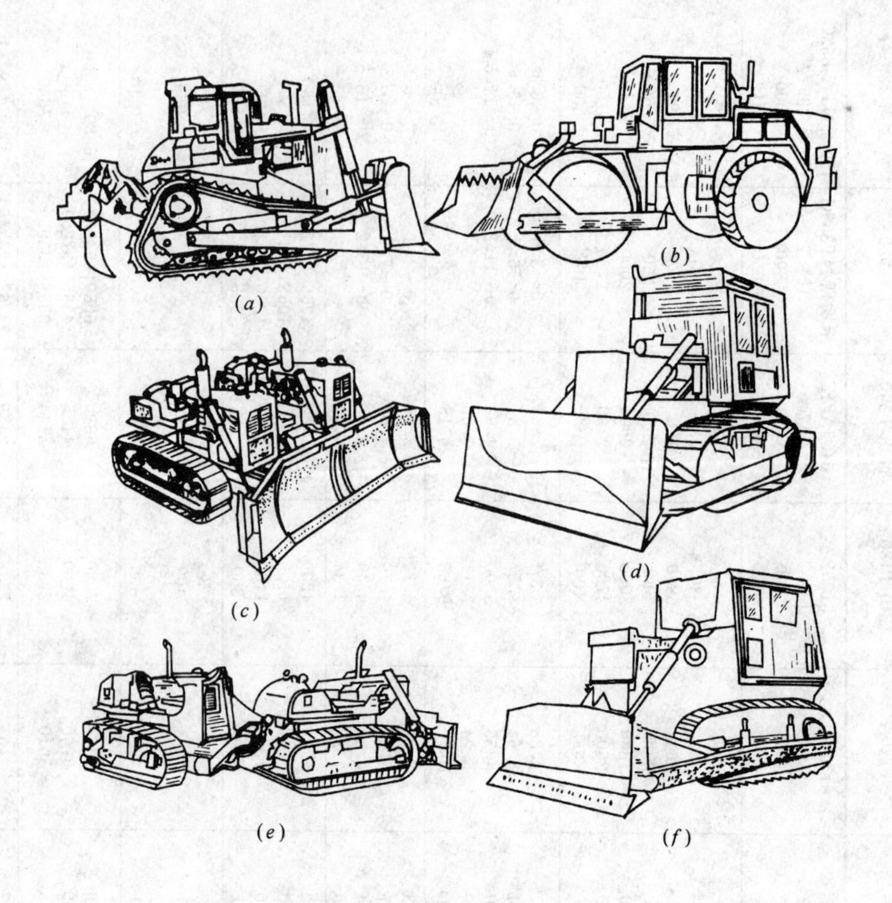

图 2-1-1 推土机外貌图

(a) 三角形履带式推土机；(b) 轮胎式推土机；(c) 并列式推土机；
(d) 带松土器式推土机；(e) 串联式推土机；(f) 履带式推土机

计算，其计算式如下：

$$Q=\frac{60TqK_{B}K_{n}}{tK_{p}}$$

式中 Q——标准台班完成的土方量（m^3/台班）；

T——推土机每台班作业持续时间（h）；

q——推土刀前堆集的土壤体积（m^3）；

K_B——时间利用系数，一般取 K_B=0.85～0.95；

K_n——运土中土壤漏耗系数，一般取 K_n=0.75～0.88；

K_p——土壤松散系数，见表 2-1-11 所列：

t——推土机每一作业循环所需要的时间（min），其值可按下式进行计算：

$$t=\frac{L_1}{U_1}+\frac{L_2}{U_2}+\frac{L_3}{U_3}+2t_n+t_c+t_o$$

式中 L_1、L_2、L_3——铲土、运土、回程距离（m）；

U_1、U_2、U_3——铲土、运土、回程速度（m/min）；

t_n——推土机调头所需时间（min）；

t_c——推土机变速所需时间，0.08～0.17min；

t_o——推土刀下降所需时间（min）。

若利用推土机作场地平整时，对生产率可按下式进行计算：

$$Q=\frac{60T(B\cos\alpha-m)Lt_c}{n\left(\frac{L}{v_p}+t_n\right)}$$

式中 α——推土刀安装的平面角（°）；

m——相邻两次平整时的重叠宽度，0.3～0.5m；

L——平整地段长度（m）；

T——推土机每台班作业持续时间（h）。

土壤松散系数 表 2-1-11

土壤等级 / 土壤松散系数	Ⅰ	Ⅱ	Ⅲ	Ⅳ
K_p	1.08～1.17	1.14～1.28	1.24～1.30	1.28～1.32

三、推土机的合理选择

在路基的维修过程中，如何根据推土机的技术性能和现场工程条件，选择合理的机型，充分发挥推土机的功能，以及工程条件比较复杂，如何创造条件，采取有效措施或先进的施工方法，使现有推土机发挥出应有功能。

(1) 土方量大小：当抢修的路基现场土方量大而且集中，应选用大型推土机；土方量小而且分散，应选用中、小型推土机，土质条件允许的可选用轮胎式推土机。

(2) 土壤性质：一般推土机均适合一、二级土壤施工或3、4级土壤预松后施工。如土壤比较密实、坚硬，或冬季冻土，应选用液压式重型推土机或带松土齿推土机；如果土壤属潮湿软泥，最好选用宽履带式推土机。

(3) 施工现场：在危险地带作业，如有条件可采用自动化推土机。在修筑半挖半填的傍山坡道时，最好选用回转式推土机；在严禁噪声的地方施工时，应选用低噪声推土机；在水下作业时，可选用水下推土机；在高原地区则应选择高原型推土机等。

(4) 作业要求：根据施工作业的各种要求，为减少投入现场机械的台数和提高机械化作业的范围，最好选用具有多种功能的推土机施工作业。

选择合适的推土机，还应考虑其经济性。施工单位土方成本决定于机械使用费和机械生产率，选择推土机型号时，应初选两种或两种以上的机械，经过计算比较，选择土方成本最低的推土机。对于租用的推土机，土方成本可按合同规定的定额标准计算。

2.1.2.3 铲运机

一、铲运机的用途与分类

(1) 铲运机的用途：铲运机是利用装在前、后轮之间的铲斗，在行驶中顺序进行铲削、装载、运输和铺卸土壤循环作业式的高效铲土运输机械。铲运机是一种多功能的机械，特别是处理大面积的道路路基坍方时，它能独立地完成铲、装、运、卸各工序，还兼有一定的压实和平地性能，因而具有较高的技术经济指标。所以，它广泛地应用于各种建筑、道路、铁路、矿山、农田、水利、机场、港口、工业厂房等工程的土方填挖及场地平整中。

铲运机适用于四级以下的土壤工作，要求作业地区的土壤不含树根、大石块和过多的杂草。如用于四级以上的冻土或土壤时，必须事先预松土壤。链板装载式铲运机适用范围较大，除可装普通土壤外，还可铲装砂、砂砾石和小的石渣等物料。

铲运机的经济运距与行驶道路、地面条件、坡度等有关。一般拖式铲运机（用履带式机械牵引）的经济运距在500m以内。而轮胎自行式铲运机的经济运距则为800～1500m。

在工业发达的国家中，土方工程有一半的土方量是由铲运机来完成的。所以，铲运机是土方工程中应用最广泛的重要机种之一。

铲运机的外貌如图2-1-2所示。

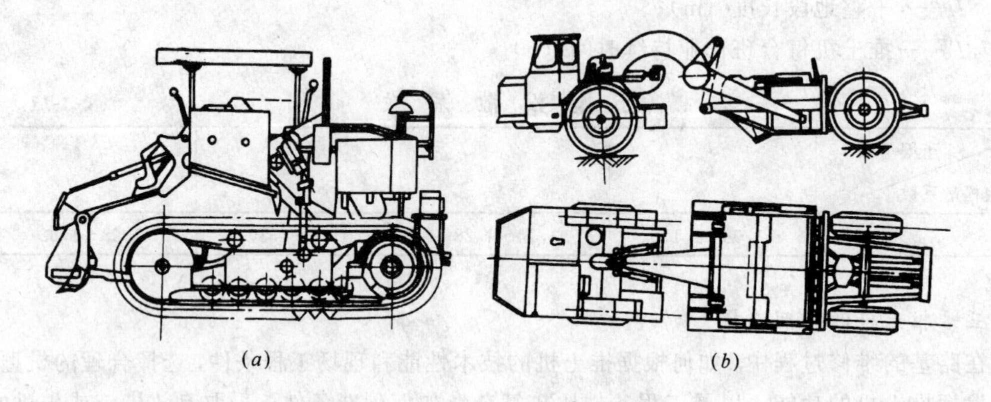

(*a*)　　(*b*)

图2-1-2　自行式铲运机外貌图

(*a*) 履带式铲运机；(*b*) 轮胎式铲运机

（2）铲运机的分类：

1）按铲斗容积大小可分为小型（$3m^3$以下）、中型（$4～15m^3$）、大型（$15～30m^3$）、特大型（$30m^3$以上）。

2）按牵引车与铲运斗的组装方式分为拖式铲运机、自行式铲运机。

3）按牵引车行走装置型式分为履带式铲运机、轮胎式铲运机。

4）按传动装置不同可分为机械式铲运机、液力机械式铲运机、柴油机—电力驱动式铲运机。

5）按发动机台数可分为单发动机式铲运机、双发动机式铲运机、多发动机式铲运机。

二、铲运机的技术性能及生产率计算

（1）铲运机技术性能：国产几种拖式铲运机和自行式铲运机的技术性能见表2-1-12、表2-1-13所列。

国产自行式铲运机主要技术性能　　**表2-1-12**

项　目＼型　号	CL-7	CL-11	CL-16	CL-24	CL-40
铲土斗几何容量（m^3）	7	11	16	24	40
最高行驶速度（km/h）	50	50	50	50	50
整机质量≤（t）	16	24	40	57	75

续表

项目 \ 型号	CL-7	CL-11	CL-16	CL-24	CL-40
牵引车质量≤（t）	11	17	24	36	58
最大切土深度（mm）	250	300	300	350	350
运输状态刀片离地间隙（mm）	400	500	500	500	500
比功率（kW/m^3）	21	21	19	16	15

国产拖式铲运机主要技术性能 表 2-1-13

项目	型号	CTY-2.5	CT-6	CT-6	CTY-7
铲土斗	几何容积（m^3）	2.5	6	6	7
	堆尖容积（m^3）	2.75	8	8	9
	铲刀宽度（mm）	1900	2600	2600	2700
	切土深度（mm）	150	300	300	300
	铺土厚度（mm）		380	380	400
	操纵方式	液压	钢丝绳	钢丝绳	液压
发动机	型号	东-75 拖拉机	6135	T-100 拖拉机	6120
	功率（kW）	44	88	74	118
	转速（r/min）	1500	1500	1000	2000
车轮规格	前轮数	2	2	2	2
	后轮数	2	2	2	2
	前轮轮胎规格	9.00—20	21.00—24	14.00—20	21.00—24
	后轮轮胎规格	9.00—20	21.00—24	18.00—24	21.00—24
	前轮轮距（m）	0.90	2.10	1.40	2.10
	后轮轮距（m）	1.65	1.92	1.98	2.10
	轴距（m）	3.50	5.84	4.84	5.80
外形尺寸（m）		5.6×2.44×2.4	10.4×3.08×3.06	8.77×3.12×2.54	9.7×3.1×2.8
整机质量（t）		斗 1.98	14	斗 7.3	14

（2）铲运机生产率计算：铲运机的生产率是以单位时间（h）内所完成的土方量（m^3）来进行计算的，其计算式如下：

$$Q=\frac{3600Q_nK_c}{T_cK_p}$$

式中 Q——铲运机的生产率（m^3/h）；

Q_n——铲土斗容量（m^3）；

K_c——铲装土壤充盈系数，砂子为 0.75，其他土壤为 0.85～1.0，最高可达 1.3；

T_c——铲运机从铲土至卸土完毕循环延续所用的时间（s）；

K_p——土壤松散系数（见表 2-1-11）。

铲运机每一个作业循环所需的时间 T_c 可由下式进行计算：

$$T_c=\frac{L_c}{v_c}+\frac{L_y}{v_y}+\frac{L_x}{v_x}+\frac{L_r}{v_r}+t_n+2t_m$$

式中 L_c、L_y、L_x、L_r——分别为铲土、运土、卸土和回程的距离（m）；

v_c、v_y、v_x、v_r——分别为铲土、运土、卸土和回程的速度（m/s）；

t_n——铲运机换挡所需的时间，5～10s；

t_m——铲运机一次调头所需的时间，15～30s。

三、铲运机的合理选择

根据使用经验，影响铲运机生产效能的工程因素主要有：土壤性质、运距长短、施工期限、现场情况、当地条件、土方量大小及气候（如冬天、雨季）等，因此，可按这些因素合理选择机型。

（1）按土壤性质选择：

1）当土方工程为一～二类的土壤时，选择各类铲运机均可以；如果是三类土壤，则可选择重型的履带式铲运机；若为四类土壤，则首先进行翻松，然后选择一般的铲运机铲运土。

2）当土壤的含水量在25％以下时，采用一般的铲运机都可以；如施工现场多软泥或沙地，则必须选择履带式铲运机；如土壤湿度较大或在雨季施工，应选择强制式或半强制式的履带式铲运机。由于土壤的性质和状况可因气候等自然条件而变化，也可因人为的措施而改善，因此，选择铲运机时应综合考虑其施工条件及施工方法。

（2）按运土距离选择：

1）当运距小于70m时，铲运机的性能不能充分发挥，可选择推土机运土。

2）当运距在70～800m时，可选择小型（斗容在6m^{3}以下）铲运机，其经济运距为100m左右。

3）当运距在300～800m时，可选择中型（斗容6～10m^3）铲运机，其经济运距在500m左右。

4）当运距在800～2000m时，可选择轮胎式的大型（斗容在10～25m^3）自行式铲运机，其经济运距为1500m左右。

5）当运距在3000～5000m时，可选择特大型（斗容25m^{3}以上）自行轮胎式铲运机，其经济运距为3500～4000m。同时，也可以选择挖装机械和自卸汽车运输配合施工，但是均应进行比较和经济分析，最后选择机械施工成本最低的施工设备。

（3）按土方数量选择：正常情况下，土方量较大的工程，选择大、中型铲运机，因为大、中型铲运机的生产能力大，施工速度较快，能充分发挥机械化施工的特长，保质保量，缩短工期，降低工程成本。对于小量或零散的土方工程，可选择小型的铲运机。

（4）按施工地形选择：利用下坡铲装和运输可提高铲运机的生产率。适合铲运机作业的最佳坡度为7°～8°，坡度过大不利于装斗。因此，铲运机适用于从路旁两侧取坍方下来的土，去填筑路堤（高3～8m）或两侧弃土挖深3～8m路堑的作业。

（5）按铲运机的种类选择：双发动机铲运机可提高功率近一倍，并具有加速性能好、牵引力大、运输速度快、爬坡能力强、可在较恶劣地面条件下施工等优点。但其投资大，且铲运机的质量要增加10％～43％，折旧和运转费用增加27％～33％。所以，只有在单发动式铲运机难以胜任的工程条件下，双发动机的铲运机才具有较好的经济效果。

2.1.2.4 装载机

一、装载机的用途与分类

(1) 装载机的用途：装载机是用一个装在专用底盘或拖拉机底盘前端的铲斗，铲装、运输和倾卸散状物料（煤、沙石、土方等）、装抓木材和钢材，并能清理路面、平整场地（推土、挖土、松土）及牵引作业的一种高效率的土方工程机械。因此，它被广泛地应用于市政、道路、铁路、建筑、料场、矿山、水电、港口和国防建设等工程中。装载机的作业对象是各种土壤、砂石料、灰料及其他筑路用散粒状物料等。所以，在抢修道路路基的坍方应急情况时，装载机深受用户欢迎。

图 2-1-3 所示为国产轮胎式和履带式装载机结构简图。

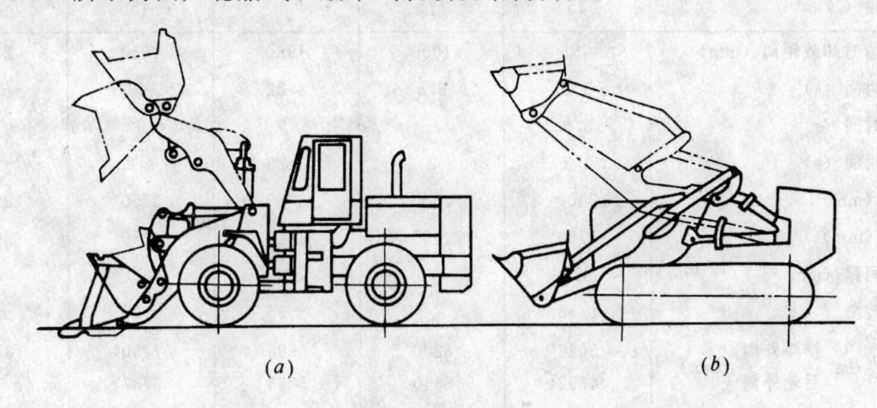

图 2-1-3 轮胎式和履带式装载机结构简图

(2) 装载机的分类：

1) 按行走装置不同可分为：履带式装载机、轮胎式装载机。

2) 按传动系统不同可分为：机械式传动装载机、液力机械传动装载机、液压传动装载机。

3) 按车架结构形式和转向方向不同可分为：整体车架式装载机、铰接车架转向装载机。

4) 按卸料方式不同可分为：前卸式装载机、后卸式装载机、回转式装载机。

5) 按铲斗额定装载量大小可分为：小型装载机、中型装载机、大型装载机、特大型装载机。

二、装载机的技术性能及生产率计算

(1) 国内外几种典型装载机主要技术性能见表 2-1-14、表 2-1-15 所列。

国产轮胎式装载机主要技术性能 表 2-1-14

项目 \ 型号		ZL20	ZL40	ZL50	ZL50D	ZL90
额定载重质量（t）		2	3.6	5	5.4	9
额定斗容量（m^3）		1	2.0	3	3.1	5
发动机	型号	X6105G-1	6135AK-2	6135K-9		12V135Q
	额定功率（kW）	59.6	117.8	144.5	147	294.4
	额定转速（r/min）	2000	2200	2200	2200	2000
	最大扭矩（N·m）	360	470	79		
	最大扭矩时转速（r/min）	1400～1600	1300	1300		

续表

项目		ZL20	ZL40	ZL50	ZL50D	ZL90
行驶速度	Ⅰ档前进/后退（km/h）	0～9/0～12	0～10/0～14	0～12/0～16.5	0～10/0～13	0～10/0～13
	Ⅱ档前进/后退（km/h）	0～30	0～35	0～38	0～34	0～33
	Ⅲ档前进/后退（km/h）					
	Ⅳ档前进/后退（km/h）					
最大牵引力（kN）		64	106	137	157	285
最大爬坡度（°）		30	30	28	30	30
最大卸载高度（mm）		2600	2800	2950	2950	3500
最大卸载角（°）		45			45	
最大卸载角时卸载距离（mm）		951	1090	1380	1050	2350
动臂提升时间（s）		5.5	6.5	8.22	7	
动臂下降时间（s）		3.0			3	
铲斗前倾时间（s）		1.3	3	2.28	2.2	
轴距（mm）		2400	2660	2760	3350	3800
轮距（mm）		1700	1950	2240	2250	2680
最小离地间隙（mm）		323	470	315	400	527
车体最大转角（°）		±38		±35	±35	±35
最小转弯半径（mm）	铲斗外侧	5026	6200	6598	7450	3330
	后轮外侧	4392	5340	5633	6737	
后桥摆动角（°）		±12				
轮胎规格		12.5～20	16.00～24	20.5～25	23.5～25	29.5～29
传动机构	变矩器形式	四元件双涡轮	四元件双涡轮	四元件双涡轮	四元件双涡轮	四元件双涡轮
	最大变矩系数	4.79	4.79	4.79	4.79	4.79
	变速器型式	行星齿轮式	行星式液力换档	行星式液力换档	行星式液力换档	行星式液力换档
外形尺寸	长（mm）	5686	6525	7130	7916	9000
	宽（mm）	2150	2380	2940	2850	3450
	高（mm）	2851	3168	3270	3541	3900
整机质量（t）		7.6	12	15.8	19	32
生产厂家		宜春工程机械厂 成都工程机械厂	柳州工程机械厂	厦门工程机械厂	柳州工程机械厂	柳州工程机械厂

（2）装载机的生产率计算：装载机的生产率计算按照是否考虑时间利用率分两种：

1）技术生产率：技术生产率指装载机在一定的生产条件下，正确地组织生产过程、掌握先进的操纵方法，在每小时内所能完成的最大生产量：

$$Q' = \frac{3600V \cdot K_1}{TK_2}$$

式中 Q'——技术生产率（m^3/h）；

V——装载机额定铲斗容量（m^3）；

K_1——铲斗装满系数。它的选择取决于所铲装物料的种类和块度、铲斗的形状和尺寸、装载机的结构、司机操作的熟练程度等因素，对于有经验的司机，K_1 建议取值：砂石取 $K_1=0.9\sim1.2$；经破碎、块度小于 40mm 的石灰石和块度小于 50mm 的砾石，取 $K_1=1.0\sim1.2$；经破碎、块度小于 50mm 的坚硬岩石，取 $K_1=0.7\sim1.0$；载装黏土、凝固的砾质土、爆破的砾石时，取 $K_1=0.45\sim0.7$；

T——装卸一铲斗所需循环作业时间（s）；

K_2——物料松散系数，通常取 $K_2=1.2\sim1.5$。

国外轮胎式装载机主要技术性能　　　表 2-1-15

型号 / 项目	KLD62Z 日本川崎	KLD70 日本川崎	75Ⅲ 日本东洋搬运	125ⅢN 日本东洋搬运	SO20-4 日本小松	936 美国	TEREX 72-81 美国	VOLVOLM 瑞典
铲斗容量（m^3）	1.7	1.9	1.4	2.3	0.9	2	6.89	3~11
最大提升能力（kN）	31	41	28~36.5	46~60	20			
最大爬坡度（°）	25	25						37.5
最大转弯半径（mm）	5350	6560	6840	9000	3300	5460	7520	6300
最小离地间隙（mm）		366	330			329	460	400
外形尺寸（mm）长	6380	6825	5970	6790	4700	7091	10660	7890
宽	2210	2450	2310	2800	2295	2647	3650	2910
高	3005	3200	2740	2780	2420	4866	4210	3200
整机质量（t）	9.1	11.855	8.48	14.4	6.05		34.47	17
轮胎规格	14.00-24	16.00-24	14.00-24	18.00-26	8.25-20	17.5-25	33.25-35	23.5-25/16
轮距（前/后）（mm）	1664	1900	1730/1780	2150/2090	1790/1575	2080	2800	2910
轴距（mm）	2500	2800	2180	2740	2000	3020	4170	3470
发动机型号	DA640PKS	DA640T	DA640	PD640	DA220	CAT3304	12V-71T	TD100A
功率（kW）	79	97.5	79	120	46.5	93.75	325.5	180
转速（r/min）	2400	220	2150	2200	2200	2200	2100	2200
行驶速度（km/h） 前进一档	0~7.8	0~6.6	6	6	12	0~7.4	7.9	0~6
前进二档	0~14.5	0~12.6	36	30	23.6	0~13.1	14.5	0~12
前进三档	0~25	0~21.1				0~22.3	24.1	0~26
前进四档	0~37	0~40.2				0~34.4		0~42
后退一档	0~9.2	0~6.8	6	6	13.5	0~8.3	9.5	0~6
后退二档	0~17	0~13	36	30		0~14.6	17.4	0~12
后退三档	0~28.5	0~21.7				0~24.9	27.4	0~26
后退四档	0~40	0~41.4				0~38.4		0~42

2）实际生产率：实际生产率是指装载机在具体生产条件下，考虑到停车、维修、转换工作面等因素在单位时间内实际达到的生产量，它与技术生产率主要不同在于考虑了时间利用系数 K_C，所以实际生产率为：

$$Q=\frac{3600VK_1K_C}{TK_2}$$

式中　K_C——时间利用系数，在正常技术水平和组织条件下，可取 $K_C=0.75\sim0.85$。

计算装载机的生产率，除了已经给定的斗容以及所装物料的质量、性质外，主要是要找出影响作业循环的时间因素。一个作业循环由以下几个工序的时间所组成：

$$T=t_1+t_2+t_3+t_4+t_5+t_6+t_7+t_8$$

式中 t_1——铲掘装斗时间（s）；

t_2——提升工作装置至运输位置时间（s）；

t_3——满载运输至卸料地点时间（s）；

t_4——提升动臂至卸载高度时间（s）；

t_5——卸料时间（s）；

t_6——把工作装置下降至运输位置时间（s）；

t_7——装载机返回至铲掘地点时间（s）；

t_8——其他所需的辅助时间（换档、转向等）（s）；

三、装载机的合理选择

对装载机的正确、合理选择，必须根据搬运物料的种类、形状、数量，堆料场地的地形、地质、周围环境条件、作业方法及配合运输的车辆等多方面情况来进行仔细选择。

（1）斗容量的选择：装载机的斗容量选择可根据装卸物料的数量及要求完成时间来确定。一般情况下，所搬运物料的数量较大时，应选择较大斗容量的装载机，以提高其生产率；否则，可选择较小斗容量的装载机，以减少机械的使用费用。如装载机与运输车辆配合施工时，则运输车辆的斗容量应该是装载机斗容量的2～3倍，不得超过4倍，过大或过小都会影响车辆的运输效率。

（2）行走机构方式的选择：

1）当堆料现场地质松软、雨后泥泞或凹凸不平时，应当选择履带式装载机，以充分发挥装载机的动力性能和作业效能；若现场地质条件好，天气又好，则以选用轮胎式装载机为宜。

2）对于零散物料的搬运，在气候、地质条件允许的情况下，优先选择轮胎式装载机，其行走方便、速度快、转移迅速，而履带式装载机不但转换速度慢，而且不允许在公路上或街道上行驶。

3）当装载场地狭窄时，可选用能作90°转弯铲装和卸载的履带式装载机，或选择回转式装载机。

4）当与运输车辆配合施工时，可根据施工组织的装车方法选用。如果场地较宽，采用V形装车方法，应选用轮胎式机械，其操作灵活，装车效率较高；如果场地较小，可以选择能转90°弯的履带式装载机。

（3）现有机型的选用：优先选用现有装载机是选择机械的重要原则。如果现有机械的技术性能与工作环境不相适应，则应采取多种措施，创造良好的工作条件，充分发挥现有装载机的特性。如现有装载机机型容量较小，可以采用2台共装一台自卸卡车，或改选载重量较小的自卸卡车，以提高联合施工作业效率。

2.1.2.5 挖掘机

一、挖掘机的用途与分类

（1）挖掘机的用途：挖掘机是土方工程机械中一种用斗状工作装置挖取土壤或其他材料，或用于剥离土层的机械，也是开挖土石方工程的主要机械设备。挖掘机广泛应用于道路工程、铁路工程市政工程、建筑工程、水利工程、矿山和国防等工程的施工中。据统计，一台斗容为1m^{3}的单斗挖掘机，在挖掘四级以下的土时，每个台班生产率大约相当300～400个工人一天的工作量。从而可知挖掘机在抢修道路路基大面积的坍方中所起的重要作用。

挖掘机可进行基坑的挖掘、疏通河道、修筑道路、清理路基坍方、挖掘水库和河道、剥离表土、开挖矿石等，如果与载重汽车等运输工具配合进行远距离的土石方转移，具有很高的生产效率。

(2) 挖掘机的分类：

1) 按用途可分为通用型和专用型。一般斗容量在 $1.6m^3$ 以下者为通用型，大于 $1.6m^3$ 的斗量挖掘机为专用型；

2) 按工作装特点可分为：正铲、反铲、刮铲、拉铲、抓斗、吊钩、打桩器、拔根器等，如图 2-1-4 所示。

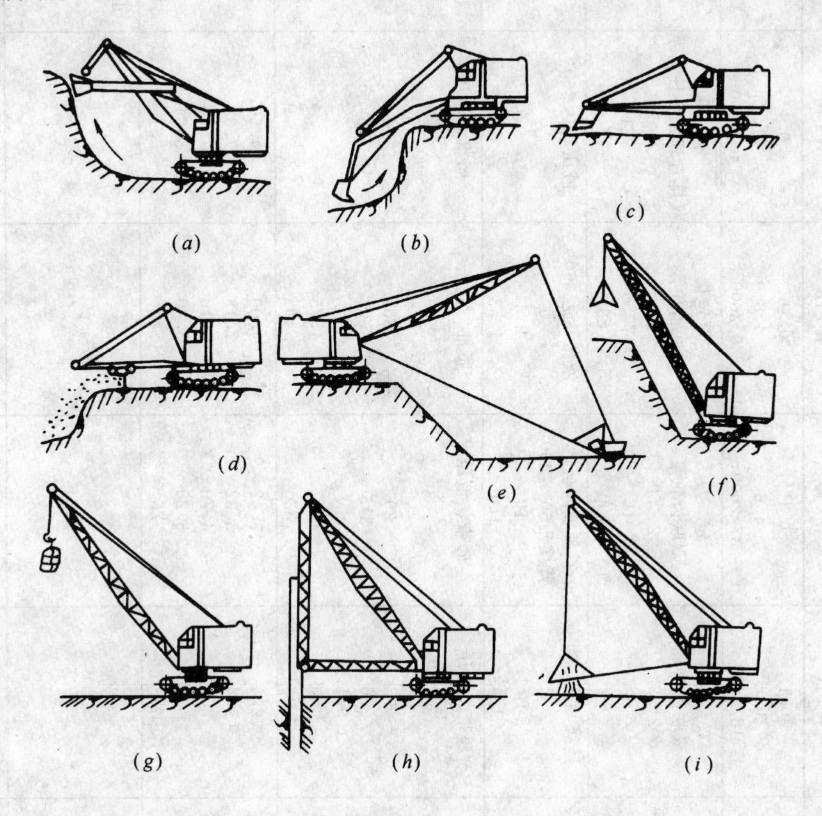

图 2-1-4 单斗挖掘机工作装置主要型式

(*a*) 正铲；(*b*) 反铲；(*c*) 刨铲；(*d*) 刮铲；(*e*) 拉铲；(*f*) 抓斗；(*g*) 吊钩；(*h*) 打桩器；(*i*) 拔根器

3) 按动力装置可分为：电力驱动式、内燃机驱动式、混合动力装置等。

4) 按作业方式可分为循环作业式（单斗挖掘机）和连续作业式（多斗挖掘机）两大类。

5) 按动力传递和控制方式分为机械式、机械液压式和全液压式三种。

二、挖掘机的技术性能及生产率计算

(1) 挖掘机的技术性能

国内外生产的单斗挖掘机主要技术性能见表 2-1-16、表 2-1-17 所列。

(2) 挖掘机的生产率计算：单斗挖掘机的生产率决定于机械的铲斗容量、机械的工作速度，以及土壤的特性，可按下式计算：

$$Q = V \cdot n \frac{K_C}{K_S} \cdot K_B$$

国产履带式单斗挖掘机主要技术性能 表 2-1-16

项目		单位	北京工程挖掘机厂	贵阳矿山机器厂	抚顺挖掘机制造厂	北京建筑机械厂	合肥矿山机械厂	上海建筑机械厂
		型号	WY10	WY15	WY16	WY40	WY80	WY100
主参数	斗容量	m^3	0.1	0.15	0.16	0.4	0.8	0.4～1.2
	整机质量	t	3.05	4.6	4.8	11.5	18.5	25
	发动机功率/转速	kW/(r/min)	18/2000	37/2000	30/2600	40/1500	69/21500	110/1800
液压系统	系统型式		双泵定量	定量	三泵定量	定量	全功率变量	定量
	液压泵型式		双联齿轮泵	双联齿轮泵	双联齿轮泵	双排直列偏心柱塞泵	双联斜轴承	双列径向柱塞泵
	最大流量	L/min	2×32	2×50	2×40	2×55	2×169	2×109
	工作压力	MPa	14	16	17.55	21	28	32
	油箱容量	L	96	100	88		300	240
回转装置	驱动方式、转角		摆线马达 360°	斜盘轴向马达 臂摆±50°、360°	液压马达 360°	液压马达 360°	液压马达 360°	低速马达 360°
	最大转速	r/min	10	10	9.4		8.65	7.88
	转台尾部半径	m	1.4	1.6	1.53	6.4	2.72	2.985
行走装置	型式、驱动方式		履带、液压	履带、液压	履带、液压	履带、液压	履带、液压传动	履带、液压传动
	行走速度	km/h	1.45	1.8	1.6	1.6	3.2	1.6/3.2
	爬坡能力	%	45		57	42	45	45
	接地比压	kPa	31	29	33	44	51，48，32	42，52，66
	离地间隙	mm	200	315	385	290	452	475
	履带全长/轴距	m	1.9/1.5	2.25/—	2.29/		3.26/4.05	4.008/3.14
	履带全宽	m	1.36	1.57	1.75		2.65	3.0
	履带板带	cm	30	32	40		50，80，90	50，70，85
反铲装置	最大挖掘深度	m	2.4	3.42	4.00	4.50	5.52，9.15	5.703
	最大挖掘半径	m	4.3	5.32	7.18	7.38	8.86，13.10	6.8～12.0
	最大挖掘高度	m	2.5	4.70	5.10	7.30	7.84，8.33	7.57
	最大卸载高度	m	1.84	3.20	3.80	5.04	5.57，7.23	5.39
	最大挖掘力	kN	18.4	26	45	51	112	120
正铲装置	铲斗容量	m^3					正0.8，装载1.2	1.0～1.5
	最大挖掘高度	m						3.00～7.92
	最大挖掘半径	m						9.175
	最大挖掘深度	m						2.95
	最大卸载高度	m						2.50
外形尺寸	全长	m	4.42	5.30	5.90	7.10	9.50	9.53
	全宽	m	1.4	1.75	1.91	2.478	2.65	3.10
	全高	m	2.2	2.4	2.32	2.95	3.40	3.40
理论生产率		m^3/h	30		34	80	192	200

国外履带式单斗挖掘机主要技术性能 表 2-1-17

项目		单位	国别公司							
			日本 日立建机	日本 神钢	日本 加藤	美 Massey-Fergnson	意大利 Cosmoter	罗马尼亚 Progress	德国 Liebherr	美国 Link-Belt
			UH06 型	H350 型	HD450G 型	MF350S 型	BAT124C 型	S601 型	R90Z 型	LS_{3000}型
主参数	斗容量	m^3	0.6	0.35	0.2~0.55	0.5	0.6	0.6	0.2~0.9	0.76
	整机质量	t	16.4	9.0	11.0	12.1	12.5	15.6	15.4~16.1	21.4
	发动机功率/转速	$kW/(r \cdot min^{-1})$	62/1800	44/1800	65.7/2200	57/2260	58/2800	47/1800	59/2000	91/2100
液压系统	系统形式		定量	定量	定量	定量	全功率变量	全功率变量	全功率变量	定量
	液压泵形式		双联齿轮泵	双联齿轮泵	串联复式齿轮泵	齿轮泵	轴向柱塞泵	轴向柱塞泵	轴向柱塞泵	2 叶片泵
	最大流量	L/min	240	98		190	2×130	2×129	2×86	
	工作压力	MPa	17.5	14		16	23	28	30	13.6
	油箱容量	L	260	250	260	140	210		250	378
回转装置	驱动方式、转角		星形马达 360°	星形马达 360°	径向马达 360°	径向马达 360°	径向马达 360°	轴向马达 360°	轴向马达 360°	液压马达 360°
	最大转速	r/min	9.5	12	14	8.5	12	9.76	11.0	4.6
	转台尾部半径	m	2.50	1.93	1.98	2.43	2.00		2.10	2.72
行走装置	形式、驱动方式		履带、星形马达	履带、轴向马达	履带、径向马达	履带、径向马达	履带、径向马达	履带、轴向马达	履带、轴向马达	履带、液压马达
	行走速度	km/h	2.6	2.5	2.2	1.76	2.4	2.7	2.2	2.25
	爬坡能力	%	45	50	55		80	70	70	
	接地比压	kPa	44,34	37	38	45	56,42		45~27	35
	离地间隙	mm	350	350	320	452	400	395	433	356
	履带全长	m	3.915	2.815		3.15	3.09	3.29	3.90	3.80
	履带全宽	m	2.710	2.380	2.490	2.50	2.29	2.37	2.65,3.05	3.28
	履带板宽	cm	60,81	50	56	60.71	45,60	50	50,60,75,90	91.5
反铲装置	最大挖掘深度	m	5.30	4.15	4.67~6.3	5.03	4.50	4.80	4.9	
	最大挖掘半径	m	8.40	6.72		8.18	7.30	8.20	5.76,7.8	6.13
	最大挖掘高度	m	7.63	4.86		7.20	5.80	6.90	6.10,7.3	9.60
	最大卸载高度	m	5.90	3.41		5.18	2.60	3.10	4.40,4.9	7.15
	最大挖掘力	kN				101.6	115		80	5.24
正铲装置	铲斗容量	m^3	0.6	0.35		1.0	1.00	0.8		
	最大挖掘高度	m	8.58	5.59		5.73	5.80	6.50		
	最大挖掘半径	m	8.50	6.91		5.80	5.70	7.10		
	最大挖掘深度	m	5.10	4.33			2.70	3.90		
	最大卸载高度	m	5.90	3.44		2.60	3.50	4.50		
外形尺寸	全长	m	4.23	3.337	7.21	4.005	3.645	4.02	2.85	4.07
	全宽	m	2.71	2.380	2.49	2.50	2.290	2.41	2.37,2.98	3.28
	全高	m	2.775	2.695	2.15	2.705	2.710	2.87	2.65,3.05	3.04

式中　Q——单斗挖掘机生产率（m^3/h）；

V——铲斗容量（m^3）；

K_C——铲斗充满系数，见表 2-1-18；

K_S——土壤的松散系数，见表 2-1-18；

K_B——时间利用系数，一般取 0.7～0.85；

n——每小时的挖土次数，可参考表 2-1-19 中的数值或按下式确定：

$$n = \frac{3600}{\sum t}$$

式中　$\sum t$——挖掘机每一工作循环所需的总时间（s）。其中包括挖土时间、回转时间、卸土时间以及辅助动作时间等等。

铲斗的充满系数 K_C 和土壤松散系数 K_S　　**表 2-1-18**

土壤类别	K_S	K_C 最大值	
		正　铲	拉　铲
一	1.0～1.15	0.95～1.23	0.80～1.22
二	1.14～1.16	1.05～1.12	0.90～1.00
三	1.15～1.17	1.00～1.18	0.98～1.08
四	1.16～1.28	1.30～1.42	1.18～1.26

单斗挖掘机每小时的挖土次数　　**表 2-1-19**

工作装置	斗容量（m^3）			
	0.25	0.5	1	2
正　铲	215	200	180	160
反　铲	175	155	145	—
拉　铲	175	155	145	125
抓　铲	160	150	135	—

三、挖掘机的合理选择

（1）选择合理机型：

1）按施工土方位置选择：当土方在停机面以上时，可以选择正铲挖掘机；当土方在停机面以下时，一般选择反铲挖掘机；若开挖深沟或基坑，可选择拉铲或抓斗（土壤松软）挖掘机。

2）按土壤性质选择：挖取水下或潮湿泥土时，应当选用拉铲、抓斗或反铲挖掘机；若土壤比较坚硬或开挖冻土时，应选用重型挖掘机；而装卸松散物料，采用抓斗挖掘最有效。

3）按土方运距选择；在地形平坦的场地挖取松软土壤或开挖各种沟槽，最好选择生产效率高的多斗挖掘机，其次考虑其他机型；当运土距离较远，挖掘机必须与运输机械配合施工时，注意挖斗容量与运输车辆的斗容量合理配套。

4）按土方量大小选择：当土方工程最不大而必须采用挖掘机施工时，可选用机动性能大的轮胎式挖掘机或装载机；而大型土方工程，必须选用大型专用的挖掘机，并可以采用多种机械联合施工，可装较大的石块，有利于提高运输车辆的生产率。

5）优先选择先进的新型机种：选择施工机械的原则是以本单位现有机械为主；如果另有机械来源，则应根据施工条件和要求优先选择先进的新产品，如液压挖掘机、多功能挖掘机，以提高挖掘生产率，缩短施工期，降低施工成本。

(2) 选择经济机型：挖掘机的经济机型主要是考虑能源消耗和施工的成本，能源消耗可用机械耗油率来衡量，施工成本可用单位土方成本来进行比较。

挖掘机的单位土方成本可按其生产率计算，或按台班产量定额及台班费用定额进行计算，并参考表 2-1-20。表中台班费只是一个设定值，依地区、工程情况而不同，只供参考。从表中数值可知，一般挖掘机容量较大，其机械化施工的土方成本较低，因此，在满足工程量和挖土高度的条件下，选择大容量挖掘机是比较合算的。

单斗挖掘机施工土方预算成本参数 **表 2-1-20**

规格	主要项目	普通土		硬土		砂砾硬土	
		不装车	装车	不装车	装车	不装车	装车
0.5m³	台班定额（台班/km³）	2.68	3.08	2.97	3.41	3.58	4.11
	土方定额（m³/台班）	373	325	337	293	279	243
	台班费（元/台班）	266.54					
	土方成本（元/m³）	0.71	0.82	0.79	0.91	0.96	1.10
1.0m³	台班定额（台班/km³）	1.87	2.15	2.08	2.39	2.55	2.93
	土方定额（m³/台班）	535	465	481	418	392	341
	台班费（元/台班）	266.54					
	土方成本（元/m³）	0.50	0.57	0.55	0.64	0.68	0.78

注：台班费参照 1989 年《广东省建筑工程预算定额》（修订本）

(3) 选配联合施工机械：当遇上连续多日的瀑雨所造成的大面积的路基坍方，或道路路面的上山面大面积土石方坍方时，对这种大型的土石方抢修工程中，需要挖掘机与运输机械联合施工，为保证流水作业连续均衡，提高挖掘和运输机械的总生产率，运输机械的斗容量应是挖掘机械斗容量的整数倍，一般选 3 倍左右。

挖掘机与自卸汽车联合施工时，每台挖掘机必须配合的自卸汽车台数可按下式计算：

$$N_{汽} = \frac{T_{汽}}{nt_{挖}}$$

式中 $N_{汽}$——自卸汽车台数（台）；

$T_{汽}$——汽车运土循环时间（min）；

$t_{挖}$——挖掘机工作循环时间（min）；

n——每台汽车装土的斗数。

如果知道汽车的台数，要选配挖掘机的台数，可按下式计算其台数：

$$N_{挖} = \frac{N_{挖}\, nt_{挖}}{T_{汽}}$$

式中 $N_{挖}$——应配合的挖掘机台数；

$N_{汽}$——投入施工的自卸汽车台数。

2.1.2.6 平地机

一、平地机的作用与分类

(1) 平地机的用途：平地机主要是利用刮土铲刀进行土壤切削、刮送和整平作业的土方机械。它可进行砂石或砾石路面的维修、路基路面的整形、挖沟或表层土的剥离、修刮边坡等切削平整作业。它还可以完成材料的推移、混合、回填、铺平作业，如果配置推土铲、松土器、犁扬器、加长铲刀、扫雪器等工作装置，就能进一步提高其工作能力，扩大使用范围。因此，平地机是利用刮土铲一种高效能、作业精度好、用途广的施工机械，被广泛地用于道路、铁路、机场、停车场等大面积的整平作业。

随着我国交通事业迅速发展，高等级道路将会越来越多。而修建高等级道路，对路面的平整度有很高的要求，这种高精度的大面积平整作业是由平地机来完成的。因此，在土方施工作业中，平地机有着其他机械所不可替代的独特作用。

(2) 平地机的分类：

1) 按行走方式不同可分为自行式平地机、拖式平地机。

2) 按行走车轮数目不同可分为四轮式平地机、六轮式平地机。

3) 按转向方向不同可分为前轮转向式平地机、全轮转向式平地机、铰接转向式平地机。

4) 按车轮驱动情况可分为后轮驱动式平地机、全轮驱动式平地机。

5) 按重要的大小不同可分为重型平地机、中型平地机、轻型平地机。

二、平地机的技术性能及生产率计算

(1) 平地机的技术性能

国产平地机的主要技术性能见表 2-1-21 所列。

(2) 平地机的生产率计算

1) 粗平整作业：场地平整作业大多包含有铲切、运移（摊铺、疏散）、修整等工作，可用每小时切出土壤的体积表示生产率。

$$Q_1=\frac{1000LAk_B}{2L\left(\frac{N_K}{v_1}+\frac{N_n}{v_2}+\frac{N_o}{v_3}\right)+t_{No}(N_K+N_n+N_o)}$$

式中 Q_1——粗平整生产率 (m^3/h)；

L——工作路段长度，(m)；

A——填土截面面积 (m^2)；

K_B——工作时间利用系数，取 0.85～0.90；

N_K——切土作业往返次数；

N_n——运土作业往返次数；

N_o——修整作业往返次数；

V_1——切土实际运行速度平均值 (km/h)；

V_2——运土实际运行速度平均值 (km/h)；

V_3——修整作业实际运行速度平均值 (km/h)；

t_{No}——平地机调头时间 (h)，取 0.08～0.10。

2) 精平整作业：精平作业时可按每小时的平整面积表示平地机的生产率 Q_2。

$$Q_2=\frac{60L(B\cos\alpha-b)K_B}{n\left(\frac{L}{V}+t_{No}\right)}$$

式中 Q_2——精平整生产率 (m^2/h)；

B——铲刀长度 (m)；

国产平地机主要技术性能 表 2-1-21

项目 / 型号	形式	标定功率(kW)	铲刀			前桥摆动角(左、右)(°)	前轮转向角(左、右)(°)	前轮倾斜角(左、右)(°)	最小转弯半径(mm)	最大行驶速度(km/h)	最大牵引力(kN)	整机质量(t)	外形尺寸(长×宽×高)(mm)	生产厂家
			宽×高(mm)	提升高度(mm)	切土深度(mm)									
PY160A	整体	119	3705×555	540	500	16	50	18	7800	35.1	78	14.7	8146×2575×3258	天津工程机械厂
PY160B	整体	118	3660×610	550	490	16	50	18	8200	35.1	80.8	14.2	8146×2575×3340	天津工程机械厂
PY180	铰接	132	3965×610	480	500	15	45	17	7800	39.4		15.4	10280×2595×3305	天津工程机械厂
PY180 (850)	铰接	120	3658×661	508	686	18			7400	42		13.682	8458×2438×3302	哈尔滨第一机械制造厂
PY220	整体	161.8	4267×710	335	470	15	58		12200	43.1	166.6	21	8572×4267×3645	温州冶金机械厂
PY250 (16G)	铰接	186	4877×787	419	470	18	50	18	8600	42.1	156	24.85	10014×3140×3537	天津工程机械厂
F105	铰接	82	3355×530	415	450	15	45	17	6700	38.7	50	9	8695×2310×3110	天津工程机械厂
F105A	铰接	82	3355×530	415	450	15	37	17	7100	38.7	70	9.3	8695×2310×3110	天津工程机械厂
F155	铰接	112	3660×610	480	500	15	45	17	7300	35.4	74	13.5	9646×2545×3273	天津工程机械厂
F155A	铰接	112	3660×610	480	500	15	48	17	7600	35.4	100	13.8	9645×2545×3273	天津工程机械厂
F205	铰接	134	3965×610	480	500	17	45	15	7800	36.6	88	15.7	10242×2595×3305	天津工程机械厂
SHM5-125	整体	125	3660×625						12000	38		15.06	10520×2500×3510	长春运输机械厂

α——铲刀水平调整角（°）；

b——相邻两次平整重叠宽度（m），取 0.3～0.5；

n——平整遍数，取 1～2；

V——平地作业实际运行速度平均值（m/min）。

三、平地机的合理选择

(1) 铲土角的选择：铲土角即切削角，指刮刀切削刃与地面的夹角。铲土角的大小一般依作业类型来确定，一般平地机铲土角都有一定的调整范围以适应不同的作业要求。中等的切削角（60°左右）适用于通常的平整作业。当切削、剥离土壤时，例如剥离草皮、刮平凸缘、切削路边沟等，需要较小的铲土角，以降低切削阻力。当进行摊铺、混合物料的作业时，应选用较大的铲土角，这样可以避免大粒物料对铲刀的推挤力，大粒物料较容易从刮刀下滚过去；由于铲土角大，刮刀载料减少，使物料滚动混合作用加强。

(2) 刮刀回转角选择：刮刀回转角是指刮刀与横向坐标轴 X 轴的正向夹角 ω（图 2-1-5）。当回转角 ω 增大时，工作宽度 b 减小，而物料的侧移输送能力提高，切削能力也提高，刮刀单位切削宽度上的切削刃增大。对于剥离、摊铺、混合作业及硬土切削作业，回转角可取 30°～50°；对于推土摊铺或进行最后一道刮平，以及进行松软或轻质土刮整作业时，回转角可取 0°～30°。回转角应视具体情况及要求来确定。

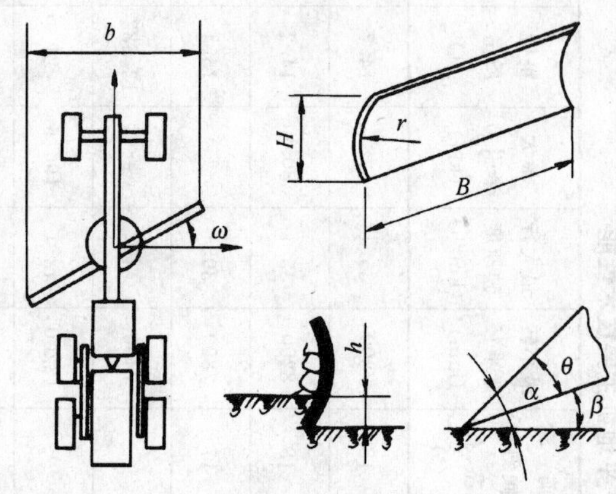

图 2-1-5　切削刀具的主要工作参数示意图

α—切削角（又称铲土角）；β—切削后角；b—切削宽度；h—切削深度；ω—回转角；H—刀具高度；B—刀具宽度；θ—刃角；γ—刀面圆弧半径

将刮刀回转 180°，平地机可在倒退行驶状态下作业，这特别适合于狭窄地段施工。在机器调头困难的情况下进行往复作业（也称穿梭作业法），可以提高工作效率。刮刀回转 180°比机器调头要快和容易，尤其是短距离施工特别适宜。因此，平地机的倒退档较多，用于慢进慢退同时作业；或慢进作业，加快退回。刮刀回转时应注意操纵顺序，防止刮刀碰轮胎、耙土器等。

(3) 动力装置的选择：目前，平地机的动力装置有三种型式，即风冷式柴油发动机、水冷式柴油发动机、混合动力装置（柴油机→发电机→电动机）。例如国产 PY160A 型平地机采用 6135-10 型风冷式柴油发动机；国产 PY180 型平地机采用水冷式增压柴油发动机；美国卡特皮勒公司生产的 160G 型平地机也采用水冷式柴油发动机；对于大型或特大型平地机则采用混合动力装置。

2.1.2.7　压路机

一、压路机的用途与分类

(1) 压路机的用途：压路机是用来压实由土和各种松散材料（碎石、砾石、砂及各种混合料）所组成的任何施工工程的基础及其承载面层的土方机械。主要用于公路、铁路、市政建设、机场跑道、水库堤坝等工程的地基压实作业，以提高基础和路面的强度和稳定性，能承受一定的载荷和抗侵蚀的能力，不会因材料颗粒自重和受雨水、风、雪等的侵蚀以及承受静、动载荷而发生沉陷、变形，导致其上面建筑物的破坏和运动物体（如车辆、飞机等）的事故。对于路面和飞机滑行道的压实，还可使它们具有足够的平整度，保证车辆与飞机可平稳地行驶和滑行。所以，压路机已成为基础工程和道路工程中不可缺少的施工机械。

（2）压路机的分类：压实机械的具体分类方式如下：

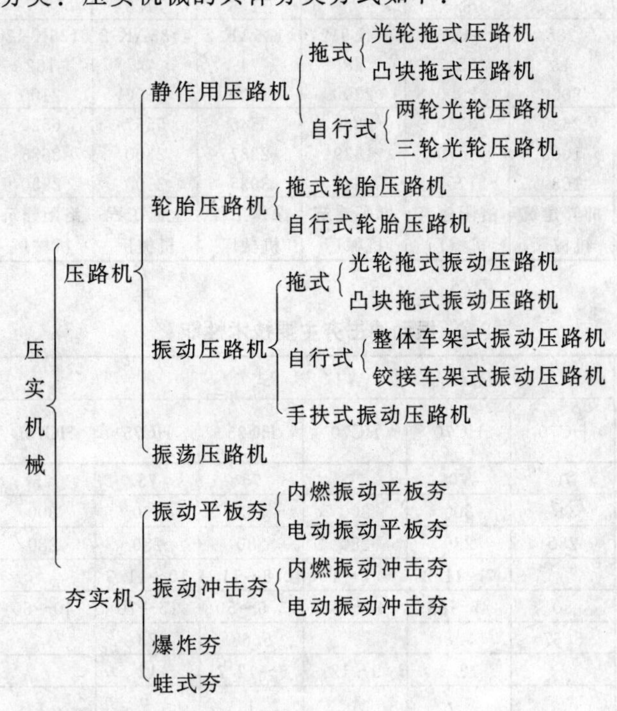

二、压路机的技术性能及生产率的计算

（1）压路机的技术性能见表 2-1-22～表 2-1-24 所列。

自行式振动压路机主要技术性能 表 2-1-22

项目 \ 型号	单轮振动						组合式	
	YZ2	YZ45	YZ8	YZ10B	YZ12	YZ18	YZZ8A	YZZJ7
机器质量（t）	2	4.5	8	11	11.6	18	8	7.3
振动轮直径（mm）	750	950	1200	1523	1500	1600	1200	1200
宽度（mm）	895	1100	1600	2134	2150	2100	1650	1650
振动频率（Hz）	50	46.7	40	30	28	28	50	358
激振力高（kN）	18.62	74	86	202	172	295	72.7	62.72
低（kN）		45	53	95		244	8.3	
振幅高（mm）			0.8	1.74	1.6		0.95	0.69
低（mm）			0.5	0.82			0.4	
线载荷静态（N/cm）	131.3	270	250	225.4	233	500	202	176.4
动态（N/cm）	207.8	409	537.8	946.6	800	1403	505	558.6
总计（N/cm）	339	679	787.5	1172	1033	1903	707	735
轴距（mm）	1850	2400	2800	2850	2825	3420	2400	2730
最小离地间隙（mm）	160	290		395	355		290	200
最小转弯半径（mm）	5000	4000	6200	5200	5900	6000	5400	6000
爬坡能力（%）	20	25	25	30	25	32	35	30

续表

项目＼型号	单轮振动						组合式	
	YZ2	YZ45	YZ8	YZ10B	YZ12	YZ18	YZZ8A	YZZJ7
行走速度 1速(km/h)	2.43	1.9	4.5	3.2	2.8	5.5	6	2
2速 (km/h)	5.77	4.0	9	6	5	9.5	12	4
3速 (km/h)		8.5		12.6	11.5			8～11
发动机型号	285	485	F4L912	4135AK-2	4135AK-2	6135K-12C	F3L912	495AY
功率 (kW)	13	25.7	48	74	74	132	38	40
转速 (r/min)	2000	2000	2300	1500	1500	2100	2300	2200
外形尺寸长 (mm)	2635	3350	4360	5545	5557	6520	4570	4875
宽	1063	1470	1839	2387	2300	2635	1800	1910
高	1630	1750	2880	3035	3100	2950	2675	2470
生产厂家	邯郸建筑机械厂	洛阳建筑机械厂	邯郸建筑机械厂	徐州工程机械厂	上海工程机械厂	洛阳建筑机械厂	徐州工程机械厂	云南公路机械厂

振动冲击夯主要技术性能　　　表 2-1-23

型式	内燃式						电动式	
项目＼型号	HC70	HC70	HC70	HC75	HC75	HC75D	HC70D	HC70D
机器质量 (kg)	70	70	70	75	75	75	70	70
夯板面积长 (mm)	345	300	300	362	260	300	300	300
宽 (mm)	280	280	280	280	280	280	280	280
夯击频率 (Hz)		7～11.2	6.7～10	10.8～11.3	10～11.3		10.7	6.7～7.0
跳起高度 (mm)	80	45～65	45～60	5.5～50	15～70	40～50	45～65	45～60
冲击力 (kN)	5.67	5.488		5.68	23		5.5	
前进速度 (m/min)		12.5	9～12	6～12.7	12		12.5	9～12
调节档位				4	4			
外形尺寸长 (mm)	650	665			720	665	840	690
宽	420	430			430	430	690	430
高	1250	920			1000	950	452	940
动力机型号	ST76L	1E50F	1E50F	1E50F	1E50F	YNL90L-2		YCH90-2
功率 (kW)	1.9	2.2	2.2	2.2	2.2	2.2	2.2	2.2
转速 (r/min)	4700	4000	4000	4000	4000	2840	2900	2850
生产厂家	上海工程机械厂	湖北振动器厂	洞庭工程机械厂	资江机械厂	青岛内燃机厂	新乡建工机械厂	湖北振动器厂	洞庭工程机械厂

蛙式夯实机主要技术性能　　　表 2-1-24

项目＼型号	HW20	HW60	HW140	H201-A	HW170	HW280
机器质量 (kg)	151	250	130	125	170	280
夯板面积 (m^2)	0.055	0.078	0.04	0.04	0.078	0.078
夯击能量 (N·m)	200	620	200	220	320	620
夯击次数 (min^{-1})	155～165	140～150	140～145	145	140～150	140～150
前进速度 (m/min)	6～8	8～13	9	8	8～13	11.2
夯头跳高 (mm)	100～170	200～260	100～170	130～140	140～150	200～260
电动机型号	JO2-31-4	Y100L2-4	JO2-32-4	JO2-22-4	Y100J-6	IO2-32-4
功率 (kW)	2.2	3	1	1.5	1.5	3
转速 (r/min)	1430	1420	1420	1410	960	1430

续表

项目 \ 型号	HW20	HW60	HW140	H201-A	HW170	HW280
外形尺寸长 (mm) 宽 高	1560 520 590	1220 650 750	1080 500 850	1050 500 980	1220 650 750	1220 650 750
生产厂家	蒲城建筑机械厂	天津建工机械厂	新疆建筑机械厂	安平建筑机械厂	济南建筑机械厂	天津建工机械厂

注：蛙式夯实机生产厂家众多，技术性能均相类似。

(2) 土壤压实生产率的计算

各种压实机械的压实面积生产率均可按以下公式计算：

$$Q=\frac{60\cdot(b-c)LK_{\mathrm{B}}}{\left(\frac{L}{v}+t\right)^{n}}$$

式中 Q——压实机械的压实面积生产率（m^2/h）；

b——一次碾压宽度（m）；

c——相邻两碾压带的重叠宽度（m），一般情况取 $c=0.15\sim0.25$；

L——碾压地段长度（m）；

v——压路机作业速度（m/min）；

t——转弯掉头时间，min，对于拖式压路机取 $t=0.25\sim0.35$min，自行式压路机取 $t=0.07\sim0.08$min；

n——同一地段所需的碾压遍数；

K_{B}——时间利用系数，$K_{\mathrm{B}}=0.8\sim0.9$。

土石镇方压实的体积生产率单位为 m^3/h，而决定生产率的主要因素是：轮宽、碾压遍数、工作效率、铺层厚度等。

体积生产率的计算公式通常为：

$$Q'=\frac{B\cdot v\cdot H\cdot 1000}{n}\cdot C$$

式中 Q'——土石填方压实的体积生产率（m^3/h）；

C——效率因素，C=实际生产率/理论生产率；

B——滚轮宽高（m）；

v——碾压速度（km/h）；

H——压实后的铺层厚度（m）。

如果压路机处于近似连续工作状态，即每小时工作 50min 左右，并采用正常的重叠宽度来碾压土壤，则压实效率为 0.75。

三、压路机的合理选择

(1) 按工程量大小选择。填筑土方工程量较大时，应选择大型或中型的静压式机械，如组合式的压路机，可以提高压路机的生产率，缩短工期；当土方量较小或施工场地较狭窄时，应选用冲击式夯实机械，以减少边角剩余土方，从而减少人工压实的工作量。

(2) 按土壤性质选择。根据土壤类别选择压路机机型时，应注意机型特点：如黏土和部分亚黏土不宜采用振动式压路机；砂土和部分轻亚黏土不宜采用羊足碾或带槽式压路滚；而轮胎式压路机则适用于各种土壤，因为轮胎的气压可任意调节。

(3) 按填土层厚度选择。凡是填土层较厚的基础压实，最好选择单位面积压力较大的压路机，如轮胎式压路机、重型打夯机、羊足碾等，以保证压实质量；对于路面或场地表面的压实，必须选择光面压路机，才能获得既密实又平整的压实质量。

(4) 考虑其他因素。选用机械应以自身设备为主，其次考虑租用和购置。由于振动式压路机无论在压实质量、压实层厚度（可达 0.5～1m），压实生产率等都优于静力静压式压路机和冲击式夯实机械，同时机械的质量轻（为同等压实效果的静压式压路机的 1/3 以下），适应性强（可在狭窄地点作业），适合于大面积填筑土方工程的压实工作，可以优先考虑。

(5) 路面压实机械的选择：

1) 按填筑材料选择：因为道路的设计承载力不同，所使用的填筑材料也不同，因此，应根据填筑材料的品种和强度，选择适当线压力（压轮每厘米长度所产生的压力）的压路机以保证碾压作用。按路面形式选择压路机类型，可见表 2-1-25。

根据路面形式选择压路机　　表 2-1-25

序号	路面形式	各个碾压阶段所需压轮线压力 (N/cm)	各个阶段碾压所需速度 (km/h)	使用压路机的质量 (t)	应用压路机的类　型
1	碎石路面	300～400 500～700 800～1200	1.5～2 1.5～2 3～4	5～8 7～8 12～15	内燃式三轮二轴式压路机
2	砾石铺砌层	300～400 500～750	1.5～2 3～4	5～6 7～8	内燃式三轮二轴式压路机
3	沥青混凝土	300～400 400～750 500～750	1.5～2 2.5～3 2～4	5～6 7～8 12～15	内燃二、三轮二轴及三轮三轴轮胎式压路机
4	冷浇沥青	70～90 100～130	2～3 2～4	0.7～1 1.5～2	内燃二、三轮二轴及三轮三轴轮胎式压路机
5	沥青碎石	300～400 500～750	2～3 3～4	5～6 8～10	内燃三轮二轴式压路机

2) 按路面要求选择：当道路（特别是高等级公路）对路面的平整度要求甚高时，如果选用一般压实机械碾压时，则路面容易形成波浪现象，因此，必须选择三轮三轴式压路机，以压平起伏的路面。对于沥青混凝土路面的终压，选用三轮三轴式压路机更为适宜。

2.1.3　稳定土路面维修机械

2.1.3.1　路拌机械

一、路拌机的用途与分类

(1) 路拌机的用途：稳定土路拌机是一种旋转式加工稳定土材料的拌和设备。它是将土壤粉碎与稳定剂（如石灰、水泥、沥青、乳化沥青或其他化学剂等）均匀的拌和，用以修筑道路、机场、城市建筑等设施的基础层拌和施工，亦可用于土壤拌和及旧路面翻新的破碎作业，以上这种施工的工艺方法叫做路拌法。

（2）路拌机的分类：路拌用稳定土拌和机有多种形式，稳定土路拌机的分类如图2-1-6所示。

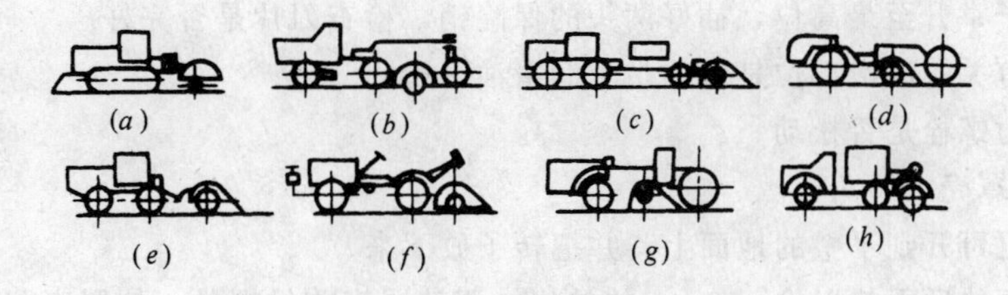

图 2-1-6 稳定土路拌机分类

(a) 履带式；(b) 轮胎式；(c) 轮履复合式；
(d) 自行式；(e) 半拖式；(f) 悬挂式；(g) 中置式；(h) 后置式

1）按其行走方式可分为轮胎式、履带式和复合式。

2）按其移动方式可分为自行式、半拖式和悬挂式。

3）按其动力的传递形式可分为机械式、液压式和混合式。

4）按其工作装置所在轴上的位置可分为中置式和后置式。

5）按其转子的数量可分为单转子和多转子式。

6）按其拌和的方向可分为正转和反转两种形式。

目前使用最多的为单轴驱动的单转子轮胎式自行结构的稳定土路拌机。因为这种形式满足了一般施工和加大拌和深度的要求。而且机动灵活，适应性强。而多转子的路拌机用于大规模的配套施工。

二、路拌机的技术性能

国内外路拌机械主要技术性能见表 2-1-26 所列。

国内外路拌机械主要技术性能表　　表 2-1-26

型　号		WBL21 （中国）	WB210 （中国）	HPH100GS30b （中国）	BOMAG （德国）	TOYO （日本）
发动机	型号	WD615.6B		GWC$_8$V-71	MPH100S	TLM-20U
	功率（kW）	168	120	227	190	115
	转速（r/min）	2200	1800	2100	2100	1800
拌和宽度（mm）		2100	2100	2005	2006	2000
拌和深度（mm）		400	100～300	370～485	368	600
工作速度（km/h）		0～1.5	0～1	1.4	0～1	—
行走速度（km/h）		0～24.5	0～5.5	3.93	—	—
质量（kg）		13000	15500	13850	14815	23500
外形尺寸($L\times B\times H$)(mm)		8020×3185×3350	6633×2830×2332	8535×3050×2565	—	—
转鼓直径（mm）		125	1000	1220	—	—
刀排数×每排刀数		12×6	12×4	70	—	—
转鼓转速（r/min）		0～139	137～164	150～280	—	—
拌和转子数（个）		1	1	1	—	—

三、路拌机的使用要点

(1) 工作前做好检查工作：

1) 检查动力系统燃油和润滑油是否充足，启动系统是否正常。将转子放在地面上，检查转子两端轴承润滑油是否充足。

2) 将转子举升至最高位，插好两头的保险销，检查刀片是否完好。

3) 其他有关的润滑部位是否加足了润滑油（脂）。

4) 各受力螺栓是否松动。

(2) 调正罩壳的倾角：

1) 路拌机可开到平整的地面上，并把转子放下来。

2) 在罩壳的后面垫以 $\delta=50$mm 的垫块，调整罩壳前的螺丝，使罩壳前距地面 100～110mm。

3) 用锁紧螺母锁紧好调整的螺栓。

(3) 稳定土拌和机的操作程序：

1) 启动动力装置，工作 5min 以后再驾驶整机到工作现场。

2) 用举升油缸把工作装置举升到保险锁可活动处。

3) 取下转子上部的保险销，把转子落下靠近地面的位置上。

4) 开动转子马达，使转子运转起来。

5) 用举升油缸缓慢地落下转子，达到预定的位置和深度。

6) 变速箱放在一档上，慢慢地启动转子马达，使整机前进。

7) 调整尾门开启度、转子转度及整机行驶速度，使机器工作在最佳位置状态，视情况可以把尾门放到浮动位置。

2.1.3.2 稳定土厂拌设备

一、稳定土厂拌设备的作用与分类

(1) 稳定土厂拌设备的作用

稳定土厂拌设备是路面工程机械的主要机种之一，是专门用于拌制以水，硬性材料为结合剂稳定混合料的搅拌机组。由于这项工作是在固定场地集中进行，因而厂拌设备较路拌机有其明显的优点。厂拌设备具有材料的级配准确，拌和均匀，节省材料，便于使用微机进行自动控制等优点，保证了稳定土材料的质量。因而在公路建设、城市道路及货场，机场等需要稳定土材料的工程中得到了广泛的应用。

(2) 稳定土厂拌设备的分类

1) 根据生产率的大小，稳定土厂拌设备可分为小型：200t/h 以下；中型 200～400t/h；大型 400～600t/h 以及生产率大于 600t/h 以上的特大型。

2) 根据设备布置和机动性，稳定土厂拌设备可分为：整体移动式，模块（总成）移动式和固定式等形式。

3) 根据设备的拌和工艺，稳定土厂拌设备可分为非强制性跌落式，强制间歇搅拌式和强制连续搅拌式等三种。在强制连续式中又可分为单卧轴强制搅拌式和双卧轴强制搅拌式。

稳定土厂拌设备组成示意图见图 2-1-7 所示。

二、稳定土厂拌设备的技术性能

稳定土厂拌设备的技术性能见表 2-1-27 所列。

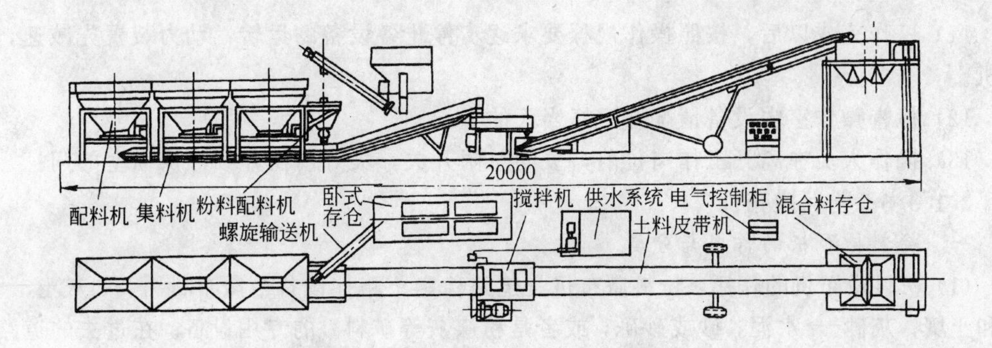

图 2-1-7 稳定土厂拌设备组成示意图

部分国产稳定土厂拌设备的技术性能 **表 2-1-27**

型 号	生产能力 (t/h)	级配种类	计量精度	装机功率 (kW)	占地面积 (m^2)	总质量 (t)	制造厂
YWCB—200 (移动式)	200	4	级配1%～1.5%，给水1.5%	60	11.2×2.4	22	福建省泉州南方路面机械厂
YWCB—300 (移动式)	300	4	级配1%～1.5%，给水1.5%	82	12.7×2.4	28	福建省泉州南方路面机械厂
WBS200	200～250	4	≤3%	54.1		29	汕头市公路局机械修配厂
WQB200	200		水灰比精度±1%	72.8	569	38.5	沈阳路达筑路机械制造厂
WQB400	400		水灰比精度±1%	126.7	728	48.3	沈阳路达筑路机械制造厂
WBC300	300	4	≤3%	120		42	安徽省公路机械厂

三、稳定土厂拌设备的使用要点

(1) 作业前的准备：

1) 作业前要对机组各部设备加油润滑，检查有无不正常情况。

2) 检查各连接、传动装置是否可靠，电控方面接触是否良好等。

(2) 工作中的操作要领及注意事项：

1) 设备启动以后，先空载运行，检查机组各部位有无不正常的声响、振动等状况。

2) 检查机组各检测装置是否正常。一旦发现动力部分出现问题，必须停机检查，排除故障后再工作。

3) 皮带机工作正常，无卡滞及跑偏现象。

4) 拌和鼓和拌和叶片无卡位现象。

5) 仓壁振动器应能正常工作。

6) 电动滚筒清扫器正常工作。

7) 液压系统有否漏油及异常噪声。

8) 供水系统应工作正常，不得有漏水及计量失准现象。

9) 在配料部分可设置专门人员，循环进行检查，每1～2h分料一次，发现问题及时调整解决。

10) 在停止工作之前，应将料斗中，储料仓中的余料卸完，方可考虑停止输料机的工作。

11）工作完成以后，按照操作规程要求逐步停止各设备的运转，动力装置先减速，后停机。

12）检查操作室内设备情况并记好当天的日记。

13）操作人员在离开工作岗位前，关闭总闸开关，关好门窗并锁好操纵室的门。

2.1.3.3　粉料撒布机

一、粉料撒布机的作用与分类

(1) 粉料撒布机的作用：粉料撒布机是道路稳定土路拌设备中撒布粉料（如灰土—→石灰和土壤；灰砂—→水泥，砂或砂砾，或者是粉煤灰等矿料）的专用设备。在过去的道路施工中，粉料的撒布多半由人工倾倒并铺撒，其结果是精确度低，均匀性差，而且效率也不高，可以说是事倍功半。采用粉料撒布机，就能更好地完成此项工作。

我们知道，道路的基层的工程质量是十分重要的。而由粉料撒布机、稳定土拌和机和压实机械组合而成的道路基层稳定土拌和机械化施工，是提高工效，保证施工质量的必要措施和重要保证。

(2) 粉料撒布机的分类：粉料撒布机的分类，一般来讲有两类：一类为拖式撒布机，另一类为自行式粉料撒布机。拖式撒布机无需配置动力，在其他机械牵引下工作。简单、体积小，易生产，但容量不大，自行式撒布机功能比较完善，但结构比较复杂。对撒布机的撒布量及撒布宽度可以调节，斗容大，可以同大型机械相配套使用。

二、粉料散布机的技术性能

粉料散布机的技术性能见表 2-1-28 所列。

国内外粉料撒布机的主要技术性能　　表 2-1-28

项　目		д-155	NCS180	SA_3	SA_3C
料斗容量（m^3）		1.1	—	2	2
前料斗（kg）		—	1000	2000	—
后料斗（kg）		—	2500	2000	—
撒布宽度（m）		3.5	1.4～2.3	—	1～3
撒布层厚度（mm）		≯40	≯30	≯40	≯50
行驶速度（km/h）		—	—	1.51～9.39	2.5～3
作业速度（m/min）		4～5	24.2～178	—	42～50
运输速度（m/min）		25～30	2～12.9	—	19.3
撒布运输机上料速度（t/h）		—	180	50～100M3/Hr	—
外形尺寸	长度（mm）	4290	5475	7100	—
	宽度（mm）	2200	2355	3180	—
	高度（mm）	1180	2790	2400	—
发动机	型号	—	SD22	CA-10B	—
	功率（kW）	—	31.7	70.8	44
	转速（r/min）	—	2200	2800	—
	行走方式	拖式	自行式	自行式	—
	撒布能力（t/h）	—	180	—	—
生产国别		前苏联	日本	中国	中国

三、粉料撒布机的使用要点

(1) 在工作之前，必须对撒布机进行例行检查。对于自行式撒布机，动力设备按照使用说明书中的要求进行检查和调整。对于撒布滚筒和螺旋布料器进行检查，保证工作中灵活可靠。

(2) 在撒布作业之前，应根据撒布的宽度和厚度，调整好行驶速度及布料速度等。保证撒布质量。工作中，不要随意变更速度。

(3) 对冷料进行检查，是否符合撒布料的质量要求。

(4) 工作中根据撒布的工作状况，注意安全及防落措施，避免灰粒或小石粒误伤施工人员。

(5) 作业中观察撒布的均匀性，一旦发现问题，随时加以调整，若有漏料现象，要停机予以检查维修。

2.1.3.4 石料摊铺机

一、石料摊铺机的用途与分类

(1) 石料摊铺机械的用途：在修筑碎石路面、砾石路面以及铺筑和修理黑色路面时，都需要在路基或路面底层上均匀地摊铺一层碎石、砾石或石屑。在机械化筑路工程中，这项工程是采用专门的石料摊铺机来完成的。

(2) 石料摊铺机的分类：

1) 按所摊铺石料的粒径大小，可分为碎石摊铺机和石屑撒布机两种。

2) 按所配置动力的牵引情况，可分为拖式碎石摊铺机(石屑撒布机)和自行式碎石摊铺机（石屑撒布机)。

3) 石料摊铺机按其机构的型式，可分为槽缝式、螺旋式、转子式及碟石等。

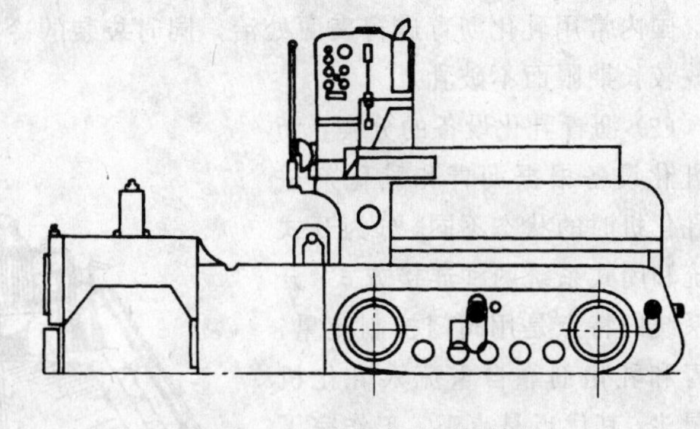

图 2-1-8 自行式碎石摊铺机

自行式碎石摊铺机（图 2-1-8）主要由专用的履带式行走装置的底盘和发动机、机架、料斗、滑模板、八字板、推动滚筒和出料口等组成。

二、石料摊铺机的技术性能

石料摊铺机的主要技术性能见表 2-1-29。

石料摊铺机的主要技术性能 表 2-1-29

项目		拖式 д184	自行式 NS45B	NB60
料斗容量 (m^3)		2	—	5
摊铺宽度 (m)		3～3.6	3.5～4.5	3～6
摊铺厚度 (mm)		3～20	6～300	50～300
作业速度 (m/h)		4000～5000	0～4100	0～7300
运输速度 (m/h)		10000～12000	0～14200	0～16000
粒料尺寸 (mm)		80～100	Max.100	—
外廓尺寸 (mm)	长度	3000	4400	5815
	宽度	3600	3750	3000
	高度	1275	2290	2680
重量 (kg)		1630	7200	—
发动机型号		—	4DR-50	—
额定功率 (kW/(r/min))		—	23/1800	55/1800
最大扭矩 (N·m/(r/min))		—	123/1800	—

三、自行式碎石摊铺机的施工过程

(1) 自卸汽车自石料厂装料，并运至摊铺地点。

(2) 汽车倒退，使后轮支靠在碎石摊铺机前面的两个推动滚筒上，此时汽车变速箱应放在空挡位置上。

(3) 发动机工作，使机器不停地推动汽车前进，此时汽车在移动的同时将车箱内碎石缓慢地卸入摊铺机的料斗内，摊铺机在前进中进行摊铺工作，直至石料摊铺完毕。

2.1.4 沥青路面维修机械

2.1.4.1 沥青乳化设备

一、沥青乳化设备的作用与分类

(1) 沥青乳化设备的作用：沥青乳化设备是完成从原料投入到产品储存这一连续作业过程中所需的成套沥青乳化机械的总称。由于乳化沥青可以免除沥青经过高温和持续反复加温所造成的不利影响，使用时可以冷料冷拌，具有减缓并防止沥青老化、节约能源、减少污染、节省沥青用量、延长使用期和施工方便等优点，已在国内外得到普遍的推广和应用。国内常用乳化沥青进行表面处治，同时袋装的冷拌沥青混凝土也开始投入使用，可以存放较长期限而不破乳。

(2) 沥青乳化设备的分类：沥青乳化设备根据沥青和乳化剂进入乳化机时的状态不同，分为开式系统和闭式系统两种连接方式。开式系统的特点是用阀门控制流量，沥青和乳化剂靠自重流入乳化机的漏斗，其优点是直观，工作完了后乳化机容易清洗，缺点是容易混入空气，产生气泡。闭式系统的特点是不用乳化机漏斗接液，而用两个匹配好的泵直接把沥青和乳化剂水液经管路泵入乳化机内，靠流量计指示其流量。其优点是不易混入空气，便于自动化控制，可以提高产量，缺点是清洗较麻烦。沥青乳化设备的外形见图 2-1-9 所示。

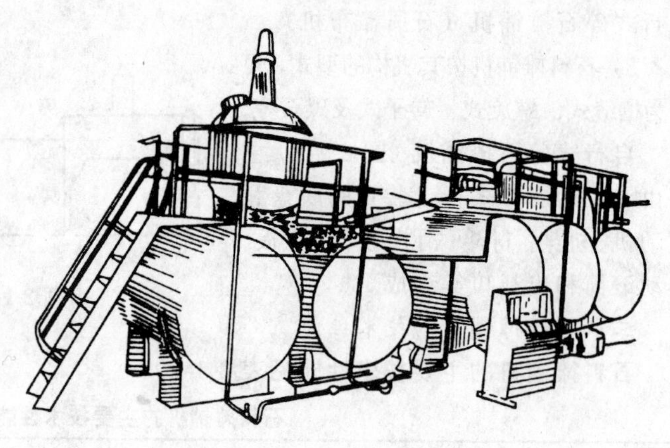

图 2-1-9　沥青乳化设备外形图

二、沥青乳化设备的技术性能

沥青乳化设备的技术性能见表 2-1-30。

国产沥青乳化设备的技术性能　　表 2-1-30

序号	型　号	生产率 (L/h)	颗粒度 (mm)	装机容量 (kVA)	占地面积 (m^2)	整机质量 (t)	制造厂家
1	LRM3000	3000	<0.05	18	54	4	江苏太仓液压元件厂
2	LRM6000	6000	<0.05	37.4	87	18	新津筑路机械厂
3	LRM6000A	6000	<0.05	24.2	40	12	新津筑路机械厂

三、沥青乳化设备使用要点

(1) 设备操作必须指定专人，经培训后，严格按生产工艺进行。

(2) 每班生产前应检查各零部件及电器、线路，确认安全正常工作状态后方可开机。

(3) 开机前，应先启动预热系统，当沥青和乳化剂均能用手转动，轻松自如时，再启动乳化机和乳化剂水溶液泵。

(4) 严格按"乳化剂使用说明"配制乳化剂水溶液，沥青和乳化剂水溶液温度应符合工艺要求。

(5) 采用自动控制油水比的设备，应先开手动档，待油水流量计显示和工作正常时，再拨向自动档。

(6) 生产结束时，停机顺序应是沥青泵—乳化剂水溶液泵—乳化机，同时应关闭沥青管道阀门和水溶液阀门。

(7) 机器开动后，操作人员不得离岗，以保证设备的正常运转，同时注意生产场地的通风。

2.1.4.2 沥青洒布机

一、沥青洒布机的作用与分类

(1) 沥青洒布机的作用：沥青撒布机是一种黑色路面机械，它是道路、机场和港口码头建设的主要设备之一。当用贯入法和表面处理法修筑、修补沥青路面时，沥青撒布机可以用来完成液态沥青（包括热态沥青、乳化液青）贮存、转运和撒布工作。尤其是大容量的沥青撒布，还可以作为沥青和乳化沥青的运载工具。

(2) 沥青洒布机的分类：根据沥青洒布机的移动形式，可分为手推式、拖运式和自行式三种。手推式沥青洒布机是将沥青罐、洒布设备和动力装置等装在一辆二轮手推车上，罐的容量大约为200～300L，动力装置为2～3kW的气冷式汽油机，洒布能力在30L/min以下。这种洒布机一般用于市政道路养护作业。

拖式沥青洒布机则将所有的部件和设备装在一辆单轴两轮式双轴4轮挂车上，由牵引车拖着运行。其沥青罐容量为400～600L，并可用喷燃器加热罐内的沥青进行保温。其动力装置为3～5kW的气冷式汽油机或柴油机，洒布能力一般在30L/min以上，这种洒布机大多用于养路和小面积的洒布作业。图2-1-10所示为LS4500型自行式沥青洒布机外貌图。

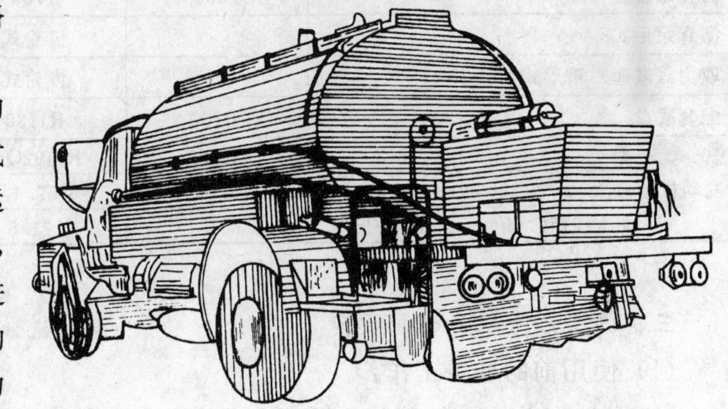

图2-1-10 沥青洒布机外貌图

二、沥青洒布机的技术性能

国产自行式沥青洒布机的主要技术性能见表2-1-31所列。

国产自行式沥青洒布机的主要技术性能　　表 2-1-31

性能		LS2000	LS3000	LS4000	LS4500
整机质量（kg）	空载	3800	2700	60050	6270
	满载	5000	4395	10330	10050
轴荷分配（kg）	前轴（空载）		960		1960
	前轴（满载）		1377		2600
	后轴（空载）		1740		4311
	后轴（满载）		3018		7450
外形尺寸（mm）	全长（运输）	6630	4950	7350	6960
	（工作）		4890		
	全宽（运输）	2400	1860	2380	2476
	（工作）		3000		
	全高	2700	2100	2450	2395
轮距（mm）	前轮		1460		1810
	后轮		1470		1800
轴距（mm）			2800		3950
最小离地间隙（前桥）（mm）			185		247
最小转弯半径（m）			5.7		≤8
爬坡能力（满载）（%）			36		≤28
最高行驶速度（km/h）			85		
运输速度（km/h）		55	45	60	60
工作速度（km/h）		5～20	5～25	5～20	5.1～22
洒布宽度（mm）		1000～4000	1500～3000	1000～7000	4500
洒布定量（L/m²）		0.5～7.0	0.5～4.0	0.5～7.0	0.5～3.0
接近角（°）			36		38
离去角（°）			25		18
沥青罐容量（L）		2000	1700	4000	4500
沥青泵形式			齿轮式	齿轮	齿轮式
取力（减速）箱形式			齿轮式		
配套底盘		BJ130	RJ130	CA141	EQ-140
发动机	型号	492QA	RJ492QA	CA6102	EQ6100-1
	最大功率（3800r/min）（kW）	51.5	57.4	99	99
	最大扭矩(>500r/min)(N·m)		171.5		372

三、沥青洒布机的使用要点

（1）使用前的准备工作：

1）作业前应对汽车本身进行一次常规的全面检查，发现问题及时处理好。

2）认真检查沥青是否被沥青所凝固。为此，先将分动箱挂上低档位置，然后缓慢松开离合器踏板，若发现发动机熄火或离合器有拖滞现象，即表明沥青泵齿轮被沥青凝固住，这时要利用手提喷灯烤热沥青泵，直到齿轮泵运转灵活为止。

3）调整好各操纵阀和洒布管至不同的安装位置，调整时可参照说明书进行。

（2）操作中的注意事项：在洒布作业时，沥青必须均匀地喷洒在路面上，尤其是表面处治的沥青路面。沥青量过多或过少，都会严重影响路面的使用寿命。所以在洒布过程中应注意下列事项：

1）要保证沥青在工作温度范围内进行喷洒。沥青温度降低，将会增加其黏度，减少其流量。

2）调整好喷嘴的喷射角，使各个相邻喷嘴喷出沥青所形成的喷雾扇或喷雾锥，在其下角能有少量重叠。喷雾扇角和锥角的大小与喷射压力有关。它们下部的重叠量则与喷嘴离地面高度有关，在同喷雾角下，随着喷嘴离地高度的不同，在其下面洒布的宽度也不同。喷嘴离地面高，其洒布宽度就较大，相邻喷嘴所喷沥青的喷雾重叠量就较多。反之，洒布宽度就较小，重叠量也就较小。对于长缝喷嘴，相邻喷嘴所喷沥青喷雾的重叠程度还同嘴缝与管轴线的交角有关，一般应事前调好交角（25°～30°）。锥孔喷嘴安装位置的高低也影响其洒布宽度及与毗邻喷嘴喷雾的重叠量。一般情况，喷嘴都是事先调整好的，只有喷嘴的离地高度会在施工时随着洒布管位置的高低调整而变化。一般在施工时应将洒布管调整到离地面 25cm 左右。

3）要在洒布作业的整个过程中保持一定的喷洒压力，最好是进行恒压洒布。喷雾角是靠一定压力来维持的，此压力在管径与喷孔都是一定的情况下，将随沥青在管内的流速而变化。此流速又同沥青泵的转速与沥青的温度以及洒布量有关，所以工作时要尽可能使沥青泵转速恒定（专用发动机驱动的较易掌握），并保持沥青在规定的工和温度范围之内。鉴于洒布量的改变影响管内沥青的压力，所以现代沥青洒布机的洒布管为全循环式，并配有卸压阀。工作时，洒布管始终处于恒压状态。

4）要保持相邻洒布带之间有一定的重叠量，横缝重叠量一般为 10～15cm。纵缝重叠量一般为 20～30cm。为了确保横向重叠控制在一定范围之内，沥青洒布机应在起点前约 5～10m 处起步，到洒布点时应迅速打开喷嘴开关，避免横向接头处有过多的沥青。

（3）操作结束后的保养：每台班操作结束后，要先将管路中的残留沥青吸净，并排空沥青罐，然后注入适量柴油，对管路进行循环清洗。如长期不用，还要及时拆洗沥青滤清器、阀和喷嘴等。

2.1.4.3 沥青混凝土拌和设备

一、沥青混凝土拌和设备的作用与分类

（1）沥青混凝土拌和设备的作用：高等级道路或城市道路所采用的路面铺筑材料大多为沥青混凝土或水泥混凝土。所谓沥青混凝土就是由碎石、砂、填充料（石粉）和有机结合料（沥青）拌制而成的混合物。在铺筑路面时将这些混合料在热态下摊铺于预先整修好的路基底层上。在机械化筑路和维修路面工程中，沥青混凝土拌和机械就是用来拌制这种热态的混合料的。

（2）沥青混凝土拌和设备的分类：

1）按照拌和设备的规模和搬运情况分为固定式沥青混凝土拌和设备（图 2-1-11）、半固定式沥青混凝土拌和设备、移动式沥青混合料拌和设备（如图 2-1-12）。

2）按照沥青混凝土拌和设备所采用工艺流程分为周期式混凝土拌和设备、连续式作业沥青混凝土拌和设备、综合作业式沥青混凝土拌和设备。

二、沥青混凝土拌和设备的技术性能

国内外几种典型的沥青混凝土拌和设备的技术性能见表 2-1-32 所列。

图 2-1-11　固定式沥青混凝土拌和设备外貌图

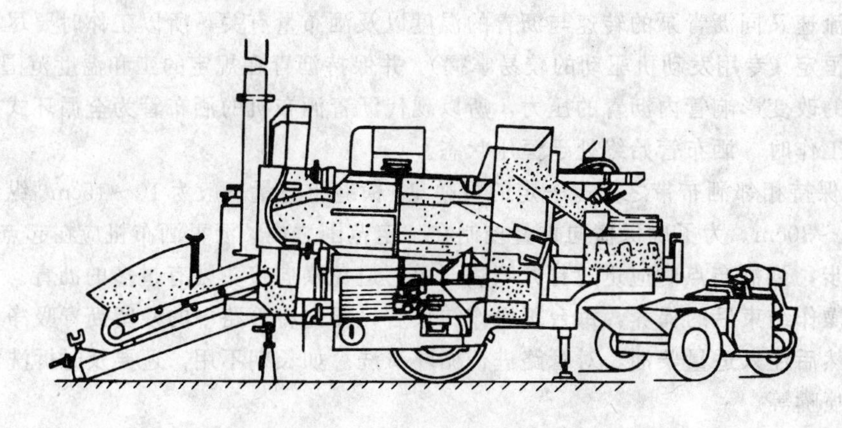

图 2-1-12　移动式沥青混凝土拌和设备

沥青混凝土拌和设备的主要技术性能　　表 2-1-32

		主要型号	NP500C	NP1000A	LB-30
		生产率（t/h）	30～40	60～80	30～40
		功率（kW）	63.5	143	135
技术性能	骨料贮存和供应	形式	冷料漏斗	冷料漏斗	冷料堆（斗）
		容量尺寸和数量（套×m³）	4×4	4×4	—
		运输方式	振动式进料器	振动式进料器	皮带运输机
		能力（t/h）	40	80	—
	石料贮存和供应	贮存方式及数量（m³）	石料漏斗仓（4）	石料漏斗仓（4）	—
		运输方式	—	—	—
		能力（t/h）	6	10	—

续表

主要型号				NP500C	NP1000A	LB-30
技术性能	沥青贮存加热和供应	沥青贮存方式		沥青锅（加热）	沥青锅加热	沥青罐
		容量和数量（L×套）		7000×2	20000×2	—
		加热方式和加热量（kW）		465.2	697.8	—
		沥青输送方式		喷洒泵	喷洒泵	输送泵
		能力	(kg/min)	130	—	—
			(L/min)		240	450
	烘干系统	烘干滚筒（mm）		ϕ1300×4500	ϕ1600×7000	ϕ1200×5170
		燃烧器	形式	—	—	高压长火焰
			油料消耗(L/h)	200～450	400～1000	—
		燃烧器	形式	涡轮式鼓风机	涡轮式鼓风机	叶片鼓风机
			能力	20m³/min×1500Pa	500m³/min×2000Pa	4320～5180m³/h
	计量系统	骨料计量器	累加计量	500kg	1000kg	三料累计 9.5 容器秤 0.1m³
		石粉计量器	分别计量	75kg	200kg	0.1m³
		沥青计量器	分别计量	75kg	150kg	0.1m³
	拌和装置	形式		双轴卧筒叶片式	双轴式带套卧筒叶片式	—
		能力		500kg/次	1000kg/次	—
	热料筛网贮箱系统	热料升运机（t/h）		45	85	45
		筛网（t/h）		45	85	45
		热料贮箱（m³）		3.23	8	—
生产国别				日本	日本	中国

三、沥青混凝土拌和设备的使用要点

（1）作业前的准备：

1）检查各部机件是否完好，各传动部件有无松动，各部连接螺栓是否坚固可靠。

2）检查传动链条的连续和张紧度、传动皮带的松紧度及磨损偏磨情况，输送带有无跑偏现象、钢丝绳是否完好。

3）检查供料系统是否畅通，检查输送管道是否有漏水、漏气、漏油、漏沥青、漏料现象。

4）检查各润滑点润滑油、脂是否充足、良好。

5）检查电器设备是否完好、电源电压是否同设备所需工作电压相符，其偏差不允许大于±5%。

6）检查热料仓斗门、搅拌器斗门位置是否正确，开关是否灵活。

7）检查粒料、沥青、水的规格、质量是否符合拌和及施工技术要求，其数量应保证连续生产需要。

8）检查沥青加热装置，并根据生产需要提前开启沥青加热装置。

（2）作业中的要求：

1）巡视人员检查完毕确认正常后，机长鸣警铃，工作人员就位。

2）进行烘干（烘干拌和）滚筒的空载运行，运行正常后，进行点火试验，若点火失效，应充分通风后再点火。需调整点火时，要在切断高压电源的情况下进行。点火正常后实行温度自动控制，并顺序起动各工作装置。

3）点火用的液化气必须有减压阀及压力表，燃烧器点燃后必须关闭总阀门。

4）烘干（烘干拌和）滚筒温度达到110℃时方可投料进行试生产，待各工作装置运行参数稳定后再使用自动控制系统。

5）作业中应经常查看温控系统，检查粒料，沥青温度是否符合要求。对成品料要经常抽验并及时反馈抽验结果。

6）将成品料送至成品料仓时应在送料斗内喷入雾状洗净油，以免沥青粘附在斗壁上。

7）对于没有成品料仓的拌和设备，操作人员必须了解运料汽车的载重吨位，满载后及时鸣警，指示车辆离去。

8）加强生产过程中的巡视工作，发现异常现象必须立即排除，因意外停电使用备用电源，尽快恢复正常生产。

（3）对连续式拌和设备的特殊要求：

1）当燃烧器熄灭时应立即停止喷射沥青，防止沥青在滚筒内堆积。为防止沥青老化，烘干拌和筒内温度不可超过180℃。

2）当烘干拌和筒内沥青或混合料着火时，应立即关闭燃烧器，停止供给沥青，关闭鼓风机、排风机，将含水量高的细骨料投入烘干拌和筒内，扑灭火焰，同时在外部卸料口用干粉或泡沫灭火器进行灭火，当烘干拌和筒内的材料温度低于200℃后，将废料排出。

（4）作业后的要求：

1）停止供料，逐渐关闭燃烧器，用热料在烘干拌和滚筒或搅拌器内洗刷二三次，将残余沥青洗净、排出。

2）倒转沥青泵抽回剩余沥青。

3）当滚筒温度降至40～50℃时，按起动的反顺序关机。关机后，清除皮带机上的残余粒料，清洗沥青管道，清除各供料斗中积料及除尘装置内外积物。

2.1.4.4 沥青混凝土摊铺机

一、沥青混凝土摊铺机的作用与分类

（1）沥青混凝土摊铺机的作用：

沥青混凝土摊铺机是用来将拌制好的沥青混凝土和黑色粒料均匀地摊铺在已整好的路基或基层上的专用设备。在摊铺过程中，它先从自卸卡车上接料，然后将沥青混凝土横向散在路基或基层上，最后加以初步压实、整形，形成一条有一定宽度、一定厚度和一定形状的铺层。摊铺机摊铺沥青混凝土，速度快、质量高，且对铺层又进行了顶压，从而降低了施工成本，所以，广泛地应用于城市建设和公路建设之中。

图2-1-13所示为沥青混凝土摊铺机外貌图。它主要由机架、柴油发动机、顶推辊、料斗、刮板送料器、螺旋摊铺器、熨平装置、机械-液压传动系统、转向系统、行走机构和电路系统等组成。

（2）沥青混凝土摊铺机的分类：

1）按摊铺机的行走机构不同，可分为轮胎式和履带式两种，前者机动性好、构造简单，因而国内外大多采用轮胎式沥青混凝土摊铺机。

2）按摊铺机的生产率不同，可分为大型（200～400t/h）、中型（100～200t/h）、小型（50～100t/h）三种。

3）按摊铺机的接料装置不同，可分为有接料斗装置和无接料斗装置两种。

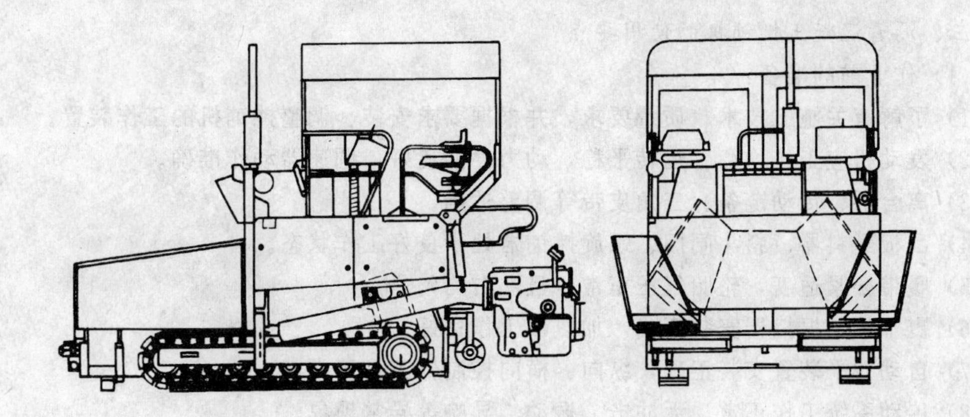

图 2-1-13 履带式沥青混凝土摊铺机

4）按摊铺机的自动化程度不同，可分为半自动化和全自动化两种。

二、沥青混凝土摊铺机的技术性能

国产常用沥青混凝土摊铺机的型号规格及技术性能见表 2-1-33 所列。

国产沥青混凝土摊铺机的型号规格及技术性能 **表 2-1-33**

型式与型号 技术性能	轮胎式		拖式	
	LT-6A	PL-74A	JT-1	TP3500
料斗容量（m³）	3（60kN）	（50kN）		0.9
摊铺宽度（cm）	375～450	280	320	300～350
摊铺厚度（cm）	1～12	1～30	1～10	1.5～6
工作速度（m/min）	Ⅰ：2.82 Ⅱ：5.84	0.02～2（km/h）	13～19	10～15
运行速度（km/h）	Ⅰ：2.6 Ⅱ：5.4 Ⅲ：9.9 Ⅳ：18.7 倒：2.1			5
最小转弯半径（cm）	450	430		
最小离地间隙（cm）	8		12	
最大生产能力（t/h）	100		80	
最大爬坡能力	7/100	30%	摊平板	摊平板
发动机：型号	4105G₂	495	拱度：0～4%	拱度：3%
功率（kW）	35.3			
转数（r/min）	1500			
刮板送料速度（m/min）	Ⅰ：10.05 Ⅱ：20.85	Ⅰ：6.3 Ⅱ：39		
螺旋摊铺速度（m/min）		Ⅰ：12 Ⅱ：32		
外形尺寸（cm）	530×383.4×249	525×303×245	265×320×95	
整机质量（t）	9.45	7	1.4	1
生产厂家	西安筑路机械厂	上海沪南工务所	武汉市政机械施工公司	吉林省养路机械修造厂

三、沥青混凝土摊铺机的使用要点

（1）作业前的准备：

1）了解有关施工技术、质量要求，并根据要求安装、调整摊铺机的工作装置。

2）发动机应工作均衡、运转平稳，动力性能良好，调速器动作准确。

3）离合器、传动链条、三角皮带等调整适当。

4）刮板送料器、料斗闸门、螺旋摊铺器处于良好工作状态。

5）履带松紧适度，轮胎气压正常、且左右均匀。

6）熨平板、振捣器安装正确，加热器工作良好。

7）自动找平装置安装正确，纵向、横向控制器工作正常。

8）传动系统工作正常，无冲击、振动、异响等异常现象。

9）电器系统工作正常，操纵系统灵活可靠。

10）将各操纵杆、主传动并关置于中间位置，液压系统各调节阀门调到零位，各电器开关处于断开位置，液压传动系统处于不供油状态。

11）摊铺机上的所有安全防护设施须配备齐全，熨平板接长后，应有相应的安全防护措施。即踏板宽度须与摊铺宽度相等。

12）驾驶台和熨平板脚踏板应保持整洁，无油污及拌和料，不得堆放杂物、工具。

13）驾驶台和作业现场要视野开阔，应清除有碍工作的一切设施。

（2）作业与行驶的要求：

1）按说明书的规定，对柴油机进行启动和停止工作。

2）换挡必须在摊铺机完全停止时进行，严禁强力挂挡。

3）摊铺机接受运料车卸料时，应使摊铺机推滚贴紧运料车轮胎，顶推自卸车前进卸料，两者协调动作，同步行进，须防止运料车冲撞摊铺机。

4）作业时严格控制各机构协调工作，并进行必要的修正。作业速度一经选定，要保持稳定，并尽可能减少停车起动次数，以保持摊铺机连续均衡作业。

5）严禁驾驶员在摊铺机工作时离开驾驶台，无关人员不得在作业中上、下摊铺机或在驾驶台上停留。

6）轮式摊铺机的差速装置，应在地面附着力不足时使用，结合或断开差速装置时须停机。在结合差速装置时，只允许直行，不得转向。禁止在坡道上换档或以空档滑行。

7）振捣器频率应由低渐高，逐步增加，摊铺面层时，每前进 5mm，捣固次数应不小于 1 次，并随时检测摊铺层的密实度。

8）履带式摊铺机不得长途行驶，其行驶距离不应超过 1km，特殊需要作长距离行驶时，行走装置应注意加油。

9）行驶时熨平板应恢复标准宽度，并升起用挂钩挂牢。

10）摊铺机用其他车辆牵引时，只允许用刚性拖杆，不得使用钢丝绳。其变速手柄应置于空档，并解除自动装置的工作。

11）禁止用摊铺机牵引其他机械。

（3）作业后的要求

1）对摊铺机各工作装置、运行机构进行清洁工作，清除残留沥青，使之运转自如，转动灵活。

2）擦拭液压伸缩熨平板的导向柱表面和油缸活塞杆表面。

3）清洁并检查高度传感器支座各部元件，并对转动零件加注机油润滑。

4）清洁工作应在作业场地以外进行。用柴油清洁时禁止明火接近。

5）驾驶员在离开驾驶台前，要将摊铺机停稳，停车制动必须可靠，料斗两侧壁完全放下，熨平板放到地面或用挂钩挂牢。

6）摊铺机停放在交通车道附近时，须在周围设置明显的安全标志，夜间设灯信号并设专人守护。

7）施工全部结束时，应对摊铺机进行必要的保养和修理。

2.1.4.5 沥青路面再生机械

一、沥青路面再生机械概述

沥青路面再生机械是对沥青路面材料进行再加工并回收利用的机械设备，它可降低养护成本，经济、实用。

我国的沥青路面再生研究是在20世纪80年代初才开始，通过近20年的努力，现已逐步发展起来，道路路面再生机械也逐步发展，由于我国沥青路面特点是沥青含蜡量较高且路面面层较薄。质量等级技术较低，因此再生工艺以厂拌再生为主，且机型已逐步形成系列。随着交通业的发展，我国的道路等级不断提高，尤其是高等级道路的迅速增加，对路面再生机械的要求及综合能力也提出较高的要求，我国目前也已逐步开发出适合我国国情的沥青路面就地再生机械。

二、沥青路面再生机械的分类与特点

按再生地点的不同可分为：厂拌再生和就地再生。

按加热方式不同分为：热拌再生和冷拌再生。

沥青路面再生工艺的不同，决定采用的机械种类不同，在工程中采用何种工艺，主要考虑旧路面基层损坏情况和沥青路面面层的厚度。推荐应用工艺见表2-1-34所列。

沥青路面再生工艺的选择 **表2-1-34**

基层情况	面层厚度(mm)	再生工艺
损坏		厂拌再生
完好	≤40	厂拌再生
	40～60	厂拌再生或就地再生
	≥60	就地再生

沥青路面的再生机械品种较多，一些机械使用的是通用筑路机械，这里就不再介绍，这里主要介绍的是专用机械。即地面加热和再生搅拌机械。

地面加热机械主要是指使用红外加热器时路表面加热，使路面软化，以便铲起旧面层材料，进行再生搅拌后摊铺，碾压，达到翻新的作用。

再生搅拌机械，是将旧材料与添加的新材料及其他配料一起，进行加热搅拌的机械，经过再生搅拌的混合料，通过摊铺、碾压，以达到翻新路面的要求。

滚筒式再生拌和机是将新料的烘干拌和与旧料的烘干拌和以及包括添加沥青及再生添加剂在内的数道工序同时在滚筒内完成的一种综合功能机械。其旧料再生比例可达到60％～100％，而且结构简单，能耗低，自身除尘效果好，使用费用低。其设备组成及工艺流程，如图 2-1-14 所示。

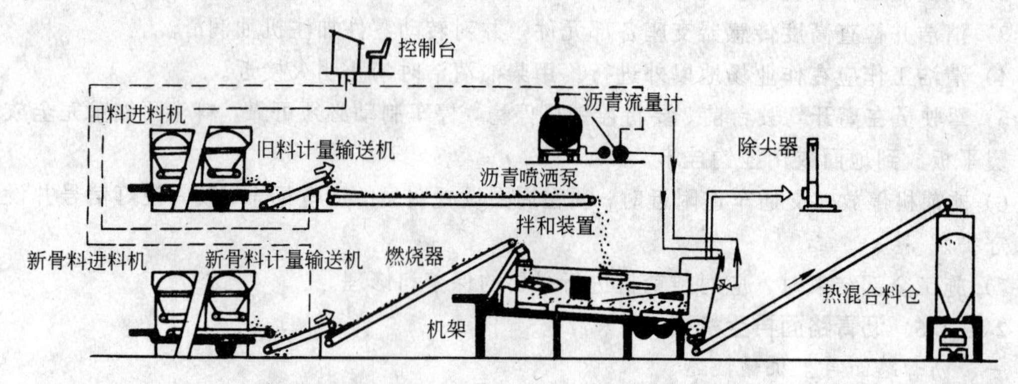

图 2-1-14　滚筒式沥青混合料再生设备组成及工艺流程

滚筒式再生拌和机的主要机型有：内外套双滚筒再生拌和机、新旧料分开加热的双滚筒再生拌和机、热扩散型燃烧室再生拌和机、滚筒中间加旧料再生拌和机、细腰式滚筒再生拌和机等。

三、沥青路面再生机械的技术性能

国产几种主要的沥青路面再生机械技术性能见表 2-1-35 所列。

沥青路面再生机械技术性能　　表 2-1-35

序号	型　号	名　称	主要性能参数	制造厂
1	PF0504	旧沥青路面材料破碎机	生产能力 4～8m³/h，进料口尺寸 150mm×400mm，出料粒度 0～20mm，配套动力 11.3kW	广西柳州公路机械厂
2	ZJ200	沥青再生搅拌机	生产能力 3t/h，出料温度 140～160℃，配套动力 8.8kW	山东滕州交通工程机械厂
3	LYB300 型	沥青路面养护拌和机	生产能力 3t/h，出料温度 120～160℃，配套动力 11kW	安徽省公路机械厂

四、沥青路面再生机械的使用要点

(1) 设备在使用前，应按规定进行检查和试运转，试验合适后方能投入运行。

(2) 操作人员应经过生产厂家的培训，了解机器各部位的操作规程，严禁违规操作。

(3) 机器在走合期应按厂家使用说明书中的规定执行，同时要填写走合期记录，走合期满必须进行走合保养。

(4) 再生拌和的关键部件加热器应经常性检查工作是否正常，特别是温控仪，要定期测试是否准确，防止失控，引起沥青过烧或低温搅拌。

(5) 工作装置在工作时，应按说明书要求工作，切不可超负荷的运转工作。

(6) 在高温季节和低温季节施工应注意发动机的润滑油和液压油的更换。

(7) 设备管理者应对设备建立完整的设备档案，以便维修保养时提供可靠的依据。

2.1.4.6 沥青路面综合修补车

一、沥青路面综合修补车概述

沥青路面在长期使用中，由于受车辆荷载的反复作用以及气候、材料的性能变化等诸多因素的影响，路面会出现坑槽、裂缝、拥包、沉陷、啃边、麻面、脱皮、松散等病害。在车辆行驶不断冲击和雨雪侵蚀下，病害影响迅速扩大，严重影响车辆正常行驶，造成路面大面积的破坏。沥青路面修补车就是用来及时修补这些病害所造成的损坏部分的工程机械。

我国沥青路面综合养护机械是从20世纪70年代开始的，当时多为单一操作功能，主要是沥青加热、搅拌，其效率低，耗能多，污染大。进入80年代后，其研制出的产品进步很大，现在已可用国产汽车底盘为专用底盘，采用电动、液压传动方式，集多种功能为一身的综合性养护机械，类似国外现行开发的综合养护车，其质量和可靠性都大大提高。

二、沥青路面综合修补车的分类与特点

沥青路面修补车一般均使用汽车底盘，所以一般按底盘的载重量分大、中、小三种类型，见表2-1-36所列。

沥青路面综合修补车的分类 表2-1-36

类　型	小　型	中　型	大　型
吨位（t）	＜3	3～5	＞5

另外，在以上分类基础上，也可按动力传递方式和行驶方式再进一步分类。

沥青路面修补车的特点是功能多，机动灵活，采用液压和电力传动且使用简单，容易控制。适用路面日常养护及公路其他设施的维修。

根据道路等级、质量状况和里程的不同，选择不同类型的沥青路面修补车。一级沥青路面在300km以上的可选大型沥青路面修补车，一级沥青路面在200～300km则可选择中型，200km以下及二级沥青路面则可选择小型沥青路面修补车。

沥青路面综合修补车是由基础车、动力设备、传动系统、装运和制备材料装置、作业机具、操纵及控制机构等部分组成，如图2-1-15所示。

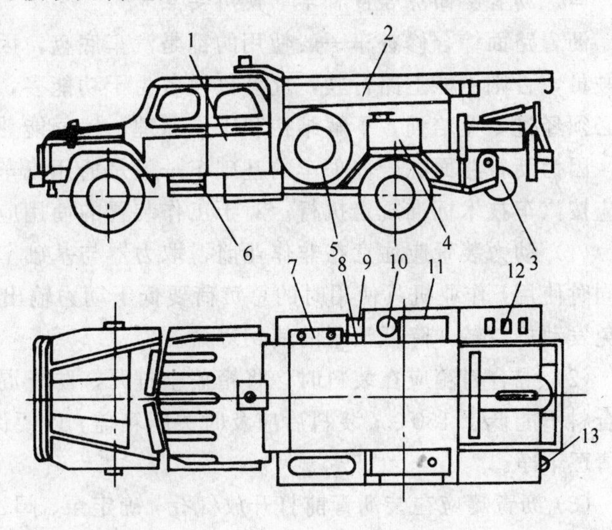

图2-1-15 ZLY5100TLQ型沥青路面修补车

1—基础车；2—混合料斗；3—压路辊；4—工作油箱；5—备胎架；6—齿轮油泵及动力输出系统；7—沥青箱；8—灭火器；9—沥青喷洒管路喷轮及保温箱；10—灯油喷灯及充气筒；11—水箱和柴油箱；12—多路换向阀组；13—液压冲击镐

三、沥青路面综合修补车的技术性能

沥青路面综合修补车的技术性能见表2-1-37所列。

沥青路面综合修补车的技术性能　表 2-1-37

序号	型　号	功　能	主要性能参数	制造厂
1	XTG5701TLY	路面铲挖沥青洒布，压实，载料	功率 51.5kW，底盘 NJ1061DAS，最高车速 70km/h，搅拌箱 $1m^3$ 沥青箱容量 220kg	湖南湘潭公路机械厂
2	LZ—C	路面破碎，沥青洒布、混合料搅拌、碾压	破碎效率 $17m^2/h$（深≤100mm），沥青箱容量 300kg，搅拌能力 200kg/锅，碾压线压力 140N/cm	沈阳市北陵工程机械厂
3	LY—10	路面破碎，沥青洒布、混合料搅拌、碾压	底盘 NJ1061DASX，最高车速 70km/h，载料 1000kg，沥青箱容量 250kg	湖北省宜昌县公路管理段
4	DL150	道路自动取芯	最大取芯深度 500mm，最大取芯直径 ϕ150mm，最大行驶速度 15km/h	河南省公路局筑路机械厂
5	PM—400—48 TRK	辐射式加热板，冷料加热保温料仓遥控系统，旧料再生	车载式、三菱或同类底盘，加热板 1830mm×2440mm，加热保温料仓 $3\sim4m^3$	南京英达机械制造有限公司
6	PM—200—36 TLR	辐射式加热板，冷料加热保温料仓，旧料再生及乳化沥青系统	拖挂式，加热板 1830mm×1830mm，加热保温料仓 $1.5\sim2.0m^3$	南京英达机械制造有限公司
7	ZJY5100TLQ	沥青路面养护车	功率 99.3kW，载料 3t，底盘 EQ3092EJ，最高车速 70km/h	镇江华通机械集团公司发动机厂

四、沥青路面综合修补车的使用要点

沥青路面综合修补车一般使用的都是汽车底盘，因此使用设备时，必须要有一名汽车驾驶员，否则不能上路行驶，此外该设备由于功能多，结构复杂，因此要求使用时操作人员必须经过专业培训，了解结构和工作原理，以便能熟练操作，遇到故障能及时排除。

因为沥青路面综合养护车的基础车一般是通用汽车，所以其使用技术及驾驶、操作、保养应按汽车技术标准规定执行。对于工作装置的使用应注意以下几点：

（1）动力装置应注意在非作业前，取力器与基础车是脱档状态。作业时，作业机具不可同时使用，作业机具使用时的总负荷要低于动力输出功率。作业后，取力器应及时脱档，避免发动机空转，降低油泵的使用寿命。

（2）混合料箱应在装料时，将箱盖全打开，防止混合料撒落在箱外；进入保温箱内的混合料不能低于150℃；装料后应及时关闭箱盖，以便保温；混合料使用完后，应及时将料箱清理干净。

（3）沥青罐应在装沥青前打开放气孔，确定泵、阀、管路无凝结沥青后开启沥青泵，吸入管口要有过滤器；装入罐内的沥青温度应在160℃以上；装入罐内的沥青最高只能装到总容量的80%，最低应使加热管路在沥青面100mm以下，同时注意在行驶过程中不可加热，加热时要打开放气孔，调节阀门，抬起沥青泵，使沥青在罐内循环，动态加热，使沥青均匀受热。收工回场应将剩余沥青排放干净，并清洗干净沥青泵、阀、管路等，不能残留沥青。

（4）拌和装置在拌和前，应先空运转，待运转平稳后，再投料拌和；混合料拌匀后，应立即出料，不能停留在拌和筒内；不连续拌和或回场前，应将拌和筒内的残留料清除干净。

（5）作业机具在转移场地时，应按要求放在固定位置，紧牢固，防止碰撞和丢失。收工完后应及时清理干净。高压软管应防止与其他物体摩擦，损坏油管。

2.1.4.7 美国科来福公司修补裂缝设备

用美国科来福公司技术修补沥青路面裂缝，需要两台专用设备。一台是CRAFCO 200型路面开槽机，一台是CRAFCO 60型灌缝机。

一、路面开槽机

CRAFCO 200型路面开槽机的技术参数见表2-1-38，结构示意图见图2-1-16。

CRAFCO 200型路面开槽机技术参数 表2-1-38

发动机	燃油箱容积	开槽宽度	最大开槽深度	开槽深度控制方式	安全控制方式	开槽刀具
2缸183kW汽油机	22L	12.5～50mm	16～25mm	电动控制	电动离合器控制	6个链轮状钢制刀具

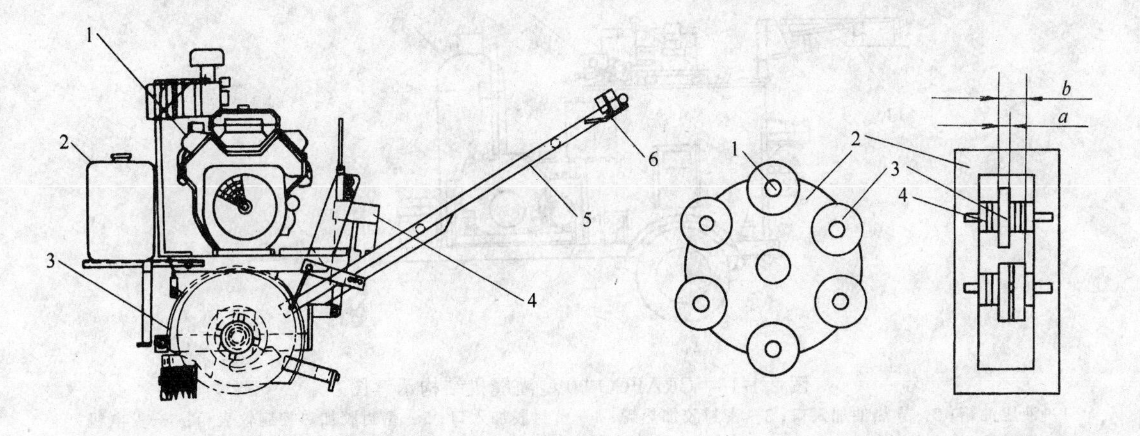

图2-1-16 CRAFCO 200型路面开槽机结构示意图

1—发动机；2—油箱；3—开槽刀盘机构；4—电动升降机构；5—手柄架；6—开槽机离合挖掘机构

图2-1-17 开槽刀盘结构示意图

1—刀轴；2—刀盘架；3—刀具；4—调整垫片；a—刀具的厚度；b—开槽宽度

该设备是一种手推小车式机械，主要由发动机、开槽刀盘机构和各种控制机构组成。开槽深度靠电动升降机构进行精确控制，开槽刀盘的开启用安装在手柄架上的电动离合器控制，可保证施工安全。开槽刀盘的结构示意图见图2-1-17。

该刀盘主要由刀盘架、刀具、刀轴、调整垫片等组成。6个刀轴安装在刀盘架上，每个刀轴套有1个碳钢刀具，刀具可在刀轴上自由旋转。当开槽机上的发动机运转时，通过传动机构带动刀盘架整体旋转，刀盘架再通过刀轴带动刀具旋转，完成开槽作业。调整开槽宽度的方法见图2-1-17右图。若各刀具安装在同一平面上，其开槽宽度为刀具的厚度a；若通过调整垫片调整刀具在刀轴上的横向位置，则开槽宽度为b。也可将数个刀具安装在同一刀轴上，加大开槽宽度。

二、路面灌缝机

CRAFCO 60型灌缝机的技术参数见表2-39，结构示意图见图2-1-18。

CRAFCO 60型灌缝机主要技术参数 表2-1-39

发动机	密封胶加热罐容积	液化气瓶容积	液压油箱容积	导热油容积	发电机
单缸11马力(8.085kW)汽油机	230L	45L	40L	80L	2kW、12V

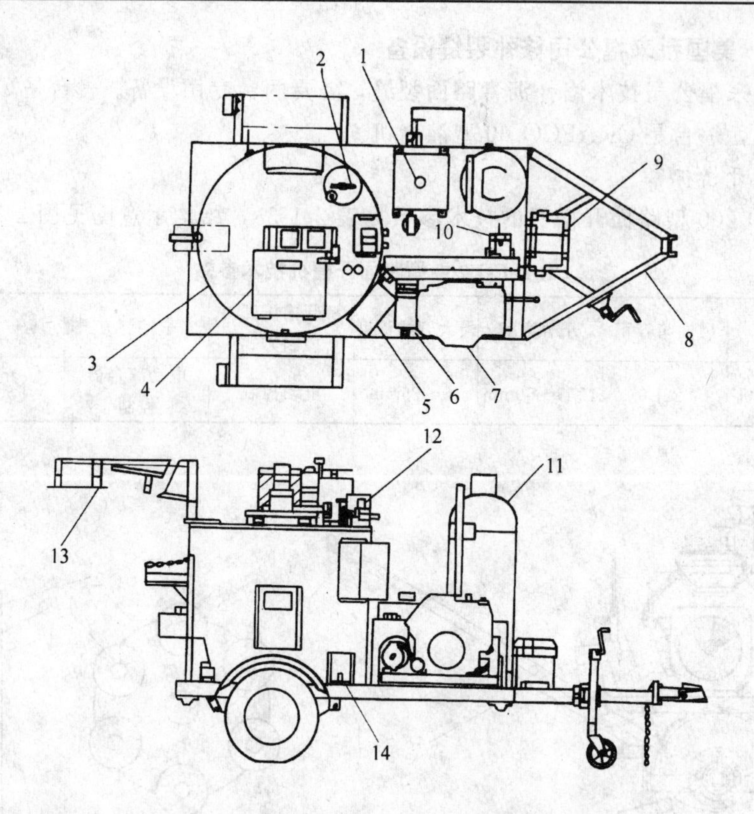

图 2-1-18　CRAFCO 60 型灌缝机结构示意图

1—液压油箱；2—导热油加入口；3—密封胶加热罐；4—密封胶加入口；5—密封胶加热控制仪表箱；6—发电机；7—发动机；8—牵引架；9—电瓶；10—液压油泵；11—液化气罐；12—液压马达转速、转向控制阀；13—密封胶输出管支撑架；14—液化气输入口

该设备装有1台单缸11马力汽油机，用其驱动液压油泵和发电机。液压油泵输出的液压油驱动2个液压马达，用其再分别驱动密封胶加热罐内的搅拌浆和密封胶输出泵；发电机可输出12V直流电，给装在密封胶输出油管内的电阻丝加热，使该软管工作后不需要清洗，不发生阻塞，便于下一班工作。密封胶加热罐结构示意图见图 2-1-19。

密封胶加热罐上部设有投料口，块状的密封胶可从该口投入加热罐内。加热罐底部有一液化气加热炉盘，由装在灌缝机上的液化气罐供给液化气，液化气燃烧后加热罐体夹套内的导热油，再通过导热油加热密封胶。密封胶搅拌方式为液压驱动、垂直轴、W型水平桨叶式搅拌，搅拌速度可调，对密封胶可实现边加热、边搅拌，以保证加热均匀。密封胶输出泵位于加热罐内的中部，由液压

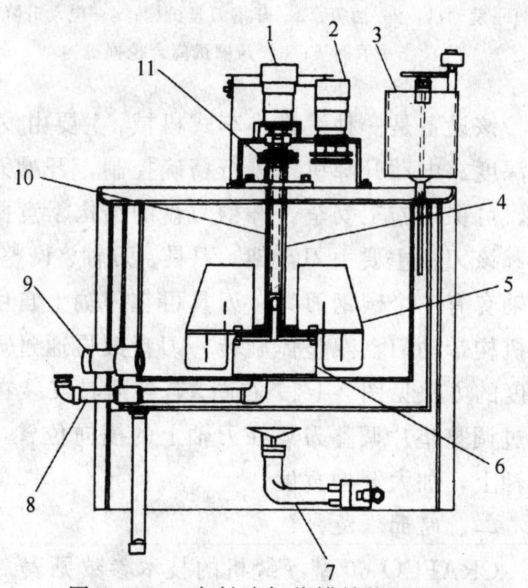

图 2-1-19　密封胶加热罐结构示意图

1—搅拌桨驱动液压马达；2—密封胶输出泵驱动液压马达；3—导热油加入口；4—密封胶输出泵驱动轴；5—搅拌浆；6—密封胶输出泵；7—液化气输入管路及加热盘；8—密封胶输出管路；9—温度传感器；10—搅拌浆驱动轴；11—驱动皮带轮

马达通过一皮带传动系统驱动，可正、反向旋转，间歇式输出，输出流量可调，并带有滤网。罐体侧壁装有温度传感器，可通过电子控制系统自动控制密封胶与导热油的加热温度，并由控制仪表直接显示温度数值。罐体外部还设有一层3.8cm厚陶瓷保温绝缘材料，以保证密封胶加热过程中的温度和操作安全。

2.1.5 水泥路面维修机械

2.1.5.1 混凝土搅拌机械

混凝土搅拌机械是将一定配合比的水泥、砂、石骨料和水等拌制成匀质混凝土的机械。同人工拌制相比，可使强度提高20%～30%，而且减轻劳动强度，加快施工进度，提高生产率。

一、混凝土搅拌机的类型和特点

(1) 按工作原理分类

1) 连续作业式：其作业过程，无论装料、搅拌和卸料都是连续不断进行的，所以生产率高，但混凝土的配合比和拌合质量难以控制，民用建筑施工中很少使用，多用于混凝土需要最大的市政、路桥和水利工程中。

2) 周期作业式：装料、搅拌和卸料工序周而复始地分批进行。构造简单，因而容易控制配合比和保证拌和质量，是建筑工程应用最多的类型。

(2) 按搅拌方式分类

1) 自落式：如图2-1-20*a*、*b*所示，搅拌机搅拌筒旋转，筒内壁固定的叶片将物料带到一定高度，然后物料靠自重自由坠落，周而复始，使物料获得均匀拌和。

2) 强制式：如图2-1-20*d*～*g*所示，搅拌机搅拌筒固定不动，筒内物料由转轴上的拌铲和刮铲强制挤压、翻转和抛掷，使混凝土拌和。这种搅拌机生产率高，拌和质量好，但耗能大。

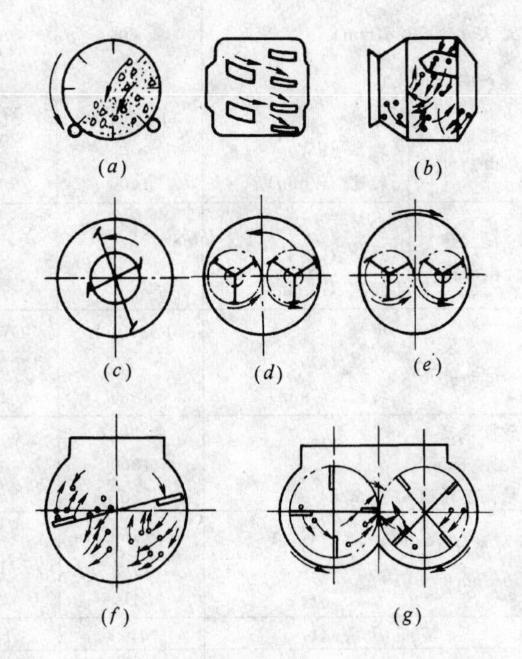

图2-1-20 混凝土搅拌机工作原理与类型

(*a*) 鼓形；(*b*) 锥形反转出料；(*c*) 涡浆式；(*d*)、(*e*) 行星式；(*f*) 单卧轴式；(*g*) 双卧轴式

(3) 按卸料方式分类

1) 倾翻式：搅拌机搅拌筒的轴线位置是可变的，卸料时须将搅拌筒倾翻至一定角度，使混合料从筒内卸出。根据搅拌筒的形状不同又可分单锥形和双锥形两种。

2) 不倾翻式：搅拌机的旋转轴线固定不变。拌筒形状为鼓形或双锥形，它的两端各有一个开口供装料和卸料用。根据出料方式不同，又可分为反转卸料式和斜槽卸料式两种。

(4) 按移动方式分类

1) 固定式：搅拌机与基础固定，这种搅拌机的生产容量大，一般出料容量都在0.35m³以上，多在搅拌楼（站）中使用。

2）移动式：移动式搅拌机有牵引式和自行式两种。牵引式搅拌机由汽车牵引移动，多用于中、小型工程施工工地；自行式搅拌机是装在汽车上的混凝土搅拌机械，如混凝土搅拌运输车。

二、混凝土搅拌机的技术性能及生产率计算

（1）搅拌机的技术性能：各类系列的混凝土搅拌机的主要技术性能见表2-1-40～表2-1-42所列。

锥形反转出料搅拌机主要技术性能　　表2-1-40

主要型号		JZY150	JZC200	JZC350	JZ500	JZ750
额定出料容量（L）		150	200	350	500	750
额定进料容量（L）		240	320	560	800	1200
每小时工作循环次数		＞30	＞40	＞40		
拌筒转速（r/min）		18	16.3	14.5	16	13
最大骨料粒径（mm）		60	60	60	80	卵石80 碎石60
生产率（m³/h）		4.5～6	6～8	12～14	18～20	22.5
搅拌电动机	型号	JO2-41-4	Y112M-4	Y132S-4-B3	Y132S-4B5	Y132M-4B5
	功率（kW）	4	4	5.5	5.5×2	7.5×2
	转速（r/min）	1400	1440	1440		1440
提升电动机	型号				YEZ32-4	ZD1-41-4
	功率（kW）				4.5	7.5
	转速（r/min）					1400
水泵电动机	型号	JO3-100L	40DWB8-12A	40DWB8-12A	WB50-50-95	50DWB18-8A
	功率（kW）	3	0.55	0.55	0.75	0.75
	转速（r/min）	1400	2900	2900		2900
轮胎规格		7.00-16	6.50-16	6.50-16		
轮距（mm）		1300	1770	1970		
最高拖行速度（km/h）		20	20	20		
外形尺寸（mm）	长	2450	2380	3150	5200	6050
	宽	1890	1990	2190	1940	2030
	高	2410	2760	3135	5050	5900
整机质量（t）		1.2	1.365	2.15	3.5	4.8
生产厂家			湖北振动器厂	浙江建筑机械厂	南通建筑机械厂	郑州内燃机总厂

立轴涡浆式搅拌机主要技术性能　　表2-1-41

主要型号	JW250	JW250R	JW350	JW500	JW1000
进料容量（L）	400	400	560	800	1600
出料容量（L）	250	250	350	500	1000
搅拌叶片转速（r/min）	36	32	32	28.5	20
搅拌时间（s/次）	72	72	90	90	120
骨料粒径砾石/卵石（mm）	40/60	40/60	40/60	40/60	60
生产率（m³/h）	10～12	12.5	14～21	20～25	40

续表

主要型号		JW250	JW250R	JW350	JW500	JW1000
搅拌电动机	型号	Y160L-4	290B 柴油机	JO3-1801M-4	Y225M-6	JO3-280S-8
	功率（kW）	15	13.2	22	30	55
	转速（r/min）	1460	1800	1460	980	970
水箱容量（L）		50	42		20～120	20～190
液压泵电动机	型号			JW6324		
	功率（kW）			0.25	0.25	
	转速（r/min）			1370		
水泵电动机	型号			JO2-21-2		
	功率（kW）			1.5	0.55	
	转速（r/min）			2900		
空压机型号					V-0.1/10	V-0.1/10
轮距（mm）		1280	1238			
轮胎规格		7.50—16	7.50—20			
外形尺寸（mm）	长	3820	4150	3000	5632	3900
	宽	1870	1865	2270	2740	3128
	高	2380	4375	3140	5884	1820
整机质量（t）		2.55	2.62	3.6	5	7
生产厂家		江阴建工机械厂	天津搅拌机厂	江阴建工机械厂	江阴建工机械厂	华东建筑机械厂

双卧轴强制式搅拌机主要技术性能 **表 2-1-42**

主要型号		JS350	JS500	JS500B	JS1000	JS1500
额定出料容量（L）		350	500	500	1000	1500
额定进料容量（L）		560	800	800	1600	2400
搅拌时间（s）		30～50	35～45			
骨料最大粒径（卵石/碎石）（mm）		60/40	80/60	80/60	80/60	80/60
搅拌轴转速（r/min）		36	35.4	33.7	24.3	22.5
料斗提升速度（m/s）		19	19	18		
最大生产率（m³/h）		14～21	25～35	20～24	50～60	70～90
搅拌电动机	型号	Y160L-4-B5	Y180M-4-B3	JO2-62-4	XWD37-11	
	功率（kW）	15	18.5	17	37	44
	转速（r/min）	1460	1450	1460		

（2）混凝土搅拌机生产率计算：搅拌机生产率的高低，取决于每拌制 1 罐混凝土所需要的时间和每罐的出料体积，其计算公式如下：

$$Q = 3.6\frac{Vf_1}{t_1 + t_2 + t_3 + t_4} \quad (\mathrm{m^3/h})$$

式中 V——进料容量（L）；

f_1——出料系数，对混凝土取 0.65～0.7，砂浆取 0.85～0.95；

t_1——每罐料的搅拌时间，s，一般 $t_1=50\sim150$s（强制式混凝土搅拌机的搅拌时间较短，取前者，自落式混凝土搅拌机搅拌时间较长，取后者）；

t_2——每罐进料时间，s，提升料斗进料时，$t_2=15\sim20$s；固定料斗进料时，$t_2=10\sim15$s；

t_3——每罐出料时间，s，对 JF 型搅拌机取 $t_3=10\sim20s$；对 JG 型搅拌机取 $t_3=30\sim60s$；对 JZ 型搅拌机取 $t_3=20\sim35s$；

t_4——搅拌筒复位时间，s，JF 型搅拌机可由实测确定，其他机型均为零。

三、混凝土搅拌机的使用要点

(1) 新机使用前应按使用说明书的要求，对各系统和部件进行检验和试运转，达到要求方可使用。

(2) 料斗放到最低位置时，在料斗与地面之间应加一层缓冲垫木。

(3) 接线前检查电源电压，电压升降幅度不得超过搅拌机电气设备规定的5%。

(4) 作业前应先进行空载试验，观察搅拌筒或叶片旋转方向是否与箭头所示方向一致。如方向相反，则应改变电机接线。反转出料的搅拌机，应使搅拌筒正反转运转数分钟，察看有无冲击拌动现象。如有异常噪音应停机检查。

(5) 拌筒或叶片运转正常后，进行料斗提升试验，观察离合器、制动器是否灵活可靠。

(6) 检查和校正供水系统的指示水量与实际水量是否一致，如误差超过2%，应检查管路是否漏水，必要时应调节节流阀。

(7) 每次加入的拌和料，不得超过搅拌机规定值的10%。减少粘罐，加料的次序应为粗骨料—水泥—砂子，或砂水—水泥—粗骨料。

(8) 料斗提升时，严禁任何人在料斗下停留或通过。如必须在料斗下检修时，应将料斗提升后，用铁链锁住。

(9) 作业中不得进行检修、调整和加油，并勿使砂、石等物料落入机器的传动机构内。

(10) 搅拌过程不宜停车，如因故必须停车，在再次启动前应卸除荷载，不得带载启动。

(11) 以内燃机为动力的搅拌机，在停机前先脱开离合器，停机后仍应合上离合器。

(12) 如遇冰冻气候，停机后应将供水系统的积水放尽。内燃机的冷却水也应放尽。

四、混凝土搅拌机的合理选择

1. 搅拌机容量的选择：搅拌机的容量可根据施工要求的每台班所需混凝土量，参照表 2-1-40 至表 2-1-42 的额定生产率合理选择。具体要求如下：

(1) 优先考虑本单位现有机械，不足部分再考虑其他来源。

(2) 根据混凝土需要量选择。当混凝土需要最较多时，宜选用生产率较高的机械，以减少投入台数，节约费用；当施工期内所需混凝土最变化较大时，可适当选用一些小型搅拌机，以备调节使用。

(3) 搅拌机容量应适合混凝土骨料的最大粒度。一般骨料粒度越大，要求搅拌机的容量越大。若自落式搅拌机的容量为 $0.35m^3$、$0.75m^3$、$1.0m^3$，则其混合料最大粒度分别可达 60mm、80mm、120mm。强制式搅拌机由于叶片易磨损或卡料，骨料最大粒度应小些，一般不能超过 40～60mm。

(4) 搅拌机的出料容量应与运输工具（如斗车、翻斗车、搅拌车等）的装料容量相配合，才能充分提高配合机械的生产效率。

2. 搅拌机的类型选择

根据混凝土工程的施工条件和要求参照搅拌机的技术性能选择机型时，应注意如下事项：

(1) 当施工现场具有动力电源时，应优先选用电动搅拌机，否则可使用内燃搅拌机。

(2) 当混凝土工程量较少时，宜选用移动式搅拌机，以便于转移；否则选用固定式搅拌机。

(3) 优先选择强制式搅拌机。强制式搅拌机虽然功耗较大，叶片衬板磨损较快，但搅拌混凝土质量好，生产效率高，又可搅拌干硬性和轻质混凝土，适应性强，其综合经济效益较高，是机械工业推广的高效产品之一。

(4) 目前我国已正式宣布停止生产自落式搅拌机。对现有的自落式搅拌机应尽快使用，尽快淘汰。

(5) 当混凝土工程量大而且集中时，宜选用机械化、自动化程度高的混凝土搅拌楼（站）。

2.1.5.2 混凝土搅拌楼（站）

一、混凝土搅拌楼（站）概述

混凝土搅拌楼（站）是用来集中搅拌混凝土的联合装置。由于它的机械化、自动化程度很高，所以生产率也很高，并能保证混凝土的质量和节省水泥，故常用于混凝土工程量大、施工周期长、施工地点集中的大、中型水利电力工程、桥梁工程、建筑施工等。随着市政建设的发展，采用集中搅拌、提供商品混凝土的搅拌楼（站）具有很大的优越性，因而得到迅速发展，并为推广混凝土泵送施工，实现搅拌、输送、浇筑机械联合作业创造条件。

(1) 混凝土搅拌楼（站）的类型：

1) 按其结构不同可分为固定式和移动式两类。

2) 按其作业形式不同可分为周期式和连续式两类。

3) 按其工艺布置形式不同可分为单阶式和双阶式两类。

(2) 混凝土搅拌楼（站）的工艺流程：图 2-1-21 所示混凝土搅拌工作流程示意图。1 是用径向拉铲机或自动拦运机将砂石等骨料拦运至秤量处，2 是将砂、石骨料送入秤量斗中，3 是将水定量器放入水量分配斗中，4 是借助螺旋输送器将水泥配入水泥秤盘中，5 是将秤量斗中砂、石骨料放入搅拌机中，6 是将定量水放入搅拌机中，7 是将水泥放入搅拌机中，8 是将骨料，水泥及水进行搅拌，9 是将已搅拌完毕的混凝土放出。

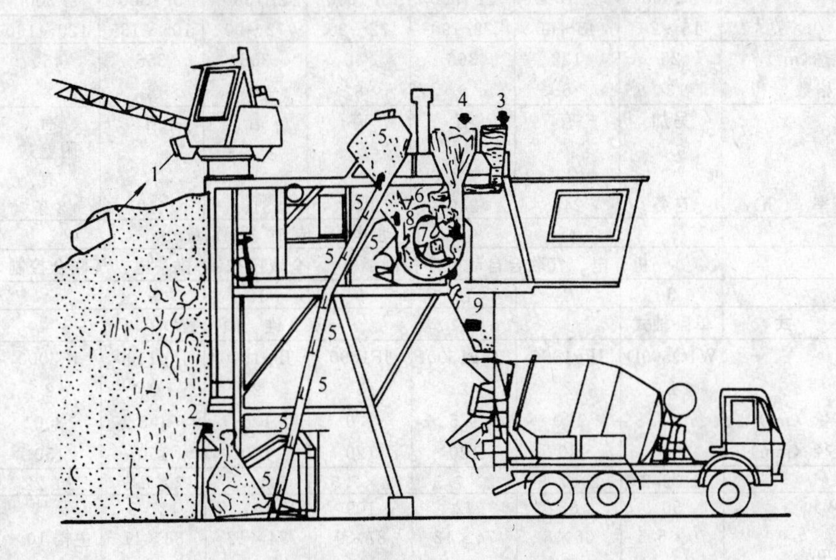

图 2-1-21 搅拌楼工作流程图

二、混凝土搅拌楼（站）的技术性能

混凝土搅拌楼（站）的技术性能见表 2-1-43～表 2-1-44 所列。

HZD25 型混凝土搅拌站主要技术性能　　表 2-1-43

项　目	数　据	项　目	数　据
搅拌主机		称料系统	
型号	JD500 型单卧轴	水泥称量范围（kg）	100～250
出料容量（L）	500	水泥称量精度	±1%
电动机功率（kW）	18.5	砂石称量范围（kg）	400～1000
骨料粒径（mm）	40～60	砂石称量精度	±2%
生产率（m^3/h）	25	供水系统	
悬臂拉铲		供水方式	微型电泵加时间继电器
斗容量（m^3）	0.2	供水精度	±1%
生产率（m^3/h）	25～30	操纵方式	电-气手动或自动控制
悬臂长度（m）	12		
电动机功率（kW）	7.5	搅拌站	
提升料斗		总功率（kW）	50
料斗容量（L）	750	总质量（t）	～16
提升速度（m/min）	18	单件运输最大质量（t）	<8
电动机功率（kW）	5.5		
水泥筒仓		单位运输最大尺寸（m）	4.33×2.44×3.25
筒仓容量（t）	30	外形尺寸　长（m）	3.5
筒仓直径（m）	2.4		
螺旋输送机		宽（m）	4.6
输送最大倾角（°）	45	高（m）	9.5
输送能力（t/h）	16	生　产　厂　家	华东建筑机械厂
电动机功率（kW）	7.5		

混凝土搅拌楼主要技术性能　　表 2-1-44

型　号	HL20-2Q500	HL50-2F1000	HL75-2F1500	HL75-3F1000	HL75Y-2F1500	HL115-3F1500	HL150W-2F3000	HL236W-4F3000
生产率（m^3/h）	15～20	48～60	72～90	72～90	72～90	105～135	120～160	228～270
料仓　容量（m^3）	25	132	366	240	338	356	450	600
料仓　格数	3	6	9	8	8	8	8	8
粉煤灰装置	另加	有	有	有	有	有	有	有
温控设备							附壁式	附壁式
二次筛分							有	有
输送机生产率（t/h）	自备	240	240	240	310	410	2条	自备
配料机构	自动电子传感器称量							
控制方法	机、电、气联合自动顺序控制				全液压控制	机、电、气联合控制		微机控制
称量器台数	3	8	12	9	10	9		11
搅拌机　型式	单卧轴式	双锥倾翻						
搅拌机　型号	W1Q500D	JFg1000	JFg1500	JF1000	JFg1500	JFg1500	JF3000	JF3000
搅拌机　台数	2	2	2	3	2	3	2	4
搅拌机　出料容量（m^3）	0.5	1.0	1.5	1.0	1.5	1.5	3.0	3.0
搅拌机　允许粒径（mm）	60	80	120	120	120	150	150	250
功率（kW）	2×2.2	2×7.5	2×7.5	2×7.5	2×7.5	2×7.5	2×22	2×18.5
总功率（kW）	50	83	72	109	141	127.9		628
出形尺寸（m）	70×5.5×15.5	66×8×21	74×12×27	87×9×28.5	74×12×27	88×11×28	主楼10×13×37	主楼18×17×46
生　产　厂　家	郑州水工机械厂							

三、混凝土搅拌楼（站）的使用要点

（1）混凝土搅拌站、楼的操作人员必须熟悉设备的性能与特点，并认真执行操作规程和保养规程。

（2）新设备使用前必须经过专业人员安装调试、在技术性能各项指标全部符合规定并经验收合格，方可投产使用。经过拆卸运输后重新组装的搅拌站，也应调试合格方可使用。

（3）电源电压、频率、相序必须与搅拌设备的电器相符。电气系统的保险丝必须按照电流大小规定使用，不得任意加大或用其他非熔丝代替。

（4）操作盘上的主令开关、旋钮、指示灯等应经常检查其准确性、可靠性。操作人员必须弄清操作程序和各旋钮、按钮作用后，方可独立进行操作。

（5）机械启动后应先观察各部运转情况，并检查水、砂、石准备情况。

（6）骨料规格应与搅拌机的性能相符，粒径超出许可范围的不得使用。

（7）机械运转中，不得进行润滑和调整工作。严禁将手伸入料斗、拌筒探摸进料情况。

（8）若搅拌机不具备满载起动的性能，搅拌中不得停机。如发生故障或停电时，应立即切断电源，将搅拌筒内的混凝土清除干净，然后进行检修或等待电源恢复。

（9）控制室的室温应保持在25℃以下，以免电子元件因温度而影响灵敏度和精确度。

（10）切勿使机械超载工作，并应经常检查电动机的温升。如发现运转声音异常、转速达不到规定时，应立即停止运行，并检查其原因。如因电压过低，不得强制运行。

（11）停机前应先卸载，然后按顺序关闭各部分开关和管路。作业后，应对设备进行全面清洗和保养。

（12）电气部分应按一般电气安全规程进行定期检查。三相电源线截面，铜线不得小于$25mm^2$，铅线不得小于$35mm^2$，并需有良好的接地保护。电源电压波动应在±10%以内。

（13）搅拌站需要转移或停用时，应将水箱、附加剂箱、水泥、砂、石储存斗及称量斗内的物料排尽，并清洗干净。转移中应将杠杆秤表头平衡砣及秤杆加以固定，以保护计量装置。

四、搅拌站配套设备的合理选择

对于需要较大数量混凝土的搅拌站，为了节省投资，可根据混凝土工程数量、工地布置、方式和施工具体情况去选择搅拌机主机，然后确定必要的配套设备。常用配套设备有：砂石料供应设备、水泥供应设备、材料配量设备、混凝土运输设备等。

（1）砂、石料供应设备的选择：常用的砂、石料供应设备是皮带输送机以及料斗和称量装置，可根据搅拌站的地形和布置方式选用10m或15m的移动式皮带输送机；也可采用铲斗装载机、铲斗或抓斗挖掘机，以及电子计量装置等。可根据现有设备和施工条件选定合适的种类。

（2）水泥供应设备的选择：水泥是粉末状的水硬性胶结材料，故运输过程中必须保证密封和防水。目前，使用最广的水泥供应设备有螺旋输送机、回转给料机、斗式提升机或压气输送，其中以压气输送为最佳，但消耗功率较大。

（3）材料配量设备的选择：混凝土采用的材料应根据结构所要求的强度，由实验计算确定配合比。为了保证达到规定的技术要求，各种材料必须采用称量设备来配量。材料配量设备由给料机和秤量器组成，给料机起到均匀送给的作用，从而保证秤量的精度。

砂、石、水泥给料都可以采用电磁振动给料机；如果没有此设备，砂、石给料可以采用短型胶带输送机，水泥给料可用螺旋给料机或回转给料机。

秤量方法有体积法和重量法两种。重量法秤量精度高，可采用普通台秤、杠杆式配料秤或电子秤等仪器，并采用自动控制，既准确又迅速。

(4) 混凝土运输设备的选择：混凝土运输设备必须根据施工地点的地形和施工设备情况，按照搅拌站的布置方式进行选择。通常运输方式分为水平运输和垂直运输，水平运输主要有轨道式斗车、混凝土运输车、自卸汽车、架空索道及人力手推车等；垂直运输设备主要有吊车（桶）、提升机，皮带输送机、混凝土输送泵及泵车。各种运输设备的主要特点、适用范围可参考表 2-1-45 所列。

各种运输设备的混凝土容器应与搅拌机出料容量相配合。如出料容量不足一车，可备储料斗，储料斗容量不应小于搅拌机 2 次出料量，也不小于运输工具的容量。

混凝土运输设备的特点及适用范围　表 2-1-45

序号	运输设备	主要特点	适用范围
1	滑槽	结构简单，经济	结构物比搅拌机出料口低
2	吊车	机动性好，并有多种用途	结构物在搅拌站附近，并比搅拌机出料口高 10m 以内
3	提升机（升降塔）	不便移动，高度可达 60m，占地面积小	结构物在搅拌站附近，并比搅拌机出料口高 10m 以上
4	皮带输送机	运量大，运输连续，但易发生离析现象	结构物与搅拌机出料口的高低差，一般皮带输送机的安装倾角为 20°以下
5	混凝土泵	可连续运输，结构物工作面可以很小	混凝土给料粒度等必须符合混凝土泵性能
6	轨道斗车	需铺设轨道，上坡可用卷扬机牵引	运量大，运距长，人力推车一般在 500m 以下，机车牵引可达 1500m 以上
7	自卸汽车	机动性好，如途中颠簸，混凝土容易发生分层现象	运量大，运距在 2～2.5km 以上
8	架空索道	需有架设索道设施	跨越山沟或河流运输
9	人力推车	劳动强度大，效率低	运量小，运距在 70m 以内
10	混凝土搅拌运输车	在运输过程中能连续缓慢搅拌，防止混凝土产生分层离析现象，从而保证混凝土质量	适合于混凝土远距离运输

2.1.5.3 混凝土输送机械

一、混凝土输送机械概述

混凝土输送机械用来把拌制好的新鲜混凝土及时地、保质地输送到浇灌现场。对于集中搅拌的混凝土或商品混凝土，由于输送距离较长且运输量较大，为了保证被输送的混凝土不产生初凝和离析，常应用混凝土搅拌输送车、混凝土泵或混凝土泵车等专用输送机械。而对于采用分散搅拌或自设混凝土搅拌点的工地，由于输送距离短且量少，一般可采用手推车、机动翻斗车、自卸汽车、架空索道、提升机等通用设备。

混凝土专用输送机械的输送效果好，质量佳，但设备投资高，适用于大中型道路建设、维修工地。混凝土通用输送机械输送效率低，但灵活机动，故在中、小型建筑工地得到广泛应用。

二、混凝土搅拌输送车

（1）搅拌输送车的类型：混凝土搅拌输送车按如下分类：

- 混凝土搅拌输送车
  - 按搅拌筒驱动装置分
    - 机械驱动式
    - 液压驱动式
  - 按搅拌筒动力供给分
    - 汽车发动机共用式
    - 单独发动机专用式

（2）搅拌输送车的特点：混凝土搅拌输送车是一种长距离的混凝土输送设备，由于在输送过程中搅拌筒可作慢速旋转，使所装运的混凝土受到搅动，因而不会产生分层离析现象，在冬季远距离运输混凝土时也不致凝固，从而使浇注后的混凝土质量得到保证。在发展商品混凝土中，搅拌输送车是生产一条龙的必备设备。它具有运输平稳、搅拌效果好、性能可靠、出料迅速、操作简便，工作寿命长等特点，所以，广泛用于市政、建筑、道路、桥梁等建设工程。

（3）混凝土搅拌输送车的技术性能：混凝土搅拌输送车主要技术性能如表 2-1-46 所列。

混凝土搅拌输送车主要技术性能 **表 2-1-46**

主要型号		MR4500	EA05	JCQ602	JCD6	JC7	JC2A
拌筒几何容量（L）		8900	8900	8900	9050	11800	5700
最大搅动容量（L）		6000	6000	6000	6090	7000	3000
最大搅拌容量（L）		4500	4500	4500	5000		2000
拌筒倾卸角（°）		16	16	16	16	15	18
拌筒转速（r/min）	装料	1～10	1～8	2～10	1～8	6～10	6～12
	搅拌	1～10	8～12	8～14	8～12	1～3	6～12
	搅动	0.6～4	1～1.5	2～4	1～4		2～4
	卸料	6～10	1～14	2～14		8～14	6～12
料斗尺寸（mm）		950×1000	950×1000	950×1000			1000×1000
供水系统	供水方式	水泵式	水泵式	气压式	压力水箱式	气送或电泵送	250
	水箱容量（L）	220	270	200	250	800	水泵式
搅拌驱动方式		液压驱动	液压驱动飞轮输入	495A 柴油机驱动	F4L912 柴油机驱动	液压驱动前端取力	F、E、P、T、O 机械驱动
底盘		三轴载重汽车	三轴载重汽车	R19-215F 型载重汽车	T815P13 型载重汽车	FV413 型载重汽车	JN150 载重汽车
外形尺寸（mm）	长	7780	7880	8120	8570	8220	7440
	宽	2450	2490	2400	2500	2500	2400
	高	2650	3540	3500	3630	3650	3400
整机质量（t）	空车	10.03	11.55	11.39	12.775		9.5
	重车	24.8	26.32	26	27.64		
生产厂家		华东建筑机械厂	韶关挖掘机厂	上海电力机械厂	陕西建工机械厂	北京城建机械厂	—

（4）混凝土搅拌输送车的典型结构：混凝土搅拌输送车的外形图如图 2-1-22 所示。它由载重汽车底盘与搅拌装置两部分组成。因此，搅拌输送车能按汽车行驶条件运行，并用搅拌装置来满足混凝土在运输过程中的要求。搅拌装置的工作部分为拌筒，它支撑在不同平面的三个支点上，拌筒轴线对车架（水平线）倾斜一角度，常为 16°～20°。它开有料口，

供进料、出料用。因此进料斗、出料槽均装在料口一端。当拌筒顺时针方向（沿出料端方向看）回转时进行搅拌，拌筒反向回转时进行卸料。搅拌装置一般均采用液压传动。

图 2-1-22　混凝土搅拌输送车外形图

三、混凝土搅拌输送车的使用要点

(1) 操作前，必须进行全面检查。检查汽车各部件是否正常，特别是转向和制动机构是否灵敏可靠，轮胎气压是否合乎标准；检查搅拌系统是否连接紧固，机构位置是否正确，运转中会否发生卡滞等现象。当确认机械各部均属完好时，方可启动机械。

(2) 各部液压油的压力应按规定要求，不能随意改动。液压油的油量、油质、油温应达到规定要求，所有油路各部件无渗漏现象。

(3) 搅拌运输时，装载混凝土的重量不能超过允许载重量。

(4) 搅拌车在露天停放时，装料前应先将搅拌筒反转，使筒内的积水和杂物排出，以保证运输混凝土的质量。

(5) 搅拌车在道路上行驶时，加长斗必须翻转，放置在出料斗上并固定，再转至与车身垂直部位，用销轴固定在机架上，防止由于不固定而引起摆动并打伤行人或影响车辆运行。

(6) 搅拌车通过桥、洞、库等设施时，应注意通过高度及宽度，以免发生碰撞事故。

(7) 工作装置连续运转时间不应超过 8h。若 16h 或 24h 连续工作，则会迅速缩短机器使用寿命。

(8) 搅拌车运送混凝土的时间，不得超过搅拌站规定的时间，若中途发现水分蒸发，应适当加水，以保证混凝土质量。

(9) 运送混凝土途中，搅拌筒不得停转，以防止混凝土产生初凝及离析现象。

(10) 搅拌筒由正转变为反转时，必须先将操纵手柄放至中间位置，待搅拌筒停转后，再将操纵手柄放至反转位置。

(11) 水箱的水量要经常保持装满，以防急用。冬季停车时，要将水箱和供水系统的水放净。

(12) 出料斗根据使用需要，不够长时可自行接长。

(13) 装料前，最好先向筒内加少量水，使进料流畅，并可防止粘料。

(14) 用于搅拌混凝土时，必须在拌筒内先加入总水量 2/3 的水，然后再加入骨料和水泥进行搅拌。

(15) 司机下班前，要清洗搅拌筒和车身表面，以防混凝土凝结在筒壁、叶片及车身上。此外，还要对机械进行清洗、维修及换油等辅助工作。

(16) 机器在露天停放时，要盖好有关部位，以防各运动部件因风吹日晒而生锈、失灵。

四、混凝土泵送设备

(1) 混凝土泵送设备概述：在不同的施工条件下，合理地选择混凝土输送方法及输送设备，对加快工程进度、降低工程造价、提高劳动生产率、保证混凝土结构的质量等都有重要的意义。在现场施工中，例如高层建筑物、水坝、大型设备基础以及桥墩、涵洞、隧道等混凝土结构物，现场浇灌量往往是很大的，有时甚至一次连续浇灌几千立方米以上。这时，合理的施工组织、恰当地选用混凝土输送与浇灌机械设备是非常重要的。

混凝土泵是现有混凝土输送设备中比较理想的一种，几乎可以同时解决混凝土的水平和垂直运输并浇灌。混凝土搅拌输送车把混凝土自搅拌站运来，直接卸入混凝土泵集料斗中，通过管路及布料装置，可以不受限制地送往浇灌地点进行浇灌。因此，混凝土泵具有机械化程度高、占用人力少、工人劳动强度低及施工简单等优点。图 2-1-23 所示为混凝土搅拌车正在向带布料杆的混凝土泵车卸料和布料杆向工作面布料的情况。

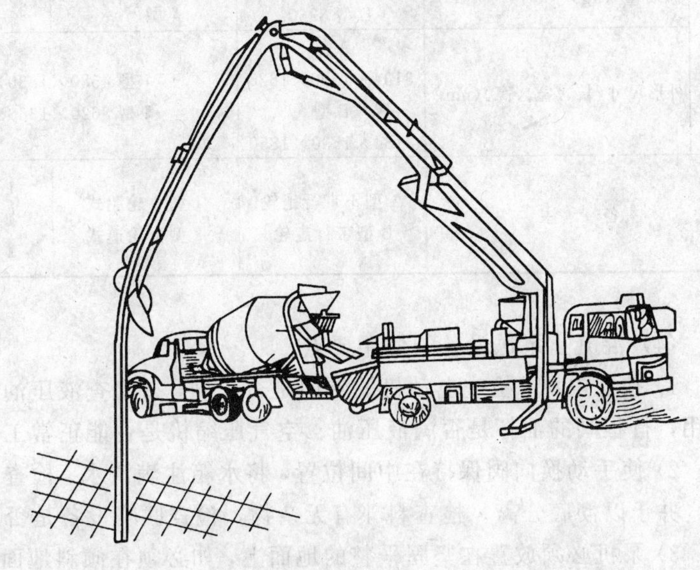

图 2-1-23 混凝土泵及布料杆的施工情况

当前，混凝土泵的最大输送距离，水平可达 800m，垂直可达 300m；有些国家，泵送混凝土的比例已达 50%以上。混凝土泵可分为活塞式泵、挤压式泵、隔膜式泵及气罐式泵等类型，其中以活塞式混凝土泵应用最为广泛。

(2) HB 系列混凝土泵的技术性能见表 2-1-47 所列。

(3) 汽车臂架式混凝土泵车的技术性能见表 2-1-48 所列。

HB 系列混凝土泵型号规格及技术性能 表 2-1-47

主要型号			HB$_{8}$	HB$_{30}$	HB$_{30}$B	HB$_{60}$
性能	排量 (m^3/h)		8	30	15；30	～60
	最大输送距离 (m)	水平	200	350	420	390
		垂直	30	60	70	65
	输送管直径 (mm)		150	150	150	150
	混凝土坍落度 (cm)		5～23	5～23	5～23	5～23
	骨料最大粒径 (mm)		卵石 50 碎石 40	卵石 50 碎石 40	卵石 50 碎石 40	卵石 50 碎石 40

续表

	主要型号	HB_8	HB_{30}	$HB_{30}B$	HB_{60}
规格	输送管情况方式	气　洗	气　洗	气　洗	气　洗
	混凝土缸数	1	2	2	2
	混凝土缸直径×行程(mm)	150×600	220×825	220×825	220×1000
	料斗容量×离地高度(L×mm)	A型 400×1460 B型 400×1690	Ⅰ型 300×1300 Ⅱ型 300×1160	Ⅰ型 300×1300 Ⅱ型 300×1160	Ⅰ型 300×1290 Ⅱ型 300×1185
	主电动机功率（kW）		45	45	55
	主油泵型号		$YB\text{-}B_{114}C$	CBY_{2040}	CBY3100/3063
	额定压力（MPa）		10.5	16	20
	排量（L/min）		169.6	119	243
	总质量（kg）	A型 2960 B型 3260	Ⅰ型 Ⅱ型 4500	4500	Ⅰ型 5900 Ⅱ型 5810 Ⅲ型 5500
	外形尺寸(长×宽×高)(mm)	A型 3134×1590×1620 B型 3134×1590×1850	Ⅰ型 4580×1830×1300 Ⅱ型 3620×1360×1160		Ⅰ型 4980×1840×1420 Ⅱ型 4075×1360×1315 Ⅲ型 4075×1360×1240
备注		A型不带行走轮 B型带行走轮	Ⅰ型　轮胎式 Ⅱ型　轮道式	Ⅰ型　轮胎式 Ⅱ型　轨道式 Ⅲ型　固定式	

(4) 混凝土泵送设备的使用要点：

1）接好电源，检查电动机的转向是否正确，并检查液压油箱和搅拌减速器的油量是否够用，行程阀的油杯是否满液压油、空气压缩机是否能正常工作等。

2）使手动换向阀保持在中间位置，将水箱注满清水。检查空气压缩机的离合器是否有效，并予以彻底分离，检查料斗有无杂物，检查联络设备是否完备等。

3）泵机必须放置在坚固平整的地面上，如必须在倾斜地面停放时，可用轮胎制动器卡住车轮，倾斜度不得超过3°。

4）若气温较低，空运转时间应长些，要求液压油的温度升至15℃以上时，才能投料泵送。

5）泵送前应向料斗加入10L清水和0.3m³的水泥砂浆，如果管长超过100m，应随布管延伸适当增加水和砂浆。

6）水泥砂浆注入料斗后，应使搅拌轴反转几周，让料斗内壁得到润滑，然后再正转，使砂浆经料斗喉部喂入分配阀箱体内。开泵时，不要把料斗内的砂浆全部泵出，应保留在料斗搅拌轴轴线以上，待混凝土加入料斗后再一起泵送。

7）泵送作业中，料斗中的混凝土平面应保持在搅拌轴轴线以上，供料跟不上时，要停止泵送。

8）料斗网络上不得堆满混凝土，要控制供料流量，及时清除超粒径的骨料及异物。

9）搅拌轴卡住不转时，要暂停泵送，及时排除故障。

10）发现进入料斗的混凝土有分离现象时，要暂停泵送，待搅拌均匀后再泵送。若骨料分离严重，料斗内灰浆明显不足时，应剔除部分骨料，另加砂浆重新搅拌。必要时，可打开分配阀阀窗，把料斗及分配阀内的混凝土全部清除。

汽车臂架式混凝土泵车主要技术性能 表 2-1-48

主要型号			B-HB20	IPF85B		HBQ60	DC-S115B	NCP9FB		PTF75B	
性能	排量(m³/h)		20	10～85		15～70	70	大排量时 15～90	高压时 10～45	10～75	
性能	最大输送距离(m)	水平	270(管径 150)	310～750(因管径而异)		340～500(因管径而异)	270～530(因管径而异)	470～1720(因管径、压力而异)		250～600(因管径而异)	
性能	最大输送距离(m)	垂直	50(管径 150)	80～125(因管径而异)		65～90(因管径而异)	70～110(因管径而异)	90～200(因管径、压力而异)		50～95(因管径而异)	
性能	容许骨料的最大尺寸(mm)		40(碎石) 50(卵石)	25～50(因管径和骨料种类而异)		25～50(因管径和骨料种类而异)	25～50(因管径和骨料种类而异)	25～50(因管径和骨料种类而异)		25～50(因管径和骨料种类而异)	
性能	混凝土坍落度适应范围(cm)		5～23	5～23		5～23	5～23	5～23		5～23	
泵体规格	混凝土缸数		2	2		2	2	2		2	
泵体规格	缸径×行程(mm)		180×1000	195×1400		180×1500	180×1500	190×1570		195×1400	
清洗方式			气、水	水		气、水	气、水	气、水		气、水	
汽车底盘	型号		黄河 JN150	IPF85B-2 ISUZU CVR144	IPF85B ISUZUK-SJR461	罗曼 R10,215F	三菱 EP117J 型 8t 车	日产 KJ-CK20L		ISUZU SLR450	日野 KB721
汽车底盘	发动机最大功率及转速(kW/r/min)		117/1800	138/2300	138/2300	158/2200	158/2500	136/2300		143/2300	139/2350
臂架	最大水平长度(m)		17.96	17.40		17.70	17.70	18.10		17.40	
臂架	最大垂直高度(m)		21.20	20.70		21.00	21.20	20.60		20.70	
总质量(kg)			约 15000	14740	15330	约 15500	15350	约 16000		15430	15290
外形尺寸(长×宽×高)(mm)			9490×2470×3445	9030×2490×3270	9000×2495×3280	8940×2500×3340	8840×2475×3400	9135×3490×3365		8900×2490×3490	
备注			沈阳振动器厂与长沙建筑机械研究所联合研制	湖北建筑机械厂和日本石川岛播磨重工业株式会社合作生产		由武汉冶金建筑研究所和一冶机械厂联合研制	日本三菱重工业株式会社	日本新潟铁工所		日本石川岛播磨重工业株式会社	

11）供料中断时间，一般不宜超过1h。停泵后应每隔10min作2～3个冲程反泵-正泵运动，再次投入泵送前应先搅拌。

12）垂直向上泵送中断后再次泵送时，要先进行反泵，使分配阀内的混凝土吸回料斗，经搅拌后，再正泵泵送。

13）作业后，如管路装有止流管，应插好止流插杆，防止垂直或向上倾斜管路中的混凝土倒流。

14）清洗前，拆去锥管，把直径为152mm直管口部的混凝土掏出，接上气洗接头。接头内应塞好浸水海绵球，在接头上装进排气阀和压缩空气软管。

15）在管路末端装上安全盖，其孔口应朝下。若管路末端已是垂直向下或装有向下90°弯管时，可不装安全盖。

16）气洗管件装妥后，徐徐打开压缩空气进气阀，使压缩空气把海绵球将混凝土压出。如管路装有止流管，应先拔出止流插杆，并将插杆孔盖盖上，再打开进气阀。

17）工作以后应及时清除泵机上粘附的混凝土，并进行泵内和管道的清洗工作。

18）各润滑点应加注润滑油（脂），并检查搅拌轴两端的密封，清除积存的混凝土后重新予以润滑。

19）泵缸和球阀内均应注入机油以防锈蚀。

2.1.5.4　混凝土振动机械

一、混凝土振动机械概述

（1）混凝土振动机械的特点：混凝土振动机械是一种借助于动力，以一定的装置为振动源，产生频率振动，并把这种频率振动传给混凝土使之密实的机械。浇入模板内的混凝土，必须要经过合理的振捣，目的是降低混凝土料粒间的摩擦力和粘结力，使其在自重力作用下，自行充实料粒间的间隙，排除混凝土内部的空气，不致在凝结后的构件中形成气孔（大孔俗称狗洞），保证构件表面光滑、平整，不出现麻面。钢筋混凝土构件浇模后经过振捣，还可以显著地提高钢筋与混凝土的结合力（握裹力），保证和增强混凝土的强度。振捣的作用，还不仅仅是保证构件质量，对于改善劳动条件，缩短混凝土凝固成型时间，提高模板使用周转率，加快施工进度也有着极为重要的意义，所以，混凝土振捣，是混凝土施工的重要环节，广泛用于建筑、市政建设施工中和水坝、桥梁、港口等工程中。

（2）混凝土振动机械的分类：

1）按传播振动方式不同分为插入式（内部式）、附着式（外部式）、平板式、平台式等。

2）按工作部分的结构特征不同分为锥形（杆形或锤形）、棒形（杆形或柱形）、片形、条形（R形）、平台形等。

3）按振源的振动子形式不同分为偏心式、行星式、往复式、电磁式等。

4）按使用振源的动力不同可分为电动式、风动式、内燃式和液压式等。

5）按振动频率不同可分为高频式（133～350Hz）、中频式（83～133Hz）、低频式（33～83Hz）。

（3）混凝土振动机械的技术性能：

混凝土振动机械的主要技术性能如表2-1-49～表2-1-52所列。

电动软轴行星插入式振动器主要技术性能 表 2-1-49

主要型号		ZX-25	ZX-35	ZX-50	ZX-70	ZX-85	ZX-100
振动棒	直径（mm）	26	36	51	68	85	100
	长度（mm）	370	422	451	460		
	频率（Hz）	258	216～233	200	183～200	150	133
	振动力（kN）	2.2	2.5	5～6	9～10		
	振幅（mm）	0.75	0.8	1.15	1.2	1.5	1.5
软轴软管	软轴直径（mm）	8	10	13	13	13	13
	软管直径（mm）	24	30	36	36	36	36
	长度（mm）	4000	4000	4000	4000	4000	4000
电动机	功率（kW）	0.8	0.8	1.1	1.5	1.5	1.5
	电压（V）	380	380	380	380	380	380
	转速（r/min）	2850	2850	2850	2850	2850	2850
总质量（kg）		20	21	29	37		

电动软轴偏心插入式振动器主要技术性能 表 2-1-50

主要型号		ZP-18	ZP-25	ZP-35	ZP-50	ZP-70
振动棒	直径（mm）	18	26	36	48	71
	长度（mm）		260	240	220	400
	空载频率（Hz）	283	250	233	216	103
	负载频率（Hz）		200	183	166	
	振幅（mm）	0.4	0.5	0.8	1.1	2～2.5
软轴软管	软轴直径（mm）		8	10	10	13
	软管直径（mm）		30	30	30	36
	长度（mm）		650	650	650	400
电动机	功率（kW）	0.2	0.8	0.8	0.8	2.2
	电压（V）	220	220	220	220	380
	转速（r/min）	11000	15000	15000	15000	2850
总机	外形尺寸：长(mm)	550	1200	1200	1200	主机 415
	宽(mm)	80	110	110	110	260
	高(mm)	80	200	200	200	330
	总质量（kg）	2	6.5	7.8	8.5	45

风动、内燃插入式振动器主要技术性能 表 2-1-51

型式		风动偏心插入式			内燃行星插入式		
主要型号		ZQ-50	ZQ-100	ZQ-150	ZR-35	ZR-50	ZR-70
振动棒	直径（mm）	53	102	150	36	51	68
	长度（mm）	350	600	800	425	452	480
	振幅（mm）	0.44	2.58	2.85	0.78	1.2	1.4～1.8
	振动频率（Hz）	250～300	92～103	83～100	233	200	200～233
	最大振动力（kN）	6	2		2.28	5.6	9～10
软轴软管	软轴直径（mm）	—	—	—	10	13	13
	软管直径（mm）	—	—	—	30	36	36
	软管长度（mm）	—	—	—	4000	4000	4000
风动力	工作风压（MPa）	0.3～0.6	0.4～0.6	0.5～0.6	—	—	—
	耗风量（$m^3 \times min$）	0.3～0.8	2	2.5	—	—	—
	风管直径（mm）		16～19	19	—	—	—

续表

型　式		风动偏心插入式			内燃行星插入式		
主　要　型　号		ZQ-50	ZQ-100	ZQ-150	ZR-35	ZR-50	ZR-70
内燃发动机	型号	—	—	—	165F-3	165F-3	165F-3
	功率（HP）	—	—	—	4	4	4
	转速（r/min）	—	—	—	3000	3000	3000
	照明电源电压（V）	—	—	—	12	12	12
	燃油消耗率（g/Hp·h）	—	—	—	290	290	290
	润滑油消耗率（g/Hp·h）	—	—	—	6	6	6
总机	外形尺寸（mm）		758×328×115	总长 1045	560×450×540	560×450×540	
	质　量（kg）		20	32	46	52	

平板式混凝土振动器主要技术性能　　表 2-1-52

参数 ＼ 型号		ZB2.2	ZB2.2	ZB2.2	ZB2.2	ZB2.2	ZB2.2
附着平板或振动台面长寸（长×宽）（mm）		1000×800	700×500	400×600	750×450	800×500	700×500
空载最大激振力（kN）		～	～	10.5		10	7.845
空载振动频率（Hz）		～	～	50	50	50	47.5
偏心力矩（kN·cm）		10.9	～	～	～	0.098	0.098
电动机	功率（kW）	2.2	2.2	2.2	2.2	2.2	2.2
	相数/电压（V）	～	～	3/380	3/380	～	～
地脚螺钉安装尺寸（长×宽）（mm）		215×200	180×200	160×170	180×200	212×200	190×180
整机质量（kg）		47	65	40	46	44	52
外形尺寸（长×宽×高）（mm）		458×256×250	700×500×220	390×210×228	450×250×280	535×240×275	700×500×300
生　产　厂　家		河南省郑州市荥阳振动器厂	成都华民机械厂	无锡县振动器厂	重庆八一振动机械厂	泰州市电机厂	江苏省丹阳市振动器一厂

二、混凝土振动机械的使用要点

(1) 内部振动器的使用要点

1）振动棒的直径、频率和振幅是直接影响生产率的主要因素，所以在工作前应选择合适的振动棒。

2）在振动器使用之前，首先应检查电动机的绝缘情况是否良好，长期闲置的振动器启用时必须测试电动机的绝缘电阻，检查合格后方可接通电源进行试运转。

3）振动器的电动机旋转时，若软轴不转，振动棒不起振，系电动机旋转方向不对，调换任意两相电源线即可；若软轴转动，振动棒不起振，可摇晃棒头或将棒头轻嗑地面，即可起振。当试运转正常后，方可投入作业。

4）作业时，要使振动棒自然沉入混凝土，不可用猛力往下推。一般应垂直插入，并插到下层尚未初凝层中 50～100mm，以促使上下层相互结合。

5）振捣时，要做到“快插慢拔”。快插是为了防止将表层混凝土先振实，与下层混凝土发生分层、离析现象。慢拔是为了使混凝土能来得及填满振动棒抽出时所形成的空间。

6）振动棒各插点间距应均匀，一般间距不应超过振动棒有效作用半径的1.5倍。

7）振动棒在混凝土内振密的时间，一般每插点振密20～30s，直到混凝土不再显著下沉，不再出现气泡，表面泛出水泥浆和外观均匀为止。如振密时间过长，有效作用半径虽然能适当增加，但总的生产率反而降低，而且还可能使振动棒附近混凝土产生离析。这对塑性混凝土更为重要。此外，振动棒下部振幅要比上部大，故在振密时，应将振动棒上下抽动5～10cm，使混凝土振密均匀。

8）作业中要避免将振动棒触及钢筋、心管及预埋件等，更不得采取通过振动棒振动钢筋的方法来促使混凝土振密。否则就会因振动而使钢筋位置变动，还会降低钢筋与混凝土之间的粘结力，甚至会相互脱离，这对预应力钢筋影响更大。

9）作业时，振动棒插入混凝土的深度不应超过棒长的2/3～3/4。否则振动棒将不易拔出而导致软管损坏；更不得将软管插入混凝土中，以防砂浆浸蚀及渗入软管而损坏机件。

10）振动器在使用中如遇温度过高，应立即停机冷却检查，如机件故障，要及时进行修理，冬季低温下，振动器作业前，要采取缓慢加温，使棒体内的润滑油解冻后，方能作业。

11）插入式振动器电动机电源上，应安装漏电保护装置，熔断器选配应符合要求，接地应安全可靠。电动机未接地线或接地不良者，严禁开机使用。

12）振动器操作人员应掌握一般安全用电知识，作业时应穿戴好胶鞋和绝缘橡皮手套。

13）工作停止移动振动器时，应立即停止电动机转动；搬动振动器时，应切断电源。不得用软管和电缆线拖拉、扯动电动机。

(2) 外部振动器的使用要点

1）外部振动器设计时不考虑轴承承受轴向力，故在使用时，电动机轴应呈水平状态。

2）在水平的混凝土表面进行振捣时，振动器是利用电动机振子所产生的惯性力的水平分力自行移动的，操作者仅控制移动的方向即可。

3）在一个模板上同时用多台附着式振动器振动时，各振动器的频率必须保持一致，相对的振动器应错开放。

4）振动器作业前要进行检查和试运转。试转时不应在干硬土或硬物体上运转，否则将使振动器振跳过甚而损坏。安装在搅拌楼（站）料仓上的振动器应安置橡胶垫。

5）附着式振动器作业时，一般安装在混凝土模板上，每次振动时间不超过1min。当混凝土在模内泛浆流动成水平状时，即可停振。不得在混凝土初凝状态再振，也不得使周围的振动影响到已初凝的混凝土，以免影响混凝土质量。

6）平板振动器作业时，振动器的平板要与混凝土保持接触，使振波有效地传到混凝土而使之振实，到表面出浆、不再下沉后，即可缓慢向前移动。移动方向应按电动机旋转方向自动地向前或向后，移动速度以能保证每一处混凝土振密出浆为准。在振的振动器不准放在已凝或初凝的混凝土上，以防振伤。

7）平板振动器振动时，应分层分段进行大面积的振动，移动时应排列有序，前排振捣一段落以后可原排返回进行第二次振动，或振动第二排，两排搭接5cm为宜。

8）振动中移动的速度和次数，应视混凝土的干硬程度及混凝土厚度而定。振动的混凝土的厚度不超过15cm时，振动两遍即可满足质量要求。第一遍横向振动使混凝土密实，第二遍纵向振捣，使表面平整。

9）表面振动器大部分是在露天潮湿的场合下工作的。因此，电气部分容易发生故障，如有漏电现象，容易造成人身伤亡事故，故必须严格遵守用电安全操作守则。

10）在操作移动时，须使电动机的导线保持足够的长度和强度，勿使其张拉过紧以免线头拉断。

11）工作中须经常检查电动机脚座、机壳和振板是否完好，连接是否牢固。如有裂缝和松动现象须及时修补或重新紧固。带有缓冲弹簧的平板振动器，弹簧要有良好的减振性能。

三、混凝土振动机械的合理选择

（1）动力形式的选择：建筑施工普遍采用电动式振动器，当工地附近只有单相电源时，应选用单相串激电动机的振动器；有三相电源时，则可选用各种电动式振动器。在有瓦斯的工作环境，必须选择风动式振动器，以保证安全。如果在远离城镇、没有电源的临时性工程施工，可以选用内燃式振动器。

（2）结构形式的合理选择：大面积混凝土基础的柱、梁、墙、厚度较大的板，以及预制构件的捣实工作，可选用插入式振动器；钢筋稠密或混凝土较薄的结构，以及不宜使用插入式振动器的地方，可选用附着式振动器；表面积大而平整的结构物，如地面、屋面、道路路面等，通常选用平板式振动器。而钢筋混凝土预制构件厂生产的空心板、平板及厚度不大的梁柱构件等，则选用振动台可收到快速而有效的捣实效果。

（3）插入式振动器的选择：振动器的振动频率是影响捣实效果的重要因素，只有振动器的振动频率与混凝土颗粒的自振频率相同或相近，才能达到最佳捣实效果。由于颗粒的共振频率取决于颗粒的尺寸，尺寸大的自振频率较低，尺寸小的自振频率较高，故对于骨料颗粒大而光滑的混凝土，应选用低频、振幅大的插入式振动器。

2.1.5.5　水泥混凝土摊铺机

一、水泥混凝土摊铺机的概述

（1）用途：水泥混凝土摊铺机是将从混凝土混合料搅拌输送车或自卸卡车中卸出的混合料，沿路基按给定的厚度及路型进行均匀摊铺的机械。它广泛地应用于市政、道路、机场、港口、车站、码头等大型的水泥混凝土摊铺工程。

（2）分类

1）按摊铺机的作业方式分：

①连续作业式摊铺机；即连续不断地把水泥混凝土均匀地摊铺在路基上，是现代最新型的、自动化程度极高的水泥混凝土摊铺机；

②周期作业式摊铺机：即摊铺机必须在前一份水泥混凝土摊铺完毕后，再行走到新的工作位置，才能将新卸入的一份水泥混凝土摊铺下去。

2）按摊铺机的工作机构不同分：

①刮板式摊铺机：摊铺机本身能在板上自由地前后移动，并在前面的导管上左右移动。由于刮板本身也旋转，所以可以用刮板向任意方向自由地摊铺卸在基层上的混凝土混合料堆；

②螺旋式摊铺机：由可以正反方向旋转的螺旋杆（直径约 50cm 左右）将混合料摊开。螺旋后面有刮板，可以准确调整摊铺层厚度。这种摊铺机的摊铺能力大，在发达国家应用较广泛；

③箱式摊铺机：这种摊铺机是混合料经过卸料机（纵向或横向）卸在钢制的箱子内。箱子在机械前行时横向移动，同时箱子的下端按松铺高度刮平混合料。由于混合料一次全部放在箱内，所以重量大，但能摊铺均匀而且很准确，其摊铺能力大，故障较少。

当前，水泥混凝土路面施工还有混凝土摊铺列车施工，如图 2-1-24 所示，它主要由输送卡车、摊铺机、混凝土整面机等组成综合性作业的机械群体。这样大大提高水泥混凝土路面施工的机械化程度，缩短施工工期，提高了生产率。

图 2-1-24 滑模式水泥混凝土摊铺机列车施工情况

(3) 水泥混凝土摊铺机的技术性能

国内、外轨道式摊铺机的主要技术性能见表 2-1-53～表 2-1-54 所列。

国产水泥混凝土摊铺机主要技术性能 表 2-1-53

技术性能＼型号		HT4500	HT900	HT7300	HT4500
摊铺宽度（mm）		2500～4500	3500～9000	3000～7300	3000～4500
摊铺厚度（mm）		200～450	180～350	200～350	200～300
生产率（m^2/h）		100～280	180～430	232～511	150～300
行走速度（m/min）	前进	28	18	21.9	
	后退	14	9	15	
机组质量（t）		2.6～2.8	10	2.2	7
外形尺寸	长（mm）		10000	7320	
	宽（mm）		9000	2160	
	高（mm）		2550	1950	
生产厂家		江苏建筑机械厂	江阴交通工程机械厂	江苏建筑机械厂	山西省公路局机械厂

国外生产的轨道式摊铺机的主要技术性能 表 2-1-54

国名	公司	型号	最大摊铺宽度（m）	最小摊铺宽度（mm）	最大摊铺能力（m/min）	功率（kW）	质量（t）
德国	SAG	BV590NASS12	12.0	450	2.5	32.48	13～18
		TTTAN410SNAS512	12.0	450	3.0	32.88	13～15
	VOGELE	J	4.50	300	—	14	6
		S	9.00	400	—	25	10
美国	CURBHA STER	CMSF	9.14	610	4.0	82	11
		PA1700	6.40	610	4.0	42	6
		PA2000	8.53	610	2.0	69	3
	METAL FORMS	SUP	18.30	356	—	6	—
		SUP	18.30	356	—	3	—
	COMACO	CX	9.00	—	3.87	32	2.3
	POWER CURBER	440-XL	0.45	300	0.5	15	0.4
		607-WW	0.30	300	0.2	10	0.4
比利时	SGME	RCL	5.00	250	—	8	4
		VRK	8.50	500	—	30	14
		RCG	13.25	500	—	45	25
日本	KAWA SAKI	KCS75A	7.50	300	2.3	33	7
		KCB75A	7.50	300	2.3	57	16
		KCF75A	7.50	300	2.3	33	11
		KCL75A	7.50	300	2.3	18	5
	汽车制造	CF-S	3.0～7.50	—	—	15	6.5
	佳友机械	HC-45	3.5～4.50	—	—	22.4	—

二、水泥混凝土路面施工机械的选型与配套

（1）施工工序可选用的机械：水泥混凝土面层施工的主要内容有：施工前的准备工作、安装模板或轨道、筑做接缝和安装钢筋、制备与运送水泥混凝土混合料、水泥混凝土混合料的摊铺与捣实、水泥混凝土面层的修整与光面、拉毛防滑槽、拆模与养生、填缝与开通。当采用轨道式摊铺机施工时，各工序选用的机械见表 2-1-55；若采用滑模式摊铺机施工时，各工序所选用的机械见表 2-1-56。

轨道式摊铺机施工各工序可选用的施工机械 表 2-1-55

施工程序	可考虑选用的机械
混凝土制备	水泥混凝土搅拌机，装载机，水泥输送设备，碎石联合筛分设备
混凝土运输	自卸汽车，自卸翻斗车，水泥混凝土搅拌运输车
卸料	侧面卸料机，纵向卸料机
摊铺	刮板式摊铺机、箱式摊铺机、螺旋式摊铺机
振捣	振捣机，内部振动式振动器
接缝施工	水泥混凝土切缝机
表面修整	修整机，纵向表面修整机，斜向表面修整机
修整粗糙面	拉毛机，压（刻）槽机

滑模式摊铺机施工各工序所选用的施工机械 表 2-1-56

施工程序	施工机械的名称
混凝土混合料制备	水泥混凝土搅拌机，装载机，水泥输送设备碎石联合破碎筛分设备
混凝土混合料运输	自卸汽车，机动翻斗车，水泥混凝土搅拌输送车
卸料	运输车直接卸料或混凝土输送机
摊铺、振捣、接缝、整平	滑模式混凝土摊铺机、自动切缝机
修整粗糙面	拉毛机，压（刻）槽机
混凝土铺层养生	养生剂喷洒车

（2）施工机械选型与配套原则：

1）在水泥混凝土面层施工机械选型时，应首先选定主导机械，然后根据主导机械的技术性能和生产率，配置相应的配套机械。

2）在选择摊铺机作为第一主导机械时，既要考虑施工质量和进度得到满足，又应兼顾施工单位的技术人员素质、管理水平和购买能力等实际情况。在保证摊铺机发挥最大效益的前提下，应使配套机械的类型和数量尽可能少。

3）若以水泥混凝土搅拌设备作为第二主导机械，在机型选择时，除了生产率应与摊铺机相适宜外，还应考虑：拌和品质和拌和能力、机械设备的可靠度、工作效率和经济性。因为摊铺机铺筑路面的质量（密实度和平整度）以及工作进度取决于水泥混凝土的拌制质量，混凝土摊铺的工作进度除与混凝土配比有关外，还与拌和的方式有关。

4）当水泥混凝土搅拌和摊铺设备选型后，应考虑水泥混凝土运输车辆的配套。如水泥混凝土的坍落度小于 5cm，若运距在 1km 以内，则以 2t 以下的小型自卸车比较经济；运距在 5km 左右时，以 3～5t 中型自卸车最为经济；运距为 6～10km 左右时，以选用 8t 以上的自卸车为宜，当运距大于 10km 时，或水泥混凝土的坍落度大于 5cm 时，考虑到混凝土在运输过程中有水分散失和离析等问题，应当采用容量为 $6m^3$ 以上的水泥混凝土搅拌运输车。运距与搅拌设备的设置有关，一般要求水泥混凝土运输中，夏季不超过 30～40min，冬季不超过 60～90min。如若运距超过这两种时间，可以让搅拌输送车先装上干料或半干料水泥混凝土，待搅拌输送车运行到离施工现场只有 20min 的路程时，才加水搅拌混凝土，这种搅拌输送车所送的混凝土拌和料，同样能保证质量。

2.1.5.6 水泥路面维修车

一、水泥路面维修车概述

水泥路面由于混凝土板、基层、路基等的缺陷，造成混凝土板断裂、错台、麻面等病害，时间一长，水通过裂缝掺入基层，造成基层破坏，引起路面的大面积损坏。因此一旦发现损坏现象就应立即修复，防止病害扩大。

维修水泥路面的常用工艺有：扩缝、清缝、灌缝、凿孔、切槽、罩面、凿毛、搅拌、振捣、摊铺、钻孔、破碎、翻修等。对于小面积的维修，一般采用单一机具，如破碎机、凿岩机、空气压缩机、高压水清洗机、搅拌机、振捣器、切缝机等对其进行处理、施工。大面积的翻修，则用专门设备将旧路面排除，然后重新修筑。

现在国外一些厂家也开始生产水泥路面综合养护机具，主要是在一专用底盘上，安装一台发动机，由发动机带动液压泵，由液压泵向各种专用工具提供动力源，主要配置的液压工具有：液压传动搅拌滚筒、液压镐、液压切缝机、液压振捣器以及液压传动破碎机。这种机型可将水泥路面的部分材料回收利用，它适应较远距离，小面积施工，有很好的发展前途。

二、水泥路面维修车分类、特点

水泥路面维修设备主要分为两类：

(1) 单一功能维修机械。它主要有路面破碎机、清缝机、切缝机、封层机、搅拌机、空气压缩机、风镐、振捣器、振动夯等。这些机具的功能是单一的，一般依靠电力驱动，如无电源，还要带发电机，由于工具多，转场难度大，一般在近距离、小面积的地区进行施工。

(2) 多功能维修机械，它分自行式与拖挂式两种，其作业功能一般在两个以上。它有动力输出，一般具有破碎、搅拌、夯实、切缝、振捣等功能，适应较远距离小面积施工。自行式多功能水泥路面综合养护车，是将各种功能机具装置在专用汽车底盘上，移动方便，它的动力输出可通过取力器从汽车上取出，也可自配发动机输出动力。拖挂式一般自配有发动机，将各种功能机具装置在拖车上，依靠汽车或拖拉机牵引。使用拖挂式水泥路面综合养护机，一般选用汽车带上修补材料，拖上机器，较远距离一次完成施工，而自行式则需专用汽车运送材料。所以一般优先选用拖挂式的综合养护机。

三、主要机型的结构及工作原理

(1) 多功能水泥路面维修车：多功能水泥路面维修车具有速度快、可乘坐施工人员，能载运维修机具及材料等优点；但使用了汽车底盘，行走机构与车身为弹性悬挂，作业时必须使用支腿保持底盘平稳方可正常作业，多功能水泥维修车作业装置分为前置和后置两种，如图 2-1-25 所示。

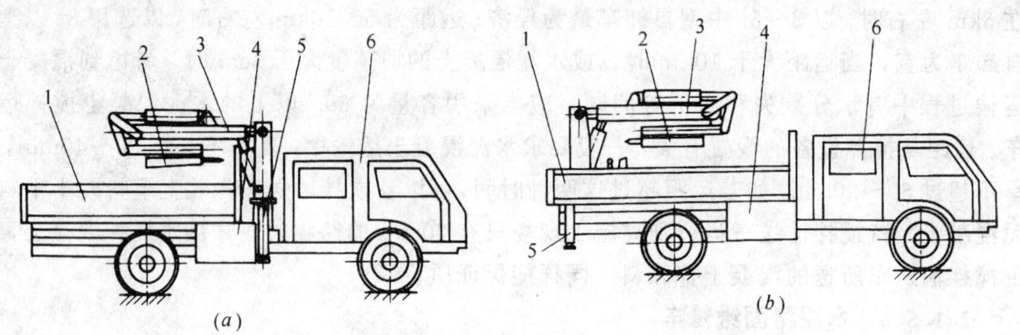

图 2-1-25　以汽车底盘为基础的水泥路面维修车

(a) 工作臂前置式；(b) 工作臂后置式；

1—车厢；2—工作头；3—工作臂；4—液压油箱；5—支腿；6—基础车

工作臂前置式水泥路面维修车的工作臂位于驾驶室与车厢之间，其负荷由前后两车桥共同承担，车架受力好。由于这个位置离变速箱的取力口近，液压管道短，所以作功效率高。但这种形式只能在车辆的左右两侧进行作业，占用车道宽，对交通影响较大。

工作臂位于多功能水泥路面维修车后部，维修作业可以在车的后面进行，占用车道窄，因而对交通影响小，比较安全，利用工作臂还可以在后面的挂车上装卸货物。但这种形式汽车车架受力状况偏载，工作时稳定性差，一般应对车架进行加强。这种结构的液压管路较长，液压动力损耗相对大一些。

多功能水泥路面维修车的主要工作原理是利用一个多用途的工作臂，该工作臂上可快速更换各种作业工具，以满足破碎、凿毛、夯实、挖坑、抓料、钻孔等工作，其车厢还可运送部分施工用料。

(2) 拖挂式多功能水泥路面养护机：拖挂式多功能水泥路面养护机是一种自行设计的专用工程机械，它自备柴油发动机，由发动机带动液压泵，液压泵配有多路输出快换接口，提供给各种液压作业工具作业使用。底盘上配有各种手持式液压工具和水泥搅拌滚筒。它可完成挖掘、切缝、搅拌、振捣等作业。行走依赖拖拉机或汽车牵引。如用汽车带料，便可适应长距离的小工程量作业。如在汽车上配置一台破碎机的话，便可达到材料二次利用的效果，大大降低维修工程造价。该机结构紧凑，运输方便。适合现代混凝土路面维修的需要。

四、水泥路面维修车的使用要点

(1) 该类型设备的作业系统均为液压系统，因此操作人员一定要经过培训，方可操作，以免高压油外泄伤人。

(2) 定期对发动机进行保养。

(3) 使用前认真检查液压系统各控制阀是否在正常位置，非工作阀门一定要关闭。

(4) 使用后应立即拆下各种作业机具，并关闭控制阀门，将作业机具放置各自定位处，以防损坏。

(5) 经常检查液压表工作是否正常，油压是否在限定的安全范围内，以保证工作时能正常使用。

(6) 完成作业后，一定要把各构件，尤其是作业装置机器清理干净，防止水泥附着，损坏机件。

2.2 道路路基的维修技术

2.2.1 道路软土路基超限沉陷的防治处理

2.2.1.1 概述

《公路软土地基路堤设计与施工技术规范》(JTJ 017—96) 中软土定义：滨海、湖沼、谷地、河滩沉积的天然含水量高、孔隙比大、压缩性高、抗剪度低的细粒土。

在工程实践中，对软土的含义已基本取得共识，道路路基软土的鉴别按表 2-2-1 所列指标综合鉴定。

道路路基软土鉴别指标 **表 2-2-1**

特征或指标名称	天然含水量	相对含水量	天然孔隙比	渗透系数	压缩系数	十字数剪切强度
指标值	≥35%或液限	≥1.0	≥1.0	$<10^{-6}$cm/s	$>10MPa^{-1}$	<35kPa

我国道路软土基础分布很广，大都成为天然。在南方地区，江河湖泊、稻田、沼泽等处，往往成为工程的软地基，路基软土类型及分布如表 2-2-2 所列。

路基软土类型及分布 **表 2-2-2**

序号	类 型	主 要 分 布 情 况
1	滨海沉积	主要分布在东海、黄海、渤海等沿海地区
2	湖泊沉积	洞庭湖、太湖、鄱阳湖、洪泽湖周边古云梦泽边缘地带
3	河滩沉积	长江中下游、粤江下游及河口、韩江下游、淮河平原、松辽平原、闽江下游
4	谷地沉积	西南、南方山区或丘陵区
5	长期受水浸蚀浸泡	北方地区

软土地基有极大的危害性，它可造成构物不同程度的破坏，严重时不但影响使用，甚至造成有形物的彻底报废。道路是一条带状的、承受动静两种荷载的特殊人工建筑物，由于它分布较广、使用要求较高，因而对地基提出了较高的要求。同时道路不可避免地要经过大量的软土地质地区，对软基处理不当，将会使路基沉降过大，导致路堤失稳，路面开裂；桥台与路基的沉降不同而产生桥头错台；路的中心沉降过大引起涵管弯曲和路基路面横坡变小等问题，严重者甚至彻底破坏。因此，从高标准、高质量的使用要求出发，合理、可行地处理好软土地基，已成为公路建设必不可少的一个环节。

大家认为路基的软土地基具有极大的破坏性，虽然在对其认定上尚无完全一致的结论，但是从广义上讲，只要外在荷载加在土基上有可能出现有害的过大变形和强度不够等问题时，我们都应该认真对待道路的软基础，并进行必要的处理。一般按处理的部位可分为地基处理和路堤处理，软土路基处理的分类方法如图 2-2-1 所示。

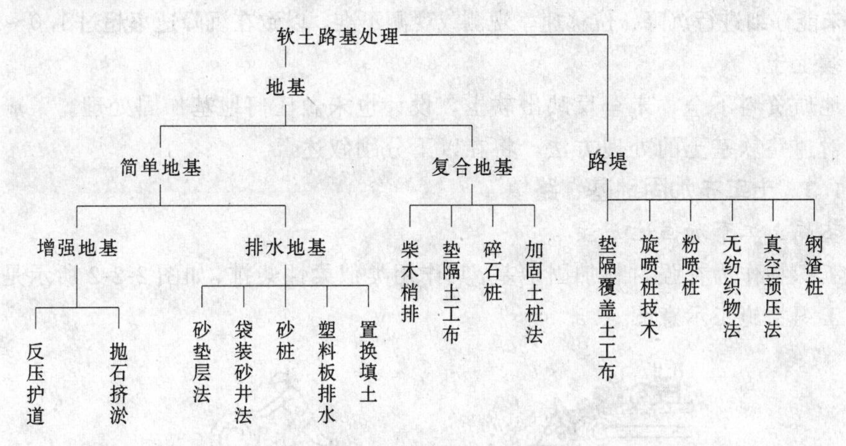

图 2-2-1　软土路基处理的分类

2.2.1.2　高等级道路出现软土路基的原因分析

在修建的高等级道路中，虽然对软基地段都进行了处理，但由于高等级道路建设在我国的历史还比较短，到目前为止，还没有一套系统完整的规范供大家参照执行，现在都是参照现行的道路建设规范并借鉴一些国外修建高速公路的经验进行的。另一方面，我国幅员辽阔，地区跨度大，地层、地质情况变化很大，软土地基各地层的力学参数就很不一致，所以实际工作时，就很难按统一的模式操作。纵观国内现在已经修建和正在修建的高等级道路，凡有软基地段的，虽都已做了处理，在工期允许的情况下，有的在正式开工之前做一些试验工作，然后根据试验情况，再决定软基的处理方案，但大部分情况都是在借鉴参考国内外软基处理手段的基础上，确定采取何种处理方案，从目前国内各刊物上所发表的文献上看，有不少介绍软基处理的成功经验，包括方法、技术、工艺等。这说明国内在高等级道路软基处理方面做了大量的工作，为今后工作奠定了一定的基础。

但是在广（州）三（水）高等级道路的建设中，对软基处理的方法为：路堤高于 3m 的路段采用塑料排水板＋砂垫层联合作用的排水固结法，并加填土预压，路堤低于 3m 的中路，做砂垫层处理，为保证工程质量，在施工过程中，采取了严格的质量控制手段，首先根据施工规范和施工要求，对路床做了认真的处理，在塑料排水板施工时，认真组织力量检查，对不合格的返工重打。填土过程中，进行地基变形观测，严格控制填土速度，尽管采取了这些措施，但在施工过程中，仍出现了一些问题，路基从 1992 年 7 月份填筑，1992 年 12 月份超过临界高度，接近设计标高，从 1992 年 12 月份到 1993 年 3 月份，发生路堤失稳，有 7 处滑坡；另一种情况是，沉降完成的时间长，自填土开始，有两年时间，路基仍不稳定，平均月沉降量仍有 10cm。又如丹东大洋河大桥，地表是 1.5m 的硬壳层，下面 2.5m 的淤泥质黏土软基层。施工时，未对软基进行处理，直接在地表填筑路基，预压两年后在台后上土期间，桥台发生向前移位，位移距离近 10cm。之所以发生上述情况，究其原因有以下几条：

(1) 加载过快，在接近或超临界高度时，仍快速上土，荷载超过地基承载能力，引起滑塌。

(2) 软土层较厚，塑料板施工后，软土层被扰动，强度下降，加载时间短，塑料板、砂垫层排水固结性能尚未充分发挥，软土尚未固结。

(3) 未能仔细进行沉降、位移速率观测或观测不准，以致在沉降速率超过1.0～2.7cm/日后，仍继续上土。

(4) 地质资料不全，未全反映出软土，设计也未做任何地基加固处理。

当前对道路软基土的处理方法，将在以下分别叙述。

2.2.1.3　土工布加固地基、路填

一、垫隔土工布加固地基法

以土工织物作为补强材料加固地基，其作用类似柔性柴排，如图2-2-2所示是道路工程中使用土工织物施工示意图。

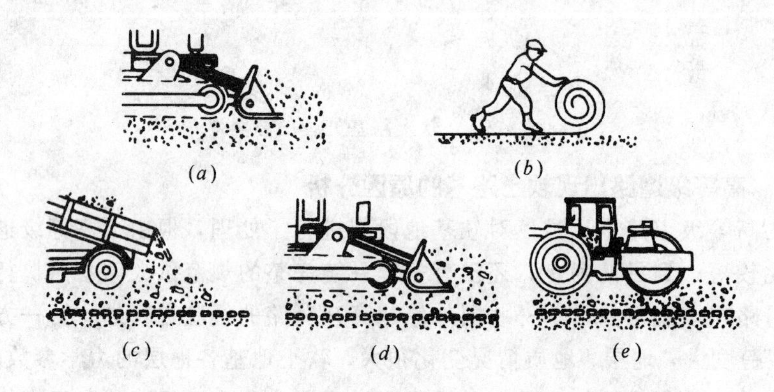

图2-2-2　道路工程中使用土工织物施工示意图

(*a*) 挖除表土和平整场地；(*b*) 铺开土工织物卷材；

(*c*) 在土工织物上卸砂石料；(*d*) 铺设和平整筑路材料；(*e*) 压实路基

路堤基底铺设土工织物锚固端构造如图2-2-3所示。土工织物的布端要折铺一段并锚固，铺设两层以上土工织物，两层织物中间要夹10～20cm的砂层。

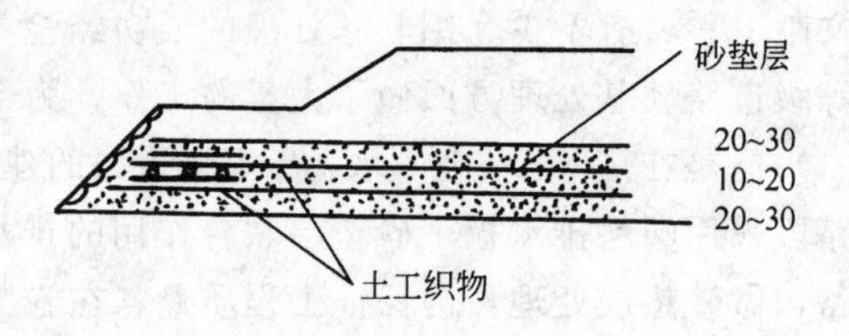

图2-2-3　土工织物锚固端构造

(单位尺寸：cm)

在地下水位较高、松软土基路堤中，采用垫隔土工布加强路基刚度，有利于排水。在高填路堤，可适当分层垫隔；在软基上隔垫土工布可使荷载均布。垫隔土工布加固地基应满足以下要求：

(1) 道路材料：土工合成材料应具有质量轻、整体连续性好、抗拉强度较高、耐腐蚀、抗微生物侵蚀好、施工方便等优点，非织型的土工纤维应具备当量孔隙直径小、渗透性好、质地柔软、能与土很好结合的性质。

所选土工合成材料的幅宽、质量、厚度、抗拉强度、顶破强度和渗透系数应满足设计要求。

(2) 道路施工：

1) 在整平好的下承层上按路堤底宽全断面铺设，摊平时应拉直平顺，紧贴下承层，不得出现扭曲、折皱、重叠。在斜坡上摊铺时，应保持一定松紧度(可用U形钉控制)。

2）铺设土工聚合物，应在路堤每边留足够的锚固长度，回折覆盖在压实的填料面上。

3）为保证土工合成材料的整体性，当采用搭接法连接，搭接长度宜为30～90cm；采用缝接法时，缝接宽度应不小于5cm；采用粘结法时，粘结宽度不小于5cm，粘结强度不低于土工合成材料的抗拉强度。

4）现场施工中，一方面注意土工合成材料破损时必须立即修补好，另一方面上下层接缝应交替错开，错开长度不小于0.5m。

5）在土工材料堆放及铺设过程中，尽量避免长时间暴露和暴晒，以免性能劣化。

6）铺设质量应符合规范要求。

二、垫隔、覆盖土工布

在软土、沼泽地区，地基湿软，地下水位较高的情况下，用垫隔、覆盖土工布法处理会收到较好的效果。

其施工用料要求与上述同。在施工中，在基底铺垫土工布并沿边坡折起，以至覆盖堤身摊铺，既能提高基底刚度，又有利于排水，并有利地基应力再分配而增加路基的稳定性。

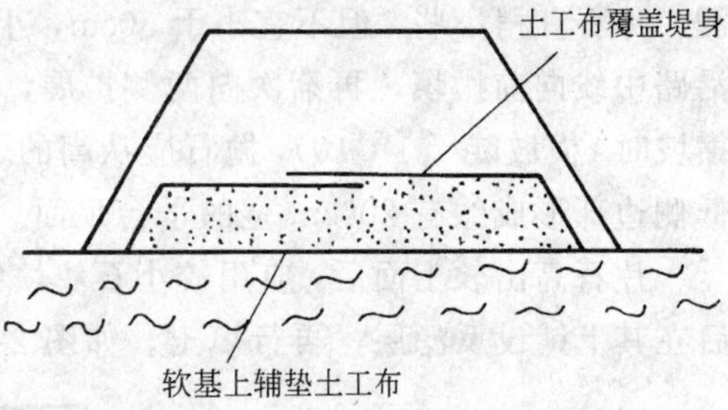

土工布覆盖堤身

软基上铺垫土工布

图 2-2-4 垫隔覆盖土工布

土工布铺设典型断面如图2-2-4。

2.2.1.4 砂垫层、置换填土、抛石挤淤法

一、砂垫层

在软土层顶面铺设排水砂层，以增加排水面，使软土地基在填土荷载作用下加速排水固结，提高其强度，满足稳定性的要求。排水砂层对于基底应力的分布和沉降量的大小无显著的影响，但可加速沉降的发展，缩短固结过程。砂垫层适用范围为：路堤高度小于极限高度的两倍以内，软土层不厚或虽厚但有良好排水条件，且砂源丰富、工期不紧的情况。砂垫层的厚度一般为60～1000cm，视路堤高度和软土层厚度及压缩性而定。

砂（砾）垫层材料宜采用洁净中、粗砂、含泥量≤5%，并将其中植物、杂质除尽；也可采用天然级配砂砾料，最大粒径不应大于5cm，砾石强度不低于四级（即洛杉矶法磨耗率小于60%）。砂垫层施工中，对砂（砾）适当洒水、分层压实，压实厚度宜为15～20cm。如采用砂砾石，应无粗细料分离现象，且砂垫层应宽出路基坡角0.5～1cm，两端以片石护砌或其他方式防护，以免砂料流失。

当在砂垫层上填筑路基时，路堤填筑速度应合理安排，使加荷的速率与地基承载力增加（排水固结）的速率相适应，以保证地基在路堤填筑过程中不发生破坏。通常可以利用埋设在路堤中线的地面沉降板以及布置在路堤坡脚处的位移边桩进行施工观测，随时掌握地基在路堤填筑过程中的变形情况和发展趋势，借以判断地基是否稳定，控制填土的速度。根据经验，一般情况下水平位移每天不超过10cm，垂直位移每天不超过1.5cm，地基便可保持稳定。砂垫层的典型断面如图2-2-5所示。

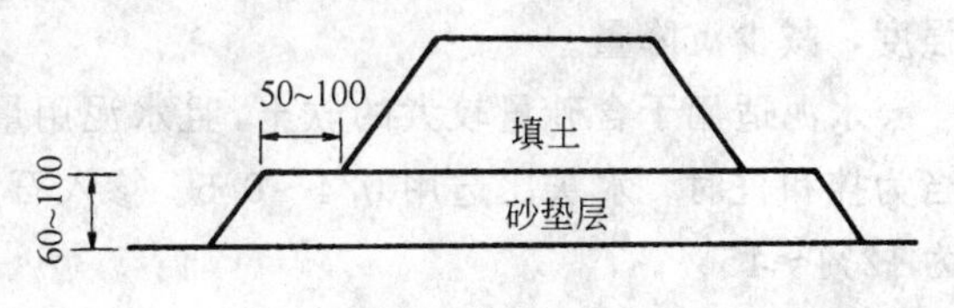

图 2-2-5 砂垫层典型断面图（cm）

二、置换填土

在泥沼地带及软土厚度小于200cm，路堤高度较低时，一般采用置换填土法处理。首先将泥炭、软土全部或部分挖除，并采用渗水性好的材料（必要时添加适量水泥、石灰）进行分层填筑。常用填筑材料有砂、砾、卵石、片石等渗水性材料或强度较高的黏性土。

三、抛石挤淤法

淤泥厚度小于30cm，表层无硬壳，呈流动状态，排水困难，石块易于取得的条件下可采用抛石挤淤方法。

挤淤施工用料采用不易风化石料，片石大小随泥炭稠度而定。对于易流动的泥炭或淤泥，片石宜稍小些，但不宜小于30cm，小于30cm粒径含量不得超过20％。抛投的顺序应沿路中线向前抛填，再渐次向两侧扩展，以使淤泥向两旁挤出。当软土或泥沼底面有较大横坡时（横坡陡于1∶10），抛石应从高的一侧向低的一侧展开，并在低的一侧多抛一些，使低侧边部形成约有200cm宽的平台顶面。

片石高出软土面后，应用较小石块填塞垫平，用重型机械反复碾压，以使填石紧密，然后在其上铺设反滤层，再行填土。如图2-2-6所示为抛石挤淤断面示意图。

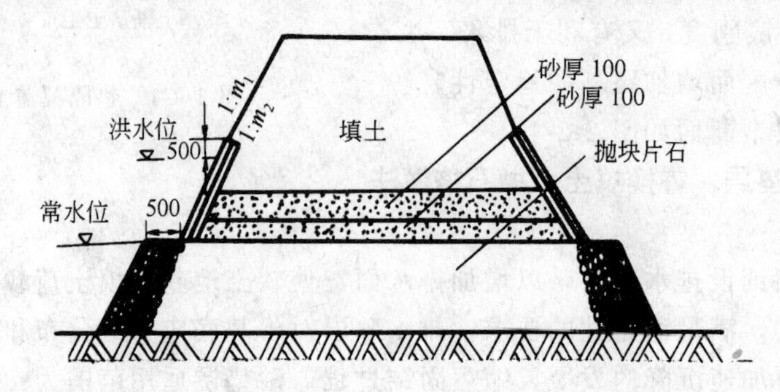

图2-2-6　抛石挤淤断面示意图

2.2.1.5　加固土桩法

一、概述

加固土桩是用某种专用机械将软土地基的局部范围（某一深度、某一直径）内的软土桩体用加固材料改良、加固而形成，与桩间软土形成复合地基。通常用生石灰、水泥、粉煤灰等作为加固料，经过物理化学作用，在地基内形成桩柱，降低土中含水量，提高地基强度，减少沉降量。

水泥适用于含砂量较大的软土，且水泥用量与软土天然重之比宜大于7％而小于15％，当为拌和桩时，水灰比选用0.4～0.5。掺入石灰时，适用于含砂量较低的软土，掺入比亦为12％～15％。

二、材料要求

(1) 生石灰应是磨细的，最大粒径小于0.2cm，无杂质，氧化镁和氧化钙含量不应小于85％，其中氧化钙含量不低于80％。

(2) 水泥宜采用普通水泥和矿渣水泥，严禁使用过期、受潮、结块、变质的劣质水泥。对非国家免检产品应分批提供有关强度、安定性等试验报告。

(3)粉煤灰化学成分中要求二氧化硅和三氧化铝的含量应大于70％，烧失量小于10％。

(4) 石膏粉可作为掺加剂，利于强度提高。

(5) 以上固化剂和外掺剂，必须通过室内试验检验符合设计要求方可使用。

(6) 加固土桩桩径一般为50cm，桩长最大12m，一般为9m，桩距常用75～150cm。施工前必须进行成桩试验，且不少于5根，以便取得成桩经验及各种技术参数。

三、施工工艺

(1) 定位：调整导轨垂直度，钻头对中桩位。

(2) 预搅下沉：启动电机，放松起吊钢丝绳，空压机送气，使钻头沿导轨下沉钻进至设计深度。注意工作电流不应大于额定电流。

(3) 钻杆提升：粉体发送器送灰至喷灰口，按规定的提升速度，边喷边搅拌，边提升至桩顶。一般距表面50cm的土层侧向约束较弱，成桩不利，因此，停灰面宜离地面50cm处。

(4) 复拌：为保证软土与固化剂搅拌均匀，关闭粉体发送器或灰浆泵后，再次将钻杆下沉至设计要求深度，再搅拌提升至地面。

四、施工机械

(1) 对浆液固化剂，主机为深层搅拌机，有双搅拌轴中心管输浆方式和单搅拌轴叶片喷浆方式两种，配套机械有灰浆拌制机、集料斗、灰浆泵、控制柜及计量装置。

(2) 对粉体固化剂，主要为钻机、粉体发送器、空气压缩机、搅拌钻头。钻机必须要求动力大、扭矩大，适合大直径钻头成桩，具有正向钻进，反转提升的功能，提升力大并能实现匀速提升。粉体发送器要求能满足定时定量发送粉体材料，并附有计量设备。空气压缩机根据工程地质条件和加固深度选型，一般压力不需很高，风量不宜太大，空气压力一般在0.2～0.4MPa。搅拌钻头应保证反向旋转提升时对柱中土体有压密作用，钻头直径一般为500mm。

五、施工中的注意事项

(1) 施工前应丈量钻杆长度，并标以显著标志，以便掌握钻入深度、复搅深度，保证设计桩长。

(2) 浆液固化剂严格按预定配比拌制。制备好的浆液不得离析，不得停置过长，超过2h的浆液应降低标号使用。浆液倒入集料时必须过筛，以免浆液结块，损坏泵体。

(3) 泵送浆液前，管路要保持潮湿，以利输浆。现场制浆应配备专人记录固化剂、外掺剂用量和泵送开始、结束时间。

(4) 操作人员要对每米下沉提升时间、送浆停浆时间等作好详细记录。

(5) 保持送浆连续性和均匀性。一旦因故停浆应将搅拌机停至浆面下50cm以防断桩，停机超过3h，为防止浆液凝结堵管，应先拆卸输浆管路，清洗后备用。

(6) 搅拌机进至地面下100cm时，宜且慢速，喷浆口即将出地面时，稍事停留，搅拌数秒以保证桩头均匀密实。

(7) 采用粉体固化剂的粉喷桩施工中，除作好压力、喷粉量、钻进速度等有关参数及变化记录外，必须严格控制喷粉、停粉标高，并保证喷粉的连续性，以保证桩体长度。严禁在尚未喷粉的情况下进行提升作业。

(8) 钻头升至地面下50cm时，停止送灰并用黏土人工回填压实，以防地表水灌入和桩在垂直方向上的膨胀使地基隆起。

(9) 发现喷粉量不足应整桩复打，复打的喷粉量应不小于设计要求范围。因故中断喷粉，复打重叠段不小于100cm。

(10) 粉体发送器必须配置计量装置，用以记录瞬时和累计喷入量。储灰灌容量不小于一根桩用灰量加50kg，储灰量不足不得开钻，钻头直径的磨损不得大于1cm。

2.2.1.6　碎石桩与砂桩

一、碎石桩

(1) 碎石桩是利用一个产生水平向振动的管状设备，以高压水流边振边冲在软弱黏性地基中成孔，在孔内分批填入碎石加以振密制桩，与周围黏性土形成复合地基。此方法与排水固结法相比，加固期短，可以采用快速连续加载方法施工路堤，对缩短工期十分有利。但是在软弱土层较深、工期要求紧时，采用碎石桩处理软基为好。

(2) 材料要求：选用未风化的干净碎石、砾石、矿渣、碎砖等，含泥量不得超过5%～10%，级配粒径最大不超过50mm，以免卡孔或振冲器磨耗过大。

(3) 施工机具：碎石桩施工的主要机具：振动打桩机、柴油打桩机、近端装有活瓣钢桩靴的桩管。

(4) 工艺流程：碎石桩的工艺流程：整平原地面⟶机具定位⟶桩管沉入⟶加料压密⟶拔管⟶机具移位。

(5) 施工工艺要求：

1) 定位：起吊振动器，对准桩位，检查水压、电压和振冲器空载电流是否正常。

2) 成孔：打开电源，启动振动器，使钻机在压力水冲击作用和振动作用下贯入地层至设计深度。

3) 清孔：成孔后，孔内泥浆稠度大，为排出孔内稠浆，振冲器在孔底停留1min，借助压力水将泥浆排出。

4) 制桩：采用连续加料法自下而上逐段制桩，每次填料数量据土质条件而定，一般每填料15～50cm^{3}将振冲器沉至填料中进行振实，当振冲器工作电流达到密实电流时迅速提起，再继续加料、振密，如此反复直至孔口。

桩的施工次序一般是由里向外或一边推向另一边（如图2-2-7、图2-2-8），有利于挤走部分软土。对抗剪强度低的粘性土地基，为减少制桩时对原土的扰动，宜用间隔跳打的方式施工，如图2-2-9。加固区如比邻其他建筑物时，为减少对建筑物的影响，可按图2-2-10所示的次序施工。

5) 关机停水移至下一桩位。

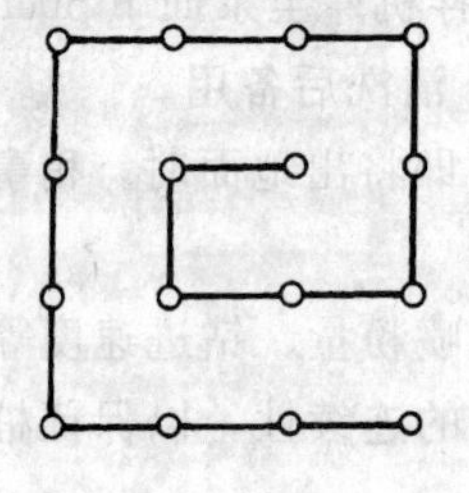

图2-2-7　由里向外推

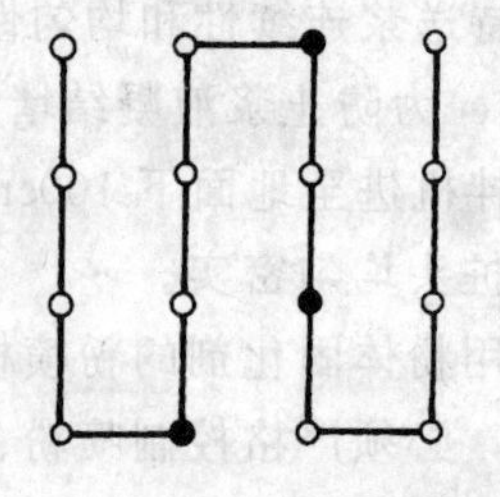

图2-2-8　由一边向另一边推

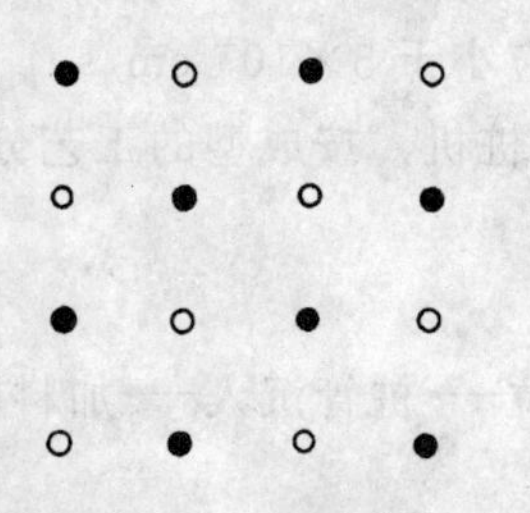

图 2-2-9 间隔跳打

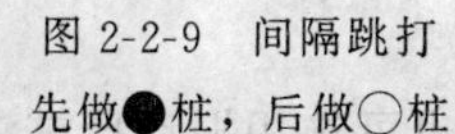

先做●桩，后做○桩

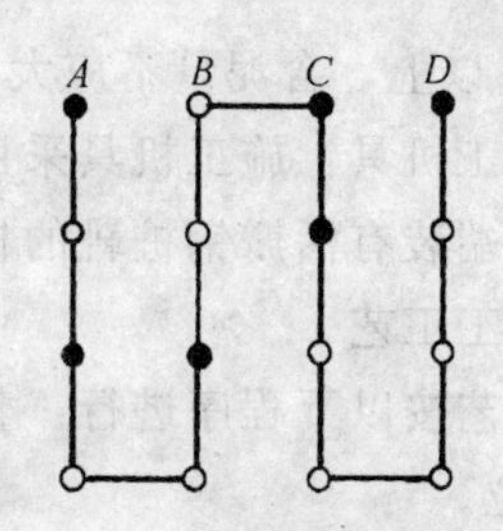

图 2-2-10 临近构造物

(6) 碎石桩在施工中应注意以下几方面问题：

1) 首先应严格控制水压、电流和振冲器在固定深度位置的振留时间。

2) 水压视土质及其强度而定，一般对强度较低的软土，水压要小一些，强度高的软土，水压宜大，制桩振密时水压宜小，水量要充足，孔内充满水以防塌孔。

3) 电压一般为 380±20V，并保持稳定。

4) 电流一般为空载电流加 10～15A，为加料振密过程中的密实电流，或为额定电流的 90%。严禁在超过额定电流的情况下作业。

5) 振冲器在固定深度位置振留时间宜为 10～20s。

6) 填料要分批加入，且本着“少吃多餐”的原则，保证试桩标定的装料量。每一深度的桩体在未达到规定的密实电流时应继续加料振实，以防断桩、缩径。

7) 碎石桩密实度宜抽查 5%，要求用Ⅱ型动力触探测试，贯入量 10cm，次数不小于 5 次，碎石桩密实判别标准如表 2-2-3 所列。

8) 碎石桩施工允许偏差如表 2-2-4 所列。

碎石桩密实判别标准 **表 2-2-3**

连续 5 击下沉量（cm）	密度程度	连续 5 击下沉量（cm）	密度程度
<7	密度	10～13	不密实
7～10	不够密实	>13	松散

碎石桩施工允许偏差 **表 2-2-4**

序号	项 目	单 位	允许偏差	检查方法和频率
1	桩距	cm	±15	抽查 2%
2	桩径	cm	不小于设计	抽查 2%
3	桩长	cm	不小于设计	查施工记录
4	竖直度	%	1.5	查施工记录
5	灌碎石量	m^3	不小于设计	查施工记录

二、砂桩

(1) 概述：在软土地基中，钻成一定直径的孔眼，灌以粗砂或中砂，利用上部荷载作用加速软土的排水固结，这种方法称为砂桩处理法。一般软土均适合采用砂桩法，但次固结占很大比例的土和高塑性黏性土则不宜采用。

(2) 材料要求：砂桩材料亦采用渗水率较高的中、粗砂，大于 0.5mm 的砂的含量宜占总重的50%以上，含泥量不应大于30%，渗透系数不应小于5×10^{-3}cm/s。

(3) 施工机具：施工机具采用振动打桩机、柴油打桩机，按成型的工艺分为冲击式和振动式，下端装有活瓣钢桩靴的桩管。

(4) 施工工艺

施工工艺按以下程序进行：整平原地面→机具定位→桩管沉入→加料压密→拔管→机具移位。

(5) 施工工艺要求：

1) 砂桩的成桩方法，在软弱土中可选用冲击成桩法，也可选用振动成桩法，对砂桩质量要求严格或要求小直径管打大直径砂桩时可采用双管冲击成桩法或单管振动重复压拔管成桩法。

2) 砂桩的排列形式，一般采用倒三角形或正方形，以三角形排列较紧凑、有效。桩径一般采用20～30cm，桩距为桩径的8～10倍，常用的是200～400cm。砂桩顶部设砂垫层构成排水系统，垫层一般厚为40～50cm。在路堤荷载作用下加速排水固结，从而提高强度，保证路堤稳定性。

(6) 砂桩的施工质量应符合以下规定：

1) 砂的含水量对桩体密实度有很大影响，应根据成桩法分别符合以下规定：

①当采用单管冲击法，一次打桩管成桩法或复打成桩法施工，应使用饱和砂；

②采用双管冲击法，重复压拔法施工时，可使用含水量为7%～9%的砂，饱和土中施工也可使用天然湿砂。

2) 地面下1～2m的土层，由于测向约束软弱，不利成桩，应采取超载投砂法，通过压挤提高表层砂的密实程度。

3) 桩体在施工中应确保连续、密实：在软弱黏性土中成型困难时，可隔行施工，各行中也可间隔施工。

4) 实际灌砂量未达到设计用量要求时，应在原位将桩管打入，补充灌砂后反复打一次，或在旁边补桩一根。砂桩施工允许偏差应符合表2-2-5要求。

砂桩施工允许偏差 表2-2-5

序号	项目	单位	允许偏差	检查方法和频率
1	桩距	cm	±10	抽查2%
2	桩长	cm	不小于设计	查施工记录
3	桩径	mm	不小于设计	抽查2%
4	竖直度	%	1.5	查施工记录
5	灌砂量	m^3	不小于设计	查施工记录

2.2.1.7 袋装砂井、塑料排水板、反压护道和柴（木）梢排

一、袋装砂井

(1) 概述：袋装砂井是事先把砂装入长条形、透水性好的编织袋内，然后用专门的机具设备打入软土地基内代替普通大直径砂井。袋装砂井既有大直径砂井的作用，又可以保证砂井的连续性，避免缩径现象。此外，由于袋装砂井的直径小，材料消耗小，工程造价低，施工速度快，设备轻型，更适应在软弱的地基上施工。

当泥沼或软土层厚度超过5m，且路堤高度的自重静压超过天然地基承载力很多时，常采用袋装砂井法。特别是当地基土水平位移较大时，袋装砂井更具有优越性。

（2）袋装砂井的材料：

1）袋：选用聚丙烯或其他适用的编织料，抗拉强度能保证承受砂袋自重，装砂后砂袋的渗透系数应不小于砂的渗透系数；

2）砂：采用渗水率较高的中、粗砂，粒径大于0.5mm的砂的含量宜占总重的50%以上，含泥量不应大于3%，渗透系数不应小于5×10^{-3}cm/s。砂宜用风干砂，不宜用潮湿砂，以免袋内砂干燥后体积减小，造成袋装砂桩缩短与排水垫层不搭接等质量事故。

（3）施工机械：主要机具为导管式振动打桩机，在行进方式上普遍采用的有轨道门架式、履带臂架式、吊机导架式等。

（4）袋装砂井的施工：袋装砂井可呈矩形、梅花形平面布置，井径应是根据所承担的排水量和施工工艺要求决定，一般采用7～12cm的直径，井距1～2m，相当于井径比1～30，砂垫层厚为40～50cm。

（5）工艺流程：整平原地面⟶摊铺下层砂垫层⟶机具定位⟶打入套管⟶沉入砂袋⟶拔出套管⟶机具移位⟶埋砂袋头⟶摊铺上层砂垫层。

（6）施工注意事项：

1）砂井定位要准确，垂直度要好，沉桩时应用经纬仪或锤球控制垂直度。

2）砂袋灌入砂后，露天堆放应有遮盖，切忌长时间暴晒，在整个施工过程中，避免砂袋挂破漏砂。

3）砂袋入井时，应用桩架吊起垂直下井，防止砂袋发生扭结、缩径、断裂和砂袋磨损。

4）拔钢套管时应注意垂直吊起，若发生带出或损坏砂袋现象，应立刻在原孔边缘重新打孔施工。连续两次将砂袋带出时，应停止施工，待查明原因后再施工。

5）砂袋留出孔口长度应保证伸入砂垫层至少30cm以上，并保持直立，不得卧倒。

6）砂袋灌砂率r按下式计算：

$$r=\frac{M_{sd}}{0.78d^2L_{\rho d}}\times100\%$$

式中 M_{sd}——实际灌入砂的质量（kg）；

d——砂井直径（cm）；

L——砂井深度（cm）；

ρ_d——中粗砂的干密度（kg/m³）。

7）袋装砂井施工允许偏差见表2-2-6所列。袋装砂井的典型断面如图2-2-11所示。

袋装砂井施工允许偏差 **表2-2-6**

序号	项目	单位	允许偏差	检查方法和频率
1	井距	cm	±15	抽查2%
2	井长	cm	不小于设计	查施工记录
3	井径	mm	+10 −0	挖验2%
4	竖直度	%	1.5	查施工记录
5	灌砂率	%	+5	查施工记录

二、塑料排水板

(1) 概述：塑料排水板是在纸板排水的基础上发展而来的，它的特点是：单孔过水断面大，排水畅通，质量轻，强度高，耐久性好。一般在泥炭饱和淤泥地段或土基松软、地下水位较高的情况下采用此方法。

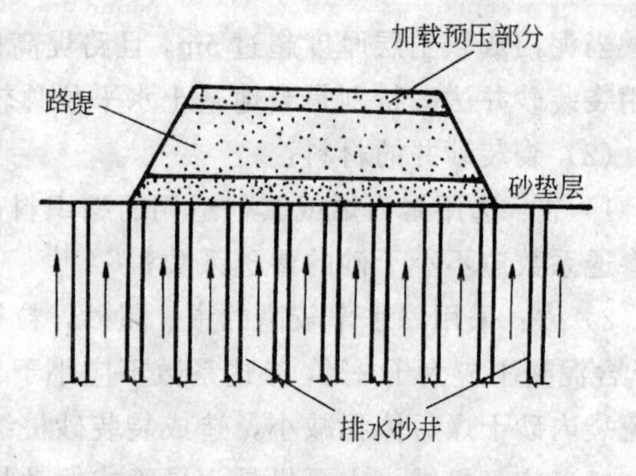

图 2-2-11　袋装砂井典型断面

(2) 材料要求：

1) 塑料排水板是由芯体和滤套组成的复合体，或是单一材料的多孔管道板带（无滤套）。

2) 芯板是由聚乙烯或聚丙烯加工而成的多孔管道或其他形式的板带，应具有足够的抗拉强度和垂直排水能力，其单位承载能力不小于 130N/cm，当周围土体压力在 15cm 深度范围内不大于 250kPa，或在大于 15cm 范围内不大于 35kPa 条件下，其排水能力应不低于 $30cm^3/s$，芯板具有耐腐蚀性和足够的柔性，保证塑料排水板在地下的耐久性并在土体固结变形的情况下不会被折断、破裂。

3) 滤套由无纺织物制成，具有一定的隔离土颗粒和渗透功能，等效于 0.025mm 孔隙，最小自由透水表面积宜为 $1500cm^2/m$，渗透系数不小于 $5\times10^{-3}cm/s$。

(3) 施工机具：施工机械主要是插板机，也可以与袋装砂井打桩机具共用，但应将圆形套管换成矩形套管。对于振动打桩工艺及力的大小，根据导管根数、断面大小、入土长度和地基均匀程度确定。一般对均匀软土，振动锤击振力参照表 2-2-7 所列。

振动锤击振力参考值　　　　表 2-2-7

导管长度 (m)	导管直径 (mm)	振动锤击振力 (kN)	
		单　管	双　管
＞10	130～146	49	80
10～20	130～146	80	120～160
＞20		120	160～220

(4) 施工工艺

施工工艺按以下程序进行：整平原地面⟶摊铺下层砂垫层⟶机具就位⟶塑料排水板穿靴⟶插入套管⟶拔出套管⟶割断塑料排水板⟶机具移位⟶摊铺上层砂垫层。

(5) 施工过程中的注意事项：

1) 施工现场堆放塑料排水板带要加以覆盖，以防暴露在空气中老化。

2) 塑料板插入过程中，钢套管不得弯曲，透水滤套不应被撕破、污染，并防止淤泥进入板芯堵塞输水通道，影响排水效果。

3) 塑料板与桩尖连接要牢固，避免提管时脱开，将塑料板带出。

4) 塑料排水板接长时，采用滤套内平接的办法，芯板对扣。为保证输水畅通，并有足够的搭接强度，搭接长度不小于 20cm，并用滤套包裹，用可靠措施固定。

5) 严格控制间距和深度。凡塑料板被带出 2m 的应作废补打。

6) 导管与桩尖要衔接适当，避免措缝，防止淤泥进入，增大塑料板与导管壁的摩擦力，造成塑料板带出。

塑料板施工允许偏差见表 2-2-8 所列。

塑料板施工允许偏差 表 2-2-8

序号	项　目	单　位	允许偏差	检查方法和频率
1	板距	cm	±15	抽查 2%
2	板长	cm	不小于设计	查施工记录
3	竖直度	%	1.5	查施工记录

三、反压护道法和柴（木）梢排

（一）反压护道法

(1) 反压护道法是在路堤两侧填筑一定宽度、高度的护道，使路堤下的淤泥或泥炭向两侧隆起的胀力得到平衡，从而保证路堤的稳定性。

(2) 采用反压护道加固地基，不需特殊的机具设备和材料，施工简单，但占地多，用土量大，后期沉降量大，养护工作量大。

(3) 反压护道法一般适用于路堤高度超过其极限高度的 1.5～2.0 倍以内，非耕作区和取土不困难、运距又不远的地区。

(4) 反压护道填筑材料应符合设计要求，填筑时应与路堤同时填筑。若必须分开填筑，则需在路堤达临界高度前将反压护道筑好。反压护道的高度一般为路堤高度的 1/2～1/3。

(5) 为保证护道本身稳定，其高度不得超过天然地基所容许的极限高度。反压护道的宽度，一般采用圆弧稳定分析法通过稳定性验算决定。在验算中软土或泥沼地基的强度指标采用快剪法测定或用无侧限抗压强度之半或用十字板现场剪力试验所测得的强度。

(6) 当软土层或泥沼土层较薄或其下卧硬层具有明显的横向坡度时，宜采用两侧不同宽的反压护道。横坡下方的护道应较横坡上方的护道宽一些。

(7) 反压护道的压实度应达到《公路土工试验规程》(JTJ 051—93) 重型击实试验法测定的最大干密度的 90%或满足设计要求。

(8) 反压护道典型断面如图 2-2-12 所示。

(9) 由于我国土地资源有限，道路建设要尽量少占土地，因此在道路工程中，反压护道法一般不宜大面积使用，多数在桥台高填土地段局部少量使用。

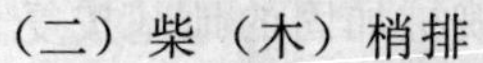

图 2-2-12 反压护道典型断面

（二）柴（木）梢排

(1) 柴排是用圆木或捆扎梢料做成的，铺在路堤底面，能起到扩大基础、分散荷载的作用，可防止深层滑动面的形成，保持路堤基底的稳定。

(2) 用圆木组成者称为刚性柴排，用梢料组成者称为柔性柴排。

(3) 采用柴排加固路基用料甚多，从节约出发，一般不提倡。在交通量不大，道路等级较低的泥沼、软土地区，料源丰富的情况下，可考虑采用，在此不作深入介绍。

(4) 柴排加固路堤典型断面如图 2-2-13 所示。

(5) 软土地基的处理方法很多，在此不一一讲述。总之，软土地基处理的目的在于增强路堤的稳定性，减少工后不均匀下沉，为此，在施工中应严格按照施工工序及规范要求进行施工，保证施工质量、进度和投资等等的实现。

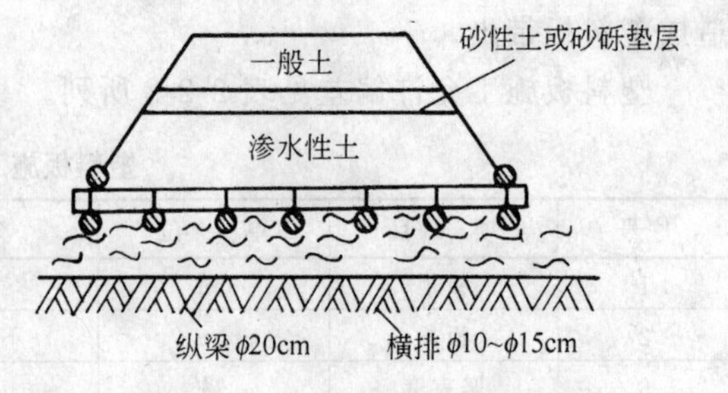

图 2-2-13　柴排加固路堤典型断面

2.2.1.8　粉喷桩与真空预压法

一、粉喷桩

（一）概述

(1)粉喷桩是目前国内在软基处理中应用比较广的一种技术，它是解决道路软基沉降与稳定的一种有效方法。道路工程中应用粉体搅拌桩较早的沪宁高等级道路的修建。

(2) 粉喷桩的主要特点简介如下：

1）无噪声、无污染，对土体无侧向挤压作用，对邻近建筑物无影响。

2）能应用工程类别多，道路、市政、堆场、深基坑开挖、工业及民用建筑的地基加固均可适用；能应用的基础类型多，筏板基础、条形基础、独立基础均可应用。

3）所使用的材料单一，不需要钢材、木材和砂石，使用的机械设备单一。

4）施工速度快，工期短，而施工场地整洁文明。

5)造价低廉，采用粉喷桩施工的基础工程总造价为预制桩和混凝土灌注桩的基础工程总造价的 30%～60%。

6）这种桩既加强了地基的受力强度又充分发挥原有的地基土的强度潜力。

7）这种桩既克服了砂井、塑料排水板地基加固手段的预固阶段，又克服了某些加固手段的泥土污染物侧向挤动，也避免了完全不考虑道路地基土强度而作人工深基础的昂贵费用。

(3) 粉喷桩是石粉或水泥粉与自然、地基土强制混合后的产物。加固料的掺量是与土层性质，尤其是含水量有关，根据国内外大量的室内外实验和实测，一般控制在土自重的 10%～18%，含水量低，有机质含量少的略低一些，反之略高一些，一般掺量在 15%左右；水泥土的初期强度较大，28 天强度为 7 天强度的 1.5～2.0 倍，90 天抗压强度可达 1.6～2.0MPa（无侧限抗压强度）；抗剪强度为抗压强度的 1/2 左右，水泥土的压缩模量为天然土的 10～30 倍。

(4) 粉喷桩的单桩允许承载力可达 120～200kN，相应沉降为 6～10mm，桩身极限破坏多发生在 4～5 倍桩径处，即受力桩顶以下 2.0～2.5m 处；粉喷桩界于柔性和刚性桩之间，桩体与原始土之间在同时受力时的应力比为 3：1～4：1，因此粉喷桩加固的地基按复合地基计算。

（二）粉喷桩的平面布置

在条形基础时可采用单排或链条状双排等；筏板基础时可采用梅花形和矩形；独立基础时可采用梅花形，一般情况下，均可不考虑护桩。桩的深度可按现在设备最大深度 15m 以内按地基土层确定，桩距常以置换率控制（即加固区内总桩面积与加固区面积之比），一般在 10%～18%。

(1) 复合地基承载力计算：

$$R_{sp} = a_c \times (1 + a_c) \times R_S$$

且必须满足 $R_{sp} > \sigma_c$

式中 R_{sp}——复合地基的平均允许承载力；

P_a——粉喷桩的允许承载力；

R_a——天然地基持力层允许承载力；

a_c——粉喷桩的转换率 $a_c = nA/F$；

F——基础底面积；

A——桩截面积；

n——桩数；

σ_c——建筑物在地基上的平均接触压力。

（2）复合地基沉降量计算：

$$s = s_1 + s_2$$

s_1 采用下式计算：

$$s_1 = \frac{\sigma_c \cdot L}{a_c \cdot E_c + (1 - a_c)E_S}$$

式中 S——总沉降量；

S_1——粉喷桩部分沉降量；

L——桩体有效长度；

E_S——地基土无侧限变形模量（压缩模量）；

E_c——桩弹性模量；

S_2——桩体以下部分土体的沉降量，用分层总和法计算。

（三）粉喷桩的施工质量控制

（1）工程地质勘察报告应提供地基土断面图，提供地基土的含水量、天然密度，塑性指数，土的压缩指标，无侧限抗压强度等物理力学指标，以及地下水位高程，地基承载力。

（2）应查明并清除施工场地内的石灰、树根及旧基础，地下管线等。

（3）做好场地的三通一平工作，做好测量记录工作，熟悉施工设计图及说明，桩位放样误差不小于 5cm。

（4）工程桩施工前，应先做 1～2 根工艺性试桩，确定制桩技术参数，并经设计、质检部门签证后作为工程桩施工依据。

（5）施工中桩机钻头与桩位误差不小于 5mm。桩顶桩底高程与设计要求高程误差不大于 5cm，垂直偏差不超过 1%，实际喷灰量不能小于设计喷灰量，成桩直径不能小于设计直径的 2cm。

（6）所用粉体加固料应保证质量，不能使用过期、受潮变质材料。

（7）填写粉喷施工原始记录表，记录内容必须实事求是逐项记录。

（8）对于喷灰量小于设计用量，中间发生停喷或少料等不能满足设计要求的需进行复喷施工。

（9）施工中需经常检查桩位质量，及时补救，随时作挖桩自检工作，开挖深度不小于 1m，在施工结束后，工地施工员必须在土建施工开挖时返回工地检查核对桩位和观测成桩质量。

（10）每一工地施工结束后必须上交竣工报告，内含竣工图、施工记录汇总表及说明等。

（四）粉喷桩施工过程

（1）粉喷桩施工中，钻机是主要机械，目前我国使用的钻机为GDF—5型，一次成桩直径500mm，成桩深度达15m。

（2）粉体输送器是将粉体气化，利用气体输送原理通过钻杆喷入土的关键设备，空气压缩机，是粉体输送的气源，钻头是将粉体和土体搅拌均匀并压密的重要部件。

（3）施工时，将桩机对准桩位，保持垂直启动钻机钻头边旋转边钻进，用时利用压缩空气防止喷口堵塞，被加固的土体原位被搅动，直达加固深度，启动钻机使钻头反向旋转。

（4）启动粉体输送器，将粉体喷入土中，同是钻头逐步缓慢提升，这时粉体与原位土被钻头叶片强制拌和并被压密，钻头提升到离地面0.3～0.5m时停止喷粉。

（5）粉喷桩施工工艺流程见图2-2-14所示。

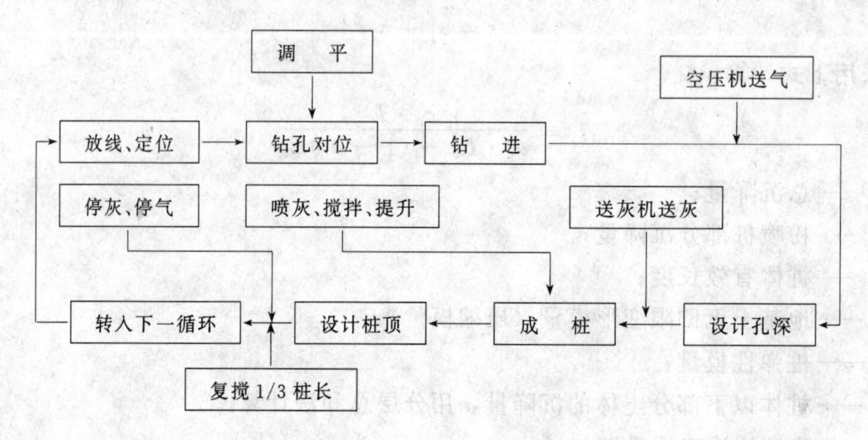

图2-2-14　粉喷桩施工工艺流程图

二、真空预压法

真空预压软基加固法是我国“六五”科技攻关的项目，通过二十多年的探索，如今已形成一套从设计到施工的完整科学体系。

（一）真空预压法设计的原理

真空预压法是利用大气压强0.098MPa等效堆载预压法对软弱地基进行中加固的一套方法，即依靠真空抽气设备，使密封的软弱地基产生真空负压力，使得土颗粒间的自由水、空气、沿着纵向排水通道（塑料板桩或砂井）上升到软基上部砂垫层内，由砂垫层内过滤管再排到软基密封膜以外，从而使土体固结。

（二）真空预压设计内容

根据地质勘探资料以及软基加固后的使用荷载和工后允许沉降量的要求进行设计，其设计的主要内容包括以下几方面：

（1）排水系统的设计：排水系统设计包括软弱地基的纵向和横向排水两部分，纵向排水系统的内容有塑料板桩（或砂井）的质量要求：桩打入深度、桩间距和桩的排列组合；横向排水系统为砂垫层透水性要求，砂垫层厚度、砂垫层内排水滤管的布设以及滤管之间、滤管及密封膜外抽真空系统的连接等项内容。

（2）软基密封膜的设计：在被加固的软弱地基上建立一个不透气封闭层，内容包括封闭膜的性能要求，膜之间搭接处理、铺膜方法、压膜沟的宽度、深度、膜上覆水深度等。

（3）抽真空设备系统设计：抽真空设备系统主要包括射流箱、射流泵、电机以及整个设计加固区的抽真空设备台数平面布置。

（4）观测装置的设计：根据加固区的面积，布设膜上膜下真空抽气设计的真空度表、沉降标志杆、侧向位移观测装置的设置。

（三）真空预压法的特点

真空预压施工作业时间为90～120天。加固效果好，对软基影响较深，沉降明显。以天津新港为例，软基深度17～21m，真空预压加固后，沉降量一般在110～140cm（包括施工沉降），含水量比加固前减少17%～20%，孔隙比加固前缩小18%～22%，密度增加5%以上，抗剪强度一般提高80%左右，十字板强度提高65%～100%。其特点是：

（1）对软基深层固结起到了加速作用，减少了工后沉降量，效果十分显著。

（2）真空预压软基加固完成卸载后，被加固的软基中间沉降量大于四周，总沉降量中间与边缘相差30～40cm左右，说明软基中心加固效果好于四周。

（3）出现这种情况的原因是，由于加固区四周与外界土接触，当真空抽气时，临界土颗粒的自由水会源源不断输送进去，这样，就会形成了被加固的四周软基内土颗粒间的自由水相对更多于中间部分土颗粒间的自由水，因此，四周的固结就没有中间的快，从而使中间沉降较深。

（4）同时与之相应的软基加固后相邻地基也会受到影响，地基向加固区测移，地基开裂。

（5）真空预压可以影响到边界外8m范围，有时造成加固区周围房屋开裂，影响其他构造物的安全。

（四）真空预压的施工要求

真空预压施工必须依据设计文件要求进行，在施工过程中应掌握如下原则：

（1）纵向排水系统要求纵向排水板桩必须选用渗透系数大抗拉、抗顶破强度高，耐久性和耐腐蚀性能好的塑料板桩。塑料板桩打设时塑料板不能扭曲，不能断桩，不能漏打，也不能短打。

（2）横向排水系统的砂垫层一般要求含泥量少（小于5%），透水性强的砂子。过滤管布设应均匀、透气性好、管外包裹的纱窗布应该用小铁丝箍紧，防止施工时脱落，管与管之间所用的二通、三通、四通连接件应紧密防止砂子进入。在缺少中、粗砂的地区、也可用细砂替代。为了增加其透水性，可以用塑料板在砂垫层内水平方向上纵横布置并与滤管连接，从而起到改善横向排水的作用。

（3）铺膜工艺要求：铺膜是关系到真空抽气成败的一道重要工序，处理不好将前功尽弃，必须慎重对待。铺膜前应将砂垫层上一些带棱角的紧硬物如尖石、土块、瓦砾等清出场外，铺膜时选用无风或小风天气进行，并顺风方向铺设。膜与膜之间采用现场热粘合，必须密封牢固。上层膜与下层膜之间纵、横搭接缝尽量错开。当膜进入膜沟内，膜必须平铺，然后回填透水性材料较差的黏土将膜压住。

（4）真空抽气设备的安装：真空抽气设备一般在工厂内加工好后直接运往工地。前些年真空射流箱往往布设在膜上或四周的围堰上，高出原地面1m多，近两年改为布设在围堰外侧的土坑内，射流泵高度与下滤管平齐，降低了射流高度，从而提高了真空度。可见将射流箱埋进土坑内的工艺改进，效果十分显著的。

（5）试抽气：在试抽气期间，膜上不覆水，并对全加固区内进行检查。如果膜下真空度始终上不去，说明有漏气的地方，漏气之处不难找到，往往会发出吱吱作响的声音。发现后应立即修补，等设备运转正常，膜上、膜下真空度表读数均上升后，即在膜上覆水，覆水的目的在于压住膜防止被风刮起撕破薄膜，此外也加大了对软基的荷载压力。

2.2.2　高填方路基的下沉处理

2.2.2.1　高填方路基的基本概念

改革开放以来，我国的道路事业发展很快，尤其是高等级道路的发展更是日新月异。在高等级道路上，为了减少横向交通干扰，必须设置供横穿道路的行人和车辆的设施。对于山丘区，可利用地形布置天桥横穿道路，对于平原区则只能提高路基填土高度来满足设置下穿式通道的要求。因此，在平原区修筑高等级道路，其路基填土高度，一般在4～5m以上。且要求纵坡平缓，弯道半径大。

高填方路基不断增多，给道路路基设计与施工提出了一些新问题。我们通常所说的高填方路基在《公路路基设计规范》(JTJ 13—95)（以下简称《规范》）中是以边坡的总高度作为划分界限的。根据《规范》表3.3.5所列数值，当边坡总高度大于20m（土石质边坡）和12m（砂、砾）时，宜进行稳定性验算。从这个意义上看，20m和12m可视为是高填方路基与低填方路基的界限。

高填方路基施工完工后，随着时间的延长与汽车重复荷载的作用，常出现路基的整体下沉与局部下沉。特别是在填挖方接头处，路基下沉尤为突出。因此，高填方路基的稳定不仅与边坡高度有关，也与路基填料、性质、边坡坡度、地基性质、水文状况、路基压实机具、施工方法等有关。高填方路基的施工，虽然施工队伍素质较好、设备齐全、施工管理和技术管理严密、质量管理体系健全并能按照《公路路基施工技术规范》要求进行施工，然而，由于高填方路基是放在半无限体上的线性工程，所处的环境千变万化，所处地段的水文地质情况错综复杂又暴露在野外环境中，堤土的密实与自身固结都需要时间，且常年受重复荷载的作用，因此在工程施工过程中和工程完工后的车辆营运阶段，发生的病害较多，而且较难处治。高填方路基常见的病害有：

（1）路基整体下沉或局部沉降。

（2）路基纵横向开裂。

（3）路基滑动或者边坡滑坍。

2.2.2.2　高路堤产生沉降的原因

一、地质、地形与土质的原因

（1）地质原因：随着道路技术等级的提高，相应提高了道路几何线形要素的技术要求。使得路线通过不良地质地段的情况增多。

在工程地质不良，泥沼软基丰富的地段填筑路堤，由于地表土壤密度小，压缩变形大，承载能力低，当路堤填料不断增加时，原地面土壤容易产生压缩沉降或挤压移位。地基的压缩变形致使路堤随之沉降。

（2）地形原因：当路堤横穿沟谷（尤其是V形沟）时，其沟谷中心往往填土高度最大，向两端逐渐减低，在路堤横断面上，往往迎水面填土高度小于背水面。这样因填土高度不同而产生的不均匀沉降，使路堤纵断面方向路面中间低，两头高，横断面方向的路肩一侧高一侧低。

(3) 土质原因：

1)若填料中混进了种植土、腐殖土或泥沼土等劣质土，由于这类土壤中有机物含量多，抗水性差，强度低，修筑的路堤难免出现塑性变形或沉陷破坏。

2)在黄土地区修筑的道路常发生沉陷现象。如我国张家口地区近些年修建的高等级道路（207国道半坝段和110国道下半段）均有不同程度的路基沉陷问题，这是由于黄土的湿陷性造成的。干燥的黄土强度较高，浸水后在外荷载或自重作用下其结构迅速破坏而产生下沉。

3) 用膨胀土为填料填筑的高路堤也很难保证其稳定性。

二、设计方面的原因

因条件限制道路路线必须通过复杂山区时，设计上应按照《规范》要求认真地对高填方路基作特殊设计。对未进行高路堤的稳定性验算，而按一般路基进行设计，且施工工艺、填料等未作特殊要求说明的路段，在工程施工过程中或工程完工后，高填方路基将会有较大整体下沉或局部沉陷，以致影响道路的正常使用。

三、路基填料方面的原因

如果路堤填料土质差，填料中混进了种植土、腐殖土或泥沼土等劣质土，由于这类土壤中有机物含量多、抗水性差、强度低等特性的作用，路堤将出现塑性变形或沉陷破坏。尤其是膨胀土，这种土遇水膨胀软化，风干收缩开裂，固体稳定性差，用作填料时随着土壤中水分的挥发，收缩开裂尤为严重，对路堤的整体结构危害极大。

四、施工方面的原因

(1) 高填土路堤由于压实度不够而下沉。如有些地方路基填筑搞“群众运动”无法保证压实度，或未按规定分层碾压等。

(2) 软基未加处置或处置方法不妥造成路基沉降。当前修建的高等级道路，建设期一般较短，路基没有自然沉降时间就在新填筑路基上修建路面。

(3) 路基施工时，土壤含水量过大或过小，填土无法达到规范要求的压实度。

(4) 在填挖交界处，没有挖台阶，导致交界处发生不均匀沉降。或由于原地面与填料结构不同，二者密度、承载能力不同，如填挖交接截面上软土腐殖土等未清除干净或填筑方式不对及压实度不足，就会出现接合部沉降病害。

(5) 施工过程未注意排水处理，遇上雨天，路基严重积水，无法自行排出。有的积水浸入路基内部，形成水囊。晴天施工时也未排除积水就继续填筑。

(6) 填筑路堤时没有按全宽范围均匀分层填土，有的是先填半幅，再填另一半幅。

(7) 台后和通道两边高填土下沉。原因主要是柔性的填土与刚性构造物衔接处，二者强度、稳定性方面差异较大，加之填土压实不够而导致了下沉。

五、路基排水方面的原因

水是路基的天敌，对路基危害无穷，当水浸入路基后路基内水位上升。路基排水的任务是把路基工作区的土基含水量降低到一定的范围内。土基含水量过大、排水不良会引起土质松软，稳定性和强度降低，边坡坍塌，造成堤身沉陷或滑动以及产生冻害等。

2.2.2.3　高填方路基的设计

一、设计的主要特点

(1) 一般路基是套用典型横断面进行设计，无需加以论证和验算，对于高填方路堤，则要对其边坡进行稳定性分析、验算，以确定合理的断面形式。

(2) 高填方路基过去大多预留沉降量，使路基沉降后仍能符合设计高度，而高等级道路具有较严格的技术标准，不可能由于预留沉降量使路基在短时间趋于稳定，也不能因预留沉降量而在路基沉实后再调整路面高度。

(3) 只有在路基填筑过程中严格控制填筑质量，达到《规范》要求的密实度标准，从而减小完工后的沉降值，满足《公路路基设计规范》的要求，达到高填方路基稳定的目的。

(4) 当路堤高度大于 20m（粗中砂为大于 12m）时，其边坡坡度一般应进行单独设计，通过稳定性验算或论证确定。通常是上部高度不超过 20m（填粗砂、中砂为 12m）部分仍采用规范规定的坡度，以下部分的边坡坡度或加设平台的宽度要另行确定。

(5) 对于填土高度大于 20m 的填方路基，应考虑竣工后填土和路面自重压密固结所产生的沉降量，施工中须超填且路基顶面每侧应预留加宽值。使最终沉降后能维持路基设计标高。

二、设计的要求

(1) 高填方路基的路床要求

1) 路床土质应均匀、密实、强高度。路床压实度达不到《规范》规定的要求时，必须采取晾晒、掺石灰、换填料等技术措施处理，使之达到规定的强度要求。路床顶面横坡应与路拱横坡相一致。

2) 高填方路基基底范围内地表上层有树根草皮或腐殖土时应予清除。由于地表水或地下水影响路基稳定时，应采取拦截、引排等措施，或在路堤底填筑不易风化的片石、碎石或砂砾等透水性材料。路堤基底为耕作土或松散土时，必须做好填前碾压工作，其压实度要求不低于重型压实击实标准的 85%。

(2) 路基填料的选择：路基填料宜选用级配较好的粗粒土如砂、砾土作为填料。用不同填料填筑路基时应分层填筑，每一水平层均应采用同类填料。泥炭、淤泥、冻土，强膨胀土及易溶盐含量超过允许限量的土，不得直接用于填筑路基。

(3) 压实与压实度：高填方路基施工中应分层铺筑，应用振动式压实机械均匀压实，每一层位的压实度应符合《规范》的压实度标准。

(4) 高填方路基的边坡：

1) 高填方路基的边坡应根据填料种类、边坡高度和基底工程地质条件等确定。路基基础良好时，边坡坡度按表 2-2-9 确定。

路填边坡坡度　　表 2-2-9

填料种类	边坡高度（m）			边坡坡度		
	全部高度	上部高度	下部高度	全部高度	上部高度	下部高度
粉砂、粉土、粉质粘土、黏土	20	8	12	—	1∶1.5	1∶1.75
砂、砾	12	—	—	1∶1.5	—	—
漂（块）石土、卵石土、砾（角砾）类土、碎石土	20	12	8	—	1∶1.5	1∶1.75
不易分化的石块	20	8	12	—	1∶1.3	1∶1.5

注：采用台阶式边坡时，下部边坡可采用与上部边坡一致的坡度。

2）填方边坡高时，可在边坡中部每隔 8～10m 设边坡平台一道，平台宽度为 1～3m，用浆砌片石或水泥混凝土预制块防护。平台应设坡度为 2%～5%的缓坡并向外侧倾斜。受水浸淹的路基填方边坡坡度，在设计水位以下部分视填料情况可采用 1∶1.75～1∶2.0，在常水位以下部分可采用 1∶2～1∶3。如用渗水性好的土填筑或设边坡防护时，可采用较陡的边坡。

3）填石路基应采用不易风化的开山石料填筑，边坡坡度可采用 1∶1，边坡坡面应选用大于 25cm 的石块进行台阶式码砌，码砌厚度为 1～2m。填石路堤的高度不宜超过 20m。

三、路基稳定性的验算

《公路路基设计规范》第 3.3.6 条规定，当路基边坡高度超过 20m 和 12m 时应进行路基稳定性验算。

(1) 高路堤填方数量大、占地宽、行车条件差，为使路基边坡稳定和横断面经济合理，需要特殊设计。

(2) 由于要求高，而需要更加注意路基基底状况，了解地基浅层有无软弱夹层和地质不良地段；地下水及地表水对稳定性有无影响等。

(3) 如果路线通过地质不良地段，要尽量设法避绕，实在无法避绕时，应对其地质情况做深入细致的地质调查，仔细评估其稳定性，以防由于高路堤失稳而引起破坏。

(4) 高填方路堤稳定性验算时，稳定系数若达不到要求，需加固处理，对其加固措施应在初步设计阶段提出比较方案和推荐意见。

(5) 稳定性验算的方法，随着土质不同有不同的方法。

《规范》要求，对渗水土，可采用直线滑动面法进行验算；对黏质土可采用圆弧滑动面法进行验算，其稳定系数不得小于 1.25。由渗水性土填筑的路堤及路堤边坡，坍塌时，其破裂面形状近似一个平面，所以，简化为直线滑动面，依此进行计算并计算其稳定系数，如图 2-2-15 所示。

由黏性土填筑的路堤及边坡坍塌时，其破裂面形状为一曲面，如简化计算，将此曲面近似地段设为一圆弧面。对于圆弧滑动面，一般是通过边坡坡脚；对于折线性边坡，滑动面有时会通过折线的变坡点，对此，除了对整个路基边坡进行稳定性验算外，对上部较陡的边坡亦应进行验算。如果基底较为软弱，滑动面也可能会超过坡脚，对此则应按照基底滑动进行验算，如图 2-2-16、图 2-2-17、图 2-2-18 所示。

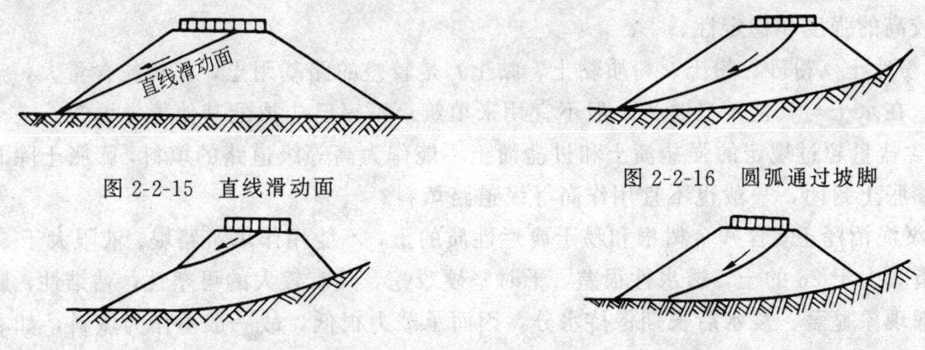

图 2-2-15　直线滑动面

图 2-2-16　圆弧通过坡脚

图 2-2-17　圆弧通过变坡点

图 2-2-18　圆弧超过坡脚

直线滑动面法和圆弧滑动面法是稳定验算中常用的两种方法，比较方便易行。此外还有公式计算法、图解法等也都可以应用。其具体计算公式和计算方法在有关设计手册中均有详细介绍。但是以上这些方法大多是近似计算，其精度有一定的局限性。20 世纪 90 年代中期以来，国内、外对路基稳定性研究有较大的进展，出现了一些新的、精度较高的计算方法，如应用较为广泛的二维线性有限元法，采用位移法求解；再如概率分析法，研究各种滑动情况下的破坏概率，以确定其概率值，并对稳定性进行分析，从中找出对稳定性最敏感的因素，以便于在路堤及边坡的设计中选择合理的处理措施。

2.2.2.4 高填方路基的施工

一、施工前的准备工作

（1）高填方路基在施工前，应全面熟悉设计文件，并对现场进行核对和调工调查，所调查的主要内容：

1）将工程范围的地形、地质、水文和地面排水情况等的调查放在首位。

2）工程范围内的交通和地上、地下构筑物及公用管线情况。

3）将施工现场的供水、供电、电讯设备及场外运输线路、生产和生活设施的设置地点等情况的调查放在重要位置上。

4）沿线附近可供取土的地点、运距和有关情况。

5）沿线附近可供排水的沟渠和涵管等情况。

6）施工现场附近测量标志及需要保护的植物和构造物等情况。

（2）根据从现场所收集到的实际情况，认真核准其工程数量，并及时按工期的要求、施工难易程度和人员、设备及材料的准备情况，编制成实施性的施工组织设计。

（3）做好征地拆迁、场地清理工作。对于路基附近的危险建筑物予以适当加固，对文和古迹应妥善保护。

（4）认真做好排水设施的准备工作，例如，应事先做好截水沟、排水沟等排水及防渗设施，特别是多雨地区和雨季施工更要加强这方面的工作。

（5）路基填料的选择。为确保路基的强度和稳定性，应尽可能的选择优质的土壤：

1）一般的土、石都可作为路堤的填料，用卵石、碎石、砾石粗砂等透水性良好的填料，只要分层填筑分层压实，可不控制含水量，用黏性土等透水性不良的填料，应在接近最佳含水量情况下分层填筑与压实。

2）碎（砾）石土，粗细亚砂土是较理想的路基填料，条件允许，应尽可能采用，其压实后有较高的强度和稳定性。

3）粉性土（粉砂、粉土、粉质黏土、黏土）是较差的路基用土，其粉粒含量大，毛细作用强，在水土与气候不良时，一般不宜用来填筑，不得已应掺配其他土类填筑。

4）含盐量超过规定的强盐渍土和过盐渍土不能作为高等级道路的填料，膨胀土除非表层用非膨胀土封闭，一般也不宜用作高等级道路填料。

5）淤泥沼泽土，含残余树根和易于腐烂性质的土，不能用作填筑路堤。液限大于50%及塑性指数大于26的土，透水性很差，干时坚硬难挖，具有较大的可塑性、粘结性、膨胀性，毛细现象显著，浸水后长期保持水分，因而承载力很低，故一般不作为填料，如非用不可，应在接近最佳含水量下充分压实，并设置完善的排水设施。

6）对所选的、准备用作填料的土必须进行土工试验。

二、路基的填筑施工

高填方路基在施工过程中必须首先满足普通路基的填筑施工要求，值得提请注意的一点是高填路基的边坡坡度一般是单独进行设计，并通过稳定性验算论证确定。所以在施工中应严格按设计边坡进行坡角线等的放线并进行分层填筑，不得缺填。《公路路基设计规范》规定，对于填土高度大于 20m 的填方路基，应考虑竣工后填土和路面自重压密固结所产生的沉降量，且路基顶面每侧应预留加宽值。加宽值视填土压缩沉降量和道路等级而定。

（一）河滩路基的填筑

河滩路堤除承受一般外力和自重外，其淹没部分还要承受水的浮力及渗透水压力的作用。当水位骤降时，土体内部的水向外坡流出，其渗透动水压力可能破坏路堤边坡稳定性，故路堤浸水部分应采用水稳性较高及渗水性好的填料。其边坡较缓和一点。

（二）土方路堤的填筑

（1）路基填料要求

不得使用淤泥、沼泽土、冻土、有机土、含草皮土、生活垃圾、树根和腐殖土。液限大于 50、塑性指数大于 26 的土以及含水量超过规定的土，不得直接作为路基填料。需要使用时，必须采取满足设计要求的技术措施处理，经检查合格后方可使用。路基填料应有一定的强度要求，其 CBR 值应满足《公路土工试验规程》(JTJ 051—93) 的规定。

（2）填筑方法

土方路堤应分层填筑，用透水性不良的土填筑路堤时，应控制其含水量在最佳压实含水量的±2%之内。分层的最大松铺厚度，高等级道路、一级道路不超过 30cm，路基顶面最后一层最小压实厚度不应小于 8cm。填筑路堤宜采用水平分层填筑法施工。如原地面不平，应由最低处分层填筑，每一填层均应符合压实度规定要求。

原地面纵坡大于 12%的地段，可采用纵向分层法施工，沿纵坡分层，逐层填压密实。原地面横坡陡于 1∶5 时，原地面应挖成台阶（台阶宽度不小于 1m），并且用小型夯实机加以夯实。填筑应由最低一层开始逐台向上填筑。对于陡峻山坡的半填挖路基，设计边坡外的松散弃土应在路基竣工后全部清除。

机械作业时，应根据工地地形、路基横断面形状和土方调配图等，合理地规定机械运行路线。土方集中工点，应有全面、详细的机械运行作业图。挖掘机、装载机与自卸车配合运输时，要合理布置取土场地的汽车运输路线并设置必要的标志。汽车配备数量，应根据运距远近和车型确定，其原则是满足挖装设备能力的需要。

在我国太旧高等级道路西段第六标段 K36+500～K36+650 段高填方施工中，高填方段长 150m，填方高度 37m，底宽 120m，有涵洞 1～2.5m，石拱涵道长 118m、1～5m 通道一座长 100m，动用土方 18.9 万 m^3。路基填方为亚黏土，是较好的路基填料。施工机具配有 50t 振动碾，25t 振动压路机，18～21t 静碾压路机、推土机、装载机、自卸汽车、水车等施工机械。施工过程中认真按规范要求进行施工，分层填土高度控制在 30～50cm 之间，土样最大干密度 1.93g/cm^3，压实度根据路基填土高度分别按 85%、90%、95%控制。从基底开始逐层填筑到路基设计标高，历时 3 个月，于 1994 年 11 月 10 日填筑完毕。工程完工后，为了了解该段路基的稳定情况，及时掌握该段高填路基的动态，在路面铺筑之前设了观察站每半月进行一次观测，观测时间从 11 月 15 日开始至次年 4 月底，历时 5 个半月，累计下沉 4cm，路基基本处于稳定状态。从太旧路全线完工投入营运至今，该路段未发现继续下沉的现象，也未发现有任何病害发生。

（三）填石路堤的填筑

（1）填石路堤中石料强度不应小于 15MPa，且石料的最大粒径不宜超过层厚的 2/3。利用强风化石料或软质岩石填筑路堤，当用重型压路机或夯锤压实时，石料可能被碾压成碎屑、碎粒，这类石料应测定CBR值，符合要求时才准许使用，以保证路堤填筑压实后的浸水整体强度和稳定性要求。

(2) 填石路堤应分层填筑，分层压实，分层松铺厚度不宜大于0.5m。逐层填筑时应安排好石料运输路线，专人指挥，按水平分层填筑，先低后高，先两侧后中央卸料，并用大型推土机摊平。个别不平处应配合人工用细石填筑，石屑找平。当石料级配差、粒径较大、填层较厚、石块间空隙较大时，可在每层表面的空隙里扫入石渣、石屑、中粗砂，再用压力水将其冲入下部，反复数次，使空隙填满。当人工铺填粒径25cm以上石料时，应先铺填大块石料，大面向下，小面向上，摆平放稳，再用小石块找平，石屑塞缝，最后压实。

(3) 填石路堤的填料如其岩性相差悬殊，则应将不同岩性的填料分层或分段填筑。例如在太旧高等级道路中段路基施工时遇到了一特殊地段，这段工程沿线没有可供填筑路基的土方可利用，填料要到很远的地方去运。为了解决该路基的填筑问题，建设单位在该段做了试验段。该段路基的填料均为泥岩、页岩等软质岩石，且铁质砂岩的比例较大。针对这种情况，对路基施工做了规定。泥岩填筑路基除应满足通用填料路基施工的要求外，为了尽快减少施工后的压缩沉降，应采用大功率的振动压路机进行破碎碾压，使其空隙率小于13%。此外还应注意下列几点：

1) 由于泥岩强度较低，对填路基的填料应进行压碎值试验。

2) 路堤基底以下80cm范围内填砂砾土，其最大粒径应小于15cm。

3) 路堤边坡防护面积较大时，可选用干砌片石坡面防护并用10号水泥砂浆勾缝，以避免地面水的侵入。

4) 路基填料应做CBR值试验，并满足路基顶面以下15cm内填料CBR值应不小于10，路堤下部填料CBR值不小于5。

5) 路基填料应分层填筑，分层碾压，每层松铺厚度应视振动压路机的能力而定，松方厚度不大于60cm。填料的最大粒径应小于压实厚度的2/3，对超出要求的石块应剔除或破碎后填筑。填筑过程中，大粒径石块不得集中填筑也不得互相重叠，石料摊平后以小粒径石渣或碎石填充空隙，以便压实。

(4) 压实度测点的取样位置为顶层距碾压顶面小于20cm，底层取样位置距底层为20cm。每次碾压完毕后，对密度测点的填料采用筛分法进行粒度测定，算出土石比，求出压实度。在工程施工中严格按照上述要求进行，并在现场有专人负责，以确保工程质量。工程完工后经两年多的检验，道路使用情况良好。

(四) 土石路堤的填筑

(1) 天然土石混合料中所含石料强度大于20MPa时，石块最大粒径不得超过压实层厚度的2/3；当所含石料为软质岩时，石料最大粒径不得超过压实层厚度。

(2) 土石路堤不得采用倾填方法，均应分层填筑，分层压实。每层铺填厚度应视压实机械类型和规模确定，但不得超过40cm。

(3) 当填筑两侧边缘线以形成填方边坡时，则填筑面的横坡度不小于4%，且不大于10%。如原地面有一定横坡，填筑面在山坡上侧边缘线以下未形成填方边坡，则填筑面应以单向坡面为宜，填筑面横坡倾向山坡下方，横坡不小于4%，且不大于10%。

(4) 压实后渗水性差并有较大石块的土石混合料应分层或分段填，一般不宜纵向分幅填筑。当土石混合料中石料岩性或土石混合比相差较大时，应分层或分段填筑，否则应将含硬质石块混合料铺于填筑层的下面，且石块不得过分集中或重叠，上面铺软质石料混合料，再进行整平碾压。

(5) 当土石混合料中石料含量超过70%时，应先铺填大块石料，大面向下，设置平稳，再铺小块面料、石渣或石屑嵌缝找平，然后碾压；当石料含量小于70%时，土石可混合铺填，但应避免硬质石块集中。

高等级道路土石路堤的路床顶面以下30～50cm范围内应填筑符合路床要求的土并分层压实，其填料粒径不大于10cm。如填料来源不同，其性质相差较大时，应分层填筑，不应分段或纵向分幅填筑。

2.2.3 高路堤软基的处理

在软基地段填筑高路堤，路基在自然环境影响和汽车重复荷载作用下地基的变形和强度一般不能满足工程设计的要求。引起路基的整体下沉和局部沉陷，边坡坍塌，影响了道路的正常使用，降低了道路的评定等级。因此，高路堤工程应以变形控制为主，实际上现行的多种处理方法均以强度设计为主，处理目的是提高软弱地基强度，工程中提高地基强度和稳定性相对容易实现。

目前国内外处理软弱地基的方法很多，常用的有：塑料排水板、旋喷桩、粉喷桩、袋装砂井、排水砂垫层、土工织物加固、预压、砂（碎石）桩、石灰桩、换土反压护道及灌浆法等等。下面介绍几种处治措施，以供处理路基病害时参考。

2.2.3.1 换土覆填法

采用换土覆填法施工，可有效地处治软基和增强基层的承载能力，适合于软土层较薄且易于排水施工的情况。若大规模地全面换土，耗资大、成本高、难以承受。抛石挤淤是强迫换土的一种形式，适用于池塘，沼泽或河流等积水洼地，常年积水且不易抽干表面无硬壳，软土液性指数大，厚度薄，片石能沉至下卧层的情况，爆破排淤换填深度较大，工效较高适用于软土层较厚，稠度大、路堤较高及施工期紧迫的情况。

在软土地基上修筑路堤，如果工期不紧，可以先填筑一部分或全部使地基经过一段时间固结沉降，然后再填足和铺筑路面或预先把土填得较设计高度高一些，或加宽填土宽度，以加速地基固结下沉，以后再挖除超填部分，这种预压或超载预压的方法，简单易行，但需要较长的固结时间。路堤高时常采用分级加荷预压。

换填法的加固原理是根据土中附加应力分布规律，让垫层承受上部较大的应力，软弱层承担较小的应力，以满足设计对软地基的要求。

垫层的主要作用是：

1）提高持力层的承载力。通过扩散作用使传到垫层下软弱层的应力减小。

2）减少沉降量。一般道路地基浅层部分的沉降量在总沉降量中所占的比例较大。

3）加速较弱土层的排水。不透水基础直接与软弱土层相接触时，在荷载的作用下，软弱土地基中的水被迫绕基础两侧排出，因而使基底下的软弱土不易固结，形成较大的孔隙水压力，还可能导致由于地基强度降低而产生塑性破坏的危险，砂石垫层和砂垫层等材料透水性大，软弱土层受压后，垫层可作为良好的排水面。使基础下面的孔隙水压力迅速消散，加速垫层下软弱土层的固结和提高其强度，避免地基土塑性破坏。

4）防止冻胀。因为粗颗粒的垫层材料孔隙大，不易产生毛细管现象，因此可以防止寒冷地区土中的冰所造成的冻胀，这时，砂垫层的底面应满足当地冻结深度的要求。

因此，换填法适用于淤泥、淤泥质土、湿陷性黄土、素填土、杂填土等软地基，以及暗沟、暗塘等的浅层处理。

2.2.3.2 排水固结法

一、排水固结法的原理

土层的排水固结效果和它的排水边界条件有关。如图 2-2-19(*a*)所示的排水边界条件，即土层厚度相对荷载宽度（或直径）来说比较小，这时土层中的孔隙水向上、下面透水层排出而使土层发生固结，这称为竖向排水固结。根据固结理论，黏性土固结所需的时间和排水距离的平方成正比，土层越厚，固结延续的时间越长。为了加速土层的固结，最有效的方法是增加土层的排水途径，缩短排水距离。砂井、塑料排水板等竖向排水体就是为此目的而设置的，如图 2-2-19（*b*）所示，这时土层中的孔隙水主要从水平向通过砂井和部分从竖向排出。砂井缩短了排水距离，因而大大加速了地基的固结速率（或沉降速率），这一点无论从理论上还是工程实践上都得到了证实。

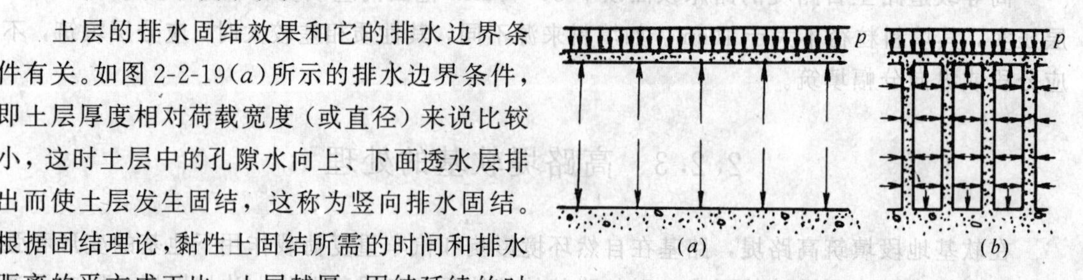

图 2-2-19　排水法的原理
（*a*）竖向排水情况；（*b*）砂井地基排水情况

二、排水固结法的应用范围

我国东南沿海和内陆广泛分布着海相、湖相以及河相沉积的软弱黏性土层。这种土的特点是含水量大、压缩性高、强度低、透水性差且不少埋藏深厚。由于其压缩性高、透水性差，在建筑物荷载作用下会产生相当大的沉降和沉降差，而且沉降的延续时间很长，有可能影响建筑物的正常使用。另外，由于其强度低，地基承载力和稳定性往往不能满足工程要求。因此，这种地基通常需要采取处理措施，排水固结法就是处理道路软黏土地基的有效方法之一。按照使用目的，排水固结法可以解决以下两个问题：

（1）沉降问题：使地基的沉降在加载预压期间大部分或基本完成，使建筑物在使用期间不致产生不利的沉降和沉降差。

（2）稳定问题：加速地基土抗剪强度的增长，从而提高地基的承载力和稳定性。

排水固结法是由排水系统和加压系统两部分共同组合而成的。即：

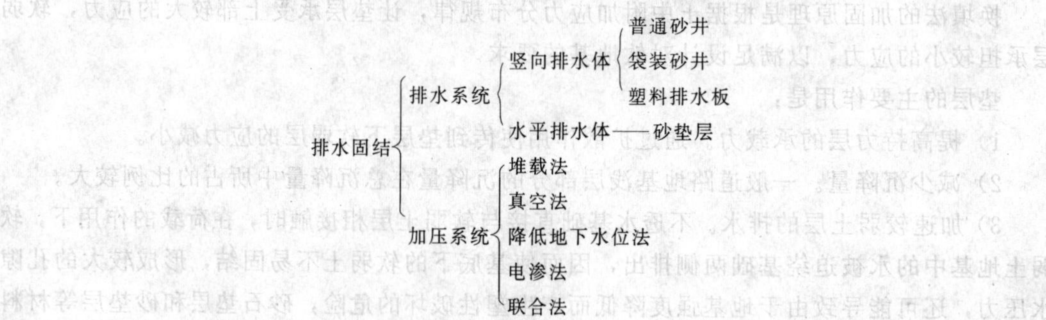

工程上广泛使用的，行之有效的增加固结压力的方法是堆载法，此外，还有真空法、降低地下水位法、电渗法和联合法等。采有真空法、降低地下水位法和电渗法不会像堆载法有可能引起地基土的剪切破坏，所以较为安全，但操作技术比较复杂。

排水固结法的设计，实质上在于合理安排排水系统和加压系统的关系，使地基在变压过程中排水固结，增加一部分强度以满足在逐渐加荷的条件下地基稳定性的要求，并加速地基的固结沉降，缩短预压的时间。

排水固结法设计流程图可参照图 2-2-20 的流程进行。

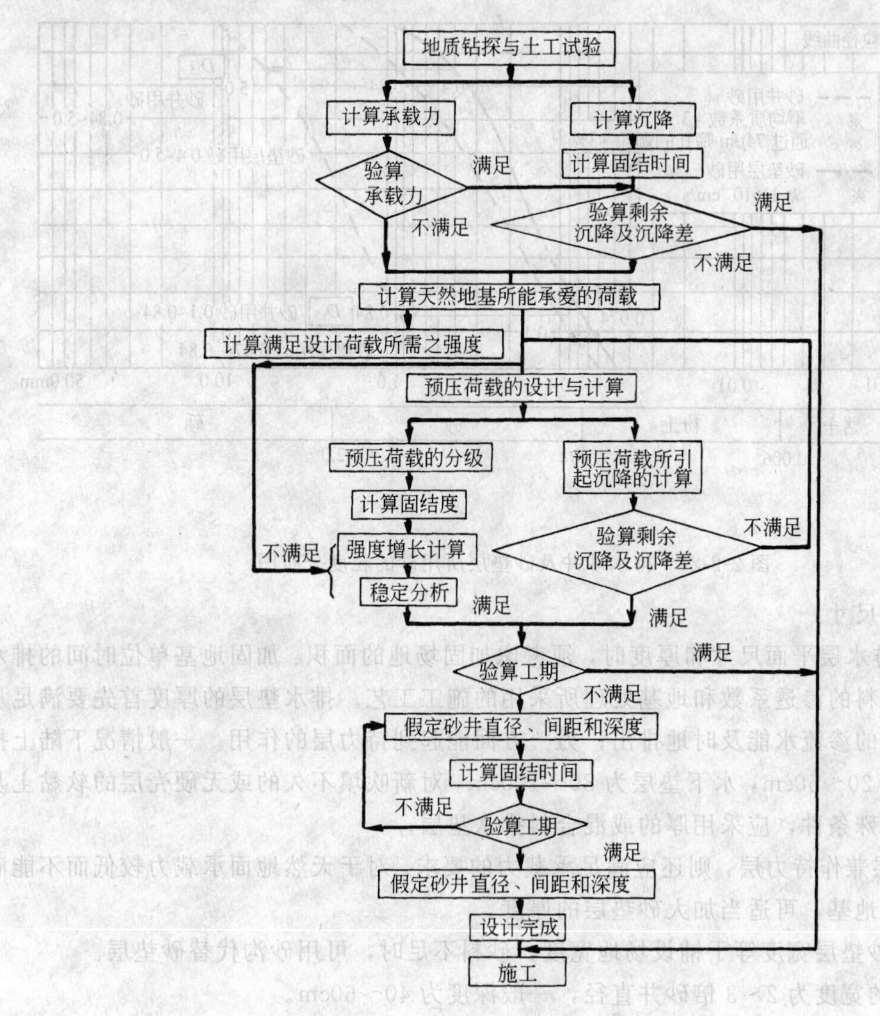

图 2-2-20 排水固结法设计流程图

三、堆载预压施工方法

要保证排水固结法的加固效果，从施工角度考虑，主要做好以下三个环节：铺设水平排水垫层、设置竖向排水体和施加固结压力。

（一）水平排水垫层的施工

排水垫层的作用是使在预压过程中，从土体进入垫层的渗流水迅速地排出，使土层的固结能正常进行，防止土颗粒堵塞排水系统。因而垫层的质量将直接关系到加固效果和预压时间的长短。

(1) 垫层材料：垫层材料应采用透水性好的砂料，其渗透系数一般不低于 10^{-3}cm/s，同时能起到一定的反滤作用。通常采用级配良好的中粗砂，含泥量不大于 3%，粒度分布如图 2-2-21 所示。一般不宜采用粉、细砂。也可采用连通砂井的砂沟来代替整片砂垫层。排水盲沟的材料一般采用粒径 D 为 3～5cm 的碎石或砾石，且满足下式：

$$\frac{D_{15}(\text{盲沟})}{D_{85}(\text{排水层})} < (4 \sim 5) < \frac{D_{15}(\text{盲沟})}{D_{15}(\text{排水层})}$$

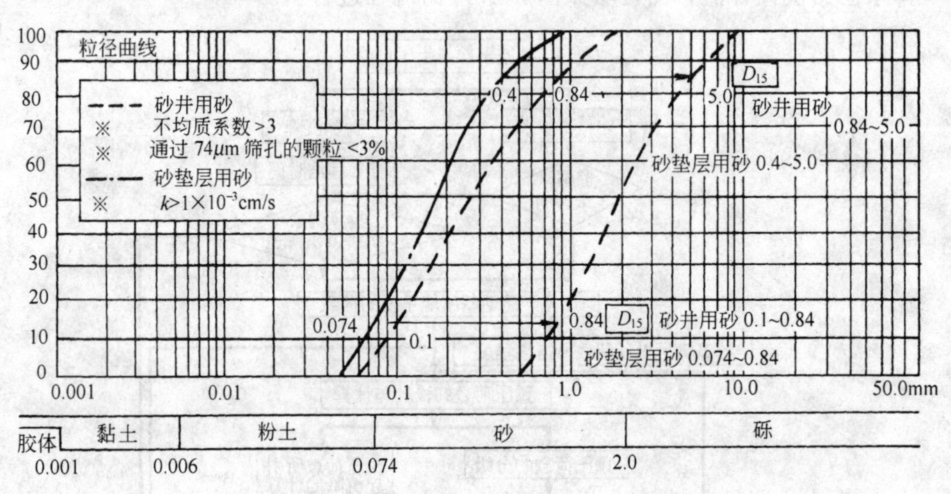

图 2-2-21　排水砂井及砂垫层所用砂的粒度分布图

(2) 垫层尺寸：

1) 确定排水层平面尺寸和厚度时，须考虑加固场地的面积、加固地基单位时间的排水量、排水层材料的渗透系数和地基处理所采用的施工工艺。排水垫层的厚度首先要满足从土层渗入垫层的渗流水能及时地排出；另一方面能起到持力层的作用。一般情况下陆上排水垫层厚度为 20～50cm，水下垫层为 80～100cm。对新吹填不久的或无硬壳层的软黏土及水下施工的特殊条件，应采用厚的或混合料排水垫层。

2) 排水层兼作持力层，则还应满足承载力的要求。对于天然地面承载力较低而不能满足正常施工的地基，可适当加大砂垫层的厚度。

3) 排水砂垫层宽度等于铺设场地宽度，砂料不足时，可用砂沟代替砂垫层。

4) 砂沟的宽度为 2～3 倍砂井直径，一般深度为 40～60cm。

5) 盲沟尺寸与其布置形式和数量有关，设计时可采用达西定律。

$$q = kAi/5$$

式中　q——盲沟单位时间排水量，对于饱和土等于其负担面积单位时间土体的压缩体积 (cm^3/s)；

i——水力坡降，一般为 0.01～0.05；

k——材料渗透系数，取 2.5cm/s；

A——断面面积 (cm^2)。

(3) 垫层施工：排水砂垫层目前有四种施工方法：

1）当地基表层有一定厚度的硬壳层，其承载力较好，能承载通常的运输机械时，一般采用机械分堆摊铺法，即先堆成若干砂堆，然后用机械或人工摊平。

2）当硬壳层承载力不足时，一般采用顺序推进摊铺法。

3）当软土地基表面很软，如新沉积或新吹填不久的超软地基，首先要改善地基表面的持力条件，使其能承载施工人员或轻型运输工具。

4）尽管对超软地基表面采取了加强措施，但持力条件仍然很差，一般对不能承载轻型机械的情况下，通常要用人工或轻便机械顺序推进铺设。

不论采用何种施工方法，都应避免对软土表层的过大扰动，以免造成砂和淤泥混合，影响垫层的排水效果。另外，在铺设砂垫层前，应清除干净砂井顶面的淤泥或其他杂物，以利砂井排水。水平排水垫层施工与铺设方法见表 2-2-10 所列。

水平排水垫层施工与铺设方法 表 2-2-10

施工要求	砂垫层铺设方法	
	按砂源供应情况采用	按地场情况采用
(1) 垫层平面尺寸和厚度符合设计要求。厚度误差为$\pm h/10$(h 为垫层设计厚度) 每 $100m^2$ 挖坑检验； (2) 与竖向排水通道连接好，不允许杂物堵塞或隔断连接处； (3) 不得扰动天然地基； (4) 不得将泥土或其他杂物混入垫层； (5) 真空预压垫层，其面层 4cm 厚度范围内不得有带棱角的硬物	(1) 一次铺设：砂源丰富时，可一次铺设砂层至设计厚度； (2) 分层铺设：砂源供应不及时，可分层铺设，每次铺设厚度为设计厚度的 1/2，铺完第一层后，进行垂直排水通道施工，再铺第二层	(1) 机械施工法：地基能承受施工机械运行时，可用机械铺砂； (2) 人力铺设法：地基软弱不能承受机械碾压时，可用人力车或轻型传递带由外向里(或由一边向另一边)铺设，当地基很软施工人员无法上去施工时，可采用铺设荆笆或其他透水性好的编织物的方法

（二）竖向排水体施工

竖向排水体在工程中的应用有普通砂井、袋装砂井、塑料排水带。陆上砂井直径一般为 20～30cm，水下砂井直径 30～40cm，井径比为 8～10。砂料为中粗砂，含泥量小于 3%，粒度要求如图 2-2-21 所示。袋装砂井直径一般为 7～10cm，井径比为 15～30。

(1) 砂井施工：砂井施工要求：①保持砂井连续和密实，并且不出现缩颈现象；②尽量减小对周围土的扰动；③砂井的长度、直径和间距应满足设计要求。

砂井施工一般先在地基中成孔，再在孔内灌砂形成砂井。表 2-2-11 为砂井成孔和灌砂方法。选用时应尽量选用对周围土扰动小且施工效率高的方法。

砂井成孔和灌砂方法 表 2-2-11

类型	成孔方法		灌砂方法	
使用套管	管端封闭	冲击打入 振动打入	用压缩空气	静力提拔套管 振动提拔套管
		静力压入	用饱和砂	静力提拔套管
	管端敞口	射水排土 螺旋钻排土	浸水自然下沉	静力提拔套管
不使用套管	旋转、射水 冲击、射水		用饱和砂	

砂井成孔的典型方法有套管法、射水法、螺旋钻成孔法和爆破法。

(2) 袋装砂井施工：袋装砂井是用具有一定伸缩性和抗拉强度很高的聚丙烯或聚乙烯编织袋装满砂子，它基本上解决了大直径砂井中所存在的问题，使砂井的设计和施工更加科学化，保证了砂井的连续性；打设设备实现了轻型化；比较适合在软弱地基上施工；用砂量大为减少；施工速度加快、工程造价降低，是一种比较理想的竖向排水体。

1) 施工机具和工效：在国内，袋装砂井成孔的方法有锤击打入法、水冲法、静力压入法、钻孔法和振动贯入法5种（表2-2-12）。

各种袋装砂井成孔施工方法所用的机具和工效　　表2-2-12

序号	成孔方法	机具总重（kg）	主要机械设备	平均成孔时间	平均工效	最高工效
1	打入法	1000	1t卷扬机一台 55kW电机一台 600kg锤一个	12min43s	22min54s	18min35s
2	水冲法	500	0.5t卷扬机一台 75 TSW－7水泵一台	10min	15min32s	12min
3	压入法	4000	1t卷扬机两台 3t卷扬机两台	15min	30min	
4	钻孔法	1000	100型钻机一台	1min	75min	
5	振动贯入法		KM2 12000A型振动打桩机一套	30s	8min	6min

由于袋装砂井直径小、间距小，所以加固同样面积的土所需打设袋装砂井的根数要比普通砂井的根数为多。如直径70mm袋装砂井按1.2m正方形布置，则每1.44m^{2}需打设一根，而直径0.4m的普通砂井，按1.6m正方形布置，每2.56m^{2}需打设一根，所以前者打设的根数是后者的1.8倍。国内某些单位对普通砂井和袋装砂井作了经济比较：在同一工程中，加固每平方米地基的袋装砂井费用是普通砂井的50%左右。

2) 砂袋材料的选择：砂袋材料必须选用抗拉力强、抗腐蚀和紫外线能力强、透水性能好、韧性和柔性好、透气，并且在水中能起滤网作用和不外露砂料的材料制作。国内采用过的砂袋材料有麻布袋和聚丙烯编织袋，其力学性能如表2-2-13所示。

砂袋材料力学性能表　　表2-2-13

材料名称	拉伸试验		弯曲180°试验			渗透性（cm/s）
	抗拉强度(MPa)	伸长率(%)	弯心直径(cm)	伸长率(%)	破坏情况	
麻袋布	1.92	5.5	7.5	4	完整	
聚丙烯编织袋	1.70	25	7.5	23	完整	>0.01

3) 施工要求：灌入砂袋的砂宜用干砂，并应灌制密实。砂袋长度应较砂井孔长度长50cm，使其放入井孔内后能露出地面，以便埋入排水砂垫层中。

袋装砂井施工时，所用钢管的内径宜略大于砂井直径，以减小施工过程中对地基土的扰动。另外，拔管后带上砂袋的长度不宜超过500mm。

(3) 塑料带排水法施工：塑料带排水法是将带状塑料排水带用插带机将其插入软土中，然后在地基面上加载预压（或采用真空预压），土中水沿塑料带的通道逸出，从而使地基土得到加固的方法。

塑料带排水法是由纸板排水发展和演变而来的。其特点是单孔过水断面大、排水畅通、质量轻、强度高、耐久性好、耐酸、耐碱、滤膜与土体接触后有滤土能力，是一种较理想的竖向排水体。它由芯板和滤膜组成。芯板是由聚丙烯或聚乙烯塑料加工而成的两面有间隔沟槽的板体。土层中的固结渗流水通过滤膜渗入到沟槽内，并通过沟槽从排水垫层中排出。根据塑料排水带的结构，要求滤膜渗透性好，与粘性土接触后其渗透系数不低于中粗砂，排水沟槽输水畅通。

2.2.3.3 加筋技术

一、概述

土的加筋是指在人工填土的路堤或挡墙内铺设土工合成材料（或钢带、钢条、钢筋混凝土（串）带、尼龙绳等）；或在边坡内打入土锚（或土钉、树根桩、碎石桩等），如图2-2-22所示。这种人工复合的土体，可承受抗拉、抗压、抗剪和抗弯作用，借以提高地基承载力、减少沉降和增加地基稳定性。这种起加筋作用的人工材料称为加筋材。

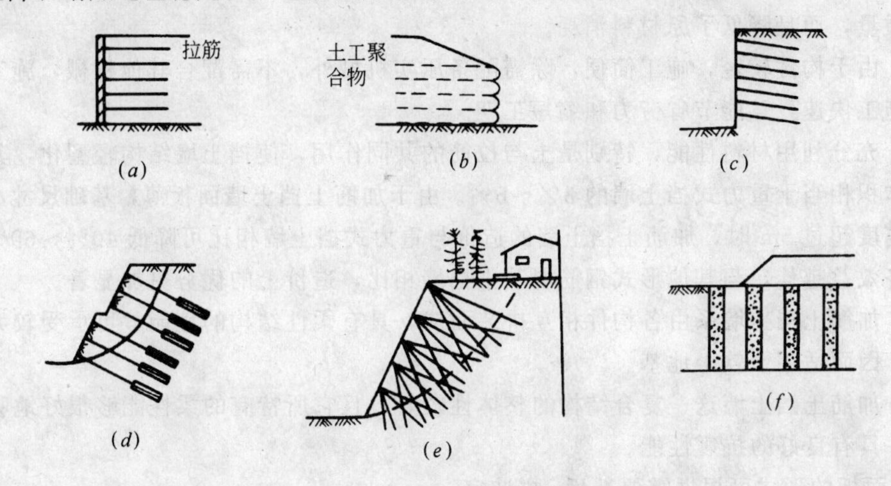

图 2-2-22 加筋技术在工程中应用

(*a*) 加筋土挡墙；(*b*) 土工聚合物加筋土堤；(*c*) 土锚加固边坡；
(*d*) 土钉；(*e*) 树根桩稳定边坡；(*f*) 碎石桩加固路基

土中加筋在我国古代早有所见，人们早已用草秸等材料掺入胶泥盖屋或用柴枝褥垫修路。汉武帝时以草枝建造长城，这些均有史可查。然而现代加筋土技术的发展始于 20 世纪 60 年代初期，法国工程师首先在试验中发现，当土掺有纤维材料时，其强度可明显提高到原有天然土强度的好几倍，并由此提出了土的加筋概念和理论。

在本书的前面曾提到过的碎石桩、砂桩等均属于土的加筋范畴。下面仅介绍加筋土挡墙土钉技术。其余土工合成材料、土层锚杆等有关内容因限于篇幅，请参见有关资料。

二、加筋土挡墙

（一）加筋土挡墙的概述

加筋土挡墙系由填土、在填土中布置一定量的拉筋以及直立的墙面板三部分组成一个整体的复合结构。这种结构内部存在着墙面土压力、拉筋的拉力及填料及拉筋间的摩擦力等相互作用的内力。这些内力互相平衡，保证了这一复合结构的内部稳定。同时，加筋土这一复合结构类似于重力式挡墙，还要能抵抗加筋体后面填土所产生的侧压力，即为加筋土挡墙的外部稳定，从而使整个复合结构稳定。与其他结构一样，在加筋土结构外部稳定性验算中，还包括地基承载力的稳定验算。

1982年在武汉召开了我国“加筋土学术研究会”，1983年在太原召开了全国公路加筋土技术经验交流会。其后又先后多次召开了全国性会议。我国目前已编制了《公路加筋土工程设计规范》（JTJ 035—91）和《公路加筋土工程施工技术规范》（JTJ 015—91）。目前我国最高的加筋土挡墙在陕西“故邑”，高达35.5m；最长的是重庆沿长江的滨江公路驳岸墙，总长达到5km。现今加筋土技术已广泛用于路基、桥梁、驳岸、码头、贮煤仓、槽道和堆料场等工程中。

（二）加筋土挡墙的特点

（1）它的最大特点是可做成很高的垂直填土，从而减少占地面积，这对不利于放坡的地区、城市道路以及土地珍贵的地区而言，有着巨大的经济意义。

（2）面板、筋带可在工厂中定型制造加工，构件全部预制，实现了工厂化生产，不但保证了质量，而且降低了原材料消耗。

（3）由于构件较轻，施工简便，除需配备压实机械外，不需配合其他机械，施工易于掌握，施工快速，且能节省劳力和缩短工期。

（4）充分利用材料性能，特别是土与拉筋的共同作用，使挡土墙结构轻型化，其所用混凝土体积相当于重力式挡土墙的3%～5%。由于加筋土挡土墙面板薄，基础尺寸小，当挡土墙高度超过5m时，加筋土挡土墙的造价与重力式挡土墙相比可降低40%～60%，墙越高经济效益越佳，与其他形式钢筋混凝土挡墙相比，造价上的优势更加显著。

（5）加筋土挡土墙系由各构件相互拼装而成，具有柔性结构的性能，可承受较大的地基变形，因而适用于软土地基。

（6）加筋土挡土墙这一复合结构的整体性较好，且它所特有的柔性能够很好地吸收地震能量，具有良好的抗震性能。

（7）面板的形式可根据需要选用，拼装完成后造型美观，适合于城市道路的支挡工程。

加筋土挡墙主要适用于道路加筋土挡墙和道路梁（板）式加筋土桥台等构筑物，因限于篇幅，本节主要介绍道路加筋土挡土墙的内容。

（三）加筋土挡土墙的破坏机理

加筋土挡土墙的整体稳定性取决于加筋土挡土墙的内部和外部的稳定性，其可能产生的破坏形式如图2-2-23和图2-2-24所示。

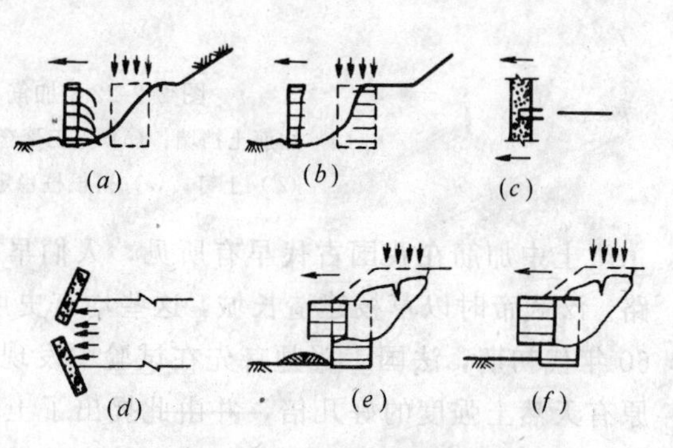

图2-2-23　加筋土挡土墙内部可能产生的破坏形式

(a) 拉筋拔出破坏；(b) 拉筋断裂；(c) 面板与拉筋间接头破坏；(d) 面板断裂；(e) 贯穿回填土破坏；(f) 沿拉筋表面破坏

从加筋土挡土墙内部结构分析知（图2-2-25），由于土压力的作用，土体中产生一个破裂面，破裂面的滑动楔体达到极限状态。在土中埋设拉筋后，趋于滑动的楔体，通过面板和土与拉筋间的摩擦作用产生将拉筋拔出的倾向。因此，这部分的水平分力τ的方向指向墙外。滑动楔体后面的土体则由于拉筋和土体间的摩擦作用把拉筋锚固在土中，从而阻止

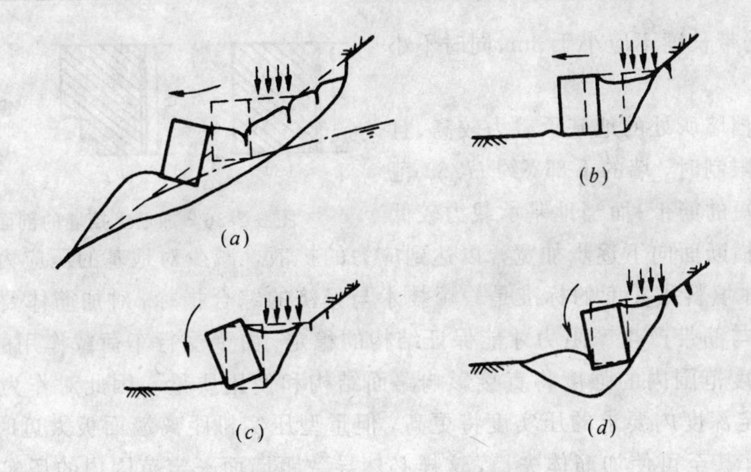

图 2-2-24 加筋土挡土墙外部可能产生的破坏形式

(a) 土坡整体失稳；(b) 滑动破坏；(c) 倾覆破坏；(d) 承载力破坏

拉筋被拔出，这一部分的水平分力是指向土体。两个水平方向分力的交点就是拉筋的最大应力点。将每根拉筋的最大应力点连接成一曲线，该曲线把加筋土挡墙分成两个区域，将各拉筋最大应力点连线以左的土体称为主动区（或活动区），以右的土体称为被动区（或锚固区、稳定区），如图 2-2-25 所示。

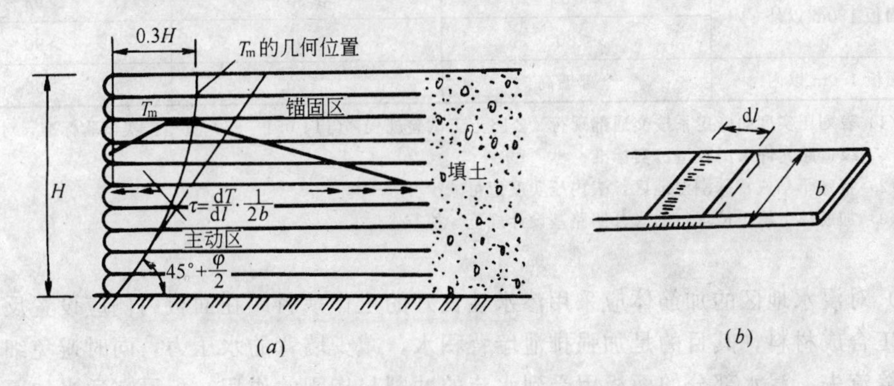

图 2-2-25 加筋土挡土墙内部结构受力分析

通过大量的室内模型试验和野外实例资料分析，两个区域的分界线离开墙面的最大距离为 $0.3H$。当然加筋土两个区域的分界线的形式，还要受下列几个因素的影响。即：结构的几何形状、作用在结构上的外力、地基的变形、土与拉筋间的摩擦力。

（四）加筋土挡墙构造设计

（1）加筋挡墙应随公路平面线形设计而变化，平面布置可以是直线、折线和曲线。相邻墙面的内夹角不宜小于 70°，主要考虑该部位筋带的施工方便和受力的合理与经济。

加筋体筋带一般应水平布设并垂直于面板，当一个结点有两条以上筋带时应扇状分开。当相邻墙面的内夹角小于 90°时，宜将不能垂直布设的筋带逐渐斜放，必要时在角隅处增设加强筋带。

（2）加筋土挡墙的剖面形式一般应采用矩形（图 2-2-26（a））。当受地形、地质条件限制时，也可采用图 2-2-26（b）或 2-2-26（c）的形式。断面尺寸按内部稳定和外部稳定由计算确定，底部筋带长度不应小于3m，同时不小于0.4H。

当加筋土挡墙所处的地基承载力较高，且横向净空受到限制时，墙的下部（约$H/3$）范围内可采用较短的筋带；而当地基承载力较低时，可将墙的横断面向下逐步加宽，以达到应力的扩散，减少对地基的压应力。

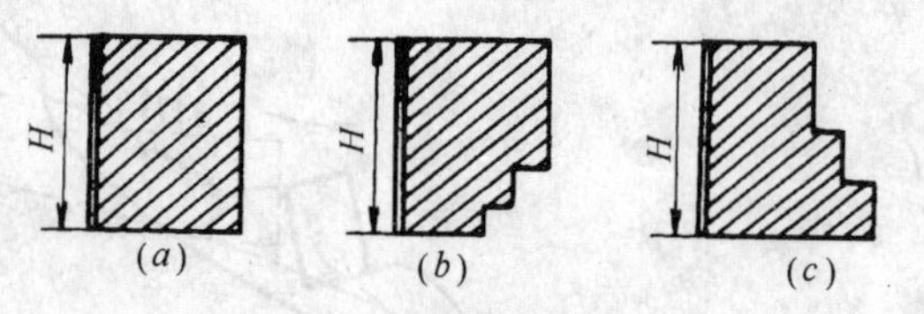

图 2-2-26 加筋土挡墙的剖面形式

(3) 加筋体填料压实度的标准是一个技术与经济的综合指标，对加筋体要求填料达到足够压实度后与筋带产生摩阻力才能保证结构的稳定。由于受行车荷载作用的影响，加筋体顶部一定深度范围内的强度将直接影响路面结构和使用质量。因此对作为路面基础的加筋体，在一定深度内要求的压实度将更高，但重型压实机距离墙面板太近时，将会造成面板位移过大，甚至可使加筋体失稳，这样必然导致距墙面一定范围内的压实度系数将有所降低，因此JTJ 015—91规范规定采用距墙板面1m为界考虑不同的压实度系数（见表2-2-14）。

加筋体填料压实度系数 表 2-2-14

填土范围	路槽底面以下深度（cm）	压实度（%）	
		高速、一级公路	二、三、四级公路
距面板1.0m以外	0～80	≥95	>93
	<80	>90	>90
距面板1.0m以内	全部墙高	≥90	≥90

注：(1) 表列压实度的确定系按交通部现行《公路土工试验规程》(JTJ 051—85) 重型击实试验标准，对于三、四级道路允许采用轻型击实标准；
(2) 特殊干旱或特殊潮湿地区，表内压实度值可减少2%～3%；
(3) 加筋体上填土按现行的《公路路基设计规范》执行。

(4) 对浸水地区的加筋体应采用渗水性良好的土作填料。在面板内侧应设置反滤层或铺设土工合成材料，其目的是加强排泄墙背积水，减少墙背的水压力，同时避免细粒土从面板接缝流失。浸水部分的面板因受到水流的冲刷与掏刷的作用，板厚宜适当加厚。

对季节性冻土地区的加筋体宜采用非冻胀性土作填料，否则应在墙面板内侧设置不小于0.5m的砾砂防冻层。

(5) 加筋体墙面下部应设置宽度不小于0.3m，厚度不小于0.2m的混凝土基础，但属下列情况之一者可不设：1) 面板筑于石砌圬工或混凝土之上；2) 地基为基岩。

(6) 对设置在斜坡上的加筋土结构，应在墙脚设置宽度不小于1m的护脚，以防止前沿土体在加筋土体水平推力作用下剪切破坏，导致加筋土结构丧失稳定性，如图2-2-27所示。

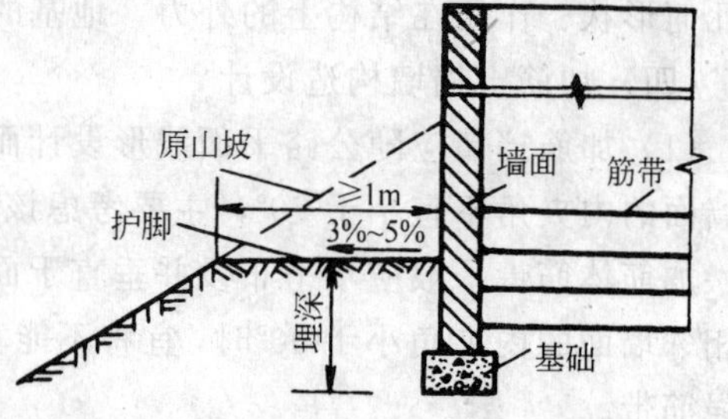

图 2-2-27 加筋土挡墙护脚横断面图

(7) 加筋土挡墙应根据地形、地质、墙高等条件设置沉降缝。其间距是：土质地基为10～30m，岩石地基可适当增大。沉降缝或伸缩缝的宽度一般为10～20mm，可采用沥青板、软木板或沥青麻絮等填塞。

(8) 加筋土挡土墙顶部一般应按路线要求设置纵坡；路堤式挡土墙也可调整两端与路线水平距离，变更墙高，将墙顶设计成平坡；设置纵坡的加筋土挡墙顶部可按纵坡要求设计异形面板，也可将需设异形面板的缺口用浆砌片或现浇混凝土补齐，如图2-2-28所示。

(9) 加筋土挡墙的基底可做成水平或结合地形做成台阶形式。

(10) 根据全国资料统计，在已修建的加筋土挡墙中除用砂砾和黄土填料外，墙高大于12m者很少，因此暂以12m作为高墙与短墙的分界线。对大于12m的高墙宜选择粗粒土、黄土等作填料。墙高的中部宜设宽度不小于1m的错台（图2-2-29）。增设错台有利于调整墙面水平位移，减少面板对地基的压力，并便于施工操作。

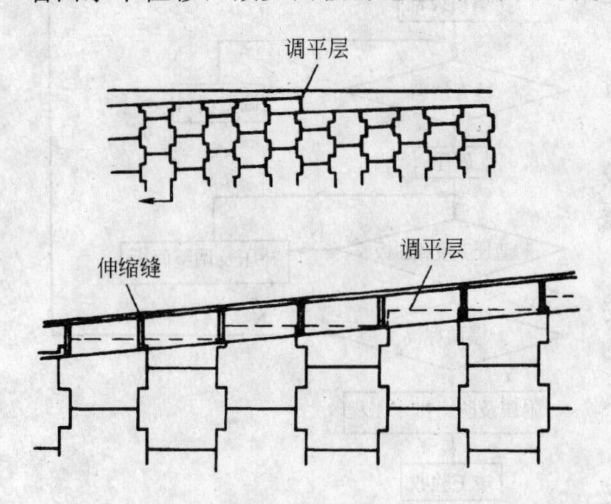

图2-2-28 加筋土挡土墙纵坡调平图

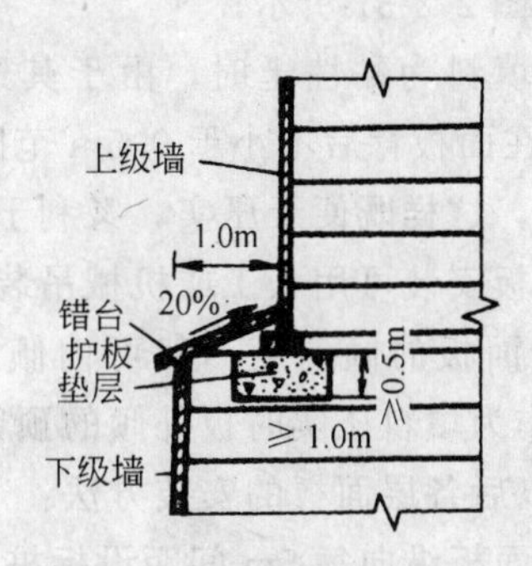

图2-2-29 加筋土挡土墙错台与垫层剖面图

错台顶部宜设20%的排水横坡，用混凝土板防护；当采用细粒填料时，上级墙的面板基础下宜设置宽度不小于1.0m，高度不小于0.5m的砂砾或灰土垫层。

(11) 双面加筋土挡墙按单面墙设计，可能存在筋带相互重叠问题，而引起摩擦力降低，因此相互插入部分的筋带应错开铺设。

在拱涵顶部的双面加筋土挡墙，其下部应增加筋带用量或采用防止拱两端墙面变位的其他措施。

(五) 加筋土挡墙的施工技术

(1) 施工工艺流程：加筋土挡墙工程的施工，一般可按图2-2-30所示的工艺流程框图安排作业。

(2) 基础施工

基础开挖时，基槽（坑）平面尺寸一般大于基础外缘0.3m。对未风化的岩石应将岩面凿成水平台阶。台阶宽度不宜小于0.5m。台阶长度除满足面板安装需要外，高度比不宜大于1∶2。当基槽（坑）底土质为碎石土、砂性土或黏性土等时，均应整平夯实。对特殊地基，应按有关规定处理。在地基上浇筑或放置预制基础，基础一定要做得平整，使得面板能够直立。须严格控制基础顶面标高，砌筑基础时可用水泥砂浆找平，基础砌筑时，应按设计要求预留沉降缝。

(3) 面板安装：混凝土面板可在预制厂或工地附近场地预制后再运到施工场地安装。面板可竖向堆放，也可平放，但应防止扣环变形和碰坏翼缘角隅。当面板平放时，其堆筑高度不宜超过5块。板块间宜用方木衬垫。

1）第一层面板的安装方法：

①测量放线。第一层面板安装是控制全墙基线是否符合设计的关键，其面板外缘线应用经纬仪测量控制，然后再进行水平测量；

②面板安装允许偏移量。安装时用低强度砂浆砌筑调平，同层相邻面板水平误差不大于10mm，轴线偏差每20延米不大于10mm。这样可保证墙面水平缝一致的基本要求；

③六角线。十字形及矩形面板安装时的排列顺序如图2-2-31所示；

④当填料为黏性土时，由于其透水性较差，故宜在面板背后不小于0.5m范围内回填砂砾材料，这样既便于压实，又利于排水；

⑤面板安装可用人工或机械吊装就位。安装时单块面板的倾斜度一般可内倾1/100～1/200，作为填料压实时板外倾的预留度。

2）以后各层面板的安装方法：

①沿面板纵向每5m间距设标桩，每层安装时用垂球挂线，再用经纬仪测量核对。每三层面板安装完毕后均应测量标高和轴线，其允许偏量与第一层相同，面板安装检查如图2-2-32所示；

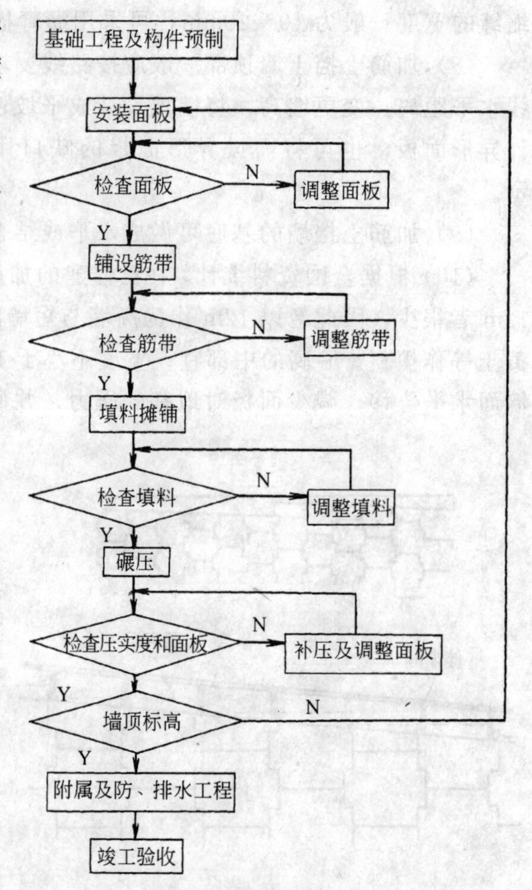

图2-2-30　加筋土挡墙工程施工工艺流程图

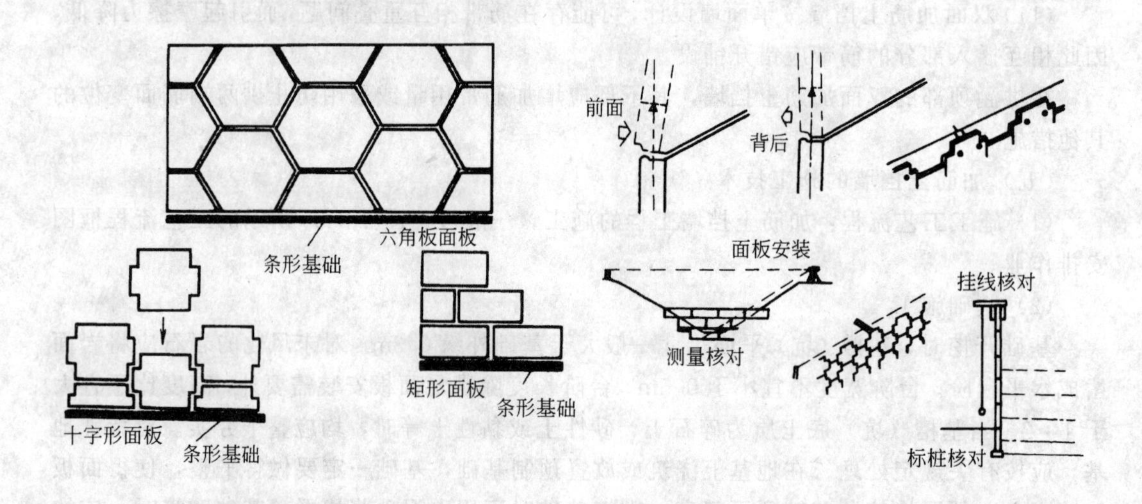

图2-2-31　面板安装示意图

图2-2-32　面板安装检查

②防止相邻面板错位，第一层用斜撑固定，以后各层用夹木螺栓固定，面板安装固定如图 2-2-33 所示。在曲线部位尤应注意安装顺适。水平误差用软木条或低强度砂浆调整，水平及倾斜的误差应逐层调整，不得将误差累积后再进行总调整；

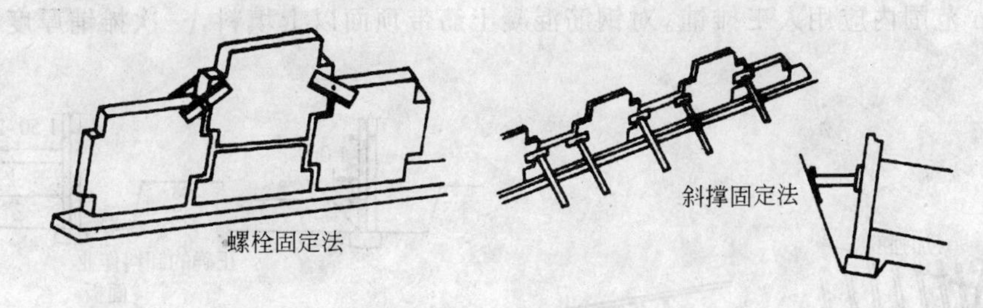

图 2-2-33 面板安装固定

③不得在未完成填土作业的面板上安装上一层面板；

④严禁采用坚硬石子及铁片支垫，以免造成应力集中损坏面板。

3）设有错台的高加筋土挡土墙，上墙面板的底部应按设计要求进行处理，并应及时将错台表面封闭如浆砌块（片）石、铺砌混凝土预制块等。

（4）铺设筋带

1）钢带与面板拉环（片）的连接和钢带的接长，可用插销连接、焊接或螺栓连接，钢带应平顺铺设于已压实整平的填料上，不得弯曲或扭曲。

2）钢筋混凝土带与面板拉环的连接以及每节钢筋混凝土带之间的连接，可采用焊接、扣环或螺栓连接。筋带底面的填料应平整和密实。钢筋混凝土带可在压实的填料达到设计标高后，按设计位置挖槽铺设，也可直接铺设于压实的填料上。

3）聚丙烯土工带与面板的连接，一般可将土工带的一端从面板预埋拉环或预留孔中穿过，折回与另一端对齐。土工带可采用单孔穿过、上下穿过或左右环孔合并穿过，并要绑扎以防止抽动(图 2-2-34)。无论采用何种方法均应避免土工带在环（孔）上绕成死结，不然筋带材料会超过其弯折强度，影响筋带使用寿命。土工带扇形辐射状铺设在压实整平的填料上，不宜重叠，不得卷曲或折曲；不得与硬质棱角填料直接接触。在铺设时可用夹具将筋带拉紧（拉力宜保持一致），再用少量填料压住筋带，使之固定并保持正确位置。

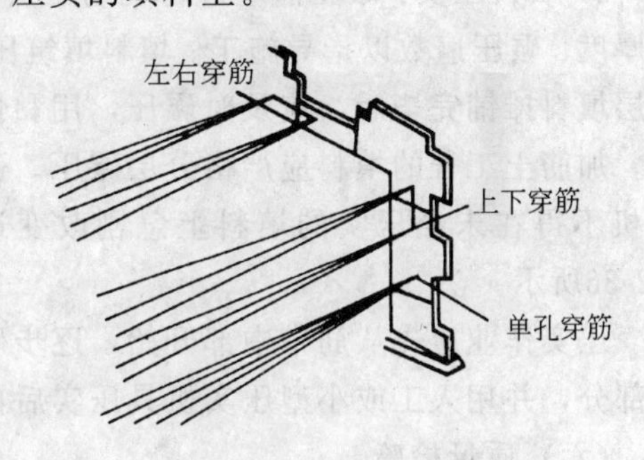

图 2-2-34 聚丙烯土工带拉筋穿孔法

4）在拐角处和曲线部位，各类筋带的布筋方向都应与墙面垂直，当设有加强筋时，加强筋可与面板斜交，如图 2-2-35 所示。

（5）填料的采集、摊铺和压实

1）填料的采集：填料采集后应按交通部现行的《公路土工试验规程》(JTJ 0151—85)的要求作标准击实试验。加筋土填料可用人工采集或机械采集，采集时应清除表面种植土、草皮及杂土等。对浸水加筋土工程的填料，应选用水稳性好的透水性材料填筑。

2）填料的摊铺：加筋土填料应根据筋带竖向间距进行分层摊铺。卸料时机具与面板距离不应小于 1.5m。可用人工摊铺或机械摊铺，摊铺厚度应均匀一致，表面平整，并设不小于 3%的横坡。当机械摊铺时，摊铺机械距面板不应小于 1.5m。摊铺前应设明显标志易于驾驶员观察。机械运行方向应与筋带垂直，并不得在未覆盖填料的筋带上行驶或停车。距面板 1.5m 范围内应用人工摊铺。对钢筋混凝土筋带顶面以上填料，一次摊铺厚度不得小于 20cm。

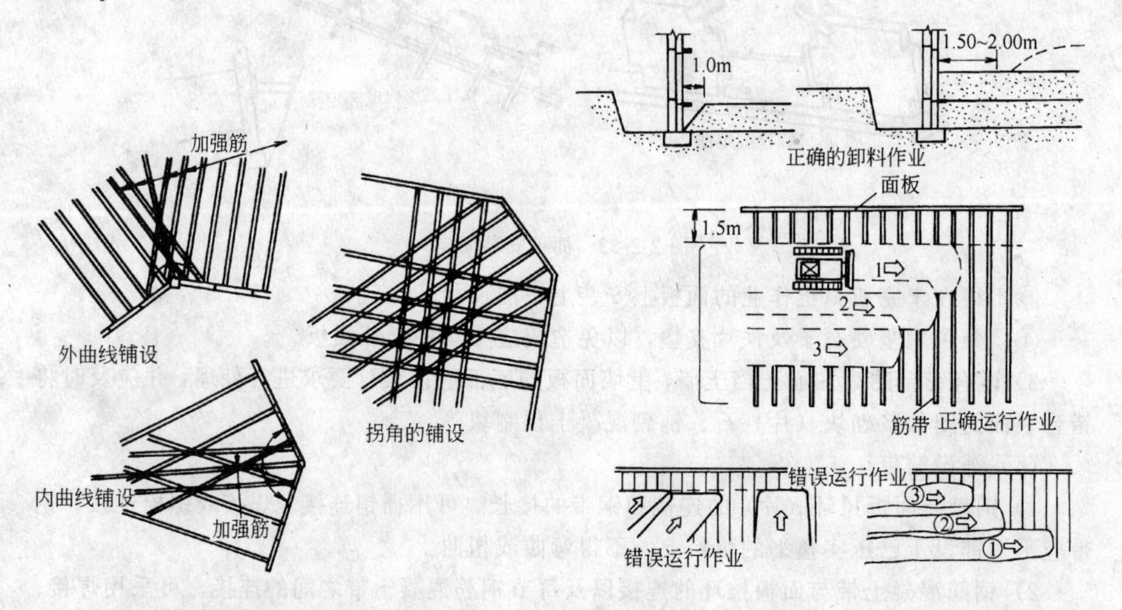

图 2-2-35　拐角和曲线部位拉筋的铺设

图 2-2-36　卸料及机械运行作业图

3）填料压实：碾压前应进行现场压实试验。根据碾压机械和填料性质确定填料分层摊铺厚度、碾压遍数以指导施工。填料填筑压实时，应随时检查其含水量是否满足压实要求。每层填料摊铺完毕后，应及时碾压，用黏性土作填料时，在雨季施工应采取排水和遮盖措施。加筋土工程的填料应严格分层碾压。碾压时一般应先轻后重，并不得使用羊足碾，压路机不得在未经压实的填料上急剧改变运行方向和急刹车。卸料及机械运行作业如图 2-2-36所示。

压实作业应先从筋带中部开始，逐步碾压至筋带尾部，在铺筑上层筋带前，再加填预留部分，并用人工或小型压实机具压实后再铺设上层筋带。

（六）质量检验

质量检验项目及其标准，适用于中间检查及竣工验收。当各工序完成后，应进行分项工程中间检查验收，并提供实测记录资料。经检查验收合格后才可进行下一工序的施工。凡不合格者必须进行补救或返工，使其达到要求。

加筋土工程竣工验收时，应按交通部现行的《公路工程质量检验评定标准》(JTJ 71—85）的规定提交全部竣工文件。

总体外观鉴定，其墙面板光洁无破损、平顺美观、板缝均匀、线形顺延、沉降缝上下贯通顺直、附属及防水排水工程齐全、取弃土位置合理。外观实测标准见表 2-2-15 所列。

外观实测标准 表 2-2-15

项 次	检查项目		规定值或允许偏差值	检查方法及频度	规定分
1	墙顶高程	路堤式（mm）	±50	水准仪测 3 点	15
		路肩式（mm）	±30	水准仪测 3 点	
		桥 台（mm）	±20	每一直面不少于 2 点	
2	墙顶平面位置	路堤式（mm）	±50，−100	丈量 3 处	20
		路肩式（mm）	±50	丈量 3 处	
		桥 台（mm）	±50	每一直面不少于 2 处	
3	墙面垂直或坡度（mm）		$+0.005H$ 及 50 $-0.01H$ 及 100	垂线吊测 2 处	20
4	面板缝宽（mm）		1	不少于 5 条竖缝	10
5	墙面平整度（mm）		15	2m 直尺测 3 处	20
6	总体外观		符合第 5.3.2 条一款之规定	目测	15

注：(1) 桥台顶面高程指前墙不少于 2 点，翼墙各不少于 1 点。桥台平面位置为每一墙面为一检测单位；
(2) 平面位置及垂度“+”为外，“−”为内；
(3) 以 20m 为检查单位，小于 20m 仍按 20m 计；
(4) 本表 3 项次中内外侧各有两个允许偏差值时，应取绝对值小者，H 为挡土墙高度。

三、土钉

（一）概述

土钉是将拉筋插入土体内部，常用钢筋做拉筋，尺寸小，全长度与土粘结，并在坡面上喷射混凝土，从而形成土体加固区带，其结构类似于重力式挡墙，用以提高整个边坡的稳定性，适用于开挖支护和天然边坡加固，是一项实用有效的原位岩土加筋技术，现代土钉技术已有近 40 年的历史。

（二）土钉的类型、特点及适用性

按施工方法，土钉可分钻孔注浆型土钉、打入型土钉和射入型土钉三类。其施工方法及原理、特点和应用状况见表 2-2-16 所列。

土钉的施工方法及特点 表 2-2-16

序号	土钉类别	施工方法及原理	特点及应用状况
1	钻孔注浆型土钉	先在土坡上钻直径为 100～200mm 的一定深度的横孔，然后插入钢筋、钢杆或钢绞索等小直径杆件，再用压力注浆充实孔穴，形成与周围土体密实粘合的土钉，最后在土坡坡面设置与土钉端部联结的联系构件，并用喷射混凝土组成土钉面层结构，从而构成一个具有自撑能力且能够支挡其后来加固体的加筋域	土钉中应用最多的型式，可用于永久性或临时性的支挡工程中
2	打入型土钉	将钢杆件直接打入土中。欧洲多用等翼角钢作为钉杆，采用专门施工机械，如气动土钉机，能够快速、准确地将土钉打入土中。长度一般不超过 6m，用气动土钉机每小时可施工 15 根	长期的防腐工作难以保证，目前多用于临时性支挡工程
3	射入型土钉	由采用压缩空气的射钉机依任意选定的角度将直径为 25～38mm，长 3～6m 的光直钢杆（或空心钢管）射入土中。土钉可采用镀锌或环氧防腐套。土钉头通常配有螺纹，以附设面板。射钉机可置于一标准轮式或履带式车辆上，带有一专门的伸臂	施工快速、经济，适用于多种土层，但目前应用尚不广，有很大的发展潜力

土钉适用于地下水位低于土坡开挖段或经过降水使地下水位低于开挖层的情况。为了保证土钉的施工，土层在分阶段开挖时应能保持自立稳定。为此，土钉适用于有一定粘结性的杂填土、黏性土、粉性土、黄土类土及弱胶结的砂土边坡。此外，当采用喷射混凝土面层或坡面浅层注浆等稳定坡面措施能够保证每一切坡台阶的自立稳定时，也可采用土钉支挡体系作为稳定边坡的方法。

土钉作为一种施工技术，具有以下特点：

（1）对场地邻近建筑物影响小：由于土钉施工采用小台阶逐段开挖，且在开挖成型后及时设置土钉与面层结构，使面层与挖方坡面紧密相结合，土钉与周围土体牢固粘合，对土坡的土体扰动较少。土钉一般都是快速施工，可适应开挖过程中土质条件的局部变化，易于使土坡得到稳定。实测资料表明，采用土钉稳定的土坡只要产生微小变形，就可使土钉的加筋力得到发挥，因而实测的坡面位移与坡顶变形很小（图 2-2-37），对相邻建筑物的影响小。

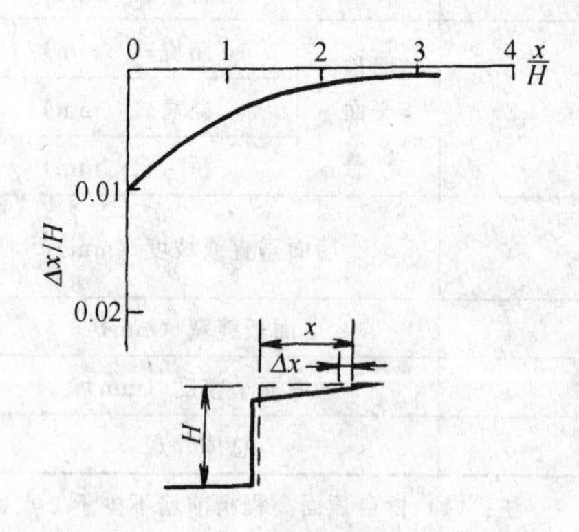

图 2-2-37　土钉加筋后坡面的位移

（2）施工机具简单、施工灵活：设置土钉采用的钻孔机具及喷射混凝土设备都属可移动的小型机械，移动灵活，所需场地也小。此类机械的振动小、噪声低，在城市地区施工具有明显的优越性。土钉施工速度快，施工开挖容易成形，在开挖过程中较易适应不同的土层条件和施工程序。

（3）经济效益好：据西欧统计资料，开挖深度在 10m 以内的基坑，土钉比锚杆墙方案可节约投资 10%～30%。在美国，按其土钉开挖专利报告（ENR 1976）所指出的可节省投资 30%左右。国内据 9 项土钉工程的经济分析统计，认为可节约投资 30%～50%。

（三）土钉的加固机理

土钉是由较小间距的加筋来加强土体，形成一个原位复合的重力式结构，用以提高整个原位土体的强度并限制其位移，这种技术实质上是“新奥隧道法”的延伸，它结合了钢丝网喷射混凝土和岩石锚栓的特点，对边坡提供柔性支挡。其加固机理主要表现在以下几个方面：

（1）提高原位土体强度：国内学者通过模拟试验表明，土钉在其加强的复合土体中起着箍束骨架作用，提高了土坡的整体刚度与稳定性；土钉墙在超载作用下的变形特征，表现为持续的渐进性破坏。即使在土体内已出现局部剪切面和张拉裂缝，并随着超载集度的增加而扩展，但仍持续很长时间不发生整体塌滑，表明其仍具有一定的强度。然而，素土（未加筋）边坡在坡顶超载作用下，当其产生的水平位移远低于土钉加固的土坡时，就出现快速的整体滑裂和塌落（图 2-2-38）。

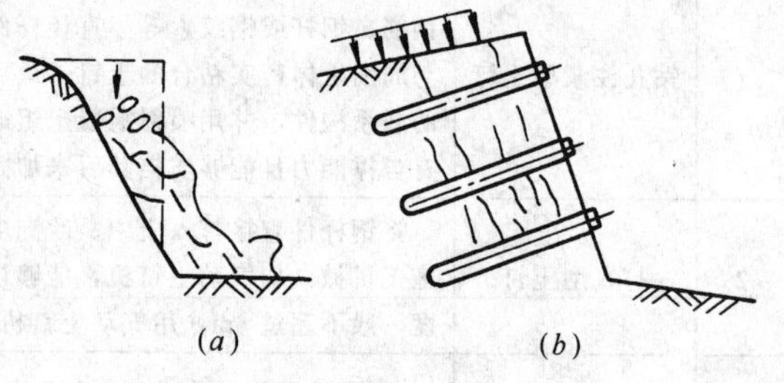

图 2-2-38　素土边坡和土钉加筋边坡的破坏形式
（a）素土边坡；（b）土钉加筋边坡

此外，在地层中常有裂隙发育，当向土钉孔中进行压力注浆时，会使浆液顺着裂隙扩渗，形成网状胶结。当采用一次压力注浆工艺时，对宽度为 1～2mm 的裂隙，注浆可扩成 5mm 的浆脉，如图 2-2-39 所示，它必然增强土钉与周围土体的粘结和整体作用。

(2) 土与土钉间相互作用：类似加筋土挡墙内拉筋与土的相互作用，土钉与土间的摩阻力的发挥，主要是由于土钉与土间的相对位移而产生的。在土钉加筋的边坡内，同样存在着主动区和被动区（图 2-2-40)。主动区和被动区内土体与土钉间摩阻力发挥方向正好相反，而被动区内土钉可起到锚固作用。

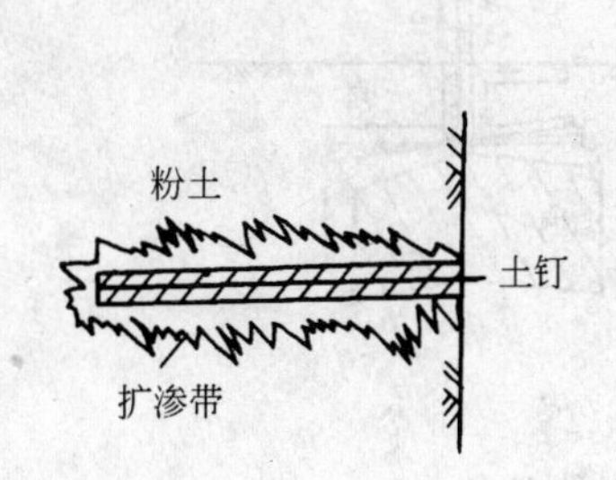

图 2-2-39 土钉浆液的扩渗

图 2-2-40 土与土钉间相互作用

(3) 面层土压力分布：面层不是土钉结构的主要受力构件，而是面层土压力传力体系的构件，同时起保证各土钉不被侵蚀风化的作用。由于它采用的是与常规支挡体系不同的施工顺序，因而面层上土压力分布与一般重力式挡土墙不同。山西省太原煤矿设计研究院曾对山西某黄土边坡土钉工程进行了原位观测（见图 2-2-41)。试验指出，实测面层土压力随着土钉及面层的分阶段设置，而产生不断变化，其分布形式不同于主动土压力，可将其简化为图中曲线 3 所示的形式。

(4) 破裂面形式：对均质土陡坡，在无支挡条件下的破坏是沿着库伦破裂而发展的，这已为许多试验和实际工程所证实。对原位加筋土钉复合陡坡的破坏形式，太原煤矿设计研究院对此进行了原位试验及理论分析，并获得了如图 2-2-42 所示的结果。试验土坡的土质为黄土类粉土与粉质黏土。实测土钉复合陡坡的破裂面不同于库伦破裂面，有关专家建议采用如图 2-2-42 (*b*) 中的简化破裂面形式。

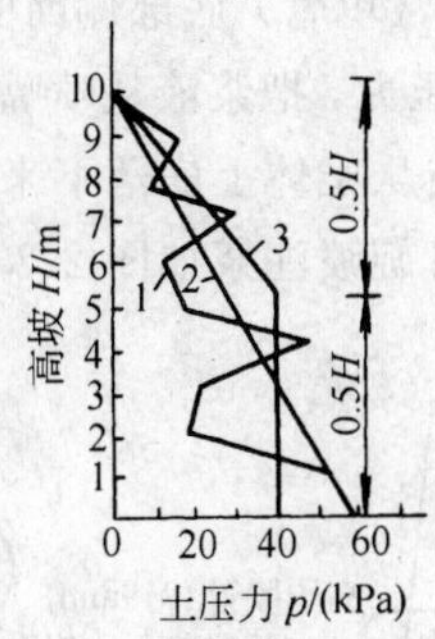

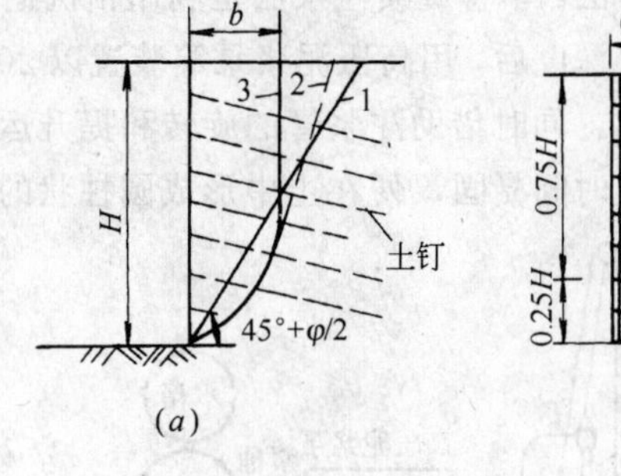

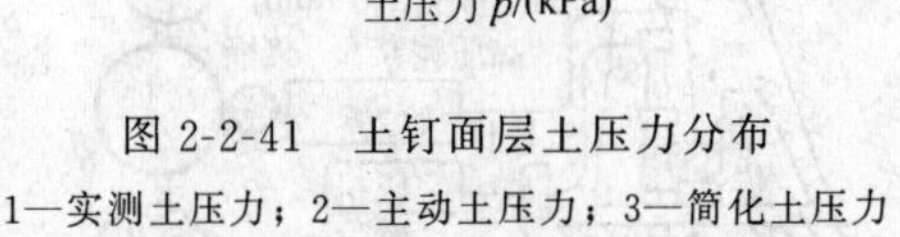

图 2-2-41 土钉面层土压力分布

1—实测土压力；2—主动土压力；3—简化土压力

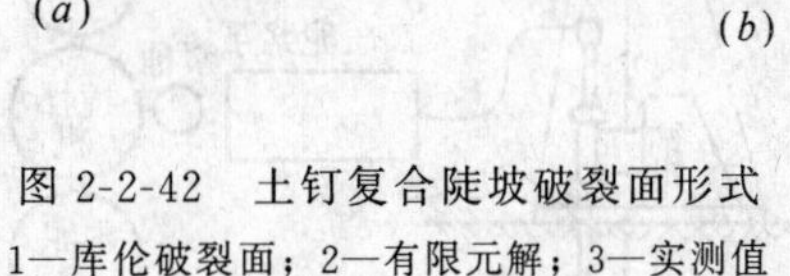

图 2-2-42 土钉复合陡坡破裂面形式

1—库伦破裂面；2—有限元解；3—实测值

2.2.3.4 高压喷射注浆法

一、概述

高压喷射注浆法是利用钻机把带有喷嘴的注浆管钻至土层的预定位置后，以高压设备使浆液或水以 20MPa 左右的高压流从喷嘴中喷射出来，冲击破坏土体，同时钻杆以一定速度渐渐向上提升，将浆液与土粒强制搅拌混合，浆液凝固后，在土中形成一个固结体。固结体的形态和喷射流移动方向有关。高压喷射注浆分为旋转喷射、定向喷射和摆动喷射三种，如图 2-2-43 所示。

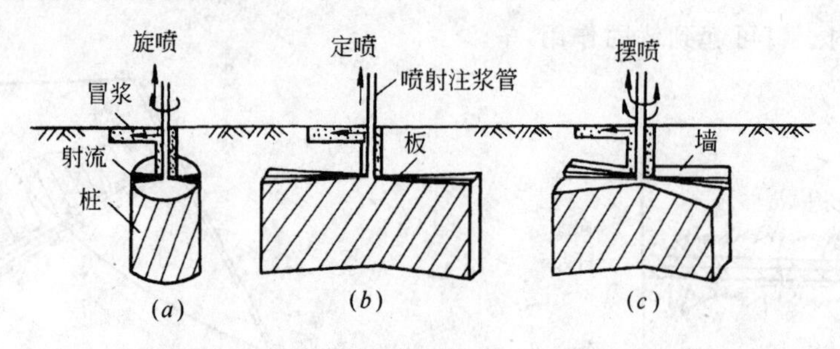

图 2-2-43　高压喷射注浆的三种方式

(1) 图 2-2-43 (*a*) 所示为旋喷法。旋喷法施工时，喷嘴一面喷射一面旋转并提升，固结体呈圆柱状。主要用于加固地基，提高地基的抗剪强度，改善土的变形性质；也可组成闭合的帷幕，用于截阻地下水流和治理流砂。旋喷法施工后，在地基中形成的圆柱体，称为旋喷桩。

(2) 图 2-2-43 (*b*) 所示为定喷法。定喷法施工时，喷嘴一面喷射一面提升，喷射的方向固定不变，固结体形如板状或壁状。

(3) 图 2-2-43 (*c*) 所示为摆喷法。摆喷法施工时喷嘴一面喷射一面提升，喷射的方向呈较小角度来回摆动，固结体形如较厚墙体。

定喷及摆喷两种方法通常用于基坑防渗、改善地基土的水流性质和稳定边坡等工程。

二、高压喷射注浆法的工艺类型

当前，高压喷射注浆法的基本工艺类型有：单管法、二重管法、三重管法和多重管法等四种方法。

(1) 单管法：单管旋喷注浆法是利用钻机把安装在注浆管（单管）底部侧面的特殊喷嘴，置入土层预定深度后，用高压泥浆泵等装置以 20MPa 左右的压力，把浆液从喷嘴中喷射出去冲击破坏土体，同时借助注浆管的旋转和提升运动，使浆液与从土体上崩落下来的土搅拌混合，经过一定时间凝固，便在土中形成圆柱状的固结体，单管旋喷注浆如图 2-2-44 所示。

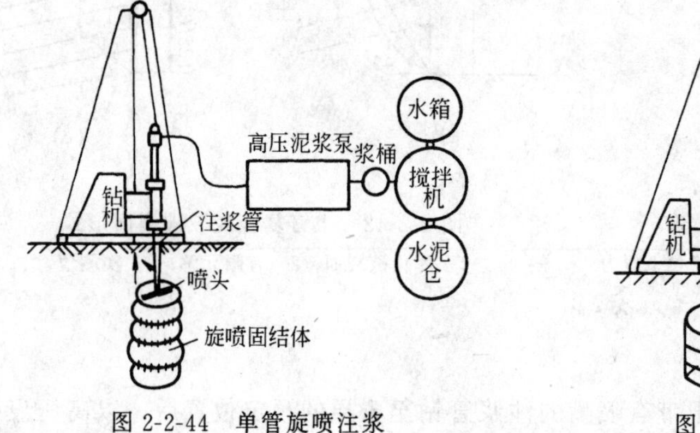

图 2-2-44　单管旋喷注浆

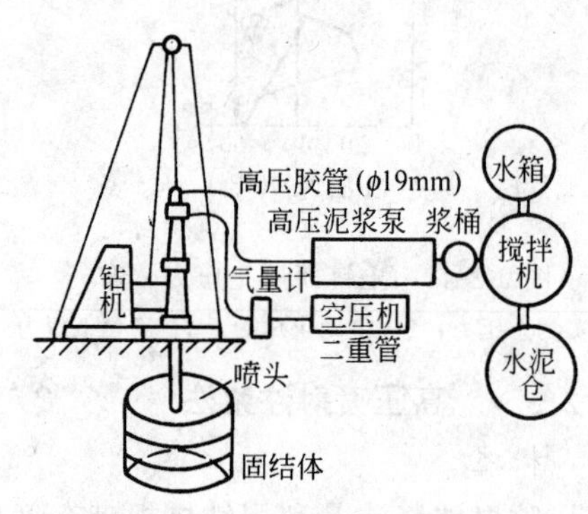

图 2-2-45　二重管旋喷注浆

(2) 二重管法：使用双通道的二重注浆管。当二重注浆管钻进到土层的预定深度后，通过在管底部侧面的一个同轴双重喷嘴，同时喷射出高压浆液和空气两种介质的喷射流冲击破坏土体。即以高压泥浆泵等高压发生装置喷射出20MPa左右压力的浆液，从内喷嘴中高速喷出，并用0.7MPa左右压力把压缩空气从外喷嘴中喷出，在高压浆液和外圈环绕气流的共同作用下，破坏土体的能量显著增大，喷嘴一面喷射一面旋转和提升，最后在土中形成固柱状固结体，固结体的直径明显增加，如图2-2-45所示。

(3) 三重管法：使用分别输送水、气、浆三种介质的三重注浆管，在以高压泵等高压发生装置产生20MPa左右的高压水喷射流的周围，环绕一股0.7MPa左右的圆筒状气流，进行高压水喷射流和气流同轴喷射冲切土体，形成较大的空隙，再另由泥浆泵注入压力为2～5MPa的浆液填充，喷嘴作旋转和提升运动，最后便在土中凝固为直径较大的圆柱状固结体，如图2-2-46所示就是三重管旋转注浆示意图。

(4) 多重管法：这种方法首先需要在地面钻一个导孔，然后置入多重管，用逐渐向下运动的旋转超高压力水射流（压力约40MPa），切削破坏四周的土体，经高压水冲击下来的土和石成为泥浆后，立即用真空泵从多重管中抽出。如此反复地冲和抽，便在地层中形成一个较大的空间，装在喷嘴附近的超声波传感器及时测出空间的直径和形状，最后根据工程要求选用浆液、砂浆、砾石等材料进行填充。于是在地层中形成一个大直径的柱状固结体，在砂性土中最大直径可达4m，如图2-2-47所示。

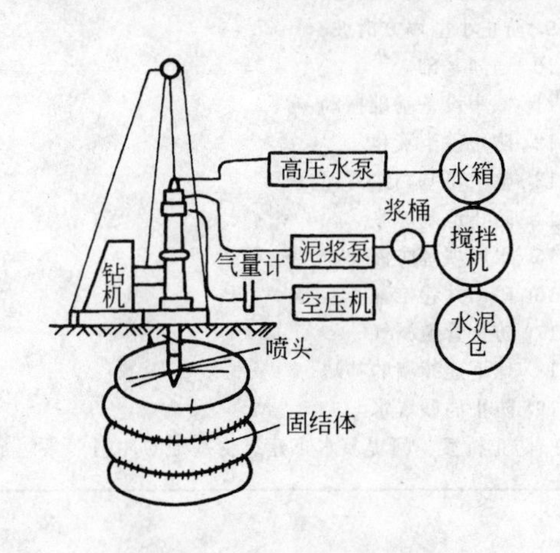

图2-2-46 三重管旋转注浆

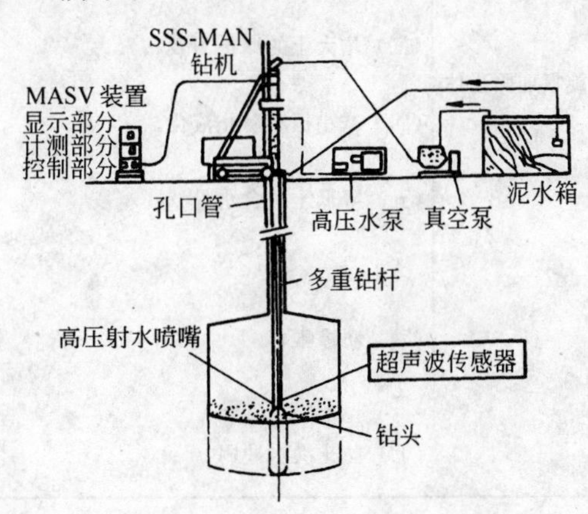

图2-2-47 多重管旋喷

三、高压喷射注浆法的特点

(1) 适用范围较广：由于固结体的质量明显提高，它既可用于工程新建之前，又可用于竣工后的托换工程，主要适用于处理淤泥、淤泥质土、黏性土、粉土、黄土、砂填土和碎石土等道路地基。

(2) 施工简便：施工时只需在土层中钻一个孔径为50mm或300mm的小孔，便可在土中喷射成直径为0.4～4.0m的固结体，因而施工时能贴近已有建筑物；成型灵活，既可在钻孔的全长形成柱型固结体，也可仅作其中一段。

(3) 可控制固结体形状：在施工中可调整旋喷速度和提升速度、增减喷射压力或更换喷嘴孔径改变流量，使固结体形成工程设计所需要的形状。

(4) 可垂直、倾斜和水平喷射：通常是在地面上进行垂直喷射注浆，但在隧道、矿山井巷工程、地下铁道等建设中，亦可采用倾斜和水平喷射注浆。

(5) 耐久性较好：由于能得到稳定的加固效果并有较好的耐久性，所以可用于永久性工程。

(6) 料源广阔：浆液以水泥为主体，在地下水流速快或含有腐蚀性元素、土的含水量大或固结体强度要求高的情况下，则可在水泥中掺入适量的外加剂，以达到速凝、高强、抗冻、耐蚀和浆液不沉淀等效果。

(7) 设备简单：高压喷射注浆全套设备结构紧凑、体积小、机动性强、占地少，能在狭窄和低矮的空间施工。

(8) 工程使用范围：适用旋喷的工程种类如表 2-2-17 所列。

适用旋喷的工程种类　　表 2-2-17

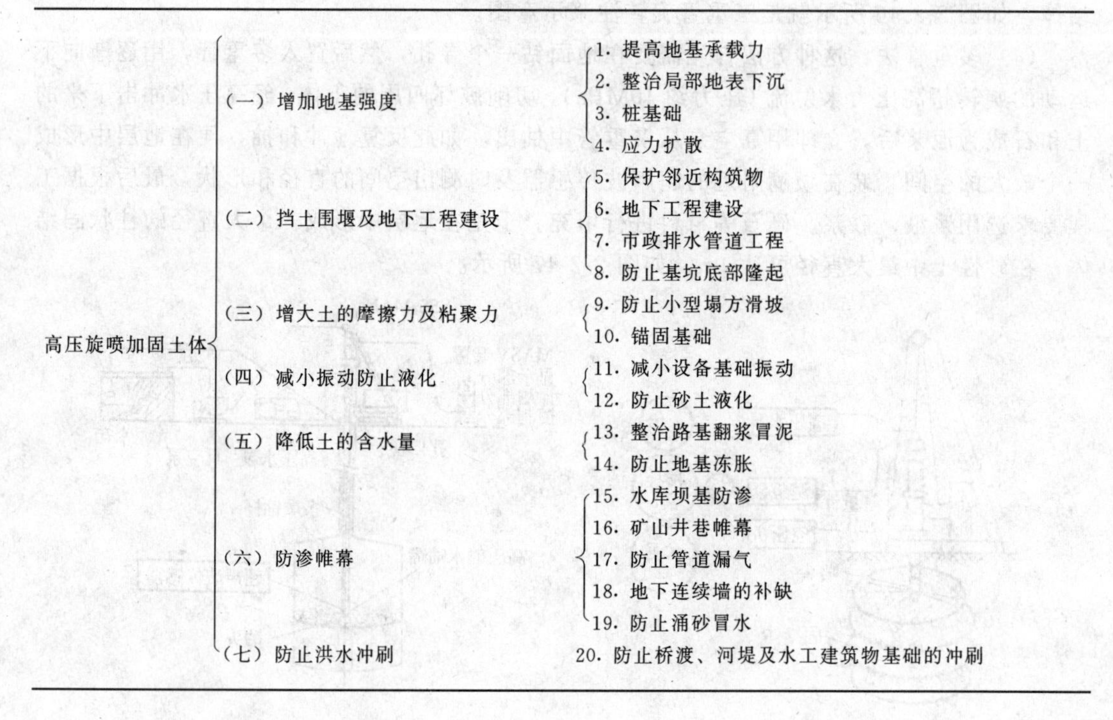

高压旋喷加固土体	(一) 增加地基强度	1. 提高地基承载力 2. 整治局部地表下沉 3. 桩基础 4. 应力扩散
	(二) 挡土围堰及地下工程建设	5. 保护邻近构筑物 6. 地下工程建设 7. 市政排水管道工程 8. 防止基坑底部隆起
	(三) 增大土的摩擦力及粘聚力	9. 防止小型塌方滑坡 10. 锚固基础
	(四) 减小振动防止液化	11. 减小设备基础振动 12. 防止砂土液化
	(五) 降低土的含水量	13. 整治路基翻浆冒泥 14. 防止地基冻胀
	(六) 防渗帷幕	15. 水库坝基防渗 16. 矿山井巷帷幕 17. 防止管道漏气 18. 地下连续墙的补缺 19. 防止涌砂冒水
	(七) 防止洪水冲刷	20. 防止桥渡、河堤及水工建筑物基础的冲刷

四、水泥与土的固结机理

水泥与水拌和后，首先产生铝酸三钙水化物和氢氧化钙，它们可溶于水中，但溶解度不高，很快就达到饱和，这种化学反应连续不断地进行，就析出一种胶质物体。这种胶质物体有一部分混在水中悬浮，后来就包围在水泥微粒的表面，形成一层胶凝薄膜。所生成的硅酸二钙水化物几乎不溶于水，只能以无定形体的胶质包围在水泥微粒的表层，另一部分渗入水中。由水泥各种成分所生成的胶凝膜，逐渐发展起来成为胶凝体，此时表现为水泥的初凝状态，开始有胶粘的性质。此后，水泥各成分在不缺水、不干涸的情况下，继续不断地按上述水化程序发展、增强和扩大，从而产生下列现象：

(1) 胶凝体增大并吸收水分，使凝固加速，结合更密。

(2) 由于微晶（结晶核）的产生进而生出结晶体，结晶体与胶凝体相互包围渗透并达到一种稳定状态，这就是硬化的开始。

(3) 水化作用继续深入到水泥微粒内部，使未水化部分再参加以上的化学反应，直到完全没有水分以及胶质凝固和结晶充盈为止。但无论水化时间持续多久，很难将水泥微粒内核全部水化，所以水化过程是一个长久的过程。加固后的土体固结强度高，重量略大，渗透系数小。

五、高压喷射注浆法的设计计算

(1) 旋喷直径确定：通常应根据估计直径来选用喷射注浆的种类和喷射方式。对于大型的或重要的工程，估计直径应在现场通过试验确定。在无资料的情况下，对小型的或不太重要的工程，可根据经验选用。可采用矩形或梅花形布桩形式。

(2) 地基承载力计算：用旋喷桩处理的地基，应按复合地基设计，旋喷桩复合地基承载力标准值应通过现场复合地基载荷试验确定，也可按下式计算或结合当地情况与其土质相似工程的经验确定。

$$f_{\mathrm{sp,k}}=\frac{1}{A_0}\left[R_{\mathrm{k}}^{\mathrm{d}}+\beta f_{\mathrm{s,k}}(A_0-A_{\mathrm{p}})\right]$$

式中 $f_{\mathrm{sp,k}}$——复合地基承载力标准值 (kPa)；

A_0——一根桩承担的处理面积 (m^2)；

A_{p}——桩的平均截面积 (m^2)；

β——桩间天然地基土承载力折减系数，可根据试验确定，在无试验资料时，可取 0.2～0.6，当不考虑桩间软土的作用时，可取零；

$R_{\mathrm{k}}^{\mathrm{d}}$——单桩竖向承载力标准值 (kN)，可通过现场载荷试验确定，也可按下列公式计算，并取其中较小值

$$R_{\mathrm{k}}^{\mathrm{d}}=\eta f_{\mathrm{cu,k}}A_{\mathrm{p}}$$

$$R_{\mathrm{k}}^{\mathrm{d}}=\pi\overline{d}\sum_{i=1}^{n}h_iq_{si}+A_{\mathrm{p}}q_{\mathrm{p}}$$

式中 $f_{\mathrm{cu,k}}$——桩身试块（边长为 70.7mm 的立方体）的无侧限抗压强度平均值 (kPa)；

η——强度折减系数，可取 0.35～0.50；

$\overline{d}$——桩的平均直径 (m)；

n——桩长范围内所划分的土层数；

h_i——桩周第 i 层的厚度 (m)；

q_{si}——桩周第 i 层土的摩擦力标准值，可采用钻孔灌注桩侧壁摩擦力标准值 (kPa)；

q_{p}——桩端天然地基土的承载力标准值 (kPa)，可按国家标准《建筑地基基础设计规范》(GB 50007—2002) 的有关规定确定。

旋喷桩单桩承载力的确定，基本出发点与钻孔灌注桩相同，但在下列方面有所差异：

1) 桩径与桩的面积：由于旋喷桩桩身的均匀性较差，因此需选用比灌注桩更高的安全度；另外桩径与土层性质及喷射压力有关，而这两个因素并非固定不变，所以在计算中规定选用平均值。

2) 桩身强度：设计规定按 28d 强度计算。试验证明，在黏性土中，由于水泥水化物与粘土矿物继续发生作用，故 28d 后的强度将会继续增长，这种强度的增长作为安全储备。

3) 综合判断：由于影响旋喷单桩承载力的因素较多，因此除了依据现场试验和规范所提供的数据外，尚需结合本地区或相似土质条件下的经验做出综合判断。

(3) 地基变形计算：旋喷桩的沉降计算应为桩长范围内复合土层以及下卧层地基变形值之和，计算时应按国家标准《建筑地基基础设计规范》(GBJ 7—89) 的有关规定进行计算。其中复合土层的压缩模量可按下式确定：

$$E_{sp} = \frac{E_s(A_e - A_p) + E_p A_p}{A_0}$$

式中　E_{sp}——旋喷桩复合土层的压缩模量 (kPa)；

E_s——桩间土的压缩模量，可用天然地基土的压缩模量代替 (kPa)；

E_p——桩体的压缩模量，可采用测定混凝土割线模量的方法确定 (kPa)。

由于旋喷桩的性质接近混凝土的性质，同时采用 0.4 的折减系数与旋喷桩强度折减值也相近，故在《建筑地基处理技术规范》(JGJ 79—91) 中规定采用这种方法计算。

(4) 防渗堵水设计：防渗堵水工程设计时，最好按双排或三排布孔形成帷幕（图 2-2-48），孔距应为 $1.73R_0$（R_0 为旋喷设计半径），排距为 $1.5R_0$ 最经济。

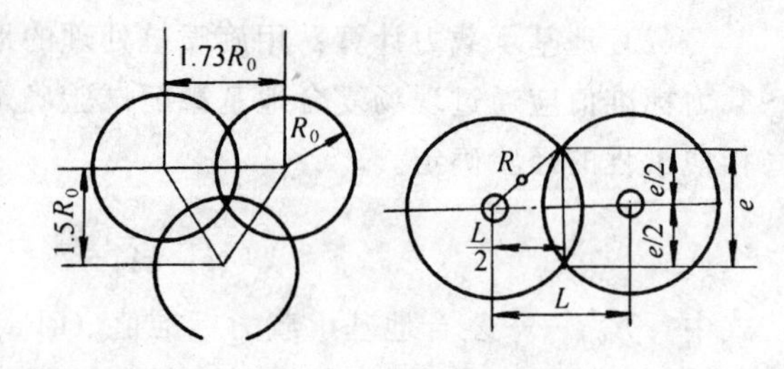

图 2-2-48　布孔孔距和旋喷注浆固结体交联图

若想增加每一排旋喷桩的交圈厚度，可适当缩小孔距，按下式计算孔距：

$$e = 2\sqrt{R_0^2 - \left(\frac{L}{2}\right)^2}$$

式中　e——旋喷桩的交圈厚度 (m)；

R_0——旋喷桩的半径 (m)；

L——旋喷桩孔位的间距 (m)。

定喷和摆喷是一种常用的防渗堵水的方法，由于喷射出的板墙薄而长，不但成本较旋喷低，而且整体连续性亦高。

(5) 浆量计算：高压喷射注浆法所需的浆量，是通过计算法取得，即体积法和喷量法，一般采用喷量法：

以单位时间喷射的浆量及喷射持续时间计算出浆量，计算公式为

$$Q = \frac{H}{v}q(1 + \beta)$$

式中　Q——需要用的浆量 (m^3)；

v——提升速度 (m/min)；

H——喷射长度 (m)；

q——单位时间喷浆量 (m^3/min)；

β——损失系数，通常取 0.1～0.2。

根据计算所需的喷浆量和设计的水灰比，即可确定水泥的使用数量。

六、高压喷射注浆法的质量检验

(1) 检验内容：固结体的整体性和均匀性、固结体的有效直径、固结体的垂直度、固结体的强度特性、固结体的溶蚀和耐久性能。

(2) 喷射质量的检验：施工前，主要通过现场旋喷试验，了解设计采用的旋喷参数、浆

液配方和选用的外加剂材料是否合适，固结体质量能否达到设计要求。如某些指标达不到设计要求时，则可采取相应措施，使喷射质量达到设计要求。

(3) 施工后，对喷射施工质量的鉴定，一般在喷射施工过程中或施工告一段落后进行。检查数量应为施工总数的2%～5%，少于20个孔的工程，至少要检验2个点。检验对象应选择地质条件较复杂的地区及喷射时有异常现象的固结体。

(4) 凡检验不合格者，应在不合格的点位附近进行补喷或采取其他有效补救措施，然后再进行质量检验。

(5) 高压喷射注浆处理地基的强度较低，28天的强度为1～10MPa，强度增长速度较慢。检验时间应在喷射注浆后4周进行，以防在固结体强度不高时，因检验而受到破坏，影响检验的可靠性。

七、工程实例

(1) 工程概况

1) 锡澄高速公路北起江阴长江公路大桥，经江阴和锡山区，南于锡山区东北塘钱巷的互通式立交工程（N—15标段）与沪宁高速公路拼接后相互贯通，全长34.89km。

2) N—15标段互通式立交工程（见图2-2-49）位于沪宁高速公路NK97＋510～NH100＋145，由主线和13个匝道组成，长9.6km。其中A、B、I、K匝道紧靠沪宁高速公路两侧。根据新老路基之间距离，可分为两种拼接形式：①直接拼接式。位于沪宁高速公路NK97＋510～NK98＋300两侧的A、B匝道和NK99＋870～NK100＋145两侧的I、K匝道，新路路面与老路路面直接拼接，匝道路面宽0.0～4.5m（见图2-2-50）。直接拼接式新路总长2.13km。②分离拼接式。位于沪宁高速公路NK98＋980～NK99＋820两侧的I、K匝道，新路路面与老路路面不直接拼接，但路基互相拼接，匝道路面宽8.5～12.5m（见图2-2-51）。分离拼接式新路总长1.68km。

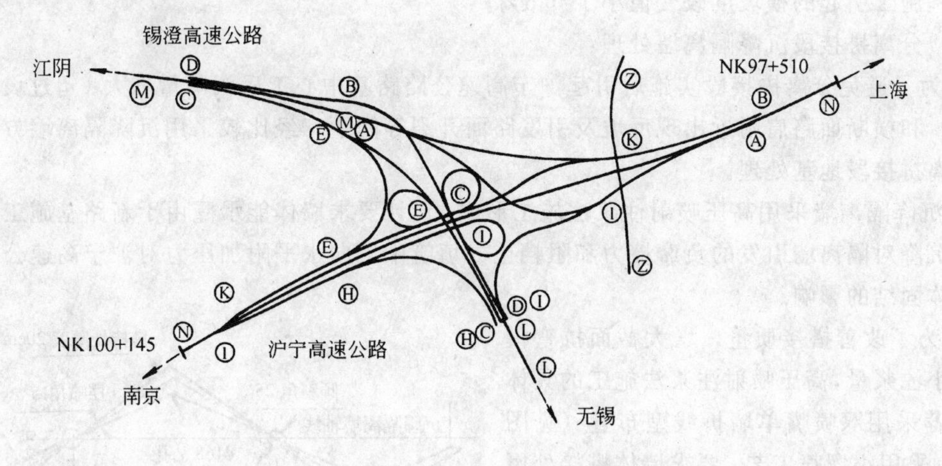

图2-2-49 N—15标段互通式立交工程概况

3) 拼接段地基上部为灰黄色粉质黏土，土层厚度约1m，呈可塑至软塑状；第二层为淤泥质粉质黏土，厚度约2.5m，呈软塑至流塑状；第三层为灰黄色粉质黏土，厚度约4.0～5.0m，呈可塑至硬塑状；第四层为灰色、灰黑色粉砂，饱和，呈中密至稍密状，厚度约4.0m；第五层为灰黄色粉质黏土，呈可塑至硬塑状，未穿透。

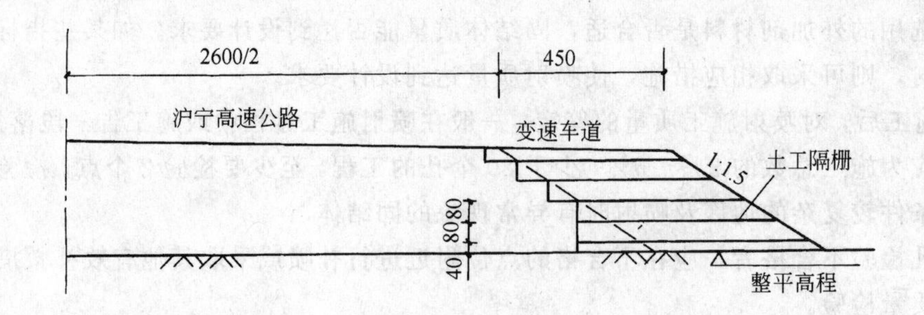

图 2-2-50　直接拼接段地基处理方案（单位：cm）

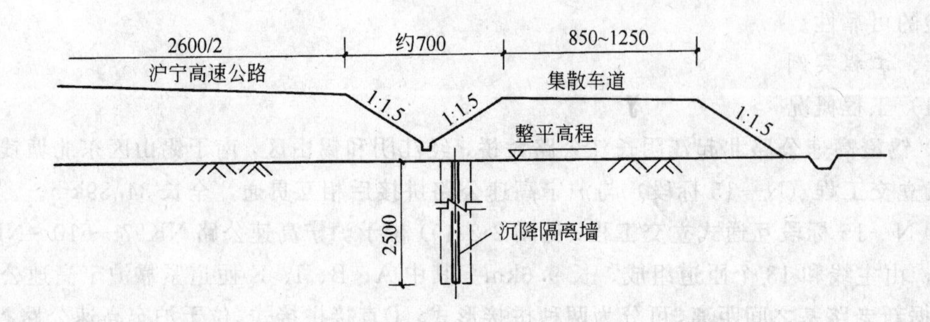

图 2-2-51　分离拼接段地基处理方案（单位：cm）

4）新建拼接段路面采用沥青混凝土路面，工后沉降控制年限为 15a，对一般路段工后容许沉降量 $s_r \leqslant 30cm$，桥头段 $s_r \leqslant 10cm$，过渡段 $s_r \leqslant 20cm$。沪宁高速公路路基中心原设计工后沉降量与拼接路基施工后附加沉降量（控制在 2cm 左右）的累计值不得大于上述标准。拼接路基施工引起的横坡度改变值小于 0.5%。

（2）分离拼接段沉降隔离墙处理：

1）为了避免分离拼接段实施后引起沪宁高速公路路基中心工后沉降量增大（超过设计允许值）和横断面路肩附近出现反坡及引发路面开裂等问题，经比较采用沉降隔离墙方案进行分离拼接段地基处理。

2）沉降隔离墙采用高压喷射注浆法施工形成，设计要求墙体能承受由于新路基施工所产生的沉降对隔离墙引发的负摩擦力和阻挡土方填筑中侧向水平附加压力对沪宁高速公路地基土体固结的影响。

3）为了改善搭接质量，增大截面抗弯模量和减小注浆量，高压喷射注浆法施工的具体方案推荐采用双喷嘴单墙折线型布置（见图 2-2-52），采用小摆喷工艺。要求墙体搭接处厚度不小于 20cm，平均厚度不小于 17cm，90 天抗压强度大于 1.0MPa，渗透系数 1.0×10^{-5} ~1.0×10^{-7}cm/s，墙体倾斜率小于 1%。

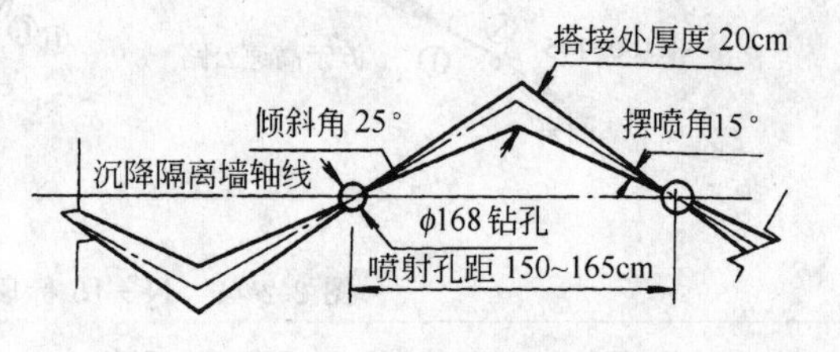

图 2-2-52　双喷嘴单墙折线形布置

4）有限元分析和现场实测结果表明，这一处理方案是成功的，通车以来未发生不良现象。

2.2.3.5 水泥土搅拌法

一、概述

水泥土搅拌法是用于加固饱和黏性土地基的一种方法。它是利用水泥（或石灰）等材料作为固化剂，通过特制的搅拌机械，在地基深处就地将软土和固化剂（浆液或粉体）强制搅拌，由固化剂和软土间所产生的一系列物理和化学反应，使软土硬结成具有整体性、水稳定性和一定强度的水泥加固土，从而提高地基强度和增大变形模量。根据施工方法的不同，水泥土搅拌法分为水泥浆搅拌（国内俗称深层搅拌法）和粉体喷射搅拌两种，前者是用水泥浆和地基土搅拌，后者是用水泥粉或石灰粉和地基土搅拌。

水泥土搅拌法常在高等级道路的高填方下深厚层软土地基工程中应用。

水泥土搅拌法加固软土技术，其独特的优点如下：

(1) 水泥土搅拌法由于将固化剂和原地基软土就地搅拌混合，因而最大限度地利用了原土。

(2) 搅拌时不会使地基侧向挤出，所以对周围原有建筑物的影响很小。

(3) 按照不同地基土的性质及工程设计要求，合理选择固化剂及其配方，设计比较灵活。

(4) 施工时无振动、无噪声、无污染，可在市区内和密集建筑群中进行施工。

(5) 土体加固后重度基本不变，对软弱下卧层不致产生附加沉降。

(6) 与钢筋混凝土桩基相比，节省了大量的钢材，并降低了造价。

(7) 根据上部结构的需要，可灵活地采用柱状、壁状、格栅状和块状等加固形式。

水泥加固土的室内试验表明，有些软土的加固效果较好，而有的不够理想。一般认为含有高岭石、多水高岭石、蒙脱石等粘土矿物的软土加固效果较好，而含有伊利石、氯化物和水铝英石等矿物的粘性土以及有机质含量高、酸碱度（pH 值）较低的黏性土加固效果较差。

二、水泥浆搅拌法的加固机理

水泥加固土的物理化学反应过程与混凝土的硬化机理不同，混凝土的硬化主要是在粗填充料（比表面不大、活性很弱的介质）中进行水解和水化作用，所以凝结速度较快。而在水泥加固土中，由于水泥掺量很小，水泥的水解和水化反应完全是在具有一定活性的介质——土的围绕下进行，所以水泥加固土的强度增长过程比混凝土为缓慢。

(一) 水泥的水解和水化反应

普通硅酸盐水泥主要由氧化钙、二氧化硅、三氧化二铝、三氧化二铁及三氧化硫等组成。

国外使用水泥土搅拌法加固的土质有新吹填的超软土、泥炭土和淤泥质土等饱和软土。加固场所从陆地软土到海底软土，加固深度达 60m。国内目前采用水泥土搅拌法加固的土质有淤泥、淤泥质土、地基承载力不大于 120kPa 的黏性土和粉性土等地基。当用于处理软土时，由不同的氧化物分别形成了不同的水泥矿物：硅酸三钙、硅酸二钙、铝酸三钙、铁铝酸四钙、硫酸钙等。用水泥加固软土时，水泥颗粒表面的矿物很快与软土中的水发生水解和水化反应，生成氢氧化钙、含水硅酸钙、含水铝酸钙及含水铁酸钙等化合物。

根据电子显微镜的观察，水泥杆菌最初以针状结晶形式在比较短的时间里析出，其生成量随着水泥掺入量的多寡和龄期的长短而异。由 x 射线衍射分析，这种反应迅速，最后把大量的自由水以结晶水的形式固定下来，这对于含水量高的软土的强度增长有特殊意义，使土中自由水的减少量约为水泥杆菌生成重量的46%。当然，硫酸钙的掺量不能过多，否则这种水泥杆菌针状结晶会使水泥发生膨胀而遭到破坏。所以，如使用得合适，在某种特定条件下可利用这种膨胀势来增加地基加固效果。

（二）粘土颗粒与水泥水化物的作用

（1）离子交换和团粒化作用：

1）黏土和水结合时就表现出一种胶体特征，如土中含量最多的二氧化硅遇水后，形成硅酸胶体微粒，其表面带有钠离子 Na^+ 或钾离子 K^+，它们能和水泥水化生成的氢氧化钙中的钙离子 Ca^{2+} 进行当量吸附交换，使较小的土颗粒形成较大的土团粒，从而使土体强度提高。

2）水泥水化生成的凝胶粒子的比表面积约比原水泥颗粒大1 000倍，因而产生很大的表面能，有强烈的吸附活性，能使较大的土团粒进一步结合起来，形成水泥土的团粒结构，并封闭各土团的空隙，形成坚固的连接，从宏观上看也就使水泥土的强度大大提高。

（2）硬凝反应：随着水泥水化反应的深入，溶液中析出大量的钙离子，当其数量超过离子交换的需要量时，在碱性环境中，能使组成黏土矿物的二氧化硅及三氧化二铝的一部分或大部分与钙离子进行化学反应，逐渐生成不溶于水的稳定结晶化合物，增大了水泥土的强度，其反应如下：

$$\begin{matrix} SiO_2 \\ (Al_2O_3) \end{matrix} + Ca(OH)_2 + nH_2O \longrightarrow \begin{matrix} CaO \cdot SiO_2 \cdot (n+1)H_2O \\ (CaO \cdot Al_2O_3 \cdot (n+1)H_2O) \end{matrix}$$

从电子显微镜观察中可见，拌入水泥7天时，土颗粒周围充满了水泥凝胶体，并有少量水泥水化物结晶的萌芽。1个月后水泥土中生成大量纤维状结晶，并不断延伸充填到颗粒间的孔隙中，形成网状构造。到5个月时，纤维状结晶辐射向外伸展，产生分叉，并相互连接形成空间网状结构，水泥的形状和土颗粒的形状已不能分辨出来。

（三）碳酸化作用

（1）水泥水化物中游离的氢氧化钙能吸收水中和空气中的二氧化碳，发生碳酸化反应，生成不溶于水的碳酸钙，其反应如下：

$$Ca(OH)_2 + CO_2 \longrightarrow CaCO_3 \downarrow + H_2O$$

这种反应也能使水泥土增加强度，但增长的速度较慢，幅度也较小。

（2）从水泥土的加固机理分析，由于搅拌机械的切削搅拌作用，实际上不可避免地会留下一些未被粉碎的大小土团。在拌入水泥后将出现水泥浆包裹土团的现象，而土团间的大孔隙基本上已被水泥颗粒填满。因此在水泥土中不可避免地会产生强度较大和水稳性较好的水泥石区和强度较低的土块区。两者在空间相互交替，从而形成一种独特的水泥土结构。可见，搅拌越充分，土块被粉碎得越小，水泥分布到土中越均匀，则水泥土结构强度的离散性越小，其宏观的总体强度也最高。

三、水泥浆搅拌法的施工工艺

（一）搅拌机械设备及性能

国内目前的搅拌机有中心管喷浆方式和叶片喷浆方式。后者是使水泥浆从叶片上若干个小孔喷出，使水泥浆与土体混合较均匀，对大直径叶片和连续搅拌是合适的，但因喷浆孔小易被浆液堵塞，它只能使用纯水泥浆而不能采用其他固化剂，且加工制造较为复杂。中心管输浆方式中的水泥浆是从两根搅拌轴间的另一中心管输出，当叶片直径在1m以下时，并不影响搅拌均匀度，而且它可适用多种固化剂，除纯水泥浆外，还可用水泥砂浆，甚至掺入工业废料等粗粒固化剂。

（1）SJB—1型深层双轴搅拌机：该机是由冶金部建筑研究总院和交通部水运规划设计院合作研究，并由江苏省江阴市江阴振冲器厂生产的双搅拌轴中心管输浆的水泥搅拌专用机械（图2-2-53）。

（2）GZB—600型深层单轴搅拌机：该机是由天津机械施工公司利用进口钻机改装的单搅拌轴、叶片喷浆方式的搅拌机（图2-2-54）。GZB—600型深层搅拌机在搅拌头上分别设置搅拌叶片和喷浆叶片，两层叶片相距0.5m，成桩直径600mm。

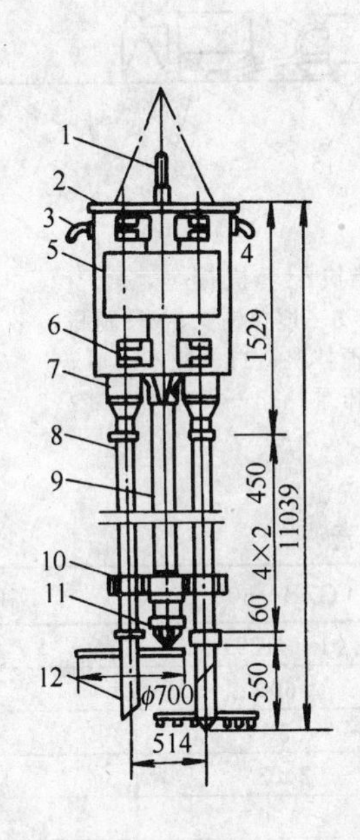

图2-2-53 SJB—1型深层双轴搅拌机
1—输浆管；2—外壳；3—出水口；4—进水口；5—电动机；6—导向滑块；7—减速器；8—搅拌轴；9—中心管；10—横向系板；11—球形阀；12—搅拌头

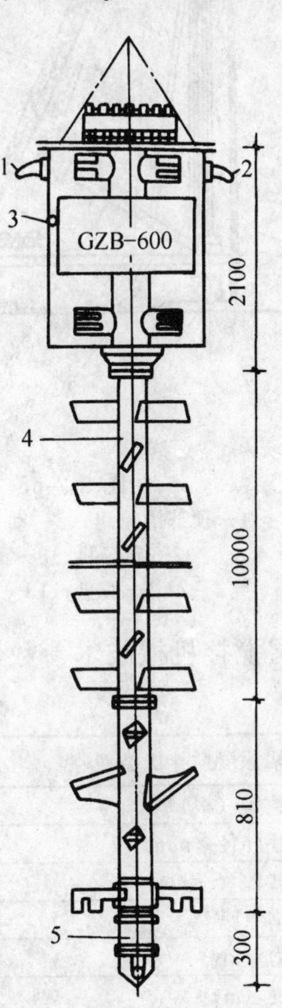

图2-2-54 GZB—600型深层单轴搅拌机
1—电缆接头；2—进浆口；3—电动机；4—搅拌轴；5—搅拌头

（3）DJB—14D型深层单轴搅拌机

由浙江有色勘察研究院与浙江大学合作，在北京800型转盘钻机基础上改制而成（图2-2-55）。DJB—14D型深层单轴搅拌机的主要系统包括动力头、搅拌轴和搅拌头。搅拌头上端有一对搅拌叶片，下部为与搅拌叶片互成90°直径500mm的切削叶片，叶片的背后安有两个直径为8～12mm喷嘴。

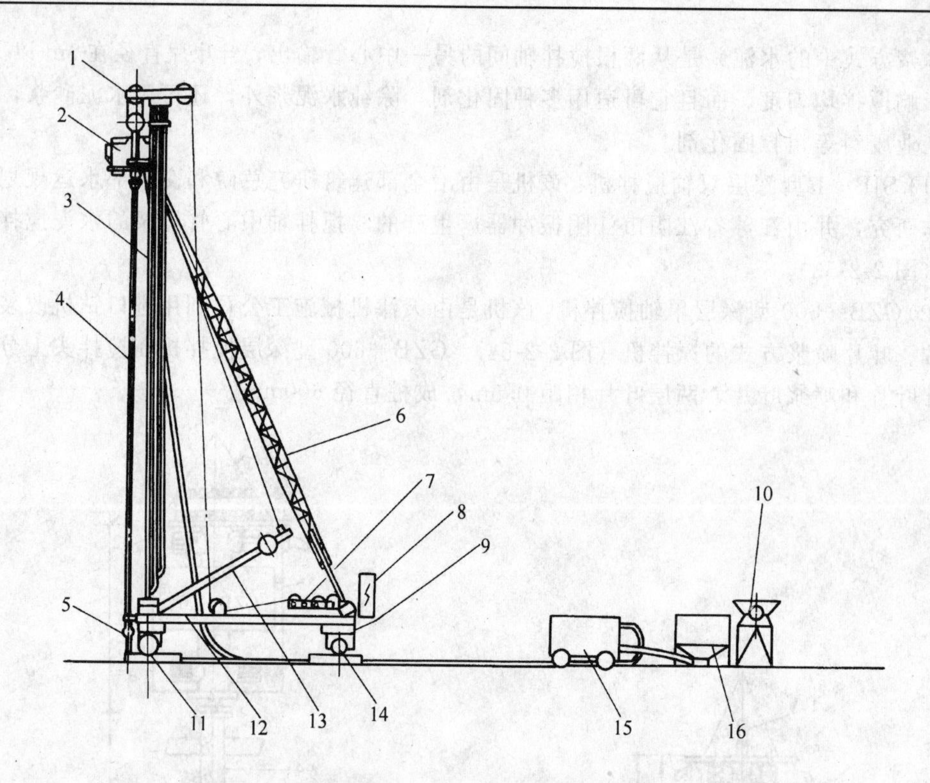

图 2-2-55　DJB—14D 型深层单轴搅拌机配套机械

1—顶部滑轮组；2—动力头；3—钻塔；4—主动钻杆；5—搅拌钻头；6—副腿；7—卷扬机；8—配电箱；9—操作台；10—灰浆搅拌机；11—枕木；12—底盘；13—起落挑杆；14—轨道；15—挤压泵；16—集料斗

上述深层搅拌机械技术参数汇总表如表 2-2-18 所列。

深层搅拌机械技术参数汇总表　　表 2-2-18

水泥浆深层搅拌机类型		SJB—1	GZB—600	DJB—14D
深层搅拌机	搅拌轴数量（根）	2（ϕ129）	1（ϕ129）	1
	搅拌叶片外径（mm）	700～800	600	500
	搅拌轴转数（r/min）	46	50	60
	电机功率（kW）	2×30	2×30	1×22
起吊设备	提升能力（kN）	大于 100	150	50
	提升高度（m）	大于 14	14	19.5
	提升速度（m/min）	0.2～1.0	0.6～1.0	0.95～1.20
	接地压力（kPa）	60	60	40
固化剂制备系统	灰浆拌制台数×容量	2×200	2×500	2×200
	灰浆泵量（L/min）	HB6—4 50	AP—15—B 281	UBJ2 33
	灰浆泵工作压力（kPa）	1500	1400	1500
	集料斗容量（L）	400	180	
技术指标	一次加固面积（m^2）	0.71～0.88	0.283	0.20
	最大加固深度（m）	15.0	10～15	19.0
	效率（m/台班）	40～50	60	100
	总质量（t）	4.5（不包括吊车）	12	4

注：SJB—2 电机功率 2×40kW，加固深度 15～20m。

（二）水泥浆搅拌法的施工工艺流程

水泥浆搅拌法的施工工艺流程，如图 2-2-56 所示。

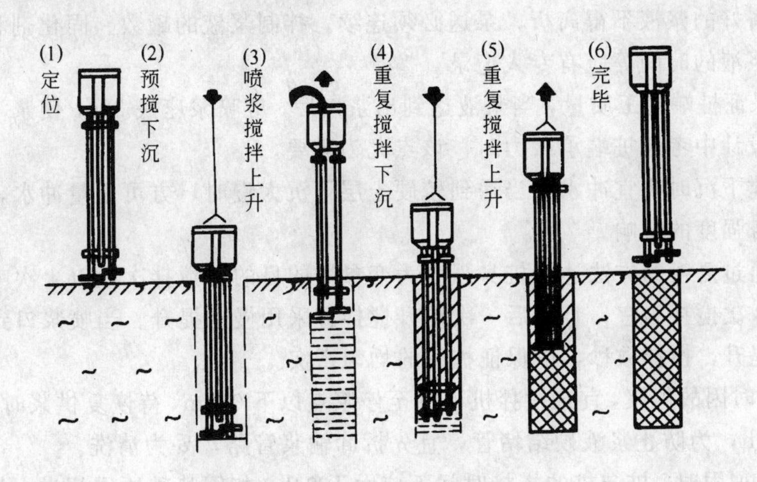

图 2-2-56 水泥土搅拌法施工工艺流程

(1) 定位。起重机（或塔架）悬吊搅拌机到达指定桩位并对中。当地面起伏不平时，应使起吊设备保持水平。

(2) 预搅下沉。待搅拌机的冷却水循环正常后，启动搅拌机电机，放松起重机钢丝绳，使搅拌机沿导向架搅拌切土下沉，下沉的速度可由电机的电流监测表控制。工作电流不应大于 70A。如果下沉速度太慢，可从输浆系统补给清水以利钻进。

(3) 配备水泥浆。待搅拌机下沉到一定深度时，即开始按设计确定的配合比拌制水泥浆，待压浆前将水泥浆倒入集料斗中。

(4) 提升喷浆搅拌。搅拌机下沉到达设计深度后，开启灰浆泵将水泥浆压入地基中，边喷浆边旋转，同时严格按照设计确定的提升速度提升搅拌机。

(5) 重复上、下搅拌。搅拌机提升至设计加固深度的顶面标高时，集料斗中的水泥浆应正好排空。为使软土和水泥浆搅拌均匀，可再次将搅拌机边旋转边深入土中，至设计加固深度后再将搅拌机提升出地面。

(6) 清洗。向集料斗中注入适量清水，开启灰浆泵，清洗全部管路中残存的水泥浆，直至基本干净，并将粘附在搅拌头上的软土清洗干净。

(7) 移位。重复上述（1）～（6）步骤，再进行下一根桩的施工。

（三）施工注意事项

(1) 根据实际施工经验，水泥土搅拌法在施工到顶端 0.3～0.5m 范围时，因上覆土压力较小，搅拌质量较差，其场地整平标高应比设计确定的基底标高再高出 0.3～0.5m，桩制作时仍施工到地面，待开挖基坑时，再将上部 0.3～0.5m 的桩身质量较差的桩段挖去，当基础埋深较大时，取下限；反之，则取上限。

(2) 搅拌桩的垂直度偏差不得超过 1%，桩位布置偏差不得大于 50mm，桩径偏差不得大于 4%。

(3) 施工前应确定搅拌机械的灰浆泵输浆量、灰浆经输浆管到达搅拌机喷浆口的时间和起吊设备提升速度等施工参数；并根据设计要求通过成桩试验，确定搅拌桩的配比等各项参数和施工工艺。宜用流量泵控制输浆速度，使注浆泵出口压力保持在0.4～0.6MPa，并应使搅拌提升速度与输浆速度同步。

(4) 制备好的浆液不得离析，泵送必须连续。拌制浆液的罐数、固化剂和外掺剂的用量以及泵送浆液的时间等应有专人记录。

(5) 为保证桩端施工质量，当浆液达到出浆口后，应喷浆座底30s，使浆液完全到达桩端。特别是设计中考虑桩端承载力时，该点尤为重要。

(6) 预搅下沉时不宜冲水，当遇到较硬土层下沉太慢时，方可适量冲水，但应考虑冲水成桩对桩身强度的影响。

(7) 可通过复喷的方法达到桩身强度为变参数的目的。搅拌次数以1次喷浆2次搅拌或2次喷浆3次搅拌为宜，且最后一次提升搅拌宜采用慢速提升。当喷浆口到达桩顶标高时，宜停止提升，搅拌数秒，以保证桩头的均匀密实。

(8) 施工时因故停浆，宜浆搅拌机下沉至停浆点以下0.5m，待恢复供浆时再喷浆提升，若停机超过3h，为防止浆液硬结堵管，宜先拆卸输浆管路，妥为清洗。

(9) 壁状加固时，桩与桩的搭接时间不应大于24h，如因特殊原因超过上述时间，应对最后一根桩先进行空钻留出榫头以待下一批桩搭接，如间歇时间太长（如停电等）与第二根无法搭接时，应在设计和建设单位认可后，采取局部补桩或注浆措施。

2.2.4 特殊地基上的基础工程处理

2.2.4.1 软土地基处理

软土一般指在静水或缓流水环境中以细颗粒为主的近代黏性沉积土，是一种呈软塑到流塑状态的饱和（或接近饱和）黏性土，常含有机质，天然孔隙比常大于1，当e大于1.5时称为淤泥，小于1.5大于1.0时称为淤泥质土（淤泥质黏土、淤泥质亚黏土）。习惯上也把工程性质接近淤泥土的黏性土统称为软土。

一、软土的工程特性

(1) 抗剪强度低：饱和软黏土多属近代水下细颗粒沉积土，孔隙比高，含水量大，因此它的抗剪强度很低。用直剪仪快剪其强度指标ϕ仅几度甚至接近于零，c值不超过20kPa。为使软土地基的强度、稳定满足要求，常需要有针对性的采用加固措施，提高其抗剪强度。软土抗剪强度试验值与试验方法，排水条件等密切相关，如采用固结快剪上述ϕ、c值将有所增大。

(2) 透水性低：软土透水性很低，竖直向的渗透系数K_v约在$1\times(10^{-8}\sim10^{-10})$(m/s)之间，当有机质含量较高时，$K_v$值更下降，因此软土在荷载作用下，要达到较大的固结度，需要相当长的时间。软土的渗透性常有明显的各向异性，水平向渗透系数常比竖向的大。我国沿海地区和部分内陆沉积往往有薄层粉土或细砂层与软黏土交替成层状，此时水平渗透系数k_H常较K_v大得多，约$1\times(10^{-6}\sim10^{-7})$(m/s)，有利于地基的预压加固。

(3) 高压缩性：软土孔隙比大，具有高压缩的特性，压缩系数a_{1-2}在0.5～2.0MPa^{-1}之间，部分软土甚至更高，压缩模量$E_s<4$MPa，在其他物理性质指标相同情况下，软土液限指数越大，压缩性越高，这是因为土颗粒矿物成分对其压缩性是有明显影响的。

(4) 对结构破坏的敏感性：由于沉积环境的影响，一般软土都是结构性沉积物，常具有絮凝状结构。天然结构被破坏后的重塑土强度会有较大的降低。我国内陆软土灵敏度在3～4间，江河口及近海沉积因含盐量和亲水矿物含量增加可达4～10。软土扰动后，随静置时间的增长，其强度能有所恢复，但极缓慢且一般不能恢复到原有结构的强度。

(5) 流变性：软土有流变特性，土体在长期荷载作用下，虽荷载保持不变，因土骨架黏滞蠕变而发生随时间而变化的变形，土内黏土颗粒含量越多，这种特性越明显。蠕变的速率一般都很小，它也随土中剪应力值而变化，有试验表明当应力低于不排水剪切强度50%时，属减速蠕变最后趋于稳定；应力高于不排水强度的70%时速率保持不变甚至渐增直至破坏。因此软土地基中除应充分创造排水固结条件外，考虑蠕变影响剪应力应适当控制在临界抗剪强度内，在软土较厚处，表层软土长期经受气候影响，含水量降低，发生收缩固结，形成较下面软土强度高，压缩性低的非饱和土层，相沿成习称为“硬壳”，厚度不大一般为0.5～3m，有时可考虑作为小桥涵等浅基础的持力层。

对高等级道路、一级道路、二级道路、三级道路在修筑中，部分冲填土具有以上工程特性的，也视为软土。

二、软土地基的承载力、沉降和稳定性的计算

(1) 软土地基的承载力

软土地基的容许承载力，应同时满足强度和变形两个方面的要求。按强度要求确定软土承载力主要有以下途径。

1) 根据极限承载力理论公式确定：饱和软黏土上条形基础的极限承载力 p_u (kPa) 按普朗特尔-雷斯诺极限荷载公式 $\phi=0$，$q=\gamma_2 h$ 确定为：

$$p_u = 5.14C_u + \gamma_2 h$$

式中 C_u——软土不排水抗剪强度，可用三轴仪、十字板剪切仪测定，也可用室内无侧限抗压强度 q_u 之半计算；

γ_2——基底以上土的容重 (kN/m^3)，地下水位以下为浮重；

h——基础埋置深度 (m)。受水流冲刷处，由一般冲刷线算起。

据此，考虑矩形基础的形状修正系数及水平荷载作用时的影响系数，并考虑必要的安全系数，《公桥基规》提出软土地基容许承载力 [σ] (kPa) 为

$$[\sigma] = \frac{5.14}{m}k_p C_u + \gamma_2 h$$

式中 m——安全系数1.5～2.5，软土灵敏度高且基础长宽比小者用高值；

k_p——基础形状及倾斜荷载的修正系数，属半经验性质的系数，当矩形基础上作用有倾斜荷载时

$$k_p = \left(1 + 0.2\frac{B}{L}\right)\left(1 - \frac{0.4}{BL}\frac{Q}{C_u}\right)$$

B——基础宽度 (m)；

L——垂直于 B 边的基础长度 (m)，当有偏心荷载时，B 与 L 由 B' 与 L' 代替，$B'=B-2e_B$，$L'=L-2e_L$，e_B、e_L 分别为荷载在 B 方向、L 方向的偏心矩；

Q——为荷载的水平分力 (kN)。

2) 根据土的物理性质指标确定：软土大多是饱和的，天然含水呈 w 基本反映了土的孔

隙比的大小，当饱和度 $S_r=1$ 时，$e=\frac{wG}{S_r}=wG$（G 为土颗粒比重），e 为 1 时，相应天然含水量 w 约 36%；e 为 1.5 时，相应 w 约 55%，所以一般情况，地基的强度、地基承载力是与其天然含水量密切相关的，根据统计资料 w 与软土的容许承载力 $[\sigma_0]$ 关系如表 2-2-19 所示。

软土的容许承载力 $[\sigma_0]$　　**表 2-2-19**

天然含水量 w（%）	36	40	45	50	55	65	75
$[\sigma_0]$（kPa）	100	90	80	70	60	50	40

在基础埋置深度为 h（m）的软土地基容许承载力 $[\sigma]$ 可按下式计算：

$$[\sigma]=[\sigma_0]+\gamma_2(h-3)$$

各符号意义同前，当 $h<3$m 时，取 $h=3$m 计。

《公桥基规》认为对小桥涵软土基础 $[\sigma]$ 可按上式计算。

3）按临塑荷载估算：软土地基承载力，考虑变形因素可按临塑荷载 p_{cr} 公式估算，以控制沉降在一般结构物容许范围。条形基础临塑荷载 p_{cr}（kPa）计算式为

$$p_{cr}=N_q rD+N_c C$$

饱和软土 $\phi_u=0$，$C=C_u$ 时，$N_q=1$，$N_c=\pi$ 则

$$p_{cr}=3.14C_u+rD=3.14C_u+\gamma_2 h$$

此式用于矩形基础可认为较用于条形基础偏于安全。

4）用原位测试方法确定：由室内试验测定土的物理力学指标（如 C_u 等）常受土被扰动影响使结果不正确；而一般土的承载力理论公式用于软土也会有偏差，因此采用现场原位测试的方法往往能克服以上缺点。

对高等级道路或规模很大的工程，确定软土地基承载力宜综合以上方法，结合当地软土沉积年代，成层情况，下卧层性质等考虑，并注意满足结构物对沉降和稳定的要求。

（2）软土地基的沉降计算

软土地基在外力作用下，随时间发展的沉降一般认为可划分为初始沉降 S_d，固结沉降 S_c 和次固结沉降 S_s 3 个部分，如图 2-2-57 所示。软土地基的总沉降量 S 为 S_d、S_c、S_s 的和。

1）初始沉降 S_d：初始沉降包括土的两种沉降，一种由地基土的弹性变形产生；另一部分是由于软土渗透系数低，加荷后初期不能排水固结，因而土产生剪切变形，此时沉降是由软土侧向剪切变形引起。当软土较厚时，初始沉降是不宜忽略的。前一部分可用弹性理论的公式计算：

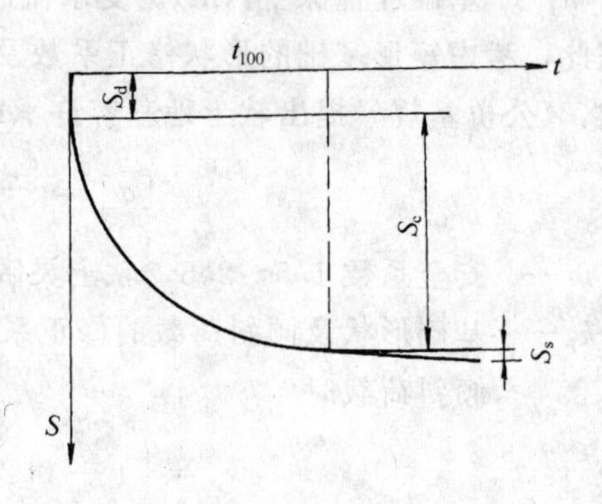

图 2-2-57　软土地基沉降的组成

$$S_d=\frac{pb(1-\mu^2)}{E_d}\omega$$

式中　p——基础底面平均压力；

b——矩形基础的宽度；

μ——软土的泊松比，此处 $\mu=0.5$；

E_d——软土的弹性模量，可用三轴仪不排水试验求；

ω——沉降影响系数，与基础形状、计算点位置有关，可自土力学教材中查用。

由于工程设计中地基承载力的采用都限制塑性区的开展，因而由土体初始侧向剪切位移引起的沉降，在总的初始沉降中所占不大，目前一般不计或略作估算。

有时也用 $S_d=(0.2\sim0.3)\ S_c$ 进行估算初始沉降。

2）固结沉降 S_c：在荷载作用下，软土地基缓慢地排水固结发生的沉降，常用的计算方法如下。

①单向应力分层总和法：计算法用于软土地基结果往往低于实测值，偏于不安全，因此《公桥基规》对此采用了修正系数 m_s，当软土压缩模量 $E_s=1.0\sim4.0$MPa 时，$m_s=1.8\sim1.1$，以提高其计算精度。根据规范精神，此时的计算沉降值已包括固结沉降和初始沉降两部分。由于软土地基沉降的复杂性，m_s 的取值尚待补充完善。

②考虑侧向变形的三向应力沉降计算：在软土地基沉降计算采用单向应力理论，不考虑土的侧向位移常是计算结果与实例不符的主要原因，因此除非可压缩土层厚度与基础宽度比较起来十分薄，沉降计算宜采用考虑三向应力状态下的计算方法。

$$S_c=\sum_{i=1}^{n}\left\{\frac{1}{1-2\mu_i}\left[(1+\mu_i)\frac{\sigma_{zi}}{\sigma_{mi}}-\mu_i\right]\frac{e_{1i}+e_{2i}}{1+e_{1i}}h_i\right\}$$

式中 e_{1i}——未受基础荷载前，软土地基第 i 层土的孔隙比；h_i 为土分层厚；

e_{2i}——受基础荷载后软土地基第 i 层土的稳定孔隙比；μ_i 该土层泊松比；

σ_{mi}——地基中第 i 层软土三向平均附加应力 $\sigma_{mi}=\sigma_{zi}+\sigma_{xi}+\sigma_{yi}$；$\sigma_{zi}$、$\sigma_{xi}$、$\sigma_{yi}$ 为该土层中点处竖向、两侧向附加应力。

三、基础工程应注意事项

（一）全面掌握工程地质资料合理布设桥涵

（1）我国沿海、内陆等地的软土由于沉积年代、环境的差异，成因的不同，它们的成层情况，粒度组成，矿物成分有所差别，使工程性质有所不同。不同沉积类型的软土，有时其物理性质指标虽较相似，但工程性质都并不很接近，不应借用。软土的力学性质参数宜尽可能通过现场原位测试取得，为设计提供可靠依据。

（2）在软土地区，桥梁位置（尤其是大型桥梁）既要与路线走向协调，又要注意构造物对工程地质的要求，如果地基土属深、厚软黏土，特别是流动性的淤泥、泥炭和高灵敏度的软土，不仅设计技术条件复杂，而且将给施工、养护、运营带来许多困难，工程造价也将增大，应力求避免，另选择软土较薄、均匀、灵敏度较小的地段可能更为有利。对于小桥涵，可优先考虑地表“硬壳”层较厚，下卧为一般均匀软土处，以争取采用明挖刚性扩大基础，降低造价。

（3）在确定桥梁总长、桥台位置时，除应考虑泄洪、通航要求外，宜进一步结合桥台和引道的结构、稳定考虑。如能利用地形、地质条件，适当的布置或延长引桥，使桥台置于地基土质较好或软土较薄处，以引桥代替高路堤，减少桥台和填土高度，会有利于桥台、路堤的结构和稳定，在造价、占地、养护费用、运营条件等统盘考虑后，往往在技术上、经济上都是合理的。

(4) 软土地基上桥梁宜采用轻型结构，减轻上部结构及墩台自重。由于地基易产生较大的不均匀沉降，一般以采用静定结构或整体性较好的结构为宜，如桥梁上部可采用钢筋混凝土空心板或箱形梁；桥台采用柱式、支撑梁轻型桥台或框架式等组合式桥台；桥墩宜用桩柱式、排架式、空心墩等。涵洞宜用钢筋混凝土管涵、整体基础钢筋混凝土盖板涵、箱涵以保证涵身刚度和整体性。

(二) 软土地基桥梁基础设计应注意事项

(1) 刚性扩大浅基础

1) 在较稳定、均匀、有一定强度的软土上修筑对沉降要求不严格的矮、小桥梁，常争取采用天然地基（或配合砂砾垫层）上的刚性扩大浅基础。如软土表层有较厚的"硬壳"也可考虑利用。刚性扩大基础常因软土的局部塑性变形而使墩、台发生不均匀沉降，由于台后填土的影响使桥台前后端沉降不均而发生后仰也是常见工程事故，有时还同时使桥台向前滑移。因此在设计时应注意对基础受力不同的边缘，沉降的验算及其抗滑动、倾覆的验算。

2) 防治措施：可采用人工地基如有针对性的布设砂砾垫层，对地基进行加载预压以减少地基的沉降和调整沉降差，或采用深层搅拌法，以水泥土搅拌桩或粉体喷射搅拌桩加固软土地基，按复合地基理论验算地基各控制点的承载力和沉降（加固范围应包括桥头路堤地基的一部分）；采取结构措施如改用轻型桥台，埋置式桥台，必要时改用桩基础等；也有建议对小桥可将相邻墩台刚性扩大基础扩展联合成整体，形成联合基础板，在满足地基承载力和沉降同时，可以解决桥台前倾后仰和滑移问题。但此时为避免基础板过厚，常需配置受力钢筋改为柔性基础，应先进行技术、经济方案比较；全面分析后选用。

3) 为了防止小桥基础向桥孔滑移，也可仅在基础间设置钢筋混凝土（或混凝土）支撑梁。

4) 软土地基上相邻墩、台间距小于 5m 时，《公桥基规》要求考虑邻近墩、台对软土地基所引起的附加竖向压应力。

(2) 桩基础和沉井基础

在较深厚的软土地基，大中型桥梁常采用桩基础，它能获得较好的技术效果，如经济上合理，应是首选的方案。施工方法可以是打入（压入）桩、钻孔灌注桩等。

打入桩的桩距应较一般土质的适当加大，并注意安排好桩的施打顺序，避免已打入的邻桩被挤移或上抬，影响质量。钻孔灌注桩一般应先试桩取得施工经验，避免成孔时发生缩孔、坍孔。软土地基桩基础设计中，应充分注意由于软土侧向移动而使基桩挠曲和受到的附加水平压力；由于软土下沉而对基桩发生的负摩阻力，现分述如下：

1) 地基软土侧向移动对基桩的影响：在软土上桩基础的桥台、挡墙等，由于台后填土重力的挤压，地基软土侧向移动，桩——土间产生附加水平压力，引起桩身挠曲，使桥台后仰和向河槽倾移，甚至基桩折损等事故。在深厚软土上修桥，特别是较高填土的桥台日益增多，这类事故时有发生，已引起国内外基础工程界广泛重视。

①我国《公桥基规》要求桥台"基桩上部位于摩擦角小于 20°的软土中时，应验算桩因该层土施于基桩的水平力所产生的挠曲"。在此情况下，桩身所受到的附加水平力，发生的挠曲与填土高度密切相关，也与基桩穿越的各土层层厚，软土的力学性质，软土移动量及随深度的变化，基桩刚度及其两端支承条件等变化因素有关。对此问题的探讨现在还不够

充分，实践中一般应用半理论半经验方法处理，更精确、全面、符合实际的应用方法尚需进一步完善。

②为了避免桩基础及桥台后仰前倾可采取措施加强桩顶约束和平衡（或减少）土压力如采用低桩承台、埋置式桥台或台前加筑反压护道和挡墙（其地基应经处理），也可采用刚度较大的基桩和多排桩基础（打入桩可采用部分斜桩），对软土地基预先加载预压等。

③为保证基桩具有足够的抗弯强度现一般将桥台后排桩视作为竖梁如图 2-2-58 所示，梁长 L，在台后填土高 h 作用下，基桩在软土中受到沿桩长呈三角形分布的附加水平压力 P，三角形分布的 P 在每根单桩的最大值为 P_{max}：

$$P_{max} = K\gamma hb_1$$

式中 P_{max}——由于桥头路堤使地基软土对一根基桩发生的沿桩长三角形分布的最大附加水平压力值；

h——台后路堤填土高度，一般从填土前原地面算起；

γ——台后压实填土单位重力；

b_1——基桩计算直径（宽度）它的计算方法见《公桥基规》。

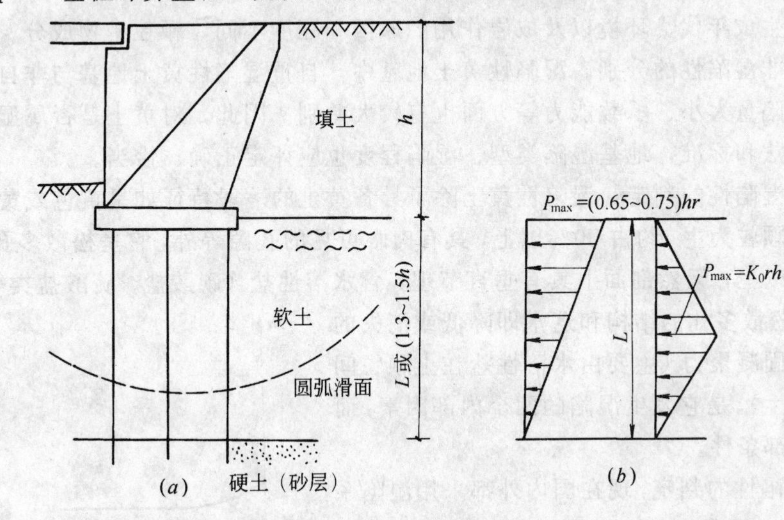

图 2-2-58

2）地基软土下沉对基桩的影响：软土下沉使基桩承受到负摩阻力，将产生较大的沉降或使桩身纵向压屈破坏，必须予以重视。在较厚较弱软土上下沉沉井，往往因下沉速度较快而发生沉井倾斜、位移等，应事先注意采取防备措施如选用轻型沉井、平面形状采用圆形或长宽比较小的矩形、立面形状采用竖直式等，施工时尽量对称挖土控制均匀下沉并及时纠偏。

（三）桥台及桥头路堤软土地基的稳定

软土地基抗剪强度低，在稍大的水平力作用下桥台和桥头路堤容易发生地基的纵向滑动失稳，应按已介绍的方法进行验算，如稳定性不够，小桥可采用支撑梁、人工地基等，大中桥梁除将浅基改为桩基，采用人工地基、延长引桥使填土高度降低或桥台移至稳定土层上外，常用方法是采取减少台后土压力措施或在台前加筑反压护道埋置式桥台也可同时放缓溜坡，反压护道（溜坡）长度、高度、坡度，以及地基加固方法等都应该经计算确定，施工时注意台前、后填土进度的配合，避免有过大的高差。

桥头路堤填土横向失稳也须经过验算加以保证，需要时也应放缓坡度或加筑反压护道。桥头路堤填土稍高时，路堤下沉使桥台后倾是软土地区桥梁工程常发生的事故。除应对桥台基础采取前述的有针对性的结构措施及改用轻质材料填筑路堤外，一般也常对路堤的地基采取人工加固处理。

2.2.4.2　湿陷性黄土地基处理

湿陷性黄土是黄土的一种，凡天然黄土在一定压力作用下，受水浸湿后，土的结构迅速破坏，发生显著的湿陷变形，强度也随之降低的称为湿陷性黄土。湿陷性黄土分为自重湿陷性和非自重湿陷性两种。自重湿陷性黄土在上覆土层自重应力下受水浸湿后，即发生湿陷；在自重应力下受水浸湿后不发生湿陷，需要在自重应力和由外荷引起的附加应力共同作用下，受水浸湿才发生湿陷的称为非自重湿陷性黄土。湿陷性黄土地基的湿陷特性，会给结构物带来不同程度的危害，使结构物大幅度沉降、开裂、倾斜，甚至严重影响其安全和使用。因此，在黄土地区修筑桥涵等结构物对湿陷性黄土地基应有可靠的判定方法和全面的认识，并采取正确的工程措施，防止或消除它的湿陷性。

一、黄土湿陷性的判定和地基的评价

黄土由于生成年代、环境以及成岩作用的原因和程度不同，颗粒矿物成分、结构的差异有湿陷性和非湿陷性的分别。湿陷性黄土地基中，自重湿陷性黄土地基与非自重湿陷性黄土地基在湿陷量大小、承载能力等方面也有较大差别。因此，对黄土是否属湿陷性应有统一的判定方法和标准，地基湿陷类型、湿陷程度也应评定正确、恰当。

(1) 黄土湿陷性的判定：湿陷性黄土除了具备黄土的一般特征如呈黄色或黄褐色，粒度成分以粉土颗粒为主，约占50%以上，具有肉眼可见的孔隙等外，它呈松散多孔状态，孔隙比常在1.0以上，天然剖面上具有垂直节理，含水溶性盐（碳酸盐、硫酸盐类等）较多。垂直大孔性、松散多孔的结构和遇水即降低或消失的土颗粒间的加固凝聚力（主要由水溶性盐在土颗粒间沉淀凝结而产生），是它发生湿陷的两个内部因素，而压力和水是外部条件。

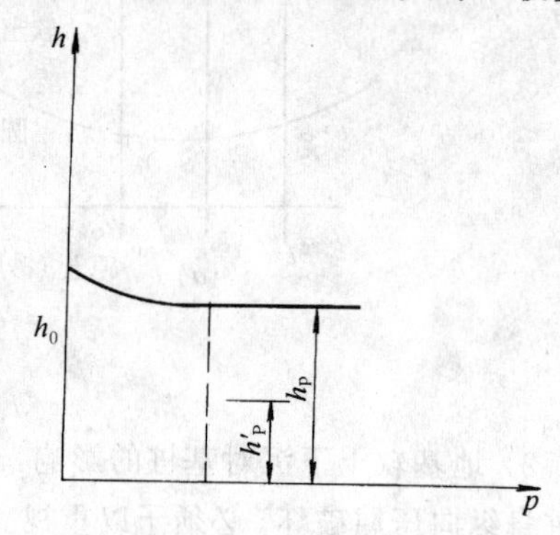

图 2-2-59　浸水前后土样高度

1) 黄土湿陷性的判定，现在国内外都采用湿陷系数 δ_s 值来判定，δ_s 可通过室内浸水压缩试验测定，把保持天然含水量和结构的黄土土样，逐步加压，达到规定试验压力，土样压缩稳定后，进行浸水，使含水量接近饱和，土样迅速又下沉，再次达到稳定，得到浸水后土样高度 h'_p（图 2-2-59），由下式求得土的湿陷系数 δ_s

$$\delta_s = \frac{h_p - h'_p}{h_0}$$

式中　h_0——土样的原始高度（m）；

h_p——土样的无侧向膨胀条件下，在规定试验压力 p 的作用下，压缩稳定后的高度（m）；

h'_p——对在压力 p 作用下的土样进行浸水，到达湿陷稳定后的土样高度（m）。

2) 湿陷系数 δ_s 为单位厚度的土层，由于浸水在规定压力下产生的湿陷量，它表示了土样所代表黄土层的湿陷程度。我国《湿陷性黄土地区建筑规范》(GBJ 25—90) 按照国内各地经验采用 $\delta_s=0.015$ 作为湿陷性黄土的界限值，$\delta_s \geqslant 0.015$ 定为湿陷性黄土，否则为非湿陷性黄土。湿陷性土层的厚度也是用此界限值确定的。一般认为 $\delta_s<0.03$ 为弱湿陷性黄土，$0.03<\delta_s \leqslant 0.07$ 为中等湿陷性黄土，$\delta_s>0.07$ 为强湿陷性。

3）黄土的湿陷系数 δ_s 与试验时所受压力的大小有关，《湿陷性黄土地区建筑规范》根据我国一般建筑物基底土的自重应力和附加应力发生的范围规定，在用上述室内压缩试验确定 δ_s 时，浸水压力取值：在基础底面下 10m 以内土层用 200kPa；10m 以下到非湿陷性黄土层顶面用上覆土层的饱和自重压力。但当基底压力大于 300kPa 时，宜按实际压力测定。

(2) 湿陷性黄土地基湿陷类型的划分：自重湿陷性黄土浸水后，在其上覆土自重压力作用下，迅速发生比较强烈的湿陷，要求采取较非自重湿陷性黄土地基更有效的措施，保证桥涵等结构物的安全和正常使用。《湿陷性黄土地区建筑规范》用计算自重湿陷量 Δ_{ZS} 来划分这两种湿陷类型的地基，Δ_{ZS} (cm) 按下式计算

$$\Delta_{ZS} = \beta_0 \sum_{i=1}^{n} \delta_{ZSi} h_i$$

式中 β_0——根据我国建筑经验，因各地区土质而异的修正系数。对陇西地区可取 1.5，陇东、陕北地区可取 1.2，关中地区取 0.7，其他地区（如山西、河北、河南等）取 0.5；

δ_{ZSi}——第 i 层地基土样，在压力值等于上覆土的饱和 ($S_r>85\%$) 自重应力时，试验测定的自重湿陷系数；

h_i——地基中第 i 层土的厚度 (m)；

n——计算总厚度内土层数。

当 $\Delta_{ZS}>7$cm 时为自重湿陷性黄土地基，$\Delta_{ZS} \leqslant 7$cm 时为非自重湿陷性黄土地基。

用上式计算时，土层总厚度从基底算起，到全部湿陷性黄土层底面为止，其中 $\delta_{ZS}<0.015$ 的土层（属于非自重湿陷性黄土层）不累计在内。

(3) 湿陷性黄土地基湿陷等级的判定：湿陷性黄土地基的湿陷等级，即地基土受水浸湿，发生湿陷的程度，可以用地基内各土层湿陷下沉稳定后所发生湿陷量的总和（总湿陷量）来衡量，总湿陷量越大，对桥涵等结构物的危害性越大，其设计、施工和处理措施要求也应越高。

《湿陷性黄土地区建筑规范》对地基总湿陷量 Δ_s (cm) 用下式计算：

$$\Delta_s = \sum_{i=1}^{n} \beta \delta_{si} h_i$$

式中 δ_{si}——第 i 层土的湿陷系数；

h_i——第 i 层土的厚度 (cm)；

β——考虑地基土浸水机率，侧向挤出条件等因素的修正系数，基底下 5m（或压缩层）深度内取 1.5；5m（或压缩层）以下，非自重湿陷性黄土地基 $\beta=0$，自重湿陷性黄土地基可按上述公式计算，取得 β_0 其值。

由于我国黄土的湿陷性上部土层比下部土层大，而且地基上部土层受水浸湿的可能性也较大。因此上式中的土层深度：对非自重湿陷性黄土，从基础底面到以下 5m（或压缩层）深度为止；对自重湿陷性黄土地基，为安全计，计算到非湿陷性黄土层顶面为止；其

中，δ_s 或 δ_{zs}<0.015 土层不计在内；地下水浸泡的那部分黄土层一般不具有湿陷性。如在计算土层深度已见地下水，则算到年平均地下水位为止。

湿陷性黄土地基的湿陷等级，该规范根据地基总湿陷量 Δ_s 和计算自重湿陷重 Δ_{zs} 综合，按表 2-2-20 判定。

湿陷性黄土地基的湿陷等级　　**表 2-2-20**

湿陷类型 / Δ_{zs} (cm) / Δ_s (cm)	非自重湿陷性地基	自重湿陷性地基	
	≤7	7<Δ_{zs}≤35	>35
≤30	Ⅰ（轻微）	Ⅱ（中等）	—
30<Δ_s≤60	Ⅱ（中等）	Ⅱ或Ⅲ（中等或严重）	Ⅲ（严重）
>60	—	Ⅲ（严重）	Ⅳ（很严重）

当 Δ_s 小于 5cm 时，可按非湿陷性黄土地基进行设计和施工。

二、湿陷性黄土地基的处理

(1) 湿陷性黄土地基处理的目的是改善土的性质和结构，减小土的渗水性、压缩性，控制其湿陷性的发生，部分或全部消除它的湿陷性。在明确地基湿陷性黄土层的厚度、湿陷性类型和等级后，应结合结构物的工程性质、施工条件和材料来源等，采取必要的措施，对地基进行处理，满足结构物在安全、使用方面的要求。

(2) 在黄土地区修筑结构物，应首先考虑选用非湿陷性黄土地基，它比较经济和可靠。如确定基础在湿陷性黄土地基上，应尽量利用非自重湿陷性黄土地基，因为这种地基的处理要求比自重湿陷性地基低。

(3) 桥梁工程中，对较高的墩、台和超静定结构，应采用刚性扩大基础、桩基础或沉井等形式，并将基础底面设置到非湿陷性土层中。对一般结构的大中桥梁、重要的道路人工构造物，如属Ⅱ级非自重湿陷性地基或各级自重湿陷性黄土地基也应将基础置于非湿陷性黄土层或对全部湿陷性黄土层进行处理并加强结构措施；如属Ⅰ级非自重湿陷性黄土也应对全部湿陷性黄土层进行处理或加强结构措施。小桥涵及其附属工程和一般道路人工构造物视地基湿陷程度，可对全部湿陷性土层进行处理，也可消除地基的部分湿陷性或仅采取结构措施。

(4) 结构措施是指结构形式尽可能采用简支梁等对不均匀沉降不敏感的结构；加大基础刚度使受力较均匀；对长度较大，体形复杂的结构物采用沉降缝将其分为若干独立单元等。

(5) 所谓对全部湿陷性黄土层进行处理，对非自重湿陷性黄土地基，应自基底处理至非湿陷性土层顶面（或压缩层下限），或者以土层的湿陷起始压力来控制处理厚度，即对地基持力层内附加应力 σ_h 与上层土自重 γ_h 之和大于该处土的湿陷起始压力 p_{hs} 范围内的土层进行处理，加固范围示意图如图 2-2-60 所示；对自重湿陷性黄土地基是指全部湿陷性黄土层的厚度。

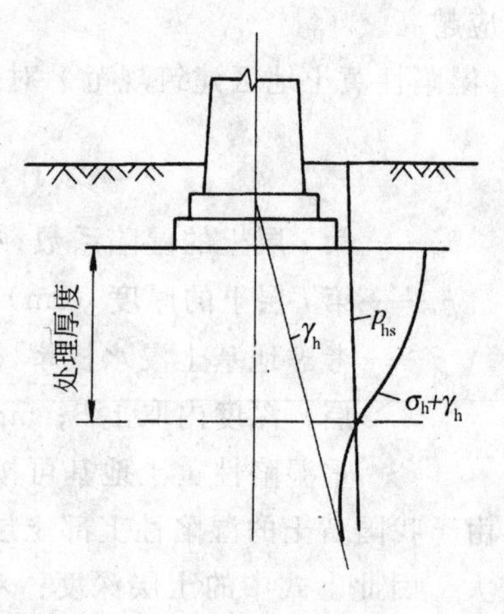

图 2-2-60　加固范围示意图

湿陷起始压力是指湿陷性黄土地基在某一压力下，浸水后开始出现湿陷（一般指湿陷系数为0.015）时的压力值，如作用压力小于湿陷起始压力 p_{hs}，地基即使受水浸湿也不湿陷。

（6）消除地基的部分湿陷性主要是处理基础底面以下适当深度的土层，因为这部分土层的湿陷量一般占总湿陷量的大部分。这样处理后，虽发生少部分湿陷也不致影响结构物的安全和使用。处理厚度视结构物类别，土的湿陷等级、厚度，基底压力大小而定，一般对非自重湿陷性黄土为1～3m，自重湿陷性黄土地基为2～5m。

（7）常用的处理湿陷性黄土地基的方法有灰土（或素土）垫层、重锤夯实、强夯、石灰桩、素土桩挤密法、浸水处理等，可根据地基湿陷类型、等级、结构物要求等条件选用。现将其使用于湿陷性黄土地基时的特点扼要介绍如下。

1）灰土或素土垫层：将基底以下湿陷性土层全部挖除或挖到预计的深度，然后用灰土（三分石灰七分土）或素土（就地挖出的黏性土）分层夯实回填，垫层厚度及尺寸计算方法同砂砾垫层，压力扩散角 θ 对灰土用30°，对素土用22°。垫层厚度一般为1.0～3.0m。它消除了垫层范围内土的湿陷性，减轻或避免了地基附加应力产生的湿陷，如将地基持力层内 $\sigma_h+\gamma_h \geqslant p_{hs}$ 的部分挖除，采用垫层，可以使地基的非自重湿陷消除（图2-2-60）。它施工简易，效果显著，是一种常用的地基浅层湿陷性处理或部分处理的方法。施工时必须保证工程质量，对回填的灰土、素土层，应控制其最佳含水量和最大干密度，否则达不到预期效果。

2）重锤夯实及强夯法：重锤夯实法能消除浅层的湿陷性。如用14～40kN的重锤，落高2.5～4.5m，在最佳含水量情况下，可消除在1.0～1.5m深度内土层的湿陷。强夯法根据国内使用记录，若锤重100～200kN，自由下落高度为10～20m，锤击两遍，可消除4～6m深度范围内土层的湿陷性。以上两种方法均应事先在现场进行夯击试验，以确定为达到预期处理效果所必需的夯点、锤击数、夯沉量等，以指导施工，保证质量。

3）石灰土或二灰（石灰与粉煤灰）挤密桩：用打入桩、冲钻或爆扩等方法在土中成孔，然后用石灰土或将石灰与粉煤灰混合分层夯填桩孔而成桩（少数也有素土），用挤密的方法破坏黄土地基的松散、大孔结构，以消除或减轻地基的湿陷性。此方法适用于消除5～10m深度内地基土的湿陷性。挤密桩的效果取决于土的被挤密程度，所采用的桩径、桩距应在现场用试验确定，要求地基土在挤密范围边缘上干密度应达到16.0kN/m^{3}以上。采用挤密桩处理湿陷性黄土地基时，应在地基表层采取防水措施（如表层夯实等）。

4）预浸水处理：自重湿陷性黄土地基利用其自重湿陷的特性，可在结构物修筑前，先将地基充分浸水，使其在自重作用下发生湿陷，然后再修筑。实践证明这样可以消除地表下数米以外黄土的自重湿陷性，地表数米以内的土层往往因压力偏低而仍有湿陷性，须再作处理。此外也应考虑预浸水后，附近地表可能产生开裂、下沉而产生的影响。

除以上的地基处理方法外，对既有桥涵等结构地基的湿陷也可考虑采用硅化法等加固地基。湿陷性黄土地区基坑均应以不透水性土夯实回填，结构物基础附近地面也应夯实整平，以防止地表水积聚、渗入地基。

2.2.4.3 膨胀土地基处理

一、膨胀土的工程性质

（1）膨胀土对建筑物的危害：当天然土受水浸湿时，即使在一定的荷载作用下，土的体积仍能膨胀，干燥失水时，土的体积收缩，这种土称为膨胀土。这种土一般强度较度，压缩性小，易误认为是较好的天然地基，但是当膨胀土浸水或失水时，产生体积变形，则使基础破坏，建筑物、地坪等开裂。

(2) 膨胀土特征：膨胀土多分布在盆地边缘和谷地的较高级的阶地上，下接湖积或冲积平原，上临丘陵山地，在堆积时代上多属更新世，在成因上冲积、洪积、坡积和残积均有；干燥时土质坚硬，易脆裂，具有明显的垂直和水平的张开裂隙，裂隙面比较光滑；黏土颗粒含量较高，塑性指数较大，为亚黏土到黏土，土的结构强度较高，多为低压缩性土。

(3) 膨胀性与土的物理指标的关系：

1) 膨胀土的物理力学特性指标特点：

①天然含水量接近塑限，饱和度一般大于 0.85；

②土的天然孔隙比变化范围在 0.5～0.8 之间；

③塑性指数大于 17，多数在 22～35 之间；

④液性指数小，天然状态下呈坚硬或硬塑状态；

⑤黏粒含量高，＜0.002mm 的颗粒超过 20%；

⑥自由膨胀率一般超过 40%，最高的大于 70%；

⑦缩限一般大于 12%，但红黏土类型膨胀土的缩限偏大；

⑧土的压缩性小，多属低压缩性土；

⑨c、ϕ 浸水前后相差大，尤其是 c 值下降 2～3 倍。

2) 胀缩性和天然含水量的关系：同一种土其膨胀率和膨胀力一般随土的天然含水量的减小而增大，体缩量随天然含水量的减小而减小。

3) 胀缩性与粘粒含量、液限的关系：土的膨胀率、膨胀力和体缩量一般随土的黏粒含量、液限的增高而增大。

4) 胀缩性与天然孔隙比的关系：同一种土的膨胀率和膨胀力一般随土的孔隙比的增大而减小，体缩量随土的孔隙比的增大而增大。

(4) 引起胀缩性的主要因素：

1) 膨胀土的矿物成分主要是黏土矿物—蒙脱石、伊利石（水云母)、高岭土等，这类矿物具有较强的与水结合的能力，有吸水膨胀的性能，特别是蒙脱石吸水性最大，土中这几种矿物的含量决定了土的胀缩性的大小。

2) 土中黏粒的含量越多，吸水性越强，膨胀的可能性越大。

3) 膨胀土的化学成分是以 SiO_2、Al_2O_3、Fe_2O_3 为主，黏土粒的硅铝分子比 $\frac{SiO_2}{Al_2O_3+Fe_2O_3}$ 的比值越小，胀缩量就越小，反之则大。

4) 土的密度大，孔隙比就小，反之则孔隙比就大，前者浸水膨胀强烈，失水收缩小，后者浸水膨胀小，失水收缩大。

5) 膨胀土含水量变化，易产生胀缩变形，当初始含水量与膨胀后含水量愈接近，土的膨胀就小，收缩的可能性和收缩值就大；而二者的差值愈大，土的膨胀可能性和膨胀值就大，收缩就越小。

6) 气候条件：在雨季，土中水分增加，在旱季，则水分减小。房屋建造后，室外土层受气候的影响较大。因此，基础内外两侧土的胀缩变形不一样，有时甚至外缩内胀。由于变形的不均匀性，导致了建筑物开裂或破坏。

季节性气候变化对地基土中水分的影响随深度的增加而递减，因此，确定当地的大气影响深度对防治胀缩变形的危害具有重要的实际意义。

7）作用压力：作用压力小时膨胀量大，压力大时膨胀量小，而且当施加土上的压力大于土的膨胀力时，土浸水时不但不膨胀，反而产生压缩。所以，膨胀土所受的作用压力对其遇水膨胀有着重要的影响，从而也可用来解释为什么造在膨胀土上的低层轻型房屋容易开裂或破坏，并提出了在设计中可以采用减小基底面积或增大基底压力的措施以防止地基产生过大的膨胀变形。试验表明：作用压力对土的收缩的影响不太明显，通常可忽略不计。

8）地形地貌：实践表明，低地的膨胀土地基比高地的膨胀土地基其胀缩变形要小得多。在坡地、坡脚地段的膨胀土地基较坡肩地段的同类地基其胀缩变形也要小得多，这是由于高地和坡肩地段土中水分蒸发条件较好，因此，土中含水量的变化幅度较大，胀缩变形也较大。

9）绿化：在炎热干旱地区，建筑物周围的阔叶树（尤以桉树为甚）常对建筑物地基的变形造成不利影响。尤其在旱季，当无地下水或地表水补给时，由于树根的吸水作用，使土的含水量减少，从而加剧了土的干缩变形，使近旁有成排树木的房屋开裂。

10）日照及室温：日照的时间和强度也是一个影响因素。调查表明，房屋的向阳面（东、南、西三面，尤其是南、西两面）开裂较多，而背阳面则开裂较少。

二、膨胀土的室内试验

对膨胀土除一般物理力学性质指标试验外，尚应进行下列工程特性指标试验

(1) 自由膨胀率 δ_{ef}：人工制备的烘干土，在水中增加的体积与原体积的比，按下式计算：

$$\delta_{ef}=\frac{V_w-V_0}{V_0}$$

式中 V_w——土样在水中膨胀稳定后的体积；

V_0——土样原有体积。

自由膨胀率可用来定性地判别膨胀土及其膨胀势。

(2) 膨胀率 δ_{ep}：在一定压力下（当压力为零时则为 δ_{ep0}），浸水膨胀稳定后，试样增加的高度与原高度之比，按下式计算：

$$\delta_{ep}=\frac{h_w-h_0}{h_0}$$

式中 h_w——土样浸水膨胀稳定后的高度；

h_0——土样原始的高度。

膨胀率可用来评价地基的胀缩等级，计算膨胀土地基的变形量以及测定膨胀力。

(3) 收缩系数 λ_s：不扰动土试样在直线收缩阶段，含水量减少1%时竖向线缩率，按下式计算：

$$\lambda_s=\frac{\Delta\delta_s}{\Delta w}$$

式中 Δw——收缩过程中直线变化阶段两点含水量之差；

$\Delta\delta_s$——收缩过程中与两点含水量之差对应的竖向线缩率之差。

收缩系数可用来评价地基的胀缩等级，计算膨胀土地基的变形量。竖向线缩率是不扰动土试样的垂直收缩变形与原始高度之比值，用百分数表示，按下式计算：

$$\delta_s = \frac{Z - Z_0}{h_0}$$

式中 Z——百分表某次读数（mm）；

Z_0——百分表初始读数（mm）；

h_0——试样原始高度（mm）。

土的收缩曲线：以线缩率为纵坐标，含水量为横坐标，绘制含水量与相应的线缩率的关系曲线，曲线可分为直线收缩阶段，过渡阶段，微收缩阶段，利用曲线的直线收缩阶段，可以计算收缩系数，如图 2-2-61 所示。

（4）膨胀压力（p_s）：不扰动土试样在体积不变时，由于浸水膨胀产生的最大应力。膨胀压力可用来衡量土的膨胀势和考虑地基的承载力，其测定方法如下：

1）压缩膨胀法：对不扰动土试样按常规压缩实验方法分级加压压缩，最大压力要稍大于预估的膨胀压力，试样在最大压力下压缩下沉稳定后，向容器内自下而上注水，使水面超过试样顶面，待试样浸水膨胀稳定后，按加荷等级分级退荷，测记每级退荷后试样的膨胀变形，计算各级压力下的膨胀率

$$\delta_{ep} = \frac{Z_p + Z_c - Z_0}{h_0}$$

式中 Z_p——在一定压力作用下试样浸水膨胀稳定后百分表的读数（mm）；

Z_c——在一定压力作用下，压缩仪退荷回弹的校正值（mm）；

Z_0——试样压力为零时百分表的初读数（mm）；

h_0——试样加荷前的原始高度（mm）。

试样退荷至零，求出各级压力下的膨胀率，以各级压力下的膨胀率为纵坐标，压力为横坐标，绘制膨胀率与压力的关系曲线，该曲线与横坐标的交点即为试样的膨胀压力，如 2-2-62 所示。

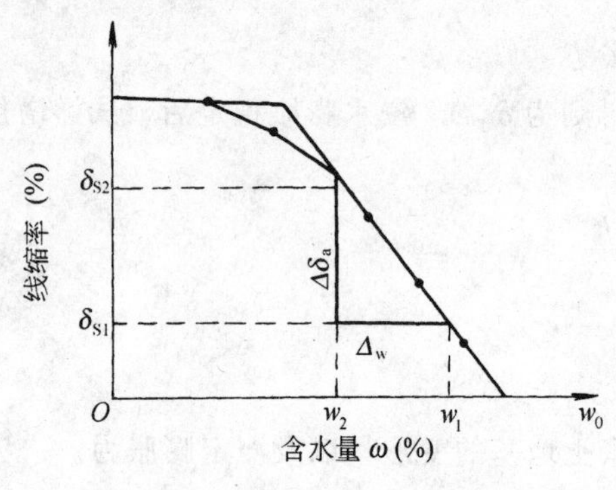

图 2-2-61 土的收缩曲线

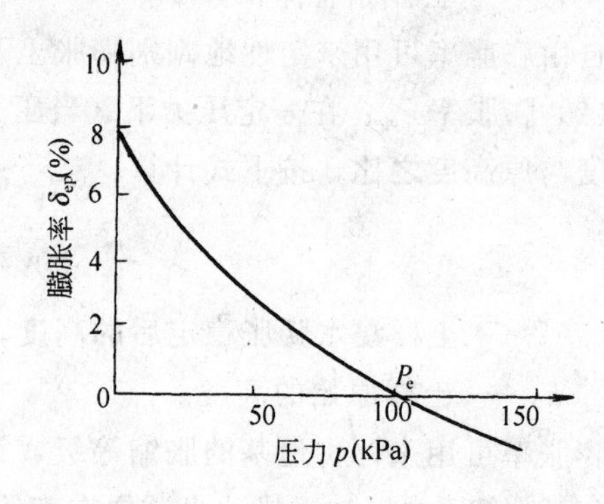

图 2-2-62 膨胀率-压力曲线

2）自由膨胀法：不扰动土试样预加 5kPa 接触压力，向容器注水，待土试样浸水膨胀稳定后，向试样逐级加荷，当加荷出现明显的极限压力点时，可按加荷的同样等级卸荷，观测回弹变形。取孔隙比与压力曲线上对应于天然孔隙比的压力为自由膨胀法的膨胀压力，孔隙比与压力曲线的回弹支的斜率即为自由膨胀法的膨胀指数 C_{SF}，如图 2-2-63 所示。

3）等容法：试样浸水后密切观测，当有膨胀变形发生时，即施加一相应的荷重，以消除膨胀变形。当加荷至土试样表现为无膨胀时，继续加荷直至土试样产生较大压缩变形。孔

隙比压力曲线上水平线的对应值即为膨胀力，孔隙比压力曲线回弹支的斜率即为等容法的膨胀指数 C_{SC}，如图 2-2-64 所示。

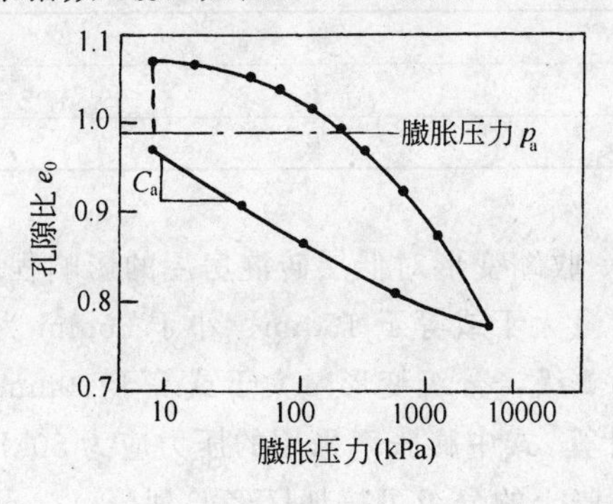

图 2-2-63　自由膨胀法试验曲线

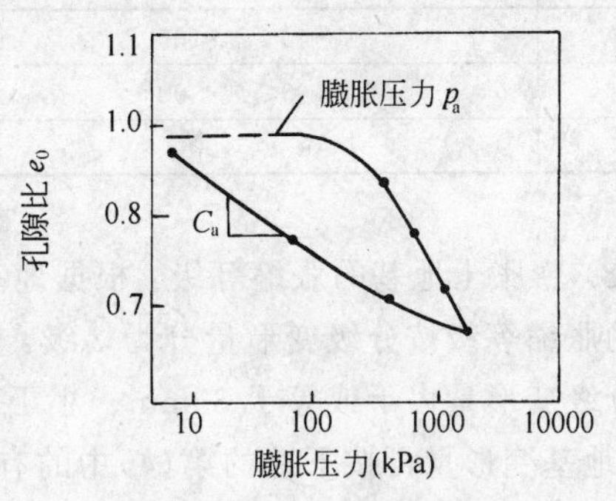

图 2-2-64　等容法试验曲线

三、膨胀土地基的评价

(1) 膨胀土的判别：膨胀土的判别是解决膨胀土地基勘察、设计的首要问题。据我国大多数地区的膨胀土和非膨胀土试验指标的统计分析认为，土中黏粒成分主要由亲水性矿物组成，凡自由膨胀率 $F_s \geqslant 40\%$ 的，一般具有上述膨胀土野外特征和建筑物开裂破坏特征，且为胀缩性能较大的黏性土，则应判别为膨胀土。

(2) 膨胀土的膨胀潜势：通过上述判别膨胀土以后，要进一步确定膨胀土的胀缩性能强弱程度，不同胀缩性能的膨胀土对建筑物的危害程度将有明显差别。

1) 结合我国情况，用自由膨胀率作为膨胀土的判别和分类指标，一般能获得较好效果。研究表明，自由膨胀率能较好反映土中的粘土矿物成分、颗粒组成、化学成分和交换阳离子性质的基本特征。

2) 土中的蒙脱石矿物愈多，小于 0.002mm 的黏粒在土中占较多分量，且吸附着较活泼的钠、钾阳离子时，那么土体内部积蓄的膨胀潜势愈强，自由膨胀率就愈大，土体显示出强烈的胀缩性。

3) 调查表明，自由膨胀率较小的膨胀土，膨胀潜势较弱，建筑物损坏轻微；自由膨胀率高的土，具有强的膨胀潜势，则较多建筑物将遭到严重破坏。《膨胀土规范》按自由膨胀率大小划分土的膨胀潜势强弱，以判别土的胀缩性高低，详见表 2-2-21、表 2-2-22 所列的综合评价方法也得到了广泛应用。

膨胀土膨胀潜势综合评价表　　表 2-2-21

序号	膨胀土类型	外地质特征	主要黏土矿物成分(%)	黏粒含量(%)	自由膨胀率(%)	总线胀缩率(%)
1	强膨胀土	灰绿、灰白等浅色黏土为主，质纯、滑腻感强、网状裂隙很发育，有光滑面及擦痕，极易风化呈细小鳞片状	蒙脱石为主	≥50	≥80	>4
2	中等膨胀土	棕红色或棕红夹灰绿、灰白色等深色黏土为主，垂直及近水平裂隙发育，有光滑面及擦痕富含碳酸钙	蒙脱石、伊利石	35～50	60～80	2～4
3	弱膨胀土	棕黄色为主，土质不均，裂隙发育不等有光滑面及擦痕富含碳酸钙	伊利石、蒙脱石、高岭石	<35	40～60	0.7～2

膨胀土的膨胀潜势分类　表 2-2-22

序号	自由膨胀率（%）	膨胀潜势
1	$40 \leqslant F_s < 65$	弱
2	$65 \leqslant F_s < 90$	中
3	$F_s \geqslant 90$	强

（3）膨胀土地基的胀缩等级：根据地基的膨胀、收缩变形对低层砖混房屋的影响程度，地基的胀缩等级按分级变形量分为 3 级：分级变形量大于或等于 15mm、小于 35mm 为Ⅰ级，分级变形量大于或等于 35mm、小于 70mm 为Ⅱ级，分级变形量大于或等于 70mm 为Ⅲ级。地基变形量可按下述的第(4)中的有关公式计算，式中膨胀率采用的压力应为 50kPa。由于各地区的膨胀土特征不同，性质各有差异，膨胀土的分级可按地区经验划分。

（4）膨胀土地基的变形量：

1）膨胀土地基的计算变形量应小于建筑物的地基容许变形值，各类建筑物的地基容许变形值可查阅相应的资料确定。膨胀土地基变形量的取值应符合下列规定：

①膨胀变形量应取基础某点的最大膨胀上升量；

②收缩变形量应取基础某点的最大收缩下沉量；

③胀缩变形量应取基础某点的最大膨胀上升量与最大收缩下沉量之和；

④变形差应取相邻两基础的变形量之差；

⑤局部倾斜应取砖混承重结构沿纵墙 6～10m 内基础两点的变形量之差与其距离之比值。

2）膨胀土地基变形计算，可按 3 种情况进行计算：

①离地表 1m 处地基土的天然含水量等于或接近最小值时或地面有覆盖且无蒸发的可能性，以及建筑物在使用期间，经常有水浸湿，可按下式计算膨胀变形量，参看图 2-2-65 所示。

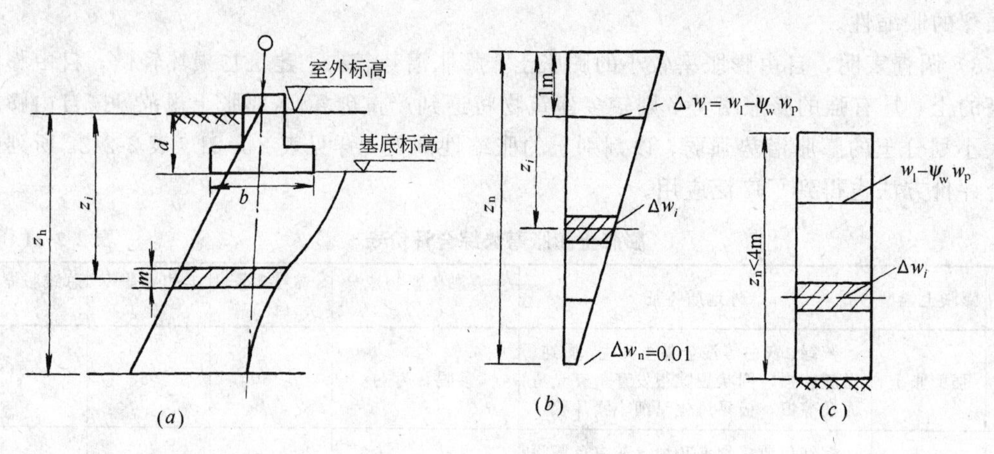

图 2-2-65　地基土变形计算示意图

$$s_e = \Psi_e \sum_{i=1}^{n} \delta_{epi} h_i$$

式中　s_e——地基土的膨胀变形量（mm）；

Ψ_e——计算膨胀变形量的经验系数，宜根据当地经验确定，无经验时，三层及三层以下建筑物可采用0.6；

δ_{epi}——基础底面下第i层土在该土的平均自重应力与平均附加压力之和作用下的膨胀率，由室内试验确定；

h_i——第i层土的计算厚度（mm）；

n——自基础底面至计算深度内所划分的土层数，计算深度应根据大气影响深度确定，有浸水可能时，可按浸水影响深度确定。

②当离地表1m处地基土的天然含水量大于1.2倍塑限含水量时，或直接受高温作用的地基，可按下式计算收缩变形量：

$$s_s = \Psi_s \sum_{i=1}^{n} \lambda_{si} \Delta w_i h_i$$

式中 s_s——地基土的收缩变形量（mm）；

Ψ_s——计算收缩变形量的经验系数，宜根据当地经验确定，无经验时，三层以三层以下建筑物可采用0.8；

λ_{si}——第i层土的收缩系数，由室内试验确定；

Δw_i——地基土收缩过程中，第i层土可能发生的含水量变化的平均值（以小数计）。

在计算深度内，各土层的含水量变化值，应按下式计算：

$$\Delta w_i = \Delta w_1 - (\Delta w_1 - 0.01)\frac{z_{i-1}}{z_{n-1}}$$

$$\Delta w_1 = w_1 - \Psi_w w_p$$

式中 w_1、w_p——为地表下1m处土的天然含水量和塑限含水量（小数）；

Ψ_w——土的湿度系数；

z_i——第i层土的深度（m）；

z_n——计算深度，可取大气影响深度，m，在地表下4m土层深度内存在不透水基岩时，可假定含水量变化值为常数，在计算深度内有稳定地下水位时，可计算至水位以上3m。

③在其他情况下，可按下式计算地基土的胀缩变形量：

$$s = \Psi \sum_{i=1}^{n} (\delta_{epi} + \lambda_{si} \cdot \Delta w_i) h_i$$

式中 s——地基土的胀缩变形量（mm）；

Ψ——计算胀缩变形量的经验系数，可取0.7。

四、膨胀土地基处理

在道路路基工程中，膨胀土处理主要有以下几个方面：填方路基，膨胀土填料处理及路堤边坡防护；挖方路基，路床稳定和路堑边坡防护；排水措施。针对以上问题，在道路工程中主要采取下列措施：

(1) 路床处理：在膨胀土分布地区，一般应挖除地表下或超挖30～60mm的膨胀土，并用改性的膨胀土或非膨胀土及时分层回填压实。

(2) 土料稳定与压实：强膨胀土不应作为路基填料，若不得已，应尽量选择膨胀潜势较弱的土料，并加以改良。改良的方法有掺石灰、水泥、砂砾石等，常用的方法是掺石灰，掺灰比一般为6%～8%。膨胀土作为路基填料压实时，应采用高含水量和较高密实度的原则，碾压并以轻型击实标准进行压实度控制。

(3) 路基设计：

1) 路基挖、填高度不得过大，一般宜选择浅路堑、低路堤，其高度不宜大于3m，对于大于3m的路堤，必须考虑变形稳定问题，并考虑加宽路基；路暂高时应考虑台阶式断面和坡脚稳定措施。

2) 路基面横坡应较一般土质路基大些，以利排水；路肩应较一般土质肩适当加宽；路堤边坡可按普通黏土边坡放缓些。

3) 边沟适当加宽并尽可能采用深沟排水。

4) 路侧不宜种树。

(4) 边坡防护：

1) 路堤边坡，可采用改性土质处理或非膨胀土外包封闭；对路堑边坡应进行全封闭防护，可采用浆砌片石、浆砌混凝土预制块护坡或浆砌挡土墙。

2) 高等级公路的膨胀土边坡应考虑膨胀土的强度特点，进行稳定性验算。

(5) 排水措施：

1) 所有路基均应设置定点的排水措施，并形成排水网系，使地表水及地下水能够畅通排泄，防止入浸路基。

2) 路肩中央分隔带应设置与路面相同的不透水基层。

3) 边沟应加宽加深，并采取防渗措施，路堑边坡外侧须设平台以保护坡脚免受浸湿，同时防止坡面剥落物堆积堵塞边沟。

4) 路堑顶部应设截水沟，防止水流冲蚀坡面与渗入坡体，截水沟的位置应视上部坡面汇水情况而定，一般应距堑缘1.0～1.5m以外。

5) 台阶式高边坡，应在每一级平台内侧设排水沟。

6) 边沟、截水沟、排水沟、平台应全封闭，严防渗漏和冲刷。

2.2.4.4 红黏土地基处理

一、红黏土的形成和分布

(1) 红黏土的定义与形成条件

碳酸盐岩系出露区的岩石，经红土化作用形成的棕红、褐黄等色的高塑性黏土为红黏土，其液限一般大于50%，上硬下软，具明显的收缩性，裂隙发育。经再搬运后仍保留红黏土基本特征，液限大于45%，小于50%的土称为次生红黏土。红黏土的形成一般应具有气候和岩性两个条件：

1) 气候条件：气候变化大，年降雨量大于蒸发量，因气候潮湿，有利于岩石的机械风化和化学风化，风化结果便形成红黏土。

2) 岩性条件：主要为碳酸盐类岩石，当岩层褶皱发育、岩石破碎、易于风化时，更易形成红黏土。

(2) 分布规律

红黏土主要为残积、坡积类型，因而多分布在山区或丘陵地带，这种受形成条件所控制的土，为一种区域性的特殊土，在我国以贵州、云南、广西等省（区）分布最为广泛和典型，其次在安徽、川东、粤北、鄂西和湘西也有分布，一般分布在山麓、山坡、盆地或洼地中。

二、红黏土的工程地质特征

(1) 红黏土物理力学性质的基本特点：红黏土具有两大特点：

1) 土的天然含水量、孔隙比、饱和度以及塑性界限（液限、塑限）很高，但却具有较高的力学强度和较低的压缩性。

2) 各种指标的变化幅度很大，红黏土中小于 0.005mm 的黏粒含量为 60%～80%，其中小于 0.002mm 的胶黏占 40%～70%，使红黏土具有高分散性。

(2) 红黏土的矿物成分：红黏土的矿物成分主要为高岭石、伊利石和绿泥石，粘土矿物具有稳定的结晶格架，细粒组结成稳定的团粒结构，土体近于两相体且土中水多为结合水，这三者是构成红黏土具有良好力学性能的基本因素。

(3) 红黏土厚度变化与由硬变软的现象：厚度变化：这与所处地貌、基岩的岩性与岩溶发育程度有关，在其他因素相近的条件下，碳酸盐类岩体的岩性决定着岩溶发展程度的差异。石灰岩、白云岩易于岩溶化，岩体表面起伏剧烈，导到上覆红黏土层厚度变化很大，泥灰岩、泥质灰岩的岩溶化较弱，故表面较平整，上覆红黏土层的厚度变化也较小。

土由硬变软现象：地表从上向下由硬变软，相应地，土的强度逐渐降低，压缩性逐渐增大，工程实践中，红黏土的软硬程度多以含水比来划分，图 2-2-66 绘出了红黏土的含水比、天然含水量、孔隙比随埋深的增加而递增的变化曲线。据统计结果，上部坚硬、硬塑状态的土约占红黏土层的 75%以上，厚度一般大于 5m，可塑状态的土占 10%～20%，多分布在接近基岩处，软塑、流塑状态的土小于 10%，位于基岩凹部溶槽内。

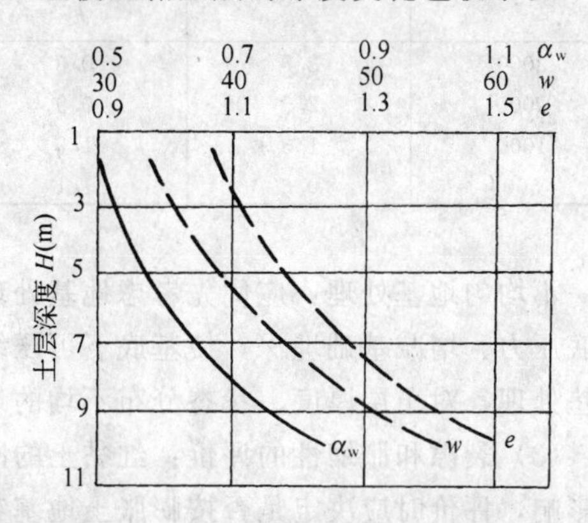

图 2-2-66 α_w、w、e 随深度变化曲线

(4) 红黏土的裂隙性与胀缩性：

1) 红黏土的裂隙性：在坚硬和硬塑状态的红黏土层由于胀缩作用形成了大量裂隙，裂隙发育深度一般为 3～4m，已见最深者达 6m，裂隙面光滑，有的带擦痕，有的被铁锰质浸染；裂隙的发生和发展速度极快，在干旱气候条件下，新挖坡面数日内便可被收缩裂隙切割的支离破碎，使地面水易浸入，土的抗剪强度降低，常造成边坡变形和失稳。

2) 红黏土的胀缩性：有些地区的红黏土具有一定的胀缩性，如贵州的贵阳、遵义、铜仁，广西的桂林、柳州、来宾、贵县等，这些地区由于红黏土地基的胀缩变形，致使一些单层民用建筑物和少数热工建筑物出现开裂破坏，其中以广西地区最为严重，红黏土的胀缩性能表现为以缩为主，即在天然条件下，膨胀量微小，收缩量较大，经收缩后的土试样浸水时，可产生较大的膨胀量。

(5) 红黏土的地下水特征：红黏土的透水性微弱，其中的地下水多为裂隙性潜水和上层滞水，它的补给来源主要是大气降水，基岩岩溶裂隙水和地表水体，水量一般均很小，在地势低洼地段的土层裂隙中或软塑、流塑状态土层中可见土中有水，水量不大，且不具有统一水位。红黏土中的地下水水质属重碳酸钙型水，对混凝土一般不具腐蚀性。

三、红黏土的工程性质评价

(1) 基础埋置深度的确定：利用表层较硬土层作地基持力层：应充分利用红黏土上硬下软的湿度状态垂向分布特征，基础尽量浅埋，对三级建筑，当满足持力层承载力时，即可认为已满足下卧层承载力的要求。

(2) 地基均匀性评价：红黏土的厚度随下卧基岩面起伏而变化，致使红黏土的厚度变化较大，常引起地基不均匀沉降。不均匀沉降的可能性，按下列条件判定：当相邻基础的荷载和尺寸相近，凡符合下列条件之一者，可不考虑地基不均匀对建筑物的影响：均匀性属Ⅰ类的地基，相邻基础底面以下的土层厚度大于表 2-2-23 所列勘探孔深度时；均匀性属Ⅱ类的地基，相邻基础底面以下呈坚硬、硬塑状态，厚度均大于表 2-2-23 中所列 h_1 值或均小于 h_2 值时。

红黏土基底下土层厚度限值　　**表 2-2-23**

单独基础			条形基础		
荷载（kN）	土层厚度（m）		每延米荷载（kN·m）	土层厚度（m）	
	h_1	h_2		h_1	h_2
3000	3.5	0.8	250	2.0	0.9
2000	2.5	0.9	200	1.5	1.0
1000	1.3	1.0	150	1.0	1.2
500	0.6	1.1	100	0.5	2.0

不均匀地基处理：应优先考虑地基处理为主的措施，宜采用改变基宽、调整相邻地段基底压力、增减基础埋深，使基底下可压缩土厚相对均一，对外露石芽，用可压缩材料的褥垫处理，对土层厚度、状态分布不均的地段，用低压缩的材料作置换处理。

(3) 裂隙和胀缩性的评价：红黏土的网状裂隙及土层的胀缩性，对边坡及地基均有不利影响，评价时应决定是否按膨胀土地基考虑，若为膨胀土时，对低层、三级建筑物建议的基础埋深应大于当地大气影响急剧层深度；对炉窑等高温设备基础，应考虑基底土不均匀收缩变形的影响；开挖明渠，应考虑土体干湿循环以及在有石芽出露的地段，由于土的收缩形成通道，导致地表水下渗冲蚀形成地面变形的可能性，并避免把建筑物设置在地裂密集带和深长地裂地段。

2.2.4.5　岩溶与土洞地基的处理

一、岩溶形态与分类

石灰岩等可溶性的岩层，由于流水的长期化学作用和机械作用，以及由这些作用产生的特殊地貌形态和水文地质现象等，统称为岩溶。岩溶的形态类型很多，与道路工程有密切关系的岩溶形态有以下几种：漏斗，溶蚀洼地，坡立谷和溶蚀平原，落水洞和竖井，溶洞，暗河和天生桥土洞，参见图 2-2-67 所示。

岩溶按出露情况分为裸露型岩溶和隐蔽型岩溶；按地貌分为残丘洼地，峰丛洼地，峰林洼地，溶蚀平原。

二、岩溶地基处理措施

(1) 挖填或褥垫：挖除岩溶形态中的软弱充填物，回填碎石、灰土或混凝土等，以增强地基的坚硬完整性；或在压缩性地基上，凿去局部突出的基岩，垫以一定厚度的可压缩

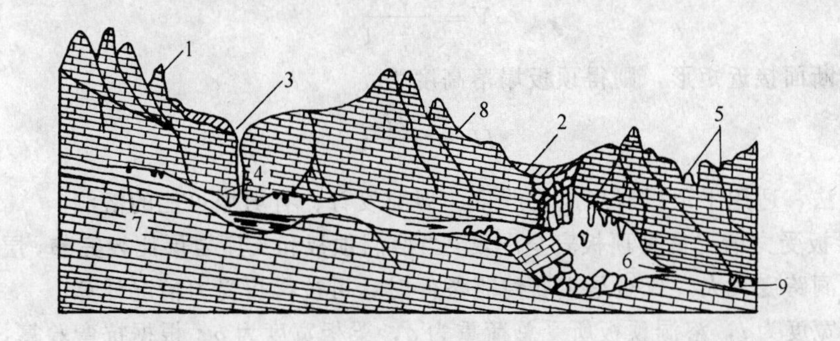

图 2-2-67 岩溶岩层剖面示意图

1—石芽、石林；2—塌陷洼地；3—漏斗；4—落水洞；5—溶沟、溶槽；
6—溶洞；7—暗河；8—溶蚀裂隙；9—钟乳石

性填料，以调整地基的变形量。

(2) 跨盖：采用梁式基础或拱形结构等跨越溶洞、沟槽等，或用刚性大的平板基础覆盖溶洞、沟槽等。

(3) 灌注：当溶洞埋藏较深、较大时，可通过钻孔向洞内灌注水泥砂浆、混凝土或沥青等，以堵塞溶洞。

(4) 排导：对建筑物附近的径流进行处理，一般对于降雨、生产废水采用排水沟、截水盲沟排除，对于地下水，可采用排水洞、排水管等排除，使水流改道，疏干建筑地段。

三、岩溶发育地区筑路应注意的问题

(1) 选线：在岩溶地区选线，应按认真勘察、综合分析、全面比较、避重就轻、兴利防害的原则进行。

(2) 岩溶区地基稳定性评价：岩溶地区的地基，一般应进行稳定评价，以便必要时采取措施处理，如果基底下土层厚度大于地基压缩层的厚度，且不具备形成土洞的条件，可不考虑岩溶对地基稳定性的影响；或者基础底面下土层的厚度虽小于地基压缩层的厚度，但溶洞内已被密实的沉积物填满而又无被水冲蚀的可能时；或洞体较小，基础尺寸大于溶洞的平面尺寸，又有足够的支承时；或洞体顶板岩石较坚固完整，其顶板有一定的安全厚度时，可不考虑岩溶对地基稳定性的影响。

溶洞顶板安全厚度的验算，目前尚无满意的方法，以下介绍目前已有的几种算法。

1) 利用顶板坍塌物填塞溶洞估算顶板安全厚度（如图 2-2-68）：

该方法认为洞顶坍塌后，塌落体体积增大，当塌落至一定高度 H 时，洞体就自行填满，无需考虑其对地基的影响。塌落高度再加适当的安全系数便为顶板安全厚度。

设溶洞体积为 V_0，发生坍塌的体积为 V，岩石的胀余系数（即坍塌体的膨胀系数）为 k（一般石灰岩 1.2），按上述假定可得：

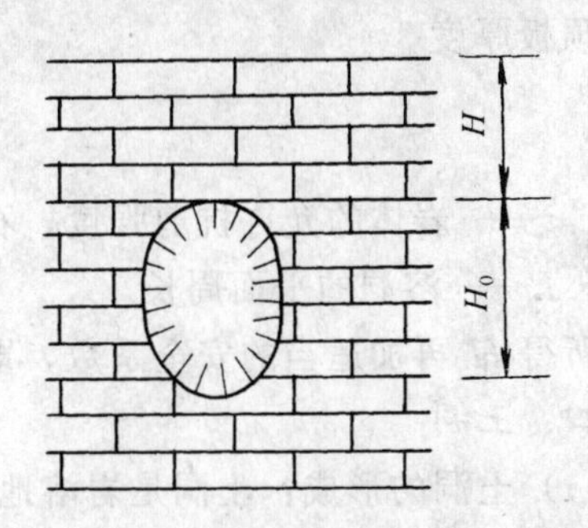

图 2-2-68 溶洞估算顶板安全厚度

$$V \cdot k = V_0 + V$$

$$V = \frac{V_0}{k-1}$$

如溶洞断面接近矩形，则得顶板塌落高度为：

$$H = \frac{H_0}{k-1}$$

这个方法，适用于顶板岩层风化严重、裂隙发育、有坍塌可能的溶洞。

2）按梁板受力情况估算顶板安全厚度：当溶洞顶板和支座岩层比较完整，层理又较厚，强度较高，洞跨度较大，弯矩是主要控制条件时，可按梁板受力情况计算。

设溶洞宽度为 l，溶洞顶板所受总荷重为 q，梁板宽度为 b。根据抗弯验算：

$$H = \sqrt{\frac{6M}{b[\sigma]}}$$

式中　$[\sigma]$——岩体的允许抗弯强度（石灰岩一般的允许抗弯强度为抗压强度的1/8）；

M——弯矩。

①当顶板跨中有裂缝，两端支座处岩石坚固完整时，按悬臂梁计算：$M = \frac{1}{2}ql^2$

②当顶板一支座处有裂缝，而顶板其他地方完整，按简支梁计算：$M = \frac{1}{8}ql^2$

③当顶板岩层完整，按两端固定梁计算：$M = \frac{1}{12}ql^2$

所得 H 再加适当的安全系数，便为顶板的安全厚度。

3）利用剪切概念估算顶板安全厚度（如图 2-2-69）：当溶洞顶板岩层完整、层理较厚、强度较高，但洞跨较小，剪力是主要控制条件时，可按顶板受剪力计算。

设路基或桥基范围内的溶洞顶板总荷重（包括自重和附加荷载）为 q，该范围内顶板抗剪力为 T。

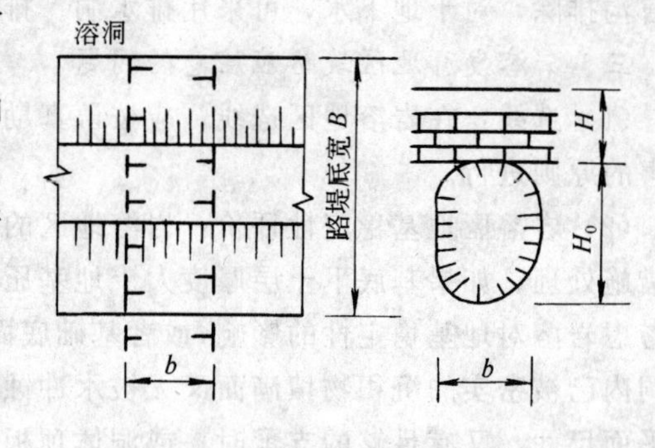

图 2-2-69　顶板安全厚度

根据极限平衡条件：

$$q - T = 0, \text{而}\ T = \tau \cdot H \cdot L$$

顶板厚度

$$H = \frac{q}{\tau \cdot L}$$

式中　τ——岩体的允许抗剪强度，石灰岩一般为其允许抗压强度的1/12；

L——溶洞的平面周长。

所得 H 再加适当的安全系数，即为顶板的安全厚度。

四、土洞

（1）土洞的形成：土洞是岩溶地层上覆盖的土层被地表水冲蚀或被地下水潜蚀所形成的洞穴。这种洞穴的顶部土体能塌陷成土坑和形成碟形洼地，土洞顶部土体的这种塌陷称为地表塌陷，多分布在土层较薄的地段。土洞及其在地表引起的塌陷都属于岩溶现象在土层中的一种表现，它们对建筑物影响很大，不同程度地威胁着建筑物的安全和正常使用，主要原因是土洞埋藏浅，分布密，发育快，顶板强度低，有时在建筑物施工中没有土洞，但建成后，由于人为因素或自然条件的影响形成新的土洞和地表塌陷。因此，在土洞可能形成的地区，必须注意调查研究，了解土洞形成条件，查明土洞的发育程度与分布，才能做出正确的设计和经济合理的处理。

1）土洞的形成与发展，与地区的地貌、土层、地质构造、水的活动、岩溶发育、地表排水等因素有关，其中土、岩溶的存在和水的活动是最主要的条件。

2）土质不同，土洞的发育程度则不同，一般土洞多位于黏土层中，砂土和碎石土中比较少见；土粒细，黏性强，胶结好，透水性差的土层难于形成土洞，反之，土粒粗，黏性弱，透水性较好，遇水易崩解（湿化）的土层，容易形成土洞。此外，在石灰岩溶沟、溶槽地带，经常有软黏土分布，它抵抗水冲蚀的能力弱，且处于地下水流首先作用的场所，往往是土洞发育的有利部位。

3）土洞的形成与岩溶的关系密切，凡具备土洞发育条件的岩溶地区，一般都有土洞发育，因而土洞常分布在溶沟及溶槽两侧、石芽侧壁和落水洞上口等位置的土层中。

4）土洞的形成，水起着决定性作用。总的说来，土洞主要由地表水的冲蚀或地下水的潜蚀形成，因此，土洞可分为地表水形成和地下水形成两种。土洞除存在于岩溶地区的上覆土层内以外，在我国的西北地区黄土层中，由于地表水或地下水的作用也有土洞存在。

(2) 查明土洞的方法：对建筑物地基内的土洞应查明其位置、埋深、大小和形成条件。查明土洞的方法目前有以下几种：地球物理勘探法，井探法，钎探法，夯探法，钻探法。其中地球物理勘探法对土层的厚度与洞径相近的浅埋洞体有较好的效果，对有代表性的塌陷地带及浅埋土洞宜采用井探法，对于深埋土洞的勘探可用钻探法。

(3) 土洞和地表塌陷的处理：在建筑物范围内有土洞和地表塌陷时，必须认真进行处理。常用处理措施有以下几种，一般多联合使用：

1）处理地表水和地下水：在建筑物场地和地基范围内，做好地表水截流、防渗、堵漏等工作，杜绝地表水渗入土层。该方法适用于地表水形成的土洞。对于地下水形成的土洞，当地质条件许可时，可采用截流、改道等方法阻止土洞和地表塌陷的发展。

2）换填处理法：该方法多用于浅埋土洞。对地表水形成的土洞和塌陷，先挖除软土，后用块石、片石或毛石混凝土等回填；对地下水形成的土洞和塌陷，除挖除软土换填外，还应作反滤层，面层用黏土夯实。

3）灌砂法：该方法适用于埋藏深、洞径大的土洞。

4）用钢筋混凝土梁板跨越：对直径和危害较小的深埋土洞，当土层的稳定性好时采用此方法。

5）对重要建筑物，根据建筑场地的地质条件可采用桩基、沉井或钢筋混凝土的条形基础。

2.2.4.6 冻土地区基础工程的处理

一、概述

温度为0℃或负温，含有冰且与土颗粒呈胶结状态的土称为冻土。根据冻土冻结延续时间可分为季节性冻土和多年冻土两大类。

(1) 土层冬季冻结，夏季全部融化，冻结延续时间一般不超过一个季节，称为季节性冻土层。其下边界线称为冻深线或冻结线。

(2) 土层冻结延续时间在3年或3年以上称为多年冻土。其表层受季节影响而发生年周期冻融变化的土层称为季节融化层。最大融化深度的界面线称为多年冻土的上限。当修筑构造物后所形成的新上限称为人为上限。

(3) 季节性冻土在我国分布很广，东北、华北、西北是季节性冻结层厚0.5m以上的主要分布地区；多年冻土主要分布在黑龙江的大小兴安岭一带、内蒙古纬度较大地区，青藏高原部分地区与甘肃、新疆的高山区，其厚度从不足一米到几十米。

(4) 冻土是由土的颗粒、水、冰、气体等组成的多相成分的复杂体系。冻土与未冻土的物理力学性质有着共同性，但由于冻结时水相变化及其对结构和物理力学的影响，使冻土含有若干不同于未冻土的特点，如冻结过程水的迁移；冰的析出、冻胀和融沉等。这些特点会使季节性冻土和多年冻土对结构物带来不同的危害，因而对冻土地区基础工程除按一般地区的要求进行设计施工外，还要考虑季节性冻土或多年冻土的特殊要求，现分别介绍如下。

二、季节性冻土基础工程

(1) 季节性冻土按冻胀性的分类

季节性冻土地区结构物的破坏很多是由于地基土冻胀造成的。含黏土和粉土颗粒较多的土，在冻结过程中，由于负温梯度使土中水分向冻结峰面迁移积聚；由于水冻结成冰后体积约增大9%，造成冻土的体积膨胀。

土的冻胀在侧向和下面有土体的约束，主要反映在体积向上的增量上（隆胀）。对季节性冻土按冻胀变形量大小结合对结构物的危害程度分为五类，以野外冻胀观测得出的冻胀系数K_d为分类标准：

$$K_d = \frac{\Delta h}{z_0} \times 100\%$$

式中　Δh——地面最大冻胀量（m）；

z_0——最大冻结深度（m）；

1) Ⅰ类不冻胀土：$K_d < 1\%$，冻结时基本无水分迁移，冻胀变形很小，对各种浅埋基础都没有任何危害。

2) Ⅱ类弱冻胀土：$1\% < K_d \leq 3.5\%$，冻结时水分迁移很少，地表无明显冻胀隆起，对一般浅埋基础也没有危害。

3) Ⅲ类冻胀土：$3.5\% < K_d \leq 6\%$，冻结时水分有较多迁移，形成冰夹层，如结构物自重轻、基础埋置过浅，会产生较大的冻胀变形，冻深大时会由于切向冻胀力而使基础上拔。

4) Ⅳ类强冻胀土，$6\% < K_d \leq 13$，冻结时水分大量迁移，形成较厚冰夹层，冻胀严重，即使基础埋深超过冻结线，也可能由于切向冻胀力而上拔。

5) Ⅴ类特强冻胀土$K_d > 13$，冻胀量很大，是使桥梁基础冻胀上拔破坏的主要原因。

地基土的冻胀变形，除与负温条件有关外，与土的粒度成分，冻前含水量及地下水补给条件密切相关。《公桥基规》根据这些因素的统计分析资料，对季节性冻土进行划分Ⅰ～Ⅴ类冻胀性的分类方法可查阅该规范。

(2) 考虑地基土冻胀影响桥涵基础最小埋置深度的确定：地表实测冻胀量并不随冻深的增加按比例增大，当冻深到一定深度后冻胀量将增加很少甚至不再随冻深而增大，因为结合水的冻结，土中水的迁移需要一定的负温而接近最大冻结深度处负温较小所以冻胀量也小。因此对有些冻胀土可将结构物的基础底面埋在冻结线以上某一深度，使基底下保留的季节性冻土层产生的冻胀量小于结构物的容许变形值。基底最小埋置深度 h（m）可用下式表达（图 2-2-70 所示）。

$$h = m_t z_0 - h_d$$

式中 z_0——桥位处标准冻深（m），采用地表无积雪和植被等覆盖条件下，多年实测最大冻深的平均值，无实测资料时可参照全国标准冻深线图结合调查确定（该图见《公桥基规》）；

m_t——标准冻结修正系数，表示上面结构物对冻深的影响，墩台圬工的导冷性较河床天然覆盖层大，可能使基础下冻深线下降，$m_t=1.15$；

h_d——基底下容许残留冻土层厚（m），根据我国东北地区实测资料，结合静定结构桥涵特点，当为弱冻胀土时 $h_d=0.24z_0+0.031$（m）；当为Ⅲ类冻胀土时 $h_d=0.22z_0$；当为强冻胀土时 $h_d=0$。

上部结构为超静定结构时，除Ⅰ类不冻胀土外，基底埋深应在冻结线以下不小于 0.25m。当结构物基底设置在不冻胀土层中时，基底埋深可不考虑冻结问题。

(3) 刚性扩大基础及桩基础抗冻拔稳定性的验算：按上述原则确定基础埋置深度后，基底法向冻胀力由于允许冻胀变形而基本消失。考虑基础侧面切向（垂直与冻结锋面且平行于基础侧面）冻胀力的抗冻拔稳定性按下式计算（图 2-2-71）。

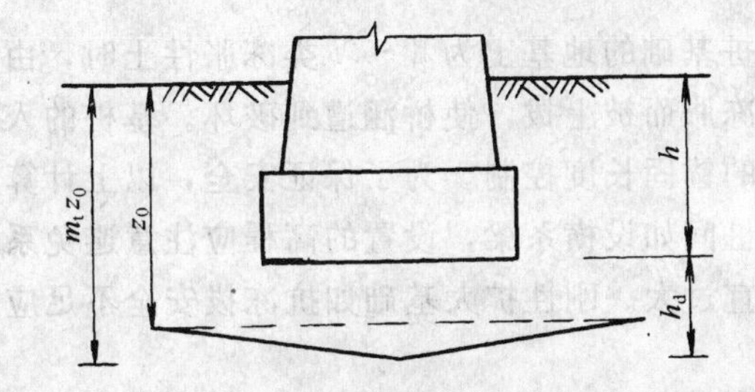

图 2-2-70 基底最小埋置深度

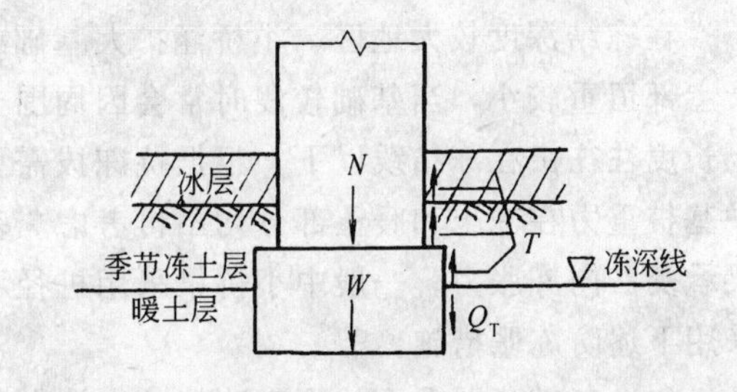

图 2-2-71 基础侧面切向冻胀力的抗冻拔稳定性

$$N + W + Q_T \geqslant kT$$

式中 N——作用在基础（基桩顶）上的结构物重力或施工中冬季最小竖向力（kN）；

W——基础自重力及襟边上土重力（kN），高桩承台为河床到承台底桩的重力，低桩承台基桩 W 不计。

Q_T——基础置于冻结线下暖土（不冻土）层内的摩阻力（kN），扩大基础按式（6-20Q_T）计算，基桩 $Q_T = 0.4u\sum_{i=1}^{n}\tau_c l_i$，$u$、$\tau_c$、$l_i$；

k——安全系数，砌筑或架设上部结构前 $k=1.1$，砌筑或架设上部结构后，对静定结构 $k=1.2$；对超静定结构 $k=1.3$；

T——对扩大基础或基桩的切向冻胀力（kN）；

$$T = n_T A\tau_T + A_1\tau_1$$

式中 A——在季节性冻结层中基础（或基桩及其承担的部分承台）和墩身侧面积（m^2）；

n_T——标准冻深 z_0 修正系数，如有实测冻深值，不必修正 $n_T=1.0$；否则当基础不穿透季节性冻结层时取 $n_T=1.1$，当基础（或基桩）穿透季节性冻结层时 n_T 按表2-2-24取用；

标准冻深修正系数　　表 2-2-24

冻胀类别	不冻胀	弱冻胀	冻胀	强冻胀	特强冻胀
n_T	1.0	0.95	0.9	0.85	0.75

τ_T——在季节性冻结层中基础（或基桩等）和墩身的侧向单位面积切向冻胀力(kPa)，可按表2-2-25选用；

A_1——河底以上冰层中墩身侧面积 (m^2)，高桩承台时还应包括该冰层中基桩（及部分承台）侧面积，当冬季无结冰时 $A_1=0$；

τ_1——水结成冰后与混凝土单位面积切向冻胀力 $\tau_1=190kPa$。

季节性冻土单位切向冻胀力值　　表 2-2-25

冻胀类别	不冻胀	弱冻胀	冻胀	强冻胀	特强冻胀
冻胀力 τ_T (kPa)	0～15	15～50	50～80	80～160	160～240

注：对表面光滑的预制桩，τ_T 值可乘以0.8。

在冻结深度较大地区，小桥涵扩大基础或桩基础的地基土为Ⅲ～Ⅴ类冻胀性土时，由于上部恒重较小，当基础较浅时常会因周围土冻胀而被上拔，使桥涵遭到破坏。基桩的入土长度往往由在冻结线以下，根据抗冻拔需要的锚固长度控制。为了保证安全，以上计算中基桩重力在冻土和暖土部分均不再考虑。基桩间如设横系梁，设置的高程应注意避免系梁承受法向冻胀力。一般中小桥梁采用桩径不宜过大。刚性扩大基础如抗冻拔安全不足应采用下述防冻胀措施。

(4) 基础薄弱截面的强度验算：当切向冻胀力较大时，应验算基桩在未（少）配筋处抗拉断的能力。

$$P = kT - (N + W_1 + F_1)$$

式中　P——验算截面拉力 (kN)；

W_1——验算截面以上基桩重力 (kN)；

F_1——验算截面以上基桩在暖土部分摩阻力 (kN) 计算方法同式 $N+W+Q_T \geqslant K_T$ 中 Q_T。其余符号意义同前。

(5) 防冻胀措施：目前多从减少冻胀力和改善周围冻土的冻胀性来防治冻胀。

1) 基础四侧换土，采用较纯净的砂、砂砾石等粗颗粒土换填基础四周冻土，填土夯实。

2) 改善基础侧表面平滑度，基础必须浇筑密实，具有平滑表面。基础侧面在冻土范围内还可用工业凡士林、渣油等涂刷以减少切向冻胀力。对桩基础也可用混凝土套管来减除切向冻胀力（图2-2-72所示）。

3) 选用抗冻胀性基础：改变基础断面形状，利用冻胀反力的自锚作用增加基础抗冻拔的能力（图2-2-73所示）。

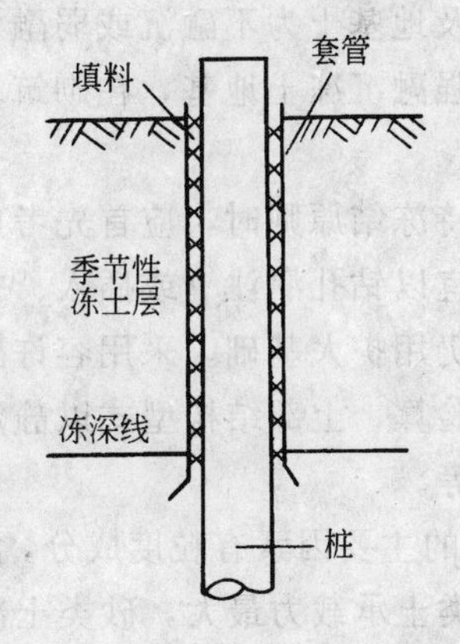

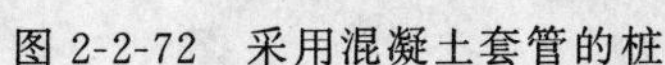
图 2-2-72　采用混凝土套管的桩

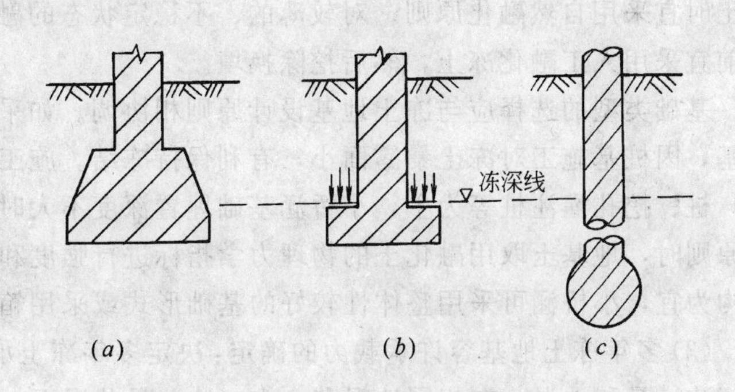

图 2-2-73　抗冻胀性基础

(a)混凝土墩式基础；(b)锚固扩大基础；(c)锚固爆扩桩

三、多年冻土地区基础工程

(1) 多年冻土按其融沉性的等级划分：多年冻土的融沉性是评价其工程性质的重要指标，可用融化下沉系数 A 作为分级的直接控制指标。

$$A=\frac{h_{\mathrm{m}}-h_{\mathrm{T}}}{h_{\mathrm{m}}}\times 100\%$$

式中　h_{m}——季节融化层冻土试样冻结时的高度（m）；

h_{T}——季节融化层冻土试样融化后（侧限条件下）的高度（m）。

1) Ⅰ级（不融沉）：A 小于 1%，是仅次于岩石的地基土，在其上修筑结构物时可不考虑冻融问题。

2) Ⅱ级（弱融沉）：$1\%\leqslant A<5\%$，是多年冻土中较好的地基土，可直接作为结构物的地基，当控制基底最大融化深度在 3m 以内时，结构物不会遭受明显融沉破坏。

3) Ⅲ级（融沉）：$5\leqslant A<10\%$，具有较大的融化下沉量而且冬季回冻时有较大冻胀量。作为地基的一般基底融深不得大于 1m，并采取专门措施，如深基、保温防止基底融化等。

4) Ⅳ级（强融沉）：$10\leqslant A<25\%$，融化下沉量很大，因此施工、运营时均不允许地基发生融化，设计时应保持冻土不融或采用桩基础。

5) Ⅴ级（融陷）：$A>25\%$，为含土冰层，融化后呈流动、饱和状态，不能直接作地基应进行专门处理。

影响多年冻土融沉变形的主要因素为土的粒度成分、含水（冰）量等，《公桥基规》根据这些因素的调查统计资料，对多年冻土进行Ⅰ～Ⅴ级融沉性分类，方法可查阅该规范。

(2) 多年冻土地基设计原则：多年冻土地区的地基，应根据冻土的稳定状态和修筑结构物后地基地温、冻深等可能发生的变化，分别采取两种原则设计：

1) 保持冻结原则：保持基底多年冻土在施工和运营过程中处于冻结状态，适用于多年冻土较厚、地温较低和冻土比较稳定的地基或地基土为融沉、强融沉时。采用本设计原则应考虑技术的可能性和经济的合理性。采取这原则时地基土应按多年冻土物理力学指标进行基础工程设计和施工。基础埋入人为上限以下的最小深度：对刚性扩大基础弱融沉土为 0.5m；融沉和强融沉土为 1.0m；桩基础为 4.0m。

2) 容许融化原则：容许基底下的多年冻土在施工和运营过程中融化。融化方式可有自然融化和人工融化。对厚度不大、地温较高的不稳定状态冻土及地基土为不融沉或弱融沉冻土时宜采用自然融化原则。对较薄的、不稳定状态的融沉和强融沉冻土地基，在砌筑基础前宜采用人工融化冻土，然后挖除换填。

基础类型的选择应与冻土地基设计原则相协调。如采用保持冻结原则时，应首先考虑桩基，因桩基施工对冻土暴露面小，有利保持冻结。施工方法宜以钻孔灌注（或插入、打入）桩、挖孔灌注桩等为主，小桥涵基础埋置深度不大时也可仍用扩大基础。采用容许融化原则时，地基土取用融化土的物理力学指标进行强度和沉降验算，上部结构型式以静定结构为宜，小桥涵可采用整体性较好的基础形式或采用箱形涵等。

(3)多年冻土地基容许承载力的确定：决定多年冻土承载力的主要因素有粒度成分，含水（冰）量和地温。在相同地温和含水（冰）量状况下，碎石类土承载力最大，砂类土次之，粘性土最小。具体的确定方法可用如下几种：

1）根据规范推荐值确定：《公桥基规》根据多年冻土的粒度成分（块、碎石、砂性土、粘性土等等）及多种档次的冻土地温，提供了多年冻土长期容许承载力值表。对中小桥涵当采用冻结原则设计时可直接查用；对大型桥梁和含土的冰层的承载力则建议须由实测确定。

2）理论公式计算：理论上可通过临塑荷载 p_{cr}（kPa）和极限荷载 p_u（kPa）确定冻土容许承载力，计算公式形式较多，如下所示的可作参考：

$$p_{cr}=2C_s+\gamma_2 h$$

$$p_u=5.71C_s+\gamma_2 h$$

式中　C_s——冻土的长期内聚力（kPa），应由试验求得；

$\gamma_2 h$——基底埋置深度以上土的自重压力（kPa）；

p_{cr}可以直接作为冻土的容许承载力，而 p_u 应除以安全系数 1.5～2.0。

(4)多年冻土融沉计算：采用容许融化原则（自然融化）设计时，除满足融土地基容许承载力要求外，尚应满足结构物对沉降的要求。冻土地基总融沉量由两部分组成，一是冻土解冻后冰融化体积缩小和部分水在融化过程中被挤出土粒重新排列所产生下沉量；一是融化完成后，在土自重和恒载作用下产生的压缩下沉。最终沉降量 S（m）计算如下：

$$S=\sum_{i=1}^{n}A_i h_i+\sum_{i=1}^{n}\alpha_i\sigma_{ci}h_i+\sum_{i=1}^{n}\alpha_i\sigma_{pi}h_i$$

式中　A_i——第 i 层冻土融化系数；

h_i——第 i 层冻土厚度（m）；

α_i——第 i 层冻土压缩系数（1/kPa）由试验确定；

σ_{ci}——第 i 层冻土中点处自重应力（kPa）；

σ_{pi}——第 i 层冻土中点处结构物恒载附加应力（kPa）。

(5)多年冻土地基基桩承载力的确定：采取保持冻结原则时，多年冻土地基基桩轴向容许承载力由季节融土的摩阻力 F_1(冬季则变成切向冻胀力)，多年冻土层内桩侧冻结力 F_2 和桩尖反力 R 三部分组成如图 2-2-74 所示。其中桩与桩侧土的冻结力常是承载力的主要部分。除通过试桩的静载试验外，单桩轴向容许承载力 [P]（kN）可由下式计算

$$[P]=\sum_{i=1}^{n}f_i A_{1i}+\sum_{i=1}^{n}\tau_{ji}A_{2i}+m_0[\sigma_0]A$$

式中 f_i——各季节融土层单位面积容许摩阻力（kPa）；黏性土为 20kPa，砂性土 30kPa；

A_{1i}——地面到人为上限间各融土层桩侧面积（m^2）；

τ_{ji}——各多年冻土层在长期荷载和该土层月平均最高地温时单位面积容许冻结力(kPa)可以从各地基础设计规范或有关手册查用；

A_{zi}——各多年冻土层与桩侧的冻结面积（m^2）；

m_0——桩尖支承力折减系数，根据不同施工方法按 $m_0=0.5\sim0.9$ 取值，钻孔插入桩由于桩底有不密实残留土取低值；

A——桩底支承面积（m^2）。

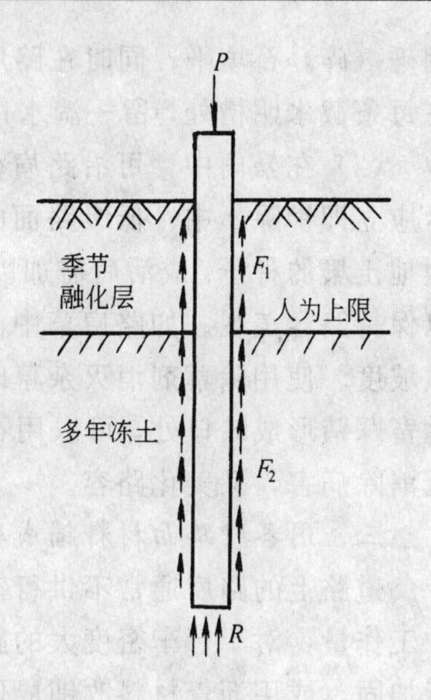

图 2-2-74 桩轴向承载力示意

(6) 防融沉措施

1）换填基底土：对采用融化原则的基底土可换填碎、卵、砾石或粗砂等，换填深度可到季节融化深度或到受压层深度。

2）选择好施工季节：采用保持冻结原则时基础宜在冬季施工，采用融化原则时，最好在夏季施工。

3）选择好基础形式：对融沉、强融沉土宜用轻型墩台，适当增大基底面积，减少压应力，或结合具体情况，加深基础埋置深度。

4）注意隔热措施：采取保持冻结原则时施工中注意保护地表上覆盖植被，或以保温性能较好的材料铺盖地表，减少热渗入量。施工和养护中，保证结构物周围排水通畅，防止地表水灌入基坑内。

2.2.5 路肩边坡的维修

2.2.5.1 路肩的维修

路肩是保护路面和为保持临时停车所需两侧余宽的重要组成部分。路肩要经常保持平整、坚实，保持适当的横坡，坡度顺适。

一、土路肩

土路肩上出现车辙、坑洼与路面产生错台现象时，必须及时整修并用与原路基相同的土填平夯实，使其顺适。路肩过高妨碍路面排水时，应铲削整平，宜在雨后土壤较为湿润状态下，结合清理边沟同时进行。横坡度过大时，宜用良好的砂土以及其他合适的材料填补压实，不得用清沟挖出的淤泥或含有草根的土壤填补。横坡过小时，应削高补低整修至规定坡度。填补厚度大于 15cm 时，应分层夯实。土或有草的路肩应满足其横坡度比路面坡度大 1%～2%的要求，以利排水。

二、陡坡路段的路肩

由于纵坡大，易被暴雨冲成纵横沟槽，甚至冲坏路堤边坡，一般可根据路基排水系统的情况与需要，综合改善，可采取下述措施：

(1) 自纵坡坡顶起，每隔 20m 左右两边交错设置宽 30cm～50cm 的斜向截水明槽，并用砾（碎）石填平；同时在路肩边缘处设置高10cm，上宽10cm、下宽20cm的拦水土埂。在每条截水明槽处，留一淌水口，其下面的边坡用草皮或砌石加固，使水集中由槽内排出。

（2）在暴雨中，可沿路肩截水明槽下侧临时设置阻水埂，迫使雨水从草内排出，但雨后应立即铲除。中、低级路面的路肩上自然生长的草皮也应予保留。植草皮应选择适宜于当地土壤的种子，成活后需加以维护和修整，使草高不超过15cm，丛集的杂草应铲除重铺，以保持路容美观。如路肩草中淤积沙土过多妨碍排水时，应立即铲除，以恢复路肩应有的横坡度。使用除草剂消灭杂草时，应注意对沿线环境的影响。路肩外侧，易被洪水冲缺或牲畜踩踏形成缺口处，可以用石块、水泥混凝土预制块或草皮铺砌宽20cm左右的护肩带，既消除病害，又美化路容。

三、用各种路面材料铺成硬路肩

道路上的路肩通常不供行车之用，但从功能上要求应能承受汽车荷载。为减少路肩养护工作量，对于行车密度大的路线，应利用当地出产的砂石等材料，有计划地将土路肩进行加固，或用沥青材料改铺成硬路肩。硬路肩的横坡度应与路的横坡相同。硬路肩的类型大体有以下几种：砂石加固的硬路肩，如泥结碎（砾）石，烧陶粒；稳定类硬路肩，如石灰土、二灰碎石、泥结碎（砾）石、水泥土等。

2.2.5.2 边坡的维修

一、概述

在各种因素的作用和影响下，例如风化作用（物理风化、化学风化、生物风化）和违反规定的行为，在路基坡脚、边坡、护坡道上挖土、取料或种植农作物等，常常会使自然山坡坡面或经过修建的护坡坡面上出现岩石风化、崩落等情况；边坡、碎落台、护坡道等出现缺口、冲沟、沉陷、塌落情况；或受洪水、边沟流水冲刷及浸水影响而引起破损等情况。为此，必须通过养护工作，保持坡面平顺坚实无冲沟，其坡度符合设计规定，坡面整洁无裂缝，消除危岩，浮石、保持原有的稳定状态，应经常观察路堑，特别是深路堑边坡的稳定情况。其养护工程措施如下：

二、路堤、路堑边坡

一般采用种草、铺草皮的加固办法，不同土质边坡用草皮加固要求见表2-2-26。

不同土质边坡用草皮加固 表2-2-26

土类	边坡自路基边缘起的长度（m）		
	2以下	2～8	8以上
亚砂土及粉质砂土	密铺草皮		
粉质亚砂土 粉土 粉质亚黏土	种草	铺格式草皮及种草	密铺草皮
亚黏土及黏土	种草*	铺格式草皮及种草	铺格式草皮及种草

注：*路堑可不加固。

三、河岸、河滩路堤边坡

对河岸、河滩的路堤边坡，婶河面较宽，主流较固定，水的流速小，若水流方向与路线方向接近平行，坡面仅受季节性的浸水或冲刷轻微，土质适于草类生长的，可采用种草或铺草皮加固边坡。

(1) 边坡坡度不陡于 1：1.5 的，为防止地表水浸蚀，可直接种草，也可在边坡上用草皮作成方格，在方格中种草。

(2) 边坡坡度不陡于 1：1.5，路堤浸水时水流速度在 0.6m/s 以下，可在边坡上分别打入长 30～50cm 的小木桩，然后在坡面上平铺草皮，如图 2-2-75 所示。

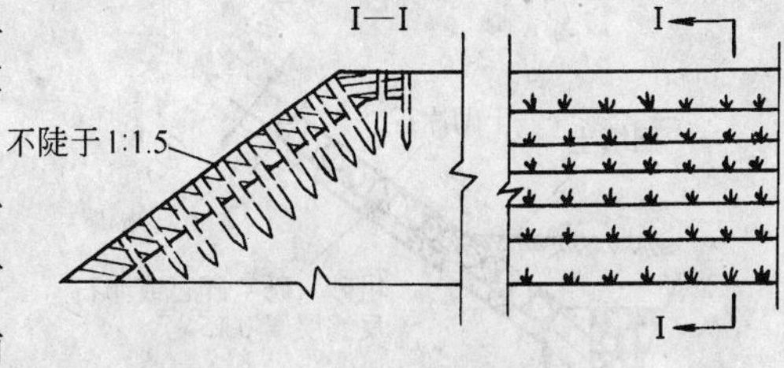

图 2-2-75 平铺草皮

(3) 植树加固：河滩、河岸的路堤边坡宜采用植树加固。树种应选择适合当地的土质和气候、生长迅速、根系发达、枝叶茂密的乔木及耐水浸的灌木，种植间距参见表 2-2-27。

护坡林种植间距参考 **表 2-2-27**

种植方法	树的种类	行距（m）	株距（m）
单株种植	乔木类	1.0～3.0	1.0～2.0
	灌木类	0.8～1.5	0.5～1.0
丛式种植	灌木类	0.8～1.5	0.5～1.0

(4) 当路堤边坡常年受水淹和风浪袭击、冲刷较严重、堤脚易被淘空时，应采取以下方法加固防护：

1) 抛石防护。路堤浸水时，水流方向比较平顺，流速不大于 3m/s 时，可采用抛石护坡。石块应坚硬，石块的长边和直径不小于 30cm，抛石厚度不小于石块尺寸的两倍。

2) 石笼护坡。受水流冲刷但无滚石地段，或大石料缺少地区，可采用石笼防护。石笼可用竹木制作，根据水流情况可做成单层式或多层式，见图 2-2-76 石笼基底应平整，可用卵石、碎砾石垫平，将预先制作好的石笼安放就位，并用 $\phi6$～$\phi8$mm 钢筋联结，打桩固定，然后装填大块石或卵石。

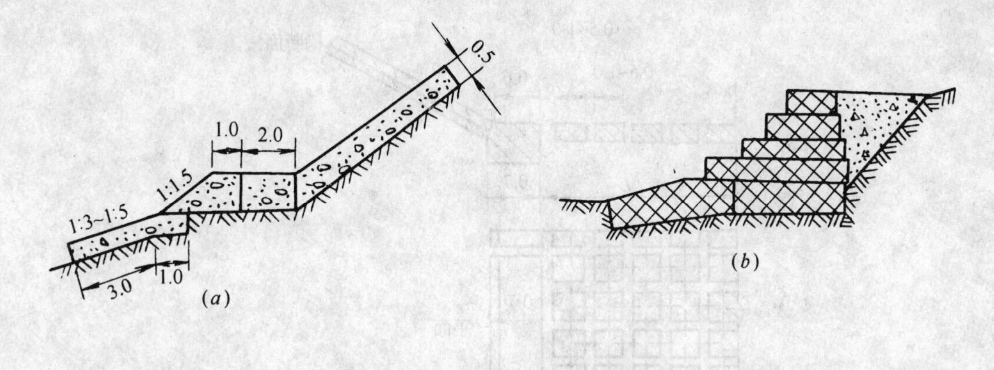

图 2-2-76 石笼护坡（尺寸单位：m）

(a) 单层石笼护坡；(b) 多层石笼护坡

3) 干砌片石护坡。河水流速在 2～4m/s 时，可采用片石护坡。其厚度不小于 25cm，并应在护坡层下设置厚度不小于 15cm 的粗砂、碎砾石或卵石作为反滤层，见图 2-2-77 所示。

4）浆砌片石护坡。适用于河水流速 4～8m/s 或常水位淹没部位。护坡厚度不小于 35cm，下设厚度不小于 15cm 的粗砂，碎石或砂砾层，见图 2-2-78 所示。

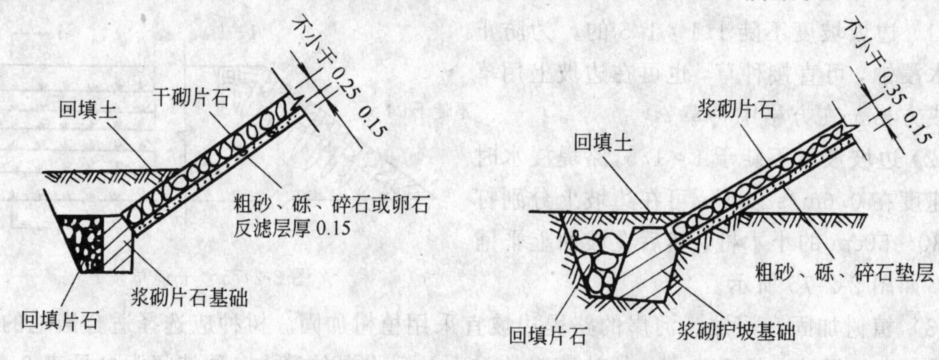

图 2-2-77　干砌片石护坡（尺寸单位：m）　　图 2-2-78　浆砌片石护坡（尺寸单位：m）

5）当水流冲刷严重或峡谷急流地段，可设置浆砌块石或混凝土浸水挡墙。其基础应埋置在冲刷线以下 1m，冰冻线以下 0.25m，基础前设冲刷防护设施，墙身设泄水孔。

(5) 对经常有浮石滚落和土块坍落的路堑高边坡，若种草、植树效果不佳，应考虑干砌或浆砌护坡、挡墙；或将边坡开挖成台阶形并设置碎落台；也可采用铅丝、尼龙编织网或高强塑料网格，平铺于坡面上，并打入带弯钩钢筋或木桩固定。

(6) 对于受季节性水浸的山区公路的路堤边坡，可用柴束加固。用铅丝或耐腐绳索将树枝捆扎成束，平铺于坡面，并用木杆模压，然后打入木桩固定。对加固后的边坡，应加强养护与检查，发现损坏及时修理。

(7) 抹面养护。易于风化的岩石（如页岩、泥岩、泥炭岩、千枚岩等软质岩层）的路堑边坡，因常受侵蚀而剥落。在边坡稳定的情况下，可以采用抹面防护——用混合材料涂抹坡面，如炭炉渣混合灰浆、石灰炉渣、水泥石灰砂浆等。

(8) 钢筋混凝土挂板：对于严重冲刷地段，可预制 0.5～1.0m 见方、厚 0.2～0.4m 的板。安放后，板与板之间用钢筋套钩互相钩连以加强整体性，如图 2-2-79 所示。

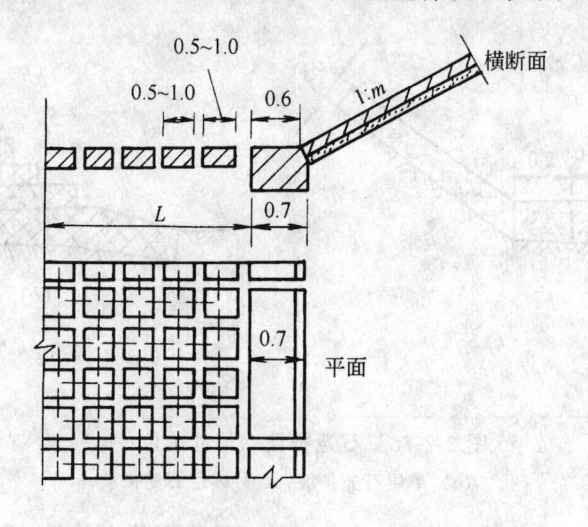

图 2-2-79　钢筋混凝土挂板（尺寸单位：m）

2.3 路面不平整的原因及处理技术

路面平整度是以几何平面为基准，表现为路面纵向和横向的凸凹程度，即是指实际路面表面对设计平面的偏离程度。平整度合格率既反映了行车舒适程度，又反映了施工队伍的水平。平整度不佳，不仅难以满足汽车高速行驶的要求，而且还会增加汽车的燃料消耗和轮胎磨损，加大运输成本，增加运输时间，降低社会经济效益，甚至会危及行车安全。

2.3.1 路面不平整产生的主要原因

路面不平整主要表现为坑凹、起拱、波浪、接缝台阶、碾压车辙、桥头或涵洞两处路面沉降、桥梁伸缩缝的跳车等。

2.3.1.1 路基不均匀沉降

(1) 路堤地基处理不当：

1) 伐树除根及表土处理不彻底，路堤成形后一旦杂质腐烂变质，地基将会发生松软和不均匀沉降。

2) 地面横坡大于 1∶5 的路段，路堤填筑前土基未按规定要求挖成台阶，填料与土基结合不良，在荷载作用下，填料极易失稳而沿坡面产生滑移。

(2) 路堤填料控制不当：

1) 选用了稳定性较差的路基填料，如采用高液限黏土、粉质土或使用淤泥、腐殖质含量较高的土料填筑路堤，会使路堤产生整段或局部的变形。

2) 采用不同土质填筑路堤时，因土的性质不同，如填筑方法不当，碾压成型后易造成不均匀沉降。

(3) 半填半挖路基的接合部处理不当：半填半挖地段的施工，土基未按规范要求挖成台阶，使土基与填料在接合部产生裂缝和沉降。

(4) 填土路基压实不足：当路基填料的含水量、压实时的松铺厚度、碾压机具的选择不当，都易造成路基压实不足，使路基土壤的密实度偏低，土体的透水性增强，造成水分积聚和侵蚀路基，使路基土软化或因冻胀而产生不均匀沉降。

(5) 特殊地基路段：

当路基修筑于软土地段时，由于软土的压缩性大，在自重的作用下会产生沉降。

(6) 排水不完善：

路基施工中，如果排水系统不完善，必然造成水流不畅，引起路基变形，这种情况在黄土地区尤为突出。

2.3.1.2 桥头涵洞两端及桥梁伸缩缝的跳车

桥、涵台背处路基由于沉降而导致跳车，其主要原因：

（1）由于压实机械的作业面狭小而使压实不到位，通车后，易引起路基的压缩沉降。

（2）由于台背填料与台身刚度差较大，造成沉降不均匀。

（3）在桥（涵）与路基接合处，常会产生细小缩裂缝，雨水渗入缝后，使路基产生病害，导致该处路基发生沉降。

（4）桥梁伸缩缝在选型和施工时考虑不周和处理不当，易产生跳车现象。

2.3.1.3 基层不平整路面平整度的影响

基层的平整度差对路面平整度有着重要影响。若基层不平，即使面层摊铺平整，压实后也会因虚铺厚度不同，而产生不平整。对于沥青路面，因基层顶面的平整度允许偏差为10mm，当用沥青混凝土摊铺机作业时，尽管沥青混合料表面是摊平了，但该处因多出10mm的松厚，压实后仍将出现低洼。若是水泥混凝土路面，由于基层不平整，造成路面厚度不均，也会因干缩程度不同，而影响路面平整度。

2.3.1.4 路面摊铺机及工艺对平整度的影响

一、沥青混凝土路面

摊铺机是沥青面层施工的主要机具设备，其本身性能及操作水平对摊铺平整度影响很大。摊铺机结构参数不稳定、行走装置打滑、摊铺的速度快慢不均、机械猛烈起步和紧急制动以及供料系统速度忽快忽慢都会造成面层的不平整和波浪。

（1）摊铺机结构参数选择不当：

1）熨平板组合宽度不对称以及下表面不平直，当组合后熨平板宽度与机械本身左右不对称，机具易走偏，并在混合料的惯性作用下使熨平板前后混合料的压力不一致，造成在横断面上摊铺厚度的差异。组合后的熨平板下表面若不成平面，也将形成摊铺厚度不均匀。

2）熨平板初始工作角不一致将造成摊铺层同一横断面内厚度不一致或出现台阶，直接影响平整度。

3）熨平板前后拱差值选择不合适，会使整个摊铺层结构不均匀，密实度不一致。如前拱过小，摊铺层中部会出现松散结构，摊铺层两侧会出现明显刮痕。

4）当摊铺厚度较大，骨料粒径较大和要求密度较高时，若螺旋分料器与熨平板前缘的距离过小时，满足不了规定的摊铺厚度，而且使摊铺层出现波纹，使路面平整度下降。

5）当摊铺较薄的上面层，振捣器、夯锤频率过高会造成熨平板共振，使摊铺机找平装置处于不稳定状态而影响平整度。另外，当振捣器、夯锤皮带过于松弛会使振捣频率、夯实次数快慢不一，形成路面“搓板”。

（2）摊铺机基准线控制不当：目前使用的摊铺机大都有自动找平装置，摊铺时可按照预先设定的基准来控制。如果基准控制不好，如基准线因张拉力不足或支承间距太大而产生挠度，使面层出现波浪。挂线高程测量不准，量线失误或桩位移动，都会通过架设在钢丝线上的仪表反映在相应的摊铺路段上，造成路面高低起伏，影响平整度。

（3）摊铺机的摊铺速度：在摊铺沥青混合料过程中，随意变更摊铺机的摊铺速度，使摊铺速度快慢不匀，也会导致面层表示粗糙度不均匀，影响到摊铺后的预压密实度和平整度。此外，当摊铺机中途停顿时，因混合料温度下降会引起局部不平整，而且纵向调平系统在每次起动后，自动找平装置仍需行驶3～8m后才能恢复正常，也易造成摊铺厚度不匀。

（4）摊铺机操作不正确：

1）摊铺机操作手不熟练，导致摊铺机曲线前进，一旦纠偏过猛就会出现凸楞，使路面不平整。

2）在正式摊铺前，熨平板未充分预热，造成混合料粘结和熨不平。

3）运料车在倒车时撞击摊铺机，会引起摊铺机扭曲前进，使路面出现凸楞；或是料车停在摊铺机前待卸料和卸料过程中使用制动增加了摊铺机的牵引负荷以及卸料过猛，使摊铺机速度发生变化，使路面形成波动或“搓板”。

4）在摊铺中，熨平板处于浮动状态（由已铺筑的路面混合料支撑着），如果供料系统失常，料位高度不稳定，就会使进入熨平板全宽范围的拌合物密度发生变化，当熨平板下拌合物密度变小时，支撑熨平板的浮力变小，摊铺厚度减小；反之，熨平板被抬起，摊铺厚度加大，导致路面出现波浪。

5）因卸料而撒落在下层的混合料未及时清除，影响了履带或轮胎的接地标高，而殃及摊铺层的横坡及平整度。

二、水泥混凝土路面

水泥混凝土路面按小型配套机具和滑模摊铺机施工分别叙述其对路面的平整度的影响。

(1) 采用小型配套机具施工：

1）立模质量的影响：立模质量是确保混凝土路面平整度的重要环节。振动梁、提浆滚或三轴整体机是依靠模板的控制进行作业的，若立模本身凸凹不平或模板固定不牢，当受各种振捣机具的冲击而变形，路面整平就失去了基准。

2）施工机具本身的影响：振动梁变形和振动频率的失调会直接影响对混凝土拌合物的刮平、补振、压实、提浆功能。振动夯梁行进速度不当也会影响路面平整度。

3）混凝土摊铺工序的影响：混凝土卸料作业的均匀程度，对混凝土路面的平整度影响很大。如自卸汽车大堆卸料或施工人员用钉耙抛卸摊铺、振捣工序混乱都会使混凝土摊铺初始密度不匀或产生离析，难以保证最终的平整度。

4）在混凝土表面制毛时，如时间掌握不当，进行压纹时易使相邻两压纹段之间的路面上形成不平整的一条鼓包，拉毛易疏松和破损，使表面1～2mm 范围的密实度受到影响，平整度也相应降低。

(2) 采用滑模摊铺机：滑模摊铺机是以人工架设基准线为基准，摊铺过程中传感器的探测杆沿基准线滑动，实现自动找平，控制标高。产生路面不平整的原因有：

1）摊铺机的自身的影响：

①底模。底模是挤压成型的模板。底模的平整是影响路面平整度的关键。底模经过一定时间的施工使用后，由于受到压力和自身重力作用，板会产生一定的变形，因而由底模挤压成型后的路面也会不平整，如呈拱形或波浪形；

②浮板。浮板挂在成型模之后，施工时浮板悬浮在混凝土面上，起修面作用。同底模一样，浮板的变形也会影响路面的平整度；

③翘角。边模内侧的底模设定一可调的翘角，一般根据混凝土的坍落度来调整。翘角调整不当，摊铺带两侧混凝土面会略高于或低于标高，影响混凝土板两边平整度。特别在进行分幅摊铺时，由于板边是纵向接缝，平整度差时难以接顺，致使路面横向平整度变差。

2）基准线的影响：基准线是控制摊铺机标高和导向的，架设是否准确，直接影响路面的标高和平整度。如基准线标高不准会影响纵向平顺，架设基准线的铁架刚度不够，会产生变形；基准线若张拉不紧会产生挠度；在坡道处，铁架横杆受压力会向下弯曲；在弯道内，钢丝会对支架的立杆产生偏拉力，使铁架偏离原来的位置。所有这些都会导致方向偏离，标高偏高或偏低，使路面产生波浪。

施工中常见基准绳支架螺丝松脱现象，导致横杆下掉。用作基准线的钢丝绳长期使用后，会产生较多脱丝和打结现象，当探测杆碰到钢丝结时，不能滑过而出现掉传感器现象，造成摊铺过程标高的失控；即使能够滑过，由于传感器产生跳越而不能实现正常找平，使路面平整度降低。人工移动传感杆通过支架或钢丝结，同样不能保证标高的准确。在施工中，运输车辆、施工人员不留意，会意外碰及基准线，使之脱离支架或偏位，造成正在摊铺的路面标高产生变化。

3）摊铺机操作的影响：机械操作人员除了要在施工之前对机械进行准确的校正之外，在施工过程中也要根据具体情况进行适当的调整和操作，如虚方板、振动棒的升降，振动的频率、修边器等，否则，会造成以下影响：

①缺料。由于布料太少或虚方板过低，使进入成型模的拌合物不够，产生缺料现象。人工修补缺料，难以保证路面的质量及平整度；

②堆料过多。当摊铺机前堆料过多，摊铺机走不动时，机手通常采用手动抬高仰角的办法减小摊铺阻力，由此造成标高偏高，平整度变差；

③振捣过度。坍落度较大的拌合物，若过分振捣提浆，会使混凝土料的粒料分层，下层粗骨料偏多，而上层只有砂浆和小骨料，振动棒向前拖动过后，回填的混凝土料基本是稀浆，且水灰比变大，当水分蒸发之后，该处的强度小、收缩率大，影响路面平整度。

2.3.1.5　面层摊铺材料的质量对平整度影响

一、沥青混凝土路面

(1) 沥青混合料的配合比设计不合理：配合比设计中主要是考虑稳定性与耐久性。稳定性包括高温稳定性与低温抗裂性。而耐久性包括抗水剥离性与老化性，通常以马歇尔试验作为主要的测试手段，由此来决定矿料级配和沥青用量，以确保混合料有良好的性质。表2-3-1 汇总了影响沥青混合料性质的因素。

影响沥青混合料性质的因素　　表 2-3-1

影响因素 / 参数 / 性能指标	沥青		骨料		矿粉		空隙率
	用量	性质	级配	性质	数量	性质	
热稳定性好	少	黏性大	密级配	亲油性、抗磨性	少	吸油性	大
耐久性好	多	黏性小	密级配	亲油性、抗磨性	较多	非吸油性或不一定	小
柔性好	多	黏性小	开级配	亲油性	少	吸油性	大
抗疲劳性强	多	黏性大或小	密级配	亲油性	较多	吸油性	小
抗滑性好	少	黏性大	密级配或开级配	抗磨性	少	吸油性	大
不透水性好	多	黏性大	密级配	亲油性	多	吸油性	小
强度高	多	黏性大	密级配	亲油性	多	吸油性	大

在配合比设计中空隙率与稳定度是很重要的指标，尤其在调整矿料级配时特别重要，下面着重对它们之间的关系问题进行分析，提出处理措施。

1）空隙率低，稳定度也低：可用很多方法来增加空隙率：调整矿料的级配，在容许的范围内增加粗集料用量；减少细集料的用量；如果沥青混合料的油石比高于正常量而且超出的量不能被矿料吸收时，油石比可予以适当的降低以增加空隙。如果上述两种方法都不能满足要求时，应当考虑更换骨料。通常可以增加粗集料，减少细集料来改善沥青混合料的稳定度和空隙率。

2）空隙率低但稳定度尚能满足要求时，可能会导致沥青路面出现壅包和泛油等病害，对此应当对矿料的级配予以适当调整，增加粗集料用量，减少细集料用量，同时应适当降低沥青混合料的油石比。

3）空隙率能满足要求但稳定度低，说明矿料的质量不好，集料的压碎值和石料的抗压强度太差和细长扁平颗粒含量过高，需更换矿料重新进行试验，直至满足规范要求为此。此外，还可以考虑采用稠度较高的沥青。

4）空隙率高但稳定度能满足要求时，因高的空隙率具有较高的渗透性，雨水和空气可以通过路表穿过路面，最终导致沥青过早老化，使沥青路面产生破坏。虽然稳定度符合要求，但仍要调整空隙率，通常以增加矿粉的用量来达到此目的。粗的矿粉更换成细的矿粉，或调整矿粉的级配同样可以达到此目的。

5）空隙率高稳定度低时，可以采用两种方法进行改善。第一，调整矿料的级配或增加沥青的用量；第二，如果前述的方法不能满足要求时，应当考虑更换矿质材料再进行配合比设计，直至满足规范要求为止。

(2) 混合料配合比的最终确定：在我国的现行规范中规定，确定最佳的沥青用量是找出马歇尔指标均符合要求的共同范围，尽管马歇尔试验的过程比较精密，但也不可能排除人为及其他有关的环境、操作等因素影响，因此还应参考以前的经验来确定最佳用油量。

通过理论与实践相结合，确定了配合比最佳用油量后，便可检验混合料是否具有高温稳定性及耐久性。在做动稳定度试验时，一定要控制好料温及试件成型温度，因为它直接影响着结果的真实性。试验若不满足大于800次/mm的规范要求，便需重新调整配合比。如果通过调整配合比仍达不到要求，则应采取改性沥青等方法。

总之，高等级道路沥青混凝土配合比设计是一项复杂而细致的工作，必须严格控制各个环节，才能得出可靠的配合比。当然，室内配合比还不能作为最终配合比使用，必须根据拌合设备性能、施工控制精度及材料变异情况进行试拌后进一步调整直至使拌合设备生产出的混合料指标达到规范规定，方可作为生产配合比使用。

(3) 沥青混合料的拌合不均匀：

1）当拌合设备出现意外情况，如刚开炉或料温低，含水量大时，易出现料温不均现象。

2）当筛分系统出现问题时，造成骨料级配发生较大变化。

3）由于料温偏低，拌合时间短等原因出现花白料，使路面难以摊铺成型。

4）由于炒拌温度过高造成沥青材料老化，不能保证沥青混凝土摊铺质量。

5）当拌合设备供应能力过小，出现停工待料状况，使接头处温度降低，出现温度差，形成一个个“坎”；此外当运输设备不配套或司机技术较差时，易撞击摊铺机，使机身后移，形成台阶。

二、水泥混凝土路面

(1) 原材料的影响：

1）使用强度低、脆性大、干缩大的水泥，路面易出现干缩裂缝、脱皮等病害。

2）使用耐磨性较差的集料会造成水泥路面耐磨性较差，会使路面出现露骨、断板。

3）使用含有活性二氧化硅和其他活性集料时，可能产生碱—集料反应（AAR），从而影响路面的使用寿命，出现早期破坏，影响路面平整度。

（2）配合比设计不当：配合比设计不当，水泥用量偏多，水灰比偏大，会使混凝土干缩增加，出现开裂、断板，使路面不平。施工中配合比掌握不严、计量不准、拌合不足或过量，常会有坍落度不均匀、离析失水和初凝现象，对路面平整度会造成不利影响。

（3）停工待料的影响：每个工作日只停工一次，并设量工作缝，否则会由于待料时间过长，混凝土形成初凝，与后续拌合料不能具有相同的状态，造成面层不平整。

2.3.1.6　碾压对平整度的影响及接缝处理欠佳

沥青面层铺筑后的碾压对平整度有着重要影响，需认真选择碾压机具、碾压温度、速度、路线、次序等。

（1）压路机型号：如果采用低频率、高振幅的压路机时，会产生“跳动”夯击现象而破坏路面平整度。压路机初压吨位过重也会使刚摊铺好的路面产生推挤变形。

（2）碾压温度：初压温度过高压路机的轮迹明显；沥青料前后位移大，不易稳定。复压温度过高会引起胶轮压路机粘结沥青细料，小碎石飞溅，影响表面级配；温度过低，则不易碾压密实和平整。

（3）碾压速度：压路机碾压速度不均匀、急刹车和突然启动、随意停置和掉头转向、在已碾压成型的路面上停置而不关闭振动装置等都会引起路面推拥。在未冷却的路面上停机会出现凹陷。

（4）碾压路线：碾压行进路线不当，不注意错轮碾压，每次在同一横断面处折返，会引起路面不平。

（5）碾压次数：碾压遍数不够，压实不足，通车后形成车辙。

（6）驱动轮和转向轮的前后问题：如果是从动轮在前，由于从动轮本身无驱动力，靠后轮推动，因而使混合料产生推移，倒退时在轮前留下波浪。

（7）接缝处理欠佳：

1）接缝包括纵向接缝和横向接缝（工作缝）两种，接缝处理不好常容易产生的缺陷是接缝处下凹或凸起，以及由于接缝压实度不够和结合强度不足而产生裂纹甚至松散。

2）对于水泥混凝土路面接缝施工质量欠佳，会引起板的各种损坏，从而引起路面的不平整，使行车的舒适性受到影响。

2.3.2　提高路基及路面基层平整度的措施

2.3.2.1　路堤填筑前原地面处理

（1）填筑路堤时应首先进行原地面处理：当路堤填筑高度小于1.0m时，应注意将路基范围内的树根，草丛全部挖除。若基底的表层土系腐殖土，则须用挖掘机或人工将其表层土清除换填，厚度视具体情况而定，一般以不小于30cm为宜，并予以分层压实。如发现草炭层、鼠洞、裂缝，应更换符合条件土回填，并按规定进行压实。

路堤通过耕地时，路堤筑填施工前必须预先填平压实。如其中有机质含量和其他杂质较多时，碾压时因弹性过大，不易压实，应换填土。

（2）坡面基底处理：当坡面较小（横坡小于1：5）时，只需清除坡面上的表层，其处理方法同上。但坡度较大（横坡大于1：5）时，应将坡面做成台阶，让填料充分嵌在地基里，以防止路堤的滑移。台阶的尺寸，依土质、地形和施工方法而不同，一般宽度不宜小于1m，而且台阶顶面应做成向堤内倾斜3%～5%的坡度，并分层夯实。当所有台阶填完之后，可按一般填土进行。

2.3.2.2 路基填料及压实

一、路堤填料

（1）路堤填料一般应采用砂砾及塑性指数和含水量符合规范的土，不得使用淤泥、沼泽土、冻土、有机土、含草皮土、生活垃圾及含腐殖质的土。对于液限大于50，塑性指数大于26的土，一般不宜作为路基填土。在特殊情况下，受工程作业现场条件限制，必须使用时，应作如下处理：

1）控制最佳含水量，保证土料在最佳含水量下达到最佳压实度。可通过翻晒或是洒水来实现，洒水量可由自然含水量和最佳含水量之差求出。

2）掺外加剂改良。对含水量大、塑性高的土或强度不足的其他材料掺入石灰、水泥工业废料或其他材料的稳定剂（或凝固剂），对土的性质进行改良，达到填土要求。

（2）采用不同土质填筑路堤时，应注意以下几点：

1）层次应尽量减少，每一结构层总厚度不小于0.5m。不得混杂乱填，以免形成水囊或滑动面。

2）透水性差的土填筑在下层时，其表面做成一定的横坡（一般为双向4%横坡），以保证来自上层透水性填土的水分及时排出。

3）应合理安排不同土质的层位，一般采用不因潮湿及冰融而变更其体积的优良土填在上层，强度较小的应填在下层。

4）在不同土质填筑的路堤交接处应做成斜面，并将透水性差的土填在斜面的下部。

二、填土路基压实

路基施工时，应严格按现行《公路路基施工技术规范》要求进行，并应通过试验路段来确定不同机具压实不同填料的最佳含水量、适宜的松铺厚度和相应的碾压遍数、最佳的机械配套和施工组织。各种土质适宜的碾压机械见表2-3-2，各级公路的路基压实标准见表2-3-3、表2-3-4。

各种土质适宜的碾压机械 表2-3-2

序号	土的类别 机械名称	细粒土	砂类土	砾石土	巨粒土	备注
1	6～8t两轮光轮压路机	A	A	A	A	用于预压整平
2	12～18t三轮光轮压路机	A	A	A	A	最常使用
3	25～50t轮胎压路机	A	A	A	A	最常使用
4	羊足碾	A	C或B	C	C	粉、黏土质砂可用
5	振动压路机	B	A	A	A	最常使用
6	凸块式振动压路机	A	A	A	A	最宜使用于含水量较高的细粒土
7	手扶式振动压路机	B	A	A	C	用于狭窄地点

续表

序号	土的类别 / 机械名称	细粒土	砂类土	砾石土	巨粒土	备注
8	振动平板夯	B	A	A	B或C	用于狭窄地点，机械质量800kg的可用于巨粒土
9	手扶式振动夯	A	A	A	B	用于狭窄地点
10	夯锤（板）	A	A	A	A	夯击影响深度最大
11	推土机、铲运机	A	A	A	A	仅用于摊平土层和预压

注：(1) 表中符号：A代表适用；B代表无适当的机械时可用；C代表不适用；

(2) 土的类别按《公路土工试验规程》(JTJ 051—93) 的规定划分；

(3) 对特殊土和黄土 (CLY)、膨胀土 (CHE)、盐渍土等的压实机械选择可按细粒土考虑；

(4) 自行式压路机宜用于一般路堤路堑基底的换填等的压实，宜采用直线式进退运行；

(5) 羊足碾（包括凸块式碾、条式碾）应有光轮压路机配合使用。

土质路堤压实度标准 表 2-3-3

填挖类型		路面底面计起深度范围 (cm)	压实度 (%)	
			高等级道路、一级道路	其他道路
路堤	上路床	0～30	≥95	≥93
	下路床	30～80	≥95	≥93
	上路堤	80～150	≥93	≥90
	下路堤	＞150	≥90	90
零填及路堑路床		0～13	≥95	≥93

注：(1) 表列压实度以《公路土工试验规程》(JTJ 051—93) 重型击实试验法为准；

(2) 对于铺筑中级或低级路面的三、四级道路路基，允许采用表 2-3-4 轻型击实试验法求得的路基压实标准；

(3) 其他等级道路修建高级路面时，其压实标准应采用高等级道路、一级道路的规定值；

(4) 特殊干旱地区的压实度标准可降低2%～3%；

(5) 多雨潮湿地区的黏性土，其压实度标准按表 2-3-4 规定执行；

(6) 用灌砂法、灌水（水袋）法检查压实度时，取土样的底面位置为每一压实度底部；用环刀中部处于压实层厚的1/2深度；用核子仪试验时，应根据其类型，按说明书要求办理。

路基压实标准（轻型） 表 2-3-4

填挖类型		路面底计起的深度范围 (cm)	压实度 (%)	
			高等级道路、一级道路	二级及二级以下道路
路堤	上路床	0～30	—	≥95
	下路床	30～80	≥98	≥95
	上路堤	80～150	95	≥90
	下路堤	＞150	90	≥90
路堑路床		0～30	—	≥95

注：(1) 表列压实度以《公路土工试验规程》(JTJ 051—93) 轻型击实试验法为准；

(2) 高等级道路、一级道路路床土质强度，应按表 2-3-3 的标准执行，其他道路可参考该规定执行。

2.3.2.3 完善道路排水设施

为了保持路基能经常处于干燥、坚固和稳定状态，必须将影响路基稳定的地面水予以拦截，并排除到路基范围之外，防止漫流、聚积和下渗。同时，对于影响路基稳定的地下水，应予以截断、疏干、降低水位，并引导到路基范围以外，使全线的沟渠、管道、桥涵构成完整的排水体系。对于黄土地区的排水设施应注意防冲、防渗以及水土保持问题。

(1) 一般路段排水：路基排水沟渠（包括边沟、截水沟、排水沟）要注意防渗、防冲，当沟渠纵坡达到或超过表 2-3-5 所列数值时即需采取加固及防止渗漏措施。

边沟需加固的纵坡值 **表 2-3-5**

土　类	新黄土	老黄土	红色黄土
纵坡度（%）	≥3	≥4	≥6

注：(1) 边沟长度≥200m 时，需进行铺砌加固；
(2) 边沟过长时，应考虑减小纵坡的容许值或作好出口设计，将水引离路基；
(3) 边沟纵坡过于平缓，将会引起边沟淤塞，一般纵坡不小于 0.5%，受限制时不小于 0.3%；
(4) 道路等级低时，表列数值可以适当调整。

黄土地区公路边沟以采用浆砌片石加固和砖砌加固效果较好（砖砌加固受冻融后易遭破坏），如图 2-3-1 所示。也有采用跌水消力池式加固的，如图 2-3-2 所示。

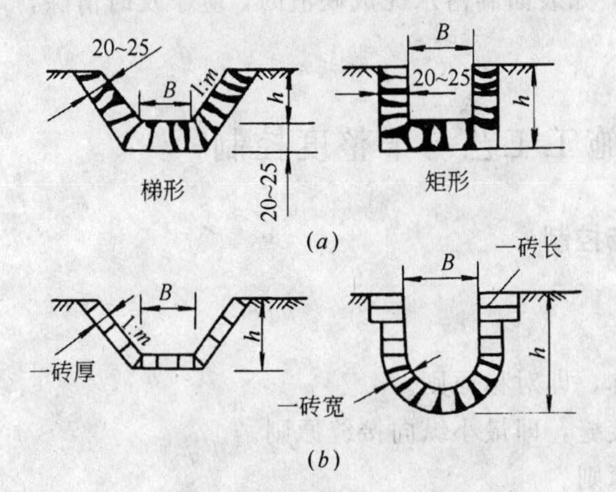

图 2-3-1 边沟加固（尺寸单位：cm）
(a) 浆砌片石加固；(b) 砖砌加固

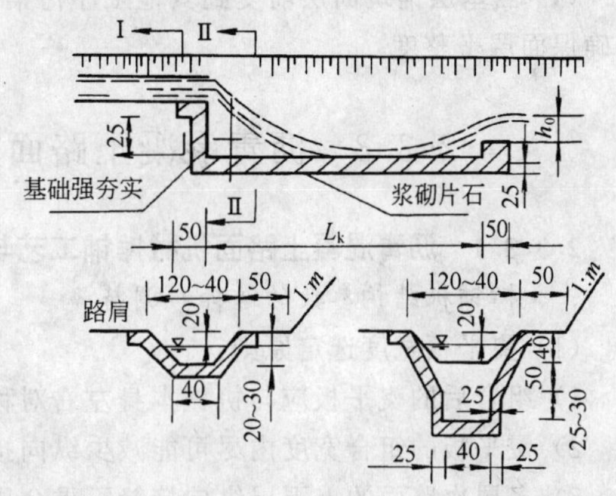

图 2-3-2 跌水消力池式加固边沟（尺寸单位：cm）

截水沟应设在离堑顶边缘以外不少于 10m 的地方，断面不宜过大，沟底纵坡宜在 0.5%～2.0%之间。在填挖交界处引出边沟水时，应注意出水口的加固。

(2) 特殊路段的排水：在垭口、深路堑、高路堤、滑坡、陷穴等地段，应注意结合水土保持进行综合治理。如用挖鱼鳞坑、水平沟、种草、植树等方法对坡面径流进行调治与防护；在冲沟头植树，防止冲沟溯源侵蚀，危害路基；布设在沟谷的路线，在沟谷中筑坝淤地，并保持路基坡脚不受水的冲刷破坏；还可做护坡埂、涝池、水窖等。

2.3.2.4 路面基层施工注意事项

(1) 严格按照《公路路面基层施工技术规范》(JTJ 034—93) 要求进行底基层和基层施工，对于高等级道路和一级道路，必须坚持除与土基接触的底基层可以采用路拌法施工以外，其上面的各层均应采用集中场拌合摊铺机摊铺施工方法，以确保标高、横坡、强度、平整度达到设计要求。当采用摊铺机进行基层施工时，为了消除中间高两侧低的现象，可适当调整摊铺机两侧的横向斜杆，使熨平板呈中间低两头翘状态。

(2) 加强基层养护：在基层施工完成后，宜采用不透水薄膜或湿砂进行养护，也可以采用喷洒沥青乳液保护。若无上述条件时，可以用洒水进行养护，并应严格控制行车。若不能封闭交通，应限制重车通行，其车速不应超过30km/h，同时应注意其他交通设施对基层的损坏。若出现车槽（坑槽）松散，应采用相同材料修补压实，也可用贫混凝土填平振实后，上面铺一层油毛毡再进行路面施工。严禁用松散粒料填补。

(3) 严格控制基层平整：

1) 面层铺筑前用3m直尺对基层进行平整度检测，平整度差若大于8mm的路段应进行整平。

2) 面层摊铺前认真清扫基层表面，确保基层表面整洁，没有松散浮料和杂质。如有泥土还应用压力水冲洗干净。如基层表面局部透层沥青或下封层脱落，则应将脱落处基层表面清洗干净后补洒透层沥青或补做下封层。

3) 认真抄平放线，确保基层标高和基准线标高准确无误。基层标高超过允许范围时，高处必须铲平，低处可用下面层补平。

(4) 当基层铺筑面层前受到其他工序污染，如表面滴落水泥成硬渣时，应予及时清除，以确保面层平整度。

2.3.3　沥青混凝土路面施工工艺与平整度控制

2.3.3.1　沥青混凝土路面机械摊铺工艺与控制

一、摊铺机结构参数的选择和调整

(1) 熨平板宽度选定原则：

1) 组合后的熨平板应与机械本身左右对称，即对称原则。

2) 熨平板的组合宽度内尽可能减少纵向接缝，即最小纵向接缝原则。

3) 多层次路面的上下层纵向接缝不重合原则。

沥青路面正式摊铺前，应检验组合后熨平板的底面不平整度和基本熨平板与附加熨平板底面的高度差，以保证足够的平整度。

(2) 熨平板初始工作角的选择：

1) 熨平板初始工作角主要根据摊铺层厚度选择。即在同一沥青混合料的条件下，对较大的摊铺厚度应选用较大的初始工作角。

2) 在摊铺过程中，不应频繁调整摊铺厚度控制杆，否则将使工作角不断变化，而工作角的恢复需要一段时间，在此时间内，面层的平整度将受影响。

(3) 熨平板拱度的调整：熨平板拱度值应按设计给定值进行调整，需要有适当的前后拱差值，一般前拱比后拱大3～5mm。

(4) 螺旋分料器与熨平板前缘距离的调整控制：这一距离的调整，主要涉及混合料下料速度及其通过性。当摊铺厚度较大，骨料粒径较大和要求密实度较高时，需将距离调大，使混合料有较高的下料速度和较好的通过性。在摊铺作业中，应根据不同的摊铺层厚度和宽度及摊铺速度正确地调整刮料板的开度，以保证螺旋分料器中混合料压力的稳定。

(5) 摊铺机振捣器、夯锤的控制：

1）振动梁振幅调整的主要依据是摊铺厚度和摊铺层密实度。振动压实时，大振幅比小振幅有较高压实能力。但沥青混凝土摊铺层属于薄层，一般采用小振幅（控制在4～12mm为宜），以避免面层松散和整体强度下降。

2）在摊铺前，应检查振捣器、夯锤皮带使用性能，尤其是皮带是否过于松弛，避免振捣频率和夯实次数快慢不一。

二、摊铺机基准线的控制

摊铺机在进行自动找平时，需要有一个准确的基准面（线），下面介绍两种确立基准面（线）的方法，使用者可结合路面的结构层次和施工位置进行选定。其基本原则是：当以控制高度为主时，以走钢丝为宜；当控制厚度为主时，则采取浮动基准梁法。一般是底面层用走钢丝，中面层和表面层用浮动基准梁法。

（1）摊铺底面层——基准钢丝绳（走钢丝）法：此方法是在路面两侧安装基准钢丝绳，但应注意：

1）支持钢丝绳的支柱钢筋的间距不能过大，一般为5～10m。

2）用两台精密水准仪测量控制钢筋的高程，钢筋宜较设计高程高1～2mm，并保证钢筋的高程在铺筑过程中始终准确。

3）一般使用ϕ2mm～ϕ3mm的高强度钢铰线，用紧线器拉紧安放在支柱的调整横杆上，每两根钢支柱间钢丝绳的挠度不大于2mm，张紧钢丝绳的拉力一般在800N左右。

4）基准线应尽量靠近熨平板，以减少厚度增量值。

5）为保证连续作业，每侧钢丝绳至少应具备有三根200～250m长的钢铰线，在未走完本段钢丝之前，下段钢丝已经架设完成。

（2）摊铺中面层和表面层——浮动基准梁法：

1）浮动基准梁用于保持摊铺机前后高差相同，保证摊铺厚度和提高表面平整度。

2）在构造物上另加挂钢丝绳配合进行控制，其主要方法是：浮动基准梁的前部由长2～3m的2～4个轮架组成，每个轮架有3～4对小轮，行走在摊铺机前面下承层。

3）浮动基准梁的后部是约0.5m×10m的滑板（俗称滑靴），在摊铺层顶面滑移，参见图2-3-3所示。

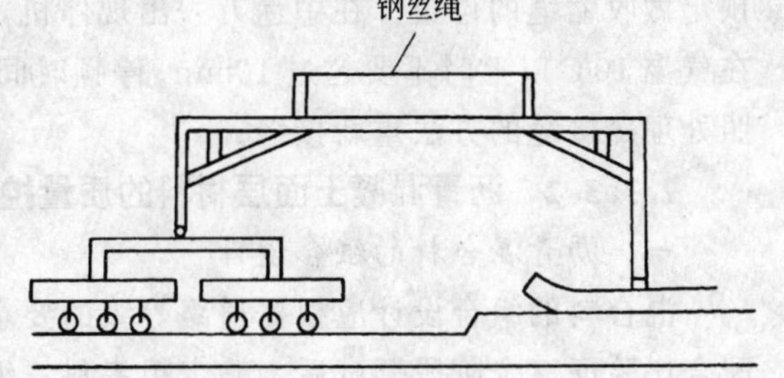

图2-3-3 浮动基准梁示意图

4）为了减少基准误差和自动找平装置的误差，需在进行自动找平装置的安装和调整时注意以下几点：

①横坡传感器的安装误差应小于±0.1%；

②浮动基准梁的滑动基面应与摊铺基面平行且横坡值相同；

③随时检查液压系统的工作压力，使其处于正常状态；

④随时检查摊铺厚度和横坡值是否符合设计值。

三、摊铺机操作控制措施

（1）选用熟练的摊铺机操作手，并进行上岗前培训。

（2）在摊铺过程中，运料车应在摊铺机10～30m处停住，并挂空档，依靠摊铺机推动缓慢前进，并应有专人指挥卸料车进行卸料。

(3) 确保摊铺机供料系统的工作具有连续性，即保证脚轮（输送轮）内的料位高度稳定、均匀、连续，料位高度保持在中心轴以上叶片的2/3为宜。如中断摊铺时间短，仅受料斗内的混合料已经冷硬，则应先将受料内已冷硬的混合料铲除干净，然后重新喂料。

(4) 派专人负责及时清扫洒落的粒料。

(5) 摊铺前，熨平板必须清理干净，调整好熨平板的高度和横坡后，预热熨平板。熨平板的预热温度应接近沥青混合料的温度，一般可加热到85～90℃。

四、摊铺机的摊铺进度控制

摊铺机应该匀速、不停顿地连续摊铺，严禁时快时慢。因摊铺速度的变化必然导致摊铺厚度变化。为了保证厚度不变，就要调节厚度调节器以及捣固器和熨平板的激振力与振捣梁行程，但人工调节是凭经验调节，在速度变化处会引起摊铺后预压密实度的变化，从而导致最终压实厚度的差异，影响路面平整度。

(1) 摊铺机的速度一般为2～6m/min，实际可采用的摊铺速度则取决于拌合机的产量，可按下式计算：

$$V=\frac{100\times Q}{60D\times W\times T}\times C$$

式中 V——摊铺速度（m/min）；

D——压实沥青混凝土的毛体积密度（t/m^3）；

Q——拌合机产量（t/h）；

W——摊铺宽度（m）；

T——压实后的平均厚度（m）；

C——摊铺机的效率系数，应根据材料供应、拌合机的生产能力与运输能力等配套情况确定，一般为0.9左右。

(2) 在摊铺过程中，应尽量避免停机，应将每天必须停机中断摊铺点放在构造物一端预定做收缩缝的位置。在中途万一出现停机，应将摊铺机熨平板锁紧不使下沉；停顿时间在气温10℃以上时不要超过10min。停顿时间超过30min或混合料温度低于100℃时，要按照处理冷接缝的方法重新接缝。

2.3.3.2　沥青混凝土面层材料的质量控制

一、沥青混合料的组合设计

混合料的组合设计应根据道路等级的要求，经过目标配合比设计、生产配合比和生产配合比验证三个阶段调试后，确定粗集料、细集料、矿粉和沥青材料相互配合的最佳组成比例，使其既满足沥青面层设计要求，又符合经济的原则。高等级道路和一级道路的上、中面层还应进行动稳定度的检查，检查其抗车辙能力是否符合设计要求。

连续级配沥青混凝土混合料配合比设计是以马歇尔试验为主，并通过车辙试验对抗车辙能力进行辅助检验。沥青混合料60℃时，车辙试验的动稳定度高等级道路不小于800次/mm（较热地带不小于1000次/mm），一级道路不小于600次/mm。

(1) 提高混合料的高温稳定性：可采用提高粘结力和内摩组力的方法解决。在沥青混合料中，增加粗矿料含量，使粗矿料形成空间骨架结构，从而提高沥青混合料的内摩阻力。适当地提高沥青材料的黏稠度，控制沥青与矿料的比值（油石比），严格控制沥青用量，采用具有活性矿粉以改善沥青与矿料的相互作用，就能提高沥青混合料的粘结力。

（2）提高混合料低温抗裂性：在组合设计中，应选用稠度较低、温度敏感性低、抗老化能力强的沥青，在沥青中掺入橡胶等高聚物，也能大大提高混合料低温抗裂性。

（3）提高混合料的耐久性：一般在混合料中应残留3%～6%空隙（或以饱水率2%～4%计）。

二、拌合沥青混合料时的注意事项

（1）清除热仓料的超尺寸颗粒：检查振动筛，调整冷料仓上料速度。

（2）消除混合料的花白料：根据检查确定的原因升高集料加热温度，或增加拌和时间，或减少矿粉用量。

（3）清除湿料：对含水量大于7%的细集料不允许使用。

（4）消除混合料无色泽：严格控制沥青加热温度在160～170℃。

（5）消除矿料颗粒的明显变化：检查原因和采取相应的措施或调整配合比。另外，在拌合时沥青、矿料的加热温度和沥青混合料的出厂温度应根据沥青品种、标号、黏度、气候条件和铺筑层的厚度确定。沥青的针入度小、黏度小、气温低、铺筑层薄时用高限，可参照表2-3-6。

热拌沥青混合料的加工温度（℃） **表2-3-6**

沥青种类		石油沥青			煤沥青	
沥青标号		AH-50 AH-70 AH-90 A-60	AH-110 AH-130 A-100 A-140 A-180	A-200	T-8 A-9	T-5 T-6 T-7
沥青加热温度		150～170	140～160	130～150	100～130	80～120
矿料温度	间歇式拌合机	比沥青加热温度高10～20（填料不加热）			比沥青加热温度高15（填料不加热）	
	连续式拌合机	比沥青加热温度高5～10（填料加热）			比沥青加热温度高8（填料加热）	
沥青混合料出厂正常温度		140～165	125～160	120～150	90～120	80～110
混合料储料仓储料温度		储料过程中温度降低不超过10			储料过程中温度降低不超过10	

（6）拌合设备的数量的决定：为了保证均匀、连续、不间断地摊铺，必须保证拌合炉具有一定的产量，可根据实际情况测定每天供应或摊铺的数量和一台拌合楼的产量，来确定拌合炉的数量。其依据为在摊铺机前应经常保持有4～5车沥青混合料待卸，以保证摊铺的连续性。

三、沥青混合料的运输

（1）应选用载质量大于15t的大型自卸汽车运送沥青混合料到摊铺现场，以减少摊铺前经常短时换车卸料的情况。

（2）车辆数量的确定，应根据施工位置、施工条件、摊铺能力、运输路线、运距和运输时间，以及所需混合料的种类和数量确定，可采用下式计算：

$$n = \alpha \frac{t_1 + t_2 + t_3}{T}$$

式中 n——运输车辆数量；

t_1——重车运程时间（min）；

α——储备系数，视交通情况而定，一般取 1.1～1.2；

t_2——空载运程时间（min）；

t_3——在工地卸料和等待的总时间（min）；

T——拌制一车混合料所需的时间（min），$T=60G_0/G$；

G_0——车辆载重能力（t/h）；

G——拌合设备生产能力（t/h）。

（3）从拌合厂到摊铺现场的距离远时，在非高温季节施工时应用篷布或棉毯覆盖沥青混合料，以保持沥青混合料的温度。在雨季施工时，运料车还应有防雨篷布。

2.3.3.3　沥青混凝土路面碾压的质量控制

沥青混凝土面层的碾压通常分三个阶段进行，即初压、复压和终压。

一、沥青混凝土路面的初压

第一阶段初压习惯上常称作稳压阶段。由于沥青混合料在摊铺机的熨平板前已经过初步夯击压实，而且刚摊铺成的混合料的温度较高（常在140℃左右），因此只要用较小的压实功就可以达到较好的稳定压实效果。通常用6～8t 的双轮振动压路机以 2km/h 左右速度进行碾压 2～3 遍。碾压机驱动轮在前静压匀速前进，后退时沿前进碾压时的轮迹行驶并振动碾压。也可以用组合式钢轮-轮胎（四个等间距的宽轮胎）压路机（钢轮接近摊铺机）进行初压。前进时静压匀速碾压，后退时沿前进碾压时的轮迹行驶并振动碾压。

二、沥青混凝土路面的复压

第二阶段复压是主要压实阶段。在此阶段至少要达到规定的压实度，因此，复压应该在较高温度下并紧跟在初压后面进行。复压期间的温度不应低于 100～110℃，通常用双轮振动压路机（用振动压实）或重型静力双轮压路机和 16t 以上的轮胎压路机同时先后进行碾压，也可以用组合式钢轮-轮胎压路机与振动压路机和轮胎压路机一起进行碾压。碾压遍数参照铺筑试验段时所得的碾压遍数确定，通常不少于 8 遍。碾压方式与初压相同。

三、沥青混凝土路面的终压

（1）第三阶段终压是消除缺陷和保证面层有较好平整度的最后一步。由于终压要消除复压过程中表面遗留的不平整，因此，沥青混合料也需要有较高的温度。终压常使用静力双轮压路机并应紧接在复压后进行。终压结束时的温度不应低于沥青面层施工规范中规定的 70℃，应尽可能在较高温度（如不低于 80℃）下结束终压。

（2）在施工现场，组织得好的碾压应是初压、复压和终压的压路机各在相互衔接的小段上碾压并随摊铺速度依次向前推进。当然，实际碾压过程中压路机会超出复压与初压和终压复压的分界线。

（3）为使压路机驾驶员容易辨明自己应该碾压的路段，可用彩旗或其他标记物放在初压与复压和复压与终压的分界线上，并根据沥青混合料的温度和碾压遍数移动这些标记物，指挥驾驶员及时进入下一小段进行碾压。

（4）为保证各阶段的碾压作业始终在混合料处于稳定的状态下进行，碾压作业应按下述规则进行：

1）由下而上（沿纵坡和横坡）。

2）先静压后振动碾压。

3)初压和终压使用双轮压路机，初压可使用组合式钢轮-轮胎压路机，复压使用振动压路机和轮胎压路机。

4) 碾压时驱动轮在前，从动轮在后。

5) 后退时沿前进碾压的轮迹行驶。

6) 压路机的碾压作业长度应与摊铺机的摊铺速度相平衡，随摊铺机向前推进。

7) 压路机折回去不在同一断面上，而是呈阶梯形。

8)当天碾压完成尚未冷却的沥青混凝土层面上不应停放一切施工设备（包括临时停放压路机），以免产生形变；压实成型的沥青面层完全冷却后才能开放交通。

四、沥青混凝土路面纵向接缝与横向接缝的碾压

(1) 纵向接缝的碾压：纵向接缝的碾压，压路机先在已压实路面上行走，同时碾压新铺混合料 10～15cm，然后碾压新铺混合料，同时跨过已压实路面 10～15cm，将接缝碾压密实。

(2) 横向接缝的碾压：横向接缝的碾压是工序中的重要一环。碾压时，应先用双轮压路机进行横向（即垂直于路面中心线）碾压，需要时，摊铺层的外侧应放置供压路机行驶的垫木。碾压时压路机应主要位于已压实的混合料层上，伸入新铺混合料的宽度不超过 20cm。接着每碾压一遍向新铺混合料移动约 20cm，直到压路机全部在新铺面层上碾压为止。然后进行正常的纵向碾压。

在相邻摊铺层已经成型必须施做冷纵向接缝时，可先用钢轮压路机沿纵缝碾压一遍，在新铺层上的碾压宽度为 15～20cm，然后再沿横向接缝进行横向碾压。横向碾压结束后进行正常的纵向碾压。

2.3.3.4 沥青混凝土路面接缝处理措施

一、沥青混凝土路面纵向接缝的处理措施

两条摊铺带相接处，必须有一部分搭接，才能保证该处与其他部分具有相同的厚度。搭接的宽度应前后一致。搭接施工有冷接茬和热接茬两种。

(1) 冷接茬施工是指新铺层与经过压实后的已铺层进行搭接：半幅施工不能采用热接缝时宜加设挡板或采用切刀切齐。铺另半幅前必须将缝边缘清扫干净，并涂洒少量粘层沥青。摊铺时应重叠在已铺层上 5～10cm，摊铺后用人工将摊铺在前半幅上面的混合料铲走，然后再进行碾压。应注意新摊铺带必须与前一条摊铺带的松铺厚度相同。

(2) 热接茬施工一般是在使用两台以上摊铺机梯队作业时采用的：此时两条毗邻摊铺带的混合料都还处于压实前的热状态，所以纵向接茬易于处理，且连接强度较好。施工时应将已铺混合料部分留下 10～20cm 宽，暂不碾压，作为后摊铺部分的高程基准面，待后摊铺部分完成后，一起碾压（跨缝碾压）。

不管采用冷接法或热接法，摊铺带的边缘都必须齐整，这就要求机械在直线上或弯道上行驶始终保持正确位置。为此，可沿摊铺带一侧敷设一根导向线，并在机械上安置一根带链条的悬杆，驾驶员只要注视所悬链条对准导向线行驶即可。

二、沥青混凝土路面横向接缝的处理措施

(1) 相邻两幅及上下层的横向接缝均应错位 1m 以上。横向接缝有斜接缝和平接缝两种。高等级道路、一级道路的中、下层的横向接缝可采用斜接缝，在上面层应采用垂直的平接缝，其他等级道路的各层均可采用斜接缝。铺筑接缝时，可在已压实部分上面铺一些热混合料使之预热软化，以加强新旧混合料的粘结。但在开始碾压前应将预热用的混合料铲除。

（2）斜接缝的搭接长度与层厚有关，一般为0.4～0.8m。搭接处应清扫干净并洒粘层油。当搭接处混合料中的粗集料颗粒超过压实层厚时应予剔除，并补上细料。斜接缝应充分压实并搭接平整。

（3）平接缝应做到紧密粘结、充分压实、连接平顺，施工可采用下列方法：

1）在施工结束时，摊铺机在接近端部前约1m处将熨平板稍抬起驶离现场，用人工将端部混合料铲齐后再碾压，然后用3m直尺检查平整度，趁混合料尚未冷透时垂直铲除端部层厚不足的部分，使下次施工时直角连接。

2）在预定的摊铺段的末端先撒一薄层砂带，摊铺混合料后摊铺层上挖一道缝隙，缝隙位于撒砂的交界处，在缝中嵌入一块与压实层厚等厚的木板或型钢，待压实后铲除撒砂的部分，扫尽砂子，撤去木板或型钢，在端部洒粘层沥青接着摊铺。

3）在预定的摊铺段末端先铺上一层麻袋或牛皮纸，摊铺碾压成斜坡，下次施工时将铺麻袋或牛皮纸的部分用人工刨除，在端部洒粘层沥青接着摊铺。

4）在预定摊铺段的末端先撒一薄层砂带，再摊铺混合料，待混合料稍冷却后用切割机将撒砂的部分要切割整齐后取走，用干拖布吸走多余的冷却水，待完全干燥后在端部洒粘层沥青接着摊铺，不得在接头有水或潮湿的情况下铺混合料。

对于横向接缝，应于接缝处起继续摊铺混合料前，用3m直尺检查已铺路面端起平整度，不符合要求时应予清除。在摊铺新混合料时应调整好预留高度，接缝摊铺层施工结束后再用3m直尺检查平整度，当有不符合要求者应趁混合料尚未冷却时立即处理，以保证横向接缝处的路面平整度。

2.3.4　水泥混凝土路面施工工艺与平整度控制

2.3.4.1　水泥混凝土路面机械摊铺工艺

一、采用小型配套机具施工

（1）模板安装控制

1）应选用钢模且其外侧设有固定模板的斜支撑装置，使立模工作方便、迅速。

2）在使用前对钢模的直顺度必须认真地进行一次校正工作。

3）在立模时应精确放样，并检查其中线位置、设计高程和宽度、横坡度、侧面铅垂度，纵缝的顺直度和相邻模板高差。

4）严格控制模板的安装，模板间接头用螺钉固定，模板下缘与基层之间空隙用加工铁锲垫高，用道钉、钢钎控制模板下边线，用斜支撑控制模板的上边线，使模板能经受各种振捣机具的冲击，确保模板牢固不斜。

5）施工时还应注意清除模板顶面附着的水泥砂浆等杂物，保证模板顶面平顺。

6）模板安装就位后应横跨路面拉线检查拟浇混凝土路面厚度，基层高出部分应凿除整平。

（2）施工机具的控制：

1）振动梁底面要保持平直，当弯曲超过2mm时，应调整或更换。施工结束时，振动梁要清洗干净，放在平整处（必要时将振动梁朝下搁放，以使其自行校正平直度），且不得暴晒或雨淋。

2）混凝土全面振捣后，再用振动梁进一步拖拉振实并初步整平。振动梁往返拖拉2～3遍，使表面泛浆，并赶出气泡。振动梁移动的速度要缓慢而均匀，一般以1.2～1.5m/min为宜。

（3）混凝土拌合物摊铺工序控制：

1）摊铺前，应对模板的间隔、高度、润滑、支撑稳定情况和基层的平整度、润湿情况以及钢筋的位置和传力杆装置等进行全面检查。

2）混凝土厚度不大于24cm时，可一次摊铺；大于24cm时，宜分为两次摊铺，下层厚度宜为总厚度的3/5。

3）摊铺的松料厚度，应考虑振实的影响而预留一定的高度，具体数值根据试验确定，一般可取设计厚度的10%左右。

4）混凝土混合料运送车辆到达摊铺地点后，一般直接倒入安装好侧模的路槽内，并用人工找平补齐。可采用“扣锹”的方法，严禁抛掷和搂耙，以防止混凝土离析。

5）振捣顺序：

①首先应用插入式振捣器在模板边缘角隅等平板振捣器振捣不到之处振一次（如面板厚大于22mm，则需用插入式捣器全面顺序插振一次），同一位置振捣时间不宜少于20s；

②然后再用平板振捣器全面振捣。振捣时应重叠10～20cm，同一位置振捣时，当水灰比小于0.45时，振捣时间不宜少于30s；水灰比大于0.45时，不宜少于15s，以不再冒气泡并泛出水泥浆为准；

③混凝土在全面振捣后，用振动梁进一步拖拉振捣并且初平；

④用平直的滚杆进一步滚揉表面，使表面进一步提浆调平。

（4）混凝土未凝固前表面不平处理对策：当振捣后的混凝土表面有不平处时，应及时采用人工补填找平。补填时应用较细的混合料原浆。

（5）混凝土表面制毛的控制：一般应以四周边混凝土适合压纹的时间为准，在板面中央等强度高的部位，采用在压纹机上加载的办法解决。采用压纹的路面平整度，一般都不如拉毛的路面平整度好。

二、采用滑模摊铺机

（1）消除摊铺机自身的影响：

1）调整挤压底板的倾角、边部超铺角及侧模位置。应根据滑模摊铺机的动力大小、履带行走部位坚硬程度及挤压底板面积，调整好底板仰角。原则是既要保证滑模摊铺机对混凝土路面有足够的挤压力，又能使其顺畅行进摊铺。

2）在摊铺出一小段路面时，应根据稳定的混凝土坍落度，检测出横向平整度，调整底板两侧翘起量，同时调整侧模板内倾斜度，使给定坍落度下的超铺角合适，路面出模边混凝土坍落后，达到路面边角所要求的规则几何形状下的横断面平整度。

3）调整好浮板抹平板压力。为了提高路面平整度并消除表面坑槽、气泡和翘出的石子，在摊铺机上一般应配置自动悬浮式抹平板，进行表面的机械修整和提浆，即保证优良外观和平整度，又提供制作抗滑构造所需足够的砂浆层厚度。自动抹平的压力应根据混凝土稠度和路面纵坡度变化随时调整，其压力宜轻不宜重，压力过大会使原有的纵横向平整度丧失。

（2）基准线的控制：滑模摊铺水泥混凝土路面的施工拉线是保障平整度的“生命线”，

路面的摊铺平整度及精度只能低于而决不可能高于拉线设定值，所以必须高度重视。并采取如下措施：

1）在拉线敷设时首先必须严防出现差错，保证拉线精度，并对其进行必要的测量复查。还可以经常贴近设的拉线，观察是否有肉眼能看出的拐点和不平顺现象，一经发现，应立即纠正。

2）拉线桩应钉牢，桩之间的间距在顺直段每10m一根，在渐变段及小半径平曲线及竖曲线内应加密到每5m一根，特别是渐变段处纵横坡变化路段的摊铺，两侧拉线的每个横断面上的坡度都必须正确无误。

3)拉线可用醒目的红色尼龙绞线，也可以用直径合适的钢丝绳。每根拉线最长为500m。每根线上不得有三个以上的接头，断开分叉的钢丝应剪掉。

4）每个拉线在两端应设有专用紧线器，拉线张拉力应不小于1kN。拉线张力的要求是为了保证传感器的导杆在拉线上滑动时，其挠度不至于影响摊铺的平整度。

5）在施工过程中，严禁人和车辆碰动已设好的拉线。滑模摊铺操作手应随时观察监视拉线及传感器的工作，严防传感器掉线。如果拉线被扰动或传感器掉线，路面平整度就会失控。

6）目前较先进的滑模摊铺机在传感器控制上，设有防止突然掉线的防差错初始参数设定系统，从摊铺机的自动控制上考虑到掉线差错的防止。即便如此，施工中仍应严禁碰撞拉线，以保证摊铺位置、高程和平整度达到设计要求。

（3）摊铺机操作措施：首先应将滑模摊铺机各项工作参数调整到最佳状态。

1）均匀分布混凝土料。操作手根据前方料堆位置，及时转动螺旋布料器，左右横向均匀布料，特别应保持两边角处有充足的拌合物。同时，要注意前后卸料尽量均匀，一般应在摊铺前配备一定的机械来保证布料。布料不均将严重影响路面平整度。

2）调整松方控制板高度。松方控制板的高度根据振动仓内的料位高度随时调整，振动仓内的最佳料位一般应保持在高于路表面10cm左右。料位过低，振捣棒裸露，减小振动效果，还可能烧毁振捣棒；过高，则混凝土排气不充分，密实度受影响。料位过高或过低都会影响摊铺平整度。

3）调整好振捣棒间距、位置、振捣频率及行进速度。滑模摊铺机振捣棒数量要足够，安装间距不大于45cm，距侧边不大于25cm。

4）滑模摊铺时，振捣棒的水平部位应平行于路面，悬浮在路表面处振捣。如插在路面中，拉出的振捣棒沟槽或砂浆沟槽将影响路面平整度。砂浆沟槽会引起路面纵向开裂。

5）振捣棒的振动频率应视混凝土稠度在6000～1000次/min范围调整。振捣频率要与摊铺速度、拌合物的稠度匹配。振捣棒的振动频率，料干时用高频；料稀时用低频振动。

6）料干时应减慢摊铺速度，料稀时应加快摊铺速度，既要防止出现欠振麻面现象，又要防止过振流淌。

7）调整夯实杆位置及夯实频率。插捣粗集料夯实杆最低位置应在挤压底板前沿以下5～8mm处，位置过浅不起作用，过深增加摊铺机推进阻力。夯捣频率控制在60～120次/min之间，料干加大，料稀减少。

2.3.4.2　水泥混凝土路面材料

（1）水泥混凝土原材料：

1）水泥原则上应选用强度高、干缩小、耐磨性和抗冻性好的水泥，主要采用硅酸盐水泥，普通硅酸盐水泥和道路硅酸盐水泥。对中低等级的路面，也可采用矿碴硅酸盐水泥。各级交通选用水泥强度等级为：特重交通采用42.5级；重、中交通及轻交通采用32.5级。

2）集料应选用坚硬、耐久、洁净，并有良好级配的集料，避免选用含二氧化硅的岩石（一般有蛋白石、玉髓、鳞石英、方石英、硬绿泥岩、硅镁石灰岩、玻璃质或隐晶流纹岩、安山岩和凝灰岩等）。

（2）混凝土配合比设计

混凝土配合比设计应根据混凝土设计弯拉强度、耐久性、工作性（和易性）等要求和经济合理的原则，通过试验确定混合料各组合成分的配合比例。其方法是：

1）根据已有的配合比试验参数或以往的经验，得出初拟设计配合比。

2）按初拟设计配合比进行试拌，考虑混合料的工作性，按符合要求的情况作必要的调整，然后进行强度和耐久性试验，按符合要求的情况再作必要的调整，得到设计配合比。

3）根据混凝土现场实际浇筑条件，如集料供应情况（级配、含水量等）、摊铺机具和气候条件等，进行适当地调整，得出施工配合比。

2.3.4.3 水泥混凝土路面纵横缝设置

一、水泥混凝土路面纵缝设置

小型机具施工时，按一个车道的宽度（3.75～4.5m）一次施工，纵向施工缝一般采用平缝加拉杆或企口缝加拉杆的形式。但在道口等特殊部位，一次性浇筑的混凝土板宽度可能会大于4.5m，这就需要设纵向缩（假）缝。纵向假缝一般亦应设置拉杆。

缝纵拉杆应采用螺纹钢筋，设置在板厚的中间，并应避免将脱模剂（如沥青等）涂撒的拉杆上。

二、水泥混凝土路面横缝设置

（一）横向缩缝

（1）横向缩缝可采用在混凝土凝结后（碎石混凝土抗压强度达到6.0～12.0MPa，砾石混凝土达到9.0～12.0MPa）锯切或在混凝土铺筑时压缝的方式修筑。

（2）压缝法施工方法是：当混凝土混合料做面后，应立即用振动压缝刀压缝。当压至规定深度时，应提出压缝刀，用原浆修平缝槽，严禁另外调浆。然后，应放入铁制或木制嵌条，再次修平缝槽，待混凝土混合料初凝前泌水后，取出嵌条，形成缝槽。

（3）由于切缝可以得到质量比压缝好的缩缝，因此，应尽量采用这种方式。特别是高等级道路必须采用切缝法。其施工工艺为：

1）切缝前应检查电源、水源及切缝机组试运转的情况，切缝机刀片应与机身中心线成90°角，并应与切缝线在同一直线上。

2）开始切缝前，应调整刀片的进刀深度，切割时应随时调整刀片切割方向。停止切缝时应先关闭旋扭开关，将刀片提升到混凝土板面上，停止运转。

3）切缝时刀片冷却用水的压力不应低于0.2MPa，同时应防止切缝水渗入基层和土基。

4）当混凝土强度达到设计强度的25％～30％，即可进行切割。当气温突变时，应适当提早切缝时间，或每隔20～40m先割一条缝，以防因温度应力产生不规则裂缝。应严禁采用一条缝分两次切割的操作方法。

5）切缝后，应尽快灌注填缝料。

6）切缝的注意事项：

①切割时间要特别注意掌握好，切得过早，由于混凝土的强度不足，会引起粗集料从砂浆中脱落，而不能切出整齐的缝；

②切得过迟，则由于温度下降和水分减少而产生的混凝土收缩因板长而受阻，导致收缩应力超出其抗拉强度而在非预定位置出现早期裂缝。

③合适的切割时间应控制在混凝土获得足够的强度，而收缩应力并未超出其强度的范围内时。

④切缝时间随混凝土的组成和性质（集料类型、水泥类型和含量、水灰比等）、施工时的气候条件等因素而变化，施工技术人员需依据经验并进行试切后决定。表 2-3-7 为大致的切缝时间范围，供参考。

经验切缝时间　　表 2-3-7

昼夜平均温度（C）	常规施工方法（h）	真空脱水作业（h）	昼夜平均温度（C）	常规施工方法（h）	真空脱水作业（h）
5	45～50	40～45	20	18～21	12～15
10	30～45	25～30	25	15～18	8～11
15	22～26	18～23	30	13～15	5～7

（二）胀缝

（1）胀缝应与路中心线垂直，缝壁必须垂直，缝隙宽度必须一致，缝中不得连浆。缝隙下部设胀缝板，上部灌胀缝填缝料。

（2）传力杆的活动端，可设在缝一边或交错布置，固定后的传力杆必须平行于板面及路面中心线，其误差不得大于 5mm。

（3）传力杆的固定，可采用端头木模固定或支架固定安装两种方法：

1）端头木模固定传力杆安装方法。宜用于混凝土板不连续浇筑时设置的胀缝。传力杆长度的一半应穿过端头挡板，固定于外侧定位模板中，混凝土拌合物浇筑前应检查传力杆位置，浇筑时应先摊铺下层混凝土拌合物，并用插入式振捣器振实，并应在校正传力杆位置后，再浇筑上层混凝土拌合物。浇筑后板时应拆除端头木模，并应设置胀缝板、木制嵌条和传力杆套管（见图 2-3-4）。

2）支架固定传力杆安装方法。宜用于混凝土板连续浇筑时设置的胀缝。传力杆长度的一半应穿过胀缝板和端头挡板，并应用钢筋支架固定就位。浇筑混凝土时应先检查传力杆位置，再在胀缝两侧摊铺混凝土拌合物至板面，振捣密实后，抽出端头挡板，空隙部分填补混凝土拌合物，并用插入式振捣器振实。

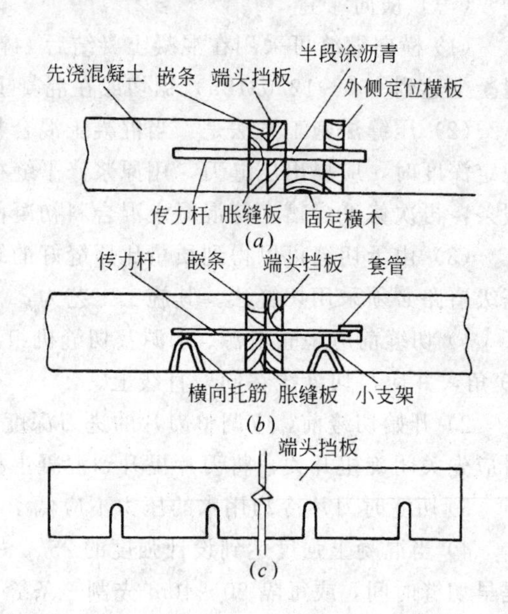

图 2-3-4　有端头挡板的胀缝

(*a*) 顶头木模固定；(*b*) 钢筋支架固定；(*c*) 端头挡板

近年来，人们在施工中对该方法作了一些改进，其做法是：预先设置好胀缝板和传力杆支架，并预留好滑动空间，为保证胀缝施工的平整度以及施工的连续性。胀缝板以上的混凝土硬化后用切缝机按胀缝的宽度切两条线，待填料时，将胀缝板以上的混凝土凿去。这种方法对保证胀缝施工质量特别有效，无端头挡板的胀缝如图2-3-5所示。

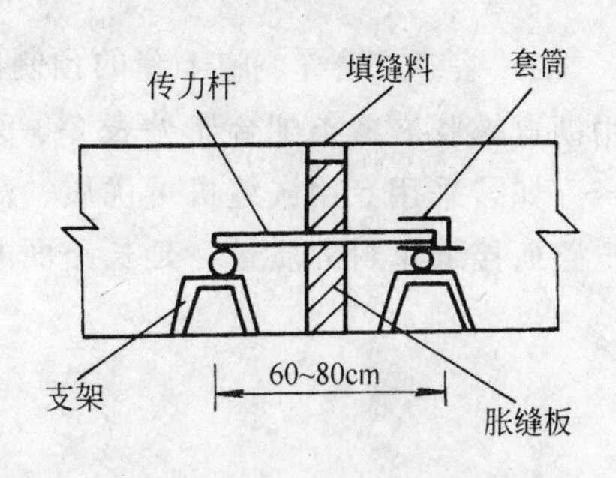

图 2-3-5 无端头挡板的胀缝

（三）施工缝

施工缝宜设于胀缝或缩缝处，多车道施工缝应避免设在同一横断面上。施工缝如设于缩缝处，板中应增设传力杆，其一半锚固于混凝土中，另一半应先涂沥青，允许滑动。传力杆必须与缝壁垂直。

三、水泥混凝土的接缝填封

混凝土板养护期满应及时填封接缝。填缝前必须保持缝内清洁，防止砂石等杂物掉入缝内。常用的填缝方法有灌入式和预制嵌缝条填缝两种。

（1）灌入式填缝施工：

1）采用灌入式填缝施工时，灌注填缝料必须在缝槽干燥状态下进行，填缝料应与混凝土缝壁粘附紧密，不渗水，其灌注深度以 3～4cm 为宜，下部可填入多孔柔性材料。

2）填缝料的灌注高度，夏天应与板面平齐，冬天宜稍低于板面。

3）当用加热施工或填料时，应不断搅拌使填料达到规定温度。气温较低时，应用喷灯加热缝壁，个别脱开处，应用喷灯烧烤，使填料粘结紧密。

4）目前用的强制式灌缝机和灌缝枪，能把改性聚氯乙烯胶泥和橡胶沥青等加热施工式填缝料和常温施工式填缝料灌入缝宽不小于 3mm 的缝内，也能把分子链较长、稠度较大的聚氨酯焦油灌入 7mm 的缝内。

（2）预制嵌缝条填缝施工：

1）胀缝：胀缝板宜用软木板、木纤维板或沥青浸制的油毛毡压制而成，适用于胀缝的下半部分。预制胀缝板嵌入前，缝壁应干燥，并应清除缝内杂物，使嵌缝条与缝紧密结合。适用于胀缝上半部的嵌缝条常用的有两种，即沥青橡胶嵌缝条和有孔氯丁橡胶嵌缝条。有孔氯丁橡胶嵌缝条采用氯丁橡胶原料，按设计图形用橡胶挤出机挤压成型，然后放在硫化罐内硫化而成。沥青橡胶嵌缝条用沥青、石棉粉、石粉按比例配合（沥青橡胶配合比见表 2-3-8）压制而成。

沥青橡胶配合比（质量比） **表 2-3-8**

沥青掺配成分	掺配后沥青（%）	废橡胶粉（%）	石粉（%）	石棉粉短绒（%）	适用范围
油－10 沥青（80%）＋重（轻）柴油（20%）	0	25	0	石棉粉 5	缩缝 施工缝 纵缝
油－10 沥青（80%）＋重（轻）柴油（20%）	50	20	0	石棉短绒 10	胀缝上半部

2）缩缝：纵缝、施工缝的预制嵌缝条，可在缝槽形成时嵌入，嵌缝条应顺直整齐。常用沥青橡胶嵌缝条配合比见表 2-3-8 所列。

如若采用专用嵌缝机可优质、高效地完成各种预制嵌缝条的填缝作业。确保水泥混凝土路面接缝填封的质量，延长路面的使用寿命。

2.4 水泥混凝土路面的维修技术

2.4.1 概 述

作为高级路面两大类型的沥青混凝土（黑色）路面和水泥混凝土（白色）路面，各有优点和不足。在世界各国长期存在着所谓“黑白之争”。我国的公路路面一直以黑色（沥青）为主。由于我国沥青资源有限，沥青含蜡量高，用于重交通的道路石油沥青大量依靠进口。20世纪90年代以来，根据我国的资源条件和道路事业发展需要，交通部提出了“黑白并举”的路面发展战略。对发展水泥路面又采取了“因地制宜，积极稳妥，确保质量，加快发展”的16字方针，水泥混凝土路面的发展速度明显加快。据统计，1994年以来，我国每年修建里程超过10000km，到2000年止，水泥混凝土路面达到约100000km。其中早期修建的水泥混凝土路面已接近使用年限，出现了不同程度的一些开裂、断板、沉陷、错台等病害。因此，加强对水泥混凝土路面的养护和维修，是道路交通部门的一个刻不容缓的任务及重要的工作内容。

2.4.1.1 水泥混凝土路面的现状

水泥混凝土路面是一种刚度大、扩散荷载能力强、稳定性好的路面结构。目前世界上，无论是工业发达国家，还是发展中国家对水泥混凝土路面的修筑技术都一直在进行研究和总结，使得水泥混凝土路面在技术上日臻完善，经济上显示出优势，并得到较广泛的应用。特别是高等级重交通的道路，水泥混凝土路面得到更广泛的应用。

我国到1970年底全国仅有水泥混凝土路面200km，占高级、次高级路面里程的0.9%。20世纪70年代，浙江、广东、江苏等省在沥青供应不足的情况下，开始较多地修筑水泥混凝土路面。与此同时，一些材料研究单位较为系统地开展了水泥混凝土路面技术的研究。到80年代，随着修筑里程的增长，实践经验的积累，科学研究的深入，水泥混凝土路面的修筑技术逐步改进，质量不断提高。加之水泥混凝土路面的适应性及抗灾能力强，能较好地满足现代化交通的要求；沥青供应缺口很大，水泥材料可就近供应。因此，水泥混凝土路面得到了较大的发展。特别是交通部1989年推广国家科委技术委员会科技工作引导性项目《我国水泥混凝土路面发展对策及修筑技术研究》成果以来，使我国公路水泥混凝土路面由1988年前的8264km，上升到1998年底的83652km，10年净增75388km，平均每年修建约7539km，是前38年年平均修建里程数的35倍，占高级、次高级路面的比重由1970年的0.9%上升到1998年底的约16.4%，我国的高速公路的发展更是喜人的，至2002年10月止，全国的总里程已突破25000km，从1997年居世界第39位跃升到第二位。这样的发展速度在国外也是少见的。历年修筑水泥混凝土路面里程及所占比重如表2-4-1。

全国1960～1998年水泥混凝土路面所占比重　　表2-4-1

年份	高级、次高级路面里程（km）	水泥混凝土路面里程（km）	水泥混凝土路面所占比重（%）
1960	1 943	60	3.1
1970	22 976	200	0.9
1980	157 851	1 600	1.0
1987	216 027	6 041	2.8
1988	230 781	8 264	3.6
1989	244 453	9 193	3.8
1990	259 958	11 373	4.4
1991	279 155	15 234	5.5
1992	301 651	21 321	7.1
1993	327 306	28 049	8.5
1994	353 142	35 549	10.1
1995	386 827	46 172	11.9
1996	425 786	55 625	13.2
1997	467 490	68 740	14.7
1998	509 278	83 652	16.4

我国早期修建的水泥混凝土路面，主要用于三、四级道路上，设计强度低。水泥混凝土抗压强度除少数为30MPa外，多数为20～25MPa，有的甚至低于20MPa；面板厚度薄，一般为16～20cm，有的仅14cm，甚至更薄。这些路面在行车荷载和环境因素作用下，有的修建不久便出现破坏，有的已超过使用年限，大多数进行过罩面、补强或改建。但也有少数路段，如1959年修建的北戴河至杨各庄东2km混凝土路面（路面宽7m，板厚19cm，砂垫层）已使用30年。1988年调查时，面板破损率仅为12%，路面表面的水泥砂浆层已全部磨光，但仍能使用，这充分显示出了水泥混凝土路面的优越性。

水泥混凝土路面，在经历了十多年的荷载和环境因素作用后，也出现了不同程度的损坏，主要表现在以下几方面：

(1) 路面断板。水泥混凝土路面断板按其损坏程度分为三类：

1）轻微断裂：裂缝无剥落或轻微剥落，未封缝的裂缝宽度小于3mm；已封缝的裂缝宽度不限，但封缝良好，见图2-4-1（*c*）所示。

2）中等断裂：裂缝处有中等程度剥落；未封缝的裂缝宽度为3～25mm；已封缝的裂缝无剥落或轻微剥落，但填缝料明显损坏；板被分割成3块以内，但均属轻微裂缝，如图2-4-1（*c*）所示。

3）严重断裂：裂缝处有严重剥落；未封缝的裂缝宽度大于25mm；板被分割成3块以上，裂缝损坏在中等程度以上；有错台，裂块已开始活动，如图2-4-1（*a*）（*b*）所示。

1998年交通部颁发的《公路工程质量检验评定标准》(JTJ 071—1998) 指出："混凝土板的断裂属路面质量不合格问题，应该是不允许出现的，多数施工单位均作返工处理。但国内外资料，个别板尚难以避免"。故规定"混凝土的断裂块数，高等级道路和一级道路不得超过评定路段混凝土板总块数的2‰，其他道路不得超过3‰。对于断裂板应采取适当措施予以处理"。

(2) 胀缝损坏：这个时期修建的水泥混凝土路面胀缝间距较短（一般为20～40m）数量多，胀缝损坏率很高，如图2-4-2所示，且难于养护，成为水泥混凝土路面的主要缺陷之

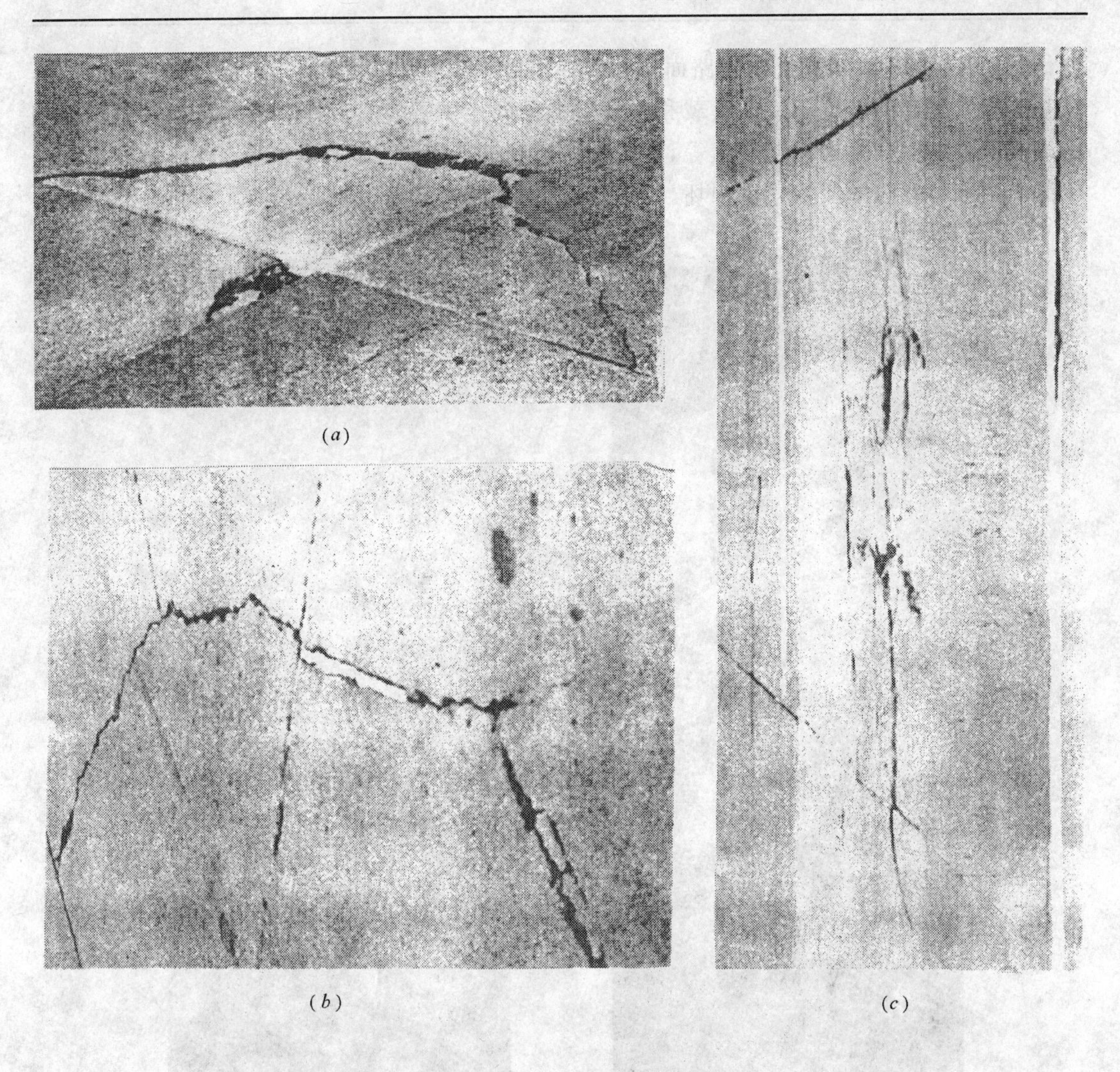

(a)

(b)

(c)

图 2-4-1 裂缝破坏路面示意图

(a) 路面剪断、沉陷；(b) 路面透水、沉陷、裂缝扩大；(c) 未设置纵向接缝而拱起、破碎、沉陷

一。如上海市延安中路，使用一年，60％的胀缝出现了不同程度的碎裂，占损坏板块总数的87％。

(3) 纵缝拉宽：由于当时纵缝不设拉杆，板在自重作用下沿路拱横坡方向滑动，加上板的热胀冷缩作用，使纵缝逐渐拉开，有的可达2～5cm，如图2-4-2所示。在填方路段，特别是半填半挖路段以及处于平曲线半径小的路段，面板的纵缝拉宽更大。纵缝拉宽的后果是使雨水渗入基层，引起更多的病害。

(4) 错台和唧泥：由于当时修筑水泥混凝土路面时，人们对基层重视不够，南方地区的不少水泥混凝土路面是在原有泥结碎石路面上修建的，如图2-4-1 (a)、(b) 所示。泥结碎石含土较多，当水由接缝、裂缝及路面边缘渗入后，基层强度即显著降低，从而发生唧泥现象。有的采用大块石做基层，由于施工中密实度难以控制和不易压实，往往会松动失稳。北方地区，基层采用的砂石级配不够合理，或细料含量过多，或未经处治，同样存在整体性、稳定性及防冻性差的问题，造成路面错台、唧泥等损坏。

(5) 裂缝：造成水泥混凝土路面板开裂的原因很多，有施工养生不当引起的早期开裂，有基层脱空引起的断裂，有在荷载和温度应力共同作用下的疲劳开裂，也有板长过长的翘曲或过量收缩而产生的横向裂缝等，路面纵、横裂缝如图 2-4-3 所示。由于裂缝增宽会丧失传荷作用，导致路面产生严重损坏。

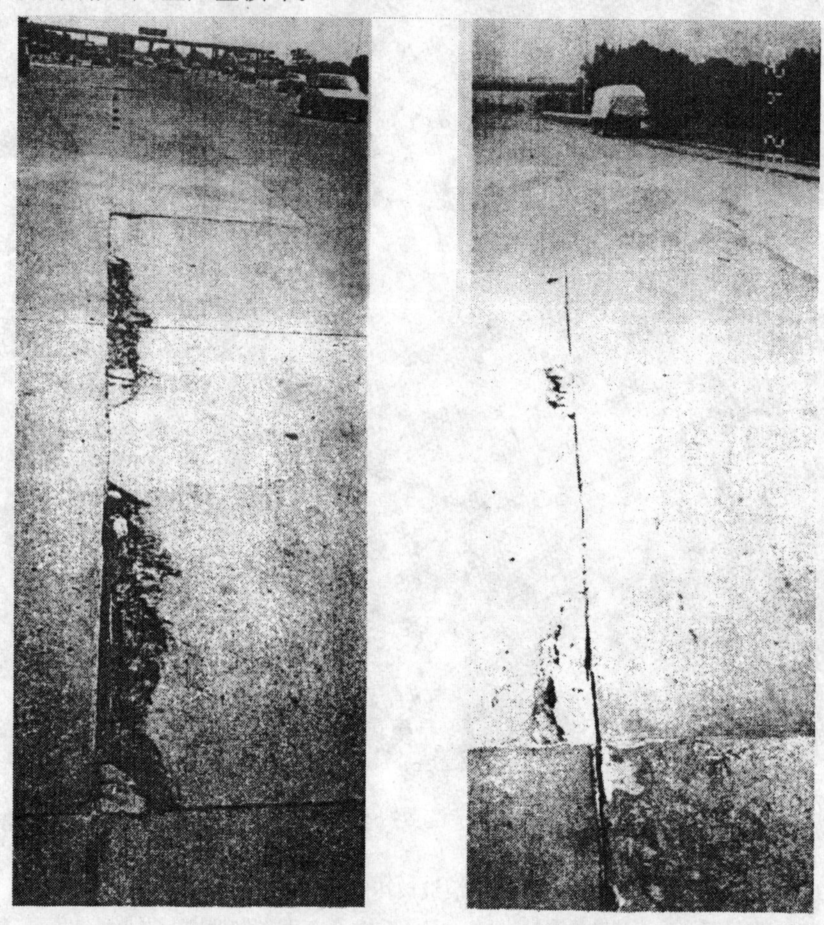

图 2-4-2　路面板边缘破损情形

图 2-4-3　路面纵、横裂缝

(6) 接缝透水：水泥混凝土路面，必须考虑发生的膨胀、收缩及扭曲应力，使其遭受变化、龟裂、破损等现象，按规定必须设置接缝。却因其透水问题未能解决，反而引起一系列问题：

①由路面流入接缝内的水，也将流入路基、路床，使路基变弱，不能承受来自车辆碾压的各种压力，就发生混凝土边缘先遭受破坏，尤以板角隅断裂的现象更为严重，如图2-4-1所示；

②水泥混凝土板一旦发生龟裂、破损，路面的水便更容易流入板底下的基础，将恶性循环加剧龟裂、破损的程度。

③水泥混凝土路面的接缝，若填缝料干凝则体积收缩。收缩后的填料不能抵抗路面雨水的浸蚀。相反，接缝处为路面水的渗入路基提供路径。

20世纪末以来，我国交通部门在组织修建水泥混凝土路面的高等级道路、一级、二级道路过程中，严格执行《公路工程质量检验评定标准》(JTJ 071—98) 标准，使水泥混凝土路的质量有很大的提高。

尽管如此，近几年修建的水泥混凝土路面，由于施工、养护等原因，加之交通荷载的日益重型化，交通量的大幅度增长，加速了路面的损坏。如不及时维修，将会给以后的修补带来更大的困难。

2.4.1.2 水泥混凝土路面修补技术的发展

一、水泥混凝土路面修补材料的发展

(1) 早期最常用的水泥混凝土路面修补材料是采用沥青质材料，即在水泥混凝土路面的裂缝处灌注沥青，以达到封闭裂缝的目的，或在破损严重的水泥混凝土路面上加铺一层沥青混凝土。这种方法，只是一种应急措施，不能从根本上解决水泥混凝土路面修复的问题。到了20世纪80年代，随着人们对水泥混凝土路面修补技术的重视，一些国家加大了水泥混凝土路面修补材料的研究力度。针对不同的水泥混凝土路面破坏特点，研制出一些新的修补材料，并在一些路面上进行试验性的应用。

(2) 在水泥混凝土路面的裂缝修补方面，美国、日本等国将常用于工业与民用建筑混凝土结构裂缝修补的环氧树脂进行改性，研制出适合于水泥混凝土路面需要的抗冲击韧性较大的改性环氧树脂灌浆材料。还有些国家研制出了低粘度聚合物稀浆用于裂缝宽度为0.5mm左右的细裂缝修补。用掺加高分子材料的聚合物水泥砂浆及以合成聚合物和焦油为主的油灰胶泥修补较宽的裂缝，用延性较好的聚氨酯树脂、橡胶—煤焦油填缝料进行路面的接缝修补。

(3) 在水泥混凝土路面的板块修补上，常采用的方法是将损坏的混凝土除掉，铺上与原路面混凝土相同强度或略高于路面混凝土原设计强度的普通混凝土。普通混凝土需要较长的养生时间，给路面尽快恢复交通带来了困难。因此，人们就通过在混凝土中掺早强型外加剂的办法，以加快混凝土早期强度的发展。

20世纪90年代初，在国家科委引导性项目《我国水泥混凝土路面发展对策及修筑技术研究》进行过程中，我国一些研究单位，根据我国国情也研制出一些高早强、收缩小、性能优异的修补材料，如江苏省建筑科学研究院研制的JK系列混凝土快速修补剂，早期强度发展最快的，4～6h就可达到通车强度要求。这种材料不仅早期强度高，而且收缩小，新老混凝土粘结力强，凝结时间适中。该材料已在全国20多个省市的道路、市政部门进行了应用，取得了较好的路面修补效果。

二、水泥混凝土路面修补工艺的发展

仅仅具有性能良好的修补材料还不够，修补工艺也直接影响到水泥混凝土路面的修补质量。

(1) 在裂缝的修补方面，最简单的方法是用热熔化后的沥青直接灌入缝内。后来采用的灌环氧树脂的方法是沿路面裂缝每隔一段距离钻一些孔，然后灌进环氧树脂，让环氧树脂通过孔渗入裂缝内。这种修补方法对新建道路的断板裂缝修补较为适用。对于旧混凝土路面，由于裂缝内夹有灰尘、缝壁的尘污难以清除，致使灌入的材料与原混凝土粘结不好。近几年来，江苏等地采用沿路面裂缝向两侧扩展 20cm～30cm，去除表层 8cm～10cm 的混凝土，沿裂缝每隔 30cm 左右用耙钉耙住裂缝两侧，再铺上用JK 系列混凝土快速修补材料配制的混凝土。使用时间最长的已有 3 年多，未发现新的贯穿裂缝出现。

(2) 在板块的修补方面，我国江苏等地也总结出了一套行之有效的修补方法。在我国破碎旧混凝土，大多采用人工凿除或用风镐破碎的方法，破碎清除废混凝土速度很慢。有的地方采用冲击锤破碎旧混凝土，虽工效有所提高，但容易导致相邻好板块的损伤。最近，我国研制出了一种液压式的多功能混凝土破碎机，不仅大大提高了老混凝土的破碎工效，而且也减少了相邻混凝土板块的损坏。

2.4.1.3 水泥混凝土路面维修养护的内容和对策

一、水泥混凝土路面养护、维修的内容

路面的好坏，直接影响到道路运输效益和行车安全。尽管水泥混凝土路面使用年限比其他路面长，抗灾能力也比其他路面强。但一旦损坏，其修补工作却困难很多。因此，必须做好预防性和经常性养护，发现缺陷，要弄清原因，及时采取维修措施，以保持路面状况的完好，确保行车的安全。

(1) 日常养护的内容：水泥混凝土路面经常性的养护工作，主要是清扫路面上的砂、石和其他杂物；整修路肩，整理路容；开通边沟，排除积水；接缝填封料的修补和更换等，以防止和减少混凝土板的损坏。

(2) 维修的内容：水泥混凝土路面维修的内容有：裂缝修补；部分板或整块板更换；表面局部损坏修补；接缝损坏修补，板底灌浆抬高板块或加固地基；错台处理；恢复抗滑能力罩面等。

二、水泥混凝土路面养护维修的对策

(1) 重视日常养护工作：长期以来，人们对水泥混凝土路面的日常养护重视不够，认为修了水泥混凝土路面就可以“一劳永逸”，二、三十年内不需要养护，有的甚至把水泥混凝土路面的养护费用移作它用，以致需要经常养护维修的内容，诸如接缝的填封、接缝材料的更新、缝中杂物的清除、裂缝及边角损坏的修补等得不到及时的养护和维修，而造成水泥混凝土路面的早期损坏。

水泥混凝土路面的养护工作量小，费用低是其优点。但工作量小，不等于不需养护；费用低，不等于可不安排养护所必需的费用。实践和研究表明，路面过早的破坏在很大程度上是由于水渗入路面基层，导致基层湿软、冲刷、强度降低而引起的。因此，一定要把日常的养护工作抓好，以免“因小失大”。

(2) 制定养护维修计划：在现有的水泥混凝土路面中，有部分路面，特别是早期修建的路面，不能适应当前繁重的交通，需要更新。为提高养护费用的投资效益和合理利用资金，道路养护管理部门应建立起路面养护管理信息系统，并根据养护管理系统所提供的静态数据、路面损坏程度、范围和位置等，以及对路面今后的使用要求、交通量增长和养护资金等，本着轻重缓急的原则，制定局部维修和大、中修计划。同时，要对各种养护维修方案进行技术经济比较，以选择经济合理、切实可行的维修方案。

(3) 进一步加强养护维修新技术、新材料、新工艺、新设备的研究和推广应用：我国尽管近几年来水泥混凝土路面的维修养护技术有了较大进步，一些性能优良的新型水泥混凝土路面修补材料得到了较大范围的推广应用，修补工艺也有很大改善，但有些水泥混凝土路面的病害处理，如裂缝修补，断板处治，罩面后的反射裂缝防治等仍需进一步开展研究。已有的一些经过实践验证过的研究成果，要大力推广应用。

水泥混凝土路面的修补，应以操作简单、成本低廉、尽可能不中断交通或缩短限制交通时间为目标，尽快提高路面养护维修的技术水平，延长水泥混凝土路面使用寿命。

(4) 逐步实现维修养护机械化：目前，我国水泥混凝土路面的养护维修，基本上是手工作业，劳动强度大，施工速度慢，而且有些工艺手工作业难以做到。为此，要根据我国的财力、物力，因地制宜，有计划、有步骤地逐步实现养护维修机械化，以降低劳动强度，提高工作效率和养护维修的质量。

2.4.2 水泥混凝土路面损坏的类型、原因及评定

2.4.2.1 水泥混凝土路面损坏类型

水泥混凝土路面常见的损坏是：裂缝、板边缘和角隅的损坏、接缝的损坏、板面磨损和板错台等。

(1) 按其结构性能损坏分为两大类型：

1) 结构性损坏，主要包括严重裂缝（断板）、沉陷、错台、碎裂、拱起等。

2) 非结构性损坏，主要包括轻微裂缝、露骨、麻面、剥落、磨光、接缝材料损坏、孔洞坑槽等。

(2) 按损坏形式可分为四大类型。

1) 裂缝类：主要指水泥混凝土路面的横向裂缝、纵向裂缝、斜向裂缝、交叉裂缝、板角断裂、网裂等。

2) 变形类：主要指水泥混凝土路面的沉陷、胀起等。

3) 接缝损坏类：主要指水泥混凝土路面的接缝碎裂、填缝料损坏、接缝张开、错台、唧泥、拱起等。

4) 表面损坏：主要指水泥混凝土路面的纹裂、网裂、起皮、磨损、露骨、活性集料反应、坑槽、孔洞、磨光等。

2.4.2.2 水泥混凝土路面断板原因

一、概述

温度应力与荷载应力超过混凝土的抗拉强度，水泥混凝土路面板就会产生断裂并发展为断板。这些断裂，有的是在施工期间由于混凝土的初期收缩受到阻碍而产生的拉应力超过了混凝土的抗拉强度而引起的横向裂缝；有的是由于板块尺寸过大所产生的温度翘曲应力超过了混凝土的抗弯拉强度而引起的横向裂缝；有的是由于地基的不均匀沉降或地基受

侵蚀而使板底出现脱空后，致使应力增加而引起的纵向、横向或角隅断裂；有的是由于车辆荷载的多次重复作用，所产生的重复荷载应力超过了混凝土的疲劳强度而引起的纵向或横向裂缝。

有的研究认为：水泥混凝土路面开裂的主要原因是混凝土的自身收缩及其与基层间的强大的摩阻力，因此减少或改善混凝土的自身收缩及其与基层的摩阻力，就能有效地防止开裂。下面将早期开裂断板和使用期开裂断板的原因作以如下分析：

二、水泥混凝土路面早期开裂断板原因

（1）原材料不合格：

1）水泥安全性差，强度不足：水泥中的游离氧化钙（f-CaO）在凝结过程中水化很慢，水泥凝结硬化后还在继续起水化作用，当f-CaO超过一定限量时，就会破坏已经硬化的水泥石或使抗拉强度下降。水泥强度不足也会影响混凝土的初期强度，使开裂断板的机率大大增加。水泥的水化热高、收缩大，也易导致开裂。

2）集料（砂、碎石等）含泥量及有机质含量超标：水泥混凝土中水泥石与骨料的界面粘结不良，往往是产生初期开裂的薄弱部位。集料的含泥量和有机质含量超过规范要求，必然会造成界面缺陷，容易开裂。另外，有资料表明，在同样的水灰比条件下，石灰岩、石英岩等亲水性骨料与水泥石界面粘结力大，花岗岩等亲水性差的骨料则反之。

（2）基层标高失控和不平整：

1）基层标高失控，造成路面厚度不一致，过薄或厚薄交界处将成为薄弱断面，在混凝土收缩时，难以受承拉应力而开裂。

2）基层不平整会大大地增加其与混凝土界面的摩阻力，易在较薄弱路面开裂。

3）用松散材料处理基层标高失控或不平整时，上层混凝土拌合物的水分或砂浆会下渗或被基层吸收，使下部混凝土变得疏松，强度下降。

4）基层干燥会吸收混凝土拌合物中的水分，使底部混凝土失水，强度降低，导致开裂。

（3）混凝土配合比不当：

1）单位水泥用量偏大：混凝土中引起收缩的主要是水泥石部分，过多的水泥用量，必然会导致较大的收缩。

2）水灰比偏大：水泥完全水化的最低水灰比约为0.26～0.29，施工中采用较高的水灰比是为了满足和易性需要。但偏大的水灰比，增大了水泥水化初期骨料表面的水膜厚度，影响了混凝土强度。

3）施工中计量不准，尤其是未根据集料中的含水量及时调整用水量，会影响混凝土的配合比的准确性，从而影响其初期强度。

4）一般情况下，混凝土配合比按“饱和面干”状态设计，如使用长期的日光暴晒下的过干骨料，会大量吸收拌和用水而影响水灰比的准确性，影响混凝土强度。

（4）施工工艺不当：

1）搅拌不足或过分，振捣不密实，形成的混凝土强度不足或不均匀，易导致早期开裂断板。振捣时间不易过长，否则会造成分层，粗骨料沉入底层，细骨料留在上层，强度不均匀，表面收缩裂缝增加。

2）混凝土拌和时，如果水泥或集料温度过高，再加上水泥的水化热，会使混凝土拌合物的温度很高，在冷却、硬化过程中会使温差收缩加大，导致开裂。

3）混凝土浇筑间断：因停电、机械故障、运输不畅、气候突变、停料等原因使混凝土浇筑作业中断，再浇筑时未按施工缝处理，新旧混凝土由于结合不良和收缩不一致会形成一条不规则的接缝。

4）养生不及时或养护方法不当：尤其是气温高，湿度小，风速大的不利条件下，就会使混凝土表面水分蒸发太快，从而形成干缩裂缝。

5）切缝不及时：由于机具故障或操作人员切缝时间掌握不准确或切缝深度不足，造成混凝土内应力集中，在混凝土板的薄弱处形成不规则的贯穿裂缝。

6）施工车辆过早通行：某些施工作业面，由于受到地理条件的限制或因混凝土养护作业需要在混凝土强度不足条件下过早地通车，产生荷载应力，这是产生裂缝的又一个原因。

7）采用真空吸水工艺时，如果因两吸垫之间未重叠而导致漏吸，则漏吸处水灰比较两侧大，混凝土强度较低，收缩也大，也形成薄弱环节而开裂。

8）传力杆安装不当，上下翘曲，则在混凝土伸缩和传力过程中混凝土就会被破坏，形成裂缝损坏。

9）在日温差较大的季节和地区，混凝土表面修整过程中，要避免阳光直射，整修后要及时覆盖养生，防止混凝土白天过多的升温，造成夜间降温时收缩过大。

（5）边界原因：

1）在双幅路面施工中，已浇筑一边的缩缝在另一边未开始浇筑前已经裂通，气温下降一定幅度时，断裂的缩缝两边混凝土板收缩，这样后浇筑还未切割的混凝土板受到较大的拉应力，而这时其混凝土强度还较低，当拉应力大于混凝土初期抗拉强度时，就会在先浇筑板缩缝对应位置发生不规则裂缝。

2)有中央分隔带路缘石等的高等级道路和街道施工中,路缘石常设有混凝土平基背座，由于路缘带先于路面施工，当温度下降时路缘带本身会收缩，路缘带下半部具有粗糙面会带动初期强度很低的混凝土面板在路缘带裂缝处产生边界裂缝。

3）同样原因，如果基层稳定层已经发生裂缝，裂缝两边基层在气温下降时收缩，由于摩擦力作用，同样也会带动上面初期混凝土面板开裂。

三、水泥混凝土路面使用期间开裂断板原因

（1）设计不当

1）路面厚度偏薄。根据美国的研究资料，路面的使用寿命与路面厚度成5次方关系，如果设计时交通量调查不准，路基、基层、底基层的模量和材料参数选用不当等原因而使路面厚度偏薄，就会使路面寿命缩短，过早地出现开裂、断板。

2）板块平面尺寸不当。

3）混凝土原材料的配合比不当，混凝土产生碱-集料反应或抗冻融差等耐久性问题。

4）排水设计不妥。

5）水泥混凝土路面直接暴露在大气之中，一年四季大气温度、湿度周期性的变化，以及每一昼夜气温的变化，都会使得混凝土路面板在不断的伸缩和翘曲中处于拉应力和压应力的反复交替作用状态，此拉、压应力称为温度应力。混凝土板越长，温度应力就越大。若设计时板块过长或长宽比例不当，温度应力超出容许范围，路面板即产生开裂断板。

（2）超重车的影响：由于交通运输业的迅速发展，大吨位车辆逐年增多，单轴轴载比原设计计算轴载增加几倍，由于轴载等效换算系数 $f=\left(\frac{P_i}{P_0}\right)^{16}$，即超重轴载与标准轴载换算成16次方关系，所以，超重车的增加是水泥混凝土路面使用期开裂断板的重要原因。

(3) 路基不均匀沉降：路基不均匀沉降主要发生在以下几个方面：

1) 填挖相交断面处，半填半挖结合处，新老路基交接处，土基密度不同部位。

2) 软弱地基、湿陷性黄土以及采空区、陷穴等特殊路段。

3) 桥涵、构造物附近压实机械难以施工的部位。

4) 路面采用了不同填料之间的界面或层面。

5) 压实度不足：压实不均匀路段，在路面长期使用过程中，由于水温条件的变化和行车荷载作用，路基产生不均匀沉降，致使沉降量不同的结合面产生错台，面板由于荷载作用导致断裂。

(4) 基层失稳：

1) 基层施工质量不好，强度不均匀或较低，使用中基层松散或在渗水作用下材料被吸往一边，面层脱空，当受到的弯拉应力大于混凝土板强度时面板即发生断裂。

2) 面层接缝填封料失效，板的弯沉使空隙内的积水变成有压水，侵蚀冲刷基层，并沿接缝缝隙喷出，即产生唧泥。如果唧泥现象不断产生，面板边缘部分将失去支承，在荷载作用下产生断裂。

(5) 初期微裂缝的扩展：初期混凝土收缩形成未反映到表面的微小裂缝，使用一段时间后，受行车荷载及温度应力的双重作用，部分裂缝将逐渐增长、变深，以至造成面板断裂。

(6) 排水不良：

1) 路基及基层排水不良，长期受水浸泡，引起路基失稳或强度不足，使路面产生不规则断裂。

2) 裂隙水或边沟水等渗入路基、基层和底基层，冬季冻胀时使路面产生纵向开裂。

(7) 桥（涵）面铺装损坏：钢筋混凝土明盖板桥涵上的水泥混凝土路面铺装层，由于厚度不足或与盖板、涵台结合部处理不当，在行车作用和盖板胀缩下，产生层间搓动和面板断裂。

2.4.2.3　水泥混凝土路面裂缝的原因

一、水泥混凝土路面表面裂缝

(1) 混凝土板面的表面裂缝主要是由混凝土混合料的早期过快失水干缩和碳化收缩引起的。

(2) 混凝土混合料是一种多相不均匀材料。由于构成混合料的各种固体颗粒大小、密度不同，混合料不可避免地会发生分层离析，但离析的程度有轻有重。配比合理，操作得当，混凝土的离析就会大大减轻。

(3) 在路面水泥混凝土施工中发生的颗粒不均匀分层离析大多是粗骨料从混合料中分出，即重颗粒下沉，水分向上迁移，从而形成表层泌水。

(4) 泌水的结果，使水泥混凝土路面表面含水量增加。当混合料表面水的蒸发速度比泌水速度快时，水的蒸发面就会深入到混合料表面之内，水面形成凹面。

(5) 由于表面凹面较凸面所受压力大，同时固体颗粒间产生毛细管张力，促使颗粒凝聚。当混凝土表面尚未充分硬化，不能抵抗这一张力时，混凝土表面则发生裂缝。这种塑性裂缝的发生时间，大致与泌水消失时间相对应，在混凝土浇筑后数小时，混凝土表面将普遍出现细微的龟裂。

(6) 混凝土的碳化收缩也会引起混凝土表面龟裂。当混凝土的水泥用量较低、水灰比较大时，空气中的CO_2易渗透到混凝土内，与其中的碱性物质起化学反应后生成碳酸盐和水。混凝土的碳化反应在空气相对湿度为30%～50%的情况下最为激烈。碳化引起的收缩仅限于水泥混凝土路面表层，只产生混凝土的表面裂缝。

(7) 混凝土的碳化收缩速度较失水干缩速度慢得多，因而由碳化带来的表面裂缝对混凝土强度的危害并不大，有时碳化甚至能增加混凝土的强度。但是无论是哪种表面龟裂，都给水泥混凝土路面表面的耐磨性带来了不利影响。严重的表面裂缝，会使混凝土路面较快出现裸露砂石现象，如不及时处理，将会降低水泥混凝土路面的表面抗滑能力和行车舒适性。

二、水泥混凝土路面贯穿裂缝

水泥混凝土路面贯穿裂缝为贯穿板全厚度的横向裂缝、纵向裂缝、交叉裂缝、板角断裂等。

(一) 横向裂缝

垂直于行车方向的有规则的裂缝称为横向裂缝，导致水泥混凝土路面出现横向裂缝的原因较多，大致可以归纳为如下几个方面：

(1) 干缩裂缝：

1) 在水泥混凝土中，水在水泥石中是以化学结合水、层间水、物理吸附水，还有毛细水等状态存在着。当这些水在混凝土硬化过程中失去时，水泥浆体就会收缩，这些是干缩。但是自由收缩，还不会导致裂缝发生，惟有收缩受到限制时而发生收缩应力时，才会引起干燥收缩裂缝。

2)水泥浆干缩的内部限制主要是混凝土中骨料对水泥浆的限制。在普通水泥混凝土中，水泥浆的收缩率被限制了90%，所以，混凝土内部经常存在着引起干缩裂缝的应力状态。

水泥混凝土干缩的外部限制主要是路面板块间或路面整体的限制，处于限制状态下的混凝土结构，只有当混凝土本身的抗拉弹性应变ε_e以及徐变应变ε_c两者与混凝土硬化干燥过程中的自由收缩被ε_f不相适应时，即$K\varepsilon_f > \varepsilon_e + \varepsilon_c$时，混凝土才会发生裂缝。

3) 从配合比来看，虽然混凝土的坍落度、水泥用量、集料粒径、细集料含量等对混凝土的干缩有影响，但最重要的影响因素还是混凝土的单位用水量。混凝土的单位用水量愈小，ε_f愈小，但在实际施工中，过小的单位用水量，往往满足不了混凝土路面施工要求，因而在实际施工中，通常以缩小侧限系数K为目的。

4) 对于路面长度，则借助于设置接缝的方法来缓和约束；对于基层与侧边，则借助于隔离层和平整度来缓和约束。

5) 干缩裂缝引发的路面横向裂缝，往往是在混凝土水化硬化的早期。有资料表明，水泥混凝土20年收缩量的14%～34%发生在水泥混凝土的14d龄期内，40%～80%发生在3个月龄期内。

(2) 冷缩裂缝：

1) 和一般材料一样，水泥混凝土具有热胀冷缩性能。混凝土板块的热胀冷缩都是在相邻部分或整体性限制条件下发生的，故热胀属于变形压缩，而冷缩则属于拉伸变形，很容易引起开裂。

2）水泥的水化过程是一个放热过程。在混凝土硬化过程中，释放大量热能，致使温度上升。在通常温度范围内，混凝土温度上升1℃，每米膨胀0.01mm，这种温度变形，对大面积板块极为不利。

3）由现场测试可知，水泥水化过程中的放热速度是变化的，初始较缓慢，25min后增温，大约在水泥终凝后12h的水化热温度可达80～90℃，使内部混凝土产生显著的体积膨胀，而板面温度随着晚上气温降低，湿水养护而冷却收缩，致使混凝土路面内部膨胀，外部收缩，产生很大的拉应力。当外部混凝土所受拉应力一旦超过混凝土当时的极限抗拉强度时，板块就会产生裂缝或横向断裂。

4）此外，从最高温度降温，由于受到已有基层或已有硬化混凝土的约束力，在温度下降时，就不能自由收缩，就要产生裂缝。这种裂缝大多是贯通路面的。

（3）切缝不及时：

1）为防止混凝土路面的干缩裂缝和冷缩裂缝，人们采用切缝将路面分块。我国现行水泥混凝土路面设计规范规定，路面板长不大于6m，板宽不大于5m。但由于施工中切缝的时间难以控制得当，造成混凝土路面出现横向裂缝。从混凝土收缩因素考虑，最好是混凝土中水泥水化初始阶段就切缝，但事实上很难做到，因抗压强度过低，根本无法切缝。

2）对于尚未切缝或刚切缝的较长混凝土路面板，当板温均匀下降时，其温度差引起的应力可用下式计算：

$$\text{板中}:\sigma_x = \frac{E_r \alpha \Delta T}{1-\mu_c} \quad (\text{MPa})$$

$$\text{板边}:\sigma_x = -E_r \alpha \Delta T P$$

式中　α——混凝土的线膨胀系数，一般为1×10^{-5}/℃；

P——因温度应力作用时间长，考虑徐变影响的应力松弛系数，一般取2/3；

ΔT——温度差；

μ_c——混凝土各龄期的泊松比，设为0.15；

E_r——混凝土各龄期的弹性模量（MPa）。

在$E_r=2.5\times10^4$MPa，$\Delta T=-30$℃时，板中的温度应力为：

$$\sigma_x = \frac{2.5\times10^4\times1\times10^{-5}\times(-30)}{1-0.15}\times\frac{2}{3} = -5.9\text{MPa}$$

3）一般混凝土抗拉强度仅为抗压强度的1/8～1/7，即约为4.3～5.0MPa。可见，气温下降30℃的温度应力将超过混凝土的抗拉强度，板块的横向断裂就难以避免。

4）但对于已切缝的混凝土板，除第一天的应力有可能大于该龄期的抗折强度外，其余温度应力均小于相应龄期的强度。所以切缝不及时，就会导致水泥混凝土路面横向裂缝产生。

（二）纵向裂缝

（1）顺路方向出现的裂缝称为纵向裂缝。水泥混凝土路面的传荷顺序为面层、基层、垫层、路基。尽管面层板传到路基顶面的荷载应力值很小，往往不会超过0.05MPa，但路基的支承条件却是很重要的。

（2）由于填料土质不均匀、湿度不均匀、膨胀性土、冻胀、压实不足等多种原因，很可能导致路基支承不均匀，在混凝土浇筑之前未严格检查基底弹性模量E_t是否符合规范要求，而盲目施工，在路基稍有沉陷的情况下，在板块自重和行车压力作用下而产生纵向断裂。开始缝很细，一般小于0.05mm，但随着雨水浸入和浸泡基层，使其表层软化、液化而产生唧泥、淘空，使裂缝加大。

(3) 拓宽路基时，由于路基处理不当，新路基出现沉降，混凝土板下沿纵向出现脱空。在车轮荷载作用下，使混凝土板发生纵向断裂。

(三) 交叉裂缝

(1) 两条或两条以上相互交错的裂缝称为交叉裂缝。产生交叉裂缝的主要原因：

1) 水泥混凝土强度不足，在轮载和温度作用下会出现交叉裂缝。

2) 路基和基层的强度与水稳性差，一旦受到水的侵入，将会发生不均匀沉陷，在车轮荷载作用下，混凝土板块出现交叉裂缝。

3) 水泥的水化反应和碱骨料反应。

(2) 水泥混凝土在拌和、运输、振捣、凝结、硬化的过程中，始终存在着水泥的水化反应。水化反映可分初始期、休止期、凝结期及硬化期四个阶段。

(3) 水泥水化反应在混凝土发生升温和降温过程中产生体积的胀缩变形。在内部骨料及外部边界约束下使混凝土的自由胀缩变形受阻，而产生拉压应力。

(4) 长期以来，人们对水泥的安定性重视不够。殊不知，水泥的安定性对混凝土的质量影响很大。在水泥的生产过程中，有时会出现一些过烧的CaO和MgO，它们的水化速度较慢，往往是在水泥硬化后再水化，引起水泥浆体积膨胀、开裂甚至溃散。

(5) 我国立窑水泥较多，水泥生产过程中的烧成温度很难控制好，所以容易出现安定性不良的状况。如果使用了安定性不良的水泥，浇筑的混凝土路面就会产生大面积龟裂。

2.4.2.4 水泥混凝土路面表面损坏的原因

(1) 接缝碎裂：

1) 水泥混凝土路面板接缝两侧倾斜的剪切挤碎现象称为接缝碎裂。混凝土路面常见的接缝分纵缝和横缝。横缝又分为胀缝（真缝）和缩缝（假缝）两种。

2) 胀缝的宽度随气温而变化，当气温上升时缝中的填缝料被挤出；当气温下降时性能较差的填缝料不能恢复，使缝中形成空隙，因而泥沙、石屑等杂物侵入，成为板块伸胀时的障碍。挤入的硬物将引起板边胀裂，雨雪水便能沿此空隙渗入，损坏基层和垫层，造成路面接缝处的变形和破损。

3) 缩缝的变化较小，但经过若干次冻缩，能把假缝折断成真缝。加之填缝料的老化，也会造成像胀缝一样的后患。

(2) 板面起皮、剥落：

1) 水泥混凝土路面表层上下脱开，这种板面浅层内所发生的病害称为起皮。距接缝40cm宽度内的板边，板角40cm半径内不垂直贯通板的破碎（裂）现象称为剥落。

2) 起皮主要是施工中水灰比过大或因混凝土施工时表面砂浆有泌水提浆现象所致。

3) 剥落主要是由混凝土强度不足，缝内进入杂物所引起。

(3) 坑槽、孔洞：水泥混凝土路面板表面有局部破损，形成有一定深度的洞穴称为孔洞。面层骨料局部脱落而产生的长槽称为坑槽。孔洞、坑槽主要是由于砂石材料含泥量过大，混凝土内有泥土或杂物所致。

(4) 麻面、露骨：水泥混凝土表面结合料磨失，成片或成段地呈现过度的粗糙称为麻面。路面混凝土保护层脱落形成骨料裸露称为露骨。麻面主要是由于混凝土施工时遇雨所致。露骨主要是混凝土表面灰浆不足，泌水提浆造成混凝土路面表层强度不足。

(5) 松散：水泥混凝土路面由于结合料不足或失效，成片或成段地呈现过度地粗糙和砂石材料分离称为松散。松散主要是由于砂石含泥量较大，水泥质量较差或用量较少，混凝土强度不足引起。

(6) 磨光：水泥混凝土路面磨成光面，其摩擦系数已下降到极限值以下。磨光的主要原因是由于水泥路面水泥砂浆层强度低，水泥等原材料耐磨性差。路面使用时间较长也会发生磨光现象。

(7) 填缝料损坏：接缝内无填料，填料破损，缝内混杂砂石称为填缝料损坏。填缝料损坏主要是由于填料脆裂、老化、挤出与板边脱离造成。质量较差的填缝料，短时间内就会发生填缝料损坏现象。

2.4.2.5 水泥混凝土路面损坏状况评定

一、水泥混凝土路面状况评定的分级标准

(1) 裂缝类标准贯穿水泥混凝土面层的断裂裂缝，按裂缝出现的方位和板断裂的块数，分为横向裂缝、纵向裂缝、斜向裂缝、板角断裂、交叉裂缝和断裂板六种病害。

1) 横向、纵向、斜向裂缝和板角断裂病害，按裂缝缝隙宽度和缝隙边缘碎裂程度，分为三个轻重程度；

①轻微——边缘无破裂或错台的细裂缝、缝隙宽度小于3mm；或者，填封良好、边缘无碎裂或错台的裂缝；

②中等——边缘有中等碎裂和（或）错台小于12mm的裂缝，缝隙宽度大于25mm；

③严重——边缘严重碎裂或错台大于12mm，缝隙宽度大于25mm。

2) 交叉裂缝和断裂板病害，按裂缝等级和板断裂的块数分为三个轻重程度等级：

①轻微——板被轻微裂缝分割成4～5块；

②中等——板被中等裂缝分割成4～5块，或被轻微裂缝分割成6块以上；

③严重——板被严重裂缝分割成4～5块，或被中等裂缝分割成6块以上。

(2) 变形类标准：水泥混凝土路面层的竖向位移，按产生原因的不同分为沉陷、胀起两种病害。沉陷和胀起病害，按其对行车的影响分为三个轻重程度等级：

1) 轻微——车辆驶过时仅引起无不舒适感的跳动，3m直尺的最大下沉深度小于12mm。

2) 中等——车辆驶过时有产生不舒适感的较大跳动，3m直尺的最大下沉深度为12mm～30mm。

3) 严重——车辆驶过时产生过大的跳动，引起严重不舒适或不安全，3m直尺的最大下沉深度大于30mm。

(3) 接缝损坏类标准：水泥混凝土路面板接缝处的损坏，按损坏的形态和影响范围，分为接缝碎裂、填缝料损坏、接缝张开、错台、唧泥、拱起六种病害。

1) 接缝填缝料病害，按填缝料出现老化、挤出、缺损的情况，分为三个轻重程度等级：

①轻微——整个路段接缝填缝料情况良好，仅有少量接缝出现上述损坏；

②中等——整个路段接缝填缝料情况尚可，1/3以下的接缝长度出现上述损坏，水和硬质材料易渗入或挤入；

③严重——接缝填缝料情况很差，1/3以上的接缝长度出现上述损坏，水和硬质材料能

自由渗入或挤入，填缝料需立即更换。

2）接缝张开病害，按接缝的张开量分为两个轻重程度等级：

①轻微——接缝张开10mm以下；

②严重——接缝张开10mm以上。

3）唧泥和板底脱空病害，分为两个轻重等级：

①轻微——车辆驶过时，有水从板缝或边缘处唧出，或者在板缝或边缘的表面有少量唧出材料的沉淀物；

②严重——在板缝或边缘的表面有大量唧出材料的沉淀物，车辆驶近时，板有明显的颤动和脱空感。

4）错台病害，按相邻板边缘的高差大小分为三个轻重等级。

①轻微——错台量少于6mm；

②中等——错台量为6～12mm；

③严重——错台量大于12mm。

5）接缝碎裂病害，按碎裂范围和程度分为三个轻重程度等级。

①轻微——碎裂仅出现在接缝或裂缝两侧8cm范围内，尚未采取临时修补措施；

②中等——碎裂范围大于8cm，部分碎块松动或散失，但不影响安全或危害轮胎。

6）拱起病害的轻重程度分级与胀起相同。

(4）表面类标准：水泥混凝土路面的表层损坏分为纹裂、网裂、起皮、磨损和露骨、坑槽、坑洞等病害。

1）磨损和露骨病害，分为两个轻重等级。

①轻微——磨损、露骨深度小于3mm；

②严重——磨损、露骨深度大于3mm。

2）纹裂、网裂和起皮病害，按是否起皮和起皮病害的面积，分为三个轻重程度等级。

①轻微——板的大部分面积出现纹裂或网裂，但表面状况良好，无起皮。

②中等——板出现起皮，面积小于混凝土板面积的10%。

③严重——板出现起皮，面积大于混凝土板面积的10%。

3）活性集料反应病害分为三个轻重程度等级：

①轻微——板出现网裂，面层可能变色，但未出现起皮和接缝碎裂；

②中等——出现起皮和（或）接缝碎裂，沿裂缝和接缝有白色细屑；

③严重——出现起皮和（或）接缝碎裂的范围发展到影响行车安全或危害轮胎，路表面有大量白色细屑。

4）集料冻融裂纹病害分为三个轻重程度等级。

①轻微——裂纹出现在缝或自由边附近0.3m范围内，缝未发生碎裂；

②中等——裂纹出现在缝或自由边附近，宽度大于0.3m，受影响区内缝出现轻微或中等碎裂；

③严重——裂纹影响区内缝出现严重碎裂，不少材料散失。

5）坑洞病害不分轻重程度等级。

6）水泥混凝土路面板部分或全部修补或置换后，按再次出现的损坏情况，分为三个轻重程度等级：

①轻微——无或轻微损坏，边缘处有轻微碎裂；

②中等——轻微裂缝或有中等碎裂和 12mm 以下错台；

③严重——出现严重裂缝或错台，需重新进行修补。

二、水泥混凝土路面状况调查

路面状况调查包括四个方面：即路面破损状况、结构承载能力、行驶质量、抗滑能力。

(1) 路面破损状况：路面破损状况应以病害类型、轻重程度和出现的范围或密度三项属性表征。各种病害和轻重程度出现的范围或密度，以调查路段（或子路段）内出现该种病害和轻重程度等级的混凝土板块数占该段（或子路段）板块总数的百分率计。同一块板内存在多种病害或轻重程度等级时，以最显著的种类或最严重的程度计入。

调查工作采用目测和仪具量测方法，沿整个调查路段逐块板进行。

(2) 结构承载力：路面破损严重或者路面需承受比原设计标准轴载数大得多的车辆荷载而考虑进行改建设计时，应进行现有路面的结构承载能力调查和测定。调查测定采用无破损试验和破损试验二者结合的方式进行。无破损试验主要采用承载板或落锤弯沉仪等仪器，测定试验荷载作用下的路表挠度曲线。破损试验为钻取各结构层的试样，量取其厚度，并在室内进行强度或模量的测定。

(3) 行驶质量：行驶质量调查可采用反应类仪器或断面类仪器进行路面平整度测定，不同类型仪器的测定结果，应按预先经过试验建立的关系曲线，统一换算成国际平整度指数 (IRI)。平整度测定沿调查路段的各个车道逐公里进行。在路面使用初期，进行一次全线平整度测定，尔后视交通量大小每隔 2～4 年进行一次测定，或者按情况需要对平整度差的路段进行测定。

(4) 抗滑能力：抗滑能力调查包括路面表面摩阻系数和构造深度测定两项。摩阻系数可采用摆式仪测定路表面抗滑值（SRV），或者采用偏转轮拖车测定侧向力系数（SF），或者采用锁轮拖车测定滑移指数（SW）得到。路表面构造深度采用砂容量法测定。在路面使用初期，对各路段进行一次全面测定。按路段内各个车道路表面的构造情况，分为若干个均匀段落，分别选择代表性测定地点。尔后每隔 2～4 年进行一次测定，或者按情况需要对抗滑性能差或行车安全有疑问的路段进行测定。

三、水泥混凝土路面状况评定

采用路面状况指数（PCI）和断板率两项指标评定路面破损状况。依据路段破损状况调查得到的病害类型、轻重程度和密度数据，按下列公式确定该路段的路面状况指数（PCI）：

$$PCI = 100 - \sum_{i=1}^{n}\sum_{j=1}^{m_i} DP_{ij}W_{ij}$$

$$DP_{ij} = A_{ij}D_{ij}^{B_{ij}}$$

$$W_{ij} = \begin{cases} 2.5R_{ij} & R_{ij} < 0.2 \\ 0.5 + 0.686(R_{ij} - 0.2) & 0.2 \leqslant R_{ij} < 0.55 \\ 0.74 + 0.28(R_{ij} - 0.55) & 0.55 \leqslant R_{ij} < 0.8 \\ 0.81 + 0.95(R_{ij} - 0.8) & R_{ij} \geqslant 0.8 \end{cases}$$

$$R_{ij} = \frac{DP_{ij}}{\sum_{i=1}^{n}\sum_{j=1}^{m_i} DP_{ij}}$$

式中 $i'j$——病害种类和轻重程度；

n——病害种类总数；

m_i——i 种病害的轻重程度等级数；

DP_{ij}——i 种病害，j 种轻重程度的扣分值，它是破损密度 D_{ij}的函数；

D_{ij}——i 种病害，j 种轻重程度的板块数占调查路段板块总数的比值；

A_{ij}，B_{ij}——计算单项扣分值的系数，可参考表 2-4-2 确定；

W_{ij}——多种破损时，i 种轻重病害，j 种严重程度的修正系数；

R_{ij}——各单位扣分值占总扣分值的比值。

计算单项扣分值的系数 A_{ij}和 B_{ij} 表 2-4-2

序号	系数	A_{ij}			B_{ij}		
1	轻重程度	轻	中	重	轻	中	重
2	纵、横、斜向裂缝	30	65	93	0.55	0.52	0.54
3	角隅断裂	49	73	95	0.76	0.64	0.61
4	交叉裂缝、破碎板	70	88	103	0.60	0.50	0.42
5	沉陷和胀起	49	65	92	0.76	0.64	0.52
6	唧泥	25	—	65	0.90	—	0.80
7	错台	30	60	92	0.70	0.61	0.53
8	接缝碎裂	23	30	51	0.81	0.61	0.71
9	拱起	49	65	92	0.76	0.64	0.52
10	纵缝张开	30	—	70	0.90	—	0.70
11	填缝料损坏	10	35	60	0.95	0.90	0.80
12	纹裂或网裂和起皮	22	60	90	0.79	0.60	0.50
13	磨损和露骨	20	—	60	0.70	—	0.50
14	坑洞	—	30	—	—	0.60	—
15	集料反应和耐久性裂缝	25	47	70	0.90	0.80	0.70
16	修补损坏	10	60	90	0.95	0.60	0.54

依据路段破损状况调查得到的断裂类病害的板块数，按断裂缝种类和严重程度的不同，采用不同的权系数进行修正后，由下式确定该路段的断板率（DBL）。

$$\mathrm{DBL} = \left(\sum_{i=1}^{n} \sum_{j=1}^{m_i} DB_{ij} W'_{ij} \right) / BS$$

式中 DB_{ij}——i 种裂缝病害，j 种轻重程度的板块数；

W'_{ij}——i 种裂缝病害，j 种轻重程度的修正权系数，按表 2-4-3 确定；

BS——评定路段内的板块总数。

计算断板率的修正权系数 W'_{ij} 表 2-4-3

裂缝类型	交叉裂缝			角隅断裂			纵、横、斜向裂缝		
轻重程度	轻	中	重	轻	中	重	轻	中	重
修正权系数 W'_{ij}	0.60	1.00	1.50	0.20	0.70	1.00	0.20	0.60	1.00

路面破损状况分为五个等级，各路面破损状况等级评定标准如表2-4-4 所示。

路面破损状况等级评定标准　　表 2-4-4

评定等级	优	良	中	次	差
路面状况指数（*PCI*）	≥85	84～70	69～55	54～40	<40
断板率（*DBL*）%	≤1	2～5	6～10	11～20	>20

路面结构承载能力的评定，按《公路水泥混凝土路面设计规范》(JTJ 012）中规定的方法进行。

路面行驶质量采用行驶质量指数 *RQI* 进行评定。行驶质量指数同路面平整度指数 *IRI* 之间的关系，应由有代表性的成员组成的评定小组通过实地评定试验建立；也可参照下列关系式确定行驶质量指数。

$$RQI = 10.5 - 0.75LRI$$

行驶质量分为五个等级，行驶质量等级评定标准见表 2-4-5。

行驶质量等级评定标准　　表 2-4-5

评定等级	优	良	中	次	差
行驶质量指数 *RQI*	≥8.5	8.5～7.0	<7.0～4.5	<4.5～2.0	<2

路面表面抗滑能力采用侧向力系数 *SFC* 或抗滑值 *SRV* 以及构造深度两项指标评定。路面抗滑能力为五个等级，各个等级的评定标准见表 2-4-6。

路面抗滑能力等级评定标准　　表 2-4-6

评定等级	优	良	中	次	差
横向力系数 *SFC*	≥0.55	<0.55～0.45	<0.45～0.38	<0.38～0.30	<0.30
抗滑值 *SRV*	≥65	<65～55	<55～45	<45～35	<35
构造深度（mm）	≥8	<8～6	<6～4	<4～2	<2

2.4.3　水泥混凝土路面的修补材料

在进行水泥混凝土路面修补时，如何选择好的修补材料，是保证水泥混凝土路面修补质量的关键之一。好的修补材料不仅可以使修补后的水泥混凝土路面很快恢复其使用性能，而且几乎看不到明显的修补痕迹。如何选择修补材料，则要根据水泥混凝土路面的破坏形式而定。

2.4.3.1　水泥混凝土路面修补材料的类型

可以用于水泥混凝土路面修补的材料很多，按其性能可分为有机类修补材料、无机类修补材料及有机材料和无机材料的复合物等三大类型，下面分别介绍其性能与特点。

(1) 有机类修补材料：它是以含碳有机化合物为基体通过有机合成或聚合反应加工成的链状或网状有机材料。它们的特点：

1）在常温或高温下具有一定的塑性、弹性和机械强度，在热、光、化学添加剂等影响下能起分解、交联和老化等变化，其物理性质和机械性能随分子结构的不同而异。

2）用于水泥混凝土路面修补的有机材料大多为合成胶粘剂，如用于裂缝灌浆修补的环氧树脂类胶粘剂、酚醛树脂类胶粘剂、聚氨酯类胶粘剂、烯类高分子胶粘剂、有机硅胶粘剂、硅烷偶联剂、橡胶类胶粘剂和沥青类胶粘剂等。

(2) 无机类修补材料：无机类修补材料不含有机化合物。这类修补材料主要是在物理、化学作用下，从浆体变成坚固的石状体，并胶结其他物料，产生一定的机械强度。如各种水泥，快硬早强修补剂等。

(3) 有机-无机复合物：它是采用有机材料和无机材料进行复合而成。根据不同用途，这类材料有以有机材料为主、无机材料为辅的；也有以无机材料为主、有机材料为辅的。

1）前者多用于水泥混凝土路面裂缝修补和边角修补。

2）后者则多用于水泥混凝土路面整板或局部修补。

3）从实际使用中发现，采用有机-无机复合物进行水泥混凝土路面修补常能获得比单用一种无机材料或有机材料修补更好的效果。修补材料按用途可分为裂缝修补材料、板块修补材料和罩面材料。

2.4.3.2　水泥混凝土路面裂缝修补材料

一、环氧树脂类修补材料

环氧树脂类修补材料的主要组分是环氧树脂，它是含有两个以上环氧化基团的高分子化合物，常见的环氧树脂可分为两类，一类是缩水甘油基型环氧树脂；一类是环氧化烯烃。水泥混凝土路面接头承受外应力很快会造成缺陷区扩展，裂缝蔓延，从而导致胶层开裂，使胶接接头不耐疲劳。因此，必须对环氧树脂进行改性，既要充分利用环氧树脂本身强度高、粘附力强的优点，又要通过改性，降低其脆性，提高延伸率。环氧树脂改性的方法是加一些改性剂，如低分子液体改性剂、增柔剂、增韧剂等。下面着重介绍几种适合于水泥混凝土路面裂缝修补的改性环氧树脂。

(1) 聚硫改性环氧灌浆材料

1）液体聚硫橡胶是一种低分子量黏稠液体。聚硫橡胶本身硫化后，具有很好的弹性和粘附性，当和环氧树脂混合后，末端的硫醇基（—SH）可以和环氧基发生化学作用，赋予交联后的环氧树脂较好的柔韧性，表 2-4-7 列出了不同聚硫橡胶用量对环氧树脂性能的影响。其中环氧树脂 100g，聚硫橡胶 50g，DMP-30（固化剂）10g 混成的改性环氧树脂，抗拉强度高达 50.6MPa，延伸率达 5%。

聚硫改性环氧材料的性能　　表 2-4-7

序号	组　　分	质	量	(g)				
1	环氧树脂	100	100	100	100	100	100	100
2	聚硫橡胶，分子量 1000		25	33	50	75	100	200
3	DMP-30（固化剂），25℃固化 7d 后的性能	10	10	10	10	10	10	10
4	抗拉强度（MPa）	24.6	38.7	45.7	50.6	21.6	16.5	1.1
5	硬度（shore D）	80	80	80	80	76	76	15
6	延伸率（%）	0	1	2	5	7	10	300

2）采用间苯二酚双缩水甘油醚 70g，等量间苯二酚和间苯二酚甲醛树脂混合物的环氧化合物 30g，丁二烯双环氧 20g，无机填料 60g，低分子聚酰胺 80g，2，4-甲苯二胺 20.5g，液体聚硫 20.5g 混合成的改性聚硫环氧灌浆材料，在常温下凝胶时间为 1.7h，室温抗剪强度达 20MPa。

3）用环氧树脂 6101 号 100g，聚硫橡胶（分子量 1000）30g，生石灰（过 160 目，600C 活化 4h）30g，固化剂 1 号 20g，KH-550，3g 混合成的农机 1 号胶在 25℃下，45min 可基本凝胶，3～5h 后则可达到 21.0～23.0MPa 的抗剪强度。

上述三种聚硫改性环氧灌浆材料在我国市政、交通等行业使用过，效果较好，是较理想的水泥混凝土路面裂缝灌浆材料。

(2) 914 双组分快速固化裂缝修补材料

用 711 脂环族双缩水甘油酯环氧、712 环氧树脂和 703 固化剂组成的 914 双组分室温快速固化胶粘剂，在 25℃温度条件下 3h 抗剪强度最高可达到 30MPa 左右。

914 双组分快速固化胶粘剂早已在市场上公开出售，并在许多建筑工程的维修上进行过广泛的应用。对于水泥混凝土路面的裂缝修补，适用可行。

二、聚氨酯类灌浆材料

水泥混凝土路面裂缝修补选用的是一种胶接性能很好的聚氨酯胶液。由于聚氨酯具有柔性的分子链，它的耐振动性及抗疲劳性能都很好。聚氨酯还有一个重要的特点是它的耐低温性能好，比所有其他任何有机类的胶粘材料耐寒性都优异。因此，用聚氨酯配成的裂缝灌浆材料耐气候性好，在各个季节和各个不同地区都可使用。下面介绍几种可用作水泥混凝土路面裂缝修补灌浆材料的聚氨酯胶粘剂。

(1) 多异氰酸酯胶粘剂

多异氰酸酯胶粘剂是聚氨酯胶粘剂中最原始的一种，其特点是：

1）在含活泼氢的官能团中，除—OH，—COOH，$—NH_2$ 以外，还有—SH—，—NH—，—NHR，$—CONH_2$，—CONHR，$—SO_2NH_2$，$—SO_2NHR$，$—CSNH_2$，$—SO_2OH$ 等，均能和异氰酸基反应。由此可见，此种胶粘剂的应用面较广。

2）异氰酸酯很易溶于有机溶剂中，而且由于它的分子体积较小，很易透入像水泥混凝土这种多孔被粘材料中，从而进一步提高胶结性能。

3）用异氰酸酯作为灌缝材料灌入水泥混凝土路面的裂缝中，不但胶结坚固，而且很耐疲劳。

4）异氰酸酯能与吸附在被胶结材料表面上的水分及含水氧化物等发生化学反应，或者在碱性的被粘结物表面上自行聚合，这些反应导致在界面上产生化学键，因而大大提高了胶结性能。

(2) 端异氰酸酯基聚氨酯预聚体型胶粘剂

此种胶粘剂系双组分，一个组分是分子的端基为—NCO 的预聚体，另一组分是含活泼氢的固化剂，通常是含—OH 和$—NH_2$ 的化合物或预聚体。使用时两组分按一定比例进行混合。根据固化剂的种类可以室温固化，也可加热固化。在水泥混凝土路面修补时，为便于使用，一般选用室温固化的固化剂。固化时间可通过固化剂掺量变化进行调节。最快的几个小时就可达到较高的延伸率和一定的抗剪强度。

聚氨酯预聚体型胶粘剂属于结构型聚氨酯预聚体胶粘剂，特点是起始胶结强度高，弹性好，耐低温，耐疲劳性能均优于其他材料，参见表 2-4-8、表 2-4-9、表 2-4-10 所列。

聚氨酯材料的弹性模量较低，约为 5～7MPa，此种材料适用于封闭裂缝，对结构补强作用较小。

室温固化糊状胶粘剂抗剪强度（MPa） **表 2-4-8**

序号	胶粘剂	测试温度（C）					
		−253	−196	−100	室温	82	121
1	聚酰胺环氧	16.7	18.7	22.2	26.8	3.6	1.6
2	柔性环氧	17.0	19.2	20.6	16.0	4.1	3.4
3	聚氨酯	66.0	50.2	40.4	10.6	2.7	3.0

室温固化糊状胶粘剂 T-剥离强度（MPa） **表 2-4-9**

序号	胶粘剂	测试温度（C）					
		−253	−196	−100	室温	82	121
1	聚酰胺环氧	0.06	0.05	0.06	0.07	0.04	0.05
2	柔性环氧	0.11	0.14	0.05	0.09	0.08	0.05
3	聚氨酯	1.45	1.13	0.58	1.43	0.60	0.30

疲劳实验（到达破坏时的震动次数） **表 2-4-10**

序 号	胶粘剂	室温实验	−196C实验
1	聚酰胺环氧	360 次，全部失败	6×10^5 次，失败
2	柔性环氧	280 次，全部失败	130 次，失败
3	聚氨酯	不超过 1 800 次	1×10^6 次，未发现失败

注：疲劳试验条件，最大荷载 12.7MPa，频率 1 000 次/min。

三、烯类裂缝修补材料

烯类裂缝修补材料主要采用烯类聚合物配制而成，通常有两大类，一类是以烯类单体或预聚体作胶粘剂，在固化过程中发生聚合反应；另一类是以高分子聚合物本身作胶粘剂，如热溶胶、乳液胶粘剂和溶液型胶粘剂。下面介绍几种可用于水泥混凝土路面裂缝修补的烯类高分子胶粘剂。

（1）氰基丙烯酸酯胶粘剂：

1）氰基丙烯酸酯胶粘剂的主要成分是 α-氰基丙烯酸酯，它的分子式是：

$$CH_2{=}\underset{}{\overset{\overset{\displaystyle CN}{|}}{C}}{-}COOR$$

由于很强的吸电子基氰基和酯基的存在，这类单体很容易在水或弱碱的催化作用下进行阴离子型聚合。

2）为了使氰基丙烯酸酯胶粘剂便于贮存和使用，必须在 α-氰基丙烯酸酯单体中加入其他的辅助成分。例如为提高单体贮存稳定性，需加入一些酸性物质作稳定剂，常用的有二氧化硫、醋酸铜、五氧化二磷、甲基苯磺酸、二氧化碳等。为防止可能发生的 α-氰基丙烯酸酯自由基型聚合反应，加入对苯二酚之类的阻聚剂。

3）氰基丙烯酸酯胶粘剂最大的优点是室外固化时间快，几分钟之内就可以粘住，具有一定的抗拉强度，24～48h 内可达到最高抗拉强度，大约为 25MPa～35MPa。此外，它还具有粘度低，透明性好，胶结强度高，气密性好等优良性能。

（2）（甲基）丙烯酸酯树脂胶粘剂

（甲基）丙烯酸酯树脂胶粘剂的结构特征是分子末端具有丙烯酸酯或甲基丙烯酸酯基团。它的官能度高，固化产物具有三向交联结构，所以耐热性、耐水性、耐介质以及耐大气老化性能都比较好。（甲基）丙烯酸酯树胶粘剂还具有收缩率小、强度高的优点。因此，它比较适合于水泥混凝土路面的裂缝修补。由于（甲基）丙烯酸酯树脂胶粘剂的粘度较其他有机高分子材料低，所以，将其混入到水泥混凝土中进行宽裂缝修补和板面边角修补效果都较好。

（3）聚醋酸乙烯乳液胶粘剂：

1）聚醋酸乙烯乳液是借助于乳化剂的作用把单体分散在介质中进行聚合，用水溶性引发剂、乳化剂以阴离子型和非离子型表面活性剂为主。路面裂缝修补剂宜采用非离子型乳化剂，如聚氧乙烷的各种烷基醚或缩醛等。用非离子型乳化剂得到的乳液粘度大，与混凝土中的硅酸盐等接触稳定性好。

2）聚醋酸乙烯乳液胶粘剂以高分子乳液为主体，加入适量的增稠剂、增塑剂、溶剂、填料、消泡剂和防腐剂等成分。通常用聚乙烯醇作保护胶体和增稠剂，主要目的是提高乳液的湿态粘性和对水泥混凝土面的粘附能力，此外，聚乙烯醇增稠的乳液还具有很好的触变性，耐水性相当好。加增塑剂的目的在于提高胶膜的柔性和耐水性，提高乳液的湿态粘性和胶粘强度。常用的增塑剂有邻苯二甲酸二丁酯，冬季水泥混凝土裂缝修补时，最好采用耐寒性较好的长碳链酯作为增塑剂，以提高修补材料的抗冻性能。

3）聚醋酸乙烯胶粘剂特别适合于胶结像水泥混凝土类这样的多孔材料。它的固化过程大致是这样的：胶结之后由于乳液中的水渗透到多孔性的水泥混凝土材料中去并逐渐挥发使乳液的浓度不断增大，由于表面张力的作用使聚合物析出。必须在一定的环境温度下，聚醋酸乙烯乳液胶粘剂才能聚合成强度高的连续胶膜。若环境温度很低，聚合物就成为不连续的颗粒，无法获得胶结强度。因此，选用聚醋酸乙烯胶粘剂进行水泥混凝土路面裂缝修补，尤其要注意修补施工的季节。

2.4.3.3 水泥混凝土路面接缝修补材料

水泥混凝土路面的接缝包括纵向施工缝、纵向缩缝、横向施工缝、横向缩缝、横向胀缝等。接缝是水泥混凝土路面的薄弱环节，最易引起破坏，特别是胀缝，损坏率甚高。引起水泥混凝土路面接缝破坏的原因是多方面的，有选用的材料问题，也有施工问题。下面主要介绍水泥混凝土路面接缝的修补材料。水泥混凝土路面的接缝修补材料分为接缝板和填缝料两大类。填缝料又分为加热施工式填缝料和常温施工式填缝料。

一、水泥混凝土路面接缝板

用于水泥混凝土路面接缝修补的接缝板应具备如下技术性能：具有一定的压缩性及弹性，当混凝土板高温膨胀时不被挤出；当混凝土板低温收缩时，能与混凝土板缝壁连接，不被拉断，不产生缝隙。必须耐久性好，在混凝土路面施工时不变形且具有较高的耐腐蚀性。

（1）软木板：预制型软木伸缩缝填料简称软木板，其原料为栓皮（又称软木），是从栓皮树上剥下来的树皮。我国生长的栓皮树称栓皮栎，其栓皮层较发达，厚度一般在 15～

50mm。栓皮具有相对密度小，质地轻柔、富有弹性、传热低、透水性小、透气性低和耐磨、耐腐蚀等特性。软木板是由栓皮栎树的外皮经破碎分选后获得的纯净软木粒，用高级弹性树脂胶合制得的预制型产品，用作接缝板不需进行防腐处理。工厂产品规格（mm）有：950×640×（3～25）、950×200×（20～25）。

（2）聚氨酯硬泡沫板：它由特制的聚醚树脂与多次甲基多苯基多异氰酸酯在催化剂、稳定剂、发泡剂等的作用下，经发泡反应而制得，具有吸水性小、耐磨、耐油 耐腐蚀及耐热等优点。

工厂产品规格（mm）有：12000×1200×（20～200）、8000×12000×（20～200）、4000×1200×（20～200）。

（3）松木板：松木板是道路部门多年采用的传统接缝材料，由于木板复原率低，树节较多，易吸湿，易腐蚀，耐久性差，所以使用效果较差。

二、水泥混凝土路面填缝料

（1）填缝料应具备的技术性能：用于水泥混凝土路面修补的填缝料应具备如下技术性能：

1）与水泥混凝土板缝壁具有较好的粘结力。当混凝土板伸缩时，填缝料能与混凝土板缝壁粘接牢固，而不致从混凝土缝壁上拉脱。

2）具有较高的拉伸率，填缝料必须能随混凝土板伸缩，而不致被拉断。

3）耐热及耐嵌入性好，在夏季高温时，填缝料不发生流淌。填缝料应耐砂石杂物嵌入，保证混凝土板伸胀不受阻。

4）具有较好的低温塑性。在冬季低温时，填缝料不发生脆裂，仍具有一定的延伸性。

5）耐久性好，在野外恶劣的气候条件下，填缝料应能在较长时间保持良好的使用性能，即耐磨、耐晒及耐水等，不过早产生老化。

（2）加热施工式填缝料：

1）聚氯乙烯胶泥：它是以煤焦油为基料，加入聚氯乙烯树脂、增塑剂、填充料和稳定剂等配制而成，其配比见表2-4-11。

聚氯乙烯胶泥配合比 **表2-4-11**

序号	原料名称	质量配合比	
		一般地区	寒冷地区
1	煤焦油	100	100
2	聚氯乙烯树脂（固化剂）	9～12	12～14
3	邻苯二甲酸二丁酯（增塑料）	20	1
4	己二酸（增塑剂）	1	25
5	二盐基亚硫酸（稳定剂）	0.5	0.5
6	滑石粉或粉煤灰（填充料）	25～35	20～35

各原料成分的作用如下：

①煤焦油，可与其他成分相溶，与水泥混凝土的粘结力强，是制备填缝料的良好基料；

②聚氯乙烯树脂，加热时塑化，冷却后使填缝料固化成型；

③邻苯二甲酸二丁酯及已二酸，改善填缝料的低温塑性；

④二盐基亚硫酸，防止填缝料加热时分解变质；

⑤滑石粉或粉煤灰，改善填缝料耐热性并降低成本。

聚氯乙烯胶泥系由工厂配制好的单组分材料，外观呈黑色固溶体状。施工时加热至灌入温度（130～140℃）。为防止焦化变质，应采用间接加热法，即预热工作应在双层锅中进行，两层锅之间用石蜡或高温机油等作传导温度介质，达到灌入温度后滤出杂物。采用填缝机进行灌缝，冷却后即可成型。

聚氯乙烯胶泥的加热施工式填缝料灌入温度、加热施工式填缝料性能参见表 2-4-12、表 2-4-13。

加热施工式填缝料灌入温度　　**表 2-4-12**

加热温度（℃） 流淌时间 填缝料种类	100	110	120	130	140	150	160	170	180	190	200	施工加热温度（℃）
聚氯乙烯胶泥（软）	6′29″	3′26″	2′17″	52″	19″							130～140
聚氯乙烯胶泥（硬）	21′	5′8″	4′15″	3′12″	1′26″	59″						130～140
ZJ 填缝料	13″	8″	9″	13″	19″							130～140 并保温搅拌 15min
橡胶沥青	流淌较困难											170～180
橡胶沥青 1 号					25′			7′				

加热施工式填缝料性能　　**表 2-4-13**

性能 填缝料种类	针入度（锥针法）（mm）	弹性复原率（球针法）（%）			流动度（mm）	拉伸量（mm）		
		−10℃	25℃	90℃ 168h		−20℃	−10℃	25℃
聚氯乙烯胶泥（软）	13	51	30	5	1		19.9	>20
聚氯乙烯胶泥（硬）	8.4	53	29	23	0		15.6	>20
ZJ 型填缝料	>18	44	57.5	86	1	>15	>15	>20
橡胶沥青	5.3	25	38	54	5	3.5	5	>20
橡胶沥青 1 号	2		29.5		6			

2）ZJ 型填缝料：ZJ 型填缝料以煤焦油为基料，以此与橡胶组成橡胶沥青，再加入聚氯乙烯树脂、增塑剂、稳定剂、表面活性剂、沉降抑制剂、硫磺及填充料等混配而成。ZJ 型填缝料配合比列于表 2-4-14。

ZJ 型填缝料配合比　　**表 2-4-14**

序　号	原 料 名 称	质 量 配 合 比	原 料 名 称	质 量 配 合 比
1	橡胶沥青	50～80	表面活性剂	0.5～1.0
2	聚氯乙烯树脂	3～10	沉降抑制剂	3～10
3	二丁酯	3～10	硫　磺	15～20
4	三盐基硫酸铅	0.5～1.0	填充料	8～25

ZJ 型填缝料系单组分材料，外观呈黑色糊状，相对密度 1.3～1.35，成品可储存较长时间，施工时加热至 130℃，在此温度下至少保持 15min 并不断搅拌，此时流动性较好，借助漏斗类工具即可填料，冷却后便可成型。但加热温度不得超过 160℃，否则材料呈蜂窝状（树脂碳化）而失效。

ZJ 型填缝料的性能参见表 2-4-12、表 2-4-13。

3）橡胶沥青：道路部门多年使用的橡胶沥青填缝料系石油沥青掺加废橡胶粉等配制而成。施工前将废橡胶粉预先溶于有机溶剂中或先与少量沥青溶解，然后加入热沥青与之搅拌。配制工艺繁杂且不易搅拌溶解均匀。

胜利炼油厂研制开发了以丁苯橡胶胶乳掺配石油沥青的新工艺。丁苯橡胶具有耐磨、耐油、耐老化及弹性较好等优点，改性后沥青的 7℃延度可达 150cm 以上。丁苯胶乳中橡胶的粒子约为 0.05μm，有利于它在沥青中溶解，使改性后的沥青形成稳定的胶体状态。

丁苯橡胶沥青系由工厂采用预混式方法生产的单组分材料，外观呈黑色固体状。当加热温度偏低时，丁苯橡胶沥青黏度较大，造成施工困难；而加热温度过高，黏度虽下降，但易引起沥青老化，因此加热温度至关重要，以 170～180℃为宜。

丁苯橡胶沥青的性能参见表 2-4-12、表 2-4-13 所列。

（2）常温施工式填缝料：

1）聚氨酯焦油类：此类填缝料为双组分材料。甲组分是以多异氰酸酯和多羟基化合物反应制得的聚氨基甲酸酯。乙组分主要由煤焦油及填充料等组成。两个组分均是具有较好流动状态的黏稠液体，易于搅拌均匀混合，固化后形成橡胶状弹性体，具有耐磨、耐油、耐腐蚀及耐热等优点。现介绍几种聚氨酯焦油类填缝料。

①M880 建筑密封膏：M880 建筑密封膏的甲组分由异氰酸酯与聚醚加聚反应成为预聚体，乙组分系由煤焦油、固化剂、增塑剂、助剂等组成的混合物。其大致配合比列于表 2-4-15。

M880 建筑密封膏配合比 表 2-4-15

原料名称	甲组分（%）	乙组分（%）	原料名称	甲组分（%）	乙组分（%）
聚醚	80		甘油		3.9
异氰酸酯	20		蓖麻油		6.5
磷酸	少量		填料		26.3
煤焦油		54.9	助剂		8.4

使用 M880 建筑密封膏时，甲、乙组分别按一定的比例搅拌混合均匀后，即可采用挤压枪等工具填缝修补。甲、乙组分的比例可视具体情况而定，一般均以 1∶（1.4～2.5）。M880 建筑密封膏的主要技术性能请见表 2-4-16 所列。

M880 建筑密封膏的主要技术性能 表 2-4-16

种类 \ 性能	灌入稠度			失黏时间（h）	流动度（mm）	弹性复原率（%）			拉伸量（mm）		
	10℃	20℃	30℃			−10℃	25℃	90℃ 168h	−20℃	−10℃	25℃
M880 建筑密封膏 1∶1.4			10′40″	12	0	96	96	93	13	13	4.5
M880 建筑密封膏 1∶2		>30	10′25″	13	0	77	100	82	>15	>15	>20

续表

性能 种类	灌入稠度			失黏时间 (h)	流动度 (mm)	弹性复原率（%）			拉伸量（mm）		
	10℃	20℃	30℃			−10℃	25℃	90℃ 168h	−20℃	−10℃	25℃
M880建筑密封膏1：2.5				14	0	66	85	78	>15	>15	>20
聚氨酯焦油	流淌较困难			9	0	86	92	92		7	8
聚氨酯焦油发泡填料1：2：0.5	流淌较困难			5	0	88	99	97		7	8
聚氨酯焦油发泡填料1：1.85：0.4	流淌较困难			6	0	84	94	87	7	7	10.5

②聚氨酯焦油：分甲、乙双组分，甲、乙组分配比为1：2。其特点是固化时间短，主要技术性能参见表2-4-16。

③聚氨酯焦油发泡填料：该材料分A、B、C三个组分，A组分为聚氨酯，B组分为煤焦油，C组分为发泡剂、填料等。其配比为：A：B：C=1：（2～1.85）：（0.5～0.4）。施工时用挤压枪填注，填缝程度约占缝体3/4，自行反应发泡成型，固化时间较短，主要性能指标参见表2-4-16。

2）聚氨酯类：该类材料主要由甲组分（多异氰酸酯），乙组分（多羟基化合物）组成，不含煤焦油成分。

①LPC-89接缝密封胶：由甲乙两组分和软木粉搅拌均匀配制而成。软木粉非常轻柔，具有质轻、耐磨、耐腐等特征。LPC-89接缝密胶也属发泡类填缝料，填缝程序约占缝体2/3，自行反应发泡成型，固化时间较长。其主要性能参见表2-4-17所列。

聚氨酯类填缝料主要技术性能　　　　**表2-4-17**

性能 种类	灌入稠度			失黏时间 (h)	流动度 (mm)	弹性复原率（%）			拉伸量（mm）		
	10℃	20℃	30℃			−10℃	25℃	90℃ 168h	−20℃	−10℃	25℃
LPC-89接缝密封胶	流淌很困难			20	0	92	93	85	3	3	3
聚氨酯整皮微孔泡沫填料			40″	0.25	0	96	96	96	4	4	3
聚氨酯密封胶1：2.7			25″	3	0	94	94	82	3.5	3.5	3
聚氨酯密封胶1：3.2			45″	3	0	94	97	42	4.5	4.5	3
聚氨酯密封胶1：3.2掺10%废橡胶粉			1′	3	0	88	98	90	4	4.5	3

②聚氨酯整皮微孔泡沫填料：半硬性富有弹性整皮冷固泡沫，配比为甲组分40～45，乙组分100，系发泡型填缝料。填缝程度约占缝体2/3，自行反应发泡成型，固化时间较快，主要技术性能参见表2-4-17。

③聚氨酯密封胶：甲、乙组分的配比为1：(2.7～3.2)。施工时用漏斗类工具填注，固化时间较短。与前两种材料相比，价格较低。主要技术性能参见表2-4-17。

2.4.3.4. 水泥混凝土路面板块修补材料

一、概述

水泥混凝土路面板块修补问题，长期以来未能得到很好解决，其根本问题之一是修补材料的性能不理想。用于水泥混凝土路面板块修补的材料必须符合下列技术要求：

(1) 快硬高早强：路面修补与普通混凝土路面施工不同，需要进行修补的水泥混凝土路面都是正在使用的道路，不允许长时间封闭交通。因此，修补材料必须具有迅速硬化的性能，使修补路面短时间内达到通车的强度要求。

(2) 收缩小：水泥混凝土路面修补，新老混凝土的结合部位是薄弱环节。造成新老混凝土结合不好的重要因素之一是新拌水泥混凝土的收缩。收缩产生收缩应力，使新老混凝土拉开。因此，要控制修补材料的收缩率，尽可能选用无收缩或收缩率很低的修补材料。

(3) 具有一定的粘性：从提高新老混凝土结合力的愿望出发，要求修补材料本身具备一定的粘性。

(4) 后期性能稳定，强度发展与老混凝土基本同步：修补材料的后期强度发展速度应与老混凝土基本一致，不允许强度减少，也不要强度发展过快，致使新老混凝土力学性能差异太大，影响路面的整体性能。

(5) 耐磨性高，耐久性好：修补材料的耐磨性不应低于老混凝土的耐磨性能。新修补混凝土应具有抗冻、耐腐蚀、抗渗等耐久性能。

(6) 施工和易性好：

修补混凝土的凝结时间应满足施工要求。对于需水量大、硬化过快的修补材料，应通过试验，掺入一定量的缓凝型减水剂，以保证新修补混凝土的施工和易性。

二、水泥混凝土路面块板常规的修补材料

(1) 沥青混凝土：长期以来，公路部门都习惯于采用沥青混凝土对损坏的水泥混凝土路面进行修补，尽管方法简便，但隐患较多。用沥青混凝土对水泥混凝土路面进行修补的缺点是：

1) 道路强度不均匀，传荷不一致：沥青混凝土与水泥混凝土有着本质上的区别，沥青混凝土呈柔性，水泥混凝土硬化后呈刚性，二者强度差异较大，受外部荷载作用后的应力分布也不相同。如处理不当，有可能促使水泥混凝土路面更大程度的破坏。

2) 使用寿命短：沥青混凝土本来的使用寿命就较水泥混凝土路面短得多，夹在水泥混凝土板面中间，更易发生破坏，有的甚至一个冬季或雨季过后，就要进行重新修理。沥青混凝土修补水泥混凝土路面只能是应急措施，解决不了根本问题，易形成坏了修补，补了再坏，坏了再补的恶性循环。

3) 影响路面平整度，降低表面使用功能：由于沥青混凝土的热稳性较差，夏季在外部荷载作用下，沥青混凝土易产生变形。尤其是与水泥混凝土路面这种刚性材料一起承载时，沥青混凝土更易产生坑凹不平的现象，导致路面平整度下降，影响路面使用功能。

4) 不美观：在整片灰白色的水泥混凝土路面中补上一块黑色的沥青混凝土，路面景观受到影响，行车者见了也很不舒服。

(2) 普通水泥混凝土：道路上，另一种传统的修补水泥混凝土路面的方法是将破损的混凝土除掉，新铺上与原设计强度相同或高强度的普通混凝土。

采用普通水泥混凝土修补被损坏的混凝土路面，主要有如下缺点：收缩大及易导致新老混凝土拉开；水泥混凝土本身黏度低，与老混凝土结合差；新老混凝土间的界面缺陷，易使混凝土开裂；养生期长，影响交通。

传统的水泥混凝土路面修补材料，尽管成本低廉，工人对其施工工艺比较熟练，但一些难以克服的缺点，严重影响到水泥混凝土路面的修补质量，往往会出现坏了修补，补了不久又坏的情况。为了改善普通水泥混凝土的性能，在水泥混凝土中掺加一些性能优良的添加剂，如为了缩短修补路面的养生期，掺加早强剂；为了降低混凝土的水灰比，减少混凝土表面泌水，减小混凝土收缩率，掺加一些高效减水剂；为了弥补混凝土收缩大的缺陷，采用适当膨胀补偿收缩的原理，掺加一定量的膨胀剂。上述种种，都必须在使用前，进行认真的试验，摸清相关技术参数，并在施工中进行精确计量，才能保证修补效果。

三、快硬硅酸盐水泥

(1) 化学成分及矿物组分

为了使水泥熟料能够生成较多水化速度快、早期强度高的矿物，在快硬硅酸盐水泥的生料配料中掺入了一定量的CaF_2、$CaSO_4$、TiO_2、BaO、P_2O_5、MnO和Cr_2O_3。因而快硬硅酸盐水泥的化学组成和矿物组分与普通水泥有着较大差异。表2-4-18所列为部分快硬硅酸盐水泥的化学成分及含量。

快硬硅酸盐水泥的化学成分及含量　　表2-4-18

序号	项　目	国产37.5MPa快硬水泥	日本-日水泥	英国	德国
1	烧失量(%)	34.94	0.6～1.4	1.5	1.6
2	SiO_2 (%)	12.42	19.4～20.4	21.8	18.8
3	Al_2O_3 (%)	3.09	4.3～5.2	4.9	5.2
4	Fe_2O_3 (%)	2.12	2.2～2.8	1.8	2.6
5	CaO (%)	43.16	64.4～65.1	64.6	64.6
6	MgO (%)	1.25	1.2～2.0	1.2	1.6
7	SO_3 (%)	0.95	3.2～3.4	2.6	3.7
8	F^-	0.35	—	—	—

(2) 快硬硅酸盐水泥主要性能

1) 物理性能：快硬硅酸盐水泥的物理性能列于表2-4-19。

快硬硅酸盐水泥的物理性能　　表2-4-19

项　目		国产37.5MPa快硬水泥	日本-日水泥	英国	德国
相对密度		3.10	3.13	3.11	3.05
比表面积 (cm^2/g)		3.000	5.810	7.170	5.370
凝结时间	初凝	4h 30min	1h 30min	—	2h 40min
	终凝	6h 50min	2h 25min	—	3h 25min
抗折强度 (MPa)	1d	4.3	5.0	3.2	4.9
	3d	7.6	6.0	6.0	6.2
	7d	—	7.2	6.6	6.4
	28d	9.7	8.3	7.2	7.3

续表

项　目		国产 37.5MPa 快硬水泥	日本-日水泥	英国	德国
抗压强度(MPa)	1d	19.9	21.5	16.5	22.1
	3d	46.3	33.5	33.7	30.0
	7d	—	42.1	42.8	35.8
	28d	73.4	48.8	54.2	42.1

2）用快硬水泥配制的修补混凝土性能：

①需水量：快硬水泥混凝土的需水量与坍落度的关系如图 2-4-4 所示。用快硬水泥配制修补混凝土时，混凝土的用水量要比普通混凝土增加 2%～5%才能达到相同的坍落度；

②泌水性、凝结时间和易修整性：快硬水泥的泌水性一般要比普通水泥小 1/3 左右，其泌水结束时间也要比普通水泥快 1h 左右，参见图 2-4-5 所示。用快硬水泥配制的修补混凝土初凝时间要比普通混凝土快 30min 至 1h30min，终凝时间快 2h～3h，并且初凝到终凝的间隔时间比较短。显然，初凝之后水泥浆硬化特别快。用快硬水泥配制的修补混凝土，比普通混凝土具有更好的塑性，并且泌水少，所以它具有良好的易修整性；

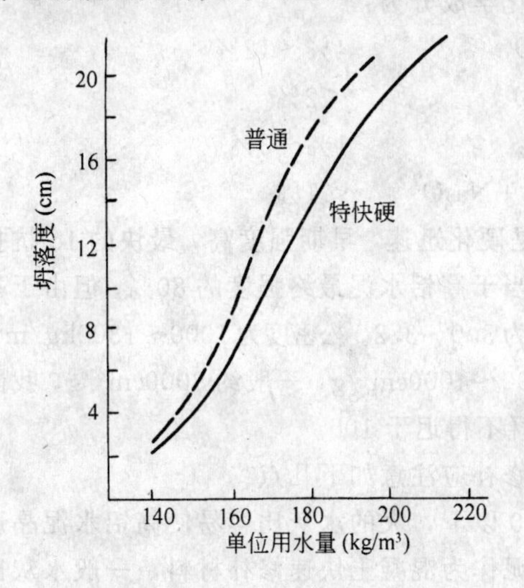

图 2-4-4　混凝土用水量与坍落度的关系

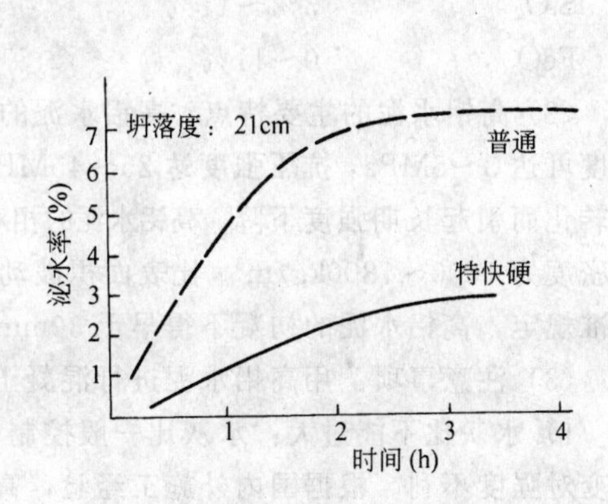

图 2-4-5　混凝土的泌水率

③强度：快硬水泥混凝土的强度发展对环境温度较为敏感。5℃时，混凝土 14h 前基本没有强度。24h 也只有 5.8MPa 的抗压强度，抗折强度约在 1.0～1.5MPa 间，但在 20℃时，混凝土 8h 就可获得 5.4MPa 的抗压强度。24h 其抗压强度可达 20.2MPa，抗折强度达 3.5～4.0MPa。30℃时，混凝土 8h 就可获得 11.0MPa 抗压强度和 2.7MPa 的抗折强度。24h 其抗压强度可达 28.5MPa，抗折强度达 5.0MPa。采用快硬水泥进行混凝土路面修补，如以老混凝土设计强度的 80%作为修补混凝土的通车强度要求，施工环境温度在 5～20℃，约需 3d 时间，修补混凝土路面可投入使用。20～30℃时，1d～2d 时间，修补混凝土路面可投入使用；

④干缩率：快硬水泥混凝土的早期干缩率较普通混凝土稍大一些，但后期反而变小，所以在一般情况下，可以认为快硬硅酸盐水泥混凝土的干缩率与普通水泥混凝土基本相同。考虑到混凝土的收缩大，修补时应注意及时养护；

⑤其他性能：快硬水泥混凝土的抗渗性、吸水性等各种特性均与普通硅酸盐水泥相同。它的颜色和普通水泥几乎一样，都呈灰色。它的耐久性、安定性和长期强度等性能均与普通硅酸盐水泥一样是可以信赖的。

3）注意事项：使用快硬水泥进行快速修补，要注意如下几点：

①快硬硅酸盐水泥因其比表面积大，可能有易于风化的趋势；

②与普通混凝土一样，干缩率较大，新老混凝土粘结力差；

③初期水化速度快。混凝土内部温度容易升高，这就存在着因温度应力而产生裂缝的危险，所以在使用它进行快速修补时，事先要考虑周密，同时，施工季节也要适宜，应尽可能避免在夏季高温期施工；

④混凝土配合比设计时，水灰比应控制在合适的范围内（0.45～0.55）。混凝土的含砂率不必太高，即使比普通混凝土减少2%～4%，也同样能配制出和易性良好的混凝土。

四、高铝水泥

高铝水泥是一种快硬早强型的水硬性胶凝材料。它的主要原料是矾土和石灰石，按适当比例配合后经高温烧结或熔融，粉磨而成。

（1）高铝水泥的化学成分：高铝水泥的主要化学成分为：

Al_2O_3	33%～60%	Fe_2O_3	4%～12%
CaO	32%～44%	MgO	＜2%
SiO_2	3%～11%	TiO_2	1%～3%
FeO	0～11%	K_2O+Na_2O	＜1%

（2）高铝水泥的主要特点：高铝水泥的特点是硬化迅速，早期强度高，最快的1d抗折强度可达3～5MPa，抗压强度达25～45MPa，相当于高铝水泥最终强度的80%。但由于晶型转化而引起长期强度下降。高铝水泥的相对密度为3.0～3.2。松密度为1000～1300kg/m³。紧密度为1600～1800kg/m³。比表面积波动于2500～4000cm²/g，一般约3000cm²/g，我国标准规定，高铝水泥的初凝不得早于30min，终凝不得迟于10h。

（3）注意事项：用高铝水泥进行混凝土快速修补应注意如下几点：

1）水灰比不能过大：水灰比一般控制在0.50以下，大的水灰比容易使高铝水泥晶形转变对强度不利。根据国内外施工经验，高铝水泥作为混凝土快速修补材料，一般水灰比选用0.35～0.40比较好。低水灰比的高铝水泥经晶形转变后，强度仍保持很高，后期强度亦无明显下降。

2）外加剂对高铝水泥的适应性：一般情况下，高铝水泥混凝土中不掺加引气剂和减水剂。当水灰比很小时，为了改善混凝土的和易性，掺入类型适宜的高效减水剂，亦能获得较好的效果。在使用高铝水泥时，切忌加入石灰、氯化钙类的外加剂。这些物质将干扰混凝土的凝结且严重影响混凝土强度。综合国内外试验研究结果，对高铝水泥混凝土起促凝作用的外加剂有氢氧化钙、氢氧化钠、碳酸钠、硫酸钠、硫酸亚铁、硫酸等。掺少量时起缓凝作用，掺多量时起促凝作用的外加剂有氯化镁、氯化钙、硝酸钡、醋酸、硫酸钙等。起缓凝作用的外加剂有氯化钠、氯化钾、氯化钡、硝酸钠、盐酸、甘油、糖蜜等。

3）与其他品种水泥的混用：高铝水泥与普通硅酸盐水泥混拌在一起，凝结时间变得非常短促，而且可能出现瞬凝现象。这是由于普通水泥中的石膏和C_3S所析出的$Ca(OH)_2$均能加速高铝水泥的凝结。这两种水泥颗粒表面的水化产物会剧烈地相互作用，反应非常迅速。于是凝结硬化极快，水化过程都无法进行完全。因而混凝土28d强度比单独使用它们中间任何一种水泥都低。但是如果比例恰当，也能收到较好的效果。具体的比例只能通过试验确定，不同品种、不同厂家生产的水泥性能差异颇大。便用高铝水泥进行混凝土快速修补，施工时要特别谨慎。

4）地区因素：高铝水泥在较高温度时强度下降显著。我国南方夏天时间长、气温高，易使混凝土强度下降，甚至发生破坏，所以不宜采用这种材料进行混凝土快速修补。对于北方寒冷地区，高铝水泥混凝土在硬化过程中放出的大量水化热，甚至会对低温下的混凝土起自养护作用。

五、聚合物水泥砂浆和混凝土

聚合物水泥砂浆和混凝土主要包括两大类，一是直接在水泥砂浆和混凝土搅拌时掺入聚合物配制成的混凝土，二是聚合物浸渍水泥砂浆和混凝土。后者需要加热处理，工艺较复杂。适用于水泥混凝土路面修补的主要是掺聚合物水泥砂浆和混凝土。另外还有环氧改性水泥砂浆。

（一）掺聚合物乳液的水泥砂浆和混凝土

（1）聚合物固体用表面活性剂分散成为微细的球形颗粒（粒径为0.05～1μm），悬浮于水中即得聚合物乳液。所用聚合物有天然橡胶、合成橡胶、热塑性树脂、热固性树脂、沥青与石蜡等。乳液的浓度通常按质量计为40%～60%。

（2）在掺聚合物乳液时，必须注意聚合物粒子的电性与浆体中的水泥粒子电性一致。通常水泥粒子是带正电的，因此要尽可能选择由正离子表面活性剂制成的聚合物乳液。

（3）常用的有天然橡胶乳液（由橡胶树汁浓缩加入稳定剂、消泡剂与防老剂等制成）、合成橡胶乳液、热塑性聚合物乳液等。表2-4-20中列出几种聚合物乳液的主要特征。

几种聚合物乳液的主要特性　　**表2-4-20**

序号	特　性	乳液种类			
		丁苯	氯丁	氯乙烯-偏氯乙烯共聚物	聚丙烯酸酯
1	浓度（%）	48	42	50	46
2	稳定剂	非离子	负离子	非离子	非离子
3	相对密度（25℃）	1.01	1.10	1.23	1.05
4	单位体积质量（kg/m^3）	1010	1110	1230	1050
5	pH值	10.5	9.00	2.00	9.50
6	粒径（μm）	0.20	—	0.14	—
7	表面张力（N/m）	32×10^{-3}	40×10^{-3}	33×10^{-3}	40×10^{-3}
8	贮存寿命	2年以上	—	6个月	长
9	冻融稳定性（−15～25℃）	5周期	—	差	5周期
10	黏度（10^{-3}Pa·s，20℃）	24	10	15以下	—

（4）聚合物在水泥砂浆和混凝土中最佳掺量为10%～20%。在此掺量范围内，水泥混凝土的抗折强度、抗拉强度、粘结性能、防水性能、抗冲击性、耐磨性等均有明显改善。

（5）表2-4-21列出了几种掺聚合物乳液的强度水泥砂浆的。掺聚合物乳液的水泥砂浆和混凝土的主要优点可归结为如下几点：

几种掺聚合物乳液的水泥砂浆的强度　表 2-4-21

序号	强度		乳液种类				
			普通砂浆	聚醋酸乙烯酯	丁苯	聚丙烯酯	氯偏
1	抗折强度（MPa）	浸水前	4.3	12.9	10.0	12.9	12.8
		浸水后	5.2	2.2	6.5	7.4	7.7
2	抗压强度（MPa）	浸水前	16.8	26.4	34.8	40.0	59.3
		浸水后	31.1	9.2	28.8	38.4	50.3
3	抗拉强度（MPa）	浸水前	2.1	4.9	4.2	5.9	/
		浸水后	2.2	0.4	2.5	3.4	/

注：水泥：砂=1：3，聚合物掺量 20%；养护条件：20℃，50%相对温度，28d；泡水时间 7d。

1）拌和后的砂浆和混凝土流动性好，用水量较普通水泥砂浆和混凝土低。

2）当聚合物掺量为 10%～20%时，与普通水泥砂浆和混凝土相比，抗拉与抗折强度可提高 150%～1000%，抗压强度与延伸能力也有所提高。

3）与老混凝土粘强力强，以掺聚醋酸乙烯酯乳液的水泥砂浆为例，它与老混凝土的粘结强度高于普通水泥砂浆和混凝土 9～10 倍。

4）由于聚合物填塞了硬化体中的孔隙和加强了水泥石与集料的粘结，其抗渗、抗冻、耐腐蚀性能均有显著的提高。

5）与普通水泥砂浆和混凝土相比，聚合物水泥砂浆和混凝土的抗冲击性可提高数倍至十几倍，耐磨性也可提高十几倍至几十倍。

6）干缩率随聚合物掺量增大而减小，但因聚合物种类与养护条件而异。

（二）掺水溶性聚合物的水泥砂浆和混凝土

（1）聚合物以水溶液的形式加入水泥砂浆和混凝土中。可加入水泥砂浆和混凝土中的水溶性聚合物有酚醛、脲醛、环氧、聚乙烯醇、密胺甲醛、聚乙烯基呋喃树脂等。用得较多的是水溶性环氧。

（2）水溶性聚合物的常用掺量为 1%～2%（占水泥质量的百分比）。

（3）掺水溶性聚合物的水泥砂浆和混凝土既可在空气中硬化，也可在潮湿条件下和水中硬化，这一特性很适合于水泥混凝土路面的修补，即采用该材料修补后无需再进行保湿养护。

（4）水泥砂浆和混凝土中掺入水溶性聚合物后，抗压强度可提高 15%～30%，抗拉强度提高 1.5～2 倍。表 2-4-22 列出部分掺水溶性聚合物水泥砂浆的抗拉强度与抗变形能力。

聚合物水泥砂浆的强度及抗变形能力（龄期：7d）　表 2-4-22

水溶性聚合物种类	掺量	养护条件	抗拉强度		极限延伸率	
			绝对值（MPa）	相对百分数	绝对值（%）	相对百分数
素砂浆	—	干空气	1.7	100%	0.0170	100%
89 号树脂	6%	干空气	2.7	159%	0.0314	185%
TAG-17	2%	干空气	2.3	135%	0.0178	105%
素砂浆	—	湿空气	1.5	100%	0.0143	100%
89 号树脂	6%	湿空气	3.2	213%	0.0465	325%
TAG-17	2%	湿空气	2.6	173%	0.0160	112%

(5) 掺水溶性树脂的水泥砂浆与素砂浆相比，徐变可减少20%，静压弹性模量增大10%。

(6) 水溶性聚合物能对水泥浆起塑化作用，当保持和易性不变时，可使砂浆的水灰比由0.42降至0.29。

(7)水泥砂浆和混凝土中掺入水溶性聚合物，其水泥石的孔隙率可下降10%～20%。砂浆和混凝土的抗冻性和抗渗性明显提高，粘结性能及抗冲击、耐疲劳与耐化学腐蚀等性能均能得到明显改善。

六、纤维增强水泥混凝土

为了克服水泥混凝土抗折强度低、抗裂性差、脆性大的缺点，在水泥混凝土中掺入一定数量的纤维，通过纤维增强，提高混凝土的抗拉、抗剪、抗折、抗冲击强度，降低脆性。纤维增强水泥混凝土也是水泥混凝土路面板块修补使用的材料之一。常用增强纤维有石棉、玻璃、纤维、钢纤维以及其他化学纤维。

(1) 玻璃纤维增强水泥混凝土：

1) 玻璃纤维是一种由熔融态的玻璃制成的人造纤维。普通的中碱和无碱玻璃纤维，耐碱性很差，放置于$Ca(OH)_2$的饱和溶液中或硅酸盐水泥水化生成的液相中，抗拉强度会大幅度地下降，从而失去增强作用。因此用于水泥混凝土的玻璃纤维必须是抗碱玻璃纤维。

2) 水泥混凝土路面修补时，可采用混拌法将预先经切短的抗碱玻璃纤维均匀混加入水泥混凝土中，纤维的长度以25mm为宜，纤维体积率根据研究一般以3%～5%为宜。

3) 抗碱玻璃纤维对水泥混凝土的增强作用较显著。玻璃纤维水泥砂浆的抗折强度可提高到15～20MPa。抗冲击强度可达1.5～2.5MPa。弹性模量约为2×10^4MPa。由此可见，水泥混凝土中掺入适量的抗碱玻璃纤维，其强度特性将会得到明显改善。水泥混凝土的脆性下降，抗冲击，耐疲劳性能提高。

(2) 钢纤维增强水泥混凝土：

1) 钢纤维混凝土是一种纤维型与颗粒型混杂的复合材料。根据钢纤维的生产工艺，可把用于水泥混凝土增强的钢纤维分为以下几种：

①切断钢纤维，由细钢丝冷拔，切断而成，因钢种不同，有碳钢纤维与不锈钢纤维之分。道路上常用的碳钢纤维用普通碳素钢制成，抗拉强度为1 000～2 000MPa，截面呈圆形，常用直径为0.25～0.50mm，长度为20～40mm。切断钢纤维与水泥砂浆的界面粘结性较差，为充分发挥此种纤维的增强作用，可设法改变纤维的外形，制成表面有刻痕的、末端带钩的、波纹形的钢纤维，或者圆截面与扁平截面交替的呈规律变形的钢纤维。

②剪切钢纤维，由剪切冷轧薄板制得，厚度为0.2～0.5mm，宽度为0.25～0.9mm，抗拉强度450～800MPa，与水泥砂浆的粘结性比切断钢纤维好。

③切削钢纤维，由旋转的铣刀切削软钢钢锭或厚钢板制得，此种纤维的截面呈三角形，有利于与水泥混凝土的粘结，是一种价格最低廉且适用性强的钢纤维。

④熔抽钢纤维，由熔融的钢水甩制而成，纤维强度因熔钢成分与热处理条件而异。熔抽钢纤维的表面也是不规则的，制造成本也较低。

后两种钢纤维，20世纪末国内一些研究单位曾进行过大量的研究工作并在水泥混凝土路面施工中进行了尝试性地应用，取得了一些成功的经验。下面介绍钢纤维增强混凝土。

2) 钢纤维的性能：路面板块修补用钢纤维必须洁净、无锈、无油污、无毒，并不含其他杂质和碎屑。

钢纤维的长径比对修补混凝土的性能影响较大。长径比过小，混凝土混合料的施工和易性较好，但纤维的增强效应难以发挥。长径比过大，纤维易结团，且纤维相互交叉，不易均匀分散。钢纤维掺入混凝土中的主要目的是提高弯拉强度，并改善其他性能。为满足这一要求，纤维长径比要尽量大些，而混凝土施工和易性则要求长径比尽量减小。根据我国东南大学的研究结果，路面水泥混凝土用钢纤维长径比应控制在50～80范围内。

钢纤维的极限抗拉强度是该材料的另一重要性能，路面水泥混凝土中的钢纤维极限抗拉强度应大于500MPa。部分国产切削钢纤维的性能列于表2-4-23。

部分国产切削钢纤维性能 **表2-4-23**

序号	产地	生产方法	纤维形状	纤维长度(mm)	当量直径(mm)	纤维长径比	密度(g/cm^3)	抗拉强度(MPa)	备注
1	马鞍山	钢板切削法	方直形	25	0.429	58	7.8	550～650	强度合格
				20	0.433	46	7.8	550～650	强度合格
2	宜兴	钢板切削法	扭曲形	25	0.429	58	7.8	550～650	强度合格
				30	0.429	70	7.8	550～650	强度合格
3	常州南宅	钢板切削法	扭曲形	25	0.429	56	7.8	600～700	强度合格
				30	0.429	70	7.8	600～700	强度合格
4	东岳	钢板切销法	端钩形	25	0.429	58	7.8	700～760	强度合格

3）钢纤维增强混凝土的配合比：用于水泥混凝土路面板块修补的切削钢纤维增强混凝土配合比设计如下：

①计算配制强度

$$f_{s配} = f_{s设}/(1 - Z \cdot C_V)$$

式中 $f_{s配}$——切削钢纤维混凝土配制强度；

$f_{s设}$——切削钢纤维混凝土设计强度；

Z——保证率系数，参见表2-4-24；

C_V——变异系数，参见表2-4-25。

保证率系数与保证率的关系 **表2-4-24**

保证率系数（Z）	0.84	1.00	1.04	1.28	1.64	2.00	2.05	2.33
保证率（%）	80	84	85	90	95	97.7	98	99

②确定钢纤维体积率V_s及水灰比W/C。修补混凝土的纤维体积率取值应略高于普通混凝土施工的纤维体积率，以V_s=1.0%～1.5%为宜。

施工管理等级与变异系数的关系 **表2-4-25**

施工管理等级	优秀	良好	一般	不良
变异系数C_V	<0.10	0.10～0.15	0.15～0.20	>0.20

钢纤维修补混凝土的 W/C 可用下式计算。

$$C/W = \frac{f_{s配}/(kf_c) + 0.0801 - 0.08V_s \cdot L_s/d_s}{0.0802}$$

式中 f_c——水泥标号；

k——水泥标号富余系数；

L_s/d_s——钢纤维长度与直径之比，以 60～80 为好。

③确定单位用水量：

$$W = 722.38/(\ln T - \ln 0.191 - 44.36V_s)$$

式中 W——单位用水量，kg/m^3；

T——工作度，一般取 12s。

④确定单位水泥用量

$$C = C/W \times W$$

⑤确定含砂率

$$S_p = S/(S+G)$$

式中 S_p——含砂率；

S——细骨料用量（kg/m^3）；

G——粗骨料用量（kg/m^3）。

钢纤维增强混凝土的含砂率应高于普通混凝土，根据工程施工经验，砂率宜在 45%左右。

⑥用绝对体积法计算粗细集料的用量

$$C/\rho_c + S/\rho_s + G/\rho_\gamma + W + 10a = 1000$$

式中 ρ_c——水泥的密度（kg/m^3）；

ρ_s——细集料的密度（kg/m^3）；

ρ_γ——粗集料的密度（kg/m^3）；

a——含气量，不采用引气性外加剂时，$a=1$。

⑦计算钢纤维用量

$$F = V_s \cdot \rho'_s$$

式中 F——钢纤维用量（kg/m^3）；

ρ_s'——钢纤维比重（kg/m^3）。

配合比调整方法与普通混凝土配合比调整方法相同。

2.4.3.5 JK 系列新型快速修补材料

为了提高水泥混凝土路面的修补质量，近几年来，国内某些研究单位相继开发出了性能良好的水泥混凝土快速修补剂。江苏省建筑科学研究院研制成功的 JK 系列混凝土快速修补剂，克服了传统修补材料的一系列弊端，不仅具有快硬高早强的特点，而且收缩小，与老混凝土粘结力强、耐磨、耐久，是目前国内较为理想的混凝土新型快速修补材料。JK 系列新型快速修补材料根据其强度性能分为 JK-4 型、JK-10 型和 JK-24 型。

一、JK-4 型混凝土快速修补剂

JK-4 型混凝土快速修补剂由部分氟铝酸盐、硅酸盐、硫铝酸盐和高效表面活性剂配而制成，是一种以无机材料为主的混凝土快速修补材料。

（1）JK-4 型混凝土快速修补剂的技术性能：

1）相对密度及颜色：JK-4 型混凝土快速修补剂的相对密度较普通水泥稍小，为 3.0。颜色与普通水泥接近。

2）细度：修补材料的细度对修补混凝土的强度影响较大，在一定细度范围内，细度越细，修补材料的强度发挥得越好，早期强度越高。细度对修补材料胶砂强度的影响如表 2-4-26、图 2-4-6 所示。

JK-4 型混凝土快速修补剂的细度为 4.5%～5.5%（0.08mm 筛筛余量）。

细度对修补材料胶砂强度的影响　　表 2-4-26

序号	项　目	试验结果					
1	细　度	2%	5%	8%	10%	15%	
2	6h 抗折强度（MPa）	5.9	5.3	4.0	3.2	2.6	

注：JK-4 型修补材料的内掺量为 45%。

3）需水量：尽管 JK-4 型混凝土快速修补材料的细度较细，比表面积大，主要矿物组分氟铝酸钙、硫铝酸钙的需水量都很大，但由于有一种对于氟硫铝酸盐材料适应性很好的表面活性剂在其中发挥作用，使得材料的实际需水量降低。与普通硅酸盐水泥的需水量相比，JK-4 型混凝土快速修补剂的需水量几乎测不出明显差别。

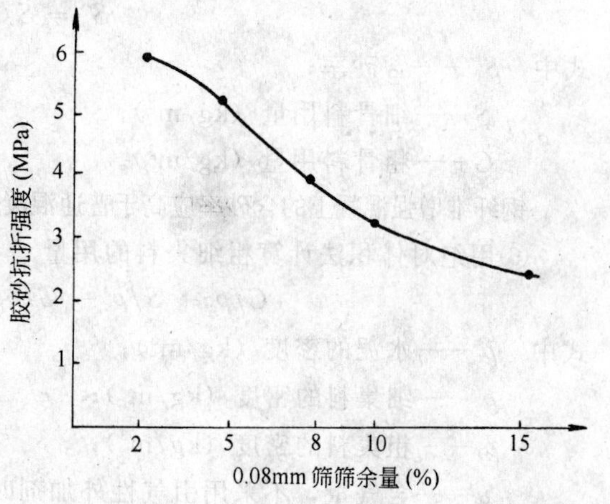

图 2-4-6　细度对强度的影响

4）泌水性：JK-4 型混凝土快速修补剂的泌水性很小，但泌水产生和消失的速度很快。

5）凝结时间：JK-4 型混凝土快速修补剂的初凝时间为 45min 左右，终凝时间为 1～1.5h，初凝与终凝时间相隔很短。可以认为，此种材料一旦初凝即很快具有强度，所以它的早期强度发展很快。

6）强度：JK-4 型混凝土快速修补剂的早期强度发展很快。掺量对修补材料的强度发展影响最大，表 2-4-27 列出 JK-4 型修补剂掺量对强度的影响。可见，随着 JK-4 型混凝土快速修补剂内掺量的增大，修补材料的强度提高，但提高幅度有所不同。无论是抗折强度还是抗压强度，内掺量由 10%增大至 20%时，都出现了一个很大的提高幅度。两者相比，抗折强度的提高幅度更大。当掺量增大至 40%～45%时，修补材料 24h 的胶砂抗折强度达到最大值。继续增大掺量，尽管抗压强度仍有较大增长，但增长幅度已明显下降。此时的修补材料抗折强度已呈下降趋势。

JK-4 型修补剂掺量对强度的影响　　表 2-4-27

序号	掺　量（%）	0	10	20	30	40	45	50
1	抗折强度（MPa）	0.77	1.02	4.20	4.77	5.55	5.58	5.40
2	抗压强度（MPa）	3.75	4.09	15.52	22.24	31.45	35.59	37.18

注：24h 龄期强度。

JK-4 型混凝土快速修补剂不仅早强高，而且后期强度也较稳定。表 2-4-28 所列为修补材料各龄期的胶砂强度发展，修补剂内掺量为 45%。

由表 2-4-28 可知，JK-4 型混凝土快速修补剂 24h 的抗折强度约为普通水泥 24h 抗折强度的 7 倍。尽管 24h 后 JK-4 型混凝土快速修补剂的抗折强度发展速度变慢，但 28d 的抗折强度仍比普通水泥高 40%左右。

JK-4 型修补剂的强度发展 **表 2-4-28**

序号	龄期	6h		12h		24h		3d		7d		28d	
		折	压	折	压	折	压	折	压	折	压	折	压
1	JK-4 型强度（MPa）	4.4	17.4	5.37	31.0	5.28	35.6	6.5	43.0	10.1	44.5	11.5	48.8
2	普通水泥强度（MPa）	—				0.77	3.75	6.26	36.9	7.9	50.4	8.0	51.0

与普通水泥相比，JK-4 型混凝土快速修补剂的抗折强度与抗压强度之比要大得多，大约为 1/4～1/5。这一结果表明，掺有 JK-4 型混凝土快速修补剂的水泥石脆性降低。

7）安定性：由于 JK-4 型混凝土快速修补材料的 f-CaO 含量少，MgO 等对水泥安定性影响较大的化学成分含量也较低，所以，该材料具有良好的安定性。

8）贮存：JK-4 型混凝土快速修补剂的有效贮存期为半年。超过半年贮存期的 JK-4 型混凝土快速修补剂应经试验室试验后再使用。

（2）JK-4 型混凝土快速修补剂的水化反应。

1） 矿物组分：JK-4 型混凝土快速修补剂化学成分列于表 2-4-29。

JK-4 型修补剂化学成分 **表 2-4-29**

化学成分	SiO_2	Fe_2O_3	Al_2O_3	CaO	MgO	SO_3	CaF_2
百分率（%）	5.38	6.11	8.70	41.00	2.88	17.60	9.04

JK-4 型混凝土快速修补剂的主要矿物组分为硅酸钙、氟铝酸钙，此外还有部分单晶体。

2）JK-4 型修补材料的水化反应：JK-4 型混凝土快速修补剂与水泥混拌遇水发生的水化反应是一个较为复杂的过程。它的早期主要水化产物有：水化硅酸钙、水化硫铝酸钙。它们的克分子以及化学式参见表 2-4-30。

部分水化产物的组成 **表 2-4-30**

序号	水化产物	克分子比	化学式
1	水化硅酸钙	Ca1.5Si1.0O3.5·xH2.0O1.0	$1.5CaO \cdot SiO_2 \cdot xH_2O$
2	水化硫铝酸钙	Ca6.0Al2.0S3.0O18.0·xH2.0O1.0	$3CaO \cdot Al_2O_3 \cdot 3CaSO_4 \cdot xH_2O$

（3）JK-4 型修补混凝土的性能

1）修补混凝土配合比设计：

①原材料的选择：水泥是修补混凝土不可缺少的主要胶结料；砂用于配制 JK-4 型修补混凝土的砂应为干净、含泥量低于 2%的中粗砂；石子符合连续级配的细碎石；水是未受污染的清洁水。

②混凝土的配合比：

水泥	JK-4型修补剂	水	砂	石
278	228	182	481	1180
1	0.82	0.65	1.73	4.24

施工单位可根据具体情况，对上述配比进行适当调整。

2）修补混凝土的和易性：采用上述修补混凝土配合比，成型温度为21.5℃，实测混凝土坍落度为1.5cm。尽管修补混凝土的坍落度较小，但由于所用的调凝剂含有一定的引气量，水泥及修补剂颗粒的湿润度高，易振捣，密实性较相同坍落度的普通混凝土好。

JK-4型修补混凝土的泌水速度较普通混凝土快，几乎一振动就有明显泌水，但泌水量较普通混凝土低得多，且易消失。修补混凝土成型后30min，表面的泌水几乎全部消失。

3）干缩与湿胀：JK-4型混凝土快速修补剂的特点之一是收缩小，用它配制成的修补混凝土的干缩与湿胀性能列于表2-4-31。

混凝土的干缩与湿胀 表2-4-31

序号	混凝土	干缩×10^{-4}					湿胀×10^{-4}				
		1d	3d	7d	14d	28d	1d	3d	7d	14d	28d
1	普通混凝土	−0.30	−1.00	−2.30	−2.90	−4.04	1.45	1.55	1.90	2.08	2.23
2	JK-4型修补混凝土	−0.46	−0.51	−0.74	−1.14	−1.22	2.20	2.50	3.01	3.12	2.41
3	提高率（%）	+53	−49	−68	−61	−70	+52	+61	+58	+50	+53

4）耐磨性：混凝土的耐磨性与其抗压强度的关系十分密切。抗压强度越高，耐磨性越好。JK-4型修补混凝土的早期抗压强度较高，耐磨性也优于普通混凝土，甚至1d龄期JK-4型修补混凝土的耐磨性就相当于14d龄期普通混凝土的耐磨性。28d龄期的JK-4型修补混凝土的耐磨性仍高于同龄期普通混凝土18.7%。

二、JK-10型混凝土快速修补剂

（1）概述：由于JK-4型混凝土快速修补剂的初凝较快，时间短，施工时工序衔接要求较高。尤其是夏季施工时，稍不注意，就会出现修补混凝土快凝后无法振捣密实成型的现象。JK-10型就是为了解决修补混凝土快凝问题而诞生的。

它是利用一定量的柠檬酸消耗掉部分修补材料液相中的Ca^{++}，形成柠檬酸钙和$Al(OH)_{3-x}\bar{F}^{x}$，覆盖在$C_{11}A_7 \cdot CaF_2$颗粒上，使$C_{11}A_7 \cdot CaF_2$的水化反应在数小时内暂时出现停止状态，使得修补材料达到较长的缓凝时间。

（2）JK-10型混凝土快修补剂的技术性能

1）相对密度及颜色：JK-10型混凝土快速修补剂的相对密度为3.0，比普通水泥稍小。颜色与普通水泥相近。

2）细度：0.08mm水泥标准筛筛余量为3%～5%。

3）需水量：用水泥标准稠度仪测得外掺13%～16%JK-10型混凝土快速修补剂的水泥混合浆体标准稠度的用水量为27.8%（占水泥质量%），与之相对应的普通水泥浆体的用水量为27.4%，从试验结果看，两种材料的需水量基本相同。

4）泌水性：JK-10型混凝土快速修补剂的泌水较普通混凝土快，而且泌水的消失速度也比普通水泥快得多，相同水灰比时，JK-10型修补剂的泌水量要比普通混凝土稍显大些。

5）凝结果间：补凝为 2～3.5h

终凝为≤6h。

6）强度：JK-10 型修补剂的掺量为外掺 13％～16％。在夏天气温高时，内掺量最低可降至 30％，表 2-4-32 所列为内掺 15％JK-10 型混凝土快速修补剂的水泥胶砂强度发展。

水泥胶砂强度发展 **表 2-4-32**

序号	龄期	12h		24h		3d		7d		28d	
		折	压	折	压	折	压	折	压	折	压
1	JK-10 型强度（MPa）	3.60	20.10	6.49	49.53	8.28	50.16	9.64	55.48	10.20	61.20
2	普通水泥强度（MPa）	—		0.81	3.92	6.30	37.20	8.0	51.20	8.05	53.10

与普通水泥相比，修补材料的抗折强度 24h 可提高 8 倍，3d 提高 31.9％，7d 提高 24.0％，28d 提高 27.5％。

7）安定性：JK-10 型混凝土快速修补剂的安定性很好，f-CaO 极少。

8）贮存：采用双层复合袋包装，有效贮存期为 6 个月。

(3) JK-10 型修补混凝土的性能

1）修补混凝土的配合比设计：JK-10 型修补混凝土的原材料要求与 JK-4 型修补混凝土的原材料要求相同。混凝土的配合比可根据所选用的原材料进行设计和试验。混凝土的建议配合比为：

水　泥	JK-10 型修补剂	水	砂	石子
425	55～68	136	498	1281
1	0.13～0.16	0.32	1.17	3.01

当砂子细度模数大于 2.6 时，砂率可放置 30％。

2）修补混凝土的施工和易性：JK-10 型修补混凝土的和易性较 JK-4 型修补混凝土的和易性好。这是因为 JK-10 型修补材料采用的高效调凝剂延长了混凝土的初凝和终凝时间，使得 JK-10 型修补混凝土的易操作性优于 JK-4 型修补混凝土。高效调凝剂同样也提高了混凝土中固体颗粒的湿润性，降低了水的表面张力和水与胶结料颗粒间的界面张力，使得修补混凝土一旦受到外界的震动作用力即很快成型。

3）修补混凝土强度及其力学性能：用 JK-10 型配制的修补混凝土强度发展参见表 2-4-33。

混凝土强度发展 **表 2-4-33**

混凝土种类 \ 强度(MPa) \ 龄期	12h		24h		3d		7d		28d		180d	
	折	压	折	压	折	压	折	压	折	压	折	压
JK-10 型修补混凝土	3.23	25.00	4.31	34.30	5.40	51.40	5.80	52.90	6.55	53.70	7.12	54.30
普通混凝土	—	—	0.78	6.76	2.80	18.92	4.34	34.85	5.38	48.87	6.01	54.42

与同配比的普通混凝土强度相比较，JK-10 型修补混凝土 1～3d 龄期强度发展最快，3d

后强度发展速度明显减慢，但未出现强度倒缩现象。即便到了180d，修补混凝土强度仍有微小增长。

4）干缩与湿胀：JK-10型修补混凝土的干缩与湿胀性能列于表2-4-34。

混凝土的干缩与湿胀　　表2-4-34

混凝土	干缩 $\times10^{-4}$					湿胀 $\times10^{-4}$				
	1d	3d	7d	14d	28d	1d	3d	7d	14d	28d
修补混凝土	−0.38	−0.50	−0.68	−1.02	−1.23	2.41	2.33	2.98	3.11	3.35
普通混凝土	−0.30	−1.00	−2.30	−2.90	−4.04	1.45	1.55	1.90	2.08	2.23
提高率（%）	+27	−50	−70	−65	−70	+66	+50	+57	+50	+50

注：(1) 普通混凝土以成型后48h脱模测其初长；
(2) 修补混凝土以成型后12h脱模测其初长；
(3) 试件尺寸10cm×10cm×51.5cm。

JK-10型修补混凝土是一种低收缩混凝土，其28d干缩率只有1.23×10^{-4}，远比普通混凝土低。JK-10型修补混凝土，只要保持1d的湿养护，其湿胀率就可达2.41×10^{-4}。也就是说在修补混凝土中建立了0.25MPa左右的预压应力。在路面实际修补过程中，只要在修补混凝土投入使用前的12h保持潮湿养护，因修补混凝土的膨胀在混凝土中产生的预压应力就足以抵抗修补混凝土的低收缩应力，从而抑制修补混凝土微裂缝的出现，增强修补混凝土与老混凝土的粘结力。

三、JK-24型混凝土快速修补剂

JK-24型混凝土快速修补剂是由部分硫铝酸盐材料、优质含硅材料和高效表面活化剂复合而成。

(1) JK-24型混凝土快速修补剂的技术性能

1）密度及颜色：JK-24型混凝土快速修补剂的密度为2.8～2.9g/cm³，比水泥稍轻。颜色与普通水泥接近。

2）细度：JK-24型混凝土快速修补剂的细度为0.08mm，水泥标准筛筛余量为5%～8%。

3）需水量：

JK-24型混凝土快速修补剂的细度与水泥相比要细得多，材料本身的比表面积大，需要包裹表面的水相对较多，但JK-24型中混有性能优异的表面活性剂，这种表面活性剂可使修补材料初期水化时形成的絮凝结构分散开来，并将包裹在其中的游离水释放出来，从而减小了修补材料的需水量。因此，JK-24型混凝土快速修补剂的需水量较普通水泥小。实测JK-24型混凝土快速修补剂的需水量较普通水泥小10%～15%。

4）泌水性：

JK-24型混凝土快速修补剂的泌水性较普通水泥小，但泌水速度比普通水泥快。泌水的消失速度与普通水泥接近。

5）凝结时间：JK-24型混凝土快速修补剂的实测初凝时间为2h 5min，终凝时间为3h41min。初凝时间较普通水泥稍长，而初凝与终凝的间隔时间则比普通水泥短。这是由于JK-24型混凝土修补剂具有良好的触变性所致。这一特性对修补混凝土的早期强度发展有利，它有效地解决了混凝土普遍存在的施工可操作性与早期强度发展的矛盾。

6）强度：JK-24型混凝土快速修补剂的强度发展列于表2-4-35。JK-24型混凝土快速修补剂的早期强度发展虽不及JK-4型和JK-10型混凝土快速修补剂那样快，但24h龄期的抗折强度还是比较高的，可以满足通车要求不十分紧迫的水泥混凝土路面修补。

JK-24型混凝土修补材料的胶砂强度发展（MPa） **表2-4-35**

序号	材料种类	24h		3d		7d		28d	
		折	压	折	压	折	压	折	压
1	JK-24型修补材料	4.80	20.20	6.53	37.00	8.80	51.30	9.95	53.20
2	普通水泥	0.77	3.75	6.26	36.90	7.90	50.40	8.0	50.0
3	提高率	523%	439%	4.3%	0.3%	11.4%	1.8%	24.3%	6.4%

注：修补材料中修补剂外掺量为16%。

7）贮存时间：JK-24型混凝土快速修补剂的有效贮存期较长。一年贮存时间，修补材料实测强度仅下降3.5%；二年贮存时间，修补材料实测强度下降7.4%，JK-24型混凝土快速修补剂之所以有如此长的有效贮存期，主要是材料本身的吸湿性小。

8）安定性：JK-24型混凝土快速修补剂的安定性很好。

（2）JK-24型修补混凝土的性能

1）混凝土配合比设计：影响修补混凝土性能的主要因素是混凝土的原材料组成，水泥是JK-24型修补混凝土不可缺少的主要胶凝材料。采用52.5MPa普硅水泥配制JK-24型修补混凝土，24h龄期修补混凝土的抗折强度可比采用42.5MPa普硅水泥的修补混凝土抗折强度提高15%～20%。所以，配制JK-24型修补混凝土应尽可能采用52.5MPa普通硅酸盐水泥。

JK-24型混凝土快速修补剂的掺量对修补混凝土的性能影响很大。掺量太大，一是成本增加，二是过分加大了修补混凝土的膨胀率，反不利于混凝土的强度发展；掺量太小，达不到预期的强度和膨胀补偿收缩要求，影响修补混凝土的修补质量。JK-24型混凝土快速修补剂的适宜掺量为14%～18%，一般采用16%。

采用JK-24型修补剂配制修补混凝土，砂石的含泥量尤其要严格控制。石子粒径可视修补需要而定，如系整板全厚度修补，石子最大粒径可放至40mm；如系表面10cm内处理，石子最大粒径应降至20～30mm。JK-24型修补混凝土的建议配比如下：

水　泥	JK-24型修补剂	水	砂	石子
437	70	140	524	1149
1	0.16	0.32	1.20	2.63

2）修补混凝土和易性：JK-24型修补混凝土的施工和易性很好。相同的坍落度，JK-24型修补混凝土要比普通混凝土更易操作，更易振动密实。JK-24型修补混凝土之所以具备如此优异的和易性，原因在于JK-24型修补材料的易泌水性。用此种材料修补水泥混凝土路面，施工工人可以有很充裕的时间对修补路面进行认真仔细的处理，即便是夏天高温季节也如此。

3）修补混凝土强度发展：外掺16%JK-24型混凝土快速修补剂的修补混凝土强度发展如表2-4-36和图2-4-7所示。

JK-24型修补混凝土的强度　　**表2-4-36**

龄　期（d）	1	2	28	90	180
抗压强度（MPa）	18.9	27.6	47.5	48.0	48.7
抗折强度（MPa）	3.1	4.0	5.49	6.21	6.28
脆度系数（压/折）	6.10	6.90	8.65	7.73	7.75

由图2-4-7可见，0～1d，修补混凝土的强度发展曲线最陡，斜率最大，强度发展最快，1d后随着龄期的增长，强度发展曲线渐趋平直，斜率变小，强度发展速度减慢。28d龄期后，修补混凝土的抗折强度仍有微小的增长。修补混凝土的这一特性有利于修补混凝土与老混凝土的强度一致性。破碎混凝土周边的坚固混凝土一般都在三年龄期以上，设计强度为C30的混凝土路面三年后的抗压强度大约在40～50MPa，抗折强度在6～7MPa。它们的强度基本上是稳定的，不会再有明显的强度增长。倘若修补混凝土后期强度发展过快或出现强度下降，都会增大水泥混凝土路面的强度不均匀性，给修补后的水泥混凝土路面再次发生破坏留下隐患。所以，用于水泥混凝土路面修补的混凝土28d龄期既不允许强度下降，也不宜强度增长过高，尤其是抗压强度的大幅度增长，会给水泥混凝土路面造成脆度增大的缺陷。

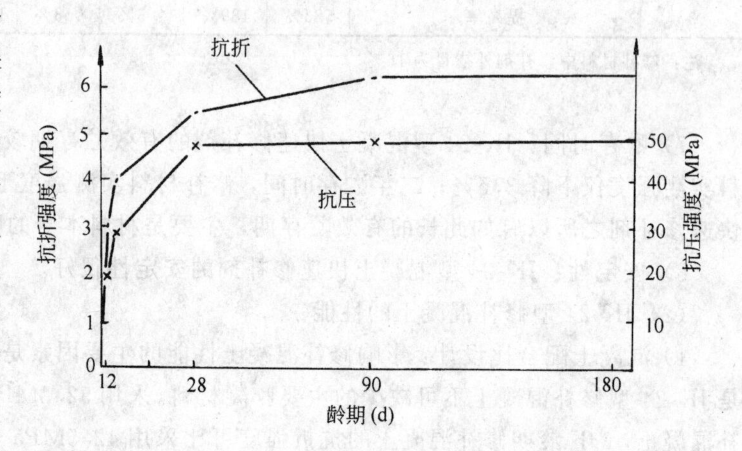

图2-4-7　JK-24型修补混凝土强度发展曲线

4）干缩与湿胀：影响新修补混凝土与老混凝土粘结性能的主要因素之一是修补混凝土的收缩性能。JK-24型修补混凝土的干缩与湿胀性能列于表2-4-36。外掺16%JK-24型修补剂的修补混凝土干缩率很小，28d龄期的干缩率仅有0.18‰，约为普通混凝土干缩率的1/3。

在使用JK-24型混凝土修补剂时，如能保持1d的潮湿养生，修补混凝土将会产生2.44×10^{-4}的湿胀率，由此在混凝土中建立起约0.2MPa左右的预压应力，从而增强修补混凝土与老混凝土的粘结力，抑制或减少混凝土中的微裂缝产生。

5）耐磨性：JK-24型修补混凝土的磨耗性能列于表2-4-37，500转时，JK-24混凝土修补材料较普通砂浆磨耗值低11.2%，1 000转时低13.4%，1500转时低10.2%，2000转时低5.2%。

水泥砂浆磨耗值 表 2-4-37

编号	面积（cm^2）	磨耗量（g）				抗压强度（MPa）	
		500转	1 000转	1 500转	2 000转	7d	28d
JK-24 型砂浆	9.57	6.91	13.68	20.72	27.13	46.2	66.4
普通砂浆	9.57	7.68	15.52	22.82	28.53		54.8

JK-24 型修补混凝土的其他性能与普通混凝土基本相同，抗冻性、抗渗性略优于普通混凝土。

2.4.4 水泥混凝土路面的修补技术

2.4.4.1 概述

一、水泥混凝土路面表面技术标准

水泥混凝土路面的特点是在养护良好的条件下使用年限比其他路面长。然而一旦开始破损，将会迅速发展。因此必须作好预防性、经常性养护。通过经常的观察，及早发现缺陷，弄清原因，不失时机地采取适当的措施以保持路面状况的完好。混凝土路面质量技术标准规定于表 2-4-38，这是水泥混凝土路面在使用中，通过养护、维修，保持状态完好的依据。

水泥混凝土路面表状技术标准 表 2-4-38

序号	主要项目	道路等级	单位	容许偏差
1	相邻板高差	高等级道路	mm	2
		其他道路		3
2	宽度		mm	±20
3	路拱横坡度	高等级道路	%	±0.15
		其他道路		±0.25
4	纵断高程	高等级道路	mm	±10
		其他道路		±15
5	纵缝直顺度（20m 直线检查）	高等级道路	mm	10
		其他道路		10
6	横缝直顺度（在车行道宽度内）		mm	10

二、水泥混凝土路面质量的评价指标

路面使用质量，用路面状况指数（*PCI*）、平整度（σ）、抗滑系数（*F*）以及路面综合评定指标（*SI*）来评价。评价标准分为优、良、中、差四个等级，水泥混凝土路面破损评价标准见表 2-4-39。

水泥混凝土路面破损评价标准 表 2-4-39

序号	评价指标	优	良	中	差
1	路面状况指数（*PCI*）	≥85	≥70，<85	≥50，<70	<50
2	平整度（σ）	≤2.5	>2.5，≤3.5	>3.5，≤4.0	>4.5
3	抗滑系数（*F*）	≥55	≥48，<55	≥38，<48	<38
4	路面综合评定指标（*SI*）	≥8.5	≥6.9，<8.5	≥4.5，<6.9	<4.5

上述四项评价指标的计算和测试方法详见《公路养护技术规范》(JTJ 073—96)的规定。

三、水泥混凝土路面养护的措施

水泥混凝土路面的养护对策，应根据现有路面使用质量状况、道路性质、等级和交通量等因素，结合当地技术经济水平、气候条件，适时地提出改善、大、中、小修的对策和优先顺序。有条件的，宜用水泥混凝土路面管理系统进行辅助决策。养护对策应符合下列要求：

(1) 路面综合评定指标 (*SI*) 为优、良，坏板率在5%以下的路段，宜以日常养护为主，局部修补一些对行车安全有影响的板块。

(2) 路面综合指标 (*SI*) 为优、良，坏板率在5%～15%的路段，除按正常的程序进行保养维修外，宜安排大、中修进行处治；对路面综合指标(*SI*)为中、差，坏板率在15%～50%的路段，必须安排大、中修进行处治。

(3) 坏板率在50%以上的路段，必须进行改善。

(4) 优先顺序的主要考虑原则为：路线行政等级高的先于路线行政等级低的；交通量大的先于交通量小的；路面使用质量差的先于路面使用质量好的；在相同条件下，以坏板率大者为先。依据以上原则，经综合考虑后选定优先顺序。

2.4.4.2　水泥混凝土路面接缝的修补技术

一、概述

接缝是水泥混凝土板块的薄弱部位，一旦填缝材料老化损坏，要立即更换填缝料。否则冬季水泥混凝土板块收缩，填缝料与板块之间被拉开，形成空隙，雨雪水渗入路基，造成板块唧泥。此外，坚硬的石子落入缝内，夏天板块受热膨胀，石子易将板边挤碎。

目前国内填缝料的种类较多，有聚氨酯类，沥青胶泥类，价格从0.3～1万元不等。施工单位亦可根据当地现有材料进行掺配，其配合比见表2-4-40。

填缝料配合比（质量比）　　**表 2-4-40**

编号	掺配沥青		石棉屑	石粉	橡胶粉
	60号沥青96%+重柴油4%	30号沥青80%+重柴油20%或10号沥青85%+重柴油15%			
1	60～65		5～10	10～15	15～20
2		70～75	5	10	10～15
3		60	10	25	5
4		60	10	25	5

二、填缝料的修补技术

(1) 用小扁凿凿除旧填缝料，用钢丝刷清理缝壁，并用皮老虎或吸尘器吹吸干净缝内尘土。

(2) 用稀释沥青涂刷缝壁。低温施工时，采用喷灯烘吹，使沥青涂匀。

(3) 在缝的两侧路面上各撒一层石粉（或用石灰水涂刷），防止灌填接缝材料时污染路面。

(4) 缝的下部可填25～30mm高的泡沫塑料嵌条。

(5) 用配制好的接缝材料进行填缝，缝的顶部须留有5mm的膨胀空间（见图2-4-8）。

(6) 在已填好的缝上，用烙铁烙平，使接缝密实。

(7) 图 2-4-9 所示为某水泥混凝土路面接缝处填补的沥青混合料实况。

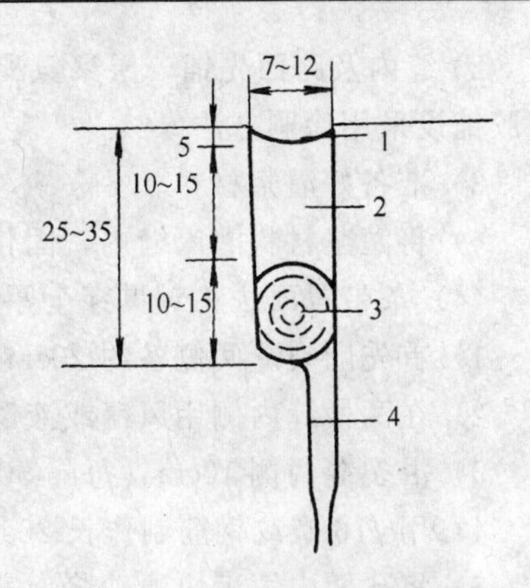

图 2-4-8 缩缝缝隙典型断面（单位：mm）

1—膨胀空间；2—接缝材料；3—嵌条；4—导裂缝

2.4.4.3 裂缝的修补技术

水泥混凝土路面的裂缝情况比较复杂，在修补时必须根据具体的实际情况，采用相应的修补措施，从目前国内外看，对水泥混凝土路面裂缝的修补，常采用压注灌浆法、扩缝灌浆法、直接灌浆法和条带罩面法等。下面简要介绍各种方法的修补技术。

(1) 压注灌浆法：对宽度在 0.5mm 以下的非扩展性的表面裂缝，可采取压注灌浆法，其施工工艺如下：

1) 用压缩空气清除缝隙中泥土杂物。

2) 将松香和石蜡按 1：2 配制并加热熔化。

3) 每隔 30cm 安置一个灌浆嘴。

图 2-4-9 接缝处填补的沥青混合料

4) 用胶带将缝口贴牢，并在灌浆嘴及胶带上加封松香石蜡。

5) 用压力灌浆器将灌浆材料溶液压入缝内。

(2) 扩缝灌浆法：对水泥混凝土路面接缝的局部性裂缝且缝口较宽时，可采用扩缝灌浆法，其施工工艺如下：

1) 先顺着裂缝用冲击电钻将缝口扩宽成 1.5cm 的沟槽，槽深根据裂缝深度确定，最大深度不得超过原水泥板的 2/3 的厚度。

2) 用压缩空气吹除混凝土碎屑，填入粒径为 0.5cm 的清洁的小石屑（含泥量小于 1%）。

3) 根据选用的裂缝修补材料使用方法，准备好灌浆材料。

4) 灌入选用的裂缝修补材料。

5) 用远红外灯加热增强 2～3h 即可通车。

(3) 直接灌浆法：对非扩展性裂缝，可采取直接灌浆法。

1) 先将缝内泥土、杂质清除干净，随后用钢丝刷将缝口刷一遍，并用吸尘器将浮土吸掉，确保缝内无水、干燥。

2）缝内及路面先铺一层聚氨酯底胶层，厚度为0.3±0.1mm。底胶用量为0.15kg/m²，底胶铺设采用涂刷方法。

3）准备好灌浆材料。

4）将灌浆材料灌入缝内，固化后达到通车强度，即可放行。

（4）条带罩面法：对贯穿全厚的开裂状裂缝，宜采取条带罩面法进行修补。

1）首先顺裂缝两侧各约20cm，且平行于缩缝切7～10cm深两条横缝。

2）在两横缝内侧用风镐或液压镐凿除混凝土7～10cm。

3）沿裂缝两侧10cm，每隔50cm钻一对钯钉孔，钯钉孔的直径略大于钯钉的直径。

4）用ϕ16螺纹钢筋制作长20cm、弯钩长7cm的钯钉。

5）将孔槽内填满快硬砂浆，安装钯钉。

6）人工将切割的缝内壁凿毛，以增强新老混凝土的粘结力。人工去除已破裂尚未掉下来的表面裸石。

7）在修补面上先刷一层同混凝土配比的修补砂浆，然后浇筑快硬混凝土（详见图2-4-10）。

8）喷洒养生剂养生。为防止修补混凝土中的水分沿相邻老混凝土孔中失去，养护剂的喷洒面应延伸到相邻老混凝土内20cm以上。

9）用切缝机加深缩缝。

10）灌填缝料。

11）在裂缝端部路肩处修盲沟以利排水。

（5）表面龟裂的处理：

1）对于表面裂缝较多及表面龟裂，可把裂缝划为一个施工面。

2）将其施工面中的裂缝凿成一块3～6cm凹槽。

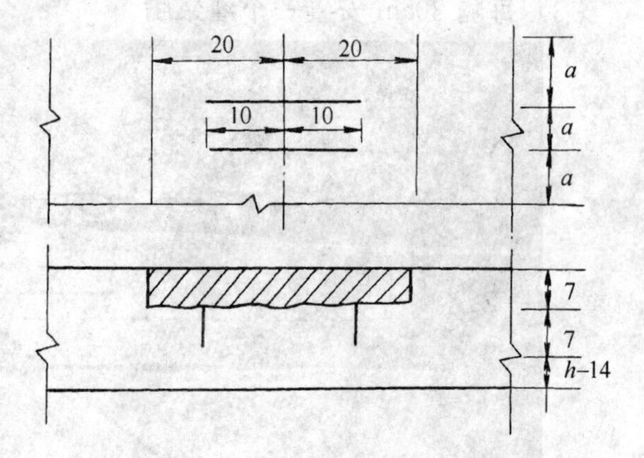

图2-4-10　钯钉罩面示意图（单位：cm）
a—钯钉间距；h—混凝土面板厚度

3）把混凝土碎屑吹除干净。

4）配制聚合物乳液混凝土或备好其他修补材料。例如采用沥青混合料填补，见图2-4-11所示。

5）浇筑修补混凝土。

6）喷洒养生剂养生。

7）养生至规定通车强度时即可通车。

2.4.4.4　局部修补技术

一、孔洞坑槽修补技术

（1）对孔洞与坑槽的修复。孔洞、坑槽的出现主要是由于混凝土材料中夹带木块、纸张和泥块等杂物所致，影响行车的舒适性。其修复的工艺过程如下：

先将孔洞凿成形状规则的直壁坑槽 ⟶ 用钢丝刷将破坏处的尘土、碎屑清除 ⟶ 用压缩空气吹干净修补面 ⟶ 填上聚合物乳液混凝土 ⟶ 喷洒养生剂

然后认真养生至规定通车强度时即可通车。

（2）对连片的小坑洼和较深孔洞的修复。遇上这种水泥混凝路面时，应集中地划出一个施工作业面，四边采用标志隔离，然后按下述工艺过程施工（参见图2-4-12所示）。

图 2-4-11 沥青混合料填补裂缝及修补小块

图 2-4-12 对连片小坑洼和较深孔洞的修复

1）首先放样，用粉笔将需要修补的水泥混凝土路面画出处治区域。

2）然后用切缝机将所画的处治区域边线切成 5cm 以上的深槽。

3）用风镐将所需修补处的路面打烂，将废料取出运走，并且人工将切缝机切过的光滑面打毛，以提高新老混凝土的粘结力。

4）用压缩空气吹除混凝土碎屑，并用水冲洗其修补工作面。

5）配制聚合物砂浆或聚合物混凝土。同时也配制好水泥浆乳液界面剂。

6）将配制好的水泥浆乳液均匀地在坑面涂刷一层。

7）把拌好的混凝土倒入坑内摊铺、振捣、提浆、抹平。

8）喷洒养生剂养生被修补的水泥混凝土路面。

二、水泥混凝土路面错台

混凝土路面错台的修理，可根据板块错台的高度采取相应的修补方法。

(1) 错台高度为 $0.5<h<1$cm 时，采用切削法修补。

使用带扁头的风镐，像石匠凿石头一样，均匀地将高起处凿下去并与邻板齐平。

(2) 错台高度 $h\geqslant1.0$cm 时，采用凿低补平罩面法修补。

将低下去的一侧水泥板凿除 1～2cm，使用 J-6 胶乳砂浆材料修补。修补长度按错台高度除以 1.0％坡度计算，如图 2-4-13。

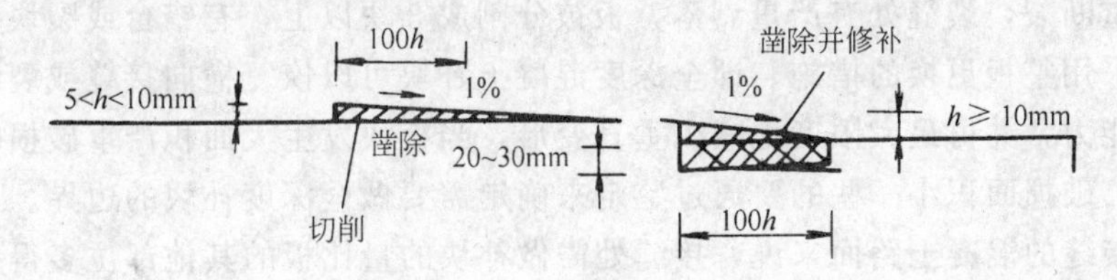

图 2-4-13 错台修补示意图

三、水泥混凝土路面板体拱起及磨光的处理

(1) 路面板体起拱的处治。当水泥混凝土路面胀缝的上部被硬物阻塞，缝两旁的板体因受热伸长而把板拱起时，应立即用大切缝机将板拱起的部分以 $\Delta L_1+\Delta L_2$ 和 1～2cm 预留缝切除，使相邻板放平，并在缝隙内灌填料。见图 2-4-14 所示。

(2) 路面磨光的处治。为了改善水泥混凝土路面的防滑性能，可采用刻槽机对磨光的路面进行刻槽处理。江苏常州武进交通工程机械厂生产的电刻槽机装有 11 把刀片，刻出的槽宽3mm，最大深度10mm，间距25mm，槽的形状和间距可通过改变刀具外形及刀片间隔尺寸进行调整，槽深可根据需要在10mm范围内任意调节，按直线前进，仅需一人操作。

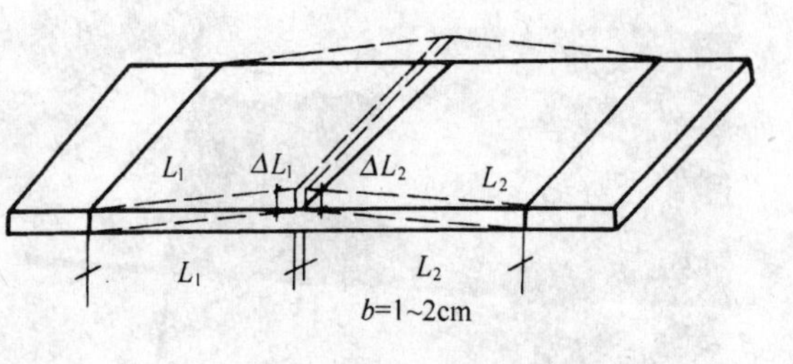

图 2-4-14　板体拱起修复示意图

四、水泥混凝土路面板角修补

如图2-4-15所示为水泥混凝土板角修补示意图，其主要的施工工艺如下：

(1) 按板角断裂破裂面的大小确定切割范围。

(2) 用液压镐凿除破损部分，尽可能保留原有钢筋。

(3) 对基层采用C15素混凝土补强。

(4) 在新老混凝土之间加设传力杆。

(5) 在原有路面板接缝面涂刷沥青。

(6) 浇筑快硬混凝土。

(7) 用养护剂养护。

(8) 待混凝土达到强度后，方可开放交通。

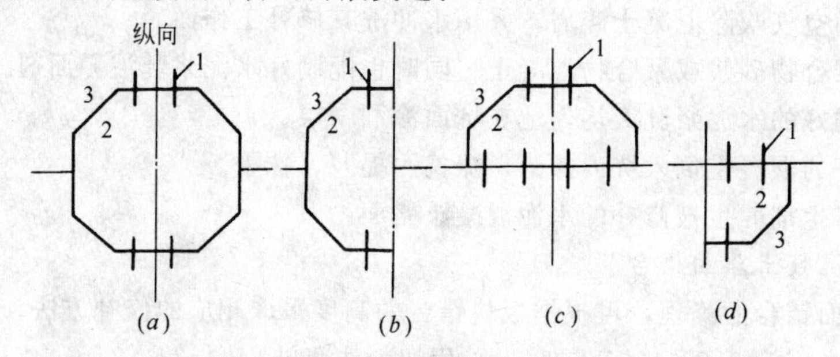

图 2-4-15　板角修补示意图

1—传力杆；2—修补混凝土；3—原混凝土板

2.4.4.5　水泥混凝土路面整块板更换修复技术

一、概述

对于严重断裂，裂缝处有严重剥落，板被分割成3块以上，有错台或裂块已开始活动的断板，应采用整板更换的措施。即全深度混凝土补块可以恢复横向接缝或裂缝传递板块之间荷载的能力，并可最大限度地减少垂直变形，当板块发生大面积严重破损时，应去除并更换全板，破损面积小一些的要通过鉴定来确定需要做全深度补块的边界。

对于设接缝的混凝土路面来说，接缝处需做补块的量比板的其他部位多得多。在横向接缝或其附近处发生的下述类型的破损，可视其严重程度铺设全深度补块。

(1) 胀起：因热膨胀引起的横向接缝处的板边局部上移，这种现象主要发生在设接缝的较长板块的路面上，并发生在接缝内落入且留下不可压缩的物质以后。

(2) 角裂：一般始于板边并与横向接缝相交叉的全深度对角线裂缝，是由于板下缺少边部支承和承受重型交通荷载引起的。水和交通荷载的共同作用使板下的细集料抽吸出来，加速了支承力的丧失。通常，雨后路肩的沉降或细集料在路肩的沉积，表明发生了抽吸。

(3) 耐久性裂缝：靠近并大致平行于横向和纵向裂缝的月牙形裂缝是由于某种粗集料

的冻融膨胀压力造成的。

(4) 接缝荷载传递能力破坏而引起的路面恶化：与横向接缝平行或距横向接缝仅有很短距离的裂缝，这种裂缝是由于传力杆荷载传递能力的破坏而引起的。它的破坏是由于传力杆设置不当，排列有误，以致在重型交通荷载作用下传力杆的插口被侵蚀或扩大而造成的。

二、横向接缝设计、荷载传递

与荷载传递能力有关的补块接缝设计是控制补块性能的最关键因素。横向接缝荷载传递方法有三种：①集料嵌锁；②刨挖法；③传力杆。

(1) 集料嵌锁接缝：集料嵌锁适用于无筋混凝土路面的接触面交错的接缝，而且接缝的间隔要小于 300～450cm，详见图 2-4-16。

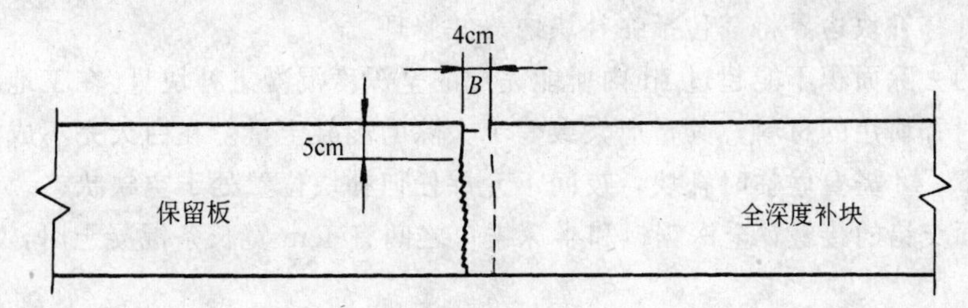

图 2-4-16 集料嵌锁接缝

(2) 刨挖法：刨挖法亦为倒 T 形法，适用于接缝间传荷很差部位。在相邻板横边的下方暗挖出 15cm×15cm 的一块面积，用于荷载传递（如图 2-4-17 所示）。

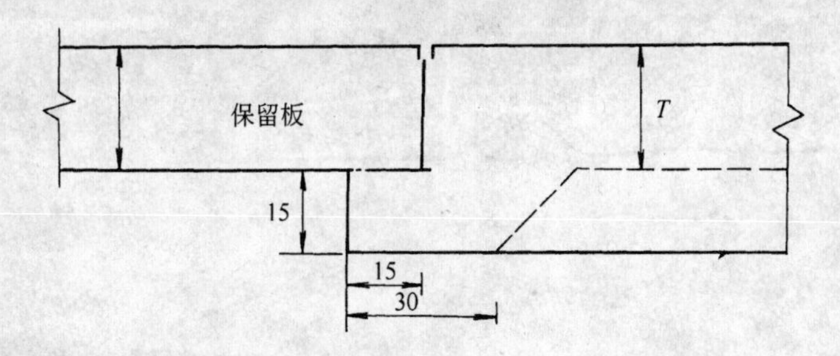

图 2-4-17 倒 T 形接缝（单位：cm）

(3) 传力杆：传力杆荷载传递体系适用于在寒冷气候和承受重型交通荷载的混凝土路面，这种方法既为接缝提供了必要的荷载传递，又可以用作破碎和吊、降混凝土板块过程中对相邻板块损坏最少的全深度锯缝（如图 2-4-18）。

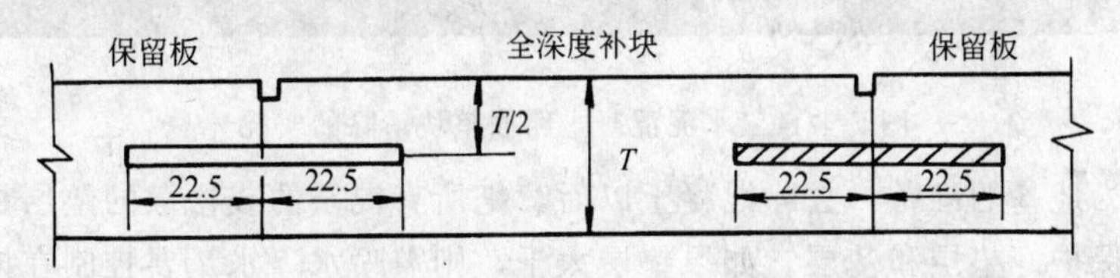

图 2-4-18 设置传力杆的接缝（单位：cm）

三、初块尺寸确定

(1) 路面基础已恶化的部分应全部清除掉。

（2）锯缝的位置应离破损位置至少 30cm。

（3）若边界距现有（另一条）横向裂缝不足 180cm，或距现有未设传力杆接缝不足 90cm，应考虑边界外移，把裂缝或接缝包括在补块内。建议采用这些措施来最大限度地减少板块松动、唧泥。

四、整块修补施工工艺

（1）放样、锯切混凝土板：沿着指定的横向和纵向边界进行全深度切割，锯板工作要比混凝土去除工作提前 1d。对于以集料嵌锁传递荷载的无传力杆全深度补块来说，应在全深度补块外侧 4cm 处锯部分 5cm 深的缝，详见图 5-5。

（2）混凝土去除：在去除混凝土块过程中要特别谨慎小心，尽量不要使混凝土与其他材料混在一起，不要伤及基层、相邻路面和路肩。在锯混凝土板和吊降过程中被损坏的地方，要通过外移补块边界将其包括在补块内一并修理。

混凝土的去除面积不能超过 1d 内所能完成的全深度混凝土补块量。在工地现场应储备足够的做临时补块用的材料，其量应大致等于去除的混凝土量。在白天完不成混凝土摊铺工作的情况下，才需要做临时补块，夜间不允许任何补块位置处于空缺状态。无传力杆的补块要做接面交错的接缝，全深锯口和半深锯口之间有 4cm 宽长条混凝土时，应用凿岩锤敲掉。

图 2-4-19 所示为水泥混凝土路面整块清除的实况。

图 2-4-19　水泥混凝土路面整块清除的实况

（3）垫层、地基的准备：去除混凝土以后，把所有混杂的或松散的垫层材料去掉。混凝土去除后要保护好垫层和基层。如果垫层太干，则需喷水。水量要控制在摊铺混凝土前能吸收掉。垫层地基处在饱和状态时，不适宜摊铺混凝土。对级配集料垫层要压到最佳密实度的 95%，要一层一层地摊铺，一层一层地压实，每层厚度不大于 5cm，设置横向地基排水

(4) 补块的准备：在板厚 1/2 处钻出比传力杆直径大 6mm 的孔，孔中心距 30cm。钻具应安装在硬框架上以确保钻孔在水平方向和垂直方向上都能对齐，同时使每 30cm 传力杆的误差不超过 3mm。横向施工缝传力杆直径为 25mm，长度为 45cm，嵌入相邻保留板内达 22cm 深，传力杆间距为 30cm。比拉杆直径大 6mm 的拉杆孔应沿相邻板间的纵向接缝在板厚 1/2 处钻孔，中心距为 80cm。拉杆采用螺纹钢筋，长 80cm，40cm 嵌入相邻车道的板内。

为保证传力杆、拉杆牢牢地固定在规定位置，先将环氧砂浆填入孔的后部，然后插入传力杆或拉杆。摊铺混凝土前光面传力杆的伸出端要涂少许润滑油。在与沥青路肩相接时，要将路肩锯缝并挖去 15cm，放置边模。模板与现有路面至少搭接 30cm，并加以固定，以免摊铺过程中发生移动。模板拆除后，路肩用沥青混凝土回填，每层不超过 7cm，然后整平并压实，直至新补块和现有路肩齐平。

(5) 混凝土配料：用水总量应控制在使混合料运到工地最佳和易性所必需的最小值，最大水灰比为 0.40，如采用 JK 系列混凝土快速修补剂，水灰比只需 0.30～0.34，其塌落度一般规定为 2cm。混凝土混合料的抗折强度在 24h 以内至少要达到 3.0MPa。

(6) 混凝土摊铺：混凝土应在搅拌开始以后 30～45min 内卸到补块区内摊铺，采用有效的插入式振捣器及平板振捣器振实混凝土，确保传力杆周围和板边充分地振实。

(7) 整平：面层用木制的模板刮平并用镘刀抹平。长度小于 300cm 的补块，平行于中心线移动刮平，较长的补块最好采用振动梁纵向刮平，其形状变化要与相邻路面的横断面吻合。经过整平的表面，包括接缝在内，纵向平整度允许值为 3m 直尺 3mm。补块表面纹理的类型与原路面相吻合。

(8) 养生：补块表面纹理做好以后，立即用养护剂进行养生，养护剂用量为 0.28kg/m^2。

(9) 接缝：混凝土摊铺以后和车道开放交通以前的 12h 内，将板中间的各缩缝先锯到 1/3 板厚处，灌接缝材料。混凝土铺完以后 5d 内要完成接缝的封缝工作。

包括施工在内的所有接缝的缝要么用模板成型，要么锯成，并按设计图（详见图 2-4-8 所示）封缝。模板拆除后或锯缝以后，要用水将缝槽彻底冲洗干净并用压缩空气吹干，灌入填缝材料。

2.4.4.6 水泥混凝土路面磨损与浅层龟裂现象的罩面

对于部分板块出现较大面积磨损和浅层龟裂现象的水泥混凝土路，可采用罩面技术加以处理。

一、沥青混凝土罩面层

(一) 施工前的准备工作：在加罩面层之前应对混凝土路面的破损进行修补。对于发生错台并发展成角裂的混凝土路面，其接缝附近可能会有空隙。在横向接缝或裂缝处，荷载传递能力减弱，在罩面层之前，必须采取一些修补措施，解决空隙和荷载传递的问题。

(二) 反射裂缝：对填封裂缝，扼制反射裂缝的发展均应在加罩面层以前考虑。反射裂缝是一种起源于路面的裂缝或接缝并出现在罩面层的裂缝，目前还没有防止产生反射裂缝的综合设计方法。

(三) 推迟反射裂缝形成的处理方法：罩面采用橡胶沥青混凝土，在产生疲劳裂缝而不是温度裂缝的路面上做土工织物夹层，再做较厚的罩面层（即在 5～15cm 之间）：

(1) 橡胶沥青混凝土罩面：沥青的性能对沥青混凝土罩面层的抗反射裂缝的能力的影

响比其他任何因素都大。在沥青中掺入2%（干胶含量）胶乳、橡胶母体、橡胶粉，可显著提高沥青的延伸度，同时针入度降低，软化点和粘结力有所提高（详见表2-4-41）。丁苯胶乳沥青混凝土施工工艺流程见图2-4-20。

丁苯胶乳改性沥青技术指标　　　　**表2-4-41**

测试项目	胜利100号沥青	改性沥青
软化点（℃）	46	48
针入度（1/10mm，25℃，100g）	102	85
延伸度（7℃，cm）	4	>150
粘结力（石灰石）	3级	4级

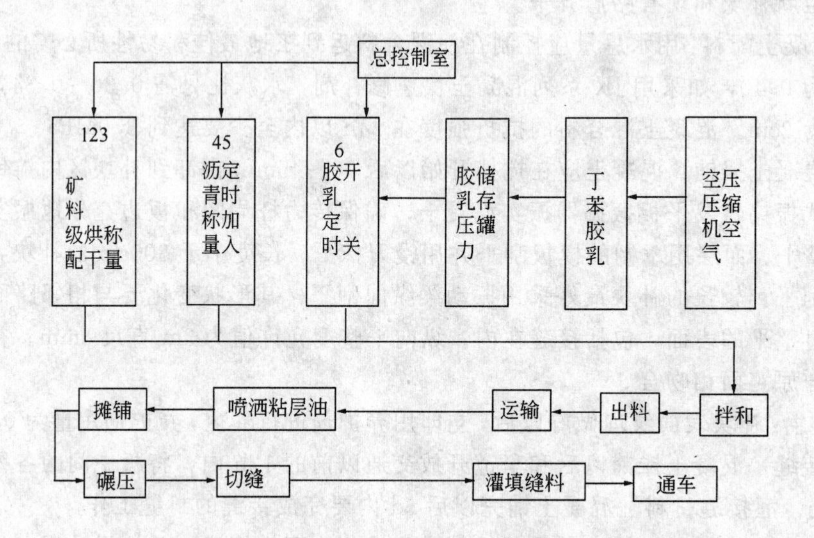

图2-4-20　丁苯胶乳沥青混凝土施工工艺流程

橡胶沥青混凝土的施工要点为：

1）掺入胶乳宜选择用压缩空气定压、定时、定量输送，并配备一套胶乳添加装置；

当沥青输入搅拌设备时，打开胶乳添加阀，喷入一定量的胶乳，然后自动关闭输入阀，胶乳添加完毕；

2）采用橡胶母体时，需将整块的橡胶母体切割成小块，然后按比例投入沥青中，进行加热；

3）采用橡胶粉时，需将橡胶粉按比例投入加热的沥青中进行搅拌，直到橡胶粉均匀分布在沥青中方可使用；

4）在采用橡胶沥青罩面时，要严格控制温度。沥青加热温度为140～160℃；矿料加热温度为150～170℃；混合料出厂温度为150～160℃；混合料到达工地温度不低于140℃；混合料摊铺温度控制在130～140℃；碾压终了温度不宜低于90℃；

5）为保证沥青混凝土与水泥混凝土路面的粘结强度，要对水泥混凝土路面进行清扫，然后按0.6kg/m^{2}的用量喷洒乳化沥青，这样，既可增强沥青混凝土与水泥混凝土之间的抗剪强度，又能防止泛油现象。

橡胶沥青具有良好的路用性能，工艺简便，成本较低，可减少和延缓反射裂缝的发生。

(2) 土工织物夹层：土工织物在沥青混凝土中起着加强的作用，使用土工织物可推迟产生反射裂缝。土工织物可以是有纺的也可以是无纺的。常用的土工织物由聚丙烯、聚酯一类材料制造。土工织物抗破强度约250N，拉伸强度280N/5cm，延伸率小于70%。

做好准备工作对于夹层的性能是十分重要的。对水泥混凝土路面不仅要填充裂缝，而且必须对面板加以稳定，使板的均匀垂直位移减至最小。土工织物夹层在气候温和地区疲劳裂缝不严重的路面上时使用效果较好。

铺设土工织物的要点如下：

1) 选择土工织物：尽可能选用150g/m^{2}薄型针刺无纺土工织物、改性沥青油毡和玻璃纤维格栅。

2) 土工布铺设：

①测定旧混凝土路面板块弯沉，凡弯沉大于0.10mm的完好板要进行板下封堵。

②破碎板要进行挖补。

③用沥青砂对板块错台进行调平。

④按0.6kg/m^{2}喷洒乳化沥青粘层油。

⑤全幅摊铺土工布，接头搭接部分不少于20cm。土工布须与原路面粘贴紧密，不得出现脱空现象。

⑥用摊铺机铺筑沥青混凝土面层，运输车辆不得在土工布上调头、刹车。

(3) 粘贴改性沥青油毡：

①对原有水泥混凝土板块进行维修、稳定。

②清洁水泥混凝土板块接缝。

③将改性沥青油毡切割成50cm宽。

④将油毡骑缝，缝两则各25cm，用喷灯加热烘烤粘贴、压实，不得出现脱空现象。

⑤在改性沥青油毡上洒一层沥青砂。

⑥用摊铺机铺筑沥青混凝土面层。

(4) 铺设玻璃纤维格栅

①对原有水泥混凝土路面板块进行维修稳定。

②按0.6kg/m^{2}喷洒乳化沥青。

③用沥青砂对原有水泥路面进行调平。

④摊铺玻璃纤维格栅，格栅端部要用射钉枪加垫片固定，中间部分可用水泥钉加垫片固定。格栅接头搭接不少于20cm，接头上下搭接位置要一致。格栅应紧贴原路面，不得有脱空现象。

⑤用摊铺机铺筑沥青混凝土，运输车辆不得在格栅上调头、刹车。

(5) 沥青混凝土罩面

轴载的数量和气候条件、混凝土路面破损类型以及弯沉量是确定沥青混凝土罩面厚度及减少反射裂缝程度所需要考虑的因素。交通量大小和罩面厚度有如下关系：

平均日交通量（2个方向）（辆/天）	罩面厚度（cm）
＜750	4
750～2 000	5
＞2 000	8

目前的技术水平尚无法从根本上解决反射裂缝的问题，现在主要考虑的是如何控制反射裂缝的程度。在铺筑于旧混凝土路面上的沥青罩面层上锯缝，并能有效地密封，既可防止水或异物进入，还可为释放罩面层内的应力提供一个平面。

罩面的施工要点：

①准确地标明旧接缝的位置，使罩面层上的锯缝对准旧缝。由于下幅板会发生位移，新接缝务必在产生反射裂缝前锯出。切缝宽为5mm，缝深为沥青层厚度的1/3。

②在罩面层锯缝完成后和开放交通前尽快地填入填缝料，这样可以减少出现不规则的反射裂缝和避免反射裂缝处的剥落。

③清理边沟，排除积水，改善排水系统，可防止水进入路面结构和土基，防止因气候原因造成的强度损失和材料退化。

④加铺路肩有助于保持基层和土基的干燥并提供路面边部支承。

二、水泥混凝土罩面

(1) 凿毛：以一块板为一单位工作面，用风镐将混凝土表面凿除5～7cm。

(2) 清理：首先清除路面的水泥混凝土废料，再使用压缩空气吹除混凝土碎渣。

(3) 湿润：对被凿除的路面表面进行一次洒水湿润混凝土。

(4) 排水；首先用竹扫把清扫混凝土表面的存水，然后用压缩空气冲除混凝土表面积水。

(5) 清除构造裂缝：风镐凿毛混凝土表面时，易产生构造裂缝，若不将其清除，将影响新老混凝土的粘结。因此，必须在浇筑混凝土之前检查、排除老混凝土表面的构造裂隙。

(6) 安装模板；模板宜用槽钢，安设时沿放样线放于基层上并初步固定，用水准仪观测模板顶面标高是否符合设计要求，然后用支撑架将其固定。边模用钢纤固定，中模以间隔1m由射钉或膨胀螺丝将模板外侧底部预先固定，中、边模顶部之间采用横跨两模的活动卡梁辅助固定。活动卡梁间距不大于2m，并随铺筑进度相应装拆推移。浇筑混凝土前应先在模板内侧涂上脱模剂，以利拆模。

(7) 水泥混凝土的拌和，其制作工艺如下：

1) 砂、碎石要干净，浇筑前要测定砂石含水量，砂石要逐一过磅，水泥亦应抽检袋装质量。

2) 拌和机第一次拌和料应按一盘用量多加15％水泥及砂，以补足筒壁粘去的部分砂浆。

3) 根据龄期强度指标进行配合比设计，采用强制式搅拌机或双锥反转出料搅拌机搅拌混合料。

(8) 混凝土拌和物运输：因快速修补材料的凝结时间较短，须将搅拌机设在修补现场。宜采用翻斗车运输以便缩短运输时间。

(9) 水泥混凝土的摊铺、振捣：

1) 混合料需均匀地摊铺在路槽内，人工摊铺应翻锹扣料。

2) 摊铺厚度应加10％的松铺厚度。

3) 用1.5kW的平板振捣器振捣，每次需重叠1/3或10～20cm。

(10) 振动梁振动刮平：用有足够刚度的振动梁，振动至表面泛浆整平，跟锹人员见有不平之处，应及时挖填补齐。

（11）滚杆提浆：用两端有轴承的钢制滚杠来回拉浆。

（12）机械抹面：

1）用浮动圆盘式轻型抹机面抹光一遍，然后采用泥刀抹光。

2）板块表面如有凹槽，要及时铲毛补浆。补浆须用原浆。

3）抹面时随时用3m直尺各方向检查其平整度，超出要求需及时重新抹压，直至平整度合格为止。

（13）水泥混凝土路面的压纹：用压纹器进行压纹，压纹深度宜控制在3mm左右。

（14）对修补的路进行养护：用喷雾器沿路面板横向、纵向各喷洒一遍养护剂（喷洒两遍共需约0.28kg/m^2），有利于防止表面缩裂。

（15）对修补水泥混凝土路面锯缝：沿缩缝位置用切缝机进行切缝，以免出现不规则裂缝。切缝时间以混凝土抗压强度达5～6MPa时为宜。

（16）对水泥混凝土路面灌缝：

1）采用具有良好粘结性，温度稳定性好、耐老化的聚氯乙烯胶泥、LPC-89接缝密封胶和橡胶沥青。

2）填缝料高度，夏天宜与板面齐平，冬天宜低于板面2～3mm。

（17）开放交通：当混凝土经养生达到设计强度后，即可开放交通。

2.5 沥青混凝土路面的维修技术

2.5.1 沥青混凝土路面的使用现状

2.5.1.1 沥青混凝土路面的种类

到目前为止，当今世界采用的沥青混凝土路面可分为以下几种：

(1) 密实式性沥青混凝土路面：

1) 传统的连续级配沥青混凝土路面。

2) 粗集料断级配沥青混凝土路面。如我国多碎石沥青混凝土 SAC、德国的碎石沥青胶砂混凝土 SMA、法国的薄沥青混凝土 BBM。

3) 细集料断级配沥青混凝土路面。如英国的热压式沥青混凝土 HRA。

(2) 多孔隙沥青混凝土（粗集料断级配）。

当前国际上的总趋向是采用粗集料断级配沥青混凝土。

2.5.1.2 高等级道路的沥青路面结构

我国高等级道路上的路面结构有三大类：半刚性基层沥青路面，国内外常简称半刚性路面，约占 75%多；水泥混凝土路面，也常简称刚性路面，约占 23%；刚性组合式路面（在水泥混凝土或碾压混凝土板上铺一层沥青混凝土），约占 2%（上述百分率均为 1998 年的统计数）。部分高等级沥青混凝土道路路面结构参见表 2-5-1 所列。

部分高等级沥青混凝土道路路面结构　　表 2-5-1

序号	名称	面层和厚度（cm）				基层和厚度（cm）	底基层和厚度（cm）	备注
		表	中	底	总厚			
1	深汕	3	5	6	14	25 水泥石屑	28、32、38 级配碎石	
2	青黄（胶州湾）	4SAC-16		5AC-25	9	46 水泥砂砾 19 素混凝土	 10 砂砾	 用于路堑
3	太旧[①]	4AC-16 Ⅰ	5AC-25 Ⅱ	6AC-30 Ⅲ	15	20 水泥碎石或水泥砂砾	26 石灰土或 15	
4	石太 河北段	5 4	 5	7 6	12 15	18 二灰碎石 22～25 二灰碎石	20～25 石灰土	
5	济德	4LH-20 Ⅱ	5LH-25 Ⅰ	6LH－35	15	26 二灰碎石加水泥	29 二灰土	
6	杭甬 K7.7～K28	3LH-20 Ⅱ	6LH-30	8LS-35，1 沥青砂	18	25～34 二灰/水泥碎石	20 级配碎石	
	K28～K145	5LH-20 Ⅱ	1 沥青砂	7LS-35	13	19～28 二灰/水泥碎石	20 级配碎石	其中 91.6km 为软土地基

续表

序号	名　称	面层和厚度（cm）				基层和厚度（cm）	底基层和厚度（cm）	备　注
		表	中	底	总厚			
7	沪杭余杭段	3LH-20 Ⅱ	6LH-30	8LS-35，1沥青砂	18	25～3 二灰/水泥碎石	20 级配碎石	
8	沈铁	3AK-13B	4AC-16 I	7AC-30	15	32～36 水泥砂砾	30 天然砂砾	
9	沪宁常州段	4SAC-16[3]	6AC-25 I	6AM-25	16	25 28 30，40 二灰碎石	33 20 二灰 18 二灰土，石灰土	
	镇江段	同上	同上	同上	16	20 二灰碎石	40 二灰土	
10	成渝				12			340km
11	东山	同上	同上	同上		同上	同上	
12	西铜	4		8BM	12	21 二灰砂砾	22 二灰土	
13	西宝	4		8	12	二灰砂砾	二灰土	
14	郑新	5				22RCC 或 PCC15 水泥碎石	15 石灰土	
15	石安	4SAC-16	5AC-25	6AM-30	15	20 水泥碎石＋20 二灰碎石，20 水泥碎石	20 石灰土或二灰土 40 二灰土或二灰砂	
16	宁通扬州段	4SLH-20	6LH-30	6BM	16	20 二灰碎石	33 石灰土	
17	沈本	3AK-13B	4AC-20	5AC-25	12	20 水泥砂砾	天然砂砾	
18	广佛[2]	4LH-20 I	5LH-30	6LS-30	15	20 水泥碎石	25～28 水泥石屑	13.9km
		4LH-20 I		5LH-30	9	25 水泥碎石	同上	仅 1.8km
19	西临	4LH-20 I	5LH-25	6LS-30	15			17km
		SLH-20 LH-20 I			12			3km
20	沈大	4LH-20 5	5 5	6LS 5	15	20 水泥砂砾	砂砾或矿渣	375km
21	京石（北京段）三、四期				12	35 石灰粉煤灰砂砾		14km
		3.5LH-15	4.5LH-20	7BM	15	20 水泥砂砾 40 二灰砂砾	20 二灰砂砾 20 石灰砂砾	31km

续表

序号	名　称	面屋和厚度（cm）				基层和厚度（cm）	底基层和厚度（cm）	备　注
		表	中	底	总厚			
22	京石（河北）一期	3LH-20		5BM	8	12水泥石灰碎石	43石灰土	49km
	二期	5LH-20		5BM	10	15二灰碎石	40石灰土	
	三期	5		7	12	15二灰碎石	40石灰土	220km
23	广花	3LH-20		4LH-20	7	18～20水泥碎石	25～34水泥石屑	软土地段，全长22km
24	海南东线	4	4	4BM	12	20水泥碎石	20水泥碎石	一期64km
25	京津塘正常地基软土地段	5LH-20Ⅰ	6LH-30	12LS-35	23	20水泥碎石	30石灰土	85km
		4LH-20Ⅰ	5LH-30	11LS-35	20	20水泥碎石	28石灰土	
			6LH-30	12LS-35	18	二灰碎石		57km
			8LH-30	12LS-35	20	二灰碎石		
26	济青①	4LH-20Ⅰ	6LH-30	8LS-35	18	20水泥碎石	20二灰土	济南段51km
		4SLH-20① 4SLH-20	6LH-30 5LH-30	8LS-35 6LS-30	18 15	20水泥砂砾或石灰粉煤灰碎石＋1.5%水泥	39石灰土	面层厚18cm的116km、15cm的202km
27	广深①	4LH-20Ⅱ	8LH-30 10LH-40Ⅱ	10LS-40	32	23水泥碎石 23级配碎石	32未筛分碎石	
28	郑开	5LH-20Ⅰ			5	22碾压混凝土或素混凝土	15水泥碎石，15水泥石灰土	
29	郑洛	5LH-20Ⅰ	5LH-30	6LS-35	15	15二灰碎石	40石灰土	
30	佛开	3	7	8BM	18	25水泥石屑	15、23、28级配碎石	80km，部分为cc路面
31	沪嘉	AK-13A AK-13B			12、17	46石灰粉煤灰碎石	部分路段20砂砾	15km，其中路基路面12km
32	莘松				12、17	45石灰粉煤灰碎石		18.9km

注：（1）表面层沥青中加有抗剥落剂，但济青路仅有要求，实际中所加标段不明。

（2）1993年春加铺表面层时用了PE改性沥青和类似SMA的矿料级配。

（3）SLH-20和SAC-16指多碎石沥青混凝土

一、半刚性路面结构

目前，我国高等级道路上的半刚性路面主要由半刚性材料底基层、半刚性材料基层和沥青混凝土面层组成。

（1）我国已开放交通的高等级道路半刚性路面，其沥青面层厚度多数为15～16cm，少部分为9～12cm。京津塘高等级道路为18～23cm，广深高等级道路为32cm。多数分三层铺筑，9～10cm厚的面层分两层铺筑，12cm厚的面层有分两层也有分三层铺筑，23cm和32cm厚的面层则分四层铺筑。

（2）多数高等级道路的半刚性基层厚20cm，采用水泥稳定碎石（或砾石）或石灰粉煤灰稳定碎石（或砾石）。半刚性底基层厚25～40cm，采用的材料有石灰土、水泥土、二灰土、二灰砂、二灰和水泥石灰土等。半刚性材料层的总厚度通常不超过60cm，最薄为40cm。迄今为止，仅有一条高等级道路采用天然砂砾或矿渣做底基层。

（3）近几年来，有些高等级道路采用二层半刚性基层，厚36～40cm，用一层半刚性底基层，厚18～20cm。除严重超载和车辆多的运煤和运砂石材料等路线外，一般没有必要采用两层半刚性基层。京津塘高等级道路是一层基层和二层底基层，已通车8年（北京—杨村段），至今未发生结构性破坏，路表100kN轴载下的代表弯沉值仍小于0.1mm，实际有些路段仅0.03mm左右。

（4）半刚性路面的总厚度变化在55～80cm（个别填土高度小和地下水位高且土质不好的路段），绝大多数在65～75cm之间。广深高等级道路的路面总厚度高达110cm。

（5）就上述两类半刚性基层材料的性能而言，水泥稳定类的早期强度比二灰稳定类的早期强度高很多。由于二灰稳定类的早期强度相当低，如果二灰稳定类基层养生结束就铺筑沥青面层，并很快开放交通，而且有一定数量重型货车通行，则可能使路面结构产生程度不一的损伤。在龄期3个月左右，二灰稳定类的强度与水泥稳定类的强度就达到大致相同。在龄期半年以上，前者的强度还可能高于后者。

1）由于二灰稳定混合料中二灰常占15%～20%，而水泥混合料中水泥只占5%～6%，因此前者的抗冲刷能力不如后者强。

2）在潮湿情况下，二灰稳定类的冰冻稳定性可能不如水泥稳定类。

3）二灰稳定类的水稳定性优于水泥稳定类，特别优于水泥稳定含土的级配集料。

（6）就半刚性底基层材料而言，石灰粉煤灰土和石灰粉煤灰砂的强度和水稳定性最好，石灰土的强度和水稳定性最次。

（7）少数高等级道路半刚性底基层和半刚性基层采用同一种符合基层技术要求的半刚性材料，或称采用全厚式半刚性基层。例如，上海市的沪嘉高等级道路采用46cm厚的全厚式石灰粉煤灰碎石基层，另加20cm厚的砂砾垫层；莘松高等级道路采用45cm厚的全厚式石灰粉煤灰碎石基层。

二、各结构层的作用

（1）半刚性材料层：

1）半刚性基层是路面的主要承重层，半刚性底基层是路面的辅助承重层，这两个结构层可提供半刚性路面所需的全部承载能力。在全厚式基层情况下，则半刚性路面的承载能力可完全由半刚性基层满足。

2）在我国沥青路面设计规范中路面的承载能力用轴重100kN下路面表面的弯沉值表示。

3)半刚性路面的结构性破坏通常是由于整体性半刚性材料层底面拉应力超过容许值产生的。对于常用的半刚性路面结构，由结构层底面拉应力引起的疲劳破坏将首先从底基层底面开始，并逐渐向上延伸，接着半刚性基层产生疲劳破坏，最后沥青面层产生疲劳裂缝以及整个路面产生结构性破坏。一旦半刚性基层产生疲劳破坏，整个路面的结构性破坏就会很快发生。

总之，半刚性材料层的作用是满足路面要求的承载能力，同时保证路面在设计使用年限期间（以累计标准轴次表示）不产生结构性破坏。

(2) 沥青混凝土面层：由于沥青面层通常有2～3层。沥青面层有3层时，从上往下常分别称作表面层、中面层和底面层。通常表面层厚4cm，中面层厚5～6cm，底面层厚6cm。沥青面层为2层时，分别称表面层和底面层。因为常采用沥青面3层，所以下面以3层式沥青面层为对象，分析其各层的主要作用。

1) 表面层：主要作用是提供一个抗滑、平整和噪声小的表面，使大量汽车能高速、舒适、安全地通行，同时不给沿路居民或工作人员带来大的噪声。

2) 中面层：主要作用是抗永久形变或抗辙槽，同时具有优良的抗水破坏能力。对于有代表性的半刚性路面结构，在厚15cm沥青面层中的剪应力分布状况表明：

①面层内3～8cm范围内的剪应力最大。据河南省郑洛高等级道路半刚性路面的温度观测，夏季面层表面下4～9cm的温度最高，因此，中面层是最易产生剪切形变和严重辙槽的层位；

②随着轴载增加（车辆超载愈来愈严重），不仅是剪应力明显增大，而且较大剪应力的作用深度也增加。即前切形变更易产生并得以较快发展，而且可能会导致剪切形变的层厚增大，路表面的辙槽将更严重。

3) 底面层：在柔性路面结构中，底面层的主要作用应是抵抗拉应力的破坏。但在半刚性路面结构中，底面层底面常受压应力作用，即使某些情况下有拉应力，其值也很小，因此底面层不会由于拉应力而破坏。

因此，就同一地区的沥青面层而言，表面层应该采用较稀的沥青，而中面层和底面层应该采用较稠的沥青：如表面层采用90号沥青，则中面层和底面层应采用70号沥青；如表面层采用70号沥青，则中面层和底面层应采用50号沥青。这也是一些发达国家常采用的措施。

三、半刚性路面的沥青面层

(1) 我国1993年以前建成的沥青面层，表面层和中面层不是采用密实沥青混凝土，即规范中所称的Ⅰ型，如表面层用LH-20Ⅰ或AC-16Ⅰ，中面层用LH-30Ⅰ或AC-20Ⅰ，AC-25Ⅰ；就是采用空气率*较大的Ⅱ型沥青混凝土（相当于国外的密实沥青碎石），如表面层用LH20Ⅱ或AC-16Ⅱ，中面层用LH-30Ⅲ或AC-25Ⅱ。底面层常用空气率较大的Ⅱ型沥青混凝土或沥青碎石，如AC-25Ⅱ、LS-30、LS-35或AM-30。

(2) Ⅰ型沥青混凝土的优点是空气率小、透水性小，缺点是表面粗糙度小，或表面构造深度小，车辆高速行驶时的抗滑性能差。例如，采用LH-20Ⅰ做表面层的一些高速公路，刚建成时的表面构造深度（TD）往往平均约0.25mm，而规范要求为0.55mm。锡澄高速公路试验路AC-16Ⅰ沥青混凝土表面层的初始表面构造深度为0.56mm，通车10天TD就下降到0.48mm。

(3) Ⅱ型沥青混凝土的优点是TD较大，即表面粗糙度较好，缺点是空气率较大、透水性较大，但内部孔隙又不构成水的通道。自由水进去较快，蒸发或渗透出来则慢。层内容易存水，容易导致面层产生水破坏。用砂补试验法测得的初期表面构造深度常有假象，因为砂不但填充表面碎石外露棱角之间的空隙（真实的表面构造深度），而且砂可能进入Ⅱ型沥青混凝土内部的孔隙，该孔隙已不属于表面构造深度，而计算时又只能将其作为表面构造深度的一部分。

(4) 因此，其量得的初始表面构造深度往往较大，而通车一段时间后TD又下降得较快。例如，京石高等级道路北京段四期工程表面层LH-20Ⅱ型1994年的TD为0.471～0.657mm，平均0.554mm；1995年的TD为0.246～0.509mm，平均0.336mm。又如，沪嘉高等级道路抗滑表层试验路等4段和第5段，沥青混合料马歇尔试验结果得到空气率分别为8.3%和9.6%，竣工时实际现场空气率约13%～14%。

(5) 从1993年底开始建成的高等级道路中，其表面层出现了新的结构，有我国自己研制成功的多碎石沥青混凝土SAC-16和SAC-13，有S型或V型级配沥青混凝土，也有引进国外的碎石沥青胶砂混凝土SMA。

(6) SAC-16实际上是对施工规范中AC-16Ⅰ或AC-16Ⅱ的矿料级配作适当调整，使调整后的矿料级配既具有AC-16Ⅰ的特点（密实式透水性小），又具有AC-16Ⅱ的特点（表面构造深度大）。特别是1997年调整的SAC-16矿料级配，用纯沥青制备的沥青混合料室内马歇尔试验结果的空气率在3.2%～4.0%之间。它比AC-16Ⅰ型规定空气率（3%～6%）的中值还小0.5%，应该属于很好的Ⅰ型密实沥青混凝土。

(7) SAC-16不但是密实式抗滑表层，而且具有良好的抗永久形变能力或高温稳定性。锡澄高等级道路试验路的室内试验结果表明，SAC-16混凝土的动稳定度为1817次/mm，而AC-16Ⅰ混凝土的动稳定度只有1136次/mm，前者是后者的1.6倍。

(8) 目前我国《公路沥青路面施工技术规范》(JTJ 032) 中的抗滑表层AK-13A、AK-13B和AK-16实际都属于Ⅱ型。

2.5.1.3 沥青路面的表面使用功能

(1) 沥青面层的功能：高等级道路的沥青路面需要满足大量交通高速、安全、舒适地通行，因此所用的沥青路面必须具有良好的抗滑性能，具有优良的平整度。

1) 由于高等级道路上的交通量大（我国个别高等级道路上的日交通量已有超过7万辆的情况，国外高等级道路上的日交通量最大的超过30万辆），行车速度高，噪声相当严重。为减轻噪声对沿线居民的影响，国外的某些高等级道路路段还采用减噪声面层。

2) 因此，国外对高等级道路沥青面层的功能要求主要是抗滑性能好、平整度的平整度，目前还没有考虑减少路面噪声的问题。

(2) 抗滑性能：沥青面层的抗滑性能主要取决于表面层。决定抗滑性能优次的主要有两大因素：所用碎石的表面纹理深度；面层的表面构造深度，即表面碎石颗粒与碎石颗粒之间的间隙（宏观粗糙度，或宏观构造）。

1) 碎石的表面纹理深度决定面层的摩擦系数，因此，不管采用什么类型的矿料级配，只要碎石的磨光值符合要求，在低速行车时都会有较好的摩擦系数。

2) 面层表面的构造深度 (TD) 决定车辆高速行驶时摩擦系数的降低百分率。TD愈大，摩擦系数的降低百分率愈小；TD愈小，摩擦系数降低的百分率愈大。

(3) 平整度：路面表面平整度是路面主要使用性能指标之一，它是车辆高速行驶时是否安全和舒适的重要影响因素。平整度好坏直接影响路面养护费用的多少及车辆损耗和油耗的多少。路面的不平整度愈小（即平整度愈好），路面的养护费用愈小，车辆的损耗和油耗也愈小。因此，发达国家很重视路面的平整度。

1) 路面的平整度受到很多因素的影响，首先，它直接受基层平整度的影响。基层平整度不好会使面层厚薄不匀和达不到高水平的平整度，面层厚薄不匀会使初始平整度良好的沥青面层开放交通后的不平整度较快增大；而基层的平整度又受其下底基层平整度的影响，底基层的平整度则受路基平整度的影响，因此，需要从路基开始就认真抓好各层的平整度。

2）半刚性材料底基层和基层的平整度还受所用石料的最大粒径、施工工艺和管理水平等的影响。

3）沥青面层的平整度还受更多因素的影响。这些因素包括混合料的最大粒径，混合料的拌和均匀性，粗细颗粒离析观象，混合料的温度差异，摊铺现场各个工序的管理等等。

上述这些因素中，有的直接影响面层的初始平整度（如混合料的最大粒径，摊铺现场各个工序的管理等），有的影响开放交通后面层不平整度增加的速度（如混合料的拌和均匀性，集料离析现象，混合料的温度差异等）。

2.5.1.4　粗集料断级配沥青混凝土

一、国外 SMA 的使用概况

国际上习称的 SMA 是 Stone Mastic Aaphalt 的缩写。它的主要组成部分是粗集料（＞2mm 颗粒常占 70％～80％）和沥青、填（粉）料和纤维（一般常用木质素纤维）组成的胶泥（三者所含量常是 6％～7％、8％～12％和 0.3％）。它属于粗集料断级配密实沥青混凝土。马歇尔试验混合料的空气率为 2％～4％，有的国家使用 3％～5％。通常使用纯沥青，在极少数特殊情况下也使用改性沥青。但此沥青用量主要适合于欧洲较温和的气候条件。

20 世纪 60 年代初，德国为抵抗带钉轮胎的磨耗开发了 SMA。由于其耐久性好，在 1984 年德国正式制订 SMA 规范，在国内推广应用。然后欧洲一些国家也先后开始应用 SMA。到 1995 年底，德国约有 10％道路路面养护采用了 SMA。美国于 1991 年开始铺筑试验路，到 1998 年底已在 30 多个州铺筑了试验路和正式道路。试验路的长度一般为 1.6～3.2km。已完成的较大工程是通向亚特兰大的两条公路，共长约 70km。美国同时还进行了较广泛深入的室内试验研究。

从所调查的国外，不是普遍使用 SMA，而只是在某些较特殊的路段（高等级道路的局部路段、一般道路的急拐弯处）使用 SMA，其主要原因可能是采用 SMA 要增加投资约 20％左右。

二、SMA 的主要特点

（1）SMA 的抗永久变形能力（高温稳定性）强，辙槽可减轻 30％～40％，从而使纵横向平整度能保持较长的时间。

（2）表面粗糙度（即构造深度 TD）好，0/14、0/16 的 TD 可达 1.5～2.0mm。因此，抗滑性能好，行车较安全；噪声较小，可减少 1～3dB（A）。但由于不同国家使用的标准沥青混凝土不同，所得噪声降低程度有明显差别，见表 2-5-2 所列。

（3）SMA 抗磨耗能力突出，对带钉的轮胎具有很高抗磨性能。

（4）SMA 具有老化慢和早期裂缝较少。

（5）SMA 的上述优点，其路面的使用性能、耐久性能比普通沥青混凝土延长 20％～40％。

（6）SMA 的不足之处是约增加 20％投资、沥青和矿粉用量较多、加工和铺筑的温度较高。

（7）生产率较低，实际使用性能对结合料用量和粉料用量都较敏感，对材料质量要求高。

欧洲一些发达国家部分采用SMA，而且都认为它能成功地被用于重交通道路，有两个重要条件。一是这些国家的公路网早已完成，SMA主要用于老路面性能改善。老路面的特点是路基路面都已稳定，只是使用性能（如平整度、抗滑性能或噪声水平等）达不到要求。加铺一层SMA恢复面层的使用性能，虽然多增加投资，但无其他风险。二是欧洲的气候较温和。通常夏季不热，气温达32℃以上的高温天气极少。

SMA与其他沥青混凝土比的噪声水平 表2-5-2

国家	SMA类型	报告的降低值，dB (A)	参与混合料
德国[1] v=50km/h	0/5，0/8	+2.0～−2.0[2]	AC 0/11
意大利 v=110km/h	0/15	+5.0～+7.0	AC 0/15
荷兰 v=60～100km/h	0/6 0/8 0/11	+1.4～+1.6 +0.2～+0.6 0～−2.0[2] 0.8～−0.5 1.0～−3.0[2]	AC 0/16
英国 v=70～90km/h	0/6 0/10 0/14	+5.3～+5.2 +3.5～+3.2 +2.7	HRA

①计算值

②正值表示降低，负值表示增加。

三、SMA在我国的使用概况

（1）我国第一条采用SMA的高等级道路可以说是长15.7km的广州—佛山高等级道路，但它没有使用纤维，而是采用了奥地利的改性沥青（用聚乙烯PE）技术。该路加铺的SMA面层完成于1993年3月。至今路面泛油、变形、开裂、坑洞和修补等已不是个别现象，已到需要采取措施恢复面层使用性能的状况。1993年完成的长18km的某机场高速公路表面层4cm厚，采用了加纤维且同时用3.5%PE和3%SBS改性沥青的SMA。从此，我国就产生了改性沥青SMA路面。

（2）随后，在吉林、江苏、辽宁、广东、北京、山西、山东、黑龙江和湖北等省的一般道路和高等级道路上开始较大规模地铺筑了SMA路面试验路段或长达十多千米到数十千米的正式路面工程。这些SMA路面工程，有的路上交通量不大；有的虽交通量大，但除相当于解放牌汽车的公交车辆外，均是小汽车；有的沿线夏季无连续高温；有的还没有经过夏季连续高温的考验。

（3）北京东西长安街重铺SMA10表面层工程于1997年完成。SMA10既使用了矿质纤维，又使用了5%SBS改性沥青。动稳定度全部大于3000次/mm，7次结果的平均值为4588次/mm。马歇尔试验结果，稳定度7.8～8.6kN，流值33～38（0.1mm），空气率

3.1%～4.4%。

(4) 某大桥采用了类似北京机场高等级道路的SMA桥面铺装，于1997年5月1日正式通车。1998年10月全桥轮迹带上都产生了1～1.5cm深的辙槽，槽边外侧并有SMA鼓起现象。分道线已变成连续扭曲（蛇行状）。在行车道上并有多处补修块。这些损坏现象不是钢桥面引起，而是所用SMA的高温稳定性不足。11月初已将全桥原SMA桥面铺装铣刨去1.5cm，然后重铺3cm新SMA桥面铺装。

(5) 某高等级道路上铺筑了15km加木质素纤维并用6.0%～6.5%PE改性沥青的SMA路面。该路1996年底正式通车。到1998年7月产生轻重不一的泛油现象。严重泛油段长2km多，在该段上不得不临时在表面撒布碎石改善行车条件。

(6) 1997年9月完成的某高等级道路上4430m长SMA路面试验路共有7段。分别采用了SMA13和SMA16四种矿料级配范围，有我们自己制定的、德国的、美国的和芬兰的；四种木质素纤维，吉林的、德国的、芬兰的和美国的；两种碎石、玄武岩和花岗岩；同时又都加了抗剥落剂。1998年4月观察时，7段的表面状况很好，均保持原有的宏观粗糙度。过一个夏季，1998年8月下旬再次观测时，表观发生了很大变化。仅有少量局部泛油发亮（基本成功）路段只占36%（按长度计，下同）；严重泛油，甚至超车道也泛油的路段占16%；间隔式中、重泛油路段占48%。这些泛油处，SMA的表面构造深度已损失50%～100%。还有小块面积，沥青完全覆盖了碎石，沥青膜厚约2mm，挖验发现，下面较多碎石颗粒上沥青已剥落。有一块路面约1m^{2}已修补。检验修补时挖出的SMA块，其底面碎石上的沥青已经剥落，样块中部分较大尺寸碎石上的沥青也已剥落。

上述工程产生的问题说明，如何在我国不同地区的气候、材料、技术力量、工艺水平和熟练程度等具体条件下，铺成符合要求SMA和其他粗集料断级配沥青混凝土路面，都还需要进行认真研究。

2.5.2　沥青路面损坏的类型、原因、技术要求及评价

2.5.2.1　沥青混凝土路面损坏的类型

一、按沥青路面破坏的类型可分为

(1) 结构性破坏；沥青混凝土路面按其结构性破损就是由于路面各结构层的承载能力降低而引起的，其结果反映到路面上就是各种形状的裂缝，如龟裂、块裂、纵裂和横裂。这些裂缝是由于路基下沉、路面材料品质不良、施工质量不合格、渗水和交通荷载剪切作用等因素引起的。

(2) 功能性破坏：沥青混凝土路面按其功能性破损就是由于路面提供给道路用户的服务能力下降引起的，反映在路面上则是平整度降低和车辙加深。常见的功能性破损有不平整性、坑洞、拥包、泛油、波浪、修补、车辙（小量）和局部裂缝等。

二、按照现行的《公路养护技术规范》规定分类

按照现行的《公路养护技术规范》(JTJ 073—96) 的规定，根据破损的外表形态，沥青路面的破损可分为裂缝类（含龟裂、不规则裂、横裂、纵裂等）、松散类（含坑槽、啃边、脱皮、麻面等）、变形类（含沉陷、车辙、波浪、拥包等）及其他类（翻浆、泛油、修补损坏等）4大类。各种路面破损所包含的内容及状态如下：

(1) 沥青混凝土路面的裂缝：

1) 轻微裂缝：该裂缝多属局部裂缝，一般是在路面使用3～5年后发生的，其表现多是细线状裂缝。裂缝的形状有以下两种：

①发状或条状：不需要放大即能发现的路面条状裂缝。沥青面层较薄时将成为贯穿裂缝，面层较厚时，尚不贯通，见图2-5-1（*a*）所示。

②发射裂缝：由于基层物理性的开裂，反映至沥青面层而呈现出的条状裂缝（又称反射裂缝），见图2-5-1（*b*）所示。

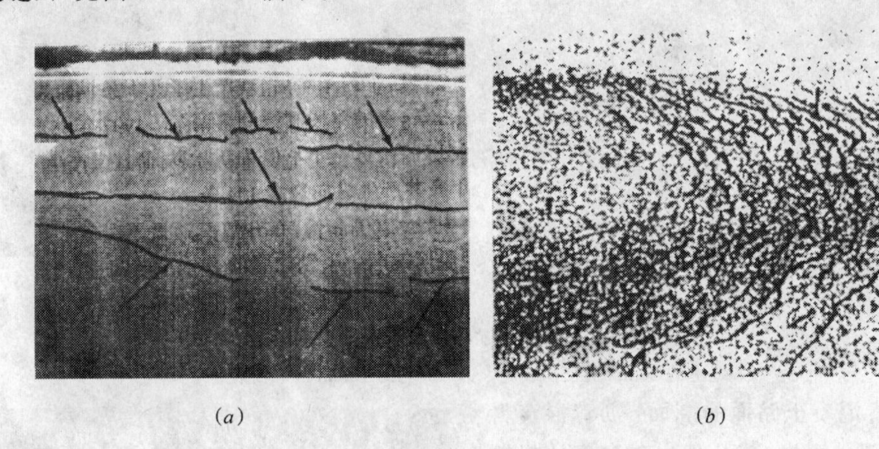

（*a*）（*b*）

图2-5-1 沥青混凝土路面轻微裂缝

（*a*）条状裂缝；（*b*）滑移状裂缝

2) 严重裂缝：沥青混凝土路面严重裂缝主要表现在如下几点。

①龟裂（又称块状裂缝）：路面由于压实不足、路基下沉等原因产生的小网格式的、成块的、不规则破碎性的网状裂缝，由于其形状类似于乌龟背壳，故俗称为龟裂，见图2-5-2（*a*）所示。

②网裂：不规则的大网格式片网状裂缝，裂缝间距大小相近，形状和尺寸上都有别于龟裂，见图2-5-2（*b*）所示。

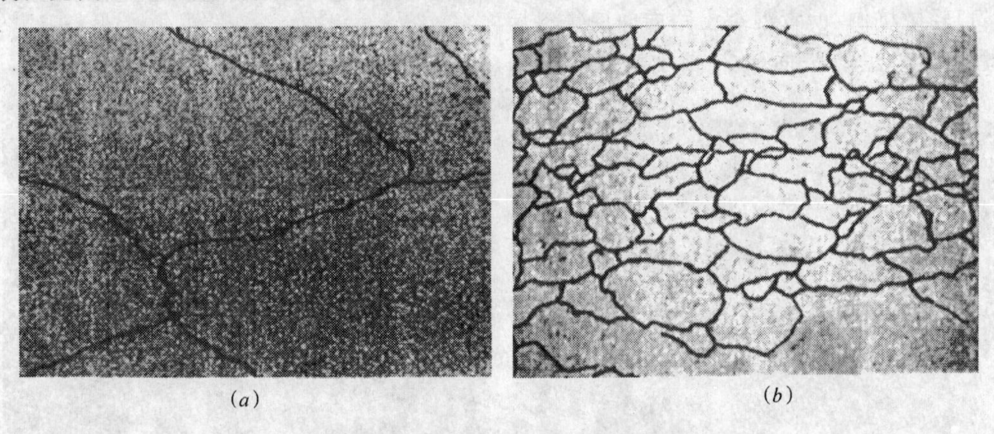

（*a*）（*b*）

图2-5-2 沥青混凝土路面的严重裂缝（一）

（*a*）典型的块状裂缝；（*b*）典型的局部网裂变形

③纵横裂：顺路方向出现在行车道的纵向长条裂缝，或横断方向有规则的裂缝。其中横向裂缝通常在温差变化较大的地区发生。夏季完好的路面到了冬季会由于路面温度收缩，

产生纵向近似等间距的横向裂缝，见图 2-5-3（*a*）所示。横向裂缝一般贯通整个路面宽度，纵向间距约为 5～30m 不等。纵向裂缝通常以单条裂缝出现，见图 2-5-3（*b*）所示。

（*a*）

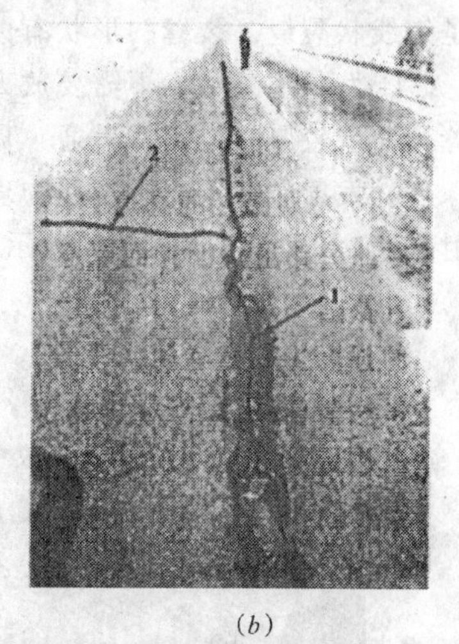

（*b*）

图 2-5-3　沥青混凝土路面的严重裂缝（二）

（*a*）缝宽约 20mm 的横向裂缝；（*b*）缝宽约 15mm 的纵向裂缝

（2）沥青混凝土路面的麻面：沥青混合料的结合料大部分磨失，成片地出现过度的粗糙段。图 2-5-4 所示为典型的沥青混凝土路面的麻面实例。

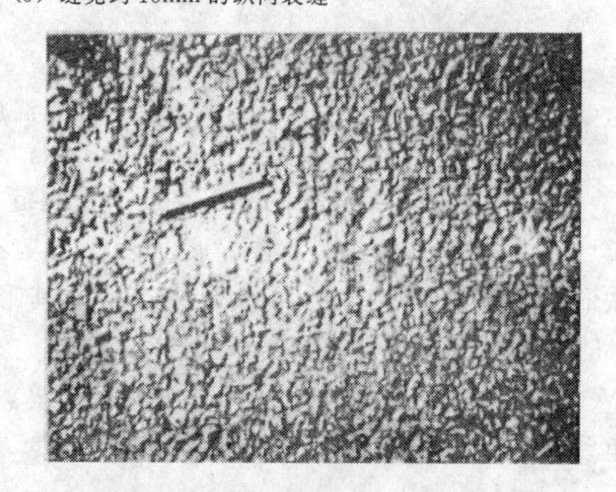

图 2-5-4　沥青混凝土路面的麻面

（3）沥青混凝土路面的松散：沥青路面由于结合料散失或脱落，集料间失去粘结力而出现的松散或由于混凝土离析而产生的松散，见图 2-5-5 所示。

（4）沥青混凝土路面的坑洞：

1）轻微坑洞：沥青混凝土路面面层集料局部脱落而产生的路面洞穴或小坑洞，见图

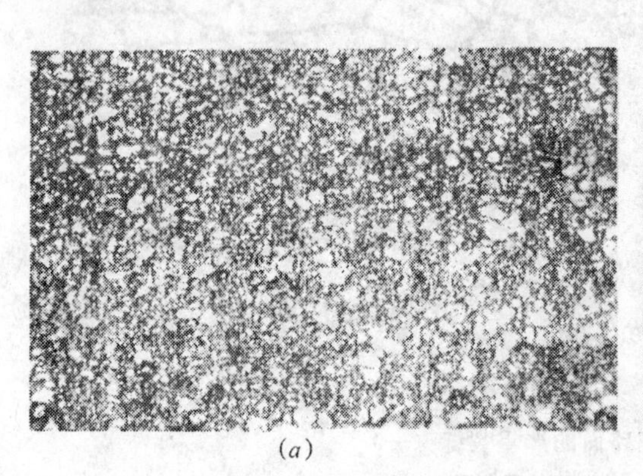

（*a*）

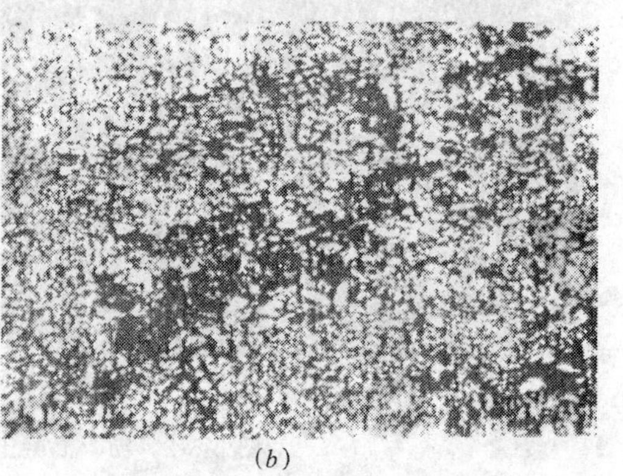

（*b*）

图 2-5-5　沥青混凝土路面的松散

（*a*）由沥青混凝土离析产生的松散；（*b*）沥青混凝土面层的松散

2-5-6 (*a*)所示。

2) 严重坑洞：沥青混凝土路面坑槽连片或者由小坑洞破损连成大而深的洞穴或坑洞，见图 2-5-6 (*b*) 所示。

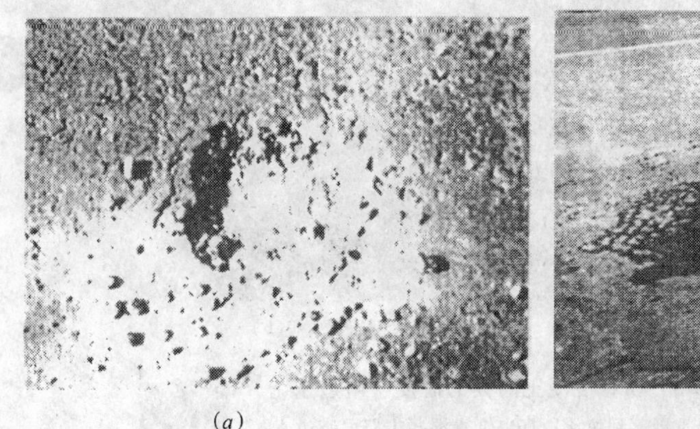

(*a*)

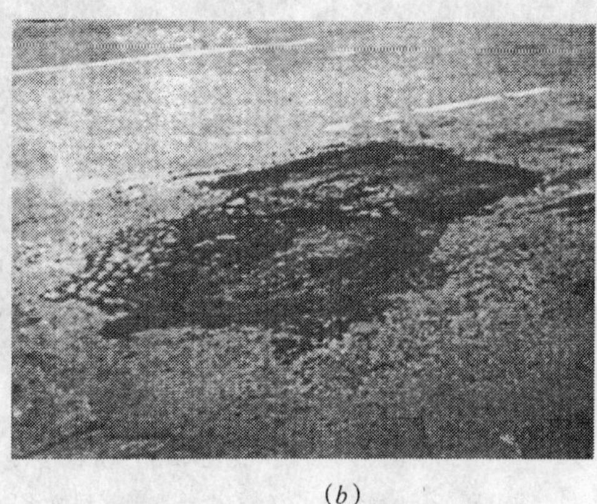

(*b*)

图 2-5-6 沥青混凝土路面的坑洞

(*a*) 沥青混凝土路面的轻微坑洞；(*b*) 沥青混凝土路面的严重坑洞

(5) 沥青混凝土路面的车辙：车辙是在道路横断面上由于车辆轮胎重复行驶久而久之产生的一种路面横向凹凸沉陷现象，见图 2-5-7 所示。

(*a*)

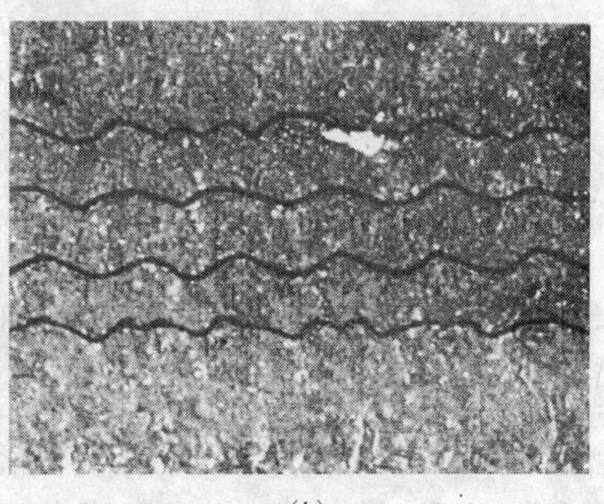

(*b*)

图 2-5-7 沥青混凝土路面的车辙

(*a*) 某高等级道路沥青路面上的辙槽；(*b*) 某城市主要交叉路口的辙槽

(6) 磨光：沥青混凝土路面表面磨成光滑面，其摩擦系数已达到了最小极限值。

(7) 脱皮：沥青混凝土路面上下面层脱离，大块脱落，如图 2-5-8 (*a*) 所示。

(8) 啃边：沥青混凝土路面边缘呈不整齐的破碎损坏，见图 2-5-8 (*b*) 所示。

(9) 搓板：沥青混凝土路面表面产生接近等距离的纵向凸凹，形似洗衣搓板状。

(10) 波浪：沥青混凝土路面的波浪是沿路面纵向形成的一种波长较短、振幅较大的凸凹现象，其波峰、波谷的距离和起伏差异均大于搓板。

(11) 沉陷：沥青混凝土路面的沉陷可分为局部下陷和较大面积的沉陷。其中沉陷又可分为塌陷（即路面较大面积的下陷变形）、桥头跳车（即发生在桥梁或涵洞等构造物与路面交接的部位，一般是因路面材料压实不均匀，或桥梁两端路基沉陷，路面与构造物间形成

(a)　　(b)

图 2-5-8　沥青混凝土路面的脱皮与啃边

(a) 由严重剥落到坑洞；(b) 沥青混凝土路面啃边

一定程度的高差而造成的行车颠跳)。

(12) 泛油：沥青混凝土路面出现泛油的原因一是沥青材料质量差，软化点低；二是沥青路面用油量过多，未严格按照设计沥青用量施工，在高温季节沥青在行车作用下被挤出表面而形成油层。

(13)油包:沥青混凝土路面因局部泛油处理不当或成块的油污结成面积不大的包状物。

(14) 翻浆：沥青混凝土路面表面鼓起以致破裂，从裂缝中冒出泥浆的现象。

(15) 发软：沥青混凝土路面整体失去稳定，行车时出现弹簧状。

(16) 修补：在沥青混凝土路面养护作业中若修补不良，也是一种破损。修补后的路面由于与原路面存在结构材料差异而衔接不良。修补不良往往还会导致路面的不平整。

在上述沥青混凝土路面各类破损现象中，坑槽、车辙、脱皮、搓板、波浪、沉陷、油包、发软等破损，都表明了沥青路面的纵向不平整性。纵向不平整性一般用平整度来描述，它被定义为在道路纵横断面方向上产生的波长较短的凸凹不平现象。不平整的道路在我国道路网中低等级的道路上到处可见，是非常普遍的一种破损现象。尽管近年来我国在道路工程中大量采用机械化施工，大大提高了路面平整度，但整个路网平整度低下的状况尚未得到根本改变。因此，这一破损类型将在相当长的一段时间内普遍存在。

2.5.2.2　沥青混凝土路面损坏的原因

造成沥青混凝土路面破损的原因很多，主要有交通条件、气象条件、排水条件、材料因素、施工水平、管理水平（养护频率、资金投入和设备条件）等。但归根结底，还是由于沥青路面的使用性能下降造成的。概括地讲，沥青路面的使用性能主要是指高温稳定性、低温抗裂性、水稳定性、抗疲劳性能、抗老化性能、表面服务功能。在以上性能中，水稳定性、耐疲劳性能、抗老化性能也统称为耐久性能。沥青路面使用性能对沥青路面破损的影响如下：

一、沥青混凝土路面耐高温的稳定性差

高温稳定性主要是指沥青混合料在夏季高温条件下，不发生由于垂直荷载重复作用引起的车辙和由于剪切荷载引起的推移变形的能力，也就是指路面抵抗流动变形的能力。沥青路面高温稳定性不足，会直接导致路表面出现车辙、泛油、油包、发软等病害。

(1) 车辙是在沥青路面行车道的轮迹带上产生的永久形变，此永久形变由两部分组成，一部分是沥青面层在行车荷载反复作用下进一步碾压密实产生的，可称其为压密形变；另一部分是因为沥青混合料在高温时的强度不足以抵抗行车荷载反复作用，车轮下的部分沥青混合料产生剪切形变，逐渐产生侧向流动，被挤压到轮迹两侧，使两侧的沥青混合料发生鼓起变形。

1) 某山区高等级道路重载卡车行驶方向的行车道产生了严重辙槽，并有严重泛油，同时行车道外侧产生了臌起。将臌起部分铣刨后，测量的辙槽深度还有40mm，见图 2-5-7 (*a*)。照片左侧白色标线不完整部分是铣刨的结果。

2) 由于高速公路行车渠化道，在行车道上经常产生两条辙槽，但常是一条较深，另一条较浅。在市区主要道路的交叉路口附近，常是一个车道有两条辙槽，有两个车道的交叉路口附近常有四条辙槽，见图 2-5-7 (*b*) 所示。

(2) 高等级道路沥青路面的泛油现象与以往渣油路面的泛油现象有明显差别。高等级道路沥青路面的泛油现象主要产生在行车道上，超车道上的泛油现象很少。行车道上的泛油现象主要是间隔式和条片状，而且间隔距离往往大于泛油条片的长度。连续泛油和整个行车道全面泛油的现象不多。

(3) 早期使用 LH-201 和 LH-20Ⅱ或 AK-13B 型沥青混凝土做表面层的高速公路都有这种泛油现象。但并未引起大家重视。1996 年 9 月，以路面质量优秀的面貌开放交通的 6 号高速道路，经过 1997 年的夏季，在 3 段和 4 段的行车道上产生了较严重的间隔式条片状泛油现象，使原先优良的表面构造深度（即宏观粗糙度）显著减小。其中极少一部分严重泛油，只能见到碎石尖端外露见图 5-2-9。由于严重泛油，表面发光和发亮，以摩擦系数和表面构造深度表征的表面抗滑性能已达不到要求。6 号高等级的道路的沥青路面泛油现象引起了大家重视。但 2 段，特别是其东段没有泛油现象，直到 1998 年夏末秋初，2 段中的部分小段路面才有轻度泛油现象。

图 2-5-9 6 号高等级道路面层泛油现象

(4) 产生压密形变的主要原因，一是沥青混合料施工压实度不足，经行车碾压后产生形变；二是由于超载重车的碾压而产生形变；三是在高等级的道路行车道上，由于过往车辆始终在某一车道中央行驶，形成渠化交通，路面负荷过重而产生形变。对于剪切形变，首先取决于沥青混合料的矿料骨架，尤其是粗集料的相互嵌挤情况。在高温时，沥青的黏度较低，粘结集料抵抗变形的能力有限，沥青结合料主要是起阻碍混合料发生剪切变形的牵制作用。

(5) 所以在通常情况下，沥青路面的高温稳定性主要取决于矿料级配，它的贡献率可占 60%，沥青结合料的性能则提供 40%的抗车辙能力。具体分析沥青混合料级配对高温稳定性的影响，主要是粉胶比、空隙率。粉胶比是指沥青混合料中矿粉与沥青用量之比。矿粉在沥青混合料中的作用非常重要，沥青只有吸附在矿粉表面形成薄膜，才能对其他粗、细集料产生粘附作用，使沥青与矿料形成一个坚实的整体。

二、沥青混凝土路面低温抗裂性差

(1) 低温抗裂性主要是指沥青混合料在低温状态下，抵抗收缩裂缝的能力。沥青路面在寒冷季节产生的温缩裂缝，首先表现为混合料集料之间的沥青膜拉伸破坏，然后再导致混合料的破裂。因此，沥青混合料的低温抗裂性能主要取决于沥青结合料的低温拉伸变形性能，其贡献率达到90%。混合料的矿料级配对抵抗收缩变形导致的开裂无能为力，其贡献率充其量只有10%。

(2) 在沥青的各种性能指标中，影响最大的是温度敏感性，感温性大的沥青容易开裂。沥青的针入度、低温延度也是影响路面开裂的重要指标。由于沥青在老化过程中会出现轻质油份挥发、沥青氧化分解等，因此沥青老化越严重，裂缝出现越早。沥青中的蜡含量越大，会使混料拉伸应变减小，脆性增加，温度敏感性变大，极易发生横向裂缝。

1) 早期施工的高速公路中，有用铧犁、平地机等路拌法铺筑基层。如某高等级道路虽然沥青面层厚15cm，水泥砾石基层厚20cm，但由于水泥砾石混合料的不均匀性大、厚度变化大，有些路段厚度不足15cm（拌和不到底），因此强度无保证。开放交通两年后，该高等级道路路面就开始破坏，表现为轮迹带网裂、下沉形变和雨后唧浆、产生坑洞，有的路段产生面积小于2m² 的块状裂缝（见图2-5-2 (*a*)）。

2) 某高等级道路西侧，特别是第一期工程，约49km长，开放交通不久，路面就开始破坏，雨后唧浆、网裂、形变较普遍，并产生不少坑洞，不得不处理破坏面后加铺沥青面层。其中一个路段约长2km挖去沥青面层后，水泥碎石基层横向不是一个整体，而是形成2～3条纵向连续的坚硬的水泥碎石带，带间和带外侧基本上是松散的水泥碎石，最后只得将此基层挖除后，重铺基层和沥青面层。如图2-5-10所示。

图2-5-10　正在人工挖除破坏的沥青面层和不完整的水泥碎石基层

(3) 此外，沥青混凝土的组成对沥青路面的开裂影响也十分重要：

1)沥青用量虽然重要，但一般认为在最佳沥青用量的±0.5%范围内波动，对开裂率无明显影响。而且，沥青用量增加，使混合料在应力松弛性能提高的同时，也使收缩性能变大，二者互有抵消。

2) 矿料组成级配对低温开裂有一定关系，但总的来说与路面横向开裂率的关系不甚密切。

3) 较厚的沥青面层其裂缝率要小，但沥青面层厚度不如沥青结合料性能重要，采用质量好的沥青即使铺筑较薄的面层，其横向裂缝也可能少于厚度较厚但沥青质量差的路段。

(4) 沥青混凝土路面基层的性能对低温抗裂性的影响也是一种常见的现象：

1) 半刚性基层较之级配碎石等柔性基层热容量小，与沥青面层的附着粘结能力差，尤其是本身的收缩性很大，故用其做沥青路面的基层，横向裂缝要多些。

2) 基层与面层的附着性能若差，将使面层产生一定的自由收缩变形，沥青混合料的应力松弛性能得不到充分发挥，温度应力将在面层内部积聚，无法传递到基层中，就很容易使沥青路面开裂。

所以，在基层表面洒透层油或做下封层，加强基层与面层的层间连接，对提高沥青路面的低温抗裂性能是很有好处的。

三、沥青混凝土路面的水稳定性差

(1) 概述

水稳定性主要是指沥青混合料在水的浸蚀下，抵抗沥青膜剥离、脱粒、松散及至出现坑槽等病害的能力。水是危害公路的主要自然因素，凡是沥青路面出现的各种病害，都不同程度地与地表水和地下水的浸蚀有关。沥青面层内部若含有一定的水分，水将在沥青混合料内部自由流动，加上车辆荷载的反复作用，使面层中的水产生压动力，这部分水将逐渐浸入到沥青与集料的界面上，沥青膜渐渐地从集料表面剥离，最终会导致沥青与集料之间的粘结力丧失，造成水损害破坏。特别在夏季，温水更能加剧集料上沥青膜的剥离。

(2) 道路的设计与施工不良是造成沥青混凝土路面水损害破坏的主要原因之一（即混凝土空隙率过大）：

1）为了提高沥青路面的抗滑性能，保证路表面有一定的构造深度，上面层混合料的设计空隙率一般在6%以上，降落到路面上的水很容易进入面层混合料内部，从而带来了水损害的隐患。

2）在确定下面层混合料级配类型时，人们也往往习惯于选用AM类沥青碎石混合料，这些混合料的空隙率也是很大的，由于毛细管作用地下水会通过基层向上聚集，浸入到下面层内部，待到春融季节开始发作，造成水损害。所以，沥青路面的水损害有时是从下面层破坏开始的，这就和下面层混合料的级配类型选择有关。

3）降雨过程中，雨水会进入并滞留在表面层沥青混凝土的孔隙中。在大量快速行车的作用下，一次一次产生的动水压力（孔隙水压力）使沥青从碎石表面剥落下来，局部沥青混凝土变成松散，碎石被车轮甩出，路面产生坑洞，见图2-5-6 (*a*)。无论表面层沥青混凝土是密实式的还是半开式的，都曾产生过这类表面层水破坏——坑洞。这种破坏现象几乎每条高等级道路都有，只是坑洞的个数和面积的比例常有明显差别。但通常采用半开式（Ⅱ型）沥青混凝土表面层时，产生的水破坏较严重。

4）如水透过沥青面层（两层式或三层式）滞留在半刚性基层顶面，在大量快速行车作用下，自由水产生很大的压力并冲刷基层混合料表层的细料，形成灰白色浆。灰浆被行车压唧到路表面。在灰浆数量大的情况下，可能立即产生坑洞；在数量小的情况下，可使路面网裂或变形，见图2-5-11所示，图中灰白色是唧出的浆。

图2-5-12所示为某高等级道路通车仅一年的被水破坏严重路段的照片，照片显示，行车道外侧有很明显的水印（左下)，行车道上有较多大小补块，有的甚至重叠修补，为便于鉴别，凡补块都用黑笔勾出。在补块前面的小白条（右侧边部）是唧出的浆，超车道上也有轻度水破坏现象。

我国高等级道路沥青面层无论是采用《公路沥青路面施工技术规范》(JTJ 032) 中的Ⅰ型级配、Ⅱ型级配，还是采用实际上也是Ⅰ型的多碎石级配，都产生了不同程度的水破坏现象。因此，当某条高等级道路采用某种矿料级配产生或多或少的水破坏时，应该仔细分析导致水破坏的真实原因，并采取相应的改善措施，而不能简单地说某级配是透水的。否则，采用施工规范中的Ⅰ型发生了水破坏，可以说Ⅰ型是透水的；采用多碎石沥青混凝土发生了水破坏，就说多碎石沥青混凝土是透水的。这样就会产生误导，也不会真正解决水

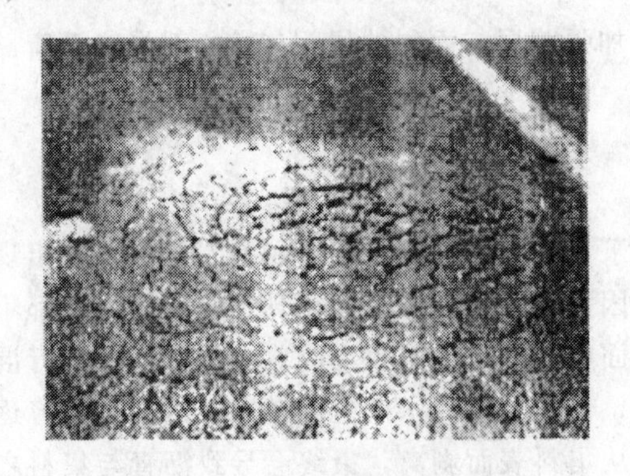

图 2-5-11　路面网裂示意图

图 2-5-12　某高等级道路通车一年后的严重水破坏现象

破坏问题。

(3) 沥青混凝土路基、基层及路面的压实不足，也是导致水损害的最直接原因。按照现行的《公路沥青路面施工技术规范》的规定，沥青面层施工过程中压实度控制标准，高等级道路及一级道路为马歇尔试验密度的96%，其他等级公路为95%。根据压实度与空隙率的计算公式：

∵压实度＝实测密度/马歇尔密度

空隙率＝1－（实测密度/理论密度）

∴压实度＝（理论密度/马歇尔密度）(1－空隙率)

以某两种混合料为例，混合料A马歇尔密度为2.389，理论密度为2.503，空隙率为4.55%；混合料B马歇尔密度为2.295，理论密度为2.402，空隙率为4.45%。A、B两种混合料压实度与空隙率的关系见表2-5-3。

压实度与空隙率的关系　　**表 2-5-3**

压实度（%）		94	95	96	97	98	99	100
空隙率（%）	混合料A	10.28	9.33	8.37	7.42	6.46	5.51	4.55
	混合料B	10.18	9.23	8.27	7.32	6.36	5.41	4.45

从表2-5-3中可以看出，路面混合料压实后的空隙率若达到马歇尔试验的空隙率，压实度要达到100%。压实度低1个百分点，路面混合料的实际空隙率就近似增加1个百分点。若这两种混合料按96%控制压实度，路面混合料的实际空隙率已达到8.3%左右。根据有关资料介绍，空隙率在8%～12%之间的路面最容易发生水损害。空隙率小于8%，水不容易进入混合料；大于12%，水很容易流走，但必须要设置排水结构层。所以，沥青面层压实度控制标准应当提高，以免引发路面的水损害破坏。

(4) 沥青路面排水设施不完善。从已发生水损害的路面看，多数都有内、表排水不良的原因存在，及时排除浸入面层中的水分，减少面层中积水的停留时间，对减少路面病害极为重要。图2-5-13所示因路边水沟阻塞，水从路底面渗出到坑中。所以，搞好路面的排水设计和水沟设计，对保证道路的使用性能和使用寿命具有十分重要的作用，对防止路面水损害更有其特殊的功能。对路面水损害有直接影响的是路表面排水、中央分隔带排水、路面边缘排水。对路表面的排水，人们一般比较重视，目前重视不够的是中央分隔带的排水。

实际上，中央分隔带排水是高等级道路及一级道路地表排水的重要内容，应该根据分隔带的宽度、绿化和交通安全设施的形式，分隔带表面是否封闭等因素，选择相应的排水方式，防止雨水加上绿化用水落到分隔带上，一直向下渗透到土基和两侧行车道基层与面层中间，危害路基的稳定性，导致沥青路面水损害破坏。

国内许多专家指出，水损害破坏是目前我国沥青路面出现坑槽、松散、脱粒、麻面等早期病害的最主要原因，对此应该引起足够重视。

沥青路面破损的表状及主要原因见表 2-5-4 所列。

图 2-5-13 水从路底面到坑中

沥青路面破损的表状及主要原因 表 2-5-4

序号	破损名称	表状	主要原因
1	搓板波浪	呈现洗衣搓板状 纵向产生波浪状	面层系铺设在原有波浪（楼板）的路面上的反射结果。路基与基层未曾全面压实，或压实度不够，通过行车水平力作用而变形，造成波浪。基层土层硬度不够也会造成波浪。施工时基层浮土清除不净或石灰土养生期不足即铺面层，而形成搓板。因沥青布不均形成油垄，沥青多处矿料厚、沥青少处矿料薄，经行车撞击造成。交叉口、停车站、陡坡路段因行车水平力较大，振动造成
2	脱皮	表层成块剥落	面层与基层之间有粘结不良；上拌、下贯两层之间或罩面与原路面之间结合不好而成层松脱。还有可能是原基层的石灰粉或矿粉过多而造成整层松脱。面层矿料质差、含土、潮湿，或施工过辗，而成层脱皮
3	弹簧翻浆	呈现弹簧状或冒水翻浆等	由于基层结构不密实，水稳性不良，含水量增大，聚水冻融而翻浆，基层强度不够，灰土拌和不匀，辗压不实，含水量大，低温施工，灰土未及成形而冻融翻浆。在中温或潮湿地带，地下水未处理好，边沟又积水滞流，或在山丘有地下潜流等而造成弹簧翻浆
4	啃边	边缘破裂破坏	由于交通量增大，路宽不适应，或因不设路牙（缘石）而未边部加固，边部因行车超压而引起啃边。路面与路肩衔接不顺，路肩横坡过大，或因路肩坑槽积水而导致啃边。路面平交道口处，未设必要的平台，边缘易受压坏
5	沉陷	均匀沉陷 不均匀沉陷 局部沉陷	冬季在低温冻土施工中未处理好压实不够的问题，从而引起基层局部强度不足或水稳性不良引起沉陷，超载重的大型车通过，而层混合料料质差，土基压实度不够或路基有隐患（坟穴、水井、树坑等）未处理好

续表

序号	破损名称	表　状	主　要　原　因
6	泛油 油包 拥包	高温时沥青（渣油）渗出面层零散分布疙瘩状推挤、滑动成隆起形变	单位面积用油量过大或者矿料不足，或因低温施工；加大用油量而造成泛油。用油量偏高，粘滞度低，或路拱偏大，气温高，面层受行车拥挤成包。初期养护处治泛油时，用料过细而形成油包，或者成拥包。由于材料质差，油石比不当，面层高温时发软，辗成拥包。基层局部含水量大、面层与基层粘结不良，高温时推挤成拥包
7	裂缝	发裂 线状裂缝 纵向裂缝 横向裂缝 反射裂缝 龟形裂纹	施工基层辗压不实，强度不够，或新旧接缝处理不当而形成裂缝。面层以下含水率逐年积聚，在不利季节，引起路面强度降低而产生裂缝；混合料质量差，辗压温度不当，引起的辗压裂缝；混合料摊铺时间过长老化而产生裂缝。由于基层受温度、湿度的变化，结构发生胀缩而产生裂缝。结合料老化，面层性能退化，路面整体强度不足而呈现出龟形裂纹
8	松散、麻面、坑槽	表面矿料 松动、出现麻坑、表面局部不平凹陷	嵌缝料粒径不当，用料不合比例，或初期养护嵌缝未回归而散失。低温季节施工，工序未衔接，油与料结合不良，矿料飞散，轻则出现麻面，重则出现坑槽。表面用油量偏少，结合料加温过度，失去粘结力而松散，形成麻面、表层坑槽。雨季施工，矿料潮湿，或用酸性矿料未作处治而散失成麻面、坑槽。由于基层压实不够，强度不匀，基层不平，面层渗水，局部先破损而成坑槽

2.5.2.3　沥青路面维修作业分类及主要内容

根据现行的《公路养护技术规范》(JTJ 073—96)，沥青路面养护作业工程可分为以下4类：

(1) 小修保养工程。主要工程内容为：清除路面上的泥土、杂物，保持路面整洁；排除路面上的积水、积雪、积冰、积砂，撒防滑料、灰尘剂或压实积雪，维持交通；处理路面泛油、拥包、裂缝、松散、波浪、啃边等病害；修补坑槽、沉陷。

(2) 中修工程。主要工程内容为处理路面严重病害，对路面整段进行封层或罩面。

(3) 大修工程。主要工程内容为整线、整段用稳定材料改善路面基层；整段加宽、加厚原有路面；翻修或补强、重铺原有路面。

(4) 改善工程。主要工程内容为分段提高公路技术等级，并铺筑新的沥青混凝土路面。

2.5.2.4　沥青路面维修保养的技术要求

一、沥青路面小修保养工程的技术要求

小修、保养作业是保证沥青路面使用质量、延长使用寿命的重要技术措施。通常把清扫、保洁、处理拥包、裂缝、松散等病害称之为保养作业；修补坑槽、沉陷，处理车辙、波浪、啃边等病害称之为小修作业。按照作业内容分类，小修保养作业可分为：初期保养、日常保养和季节性保养修理。

(一) 沥青路面初期保养技术要求

各种沥青路面竣工后的初期保养是十分重要的，它是为了使沥青路面尽快稳定成型的关键，是不容忽视的养护环节。

(1) 热拌沥青混合料路面的初期保养技术要求是：

1) 面层混合料必须充分压实,待混合料完全冷却,表面温度低于50℃后方可开放交通。

2) 纵、横向的施工接缝是路面的薄弱点，尤应加强初期养护。对这些接缝处应铲高补低、烙平压实，消除接缝空隙，保持平整密实。

(2) 沥青贯入式路面的初期保养技术要求是：

1) 开放交通初期，应控制车速不超过20km/h，直至路面完全成型。

2) 应设专人指挥交通或设交通路标，按照先边、后中的原则，控制车辆行驶，达到路面的全面碾压密实。

3) 应随时将行车驱散的嵌缝料回扫、布匀，然后再压实，以形成平整密实的上封层。如有泛油现象，应在泛油处补撒与最后一层石料规格相同的嵌缝料，并仔细扫匀；路表面如有过多的浮动石料，应扫出路面或回收，以免搓动已经粘附沥青的集料。

4) 撒初期养护料时，应顺行车方向少撒、勤撒、薄撒、撒匀。撒料宜在当天最高气温时进行，同时控制行车碾压。

(3) 沥青表面处治路面的初期保养技术要求是：

1) 层铺法施工的沥青表面处治路面的初期保养与贯入式路面的要求基本相同。由于表面处治路面较薄，更应加强初期保养。

2) 拌和法施工的沥青表面处治路面的初期保养与热拌沥青混合料路面的要求基本相同，但更应重视早期病害的及时补修。

(4) 对于乳化沥青贯入式路面、乳化沥青碎石混合料路面，由于其初期稳定性差，压实后的路面应做好初期保养，设专人管理，封闭交通2～6h；在未破乳成型的路段上，严禁一切车辆、人、畜通过；开放交通初期，应控制车速不超过20km/h，并不得在路面上制动和调头。当有局部损坏时，应及时补修。

(二) 沥青混凝土路面日常保养技术要求

各种沥青混凝土路面的日常保养的技术要求是：

1) 保持沥青混凝土路面平整、横坡适度、线形顺直、路容整洁、排水良好。

2) 加强巡路检查，掌握路面情况，随时排除有损路面的各种因素。如发现路面初期病害，应及早补修。

3) 禁止各种履带式车辆和其他刚性车轮车辆直接在沥青混凝土路面上行驶。

4) 及时掌握各种养护技术资料，建立路面养护技术档案。

(三) 沥青混凝土路面季节性保养修理技术要求

沥青路面对气温比较敏感，应根据各地不同季节的气候特点、水和温度的变化规律，按照“预防为主、防治结合”的原则，结合成功经验，针对季节性病害根源，因地制宜，采取有效的技术措施，做好季节性保养修理。季节性保养修理应符合以下技术要求：

(1) 春季：应做好沥青路面温缩裂缝和其他裂缝的灌、封修理，并及时快速修补坑槽，处理松散、翻浆等病害。

(2) 夏季：此时气温较高，是沥青路面养护工程的有利季节，应抓住高温期处治泛油，铲除拥包、波浪，及时修复冬季与春雨期间临时修补的破损，使路面保持良好的使用性能。

(3) 秋季：此时气温由高温逐步降温，沥青路面的保养修理必须密切注意天气预报，抓紧完成养护工程年度计划项目，适时做好冬季病害的预防性保养修理，如裂缝的灌、封修理，冻胀、松脆的防治，及时修补坑槽和进行乳化沥青稀浆封层等。

(4) 冬季：主要是做好除雪、除冰、防滑、疏阻、抢险及下年度养护材料采备等工作。

二、沥青混凝土路面中修工程技术要求

(1) 沥青路面在长期使用过程中，会出现不同类型的破损，面层厚度因长期磨耗而减薄，或平整度、摩擦系数等指标低于规定，此时都需要进行封层与罩面，以提高路面的使用性能，延长路面的使用寿命。封层是指采用层铺法或拌和法以全面封闭路表面破损的技术措施；罩面是指在原路面上加铺一层沥青混合料面层，以延长其使用周期，恢复被磨耗的厚度，或提高路面的抗滑性能，改善平整度，但不提高承载能力。当同时要提高路面承载能力时，为补强罩面。封层与罩面都属于中修工程。

(2) 一般来说，当路面使用年限尚未达到罩面的间隔周期，或路面裂缝、松散特别严重，表面过于光滑，摩擦系数特别小时，可视路面状况铺筑封层；若原路面使用年限已久，表面老化、透水，但路拱合适，破损现象不很严重，还有一定的承载能力时，可增加一次封层，推迟罩面周期。沥青路面封层工艺一是可采用拌和法或层铺法施工的单层表面处治，其施工应按照现行的《公路沥青路面施工技术规范》(JTJ 032—1994) 的有关规定进行；二是采用乳化沥青稀浆封层，其施工技术要求在本书的后面将要介绍 (2.5.4)。

(3) 当路面经使用质量评定尚不需罩面时，则应以评定结果为准，同时注意加强原路面的维修保养，以延长罩面周期；在罩面的同时需要补强时，应按照现行的《公路沥青路面设计规范》(JTJ 014— 97) 的规定进行。各种结构的罩面，除按照现行的《公路沥青路面施工技术规范》(JTJ 032—94) 的有关规定进行施工外，并应符合下列技术要求：

1) 在罩面前，必须把原路面所有破损部分（如裂缝、坑槽、松散等）处理好，必要时铺设整平层，并处理好新旧面层的结合。

2) 罩面不应铺在逐年喷油封层而加厚的软油层上。如遇有此种情况，必须将软层铲除，尔后再整平铺筑。

3) 罩面一般应采用拌和法，根据设计厚度采用一次或两次摊铺。摊铺前应彻底清扫原路面并喷洒粘层沥青，沥青用量一般为 0.3～0.5kg/m^2。对已老化的、空隙率大的沥青路面，粘层沥青用量宜为 0.5～0.7kg/m^2。

4) 采用层铺法罩面时，按照沥青路面表面处治方法施工；当使用乳化沥青时，集料撒布必须在乳液破乳前完成，破乳成型期间应封闭交通。

5) 罩面时应处理好施工接缝。除按《公路沥青路面施工技术规范》(JTJ 032—1994) 进行外，尚应注意：

①在施工中所造成的路面纵、横向接缝，应与路面中心线平行或垂直，一般宜采用毛茬热接缝的方法；

②双层式罩面，每层各自的接缝不应处在同一个垂直面上；上下两层各自接头处，也应错开成台阶式衔接。

三、沥青混凝土路面大修及改造工程技术要求

(1) 沥青混凝土路面如若损坏严重，经检查判断采用其他维修的方法已不能维持良好的行车状况时，就应进行路面的大修或改造。沥青路面的大修或改造工程除应严格按照现

行的《公路沥青路面设计规范》(JTJ 014—97) 进行设计以外，还应符合下列技术要求：

1) 对原沥青路面的材料必须作挖验调查和经济比较，能够利用者应尽量采取再生利用或者重复利用旧沥青面层，并考虑旧面层挖除后剩余强度下降的因素进行路面结构设计。

2) 在原路面上加厚补强时，应对原有沥青路面的病害做出详细调查，防止新的面层受原沥青路面不利因素的影响。

3) 应对路面标高提高后纵坡是否顺适、与周围环境是否协调等作周密考虑。

(2) 进行沥青路面大修或改善施工时，除应按照现行的《公路沥青路面施工技术规范》(JTJ 032—94) 组织施工外，还应符合下列技术要求：

1) 铺筑补强层前，应先彻底处理好原路面的所有病害，必要时要先铺筑隔离层、整平层，然后再铺筑补强层。

2) 对于新铺路面基层，应确保其与旧基层连接良好，不得形成夹层。

3) 挖除基层时，应尽量使旧路面的基层材料也得到重复利用。

(3) 当在沥青路面大修或改善工程中需要进行加宽、加厚作业时，其施工具体技术要求应按照现行的《公路养护技术规范》(JTJ 073—96) 执行，并注意以下几点：

1) 要根据维修路段的交通量大小、原有路面的强度、破损程度等确定实际的加宽、加厚方案。

2) 加宽、加厚的路面材料、结构宜与原有沥青路面相同，加宽部位的基层强度不应低于原有沥青路面的基层强度。

3) 在边通车、边施工的交通繁忙路段上，应适当掌握施工路段的连续长度，保持通车的半幅路面有必要的宽度和平整度，认真搞好排水。同时设立施工标志，加强施工现场交通指挥和管理，保障过往车辆正常通行，施工安全顺利。

4) 沥青混凝土路面加宽时必须处理好新旧路面的纵、横向衔接。

5) 沥青混凝土路面单侧加宽时必须调整好路面的横坡。

2.5.2.5 沥青路面质量的评价及维护保养

一、沥青路面破损率指标的确定

根据《公路养护技术规范》(JTJ 073—96) 的规定：

(1) 各种破损，一律以面积计。根据路面调查检测记录中各种线（段）发生各种破损的部位、轻重程度，计算其总面积。

(2) 用破损率 Y 值表示路面破损程度的综合值

$$Y=\frac{\Sigma F_1 K}{F_n}\times 100\%$$

式中 F_1——各种破损的实际面积；

K——各种破损相应的换算系数，见表 2-5-5；

F_n——调查路段的总面积。

沥青（渣油）路面破损换算系数 K 值 表 2-5-5

序号	破损名称	程 度	所在部位	换算系数 K	备注
1	裂缝	纵横度	面层	0.04	
		龟裂	面层	1.0	
			基层	2.4	

续表

序号	破损名称	程　度	所在部位	换算系数 K	备注
2	麻面		面层	0.33	
3	松散		面层	0.6	
4	坑槽	视深度不同而定	面层	1.2～1.5	
			基层	3.0～4.1	
5	车辙		面层	0.3	
			基层	0.5	
6	啃边	宽度大于 10cm	面层	1.0	
			基层	2.5	
7	沉陷		基层	4.2	
			垫层	6.8	
8	泛油	轻度	面层	0.15	
		较重	面层	0.17	
		严重	面层	0.3	
9	油包		面层	0.4	
10	拥包		面层	1.2	
			基层	3.0	
11	波浪（搓板）		面层	0.9（0.3）	
			基层	1.8（0.6）	
12	脱皮		面层	1.0	
13	弹簧、翻浆		基层	6.2	
			垫层	9.5	

注：K 值系 K_1（对行车的影响系数）和 K_2（处治工作量比重系数）的乘积，各地在使用时可以通过实际调查进行适当调整。

（3）破损率 Y 指标评定值及对应养护措施见表 2-5-6。

Y 指标评定值及对应养护措施　　表 2-5-6

序号	沥青混凝土沥青碎石（%）	沥青（渣油）表处、贯入式、上拌下贯（%）	养　护　对　策
1	$Y<5$	$Y<7$	保养和维修
2	$5<Y<7$	$7<Y<10$	罩面或处理严重破损路段
3	$Y>7$	$Y>10$	翻修或补强重铺

二、沥青路面强度系数的评定

其评定按以下规定进行：

（1）路面强度系数以容许回弹弯沉值与实测弯沉值的代表值相比的比值 N 表示。

$$N=\frac{\text{现有交通量的容许弯沉值}}{\text{实测代表弯沉值}}$$

N 值大于 1 即现有路面强度较高；小于 1 即现有路面强度不足。

（2）路面强度系数 N 指标的评定值及对应养护措施，规定于表 2-5-7。

N 指标评定值及对应养护措施 　　表 2-5-7

序号	沥青混凝土、沥青碎石	沥青（渣油）表处、贯入式、上拌下贯	养护对策
1	$N\geqslant1$	$N\geqslant0.8$	保养和维修
2	$1>N\geqslant0.8$	$0.8>N\geqslant0.6$	罩面或补强罩面
3	$N<0.8$	$N<0.6$	补强罩面或补强重铺

(3) 沥青路面养护强度系数。路面结构层的整体强度，以标准轴载作用下轮隙中心处的路表弯沉值 L_s 表示。具有足够强度的路面，其实测路表弯沉值 L_s 应小于或等于现有交通量的路面容许弯沉值 L_R，即 $L_s\leqslant L_R$。它们的比值 N 应大于或等于 1，即

$$N=\frac{L_R}{L_s}\geqslant1$$

当 $N<1$ 时说明在现有交通量下路面强度不足，须采用相应的补强性养护措施。

路面养强度系数 N，应作为制定公路养护投资计划的主要依据，建立公路路面养护评价系统的主要技术指标。

三、路面表面平整度的评定

表面平整度评定值及对应养护措施见表 2-4-8。

沥青（渣油）路面平整度指标评定值及对应措施 　　表 2-5-8

沥青混凝土 沥青碎石（均方差 mm）	沥青贯入及上拌下贯（mm）		沥青（渣油）表处		养护对策
	平整度仪 (σ)	3m 直尺 (h_s)	平整度仪 (σ)	3m 直尺 (h_s)	
$\sigma\leqslant4.0$	$\sigma<5.0$	<10	$\sigma\leqslant5.5$	<14	保养和维修
$4.0<\sigma\leqslant5.5$	$5.0\leqslant\sigma\leqslant6.0$	10～13	$5.5<\sigma\leqslant6.5$	13～15	局部处理破坏或局部封面
$\sigma>5.5$	$\sigma>6.0$	>13	$\sigma>6.5$	>15	处理破坏后封面或结合罩面进行处理

四、路面面层摩擦系数的评定

(1) 按路面调查规定的方法和适用范围所实测的系数值与规定的极限值（见表 2-5-9）比较，进而判断其抗滑能力。

(2) 当摩擦系数的实测数值小于表 2-5-9 的规定值时，路面抗滑对应养护措施如表 2-5-10。

路面养护摩擦系数规定值 　　表 2-5-9

序号	道路等级	路面类型	一般路段（$F_{五}$）	急弯、陡坡、交叉路口、危险路段（$F_{五}$）
1	高等级道路、一、二级道路	高级路面	0.28～0.34	0.35～0.40
			0.27～0.33	0.34～0.39
		次高级路面	0.25～0.31	0.32～0.37
2	三、四级道路	其中：渣油表处	—	0.28～0.34

注：$F_{五}$ 是指按解放牌标准车制动前车速为 40km/h 条件下，用第五轮仪测定的；用其他方法的测定计算见《公路养护技术规范》。

路面抗滑对应养护措施 表 2-5-10

道路等级		路面类别	一般路段（$F_{五}$）			急弯、陡坡、交叉路口、立体交叉、加减速车道、危险路段（$F_{五}$）		
			规定值	小于规定值	养护对策	规定值	小于规定值	养护对策
专用道路	高等级道路、一级道路	高级路面	0.28～0.34	10%以下	保养、维修	0.35～0.40	10%以下	保养、维修
				11%～19%	维修、封面		11%～19%	维修、封面
				20%以上	封面或结合罩面、翻修、补强		20%以上	封面或结合罩面、翻修、补强
专用道路、一般道路	二级道路	次高级路面	0.25～0.31	10%以下	保养、维修	0.32～0.37	10%以下	保养、维修
				11%～19%	维修、封面		11%～19%	维修、封面
				20%以上	封面或结合罩面、翻修、补强		20%以上	封面或结合罩面、翻修、补强
一般道路	三、四级道路	其中：渣油表处				0.28～0.34	10%以下	保养、维修
							11%～19%	维修、封面
							20%以上	封面或结合罩面、翻修、补强

五、沥青路面使用质量四项指标的综合评定与养护措施

沥青路面四项指标综合评定及养护对策见表 2-5-11。

沥青（渣油）路面四项指标综合评定及养护对策 表 2-5-11

单项评定		养护对策	应同时考虑消除的缺陷
一	路面强度系数	补强	平整度、摩擦系数、路面破坏
二	路面破损	罩面、翻修、补强、重铺	平整度、摩擦系数
三	路面平整度	保养、维修	强度不足、破坏严重
四	路面摩擦系数	保养、维修	强度不足、破坏严重

六、高等级道路路面使用的综合评定与养护措施

高等级道路的沥青路面的养护应根据道路等级、交通量及分项路况评价结果来确定养护对策。其中，分项路况评价指标包括路面强度、平整度、破损率和抗滑能力四个方面；养护对策包括大修补强、中修罩面及小修，不含日常养护。具体的评价养护质量标准如表 2-5-12～表 2-5-20 所列。

路面破损状况养护质量标准 表 2-5-12

序号	评价指数	沥青混凝土、沥青碎石路面	沥青表处、贯入式、上拌下贯式路面
1	路面综合破损率 *DR*（%）	8	＜14
2	路面状况指数 *PCI*（分）	＞65	＞55

路面强度养护质量标准 表 2-5-13

评价指数	高等级道路、一级道路	其他等级道路
路面强度系数 *SSI*	≥0.8	≥0.6

路面抗滑能力养护质量标准 表 2-5-14

序号	评价指数	沥青混凝土、沥青碎石路面	沥青表处、贯入式、上拌下贯式路面
1	横向力系数 *SFC*	＞0.4	＞0.3
2	摆式仪摆值 *BPN*	37	32

路面平整度养护质量标准 表 2-5-15

评价指标	沥青混凝土、沥青碎石路面		贯入式、上拌下贯式路面		沥青表面处治路面	
	平整度仪（σ）	3m 直尺（mm）	平整度仪（σ）	3m 直尺（mm）	平整度仪（σ）	3m 直尺（mm）
路面平整度	3.5	8	4.5	10	5.5	12
行驶质量指数 *RQI*	＞6		＞5.5		＞5.5	

路面强度评价标准 表 2-5-16

评价指标	优		良		中		次		差	
公路等级	高速、一级	其他公路	高速、一级	其他公路	高速、一级	其他公路	高速、一级	其他公路	高速、一级	其他公路
路面强度系数 *SSI*	≥1.20	≥1.00	＜1.2；≥1.0	＜1.0；≥0.8	＜1.0；≥0.8	＜0.8；≥0.6	＜0.8；≥0.6	＜0.6；≥0.4	＜0.6	＜0.4

路面抗滑能力评价标准 表 2-5-17

评价指标	优	良	中	次	差
横向力系数 *SFC*	≥0.5	≥0.4；＜0.5	≥0.3；＜0.4	≥0.2；＜0.3	＜0.2
摆值 *BPN*	≥42	≥37；＜42	≥32；＜37	≥27；＜32	＜27

路面平整度评价标准 表 2-5-18

评价指标	优	良	中	次	差
行驶质量指数 *RQI*	≥8.5	＜8.5；≥7.0	＜7.0；≥5.5	＜5.5；≥4.0	＜4.0

路面破损评价标准 表 2-5-19

评价指标	优	良	中	次	差
路面状况指数 *PCI*	≥85	≥70；＜85	≥55；＜70	≥40；＜55	＜40

路面综合评价标准 表 2-5-20

评价指标	优	良	中	次	差
路面质量指数 *PQI*	≥85	≥70；＜85	≥55；＜70	≥40；＜55	＜40

七、沥青路面维修对策要点

沥青路面的维修对策应根据道路等级、交通量及分项路况评价结果确定。根据现行的

《公路养护技术规范》(JTJ 073—96) 的规定，具体维修对策如下：

(1) 必须随时掌握沥青路面的使用状况，加强日常小修保养，及时修补各种破损，保持路面经常处于清洁、完好状态。

(2) 对于 *PCI* 评价为优、良、中，*RQI* 也评价为优、良、中的路段，以日常养护为主，并对局部路面破损进行小修；对于高等级道路和一级道路中等路况的路段，应进行中修罩面。

(3) 对于 *PCI* 评价为次、差，或 *RQI* 评价为次、养，强度满足要求（高等级道路、一级道路 $SSI \geqslant 0.8$，其他道路 $SSI \geqslant 0.6$）的路段，宜安排中修罩面；如强度不满足要求时，则应进行大修补强。

(4) 大、中修的结构类型和结构厚度，可根据道路等级、交通量、当地经济条件和已有经验，通过设计确定。

(5) 对于高等级道路和一级道路的路面平整度、破损率和强度均满足要求，但抗滑能力不足（$SFC < 0.4$ 或 $BPN < 37$）的路段，应加铺抗滑磨耗层；对于二级及二级以下道路抗滑能力不足 [$SFC <$（0.2～0.3）或 $BPN <$（27～32）] 的事故多发路段，宜进行抗滑处理。

2.5.3　沥青混凝土路面病害预防措施

2.5.3.1　沥青混凝土路面早期病害的预防措施

一、沥青路面的合理结构设计

沥青路面的设计质量是道路工程质量的基础和前提，设计单位应从实际出发，对地形复杂路段，做好地质调查工作，精心设计。以投资控制设计、突击赶工设计、与实际脱节的设计等，将会给工程带来难以弥补的后遗症。

(1) 可减薄沥青面层厚度：设计高等级道路，沥青面层厚度大都大于 15cm，只有部分高等级道路和试验路段沥青面层的厚度为 9～12cm。过去人们一直认为沥青面层的厚度越厚越好，对防止反射裂缝的产生较为有利。根据国家“七五”攻关项目的研究成果和国内最新研究成果表明：

1) 半刚性基层沥青路面结构的承载能力可由半刚性材料层（基层和底基层）来完成，主要承重层为半刚性基层，无需用增厚面层来提高承载力。沥青混凝土面层在正常情况下主要起功能作用，保证行车平稳、舒适，并保护基层与延长基层的使用寿命等作用。6～15cm 不同沥青面层厚度的弯沉值没有明显差别。

2) 提高沥青路面的使用质量不是用厚的沥青面层，而是使用优质的沥青。

3) 沥青面层的裂缝不只是反射裂缝，在正常施工情况下主要有沥青面层本身的温缩裂缝。

4) 厚沥青面层的病害中车辙是不容低估的，厚沥青面层较容易导致在设计使用期间车辙超过容许值。

综上所述，高等级道路、一级道路的沥青面层合理厚度可比《公路沥青路面设计规范》(JTJ 014—97) 推荐厚度再酌情减薄，如为 9～12cm。面层厚度与设计轴载大小、抗疲劳极限等有关。

(2) 加强沥青路面的防水设计：为防止沥青路面因水而引发早期破坏，除要求路基、路面必须具备足够的稳定性和强度外，还要求路面必须有较好的排水性能。为此，路面排水设计应成为路面设计中的重要内容。

路面排水可分为路表排水和结构排水，路表排水是指水沿横坡和路线纵坡所合成的坡度漫流到路基边坡，然后进入路基边沟，排出路基之外，这点在一般路面排水设计中都已考虑到。而路面结构排水，在现阶段的设计中考虑的还不够充分。下面着重介绍结构排水：

1) 设置沥青面层防水层：在沥青面层结构组合设计中，应将其中一层按密级配（不透水层）要求来考虑，或专门设置一层隔水层来防水，以减少面层渗水。

2) 设置沥青下封层：为防止面层渗水滞留在基层表面，使基层表面软化，宜在干净的基层表面上设置一层沥青薄膜下封层，一方面减少基层直接受到水的冲刷，另一方面形成一个光滑的界面，以利于渗入基层的水的排除。

3) 搞好硬路肩排水设计：设置平路缘石，硬路肩横坡应较路面横坡大0.5%～1%，以使路表横向流水排泄顺畅。在硬路肩下设置垫层或横向盲沟，将路面结构内的水通过路肩排水引出路基之外。

4) 软地基与高填土路基的横坡排水设计：由于路基沉降作用，随着时间的推移，路面也会沉陷，横坡减小，严重时会出现平坡甚至倒坡现象，因此可在设计规范的基础上增加0.5%～1%的预拱度，以抵消路面横向联合坡度的损失，保证路面水能够顺利地向外排泄。

5) 中央分隔带的排水设计：当有中央分隔带时，同样也应考虑沿界面水的排出，弯道处的中央分隔带应设置纵向排水沟，既排路表水，又排下渗水。

(3) 选用合理的基层和底基层结构，并保证一定厚度：实践证明，因为半刚性基层材料强度高，水稳性好，刚度大，是高等级道路和一般道路的合适基层。目前常用半刚性基层有二灰碎石、水泥稳定碎（砾）石等。底基层在山西省大都采用石灰土，依据典型路面结构调查，在潮湿地段和挖方路段，沥青路面早期破坏比较严重，这是因为：

1) 灰土必须在有空气、有一定湿度的条件下，经过一个月左右的养生时间，板体强度才能逐步形成。若在灰土铺筑后就立即在其上面铺筑其他结构层，由于隔断了空气，灰土强度很难形成。若在过湿条件下，强度就更难形成。

2) 灰土层并不隔水，且由于水的作用，易造成软化、唧浆等情况，使基层强度降低，加速沥青面层破坏。

为此，在潮湿路段，如是填方，采用砂砾垫层来隔断水，如是挖方，则要用水稳性较好的水泥石灰综合稳定土或二灰综合稳定土做垫层。从典型结构调查来看，过干或干燥地区，石灰土底基层的强度和模量高出设计值的2～3倍，证明在过干或干燥的地区采用石灰土做底基层是合适的。基层、底基层作为承重层必须保证达到一定厚度，并满足防冻层的要求。

二、沥青混凝土配合比设计的优化

(一) 选择合适的沥青混凝土级配类型

沥青混合料的级配类型对沥青路面使用性能的影响极大，具体可见表2-5-21。从表中可以看出，各种沥青混合料级配有着不同的使用性能。实际上，由于气候条件的不同、路面等级的高低、工程投资的多少、施工能力的大小，各类公路养护工程对路面使用性能的要求是不一样的，而且每一种混合料不可能所有使用性能都很好。所以在实际工作中，可根据上述因素，具体选择相应的混合料级配。当前，在沥青路面养护工程中，应当大力推广应用SMA混合料。SMA是一种新型的沥青混合料，它能够平衡普通沥青混合料高温稳定性与低温抗裂性、抗疲劳性，表面服务功能和耐久性的矛盾，综合技术性能非常优良。

各种级配混合料的使用性能　　表2-5-21

序号	特点和性能	AC-16Ⅰ	AC-16Ⅱ	AK-16A	AM-16	OGFC	SMA-16
1	结构类型	悬浮密实结构	悬浮半空隙结构	悬浮或嵌挤半空隙结构	嵌挤空隙结构	嵌挤空隙结构	嵌挤密实结构
2	空隙率（%）	3～6	4～8（10）	4～8（10）	＞10	＞15	3～4（4.5）
3	沥青用量	中等	较少	中等	很少	很少	较多
4	4.57mm通过率（%）	42～63	30～50	30～50	18～42	30～50	20～30
5	0.075mm通过率（%）	中等（4～8）	较少（2～5）	较多（4～9）	很少（0～5）	很少（2～5）	很多（8～12）
6	抗车辙变形	差	差	较好	好	很好	很好
7	疲劳耐久性	好	较好	好	很差	差	很好
8	抗裂性能	好	较好	好	很差	差	很好
9	水稳定性能	好	较差	较差	很差	很差	很好
10	渗水情况	小	较大	较大	很大	很大	小
11	抗老化性能	很好	较好	较好	很差	很差	很好
12	抗磨损	很好	较好	较好	很差	很差	很好
13	抗滑性能	差	较差	好	—	很好	好
14	路面噪声、反光、溅水、水雾	差	较差	较好	—	很好	好
15	施工难易程度	易	易	较易	简单	难	稍难
16	成本	中	较低	较高	很低	较高	高

注：OGFC是指排水型沥青混合料。

在配合比设计中空隙率与稳定度是很重要的指标，尤其在调整矿料级配时特别重要，下面着重对它们之间的关系问题进行分析，提出处理措施。

（1）空隙率低，稳定度也低：可用很多方法来增加空隙率：调整矿料的级配，在容许的范围内增加粗集料用量；减少细集料的用量；如果沥青混合料的油石比高于正常量而且超出的量不能被矿料吸收时，油石比可予以适当的降低以增加空隙。如果上述两种方法都不能满足要求时，应当考虑更换骨料。通常可以增加粗集料，减少细集料来改善沥青混合料的稳定度和空隙率。

（2）空隙率低但稳定度尚能满足要求：这样可能会导致沥青路面出现壅包和泛油等病害，对此应当对矿料的级配予以适当调整，增加粗集料用量，减少细集料用量，同时应适当降低沥青混合料的油石比。

（3）空隙率能满足要求但稳定度低：说明矿料的质量不好，集料的压碎值和石料的抗压强度太差和细长扁平颗粒含量过高，需更换矿料重新进行试验，直至满足规范要求为止。此外，还可以考虑采用稠度较高的沥青。

(4) 空隙率高但稳定度能满足要求时：因高的空隙率具有较高的渗透性，雨水和空气可以通过路表穿过路面，最终导致沥青过早老化，使沥青路面产生破坏。虽然稳定度符合要求，但仍要调整空隙率，通常以增加矿粉的用量来达到此目的。粗的矿粉更换成细的矿粉，或调整矿粉的级配同样可以达到此目的。

(5) 空隙率高稳定度低时，可以采用两种方法进行改善：第一，调整矿料的级配或增加沥青的用量；第二，如果前述的方法不能满足要求时，应当考虑更换矿质材料再进行配合比设计，直至满足规范要求为止。

(6) 在确定沥青混合料级配类型时，还要考虑集料最大公称粒径和结构层厚度的关系。目前国内沥青面层的集料粒径与压实厚度并不匹配，不利于压实。在国外，通常认为沥青面层厚度宜为集料最大粒径的2.5～3倍。而我国沥青路面上面层普遍采用集料公称最大粒径为16mm，面层厚度4cm，相当于2.5倍，显得稍薄。如按3倍计算，集料公称最大粒径为16mm的面层厚度最好采用5cm。如沥青路面上面层设计厚度为4cm，集料公称最大粒径应该采用13mm。按这个设计原理推算，在进行沥青路面中修罩面工程时，若采用AC-13型级配，厚度应不小于4cm；如采用AC-16型级配，厚度应不小于4.5cm。

（二）合理使用改性沥青及提高集料质量

(1) 合理使用改性沥青：从前述可知，沥青的技术性能如何，对沥青路面的低温抗裂性起决定性作用，对高温稳定性起40%左右作用，对抗疲劳性能起60%左右作用。所以，从沥青改性着手，来提高沥青路面的使用性能，是广大道路科技人员多年来始终在研究的一个技术问题。实践证明，在沥青路面封层、中修罩面、大修及改善等养护工程中使用改性沥青，可大大提高养护质量，延长路面使用寿命。

(2) 提高集料质量：沥青混合料是由沥青、集料和矿粉按一定的配合比组成的，集料质量差，沥青混合料的质量必然受到影响。必须在保证集料质量的前提下，才能考虑如何控制矿料的级配，如何提高沥青的性能等等。目前，我们对沥青的质量比较重视，但对集料的认识远没有像对沥青那样重视。从实践上看，近年来我国从国外进口了大量施工机械，也使用了进口沥青，施工水平也有很大提高，但从总体上看，我国沥青路面建设、养护水平与先进国家还有相当的差距，至少还落后10～20年。这个落后主要体现在沥青路面的使用寿命上。更进一步地分析就可以发现，我们与先进国家所差的除了管理工作之外，就在于粗、细集料的生产和使用上。

（三）沥青混凝土配合比的最终确定

在我国的现行规范中规定，确定最佳的沥青用量是找出马歇尔指标均符合要求的共同范围，尽管马歇尔试验的过程比较精密，但也不可能排除人为及其他有关的环境、操作等因素影响，因此还应参考以前的经验来确定最佳用油量。

通过理论与实践相结合，确定了配合比最佳用油量后，便可检验混合料是否具有高温稳定性及耐久性。在做动稳定度试验时，一定要控制好料温及试件成型温度，因为它直接影响着结果的真实性。试验若不满足大于800次/mm的规范要求，便需重新调整配合比。如果通过调整配合比仍达不到要求，则应采取改性沥青等方法。

总之，高等级道路沥青混凝土配合比设计是一项复杂而细致的工作，必须严格控制各个环节，才能得出可靠的配合比。当然，室内配合比还不能作为最终配合比使用，必须根据拌和设备性能、施工控制精度及材料变异情况进行试拌后进一步调整直至使拌和设备生产出的混合料指标达到规范规定，方可作为生产配合比使用。

三、精心组织施工、确保工程质量

沥青路面质量的好坏，除结构设计、材料组合外，主要取决于施工。通常说，工程质量是施工做出来的，所以施工对工程质量起保证作用。

沥青路面施工必须按全面质量管理的要求，建立健全有效的质量保证体系，实行目标管理、工序管理，明确岗位责任制，对施工的全过程、各阶段、每道工序的质量进行严格的检查、控制、评定，以保证达到规定的质量标准。要以分项工程、分部工程、单位工程逐层的质量保证来最终保证建设项目的整体质量。结合近几年的工程建设中发现的问题，认为抓好以下工作是搞好沥青路面工程质量的关键。

（1）加强对原材料的检验工作：材料的质量是沥青路面质量的保证。沥青路面早期破坏，其中材料不合格是原因之一。

1）施工开始前及施工过程中，发现材料来源、规格变化时，应对材料的质量进行全面检查。检查的主要内容有：

①材料的质量是否符合要求，对质量不合格的材料，绝不能使用，并不准运入工地，已运入工地的，必须限期清除出场；

②由于一项工程往往使用多个不同料场或分几次购入材料，故必须以“批”为单位，每批都要进行检查；

③施工中所需材料的数量、供应来源、储存堆放等也要进行检查。

2）检查方法：

①施工单位质量保证体系必须逐一地对每项施工进行自检；

②驻地监理工程师在企业自检的基础上，必须进行抽验；

③质量监督部门加大监督力度，促使整个施工中确保质量。

（2）加强沥青混合料材料配比的控制：

1）施工单位自检体系要严格控制材料规格、用量和矿料级配组成及沥青用量。

2）沥青混凝土的沥青用量应按马歇尔稳定度试验确定，并应在施工过程中经常加以校验。施工中自始至终用一次马歇尔稳定度试验来控制质量是不合理的。

3）驻地监理工程师应对马歇尔稳定度试验、材料规格、用量等进行抽检。

（3）施工前设备检查：机械设备是保证沥青路面施工质量的又一个重要因素，特别是沥青混凝土等高级路面，没有先进的配套的机械设备，是修不出符合质量标准的路面的。因此在沥青路面施工前，驻地监理工程师必须对拌和厂、摊铺、压实等施工机械设备的配套情况、性能、计量精度等进行严格检查，对不符合要求的机械设备，应责令施工单位限期更换，直至符合要求后，才可下达开工令。

（4）铺筑试验路段：铺筑试验路段的目的，在于验证施工方案的可行性，通过铺筑试验路段来修改、充实、完善施工方案和技术练兵，以利指导生产。高等级道路、一级道路一般在施工前都要铺筑试验路段，其他等级公路在缺乏施工经验或初次使用较大设备时，也应铺筑试验路段。驻地监理工程师应监督、检查试验路段的施工质量，与施工单位商定有关正式工程施工时的技术措施、工期安排和质量保证体系等。热拌热铺沥青混合料路面试验路应解决以下一些问题：

1）确定施工机械设备的型号、数量和组合方式。

2）确定拌和机上料速度、拌和数量、拌和时间、拌和温度等操作工艺。

3）确定透层油的沥青标号、用量、喷洒方式和温度；

4）确定摊铺机的摊铺温度、速度、宽度和自动找平方式等操作工艺。

5）确定压路机的型号、压实顺序、碾压温度、速度和遍数等压实工艺。

6）验证沥青混合料配合比，提出生产用的矿料配比和沥青用量，确定混合料的松铺系数、接缝方法等；

7）测定密实度的对比关系（钻孔法与核子密度仪法对比），确定压实标准密度。

8）全面检查材料及施工质量。

9）确定施工产量、作业段长度，修定施工进度计划。

10）确定施工组织、管理体系、质量自检体系、人员、通讯联络、指挥方式等等。

（5）加强施工过程中的质量管理与检查：

1）施工单位的质量监督检查人员应跟班对施工质量进行自检和对各种施工材料进行抽验。对沥青混合料拌和厂的拌和温度、均匀性、出厂温度进行检查，并取样进行马歇尔稳定度试验；检测混合料的矿料级配和沥青用量，对于拌和温度过高，致使沥青老化的沥青混合料，应予废弃或另作他用。

2）铺筑现场必须检查混合料质量、施工温度（摊铺温度、压实温度）、沥青层厚度、压实度、平整度。

3）驻地监理工程师应按规定频率进行抽验或旁站检验，并及时对施工单位自检结果请验报告进行检查签认，发现异常情况，应追加试验检查或立即报告。

4）质量监督部门要随机进行中间质量检查、评定，发布质量动态。

2.5.3.2 高等级道路沥青路面病害预防措施

一、预防路面局部网裂龟裂松散措施

高等级沥青路面龟裂是目前普遍存在的病害，也是道路维修养护中比较难以处理的病害之一。它严重地影响沥青路面质量和使用寿命，如不及时采取有效措施进行处理，必须将带来严重的后果。沥青路面产生龟裂的原因较多、较复杂、并有隐蔽性，单从表面上是难以看出。从实践中了解到，产生龟裂的原因主要有如下几点：

（1）与路面基层强度有关：无论什么路面，包括水泥混凝土路面都需要具有足够强度的基层，否则，路面将受到破坏。沥青路面对基层强度的要求比水泥混凝土路面高，因为沥青面层厚度一般较薄，且为柔性结构，具有可塑性和可延性。沥青面层本身的强度很小，不能抵抗车辆的荷载压力，主要起到耐磨作用。所以，基层必须保证足够的强度，沥青路面才不致产生变形破坏和产生龟裂。对沥青路面龟裂的处理方法有如下几种：

1）对严重龟裂，已出现松散脱落的油面层，可清除干净。如果基层没有多大变化，可适当处理基层后，重新恢复油面层。

2）对其他龟裂，如果未出现松散脱落，大面积可用洒油法，小面积可用刷油法，用油量一般为 0.8kg/m^2 左右，然后再撒一层砂，防止车轮将油带走，洒油、刷油的目的是封住裂缝，防止表面水渗入基层。严重龟裂时可刷油两次，直至裂缝不渗水。

3）对个别严重破坏的，多数是由于基层破坏引起，因此需进行挖补，更换基层，但新基层一定要比旧基层增厚、增强，以保证修补质量。

4）不宜采用大面积中修罩面的方法，应加强日常养护，做到勤修勤补，见坑就补，见缝就封，见水就排，尽可能延长路面的使用寿命，以待大修时彻底解决。

（2）与基层材料级配、结构类型有关：基层除要求强度外，还有一个稳定性问题。良好的材料级配是保证基层密实的前提，而密实度与强度成正比，密实度大强度高，密实度小则强底低。稳定性是指基层的抗水性和抗冲击性，即当受到水的浸蚀时不致产生软化而降低强度，受到车轮冲击作用时不致产生位移变化。有的基层强度虽然很高，但稳定性差，因而导致沥青面层出现龟裂。

处理方法：由于基层已无法处理，只有在沥青路面层上下功夫。对松散脱落的可消除掉，重新修补恢复。其余也可采用洒油方法，防止表面水渗入损坏油层。

（3）与施工方法有关：目前主要有两种施工方法，即机械施工和人工拌和施工法。人工拌和法不能有效和准确地控制各种材料的配合比，特别是结合料用量；机械拌和则可以按照设计配合比进行施工，保证施工质量。

（4）与沥青质量有关：道路沥青种类很多，其标号选用应根据当地气候条件决定，尽量选用优质交通道路的石油沥青，因为优质沥青具有较高的耐高温性，而且不易老化，这是防止沥青路面早期老化龟裂的重要条件。

二、预防路面车辙的措施

（1）尽管车辙容易发生，但是合理设计路基结构层次及粒料配合比，采取正确的施工方法，合理的养护，都会成为预防车辙产生的有效手段。如：在半刚性基层上的沥青路面，既有抗裂问题，又有抗车辙问题，因此进行沥青混合料配合比设计时，应兼顾这两者的矛盾，综合考虑。集料级配细对抗裂有利，但不利于抗车辙；集料级配偏粗，对抗裂不利，但对抗车辙有利。

（2）因此，建议面层采用连续级配的中粒式或粗粒式沥青混凝土以承担疲劳、耐久、防渗任务，采用折断型配沥青混凝土作为防滑耐磨层，这样就可满足抗车辙、抗裂、防水、抗滑、耐磨等要求。

（3）为了防止路面出现车辙，应该避免以下问题：

1）沥青混合料级配不合理，孔隙率小，用油时过多，或所用沥青太软或软化点偏低。

2）基层强度高而面层材料强度不足。

3）养护时洒油不匀或洒完罩面油后一次洒砂不匀。

4）新铺沥青混凝土尚未泛油即油养护，或连续罩面时洒底油过多，施工中路基路面压实不均，压实度不够。

5）对于有特殊要求道路，以及交通荷载重且交通量较大的道路、机场专用公路、城市道路平面交叉处等易发生车辙的特殊路段，采用变厚度设计方法更为优越。在交通管制较容易的路段，增加行走道路宽度的方法有很大的优点。上述两种方法，初期投资较大些，但从长远看，从交通安全性和经济耐用方面来说是合理的。

三、预防沥青路面裂缝的综合措施

解决沥青类路面的裂缝，应从改进结构组合设计、改善沥青质量与沥青混合料组成设计、提高路面施工质量、加强对路面的养护等多方面综合考虑，采取相对应的措施。

（1）选择沥青材料应注意的问题：

1）根据沥青面层类型，选用不同强度的沥青材料，同时还要考虑施工条件、气候环境、施工季节、矿料性质与尺寸等因素。在寒冷地区，最好选用针入度大的沥青。

2）为了防止沥青面层低温开裂，混合料中的沥青含量宜偏多些。

3）采用密实沥青混合料时，注意矿粉与沥青用量的比例；采取小的比例，对防止沥青面层的低温开裂有益。

4）国产沥青路面性能较差，应对沥青改性，在沥青中掺入丁苯橡胶等高分子聚合物，以提高沥青低温时的柔性；在沥青中加入树脂，可提高沥青抗氧化（耐老化）性。

5）为了消除和减少沥青面层的低温开裂，应尽量选用延度大、稠度较低的结合料，即低温变形能力大，不太脆硬的温度敏感性低的沥青。

（2）选择沥青混合料类型应考虑的问题：

1）沥青混合料在低温时应具有一定的抗弯能力，因此，在选择时，一方面要根据道路等级、交通量、使用年限、修建费用等具体要求和可能的其他条件是否具备外，特别重要的是保证混合料满足力学强度的要求。对寒冷地区，还应非常注意混合料在低温下的力学特性，要求沥青混合料具有足够的低温抗弯、抗拉的能力，以保证面层减少或不出现低温裂缝。

2）作为路面面层的沥青混合料，应具有一定的防渗水性能。在路面结构中，对上基层材料为半刚性材料，要严防路面水渗入到基层，降低路面的冻胀破坏。因此，作为面层的沥青混合料，要求其矿料级配应当细颗粒多一些，如采用细粒式沥青混凝土，并设置下封层，但要解决路面的防滑问题。

（3）提高沥青路面的施工质量：

1）沥青面层施工应注意的问题：由于沥青面层种类的不同。施工方法也各不相同。但不管面层采用何种混合料，都必须遵守以下几点：即保证矿料的质量；混合料必须拌和均匀，摊铺厚度必须达到设计厚度；必须保证混合料的辊压温度；必须保证达到混合料的压实标准；必须认真处理摊铺混合料的接缝。

2）基层和垫层施工应注意的问题：基层和垫层的强度与稳定性，对路面的整体强度与减轻面层的病害起着重要的作用。因此，保证基层和垫层的施工质量是一个很重要的环节。对基层和垫层施工必须注意以下几点：

①拌和问题：对采用无机结合料稳定的土类，必须注意施工中的拌和问题。如果拌和不均匀，基层就不能形成板体作用，因而保证不了基层的强度；

②压实问题：对基层和垫层的施工，压实工序是很重要的环节。如果基层和垫层得不到充分压实，就根本不能提高路面的整体强度和保证路面的使用质量。

（4）加强养护措施：当路面出现早期裂缝破坏时，应及时采取补救措施，如用沥青灌缝，避免裂缝继续蔓延，防止水分渗入路面上。对严重破坏的应及时修补，避免路面病害进一步恶化。另外，由路面流到路肩上的雨水往往不能顺利排到坡脚下，而滞留在路肩上，必须将水及时消除，防止水分渗入侵害路面。

（5）路面水的排除：在冰冻地区，必须防止路面渗水，渗入到基层中的水将降低基层的强度和稳定性。如果这部分渗入到土基中还会降低土基强度，引起路面冻胀的发生。在路面设计中，除了认真做好路面的排水设计外，还应采取以下两种措施：

1）隔离措施：为了防止从沥青路面裂缝渗入的水浸湿基层，在基表面上如果设置不超过 1cm 有双向横坡的沥青砂作为隔水层，会起到良好的效果。如果基层有一定的透水能力而且具有较好的水稳定性，为了防止渗入水影响土基的强度，也可以将隔离层放在土基顶面。

2）采用排水砂垫层的措施：为排除从沥青路面裂缝渗入到基层中的水，也可以在基层顶面设置砂垫层，将路面体系中的水排至路基以外。对挖方路基中的水也可以采用上述方法，但必须将水沿纵向排至填挖过渡段，然后将其疏导到路基以外。

2.5.4　沥青混凝土路面坑槽的修补技术

2.5.4.1　乳化沥青技术的特点及应用

所谓乳化沥青就是将沥青加热熔化后，经过机械研磨的作用后，以细小微滴状态分散于含有乳化剂的水溶液之中，形成于水包油状的沥青乳液。根据目前国内外道路工程的实践，采用乳化沥青材料修筑路面，具有以下几点优点：

一、节约能耗

(1) 采用热拌沥青混合料修路时，首先要为沥青加热。若将1t沥青由18℃升温至180℃时，所需热能为：

$$(180-18)\times 2.094\times 10^{3}\times 1\,000/0.8=424.0\ \mathrm{MJ}$$

式中　2.094×10^{3}——沥青的比热（J/（kg·K））；

0.8——热效率。

(2) 此外，采用热沥青拌制混合料时，各种矿料需要烘干与加热，要消耗大量的热能。若矿料原有温度为18℃，含水量为4%时，则：

1）烘干1t矿料水分所需热能为：$1\,000\times 0.04\times 2.26\times 10^{6}=90.4\ \mathrm{MJ}$

式中　2.26×10^{6}——1kg水完全蒸发时所需汽化热（J）。

2）1t矿料升温达170℃时所需热能为：$(170-18)\times 0.837\times 10^{3}\times 1\,000=127.2\ \mathrm{MJ}$

式中　0.837×10^{3}（J/kg·K）——矿料的比热。

3）1t矿料烘干与加热共需热能为：$(90.4+127.2)/0.8=272\ \mathrm{MJ}$

4）生产1t热拌沥青混合料所需的热能为：$(424.0\times 0.05+272\times 0.95)=279.6\ \mathrm{MJ}$

(3) 而采用阳离子乳化沥青筑路时，沥青加热温度只需120～140℃，加热1t沥青所需热能为：

$$(130-18)\times 2.094\times 10^{3}\times 1\,000/0.8=293.2\ \mathrm{MJ}$$

(4) 按沥青乳液中含60%纯沥青计算，1t沥青可制成1.7t沥青乳液，则生产1t沥青乳液所需热能为：

$$293.2/1.7=172.5\ \mathrm{MJ}$$

(5) 生产沥青乳液时，在其他方面还要消耗一部分能源：

1）制备沥青乳液的乳化剂水溶液（占40%～50%）需要加热，将18℃水升温至70℃时，需要热能（按1t沥青乳液使用400kg水计算）为：$(70-18)\times 4.187\times 10^{3}\times 400/0.8=108.9\ \mathrm{MJ}$

2）乳化机械消耗电能：泵送、乳化1t沥青消耗电能按8kW·h计算（1kW·h电能换算成热能为3.6 MJ），则消耗电能为：$3.6\times 8=28.8\ \mathrm{MJ}$

①1t沥青可以制备1.7t乳液，1t沥青乳液所消耗电能为：$28.8/1.7=16.9\ \mathrm{MJ}$

②这样生产1t沥青乳液需要能量为：$172.5+108.9+16.9=298.3\ \mathrm{MJ}$

(6) 生产乳化沥青混合料时，矿料不需要加热。按 1t 乳化沥青混合料需要添加沥青乳液 12kg 计算，其所需能量为：

$$298.3\times0.12=35.8\ \mathrm{MJ}$$

(7) 从以上分析可以看出，生产 1t 乳化沥青混合料比生产 1t 热拌沥青混合料，可节约能量：

$$279.6-35.8=243.8\ \mathrm{MJ}$$

(8) 当用乳化沥青混合料铺筑 7m 宽、3m 厚的沥青路面时，1km 路约需要乳化沥青混合料 515t。和热拌沥青混合料相比，可以节省的总能量为：

$$515\times243.8=125\ 557\ \mathrm{MJ}$$

二、节省沥青

乳化沥青外表形态几乎和水一样，黏度非常低。使用乳化沥青筑路，可以节约很多沥青，具体沥青节约量随路面结构黏式与施工方法而异，各种路面结构节约沥青数量见表 2-5-22。

各种路面结构节约沥青数量　　表 2-5-22

路面结构	热沥青路面沥青用量		乳化沥青路面沥青用量			节约沥青量(%)
	沥青用量(kg/m²)	平均(kg/m²)	乳液用量(kg/m²)	折合沥青量(kg/m²)	平均(kg/m²)	
1cm 简易封层	1.0～1.2	1.1	1.0～1.4	0.6～0.84	0.72	35
2cm 拌和式表处	5.0～5.5	5.25	7.0～8.0	4.2～4.8	4.5	14
3cm 层铺法表处	4.0～4.6	4.3	6.2～6.4	3.72～3.84	3.78	13
4cm 贯入	4.4～5.0	4.7	6.5～7.0	3.9～4.2	4.05	14
沥青碎石	4.5～5.5	5.0	7.0～8.0	4.2～4.8	4.5	10
中粒式沥青混凝土	5.5～6.0	5.75	8.0～9.0	4.8～5.4	5.1	11
细粒式沥青混凝土	6.0～7.0	6.5	9.0～10.0	5.4～6.0	5.7	12
黏层油、透层油	0.8～1.2	1.0	0.8～1.2	0.48～0.72	0.6	40

从表 2-5-22 中可以看出，推广使用乳化沥青，一般可以节省沥青用量 10%～20%。由于乳化沥青混合料中的沥青用量适宜，从而提高了路面的高温稳定性、低温抗裂性与耐久性。观察许多乳化沥青混合料路面可见，在高温季节较少出现油包、推移、波浪，低温季节较少见到开裂。与相邻的热沥青路面相比，显示出其特有的优越性。这也是由于在筑路过程中，沥青的加热温度低，加热次数少，沥青的热老化损失小，因之增强了路面的稳定性与耐久性。

三、延长修补坑槽的施工季节

(1) 阴雨与低温季节，正是沥青路面发生病害较多的季节。我国多雨的南方与寒冷的北方，常因多雨和冰冻，造成沥青路面的路况急速下降。这时若出现病害，一般无法用热沥青混合料及时修补，在行车的不断碾压与冲击下，可使病害迅速蔓延与扩大（雨季较长的地区，待雨季过后，病害可以增大 7～8 倍），行车运输效率降低，车辆油耗与磨损增加，交通事故增多……。

(2) 采用乳化沥青混合料养路，几乎可以不受阴湿或低温季节影响，发现病害可以及时修补，做到“补早、补小、补彻底”，从而能及时改善路况，提高好路率和运输效率。

(3) 此外，由于乳化沥青混合料可以在雨后立即施工，不需等待矿料与路面晒干，因而可以减少雨后的停工生活费和机械的停机台班费。

(4) 仅此一项，在多雨地区1年就可以节省许多费用，并且可以提前完成养路计划。关于1年中延长施工的时间，随各地区气候条件而有差异。据有关资料介绍，应用乳化沥青养路，湖南省可延长施工时间120d，河南省延长55d，辽宁省、北京市延长50d，黑龙江省延长25d。

四、改善施工条件，减少环境污染

(1) 使用热沥青混合料筑路，在沥青混合料拌和场周围方圆约500m的农作物都会受到不同程度的威胁，以至由于空气污染而使农作物减产。

(2) 尤其值得重视的是热沥青施工中的安全事故，如烧伤、烫伤、火灾等事故，每个公路施工部门、每年都有不同程度地发生，造成的损失很难估算。

(3) 在高温季节筑路时，施工操作条件比较差，劳动强度高，沥青散发的热气还会直接危害着人工的健康。

(4) 用乳化沥青筑路，由于其可以在常温条件下使用，施工工人不受烟熏火烤，从而可以改善这些不利的施工条件，降低劳动强度，减少环境污染，因而深受筑、养路工人的欢迎。

(5) 此外，由于乳化沥青的粘度低，喷洒与拌和容易，操作简便、省力、安全，一般可以提高工效30%。

通过以上情况可以说明，使用乳化沥青筑、养路，虽因增加乳化工艺与乳化剂而增加部分费用，但由于具有上述4个优点，因而总的社会效益、经济效益、环境效益优于用热沥青修筑路面。

2.5.4.2 沥青乳化剂的分类及选择

一、沥青乳化的原理

(1) 乳化沥青是由沥青与水组成的。在乳化沥青中，水是分散物质，沥青是分散相，两者只有在表面张力比较接近时，才能形成稳定的结构。

(2) 实验表明，水在20℃时的表面张力为72.25×10^{-5}N/cm，80℃时为62.6×10^{-5}N/cm。而沥青是由沥青质、树脂和油质组成的胶体体系，在常温下大多是固态或半固态，熔化后，在180℃时表面张力为30×10^{-5}N/cm左右。所以，沥青与水两者间表面张力相差是比较悬殊的。

(3) 假若我们将沥青与水一起注入一个容器内，经过搅拌和振荡，两种介质会暂时混合在一起，但很快就会分层，沥青浮在水的上面，在两者之间形成一层明显的接触面。

(4) 但若在沥青与水的混合液中加入某种化学物质（表面活性剂），再对混合液进行搅拌，沥青就会变成微小的颗粒分散于水中，形成乳状液，静置很长时间也很难分层，这种现象就称之为“乳化”。

二、沥青乳化剂的分类

沥青乳化剂的种类很多，分类方法也各不相同。最常用的是按离子类型分类。当沥青乳化剂溶解于水溶液时，凡能电离生成离子或离子胶束的叫做离子型沥青乳化剂；凡不能电离生成离子或离子胶束的叫做非离子型沥青乳化剂。

离子型沥青乳化剂按其生成的离子电荷种类，又分为阴离子型、阳离子型、两性离子型沥青乳化剂：

1）阴离子型沥青乳化剂在水中溶解时，电离成离子或离子胶束，与亲油基相连的亲水性基团带有阴电荷。

2）阳离子型沥青乳化剂就其分子结构而言，正好与阴离子沥青乳化剂相反，当其在水中溶解时，电离成离子或离子胶束，与亲油基相连的亲水性基团带有阳电荷；

3）两性离子型沥青乳化剂在水中溶解时，电离成离子或离子胶束，与亲油基相连的亲水性基团，既带有阴电荷又带有阳电荷。

用离子型沥青乳化剂制成的沥青乳液，按其与矿料接触后分解破乳恢复沥青的速度快慢，又可分为快裂型、中裂型、慢裂型三种沥青乳化剂，能够适应不同的公路施工技术要求。

三、沥青乳化剂的选择

当前，我国生产的沥青乳化剂品种很多，在工程施工中怎样去选择好合适的沥青乳化剂，一般可根据以下几种因素来选择。

（1）根据路面的结构来选择沥青乳化剂：路面结构不同，所使用的沥青乳化剂也不一样，例如：

1）快裂型沥青乳化剂及乳液，主要用于喷洒法施工。该乳液与矿料接触后，能够很快地分解破乳，形成沥青薄膜，能防止沥青乳液及早地流淌到路面底部，充分发挥沥青的粘结作用，从而加快了路面施工进度，减少施工阻车时间，常用于透层油、粘层油及层铺法贯入式路面。

2）中裂型沥青乳化剂及乳液，主要用于拌和法生产乳化沥青混合料。该乳液与矿料拌和后能使混合料既有充分的拌和与摊铺、碾压时间，使沥青乳液均匀全面地裹覆矿料，又能使混合料碾压完后很快破乳成型，缩短施工阻车时间。

3）慢裂型沥青乳化剂及乳液，主要用于拌制稀浆封层混合料。该乳液有着较长的可拌和时间，可保证稀浆混合料在施工过程中有着良好的流动性，保证其拌和均匀，摊铺方便。

（2）根据生产成本与生产工艺来选择沥青乳化剂：不同的沥青乳化剂，其生产乳化沥青的成本和工艺是不同的。有些乳化剂需要添加稳定剂，有些则不需要添加；有些乳化剂调整 pH 值所需要的酸用量很大，有些乳化剂酸用量却很少；为生产出合格的沥青乳液，有些乳化剂用量很大，有些乳化剂的用量却很少；有些乳化剂价格虽然低廉，但活性物含量较低，有些乳化剂价格虽高但活性物含量也很高。而这些因素都直接影响着乳化沥青的生产成本和生产工艺。所以，选择沥青乳化剂时，一定要仔细分析其使用说明书，力求选择生产工艺简单、生产成本低廉的乳化剂。

（3）根据乳化剂的离子类来选择

1）阴离子型沥青浮化剂：对于阴离子型沥青乳液，其沥青微粒带有（一）电荷，湿润矿料表面也带有（一）电荷，由于同性电荷相斥的原因，二者之间在有水膜的情况下，难以互相结合，必须待乳液中的水分蒸发后，沥青微粒才能裹覆到矿料表面。所以，阴离子沥青乳液与矿料的裹覆只是靠单纯的粘附作用，乳液与矿料之间的粘结力比较低，若在施工中遇上阴湿季节，乳液中的水分蒸发缓慢，沥青裹覆矿料的时间延长，就会影响路面及早成型，延迟开放交通时间。综合各种因素，目前国内已很少使用阴离子沥青浮化剂。

2）阳离子型沥青浮化剂：对于阳离子型沥青乳液，其沥青微粒带有（+）电荷，湿润矿料表面带有（一）电荷，由于异性电荷相吸的原因，尽管二者之间有水膜，仍会使沥青微粒很快地吸附在矿料表面。即使在阴湿季节或低温季节（5℃以上），阳离子沥青乳液仍可照常施工。

从化学反应角度看，阳离子沥青乳液对于碱性矿料有着良好的粘附性。这是因为阳离子沥青乳液有一定的游离酸，pH值小，游离酸与碱性骨料起作用后，生成氯化钙和带负电荷的碳酸离子，恰好它与裹在沥青周围的阳离子中和，所以沥青微粒能与矿料表面紧密相连，形成牢固的沥青膜，同时将乳液中的水分很快地分离出来，分解破乳。而对于酸性矿料，由于其表面带有（一）电荷，与阳离子沥青乳液自然就有着良好的粘附性。所以，应用阳离子沥青乳液筑路，可以增强乳液与矿料表面的粘结力，提高路面的早期强度，缩短封闭交通时间，是目前沥青乳化剂的首选品种。阳离子沥青乳液与矿料的粘附过程示意图见图2-5-14。

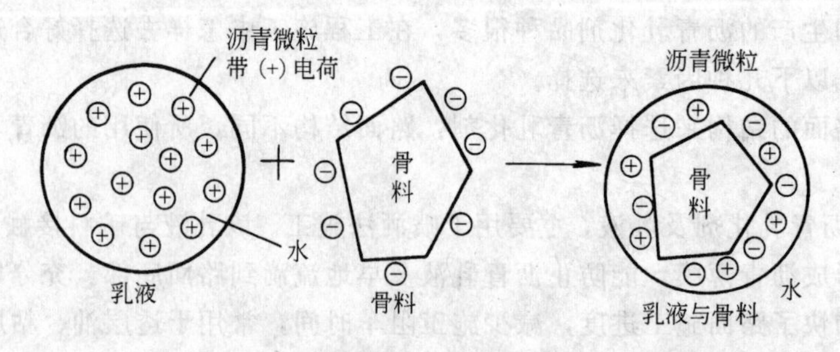

图2-5-14　阳离子沥青乳液与矿料的粘附过程示意图

2.5.4.3　常温混合料修补路面坑槽

一、概述

沥青路面出现坑槽是常见的病害之一，若在沥青路面施工中出现油石比偏小、水稳定性不良、空隙率过大、压实度不足、矿料含土量多、矿料潮湿、沥青老化、路面基层强度不高等现象，在路面局部就会先出现脱粒、麻面等病害，再经行驶车辆的不断振动冲击、碾压，雨水的冲洗等破坏面会逐渐加大，最终导致出现大面积的坑槽，就会直接影响行车速度和舒适性。若不及时修补，坑槽将会越来越大、越来越深，维修养护起来就会更加困难。

修补沥青路面出现的坑槽、自然就需要沥青混合料，目前生产修补坑槽用热拌沥青混合料的方法有如下几种：

（1）沥青混合料拌和场用拌和机生产出成品混合料，再运到维修现场。它能够切实保证沥青混合料的质量，但生产成本较高，且不适合远离维修作业。

（2）在维修现场用小型可移式拌和机或综合养护车生产出成品沥青混合料。这种方法比较实用，但不可能每个养护维修班都能配备一台小型移动式拌和机，并且这种机器缺少定型产品，许多是养护部门自行研制的，使用性和可靠性很差。

（3）在维修现场支锅加热拌和沥青混合料。这种方法环境污染与劳动强度大，沥青混合料的级配及油石比不易控制，影响施工质量。

（4）使用常温混合料修补路面坑槽，是国内目前比较先进的道路维修养护方法。所谓常温混合料，是相对热沥青混合料而言的。由于常温混合料可在室内气温条件下装袋或入库贮存，和热拌沥青混合料相比，具有以下4个优点：

1）便于贮存、便于运输、施工简便，在5℃以上气温时均可使用，大大延长了沥青路面养护时间。

2）沥青混合料油石比可降低 0.5～1 个百分点，节省沥青 10%～15%。

3）可减少加热沥青的能源损耗，不需用养护工人在施工现场加热沥青、现场拌和沥青混合料，减轻了养护工人的劳动强度。

4）可使养护用沥青混合料的生产实现工厂化，是养护作业方式的根本改进。

二、常温混合料的生产

（1）常温混合料所用材料：常温混合料的组成和热拌沥青混合料一样，都是由级配矿料和结合料组成的。只不过热拌沥青混合料的结合料是热沥青，常温混合料的结合料是乳化沥青。在常温混合料生产前，首先要正确选择所用的各种材料。

1）矿料级配：拌制常温混合料，一定要严格保证矿料级配。根据实践经验，常温混合料矿料级配可选用 AC-13 Ⅰ 型或 Ⅱ 型级配。

2）沥青：生产常温混合料所用沥青，应选用道路石油沥青。一般可选用 A-100、A-140 号中、轻交通道路石油沥青，也可选用 AH-90、AH-110 号重交通道路石油沥青。

3）沥青乳化剂：生产常温混合料所用乳化沥青，应选用阳离子慢裂型沥青乳化剂。

（2）拌和机械的选择：生产常温混合料，必须要使用拌和机械。国内尚未生产专用的乳化沥青常温混合料拌和机，目前一般常用以下 3 种设备拌和乳化沥青常温混合料，即：单卧轴或双卧轴强制式水泥混凝土拌和机、二灰碎石混合料拌和机、强制式单立轴水泥砂浆拌和机。有关拌和机械的技术性能、使用要点请见本手册 [2.1.4.3]。

（3）包装袋的选择：为养护用乳化沥青常温混合料，一般都采用袋包装。根据实践经验，应选用双层包装袋：内包装用抗拉耐压性较好的、厚度不小于 0.15mm 的聚乙烯塑料袋，外部再套 1 层塑料编织袋，以利于搬运，并保证内包装袋不破损，利于回收再用，降低混合料生产成本。

（4）生产工艺：常温混合料的配合比设计方法国家尚未制定，目前只能通过常规马歇尔试验及试拌、试铺的方法来确定常温混合料的生产配合比。一般生产工艺如下：

1）将额定数量、符合设计级配的矿料、矿粉投入到拌和机中，干拌 1min 左右，使各种规格的矿料与矿粉混合均匀。

2）视矿料的干湿程度，添加少量的水，将水与矿料拌匀。

3）向拌和机中添加乳化沥青，乳化沥青用量一般为 8%～12%，根据矿料级配选择具体数值。

4）将矿料与乳化沥青搅拌 2min 左右，至矿料均匀裹覆乳液，颜色一致（深褐色），没有花白料时为止。

5）将拌和好的混合料装入包装带中，每袋装 20～25kg，用绳子先扎紧内包装袋，再扎紧外包装带，即可运到养护现场使用。

应当指出，由于常温混合料生产设备的不同，其生产工艺也不尽一样，具体生产工艺应结合生产设备的技术性能来制定。

（5）常温混合料的贮存：袋装乳化沥青常温混合料若密封良好，可以贮存一段时间。一般应尽量在不透光、不潮湿，且温度较低的环境下贮存。贮存时不宜堆放过高，以防挤压使混合料结块，造成破乳。根据实践经验，若达到上述要求，常温混合料可贮存 10d 左右。但最好是现拌现用，以免由于贮存不好造成混合料的浪费。在正式使用常温混合料前，应开袋检查其质量。若常温混合料的矿料由深褐色变为黑色，矿料结团，就说明乳化沥青已经破乳，这种常温混合料就该报废，不可用于施工。

三、常温混合料修补坑槽施工工艺

用常温混合料修补沥青混凝土路面的坑槽时，其施工工艺如下：

（1）在坑槽处放样，确定作业面，用切缝机在坑槽周围切缝，刨出多余的混合料。如没有切缝机，可用人工刨出规整的作业面。作业面要与路面纵向平行，槽壁要垂直。

（2）彻底清扫沥青混凝土路面的坑槽，使槽内、槽壁无尘土、杂物。

（3）为使常温混合料与原路面结合良好，应在坑底槽壁上刷粘层油，粘层油量一般为（0.3～0.5）kg/m^2 乳液。

（4）将常温混合料在坑槽内均匀摊铺整平，松铺系数一般为1.1～1.3。深度大于4cm的坑槽要分层铺筑压实。

（5）用振动夯板将混合料夯实。如没有振动夯板，可用6～8t压路机压实，至乳液均匀上浮为止。

（6）碾压后为防止初期松散，及早通车，可以在作业面上洒适量矿粉或石屑，以吸收水分，加快混合料成型。

常温混合料不同于热拌沥青混合料，需待乳化沥青破乳后，方能成型。为此，要加强初期养护工作。使用常温混合料修补完坑槽后，应按热拌沥青混合料质量检验标准，对其施工质量进行严格的检验。

四、常温混合料快速成型的技术措施

（1）使用乳化沥青常温混合料修补坑槽有一个很大的缺点，即初期强度低、成型慢，不能迅速开放交通，因而很难在高等级公路上应用。所以国内许多道路养护部门都开展了常温混合料快速成型技术措施的研究。在这方面，可用慢裂快凝型沥青乳化剂生产常温混合料用乳化沥青。所谓慢裂快凝，是指该乳化剂是慢裂型的，但破乳时间非常短，若用其拌制常温混合料，铺到路面后，30～45min即可通车。

（2）实践证明，用慢裂快凝型乳化沥青拌制的常温混合料，在气温20℃时压实后，约30min即可破乳，所修补的坑槽完全成型，大大缩短了封闭交通的时间。所以，今后再生产常温混合料用乳化沥青时，应该用慢裂快凝型乳化剂取代目前通用的木质胺类慢裂型乳化剂。

2.5.4.4　沥青路面的低温混合料

一、概述

（1）为解决冬季沥青路面维修养护这一难题，许多道路养护部门研制开发了低温混合料，取得良好效果。所谓低温混合料，是由沥青、级配矿料、溶剂（有时还掺加某种添加剂）按照一定的配合比拌和而成的材料。

（2）低温混合料和热拌沥青混合料相比，初期稳定度低，只有随着混合料中溶剂的逐渐挥发，稳定度才能提高。低温混合料具有贮藏性并能在低温下进行施工的原理是：在沥青中加入一定数量的溶剂后，沥青的粘度暂时降低，用其拌制的混合料短时间内不致硬化，保持着良好的施工性能，在施工后随着溶剂的挥发，混合料的强度逐渐增加。显然，生产低温混合料的技术关键是溶剂的选择。在该混合料中，对所使用的溶剂通常有下列基本要求：对石油沥青具有较大的溶解能力、具有适当的挥发性、对周围环境及人体无害、价格便宜。

（3）溶剂种类的选择及用量的决定是较为复杂的问题。溶剂用量多时沥青粘度低，能获得良好的施工性及贮藏性，但又直接影响了混合料的稳定性。反之，当溶剂用量减少时，沥青粘度增大，混合料的稳定性提高，但因快速硬化，施工性及贮藏性不好。

（4）此外，使用不同种类的溶剂，施工后挥发速度不同，因而强度增长各异。所以，选择适当的溶剂和溶剂用量对低温混合料的质量影响很大，必须通过一系列的试验来确定。

（5）目前国内对低温混合料的各项技术指标和试验方法尚无统一规定，现根据有关试验研究资料建议采用如下指标：

1）对沥青与溶剂混合液的技术要求

①黏度：60℃的运动黏度为（250×10^{-6}～400×10^{-6}）m^2/s；

②混合温度：应控制在动力粘度为0.1～0.4Pa·s所相应的温度范围内进行混合，混合温度一般为100～130℃；

③闪点：为保证安全，要求沥青与溶剂混合液的闪点在130℃以上；

④粘附性能：应对沥青与溶剂混合液和矿料的粘附性能进行检验，该混合液在矿料表面的裹覆面积应达到90%以上。

2）低温混合料的马歇尔试验：

①作业稳定度：为保证低温混合料具有良好的施工性，故提出了作业稳定度要求。在60℃时制成马歇尔试件，两面各击实10次，然后冷却至20℃时的马歇尔稳定度应达到0.8kN以上；

②初期稳定度：由于低温混合料的初期稳定度低，为保证其在铺设路面及修补坑槽后具有可靠的稳定性，故提出了初期稳定度的最低要求。在60℃时制成马歇尔试件，两面各击实50次，然后冷却至20℃时的马歇尔稳定度应达到2.5kN以上；

③使用稳定度；即低温混合料在使用过程中的稳定度要求。在20℃时制成马歇尔试件，两面各击实50次，放入温度为110℃的干燥容器中养生24h，然后两面各击实25次，冷却至室温脱模放入60℃的恒温水槽，水浸30min，马歇尔稳定度应达到3kN以上，空隙率控制在5%～7%，流值控制在10～40（0.1mm）。

（6）根据上述技术指标，在制备低温混合料时，首先应采用不同的溶剂及溶剂量制成沥青混合液，进行粘度、闪点及粘附性试验。对符合上述指标的沥青混合液，再与矿料拌和制成试件，进行马歇尔试验。最后，根据马歇尔试验结果，选择初期稳定度及使用稳定度最高且具有良好的施工性及贮藏性的沥青混合液，作为生产低温混合料的粘结材料。

低温混合料所使用的溶剂，常用的有煤油、柴油及轻油，其用量通常为15%～30%。现将介绍吉林省公路管理局研制的、并取得比较成熟经验的低温混合料的配方、生产工艺。

二、低温混合料的组成设计和室内试验

（1）组成设计：生产低温混合料，须在沥青中掺加航空煤油和豆油。航空煤油在低温混合料中主要起稀释沥青、增大沥青低温流动性的作用；豆油在低温混合料中主要起裹覆混合料，抑制航空煤油挥发速度的作用。低温混合料组成设计以航空煤油挥发后混合料的力学强度及温度稳定性最佳为设计目标。设计中主要考虑以下几点：

1）混合料级配采用连续型级配，以增加混合料低温施工的和易性。

2）适当增大矿粉用量。掺加航空煤油和豆油后的沥青粘度比较小，在拌制混合料时会发生流淌。适当增加矿粉用量，可以提高沥青对矿料的裹覆能力。

3）适当加大混合料的空隙率。由于低温混合料的沥青用量比常规沥青混合料多，适当加大混合料的空隙率，可避免夏季路面出现泛油现象。

综合以上因素，低温混合料采用了现行《公路沥青路面设计规范》中的AC-16Ⅱ型级配。沥青混合液（沥青＋航空煤油＋豆油）占矿料用量的7％（质量比），其配制比例为：沥青71.5％，航空煤油25％，豆油3.5％。

（2）室内试验结果：在试验室对低温混合料－10℃时的马歇尔稳定度及流值进行了测定。

1）混合料拌和方法：将140号沥青加热到120℃左右，按比例掺配航空煤油、豆油，搅拌均匀，制成沥青混合液。将掺配好并已烘干的矿料倒入拌和机内与沥青混合液拌和3min，拌匀后将混合料置于温度－10℃左右的室内养生。

2）低温马歇尔稳定度试验：将已拌制好的混合料分别在3d、7d制成马歇尔试件，检测－10℃条件下的马歇尔稳定度和流值。试验结果见表2-5-23。

马歇尔试验结果　　**表2-5-23**

序号	指　　标	试　件　编　号					
		S_{3d}			S_{7d}		
		1h	2h	3h	1h	2h	3h
1	稳定度（kN）	8.43	7.97	10.52	8.37	9.23	10.08
2	流值（0.1mm）	83	76	75	50	60	69
3	空隙率（％）	7.7			6.9		

由检测结果可知，低温混合料无论放置3d、7d，其制成的马歇尔试件在－10℃时稳定度、流值均较高，且随着养生时间的增加，稳定度增大。这说明在低温条件下用该混合料修补的路面，其抵抗行车荷载的能力是足够的。所测得的流值也较大，说明该混合料在低温时施工和易性较好。

三、低温混合料的生产及贮存

（1）材料的技术要求：沥青应选用140号道路沥青，各种集料的技术指标应符合现行《公路沥青路面施工技术规范》（JTJ 032—94）的有关规定，煤油采用航空煤油，豆油采用普通食用豆油。

（2）拌和设备：采用小型、立式、强制式水泥砂浆拌和机即可生产出合格的低温混合料，其生产效率能够满足冬季养护工程的需求。强制式单立轴水泥砂浆拌和机结构见图2-5-15所示。

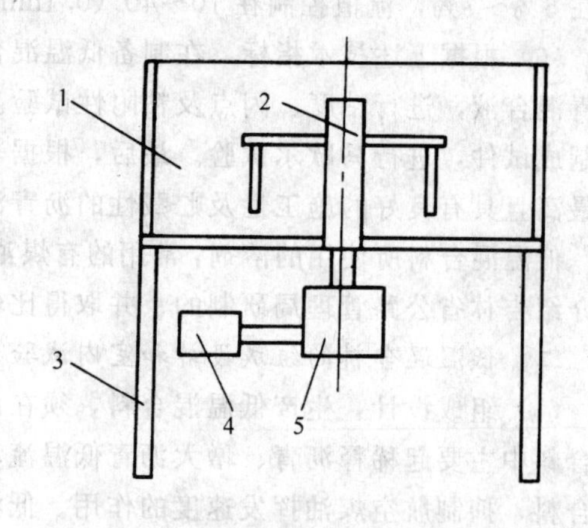

图2-5-15　强制式单立轴水泥砂浆拌和机结构

1—搅拌筒；2—搅拌桨；3—支腿；4—电机；5—减速机

该设备结构简单，造价低廉，每筒可拌和常温混合料200kg。缺点是不能实现自动化操作，需要预先将各种矿料、水、乳化沥青称重备好，然后再用人工依次将各种矿料及水、乳液倒入搅拌筒内，搅拌均匀后放出。所以，该设备适合于在各养护道班分散式、小规模生产常温混合料。

(3) 低温混合料的生产工艺

1) 将集料烘干筛分后，按照AC-16Ⅱ型级配要求掺配好。根据拌和机的拌和能力，称取一定质量的级配矿料，倒入拌和机中。

2) 将140号沥青加热到120℃以上，将沥青、航空煤油、豆油按规定比例掺配，搅拌均匀，配制成沥青混合液（配制时应注意安全，远离明火）。

3) 将沥青混合液按照集料总质量的7%加入到拌和机中。

4) 开动拌和机拌和3min即可。

(4) 低温混合料的贮存：拌制好的低温混合料如不立即使用，可装入带有塑料衬层的编织袋中，放在不带取暖设备的冷仓库中贮存。贮存期不宜超过15d。

四、用低温混合料修补沥青路面坑槽的施工工艺

施工前应配齐常规修补坑槽所需的一些小型工具，如铁锹、铁镐、扫帚等，汽油喷灯1～2个。压实设备采用振动夯板、钢轮压路机、胶轮压路机均可。如无上述设备，也可引导过往车辆碾压。具体施工工艺如下：

(1) 按照坑槽大小，将坑槽刨成两边平行于路中线的外接矩形坑，将坑底及侧壁清理干净（也可用切缝机先切缝，再刨出多余部分的混合料）。

(2) 用汽油喷灯将沥青路面的坑底及侧壁烤干。

(3) 刷粘层油。用刷子蘸热沥青将坑槽底部及侧壁均匀涂刷热沥青（如无热沥青，可将沥青块置于槽内用锤子砸碎后，用汽油喷灯烤化）。

(4) 向坑槽内填入低温混合料，并用耙子整平。

(5) 用压实设备将低温混合料碾压成型，然后即可开放交通。

通过室内试验及路用实践证明，在气温－5～－30℃条件下，均可使用该低温混合料修补冬季破损的沥青路面，且混合料拌好后在低温状态存放数天，也不影响其施工性能及强度。虽然低温混合料的成本比较高，但由于使用它能够及时修补冬季沥青路面出现的坑槽，保证行车安全和舒适，避免病害进一步扩大，因而这项技术有着很大的经济效益和社会效益。

2.5.5 乳化沥青稀浆封层技术

2.5.5.1 稀浆封层技术的特点及应用

一、概述

乳化沥青稀浆封层是用适当级配的石屑或砂为骨料，以乳化沥青为结合料，加粉料（水泥、石灰、粉煤灰、矿粉等）、添加剂和水按一定配合比拌和而成的流动状态的沥青混合料，均匀摊铺在路面上而成的沥青表面处治薄层。在水分蒸发干燥硬化成型后，其外观与细粒式沥青混凝土相似，具有耐磨、抗滑、防水、平整等技术性能，施工快、造价低、用途广、能耗省，是一种沥青路面养护用新材料、新工艺、新结构。实践证明，在许多沥青路面预防性养护技术措施中，乳化沥青稀浆封层是使用功能最多、最经济的一种技术措施。

实践证明，乳化沥青稀浆封层技术无论是对旧沥青路面或新建沥青路面，无论是对低

等级道路或高等级道路，无论是对城市道路或干线道路，都可以适用，并能产生显著的经济效益和社会效益。因此，稀浆封层施工技术在道路工程及养护作业中有着广阔的应用前景。

二、稀浆封层技术的特点和作用

（一）稀浆封层技术的特点

乳化沥青稀浆封层技术是乳化沥青在路面工程中应用的新发展。由于拌和稀浆时加入了较多水分，使稀浆混合料具有较好的流动性和粘附性，从而更充分地发挥了乳化沥青的优点。和热拌沥青混合料相比，稀浆封层混合料具有如下特点：

(1) 沥青与矿料的粘结力提高：用阳离子乳化沥青拌制稀浆混合料时，沥青乳液中的沥青微粒表面带有正电荷，湿矿料表面带负电荷，由于异性电荷相吸的原因，沥青微粒可透过矿料水膜，牢固地吸附在矿料表面。若采用阴离子乳化沥青，在拌和稀浆混合料时，在矿料中若加入水泥或石灰粉，使矿料表面附有钙、镁离子，带有正电荷，沥青与矿料的粘结力同样得到提高。

(2) 与原路面结合牢固：摊铺稀浆封层混合料时，只要原路面扫净润湿，稀浆中沥青微粒能与原路面上露出的矿料很好地粘结，稀浆能渗透到路面缝隙中去，加强与原路面的结合。

(3) 沥青能够完全裹覆矿料：在拌和稀浆混合料时，加入的水对沥青乳液起到了稀释作用，降低了沥青乳液的黏度，使之有着更好的流动分散性，使沥青微粒完全地均匀裹覆在所有矿料的表面上，形成一定厚度的沥青薄膜，既有足够的结构沥青粘附矿料，又无过多的自由沥青降低混合料的热稳性和强度。

(4) 强度高、耐久性好：稀浆封层混合料所用矿料级配较细，接近于热拌细粒式沥青混凝土。由于其是在常温下拌和、摊铺，不存在沥青在加热中可能发生的老化问题，待稀浆混合料破乳固化成型后，其强度和耐久性高于一般热拌沥青混合料。

（二）稀浆封层技术的作用

在道路的维修养护作业中，应用乳化沥青稀浆封技术，主要有如下作用。

(1) 防水作用：稀浆混合料的集料粒径较细，并具有一定的级配，在铺筑成型后，能与原路面牢固地粘附在一起，形成一层密实的表层，从而防止雨水或雪水通过裂缝渗入路面基层，保持了基层和土基的稳定。从透水系数测定结果看，铺筑稀浆封层后的路面基本不再透水。

(2) 防滑作用：由于稀浆混合料摊铺厚度薄，沥青在粗、细集料中分布均匀，沥青用量适当，没有多余的沥青，从而使铺筑稀浆封层后的路面不会产生光滑、泛油等病害，具有良好的粗糙面，路面的摩擦系数明显增加，抗滑性能显著提高。

(3) 填充作用：由于稀浆混合料中有较多的水分，拌和后成稀浆状态，具有良好的流动性，可封闭沥青路面上的细微裂缝，填补原路面由于松散脱粒或机械性破坏等原因造成的不平，改善路面的平整度。

(4) 耐磨作用：乳化沥青对酸、碱性矿料都有着较好的粘附力，所以稀浆混合料可选用坚硬的优质抗磨矿料，以铺筑有很强耐磨性能的沥青路面面层，延长路面的使用寿命。

(5) 恢复路面外观形象：对使用年久，表面磨损发白、老化干涩，或经养护修补，表面状态很不一致的旧沥青路面，可用稀浆混合料进行罩面，遮盖破损与修补部位，使旧沥青路面外观形象焕然一新，形成一个新的沥青面层。

但是，稀浆封层技术也有其局限性。由于其单层厚度仅有0.5～1.5cm，在整个沥青路面结构体系中，只能作为表面保护层和磨耗层使用，而不起承重性的结构作用，不具备结构抗应变能力，不具备结构补强能力。因此对于强度和刚度不足、路表沉陷、稳定性差的路面，应该通过中修或大修解决，靠稀浆封层是解决不了这类病害的。

三、稀浆封层技术的应用范围

(1) 旧沥青路面的维修养护：沥青路面长期暴露在自然环境下，受到日晒、风吹、雨淋和冻融的影响，同时还要承受车辆的重复荷载作用，经过一段时期的使用后，会出现疲劳开裂、松散、老化和磨损等病害。如不及时维修处理，破损路面受地表水的浸入，将使基层软弹，路面的整体承载能力下降，导致路面迅速破坏。稀浆封层技术由于使用了乳化沥青，和用乳化沥青施工一样，具有节约能源、节约沥青，减少环境污染，改善施工条件，延长施工时间，减少气温对养护作业的影响；可以实现沥青路面的预防性养护、周期性养护，使路面始终保持良好的行车条件。此外，用这项技术养护沥青路面，生产效率比较高。

(2) 新建沥青路面的封层：稀浆封层技术还可用于新建沥青路面的封层。如铺筑双层表处路面时，在第二层嵌缝料摊铺碾压完毕后，最后一层封层料可用稀浆封层代替。由于稀浆混合料流动性好，可以很快地渗入嵌缝料的空隙中去，与嵌缝料牢固地结合，使双层表处路面及早形成强度，避免由于泛油不及时造成路面早期破损。在新铺筑的沥青贯入式路面或沥青碎石路面上，也可以加铺一层稀浆封层，使路面更加密实，防水性能良好。

(3) 在砂石路面上铺磨耗层：在压实整平后的砂石路面上铺筑稀浆封层，可使砂石路面的外观具有沥青路面的特征，提高砂石路面的抗磨耗性能，防止扬尘，改善行车条件，降低砂石路面的养护费用，改善砂石路面养路工人的工作条件。

(4) 水泥混凝土路面和桥面的维修养护：稀浆封层混合料对水泥混凝土也具有良好的附着性。水泥混凝土路面经多年行车后，路面容易产生裂缝、麻面或轻微的不平整。若在旧水泥混凝土上铺设稀浆封层混合料，可以改善水泥路面因磨损而出现的光滑现象，改善因接缝而引起的跳车现象，提高路面的平整度，延长水泥路面的使用寿命。此外，在桥梁的行车道面层上采用稀浆封层表面处治，桥面自重增加很少，可代替热拌沥青混凝土罩面。

四、乳化沥青封层技术的施工工艺

乳化沥青稀浆封层施工工艺见图2-5-16所示。

2.5.5.2 慢裂快凝稀浆封层技术

一、概述

推广使用乳化沥青稀浆封层技术，关键是要有高质量的稀浆封层机和高质量的沥青乳化剂。目前，国内对稀浆封层机比较重视，已可批量生产质量高、性能好、技术先进的自行式稀浆封层机。相对而言，对于开发更能适应稀浆封层技术要求的沥青乳化剂，还比较滞后。目前我国稀浆封层所用的沥青乳化剂，主要是采用木质胺类慢裂阳离子沥青乳化剂，在使用中主要存在以下几个问题：

(1) 品种少；稀浆封层所用阳离子沥青乳化剂只有木质胺类一种，其他品种几乎没有。适合于稀浆封层施工所用的阴离子慢裂型沥青乳化剂，开发进度较慢，只有少量的几个品种。

(2) 对沥青的性质影响比较大：通过对木质胺类慢裂阳离子沥青蒸发残留物的检验可

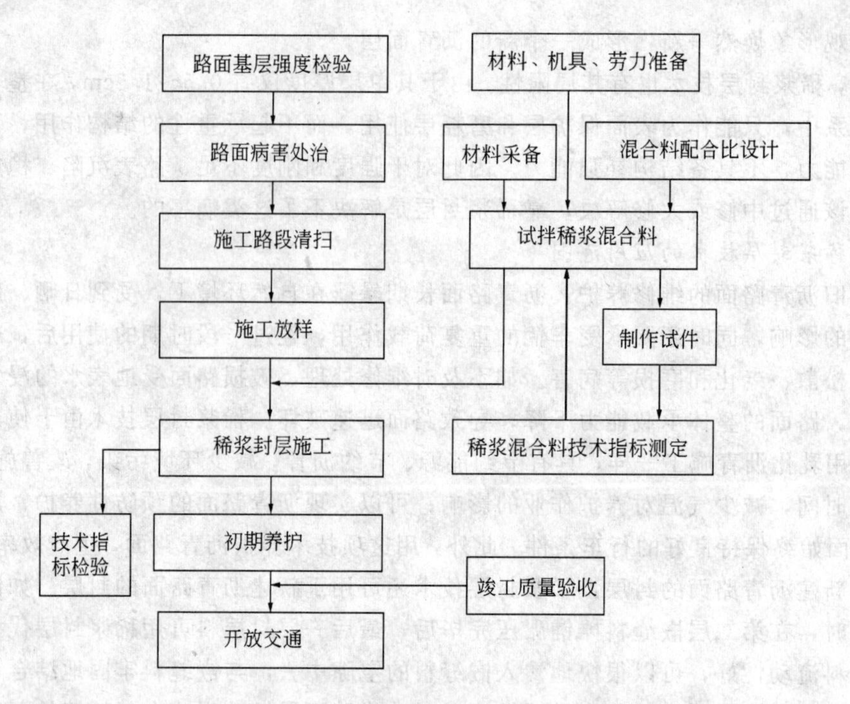

图 2-5-16　稀浆封层施工工艺过程图

知，其25℃延度一般下降20%以上，降低了沥青的使用性能。

(3) 破乳时间过长：目前我国稀浆封层最大的问题是摊铺后开放交通一般需要3～4h以上，有时甚至时间更长，封闭交通比较困难，特别是在高速道路、干线道路和城市道路上矛盾更加突出。此外，如果铺筑稀浆封层后遇雨，还会将稀浆混合料冲掉，造成很大浪费。这样就极大地妨碍了此项技术的进一步推广应用。

(4) 质量不稳定：生产木质胺类沥青乳化剂的主要原料是木质素。木质素是天然植物纤维原料的重要成分之一，属于一种由苯基丙烷单元通过醚键和碳-碳键联结成的大分子所组成的高分子聚合物。在造纸、人造纤维等工业植物纤维原料的蒸筑过程中，木质素经过高温下的化学作用转变成亲液性的物料溶解于蒸煮液中，从而使纤维得以分离成浆料。

二、慢裂快凝型沥青乳化剂

(1) 稀浆封层所用的沥青乳液，和其他任何乳液一样，它的成功与否直接取决于表面活性剂的适宜配方。表面活性剂分子的化学结构决定了其在乳液中的电荷性质，在界面上的定向吸附能力，及在油相和水相中的可溶性。这些特性就决定了乳液的化学性质。所以，乳化剂的性能好坏在乳化沥青中起着决定性的作用。

(2) 近几年来，国内许多科研部门、施工单位对稀浆封层技术所用的沥青乳化剂也进行了深入研究，取得许多科研成果，并已经在稀浆封层作业中应用。其中，最重要的科研成果就是开发出了慢裂快凝型沥青乳化剂，并用其进行稀浆封层施工，因而这项技术也被称之为慢裂快凝稀浆封层技术，有时也可称为快凝快开放交通型稀浆封层技术。

(3) 根据稀浆封层施工特点，稀浆封层所用的乳化剂，其理想状态应该是在拌和和摊铺过程中，保证乳化沥青不破乳，有一定的可拌和与摊铺时间，以便使稀浆混合料在这一过程中有较高的稳定性；而当稀浆混合料铺筑到路面上以后，应使其快速破乳、析水、蒸发、成型，当沥青已经裹覆粘结在集料表面后，即可开放交通。这就是所谓的“慢裂快凝”。

(4) 普通稀浆封层的成型，实际上是水分蒸发过程。只有当水分蒸发完毕，乳化沥青破乳后还原成沥青，才能对集料起到粘结作用。这种破乳是从稀浆混合料表面开始的，而稀浆混合料表面破乳形成沥青膜后，对下层稀浆混合料的水分蒸发又起到了阻碍作用，所以普通稀浆封层成型很慢。

(5) 而慢裂快凝稀浆封层是在稀浆混合料拌和、摊铺过程中，乳液不能完全破乳，必须有部分乳液在起润滑作用，否则就会出现乳化沥青黏度增大，导致稀浆混合料拌和阻力增加，或者出现离析现象，这时的沥青乳液实际上是一种假“慢裂”型的。

(6) 而稀浆混合料摊铺到路面后，由于慢裂快凝型乳化沥青与矿料表面有着强烈的化学吸附作用，可以定向地吸附于矿料表面，在吸附的同时将矿料紧紧粘结在一起，因而能使稀浆混合料极快地破乳，将乳液中的水分“挤出”，这就是慢裂快凝稀浆封层的形成机理。

(7) 就我国现有的沥青乳化剂品种而言，既要保证稀浆混合料有足够的拌和、摊铺时间而不破乳，又要使稀浆封层路面尽快成型，形成强度，开放交通，获得“慢裂快凝”效果，生产这样的慢裂快凝乳化剂无外乎有以下三种技术途径，即：利用现有的慢裂型乳化剂添加快凝物质、利用现有的中裂型乳化剂添加缓凝物质、研制开发新型的慢裂快凝乳化剂。

三、慢裂快凝型沥青乳化剂技术性能

目前国内许多单位已研制出阳离子慢裂快凝型沥青乳化剂，是我国木质胺慢裂阳离子型沥青乳化剂的替代产品，可使稀浆封层施工后在30～60min内即可开放交通，并可用于改性乳化沥青稀浆封层，为稀浆封层用于高等级道路的养护提供了条件。国内目前开发的慢裂快凝型沥青乳化剂，绝大多数是将脂肪酸经过特殊处理后，再酰氨化后生成的具有很高活性的酰氨类乳化剂。这类沥青乳化剂易溶于水，并且乳化剂水溶液极性基团带有正电荷，使沥青乳液与矿料充分拌和后，水分子迅速脱离亲水基团，全部蒸发、迅速破乳，达到在很短时间内开放交通的目的。国内目前生产的一些慢裂快凝型沥青乳化剂技术性能见表2-5-24。

国内慢裂快凝型沥青乳化剂技术性能 **表2-5-24**

生产单位	型号	有效物含量(%)	用量(%)	pH值	溶解度
江苏江阴七星助剂公司	Ⅰ型	≥50	0.7～0.12	2.0～2.5	1∶100酸性水全溶
	Ⅱ型	≥45	0.7～0.12	—	溶于55～60℃水中
河南孟州公路段乳化剂厂	MK-1	90%～95%	0.3～1.5	2.0～2.5	溶于60～70℃水中
抚顺市公路管理处	FMK-1	>90%	0.4～1.0	2.0～2.5	溶于50～60℃水中
山东章丘公路段乳化沥青厂	SF-MK	>98%	0.8～1.2	2.0～3.0	1∶100酸性水全溶
芜湖中联道路化学公司	QS-2	>90%	0.5～1.0	0.5～1.0	溶于60～70℃水中

需要指出的是，应用慢裂快凝稀浆封层技术，除了在生产乳化沥青时，必须要使用慢

裂快凝型沥青乳化剂之外，对稀浆封层机的要求也比较严格。慢裂快凝稀浆混合料的可拌和时间只有2～4min，普通拖式稀浆封层机的搅拌器为单轴螺旋式搅拌器，稀浆封层混合料在搅拌筒内的停留时间比较长，很容易破乳。

2.5.5.3　改性乳化沥青稀浆封层技术

一、概述

(1) 改性乳化沥青稀浆封层技术的特点

所谓改性乳化沥青，是指以乳化沥青为基料，以沥青改性剂为外加改性材料，在一定的工艺流程下，经过掺配、混溶，制备成具有某种特性的改性沥青混合乳液，该种混合乳液被称为改性乳化沥青。我们知道，乳化沥青和粘稠沥青相比，具有冷态施工、节约能源、施工方便、节约沥青、保护环境、保障健康等优点。但是，乳化沥青只是改变了粘稠沥青的外表形态，并未改变沥青的内在性质。要想进一步提高乳化沥青的使用性能，惟一途径是对其进行改性，使其既具有乳化沥青自身独特的优点，破乳后又具有改性沥青路用性能优良的优点，形成一种乳化沥青新材料。

(2) 改性乳化沥青稀浆封层技术的用途

1) 由于此种材料将乳化沥青与改性沥青的优点合为一体，因而在道路工程与维修养护作业中，可广泛用其拌制常温混合料或稀浆封层，尤其适合于在高等级道路上应用。

2) 国外改性乳化沥青稀浆混合料的用途主要有两个方面，一是用其进行稀浆封层作业，称之为聚合物改性稀浆精细表面处治，简称PSM；二是用其填补车辙，简称PSR。

3) PSM厚度为8～12mm，有迅速恢复交通的特点，可适用于不同的施工条件。对于交通量大的高等级道路和城市干道，可以组织夜间施工，不妨碍白天交通。

4) 由于在乳化沥青中掺有高分子聚合物，在待修复的沥青路面上铺设PSM，能产生一个新的、比较稳定的面层，能防止路面在夏季出现车辙和推移，在冬季出现开裂。PSM能承受重载和大交通量，非常适合于高等级道路和城市干道的预防性养护。

5) 在我国现已在用的高等级道路沥青路面上，多多少少都存在一定深度的车辙。现在修补车辙一般都采用局部铣刨、重新罩面的方法，成本高、浪费大。而用改性乳化沥青稀浆封层即可解决这个问题。用改性乳化沥青稀浆混合料修补车辙，是用装在稀浆封层机上的专用V型车辙填补摊铺箱进行的。该摊铺箱是经过特别设计的，能将大部分混合料送到车辙的最深处，其边缘能自动变薄铺开，可填补深达50mm的车辙，而且十分稳定，不产生塑性变形。这是不用铣刨旧路面就能解决车辙问题的独特方法，既节约了资金，又提高了生产效率。

(3) 乳化沥青改性材料的主要技术性能

用于生产改性乳化沥青的改性剂品种很多，一般都采用高分子聚合物，并以用橡胶材料改性居多。橡胶材料按生产工艺可分为天然橡胶和合成橡胶两大类，用于沥青改性的一般都是合成橡胶。合成橡胶的品种主要有：异戊橡胶（IR）、丁二烯橡胶（BR）、丁苯橡胶（SBR）、氯丁橡胶（CR）、丁腈橡胶（NBR）、丁基橡胶（IIR）、乙丙橡胶（EPDM）。各种合成橡胶的性能见表2-5-25。

乳化沥青改性合成橡胶技术性能　表 2-5-25

项目		IR	BR	SBR	CR	NBR	ⅡR	EPDM
老化性	耐候性	△	○	×～△	◎	×～△	◎	◎
	耐光性	△	△	△	◎	△	◎	○～◎
	耐臭氧性	×～△	○	×～△	×～○	×～△	×	◎
耐油性	汽油、轻油	×	×	×	○	◎	×	×
	润滑油	×	×	×	○	◎	×	×
耐温性	使用温度范围（℃）	−50～+90	−70～+120	−30～+120	−35～+120	−10～+130	−30～+130	−40～+150
	耐热性（℃）	120	120	120	130	130	130	150
	耐寒性（℃）	−50～−70	−130	−30～−60	−35～−55	−10～−20	−30～−55	−40～−60

注：◎——优，○——良，△——可，×——劣。

二、橡胶改性乳化沥青改性机理

(1) 目前，国产改性乳化沥青所用的改性剂多属于橡胶类。我们认为，橡胶改性乳化沥青的改性效果是体现在乳液破乳、凝结、成型之后，所以它的改性机理与热态改性沥青有所不同。

(2) 橡胶为高分子化合物，其分子量很大。例如，天然橡胶的平均分子量为30万，合成橡胶的平均分子量为55万。一个橡胶分子大约由4000～5000个单体分子构成，而沥青中最大的沥青质分子量仅为6000个左右。橡胶分子链、链段、链节的运动动能很高，所以，在橡胶沥青乳液破乳初期，橡胶分子可以冲破沥青分子的阻碍，从沥青分子中穿过，并相互交联，形成网状结构。

(3) 在橡胶沥青乳液破乳后，在已形成的网状结构中，沥青均匀分散在橡胶分子网络的空间里，沥青分子与网络骨架上的橡胶分子还会产生作用。首先是沥青质分子在材料制备及施工中受机械外力的作用及沥青、橡胶两种物质分子自身运动的结果，相互缠绕在一起，形成物理交联键。

(4) 物理交联键因交联的形式不同而不同，死结点交联键因交联的能量较大，能量级和化学键几乎相同。活结点因为是分子间力的作用，仍具有一定能量。虽然分子间力的能量仅为化学键的十分之一左右，但多个活结点产生的分子间力叠加在一起，能量仍然是很大的。

(5) 所以，在橡胶沥青乳液破乳后，沥青中的沥青质部分与网络骨架上的橡胶分子将发生以物理键交联为主的二次交联，增强了原有的空间结构。此时，沥青与橡胶分子的交联是以物理键交联为主，化学键交联为辅。

(6) 橡胶分子与沥青分子构成的立体空间网络结构，与原乳化沥青相比，在耐久性方面也得到了提高。这是因为交联的橡胶网络是比较牢固的，只要保持这种网络的完好，材料的整体性能就能保持，也就是保持着良好的耐久性，同时也会保持良好的高温稳定性和低温抗裂性。若受外力的作用破坏了这种网络结构，则材料的各项技术性能就会下降，所以，橡胶乳化沥青的贮存稳定性是非常重要的，橡胶乳化沥青在使用前及使用中绝不能分层、破乳。

三、橡胶改性乳化沥青生产工艺

(1) 液态先掺法：此种方法只适合于用胶乳类改性剂做乳化沥青改性材料。具体方法有两种，一种是：先将胶乳掺入到水＋乳化剂＋外掺剂混合液中混匀，再将此混合溶液与热沥青同时输送到胶体磨中进行乳化，即可生产出橡胶乳化沥青。此种生产工艺比较简单，操作方便，橡胶材料通过胶体磨的研磨能与热沥青混合的十分均匀，改性效果很好。具体工艺流程见图 2-5-17。

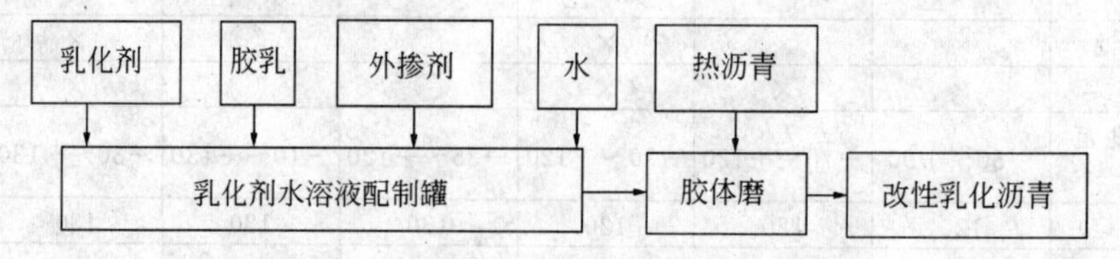

图 2-5-17　液态先掺法工艺流程 A

另一种方法是将胶乳先加入到热沥青中，一边搅拌、一边脱出胶乳中的水。待脱水结束，橡胶与沥青完全混匀后，再进行乳化。此种方法改性效果很好，不存在胶乳破乳问题，但操作比较复杂，费工费时。具体工艺流程见图 2-5-18。

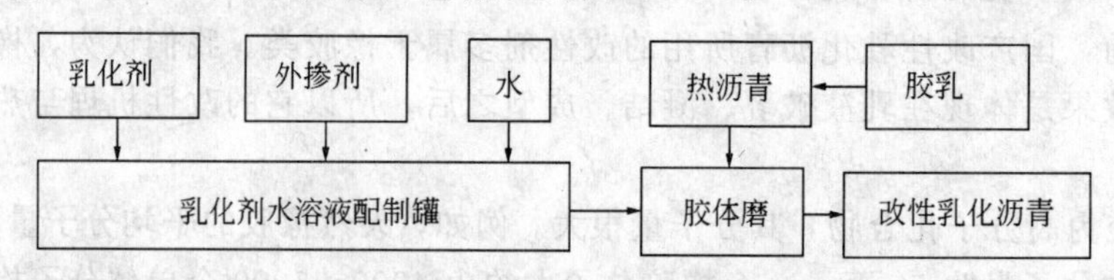

图 2-5-18　液态先掺法工艺流程 B

(2) 液态后掺法：此种方法只适合于用胶乳做乳化沥青改性材料。具体方法是：先生产乳化沥青，然后再将胶乳掺入乳化沥青中，在强力机械搅拌下与乳化沥青混匀。此种方法比较简单，但若长时间贮存，胶乳容易分离、沉淀，贮存稳定性较差。具体工艺流程见图 2-5-19。

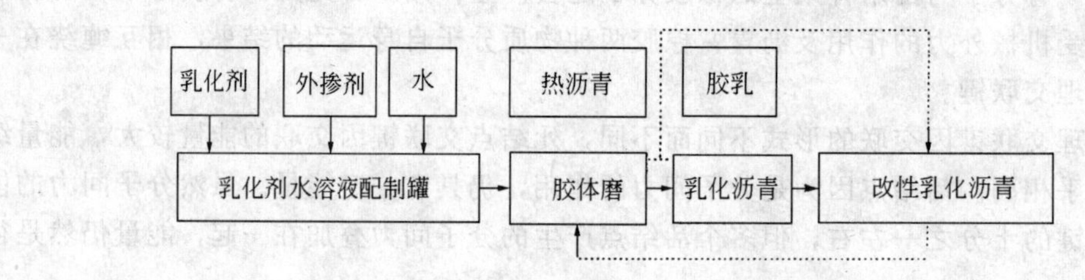

图 2-5-19　液态后掺法工艺流程

(3) 固态先掺法：此种方法适合于固体改性剂做乳化沥青改性材料。具体方法是：将固体改性剂先加入到热沥青中，用机械边熔化、边搅拌并使改性剂与沥青完全混溶均匀，然后再进行乳化作业。此种方法也比较简单，操作方便，改性效果好，但需要配备专用的改性沥青加工设备。具体工艺流程见图 2-5-20。

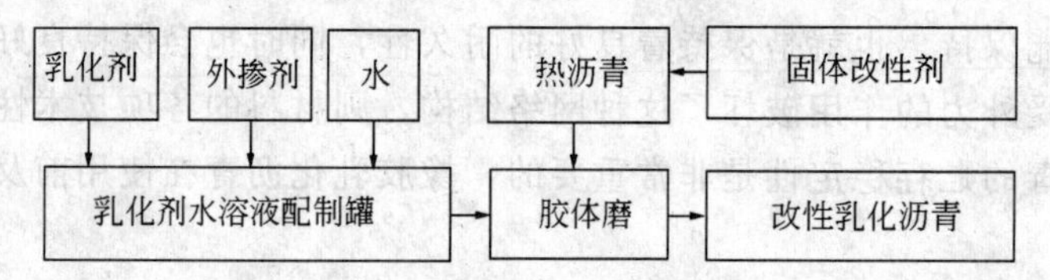

图 2-5-20　固态先掺法工艺流程

2.5.6 合成材料修补沥青路面裂缝技术

2.5.6.1 沥青路面修补裂缝技术

修补裂缝的方法很多，一般常根据裂缝的宽度和深度确定具体修补工艺。下面介绍两种常见的修补方法：

一、热沥青修补裂缝技术

(1) 对于宽度为 0.6cm 以下的裂缝，直接用热沥青灌缝（沥青加热温度为 150～160℃）。沥青灌满后在缝表面撒一层石屑（或河砂），再用烙铁烙平。

(2) 对于宽度为 0.6～1.0cm 的裂缝，先将热沥青（150～160℃）灌入缝内（沥青不要灌满），然后在沥青上撒一层加热到 100～120℃、规格为 0.5～0.8cm 的矿料。矿料撒到沥青上后随即下沉到缝中，使沥青和矿料填充密实。然后再将石屑撒在沥青缝上，用烙铁烙平。

(3) 对于宽度为 1.0～2.0cm 的裂缝，可用两种补缝方法：

1) 用沥青砂混合料灌入缝中，灌满后在缝上面撒一层石屑，然后用烙铁烙平。

2) 先往缝中撒入加热后的矿料（0.5～0.8cm），然后灌热沥青（不要灌满），再用 1.0～1.5cm的矿料填入缝中。最后再将石屑撒在沥青缝上，用烙铁烙平。

(4) 对于宽度为 2.0cm 以上的裂缝，最大的冻裂宽度可达 5.0cm 左右，在行车作用下一般均造成碎裂。因此在修补裂缝前应先把碎块清除，然后再用 2.0～4.0cm 的预热矿料填入缝中（不要填满，上面留出 3.0cm 厚空隙）。再往缝中浇热沥青，上面再铺 3.0cm 厚的沥青砂混合料，然后撒一层石屑，用烙铁烙平。

(5) 用热沥青修补裂缝时的注意事项：

1) 要注意无论裂缝多宽和采取何种补修方法，必须首先彻底清除裂缝中的泥土、杂物及松动的碎块，然后才能进行修补，这样才能保证补缝质量。

2) 矿料和沥青必须加热后才能用于补缝。实践证明，补缝用矿料若不加热属于冷补，效果并不好。一般来说，沥青加热到 150～160℃，矿料加热到 100～120℃时，补缝效果较好。

3) 填缝料添加完毕后，在最后一道工序必须用烙铁将石屑与沥青烙平，这样不但可使补修部位与原路面平齐，而且能使补修部位与原路面紧密结合，切实保证补缝质量。

二、乳化沥青修补裂缝技术

修补沥青路面裂缝，也可使用乳化沥青，这样可充分发挥其在低温条件下流动性好、渗透力强的特点，特别适用于修补较深的裂缝。此外，还可避免用热沥青修补裂缝带来的裂缝处理不彻底和易形成油包等不良后果，实现常年修补裂缝，真正做到了“补早、补小、补彻底”。修补裂缝用乳化沥青一般选用慢裂或中裂阳离子型，填缝料采用筛分过的 0.5cm 细碎石或石屑、细砂。使用乳化沥青修补裂缝工艺具体如下：

(1) 对于宽度为 6mm 以内的裂缝，先用 4～6MPa 的压缩空气对着裂缝处从一端开始慢慢吹至另一端，并往返吹几次，直至无杂物吹出为止，并将吹出的杂物清扫干净；然后将乳化沥青从缝的一端开始灌注，当缝中即将有乳化沥青溢出时再往前移动，如此徐徐前进，直至将整个裂缝充满乳化沥青为止；最后将筛好的石屑或细砂撒到裂缝中，即可开放交通。

（2）对于宽度为6mm以上的裂缝，先用4～6MPa的压缩空气对着裂缝从一端开始吹至另一端，如此反复吹2遍，然后用竹片或铁铲清除缝中的杂物，并反复吹气、清理，待缝中无杂物清出为止；再将筛好的石屑、细砂或0.5cm的细碎石与乳化沥青按比例拌和均匀。乳化沥青用量要比正常用量（9%～12%）增加5～10个百分点。裂缝越宽乳化沥青增加的量越少，反之增加的量越大；将拌和均匀的乳化沥青混合料分层填入缝中，并用特制的工具夯实，直至高于路面0.5cm为止，并在其上补撒干净的石屑，随后即可开放交通。

（3）对于较严重的网状和不规则裂缝，可采用修补处理。具体补缝工艺为：将裂缝处清扫干净→将乳化沥青均匀涂抹在裂缝处→待乳化沥青破乳后，铺设土工布或玻璃纤维布，布与布相接处要重叠10～20cm→在布上均匀涂抹一层乳化沥青→将筛分过的石屑或0.5cm碎石均匀撒在乳化沥青上→用轻型压路机碾压2～3遍→待乳化沥青破乳后开放交通。

三、美国科来福公司修补沥青路面裂缝技术

（一）修补裂缝所用材料

美国科来福公司采用的补缝材料并不是我国常用的普通热沥青或乳化沥青，而是一种密封胶。该密封胶属于聚合物改性沥青材料，外观为固体状，用纸箱包装，每箱约18kg，使用前需要加热成液体。使用该密封胶修补裂缝的机理是：密封胶加热到193℃高温时，黏度变得很低，灌入裂缝后，很快就渗透到裂缝两侧的沥青混合料中并融合到一起。当密封胶冷却后，在常温和低温时均有着较高的弹性，可随着裂缝的胀缩而发生弹性变形，始终保持其密封作用，这样就长期、有效地封闭了沥青路面的裂缝。

该密封胶的品种有路守福、宝利福、苏步福等型号，并有不同的分级，以适用于在不同路面、不同气候条件、不同裂缝状态时修补裂缝。由于密封胶产品的性能和价格不一，在实际施工过程中，所选用的密封胶应符合以下几项要求：

（1）在本地最低气温温度下，仍能保持一定的弹性与延伸性；在本地最高气温温度下不发软，车辆通过修补裂缝部位时，修补材料不能被轮胎卷走。

（2）要考虑原路面的裂缝分布情况。裂缝严重的路面所选用的密封胶应具有高黏性，对路面状况的敏感性要低；裂缝较少的路面所选用的密封胶应具有高延伸性和粘结性。

（3）要考虑路面的交通量大小。当在交通量较小的慢车道或人行道上补缝时，要选用在夏季高温条件下有更强的抗卷胎性的密封胶，这时比用于高等级道路的密封胶要求更高。

（二）裂缝封闭处理设计

和我国现行的裂缝处理方法相比，美国科来福公司修补裂缝技术不但在补缝材料和补缝机械上有所改进，而且还有其独特的裂缝封闭处理设计。实践证明，能否充分发挥密封胶的功能，裂缝封闭处理设计正确与否是一关键。该公司推荐的裂缝封闭处理设计方案有A、B、C、D四种，详见图2-5-21所示。

实践证明，开槽式封闭处理设计和简单无槽式相比，虽然施工费用要高一些，但使用寿命大为延长，密封裂缝的有效率大为提高。据美国SHEP道路研究计划的调查研究，使用4年半后，标准槽帖封式处理裂缝的有效率为86.2%，浅槽帖封式有效率为82.2%，标准槽非帖封式有效率为64.5%，简单无槽帖封式有效率为38.3%。所以，在施工经费有保证的情况下，应尽量选用标准槽帖封式修补裂缝。根据美国科来福公司的建议，当裂缝平

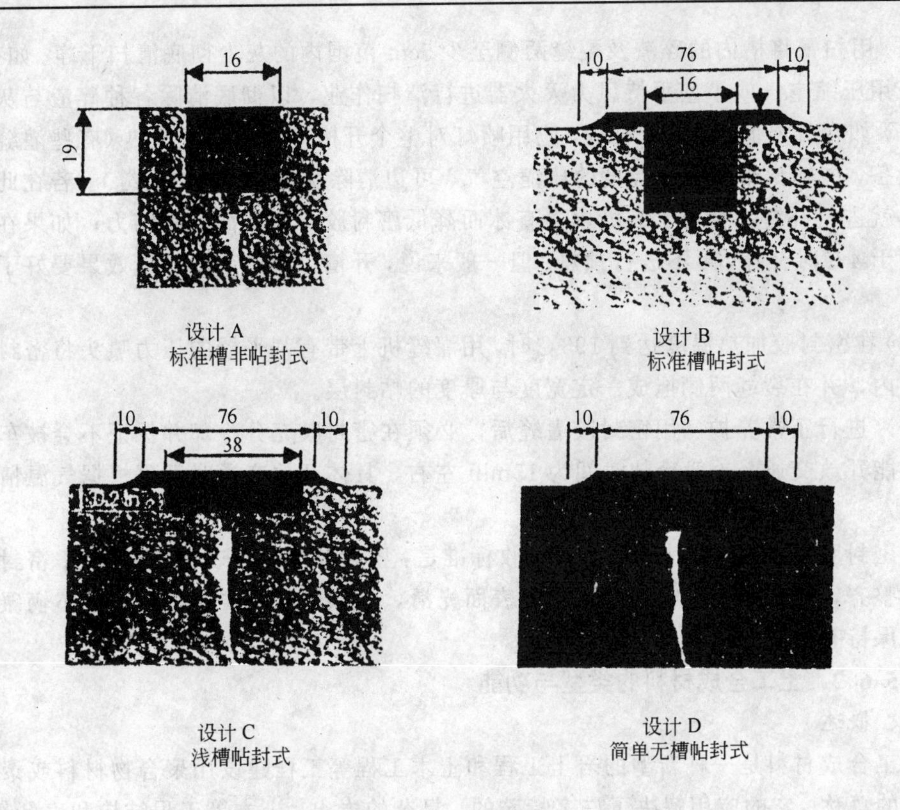

图 2-5-21 裂缝封闭处理设计方案（单位：mm）

均宽度达到 3mm 时，可在春天或秋天进行密封施工。密封时，超过 3mm 的裂缝都要先开槽，再密封；只有小于 3mm 宽的裂缝，才可采用简单无槽帖封式密封。

具体设计时，图 2-5-20 所标注的几何尺寸可根据路面实际情况进行调整。一般来说，槽口尺寸至少为 1cm 宽，1.3cm 深，槽口的深度、宽度比不应超过 2：1，深宽比越低越好。根据加拿大研究报告显示，密封胶失效的最主要表现是胶与裂缝两壁失去粘结力，较宽的槽口设计（4：1）和 2：1 的槽口设计相比，密封胶有着更强的抵抗横向失效的能力。采用帖封式设计时，密封胶的高度不应超过路表面 0.3cm，且用专用工具碾出一条 5～10cm 宽的密封带（裂缝在密封带中间处）。

（三）修补裂缝所用设备

修补裂缝所用设备请见本手册［2.1.4.7］。

（四）修补裂缝工艺流程

美国科来福公司修补沥青路面裂缝的施工工艺流程如下：

(1) 检查开槽机与灌缝机，确保其技术状况良好；根据路面裂缝的具体情况，确定补缝设计方案；向灌缝机上的密封胶加热罐内添加密封胶，并将密封胶边搅拌、边加热至 193℃，不能超过 204℃；

(2) 封闭交通，摆放各种交通标志，设专人指挥交通，并根据施工进展情况及时移动施工标志。

(3) 按照设计的槽口尺寸，预先调节好开槽机开槽宽度和深度，然后进行开槽作业。作业时要根据裂缝宽度变化情况，及时调节槽口尺寸，并满足最低设计要求。

(4) 用扫帚将槽内的碎渣及裂缝两侧至少 5cm 范围内的灰尘彻底清扫干净。如有条件，最好采用压缩空气或小型手持风力灭火器进行清扫作业，以彻底清除各种碎渣与灰尘。

(5) 如在气温低于 4℃时补缝，应用喷灯对整个开槽口部位进行预热（有些灌缝机配有预热设备，能输出带有很高温度的压缩空气，可边清除灰尘、边加热裂缝）。若在此温度下不预热就进行补缝，会由于裂缝内含有冰而降低密封胶与原路面的粘结力；如果在夏季或气温高于 4℃时补缝，可不进行预热。但一般来说，开槽口预热后的补缝效果要好于未预热的。

(6) 在密封胶加热温度达到 193℃时，用灌缝机上带有刮平器的压力喷头将密封胶均匀灌入槽内，并在裂缝两侧拖成一定宽度与厚度的帖封层。

(7) 进行正常养护。用密封胶灌缝后，必须在密封胶充分冷却并保证不会被车辆带走时，才能开放交通。一般冷却时间为 15min 左右，具体开放交通时间可根据气温情况灵活掌握。

用密封胶修补裂缝，其外观质量验收标准是：密封胶高于路表面≤0.3cm；密封胶帖封层边缘整齐，表面平整；密封胶帖封层表面光滑，无颗粒状胶粒；密封胶经车辆碾压后不变形，保持有足够的弹性。

2.5.6.2　土工合成材料的类型与功能

一、概述

土工合成材料是一种新型的岩土工程和土木工程等工程建设用聚合物材料或聚合物工程材料的总称。它的应用解决了许多特殊的、复杂的岩土、土木等工程结构和寿命等问题，已广泛应用于水利、水运、公路、铁路、机场、堤坝、建筑、环保、城建、军事、海洋、农业等许多领域，在工程中可起过滤、排水、隔离、加强、防护、防渗等单一或综合作用。土工合成材料的使用，使上述工程在用料、用工、用时等方面都有所降低，工程质量和寿命得到改善，维修费用减少，从而提高了工程建设的整体投资效益，因此土工合成材料的重要性已广为人们所接受。

我国于 20 世纪 70 年代末也开始了土工合成材料的生产和应用方面的探索，80 年代中后期已有工程应用。近十多年来发展很快，目前已有各类生产企业 200 余个，生产线 300 多条，上规模的企业也有上百家，年生产能力达 30 多万吨，已应用的工程超过 1 万项，年使用量近 3 万吨。许多工程事例表明，土工合成材料在我国道路建设上有着很高的应用价值，用其在道路养护作业中防治沥青路面裂缝，减少车辙等也取得很多成功经验。目前，交通部已经颁发了《公路土工合成材料应用技术规范》(JTJ/T 019—98)、《公路土工合成材料试验规程》(JTJ/T 060—98)。可以预计，随着我国公路建设的发展，土工合成材料会更快地广泛推广应用。

二、土工合成材料的类型

目前国内一般分为土工布、特种土工材料、土工膜、土工复合材料四类，具体可见图 2-5-22 所示。

三、土工合成材料的主要功能

(1) 加强功能：土工合成材料的加强功能，主要表现在利用其抗拉性能改善路面结构层的力学性能。由于土工合成材料具有较高的抗拉强度和抗变形能力，将其用在路面结构层中后，可将荷载或应力均匀地扩散在较大的面积范围内。利用土工合成材料这种加强功

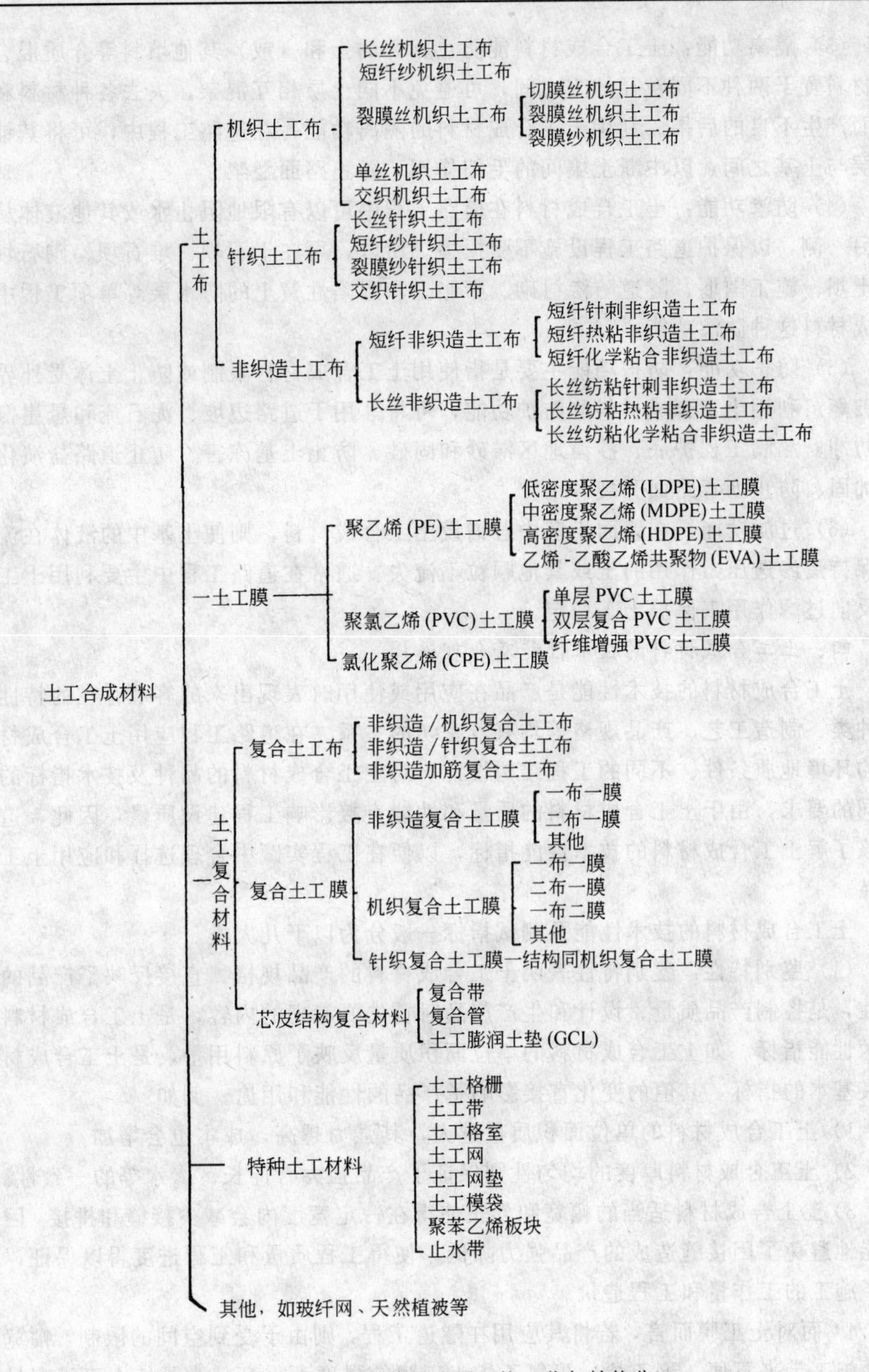

图 2-5-22 土工合成材料体系略图（按工艺与结构分）

能，在道路工程与养护作业中，常用于软基处理、修筑加筋土挡墙及桥台、加固高填方土基或坡度很陡的边坡、滑坡处理、加固柔性路面、修补沥青路面、防止反射裂缝和车辙等。

(2) 排水功能：土工合成材料能够在地下收集降水、地下水和（或）其他液体，并沿其平面进行传输，达到排水目的。因此，在道路工程中可利用土工合成材料的排水功能，用其修建道路路面的排水设施、挡土墙及隧洞衬砌后排水系统。

(3) 隔离功能：土工合成材料能防止相邻的土和（或）其他填料等介质混合。土工合成材料置于两种不同粒径的土之间，可避免不同土质相互混杂，失去各种材料和结构的完整而产生不良的后果。利用土工合成材料的隔离功能，在道路工程中，可将其铺设在路面基层与土基之间，以中断土壤间的毛细作用，防止路面翻浆。

(4) 防渗功能：土工合成材料在道路工程中可以有限地阻止水或其他液体从一侧渗透到另一侧，以保护道路工程设施不受损害。所以，可在土石坝、堆石坝、砌石坝、碾压混凝土坝、施工围堰、隧道防渗衬砌、膨胀土和湿陷性黄土的防水层等单项工程中利用土工合成材料这种防渗功能。

(5) 防护功能：防护功能主要是指使用土工合成材料限制或防止土体受外界环境作用而破坏。利用土工合成材料的防护功能，可将其用于道路边坡、泥石流和悬崖侧建筑物障墙防冲、涵洞工程护底、沙漠地区滞砂和固砂、防止土基冻害、防止道路盐渍化措施、边坡加固、防止沥青路面开裂。

(6) 过滤功能：在路面土基中若铺设土工合成材料，则使土基中的液体在流动时，能够保持受渗透压力作用的土或其他颗粒不流失。通常在道路工程中主要利用土工合成材料的反向过滤作用来保护土基稳定。

四、土工合成材料的技术性能及合理选择

土工合成材料的技术性能是产品在应用或使用时表现出来的客观存在的特性，与原材料种类、制造工艺、产品规格等均有着密切的关系。在道路工程应用土工合成材料时，不同的环境地质条件、不同的工程结构设计，对土工合成材料的品种及技术指标的选择有着不同的要求，由于土工合成材料的质量和性能直接影响工程建设质量，因此，道路建设者应该了解土工合成材料的技术性能指标，以便在工程实践中合理选择和应用土工合成材料产品。

土工合成材料的技术性能及测试指标一般分为以下几大类。

(1) 鉴别特性：鉴别特性表明土工合成材料的产品规格，直接反映了产品的基本结构特性，是控制产品质量、设计和生产产品时首先要考虑的内容，是土工合成材料最基本的技术性能指标。如土工合成材料的单位面积质量反映了原料用量，是土工合成材料鉴别特性最基本的指标，其值的变化直接影响了产品的性能和用途。例如：

1) 土工合成材料的单位面积质量越大，其强力越高，成本也会增加。

2) 土工合成材料厚度的均匀性则保证了产品强力、伸长、渗水等的一致性。

3) 土工合成材料适当的幅宽和卷长使得在一定宽度内会减少接缝和拼接，因此也就尽可能地避免了因接缝造成的产品强力降低，使得工程质量和工程进度得以保证，并大大降低了施工的工作量和工程造价。

4) 而对土工膜而言，若将其应用在隧道工程，则由于受到空间的限制，幅宽过大反而会给施工带来不便。聚乙烯、聚氯乙烯土工膜的强度不很高，为了使土工膜有足够的耐负荷性能，就需要有足够的厚度。

(2) 物理、机械性能；土工合成材料的物理性能，如低温冲击脆化温度、尺寸变化率等性能反映了原材料选用是否正确，加工工艺是否合理，是土工合成材料产品质量的重要指标。

土工合成材料在使用中会受到各种力的作用，如拉伸、顶压、冲击、摩擦等。由于外

力的作用，材料产生应力和应变，当应力和应变达到一定程度时，材料本身就将发生破坏。土工合成材料抵抗这些外力作用的能力就是其机械性能，亦称为力学性能。

(3) 水力学性能：水力学性能是土工合成材料应用中的一个重要特性，其性能直接影响着土工合成材料在工程结构中功能的发挥。如作为过滤材料的土工布，既要防止被保护土粒随水流流失，又要保证渗流水通畅排走，还应防止材料被细土粒堵塞失效，此外，用于排水系统的土工布还要具有一定的平面导水能力；而作为防渗材料而言，则要求土工膜的渗透能力越小越好，以防止水或其他液体渗漏。因此土工合成材料的渗透系数、孔径等技术指标与其排水、过滤或防渗效果有着密切的关系。

(4) 耐久性能：土工合成材料的工作环境恶劣，在工程中暴露在自然气候中，特别是受到紫外线的作用，在工程结构中要长时间经受不同浓度的酸、碱、盐等化学液体的腐蚀和不同温度的反复作用。例如，土工模袋布要经受水泥硬化时pH值为13的碱度的冲击；而防护堤所使用的土工布则要长时期受到水的冲刷；土工合成材料在高温地区使用，存在热老化问题，在寒冷地区使用，存在冻裂问题。所有这些都将导致土工合成材料技术性能的变化而降低其使用寿命。

土工合成材料上述4种技术性能分别包含有许多技术指标，根据产品标准，土工合成材料的技术性能和技术指标见表2-5-26。

土工合成材料的性能和技术指标参数　　表2-5-26

序号	技术性能	主要项目	参数及单位
1	鉴别特性	(总) 厚度	厚度 (mm)，变异系数 (%)，极限偏差 (mm)，偏差 (%)
		(复合材料) 单层厚度	各层厚度 (mm)
		单位面积质量	单位面积质量 (g/m^2)，变异系数 (%)，偏差 (%)
		幅宽	幅宽 (m)，偏差 (%)
		卷长	卷长 (m)
		(膜) 密度	密度 (g/cm^3)
		(机织土工布) 密度	经、纬密度 (纱线根数/10cm)
2	水力学性能	孔径 (干筛法)	孔径分布曲线及有效孔径 O_{90}
		孔径 (湿筛法)	有效孔径 O_{90}
		垂直透水	渗透系数 (cm/s)，渗透率 (l/s)，压差指数 (mm)，流速指数 (mm/s)
		平面导水	水流量 (m^2/s)，水流量曲线
		渗透性	渗透系数 (cm/s)，透水率 (l/s)
		耐静水压	耐静水压 (MPa)
		水蒸气渗透性能	水蒸气渗透系数 [$g \cdot cm/(cm^2 \cdot s \cdot Pa)$]
3	耐久性能	耐热氧化	强力保持率 (%)，尺寸变化率 (%)，200℃时氧化诱导时间 (min)
		耐化学侵蚀	强力保持率 (%)
		耐气候老化	强力保持率 (%)
		微生物降解	强力保持率 (%)
		抗水解	强力保持率 (%)
		尺寸稳定性	尺寸变化率 (%)
		炭黑含量	炭黑含量 (%)
		耐环境应力开裂	环境应力开裂时间 F_{20}

续表

序号	技术性能	主要项目	参数及单位
4	物理机械性能	拉伸性能（宽条样法）	拉伸强度（断裂强力）(kN/m) 及其变异系数 (%)，伸长率（断裂伸长率）(%) 及其变异系数 (%)，割线模量 (kN/m)
		（膜）拉伸性能	拉伸强度 (MPa)，拉伸断裂伸长率 (%)
		撕破（裂）性能	撕破强力 (N，kN)，直角撕破强度 (N/mm)
		CBR 顶破强力	顶破强力 (N，kN)，顶破位移 (mm)，变形率 (%)
		接头接缝拉伸强力	接头接缝强度 (kN/m)，接头接缝效率 (%)
		动态穿孔	破洞直径 (mm) 及其变异系数 (%)
		摩擦特性	法向应力 (kPa)，剪应力 (kPa)，最大剪应力 (kPa)
		抗磨损性	强力损失率 (%) 及其变异系数 (%)
		拉伸蠕变	拉伸蠕变，蠕变断裂时间
		压缩蠕变	压缩蠕变
		刺破强力	刺破强力 (N，kN)
		剥离强力	剥离强度 (N/cm)
		低温性能	−70℃低温脆化性能
		（网格栅等材料）结构结合处强力	
		锚固性	

2.5.6.3　玻璃纤维格栅在修补沥青路面的应用

一、概述

我国 1993 年起，开始从国外引进数套设备开始生产塑料格栅，并在道路工程中应用，但主要用于软土地基的加固处理、边坡防护工程处理、高填土路基的护坡加固、代替铁丝网与木栅栏等用于道路防护栏等等。同时，国内众多单位开始了塑料格栅在沥青路面养护工程中的应用研究。由于国产塑料格栅的适应温度在 60～120℃，感温性较强，延伸率较大，热拌沥青混合料摊铺到塑料格栅上后，塑料格栅很容易被烫化，因而在路面工程中的应用均不成功，使塑料格栅在沥青路面工程中的应用受到较大限制。为此，我国许多生产厂家与大专院校、科研单位、道路养护部门合作，开始进行了玻璃纤维格栅的研究与开发工作，目前已形成较大的生产规模，大大降低了材料成本，并已在工程实践中得到了应用。

二、玻璃纤维格栅的技术性能

玻璃纤维格栅是由高模量的玻璃纤维绞线组成，正面涂有改性沥青聚合物，背面有粘胶，其技术特性如下：

（1）高抗拉强度：玻璃纤维格栅具有很高的弹性模量，其强度/质量比比钢材还要大，在 20℃时其弹性模量与沥青混凝土弹性模量比高达 20∶1，抗拉强度也相当高。

（2）低延伸性：自粘型玻璃纤维格栅的应力应变图实际上近似于垂直直线，这表明该材料具有很高的抗应变能力，断裂时其延伸率小于 4%。

（3）无长期蠕变性：许多加筋材料初期加载时很稳定，但在长时间的荷载作用下会发生蠕变。但玻璃纤维格栅经长时间使用后不会发生蠕变，这就保证了其技术性能的长期稳定性。

（4）与沥青混合料有较好的相容性：玻璃纤维格栅上的每根纤维，都完全涂裹着特殊设计的聚合物涂层，和沥青间有着很高的相容性，可以保证玻璃纤维格栅在沥青混合料中不会滑动。

(5) 高温稳定：玻璃纤维格栅的使用温度为－100～280℃，这就足以保证其在高温摊铺时的热稳定性。

(6) 耐化学侵蚀：由于玻璃纤维格栅有着特殊设计的聚合物涂层，因而能够防止各种化学侵蚀。

(7) 耐物理侵蚀：经特殊设计的聚合物涂层能够防止各种物理侵蚀，另外涂层后的玻璃纤维还能抵抗生物侵蚀、紫外线照射。

(8) 抗剪附着力强：特殊设计的聚合物涂层能使玻璃纤维格栅与沥青混合料有着足够的附着力，可起到骨架作用。

(9) 对沥青混合料有嵌锁和限制作用：沥青混合料若通过压实获得强度，混合料中的集料必须经特殊选择，以保证在结构中起嵌锁和限制作用，而粘稠沥青在混合料中只起胶结集料的作用。当沥青混合料摊铺到玻璃纤维格栅上后，由于集料穿过玻璃纤维格栅，形成了一个复合的力学嵌锁体系，这种限制区域就阻碍了集料的运动，沥青混合料就可以得到更好的压实、更大的承载能力，并能提高传荷能力，减少变形。

(10) 铺设方便。玻璃纤维格栅具有独特的粘结胶，所以铺设比较方便，简化了施工工艺。

目前，国内生产的玻璃纤维格栅产品很多，以南京强土纤维工程材料有限公司的产品为例，玻璃纤维格栅的技术参数见表 2-5-27。

玻璃纤维格栅的技术参数 **表 2-5-27**

序号	产品型号		G1011	G1011-2	G1022	G2011	G2021	G1021
1	强度 (kN/m)	经向	30	38	60	60	120	60
		纬向	24	30	48	48	48	24
2	伸长率（%）		4	4	4	4	4	4
3	网孔尺寸（mm×mm）		25.4×25.4	20.0×20.0	25.4×25.4	12.7×12.7	12.7×12.7	25.4×25.4
4	弹性模量（MPa）		67 000	67 000	67 000	67 000	67 000	67 000
5	幅度（m）		1.2～1.5	1.2～1.5	1.2～1.5	1.2～1.5	1.2～1.5	1.2～1.5
6	耐温型（C）		－100～280	－100～280	－100～280	－100～280	－100～280	－100～280
7	耐腐蚀性		优良	优良	优良	优良	优良	优良
8	单位面积质量（g/m^2）		225	280	450	450	600	340
9	含胶量（%）		>20	>20	>20	>20	>20	>20
10	表面处理材料		沥青基改性剂	沥青基改性剂	沥青基改性剂	沥青基改性剂	沥青基改性剂	沥青基改性剂

三、玻璃纤维格栅混合料的施工工艺

(1) 确定施工路段：使用玻璃纤维格栅前，必须对施工路段精心挑选。为了最大程度地发挥玻璃纤维格栅的功能，原路面的结构必须稳定，必须没有唧泥、过大的变形及强度不足等现象。如果路面结构不稳定，就必须先解决结构问题，然后再解决防治反射裂缝问题。

(2) 进行路况评价：应对施工路段进行现场路况评价，包括测量弯沉等。这些数据用来确定原路面的回弹模量值，并得出路面状况指数（PCI 值）。最后根据路况评价结果和养护技术规范，确定旧路维修方案。

(3) 确定最小罩面厚度。使用玻璃纤维格栅加固沥青混合料进行中修罩面，罩面层最小厚度一般为3～4cm，可根据混合料的级配类型确定。

(4) 选择玻璃纤维格栅：目前国内可用于道路工程的玻璃纤维格栅品种很多。在选择时，必须要注意产品的技术性能。根据现行的《公路土工合成材料应用技术规范》的规定，用于防治路面裂缝的玻璃纤维格栅，其网孔尺寸宜为其上铺筑的沥青面层材料最大粒径的0.5～1倍，玻璃纤维技术要求指标应符合表2-5-28的要求。

玻璃纤维格栅技术要求 表2-5-28

序号	指标内容	指标要求	测试温度(℃)
1	抗拉强度(kN/m)	≥50	20±2
2	最大负荷延伸率(%)	≤3	20±2
3	网孔尺寸(mm×mm)	12×12～20×20	20±2
4	网孔形状	矩形	20±2

(5) 处理病害、调平找拱：若对旧沥青路面进行中修罩面，在铺设格栅前，必须要对旧沥青路面上所有的坑槽、裂缝等病害预先处理完毕。实践证明，玻璃纤维格栅铺设在光滑、平整的路表面上，使用性能最好。若旧沥青路面拱度不合适，修补裂缝与坑槽区域不平整，就必须先调平找拱，为铺设玻璃纤维格栅提供一个良好的平面，使旧路面的平整度满足要求。同时应清洁旧路面，以保证加铺层与旧路面连接状态良好。

(6) 铺设、预紧与固定格栅：铺设格栅时，应先将一端用固定器固定。根据国内施工经验，固定器可采用固定钉与固定铁皮。固定钉可用水泥钉、射钉或膨胀螺钉。水泥钉或射钉的钉长应为8～10cm，膨胀螺钉直径宜为6mm，固定铁皮可用厚1mm、宽3cm的铁皮条。固定钉穿过铁皮，即可将格栅固定在原路面上。格栅一端固定后，应选用合适的方法将格栅预先拉紧，张拉伸长率宜为1%～1.5%。张紧后再将另一端也进行固定。

纵向及横向铺设的格栅都应相互搭接，横向搭接宽度一般为8～10cm，并根据沥青混合料摊铺方向，将后一端压在前一端的下面。横向搭接处都应采用固定器固定。纵向搭接宽度一般为5～8cm，可采用尼龙绳或铅丝绑扎固定，固定间距不应超过1.5m。

(7) 喷洒黏层油：铺设玻璃纤维格栅前，不需要喷洒黏层油。在铺设后，应喷洒热沥青作为黏层油，以利于新铺上覆层与旧沥青路面的层间连接。热沥青粘层油的喷洒量以保证格栅与旧路面的连接良好为准，一般为0.4～0.6kg/m^2。

(8) 摊铺与碾压沥青混合料：沥青混合料的摊铺与碾压按照现行的《公路沥青路面施工技术规范》(JTJ 032—1994)的要求执行即可。但应注意施工车辆不得在格栅上转弯。在摊铺时如出现沥青混合料摊铺机机轮打滑现象，应在粘层油表面撒一部分石屑，石屑用量为3～5m^3/1000m^2。

2.5.6.4 玻璃纤维布修补沥青路面网裂的技术

一、概述

沥青路面出现网裂，必须及时进行养护，否则会使路面发生更多的病害，加速缩短路面的使用寿命。目前处治沥青路面网裂一般常用平油罩面、乳化沥青稀浆封层、沥青混合料中修罩面等几种方法。在这几种处治方法中，平油罩面价格最便宜，但使用寿命较低，路面的抗滑性能较差；乳化沥青稀浆封层施工工艺较为复杂，对施工技术、设备要求较高；沥青混合料中修罩面可彻底根治网裂，但工程费用较高。

用玻璃纤维布处治沥青路面网裂是近年来国内发展很快的一项新技术。该技术施工工艺简单，养护费用低廉，材料来源广泛，防治网裂效果明显。用其进行沥青路面养护，可以延长路面使用年限，提高养护质量，降低养护费用。该技术不但适用于处治沥青路面网裂，同时对路面老化严重路段或因施工管理不善而产生的路面脱粒有一定的补救作用，对于石灰土基层的反射裂缝也有一定的防治作用。该技术不仅适用于低等级公路，在一、二级道路也可应用，所以目前此项技术在国内沥青路面养护作业中得到了广泛应用。

二、玻璃纤维布的技术性能

玻璃是一种在凝固时基本不结晶的无机熔融物，玻璃纤维则是无机氧化物组成的单丝直径为几个微米到几十个微米的纤维状玻璃。目前国内产量最大的玻璃纤维为中碱玻璃纤维，也称之为C玻璃纤维，它克服了A玻璃纤维的缺点，又有着良好的耐化学侵蚀性能，中碱玻璃纤维化学成分见表2-5-29。

中碱玻璃纤维化学成分（%） **表 2-5-29**

序号	型号	SiO_2	Al_2O_3	CaO	MgO	Na_2O+K_2O	Fe_2O_3
1	中碱5号	67.0±0.5	6.2±0.4	9.5±0.3	4.2±0.3	12.0±0.4	≤0.4
2	中碱6号	66.7±0.5	6.2±0.4	10.8±0.3	3.0±0.3	11.7～12.4 Na_2O≥10.5	≤0.42

用于处治沥青路面网裂的玻璃纤维布，应选用经纬密度较疏、支数较多、透油性能好、耐高温、耐腐蚀、强度高的无碱或中碱玻璃纤维布。布的经向、纬向的断裂强度应分别达到200N、100N以上，同时应具有出厂检验合格证明及高温、拉力试验报告。以辽宁省朝阳市云鹭织布厂生产的道路专用玻璃纤维布为例，其技术指标见表2-5-30。

玻璃纤维布技术指标 **表 2-5-30**

厚度(mm)	宽度(cm)	单位面积质量(g/m^2)	密度(根/10cm)		断裂强度(25mm×25mm)		断裂伸长率(%)	耐高温(300℃/h)
			经向	纬向	经向(N)	纬向(N)		
0.1	90.4	68.8	96.4	59.0	236.0	152.8	3	无变化

大连新东方玻璃纤维制品有限公司生产一种玻璃纤维网格，该网格是用100%玻璃纤维丝编织粘接而成的。和玻璃纤维格栅相比，外观形状相同，但网孔尺寸与单位面积质量较小，价格较低，也可用于防治沥青路面反射裂缝。和玻璃纤维布、土工布相比，该产品抗拉强度较高，价格基本相当，但不能起到吸附沥青、密封防水的作用。其技术性能指标见表2-5-31。

玻璃纤维网格技术性能指标　表 2-5-31

序号	技术参数	产品型号（1029系列）			
		70C	115C	120C	160C
1	材料	100%玻璃纤维			
2	网格尺寸（mm）	4×4	11×11	7×7	5×5
3	涂层	抗碱			
4	单位质量：坯布质量（g/m^2） 上胶后质量（g/m^2）	57 70	92 115	95 120	135 160
5	抗拉强度：经线（N/5cm） 纬线（N/5cm）	800 800	1 000 1 000	1 200 1 200	1 450 1 450
6	抗碱性能：经线（N/5cm） 纬线（N/5cm）	450 450	550 550	650 650	800 800
7	纱线密度：经线（Tex） 纬线（Tex）	63 105	253 450	154 330	154 330
8	包装	1 000mm×100m/卷			

三、玻璃纤维布修补沥青路面网裂的施工工艺

(1) 施工工艺：

1) 清扫路面和裂缝中的灰尘、杂物。清扫干净后按布幅宽度放样，决定喷洒沥青、铺布的边缘线，拉好边线，进行定位。

2) 喷洒第一层沥青，沥青用量为 0.8～1.2kg/m²。

3) 顺路纵向粘玻璃纤维布，两幅玻璃纤维布接缝处应搭接 5～10cm。有条件时应采用专用设备将玻璃纤维布进行预先拉紧。

4) 喷洒第二层沥青，其方法同上，沥青用量为 0.8～1.0kg/m²。

5) 均匀铺撒一层石屑，石屑用量一般为 13～17m³/1000m²。

6) 用 6～8t 压路机碾压 3～4 遍。

7) 做好初期养护，及时将由于行车而带到路两边的石屑扫回路面。

(2) 施工中的注意事项如下：

1) 施工中可半幅施工，边施工边通车。施工时，前半幅撒面层料时要在路中线接缝处留出 20cm 宽度不撒料（最好用挡板隔开），在后半幅施工时处理接缝。

2) 若全幅施工，应先铺两边，后铺中间，在施工过程中禁止车辆碾压，最好封闭交通，以保证路面的顺适及平整。

3) 施工中的沥青用量、石屑用量可根据原路面的具体情况确定，原路面松散、麻面、裂缝多者用高限，否则用低限。

4) 如原路面贫油现象不严重，也可采用“一油一布”。即先铺玻璃纤维布，然后再喷洒沥青、撒布石屑，进行碾压。

5) 在铺玻璃纤维布时，最好将布预先张紧。这样可使玻璃纤维布在纵向受有一预应力，对防止旧沥青路面的原有裂缝向上反射有极大帮助。

四、用玻璃纤维布处治沥青路面网裂的质量控制

用玻璃纤维布处治沥青路面网裂，其施工质量控制要点如下：

(1) 施工前质量控制：

1）工程工期应安排在上半年施工，一般应在雨季前竣工，最佳施工期在5月上旬至6月中旬，气温不低于10℃，有利于返油成型，效果最佳。

2）原路面病害如坑槽、搓板、大裂缝等应按规范要求先处治完毕。

3）严格把住材料关。材料选择非常重要，直接关系到工程质量的优劣，故应严格要求。

4）组织好施工队伍，明确人员分工，对施工人员应先进行培训，并就设计和施工要求、施工工期、质量标准、安全操作等规程向施工人员详细交底。

5）对喷洒沥青机械、碾压机械及其他操作工具应先检修完好，配备齐全。

(2) 施工中质量控制：用玻璃纤维布处治沥青路面网裂工程，应做到精心施工，严格按施工程序进行，各工序间要紧密衔接，有条不紊。施工中应对以下几个环节进行质量控制：

1）路幅及边线控制：按路面宽度、布幅宽度和搭接尺寸，应先用铁钉、线绳拴线定位，控制洒油、铺布的边缘线，达到线直弯顺，并设专人随时校对挂线位置，以防差错。

2）严格控制沥青温度与沥青用量：沥青出厂温度应不低于170℃，洒布温度应不低于140℃，沥青温度及用量要设专人随机检验抽测。

3）喷洒沥青；一定要均匀适度、边缘到位、边线顺直，做到无空白、无堆积。在玻璃纤维布上如用喷枪人工喷洒沥青，一定要遵循由路中心向两侧成椭圆形进行，以便舒展压平纤维布接缝，减少皱褶。

4）贴布控制：玻璃纤维布贴布应在喷洒沥青后立即进行，布面一定要摆正、展平。贴布应从路面边缘线向中心贴进，做到布不翘曲、不打褶。对贴布不实之处随时用推耙推实压平。

5）撒料压实：在玻璃纤维布上喷洒沥青后应立即铺撒石屑。撒料应顺路纵向进行，力争薄匀，做到无空白、无堆积，厚度控制在10mm之内，并随时用人跟机处理纤维布翘起和皱褶之处。

6）初期养护：用玻璃纤维布处治沥青路面网裂后，其初期养护必不可少，它是保证工程质量的关键环节。这期间一是要对过往车辆进行控制，在开放交通初期1～2周内，不能让车辆全速行驶，应采取有效措施进行控制。具体可在施工路段两端起讫点外设限速标志，设专人掌握指挥行车，车速控制在15～25km/h，在路面每隔100m设一临时标志，按先边后中的原则控制行车碾压，达到均匀压实。二是要在7～10d内，加强收料、撒料工作。待路面成型稳定后，将浮料扫出回收，转入正常养护。

3　桥梁维修技术

3.1 桥梁维修概论

3.1.1 桥梁维修加固的基本概念

3.1.1.1 桥梁维修加固的形式

桥梁维修加固的工作主要有日常的维护保养、局部修理、加固和改建等方面的形式。

(1) 维护保养：这是一项经常性的工作，必须保持每天进行清扫工作，在清扫中所发现桥梁的小缺陷，能由养护道班工人及时处理，确保车辆在桥梁上的正常运行。

(2) 桥梁局部修理：这是一项按桥梁计划预修周期图表规定进行的修理。它的目的是处理桥梁在运营过程中，由于某些部位养护不良、材料不良，材料质量欠佳、施工方法不妥等造成的局部损伤。经过边修补（更换部分老化材料、填补路面破损部位、填补裂缝等)、边缓慢通车，恢复桥梁的技术状况和通车能力，确保桥梁的正常运行。

(3) 桥梁的加固：桥梁经过一定时间的运营作业后，各方面技术指标无法达到要求，有些桥梁甚至无法通车运营。通过加大（或加固）桥梁构件和对重大病害进行彻底整治来提高整座桥梁承载能力的措施。加固可以有各种不同的方式，视旧桥的使用要求及其荷载能力的降低程度而定。能长期保留加大桥梁建筑物承载能力作用的加固，称为永久性的加固；为了维持临时通车而采用的临时加固，称为临时性的加固。桥梁的加固施工，是封闭性施工为（车辆绕道而行）主，也有半封闭半通车（缓慢通车）的施工。

(4) 桥梁的改建：对旧桥进行拓宽、升高桥面，改桥梁为涵洞、全部更换桥梁主要承重构件等工作，一般称为桥梁的改建。桥梁的改建施工都是封闭式施工，所有车辆只能绕道而行。

3.1.1.2 桥梁维修加固的意义

一、我国现有桥梁的状况

根据1982年全国公路普查资料，我国公路现有桥梁中危桥约占3.54%；而国道干线上的危桥约占2.4%。在现有桥梁中，除按1972年交通部颁布的《公路工程技术标准（试行)》和1982年以来按部颁《公路工程技术标准》(JTJ 1—1981) 设计建造的桥梁，尚能基本满足近期交通要求外，在此之前，特别是20世纪50年代后期及60年代的一些桥梁大都发生荷载吨位不足，甚至干线公路桥梁重车无法通过的情况时有发生。目前，在国道干线桥梁中，设计荷载等级在汽－10级以下者占5.4%。加之好些桥梁的桥龄较长，质量不高，有的桥面净宽不足；有的发生老化、破损、裂缝等情况；有的则由于其他工程施工影响而引起破坏；同时，必须清楚地看到新建的桥梁中，由于施工工艺、方法、材料等因素的影响，使新桥也很快地成为被维修的对象。例如，1999年3月被全国人大代表点名批评的四条高等级道路（沈四线、柳南线、昆绿线、佛开线）称为豆腐渣工程，其中佛开线（佛山一开平）是1996年12月竣工，1998年9月全路封闭维修三个月，原因是该路的所有桥面均出现大面积开裂、松散等，严重地影响车辆的运行。因此，对这些出现问题的桥梁，无疑地必须进行及时的维修加固。

二、联合国经济合作与发展组织的要求

1981年4月由联合国经济合作与发展组织（OECD）主持召开了关于“道路桥梁维修与管理”的会议，会议提出如下六个方面的问题要求加以研究：

(1) 如何正确评价现有桥梁的实际承载能力与安全度的问题。

(2) 如何及早地检查发现桥梁产生的损坏及异常现象，正确地检定结构物的损坏程度，从而采用合理的维修加固方法问题。

(3) 桥梁损坏与维修加固的实际应用问题。

(4) 桥梁维修加固技术，即采用维修加固新的技术与方法问题。

(5) 桥梁设计与维修管理的关系，即如何把维修加固中发现的问题，放到今后桥梁设计上进行考虑的问题。

(6) 桥梁维修加固的未来展望，即维修加固方法将来会怎样发展，如何提出更合理的维修管理方法与策略的问题。

由此可见，对旧桥、危桥的加固维修，以及如何提高其承载力的问题研究、试验与推广，已经引起了世界性的关注。很多资料还表明，当前有些交通发达的国家，桥梁建设重点放在旧桥加固与改造方面，而新建桥梁已降为次要地位。

三、桥梁维修加固的意义

我国道路桥梁大部分为建国后所造，桥龄一般在30年以内，病害问题尚未到大量暴露之时，但值得引为注意的是目前已有不少桥梁发生老化、破损、裂缝等现象，危桥逐年增多，荷重能力明显下降。随着道路交通的发展，汽车保有量与国民经济的同步上升，道路客货运输量不断增长，对道路提供安全、快速、重载行驶的要求也越来越高。桥梁是确保道路畅通的咽喉，其承载能力和通行能力又是贯通全线的关键。为免蹈工业发达国家的覆辙，有计划、有步骤地突出重点，及时加强对现有桥梁进行调查研究，区别情况，分析损坏原因，采取相应的维修加固措施，检验评定旧桥承载能力和提出提高桥梁荷载等级的有效方法，从实践中取得成效，以充分发挥经济效益和社会效益，确保道路交通正常运行，这应是我国道路建设发展中具有战略意义和深远影响的迫切任务。

3.1.2 桥梁维修加固的目的

一座桥梁建成后，为确保正常运营，必须加强经常性的检查养护与维修。随着道路交通运输事业的发展，道路交通量和大吨位车辆不断增加，因此要求通过对原有桥梁进行合理而有效的加固，来提高通过能力和荷载标准。桥梁维修与加固的目的主要是：

3.1.2.1 确保桥梁的安全、完整及适用

桥梁结构物经常遭受风、雨、水流（包括洪水、冰凌）的侵袭，温度、湿度变化的影响，甚至遭到地震的破坏；遭到车辆通过时的冲击及机械轮胎的磨耗；通航河道上的桥梁，还往往受到船只的碰撞；在特定情况下，有时还会出现某些工程项目的施工，在桥梁周围频繁进行，从而危及桥梁安全。

所以，桥梁在运营使用过程中，难免不发生病害或损伤。一旦发生病害或损伤，就要及时进行维修。小坏小修，随坏随修，防止病害扩大，确保构造物的安全与完整。

相反，产生病害后不及时维修，由于病害的逐渐扩大，不但导致桥梁建筑物的提前破坏，甚至可能发生塌桥事故。桥梁的适用性与耐久性遭到破坏，势必影响道路运输的畅通，给国家与人民带来重大损失。例如，重庆市綦江县一座横跨綦江河、连接老县城与新开发区的彩虹大桥，1996年2月投入使用，大桥全长187m，宽7.6m，使用将近三年后，于1999年1月4日晚7时，大桥突然垮塌，造成死亡40人、伤14人的惨剧。如若能经常性地检查与维修管理，则会采取措施防止垮塌事故的发生。

3.1.2.2 熟悉桥梁状况，掌握基础资料，为维修提供方便

为了对桥梁进行养护维修管理，必须掌握有关桥梁设计文件、施工记录、质量检验、竣工验收以及运营状况记录、检查记录、维修加固记录等技术资料。但有的桥梁由于建造年限较长，历经各种社会变迁，或者由于其他原因，致使技术资料不全，甚至荡然无存。因此，在桥梁的维修管理过程中，必须采用各种调查和测试手段，建立和完善必要的档案资料库。资料库为桥梁营运使用及维修加固工作创造了有利条件，可为合理安排现场检查和决定加固方案提供可靠依据。对整个道路管理部门来说，桥梁技术资料也包括进行桥梁维修加固时的必要记录，特别是桥梁承载力的检定及其现状的掌握，十分重要。

3.1.2.3 提高旧桥的承载能力与通过能力

对于中小型道路桥梁，若地基可靠，墩台承载能力足够则可以在不加筑基础的情况下，对桥台、桥墩进行拓宽加固，从而增加桥面行车道的宽度，达到提高车辆通过能力的目的。对于原设计荷载等级较低，不能满足通行重车的桥梁，可根据实际情况，采用各种加固方法对旧桥加以改造。通过改造，使原有桥梁承载能力得到提高。

我国的旧桥技术改造工作，历来受到交通部门的重视。许多旧桥经过维修加固，提高了桥梁的承载能力和通过能力。这方面的实例很多，将给我们以有益的启示，现简要介绍以下几例：

(1) 兰州黄河桥的维修加固：我国1954年在维持交通的情况下对兰州黄河桥进行了维修加固。兰州黄河桥，是德国洋行于1909年建成的，桥型是五跨50m钢桁架，载重8t，仅可通过骡马大车。该桥年久失修，锈蚀严重。维修时，用预应力钢筋与混凝土围箍桥墩，在桁架上加曲上弦杆，桥面铺沥青混凝土。经过维修加固，使该桥的承载能力大大提高，至今20t重车通行无阻，如图3-1-1所示。

(2) 古代桥梁的拓宽加固：我国许多古代桥梁经拓宽桥面、加固改建后，其承载能力或通过能力得到了较大的提高。如苏州阎桥，利用老桥基础，进行拓宽加固。拓宽情况见图1-2所示，在老桥台北端各打管桩一根，南端各打管桩两根，作成排架，在其上浇筑混凝土盖梁，另预制安装双悬臂T形梁，南两根，北一根。

又例如成都市的十二烈士桥，是在老桥边上另建新桥加栏杆，使其与原桥组成一体，从而也使桥梁得到加宽。其加宽情况见图3-1-2所示。

(3) 近几年来旧桥的加固改造：近年来，由于对旧桥改造工作的日益重视，使旧桥改造的实例增多。如广东省及云南省的几座桥梁通过在构件受拉区或薄弱部位，用环氧树脂系列粘结剂粘贴钢板的加固措施，使钢板与结构形成一整体，从而达到代替钢筋的目的，使桥梁承载能力得到提高。

图 3-1-1　兰州黄河桥加固前后示意图
(a) 加固前；(b) 加固后

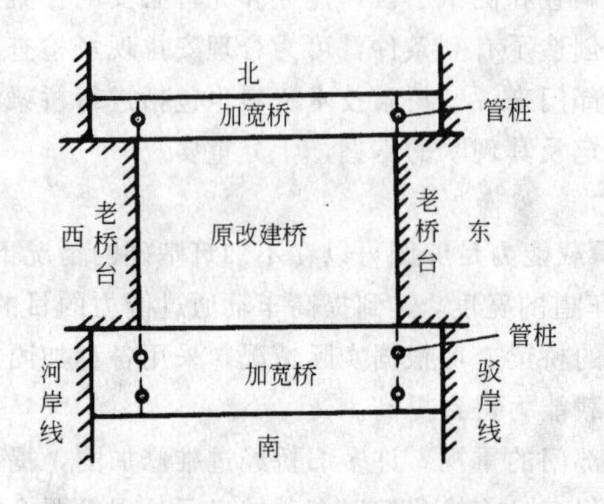

图 3-1-2　苏州闾桥拓宽加固示意图

图 3-1-3　成都十二烈士桥加宽情况示意图

又如江西省采用桥面补强层加固法，加固了三座桥，使桥梁的承载能力从汽—13、拖—60 提高到汽车—20 级、挂车—100。江苏六合县的一座桥梁，通过加设大边梁，使桥梁的承载能力提高了 44%。山东的一座桥，为满足大件运输的需要，采用在梁下设八字斜撑的加固方法，从而保证了超重车辆的通过。上海市对 T 梁桥采取了钢索或槽钢预应力体外加固法，对双曲拱桥采用钢杆拉结降低拱脚水平推力等措施，提高了承载力，确保了超重车辆的安全过桥。

3.1.3　桥梁维修加固的内容

3.1.3.1　桥梁养护维修中的常见病害

长时期以来，在道路桥梁的养护维修过程中，将遇到不少病害，其中最常见的病害可概括为以下几点。

(1) 桥面不平、不洁：

1) 由于缺乏经常性的维修养护，在车辆轮胎的不断作用下，许多桥梁的桥面板易产生破坏，特别对于使用数十年以上的旧桥，或用沥青材料铺装的桥面最易遭到损坏。

2）桥面不平整对行车的影响，轻则使行车有轻微颠簸，重则产生跳车，以至不得不低速行驶。在简支梁的梁端接头处和挂梁的悬臂梁挂梁支点处的填缝材料，由于缺乏养护而产生脱落，且遭受车轮的磨耗，从而出现较大沟槽，这是引起跳车的主要原因。

3）当车辆经过跳车处时，即会引起临近梁段的严重振动，从而增加构件的疲劳。对此如不及时改善，势必将缩短桥梁的使用寿命。

4）桥面上因长期无人清扫、整理，所以桥面不清洁，泄水孔堵塞，这一问题在许多中、小型桥梁中普遍存在。

5）桥面上不清洁往往体现在护轮带下积存垃圾、泥土污物形成三角形硬块，造成泄水孔被堵塞，下雨时桥面产生积水，车辆过桥时泥浆飞溅，影响行车通过。

(2) 桥面栏杆破损不完整：

1）桥面栏杆损坏后，没有及时维修恢复，在许多失养的道路线上都能看到。

2）造成桥面栏杆局部损坏的原因，绝大多数是机动车交通事故造成的；部分桥梁是载重大卡车载长大笨重（如水泥电柱等）货物在桥梁上行驶时不慎碰坏的；少数桥梁的栏杆是人为碰损或盗窃所致。

3）桥梁栏杆损坏，如不及时修整，不但影响景观，最重要的是使桥上交通缺少安全感。

(3) 桥头产生跳车：

1）由于桥头引道高填土产生不均匀沉降，致使许多桥梁桥面与引道路面衔接处不够平整、顺适，从而使车辆驶过桥头时，产生轻微或严重跳车。

2）桥头跳车不但影响车速，降低行车质量，而且为司机、乘客所厌恶；长期不消灭跳车现象，也会影响桥梁使用寿命；严重的跳车甚至引起汽车弹簧钢板振断事故。

(4) 桥梁构件小坏不修：

1）桥梁构件由于施工或交付使用后出现的空洞、裂缝、沉陷、变位等毛病在日常维修养护中缺乏经常检查与及时维修，致使钢筋锈蚀，小裂缝发展成大裂缝，活动支座失去活动能力，混凝土发生脱落现象等等。

2）对桥梁的下部墩台、锥坡、护岸、上部物件的背面极少巡视查看，因此发生问题也不能及时发现，汛期抗洪能力极差，易遭水毁，所以有的桥梁“小病不治酿成大病”。

(5) 桥孔通水不畅，通航净空不足：

1）不少中小桥的桥孔水流不畅，桥孔附近河床淤塞。位于城镇郊区和工厂附近的桥梁，由于排放大量生活污水和工业废水，使桥孔淤塞更为严重。

2）桥孔淤塞后，在日常维修养护工作中又没有适时地清理疏导河道；汛前也很少做这种泄洪准备工作。因此汛期一到，桥孔泄洪能力差，不该水毁的桥梁也会被洪水冲垮。

(6) 桥梁承载能力不足、危桥情况不明：

1）现有道路上的桥梁是在不同的时期按不同的技术标准修建的，因此其承载力显然不同。特别是对于建国前建造的桥梁，其标准与现有通行车辆轴重不相适应，显得过低。加上近年来，由于超重车辆越来越多，对桥梁承载能力的要求也就越来越高。桥梁承载能力不足是当前桥梁维修加固工作中的主要问题。

2）对一些确实承载能力过低，或遭受严重破坏，已不能正常发挥作用的桥梁，其承载能力受到限制，可定为“危桥”，对车辆通行加以限制。然而往往对这部分“危桥”缺乏必要的调查研究，对危桥危到什么程度，能通过多大重量的车辆不甚明确。

(7) 路宽桥窄，形成“瓶颈”，影响通过能力：许多桥梁由于建造年限较长，标准较低，桥面窄小。在公路路线的维修改建中，往往路面拓宽后，而桥梁又没有相应拓宽改建，形成“瓶颈”，既影响通过能力，又增加行车的危险性。

(8) 桥梁荷载标准不明，以致产生错误和混乱：桥梁两端往往必须设置荷载标志，特别是对于交通繁忙、常有大件运输的干线道路上的某些桥梁，应设置限制载重标志，以提醒过桥车辆司机注意。然而一些桥梁由于年久失修，资料丢失，或资料虽齐全，但对设立标志不重视，所以在许多桥梁中没有按规定设立荷载标志。由于桥梁建造的年代不同，其荷载标准也不同，而且桥梁的设计荷载标准变化频繁，如果对桥梁技术档案资料不重视，则往往还会出现把桥梁荷载标准搞错或设置标志不明确的问题。

3.1.3.2　桥梁维修加固的主要内容

一、桥梁的养护维修工作

(1) 桥梁构造物的小修小养，这方面的工作内容有：

1) 保持构造物表面的清洁完整，防止表面的风化和及时修理风化部分。

2) 保持排水设备的良好状态，除掉排水管中堵塞的泥土，防止砌缝砂浆漏水和修理其浸蚀部分。

3) 经常检查各部分有无毛病发生，当发现圬工上有裂缝、小洞、剥落、缺角、钢筋外露等局部缺陷或表面损伤时，必须及时修理。

4) 保证伸缩缝装置能够自由活动，清除影响支座活动的阻障物。

5) 对木桥进行防腐，对钢梁涂防锈油漆等。

(2) 对桥梁结构物进行定期检查，并检定其实际安全承载能力，确定其损坏的程度：

1) 当发现桥梁结构产生异常或损坏时，要分析其产生的原因，判断损坏对结构使用的影响，说明维修加固的必要性，并对修补加固方法进行比较选择。

2) 发现异常时则必须及早维修，若损坏严重则必须在调查原桥的损坏程度、历史状况、现场具体条件、特点，现在及将来交通运输对桥梁宽度、设计荷载的要求，道路发展规划等等方面的资料后，对旧桥维修加固方案与部分或全部改建的方案进行经济比较，通过成本—效益分析，作出决策，选择最优方案。

(3) 超重车辆或履带车不得随意经过现有桥梁，必须经过公路管理部门的许可。因此，做好超重车辆或履带车过桥的管理工作，也是桥梁养护维修的一项不可缺少的工作内容。

(4) 对原有桥梁技术资料进行管理，建立和保存桥梁档案资料。技术资料的内容包括：工程地质和水文勘探资料，桥梁设计图纸，设计变更通知以及其他有关设计资料；桥梁施工的检查记录和隐蔽工程记录，质量事故处理记录，原材料、半成品和成品的出厂合格证和试验、化验报告，沉降观察记录、工程竣工图纸和其他有关施工文件；桥梁交付使用阶段的沉降观测记录，重要的检查和检定记录，大修和加固施工图纸和施工记录等。

二、桥梁的加固与改建工作

桥梁加固与改建工作的主要内容：对发生重大病害和不能满足运输要求的桥涵设备彻底进行整治加固、改善和更新。目的是恢复原有桥梁建筑物的整体使用效能和延长使用年限；提高原有桥梁建筑物的荷载等级和通过能力。桥梁加固与改建工作的主要内容有：

(1) 对旧桥上部构件进行加固，如图 3-1-1 所示的兰州黄河桥的上部在桁架上加曲上弦杆。

(2)对旧桥下部构件进行加固，如图 3-1-1 所示的兰州黄河桥的下部桥墩加钢筋混凝土围箍。

(3) 拓宽桥梁的行车道或人行道，如图 3-1-2 所示的苏州阊桥的人行道加宽。

(4) 升高桥梁上部构造的高度，如图 3-1-1 所示的兰州黄河桥。

(5) 更换桥梁行车道路面或引桥路面的结构。

(6) 部分或全部更换桥梁损坏或破旧了的结构物。

桥梁的加固与改建工作，应充分利用原有的部分，凡能加固的，则不宜改建。如能部分改建的，则不应全部改建。

3.1.3.3 桥梁维修加固的基本步骤

对旧的桥梁需要进行维修与加固时，一般可按如下的基本步骤进行：

(1) 认真仔细地对桥梁的现有状况及损坏的程度情况进行检查。

(2) 详细调查该桥梁历史技术资料及现有的交通状况。

(3) 对该桥梁提出维修加固或改建的方案，并进行多方案的分析与比较，择优选用其方案。

(4) 一旦确定了维修加固方案就实施，即进行维修加固或改建施工的工作。

旧桥维修加固或改建的基本步骤流程图见图 3-1-4 所示。

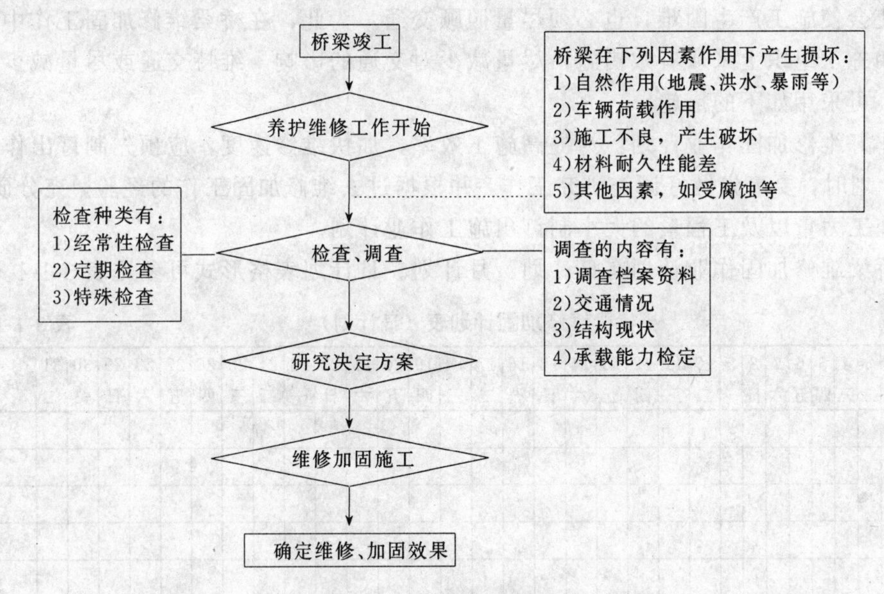

图 3-1-4 桥梁维修加固的流程框图

3.1.3.4 桥梁维修加固的常用方法

各级道桥管理部门为了提高旧桥梁的承载能力和通行能力，延长其使用寿命，纷纷采用各种行之有效的方法对旧桥进行维修与加固措施。对旧桥维修加固的措施很多，下面简要介绍几种：

(1) 桥梁上部结构维修加固的方法主要有：压力灌浆法、喷射砂浆法、桥面补强层加固法、梁下部截面增强法、填缝法、钢板粘结法、增设纵梁法、改变结构体系加固法、预应力加固法、更换部分或全部主梁法等。

压力灌浆法、喷砂浆法和填缝法一般用于混凝土或砖石圬工构件的裂缝及表面缺陷的修补，而其余加固、补强措施则用于提高现有桥梁的承载能力和通过能力。

（2）下部构造的常用维修加固方法

桥梁下部构造的维修加固，要根据旧桥损坏情况及存在的问题，分别采用不同的方法，进行维修加固常用的方法有：扩大基础加固法、加桩法（打入桩或就地灌注水泥混凝土桩）、抛石法、旋喷法、砂桩法、减轻荷载法、支撑法或加宽加厚法（处理墩台变位）、用钢筋混凝土套箍（或护套）加固墩台等。

3.1.4 桥梁维修加固的特点

一、维修加固的标准与设计时所采用的标准往往会有不同

由于旧有建筑物的存在，以及未来使用年限要求的不同，桥梁加固或改建的标准不可能与设计时所采用的标准完全相同。比如，旧桥的荷载等级假设是汽车—13级，而经加固后，其荷载等级可能会提高。故应在保证行车安全的前提下，根据使用要求和耐久性要求的具体情况，正确地掌握和提出加固或改建的有关标准要求。

二、维修加固工作的难度要比新建时大

维修加固桥梁建筑物的工作必须在不妨碍交通的条件下进行，因此，往往会增加不少困难。即使会使施工产生困难，也必须尽量照顾交通。为此，在桥梁维修加固工作中，应从设计上和施工组织上采取有效措施，尽量减少对交通的影响。维持交通或尽量减少对交通的影响，可采用如下的措施。

（1）作好维修加固作业计划：为提高施工效率，加快维修速度，应预先制订出作业计划。制定计划时，要事先做好调查研究工作，并根据过去维修加固工作的经验，充分研讨，然后按照施工力量以及工程量的大小制订出施工作业计划。

常用桥梁维修加固作业计划有日计划、月计划。日计划表格形式可参见表3-1-1。

桥梁维修加固计划表（日计划）　　**表3-1-1**

维修加固内容	1 日	2 一	3 二	4 三	5 四	6 五	7 六	8 日	9 一	10 二	11 三	12 四	13 五	14 六	15 日	16 一	17 二	18 三	19 四	20 五	21 六	22 日	23 一	24 二	25 三	26 四	27 五	28 六	29 日	30 一	31 二	备注

施工年月：________

(2) 采取半边施工半边维持交通，即间断通车的措施。采用此法维持交通时，施工都应尽可能安排在交通量较少（如夜间）的时候进行。图 3-1-5 所示为对旧桥桥面进行维修时，为维持交通而采取的施工措施示意图。

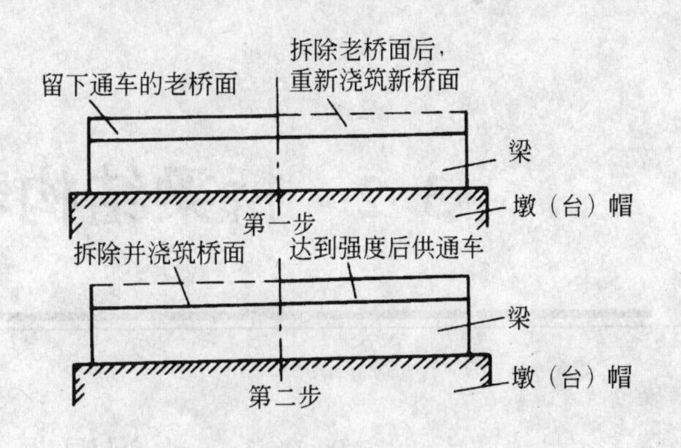

图 3-1-5 间断通车改建桥面施工示意图

(3) 搭设便桥维持交通。这种方式由于费工费时，并增大费用，因此只有在现场条件困难，非常必要时才采用。

(4) 利用绕道通行，设立交通标志的方法维持交通。

(5) 桥梁的维修加固工作应充分利用原有结构：桥梁的维修加固，应在对原结构作周密、细致检查评定的基础上，合理利用原有结构，能不更换原有结构的就不更换，能充分利用旧桥的，要充分利用。

(6) 桥梁维修加固工作比起新建桥梁来有更好的经济效果：桥梁在营运使用过程中，或者由于某种原因而产生较大损坏，承载能力降低；或者，随着交通运输的日益繁忙，桥梁承载能力和通过能力不能满足要求。解决旧桥承载能力和通过能力不足的问题，通常有两种方案可供选择：一是拆除旧桥后重建新桥的重建法和换下全部旧桥主梁，架设荷载等级高的新梁的换梁法，另一种即系采用各种加固措施，或除采取加固措施外，同时对旧桥加以拓宽的加固法。前者施工费时、费力，且造价较高，后者所需费用节约很多，一般仅为建造新桥的 1/10 至 3/10。可见，采用维修加固提高桥梁承载能力和通过能力，是提高现有桥梁经济效益，节省投资减少人力、物力的重要途径。

(7) 桥梁维修加固施工更要注意安全：桥梁维修加固施工是在荷载存在情况下进行的，因此必须保证施工每一阶段结构的安全。特别是混凝土的修理、凿毛和破坏作业拆换部分受力构件，在桥梁上施加新的施工荷载等，都使结构受力条件发生变化，均应作出分析评定。必要时，在施工中要加强观测，并采取有效的安全措施等。

(8) 桥梁维修加固方法很多是新的施工工艺：由于桥梁维修加固工作是一项新近出现的技术，许多施工工艺是全新的，因此，其工艺的可靠性、可行性、合理性、耐久性等必须经过反复的科学试验和实践论证且需经受时间的考验。只有在车辆的反复作用下，才能充分验证是否获得了预期成效。通过大量实践，进一步探求其规律，为改进新工艺奠定基础。

3.2 桥梁结构表层的维修技术

3.2.1 水泥混凝土桥梁结构的缺陷

3.2.1.1 水泥混凝土桥梁结构缺陷的类型

（1）混凝土桥梁结构，往往由于设计考虑不周、施工不当、养护管理不善以及混凝土本身老化等方面的因素，致使结构引起不同程度的缺陷。

（2）在混凝土桥梁结构所发生的各种缺陷中，根据其结构类型、构造形式、使用条件、缺陷发生部位和形式的不同，一般可分为表层缺陷和内部缺陷两类：

1）表层缺陷主要有：蜂窝，麻面、露筋、孔洞、层隙、磨损、表面腐蚀、老化、剥落、表面裂缝、掉角、模板走样、接缝不平、构件变形等。

2）内部隐蔽缺陷主要有：混凝土的强度等级、抗渗等级、抗冻等级不足，内部空洞和蜂窝，钢筋的型号、数量、位置不对，焊接质量不良，混凝土保护层不足，钢筋的锈蚀等。

（3）混凝土表层或内部存在的蜂窝、孔洞和层隙等缺陷往往是由于施工不当所造成。主要表现：

1）蜂窝是指混凝土构件中，粗骨料颗粒之间砂浆没有填满而存有的空隙。

2）孔洞或空洞是指表层或内部混凝土中，由于混合料浇筑过程中缺乏振捣或模板严重漏浆而导致骨料和砂浆未能充填所形成的洞穴。

3）层隙则是指混凝土中处理不当的施工缝、温度缝和收缩缝以及混凝土内因外来杂物而造成的偶然性夹层。

（4）混凝土表层磨损、腐蚀、老化、剥落等，则是构件在使用中所出现的缺陷。主要表现：

1）表层磨损是指构件在外界作用下骨料和砂浆的磨损脱落现象。

2）腐蚀老化是指混凝土表面或整体上出现的因物理、化学性质变化而形成的损坏现象。

3）剥落则是指混凝土表面的砂浆脱落、粗骨料外露的现象，如果严重时则形成骨料及包着骨料的砂浆脱落。

3.2.1.2 水泥混凝土桥梁结构缺陷产生的原因

（1）水泥混凝土桥梁表层缺陷产生的原因。引起水泥混凝土桥梁结构表层缺陷的原因是多方面的，除了设计、施工（包括水泥混凝土混合料的配比、操作等）可能产生的缺陷外，还有使用不当以及养护维修不善等所形成的缺陷。对于水泥混凝土桥梁表层的裂缝及维修方法将在本手册的 [3.3.1] 中介绍。现将常见的水泥混凝土桥梁结构的各种表层缺陷的产生及原因列于表 3-2-1 中。

水泥混凝土桥梁结构表层缺陷的产生原因　表 3-2-1

序号	缺陷名称	常见发生部位	产生原因
1	蜂窝	结构各部均可发生	1）施工不当所致。混凝土浇筑中缺乏应有的捣固；分层浇筑时违反操作规程，运输时混凝土产生离析；模板缝隙不严，水泥浆流失等 2）结构不合理，如配筋太密，且施工时采用混凝土粗骨料粒径太大，坍落度过小
2	露筋	结构各部均可发生	1）施工质量不好，如浇筑时钢筋保护层垫块位移，钢筋紧贴模板 2）保护层处混凝土漏振或振捣不实
3	麻面	结构各部均可发生	施工时采用模板表面不光滑，模板湿润又不够，致使构件表面混凝土内的水分被吸去
4	空洞	结构各部均可发生	结构上钢筋布置过密，施工时混凝土被卡住，又未充分振捣就继续浇筑上层混凝土，此外，严重漏浆亦能产生空洞
5	磨损	桥面及受到水流冲刷的墩桩	1）混凝土强度不足，表层细骨料太多 2）车轮磨耗 3）高速水流冲刷，水流中又挟有大量砂石等推移质或冰棱等票浮物
6	锈蚀、老化、剥落	结构各部均可发生	1）保护层太薄 2）结构出现裂缝，雨水浸入 3）钢筋锈蚀膨胀引起剥落 4）严寒地区冰冻及干湿交替循环作用 5）有侵蚀性水的化学侵蚀作用
7	表层成块脱落	桥面、栏杆、墩桩、主梁面	外界作用，如车辆撞击，船舶或其他坚硬物体的撞击
8	构件变形、接缝不平	主梁及墩台等部位	1）施工不善而造成（施工偏差） 2）荷载作用下形成的变形

（2）内部缺陷产生的原因：混凝土桥梁结构内部出现缺陷多数是由于设计、施工不当（钢筋过密、骨料过粗、振捣不实等等）或营运使用中各种外部因素所造成的：

1）设计不当还包括结构不合理、计算上出现差错以及图纸不完善等几个方面，由此而造成结构强度不足，稳定性不好，刚度不足。

2）施工不当则主要是指施工质量不好，施工中使用材料的规格与性能不符合要求，操作违反规程等。

3）营运使用中的外部因素主要是指交通流量的增加，运载重量的增大，地震、洪水、泥石流等自然灾害的影响，以及海水、污水的侵蚀作用。

3.2.1.3 水泥混凝土桥梁结构产生缺陷的危害

（1）水泥混凝土桥梁结构的表层缺陷虽不会引起塌桥等重大事故，但这并不意味着表层缺陷没有任何危害。对于混凝土结构，由于缺陷受外界各种因素的影响，加上长年累月地发生变化，往往会有扩大的危险性。例如，由于表层损坏，会使保护层减薄或钢筋外露，导致钢筋锈蚀，严重时就会削弱结构的强度和刚度，使建筑物遭到破坏。有些表层损坏还会向构件内部发展，造成混凝土强度降低，危及结构的安全使用，从而缩短桥梁结构的使用寿命。

（2）对于桥梁结构的表层缺陷应及时维修，以防其桥梁表层损坏的进一步扩大，避免桥梁发生更严重的破坏。以及危害到车辆的正常通行。

（3）结构内部缺陷的危害性更大，如混凝土强度不足，钢筋配置不符合设计要求，内部产生空洞等，都会直接危及结构的安全使用，严重的会造成结构的直接破坏。因此，对于这类缺陷，查清后就必须及时加以处理，或者进行修补加固，或者报废重新浇筑。

3.2.2 水泥混凝土桥梁结构表层缺陷的检查与修补材料

3.2.2.1 水泥混凝土桥梁表层缺陷的检查及分析

（1）表层缺陷的检查：当发现混凝土桥梁结构表层产生缺陷时，应对缺陷进行仔细的调查研究，进一步检查、观测其发展变化，以便区别情况，采取相应的处理措施。

1）实施修补前，应对要进行修补的结构物缺陷作实地踏勘，内容包括构造物的材料采样或原始资料的收集。同时，还要对缺陷形成的原因、现状、发展趋势等进行周密的调查研究，以确定缺陷的程度和性质。

2）了解量测构件的形状、施工截面、周围环境、影响因素及其特殊要求等，做好施工前的资料汇集、整理工作。

（2）表层缺陷的分析：

1）分析缺陷应收集下列资料：

①缺陷部位、位置、形式、走向、深度、宽度（或面积）及产生时间；

②构件施工日期，施工记录，原材料组成、物理力学性能等；

③使用情况，包括交通流量，养护措施、维修方法等；

④在特殊情况下，要弄清楚附近厂矿单位的工业废水与废气对环境的污染情况。

2）根据结构受力状况、缺陷产生原因与发展趋势来分析缺陷对结构影响的严重程度。缺陷的存在可能使结构功能受到一定程度的损失和削弱，且在继续发展；或者对结构功能暂时无多大影响、但影响外观；或介于上述两者之间。属于哪种情况必须经过分析确定。

3）修补方案的确定，应在分析比较的基础上，慎重选择。方案一经确定，应认真做好各项有关的准备工作，并做好修补施工计划。

3.2.2.2 水泥混凝土桥梁表层损坏废料的清除

（1）不管采用何种材料、何种方法对缺陷进行修补，都必须尽可能地把已损坏的混凝土除掉，直到露出完好的混凝土，并扩展到为除去钢筋上的铁锈所需要的范围。清除损坏混凝土的方法有如下几种类型：

1）人工凿除法：对于桥梁浅层或面积较小的损坏，一般可采用手工工具（如尖嘴铁鎯头或平口扁铁鎯头或凿子加鎯头等）凿除的方法。

2）气动工具凿除法：对于损坏面积较大桥梁且有一定深度的缺陷（如内部蜂窝、空洞缺陷），一般可采用气动工具（如风镐等）凿除。气动工具凿除后，对个别部位尚不能满足要求的，再用手工工具补凿，直到满足要求为止。

3）高速射水清除法：对于浅层且面积较大的缺陷，可用高速水流冲射法除去混凝土损坏部分。

(2) 高速射水是使用高压泵冲水清除混凝土破损处和钢筋上的铁锈。在经过清除的钢筋上很快会形成一层极薄的氧化铁薄膜，经验表明，这层薄膜不仅不会造成伤害，而且有助于保护钢筋。

(3) 高速喷射水流可以全部或几乎全部地冲去有缺陷的混凝土、钢筋上的锈蚀以及表面上微量的侵蚀性化学物。与上述两种方法相比较，射水法没有振动、噪声和灰尘。同时，清除工作完成后，混凝土表面干净湿润，这是接着做混凝土或砂浆修补层时获得良好粘结效果的最有利条件。

3.2.2.3 水泥混凝土桥梁表层缺陷修补常用的材料

为使混凝土桥梁结构在修补后能够坚固耐久，用于修补的材料范围是很有限的。应用最多的材料是与原结构相同的水泥混凝土和水泥砂浆，其水泥和骨料的品种则应力求与原来混凝土的材料品种相同。

(1) 混凝土材料可采用与原来级配相同的混凝土，也可采用比原混凝土强度等级高一级的细石混凝土。一般说来，修补用的混凝土的技术指标不得低于原混凝土，所用水泥不得低于原混凝土的水泥强度等级，一般采用强度32.5级以上的普通硅酸盐水泥为宜，水灰比应尽量选用较小值，并通过试验确定。为了提高修补混凝土的和易性，亦可加入适量的减水剂。

(2) 水泥砂浆材料最好采用与原混凝土同品种的新鲜水泥拌制的水泥砂浆。砂浆的配合比一般要通过试验求得。水泥砂浆的修补，可用人工涂沫填压的方法，也可用喷浆修补的方法。

(3) 混凝土胶粘剂，这是一种近年来研究成功的混凝土胶结材料。该材料可根据不同要求拌制成净浆、砂浆及混凝土几种形式，并分别采用表面封涂、灌浆、粘结、浇筑等方法对缺陷进行修补。表3-2-2是上海市市政工程研究所和上海市公路管理处桥梁预制厂共同研制的SC-1型胶粘剂的常用配合比，实践表明，用于桥梁结构等的修补，效果显著。

SC-1型混凝土胶粘剂参考配合比 表3-2-2

型式	矿粉	胶液	黄砂	碎石	固化剂	膨胀剂
净浆	1	0.5～0.6			0.1	0.01
砂浆	1	0.8～1	2		0.1	0.01
混凝土	1	0.9～1.1	1	1.3～2	0.1	0.01

注：(1) 胶液可用硅酸钠（波美度51°～49°）（俗称水玻璃或称泡花碱）；
(2) 固化剂可用氟硅酸钠（工业纯或化学纯）。

(4) 环氧树脂类有机粘结材料环氧树脂类材料用于混凝土结构表层缺陷修补的有环氧胶液、环氧砂浆、环氧混凝土等。由于环氧材料的价格比其他材料昂贵，施工工艺较为复杂，因此，只有在修补质量要求较高的部位，或当其他材料无法满足要求时，才考虑使用。

1) 环氧类材料的主剂是环氧树脂。环氧树脂是一种线型高分子化合物，是大多数塑料的基本成分，通常是呈黄色至青铜色的黏液体或固体。常用的环氧树脂牌号及主要性能见表3-2-3所列。

2) 环氧树脂必须加入硬化剂，经室温放置或加热处理后才能成为不溶的固体。常用的硬化剂如表3-2-4所示。

3）环氧树脂如仅加入硬化剂，硬化后脆性较大，因此要加入增塑剂以提高韧性和抗冲击强度。常用的增塑剂如表 3-2-5 所示。

4）用环氧树脂配制胶粘剂，为了降低树脂的黏度，提高树脂的渗透力并延长使用时间，还须加入稀释剂。最常用的稀释剂有 690 号活性溶剂（环氧丙烷苯基醚）、甲苯、丙酮和无水乙醇。

几种国产常用的环氧树脂　　表 3-2-3

序号	产品牌号	化工部统一型号命名	软化点（℃）	环氧值（当量/100g）	主要用途
1	618	E-51	液态	0.48～0.54	粘合、浇注、层压、密封
2	6101	E-44	12～20	0.41～0.47	粘合、浇注、层压、密封
3	634	E-42	21～27	0.38～0.45	粘合、浇注、层压、密封
4	637	E-33	20～35	0.28～0.38	粘合、浇注、层压、密封
5	638	E-28	40～55	0.23～0.33	主要用于浇柱
6	601	E-20	64～75	0.18～0.22	固体、软化点高，用胺类硬化剂、供制涂料

常用的硬化剂　　表 3-2-4

序号	类别	产品名称	用量（%）（以环氧树脂量为 100）	硬化条件
1	胺类	乙二胺（EDA）（95%纯度）	6～8	室温下，24h
2	酸酐类	间苯二胺（MPDA）	14～15	加热至 150℃，保温 2h
		邻苯二甲酸酐（PA）	35～40	加热至 150℃，保温 4h
		顺丁烯二酸酐（MA）	30～40	加热至 150℃，保温 4h
3	高分子类	聚酰胺树脂	100	室温下 2～3 天或加热至 150℃，保温 2h
		酚醛树脂	30～40	加热至 150℃，保温 4h

常用的增塑剂　　表 3-2-5

序号	产品名称	分子量	材料性状	用量（%）（以环氧树脂重为 100）
1	邻苯二甲酸二丁酯	272	无色油状液态	15～20
2	邻苯二甲酸二辛酯	390	无色油液态	15～20
3	磷酸三苯酯	323	液体、耐寒性较差	15～20
4	聚酰胺树脂	600～1000	黄色至褐色高黏度液体	60～300

为降低环氧树脂粘结材料的膨胀系数、收缩率和放热温度，增大其导热率，提高其粘结力、硬度和冲击性等，在粘结料中还须加入填充料。常用的填充料有石英粉、水泥、石棉纤维等。此外，根据需要还可掺入洁净、干燥的砂和石子。

采用乙二胺及间苯二胺作为硬化剂配制环氧砂浆的配料程序分别参见图 3-2-1 和图 3-2-2所示。

常用的各种环氧树脂高分子粘结材料的配方及适用范围列于表 3-2-6 中。

几种用于混凝土缺陷的环氧材料配比 表 3-2-6

序号	剂称	材料名称	配合比(按重量百分比计算)														
			氧胶液		环氧胶泥		环氧砂浆			环氧沥青砂浆			环氧混凝土		水下环氧砂浆		
			1	2	3	4	5	6	7	8	9	10	11	12	13	14	15
1	主剂	环氧树脂 E-44(610*)	100	100	100	100	100	100	100	100	100	100	100	100	100	100	100
2	硬化剂	乙二胺(EDA) 间苯二胺(NPDA) 酮亚胺水	16	6～8	15	10	15～17	10	12	10～12	12	12	15～17	8～10	3 30 20	3 30 15	20 5
3	增塑剂	邻苯二甲酸二丁脂 304 号聚酯树脂	20～30	10～20	30	20～25	20～30	10～15	10	10	10	10	30	20	5	—	—
4	稀释剂	690 号活性溶剂 甲苯 丙酮	15～20 0～5	—	15～20 0～5	—	—	15～20	10～15	—	—	10	15～20	20	—	—	—
5	填充料	石英粉 细砂 水泥 煤沥青 石棉纤维 石子	—	—	70	400	100～200 400～600	450 150	150 550	450 150 20	200 100 20 10	450 150 50 15	100～150 300～400 500～700	375 125 适量	300 200	300 200	300 200

注：(1) 表中第 1、2 两种配比的环氧基液，适于一般做新老混凝土的结合剂。

(2) 第 3、4、5、6、7 五种配比适用于一般混凝土表层缺陷及裂缝的修补工程。

(3) 第 6、8、9、10 四种配比适用于潮湿环境内的混凝土缺陷及裂缝的修补工程。

(4) 第 11、12 两种配比适用于一般混凝土的表层缺陷的修补工程。

(5) 第 13、14、15 三种配比适宜用于混凝土表层缺陷及裂缝的水下修补工程。

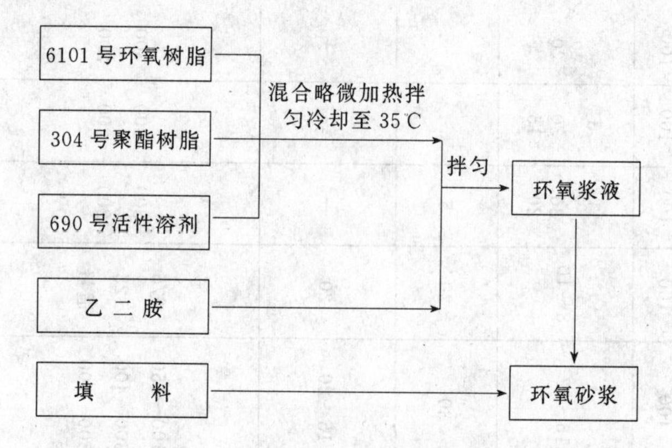

图 3-2-1　加入乙二胺硬化剂配制环氧砂浆的配料程序

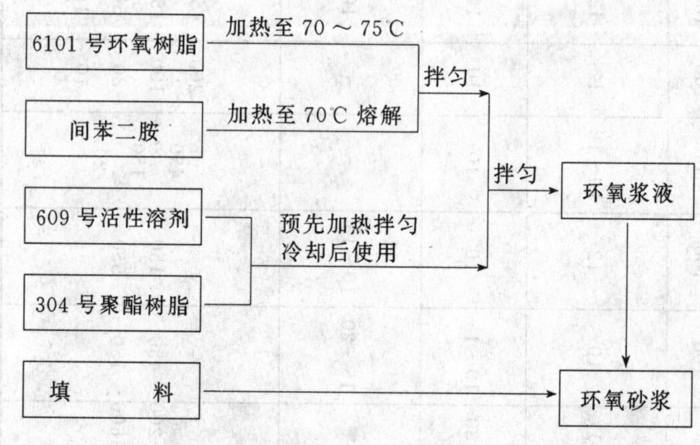

图 3-2-2　加入间苯二胺硬化剂配制环氧砂浆的配料程序

3.2.3　水泥混凝土桥梁结构表层维修的方法

3.2.3.1　水泥混凝土的修补法

对于混凝土桥梁结构中出现的蜂窝、空洞以及较大范围的破损等缺陷，一般可采用新鲜混凝土进行修补。用于修补的混凝土，要级配良好，并须特别注意保证具有良好的和易性，以减少捣实工作的困难。

(1) 为了浇筑工作的顺利进行，应把构件中的蜂窝或空洞缺陷部分尽可能凿除。同时，还要对混凝土修补部位进行凿毛处理，并使老混凝土表面保持湿润、清洁、不沾尘土。为了保证新老混凝土之间能良好的粘结，最好的办法是，在完成上面工作后，马上在钢筋和其周围的混凝土上涂抹一层水泥浆液或其他胶粘剂，如 1∶0.4 的铝粉水泥浆液、1∶1 的铝粉砂浆、环氧胶液等。浆液应仔细地刷进混凝土内并均匀地刷到钢筋上。刷浆的目的是在钢筋周围造成一种强碱性环境，以增强老混凝土与新混凝土之间的粘结。同时，在这些浆液涂抹后尚未凝固时，即可立即浇筑上新的混凝土。

(2) 混凝土的修补法一般有直接浇筑、喷射及压浆（预填粗骨料，然后灌入水泥砂浆）等几种方法。面积较大的修补工作，混凝土浇筑前还应立上模板，以保证修补的外观质量。同时，在混凝土浇筑以后应注意尽可能地捣实。图 3-2-3 为混凝土构件中产生蜂窝的修补示意。

(3) 当混凝土修补完成后，对新老工程之间周边的接缝，应在尽可能晚的时候加以封闭。在新老混凝土接缝表面各15cm宽的范围内必须用钢丝刷将所有软弱的浮浆除去，而后再刷净尘土，涂抹两层封闭浆液。浆液可以是环氧树脂浆液，也可以是前面所讲的铝粉水泥浆液。涂抹时，涂第二层的方向应与第一层相垂直。

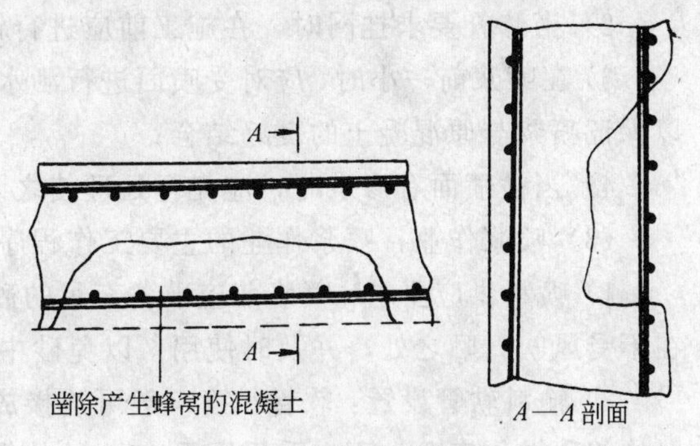

图 3-2-3 混凝土构件中产生蜂窝的修补

(4) 当修补工作全部结束后，对修补部分还要加强养护，养护的方法与通常的水泥混凝土的养护方法相同。

3.2.3.2 水泥砂浆的修补法

一、水泥砂浆人工涂抹法

对于桥面小面积的缺陷，特别是当被损坏的深度不大时，采用水泥砂浆涂抹修补常常能获得满意的效果。

(1) 该法的修补工艺也较简单，先做好准备工作，准备工作的内容如前节所述。准备工作做好后，即可将拌合好的砂浆用铁抹抹到修补部位，反复压光后，按普通混凝土要求进行养护。当修补部位深度较大时，可在水泥砂浆中掺入适量的砾料，以增强砂浆强度和减少砂浆干缩。

(2) 用砂浆修补时必须特别注意加强压实这道工序。因为只有用抹子施加较大的压力，才能使砂浆经过养护硬化和干燥后不致出现凹陷。在这类修补工作中是不允许有凹陷发生的。

(3) 一般情况下，在修补工作完成后一个月左右，常会发现在新补上的砂浆四周产生细发丝裂缝。这是一些收缩裂缝，如不采取措施加以封闭，水分和空气又会侵入到构件内部去，经过一段时间，也许几年以后，这些裂缝将渐趋加宽，水分就会进一步获得通至钢筋的途径，锈蚀和散裂必将重新发生。为此，谨慎的做法是在新补上的区域周围再涂上两层如前所述的环氧树脂胶液或铝粉水泥浆液、或其他胶粘剂。

二、水泥混凝土的喷浆修补法

喷浆修补法是指将水泥、砂和水的混合料，经高压通过喷嘴喷射到修补部位的一种修补方法。此法主要适用于重要混凝土结构物或大面积的混凝土表面缺陷和破损的修补。

(1) 喷浆法的特点：喷浆用于混凝土修补工程具有下列特点：

1) 可以采用较小的水灰比，较多的水泥，从而获得较高的强度和密实度。

2) 喷射的砂浆层与受喷面之间，具有较高的粘结强度，耐久性较好。

3) 工艺简单，工效较高。

4) 材料消耗较多，当喷浆层较薄或不均匀时，干缩率大，容易发生裂缝。

(2) 喷浆准备：为了保证喷浆层能与受喷面的老混凝土面粘结牢固，达到预期的修补效果，喷浆前应做好以下准备工作：

1) 对老混凝土进行凿毛处理，并将表面清理干净。同时，凿毛面应有一定的深度，但凹凸过大时，则使表面各处在喷浆时所经受的压力不均匀，会影响其与老混凝土的粘结；

2）当修补要求挂网时，在施工前应进行钢筋网的制作和安装并将其位置固定；

3）在喷浆前一小时，应对受喷面进行洒水处理，使之保持湿润状态、但又无水珠存在，以保证喷浆与原混凝土的良好结合；

4）当被喷面有渗水时，应先行处理使之阴干，以保证粘结良好。

（3）喷浆作业：喷浆作业的主要工作程序如下：

1）喷料供应要求：喷浆前应准备充足的砂子和水泥。浆砂子和水泥均匀拌合后，保存在不受风吹日晒之处，并及时使用，以免砂中的水分和水泥起水化作用而结成硬块。

2）输料软管设置：软管长度一般可连接成25～70m。最大升高不宜超过10m。为了出料均匀和操作安全，不宜采用短于15m的软管。

3）气压和水压的选择：喷浆工作压力应控制在0.25～0.40MPa的范围内，一般可根据输料软管的长度和上升高度而调整。

4）喷头操作：喷枪头与受喷面之间应保持适当的距离，距离过大或过小都会增加回弹量。距离的大小可视压力而定，一般要求为80～120cm。喷头对受喷面的方向，一般也应垂直，以使喷射物集中，减少回弹物，增强粘结力。

5）喷层厚度控制：为避免砂浆流淌或因自重而坠落等现象发生，当喷射层要求较厚时，一般须分层喷射。

①为确保每个喷射层之间的粘结，在第一层没有完全凝固时即可开始第二层的喷射。

②同时，在各层喷射前，最好将前一层洒水润湿。当气温在5℃以上时，每层间歇时间以2～3h为好。

③当前一层已凝固时，则应在保证砂浆表面不被振动和沾污的情况下，用钢丝刷或竹刷轻轻将层间松砂刷除，以使层间结合良好。

④喷射时对喷射层表面加以自然整平，有利于美观，受力和耐久。然而进一步追加整平对喷射层的结构是有害的。对喷射层表面有较高的美观要求时，追加的整平工作可在初凝之前使用靠尺、铁皮或抹子刮平，然后再采取人工抹灰或再另外喷一层5～7mm厚的装饰层。

6）喷射层的养护，对于厚度很薄的干硬性砂浆喷射层，使其处于通风干燥条件下是十分重要的。否则易于产生收缩裂缝，影响修补质量。在夏日阳光直射之处，应采取遮阳措施或加强洒水养护。第一次洒水养护，一般应在喷射后1～2h后进行，以后洒水养护，应以保持表面湿润为度，养护期为1～2周。

由于喷射层通常很薄，因而在养护期内不能遭受雨打、波浪冲击、强烈振动以及重物撞击等，以免造成损坏。

3.2.3.3 混凝土胶粘剂的修补法

一、表面封涂修补法

对水泥混凝土桥梁结构表面的风化、剥落、露筋及小面积的破损，一般可采用混凝土胶粘剂表面封涂的方法进行修补，其效果比较理想。

（1）人工表面封涂施工工艺　人工表面封涂修补的施工工艺，如图3-2-4所示。

（2）人工封涂注意事项　人工封涂法修补时，应由低向高，由内向外填抹，并保证在封涂缺陷的周围有2cm粘附面，封涂层的厚度一般不小于2.5cm为宜。

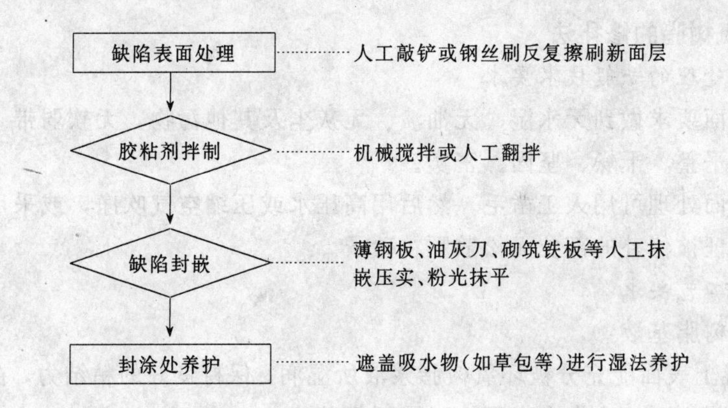

图 3-2-4 混凝土胶粘剂表面封涂修补工艺流程框图

二、浇筑涂层修补法

当水泥混凝土桥面的结构物破坏较大且深入构造内一定深度时，可采用混凝土胶粘剂浇筑层的方法加以修补。

(1) 浇筑操作步骤 混凝土胶粘剂浇筑修补的操作步骤参见框图 3-2-5 所示。

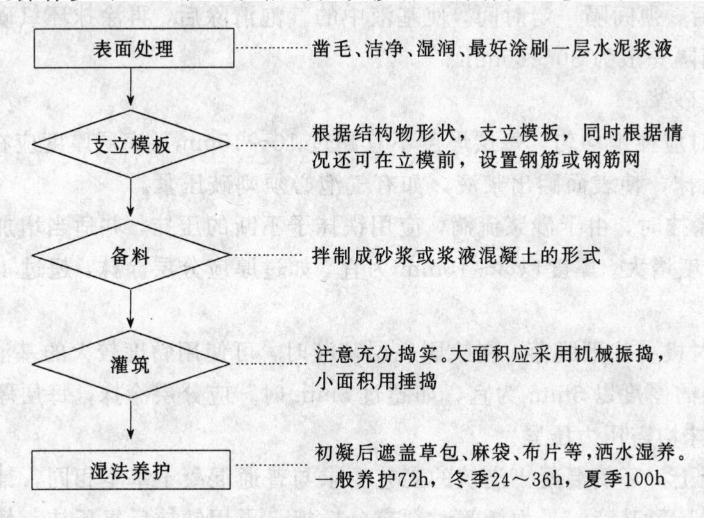

图 3-2-5 混凝土胶粘剂浇筑涂层修补的流程框图

(2) 操作注意事项：

1) 施工操作时，应避免荷载或重力振动等干扰，当实施有困难时，应尽量减少影响，如半开放交通等。主梁及其他重要部位的修补，须使修补部位强度达到原结构强度的100%时，方可承受荷载、振动等。有支模的，其拆模时间亦应满足本条强度要求。

2) 修补混凝土路面结构部位，无论是早期、中期都应避免高温（>60℃）影响，更不能与火接近。

3) 如若在雨季施工应采取遮盖措施，避免表面起砂，影响修补质量。

4) 除上述要求外，要注意所采用的混凝土胶粘剂的种类及其固有特性与使用要求，以确保操作质量。

3.2.3.4 环氧树脂的修补法

一、修补表面处理的一般技术要求

(1) 混凝土表面要求做到无水湿、无油渍、无灰尘及其他污物，无软弱带。对混凝土面加以凿毛，保持平整、干燥、坚固、密实。

(2) 混凝土表面处理可用人工凿毛，然后用高压水或压缩空气吹净，或采用风砂枪喷砂除净的方法，保证被修补的部位无松散颗粒砂子。

二、修补施工工艺要求

(1) 涂抹环氧树脂基液：

1) 为使老混凝土表面能充分被环氧树脂浆液所湿润，保持良好的粘结力，在涂抹环氧砂浆或浇灌环氧混凝土时，应先在表面涂一层环氧基液。

2) 涂刷时，应力求薄而均匀，钢筋和凹凸不平等难于涂刷的部位，须特别注意，反复多刷几次。涂刷基液厚度，应不超过 1mm。

3) 涂刷方式，可用毛刷人工涂布，也可用喷枪喷射。为便于涂匀，还可在基液中加入少量丙酮 (3%～5%)。

4) 已涂刷基液的表面，应注意保护，严防杂物、灰尘落入其上。

5) 涂刷基液后，须间隔一定时间，使基液中的气泡清除后，再涂抹环氧砂浆或浇筑环氧混凝土。时间间隔一般为 30～60min。

(2) 涂抹环氧砂浆：

1) 平面涂抹时应摊铺均匀，每层厚度不宜超过 10～15mm，底层厚度应在 5～10mm，并用铁抹子反复压抹，使表面翻出浆液，如有气泡必须刺破压紧。

2) 斜、立面涂抹时，由于砂浆流淌，应用铁抹子不断的压抹，并适当增加砂浆内的填料，使环氧砂浆稠度增大。厚度以 5～10mm 为宜，如过厚应分层涂抹，超过 40mm 时最好立模浇筑。

3) 顶面涂抹时极易往下脱落，在涂刷底层基液时，可使用黏度较大的基液，并力求均匀。环氧砂浆涂层的厚度以 5mm 为宜，如超过 5mm 时，应分层涂抹，每层厚度可控制在 3～5mm，每次涂抹均需用力压紧。

(3) 浇筑混凝土：环氧混凝土浇筑的工艺要求与普通混凝土基本相同，铺筑时应注意防止扰动已涂刷的环氧基液。平面浇筑时须充分插捣，再用铁抹反复压抹；侧面及顶面浇筑时均须架立模板，并插捣密实。

(4) 环氧材料的养护：环氧砂浆的养护与水泥砂浆不同，最重要的是控制温度，夏季工作面向阳的，应设凉棚，避免阳光直接照射。冬季温度太低，应加温保暖。一般养护温度以 20±5℃为宜，养护温差不宜超过 5℃。养护时间，在夏季一般 2 天即可，冬季则须 7 天以上。养护期的前 3 天，不应有水浸泡或其他冲击。

三、修补施工注意事项

(1) 环氧材料每次的配制数量，应根据施工能力来确定，一般不宜超过 1～2kg，并要求尽可能做到随用随配。因环氧树脂自加入固化剂后，即开始化学反应，故配制好的环氧材料的使用时间有一定限制，一般在室温条件下，保存适当的环氧材料，可以使用 2h 左右。

(2) 已拌制好的环氧材料，必须分散堆放。切勿成桶或堆置，以免提前固化。配料时所用的器皿宜广口浅底，易于散热，并不断搅拌。

(3) 冬、夏季节，日温变化较大，涂抹、浇筑和养护环氧材料时，必须进行严格的温度控制，以防止温度变化时对环氧材料的施工质量产生不良影响。

(4) 环氧材料各组合成分，大都易于挥发，因此施工现场必须通风，避免有害气体对人体的不良影响。同时要严格注意防火和劳动保护，操作人员须戴口罩和橡皮手套。人体与环氧材料接触后，可用工业酒精、肥皂水与清水多次清洗，严禁用有机溶剂清洗，以免有机溶剂将环氧材料稀释，更易于渗入皮肤。

(5) 施工用具用后可用丙酮、甲苯、二甲苯等溶剂清洗。若环氧材料已结硬在工具上，可加热刮掉，但不能燃烧，以防产生有毒烟气，危害人体健康。

(6) 在施工过程中，不允许将用过的器具以及残液等随便抛弃或投入河中，以防水质污染和发生中毒事故。

3.2.4 砖石桥梁结构的表层损坏及维修

3.2.4.1 砖石桥梁结构的表层损坏原因

(1) 砖石桥梁结构是一种耐久性的结构物，但在不利的工作条件下，材料也会以不同的速度破坏，如砖石砌体经常处于潮湿状态，并遭受多次冻融后，其破坏一般由表面开始，表现在抹灰层、砌缝脱落，砌体表面麻面、起皮、起鼓、粉化、剥落等。

(2) 材料损坏逐渐向内发展，粉化和剥落的深度不断增加，亦可造成内部材料的变质、酥化，使强度降低。

(3) 砖石桥梁砌体由于构件受力不均，如基础的不均匀沉降，受热的不均匀等方面的影响，还会产生各种程度的裂缝。

(4) 除耐久性遭到破坏、产生裂缝外，由于砌体砌筑质量不佳或外界因素（如下雨下雪，河流高速水流冲刷等）影响，砌缝也会脱落，砌体局部会损坏。同时，在自然界各种破坏因素的长年综合作用下，砖石砌体还会产生风化损坏。

(5) 砖石砌体遭到各种情况的损坏后，对于保证桥梁结构的安全和使用寿命，将会产生大小不同的影响。为此，必须采取多种维护修理措施对其加以维修。

3.2.4.2 砖石桥梁结构表层损坏的维修方法

砖石桥梁结构表层损坏的维修，一般是指在桥梁结构强度和稳定性尚能满足安全要求的情况下，根据使用要求、美观要求和耐久性要求而进行的修理工作。常用的维修方法有勾缝、抹浆、喷浆、局部修补等。除裂缝的修补在本手册［3.3.1］中叙述外，其余分述如下。

(1) 勾缝修补：砖石砌体由于气候的影响、雨水的侵蚀以及砌缝材料质量欠佳或施工不良，最易造成砌缝砂浆的松散、脱落，这就需要重新进行勾缝修补。勾缝时，可用手凿或风动凿子凿去已破损的灰缝，深 30～50mm，用压力水彻底冲洗干净，然后用M10水泥砂浆重新勾缝。勾缝前用抹子把砂浆填入缝内，然后再用勾缝器压紧，切去飞边使其密实。勾缝最好做成凹形缝，因为凹形缝耐久性好，不易风化。片石砌筑物则可用平缝。常用勾（嵌）缝形式如图 3-2-6 所示。

桥台和护坡接触处一般常会出现离缝。如用砂浆勾缝不久又会裂开，故可用浸过沥青的麻筋填嵌，以防止雨水浸入。

(2) 抹浆或喷浆整治砖石表面风化，砖石砌体表面风化、剥落、蜂窝、麻面可抹喷一层 M10 砂浆防护。

1) 抹喷的方法与前述混凝土表层损坏修补时一样，有手工抹浆和压力喷浆两种方法。

2) 手工抹浆前，应将风化、剥落的表层彻底凿除，将露出的完好表面凿毛，用水冲洗干净并保持湿润，然后分层抹浆。每层厚度为 10～15mm，总厚度一般为 20～30mm。下层砂浆应为毛面，使其与次面连接紧密。

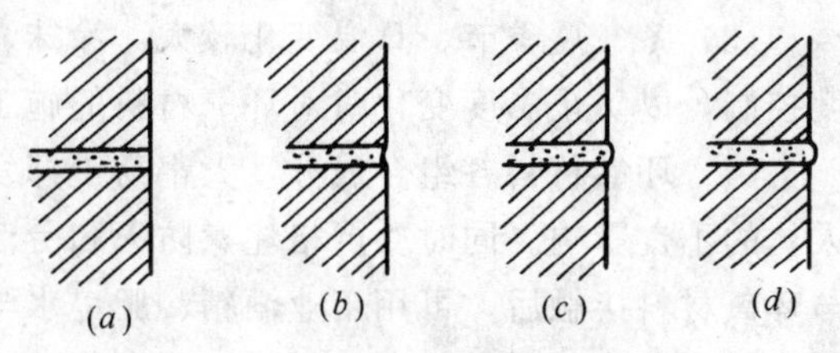

图 3-2-6　砖石砌体常用勾缝形式

(a) 平缝；(b) 凹形缝；(c) 半圆形凸缝；(d) 带形凸缝

3) 砖墩因最易风化，特别是在我国南方气候潮湿地区，抹面不能耐久，故应视情况逐步进行改造。

压力喷浆适用于面积较大的抹面工程，做法与前述混凝土结构表层损坏的喷浆修补法相同。

(3) 表面局部修补：当砌石砌体表面局部损伤，脱落不太严重时，可以将破损部分清除，凿毛洗净，然后用 M10 水泥砂浆分层填补至需要厚度，并将表面抹平。

当损坏深度和范围较大时，可在新旧结构结合处设置牵钉，必要时挂钢筋网，立好模板浇筑混凝土，其做法是：

1) 清除已破损部分，并洗净灰尘。边缘也应修凿整齐，凿深不少于 30～50mm。

2) 埋设牵钉，其直径为 16～25mm，随破损深度而选用。埋置要求见图 3-2-7 所示。牵钉间距在纵横方向均不得大于 50cm，埋设方法为打眼，冲洗孔眼，孔内灌注满水泥砂浆，插入牵钉。

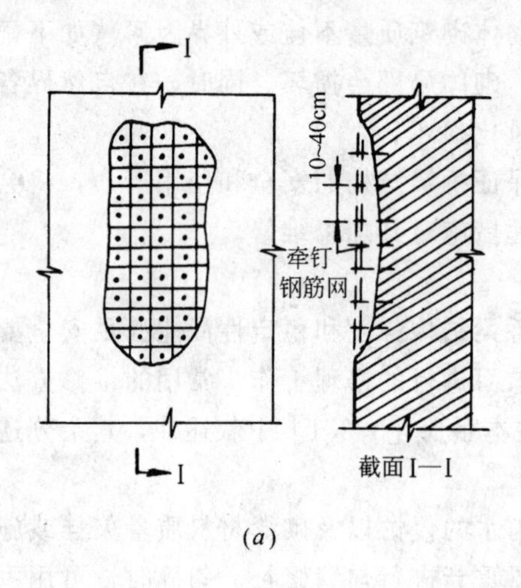

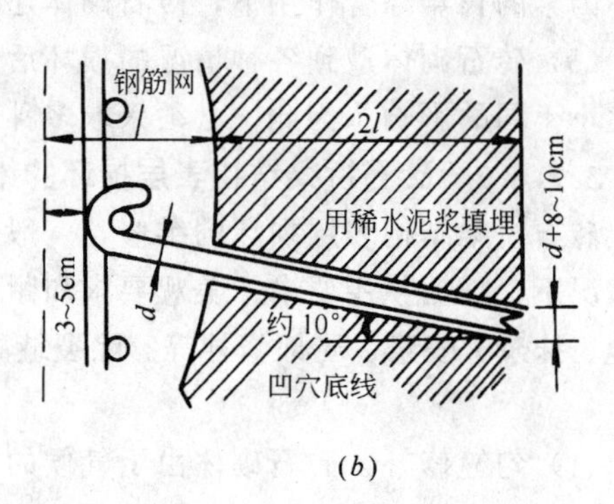

图 3-2-7　砖石砌体表面局部修补示意图

(a) 修补方法；(b) 牵钉的设置

3) 放置钢筋网，在固定牵钉的砂浆凝固后进行钢筋网内牵钉锚定。钢筋网一般用直径 12mm 的钢筋制成，网孔为 20cm×20cm。

4) 按墩台或其他损坏构件轮廓线立模，并进行支撑。

5) 浇灌混凝土。如有喷射混凝土设备时，也可采用喷射混凝土的方法进行修补。

(4) 镶面石的修理：镶面石破损时可以个别更换或采用预制混凝土块代替。如镶面石仅松动而没有破碎，可先将其周围的灰缝凿去，然后取下镶面石，将内部失效灰浆全部铲除，用水冲洗干净，再用M10砂浆填实，安上镶面石，并在其周围捣垫半干硬性砂浆。如镶面石更换的面积很大，为了使它能更好地和原有砌体结合，可在原砌体上安装带倒刺的套扣，用锚钉或爪钉与套扣相连来承托新的镶面石。

3.3 桥梁结构裂缝的修补技术

3.3.1 桥梁裂缝的产生及分类

3.3.1.1 概述

(1) 桥梁结构在施工和营运使用过程中，常常会出现各种不同形式的裂缝。由砖、石、混凝土构筑而成的桥梁结构物，由于砖石砌体及混凝土材料的抗拉能力弱，稍微受拉就有可能产生裂缝。因此，对于砖、石、混凝土结构物来说，产生裂缝几乎是不可避免的。

(2) 一般情况下，对于混凝土构件，根据不同的环境条件，其细裂缝可限制在0.2～0.3mm以内，这对结构物的正常使用、耐久性以及安全性一般无任何妨碍。实践证明，当混凝土裂缝宽度小于0.3mm时，构件内钢筋不致因混凝土开裂而锈蚀（在正常使用条件下）。

(3) 为了保证必要的抗裂安全度，容许的裂缝还要小一些。《公路钢筋混凝土及预应力混凝土桥涵设计规范》规定，钢筋混凝土受弯构件在荷载组合Ⅰ作用下，裂缝的最大宽度不应超过0.2mm；在荷载组合Ⅱ或组合Ⅲ作用下，不应超过0.25mm。但预应力钢筋混凝土构件的情况与普通钢筋混凝土构件完全不同，由于混凝土在承受荷载之前已预加应力，因此，理论上除网状裂缝以外，其他裂缝是不容许产生的。

(4) 所以《公路桥涵施工技术规范》规定，对预应力构件中的表面裂缝，对非预应力部分（如隔板、堵头等）容许有0.2mm以下的收缩裂缝，其余部分不应出现裂缝。

(5) 砖石砌体不同于钢筋混凝土的一个特点是，抗拉强度小，结构脆性较大，裂缝荷载比较接近或几乎等于破坏荷载。因此，当砖石砌体出现由于荷载引起的裂缝时，往往是砌体破坏的特征或前兆，应作及时分析和处理。

3.3.1.2 砖石砌体的裂缝

砖石砌体产生裂缝是常见的一种缺陷。裂缝的产生将对结构的耐久性、美观、强度和刚度等方面产生不同程度的影响。砖石砌体裂缝根据其产生的原因，主要可分为如下几种。

(1) 沉降裂缝：沉降裂缝是砌体最常见的一种裂缝，沉降裂缝一般是由地基基础沉降和砌体灰缝沉降引起的。基础沉降产生的砌体裂缝有斜面裂缝、垂直裂缝和水平裂缝三种。

(2) 温度裂缝：砖石砌体不均匀受热，温差较大时亦易引起裂缝。结构在温度变化时伸长或缩短的变形值（ΔL）与长度、温差和材料种类有关，可表示为：

$$\Delta L = L(t_2 - t_1) \cdot \alpha$$

式中 L——砌体长度；

t_2-t_1——温度差；

α——砌体材料的膨胀系数。对于砖取$\alpha=0.5\times10^{-5}$；对于混凝土取$\alpha=1.0\times10^{-5}$。

(3) 砌体的强度不足及荷载引起的裂缝由于砌体强度不足及荷载引起的裂缝形式有水

平裂缝、竖直裂缝及斜向裂缝几种，砖石砌体由荷载引起的裂缝形式见表 3-3-1 所列。

砖石砌体由荷载引起的裂缝形式 表 3-3-1

序号	裂缝受力及形式	简图	序号	裂缝受力及形式	简图
1	受竖向荷载而产生的竖向裂缝	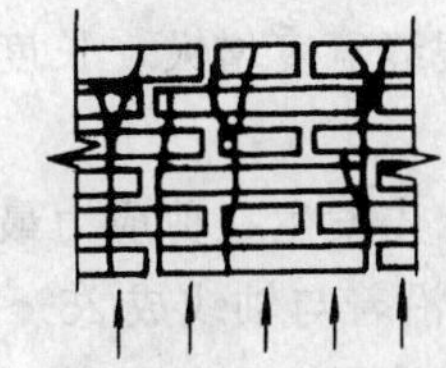	4	竖向受剪时产生的竖向错开裂缝	
2	受水平拉力而产生的裂缝	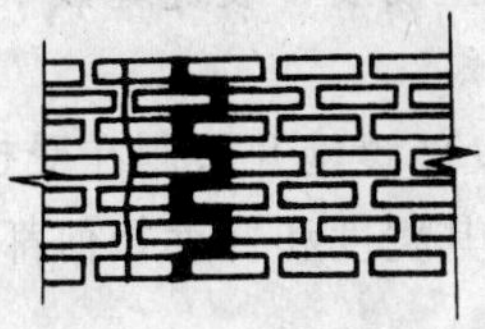	5	受偏心压力时产生的裂缝	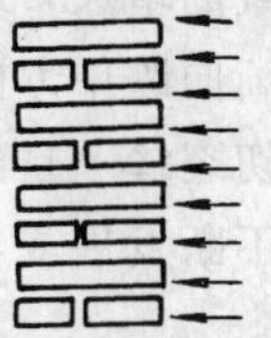
3	受弯时产生的裂缝		6	水平受剪时产生的水平裂缝	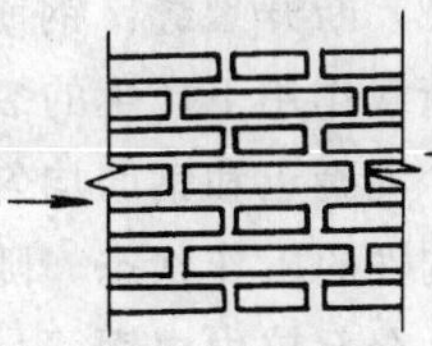

3.3.1.3 水泥混凝土构件的裂缝

一、混凝土自身应力形成的裂缝

(1) 收缩裂缝：混凝土凝固时，一些水分与水泥颗粒结合，使体积减小，称为凝缩；另一些水分蒸发，使体积减小，称为干缩，凝缩与干缩合称为收缩。混凝土的干燥过程是由表面逐步扩展到内部的，在混凝土内呈现含水梯度。因此产生表面收缩大，内部收缩小的不均匀收缩，致使表面混凝土承受拉力，内部混凝土承受压力。当表面混凝土所受的拉力超过其抗拉强度时，便产生收缩裂缝。

(2) 温度裂缝：混凝土受水泥水化放热、阳光照射、大气及周围温度、电弧焊接等因素影响而出现冷热变化时，将发生收缩和膨胀，产生温度应力，温度应力超过混凝土强度时，即产生裂缝，称为温度裂缝。

1) 大体积混凝土（厚度超过 2m 者），灌注之后由于水化放热，内部温度很高，如无妥善散热措施，由于内外温差太大，很易形成温度裂缝。

2) 蒸汽养护及冬季施工时如措施不当，混凝土骤冷骤热，内外温度不均，也易发生温度裂缝，所以要特别注意。

3) 当构件较长且两端固定时，由于周围温度变化将产生附加的温度应力，该附加应力和原有内力的合力超过混凝土强度时就会产生破坏裂缝。

4) 在新旧混凝土接头处、沿接缝面的垂直方向也易产生裂缝，这也是由于水泥水化热引起的温度裂缝。

5) 对预制构件安装时，预埋铁件焊接措施不当，使铁件附近混凝土产生的裂缝也是一种温度裂缝。

二、荷载作用下产生的裂缝

(1) 弯曲裂缝：在混凝土梁上施加弯矩时，将产生弯曲裂缝。弯曲裂缝也称垂直裂缝。对受弯构件和压弯构件来说，弯曲裂缝首先出现在弯矩最大的截面的混凝土受拉区。梁板结构的正弯矩裂缝一般位于跨中，从底边开始向上发展，负弯矩裂缝位于连续或悬臂梁板的支座附近，自上向下发展。随着荷载的增大，裂缝宽度增大，长度延伸，缝数增多，裂缝区域逐渐向两侧发展。

(2) 剪切裂缝：剪切裂缝有时也称斜裂缝。首先发生在剪应力最大的部位。对受弯构件和压弯构件，往往发生在支座附近，由下部开始，沿着与轴线成25°～50°左右的角度裂开。随着荷载的增大，裂缝长度将不断增长并向受压区发展，裂缝缝数不断增多并分岔，裂缝区也逐渐向跨中方向扩大。

剪切裂缝一旦出现，就应加强观察。如裂缝发展缓慢并限制在受拉区，还是允许的，但如裂缝不断发展或者裂缝已接近受压区，则不论其宽度和挠度如何都应及时给予必要的加固处理。

(3) 断开裂缝：钢筋混凝土构件受拉时，进入整个截面的裂缝称为断开裂缝。受拉构件在荷载作用下产生的裂缝均沿正截面开展，裂缝间距有一定规律性。受拉构件在内力较小时，混凝土和钢筋均匀承受拉力，拉应力值较小不超过混凝土抗拉极限，这是未出现裂缝的构件的工作状态。随着内力增大，混凝土内拉应力达到其受拉极限，产生裂缝并退出工作，全部拉力由钢筋承担，这是允许出现裂缝的构件的工作状态。荷载继续增大，钢筋应力达到流动极限，钢筋伸长率较大，裂缝很宽超过设计规范允许宽度的许多倍，这时多为使用所不允许的或构件将接近破坏的状态。

(4) 扭曲裂缝：混凝土构件受扭转与弯曲同时作用而产生的裂缝称为扭曲裂缝。该裂缝一般呈45°倾斜方向。钢筋混凝土构件在扭曲作用下，产生的裂缝一般有许多条，裂缝出现后混凝土保护层剥落，扭曲产生的扭矩改由钢筋承担，直至钢筋滑动时构件完全破坏。

(5) 局部应力引起的裂缝：局部应力引起的裂缝，主要表现在：墩台支座处受到较大局部压力；构件突然受到冲击荷载；构件角隅处；预应力梁端锚固端受到较大局部应力而引起裂缝。

3.3.2　桥梁孔结构的常见裂缝

3.3.2.1　钢筋混凝土简支梁的常见裂缝

钢筋混凝土梁在施工及营运使用过程中，经常会出现各种裂缝。普通钢筋混凝土简支梁的常见裂缝如表3-3-2所列。

普通钢筋混凝土简支梁的常见裂缝　　**表3-3-2**

序号	裂缝种类及发生部位	主要特征	原因分析	简图
1	网状裂缝	(1) 发生在各种跨度的梁上 (2) 裂缝细小，宽度约为0.30mm～0.05mm，用手触及有凸起感觉 (3) 无固定规律	多为混凝土收缩所引起的表面龟裂	

续表

序号	裂缝种类及发生部位	主要特征	原因分析	简图
2	下缘受拉区的裂缝	(1) 多发生于梁跨中部，梁跨度越大，裂缝越多 (2) 自下翼缘向上发展，至翼缘与梁肋相接处停止 (3) 裂缝间距约 0.1～0.2m，宽度约为 0.03～0.1mm (4) 对跨度<10m 的梁，其裂缝少而细小（宽度 0.03 以下）	混凝土收缩和梁受挠曲所产生的裂缝	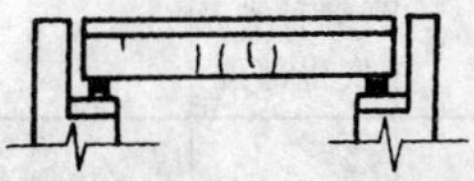
3	腹板上的竖向裂缝	(1) 裂缝多处于薄腹部分，在梁的半高线附近裂缝宽度较大，一般在 0.15～0.3mm 左右 (2) 跨度越大，裂缝越宽越长 (3) 经荷载作用后，向上下两端延伸，一般向上至腹下翼缘梁肋处 (4) 裂缝一般在跨中地段宽度大，两侧逐渐变窄 (5) 裂缝部位及走向在一片梁的内外侧有的大致吻合，形成对裂	(1) 设计上存在缺陷，如梁跨度较大、梁身较高、梁肋较薄且分布钢筋较稀 (2) 施工质量影响、养护不及时 (3) 温度及周围环境条件的影响	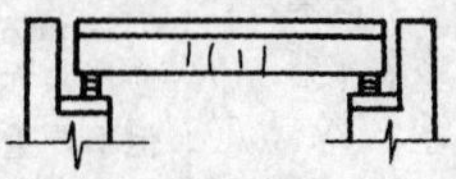
4	腹板上的斜裂缝	(1) 裂缝多在跨中两侧，离跨中越远倾斜角越大，离跨中越近倾斜角较小，倾角约在 15°～45°之间（跨度在 10m 以下的梁为 10°～30°左右、第一道裂缝多出现在距支座 0.5～1.0m 处） (2) 腹板变更截面者，裂缝由梁的半高处向上、下端斜伸。不变更截面者多由下翼缘向上斜伸 (3) 裂缝宽度一般在 0.3mm 以下	(1) 设计上的缺陷，因混凝土收缩预先使梁产生微观裂缝或存在一定的初拉应力，同时腹板受拉区实际上参加了工作，中和轴就要比计算低些，因而增加了剪应力，致使主拉应力较计算为大，混凝土不能负担时，就会产生裂缝 (2) 施工质量不良，会加速裂缝的产生和发展	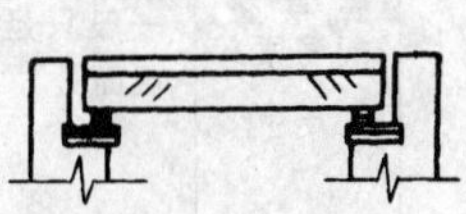
5	上部裂缝施工运梁不当引起的	(1) 根据支承点的不同，裂缝的位置不同，程度不同 (2) 严重时要及时维修	运梁时支承点没有放在梁的两端吊点处上，而是偏向跨中，使支承点处上部出现负弯距，引起开裂	
6	梁顶端裂缝	(1) 个别情况 (2) 裂缝由下往上开裂，严重者宽度可达 0.3mm 以上	由于墩台下沉，而形成梁端部局部支承压力增大，产生局部应力所致	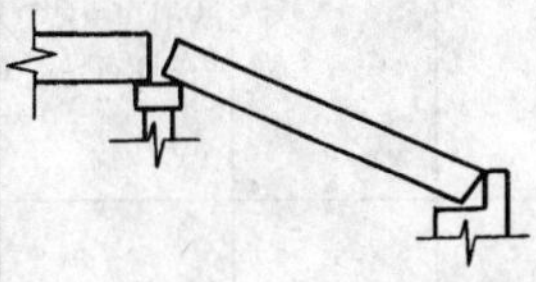
7	梁水平裂缝	为近似水平方向的层裂缝	施工不当引起，分层浇筑，间隔时间太长	
8	板上的裂缝梁与梁间横隔	裂缝由下向上，不规则	(1) 支座设置时与桥轴垂直向有偏斜 (2) 通行重型车辆时梁受力不均所致	

3.3.2.2　预应力钢筋混凝土梁的常见裂缝

预应力钢筋混凝土梁的常见裂缝见表3-3-3所列。

预应力钢筋混凝土梁的常见裂缝　表3-3-3

序号	裂缝种类及发生部位	主要特征	原因分析	简图
1	梁端沿钢丝束的裂缝(后张法梁)	(1)梁缝基本上与钢丝束方向一致 (2)通常发生在端部扩大部分 (3)裂缝比较细小，有的仅几厘米长，最长在2m左右，宽度小于0.1mm，个别在0.2mm左右 (4)在运营初期有所发展，但不严重，以后趋于稳定	(1)主要由于端部集中应力所致，加上运营过程中受各种综合作用显露出来 (2)端部混凝土质量不良(后灌注砂浆较多)	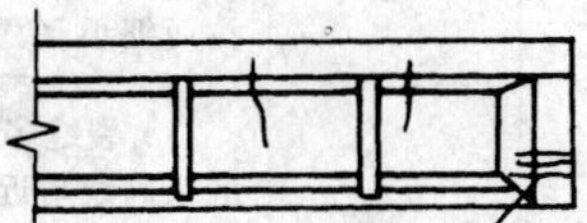 端部水平裂缝
2	梁端沿钢丝束的裂缝(先张法直线配筋梁)	(1)裂缝均起始于张拉端面，近水平状向跨中方向延伸，通常自梁底50～130cm高度范围内有1～5条 (2)宽度0.1mm左右，长度一般只延伸至扩大部分的变截面处	(1)由于无弯起钢丝束，全部钢丝束均集中在下缘，上缘仅1～2根，因上下两组钢丝束相距很远，而预应力在梁端传递有一定范围，由于局部应力，在两组钢丝束的中间部分的梁端混凝土处于受拉区，使梁端发生水平裂缝 (2)因锚头处应力集中和锚头产生的楔形作用会使锚头附近产生细小的水平裂缝	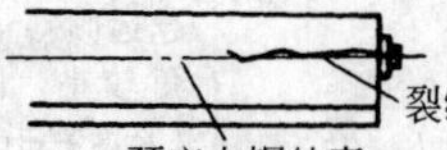 裂缝 预应力钢丝索
3	下翼缘的纵向裂缝	(1)多发生在梁端第一、二节间的下翼缘侧面及梁底，或腹板与下翼缘交界处，也有少数发生在腹板上 (2)裂缝一般处于最外的一排钢丝束部位 (3)宽度一般为0.05～0.1mm，个别达0.5mm，长度在0.5～4.0m之间	(1)由于下翼缘受到过高的纵向压力导致梁体产生过大的横向位移 (2)管道保护层太薄，压浆时又受到数公斤压力的作用 (3)寒冷地区压浆中多系水分受冻膨胀引起 (4)混凝土质量不良的影响	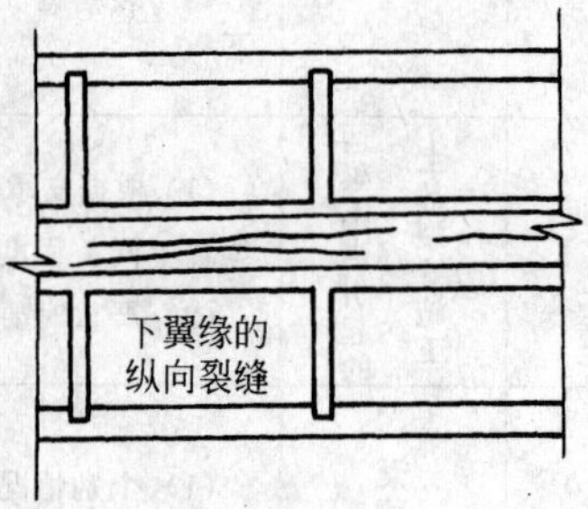 下翼缘的纵向裂缝
4	腹板垂直裂缝	(1)大多在脱模后2～3天内发生，裂缝通常从上梁肋至下梁肋，整个腹板裂通 (2)宽度0.2～0.4mm，个别严重的甚至桥面及梁底部被裂断 (3)施加预应力后，裂缝大都闭合，但在孔道压浆时还会从裂缝中挤出浆来	主要是混凝土收缩和温差所致	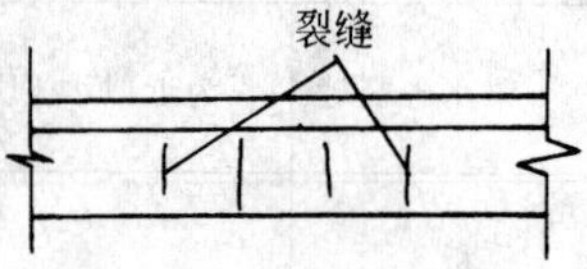 裂缝

续表

序号	裂缝种类及发生部位	主要特征	原因分析	简图
5	桥面及下翼缘斜面上的龟裂	(1) 方向无一定规律 (2) 长度不大，但裂缝有的很宽，达1～2mm	主要原因是干缩，即施工质量不良，裂缝处混凝土水泥浆较多，混凝土坍落度大，水和水泥用量较多，捣固不良，不注意收浆，浮浆层厚，养护不良等	

3.3.2.3 连续梁、刚架桥及拱桥的常见裂缝

(1) 连续梁的常见裂缝：除了出现与上述简支梁所产生的某些裂缝外，当墩台沉陷不均匀时（因实际受力情况和设计不符），梁将发生不同的裂缝。如两端桥台下沉较大，则中间墩上梁身所受负弯矩增大，顶部会发生自上而下的裂缝，见图 3-3-1。

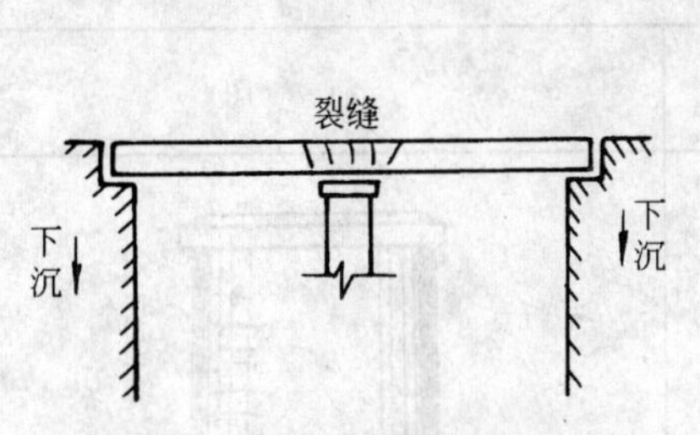

图 3-3-1 连续梁两桥台沉陷引起在中间墩上梁身的裂缝

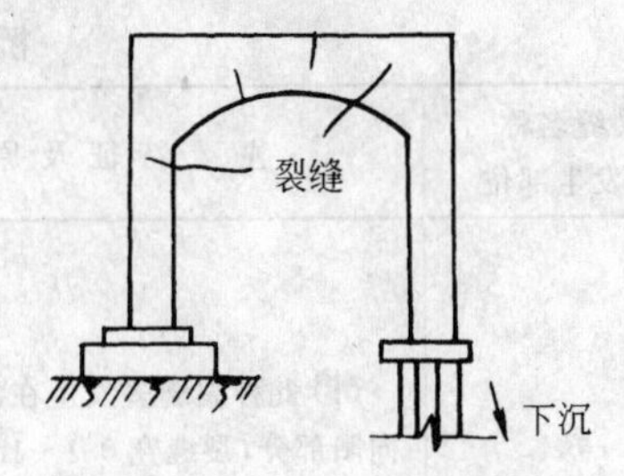

图 3-3-2 刚架右侧支柱下沉引起各部裂缝

(2) 刚架桥的常见裂缝 如图 3-3-2 所示刚架桥，其两个立柱各支承于不同的地层，且下部没有联结，当右端支柱支点基础下沉（向外侧斜向下沉），而低于左侧支柱支点后，刚架各点就相应产生了附加弯矩。横梁左节点处为负弯矩，梁顶为受拉区；右节点处为正弯矩，梁底为受拉区。因此，横梁左端的裂缝从上向下开展，右端从下向上开展，左侧支柱上的水平裂缝则从外向内开展。

(3) 拱桥的常见裂缝：

1) 石砌拱：石砌拱桥中最容易出现裂缝的地方是拱顶附近的下部（如图 3-3-3）和拱趾附近的上部。其裂缝有时可一直延伸到拱上结构（边墙）。另外，在拱圈表面有时还会产生和拱圈平行的裂缝。如拱圈和边墙用不同材料砌筑，在接缘处也会发生裂缝。裂缝最初出现的时候也许很小，但以后在外界因素的作用下，会逐渐扩大。

2) 空腹式钢筋混凝土拱：空腹式钢筋混凝土拱在拱脚、立柱、立柱与拱圈相接的地方可能会出现裂缝，如图 3-3-4 所示。

3) 钢筋混凝土双曲拱：钢筋混凝土双曲拱除会产生上述某些裂缝外，还因其结构上的原因而在拱肋与拱波结合处产生裂缝。

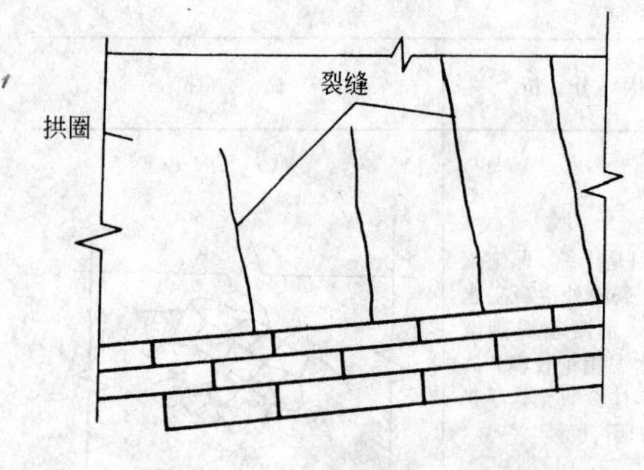

图 3-3-3　石拱桥拱圈中的裂缝（局部）

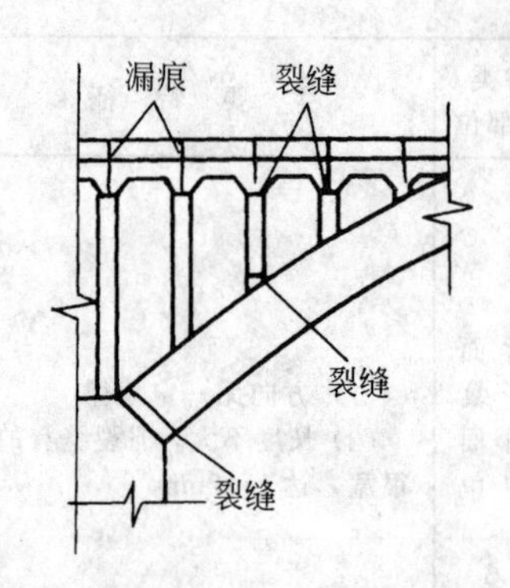

图 3-3-4　空腹式钢筋混凝土拱的裂缝

3.3.3　桥梁墩台的常见裂缝

桥梁墩台在施工及运营使用过程中，也会出现各种不同的裂缝，各种常见裂缝的特征及其发生的原因，详见表 3-3-4 所列。

桥梁墩台的常见裂缝　　　　表 3-3-4

序号	裂缝名称及发生部位	主要特征及原因分析	简图
1	墩（台）网状裂缝	(1) 此种裂缝多发生在常水位以上墩身的向阳部分，裂缝宽 0.1～1mm，深 1～1.5cm，长度不等 (2) 主要原因是由于混凝土内部水化热和外部气温的温差，或日气温变化影响和日照影响而产生的温度拉应力 (3) 由于混凝土干燥收缩而引起	网状裂缝 网状裂缝
2	从基础向上发展至墩（台）上部的裂缝	(1) 裂缝下宽上窄 (2) 原因是基础松软或沉陷不均匀	
3	墩（台）身的水平裂缝	(1) 呈水平层状 (2) 多为混凝土浇筑接缝不良所引起	

续表

序号	裂缝名称及发生部位	主要特征及原因分析	简图
4	翼墙和前墙断裂的裂缝	往往是由于墙间填土不良、冻胀或基底承载力不足，引起下沉或外倾而开裂	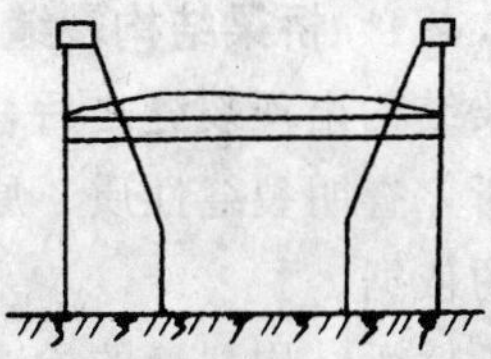
5	由支承垫石从下向上发展的裂缝	(1) 主要是由于墩（台）帽在支承垫石下未布置钢筋所致 (2) 也由于受到过大的冲击力	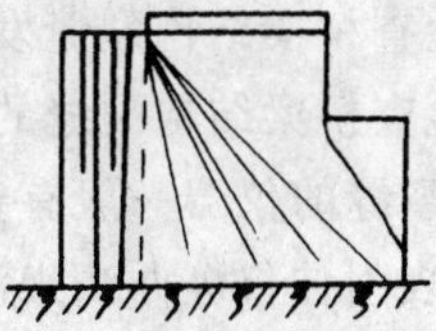
6	桥墩墩帽顺桥轴线横贯墩帽的水平裂缝	(1) 不论空心墩或实心墩均有发生 (2) 主要由于局部应力所致。因梁和活载的作用力集中地通过支座（或立柱）传至桥墩，使其周围墩顶其他部位产生拉应力	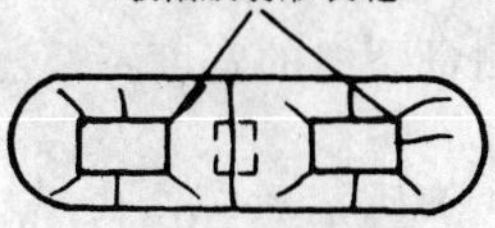
7	双柱式桥墩下承台的竖向裂缝	由于桩基下沉不均或局部应力所致	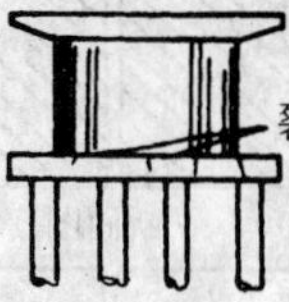
8	支承相邻不等高的墩盖梁，雉墙上的垂直裂缝	(1)裂缝多位于雉墙棱角部分及中线附近 (2) 严重时部分混凝土剥落露筋 (3) 由于局部应力所致	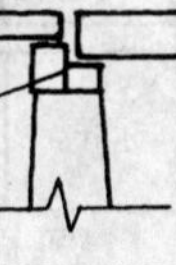
9	墩（台）盖梁上自上至下的垂直裂缝	桩基下沉不均而引起盖梁上的不均匀受力	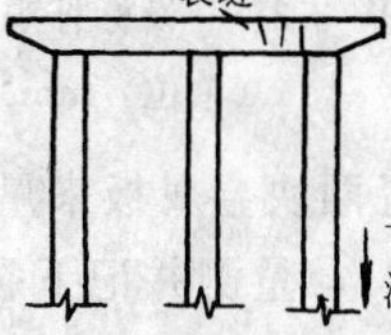
10	镶面石突出的裂缝	(1) 多为不规则的裂缝 (2) 由于镶面石与墩台连接不良	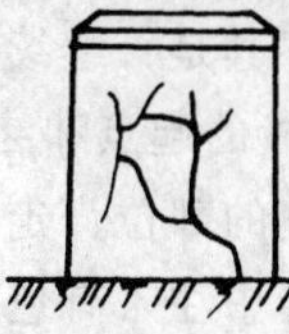
11	悬臂桥墩角隅处的裂缝	由于局部应力引起悬臂桥墩角隅处有裂缝	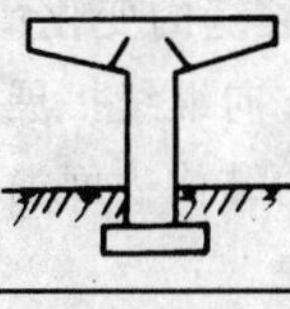

3.3.4　桥梁结构裂缝的修补方法

3.3.4.1　桥梁结构裂缝的检测

桥梁结构出现裂缝之后，应加强检查与观测。根据裂缝的特征，结合设计、施工资料进行分析，查明裂缝性质、原因及其危害程度，确定是否需要修补并为修补方案的制订提供可靠的依据。

(1) 桥梁结构裂缝的检查：其主要内容包括：

1) 检查桥梁结构裂缝发生的部位、走向、宽度、分布状况以及大小和长度等。

2) 检查桥梁结构裂缝的变化发展情况，如有异常则必须采取有效措施处理。

观测裂缝的仪器一般有塞尺、手持式读数显微镜（如 DM 型），也可用长标距裂缝应变片、千分表引伸仪等办法来测量裂缝。

(2) 桥梁结构裂缝的观测：观测裂缝的变化发展情况，也可用下面的简便方法进行：

1) 在裂缝两边设置小标杆，两杆间的距离用卡尺测量（见图 3-3-5），或者用读数放大镜直接测量裂缝的宽度。

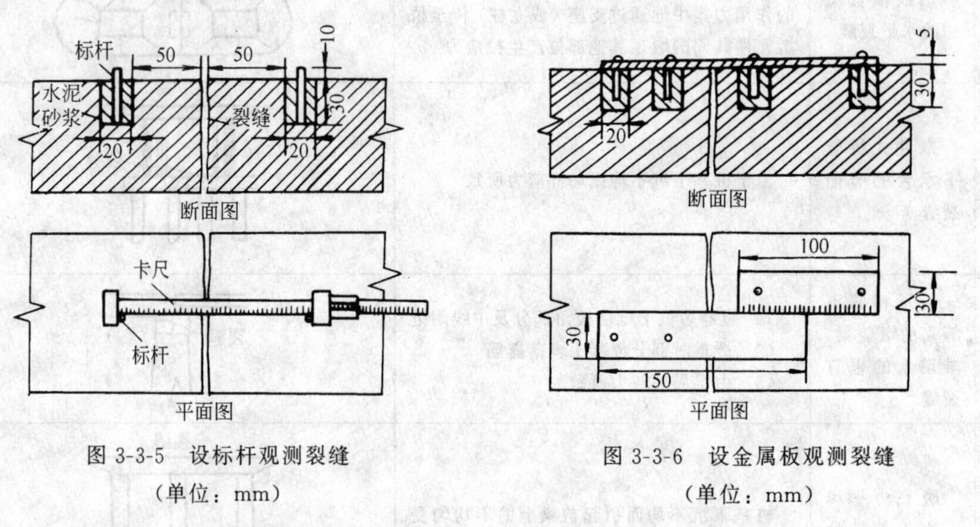

图 3-3-5　设标杆观测裂缝（单位：mm）

图 3-3-6　设金属板观测裂缝（单位：mm）

2) 设置两块金属板来量记，一块金属板盖过裂缝并与另一块刻有尺寸的金属板相接触（见图 3-3-6），量测并记下裂缝变化的尺寸。

(3) 利用水泥浆或石膏做成薄片状的标记贴在裂缝处，或用玻璃片、较牢固的纸糊在裂缝上，观察其是否继续开裂。具体做法是：

1) 在裂缝的起点和终点划上与裂缝走向垂直的红油漆线记号，并把裂缝登记编号。观测并记下裂缝的部位、走向、宽度、分布状况和长度等。如有必要知道裂缝深度时，可用注射器在裂缝中注入有色溶液，然后开凿至显色为止，其开凿深度即为裂缝的深度。

2) 观测裂缝的变化情况，除长度可观察裂缝两端是否超出前一次油漆划线外，对裂缝是否沿宽度方向继续扩展，可做灰块或玻璃测标（见图 3-3-7）进行观测。其方法是先将安设测标部位的结构表面凿毛，然后用 1：2 水泥砂浆或石膏在裂缝上抹成厚 10～15mm 的方形或圆形灰块。

3）也可用石膏将细条状玻璃固定在裂缝两侧结构表面上，在裂缝处玻璃截面特小，对测标编号并注明安设日期，当裂缝继续扩展时，测标就会断裂，一般裂缝宽度都较小，应尽可能采用带刻度的放大镜测量。

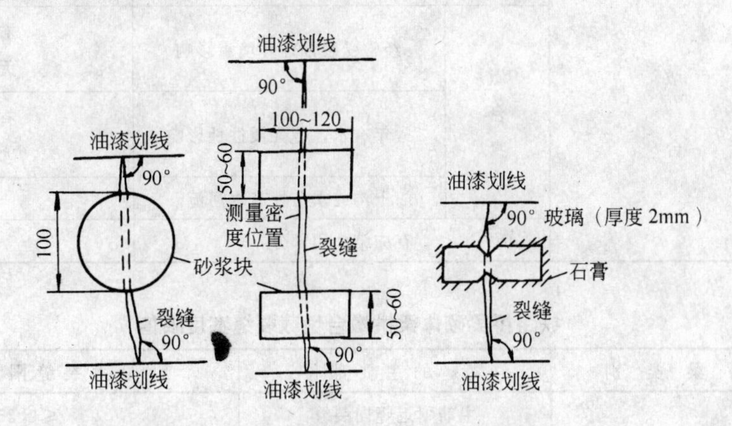

图 3-3-7 划油漆、设砂浆块、石膏块、玻璃片观测裂缝（单位：mm）

4）在观测裂缝时，要记录气温的情况，因为气温降低时，结构的外层比内层冷却的快些，因而表面收缩较快，这时裂缝呈现的较大，当气温增高时则情况相反。

3.3.4.2 桥梁裂缝修补必要性的判定与选择

一、裂缝修补的必要性

(1) 如前所述，钢筋混凝土结构中，受拉钢筋的应变总是大大超过混凝土的极限拉伸应变，所以裂缝的发生也是不可避免的。

(2) 在初拉应力和弯曲应力作用下，混凝土的裂缝一般是较细较短的，这样的裂缝对梁的强度影响不大。按耐久性要求，因裂缝细小（＜0.2mm），梁暴露在大气中，钢筋也不致锈蚀，即使裂缝达到或略超过容许值（0.2mm），只要已趋稳定，不继续发展，对梁的强度也不会有明显的影响，对行车也不必采取特殊的限制。

(3) 当裂缝较多且宽度较大时，梁的刚度要相应降低，同时钢筋受有害介质的侵蚀，结构物的寿命也要缩短。

根据《公路养护技术规范》，裂缝限值表见表 3-3-5 所列。

铁路部门在《铁路桥梁检定规范》中规定了砌体梁拱墩台恒载裂缝宽度限值，如表3-3-6所列，可供参考。裂缝超过表列数值时应进行修补以保证结构的耐久性。

道路桥梁钢筋混凝土构件裂缝限值表 表 3-3-5

序号	结构类别	裂缝的主要部位		最大裂缝宽度限值（mm）
1	普通钢筋混凝土梁	主筋附近竖向裂缝		≤0.25
		腹板竖向裂缝		≤0.30
2	预应力混凝土梁	梁体	竖向裂缝	不允许
			纵向裂缝	≤0.20
		横隔板		≤0.30
3	砖、石、混凝土拱	拱圈横向		≤0.30
		拱圈纵向		≤0.50
		拱波与拱肋结合处		≤0.2

续表

序号	结构类别	裂缝的主要部位		最大裂缝宽度限值（mm）
4	墩台	墩台帽		≤0.30
		墩台身	经常受浸蚀性环境水影响	有筋0.20 无筋0.30
			常年有水，但无浸蚀性影响	有筋0.25 无筋0.35
			干沟或季节性有水河流	≤0.40
		有冻结作用部分		≤0.20

铁路桥梁砌体梁拱墩台恒载裂缝宽度限值　**表 3-3-6**

序号	桥梁类别	裂缝的主要部位		最大裂缝限值（mm）
1	普通钢筋混凝土梁	主筋附近竖向裂缝		≤0.25
		腹板竖向裂缝		≤0.3
2	预应力钢筋混凝土梁	梁体	竖向裂缝	不允许
			纵向裂缝	≤0.2
		横隔板		≤0.3
3	石、混凝土拱	拱圈横向		≤0.3
		拱圈纵向		≤0.5
4	墩台	顶、帽		≤0.3
		墩身	经常受侵蚀性环境水影响	有筋0.2，无筋0.30
			常年有水，但无侵蚀性	有筋0.25，无筋0.35
			干沟或季度性有水河流	≤0.40
		有冻结作用部分		≤0.2

二、裂缝修补的常用方法

对于砖石砌体、混凝土及钢筋混凝土结构物裂缝等的修理，主要的目的是恢复桥梁结构的整体性、保持结构的强度、刚度、耐久性、抗渗性及外形的美观。目前常用的修补方法有如下几种：

(1) 表面封闭修补法：即采用抹浆、凿槽嵌补、喷浆、填缝的方法使表面裂缝封闭。

(2) 压力灌浆修补法：即采用水泥灌浆或化学材料灌浆的方法，将浆液灌满结构内部裂缝。用浆液将裂纹充实补满，并使其结构更加牢固。

(3) 表面粘贴玻璃布或钢板等材料的方法，既可达到封闭裂缝的目的，又能提高结构的强度和刚度。

三、裂缝修补的施工程序

桥梁上的裂缝从被发现到确定是否要进行修补，直至最后实施修补工程，其施工程序见图 3-3-8 所列。

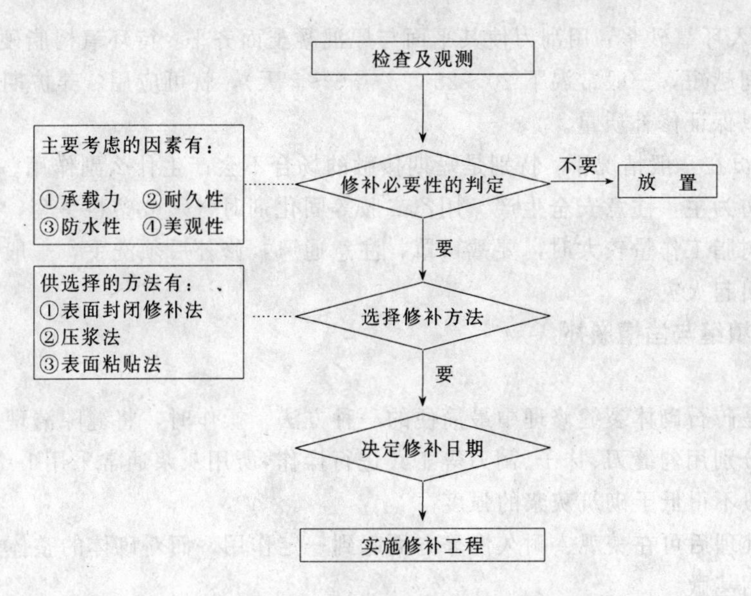

图 3-3-8 裂缝修补的施工程序框图

3.3.5 桥梁结构裂缝的表面封闭修补法

3.3.5.1 表面抹灰修补法

一、水泥砂浆涂抹

(1) 对于混凝土结构，可先将裂缝附近的混凝土表面凿毛，并尽可能使糙面平整，经洗刷干净后，洒水使之保持湿润（不留水珠)，然后用1：1～1：2的水泥砂浆涂抹其上。

(2) 涂抹时混凝土表面不能有流水，最好先用纯水泥浆涂刷一层底浆（厚度约0.5～1.0mm)，再将水泥砂浆一次或分几次抹完（应视总厚度而定)，一次过厚容易在侧面和顶部引起流淌或因自重下坠脱壳；太薄则容易在收缩时引起开裂。

(3) 涂抹的总厚度一般为10～20mm，待收水后，最后用铁抹压实、抹光。

(4) 砂浆配制时所用砂子不宜太粗，一般为中细砂；水泥可用普通水泥，其强度等级不低于32.5级。

(5) 温度高时，涂抹3～4h后即需洒水养护，并防止阳光直射；冬季应注意保温，切不可受冻，否则所抹的水泥砂浆受冻后，轻则强度降低，重则报废。

二、环氧砂浆涂抹

(1) 配方环氧砂浆的配方可参照本手册［3.2.2.3］中的有关内容。

(2) 涂抹工艺及注意事项：

1) 先在裂缝上口凿一V形槽，宽约10～20mm，深约5mm，槽面应尽量平整。

2) 用钢丝刷或竹刷刷清缝口，并凿去浮渣。用手持式皮风箱（皮老虎）吹清缝内灰砂，用红外线灯烘干混凝土表面。裂缝外宜用蘸有丙酮或二甲苯的回丝（纱头）洗擦一遍（不宜用水清洗)，保持槽内混凝土面无灰尘、油污等。

3) 在裂缝四周涂一层环氧浆液，如裂缝较深，在垂直方向也可静力灌注，环氧浆液可灌入0.5mm的细缝中。

4）最后嵌入环氧砂浆，用刮刀使其平面与原混凝土面齐平。待环氧树脂硬化后（温度越高，硬化时间越短，一般常温下20～25℃，需5～7天），就可应用。养护期间结构不宜受振、受潮，以保证修补质量。

5）操作人员在一般情况下，特别是短期接触的场合不会产生什么副作用。但在具体做法上，应以预防为主，注意安全生产。用乙二胺等固化剂时，须戴塑料手套，防止皮肤灼伤，拌制环氧树脂工作量较大时，要戴口罩，注意通风，修补后须洗手，一般溶剂处不宜有明火，以防引起火灾。

3.3.5.2　填缝与凿槽嵌补

一、填缝

（1）填缝是砖石砌体裂缝修理中最简便的一种方法。操作时，将缝隙清理干净，根据裂缝宽度不同分别用勾缝刀、抹子、刮刀等工具进行操作，所用灰浆通常采用1：2.5或1：3水泥砂浆，一般不得低于砌筑灰浆的强度。

（2）填缝处理后可在美观、耐久性等方面起到一定作用，而对砌体的整体性、强度等方面所起的作用甚微。

二、凿槽嵌补

（1）凿槽嵌补是沿混凝土裂缝凿一条深槽，然后在槽内嵌补各种粘结材料，如环氧砂浆、沥青、甲基丙烯酸脂类化学补强剂（甲凝）等的一种修补方法。

（2）修补时先沿裂缝凿槽，槽形根据裂缝位置和填补材料而定，缝槽形状见图3-3-9所示。通常多采用V形槽。

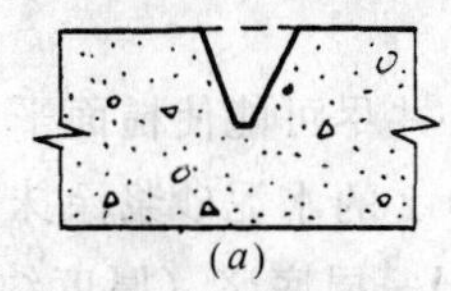

(*a*)

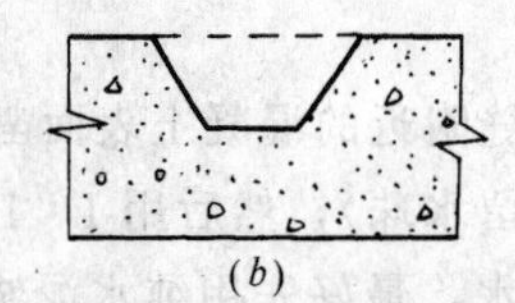

(*b*)

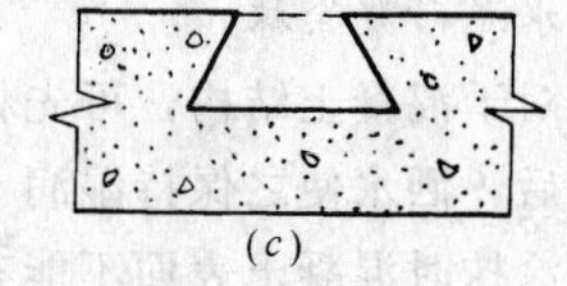

(*c*)

图3-3-9　缝槽形状

（3）槽的两边混凝土面必须修理平整，槽内要清洗干净，必要时可在填料前用丙酮擦一遍。

（4）如槽口外需要抹水泥砂浆或喷涂砂浆时，在凿槽时须一并将槽口外的混凝土表面凿毛，同时清理干净。

（5）用水泥砂浆填补，事先要保持槽内湿润（不应有积水）；用沥青或环氧材料填补时，要保持槽内干燥，否则应先采取其他措施，使槽内干燥后再进行填补。

3.3.5.3　表面粘贴修补法

一、玻璃布粘贴法

（1）玻璃布一般采用无碱玻璃纤维织成，它比有碱玻璃纤维的耐水性好，强度高。玻璃布产品有无捻粗纱布、平纹布、斜纹布、缎纹布及单向布等多种。常用的为无捻粗纱方格布，其特点是强度高，气泡易排除，施工方便。

（2）玻璃布粘贴的胶粘剂多为环氧基液。由于玻璃布在制作过程中加入了浸润剂，含有油脂和蜡，影响环氧基液与玻璃布的结合，因此，必须对玻璃布进行除油蜡的处理，使环氧基液能浸入玻璃纤维内，提高粘贴效果。

（3）玻璃布除油蜡的方法有两种：一种是将玻璃布放置在碱水中煮沸30min至1h，然后用清水漂净。另一种是热处理，将玻璃布放在烘烤炉上加温到190～250℃。实践证明，采用后者除油蜡效果较好。但是玻璃布在烘烤时，由于油蜡燃烧，玻璃布上会有很多灰尘，因而必须在烘烤后将玻璃布放在浓度为2%～3%的碱水中煮沸约30min，然后取出用清水洗净，放在烘箱内烘干或晾干。

(4) 玻璃布粘贴前要将混凝土面凿毛，并冲洗干净，使表面无油污灰尘，若表面不平整，可先用环氧砂浆抹平。粘贴时，先在粘贴面上均匀刷一层环氧基液，然后展开、拉直玻璃布，放置并抹平使之紧贴在混凝土面上，再用刷子或其他工具在玻璃布面上刷一遍，使环氧基液浸透玻璃布并溢出，接着又在玻璃布上刷环氧基液。按同样方法粘贴第二层玻璃布，但上层玻璃布应比下层玻璃布稍宽1～2cm，以便压边。

二、钢板粘贴法

此法是用环氧基液胶粘剂涂敷在整个钢板上，然后将其压贴于待修补的裂缝位置上的方法。钢板粘贴的施工顺序如下：

(1) 对钢板进行表面处理，即按所需要的尺寸切断好钢板，用打磨机研磨，使钢板表面露出钢的肌体；对混凝土表面进行修凿，使其平整。

(2) 用丙酮或二甲苯擦洗修补部位的混凝土表面及钢板面，以便去除粘结面的油脂和灰尘。

(3) 在钢板和混凝土粘贴面上均匀地涂刷环氧基液胶粘剂。

(4) 压贴钢板。用方木、角钢和固定螺栓等均匀地加上压力进行压贴。

(5) 养生到所要求的时间，拆除压贴用的方木、角钢等支架材料。

(6) 在钢板表面上再涂刷养护涂料，如铅丹或其他防锈油漆等。

3.3.5.4 打箍加固封闭法

当钢筋混凝土梁件产生主应力裂缝时，可采用在裂缝处加箍使裂缝封闭的方法。箍可用扁钢焊成或圆钢制成，可以直箍也可以斜箍，其方向应和裂缝方向垂直。箍与梁的上下面接触处可垫以角钢或钢板，见图3-3-10所示。角钢或钢板面积及箍的横截面积，按修补加固部位主应力的大小、箍的安全应力及混凝土的抗压强度通过计算而定。

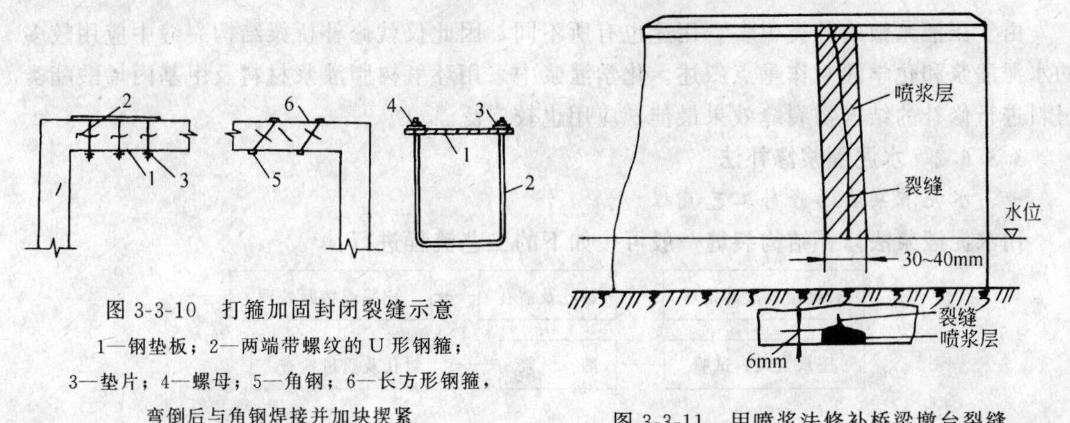

图3-3-10 打箍加固封闭裂缝示意

1—钢垫板；2—两端带螺纹的U形钢箍；3—垫片；4—螺母；5—角钢；6—长方形钢箍，弯倒后与角钢焊接并加块楔紧

图3-3-11 用喷浆法修补桥梁墩台裂缝

3.3.5.5 表面喷浆法

(1) 喷浆修补是在经凿毛处理的裂缝表面，喷射一层密实而且强度高的水泥砂浆保护层来封闭裂缝的一种修补方法。根据裂缝的部位、性质和修理要求与条件，可分别采用无

筋素喷浆、挂网喷浆，或挂网喷浆结合凿槽嵌补等修补方法。

(2) 进行喷浆以前，必须完成各项准备工作。需要喷浆的结构表层应仔细敲击。在敲击中发现剥离的部分应当敲碎并除去。有缺的地方应填塞起来。如系钢筋混凝土，尚需清除露筋部分钢筋上的铁锈。为使喷涂层粘结牢固，最好把裂缝凿成如前述的V形槽（图3-3-9（*a*））。

(3) 喷浆以前先用水冲洗结构物表面，并在开始喷浆之前先把基层湿润一下，然后再开始喷浆。图3-3-11为用喷浆法修补桥梁墩台裂缝。

3.3.6　裂缝的压力灌浆修补法

3.3.6.1　概述

压力灌浆系指施加一定的压力，将某种浆液灌入结构物内部裂缝中去，以达到封闭裂缝，恢复并提高结构强度、耐久性和抗渗性能的一种修补方法。此法一般用于裂缝多且深入结构内部或结构有空隙的修补场合。压力灌浆按灌浆材料的分类，可分为三类，如表3-3-7所示。

按灌浆材料的分类表　　表3-3-7

序号	分类	灌浆材料	
1	水泥、石灰、黏土灌浆	1）纯水泥灌浆 3）水泥黏土灌浆 5）石灰黏土灌浆	2）水泥砂浆灌浆 4）石灰灌浆 6）石灰水泥灌浆
2	化学灌浆	1）水玻璃类灌浆 3）丙烯酰胺类灌浆 5）聚氨酯类灌浆 7）甲基丙烯酸酯类灌浆	2）木质素类灌浆 4）丙烯酸盐类灌浆 6）环氧树脂灌浆 8）其他化学灌浆
3	沥青灌浆		

由于压灌浆液的种类很多，用途也有所不同，因此仅就修补桥梁结构裂缝中应用较多的水泥灌浆和化学灌浆作重点叙述。化学灌浆中采用环氧树脂灌浆材料及甲基丙烯酸酯类材料进行修补的结构物裂缝效果最佳，应用也较广泛。

3.3.6.2　水泥灌浆修补法

一、水泥灌浆法的修补工艺流程

用水泥灌浆法修补结构裂缝一般可按如下的工艺流程进行：

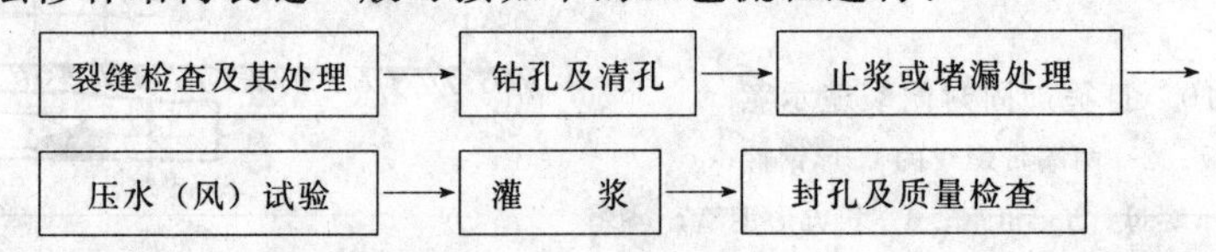

二、水泥灌浆法的施工措施

(1) 裂缝检查及处理：实施灌浆前应对修补部位裂缝再仔细检查一遍，以便确定修补数量、范围、钻孔孔眼位置及浆液数量。

(2) 钻孔及清孔：水泥浆液是通过砌体或混凝土中用各种不同的方法钻成的孔眼灌入

的。钻孔时，除骑缝浅孔外，不得顺裂缝钻孔，钻孔轴线与裂缝面的交角应大于 30 度，孔深应穿过裂缝面 0.5m 以上（指墩台部分）。钻孔平面及立面布置见图 3-3-12 所示。

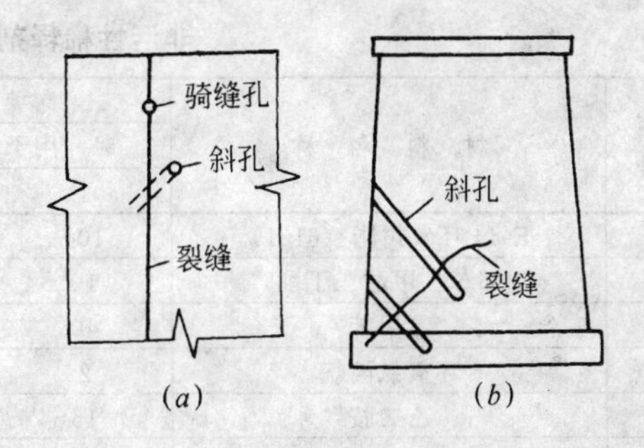

图 3-3-12 钻孔平面及立面布置
(a) 平面布置；(b) 立面布置

孔眼开好后，须进行清孔，即用水由上向下冲洗各孔。孔眼冲洗干净之后，使用压缩空气吹干。孔眼的冲洗和吹风是由上向下一横排一横排地进行的。

(3) 止浆或堵漏处理：浆液灌入砌体或混凝土中时，可能通过大的裂缝和孔隙流到表面上来，因此，灌浆前应把这些裂缝和孔隙堵塞起来，进行止浆或堵漏处理。止浆或堵漏可用水泥砂浆或环氧砂浆涂抹，也可用棉絮或麻布条嵌塞，或用环氧胶泥粘贴。

(4) 压水或压风（气）试验：通过压水或压风试验，主要是检查孔眼畅通情况及止浆效果。

(5) 灌浆：

1)材料：灌浆所用水泥对混凝土、钢筋混凝土一般采用的普通水泥强度不低于 42.5 级，对砖石砌体一般采用的普通水泥强度不低于 32.5 级。

2) 灌浆压力和浆体稠度：钢筋混凝土结构的水泥灌浆压力一般为 $4.05\times10^5\sim6.08\times10^5$Pa。砖石砌体的水泥灌浆，一般使用的压力为 $10^5\sim3.04\times10^5$Pa。灌浆施工中灌浆压力和浆体稠度的调整，一般有两种做法。

①一种做法是灌浆自始至终使用同一个压力和同一个稠度的浆体，这种灌浆一次成活，施工方便，适用于可灌性能良好并且灌浆量不大的情况；

②另一种做法所采用的压力和浆液稠度有所变化，先用低压、后用高压，先用稀浆、后用稠浆，以适应裂缝粗细不均、灌浆体渗漏较大的情况。

3) 灌浆加压设备：在工程量较大时，宜采用灌浆机、灌（压）浆泵，也可用风泵加压。目前使用的多为活塞推送式压灌灰浆泵，并有直接作用式、片状隔膜式、圆柱形隔膜式三种类型。

3.3.6.3 化学材料灌浆修补法

采用化学材料灌浆，修补桥梁结构裂缝，可以大大改善灌浆材料的可灌性能，可灌入 0.3mm 或更细小些的裂缝，施工机械简单，操作容易，其应用也越来越广泛。

一、灌浆材料

(1) 环氧树脂灌浆材料：这是一种补强、固结灌浆材料，在处理由于各种原因所造成的混凝土建筑物的开裂等缺陷的过程中发挥了较好的作用。近年来，利用环氧树脂灌浆材料处理桥梁结构上的缺陷已很普遍，另外，用它处理地震后混凝土建筑物的缺陷，也收到了良好的效果。环氧树脂灌浆材料如按稀释剂的种类来分类，可归纳为三类。

1) 非活性稀释剂体系的环氧树脂灌浆材料：这是由丙酮、二甲苯等非活性稀释剂和环氧树脂混合组成。此类浆液配制简单，黏度较低，使用方便，建筑工程方面采用较多，也曾用来处理地震后混凝土梁柱的裂缝。非活性稀释剂环氧树脂浆液配比参见表 3-3-8。

非活性稀释剂环氧树脂浆液配方比 表 3-3-8

序号	材料名称	浆液组成			
		用于一般情况（重量比）			用于潮湿情况
		1	2	3	
1	E-44 环氧树脂（6101）	100	100	100	100（g）
2	邻苯二甲酸二丁酯	10	10	10	10（mL）
3	二甲苯	40	60	60	40（mL）
4	环氧氯丙烷	2	20		20（mL）
5	乙二胺	15	—	10	10（mL）
6	间苯二胺	—	17	—	—
7	煤焦油	—	—	—	25（g）
8	DMP-30	—	—	—	5（mL）

2）活性稀释剂体系的环氧树脂灌浆材料：这是用活性稀释剂代替非活性稀释剂配制而成的环氧树脂浆液。由于现有的活性稀释剂本身的黏度一般都比非活生稀释剂大，稀释效果不太理想，故浆液的可灌性受到一定限制。

3）糠醛-丙酮稀释剂体系的环氧树脂灌浆材料：用糠醛-丙酮作为混合稀释剂的环氧树脂浆液，在我国采用较广。目前常用的又有糠醛-丙酮、半醛亚胺和糠叉丙酮三种形式的稀释剂，而其中尤为糠醛-丙酮稀释剂应用最广，其配比参见表 3-3-9。

糠醛-丙酮稀释剂体系环氧树脂浆液配比 表 3-3-9

序号	材料名称	浆液组成（重量比）				
		用于一般情况	用于低温情况			
			1	2	3	4
1	E-44 环氧树脂	100	100	100	100	—
2	糠醛	30～50	50	50	50	50
3	丙酮	30～50	80	80	80	80
4	二乙撑三胺	16～20	—	—	—	—
5	乙二胺	—	15	15	15	15
6	703 号	—	20	20	30	—
7	KH550	—	6	6	6	6
8	DMP-30	—	3	10	3	10

注：低温为－7～－11℃的冷库养护。

（2）甲基丙烯酸酯类灌浆材料：甲基丙烯酸酯类灌浆材料亦称甲凝，是一种固结性能良好的高分子化学灌浆材料。材料的抗压、抗拉强度较高，黏度小，可灌入 0.3mm 及更细小的裂缝中，并与混凝土有较好的粘结能力，收缩性、吸水性均小，而耐化学性好，聚合凝固时间可控制在几分钟至几小时。甲基丙烯酸酯类浆液的组成见表 3-3-10。

甲基丙烯酸酯类浆液的组成 表 3-3-10

序号	主要作用	材料名称	性能状态	用量
1	主剂	甲基丙烯酸甲酯	无色液体	100
2	引发剂	过氧化苯甲酰	白色固体	1～1.5
3	促进剂	二甲基苯胺	淡黄色液体	0.5～1.5
4	除氧剂	对甲苯亚磺酸	白色固体	0.5～1.0
5	阻聚剂	焦性没食子酸	白色固体	0～0.1

二、灌浆施工工艺

(1) 化学材料灌浆的施工工艺流程：

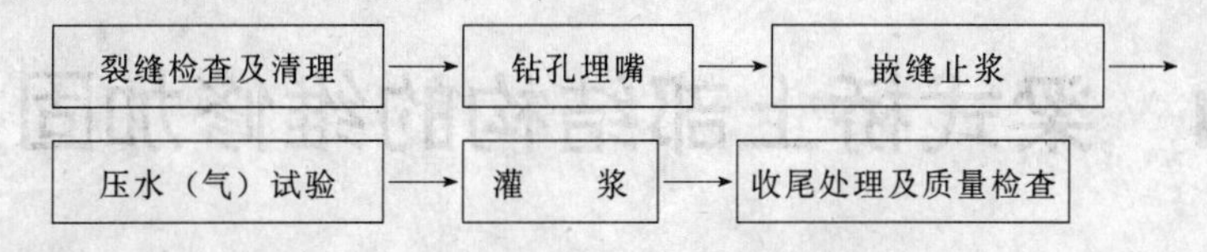

(2) 化学材料灌浆修补法的施工措施：

1) 裂缝的检查及清理：修补前同样要对修补部位的裂缝情况进行详细的检查、记录。以便对结构受损部位的所有裂缝都要做好定量和定性的分析。据此进行有关化学灌浆材料配量、埋嘴、灌浆注射等方面的具体计算和安排。

裂缝清理工作是指：在裂缝两侧画线之内，用小锤、手铲、钢丝刷把构件表面整平，凿除突出部分，然后用丙酮擦洗，清除裂缝周围的油污。清洗时应注意不要将裂缝堵塞。

2) 钻眼埋嘴：嘴子是化学灌浆材料的喷入口，也是裂缝的排气口。嘴子大小要适当，自重要尽可能地轻，以防因不易贴牢而坠落。嘴子布置的原则是：宽缝稀，窄缝密。断缝交错处单独设嘴。贯通缝的嘴子宜在构件的两面交错处布置。埋贴前，先把嘴子底盘用丙酮擦洗干净，然后用灰刀将环氧胶泥抹在底盘周围，骑缝埋贴到构件裂缝处。操作中，切勿堵死嘴子和裂缝灌浆的通道。

3) 嵌缝止浆：嵌缝止浆的目的是防止浆液流失、确保浆液在灌浆压力下将裂缝填充密实。如嵌缝质量不好，则灌浆压力不能升高，即使是低压，浆液也会大量外漏，以致缝内不能得到有效的灌注，影响灌浆质量。因此，当嘴子埋贴后，必须把其余裂缝全部封闭，进行嵌缝或堵漏处理。封闭严实程度是压浆补强成败的关键，必须认真对待。其封闭的办法是：

①对于裂缝较大的混凝土构件，可沿缝用人工或风镐凿成“V”型槽，宽度约5～10cm，深3～5cm，并清除槽内松动的混凝土碎屑及粉尘，然后向槽内嵌塞水泥砂浆；

②对于裂缝较小的混凝土构件，可沿裂缝走向均匀刷上一层环氧浆液，宽约7～8cm，然后在上面分段紧密贴上一层玻璃丝布，宽约5～7cm。

③各个嘴子底盘周围5～10mm范围内不贴玻璃丝布，而用灰刀沿嘴子周围抹上环氧胶泥，先抹成鱼脊形状，再刷上一层环氧浆液。

4) 压水或压气试验：上述封闭工作完成后相隔一天，即可进行压水或压气试验，以便检查裂缝的封闭及嘴子的通畅情况。

5) 灌浆：经压水（气）试验检查，认为嵌缝质量良好，无渗漏现象后，即可配制浆液、准备灌浆。

往裂缝里灌注化学浆液，根据裂缝病态状况及施工条件的不同，分别可采用手压泵灌注或灌浆注射器灌注两种方法。当裂缝较大时可用手压泵，当裂缝细微，灌浆量不大时，多采用灌浆注射器的方法。

3.4 梁式桥上部结构的维修加固技术

3.4.1 梁式桥上部结构常见缺陷及其原因

3.4.1.1 梁式桥上部结构常见的主要缺陷

一、混凝土梁式桥上部结构的缺陷

（1）在混凝土梁式桥上部结构中产生的主要缺陷，根据其结构类型、构造形式、使用构件、建桥处地理气候条件以及使用情况等的不同，其产生的部位、种类和程度也不同。

（2）混凝土梁式桥中的主要缺陷往往从其表层发生的各种异常现象中反映出来，如前所述的表面裂缝、磨损、剥落、掉角、露筋、锈蚀、蜂窝麻面等。

（3）混凝土桥与其他建筑物一样，由于是暴露在自然界当中，所以，缺陷长年累月地受到自然界的各种因素的影响，势必会扩大、加深、发展。例如，即使一般认为对结构受力没有什么影响的细小裂缝，也会由于雨水慢慢地渗入，空气中二氧化碳或其他气体的作用，使钢筋产生锈蚀膨胀，裂缝增大，混凝土材料性质不断变坏。

（4）另外，在混凝土桥梁中，许多缺陷和原因又不是一一对应的，不少情况是由一个因素引起，而其他因素则多为促进缺陷发展的原因。

因此，发现混凝土桥出现缺陷后，必须及时对缺陷进行调查研究，分析缺陷的产生原因、现状、发展趋势，以及桥梁遭受破坏的程度，对使用的影响等，及时采取措施进行维修加固。

二、桥梁车辆荷载设计标准偏低，承载能力不足

（1）正常使用桥梁的承载能力是由其设计荷载标准所确定的。但随着时间的推移、历史的发展，道路运输对桥梁载重的要求也在发展，所以为适应这个要求，道路桥梁的设计规范在不断地进行修订。随着规范的修订，设计用的汽车荷载也在不断增大。

（2）根据“旧规范”设计的许多桥梁却仍在营运使用，而这些用“旧规范”设计的桥梁，其上部结构，如桥面铺装和桥面系构件（如主梁、横梁等）的承载能力，要比现行规范所要求的荷载设计标准为小。这样，在现仍使用的桥梁中，就出现了各种承载能力的桥梁并存的情况。

（3）从现实的交通情况来看，实际行驶的车辆，其载重往往超过桥梁的承载能力。因此，许多旧桥，也可能包括部分近期新建的桥梁，由于荷载等级偏低，承载能力不足，而使桥梁结构受到损坏，乃至危及桥梁的使用性能。

三、桥面净宽偏小，影响桥梁的通过能力

由于道路交通的不断发展，显得许多旧桥的修建标准偏低，桥面窄小，致使车辆不能顺利流畅通过。在此情况下，往往必须采取拓宽加固的措施，从而达到增加桥面净宽，提

高桥面车辆通过能力的目的。

3.4.1.2　梁式桥主要缺陷的种类及原因分析

一、梁式桥主要缺陷的种类

混凝土梁式桥主要缺陷中，除设计荷载偏小，承载能力和通过能力不足是由于人为与客观的原因造成的外，其他主要是由于设计、施工和外界因素等原因造成的，具体分类如图 3-4-1 所示。

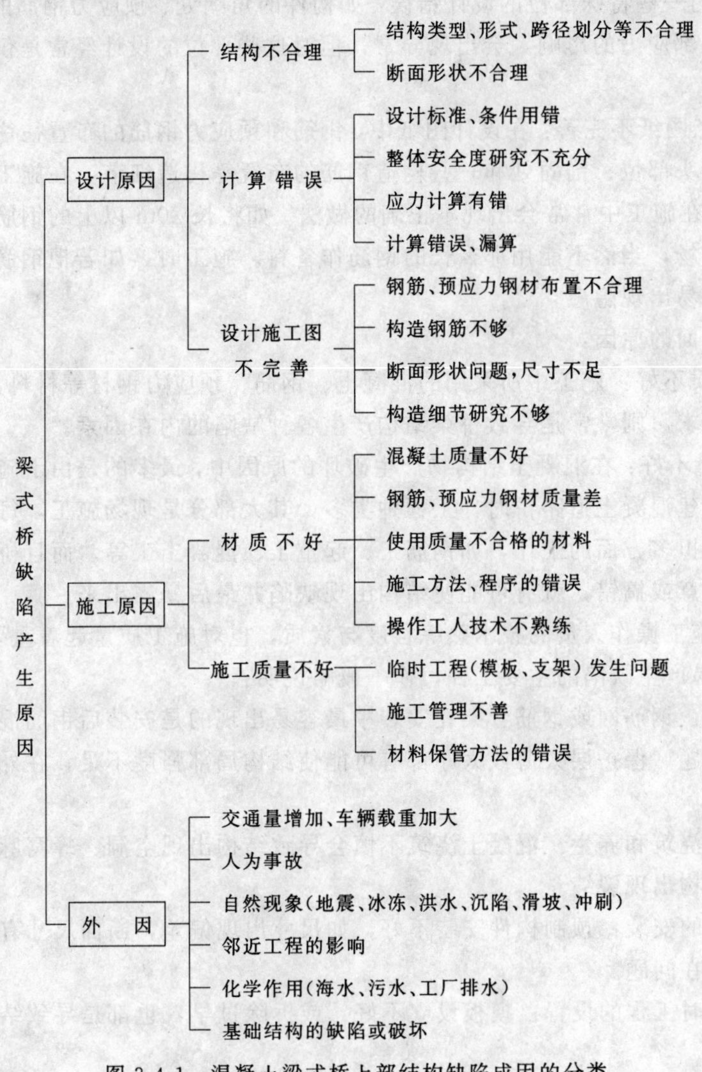

图 3-4-1　混凝土梁式桥上部结构缺陷成因的分类

二、梁式桥上部结构主要缺陷的原因分析

(1) 设计方面的原因：设计上引起缺陷主要有结构不合理、计算上的错误以及设计施工图不完善等三方面。

1) 结构不合理：在桥梁设计方案的选择过程中，一般由桥梁地质条件、施工方法、经济指标、使用要求等多方面的因素来决定所选用桥梁的结构形式。其中包括是采用钢筋混凝土结构，还是采用预应力混凝土结构；是采用简支梁桥，还是采用连续梁或悬臂结构；是采用板梁、还是T形梁、或箱形梁、工字梁等断面形式；最后是跨径的划分和梁高等问题的确定。如果结构选择确定不合理，将会使桥梁建成后有可能发生缺陷。

2）设计计算方面的错误：在桥梁设计计算过程中，由于计算错误和取值差错等原因可能使桥梁建成后就出现问题。同时，在预应力混凝土构件设计中没有很好地考虑二次应力、干燥收缩、徐变影响的情况也是经常有的。很多问题的出现是由于一些设计人员技术水平不高，经验不足，在设计时用错标准，不恰当地确定设计条件和容许应力所造成的。

3）在构件的一些特殊部位的设计错误：如构件的角隅处、预应力钢筋的锚固处，这些部位往往由于局部应力的影响，会出现异常，但对这些部位的设计经常是仅靠一些经验数据，而忽视了计算。

4）设计施工图纸不完善：在设计图纸中，钢筋和预应力钢筋的布置往往是存在一定问题的。如钢筋接头部位、锚固处和一些构造钢筋的布置等构造细节，在施工图纸上有时没有标明，因此，在施工中常常会出现不正确的做法。如将长20m以上的钢筋作为一根示于图中，在施工现场，当然不能用那么长的钢筋作备料。施工时，如若把钢筋接头设置在弯矩最大处，便容易出现隐患。

(2) 施工方面的原因：

1）材料性质不好：施工中所采用的混凝土、钢筋、预应力钢材等材料，如质量不好，不符合规范的要求，则常常是导致桥梁结构产生各种缺陷的内在因素。

2）施工质量不好：在混凝土结构物产生破坏的原因中，最多的是由于施工质量不好引起的。特别是修建混凝土道路桥时，工程种类多，其大部分是现场施工，每个现场施工操作工人往往要负担多方面的工作，如钢筋工、起重工、混凝土工等。而且桥梁工程的工序较多，如果不注意或搞错，就有可能使结构出现缺陷并最后暴露出来。

3）此外，施工操作人员的技术熟练程度与素质，也对施工质量起着重要作用。

4）现就容易产生缺陷的主要工种，作一概略说明：

①钢筋安装：钢筋网或钢筋骨架在安装中最容易出现的是安装后钢筋混凝土的保护层太厚或太薄的问题。保护层太薄或太厚都有可能使结构局部强度不足，在外力作用下而产生破坏。

②混凝土的浇筑和养生：混凝土浇筑不慎会导致结构出现空洞、蜂窝麻面等缺陷；养生不足又会使结构出现裂缝。

③预制构件的安装：预制构件安装不好，如尺寸出现偏差，断面尺寸有可能不足，从而使结构强度存在问题。

④模板等临时工程的设置：模板设立不好，或拆除过早，也都是导致结构产生缺陷的原因。

(3) 外界因素：外界因素是指行驶于桥梁上的车辆流量的不断增加，车辆载重的加大；发生突然事故，如受机械撞击的影响；受到自然界特大灾害，如地震、洪水等的破坏；周围恶劣环境，如海水、污水等化学作用；以及桥梁基础产生破坏，出现不均匀沉陷等因素。这些因素也都是导致桥梁结构产生缺陷的重要原因。

3.4.2 桥梁维修加固的主要方法

3.4.2.1 桥梁维修加固的一般原则

一、桥梁需要加固的现状

(1) 桥梁承载能力不足，按照现行需要通行的车辆进行验算不能满足强度要求。由于重型车辆的增加，原有桥梁承载能力不够而发生损坏现象，或者为使整条路线上或一个路段内桥梁承载能力保持一致，对个别载重能力较低的桥梁，应按目前载重要求，对旧桥进行加固。

评定旧桥承载力可采用理论分析计算或实际荷载试验的方法。采用理论分析计算法评定校核旧桥承载力，并确定其是否需要加固时，又可采用两种做法：

1) 采用实际计算应力与容许应力进行大小比较的分析法。即若实际荷载作用下构件所产生的计算应力大于材料实测容许应力时，则需加固；反之，则仅采用维修养护措施即可。

2) 采用实际计算内力（主要是弯矩）与构件容许内力的比较分析法。即若实际荷载作用下，构件必须承受的最大内力大于构件可能承受的内力时，则需加固；反之，则不必加固。

(2) 桥梁局部产生破损，如裂缝、剥落等，若破损严重，已不能满足强度要求时，应尽快对个别受损构件进行加固，若破损不严重，对强度要求没有影响时，则可以不必加固。

(3) 桥面宽度不足，影响车辆通过能力时，应进行拓宽加固。

(4) 桥梁局部或整体刚度不足，已影响正常使用时，为提高其刚度，需进行加固。

(5) 因战争或遭受特大自然灾害，桥梁受损需进行抢修工作，以及为保证重车临时通过桥梁时的安全，需对桥梁进行临时加固。

二、桥梁加固方法的选用原则

(1) 桥梁加固是一种借加大或修复桥梁构件来提高局部或整座桥梁承载能力或通过能力的措施。因此，桥梁加固工作一般以不更改原建筑形式为原则，只有在复杂的情况下，才更改其结构。

如仅加固仍不足以适应交通运输的需要，必须进行重建桥梁的一部或全部时，则重建桥梁需考虑到将来的发展，并按现行桥梁设计及施工规范进行设计与施工。

(2) 桥梁加固可以有各种不同的方式，视旧桥的情况、承载能力的减弱程度以及今后的任务而变。桥梁的加固一般有如下几种：

1) 扩大或增加原结构构件截面，以提高原结构的强度和刚度。

2) 以新的结构代替旧的应力不够的结构。

3) 改变原结构的受力体系，使原结构减少受力。

4) 对原结构施加外应力（如预应力），以改变原结构的受力图形，达到提高桥梁刚度和强度的目的。

(3) 采用扩大或增加桥梁构件截面的方法进行加固时，应特别注意新加部分与原有部分的结合，使其成为一个整体起到加固作用。

(4) 不管采用何种加固方案，都应考虑投资少、工效快、不中断交通、技术上可行、有较好的耐久性等方面的要求。

3.4.2.2 桥梁维修加固的主要方法

(1) 扩大或增加构件截面法：此法包括下列几种形式：

1) 桥面补强层加固法。

2) 增加梁截面和配筋加固法。

3) 钢板粘贴或增设其他钢梁，以作成组合梁的加固法。

(2) 改变结构体系法：

1) 增设纵梁法。

2) 增设立柱或桥墩，使简支变连续，或改桥为涵的改变结构体系法。

(3) 对结构施加预应力的预应力法。

(4) 更换部分或全部主梁的换梁法。

桥梁维修和加固的主要方法于表 3-4-1。

桥梁维修加固的主要方法 **表 3-4-1**

序号	维修加固方法	特点与施工说明	简单示意图
1	增设纵梁法	在墩台地基安全性能好、并有足够承载能力的情况下，可增设承载力高和刚度大的新纵梁。当基础承载力不足时，必须同时对基础采取加固措施。新增主梁与旧梁连接，共同受力，从而达到提高桥梁承载力的目的。当新增主梁位于两侧时，则兼有加宽的作用	新增主梁 新增主梁
2	桥面补强层加固法	通过一定的工艺和结构措施，在梁顶面(桥面)上加铺一层钢筋混凝土面层，使其与原有主梁形成整体，达到加厚主梁高度和增大梁的抗压截面的目的，以提高桥梁的承载能力。其特点是： (1) 施工简便，亦较经济。但加铺梁面层后，静载增加，承载力提高不显著； (2) 施工时需凿除原有桥面铺装，同时考虑到新旧混凝土相结合，新浇混凝土的干燥收缩影响等，尚需设置连续钢筋和钢筋网； (3) 此法利于在抗压截面较小的场合使用； (4) 浇筑后混凝土须经养护，故必须对交通加以限制	新加部分 新加部分
3	增大梁截面和配筋加固法	在梁底面或侧面，加大钢筋混凝土截面(增配主筋)，使梁抗弯截面加大，提高梁的承载能力，其特点是： (1) 为加强新旧混凝土的结合，需对旧梁面进行凿毛工作，操作麻烦、凿除工作量大，常需在桥下搭设脚手架； (2) 对T形梁有采用底面及侧面同时加大，以及底部马蹄形加大两种加固形式； (3) 加固效果显著，适用于梁桥及拱桥对拱圈的加固	侧面与底面加强 马蹄形加强

续表

序号	维修加固方法	特点与施工说明	简单示意图
4	型钢粘贴锚固法	用环氧树脂类粘结剂，将钢板（或槽钢）粘贴锚固在混凝土结构的受拉缘或薄弱部位，使其与结构形成整体，以钢板代替钢筋作用，提高梁的承载能力。 关键是钢板与原混凝土结构的粘结是否牢固，能否耐久，这是有待研究的问题	粘贴钢板
5	改变结构体系加固法	通过改变桥梁结构体系，如在简支梁下增设支点(墩台)，缩短桥跨，或把相邻两跨简支梁加以连接，从而使简支梁变成连续梁。对于小桥，还可采用改桥为涵的形式，来提高桥梁的承载能力。前者，一般为临时通过重车的应急措施，后者则必须视通航及排洪灌溉要求而定	新增钢筋 新增墩台 改桥为涵
6	预应力加固法	应用预应力原理，以梁身为锚固体，通过张拉，对梁的受拉区施加压力，以抵消部分自重应力，减少在活载作用下的应力增量(对梁起卸载作用)，从而减少和避免梁上出现裂缝，提高梁的耐久性，可作为重车通行的临时加固手段，也可作为永久性提高桥梁荷载等级的措施	预应力钢丝索或钢拉杆

3.4.3 桥面铺装层的维修与加固

3.4.3.1 概述

(1) 桥面板的作用：

1) 道路桥梁桥面行车道板，起着直接承受作用于桥面铺装上的荷载，并传递分配荷载的作用。

2) 桥面板与铺装层、伸缩缝一起，都直接承受汽车车轮荷载的作用，应力集中显著。加上行车道板计算跨径较小，故其所受应力变化与冲击影响也较大。因此，可以说桥面板是道路桥的主要构件中承受荷载和应力最大的构件之一。

3) 近年来，随着过桥车辆的日趋大型化、重型化以及交通量的迅速增长，车辆对桥梁构件的冲击力增加，应力超过的频率、疲劳的影响都越来越大。这样，就使得桥面板处于极其严酷的使用状态，因此，钢筋混凝土桥面板破坏的情况时有发生。

(2) 桥面板产生破坏的影响：

1) 钢筋混凝土桥面板出现破坏的形式，一般和其他混凝土构件相同，有裂缝、磨耗、剥离、露筋、锈蚀，严重的还会出现碎裂、脱落、洞穴等。

2）桥面板出现破坏的原因是多方面的，主要还是设计不当，施工质量不良以及使用中遭到外界荷载的影响等。

3）桥面板出现碎裂、脱落等破坏现象后，将直接影响车辆的过桥通行，危及交通安全。因此，必须采取各种维修和加固措施，对其进行维修与加固。

3.4.3.2　桥面板的修补措施

（1）桥面板出现表面碎裂、脱落或洞穴现象后，必须采取局部修复的方法进行维修。修复时，将破损部分全部凿除如图 3-4-2 所示，再浇筑新鲜混凝土，并注意加强养护。

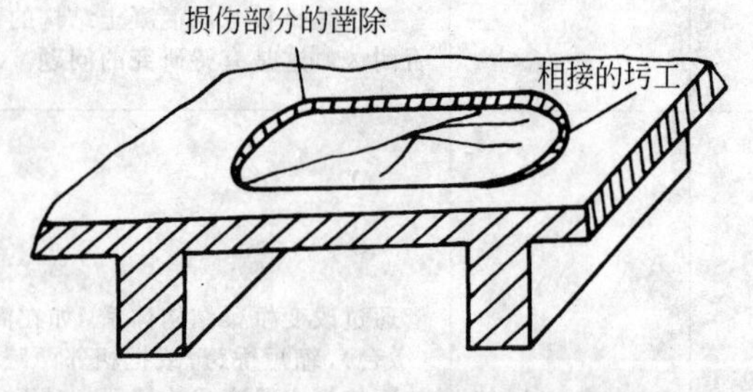

图 3-4-2　钢筋混凝土桥面板的局部修复

（2）在上述情况下，如桥梁负荷能力允许的情况下，也可采用加铺一层 2～3cm 厚的沥青混凝土的方法进行修补。

（3）桥面板的碎裂和其他损坏特别显著、混凝土质量或施工状况特别不良，且无适用的修补方法或无法期待修补效果时，就必须采取重新浇筑新的混凝土桥面板等措施。

（4）根据其桥面损坏产生原因的不同，桥面板损坏的修补措施如表 3-4-2 所列。

桥面板损坏的修补措施　　**表 3-4-2**

序号	损坏原因	修补措施
1	过大的轮重作用	加固桥面板，限制车辆载重
2	过大的冲击作用	桥面铺装、伸缩缝装置的养护维修
3	设计承载能力不足	加固桥面板、重新浇筑混凝土或更换桥面板
4	混凝土质量与施工不良	重新浇筑桥面板或更换桥面板
5	分布钢筋数量不足	加固桥面板
6	由于主梁作用产生负弯矩或拉应力作用	加固桥面板
7	桥面板的刚度不够	加固桥面板（增大桥面板刚度或缩短跨径）
8	桥面板自由边的过大弯矩的作用	设置横梁、加固桥面板或重新浇筑部分混凝土
9	由于支承梁的不均匀下沉而产生的附加弯矩作用	设置横梁分担主梁的荷载及加固桥面板

3.4.3.3　桥面补强层加固法

（1）桥面补强层加固的常用方法：

1）在旧有混凝土或钢筋混凝土桥面板上，重新加铺一层混凝土或钢筋混凝土补强层，这种方法称为桥面板补强层加固法。此法既能修补已出现裂缝、剥离等损坏的桥面板，又能加高原有梁板的有效高度，增加梁板的抗弯能力，改善铰结梁板的荷载横向分布，从而提高桥梁的荷载能力。

2）采用桥面补强层加固施工比较方便，可与一般修筑桥面混凝土铺装层一样进行。这种加固法对双车道或桥面拓宽的梁板桥，可以两边分开先后施工，对交通影响不大。同时，还可结合道路路面维修养护工作一起进行，有利因素较多。

3）桥面补强层加固的常用方法有：采用钢筋网与混凝土、钢筋钢与膨胀混凝土、钢纤维混凝土等，桥面补强层加固方法种类如表3-4-3所示。国内采用最多的是钢筋混凝土补强层加固。

(2) 桥面补强层加固法的设计计算：桥面补强层加固设计计算的前提是，补强层能与旧桥面（梁面）结合良好，能成为一个牢固的整体。《桥规》规定：当水泥混凝土铺装层与板能共同受力时，板的计算厚度可计入扣除磨耗层（不少于2cm）后的水泥混凝土铺装层的厚度。可见，计入补强层厚度后的构件强度计算与通常钢筋混凝土梁一样。

桥面补强层加固方法种类 **表3-4-3**

补强层加固方法	构造简图
钢筋 + 普通混凝土 (或干硬性混凝土)	7.3cm；钢筋；普通混凝土补强层；接合面凿成齿形缝；原有桥面
钢筋 + 膨胀混凝土 或干硬性混凝土	7.3cm；钢筋；膨胀混凝土补强层；齿形缝；原桥面
钢纤维混凝土	8cm；钢纤维混凝土补强层；原桥面

3.4.3.4 桥面补强层加固法的施工

(1) 桥面补强层加固法的施工工艺流程：

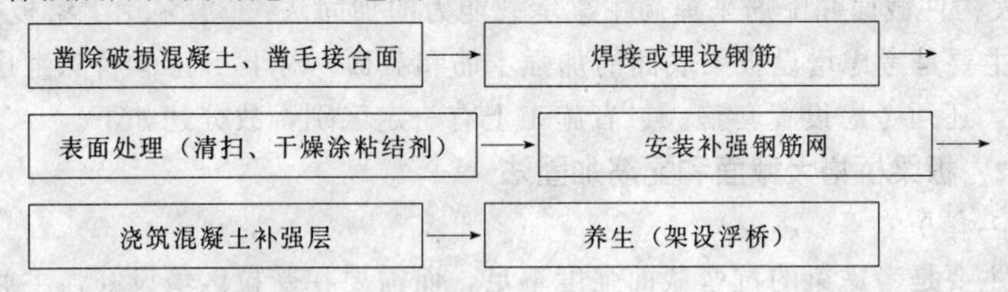

(2) 桥面补强层加固法的施工措施

桥面补强层加固法能否达到预期效果，关键取决于新旧混凝土能否牢固地形成一个整体。因此，为确保新旧结构共同受力的可靠性和耐久性，需要从施工工艺上采取适当措施，以提高新旧混凝土的粘结程度。一般可采用的措施有：

1) 对旧桥面进行凿毛处理：先凿去桥面铺装（若为沥青混凝土铺装层，则务必全部凿除），然后再凿去部分梁顶面混凝土，约2cm左右，并使表面粗糙，成齿状形，箍筋外露。

2) 对结合面进行适当处理：如采取清扫、干燥等措施。

3) 为使新旧混凝土有更好的粘结性，在凿毛后的混凝土面上可涂抹一层胶结剂，例如1∶0.4铝粉水泥浆、1∶1铝粉水泥砂浆、环氧胶液等。

4）加设新旧混凝土之间的联系钢筋：可在旧混凝土层上设置钢筋锚，加设钢筋锚示意如图 3-4-3 所示，也可把补强层钢筋网与底层钢筋焊接。

5）采用干硬性混凝土或钢纤维混凝土浇筑补强层，以减少新浇混凝土的收缩，从而减少新旧混凝土之间产生的差动收缩力，提高补强效果。

6）补强层混凝土浇筑后，应加强养护，避免使补强层过早受力，故可采取在桥面上架设临时浮桥的方法，如图 3-4-4 所示。

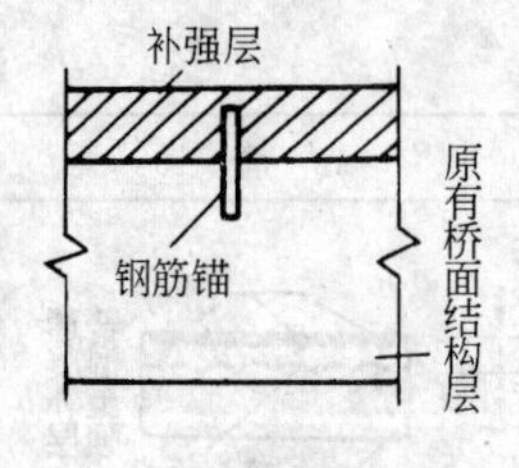

图 3-4-3 加设钢筋锚示意

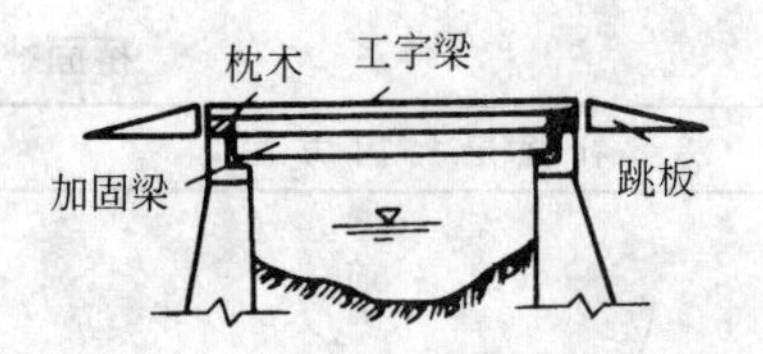

图 3-4-4 为避免补强层过早受力而设置浮桥的示意图

3.4.4 增大梁截面和配筋加固法

3.4.4.1 概述

（1）当梁的强度、刚度、稳定性和抗裂性能不足时，通常可采用增大构件截面和增加配筋的加固方法。

（2）对抗拉强度不足的简支梁桥进行补强施工时，可在梁底部或侧面增配补强主筋，或在腹板上增设补强箍筋，然后喷涂或浇筑混凝土，从而使梁的抗弯截面增大，以提高梁的承载能力。

（3）增大梁截面和配筋加固法的优点是，能在桥下施工，不影响交通，加固工作量不大，而且加固的效果也较为显著。因此，在桥梁结构补强加固中，是一种应用较多的方法。

（4）增大构件截面和配筋来提高主梁承载能力的加固法，一般多用于梁板桥的加固。对于板梁桥，主要是考虑增设板梁底面的加强主筋和截面；对于 T 形梁桥除考虑增设梁底主筋和截面外，还须考虑设置套箍。二者施工上有一定区别，故分述如下。

3.4.4.2 板梁桥增大截面和配筋加固法

一、施工程序

桥梁桥主要是考虑梁的抗弯截面强度不足，而需要在受拉区增设补强主筋，并使其与原主筋能够连接牢固，共同发挥作用。因此，加固施工时要按下述程序进行。

（1）凿槽、配设补强钢筋。首先沿着原构件底部主筋部位下面凿槽。槽不宜过宽过深，以不影响补强钢筋的放置及焊接为度，并尽量减少原主筋周围混凝土的握裹力损失。槽凿好后，接着剪断原有钢筋，放入补强钢筋。

（2）将补强钢筋与原主筋焊接。焊接时一般可采用焊一段空一段的间断焊接方式（焊缝长约 6～8cm），以免温度过高影响混凝土质量。剪断的钢箍可焊在补强钢筋上，使其形成较为牢固的钢筋骨架。

（3）将板梁底部的混凝土表面凿毛、清洗干净。

（4）喷涂或浇筑砂浆或混凝土覆盖，以形成新旧钢筋混凝土结合良好的断面。混凝土或砂浆覆盖层不宜太薄，其厚度应符合钢筋混凝土截面保护层的要求。

二、施工措施和要求

为确保桥梁的加固工作获得预期要求，施工中特别要注意采取各种有效措施，使工程质量得到保证。

(1) 为避免在焊接钢筋时，因温度过高而烧坏混凝土，影响混凝土与钢筋之间的握裹力，焊接钢筋时可用湿布裹住焊接附近的钢筋，使之降温。对烧坏的混凝土要尽量凿除干净。另外，由于钢筋受热而伸长以及自重的影响，钢筋有下垂现象，对下垂钢筋要用木棍顶住，再焊接箍筋。

(2) 为保证新旧混凝土的接合，减少因变形而产生的接合裂缝，在喷涂砂浆或浇筑混凝土前，应用压力水冲除接合部位的余灰，使其湿润。通常可采用早强砂浆、早强混凝土或膨胀混凝土喷涂或浇筑。

(3) 加强新浇水泥砂浆层或混凝土层的养生工作。同时，为避免因过早行车而影响工程质量，也可采用架设浮桥的方法。

(4) 为便于混凝土的浇筑，可采用在桥孔下设置轻便托模的方法。托模的作法是：模板用 8 号铅丝吊在桥底，用木撑撑住模板，再用钢丝绳将长木方吊在人行道立柱根部，以保证模板稳定，使振捣时不易变形。

(5) 当为避免影响桥下通航时，还可采用悬挂式脚手架的形式进行施工。施工时，在桥的两侧钢筋混凝土栏杆上系绕直径为 20mm 左右的钢丝绳，并穿过泄水孔兜住桥面，桥下一头钢丝绳捆扎圆木，上面加方木再满铺 5cm 木板作为施工作业之用，脚手顶面距梁底 2m 左右以便施工操作。

3.4.4.3 T 形梁增大截面和配筋加固法

T 形梁底及腹板采用加置钢筋，然后喷涂或浇筑一层砂浆或混凝土以增大梁截面的加固法，如图 3-4-5 所示，将提高弯曲应力的钢筋放在梁下面的水平面上，并将加强剪应力的钢筋箍放在梁的竖向上，以达到加固补强的目的。其施工程序如下：

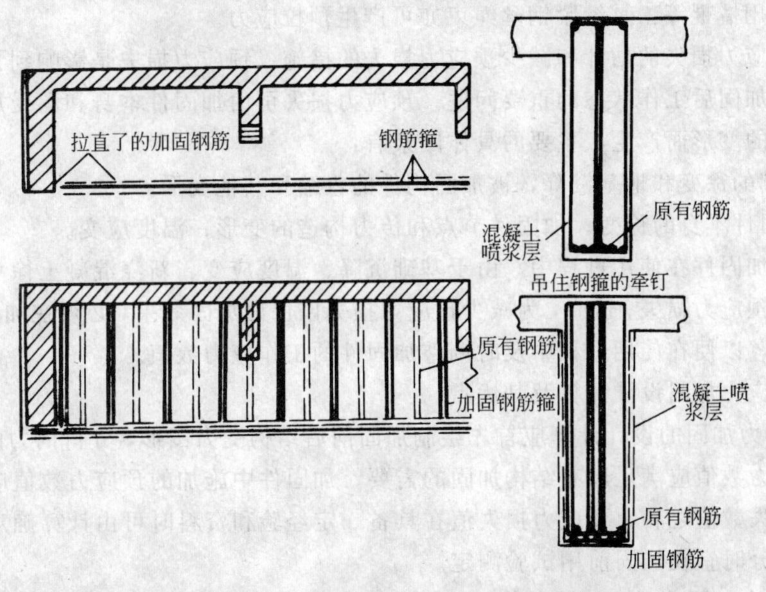

图 3-4-5 用增配主筋和套箍的方法加固钢混凝土梁

（1）把梁底面的混凝土保护层凿去，如需作套箍，两侧腹板表面也需凿毛。要求将表面砂浆凿出粗纹，露出石子颗粒。凿毛后即进行下面焊接钢筋及浇筑混凝土的工作，以免凿毛部分污染，影响新旧混凝土的结合。

（2）在暴露的原有主钢筋上焊上需要的补强钢筋。补强钢筋的尺寸和数量，应按强度计算确定。

（3）在侧面腹板上加上需要补强的钢筋箍，钢筋箍的距离应按计算确定。用埋入梁中的销钉把钢筋箍固定，并用铁丝与纵向加固钢筋扎结起来（或用焊接）。钢筋箍的上端应埋入桥板中去。

（4）立模浇筑混凝土，并恢复保护层。一般用小石子混凝土浇筑。

（5）认真养护。

3.4.5 预应力混凝土桥梁加固法

3.4.5.1 概述

对于钢筋混凝土或预应力混凝土梁板，采用对受拉区施以预加压力的加固，可以抵消部分自重应力，起到卸载作用，从而能较大幅度地提高梁的承载能力。用预应力方法加固桥梁结构时，应考虑的主要问题有：施加预应力的方式方法；预应力损失的估计和减少预应力损失的措施；以及预应力加固的计算等。

（1）施加预应力的常用方法：用预应力法加固钢筋混凝土或预应力混凝土梁板，其加固件一般采用钢杆、粗钢筋或钢丝索等钢材。施加预应力的方法有纵向张拉法、横向张拉法和纹紧钢丝束等。纵向张拉法在施加的预应力数值较小时可采用螺栓、丝杆、花篮螺丝等简易拉紧器进行张拉。在施加的预应力较大时，可采用手拉葫芦、千斤顶张拉或电热法张拉。横向张拉法基本原理是在钢拉杆中部施加较小的横向外力，从而可在钢拉杆内获得较大的纵向内力。由于横向张拉外力一般并不很大，采用螺栓、丝杠、花篮螺丝等简易工具即可。采用撬棍等工具绞紧钢丝绳束亦可产生预拉应力。

（2）预应力损失的估计和减少预应力损失的措施：预应力损失是影响到预应力加固的适用范围和加固后工作状态的重要问题。预应力损失可由加固件本身和承受加固件作用的结构两方面的变形而产生，主要的具体因素有：

1）基础的徐变和地基沉降，被加固构件的收缩和其他变形。

2）加固件本身的徐变；加固件节点和传力构造的变形；温度应变。

预应力加固件在使用过程中，由于基础沉降、温度应变、新浇混凝土徐变等具体原因将产生较大预应力损失，这时，为减少预应力损失以保证加固效果，必须在加固过程中，预留构造措施，以便在使用过程中及时调整加固件的工作应力数值。

（3）预应力加固设计计算及其优点

1）预应力加固的设计计算应首先绘制加固前后结构受力图形，分析内力的变化。加固件中工作应力数值应满足原有结构加固的需要。加固件中施加的预应力数值应为工作应力和预应力损失数值之和。预应力损失值在具备一定经验和资料时可由计算确定，在经验和资料尚不充分时宜在加固前用试验测定。

2）预应力加固法具有许多优点，如加固效果好工作可靠，可以减少或限制结构的裂缝和其他变形；对桥梁营运使用的影响较小，可在不限制通行的条件下完成加固施工；在人力、物力和资金消耗方面也具有明显的经济合理性。因此，预应力加固法既可作为桥梁通过重车的临时加固手段，又可作为永久性提高桥梁荷载等级的措施。

3.4.5.2 预应力拉杆加固钢筋混凝土梁板

钢筋混凝土梁板是受弯或以受弯为主的横向受力构件。其预应力补强加固一般采用预应力拉杆，常用的拉杆体系有三种：水平的预应力补强拉杆、下撑式预应力补强拉杆以及组合式预应力补强拉杆。各种拉杆体系的结构和加固原理分述如下：

一、水平的预应力补强拉杆加固法

(1) 对于钢筋混凝土或预应力混凝土的T形梁或工字梁桥，可采用在梁断面的受拉侧，即在梁底下加设预应力水平拉杆的简易补强方法进行加固。加固结构如图 3-4-6 所示。

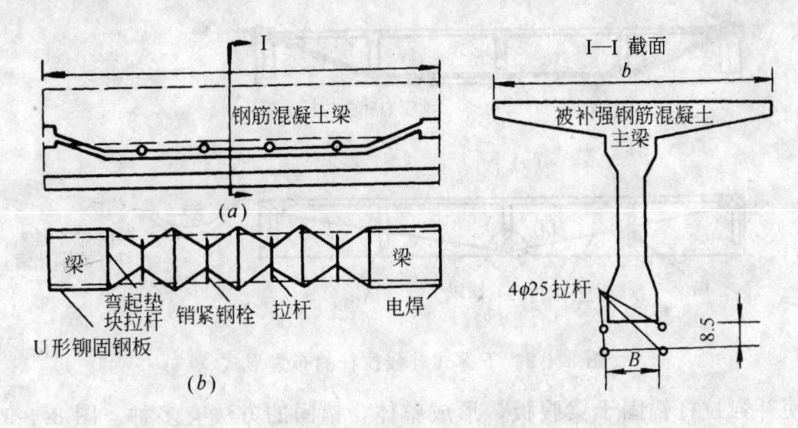

图 3-4-6 水平的预应力补强拉杆加固法（单位：cm）

(a) 梁底拉杆侧面示意图；(b) 梁底拉杆仰视示意图

(2) 从图 3-4-6 中可以看到，当拉杆安装并通过紧销钢栓实施横向拉力后，钢拉杆内将产生较大纵向拉力，于是，梁受拉区就受到拉杆顶压应力的作用，梁中受拉应力也就相应减少。

(3) 从加固的原理上看，这种补强加固法可提高梁构件正截面抗弯承载力，但不能提高支座附近斜截面拉剪承载能力。

二、下撑式预应力补强拉杆加固法

(1) 将水平的补强拉杆在接近支座处向上弯起，锚固于梁板支座的上部，弯起点处增设传力构造，再施加预拉应力。这种加固装置即为下撑式预应力补强拉杆的加固方法。

(2) 在桥下净空许可的条件下，可采用如图 3-4-7 所示的下撑式补强拉杆加固梁式钢筋混凝土梁的方法。

(3) 这种加固法的预应力补强拉杆用钢材做成，拉杆弯起点设立柱，立柱用钢筋混凝土或混凝土做成。立柱一般设在 1/4 跨径的地方，以使预应力加固件的斜拉杆与水平线的角度为 30°～45°。

(4) 预应力加固件的斜拉杆，装在被加固的梁的两端。在钢筋混凝土梁上凿开一个安放垫座的位置，割去一部分梁的钢筋箍和竖钢箍，将用角钢或槽钢做成的支承垫座安放在凿好的洞内，并与斜拉杆成垂直角。斜拉杆的一端插入支承垫座内用螺帽扣紧，另一端在

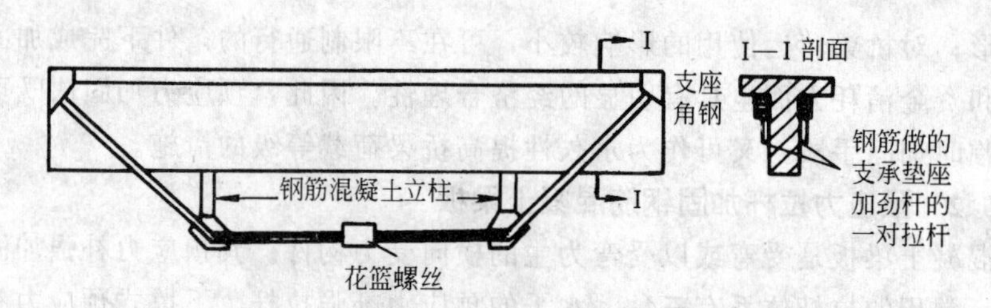

图 3-4-7　下撑式加劲拉杆加固钢筋混凝土梁

立柱下面用一对节点钣和水平拉杆结合。装好之后，用花篮螺丝把加劲的水平拉杆拧紧。为减少对桥下净空的影响，预应力补强拉杆也可布置在主梁腹部的两侧（中和轴以下）。图 3-4-8（*a*）和（*b*）为两种不同的布置形式。

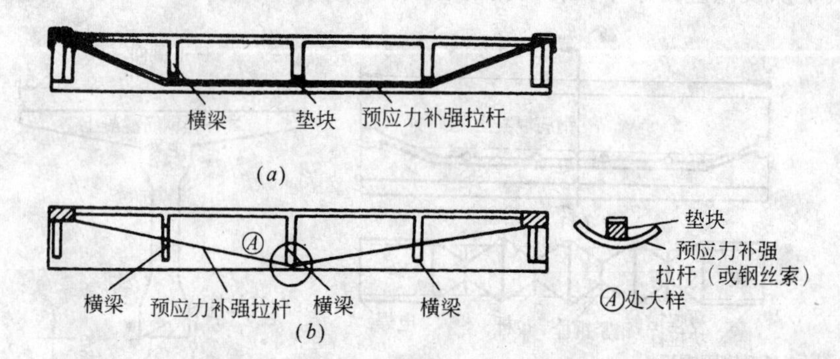

图 3-4-8　下撑式补强拉杆的布置形式

（5）为使补强拉杆锚固于梁腹板，形成整体，锚固的方法有多种。图 3-4-9（*a*）为用夹具锚固的情况；图 3-4-9（*b*）为用钢板套箍锚固的情况。

由于下撑式预应力补强拉杆布置较为合理，拉杆中施加预应力后，通过拉杆弯起点的支托构件传力，于梁结构产生作用力，起到卸载的作用。这种加固方法的优点是可对受弯构件垂直截面上的抗弯强度和斜截面上的抗剪强度同时起到补强作用。此法加固效果显著，构造妥善时可将原结构的承载能力增大一倍。

三、组合式预应力补强拉杆加固法

组合式预应力补强拉杆加强法是既布置有水平补强拉杆，又布置有下撑式补强拉杆的组合式预应力加固方法，见图 3-4-10 所示。

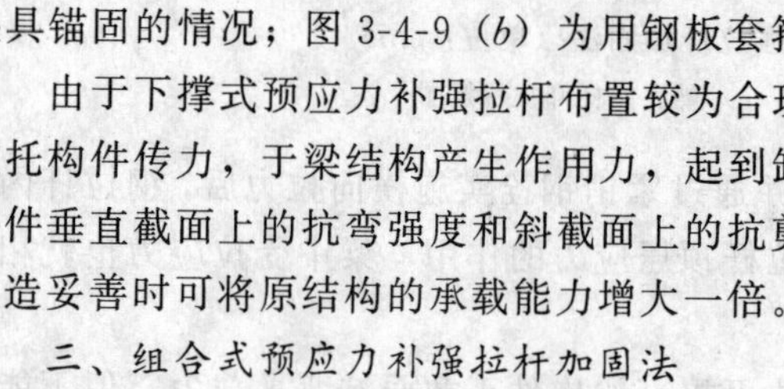

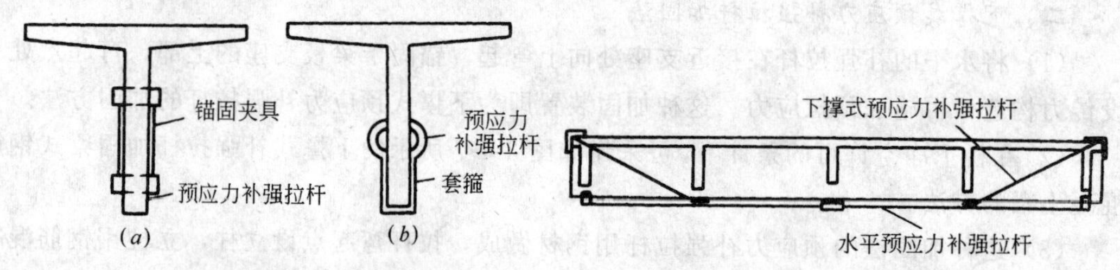

图 3-4-9　补强拉杆锚固于梁腹的方法

（*a*）用夹具锚固；（*b*）用套箍锚固

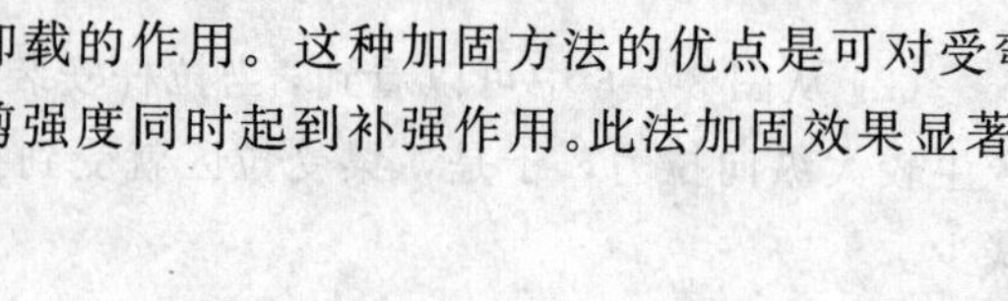

图 3-4-10　组合式预应力补强拉杆加固钢筋混凝土梁

组合式预应力补强拉杆的加固法既具有下撑式预应力补强拉杆可同时提高抗弯、抗剪强度的优点，又可在必要时将通常安设的两根拉杆增加到四根（两根为水平拉杆），从而可更大幅度地提高承载能力。

上述三种预应力补强拉杆加固法的采用，可根据具体情况进行选择。从补强的内力种类来看，当梁板跨中受弯强度不足而斜截面上抗剪强度足够时，可考虑采用水平的预应力拉杆及其他两种拉杆。当梁板支座附近斜截面抗剪强度不足时，则应采用下撑式和组合式预应力拉杆。从要求补强的数量大小来看，承载力增加较小时可采用水平的或下撑式拉杆，要求补强加固后承载力能提高较大时，宜采用组合式补强拉杆。

3.4.6　钢板粘贴补强和改变结构体系加固法

3.4.6.1　钢板粘贴补强法

一、概述

钢板粘贴补强法是采用环氧树脂系列胶粘剂将钢板粘贴在钢筋混凝土结构物的受拉缘或薄弱部位，使之与结构物形成整体，用以代替需增设的补强钢筋，提高梁的承载能力，达到补强效果的一种加固方法。

用粘贴钢板来加固桥梁，在国外已得到广泛的应用，国内也有不少应用实例，这是因为这种加固法具有如下优点：

(1) 不需要破坏被加固的原有结构物，加固工程几乎不增大原结构的尺寸。

(2) 尽管工程质量要求很高，但施工时并不要求高级的专门技术人员操作。

(3) 能在短期内完成加固工程，较快地恢复桥梁的通车。

(4) 几乎可以不改变具有历史价值建筑物的原有艺术特点。

二、钢板粘贴补强法的设计

许多试验结果表明，粘贴后钢板与原有结构能够共同作用。因此，补强设计时，钢板可作为钢筋的断面来考虑，将钢板换算成钢筋，原有构件承受恒载与活载，增加的钢板承受原有构件承受不了的那部分活载。另外，采用的钢板厚度必须比计算出的厚度大些，根据施工要求，大多使用4.5～6mm厚的钢板。

有关钢板加固的形式可按实际需要，采取不同方式。图3-4-11为环氧树脂粘贴钢板加固。

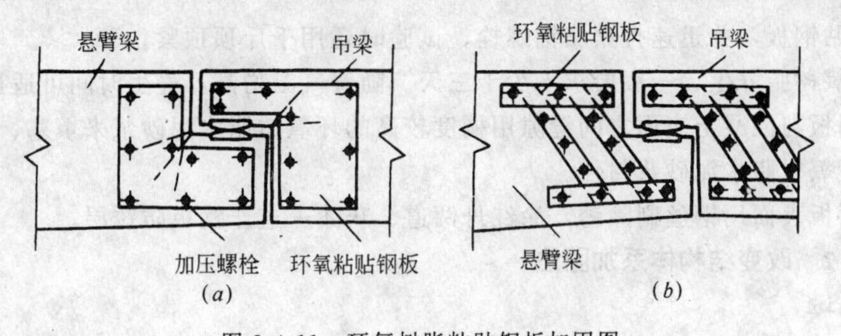

图3-4-11　环氧树脂粘贴钢板加固图

三、钢板粘贴补强法的施工工艺

(1) 钢板粘贴依据采用粘结剂的不同，其施工工艺也有所不同。若胶粘剂为液状时，用注入施工法；若胶粘剂为胶状时，用压贴施工法。钢板粘贴补强的不同施工法可参见图3-4-12所示。

(2) 上述两种施工工艺仅是在胶粘剂的使用方法上有所不同。前者在钢板安装后用注入法加入；后者是在钢板粘贴前用涂刷法事先涂好；而其他施工工艺过程没有什么区别。现

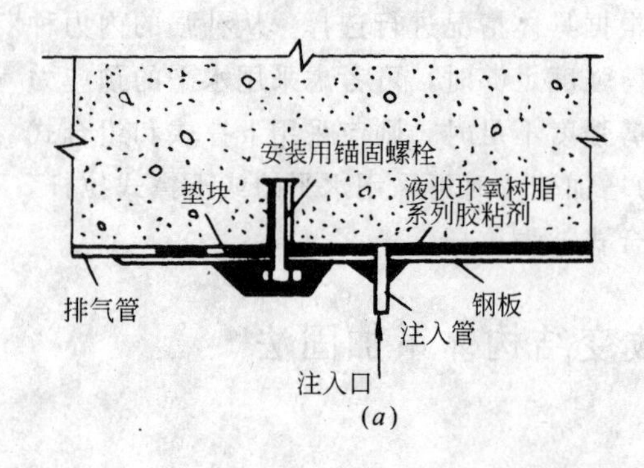

(a)

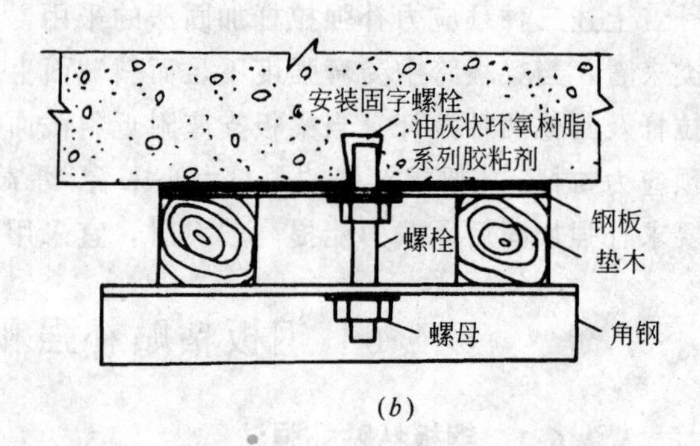

(b)

图 3-4-12　钢板粘贴补强的不同施工法

(a) 注入施工法；(b) 压贴施工法

把压贴施工法的施工过程叙述如下：

1）对被粘贴钢筋混凝土梁或板进行表面处理。将梁底粘贴部位混凝土表面用砂轮磨平，并基本达到能见到混凝土粗骨料的程度。

2）制作用于粘贴加固的钢板，并对其表面进行处理，钢板按所需尺寸切割而成。钢板表面在粘贴面可采用刨床加工成菱形，格状刻痕，以增加粘结性能。钢板除锈采用手工操作钢丝刷除锈，有条件时采用喷砂除锈。

3）用冲击电钻在钢板与混凝土底面上钻孔，钢板钻孔可采用梅花形布置。钻孔后，在混凝土底面上安装好胀锚螺栓。胀锚螺栓可采用M8×90定型产品。

4）用丙酮清除钢板表面油脂，用刷子清除混凝土表面灰尘。

5）配制环氧树脂粘结剂。环氧树脂粘结剂的配制和使用可参见本手册［3.3.6.3］中的有关内容。

6）在钢板和混凝土粘结面上用刮刀均匀涂刷配制好的环氧树脂打底层。

7）在钢板及混凝土粘结面已打好底层后，再用刮刀在钢板上均匀涂刷配好的环氧树脂粘结剂。

8）压贴钢板，并迅速拧紧胀锚螺栓，试验时还用千斤顶顶紧。

9）环氧树脂养生，一般要求不少于三天。随着气温增高，养生时间可适当减少。

10）钢板与混凝土表面之间缝隙用稠度较高的环氧树脂水泥砂浆来填塞、勾缝，胀锚螺栓帽用环氧树脂水泥砂浆封住。

11）钢板表面用钢丝刷除锈，涂红丹两道、灰漆一道作钢板防锈层。

3.4.6.2　改变结构体系加固法

一、概述

(1) 改变结构体系法是通过改变桥梁结构体系（如在简支梁下增设支架或桥墩；或把简支梁与简支梁加以连接，从而由简支变为连续；或者在梁下增设如钢桁架等的加劲梁或叠合梁；或者改小桥为涵洞等）以减少梁内应力、提高承载能力的一种加固方法。

(2) 改变结构体系的方法很多，然往往皆要在桥下操作，或设置永久设施，因而影响桥下净空。因此，要在不影响通航及桥梁排洪能力的情况下使用。

(3) 该法由于加固效果较好，因此是目前国内外用来解决临时通行超重车辆常见的一种加固措施。重车通过后，临时支墩可以随着拆除，故对通航、排洪影响不大。

二、简支变连续梁加固法

(1) 如上所述，采用在简支梁下增设临时支墩或把相邻的简支梁加以连接的方法，可改变原有结构物的受力体系，由简支梁变为连续梁。

(2) 将多跨简支梁的梁端连接起来，变为多跨连续梁，以改善结构的受力状况，提高桥梁的承载能力，其基本做法如下：

1) 掀开桥面铺装层，将梁顶保护层凿除，使主筋外露，并将箍筋切断拉直。然后，沿梁顶增设纵向受力主筋，钢筋直径和根数依梁端连接处所受负弯矩大小配置。

2) 浇注梁顶加高混凝土和梁端接头混凝土。

3) 拆除原有支座，用一组带有加劲垫板的新支座代替原有的两个支座。

4) 重新做好桥面铺装，恢复通车运行。

三、加劲梁或叠合梁加固法

采用加劲梁或叠合梁以增强主梁的承载能力，也是常用的改变桥梁结构体系的一种加固法。加劲梁或叠合梁的形式有多种，见图 3-4-13 所示。

采用加劲梁或叠合梁加固时，应根据加固时结构体系转换的实际受力状态，分清主次，进行合理的抽象和简化，得出计算图式，进行补强计算。因实际结构比较复杂，各种结构部分之间存在着多种多样的联系，而决定联系性质的主要因素是结构各部分的刚度比值。故新旧结构体系可依据相对刚度大小分解为基本部分和附属部分，以分开计算其内力，如分成主梁与次梁、主跨与附跨，并注意略去结构的次要变形，从而获得较简明的力学图式。

四、改桥为涵加固法

对于跨径较小的桥梁，在不影响通航和排洪能力的情况下，可采用改桥为涵的方法进行加固，如图 3-4-14 所示。

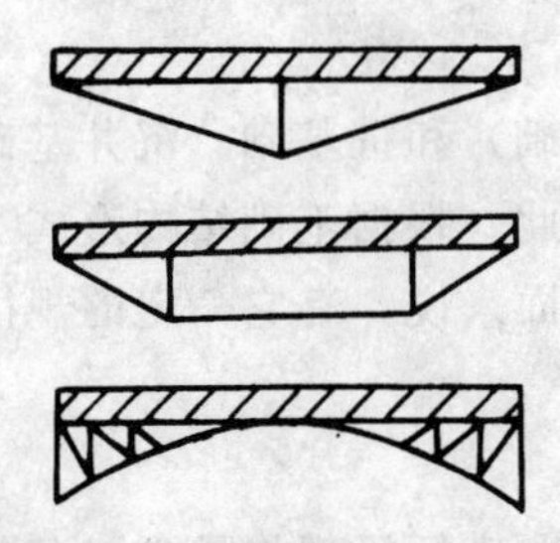

图 3-4-13 加劲梁或叠合梁加固法

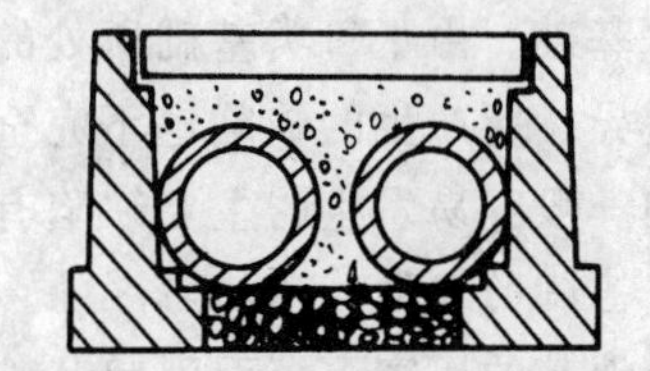

图 3-4-14 改桥为涵的构造示意

3.5 桥梁下部结构的维修与加固技术

3.5.1 桥梁墩台基础的缺陷

3.5.1.1 概述

墩台和基础是桥梁的重要组成部分，是直接承受桥梁上部结构的荷载，同时将荷载传递给地基的受力结构。桥台使桥梁与路堤相连接，因此，它除了承受上部构造的荷载外，还要承受来自台后路堤填土的土压力。而桥墩所受的外力则比桥台要大一些，除了承受上部构造荷载外，还要承受风力、流水压力、冰压力、浮力以及在特殊情况下可能发生的船只或漂流物的撞击力等的作用。

桥梁墩台基础在长年使用过程中，还将受到自然界各种因素的影响作用，如大气、雨水的侵袭，洪水的冲刷。在地震区，还不可避免地受到地震力的作用。此外，由于过桥车辆的日益重型化，实际上大部分荷载强度已超过设计规范规定的负荷要求，墩台的负荷强度在不断地增加，经常受到过重活荷载的作用。这样，桥梁墩台基础在建造过程中或建造后经多年使用后，将会出现不同程度的损坏，产生各种缺陷。

3.5.1.2 桥梁基础的缺陷

桥梁基础大致可分为天然地基上的浅基础（明挖基础）和桩基础、沉井基础以及混合基础等深基础。由于每类基础所处的条件不尽相同，因此，根据基础结构形式及修筑基础地形的差异，所产生的缺陷也不完全相同。但从总的方面来说，有它一定的规律性。桥梁基础结构一般容易发生的主要缺陷有：

一、基础的沉降和不均匀沉降

由于地基的压密下沉而引起基础沉降，这对于任何一座桥梁都将是难以避免的，在一定范围内这是正常现象，而超出一定的范围则将对桥梁产生有害的影响。在软土地基上修建的桥梁基础，由于经常受到土基压实下沉和地下水位升降等的影响，往往还会产生不均匀的沉降。

为此，在桥梁施工过程中或通车后相当长的一段时间内，应定期和及时地做好基础沉降变位的观测分析工作，以便了解基础的沉降情况及发展趋势，分析沉降和不均匀沉降对桥梁结构的影响，并对有害的基础沉降采取有效的防治措施。

二、基础的滑移和倾斜

（1）基础由于经常受到洪水的冲刷而发生滑移。冲刷深度由河流的河床纵坡与河床堆积物成分等因素所决定。一般很难预先估计冲刷有多深，事先必须经过充分的调查，以探求其冲刷深度。

（2）由于河床浚挖，减少了桥台台前临河面地基土层的侧向压力，从而使基础产生侧向滑移。

(3) 桥台基础建造于软土地基，当台背填土超过一定高度且基础构造处理不当时，作用于台背的水平力增大，将导致地基失稳，产生塑性流动，使桥台产生前移。当基础上下受力不均时，台身也随之产生不均匀的滑移，导致基础出现倾斜，如图 3-5-1 所示。

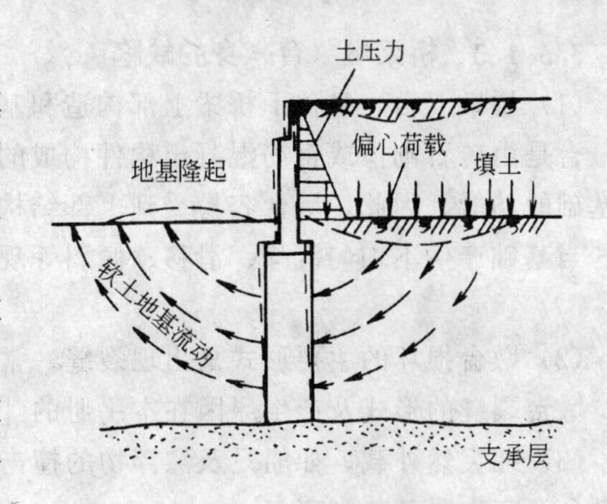

图 3-5-1 桥台基础的前移

产生滑移或倾斜的桥台基础，多为建造在软土地基上的重力式桥台、倒 T 形桥台。沉井基础也有产生前移的，这是由于沉井基础施工时扰动了地基且承受台背土压力的宽度大，可又不能象桩基础那样，有使流动土压力从桩间挤过去的效果，所以作用于沉井基础的流动压力比桩基础的大。

(4) 基础产生的滑移或倾斜，在严重时会导致桥梁结构的破坏，其破坏形式有：

1) 桥梁的支座和墩台支承面破坏以及梁从支承面上滑落下来。

2) 桥梁的伸缩缝装置被破坏或使接缝宽度减小、伸缩机能受损。

3) 当滑移量过大时，梁端与胸墙紧贴，严重时导致胸墙破坏或梁局部压屈。

三、桥梁基础的类型与常见缺陷

由于桥梁基础受力不均，往往会产生局部异常应力，并导致横向或竖向裂缝。在特殊外荷载的作用下，还会使基础结构物因出现异常应力而产生局部损坏。桥梁基础的类型与常见缺陷见表 3-5-1 中。

桥梁基础的类型与常见缺陷　　表 3-5-1

序号	基础类型			常见的缺陷
1	浅基础	天然地基上的浅基础		(1) 埋置深度浅、易受冲刷而淘空 (2) 埋置深度不足，受冻害影响 (3) 地基不稳定，易产生滑移或倾斜
		岩石基础		(1) 基础置于风化石层上，风化部分未处理好，经水流冲刷而淘空或悬空 (2) 受地震时的剪切作用，易产生裂缝
	人工地基基础			因处于软弱地基上，在竖向荷载作用下压实沉陷，使基础下沉
2	桩基础	打入桩	木桩	地下水位下降时，桩身常腐蚀
			钢筋混凝土预制桩	(1) 打桩时，桩身受损坏 (2) 受水冲刷、浸蚀，产生空洞、剥落等 (3) 受船只或其他漂浮物的撞击而损坏
		钻（挖）孔桩		(1) 施工时淤泥未完全清除，即灌注混凝土，因而使形成后的桩基产生下沉 (2) 施工不当，或受水冲刷，浸蚀而产生空洞、剥落、钢筋外露等 (3) 灌注混凝土过程中发生塌孔而未做处理，桩身部分脱空 (4) 受外力冲击而产生损坏
		管桩基础		承载力不足而使基础产生下沉
3	沉井基础			(1) 地基下沉时，基础也常发生一些下沉 (2) 地基下沉不均时，或桥台台背高填土受地基侧向流动的影响时，基础产生滑移、倾斜

3.5.1.3　桥梁墩（台）身的缺陷

（1）桥墩（台）身位于桥梁上部构造和基础之间，是桥梁下部结构的主体，并且多数的墩台是由砖石砌体或钢筋混凝土构件构成的。墩台结构由于具有将上部结构的荷载传递给基础的功能，因此，墩台容易受到上部结构荷载增加和基础出现缺陷的直接影响。尤其是，当基础产生不均匀沉降、滑移、倾斜等现象时，将会使墩台受到影响而产生很大的损坏。

（2）墩台损坏的主要形式是出现裂缝。常见的裂缝有水平裂缝、竖向裂缝及网状裂缝等。墩台裂缝的形式及产生原因在本手册的［3.3.3］中已有叙述。

（3）在突然外载，如船只及漂浮物的撞击等外力作用下，墩台会产生局部破坏，混凝土墩台会产生脱落与剥离。

（4）砖石砌体或钢筋混凝土墩台除常年受干燥、潮湿、寒暑、冻结冰融等气候条件的影响外，还受到水、海水、工业废水、废气、酸、碱、火热等作用，从而产生裂缝、剥落、锈蚀等病害。此外，材料随使用时间的增长还会老化。

总而言之，桥梁墩（台）身的缺陷主要有：裂缝、剥落、空洞、钢筋外露、锈蚀、老化、结构的变形移位等。

3.5.2　桥梁墩台基础的维修与加固

3.5.2.1　桥台基础的维修

对砖石和钢筋混凝土墩台表层出现的缺陷以及钢筋混凝土桩和排架所出现的混凝土剥落、露筋和裂缝等病害，均应进行维修。并应根据缺陷的严重程度及工地条件的不同采用不同的方法进行修理。具体方法已在本手册的［3.3.3］中已作了具体叙述；这里不再重复，现将其他方面所产生的缺陷的修理方法叙述如下。

（1）基础局部冲空或损坏，要分别情况及时进行修补：

1）水深在3m以下时，可筑草袋围堰或板桩围堰，然后把水抽干。当水难以抽干时，则可浇水下混凝土封底后再抽，抽水后以砌石或混凝土填补冲空部分，如图3-5-2所示。对于水下部分基础的修补，亦有不抽水而把钢筋混凝土薄壁套箱围堰下沉到损坏处附近河底，在套箱与桥墩间浇筑水下混凝土以包裹损坏或冲空处，如图3-5-3所示。

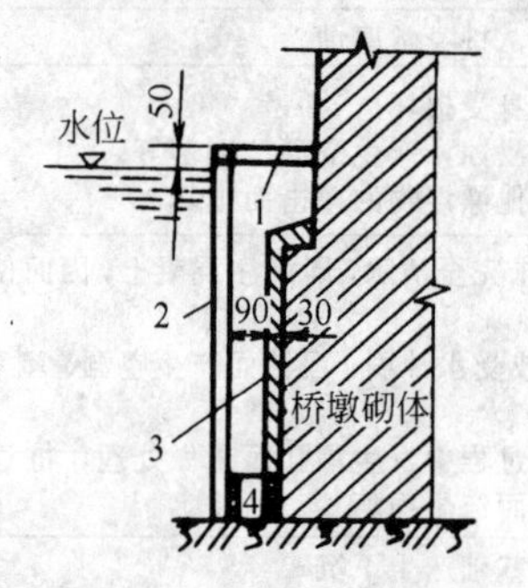

图3-5-2　抽水后修理桥墩

1—支撑；2—板桩围堰；3—钢筋混凝土护套；4—水下混凝土封底

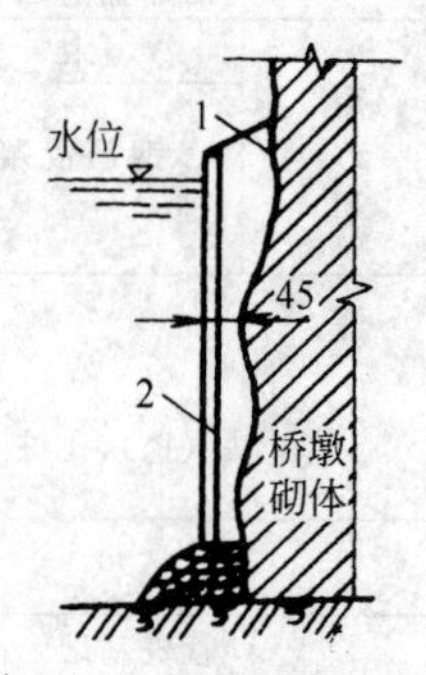

图3-5-3　不抽水修理桥墩水下部分

1—用水下混凝土填充；2—钢筋混凝土灌护套

2）水深在 3m 以上时，以麻袋盛装干硬性混凝土，每袋装置量为麻袋容积的 2/3，通过潜水作业将袋装混凝土分层填塞冲空部分，并注意比基础宽 0.2～0.4m。

(2) 当基础置于风化岩石上，基底外缘已被冲空时，应及时清除表面严重风化部分。在浅水时，填以混凝土，并将周围风化地基用水泥砂浆封闭。在深水时，要采取潜水作业，并铺以袋装干硬性混凝土。

(3) 钢筋混凝土灌注桩和打桩基础受水冲刷、侵蚀时，应采用如下方法进行修理：

1）检查损伤程度，用水泥砂浆修补到原来状态。

2）如桩身有空洞，可灌注水泥混凝土进行修复。

3）抛填大块石、石笼护底或钢筋混凝土砌块防护，以免继续冲刷。

(4) 当河床受到水流冲刷而危及桥梁墩台基础时，必须采取防护措施。根据河床地质情况及冲刷范围的不同，所采取的防护措施也不尽相同。各种不同的护基措施的施工方法请见《道路桥梁养护手册》[2.5.2.2] 中的有关内容。

3.5.2.2　扩大墩台基础加固法

桥梁基础扩大底面积的加固，称为扩大基础加固法。此法适用于基础承载力不足、或埋置太浅，而墩台又是砖石或混凝土刚性实体式基础时的情况。扩大基础底面积应由地基强度验算确定。当地基强度满足要求而缺陷仅仅表现为不均匀沉降变形过大时，采用扩大基础底面积的加固，主要由地基变形计算来加以选定。

在刚性实体式基础周围加石砌体或混凝土，以扩大基础的承载面积，如图 3-5-4 所示。

扩大基础加固法可按下列顺序进行施工：

(1) 通常在必须加宽的范围内先打板桩围堰，如桥梁墩台基底土壤不好时，应作必要的加固处理。

(2) 挖去堰内土壤，直挖至必要的深度（注意墩台的安全）。

(3) 在堰内把水抽干后，铺砌石块（浆砌），或作混凝土基础。

(4) 新旧基础要注意牢固结合，施工时，可加设联系（锚固）钢筋或插以钢销，以使加固扩大基础和旧基础牢固地结合成一整体。

3.5.2.3　增补桩基加固法

在桩式基础的周围补加钻孔桩或打入钢筋混凝土预制桩并扩大原承台，以此提高基础承载力、增加基础稳定性。这种加固法称为增补桩基加固法，如图 3-5-5 所示。

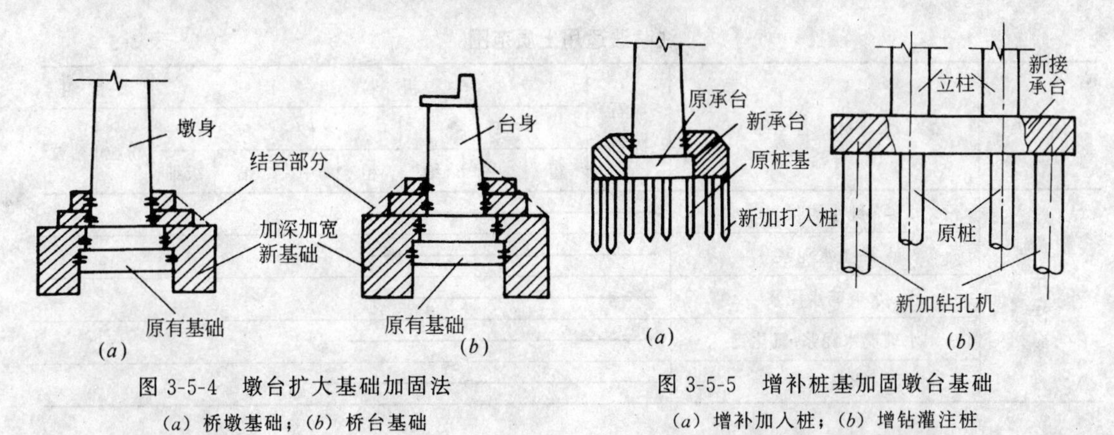

图 3-5-4　墩台扩大基础加固法
(a) 桥墩基础；(b) 桥台基础

图 3-5-5　增补桩基加固墩台基础
(a) 增补加入桩；(b) 增钻灌注桩

（1）增补桩基法加固墩台基础的优点是不需要抽水筑坝等水下施工作业，且加固效果显著。其缺点是需搭设打桩架和开凿桥面，对桥头原有架空线路及陆上、水上交通均有一定影响。

（2）对单排架桩式桥墩采用打桩（或钻孔灌注桩）加固时，如原有桩距较大（在4～5倍桩径时），可在桩间插桩。如原有桩距较小且通航净跨允许缩小时，可在原排架两侧增加桩数，成为三排式的墩桩。

（3）如在桩间加桩，可凿除原有盖梁并浇筑新盖梁，将新旧桩顶连结起来。但此时必须检查原有盖梁在加桩顶部能否承受与原来方向相反的弯矩，如不能承受则必须加固原有盖梁或重新浇筑盖梁。加固原有盖梁时，可在盖梁顶部增设钢筋。

（4）当桥台垂直承载力不足时，一般可在台前增加一排桩并浇筑盖梁，以分担上部结构传来的压力。打桩时可利用原有桥面作脚手架，在桥面上开洞插桩。增浇的盖梁可单独受力，也可联结在一起，使旧盖梁、旧桩及新桩一起受力。

3.5.2.4　人工地基加固法

当基础下面的天然土基松软，不能承受很大荷载，或上层土壤虽好，但深层土质不良引起基础沉陷时，可采用人工地基加固方法，以改善提高基础的承载能力。人工地基加固方法很多，一般常用的有砂桩法和注浆法等。

（1）砂桩法：当软弱地基层较厚时，可用砂桩法改善地基的承载能力。加固施工时，将钢管或木桩打入基础周围的软弱土层中，然后将桩拔出，灌入经过干燥的粗砂，进行捣实，作成砂桩，达到提高土的密实度的目的。在含水饱和的砂土或黏砂土中，由于容易坍孔，灌砂困难，亦可采用砂袋套管法与振冲法加固地基。

（2）注浆法：注浆法是在墩台基础之下，在墩台中心直向或斜向钻孔或打入管桩，通过孔眼及管孔，用一定压力把各种浆液注入土层中，通过浆液凝固，把原来松散的土固结为有一定强度和防渗性能的整体、或把岩石裂缝堵塞起来，从而加固地基、提高地基承载力的一种加固法。

注浆法根据注浆压力的不同，又可分为静压注浆（填充注浆、裂缝注浆、渗透注浆、挤压注浆）和高压喷射注浆（旋转喷射注浆、定向喷射注浆）两大类。注浆法加固桥梁墩台基础，所采用的方法和注浆材料一般都因地质情况的不同而异。静力注浆和高压喷射注浆所适用的地质情况及所采用的注浆材料见注浆适用土质范围表3-5-2。

注浆法适用土质范围　　　　表3-5-2

分类	浆材名称	卵石碎石	粗粒组							细粒组	
			砾			砂粒					
			粗	中	细	粗	中	细	级细	粉粒	粘粒
静压注浆	纯水泥浆	——	——	——	——	——					
	黏土水泥浆	——	——	——	——	——					
	水玻璃水泥浆	——	——	——	——	——					
	水玻璃水泥浆-氯化钙	——	——	——	——	——	——				
	水玻璃类	——	——	——	——	——	——				

续表

分　类		浆　材　名　称	卵石碎石	粗粒组							细粒组	
				砾			砂　粒				粉粒	粘粒
				粗	中	细	粗	中	细	级细		
静压注浆		铬木素类										
		丙烯酰胺类										
		脲醛树脂类										
		聚氨酯类										
高压喷射	旋喷	纯水泥浆										
	定喷	纯水泥浆										
粒　径（mm）			300 100 60 20 10 5.0 2.0 0.5 0.25 0.1 0.05 0.005 0.001									

3.5.2.5　钢筋混凝土套箍或护套加固法

当桥梁墩台出现贯通裂缝时，为防止裂缝的继续发展，使之能正常使用，可用钢筋混凝土围带或钢箍进行加固，如图 3-5-6。加固时，一般在墩身上、中、下分设三道围带；其间距应大致相当于桥墩侧面的宽度。每个围带的宽度，则根据裂缝情况和大小而定，一般为墩台高度的 1/10 左右，厚度采用 10～20cm。为加强围带与墩台的连接，应在墩身内埋置直径 10～25mm 的钢销，埋入深度为钢销直径的 20 倍左右，把围带的钢筋网扣在钢销上，埋钢销的孔眼要比销径大出 15～20mm，先填满销孔再浇筑混凝土，同时填塞裂缝。

当墩台损坏严重，如有严重裂缝及大面积表面破损、风化和剥落时，则可采用围绕整个墩台设置钢筋混凝土护套的方法进行加固，如图 3-5-7 所示。

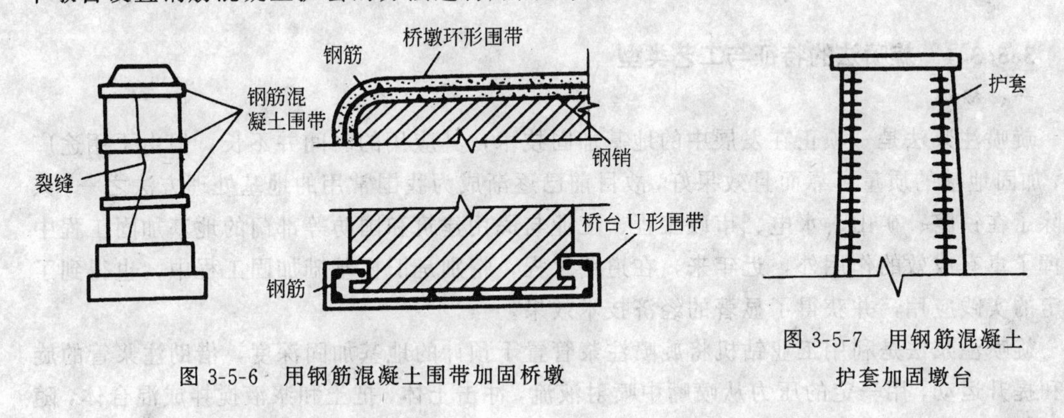

图 3-5-6　用钢筋混凝土围带加固桥墩

图 3-5-7　用钢筋混凝土护套加固墩台

3.5.2.6　桥台滑移倾斜的处理

（1）支撑法加固处理：

1）对因桥梁墩台的尺寸不足，难以承受台背土压力而往桥孔方向产生倾斜或滑移的埋置式桥台，可采取修筑撑壁法进行加固处理，如图 3-5-8 所示。

2）对于单孔小跨径的桥台，为防止桥台滑移，可在两台之间加建水平支撑，如整跨浆砌片石撑板，或用钢筋混凝土支撑梁进行加固处理，如图 3-5-9 所示。

（2）增建辅助挡土墙加固处理：对于因桥台台背水平土压力太大而引起的桥台倾斜，应设法减少桥台后壁的土壤压力，可在台背加建一挡土墙，以增强挡土能力，如图 3-5-10 所示。

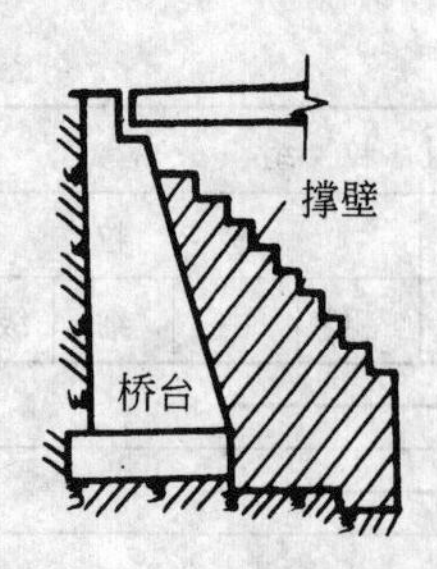

图 3-5-8　撑壁法加固埋置式桥台

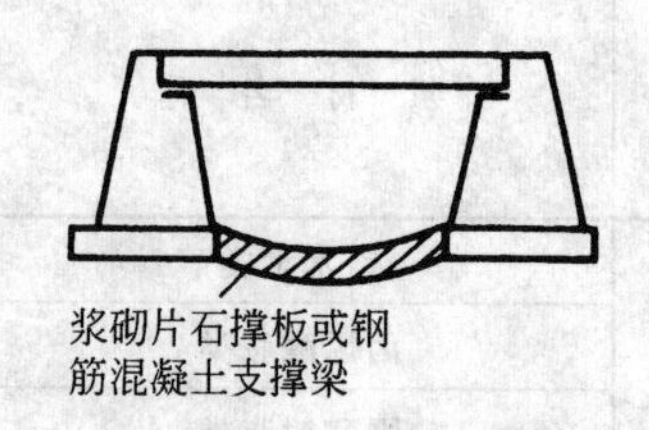

图 3-5-9　撑板法加固小跨径桥台

(3) 减轻荷载法处理：筑于软土地基上的桥台，常由于填土较高，而受到较大侧向土压力作用，从而使桥台产生前移，以致发生倾斜。此时，一般可更换台背填土，减小土压力，即采用减轻桥台基础所受荷载的方法进行加固，如图 3-5-11 所示。

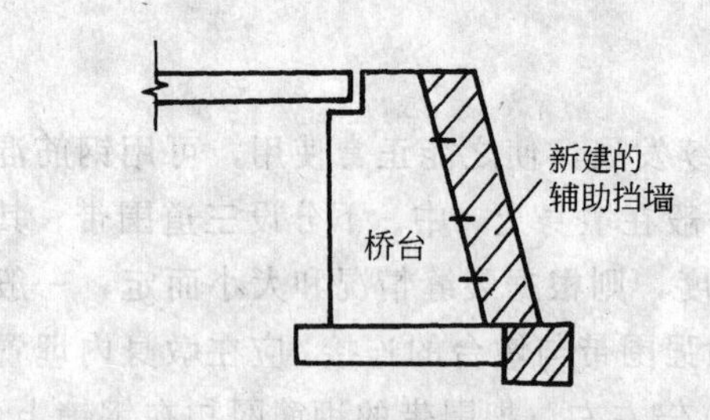

图 3-5-10　增建辅助挡墙加固法

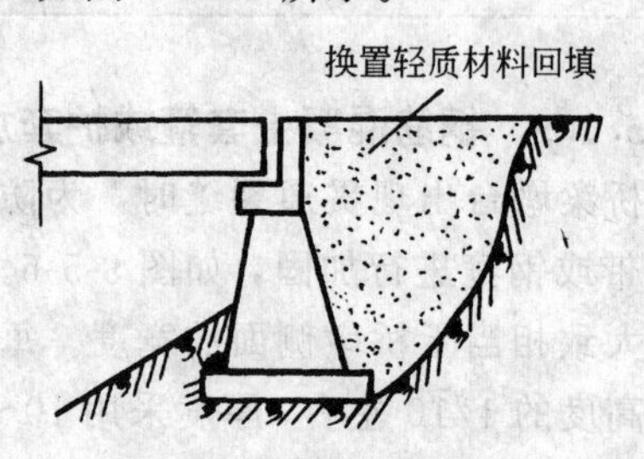

图 3-5-11　减轻荷载加固桥台

3.5.3　桥梁墩台基础的旋喷注浆加固

3.5.3.1　旋喷法的特征与工艺类型

一、概述

旋喷注浆法是一项正在发展中的地基加固技术，其应用的时间并不长，但由于用途广泛，加固地基的质量可靠而且效果好，故目前已逐渐成为我国常用的地基处理方法之一。该法除了在铁路、矿山、水电、市政工程、工业与民用建筑和国防等部门的地基加固工程中发挥了卓有成效的作用外，近年来，在道路工程，特别是旧桥基础加固工程中，也得到了一定的实践应用，并获得了显著的经济技术效果。

旋喷注浆法是利用工业钻机将旋喷注浆管置于预计的地基加固深度，借助注浆管的旋转和提升运动，用一定的压力从喷嘴中喷射液流，冲击土体，把土和浆液搅拌成混合体，随着凝聚固结，形成一种新的有一定强度的人工地基。旋喷注浆法加固墩台基础的情况如图 3-5-12 所示。

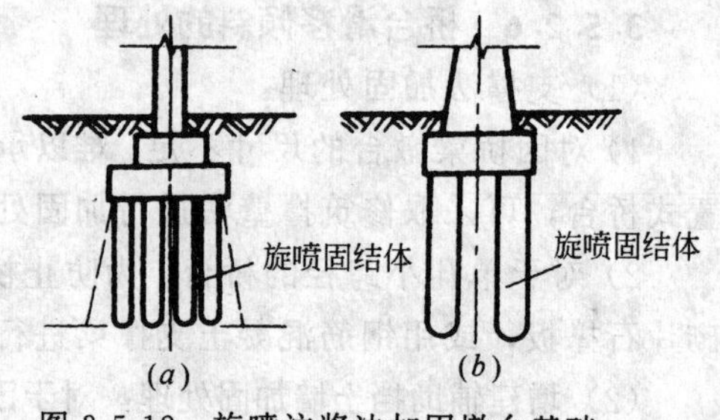

图 3-5-12　旋喷注浆法加固墩台基础

(a) 群桩基础；(b) 承台基础

二、旋喷注浆法的主要特征

旋喷注浆法的主要特征旋喷注浆法与静压注浆有所不同，而且与其他地基处理方法相比，更有独到之处。旋喷注浆法的主要特征简列于表 3-5-3。

旋喷注浆法的主要特征 **表 3-5-3**

序号	主要特征	简要说明
1	适用范围较广	能以高压喷射流直接破坏并加固土体，固结体的质量提高，适用范围较大；既可用于工程新建之前，又可用于工程修建之中，特别是用于工程落成之后
2	确保固结体强度	根据采用不同的浆液种类和配方，即可获得所需的固结体强度
3	有较好的耐久性	在一般的软弱地基中加固，和其他工艺相比，因其加固结构和适用范围不同，加固效果虽不能一概而论，但从使用的浆液性质来看，能预期得到稳定的加固效果并有较好的耐久性能
4	使用材料来源广，价格低廉	喷射的浆液以水泥为主，化学材料为辅。除在要求速凝超早强时使用化学材料以外，一般的地基工程中均使用料源较广、价格低廉的强度为32.5级或42.5级普通硅酸盐水泥。此外，还可在水泥中加入一定数量的粉煤灰，既利用了废料，又降低了注浆材料的成本
5	施工简便	旋喷施工时，只需在土层中钻一个孔径为50mm或108mm的小孔，便可在土中喷射成直径为0.4～2.0m的固结体
6	固结体形状可控制	为满足工程需要，在旋喷过程中，可调整旋转速度和提升速速，增减喷射压力或更换喷嘴孔径改变流量，使固结体成为设计所需要的形状
7	设备简单、管理方便	旋喷的全套设备均为我国定型产品或专门设计制造的。结构紧凑、体积小、机动性强，占地少，能在狭窄和低矮的现场施工。施工管理简便，在旋喷过程中，通过对喷射的压力、吸浆量和冒浆情况的量测，即可简捷地了解旋喷的效果和存在的问题，以便及时调整旋喷参数或改变工艺，保证固结质量

三、旋喷注浆法的工艺类型

旋喷注浆法的基本工艺有三种类型，即单管旋喷注浆法、二重管旋喷注浆法、三重管旋喷注浆法。各种类型旋喷法的工艺类型如表 3-5-4 所列。

旋喷注浆法的工艺类型 **表 3-5-4**

序号	工艺类型	示意简图	简要说明
1	单管旋喷注浆法	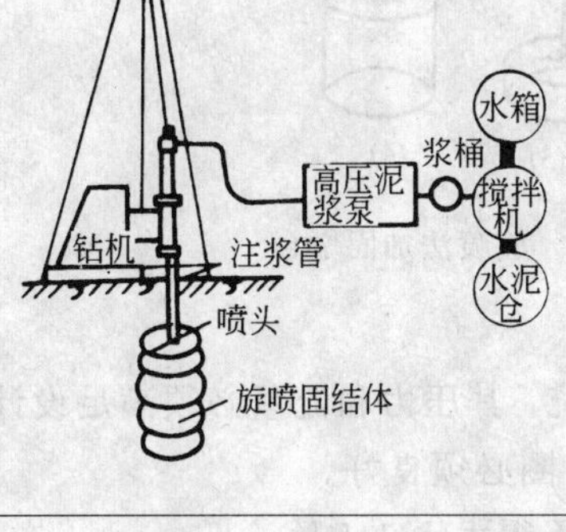	注浆管钻进至一定深度后，由高压泥浆泵等高压发生装置，以一定的压力，将浆液从喷嘴中喷射出去冲击破坏土体，同时，使浆液与土搅拌混合，在土中形成圆柱状的团结体
2	二重管旋喷注浆法	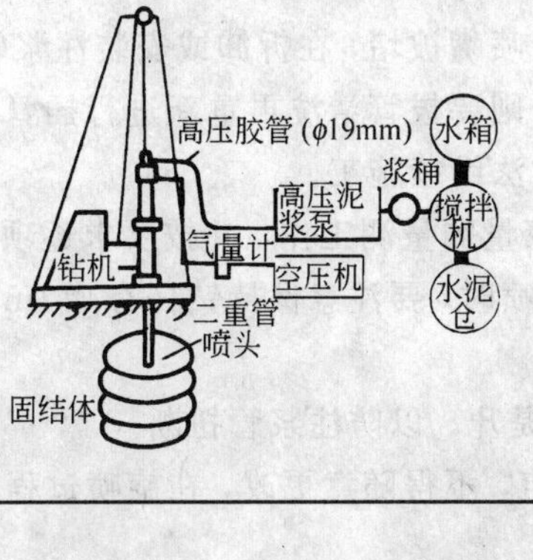	使用双通道的二重注浆管，当注浆管钻进至预定深度后，通过双重喷嘴，同时喷射出高压浆液和空气两种介质的喷射流冲击破坏土体。 在高压浆液流和它外围环绕空气的共同作用下，破坏土体的能量增大，最后形成固结体的直径也明显增加

续表

序号	工艺类型	示意简图	简要说明
3	三重管旋喷注浆法	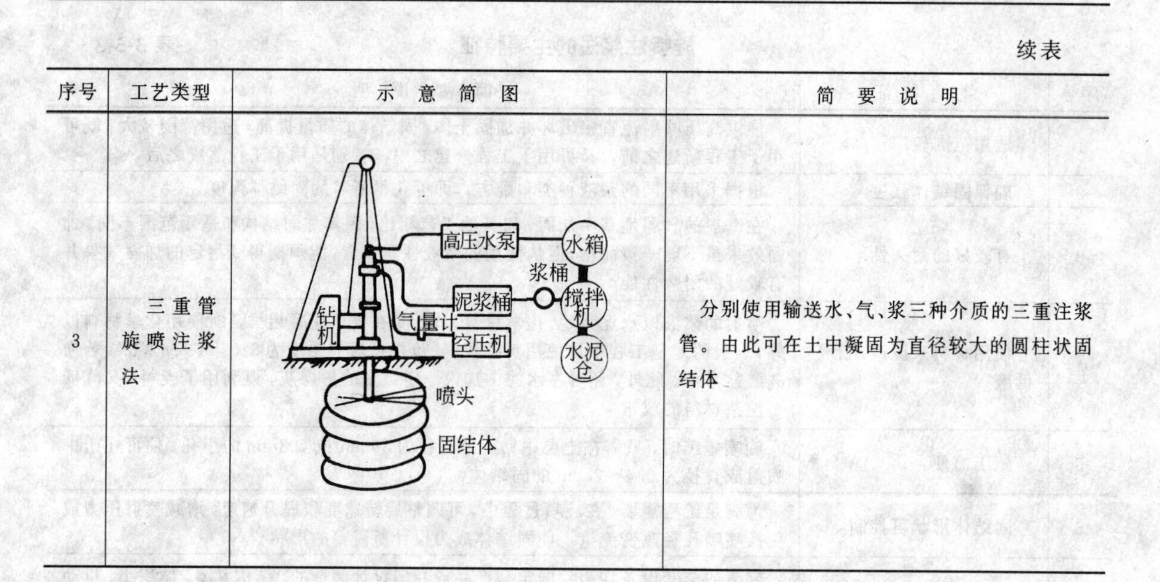	分别使用输送水、气、浆三种介质的三重注浆管。由此可在土中凝固为直径较大的圆柱状固结体

3.5.3.2　旋喷法加固墩台基础的施工

（1）旋喷法加固墩台的施工程序（如图 3-5-13 所示）：

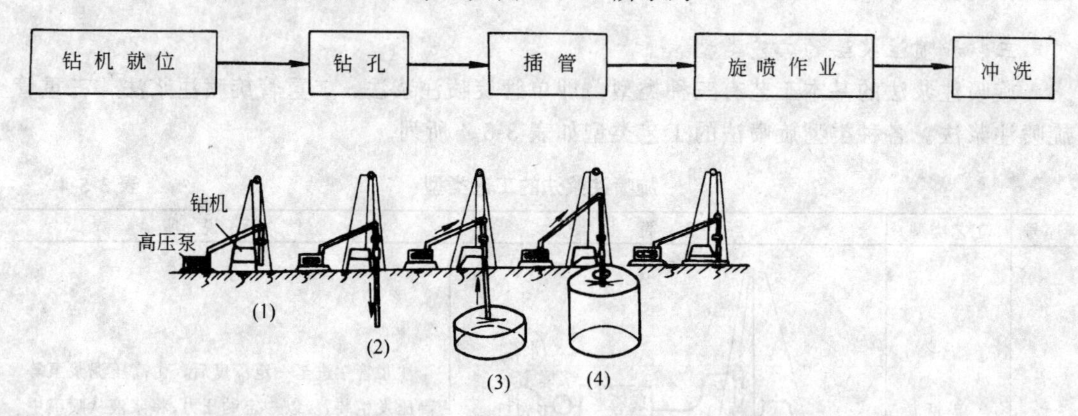

图 3-5-13　旋喷法加固墩台

（2）旋喷法加固墩台的操作要点：

1）旋喷前要检查高压设备和管路系统，其压力和流量必须满足设计要求。注浆管及喷嘴内不得有任何杂物。注浆管接头的密封圈必须良好。

2）垂直施工时，钻孔的倾斜度一般不得大于 1.5%。

3）在插管和旋喷过程中，要注意防止喷嘴被堵，在拆卸或安装注浆管时动作要快。水、气、浆的压力和流量必须符合设计值，否则要拔管清洗再重新进行插管和旋喷。使用双喷嘴时，若一个喷嘴被堵，则可采取复喷方法继续施工。

4）旋喷时，要做好压力、流量和喷浆量的量测工作，并按要求逐项记录。钻杆的旋转和提升必须连续不中断。拆卸钻杆继续旋喷时，要注意保持钻杆有 0.1m 的搭接长度，不得使旋喷固结体脱节。

5）深层旋喷时，应先喷浆后旋转和提升，以防注浆管扭断。

6）搅拌水泥时的水灰比要按设计规定，不得随意更改，在旋喷过程中应防止因水泥浆沉淀而使浓度降低。禁止使用受潮或过期的水泥。

7）施工完毕，应立即拔出注浆管，彻底清洗注浆管和注浆泵，管内不得有残存任何水泥浆。

3.5.3.3 旋喷法加固墩台基础的应用实例

旋喷注浆加固桥梁墩台基础，近年来已得到一定的实践应用，如湖南怀化机车走行线的公路立交跨线桥、四川大渡河公路桥、阜淮线戴家湖铁路桥、日本名古屋神崎川桥等工程，均取得了良好的加固效果。旋喷法加固桥梁墩台基础的应用实例如表 3-5-5 所示。

旋喷法加固桥梁墩台基础的应用实例 表 3-5-5

序号	工程名称	说明	加固简图
1	怀化铁路机车行走线公路立交跨线桥	该桥为U形桥台，台高 9.8m，1978 年底建成并架设主梁铺设桥面。1979 年 3 月进行台背填土。当填土达 3m 时，发现北台严重下沉，台后左角下沉 112mm，右角下沉 106mm。桥台后倾，桥面伸缩缝增大，影响结构正常使用 加固时采用旋喷法，根据计算用 20 根旋喷直径达 46cm 的旋喷桩柱 本桥台自 1981 年 6 月完工后通车，一直未有下沉现象，使用正常	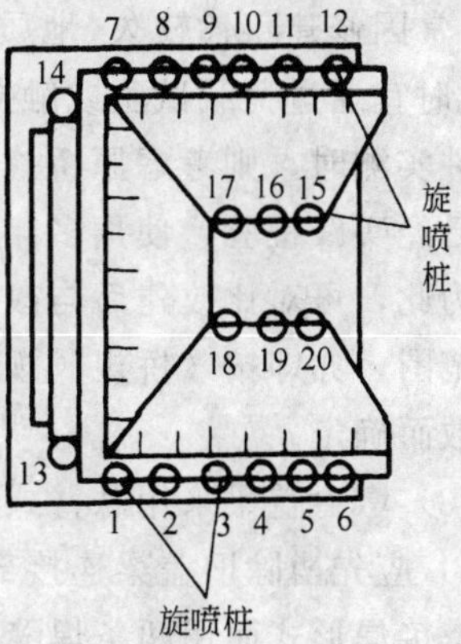
2	阜淮线戴家湖铁路桥	该桥两台为扩大基础，自 1980 年建成后，尚未架梁即发生较大下沉和位移 加固时南北两台分别采用 40 和 38 根旋喷桩，长为 8.3m 和 7.5m，设计直径为 50cm 加固后仅 10 天便进行架梁，投入使用后均未见有下沉现象，加固效果良好	
3	日本名古屋神崎川桥桥墩下沉处理	该桥由于桥址受纸厂废液冲刷，基础摩擦力减少，使桥墩发生不均匀下沉 加固方案：在桥墩周围作旋喷，由于桥址离海口较近，河道流速小，采用单排旋喷固结体帷幕，在帷幕内，采用化学灌浆达到了增加地基强度的目的	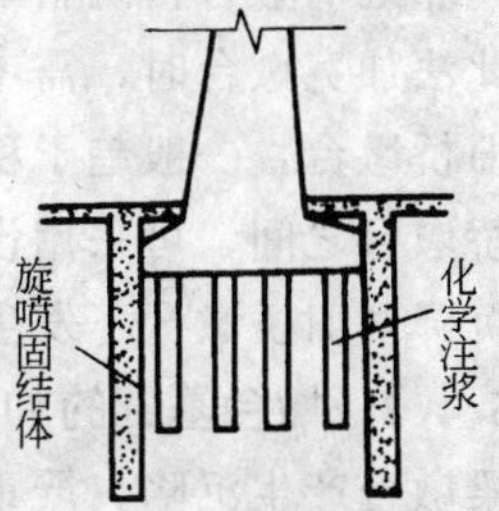

3.5.4　桥梁墩台基础的改建

3.5.4.1　墩台基础的加宽

一、接长盖梁法

（1）利用旧桥的基础，靠墩台盖梁挑出悬臂加宽部分，以便安装加宽的上部桥跨，如图 3-5-14 所示。仅加宽桥墩和桥台的上部，基础和墩台体则不必予以加固。

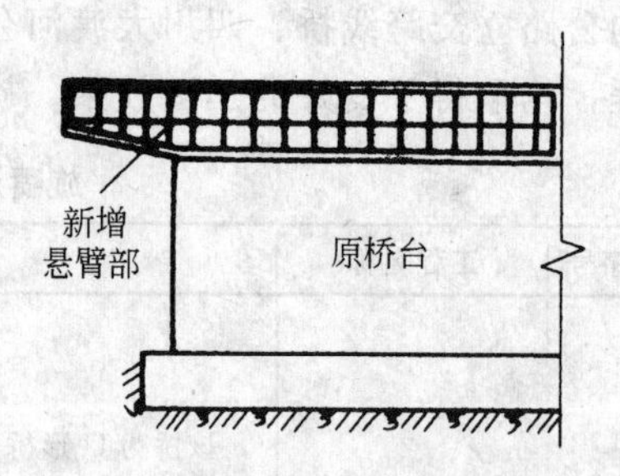

图 3-5-14　利用挑出悬臂盖梁加宽墩台

（2）利用此法加宽墩台时，旧桥墩台基础必须完好、稳定，且需经过承载力验算后才能采用。墩台基底应力验算时，常因修建年代较久，地质资料缺乏或散失而造成困难。此时宜通过荷载试验或触探试验等办法实测确定。如无条件实测时，则考虑原桥修建时的荷载标准以及旧桥墩台已经实践检验，使用多年，地基承载力有一定的提高。为此，可对比改建后与改建前的计算结果，按改建后基底应力超出的百分数是否符合容许范围，亦即按《桥规》规定的经多年压实、未受破坏的旧桥基的地基土容许承载力提高系数而确定。

（3）墩台盖梁采用悬臂式加宽施工时应注意如下几个问题：

1）应先凿除旧盖梁连接部的混凝土保护层，使钢筋露出，并在原主筋上焊接新主筋。采用搭接焊形式而用两条焊缝时，其焊缝长度应不小于 $5d$；用一条焊缝时，其焊缝长度应不小于 $10d$。接长部分的钢筋需经计算确定，并注意剪力钢筋的布置。

2）新旧混凝土连接表面应粗糙，做成阶梯及凹槽等。新旧混凝土面一般不采用沿斜面连接，否则，将使新旧连接部有可能沿斜面滑动。

3）施工时，应清除连接部混凝土的灰尘。新梁浇筑后应加以妥善湿法保养并不使其受外力震动。

二、旧墩台附近设置新墩台法

直接靠近原有墩台或稍稍离开一些，在其上、下游添造一个新的墩台。在此情况下，必须巩固与围护原有桥台基础周围的土基，并设法防止原有墩台基础的变形。通常有两种做法：

（1）采用离开旧墩台新置新结构物的做法，如图 3-5-15 所示。

（2）靠近旧墩台构筑新墩台的做法，如图 3-5-16 所示。

用此法加宽墩台时，需考虑到新加宽部分墩台的沉降量和旧墩台不一致的情况。使用多年的旧桥墩台，一般趋于稳定，即使继续沉降也是极为微小的。因此，新加宽的部分墩台和旧桥墩台之间，可采用设置沉降缝的办法而避免相互牵制。沉降缝的设置要求使新拓宽部分沉降对旧桥墩台不发生重大影响。为此，设计施工中必须加以注意。

3.5.4.2　墩台基础的加高

桥梁墩台产生沉陷，严重时影响桥下净空，甚至会阻碍通航，由于墩台的沉降，使桥梁产生不均匀受力，出现局部破坏，恶化了上部结构的受力状态，影响桥梁的正常使用。为此必须及时进行改建加高。通过顶升桥梁上部结构来加高墩台基础的方法则是修复桥梁基础沉陷的一种既经济而又简便易行的施工方法。

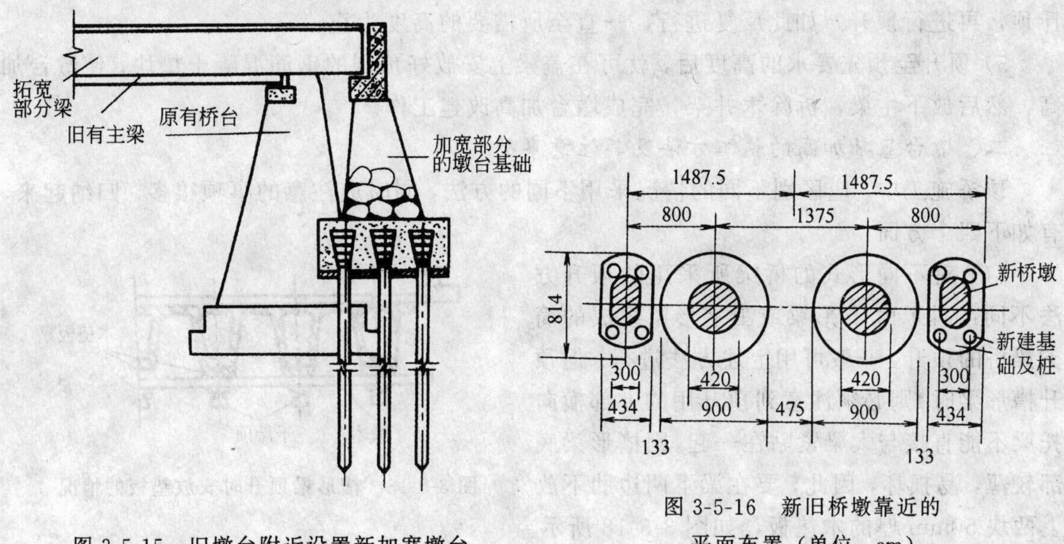

图 3-5-15 旧墩台附近设置新加宽墩台

图 3-5-16 新旧桥墩靠近的平面布置（单位：cm）

一、墩台基础加高的施工顺序

(1) 施工前的准备工作：

1）进行详细的调查研究，测定沉降量，了解旧桥墩台的下沉情况，从而确定施工方案。

2）根据确定的施工方案，做好施工场地及施工机具的准备工作。

3）浇筑预制钢筋混凝土垫块。垫块的高度应根据墩台所需加高的高度而定，混凝土应采用C30以上强度等级。

4）桥上如有公用事业单位的各种管线，如过桥电缆、煤气管和自来水管等，必须事先与其所属单位取得联系，采取相应的配合措施。

5）把边孔桥面两端，桥台与桥墩两处的伸缩缝处凿开，并清扫干净。

6）搭设井架，安放油泵。井架的搭设如图 3-5-17 所示。

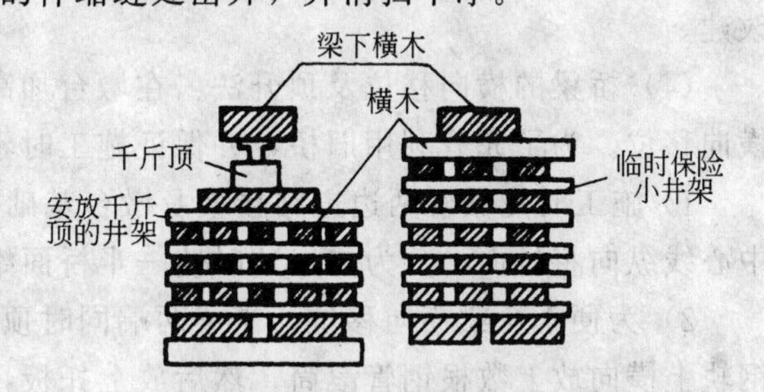

图 3-5-17 顶升井架搭设示意图

(2) 顶升桥梁，加高墩台：在以上各种准备工作就绪并试顶后，即可进行桥梁的全面顶升。

1）顶升时由一人指挥，各只千斤顶同时进行，并使各处顶升高度尽量保持一致。当指挥人员指挥大家一起进行顶升时，开始时桥梁并未顶起，而是井架首先下沉，当整个井架全部沉足后，才能将桥梁上部顶起。

2）当桥梁升离墩台 3cm 左右，即可暂停。这时，指挥者必须各处再行仔细检查一遍，观察井架是否稳妥，千斤顶的位置是否竖直，确定无问题后，方可进行全面的顶升。

3）当千斤顶的活塞容许行程顶足后，如需继续把桥梁顶高，则可在井架的横木上再搭设保险小井架，小井架要搭设至梁底下的横木为止。小井架一般在每只千斤顶的左侧设置一只，同时再在最右边千斤顶外（右侧）加设一只。

4）小井架一定要搭设牢固，木料整齐坚固。随后松掉千斤顶阀门，放下桥梁，垫高千斤顶，再进行顶升。如此反复进行，一直至所需要的高度为止。

5）顶升至预先要求的高度后，就可在盖梁上安放好预制的钢筋混凝土垫块，使墩台加高，然后放下主梁，拆除木井架，完成墩台加高改建工作。

二、墩台基础加高的施工方法及其注意事项

顶桥施工中，应区别不同的情况采用不同的方法，同时应注意的事项很多。归纳起来，有如下四个方面：

（1）对不同形式的桥梁所采用的顶升方法不同：对于由T形梁或工字形梁组成的简支梁桥的顶升，一般可用上述方法进行。但顶升槽形梁时，则必须注意到顶升用的上部横向托梁不能直接与大梁紧贴在一起，因槽形梁底部较薄，易损坏，因此，要在梁下两边肋下放上两块50mm厚的木垫板，如图3-5-18所示。

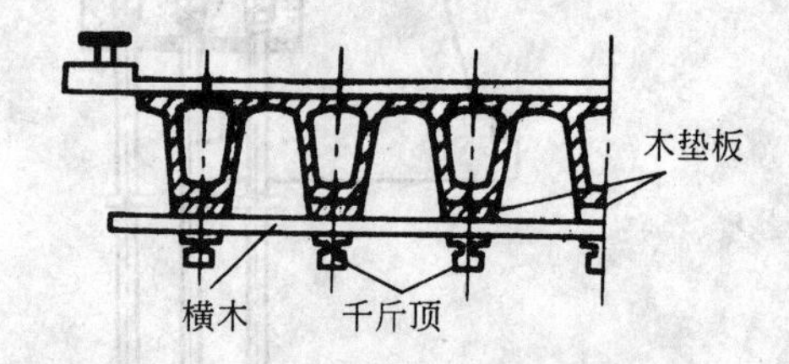

图3-5-18　槽形梁顶升时安放垫板的情况

（2）千斤顶的安置一定要竖直，不能倾斜：同时在千斤顶的上下两面一定要用油毛毡或用其他硬的纸块垫好。在油毛毡或硬纸块上下再安放厚钢板。因为，千斤顶如直接与木井架或木横梁接触，由于顶升时顶力很大，就容易使千斤顶陷入木质中去，使顶升工作不易进行。油毛毡或硬纸安放在钢板与千斤顶之间，主要起防滑作用。

（3）因桥台沉降引起的梁的纵向位移，如须进行矫正时，一般可采用桥下顶升矫正法、扒杆起吊矫正法或桥上顶升矫正法。

桥下顶升矫正法是在不沉降的一端搭设木井架，安放千斤顶，并在沉降的一端挖开桥面伸缩缝，用硬木楔打入梁端与胸墙（靠背）之间，然后顶升千斤顶。因另一端有硬木楔顶住，故大梁就向这一端稍微移动。放下千斤顶时，另一端间隙增大，再打进木楔，反复数次，直至大梁纵向位置被纠正到正确位置。最后，再根据上述方法对墩台基础进行加高改建。

（4）桥梁的横向移位及顶升法：在墩台加高改建施工中，有时还可把旧桥顶升并进行横向移位。为了充分利用旧桥，并保证施工时不间断交通，必须按以下程序施工：

1）施工时先做好两边道路接坡及墩台基础拓宽工作，然后，凿开两端伸缩缝，并沿桥中心线纵向将桥面一分为二。这时使一半桥面维持交通，一半进行顶升并横向移位。

2）为便于桥梁横向移位，当梁两端同时顶起后，可分别在梁两端台盖梁上安放钢轨，钢轨上横向放上数根钢管滚筒，然后放上托板，再把大梁放到托板上。

3）横向移位时可用铰车牵引，牵引时，注意托板下钢管滚筒的位置要与钢轨保持垂直，并随时调换钢管，两端同时缓慢平移至所需位置。

4）然后，再顶升大梁，拆去钢轨及其他杂物，安放加高用的垫块，最后放下桥梁。用同样的方法可进行另半边的施工。主梁分别左右横移后，空出中间位置即可安装新的主梁。从而完成既拓宽又加高的施工过程。

3.6 拱桥的维修与加固技术

3.6.1 砖、石拱桥维修加固法

3.6.1.1 砖、石拱桥的维修

一、砖、石拱桥的病害形式与修理方法

砖、石拱桥的维修工作主要是修理拱圈和拱上结构砌体的个别损伤部分，如裂缝、局部变形等，以恢复损伤结构的整体作用。

修理砖、石拱桥个别损伤常用的方法有：压浆法修补裂缝、保护面层不受风化、局部或全部改建、修理防水层等。

二、维修砖、石拱桥的施工措施

(1) 修理防水层

为防止渗漏，砖、石拱桥均应做防水层。如发现没有防水层或防水层损坏失效时，应挖开拱上填料重做或在桥面上加铺黑色路面，防止桥面水渗漏。

(2) 保护面层不使风化

砖、石拱桥要注意灰缝的保养，如有脱落应及时修补，如砖、石有风化剥落，可喷刷一层1～3cm的M10以上的水泥砂浆，喷浆应分2～3层喷注，每隔一至二日喷一层。必要时，可加布一层钢丝网，以增加喷涂层的强度。

(3) 压浆法修补砖石拱桥：砖、石拱桥由于下述原因，容易产生较深裂缝：

1) 由于拱圈变形而产生的拱上构造的外加应力，可能使空腹式小拱发生裂缝。

2) 由于墩台移动、拱圈受力不对称或基础沉陷的影响，在拱顶下部或拱脚上部可能发生裂缝，有时裂缝会通裂至拱壁。

3) 如拱桥由多层平行拱圈石砌成，在施工中圈与圈又未注意交错搭接，则会在拱圈下部腹石上发生纵向裂缝。

砖、石拱桥一经开裂，往往容易发展，危及桥梁的使用与安全，这时可用压注水泥砂浆或其他化学浆液的方法进行修补。压力灌浆的方法在前面本手册［3.2.3］中已有叙述。

3.6.1.2 砖、石拱桥的加固

一、原拱上增设钢筋混凝土拱圈加固法

从拱圈上面加一层新拱圈，即挖开原拱顶填土层直到拱背，洗净修补好，凿毛，加筑新拱圈，如图3-6-1所示。

此法是拱桥中较常采用的加固方法，它不仅加固了拱圈，而且将原有开裂的拱连在一起，也利于桥梁排水。加固时，加筑部分新拱圈厚度可采用上面所述方法拟定。原拱圈如有损坏，应先用喷注高强度水泥砂浆等方法修理后再砌新拱圈。在考虑加厚拱圈时，应同

时考虑墩台受力是否安全可靠等因素。当多孔石拱桥需全部加新拱圈时，拆除拱上填料时，须特别注意保持两边对称、同时进行，以确保连拱作用的均匀受力。

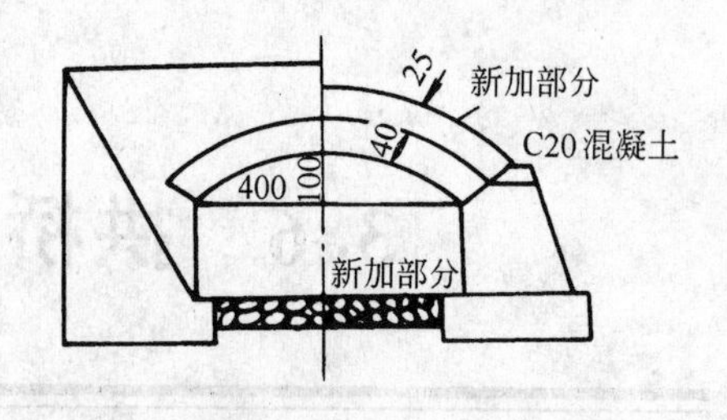

图 3-6-1　在拱上新加一层钢筋混凝土拱圈加固法（单位：cm）

例如某桥为3孔片石拱桥，因洪水冲空侧边孔桥墩基础，而使墩台下沉引起拱圈的严重开裂，最大缝宽达2～3cm，同时，由此引起其他两孔的损坏。由于该桥在近期不可能投资改建，故需采取加固措施维持通车。加固步骤及方法是：

(1) 先加固被冲空的墩桩基础。用墩内加桩或墩外加桩的办法，加固基础。

(2) 在损坏严重的边孔处挖去填料减载，并沿车道中线挖去一道宽3m的槽，暴露出拱圈，浇筑一道宽2.5m，厚30cm的钢筋混凝土拱板，以作临时加固。其作用是先箍住已开裂较严重的拱圈，使之不致在加固过程中产生破坏。

(3) 对称开挖拱上填料，并对全桥产生裂缝部位进行压浆处理，以修补裂缝。

(4) 在全桥范围内浇筑一层新的钢筋混凝土拱圈，完成拱上建筑的加固工作。

二、原拱圈下增设拱圈加固法

(1) 概述。在桥下净空容许、或根据水文资料，桥下泄水面积容许缩小时，可在原有拱圈下部增设拱圈，即紧贴原拱圈下面，喷射钢丝网水泥拱圈或浇筑钢筋混凝土新拱圈。

(2) 拱圈加固厚度的拟定：加筑新拱圈以前，要对需要新加拱圈厚度进行估算拟定。其厚度一般根据原有拱圈的厚度及使用情况，加上桥梁荷载等级所需厚度进行综合考虑后决定。即把所需厚度减去原拱圈厚度，再加上安全厚度，最后就可得出新加拱圈的厚度。

(3) 钢丝网水泥拱圈内壁喷固法：当砖、石拱桥的拱圈内壁出现表层剥落、松散、老化等情况且不适应目前交通要求时，可采用钢丝网水泥拱圈内壁喷射加固的方法进行维修加固。

进行维修加固时，可先去除剥落、松散的表层，并用水冲净，当其处于潮湿状态且无水珠时，在拱内圈设置钢丝网格（距老混凝土凿去表层约1.5～2.5cm），利用水泥喷枪喷射高强水泥砂浆，厚约4～5cm，如需加厚可至6cm，但必须分双层先后喷浆，以形成加厚的拱内壁和提高负荷能力。

本法也可用于修补表面裂缝，方法是先凿毛缝隙，刷净，然后喷浆，当裂缝多而浅时，可在作好上述准备工作后一次喷补，需要时亦可加设钢丝网格。

(4) 钢筋混凝土拱圈内壁浇筑法：具体做法与上述喷固法相似，在采用如上清理和维修处理措施后，再在原拱圈下绑扎钢筋网，并在正确位置上固定后，用泵送混凝土浇筑一层钢筋混凝土新拱圈，如图3-6-2所示。应特别注意新旧拱圈的密切结合，加强湿治养生，冬季并应做好防冻保温工作。

三、降低拱脚水平推力，采取钢杆件拉结法

为防止拱脚位移，提高拱的承载能力，也可在拱圈跟部凿开混凝土，外露钢筋后焊接钢拉杆铆座，装置拉杆螺栓铆固拱脚，如图3-6-3所示。采用钢拉杆的加固措施，使桥下净空大幅度降低，将会影响通航，故仅用于一般不通航河道上的桥梁。

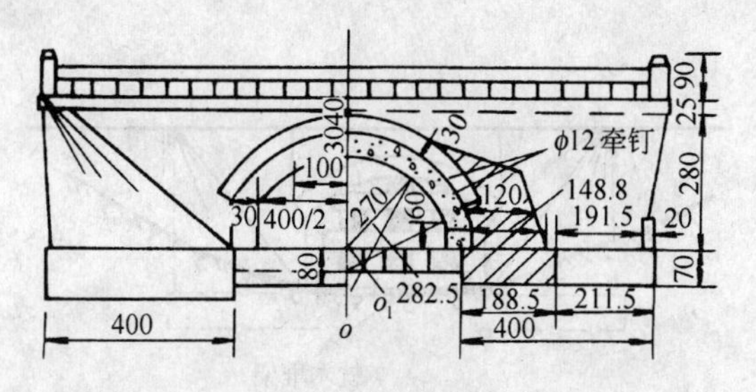

图 3-6-2 在原拱圈下浇筑一层新的补强钢筋混凝土拱圈（单位：cm）

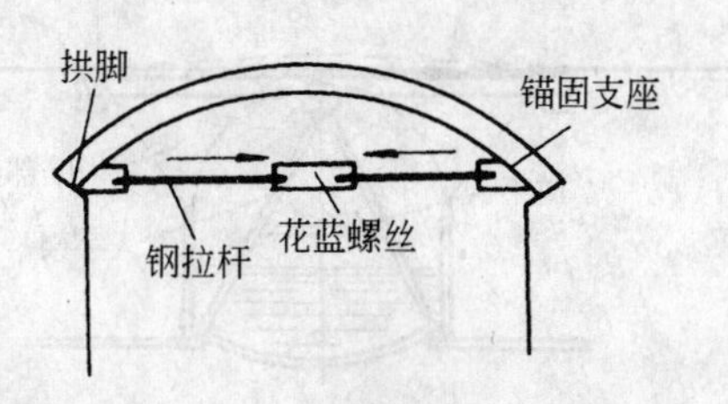

图 3-6-3 钢拉杆加固拱桥

四、用双银锭腰铁钳入、卡牢相邻拱石的加强拉结法

对石砌拱桥采用锁牢整体拱圈的办法，可使相邻拱石得到加强，该法在我国古代桥梁建造中最早使用，始于隋代建造的河北赵州桥。双银锭腰铁加固拱石联结如图 3-6-4 所示。

五、石拱桥拱圈加固的钢板箍（或钢拉杆）与螺栓锚固法

石拱桥亦可在拱圈的跨中和 1/4 处加设三道（或多道，视具体情况而定）钢板箍（钢板厚可用 6～8mm）或钢拉杆，用螺栓在拱底及拱侧钻孔锚固，并注意将锚固点设在拱圈厚度的 1/3 处，拱桥钢板箍与螺栓锚固法如图 3-6-5 所示。其锚固孔用膨胀水泥砂浆填塞牢靠。

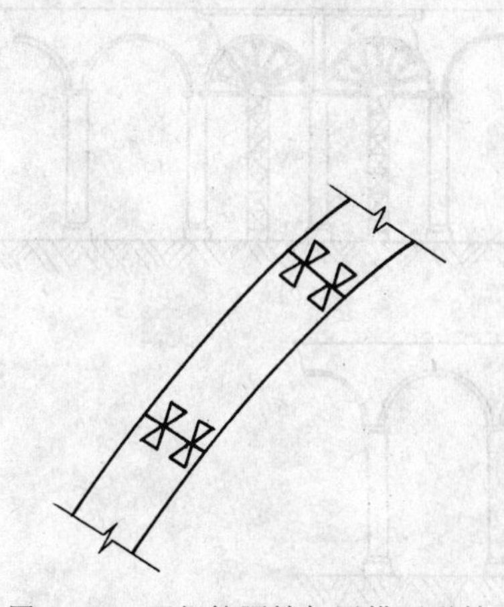

图 3-6-4 双银锭腰铁加固拱石联结

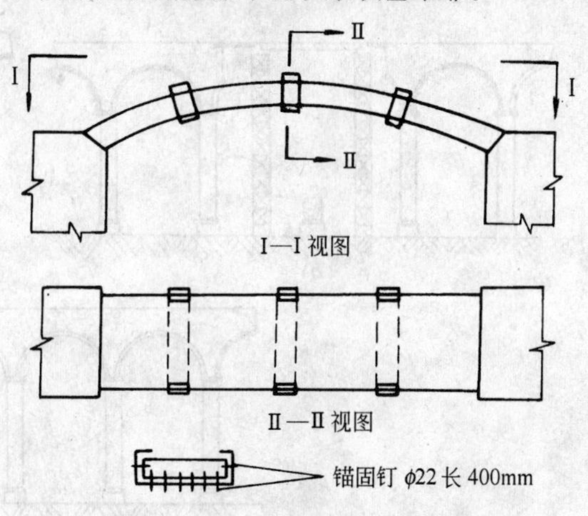

图 3-6-5 拱桥钢板箍与螺栓锚固法

3.6.1.3 砖、石拱桥的抢修和临时加固

(1) 拱圈坍陷、交通受阻时的抢修：在紧急情况下，可设置钢（或木梁）桁梁并加铺桥面板。倘坍陷长度在 8m 以上时，须在河中支人字架，以提高其承载能力，如图 3-6-6 所示。如用木梁，抢修拱桥用木梁所需截面可如表 3-6-1 所列，梁中至中的间隔一般为 0.5～0.6m，通常每车道用 5～6 根（跨径 3～8m），当跨径在 9～10m 时，应增至 6～7 根。重要桥梁可通过验算决定。

抢修拱桥用木梁所需截面　　表 3-6-1

跨径（m）	木梁断面尺寸（cm）	每车道宽用木梁根数
3～4	15×30	5～6
5～6	18×35	5～6
7～8	20×40	5～6
9～10	20×40	6～7

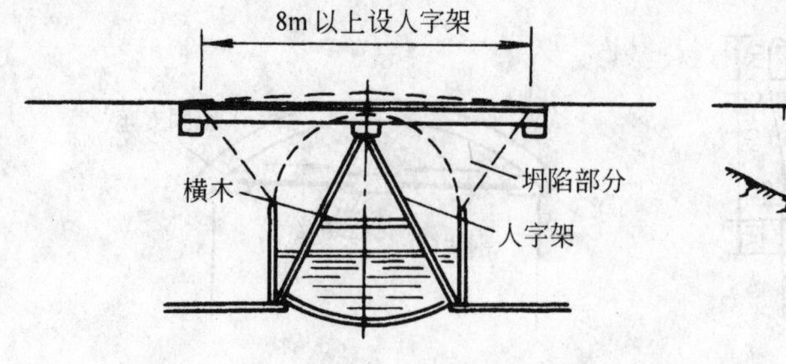

图 3-6-6　拱圈坍陷的临时抢修加固

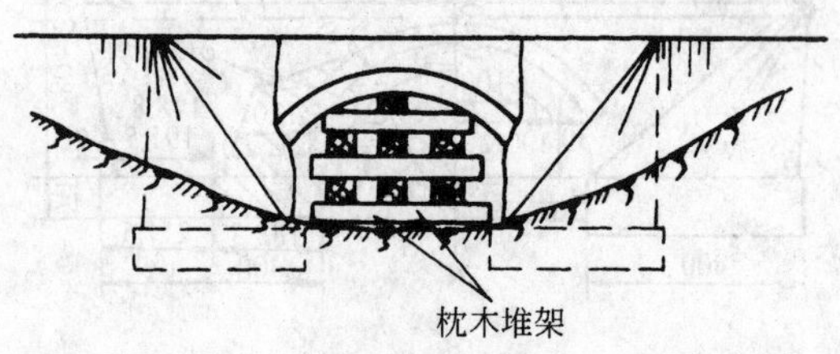

图 3-6-7　拱下临时加固措施

（2）砖石拱圈严重裂缝时的临时加固：为防止桥孔坍陷或为适应重车过桥需要，可采用架设枕木垛的方法进行临时性加固，如图 3-6-7 所示。

（3）石拱桥不中断交通时的临时修复：在某些场合，必须在不中断交通的情况下进行石拱桥的临时修复。桥梁的临时修复是在桥孔破坏部分内设置木墩台，在这些墩台和原桥的残留部分上架设临时钢板梁如图 3-6-8（*a*）；然后修复桥墩，在桥墩修筑至拱脚高度后，就把临时钢板梁移搁到这墩上，如图 3-6-8（*b*）；临时支墩被利用来支承拱架结构，在这个拱架结构上砌筑新的拱圈，如图 3-6-8（*c*）所示。

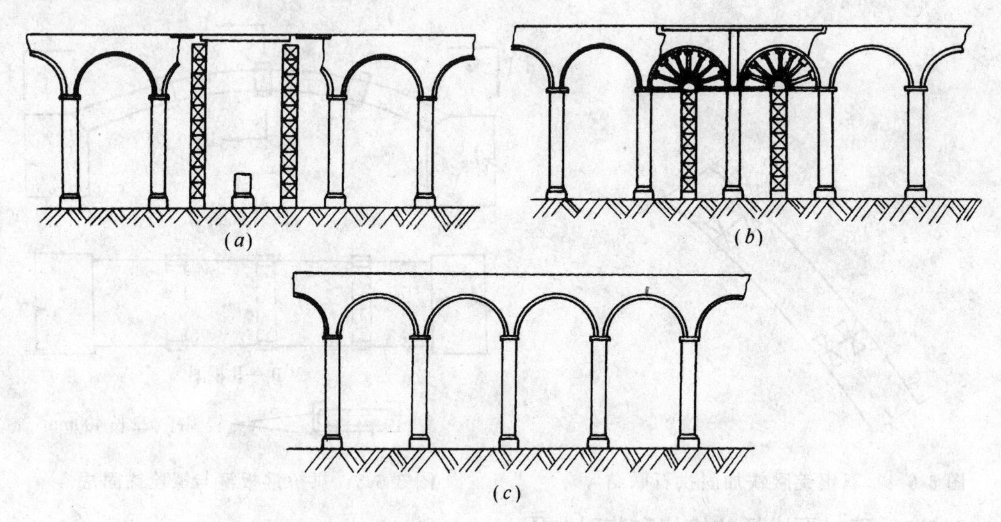

图 3-6-8　在不中断交通的情况下拱桥的基本修复

如拱形较平坦，修复时为了减小单边推力的作用，临时钢板梁不仅可以安在破坏的桥孔结构上，而且应安放在相邻的桥孔上，如图 3-6-9。这样，当活载处在相邻的桥孔上时，作用在贴近破坏的桥孔结构的墩台上的不平衡推力数值就可大大减低。

图 3-6-9　架设临时钢板梁的修复

3.6.2 双曲拱桥的维修加固法

3.6.2.1 双曲拱桥的常见病害

双曲拱桥发生较为严重的病害大致有如下几种：

(1) 墩台位移而引起破坏：双曲拱桥由于自重较大，其相应的水平推力也较大，当设计、施工不当时，往往容易引起墩台的较大位移和沉降。由于位移和沉降较大，必将出现拱圈下沉、开裂，拱肋与拱波分离，侧墙与拱肋分离，空腹小拱开裂或立柱严重裂缝等损坏现象。

(2) 拱肋强度不足而引起承载能力的降低：拱肋是拱桥主拱圈的重要组成部分，它与拱圈共同承受全部恒载和活载，是主要受力构件。因此，当其抗弯强度和刚度不足时，往往使承载能力降低，同时也会引起其他构件的损坏。

(3) 横向联系不足而引起失稳：双曲拱桥拱肋中设置横向联系梁是很重要的。当拱肋间无横向联系时，在集中荷载（车辆荷载）作用下，各片拱肋的变形在横桥方向是很不均匀的。有横向联系的拱圈，各肋间的变形就比较均匀。而且，随着横向联系的加强，各肋间的变形就更趋一致。由于横向联系的设立，使单片的拱肋在横向联成整体，形成一个拱形框架，从而大大加强了拱肋的横向刚度，保证了拱肋的横向稳定性。当横向联系布置不够或强度不足而产生损坏时，将会使拱桥横向稳定性减低，拱波顶出现纵向裂缝。

(4) 拱上填料排水不畅等原因引起的侧墙鼓肚破坏：双曲拱桥侧墙发生鼓肚，一般是由于排水不良，填土内聚积大量水分而造成膨胀，也可能是砌筑质量不佳引起的。

3.6.2.2 双曲拱桥的维修加固

(1) 粘结钢板加固拱肋法：为加固双曲拱桥拱肋强度，可以在拱肋表面清理整洁后，用环氧类砂浆粘结钢板的方法来提高其承载能力。在拱圈产生裂缝或承载能力不足时，采用该法加固效果明显。粘结钢板的位置主要置于拱肋截面下，可用成条整板（或分块焊接）在拱圈弧形范围内间隔粘结。一般可视具体情况选定尺寸，通常可参照图 3-6-10 进行，钢板厚度宜用 4～10mm，过厚时施工比较困难。为使钢板加固能够粘结牢靠，可分块粘结接头后再焊接。这种加固法已在不少拱桥加固工作中得到应用，并取得了较好效果。

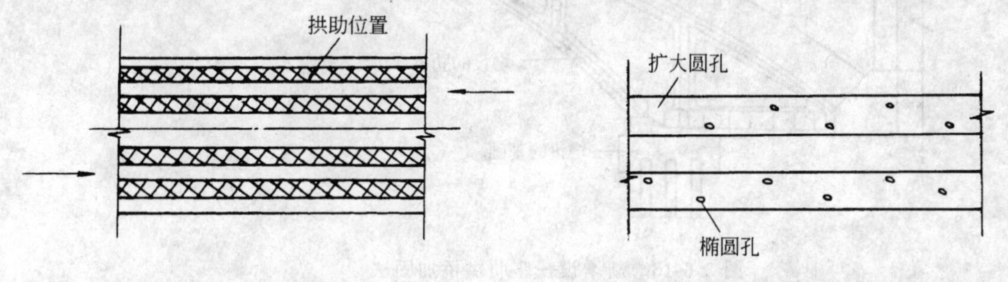

图 3-6-10 粘结构钢板平面示意图　　图 3-6-11 钢板钻孔螺栓锚固

(2) 螺栓钢板结合加固拱肋法：此法与前述利用钢板加固拱肋的基本目的相同，但不是单纯依靠粘结，而是除了利用胶粘剂之外，再按一定间距凿孔并埋入螺栓，然后就钢板预钻孔对准预埋件位置穿入并以螺帽紧固。这种做法拱肋凿孔比较费劲，埋设位置不易准确，因此，钢板钻孔要留有余裕，如采用椭圆形孔或扩大孔径，方可减少对位时的麻烦。如下图 3-6-11 所示。

（3）粘贴钢筋加固肋拱法：鉴于粘贴钢板加固法存在加工、成型比较困难，有时粘附不够完善等问题，根据实际加固工作的需要，还可采用粘贴钢筋的加固方法。此法施工与前述基本相同，但所采用的是钢筋加固件。从实际情况看，此法与钢板粘贴法相比，具有与结构物粘附性能好，加固成型容易，补强效果更为显著的特点。

（4）拱肋截面扩大加固法：此法是通过采用钢筋和混凝土外包加大原拱肋，从而达到扩大拱肋的截面尺寸，增加拱肋断面的含筋率或变无筋拱肋为有筋拱肋，提高拱肋的抗弯刚度的一种加固方法。其作用明确，效果显著，应用也较广。

如某双曲拱桥，经多年营运使用后，腹拱和腹拱座均出现开裂损坏，基础有变形，主拱圈拱脚部位有局部损坏。后除对下部基础进行加固外，对拱肋采用扩大截面加固法进行加固，加固截面如图 3-6-12 所示。加固后经多年使用，证明效果很好。

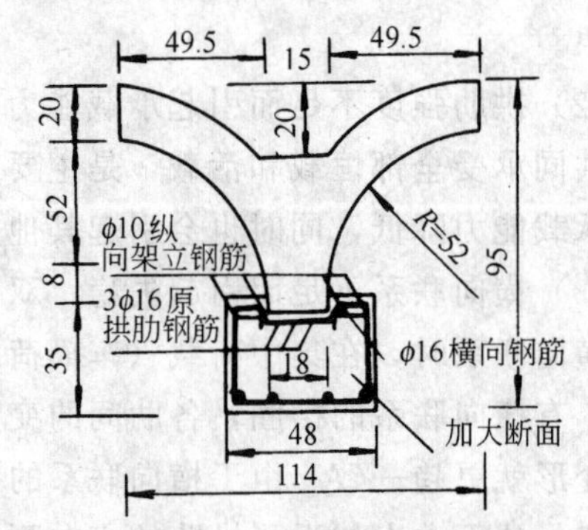

图 3-6-12　拱肋截面扩大加固情况（单位 cm）

（5）增设肋拱加固法：在较大跨径的拱桥下新建一座跨径较小，矢度较大的肋拱，使肋拱的上弦与老拱桥连接在一起，新桥台与老桥台连接在一起，如图 3-6-13 所示。此法可用于大跨径、桥台水平位移大的有肋或无肋双曲拱桥的加固，但要求主拱圈基本完好。

采用这种增设肋拱加固法施工时，要求肋拱上弦钢筋和原拱肋或无肋拱波（凿除混凝土保护层露出钢筋）用箍筛联在一起，现场浇筑混凝土。新加肋拱与老拱形成整体后，可共同承受恒载和活载，从而提高了原桥的承载能力。

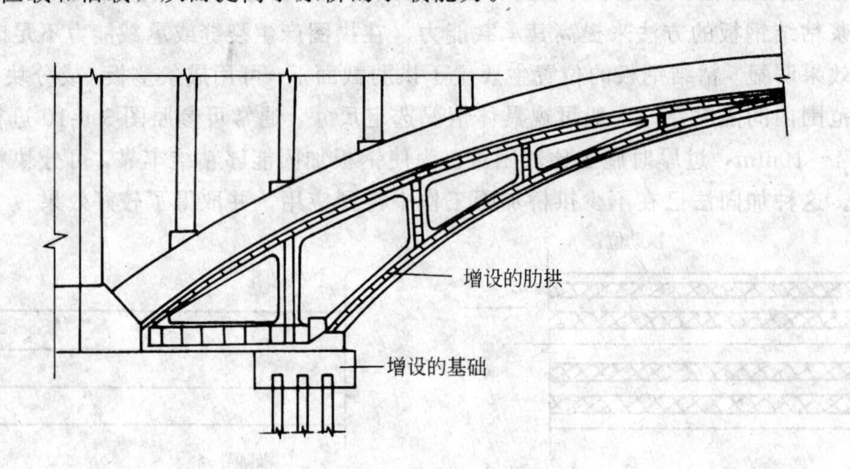

图 3-6-13　新增设一座肋拱桥加固法

（6）拱肋间横系梁加强法：当横向联系较弱时，可采用加大原拱肋间横系梁截面，或在原横系梁边上另加一根横系梁，以加强拱肋抗扭刚度和横向整体性的方法进行加固。此法一般可与前述拱肋截面扩大法一起考虑，同时进行，能取得较好的加固效果。

如某双曲拱桥加固时，采用了如图 3-6-14 所示的加固方案，效果亦很好。

（7）调整拱上自重、改变结构体系加固法：当双曲拱桥由于自重或地基承载力不足，致

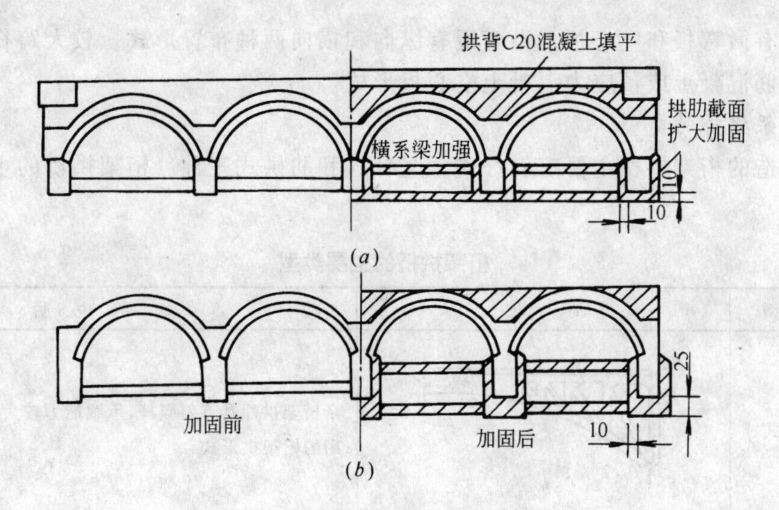

图 3-6-14 拱肋间横系梁加强加固法
(a) 拱顶加固断面；(b) 1/4 跨加固断面

使拱脚发生水平位移或转动，拱轴线发生变形时，在条件许可的情况下，可采取调整拱上自重的布置，改变双曲拱桥结构体系的方法，来改善拱圈受力状况，以达到加固的目的。

3.6.3 桁架拱桥的维修加固

3.6.3.1 桁架拱桥的构造特点及类型

一、桁架拱桥的特点

桁架拱桥与其他圬工拱桥相比具有如下的特点：

(1) 受力合理，能充分发挥材料作用，用料经济。

(2) 可充分利用一般施工单位的现有设备，装配化程度高，施工工序少，可达到缩短工期，节省人工的目的。

(3) 自重较轻，适于在软土地基上修建。

(4) 结构整体性能好，上部结构重量轻，抗震性能较好。

二、桁架拱桥的上部结构构造

与其他桥梁一样，桁架拱桥结构有上部结构和下部结构。桁架拱桥上部结构由桁架拱片、横向联结系和桥面三部分组成。

(1) 桁架拱片是桁架拱桥的主要承载构件，它由上、下弦杆、腹杆和实腹段组成，如图 3-6-15 所示。

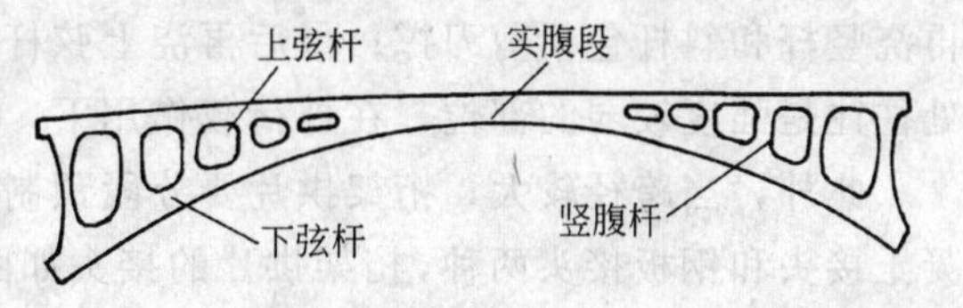

图 3-6-15 桁架拱片构造

(2) 横向联结系是联结拱片和桥面系，保持拱桥横向稳定并起分布荷载作用的主要结构，它包括：下弦结点横隔梁、上弦结点横拉杆、实腹段横隔板和剪刀撑。

(3) 桥面是直接承受桥梁使用荷载并将其传递给桁架拱片的构件，同时本身又部分或全部地参与所在部位构件的共同作用，成为上弦杆或实腹段截面的一部分。桁架拱桥的桥面板常用的有微弯板和空心板。微弯板有纵向和横向两种布置形式。较大跨径的桁架拱桥面多采用钢筋混凝土或预应力混凝土空心板形式。

三、桁架拱桥的类型

目前建造的桁架拱桥主要有斜杆式、竖杆式和肋拱式三种。桁架拱桥的主要类型如表3-6-2所示。

桁架拱桥的主要类型 **表3-6-2**

序号	类型	简图	简要说明
1	斜杆式		桁架拱片具有斜腹杆，承载能力较大，是较为广泛采用的桁架拱形式
2	竖杆式		又称空腹桁架拱桥，拱片的腹杆只有竖杆，没有斜杆，竖杆与上、下弦杆组成四边形框架。该型式腹杆少，自重轻，钢筋布置简便，但因杆件以受弯为主，故配筋较多
3	肋拱式		采用拱肋作为桁架拱片，桁架高度小，吊装方便，适宜于无支架施工和较大跨径上使用

3.6.3.2 桁架拱桥的常见缺陷

(1) 因桥台位移而使拱桥上弦杆悬空：由于拱桥修建时考虑不周，跨径太小，桥梁建成后不能满足水流断面的需要，在长期水力冲刷作用下，使桥台基础外露掏空，大雨季节，严重的台后被冲垮，被迫中断交通；轻的使桥台产生沉降外移，拱桥上弦杆就处于悬空或接近悬空的状态，如图3-6-16所示。

(2) 施工缝处出现较大裂缝、拱片连接处混凝土断裂或钢板接头脱开：因桁架拱片一般不是一次成型的，在浇筑混凝土过程中要分次进行。即先浇下弦杆，包括相应的横系梁；再浇竖杆和斜杆包括剪刀撑；最后再浇上弦杆及其横系梁，因此就存在了施工缝。施工缝处往往是强度较弱的部位，在外荷载作用下，容易产生裂缝，甚至碎裂。

此外，当跨径较大，桁架拱片要分段预制时，就必须设接头。拱片接头一般有现浇混凝土接头和钢板接头两种，桁架拱片的接头如图3-6-17所示。这些接头由于施工质量欠佳，加上荷载的反复作用，容易损坏甚至脱开。

(3) 构件裂缝：桁架拱桥由于是钢筋混凝土结构，因此，当构件受拉时会出现裂缝，裂缝在容许宽度范围内时并不影响拱桥的使用，但当桥梁所承受的荷载大大超过其原设计荷载等级时，构件会受到过大拉力的作用而不可避免地会产生较大裂缝。较大裂缝的产生，势必影响拱梁的使用。

图 3-6-16 桁架拱桥上弦杆悬空情况示意形式

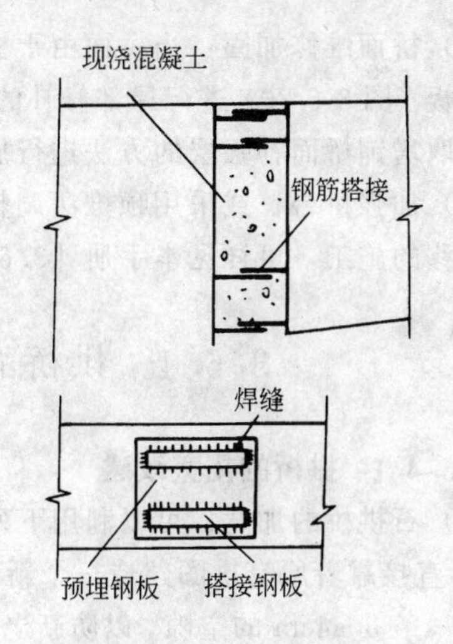

图 3-6-17 桁架拱片的接头

(4) 拱上建筑如桥面系出现破坏：桁架拱桥桥面的微弯板或空心板脱空、断裂，甚至出现空洞，如图 3-6-18 所示。此类病害产生的原因往往是施工不当，微弯板或空心板架设时没有采用座浆法安砌；或者由于板太短，与主拱片连接不好以及板本身强度不足等。

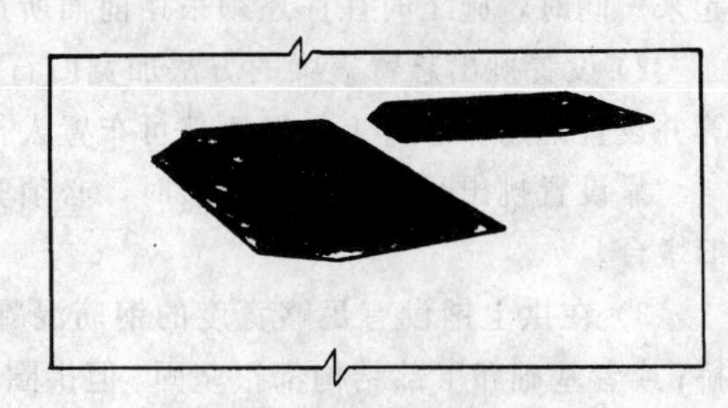

图 3-6-18 桁架拱桥由于拱板断裂出现空洞的情况

3.6.3.3 桁架拱桥的维修加固

桁架拱桥同样属于拱桥之类，其常用的维修加固法与前述的基本相同。常用的方法有：

(1) 杆件截面增强法：当需提高拱桥的主要受力部位如下弦杆、实腹杆等的承载能力时，可采用增强这些构件截面的方法进行加固。构件截面增强法的方式有多种，如：

1）凿除原杆件钢筋混凝土保护层，加筑钢筋混凝土补强断面，新旧断面依靠钢筋和混凝土紧密连接。

2）粘贴钢板或钢筋进行补强。

3）预制好补强杆件，再用电焊焊接钢板方式与原杆件相连，形成一个整体而共同受力，如图 3-6-19 即为预制构件与原构件用钢板连接的下弦杆截面增强法一侧。

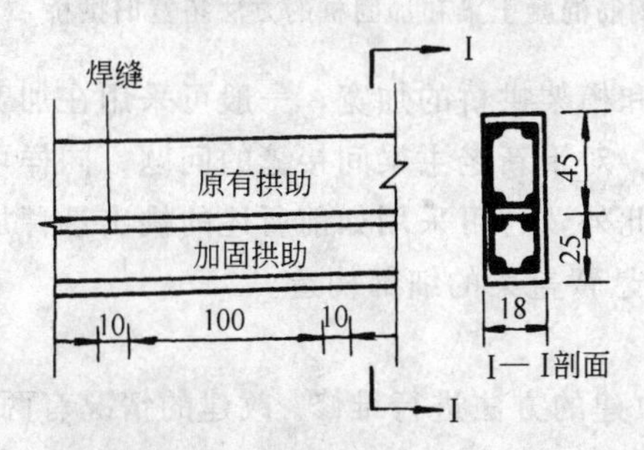

图 3-6-19 下弦杆截面增强法一侧

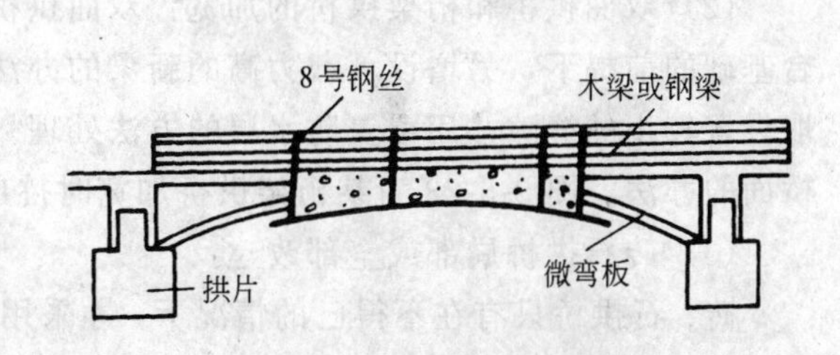

图 3-6-20 修复桥面空洞的悬吊式模板

（2）桥面维修加固：当桥面由于板块断裂而出现空洞时。可采用重新安装新板或用悬吊式模板（图 3-6-20）进行局部修补的方法进行处理。当需加固桥面且基础承载力许可时，亦可采取增铺桥面补强层的方法进行加固。

（3）加强桥台，或采用顶推法调整拱桥水平位移：桁架拱桥桥台加固以及顶推法调整水平位移的施工，可详见本手册［3.6.4］中的有关内容。

3.6.4　拱桥的改建与墩台基础加固法

3.6.4.1　拱桥的拓宽改建

（1）石拱桥的加宽：可以利用下列两种方法来加宽石拱桥：

1）直接靠着原有拱圈建造一个新的拱圈，以加宽桥梁的行车道。加宽部与老拱圈之间可留出一条 3～4cm 的空隙，以防新老拱圈变形沉降不一而引起拉裂。加宽时，还须将老桥侧墙拆除，于是两个拱圈便共同支持一个拱上结构。两个拱圈缝隙处要用软的防水层遮盖起来。同时，施工时往往还须采用前面所述的加固法加固旧拱圈。

2）设置挑出悬臂盖梁的方法加宽旧石拱桥。如图 3-6-21 所示，挑出悬臂要进行设计验算并设置钢筋。悬臂上一般不仅可布置人行道，而且也可安放部分车行道。

靠设置挑出悬臂来加宽桥梁时，必须验算原有桥台的承载力，必要时，还须同时加固旧墩台。

3）在拱上铺设有足够宽度的钢筋混凝土板进行加宽，这种方法适用于跨径较小的拱桥；或者基础和下部结构都很坚固。但拱圈不能承受由于加宽而产生的额外荷载的桥梁。当基础承载能力不足时，可通过加固措施来满足，如图 3-6-22。

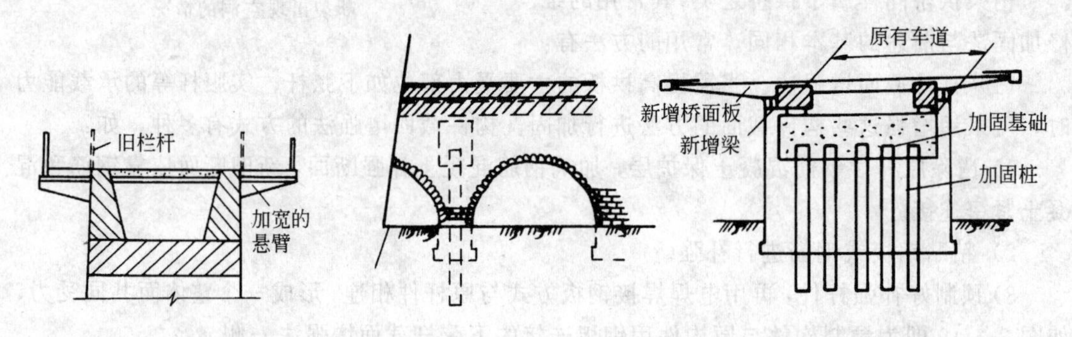

图 3-6-21　石拱桥加宽情况　　图 3-6-22　用设置钢筋混凝土梁和加固桩的方法拓宽旧拱桥

（2）双曲拱桥和桁架拱桥的加宽：双曲拱桥和桁架拱桥的加宽，一般可采用在加宽墩台基础的前提下，另增设承载力高的新梁的办法。对于新老主梁间接缝的问题，同样可采取设置较小的缝隙并用覆盖防水层的方法处理。此外，还可采用如前所述的挑出悬臂加宽桥面的办法。图 3-6-23 为某桁架拱桥加宽时挑出悬臂盖梁的细部构造。

（3）砖石拱桥局部或全部改建：

砖、石拱桥只有在不得已的情况下，才采用改建的方法进行维修。改建的情况有两种：

1）局部拆砌，纠正变形部位。

2）墩台完好，但从提高荷载等级的需要出发；或者由于损伤严重、施工时砌筑粗糙，石料质量差，旧拱圈的利用价值不大等原因，可采取全部拆除，重新按新标准砌筑拱圈的方法进行加固。在拆除时应注意安全，并对称地拆除，以防受力不均而产生坍桥事故。

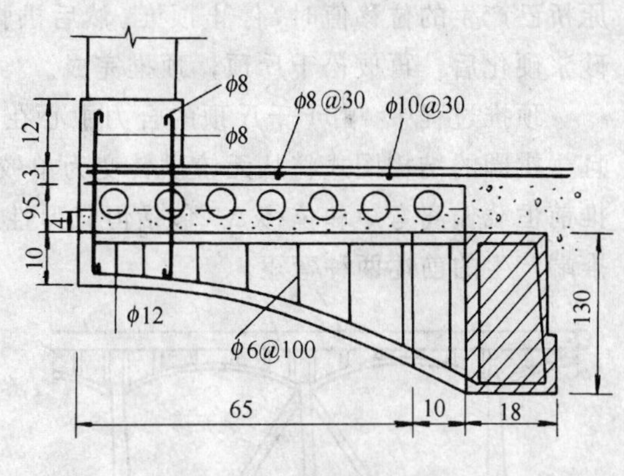

图 3-6-23 桁架拱桥加宽悬臂构造（单位：cm）

3.6.4.2 拱桥墩台基础加固法

(1) 桥台增大基础加固法：在桥台两侧加设钢筋混凝土实体耳墙，并将耳墙与原桥台用钢销联接起来，从而达到增大桥台基础面积，提高桥台承载力的目的。如图 3-6-24 所示，加固后耳墙与原桥台联接在一起，因此，既增加了竖向承压面积，又由于耳墙的自重而增加了抗水平推力的摩阻力。

(2) 桥台前加建新的扩大基础加固法：当拱脚台前有一定的填土时，可在台前加建新的扩大基础，并将改建为变截面的拱肋支承到新基础上。新老基础之间用钢销进行联接，有条件时在台前新基础下设法增加几根短桩，以提高承载力，如图 3-6-25 所示、此法的原理是加建的新基础既能增加竖向承载能力和水平方向承载能力，又加强了拱肋断面使之成为变截面拱肋，如前所述，还可相应地缩短了跨径。其优点是不需中断交通，可带来的较大的社会效益。

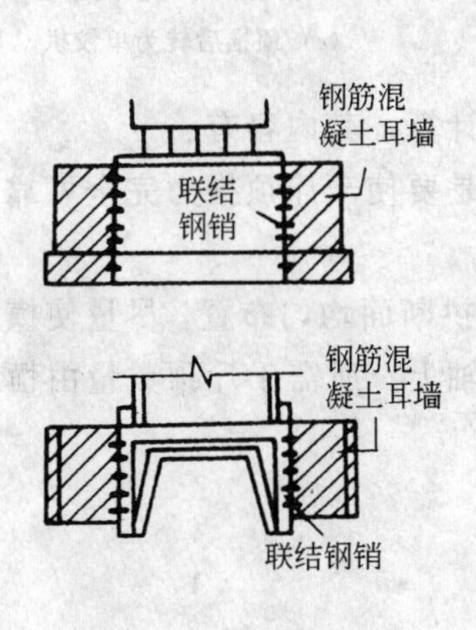

图 3-6-24 拱桥桥台两侧设置耳墙扩大基础的加固法

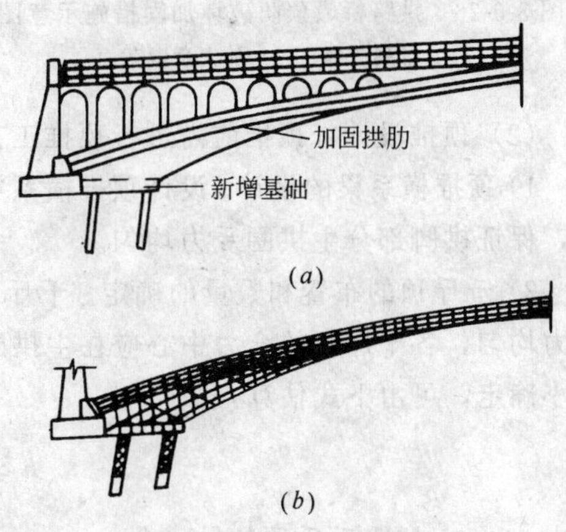

图 3-6-25 台前加建新基础加固拱桥
(*a*) 立面；(*b*) 钢筋布置

(3) 桥墩设置临时斜向支撑或加大面积加固法：对于多跨拱桥，为预防因其中某一跨遭到破坏使整体失去平衡而引起其他拱跨的连锁破坏，可根据具体情况，对每隔若干拱跨中的一个支墩采取加固措施。其方法是在支墩两侧加斜向支撑；或加大该墩断面。使得在一跨遭受破坏时，只影响若干拱跨而不致全部毁坏，如图 3-6-26 所示。

3.6.4.3 顶推法调整拱桥拱脚的水平位移

(1) 顶推工艺：所谓“顶推工艺”就是将拱桥的一端作为顶推端，设立顶推横梁，横梁与拱肋紧紧相联，凿除拱脚与支座的联结，使支座自由，然后，安放千斤顶，利用千斤顶的推力沿拱轴向上、向跨中方向顶推横梁，从而使整个拱轴移动。当顶推位移值相当于原桥已产生的位移值时，停止顶推。然后拱脚离开拱座的空隙上浇灌高强快硬水泥砂浆，待砂浆硬化后，再放松千斤顶，顶推完成。

顶推过程中，由于千斤顶的合力中心在主拱轴线上，顶推端的拱脚将始终不存在弯矩，且主拱圈的结构图式将从无铰拱转变为单铰拱，如图 3-6-27 所示，图中 M_A、M_1 分别为顶推前恒载偏离弯矩和位移 Δ（包括恒载弹性压缩）所产生的弯矩；M_b、M_2 为顶推后在非顶推端产生的前述两种弯矩。

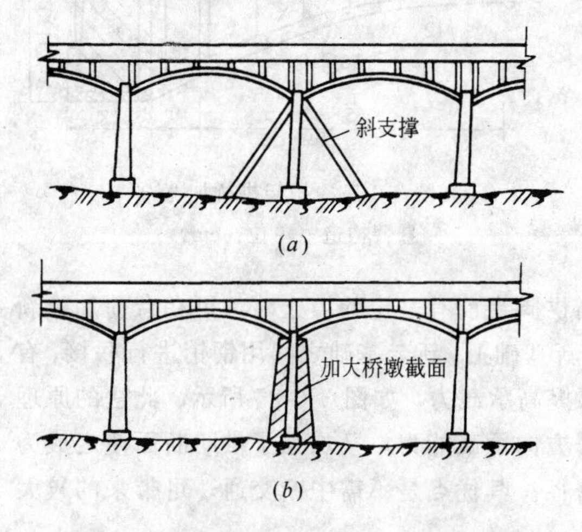

图 3-6-26　拱跨桥墩预防破坏加固措施示意图

(a) 加斜支撑；(b) 加大桥墩截面

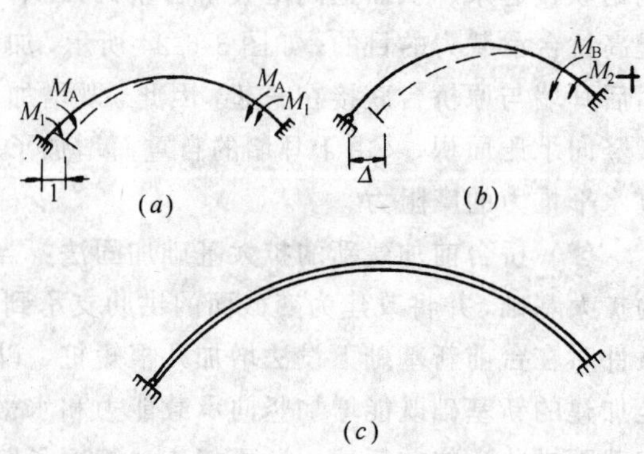

图 3-6-27　拱桥顶推时结构图式的变化

(a) 顶推前；(b) 顶推过程中；

(c) 顶推后转为单铰拱

(2) 顶推设计：顶推前需进行顶推工艺的设计计算，其内容有：

1) 顶推横系梁的设计。设计顶推横系梁的目的是要使千斤顶推力完全可靠地传给主拱圈，保证拱脚部分主拱圈受力均匀。

2) 千斤顶的布置和数量的确定。千斤顶宜沿主拱断面均匀布置，尽量使横系梁或主拱受力均匀，各千斤顶的合力中心应在主拱断面重心轴上。所需千斤顶数量由恒载轴面力的大小确定，可由下式估算：

$$h \geqslant \frac{N}{K \cdot P}$$

式中　h——所需千斤顶数量（台）；

N——上部结构在拱脚产生的恒载内力（$N=H\cdot\cos\varphi_0+r\cdot\sin\varphi_0$）；

P——一台千斤顶的最大负荷；

K——千斤顶的机械效率，取 $K=0.8$。

3) 顶推量的确定：千斤顶的顶推量由下列原则决定：

①根据实测位移量；

②根据拱顶实测下沉值和拱顶推力影响线推算；

③顶推直至桥沿或缘石出现负弯矩裂缝为止。

(3) 顶推施工：在顶推法消除拱桥水平位移的工艺过程中，所需设备材料数量以及人员组织、安全措施等叙述如下。

1) 顶推前的准备工作：

①机具仪表设备的准备。顶推前要做好机具设备的准备工作，顶推工艺所需机械设备如表 3-6-3 所列；

②人员组织配备：顶推前应做好工作人员的具体组织安排工作；

③对全桥进行全面检测，进行资料准备。检测内容有：对拱轴线、桥面、桥台各控制点作水准测量；丈量跨径和矢高；记录裂缝位置和宽度等；

④做好顶推过程中需要观测的测点准备，事先确定并安置好测量仪器；

顶推工艺所需机具设备　　表 3-6-3

序号	设备名称	规格	单位	数量	备注
1	电动油泵	LYB610 型	台	1	
2	分油器	$h=570$	台	1	
3	高压油管	钢或胶皮 $\phi8$	m	48	
4	油压表		个	2	
5	扳　手	24″	只	1	
6	扳　手	14″	只	2	
7	扳　手	8″	只	1	
8	管子扳手		只	2	
9	台虎钳		台	1	
10	油压千斤顶	100T	只	21	视实际情况计算而定
11	经纬仪		台	1	
12	水准仪		台	1	
13	电阻应变仪		台	3	
14	电测位移计		只	4	
15	百分表	行程 1cm	个	2	
16	电钻（钻混凝土孔用）	钻孔直径 $\phi28$	台	1	

⑤凿开支座与拱脚接合部，以使拱脚与拱座分开并能自由移动。支座与拱脚凿除部位如图 3-6-28 所示；

⑥设置横梁，安置千斤顶。用于传递顶推力的横系梁一般可用钢筋混凝土梁，也可用钢梁（工字钢或槽型钢）。用高强螺丝将横梁沿横桥方向紧固在主拱圈上，以传递顶推力。顶推时横梁及千斤顶安放位置如图 3-6-29 所示。

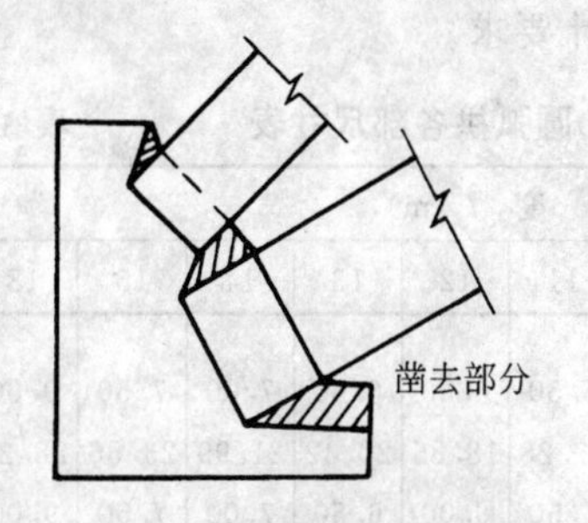

图 3-6-28　支座与拱脚凿除部位

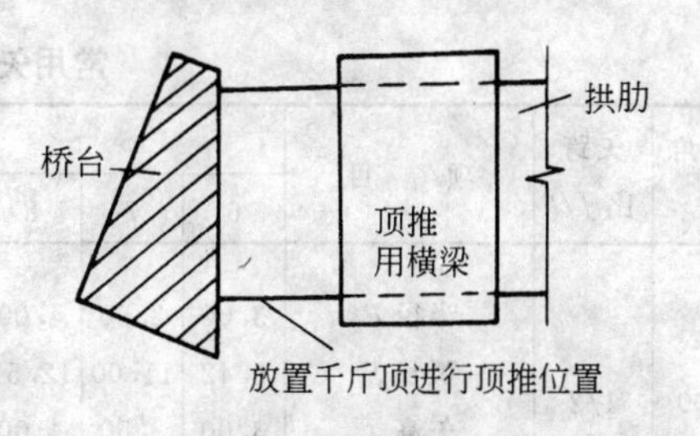

图 3-6-29　顶推时横梁及千斤顶安放位置

2）试顶工作。在上述准备工作就绪后，即可开始试顶。通过试顶可熟悉操作过程并检查千斤顶、油路管道、仪表等是否正常，否则必须进行调整。

3）顶推施工。正式顶推时须封锁桥上交通以确保安全。非顶推端拱脚上部的桥面伸缩缝必须清除。根据预顶时的主拱应变增大速度，按预估的顶推量实行分级顶推。每顶一级检查一次，内容是千斤顶行程是否同步或漏油，同一断面上的上下游应变是否相等，桥上是否有新的裂缝出现等，发现有意外情况就应停止顶推，待分析原因后再确定是否继续顶推。当顶推到预定顶推值时，更应注意对各部位进行检查。

4）浇灌快硬水泥砂浆。顶推到预定顶推量或发生异常需停止顶推工作时，在顶出的空隙内应立即填灌快硬水泥砂浆，并做好砂浆试块。灌浆结束后要有专人昼夜值班维护油泵压力。但要注意控制表值，一般维持表压在49.035Pa左右，不宜过大，以免损伤砂浆强度。在昼夜平均温度为25℃时，经6～7天的养护即可卸除油泵压力。

5）顶推结束。在上述工作全部完成后，顶推工作即告结束，此时卸除设备、拆下支架，顶推工作完成。

（4）圆弧拱圈各部尺寸的检测：为正确掌握圆弧拱圈各部尺寸，在推顶工作完成后便于检测其是否符合正常拱度；在拱桥的拓宽改建中为方便圆弧拱测量放线时进行查对参考，特附常用资料并简述如下：

1）圆弧拱的要素及其表示方法。圆弧拱各部名称如图3-6-30所示。表示拱度的大小有两种方法：即用圆心角的大小来表示，用矢（高）f与跨（度）l之比的大小来表示。

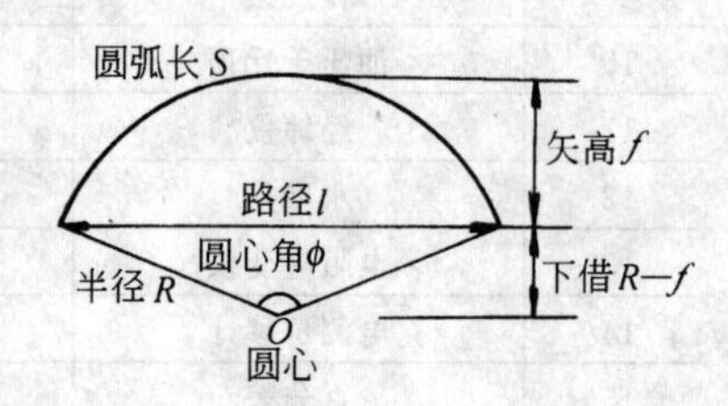

图3-6-30　圆弧拱各部名称

按圆心角表示，常用的有180°拱（即半圆拱）、120°拱和90°拱；按矢跨比（即f/l）表示，常用的有1/2拱（即半圆拱）1/3拱和1/4拱。无论采用何种表示方法，在计算圆弧拱的各部尺寸时，均以跨径l为基础。

2）圆弧拱各部尺寸的检测或放线用表。表3-6-4内列有五种常用矢跨比圆弧拱各部尺寸，可供查用。

由于石拱桥的砌筑必须考虑到拱模架（拱胎）在承重后有所下沉。因此拱中央部分要有一定的"起拱"余裕（或称预留拱度），一般10m跨径的中间（拱顶部分）应起拱3～4cm，拱胎起拱后，曲线应保持圆顺，不得出现折线。因此，从表3-6-4所查得的数据在具体应用时还应考虑起拱余裕所给予的拱矢高度，从而满足设计要求。

常用矢跨比（6～20m）圆弧拱各部尺寸表　　表3-6-4

圆心角 ϕ	矢跨比 f/l	项目	跨度 l（m）											
			6	7	8	9	10	11	12	13	14	15	18	20
180°00′	1/2	半径 R	3.00	3.50	4.00	4.50	5.00	5.50	6.00	6.50	7.00	7.50	9.00	10.00
		弧长 S	9.42	11.00	12.57	14.14	15.71	17.28	18.85	20.42	21.99	23.56	28.28	31.42
		矢高 f	3.00	3.50	4.00	4.50	5.00	5.50	6.00	6.50	7.00	7.50	9.00	10.00
		下借 $R-f$	0.00	0.00	0.00	0.00	0.00	0.00	0.00	0.00	0.00	0.00	0.00	0.00

续表

圆心角 ϕ	矢跨比 f/l	项目	跨度 l (m)											
			6	7	8	9	10	11	12	13	14	15	18	20
134°46′	1/3	半径 R	3.25	3.79	4.33	4.88	5.42	5.96	6.50	7.04	7.58	8.13	9.76	10.83
		弧长 S	7.64	8.92	10.19	11.47	12.74	14.01	15.29	16.56	17.84	19.11	22.94	25.48
		矢高 f	2.00	2.33	2.67	3.00	3.33	3.67	4.00	4.33	4.67	5.00	6.00	6.66
		下借 $R-f$	1.25	1.46	1.66	1.88	2.09	2.29	2.50	2.71	2.92	3.13	3.75	4.17
120°00′	1/3.46	半径 R	3.46	4.04	4.62	5.20	5.77	6.35	6.93	7.51	8.08	8.66	10.40	11.55
		弧长 S	7.26	8.46	9.67	10.88	12.09	13.30	14.51	15.72	16.83	18.14	21.76	24.18
		矢高 f	1.73	2.02	2.31	2.60	2.89	3.18	3.47	3.76	4.04	4.33	5.20	5.78
		下借 $R-f$	1.73	2.02	2.31	2.60	2.88	3.17	3.46	3.76	4.04	4.33	5.20	5.77
106°16′	1/4	半径 R	3.75	4.38	5.00	5.63	6.25	6.88	7.50	8.13	8.75	9.38	11.26	12.50
		弧长 S	6.95	8.11	9.27	10.43	11.59	12.75	13.91	15.07	16.23	17.39	20.86	13.18
		矢高 f	1.50	1.75	2.00	2.25	2.50	2.75	3.00	3.25	3.50	3.75	4.50	5.00
		下借 $R-f$	2.25	2.63	3.00	3.38	3.75	4.13	4.50	4.88	5.25	5.63	6.76	7.50
90°00′	1/4.83	半径 R	4.24	4.95	5.66	6.36	7.07	7.78	8.49	9.19	9.90	10.61	12.72	14.14
		弧长 S	6.66	7.78	8.89	10.00	11.11	12.22	13.33	14.44	15.55	16.66	20.00	22.22
		矢高 f	1.24	1.45	1.66	1.86	2.07	2.28	2.49	2.69	2.90	3.11	3.72	4.14
		下借 $R-f$	3.00	3.50	4.00	4.50	5.00	5.50	6.00	6.50	7.00	7.50	9.00	10.00

3.7 桥梁附属构筑物的维修技术

3.7.1 桥梁支座的维修加固

3.7.1.1 桥梁支座的作用与形式

(1) 桥梁支座的作用：支座是桥梁上、下部结构的连接点。其作用是将上部结构的荷载顺适、安全地传递到桥梁墩台上去，同时要保证上部结构在支座处能自由变形，以便使结构的实际受力情况与计算简图相符合。因此，对桥梁支座要正确设置，并经常注意保养维修，对其损坏部分要进行修补加固。

(2) 支座的形式：桥梁支座按其作用分固定支座和活动支座两种。固定支座用来固定桥梁结构在墩台上的位置，它只能转动而不能移动。活动支座则可保证在温度变化，混凝土收缩和竖向荷载作用下结构能自由转动和自由移动。简支梁桥每一跨是由一个固定支座和一个活动支座组成；连续梁桥则多由一个固定支座和若干个活动支座所组成。

根据桥跨结构的大小，当前我国在钢筋混凝土梁式桥中所采用的支座形式有垫层支座、切线式支座、摆柱式支座、橡胶支座和滑动钢盆橡胶支座等。桥梁支座形式及适用情况如表 3-7-1。

桥梁支座形式及适用情况 　　表 3-7-1

序号	名称	适用情况	构造简图
1	滑动钢盆支座	这是一种新型支座，是 20 世纪 90 年代发展起来的。它一般是由一块圆形的，截面较薄的非加劲橡胶板组成，橡胶板封闭在钢盆内，靠钢盆限制橡胶的侧向变形，提高支座承载能力 该支座可承受 100t 以上的支座反力，适用于大中桥梁，及连续梁桥的活动支座	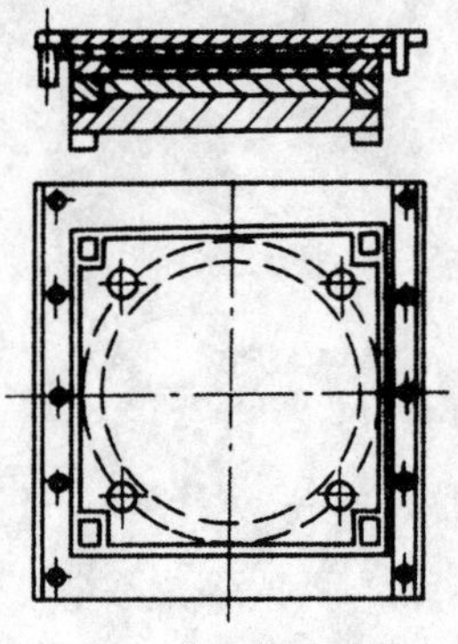
2	垫层支座	标准跨径 10m 以内的简支板桥和简支梁桥，一般不设专门的支座，而仅设油毛毡或石棉垫层，或水泥砂浆垫层。这种支座形成的自由伸缩性能不佳，易引起上部结构端部和墩、台帽混凝土的劈裂现象	

续表

序号	名称	适用情况	构造简图
3	切成式支座	由两块厚约40～50mm的铸钢垫板制成，上面一块是平的钢垫板，下面一块是顶面切削成圆弧形的钢垫板，这样能保证支座可自由转动。切成式支座一般适用于跨径13～20m的T形梁桥	
4	摆柱式支座	由两块平面钢板和一个摆柱所组成。摆柱是一个上下镶有弧形钢板的钢筋混凝土短柱，所用混凝土强度为C32～C42。摆柱的侧面设有齿板，两块平面钢板的相应位置设有齿槽，安装时，应使齿板与齿槽相吻合 该支座一般适用于20m及20m以上的钢筋混凝土梁式桥	
5	橡胶支座	由几层薄橡胶片与刚性加劲物粘合而成，一般在每层厚5mm的橡胶片与橡胶片之间，嵌入一层厚1～2mm的薄钢板或密格钢筋网，由于金属加劲物能阻止橡胶片的侧向膨胀，从而提高了橡胶的抗压强度。利用橡胶的压缩变形和剪切变形，保证了上部结构的自由转动和水平移动 该支座适用范围较广，可适用于宽桥、曲线桥、斜交桥等	

3.7.1.2 桥梁支座的损坏及产生原因

(1) 桥梁支座本身的损坏：各种形式的支座，其本身情况不同损坏也不同，分别有：

1) 油毛毡支座已损坏（如破裂、掉落、酥烂等），从而失去作用。

2) 切线弧形支座滑动面、滚动面生锈，从而不能自由转动。

3) 摆柱式支座的混凝土摆柱脱披露筋或出现其他异常现象。

4) 支座的滑动面不平整、轴承有裂纹、切口，滚轴有偏移和下降。

5) 支座螺母松动或螺栓脱落。

6) 钢辊轴式支座辊轴（或摇轴）的实际纵向位移偏大或发生横向位移。

7) 橡胶支座出现橡胶老化、变质现象，梁丧失自由伸缩能力。

(2) 桥梁支座板的损坏：桥梁支座板的损坏形式主要有如下几种：

1) 桥梁支座板的座板翘起、扭曲或者断裂。

2）桥梁支座板的座板贴角焊缝开裂，见图 3-7-1 所示。

3）填充砂浆裂缝。

4）桥梁支座座板混凝土已压坏、剥离、掉角等。

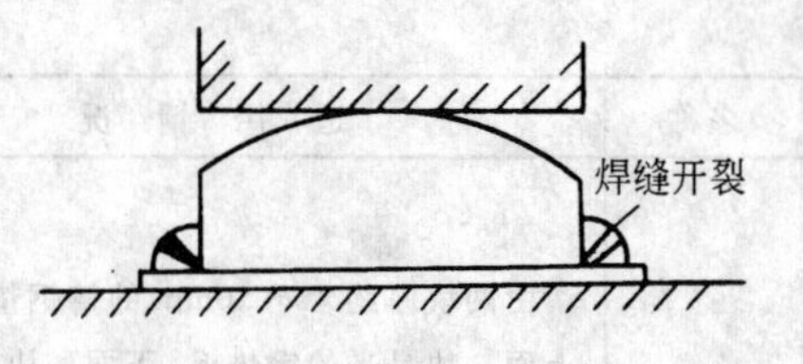

图 3-7-1　支座座板贴角焊缝开裂

(3) 桥梁支座损坏的原因：桥梁支座损坏原因是多方面的，具体请见表 3-7-2 所列。

梁桥支座损坏原因一览表　　表 3-7-2

序号	支座损坏的原因	具体内容
1	设计时缺乏足够的考虑	(1) 形式的选定与布置错误 (2) 材料选定错误，或者施工没有按要求执行 (3) 支座边缘距离不够 (4) 支座支承垫石补强钢筋不足 (5) 对螺栓、螺母等的脱落研究不够
2	施工制作时不完备	(1) 铸件等材料质量管理不够，质量较差 (2) 金属支座的油漆、防腐防锈处理不可靠 (3) 砂浆填充不可靠，或者水泥砂浆强度不足
3	维修、养护、管理不善	(1) 滑动面、滚动面夹杂尘埃、异物 (2) 因防水、排水装置的缺陷，向支座漏、溢水，使支座锈蚀 (3) 螺母、螺栓松动、脱落，又没有及时修理
4	其他因素	桥台、桥墩产生的不均匀沉陷、倾斜与水平变位以及上部结构位移，影响支座的正常使用

3.7.1.3　桥梁支座的检查内容

桥梁支座在维修加固前必须进行检查，其检查的主要内容有：

(1) 垫层支座的油毡是否老化破裂。

(2) 钢板滑动支座和弧形支座是否干涩、锈蚀。

(3) 摆柱支座各部件相对位置是否正确，受力是否均匀，钢筋混凝土立柱是否损坏。

(4) 橡胶支座是否老化、变形，位置是否正确。

(5) 滑动钢盆橡胶支座的固定螺栓有无剪断损坏，螺母有无松动。

(6) 活动支座是否灵活，实际位移是否正确。

此外，由于支座的变形或其他因素的影响，支座处上、下部结构也会发生异常，应尽可能同时进行检查。对于滑动面、滚动面夹杂尘埃和异物以及由于防水装置和排水装置等的缺陷而产生的漏水、溢水，因此在检查过程中同时加以清扫、处理。

3.7.1.4　桥梁支座的维修与加固

(1) 桥梁支座的养护工作：

桥梁支座必须经常养护，根据《公路养护技术规范》规定，其主要内容是：

1）对桥梁支座各部分应保持完整、清洁、要扫除垃圾，冬季清除积雪和冰块，保证梁跨自由伸缩。

2）在滚动支座滚动面上要定期涂一薄层润滑油，在涂油以前，必须先用钢丝刷或揩布把滚动面揩擦干净。

3）为了防锈，支座各部分除钢辊和滚动面外，其余都要涂刷油漆保护。

4）对固定支座应检查锚栓坚固程度，支承垫板要平整紧密，及时拧紧接合螺栓。

(2) 桥梁支座的维修加固：

1）桥梁支座有缺陷或发生故障时的维修和更换。

①滚动面不平整，轴承有裂纹、切口以及个别辊轴大小不合适时，必须予以更换；

②梁支点承压不均匀时，应进行调整。调整时可采用千斤顶把梁上部顶起，然后移动调整支座的位置。在矫正支座位置以后，降落上部构造时，为避免桥孔结构倾斜，应徐徐下落，并注意千斤顶的工作状态是否均衡，同时调整顶升用木框架的楔子，以保证上部结构能恢复原位；

③桥梁支座座板翘起，扭曲、断裂时应予更换或补充，焊缝形裂应予维修加固。支座更换时也同时可采用前述顶升法施工；

④如要抬高支座时可采用捣筑砂浆垫层、加入钢板垫层或预制钢筋混凝土块的办法。

2）油毡支座因损坏、掉落而不能发挥作用时；摆柱式支座工作性能不正常，有脱皮、露筋或其他异常情况发生时，橡胶支座已老化、变质而失效时，都须进行调整，加以维修加固。

3）钢辊轴式支座辊轴（或摇轴）的实际纵向位移应与计算的正常位移相符，如实际纵向位移大于容许偏差或有横向位移时应加以矫正。

3.7.2 桥梁伸缩缝的维修

3.7.2.1 桥梁伸缩缝的构造

(1) 伸缩缝的设置及要求：

1）伸缩缝的设置：道路桥梁中，桥梁在温度变化、混凝土的徐变和干燥收缩、荷载的作用等因素的影响下，将引起梁端变形。为了满足这种变形的要求，通常在两梁端之间、梁端与桥台之间设置伸缩缝构造。

2）伸缩缝的构造要求。为了保证伸缩缝作用的正常发挥，伸缩缝结构应满足下列要求：

①在平行、垂直于桥梁轴线的两个方向均能自由伸缩；

②牢固可靠；

③车辆驶过时应平顺、无突跳与噪声；

④要防止雨水和垃圾、泥土渗入；

⑤安装、检查、养护、清除污物等工作都要简易方便。

(2) 各种形式伸缩缝的构造：伸缩缝的构造形式，主要按跨缝材料不同来分，目前常用的有锌铁皮伸缩缝、钢板伸缩缝和橡胶伸缩缝三种。各种形式伸缩缝的构造及适用情况如表 3-7-3 所列。

桥梁伸缩缝形式及其构造　　　　表 3-7-3

序号	伸缩缝形式	构造说明和运用情况	构造简图
1	钢板伸缩缝	（1）是用一块厚度约为 10mm 的钢板覆盖在断缝上，钢板的一边焊在锚固于桥面的角钢 1 上，另一边可沿着对面的角钢 2 自由滑动。在角钢 2 的边缘上还焊上一条窄钢板，以抵住桥面的沥青砂面层 （2）该伸缩缝适用于梁变形量在 4～6cm 之间的桥梁，常用于温差较大的大跨径桥梁 （3）当变形量、交通量更大时，可采用梳形钢板伸缩缝构造	(*a*) 钢板伸缩缝 (*b*) 梳形钢板伸缩缝
2	锌铁皮伸缩	（1）是以镀锌薄钢板为跨缝材料的伸缩缝。施工时，镀锌薄钢板弯制成断面呈 U 形的长条，沿桥的横向嵌设于缝内，其两边与两侧混凝土梁或梁与桥台雉墙顶面固定在一起。U 形槽内用软性防水材料，如沥青砂等填塞 （2）该伸缩缝构造简单，梁变形量在 2～4cm 之间时非常适用，常用于中小跨径的装配式钢筋混凝土梁肋桥	(*a*)适用于水泥混凝土路面伸缩缝 (*b*)适用于沥青混凝土路面伸缩缝
3	橡胶伸缩缝	（1）以橡胶带作为跨缝材料。当梁架好后，在梁的端面埋件上焊上角钢，涂上胶后，将橡胶带嵌入即可。橡胶带富有弹性，又易于胶粘，故能满足变形与防水的要求 （2）该伸缩缝使用较方便，但价格较高。在有条件时可尽量考虑采用	单位：mm

3.7.2.2 桥梁伸缩缝的常见缺陷及原因分析

一、伸缩缝的常见缺陷

桥面伸缩缝由于设置在梁端构造薄弱部位，直接承受车辆反复荷载的作用，又多暴露于大自然中，受到各种自然因素的影响，因此，可以说伸缩缝是易损坏、难修补的部位，经常发生各种不同程度的缺陷。伸缩缝的常见缺陷根据采用形式的不同而有所区别，现分述如下：

(1) 镀锌薄钢板伸缩缝使用多年后均有损坏现象，其形式有：

1) 软性防水材料如沥青砂或聚氯乙烯胶泥等老化、脱落。

2) 伸缩缝凹槽填入其他硬物，不能自由变形。

3) 镀锌薄钢板上压填的铺装层如水泥混凝土或沥青混凝土等断裂、剥离。

4) 伸缩缝上后铺压填部分发生沉陷，高低不平。

5) 由于墩台下沉，出现异常的伸缩，车辆行驶时出现冲击及噪声。

(2) 钢板伸缩缝（包括梳形钢板伸缩缝）的常见缺陷有：

1) 角钢与钢筋混凝土梁锚固不牢，使钢板松动，在车辆行驶时受到冲击振动，更加速它的破损。

2) 缝内塞进石块或铁夹物，使伸缩缝接头活动异常，不能自由变形。

3) 排水管发生破坏损伤或被土砂堵塞。

4) 表面钢板焊接部位破坏损伤。

5) 梳形钢板伸缩缝在梳齿与承托板的焊接处出现裂缝，更严重者出现剪断现象。

(3) 橡胶伸缩缝是近年来在国外广泛采用的构造。国内采用的橡胶伸缩缝构造虽不复杂，但还不适应较大变形量的要求，目前正在试用。根据国外的资料，这种伸缩缝的常见缺陷有：橡胶条破坏损伤、橡胶条剥离、在橡胶嵌条连接部位漏水、锚固构件破损、锚固螺栓松脱、伸缩缝构造部位下陷或凸出、车辆行驶时不适，发生噪声。

二、桥梁伸缩缝缺陷产生的原因分析

桥梁伸缩缝产生破损的原因是多方面的，其中大多数是由于设计考虑不周、材质不良、营运条件恶劣、施工工艺不妥、养护管理不善等因素造成的，具体原因分析见表 3-7-4 所列。

桥梁伸缩缝缺陷产生的原因分析 表 3-7-4

序号	产生原因	原因分析
1	设计方面的原因	(1) 桥面板端部刚度不足 (2) 伸缩缝构造本身刚度不足 (3) 伸缩缝构造锚固的构件强度不足 (4) 过大的伸缩间距 (5) 后浇压填材料选择不当 (6) 变形量计算不正确
2	施工方面的原因	(1) 桥面板间伸缩缝间距施工有误 (2) 后浇压填材料养护管理不善 (3) 伸缩缝装置安装得不好 (4) 桥面铺装层浇筑得不好 (5) 墩台施工不好

续表

序号	产生原因	原因分析
3	养护不周及其他外界因素的影响	(1) 车辆荷载增大，交通量增加 (2) 桥面铺装层老化 (3) 接缝处桥面凸凹不平 (4) 桥面没有经常进行清扫 (5) 地震等其他恶劣气候条件的影响

3.7.2.3　桥梁伸缩缝的养护维修

一、桥面伸缩缝的养护

桥面伸缩缝要经常注意养护，使其发挥正常作用。对于锌铁皮U形槽伸缩缝要防止杂物嵌入；梳形钢板伸缩缝当其梳齿缝内塞进杂物时要及时清除；钢板伸缩缝缝板在震断时要及时修复；橡胶支座破坏或老化时要注意修理更换。

二、伸缩缝缺陷的维修

(1) 伸缩缝缺陷的影响：桥面伸缩缝为桥梁构造的一部分，其完好程度将直接影响桥梁结构的服务质量。伸缩缝出现缺陷后大致会出现如下几种恶果，即：使司机的心理不快、引起交通事故，驾驶事故、缺陷向结构主体进一步发展、因噪声等而对周围环境产生不良的影响。

因此，对桥面伸缩缝要经常注意养护，经常检查，出现破坏后，即要进行必要的修补或者更换。

(2) 伸缩缝缺陷的修补与更换：

1) 修补前应查明原因，采用行之有效的、与之相适应的修补方法。修补工作要依据缺陷的程度，或部分修补，或部分以至全部更换；

2) 对于镀锌薄钢板伸缩缝，当其软性填料老化脱落时，在充分扫清原缝隙泥土后，重新注入新的填缝料。当铺装层破坏时，要凿除重新铺筑。凿除破损部位要划线切割（或竖凿），如图3-7-2所示。清扫旧料后再铺筑新面层，当采用水泥混凝土浇筑时，要采用快硬水泥并注意新旧接缝要保持平整，对铺筑部分要加以初期养生的质量。

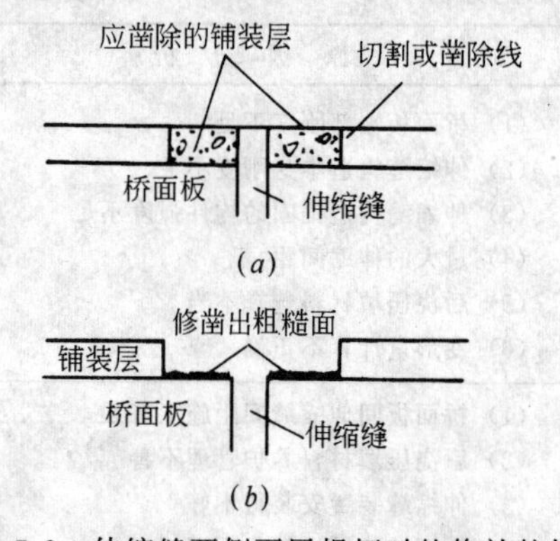

图3-7-2　伸缩缝两侧面层损坏时的修补的情况
(a) 对损坏部分划线切割或凿除；
(b) 对桥面板底部凿出粗糙面

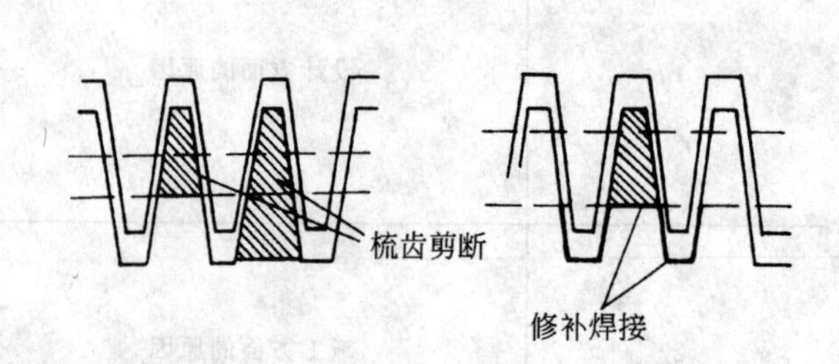

图3-7-3　梳形钢板伸缩缝当梳齿断裂时的修补

3）对于钢板伸缩缝，当钢板与角钢焊接破裂时，应清除垢秽后重新焊牢；当梳齿断裂或出现裂缝后，也要采取焊接方法进行修补焊牢，如图3-7-3所示。排水沟被堵塞后应及时予以清除干净，确保水沟畅通。

4）桥面伸缩缝的修补或更换工作大都不断绝交通。因此，通常可考虑采用限制车辆通行，半边施工，半边通行车辆；或白天使用盖板，夜间施工时禁止通行；或白天使用盖板，夜间限制车辆通行，半边施工，半边开放交通等方法。总之，均要注意抓紧时间、尽量缩短施工工期，保证修补质量。

3.7.3 桥面及桥头引道的养护维修

3.7.3.1 桥面铺装层的养护维修

一、桥面铺装层的设置

为了保证车辆安全、舒适地通过桥面，需要在桥面上铺筑桥面铺装层，它可使属于主梁整体部分的钢筋混凝土桥面板不遭受车轮的直接磨耗和剪切作用以及雨水的侵蚀影响，并对车辆轮重的集中荷载起分布作用。桥面铺装层要求具有一定的强度，以防止开裂，并应有一定的耐磨与抗滑性能。目前常用钢筋混凝土梁式桥的桥面铺装，一般有水泥混凝土类和沥青类两种，其结构形式有：

(1) 普通水泥混凝土或沥青混凝土铺装层：此种铺装层用于没有抗冻要求，不必考虑设置防水层的小跨径桥梁。修筑的直接在桥面板上铺筑5～8cm的普通水泥混凝土或沥青混凝土铺装层。铺装层的混凝土标号要与桥面板混凝土标号相同或提高一级，铺筑时要注意密实、充分振捣，表面应保持一定的粗糙度。沥青混凝土铺装可采用单层式即一次铺装(厚5～8cm)，或双层式即两次铺装（底层4～5cm，面层3～4cm）。

(2) 防水混凝土铺装层：此种铺装用于需要防水的桥梁上，修筑时在桥面板上铺筑8～10cm的防水混凝土作为铺装层，其强度应不低于桥面板混凝土强度。同时，为提高桥面的耐久性，可在其上再铺筑2cm厚的沥青表面处治层作为磨耗层。

(3) 具有防水层的水泥混凝土或沥青混凝土铺装层：此种铺装适用于防水程度要求高，或在桥面板位于结构受拉区而可能出现裂缝的桥梁。施工时，先在桥面板上铺筑“三油二毡”的防水层，然后再在防水层上铺筑厚4cm、强度不低于M20的细骨料混凝土保护层，最后再在其上修筑沥青混凝土或水泥混凝土路面铺装层。

二、桥面铺装的常见缺陷

桥面铺装材料主要有水泥混凝土和沥青类材料两种，由于使用材料的不同，缺陷的形式也不一样。两种材料铺装层所产生的缺陷分述如下。

(1) 沥青类铺装层的缺陷：沥青类铺装层所产生的缺陷与通常路面相比，因其不受路基、基层影响，故产生缺陷的形式要比路面为少，主要有：

1）泛油。这是由于沥青用量过多，骨料级配不良，以及沥青材料软化点太低所致。桥面出现泛油后，车辆过桥时粘轮，下雨时易于打滑，使行驶安全度降低。

2）松散、露骨。由于行驶车辆的作用，铺装层表面的细骨料慢慢松散、脱离，表面出现锯齿状的粗糙状态。原因是沥青混合料压实不足或用油量太少所致。

3）裂缝。由于沥青材料性能不良，沥青老化或桥面板本身出现损坏破裂而引起。裂缝形式有纵裂、横裂或网裂。

4）高低不平，产生“跳车”。主要是在桥跨结构物的连接部位，由于结构物与填土部位之间的不均匀沉陷或结构物接头不平，使过桥车辆产生“跳车”，降低行车的舒适性。严重的跳车，甚至导致汽车弹簧钢板的断裂。

(2) 普通水泥混凝土铺装层的缺陷：

1）磨光。铺装层被行驶的车轮所磨耗，形成平滑的状态。产生原因是铺装层骨料抗磨性能差或交通量过大。

2）裂缝。因施工不良、温度变化以及桥面板或梁结构产生过大挠曲应力所致。裂缝形式有网裂、纵横裂缝等。

3）脱皮、露骨。由于施工时没有一次成型，或者由于产生裂缝后在车辆冲击力的作用下，表层产生脱皮或局部破损露骨。

4）高低不平。此项与前述沥青类铺装层相同，构件接头处由于不均匀沉陷而引起。

三、桥面铺装层的维修养护

(1) 桥面铺装的养护工作：应经常清扫桥面，保持桥面清洁完整和有一定的路拱。桥面在雨后应随时将积水扫到泄水管口排除，不要积存。冬天结冰或在下雪后，应及时清除桥面上的冻块或积雪。严禁在桥面上堆置杂物或占为晒场等，以保证车辆过桥时行驶的安全。此外，桥面防水层如有损坏也要及时进行修理。

(2) 水泥混凝土铺装层如有磨光、脱皮、露骨或破裂等缺陷时，通常可用如下方法进行维修：

1）原结构凿补。将原水泥混凝土铺装层的表面凿毛，并尽可能深一些，使骨料露出，用清水冲洗干净并充分润湿，再涂刷上同标号的水泥砂浆，最后铺筑一层4～5cm厚的水泥混凝土铺装层。

2）采用黑色路面改建桥面。采用黑色路面即沥青类材料修补桥面铺装，一般较水泥混凝土铺装容易，且上下结合也比较牢靠，施工期间对交通影响也较小。但路面改变了原有结构且必须全桥加铺，否则影响美观。

3）全部凿除，重筑铺装层。桥面铺装层如已损坏严重，可采用全部凿除，重筑铺装层的方法修补。新铺的面层可采用普通水泥混凝土，也可采用钢纤维混凝土等其他材料。

(3) 沥青类桥面铺装层出现缺陷后，应及时处理，经常保持桥面完好平整。

(4) 桥面凸凹不平，如因构件连接处沉陷不均引起时，可采用在桥下以液压千斤顶顶升，调整构件连接处标高，使其顶面具有相同高度的方法进行维修。

3.7.3.2 桥头引道的养护维修

(1) 桥头引道的常见缺陷

1）桥面与引道路面衔接处，路面沉陷，交接段引道纵坡与桥面纵坡不一，衔接不顺适，致使桥头产生“跳车”。

2）引道路面损坏，产生积水、渗水，出现坑塘，高低不平。

3）引道两边的挡土墙、护栏等产生严重变形、破坏、或缺损。

4）护坡、锥形溜坡因受洪水冲刷而发生冲空、坍塌或产生缺口。

5）引道上如设有涵管或水渠时，其顶部受损，路面遭受破坏、并有渗水现象等。

(2) 桥头引道的养护维修：

1）桥头引道的养护检查。在桥头引道的养护工作中，须着重检查：

①有无渗水、沉陷、冲刷等；

②纵横断面是否合乎规定；

③引道与桥头衔接是否平顺，有无跳车现象；

④挡土墙、护坡、护栏、锥形溜坡与其他有关设施是否正常；

⑤引道上如设有油管或跨路渠道等，其孔径或闸门和其他各部位是否正常。

2）桥头引道的维修措施。根据上述检查的情况，应采取相应的养护维修措施：

①采取修整措施，保证引道平整和正常排水；

②对桥头衔接处下沉的路面填补修理，使之连接平顺，不致产生跳车；

③挡墙、护栏等结构物产生损坏时，应及时按原结构进行修补或更换；

④护坡或溜坡受洪水冲空或其他破坏时应采取措施修补，同时采取相应的维护措施；

⑤引道上的涵管或水渠等应按涵洞的要求进行养护，顶部出现损坏时应采取与路面损坏相同的方法进行维修。

3.7.4 道路桥头及桥梁伸缩缝处跳车的防治措施

3.7.4.1 道路桥头及桥梁伸缩缝处跳车的现状

道路桥头及桥梁伸缩缝处跳车问题是目前国内公路较常见的道路病害，而且随着我国道路的发展这个问题越来越突出。桥头及桥梁伸缩缝处出现破坏，接缝处下沉，路面损坏，出现了不同高低的错台，通称为台阶。这些台阶，轻的使车辆通过时产生跳动和冲击，从而对桥梁和路面造成附加的冲击荷载，并使司乘人员感到颠簸不适；严重的则使通过的车辆大幅度减速，有的甚至造成行车事故，从而影响了道路的正常营运，受到道路界的广泛关注。例如：

（1）山西省大运道路曲沃县滏河桥因桥头跳车严重，曾多次造成翻车事故，桥两侧栏杆经常被撞毁。

（2）板式橡胶缝是使用最多、最广泛的伸缩缝，但损坏也比较严重，有些桥梁通车一年就发现损坏现象。长沙湘江北大桥引桥采用板式橡胶缝，1991年竣工通车，到目前大部分也已损坏更换。

(3)广州—深圳—珠海高速公路使用板式橡胶缝，通车不到一年，破坏率的达80%，补强后效果仍很差，需要全部更换。

（4）山西省大运道路（大同—太原—运城）全长737km，1990年竣工通车，全线大中桥梁大部分采用板式橡胶缝，到目前大部分已损坏更换，这种损坏直接影响道路的使用。

道路桥头、桥梁伸缩缝处跳车不但在我国的道路上存在，而且在国外也是尚未解决的问题。为了消除台阶，防止和解决跳车，保持良好的路况，设计部门和施工单位采用了许多行之有效的措施和方法，有关院校和科研单位也立题从不同角度对跳车进行研究。道路养护部门每年都要花费相当数量的资金进行维修和养护。因此对桥头及桥梁伸缩缝跳车产生的原因加以分析，进而提出防治措施和维修原则就显得很有必要。

3.7.4.2 道路桥头及桥梁伸缩缝处跳车的危害

所谓道路桥头、桥梁伸缩缝跳车是指道路桥头及桥梁伸缩缝处出现了不同高低的台阶。

一般来说，台阶是指桥（涵）台和路堤连接处沉降高差或桥梁伸缩缝处损坏桥面高差达到了1cm以上，已经使行车产生了明显的颠跛不适。由于车辆荷载的作用，一般的台阶呈现中间低两边略高的形态。

（1）跳车对车速的影响：桥头及桥梁伸缩缝处形成的台阶，使车辆的行驶速度受到不同程度的影响。车速的降低幅度视桥面类型、台阶高度、车辆类型和行驶速度而异。根据调查，台阶对车速的影响一般呈如下规律：

1）很小的台阶对车辆行驶影响不大，只是当台阶达到一定高度时，对车速才有显著的影响。台阶越高，特别是达到4cm以上时，对车速影响很大。

2）车速的损失与车辆的行驶速度有关。比较小的车速（＜60km/h）行驶时，一般减速幅度亦小；中速（60～80km/h）行驶时减速幅度较大；而当以较高的速度（＞80km/h）行驶时减速幅度则相对不大，这与司机行驶看到台阶和作出反应有关。

3）台阶对不同类型车辆行驶的影响也是不同的，如较高台阶对小汽车行驶的影响就较大，而载重货车对台阶不如空车敏感。其次司机的心理状态、对道路的熟悉程度等都对通过台阶时的速度降低有不同程度的影响。

（2）加大养护费用、降低道路使用质量：当前，我国高等级道路的修建每公里造价在几百万元至几千万元以上，建成以后为了维持良好的使用状态，对桥涵两端的台阶和桥梁伸缩缝均要进行及时的维修和养护。

1）不断的对道路进行维修养护不仅花费了大量的人力、物力和财力，而且也产生了不良的社会影响。

2）道路等级越高，所设置的结构物也越多，因此形成许多高低不一的桥头台阶。

3）桥梁伸缩缝的损坏导致桥面形成数个高低不一的台阶。

4）因为有台阶就导致汽车减速行驶，使得车辆不可能在道路全线（或某一区段）以正常速度行驶。

据观测和测试，汽车遇到台阶，一般要提前减速，驶过台阶以后还需要大约相同的距离加速以恢复正常行驶速度。这样，既增加车辆的行驶时间，加大了油耗，同时对车辆本身及路面和桥涵结构均会产生较大冲击及破坏。

3.7.4.3　道路桥头及桥梁伸缩缝处跳车台阶产生的原因

一、道路桥头跳车

桥头跳车台阶的产生和形成是多方面的，包括地基地面条件、填料、施工材料以及设计、施工工艺方面的诸多原因。

（1）桥台及台后填方地基的受力与沉降变形分析：我国地域辽阔，作为桥台及台后填方地基的地层岩性状况也千差万别，如基岩（岩浆岩、沉积岩、变质岩）地基、黄土地基、软土地基、冻土地基、盐渍土地基、膨胀土地基等等，除基岩地基外，其他类型的地基一般情况在桥台及台后填方的作用下，均要发生不同程度的沉降或竖向固结变形，所以对地基必须进行加固处理设计，如采用扩大基础或桩基础等，以保证地基的稳定性。

（2）台后填料受渗水侵蚀及变形分析：桥台一般由浆砌片石和钢筋混凝土砌筑，在桥台和台后填方之间或者锥坡部位，大气降水易沿路面或锥坡体（锥坡体的压实度较难达到要求）下渗，下渗水对桥台一般不产生破坏作用，但是：

1）土类填料，易产生侵蚀和软化，特别对于填方体压实度不够，更易产生侵蚀和软化，降低强度，从而导致填方体变形。

2）对砂砾石类填料，从填方横断面看一般填方体中部为砂砾石，两侧为土类，这种结构只利水的下渗，而不利水的横向排泄。

3）对不加固的地基来讲，填方体中部压力大，向两侧边坡压力逐渐减小，从而使地基产生凹形沉降变形，当水沿砂砾石下渗到地基后，下渗水不易快速排泄，从而软化地基，并加速地基的变形。

（3）台后填料压实分析：靠近桥台处填方体的压实度很难达到设计规范要求，这也是一直困扰设计和施工的难点。目前在设计上和施工中主要采用强夯、人工夯实、填筑砂料等方法和措施。对于轻型桥台，重型压路机靠近桥台进行压实，特别是振动压路机可能破坏桥台的结构；而对于“U”形桥台，重型压路机难以靠近，从而使靠近桥台部位的填方土体不易达到设计和压实度要求，造成桥台与台后填方差异沉降变形。

（4）桥头跳车台阶产生的主要原因：通过以上分析，可得出产生桥头跳车台阶的主要原因有：

1）地基强度不同：桥涵、通道与路基大都是同年平行进行施工的，桥涵是刚性体，其地基强度一般都有较高的要求，并进行加固处理，沉降较小或不沉降（岩石地基）。而台后填方段地基未进行加固处理，从而使桥台和台后填方产生差异沉降变形，以致形成台阶。

2）设计不周：设计人员有时对施工过程如何便于碾压考虑不周，对于填料的要求不严格，台背排水考虑欠佳。桥涵结构物两端的路堤，由于过水、跨线或通道的要求，一般填土都较高，低的3m左右，高的可达10m或更高，除了过水的桥涵两侧路堤往往受水浸淹，地基条件也较差，设计上对路基断面结构和边坡防护上有所考虑外，其他多数情况对高路堤设计上并无特别的要求，如压实度等指标均与一般路堤无异。但由于路堤较高，在填筑以后受到自重和行车荷载的作用，路堤填土必然要产生竖向变形值。

3）台后填料不当：施工时对桥台台后的回填土未能慎重考虑，施工人员用料不当、控制不严，未能达到设计要求。但需特别指出，施工不良比材料不良更易造成构造物台后填料的下沉。

4）台后压实不足：施工时工期工序安排不当，以致桥头填土处于工期末期，被迫赶工，不能很好地控制台背填土的压实度，致使填料压实度不满足设计和规范要求，使填方体产生竖向固结变形，形成较大的工后沉降，在台背与路基连接部造成沉陷形成台阶。

5）地基浸水软化：软土地基、湿陷性黄土地基浸水等造成路基沉降。

6）桥台伸缩缝的破损：据上分析，形成桥头台阶的原因是多方面的，结构的差异、设计的不周和施工控制的不严、综合因素的作用导致了差异沉降的发生和发展。

二、桥梁伸缩缝处跳车

桥梁伸缩缝处跳车台阶产生的主要原因是桥梁伸缩缝发生病害或损坏引起的。

（1）桥梁伸缩缝的作用：众所周知，在气温变化的影响下，桥梁梁体长度会发生变化，从而使梁端发生位移，为适应这种位移并保持行业平顺，就必须设置桥梁伸缩装置。由此可见，桥梁伸缩缝的作用，在于调节由车辆荷载环境特征和桥梁建筑材料的物理性能所引起的上部结构之间的位移和上部结构之间的联结。桥梁伸缩缝装置是桥梁构造的一部分，如果设计不当、安装质量低劣、缺乏科学的和及时的养护，大部分桥梁会在桥梁伸缩缝处形成台阶，直接影响到桥梁的服务质量。

（2）桥梁伸缩缝的使用与发展：在橡胶伸缩缝出现以前，小位移桥梁一般采用锌铁皮伸缩缝，这种结构的装置在伸缩过程中会形成沟槽，使桥面失去平整，使用寿命缩短。大中位移的桥梁一般采用齿口钢板伸缩缝，车辆通过时受冲击振动大，缝体容易损坏，且不能防水，效果差。

1）20世纪60年代末期我国开始研制和试用橡胶伸缩缝产品，产品有空心板型和W型，这种伸缩缝只能适应梁端位移量为20～60mm的中小跨径桥梁，且容易发生胶条弹出现象而导致损坏。

2）20世纪80年代中末期我国开始生产使用板式橡胶伸缩装置，这种装置由氯丁橡胶和加劲钢板组合而成，是一种刚柔相结合的装置。其接缝平整，吸振性好，适应面加大，基本上能满足中小跨径桥梁的需要。

3）20世纪90年代，在板式橡胶伸缩装置的基础上生产了BF伸缩装置，其实质是橡胶板和钢梳齿组合成的伸缩装置，与板式橡胶缝装置相比合理性有所提高。

4）20世纪90年代中期，我国开始引进毛勒型钢伸缩缝装置，并进一步加以开发研究。到90年代末期，开始大量生产和使用，此装置适用于所有大中桥梁的伸缩缝。毛勒型钢伸缩缝装置近几年来得到大范围推广使用，由于其结构形式和锚固形式大大改进，其合理性大大增强，普遍反映比其他类型装置先进、可靠。但发生病害损坏的现象却也不少。针对位移量小的中小跨径桥梁，近几年又引进了TST弹性体与碎石填充型伸缩装置，虽大量推广，但仍存在一些问题。

（3）桥梁伸缩装置损坏原因分析：目前，工程上常常采用的伸缩装置有板式橡胶缝、BF缝、毛勒型钢缝以及TST弹性体伸缩装置。

1）板式橡胶伸缩装置及BF缝装置是使用最多、最广泛的伸缩装置，但损坏也比较严重，这种损坏首先表现在过渡段的混凝土破坏，继而锚固系统破坏，最后整个伸缩装置破坏而无法使用。

2）对目前常用桥梁结构而言，伸缩装置的锚固系统很难准确地预埋在梁中，甚至不能预埋，大部分锚固在铺装层混凝土中。一般的桥梁铺装厚度为8～12cm，最厚也不超过15cm。板式橡胶伸缩装置和BF缝装置锚固系统由于缝本身厚度的影响，锚固深度一般只有5～7cm，最多不过10cm。伸缩装置一般设计要求过渡段混凝土采用C28、C38甚至更高的高标号混凝土，由于混凝土厚度太薄、体积太小，还加上预埋件的位置干扰，施工难度大，过渡段混凝土的锚固作用实际上大打折扣，预埋件的锚固质量也大受影响。

3）桥面通常采用沥青混凝土料铺装，往往伸缩装置安装在先，桥面铺装在后，沥青面层和过渡段混凝土之间很难铺平，加上刚柔相接，容易产生台阶。

4）车辆通行振动产生冲击使伸缩装置锚固系统和过渡段混凝土受力瞬时加大，而由此产生的振动又是高频振动，在反复的车辆瞬时荷载作用下，伸缩装置锚固混凝土不能保持弹性而破坏，锚固装置在反复动载震动下产生变形并与混凝土剥离，最终全部破坏。

5）桥梁的设计施工质量也是影响伸缩装置的使用寿命的一个主要原因：

①从设计上看，设计工程师在伸缩缝设计过程中只注重计算桥梁的伸缩量，并以此进行选型，而往往对伸缩装置的性能了解不全面，忽视了产品的相应技术要求；

②从施工上看，伸缩装置安装是桥梁施工的最后几道工序之一，为了赶竣工通车，施工人员对这道细活难活易疏忽大意，施工马虎，不按安装程序及有关操作要求施工；

③另外，伸缩装置安装后混凝土没有达到强度就提前开放交通，致使过渡段的锚固混凝土产生早期损伤，从而导致伸缩缝营运环境下降。另外，伸缩装置的受力复杂，而与之密切相关起决定作用的锚固系统却不尽合理，锚固混凝土太薄，强度很难达到设计要求，极容易损坏。

(4) 桥梁伸缩装置破坏的原因：桥梁伸缩装置由于设置在梁端构造薄弱的部位，直接承受车辆荷载的反复作用，又多暴露于大自然中，受到各种自然因素的影响，因此，伸缩装置是易损坏、难修补的部位。伸缩装置产生破损的原因是多方面的，主要有：

1) 设计不周：设计时梁端部未能慎重考虑，在反复荷载作用下，梁端破损引起伸缩装置失灵 。另外，有时变形量计算不恰当，采用了过大的伸缩间距，导致伸缩装置破损。

2) 伸缩装置自身问题：伸缩装置本身构造刚度不足，锚固的构件强度不足，在营运过程中产生不同程度的破坏。

3) 伸缩装置的后浇压填材料选择不当：对伸缩装置的后浇压填材料没有认真对待、精心选择，致使伸缩装置营运质量下降，产生不同程度的病害。

4) 施工不当：施工过程中，梁端伸缩缝间距没有按设计要求完成，人为地放大和缩小，定位角钢位置不正确，致使伸缩装置不能正常工作。这样会出现下列情况：

①由于缝距太小，橡胶伸缩缝因超限挤压凸起而产生跳车；

②由于缝距过大，荷载作用下的剪切力以及车辆行驶的惯性，会将松动的伸缩缝橡胶带出定位角钢，产生了另一类型的跳车。

③施工时伸缩装置的锚固钢筋焊接的不够牢固，或产生遗漏预埋锚固钢筋的现象，给伸缩缝本身造成隐患；

④施工时伸缩装置安装的不好，桥面铺装后伸缩缝浇筑的不好，使用过程中，在反复荷载作用下致使伸缩缝损坏。

5) 连续缝设置不够完善：为了减少伸缩缝，现在大量采用连续梁或连续桥面。桥面连续就需设置连续缝，目前连续缝的设置不够完善，致使连续缝破损，而产生桥面跳车。桥面连续缝处，变形假缝的宽度和深度设置得不够规范，不够统一，这也不同程度地影响着连续缝的正常工作。

6) 养护不当：桥梁在营运过程中，后浇压填材料养护管理不善，桥面没有经常进行清扫，导致伸缩装置逐渐破损。

7) 桥面铺装的影响：接缝处桥面凹凸不平，桥面铺装层老化等均可引起伸缩装置破损。

8) 交通流量影响：桥梁在营运过程中，车流量大、车速快、载重车辆多，巨大的车轮冲击力造成板式伸缩缝、橡胶伸缩缝的某些伸缩装置的部件破损、脱落、松动，有的甚至引起桥面破坏，严重影响行车安全。

总之，形成桥梁伸缩缝处跳车的原因是多方面的，设计考虑不周、材料不良、营运条件恶劣、施工管理不善和养护不当等诸多原因都可导致桥梁伸缩装置不同程度的损坏。

3.7.4.4 防止跳车的基本措施

一、桥头跳车防治措施

(1) 地基加固处理：为消除桥台和台后填方段的差异沉降变形，需对地基进行加固，尤其是特殊地基，如软土地基、湿陷性黄土地基、河流相冲击洪积物地基等更需进行特殊处理。

台后填方段的地基压力，一般小于桥台的压力，其次台后填方的高度一般情况下沿纵向（远离桥台）不断降低，即压力不断减小，所以在进行地基加固处理时，首先应了解地基的地层岩性情况，并取样做土的含水量、密度和剪切试验，对特殊地层如黄土和膨胀土还需做湿陷性等试验，从而确定地基沉降变形特性，其次分段计算填方自重压力，根据具体的地层情况设计地基加固方案，使台后填方路段的地基沉降变形与桥台地基沉降变形保持一致，对不同的地层采用不同方法和措施。

1）软土地基：软土属高压缩、大变形地基，对该地基首先应采用插塑料板、袋装砂井等超载预压等方法进行排水固结，其次根据填方路堤的压力计算，采用喷粉桩、挤密桩等进行加固处理。

2）河流相冲洪积物地基：该地层分布广、类型多、相变较大，地貌一般为河漫滩，或一、二级阶地，该地基无论地层岩性条件，还是固结变形情况都优于软土地基，但由于该地基岩性和固结情况变化较大，在地基加固设计前，应做地质勘察和土工实验，计算固结沉降量和填方压力，在此基础上进行地基渐变加固处理。

3）黄土地基：黄土地基主要特点是具有湿陷性。设计前应做地基土的湿陷性指标和压缩试验，在计算台后填方土体压力的基础上，采用同上的地基加固处理设计，但需注意防排水设计，防止地基产生湿陷。

(2) 桥头设置过渡段：在路堤和桥涵结构物的连接段上，考虑结构的差异，设置一定长度的过渡段。根据具体情况和所采用的措施，过渡段可以分为两种：

1）路面类型过渡：桥涵两端路堤的施工，在一定长度范围（该长度可以考虑与路堤高度成比例）内铺设过渡性路面，待路堤沉降基本完成以后改铺原设计的路面，这种措施对水泥混凝土路面比较适合。

2）搭板过渡：设置搭板可以使在柔性结构路段产生的较大沉降通过搭板逐渐过渡至桥涵结构物上，车辆行驶就不至于产生跳跃。目前设计的搭板，长度从 3m 至 8m 不等。搭板的使用，在一段时间内效果尚好，但是在路堤一侧搭板搁置在路面基层上或特制的枕梁上，基层或枕梁的沉陷可能在该处形成凹陷，还有导致搭板滑落的。鉴于此，施工时还需进行特别加固，在搭板的端部设置宽 0.4m、深达 1m 的水泥稳定砂砾大枕梁，这样使用效果很好。

(3) 台背填料的选择：设计及施工中，台背填料应在现场择优选用。采用粗颗粒材料填筑桥涵两端路堤，或者设置一定厚度的稳定土结构层：

1）用粗颗粒材料作为路基的填料不仅改善了压实性能，使其易达到要求的密实度，而且对北方地区特别有利于减缓冻融的危害。设置稳定土的改善层能够使路基、路面的整体刚度有所提高，从而减少沉陷。国外台后填方采用轻质填料，其目的也是减小填方容重，减轻填方土体对地基的压力，提高地基的承载力和抗变形的能力。

2）在挖方地段的台背回填部位，因场地特别窄小，应选用当地的石渣、砂砾等优质填料（在湿陷性黄土地区宜用水泥、白灰稳定土），填料的施工层厚度，以压实后小于 20cm 为宜。无论填方或挖方地段的台背填料，最好不要采用容易产生崩解的风化岩的碎屑，以免因填料风化崩解而产生下陷，这一点在土方调配时应予以重视。

3）在高填方的拱涵及涵洞与侧墙的相接部位，应尽量使用内摩擦角大的填料进行填筑，而且施工时应注意填料土压的平衡，不得发生偏压，以免造成工程事故。

(4) 台背填方碾压方法：

1) 施工过程中尽可能扩大施工场地，以便充分发挥一般大型填方压实机械的使用，认真施工，给以充分压实。为了便利大型压实机械的使用，当受场地限制时，可采用横向碾压法，以能使压路机尽量靠近台背进行碾压。对于压路机不能靠近台背时，采用小型压路机配合人工夯实、碾压，最终压实度满足设计要求。

2) 在涵洞的翼墙周围特别容易产生因压实不足而引起的沉陷，给养护工作带来麻烦，应注意压实。

3) 扶壁式桥台在施工时很可能使用大型压实机械，这种情况下应与小型振动压路机配套使用，给以充分压实。

(5) 设置完善排水设施：填方的排水措施对填方的稳定极为重要，特别是靠近构造物背后的填料，在施工中及施工后易积水下陷，因此，设计及施工时，应保证施工中的排水坡度，设置必要的地下排水设施。另外也可以在桥台与填方段结合处及过渡段的路面下设置垫层，防止路面下渗水进入填方体。对中间为砂砾石填料、两侧为土类填料的填方体与加固地基的连接处做 30～50m 纵向集水管和每 5～10m 的横向排水管，以排泄填方体与加固地基之间的下渗水。

(6) 强化施工质量管理，提高桥涵两端路堤的施工质量：由于桥涵两端路堤所处的位置和特定条件使其有别于一般地段的路基质量要求，应采用相应的方法达到较高的质量。

1) 桥涵端部路堤与桥涵是两种不同性质的结构物，都有各自的设计施工要求，为了使沉降差尽量小一些，应该将该处路堤的压实要求在现有基础上有所提高。除了路基顶部土层可提高至 98%或更高外，整个路堤的压实度都应提高。

2) 为了使桥台填方达到要求的密实度，必须完善施工工艺、方法和强化施工质量管理，比如压实土层厚可以适当减薄以及增加压实遍数。为适应桥涵端部路堤施工场地窄小，压实区域形状不规则而工期又紧迫的特点，应使用专用的小型压实机械。

(7) 加强工程监理工作：监理应对台背填土施工的填料选择、压路机具的选择、填土厚度进行检查，分层验收，对排水情况应予以检查，严格执行工序验收制度。为了防止形成桥涵端部路堤的沉降台阶，防止桥头跳车，除了对路堤的设计、施工予以改善以外，还要加强管理，提高路基碾压质量。

二、桥梁伸缩缝处跳车防治措施

(1) 梁端特殊设计：梁端部要具有足够的刚度，以满足营运过程中反复荷载的作用。设计过程中要采用恰当的伸缩间距，以保证伸缩装置的正常营运使用。

(2) 合理选用伸缩缝装置：选用伸缩缝装置最主要的是伸缩装置缝本身的刚度和质量。我们所理想的伸缩缝装置必须满足下列要求，即：

满足上部结构梁与梁之间和梁与台之间的位移；伸缩装置的锚固是牢固可靠、经久耐用的，能够抵抗机械磨损、碰撞；车辆行驶平稳、舒适；能防止雨水和垃圾渗入；安装方便、简单，易检查且便于养路工操作。

目前我国道路建设中采用的伸缩装置类型较多，常见的有板式橡胶缝、齿口钢板伸缩缝、西安 SDII—80 型伸缩缝、衡水 XF—80 仿毛勒伸缩缝、美国万宝伸缩缝、德国毛勒伸缩缝以及 TST 弹塑体与碎石填充型伸缩装置等。根据各种伸缩装置的使用状况及适应范围进行分析对比，选择采用最经济最合理的伸缩装置。

(3) 伸缩装置的安装：

1) 伸缩装置的锚固宽度：需要规范伸缩缝预埋钢筋在梁（板）端部和桥台的锚固宽度。考虑到施工工艺的协调，伸缩装置的锚固宽度按 50cm 进行设置为适宜，桥台上宜采用背墙的宽度进行设置，这既方便了桥面板、现浇混凝土铺装层的施工，也使伸缩装置的稳定性得到了保障。

2) 伸缩装置的锚固钢筋：在预制梁（板）的端部和背墙内预埋伸缩装置锚固钢筋是在两种不同情况下进行的。一般设计给定的都是对称于桥宽中心、在梁（板）端部设置预埋钢筋，则钢筋在每片梁（板）内的预埋位置都会不一样，给施工增加了难度，因此锚固钢筋应以对称于每片梁（板）的中心进行设置，这点在设计中要充分考虑。施工中要保证锚固钢筋的作用。仅在浇筑 8～10cm 厚的桥面板混凝土时进行设置是不可取的，这实际上没有让伸缩装置的定位角钢牢固地与梁（板）和背墙混凝土联结成整体，形成不稳定隐患，需要施工中认真对待。

3) 伸缩装置的定位角钢：伸缩装置的定位角钢一定要依据安装时测定出的气温、计算伸缩缝的伸缩量来调整两块定位角钢之间的距离，并按桥面高度将定位角钢焊接到预埋钢筋上，这样严格控制了缝距。对于伸缩缝的间距，多持有宁小勿大的倾向，是万万要不得的。定位角钢附近的混凝土，在施工中振捣比较困难，死角和钢筋密集的部位，应加强人工插捣。

(4) 连续缝的设置：连续缝的宽度按桥的设计跨径和梁（板）的设计长度之差值进行设置，30m 组合 T 形梁连续缝宽 6cm；各种板桥连续缝宽 4cm；弯道上的桥在盖梁上设置楔形块调整桥面曲线，楔形块部位的连续缝按两条缝进行设置，每条缝宽不宜小于 4cm，通常设计缝宽 2cm 偏小。桥面连续缝处，变形假缝的宽度和深度必须规范、统一，缝的宽度和深度宜按 0.5cm×2.5cm 的锯缝进行设置，这样方便施工。

(5) 锚固区混凝土的浇筑：桥面行车道混凝土铺装应该同伸缩装置锚固区的混凝土同时进行浇筑，不允许在该部位及整个桥面上留有施工缝。

(6) 加强伸缩缝的养护：伸缩装置在营运过程中必须加强养护，为伸缩装置创造良好的工作环境，使其正常工作。

(7) 完善连续缝的设置：目前连续缝的设置不够完善，需从设计上进行改进：

1) 增设镀锌薄钢板：连续缝处通常采用涂两层沥青，于中间铺设一层油毛毡（简称二油一毡）或涂两层乳化沥青，于中间铺设一层土工布（简称二油一布）。这样施工中就存在一些需要解决的问题，即：

在铺设桥面混凝土时，缝顶部位上的油毛毡、土工布容易下挠，甚至胀裂；混凝土在插捣中，油毡容易被戳破；混凝土会存在振捣不密实的问题。

为解决上述问题，需在二油一毡或二油一布底部增加设置一块宽度为 50cm 的镀锌薄钢板。

2) 调整上部结构部分钢筋的设置：对预应力 T 形梁封锚顶面部分钢筋需要适当调整，以不伸出顶面为原则。否则，伸露出的钢筋会妨碍连续缝上二油一毡或二油一布和镀锌薄钢板的设置。

3) 二油一毡、二油一布的设置宽度：二油一毡、二油一布的设置宽度在设计中需用文字说明交待清楚，宽度宜控制在 50cm 左右。

4）轻质包装材料不宜使用：连续缝内填塞轻质包装材料，主要是为了衬托油毛毡或土工布不下挠和不被胀裂（实际上难以达到预期的效果）。该材料种类繁多，且无桥梁专用的产品，施工中使用的很混乱，掩盖了梁（板）缝内的杂物，甚至是坚硬块件。由于接缝中增设了镀锌铁皮，优化了二油一毡或二油一布的使用效果，轻质包装材料可以不用。

3.7.4.5 产生跳车台阶的维修

一、桥头跳车台阶的修复

当路面铺装以后产生沉降时，在桥涵构造物两端形成台阶，据调查所形成的台阶高度一般小于 20mm 时，对车速的影响不太严重，可以不予修复。当台阶高度逐渐增大时对跳车的影响将大为加剧，应予修补。

（1）更换填料：个别桥台背部因场地狭小、赶工填筑，填料压实度不足，需对桥涵两端 10m 范围内的台背填料进行换填处理。采用抗水侵蚀性好的填料，如半刚性填料，砂石填料等，以改善填料的水稳性。

（2）采用半刚性基层：路基上部 0.5～0.8m 厚的路基土应用水泥或石灰稳定处理，也可采用二灰稳定碎石进行填筑，以期提高整体强度。

（3）加铺沥青混凝土：为使沉降后的路面与缓和段端部衔接顺适，应对端部开挖处理，一般下挖 15～20mm 为宜。错位沉降的修补可用热拌沥青混凝土加铺，以求增大与原路面的粘结能力，加铺层的强度也比较稳定。

无论采用何种措施，修补长度应视台阶高度、形状而异，一般为 10～15m 为宜，缓和段的坡度控制在 0.5%以内。

二、桥梁伸缩缝的修复

桥梁在营运过程中，由于伸缩缝装置损坏至一定程度即会引起桥面跳车，因此对于损坏的伸缩缝装置应及时进行修复、更换，以免造成更大的损失。

（1）伸缩缝构件局部维修、更换：伸缩缝装置在损坏初期只是局部构件不能正常工作，虽对行车影响不大，但也应及时维修，更换个别已损坏的部件，以满足伸缩缝装置正常工作的要求。

（2）伸缩缝装置修复更换：伸缩缝装置破损已引起桥面跳车，局部维修更换个别部件已不可能时，即应更换伸缩缝装置。

1）根据我们对伸缩缝的要求，从当前可供使用的伸缩缝装置中科学地比较、选型，同时结合旧桥更换的特点，旧桥伸缩缝装置的类型、伸缩装置适用范围、以往的经验、使用的情况、伸缩缝装置损坏的程度以及施工条件能否阻车等多方面因素综合考虑，选出适合修复更换的伸缩缝装置进行修复更换。

2）对伸缩量小于 50mm 的大、中桥推荐使用 TST 弹塑体与碎石填充型伸缩装置或西安 SDII—80 型伸缩装置，对特大桥推荐使用德国毛勒缝装置（在能阻车的前提下）。

（3）修复更换伸缩缝装置的原则：修得更换伸缩缝装置应以经济合理为原则，即能利用的尽量利用，完全不能利用的彻底更换，以此达到我们修复更换的目的。

无论是桥头还是桥梁伸缩缝处跳车现象出现后都应及时采取补救措施，进行修复。保证道路畅通是我们的最终目的。

参 考 文 献

1 熊焕英编著．公路路基路面施工监理指南．北京：人民交通出版社，1999
2 上海浦东新区城市道路建设管理署编．城市道路养护维修手册．上海：上海科学技术出版社，1997
3 刘松玉主编．公路地基处理．南京：东南大学出版社，2001
4 王秀丽主编．基础工程．重庆：重庆大学出版社，2001
5 凌治平、易经武主编，北京：人民交通出版社，1997.10
6 杨文渊、徐犇编．桥梁施工工程师手册．北京：人民交通出版社，1997
7 徐培华、陈忠达主编．路基路面试验检测技术．北京：人民交通出版社，2000
8 张晖主编．公路与桥梁工程病害防治及检测修复实用技术大全（上、中、下三册）．长春：长春出版社，1999
9 于书翰、杜谟远主编．隧道施工．北京：人民交通出版社，1999
10 何挺继、朱文天、邓世新主编．筑路机械手册．北京：人民交通出版社，1998
11 杨文渊、徐犇编．简明公路施工手册（第二版）．北京：人民交通出版社，1990
12 张忠雄、张百兴、张凯然编著．一流式革新道路铺修技术．上海：上海科学技术文献出版社，1995
13 黄兴安主编．市政工程质量通病防治手册．北京：中国建筑工业出版社，1999
14 赵明华编著．桥梁桩基与检测．北京：人民交通出版社，2000
15 金荣庄、尹相忠等编著．市政工程质量通病及防治．北京：中国建筑工业出版社，1998
16 李杨海、程潮洋、鲍卫刚、郑学珍编著．公路桥梁伸缩装置．北京：人民交通出版社，1997
17 李华、缪昌文、金志强编著．水泥混凝土路面修补技术．北京：人民交通出版社，1999
18 沙庆林编著．公路压实与压实校准．北京：人民交通出版社，2000
19 王明怀编著．高等级公路施工技术与管理．北京：人民交通出版社，2001
20 盛安连编著．路基路面检测技术．北京：人民交通出版社，1996
21 《高速公路养护管理》编委会．高速公路养护管理．北京：人民交通出版社，2001
22 沈金安主编．沥青及沥青混合料路面性能．北京：人民交通出版社，2001
23 郝培文编著．沥青路面施工与维修技术．北京：人民交通出版社，2001
24 徐培华、陈忠达主编．路基路面检测技术．北京：人民交通出版社，2000
25 沙庆林著．高速公路沥青路面早期破坏现象及预防．北京：人民交通出版社，2001
26 段新胜、顾湘编著．桩基工程（第三版）．北京：中国地质大学出版社，1995
27 张荣滚主编．公路养护机械．北京：人民交通出版社，2000
28 中国建筑工业出版社汇编．工程建设标准规范分类汇编．城市道路与桥梁施工验收规范．北京：中国建筑工业出版社，1997
29 李世华主编．现代施工机械实用手册．广州：华南理工大学出版社，1999
30 山西省公路局主编．公路工程八大通病分析与防治．北京：人民交通出版社，1999

制 鲁教版 ◎ 八年级数学（下） 五四制 鲁教版
制 鲁教版 ◎ 八年级物理（下） 五四制 鲁科版
制 鲁教版 ◎ 八年级化学（下） 五四制 鲁教版
制 鲁教版 ◎ 八年级语文（下） 五四制 鲁教版
制 鲁教版 ◎ 八年级英语（下） 五四制 鲁教版
制 鲁教版

磊

五四制 鲁教版

龙门

新教案

在线课堂

七年级语文（下）

龍

五四制